imaginist

想象另一种可能

理
想
国
imaginist

文明的故事

THE STORY OF CIVILIZATION

信仰的时代（上）

The Age of Faith

4

〔美〕威尔·杜兰特 著

by Will Durant

台湾幼狮文化 译

上海三联书店

致读者

　　本卷的目的，是想对325年至1300年的中古文明，就其可能的范围及己见，做充分而客观的分析和论述。采取整合的历史研究法，即对每一种文化或每一个时代的各方面都作一个总的介绍。由于必须兼顾四种不同文化——拜占庭、伊斯兰、犹太及西欧——的经济、政治、法律、军事、伦理、社会、宗教、教育、科学、医药、哲学、文学及艺术等各方面，欲求写作的一致与简洁，诚为难事。十字军东征时，这四种文化的汇合与激荡，提供了统一的准则；惊骇于本书冗长而感厌倦的读者，若知原稿还长一半，或可稍觉欣慰。

　　本册为《文明的故事》第4卷。首卷《东方的遗产》（1935年）回顾埃及与近东直至公元前330年左右为亚历山大征服为止的一段历史，以及到本世纪为止的印度、中国及日本的历史。第2卷《希腊的生活》（1939年），记述至公元前146年罗马人征服希腊为止的大希腊世界及近东的事件与文化。第3卷《恺撒与基督》（1944年），探索发轫期以来的罗马与基督教，及自公元前146年起的近东史，直至325年的尼西亚会议为止。本卷继续研讨西方的生活，直至1321年但丁谢世。第5卷《宗教改革》，为1321年直至1648年之间的历史，将于1955年出版。至第6卷《理性开始的时代》，则延伸至我们现代的历史，可于 1960 年完成。其时笔者也将届暮年，对于南北美史，势必要放弃此前所采用的整合研究法了。

本卷每一编皆自成独立单元，但熟谙《恺撒与基督》的读者会发现很容易找出本书的脉络。本书因系编年体，故对这四种中古文明不得不从与我们一般兴趣相距最遥远的那两个部分——拜占庭与伊斯兰——叙起。基督徒读者会惊异于以偌大的篇幅介绍伊斯兰教文化，而伊斯兰教学者则会悲叹本书对辉煌灿烂的中古伊斯兰文明的简短概述近乎提要。我虽然一直力求公正，努力从每种信仰与文化的立场加以探究，然单就资料的取舍与篇幅的分配而言，即难免偏见。人类的心智，正如其肉体一样，是被拘禁于肌肤之内的。

原稿曾经三次改写，每次均发现一些错误，故错误一定仍不少；而且局部的修订，定会损及整体之完满。谬误之处，至祈指正。

威尔·杜兰特

1949 年 11 月 22 日

总　目

目　录

第二部　黑暗时代与十字军东征

第一部

拜占庭、伊斯兰及犹太文明

查士丁尼一世时期的朝廷。查士丁尼一世和主教及皇家随从在一起。

第一章 | **弃教者尤里安**
（332—363）

君士坦丁大帝的遗产

335 年，君士坦丁大帝自觉将不久于人世，便将儿子和侄儿唤到身旁，出于对他们的溺爱，而将自己所建立的广大帝国划分成数区，让他们分而治之。长子君士坦丁二世（Constantine II）得到了帝国的西部——不列颠、高卢和西班牙；次子君士坦提乌斯（Constantius）获得东部——小亚细亚、叙利亚和埃及；三子君士坦斯（Constans）则获得北非、意大利、伊利里亚及色雷斯，包括罗马帝国的新旧国都——君士坦丁堡和罗马城。此外，两位侄儿得到了亚美尼亚、马其顿和希腊。这位罗马帝国的第一位基督徒皇帝以一生的时间和无数人的生命为代价，来恢复罗马帝国的王朝并统一宗教信仰。他的去世（337 年）使帝国面临危险。事实上他面对着困难的抉择：他统治的时间不够长，无法保证由一位继承人平安地继位，较之内战，分而治之似乎为上策。

然而内战还是发生了，并且暗杀也使形势明朗了。军队仅听命于君士坦丁大帝诸子。而其他男性亲属均遭谋杀，只有他的侄儿伽卢斯（Gallus）和尤里安（Julian）幸免。伽卢斯体弱多病，来日无多；尤里安年方 5 岁，也许他的年幼让君士坦提乌斯心软，这才得免一死。
罗马历史学家阿米阿努斯认为是君士坦提乌斯谋杀了这些人。君士坦
提乌斯又与波斯重启战端，事实上这是自马拉松一役以来，东西之间
一直未彻底平息的一场战争。他的兄弟则在阋墙之争中分别丧命，君
士坦提乌斯因此成了唯一的皇帝（353 年），并回到君士坦丁堡。顽
固、正直、专心但能力不足的他，统治着再度统一的帝国。他太过
多疑而郁郁寡欢，太过残暴而不能受人爱戴，太过自负而不能成为
伟人。

　　被君士坦丁大帝称为"新罗马"的城市，在他去世前便已这样
命名，该城于公元前 657 年由希腊移民建立于博斯普鲁斯海峡之畔。
它以拜占庭之名闻名于世达 1000 年之久，而拜占庭一词便一直被用
来命名其文明及艺术。世界上再没有一个国都可与之相比。1807 年，
拿破仑在蒂尔西特（Tilsit）时曾称它为世界的帝国，并拒绝将其让
给企图占有它的俄罗斯。这个城市的统治者可以随时关闭东西方之
间交通的大门；这里是各大洲商业交会之地，也是万邦产物屯存之
处；这里一军当关，可以击退波斯的绅士、东方的匈奴（Huns）[1]、北
方的斯拉夫人及西方的野蛮人；这个城市三面环水，奔腾的水流可为
天然防御屏障，靠陆地的一面可以靠坚固城墙据守；而金角（Golden
Horn）——博斯普鲁斯海峡的一个静静的海口——则是战船及商船
躲避袭击或暴风雨的安全港。希腊人称这海口为"克拉斯"（Keras），
即"角"之意，可能因其形状似角；金则是后来加上的，暗示鱼货、
谷类及贸易带来的财富。这里大多数人是基督徒，仰慕东方王朝的盛
景久矣，一位基督徒皇帝可以享受公众的爱戴，这是罗马城的元老院
及非基督徒民众不会给他的。千年以来，罗马帝国在这里躲过了拥向
罗马城的野蛮人浪潮；哥特人、匈奴人、汪达尔人、阿瓦尔人、波斯

[1] Huns 一词，在本书中，为行文方便，译为"匈奴"。但请读者注意，中国历史上的匈奴
　　与本书作者杜兰特所谓的 Huns 有一定差异。本书提及的匈奴，民族构成颇为复杂，有突
　　厥、日耳曼、哥特等成分，其语言带有很强的突厥特色，也夹杂了印欧语和蒙古语。

人、阿拉伯人、保加利亚人、俄罗斯人相继威胁着这个新都，但都失败了。在那千年之中，君士坦丁堡仅有一次被攻占，那是被喜爱黄金胜过十字架的基督徒十字军攻占的。在穆罕默德之后的 800 年间，它抵挡了袭向亚洲、非洲及西班牙等地的穆斯林浪潮。在这里，出人意料地，希腊文明竟能绵延下去，坚韧地保存其古代宝藏，最后传递给文艺复兴时期的意大利及西方世界。

324 年 11 月，君士坦丁大帝带着随从人员、工程人员及神职人员，从拜占庭港越过周围的山岭，去划定新都的地界。有些人惊奇于他何以划出那么大片的土地做新都，他回答说："我将继续前进，直到先我而行，不可见的上帝停下来。"他尽力而行，以使他的帝国计划获取人民的支持及基督教会的衷心拥护。

"为了听命于上帝的旨意"，他招募了数以千计的工人和艺匠营建城墙、碉堡、行政大殿、宫殿及住宅；广场及街道都饰以喷泉和柱廊，同时从帝国内近百个城市中，征集著名的雕刻品作为装饰。此外，为了防止一般民众的暴乱，他下令建立一个华丽而广阔的竞技场，民众对于竞赛和赌博的爱好，可以得到尽情发泄，其规模仅没落中的罗马城可相比拟。"新罗马"于 330 年 5 月 11 日，正式被奉为东罗马帝国的首都，此后每年这个日子，都举行盛大的庆祝典礼。异教信仰正式终止，基督教信仰的中古时期正式开始。东方在精神上击败了物质上获胜的西方，此后将统治着西方的灵魂。

君士坦丁堡建都后不到 200 年，便成为世界上最富有、最美丽和最文明的城市，从此享有这一盛誉达 1000 年之久。337 年时它的人口约 5 万，400 年时约 10 万，500 年时已近 100 万。一项官方文件（约 450 年）记载该城共有 5 处皇宫、6 处宫廷女宫殿、3 处显贵宫、4388 座大厦、322 条街道、52 条柱廊、1000 家店铺、100 处游乐场所，另外还有很多豪华澡堂、装饰华丽的教堂和壮观的广场，这些都可以说是古典世界艺术的博物馆。君士坦丁广场（Forum of Constantine）呈椭圆形，两端各有一扇拱形门可供出入，四周都是柱廊和雕像，北面是庄严的元老院，中央耸立着著名的斑岩石柱，高达120英尺，顶端是阿波罗神像，据说是希腊著名雕刻家菲狄亚斯（Pheidias）的杰作。由于时代久远且遭受过火焚，这个建筑现以"烧焦的石柱"之名（Burnt Pillar）为人熟知。

从这个广场向西，有一条宽广的中道（Middle Way），两旁是宫殿和店铺，还有列柱，中道经过市区，通往长1000英尺、宽300英尺的奥古斯塔（Augusteum）广场，其名用以纪念君士坦丁大帝的母亲。这个广场的北端耸立着圣索菲亚教堂，东边是第二座元老院，南面是皇帝的主要宫殿及巨大的公共澡堂，内有数百尊大理石和青铜雕像，西端是一座圆顶纪念碑——称为里程碑——以这里为中心，向外辐射着许多大道（某些迄今仍可通行），连接着首都和各省份。在这里，也就是奥古斯塔广场之西，便是大竞技场之所在，其与圣索菲亚教堂之间，是恢弘的皇宫，一个复杂的大理石建筑物，周围是占地150英亩的花园和柱廊。城里和市郊散布着贵族们的宅第。在狭窄、弯曲和拥挤的街巷旁是商人的店铺，以及一般民众的住宅。中道的西端，穿过君士坦丁大帝墙（Wall of Constantine）的一座金门（Golden Gate），面向着马尔马拉（Marmora）海。海岸三面都矗立着宫殿，水中荡漾着宫殿壮丽辉煌的倒影。

拜占庭的上层人士主要是罗马人，其余绝大多数为希腊人，但他们都自称是罗马人。官方的语言是拉丁语，但希腊语仍为一般人所采用，到7世纪时甚至取代拉丁语而成为官方语言。在大贵族及元老院议员之下是地主阶级，他们时而住在城里，时而住在乡村农庄，被上面这些人鄙视。在财富上与地主们不相上下的是商人，他们以君士坦丁堡及其内地的物品与世界各地交易；在这阶层之下是庞大的政府官员；再下是小店主和各行各业的工头；更下则为大群自由劳工，既无投票权又吵吵嚷嚷，受制于饥饿和警察；竞技、比赛及每天8万份的谷物或面包救济，可使他们安静下来。最低阶层是奴隶，人数较恺撒大帝时的罗马城为少，由于君士坦丁大帝的立法及教会的影响，这些人受到了较为仁慈的对待。

自由的人们会定期放下工作，拥向竞技场。这个圆形的竞技场，长560英尺、宽380英尺，可以容纳3万到7万名观众，场内有一条椭圆形的壕沟。休息时，观众可以在一条长2766英尺、有荫凉庇护、有大理石栏杆的大道漫步。沿竞技场的中心线竖立着雕像。中心线是一道低墙，贯穿竞技场的中央地带。这广场中央耸立着取自埃及的图特摩斯三世（Thothmes Ⅲ）方尖碑；其南面矗立着由三条青铜蛇缠抱的一根石柱，它原来耸立在希腊的德尔菲（Delphi），以纪念希腊布拉底（Plataea）一役胜利击败波斯军队（公元前479年）；这两座纪念碑迄今仍然在那里。皇帝的包厢5世纪时曾以4匹镀金铜马装饰，这些马是希腊雕刻家利西波斯（Lysippus）的作品。全国性的节庆活动都在这个竞技场举行，节目有游行、体育比赛、奇技表演、捕兽和斗兽、珍禽异兽展览等。希腊传统和基督教情操的融合，使君士坦丁堡的娱乐项目没有罗马城那般残酷。在这个新都，我们看不到人与人残忍角斗。但是让节目达到高潮的24匹马及战车竞赛是典型的罗马式假日娱乐。骑士和御者分成蓝、绿、红、白四队，分队的依据是雇主和服饰；观众——事实上是整个城里的居民——也同样分成四队；最引人注目的蓝、绿两队，在场内竞相高喊，有时竟然在街上举刀相向。一般民众唯有在竞赛时才得以吐露心声，这时他们可以向统治者提出请求，要求改革，谴责恶吏，有时甚至指责高高在上的皇帝本人，而皇帝则可以在护卫保护下从场内的座位直抵皇宫。

除此之外，一般平民在政治上是毫无力量的。继承戴克里先（Diocletian）皇帝宪章的君士坦丁宪章，显然还是以王权为重。在君士坦丁堡和罗马城的两个元老院有审议、立法、判决之权，但常被皇帝否决；他们的立法职能大体上都被皇帝的顾问委员会（sacrum consistorium principis）所取代。皇帝本人以简单的行政命令就可以立法，他的意愿便是最高法律。在皇帝看来，民主制度是失败的；民主终于毁在由民主建立的帝国手中；民主制度也许可以治理一个城市，但不能治理 100 个不同的国家；民主使得自由变成放纵，又使放纵演变成混乱，直到最后整个地中海世界的经济与政治生活受到威胁。戴克里先和君士坦丁两位皇帝得到的结论是：要恢复秩序，唯有将高官限由公爵和伯爵担任，选任的标准不再是出身，而是由具有完全责任和权力的皇帝直接任命。皇帝华服加身，不可亲近，不但粉饰着东方的浮华排场，而且获得教会的加冕与拥戴，从而更显得神圣非凡，不可侵犯。这种制度可能是出于形势的需要，因为除了毕恭毕敬的从臣的忠告和对暴毙的恐惧外，皇帝不受任何制约。它创造了极为有效的行政和司法组织，并使拜占庭帝国得以延续 1000 年，付出的代价却是政治停滞、民众萎缩、宫廷政变、帝位之争，这一切使帝位偶尔为能者所得，但很少为正直者所得，经常是缺乏道德原则的冒险家、寡头主义者或是愚者坐上帝位。

基督教和异教徒

在 4 世纪的地中海世界，政府对宗教甚为倚重，而教会事务的纷乱，使政府不得不出面干预，甚至在神学问题上也是如此。亚他纳修（Athanasius）与阿里乌斯（Arius）两位神学家之间的争论，并没有随 325 年的尼西亚会议而结束。许多主教——在东方则为绝大多数——仍然公开或秘密地赞同阿里乌斯的看法。他们认为，基督是上帝的儿子，但不是与天父三位一体或永远共存。君士坦丁大帝本人在接受上述会议的决议并贬逐阿里乌斯之后，又约他单独谈话（331 年），发现他并无异教思想，于是建议恢复阿里乌斯及其同党原有的教堂，亚他纳修随即提出抗议。东方各主教在提尔城（Tyre）举行会议后，决议将阿里乌斯赶出亚历山大城教区（335 年）。其后两年间，阿里乌斯流亡高卢。阿里乌斯再度返回谒见君士坦丁大帝，宣称遵行尼西亚会议的决议，但他做了皇帝所不能了解的微妙保留。君士坦丁大帝相信了他，并令君士坦丁堡的主教亚历山大（Alexander）允许他领受圣餐。教会史学家苏格拉底告诉我们一个痛苦的故事：

> 那是一个星期六，阿里乌斯正期待次日与教友集会，但神意
> 的惩罚要压制他昭然的罪行。当他离开皇宫……走近君士坦丁会
> 堂中的斑岩石柱时，突然感到一阵惊悸，接着是一阵急剧的腹
> 泻……他的肠胃随着腹泻下坠，随之而来的是大量的出血，及小
> 肠的排出；此外他的部分脾脏和肝脏，也在出血之际被排出来了，
> 这使他几乎当场死亡。

君士坦丁大帝在听到阿里乌斯这不适时地腹泻和出血时，开始怀
疑他是否是异教徒。但是在翌年，皇帝本人去世时，却从尼科美底亚
（Nicomedia）的主教尤西比乌斯（Eusebius，阿里乌斯派的主教，阿
里乌斯的朋友和顾问）处，接受了洗礼。

君士坦提乌斯对于神学的态度，较他父亲君士坦丁大帝严肃多
了。他采用阿里乌斯派的观点来研究耶稣的父系，并觉得有义务将此
种观点推行至整个基督教国家。在君士坦丁大帝去世后，重回其主教
座堂的亚他纳修再度被放逐（339 年）。由新皇帝召集并控制的教会
会议，只承认基督与天父之间的相似，而非三位一体；忠于《尼西亚
信经》（Nicene Creed）的教士都被逐出教会，有的是被暴民赶走的；
此后有半个世纪之久，基督教将维持一神论，并否定基督的神性。在
这些日子中，亚他纳修自称他孤身对抗全世界；国家的各种权势都反
对他的主张，甚至他的教区亚历山大城的教友也都弃他而去。他曾
经五次逃离自己的教区，到外地流浪，常有生命危险；整整半个世
纪（323—373 年），他以耐心的外交手腕和滔滔谴责，为在尼西亚会
议上确定的教条而奋斗；甚至当教皇利贝里乌斯（Liberius）屈服时，
他还岿然不动。基督教会的三位一体主张，得力于他的奋斗而得以
延续。

亚他纳修将他的情况禀告教皇尤里乌一世（Julius I）。这位教皇

恢复他原来主持的教区；但东方主教们在安条克（Antioch）城所举行的一次会议，否定了教皇的这项裁定，并任命阿里乌斯教派的格列高利（Gregory）为亚历山大城的主教。当格列高利抵达时，敌对的两派发生了暴乱，结果有许多人丧命。亚他纳修为了结束杀戮，作出让步（342 年）。君士坦丁堡也爆发了同样的争斗，当君士坦提乌斯命令以阿里乌斯派的马其顿尼（Macedonius）取代正统派的爱国者保罗时，后者的支持者抗拒前来执行命令的军队，结果有 3000 人丧生。在这两年（342—343 年）中基督徒自相残杀而丢掉性命的，很可能多于在整个罗马史上被异教徒迫害而死的基督徒。

　　基督徒们只有在一件事情上意见是一致的，即异教的殿堂应该关闭，财产应予以没收，基督教以往所遭受的迫害应施之于这些殿堂和异教徒。君士坦丁大帝曾经劝阻异教徒的祭祀和仪式，但未禁止；君士坦斯则以处违者死刑的办法来禁止；君士坦提乌斯下令关闭帝国内所有的异教殿堂，并禁止所有异教仪式，违抗命令者将被没收财产并被处决，没有尽职尽责地执行这项命令的各省总督也将受到同样的处罚。但是在日益扩张的"基督教之海"中仍然存有一些异教的岛屿，较为古老的城市——雅典、安条克、士麦那（Smyma）、亚历山大、罗马——都有许多异教徒，尤其是在贵族阶级和学校中。在奥林匹亚，各种竞技仍然继续下去，直到狄奥多西一世才下令禁止。埃莱夫西斯（Eleusis）的秘密祭典（Mysteries）仍然风行，直到 396 年该地的神庙被西哥特王阿拉里克毁坏为止。雅典城的各个学校也继续传授柏拉图、亚里士多德及芝诺等人的学说。君士坦丁大帝及其诸子，均继续支付雅典大学校长及教授薪水；律师及演说家仍然拥向该地学习修辞学的诀窍；而异教徒的诡辩家——智慧的教师——则向任何能付钱的人售卖他们的口才。整个雅典城的居民都以他们偏爱的普罗哈耳修斯（Prohaeresius）为荣；他来到雅典时是一个穷小子，与另一个学生同床共衣，最后登上了修辞学的教席，87 岁时仍然潇洒非凡，充满活力而富于辩才，因之他的学生欧纳匹乌斯（Eunapius）尊称他为

"长寿不朽之神"。

但是 4 世纪坐第一把交椅的诡辩家是利巴纽斯（Libanius）。他于 314 年出生在安条克城，早年辞别慈母前往雅典就学。只要他能留在家乡，便可娶一位富有的女继承人为妻，但是他表示只要能一睹雅典的炊烟，放弃娶女神为妻的机会都在所不惜。他以雅典的老师为对手，而非视之为神祇，在众多的教师及学校中他勤勉自学。在君士坦丁堡及尼科美底亚做短期讲学后，他回到了安条克（354 年），设立了一所学校，这所学校成为此后 40 年间帝国境内最受青睐、最为闻名的学校。他的声名太响了，以至于街头都可听到吟唱他的"序言"（exordium）的声音。阿米阿努斯·马尔克利努斯、圣约翰·克里索斯托及圣巴西勒等人都是他的学生。他虽然在谈话和写作中卫护异教，并于庙宇中供奉祭品，但仍得到基督徒郡王的恩赏。当安条克城的面包工人罢工时，他被双方推为仲裁人；当安条克城起而反抗狄奥多西一世时，他被该城选为代表向皇帝陈情。在其朋友尤里安被暗杀及异教复兴失败之后，他继续活了 30 年。

4 世纪的异教分成许多派别：密特拉教派（Mithraism）、新柏拉图派、斯多葛派、犬儒派及各地对城乡各神的崇拜。密特拉教派已经失势了，但新柏拉图派在宗教及哲学上仍有相当势力。普罗提乌斯（Plotinus）曾提出不太明确的各种学说，对使徒保罗及约翰都产生了影响，在基督徒中有许多模仿者，并炮制了许多基督教的异说。这些学说包括：界定一切真实的三位一体精神；执行创造工作的一位一体精神；执行创造工作的一位中间神祇、灵魂是神圣的，而物质是罪恶的，灵魂沿着生存领域不可见的阶梯，从上帝的天堂降落人间，但也可以从人间上升到上帝的天堂。叙利亚哈尔基斯城（Chalcis）的艾姆布利库斯（Iamblichus）为新柏拉图派哲学的神秘创造了奇迹：神秘主义者不但可以看见感官上看不到的东西，并且可以获得魔术及预言的神奇能力。艾姆布利库斯的徒弟，提尔城的马克西姆斯（Maximus），除拥有神秘的能力外，还有征服尤里安的虔诚而善辩的

异教信仰。马克西姆斯为敬拜偶像辩护时说:

> 创造一切万物的上帝,恒久于太阳或天空,亦较时间、永恒及现世事物伟大,为任何立法者不能指出其名,非任何声音所能表达,也非任何肉眼看得到。但是我们因无法了解上帝的本质,只能借助声音、名字及图画、黄金、象牙、银、植物、江河、湍流、高峰、渴望等来认识上帝,而且在人类无能之下,我们只能将全世界美好的东西全归于上帝……如果一位希腊人因为菲狄亚斯的艺术,或是一位埃及人因为崇拜动物,或是另外的人因为一条河流或一场火等想起了上帝,我对于他们的互异并不感到愤怒。只是让他们注意,让他们纪念,让他们爱吧。

利巴纽斯和马克西姆斯的能言善辩,在一定程度上影响了尤里安,使其从基督教皈依异教。当他们的学生尤里安登上帝位后,马克西姆斯便赶往君士坦丁堡,而利巴纽斯也在安条克唱起了胜利和欣喜的歌:"看,我们真的复活了。快乐幸福的气息吹遍了世界,因为一位真正的神,假借人的形貌,正统治着世界。"

新的皇位继承人

尤里安于332年出生于君士坦丁堡的皇宫,是君士坦丁大帝的侄儿。他的父亲、长兄和大多数堂表兄弟,均在君士坦丁大帝之子登基时被谋杀,他被送到尼科美底亚接受当地主教尤西比乌的教育;他接受了太多的基督教神学,几乎有可能成为一位圣徒。7岁时他便随玛多尼乌斯(Mardonius)研习古典文学。这位老人把对荷马及赫西俄德的热情传给了他的学生,尤里安怀着惊异和喜悦的心情进入了希腊神话光明而诗意的世界。

341年,不知出于何种原因,尤里安及伽卢斯被贬逐到卡帕多西亚（Ca-ppadocia），其后 6 年间实际上被监禁于马塞卢姆（Macellum）堡。释放后，有一阵子他被允许住在君士坦丁堡，但是他的年轻活力、诚心及机智令皇帝感到不安，他又被送到尼科美底亚城研究哲学。他希望能听利巴纽斯在当地的讲学，但遭到禁止，然而他还是设法托人将这位大师讲学的全部笔记带给他。这时他已是风度翩翩的 17 岁少年，成熟得足以面对哲学的蛊惑。正当哲学及自由思考全力吸引他的时候，他突然觉得基督教会只是一套教条，并且因为对教义的争论及互相诋毁，东西方的互相排斥，而趋于分崩离析。

351 年，伽卢斯被立为"恺撒"——皇位继承人——并且负起主持安条克政府的责任。有一段时间不幸成为皇上的疑虑对象，尤里安遂陆续游学于尼科美底亚、帕加马、艾菲索斯等地，师从埃德西乌斯（Edesius）、马克西姆斯、赫里桑西乌斯（Chrysanthius）等学者研究哲学，并皈依异教。354 年，君士坦提乌斯突然在米兰行宫召见尤里安和伽卢斯。伽卢斯滥施权力，其统治亚洲省份的专制、残暴手段，君士坦提乌斯都感到震惊。他在皇上面前接受审讯，对数项罪名都供认不讳，随即被处决。尤里安在意大利被看守了几个月，最后终于令多疑的皇上相信他从未迷恋权力，并且他的唯一兴趣乃在于哲学。君士坦提乌斯发现尤里安只不过是位哲学家，马上释然，并将他放逐到雅典（355 年）。尤里安原以为自己难逃一死，结果竟能活命，因此对于被逐一事也就淡然处之。他因之得以住在充满异教思想，堪称宗教及思想发源地的雅典。

他在那曾经聆听柏拉图声音的小树林里愉快地度过了 6 个月，与特米提乌斯（Themistius）以及其他哲学家为友，潜心研究，他的文雅与谦虚颇得当地人民的赞赏。他将这些文雅的异教徒，也就是千年文化的继承者，与他在尼科美底亚遇到的严肃神学家相比，与那些认为有必要杀死其父亲、兄弟及其他许多人的热心政客相比。他得出的结论是，这方面没有什么会比基督徒更为凶猛。当他听到许多著名的庙宇被摧毁，异教僧侣被贬逐，他们的财产被瓜分时，总是心酸落泪。

很可能就是在这个时候，他在埃莱夫西斯秘密谨慎地加入了神秘教。异教的道德规范原谅了他的假装叛教行为。知道他秘密的朋友和老师均不同意他将秘密泄露，他们知道一旦秘密泄露，君士坦提乌斯将令他提前成为殉教者。他们期待着尤里安继承帝位并恢复他们应得的报酬及所崇拜的信仰。其后10年之间，尤里安在外表上完全遵循基督教的信仰，甚至在教堂中公开读经。

这时，他又接到第二道命令，前往米兰谒见皇帝。他本畏惧不敢去，但是皇后尤塞比亚（Eusebia）命人传话给他说，她曾在朝廷为他说情，因此不需畏惧。令他惊奇的是，君士坦提乌斯竟然将其妹海伦娜（Helena）下嫁给他，并封他为帝位继承人，派他前去治理高卢（355年）。这位穿着哲学家服装前来的害羞青年，很不自在地穿上了将军的制服，负起婚姻的义务。更令他难堪的是，日耳曼人利用了西帝国的内战，入侵莱茵河畔的罗马帝国诸省，并击败了一支罗马军队，洗劫了罗马的殖民地科隆，并攻陷另外44个城镇，占领了整个阿尔萨斯，深入高卢40英里。君士坦提乌斯面临这个新危机，于是要求那位他既轻视又怀疑的青年，立刻变成行政首长和军人。他给尤里安一支360人的卫队，令尤里安重编高卢的军队，并越过阿尔卑斯山脉。

这年冬天，尤里安在罗讷（Rhone）河畔的维埃纳（Vienne）度过，以军事演习训练自己，并热心研习兵法。356年春天，他在兰斯（Reims）集结了一支军队，击退了日耳曼人，收复了科隆。他曾于桑斯（Sens）城遭到日耳曼人的围攻，连续30天抗拒敌人的攻击，并设法补给军民粮食，以持久战消耗敌人而使之撤退。他率兵南移，在斯特拉斯堡（Strasbourg）附近又遭遇日耳曼人的主力部队。他将军队部署成新月阵形，以精湛的战术和非凡的勇气，以寡胜多击溃敌军，高卢因此得以喘息。但是在北方，萨利族的法兰克人（Salian Franks）仍然蹂躏着默兹（Meuse）河流域。尤里安率军前往，大败敌军，迫使敌军退到莱茵河对岸，随即凯旋班师回到高卢首都巴黎。满怀感激的高卢人赞扬他是另一位恺撒大帝，他的士兵也都希望他快点登上帝位。

尤里安在高卢停留了 5 年，移民于荒废的地区，重新部署莱茵河的防务，抑止经济上的剥削和政治上的贪污，恢复高卢的繁荣和政府的财政能力，并减低税收。人们都惊奇于这位刚刚放下书本的好沉思的青年，何以魔术般地变成了将军、政治家与公正而仁慈的审判官。他立下了一个原则——一位被告除非被证实为有罪，否则便是无辜的。山北高卢（Gallia Narbonensis）前总督努梅里乌斯（Numerius）被控挪用公款，他否认这项指控，也没有人能够驳倒他。审理案件的法官德尔菲狄乌斯（Delfidius）由于缺乏证据而大动肝火，气愤地说："如果光是否认指控便行的话，那还有谁会被判有罪呢？"尤里安回答："如果光是指控一个人便行的话，那还有谁会被判为无辜呢？"阿米阿努斯说："这便是他仁慈的许多例证之一。"

尤里安的改革也为他招来了敌人。害怕其精明或嫉妒其威望的官员，便向君士坦提乌斯告密，指控他阴谋篡夺帝位。尤里安则写了一篇对皇帝的颂词。仍然心存疑虑的君士坦提乌斯召回了与尤里安忠诚合作的高卢首席治安官萨路斯提乌斯（Sallust）。如果我们可以相信历史学家阿米阿努斯的话，那么就会了解到皇后尤塞比亚既无子女又善妒，她买通尤里安夫人左右的侍从，每当她怀孕时，便拿堕胎药给她吃；后来尤里安夫人产下一子，接生婆将脐带剪得太接近身体以致婴孩流血而死。在这一切困扰之中，尤里安又接到君士坦提乌斯的命令，要他率领高卢军的精锐，参与对抗波斯的战争。

君士坦提乌斯这样做是有正当理由的。波斯王沙普尔二世要求归还美索不达米亚及亚美尼亚（358 年），君士坦提乌斯拒绝，于是沙普尔便派兵攻占阿米达（Amida）。君士坦提乌斯亲自率军抵抗，并命令尤里安从高卢军队每个团中选出 300 名士兵，交给皇帝使用，以从事亚洲之役。尤里安对此提出了抗议，因为他手下的这些兵士入营服役时曾有约定，即他们不到阿尔卑斯山以北地区服役。他警告说，如果要调用这么多军人的话，高卢便难保安全（6 年之后日耳曼人终于入侵高卢）。然而他还是命令手下服从皇帝的使者。兵士们仍然拒绝，围绕着尤里安的行宫，拥戴他为奥古斯都并请求他让他们留在高卢。他再度劝他们服从命令，但是部下还是坚持立场。尤里安觉得自己像以前的恺撒大帝一样，事情至此已无反悔之可能，便接受了帝号，并准备为帝国及自己的生命而战斗。拒绝离开高卢的军队，这时众志成城地驰往君士坦丁堡，拥戴尤里安即位。

君士坦提乌斯听到叛变的消息时，正在西里西亚。此后他又与波斯打了一年仗，冒着失去帝位的危险以保卫其国家；最后与沙普尔签订了休战协定后，他便移师向西，迎战尤里安。尤里安仅带了少数人马，在贝尔格莱德附近锡尔米乌姆（Sirmium）停留了一下，向全世界宣布他的异教信仰。他给马克西姆斯的信函洋溢着热诚："我们现在已公然尊崇诸神，我手下的全部军队也是诚心崇拜他们。"好运使他脱离了险境：361 年 11 月君士坦提乌斯在塔尔苏斯（Tarsus）附近死于热病，享年 45 岁。一个月之后，尤里安抵达君士坦丁堡，在没有遭到反对的情况下登上帝位。在君士坦提乌斯的葬礼上，他的表情像是后者亲密的堂弟。

异教徒皇帝

这时尤里安 31 岁，经常见到他的阿米阿努斯这样描写他：

> 身材中等，头发光滑如刚梳理过；胡子粗，修成尖尖的形状，目光明亮，炯炯有神，显出头脑精明。眉毛清晰，鼻子挺直，嘴巴稍大，下唇饱满；颈粗而弯，双肩宽厚。从头部到指尖，非常匀称，可以想见他身体健壮，是一位善跑者。

他对自己的描述则没有如此恭维：

虽然上天并未使我的面貌太英俊，也没有赐予我青春的风采，但我有意地加上这把长胡子……对于在里面活跃的虱子我能够忍受，这把胡子就像是收藏野兽的丛林……我的头发不整，我难得理发或修指甲，我的手指几乎经常染有墨汁。

在宫廷的奢华之中，能够保有哲学家的朴实无华，尤里安感到很自豪。他立即解散了曾经侍候君士坦提乌斯的太监、理发师和探子。他年轻的皇后去世后，他便决定不再续娶，因此不需要太监；他觉得一个理发师便可以照顾所有宫中人员的仪容；至于厨子，他仅吃最平常的食物，那是普通人都可以做的。这个异教徒的生活和穿着就像个僧侣。自从皇后去世后，他未接近任何女人。他睡的是一张硬床，房间也没有取暖设备；整个冬天，他所有房间都未采取取暖措施，"以便习惯于忍受寒冷"。他对娱乐毫无兴趣，他从不涉足上演色情哑剧的戏院，也远离竞技场，因而令一般民众不悦；在庄严的庆典时他只停留一下，如有一项比赛与另一项相同，他便立刻退席。起先人们深深感动于他的德行和禁欲，以及他对行政琐事及大事的专心；他们认为其将才可与图拉真（Trajan）相比，其虔诚可与圣徒安东尼·庇护（Antoninus Pius）相比，其哲学家气质堪与马可·奥勒留（Marcus Aurelius）媲美。一个世代以来完全由基督徒皇帝所统治的城市和帝国，竟然立即接受了这位年轻的异教徒，实在令人惊奇。

他谦卑地遵循拜占庭元老院的各种传统和特权，这令诸元老甚为高兴。他从宝座起立迎接执行官，并且自认为是元老们及人民的仆人和代表。当他不小心侵犯了元老院的特权时，便自罚 10 磅金子，同时宣称他和国人一样，均受制于理想国的法律和规定。从早到晚，除掉下午有一段时间读书外，他都在处理国事。据说，他的简单饮食使得他身心敏捷，可以迅速应付各种人事问题，却使得三位秘书每天疲倦不堪。他辛勤而满怀兴趣地执行法官的职责，揭露辩护士的诡辩，他颇有风度地接受与他意见相左的法官的意见，人人都觉得他的裁决公正。他减低穷人的税，拒绝收受传统上每省进贡新帝的金冠和礼物，免除非洲逾期累积的滞交款，免除在他以前向犹太人强收的进贡。他严格规定行医执照的条件，并严格执行。他在行政上的成功与军事上的胜利相得益彰。对此，阿米阿努斯说："他的声名逐渐扩大，直到遍布全世界。"

在行政事务繁忙的同时，他仍然没有忘怀哲学。他的抱负是要恢复古代的各种宗教形式。他下令修缮、开放异教庙宇，退还它们被没收的财产，并恢复它们旧有的收入。他向当时的主要哲学家发出请柬，邀请他们到宫中做客。马克西姆斯抵达时，他中断了在元老院的演讲，奔向他的老师，以充满感激和赞扬的语气介绍他。马克西姆斯因为皇帝的热诚，而穿上了华丽的衣裳，生活奢华。尤里安死后，马克西姆斯因为拥有大笔财富受到了严厉的盘问。尤里安并没有注意到马克西姆斯前后矛盾的作风，他太爱哲学了，因此哲学家的行为无法影响他的爱好。他写信告诉欧迈尼乌斯（Eumenius）说："如果有人告诉你说，对于人类而言，尚有其他事情比悠闲自在地研究哲学更为有利，那么他便是个已受欺骗而又想欺骗你的人。"

他喜爱书籍，出征时随身携带许多书籍。他大大扩充了君士坦丁大帝所建立的图书馆，并成立其他的图书馆，他写道："有的人喜爱马，有的人喜欢鸟，有的人则爱野兽；但是我从幼时起便沉迷于各种书籍。"他对于自己既是作者又是政治家很感自豪，并试图模仿卢奇安（Lucian）的对话，仿效利巴纽斯的演说，以正式的哲学论文，以及像西塞罗一样清新、引人入胜的信函，为自己的政策辩护。在《献给一位王子的颂歌》（*Hymn to a King's Son*）一诗中，他解说了他新的异教思想；在《反加利利人说》（*Against the Galileans*）一文中，他说明了放弃基督教的理由。他指出各福音书互相冲突，其共同特点令人难以置信；《约翰福音》在叙述和神学上，与其他三个福音有实质上的差异；同时《创世记》中有关创造天地的故事，反映了多神主义：

除非《创世记》中每一部圣徒传都是神话，并且如我所相信的包含有某种隐秘的解释，否则它们都充满了对上帝的不敬。上帝被描写得无知，以致被创造作为亚当伴侣的女人，竟然成为人类堕落的根源。第二，拒绝给予人类善恶的知识（唯有此种知识能赋予人类心理一贯性），并且唯恐人类分享了生命之树而长生不死——这实在是一位极为吝啬和嫉妒的神，为什么你们的神这样嫉妒，甚至将父亲的罪报复到子女身上？……为什么这样有能力的神会对魔鬼、天使和人类大发脾气？试将他的行为与吕库古（Lycurgus）及罗马人对付犯罪者的温和态度相比……《旧约》（如同异教）赞同并要求动物献祭……你们为什么不接受上帝给予犹太人的律法？……你们说较早的律法……受到时间及地点的限制。但是我可以从摩西的书中引出十段甚至一万段文字，以证明他说过律法可以适用于各种时代。

当尤里安努力恢复异教信仰时，他发现其不但在教条及实际履行上南辕北辙，并且还较基督教充满更多难以置信的奇迹和神话，他了解到任何宗教如想赢得并感动一般人的话，其道德教条必须包含有声有色的奇迹、传说及仪礼。他深知神话的普遍性和古老性："我们无法知道神话始于何时，就如我们难以查出谁是第一位打喷嚏的人一样。"他容忍神话，并利用神话将道德观念灌输给未受教育的人。他再次叙述了大神母库柏勒（Cybele）的故事，以及大地之母（Great Mother）如何变成一块黑石，从弗里吉亚（Phrygia）被带到罗马城；没有人可以从其叙述中感到他怀疑过这块石头的神性，或是其转变的效力。他发现有必要利用感官上的象征以传递精神观念，他还认为密特拉教对太阳的崇拜，对一般人们而言，就如哲学家之尊尚理智及光明。这位诗人皇帝一挥而就写了一首赞美太阳神赫利俄斯（Helios King Sun）的诗，太阳乃是生命之源，人类无穷幸福的创始者；他认为太阳才是真正的神道（Divine Word），它创造并维持这个世界。除了"最高原则"（Supreme Principle）和"第一原因"（First Cause）外，尤里安还加上了古老异教信仰中数不清的大小神祇；他认为一位有容忍心的哲学家，将可以轻易容忍它们。

但是不要误以为尤里安是一位以理智取代神话的自由思想家。他斥责无神论是兽性的，并且他所宣扬的教条的超自然性，可与任何信仰相比。从来没有一个人所写的东西，会比尤里安赞美太阳的诗更为无聊。他接受了新柏拉图派的三位一体思想，认为柏拉图的创造性原型理念（Idea）与上帝之心相同，以为这些原型理念借助基督或智慧（Wisdom）为媒介创造了万物，并认为物质及肉体的世界是解放被束缚的灵魂和德行的阻碍。借着虔诚、善良及哲学，灵魂便可解放自己，以慎思精神的真实与法则升华自己，而与基督，或许最后与上帝合而为一。尤里安相信多神教的诸神是自然的力量，他无法接受他们的神人同形论，但是他知道一般人将很难了解哲学家的抽象思想，或是圣徒的神秘境界。无论公开或私下的场合，他都履行旧的仪式，将很多的牲口献祭给诸神，以致赞美他的人都为他的大肆屠杀而脸红。他率军与波斯征战时，经常像罗马的将军们一样留意各种征兆的意义，并听取解梦人的解说。

如同每位改革家一样，他也认为世界需要道德革新。为了达成这一目的，他并非仅仅设计外在的立法，而是采取宗教的途径以达人们的内心。他对埃莱夫西斯及艾菲索斯两地神秘仪式的象征意义留有深刻印象，他觉得没有比仪式更能启发新的崇高的生活了。他希望这种予人深刻印象的正式典礼，可以由少数贵族扩展到更多的人。根据利巴纽斯的说法，"他宁愿被称为神职人员，而不愿被称为皇帝"。他羡慕基督教神职人员的层级组织（hierarchy）、忠实的成员、礼拜的团体化、慈善义举的说服力。他为异教神职人员注入了新血液，筹组了以自己为首的异教教会，要求手下教会人员能够媲美并超越基督教人员，为人民提供教育，分配救济物给穷人，供应食宿招待陌生人，作良善生活的表率。他在每一个城镇都建立学校，以讲解异教信仰。他写信给其异教神职人员的语气，就像是意大利僧侣圣方济各写给同辈僧侣一样：

> 就如你们所想，你们怎样待我，我就怎样待你们一样，如果你们同意的话，让我们立下这个协定，我将告诉你们，我对你们各项事务的看法，同样地，你们对于我的言行，也应提出你们的意见。对于我们而言，我认为没有比这种互惠更有价值的了……我们应与所有人共享金钱，特别是善良、无助及穷苦的人们。这虽然有些矛盾，但我仍认为，将我们的衣服及食物与恶人共享，甚至也是一种虔敬的行为。因为我们所给予的对象是一个人的人性，而非其道德品性。

除了在教条方面，这位异教徒可以说是位基督徒；当我们浏览他的著作，并对他讲述的神话采取保留态度，我们会觉得他个性上许多可爱的发展，都是源于孩童及少年时注入他脑中的基督教伦理观念。然而他对宗教采取何种态度呢？他赋予基督教在传道、礼拜及习惯上的完全自由，并且召回被君士坦提乌斯放逐的正统主教。他停止国家对基督教会的资助，并且禁止基督徒在大学里讲授修辞、哲学及文学，他认为这些课程必须由异教徒讲授，才能引起共鸣。他结束了基督教教会人员免于付税的局面，同时也终止了主教们自由利用公共设备的特权。他禁止将遗产赠送给教会，使基督徒没有资格担任政府职位；他下令各地基督徒彻底赔偿他们在前几任皇帝统治期间对异教庙宇造成的损害，并且准许拆除建立在非法夺得的异教圣地上的基督教会堂。当他这种做法招致了混乱、不平及暴动时，尤里安设法保护基督徒，但是拒绝改变他的法令。他讥讽的口吻有时不像是出自一位哲学家。他提醒那些参与暴乱的基督徒说："你们的《圣经》劝勉你们要耐心忍受不幸。"凡是以侮辱或暴动来反抗这些法令的基督徒，都受到严厉的处罚；针对基督徒挑起暴乱或对其进行侮辱的异教徒，则仅受到轻微的处置。亚历山大城的异教徒，对取代亚他纳修的新主教乔治尤其仇恨；他发起一场游行，公开讽刺密特拉教的仪式，异教徒抓住了他，将他撕成碎片；只有很少基督徒奋起援救他，但在随后发生的混乱中，却有很多基督徒被杀或受伤（362 年）。尤里安原想惩罚暴乱的异教徒，但是他的顾问说服他仅向亚历山大城的民众发出一封强烈抗议的信函。这时亚他纳修从藏身处出来，重新担任主教职位；而尤里安认为此举并未征询他的意见，便命令亚他纳修辞职。这位老主教顺从了命令。但是次年皇帝去世，亚他纳修重回主教职位。10 年后，他以 80 岁高龄去世，一生享尽荣华，也备尝辛酸。

最后，尤里安的固执己见使得他的计划失败了。曾遭他迫害的人起而与他斗争，曾从他那里得到恩惠的人则对他态度冷淡。在精神上，异教已经死亡了；它对青年再也没有鼓舞的力量，对忧伤也没有安慰，对坟墓的另一端也提不出希望来。虽然也有一些新教徒，但大多数是期望获得政治上的晋升或是皇上赏赐的财物；有些城市恢复了正式的牲礼祭典，但只是为偿赎所得到的好处；在大神母的发源地珀西努斯（Pessinus），尤里安还需贿赂居民敬拜大地之母。许多异教徒将异教解释为享乐上的良心平安。他们发现尤里安比基督更为摒绝欲望，因此甚感失望。这位被认为是自由思想家的人物，乃是国内最虔诚的人，即使他的朋友们都认为跟他一样虔敬是滑稽的；他们可以说是怀疑主义者，私下嘲笑他落伍的神祇及热衷的大祭祀。在圣坛供奉牲礼的习俗，在东方和意大利以外的西方已几乎不存在了；人们认为那是一种不雅和令人不愉快的事。尤里安称他的运动是"大希腊主义"（Hellenism），但是这个说法令意大利的异教徒感到厌恶，他们对尚存在的任何希腊事物都加以鄙视。他太过依赖哲学论调，但这无法触及信仰的情感基础；他的著作只能为受过教育的人所了解，但是他们的教育水准又太高以致难以接受；他提倡的教条无法在人们的希望或幻想中生根。甚至在他去世前，他的失败就已确切无疑地显现出来。热爱他并哀悼他的军队，提名由一位基督徒继承他的帝位。

旅途的终点

他最后的伟大梦想是与亚历山大大帝及图拉真争雄，将罗马帝国的旗帜插在波斯的各个首府，并一举结束波斯对罗马帝国的威胁。他热切地整顿军队，挑选军官，修缮边境碉堡，并为通往胜利道路上的沿途城镇补给足够的粮草。362 年秋天，他到达了安条克，并集结兵力。城里的商人借军队的大量拥入而抬高物价，人们抱怨说："物品丰足，但样样昂贵。"尤里安召来商界巨子，请求他们不要贪图暴利。他们答应了，但是没有做到，最后他"规定每样物品的公平价格，并且公告天下"。也许是为了抑制物价，他从叙利亚和埃及等地输入 40万配克（Peck，1 配克等于 2 加仑）的谷物。商人抗议他所定的价格，说那令他们无法获利。他们暗里收购自外输入的谷物，而将他们本来的谷物运至其他城镇，结果安条克城钱财充斥，却无食物可购。不久，居民即指责尤里安干预市场买卖。安条克城的才子讥讽他的胡子和他极力奉承的已经死去的神祇。他写了一本小册子《憎胡者》（*Misopogon*）作为答复，该书的机智及光芒四射实不太符合皇帝的身份。他为胡子辩护，谴责安条克城居民的无礼、无聊、浪费、淫乱及对希腊诸神的冷漠。达佛涅（Daphne）是著名公园，曾经是太阳神阿波罗的圣地，如今已变成了游乐场所。尤里安下令禁止游乐活动，并恢复太阳神的圣坛，但是修复工作尚未完成便遭破坏。尤里安怀疑基督徒纵火，下令关闭安条克的大教堂，没收其财产。数名目击者被严刑拷打，一位教职人员被处死刑。他在安条克唯一感到安慰的，是他与利巴纽斯两人之间的所谓隽语高论。

军队终于整顿就绪，尤里安于 363 年 3 月出征。他率军渡过幼发拉底河和底格里斯河，追击败退的波斯人。但是波斯人撤退时采取焦土政策，烧毁粮草，使罗马帝国军队深受困扰。尤里安手下的军队几次濒临饥饿。在这项耗费精力的征战中，尤里安展现出令人称道的品德，他与手下军队同甘共苦，吃少量食物，在酷热和湍流中步行，每场战役都在第一线上作战。他的俘虏中有年轻貌美的波斯女人，但他从未打扰她们的私生活，也禁止任何人污辱她们。因为他领导有方，罗马帝国军队直抵泰西封（Ctesiphon）城的城门，并对其进行围攻，但是因为无法获得食物，终于被迫撤退。沙普尔二世选择两名波斯贵族，削去鼻子，命他们伪装成逃兵去见尤里安，设法引诱他到一处沙漠。两人奉命前往，尤里安竟然相信了他们的话，率军跟随这两人，深入一处没有水的荒地达 20 英里。当他欲率军脱出困境时，却遭到一支波斯军队的突袭。来犯的敌军被击退了。尤里安不顾自己没穿甲胄，领先追击。一支矛射入了他的侧身，穿过了肝脏。他从马背跌下，随即被送至一处帐篷，医生警告他说仅可以活几小时了。利巴纽斯称这支矛是来自于一位基督徒之手，同时波斯方面没有一人领取沙普尔所定下的杀死尤里安的奖金。索佐门（Sozomen）等基督徒均同意利巴纽斯的看法，并赞扬那位"为了上帝及宗教的缘故而完成如此勇敢行为的"刺客。尤里安临终的一幕（363 年 6 月 27 日）继承了苏格拉底和塞涅卡的传统。据阿米阿努斯的说法，

> 他躺卧在帐幕中，向他悲伤的战友说："朋友们，这正是我要离去的时候，我很高兴地将我的生命交回给大自然。"……所有在场的人都哭泣，但是他这时还显出其权威，指责他们不应为一位被召与上天及众星合为一体的人哀悼。他的话使得众人寂静无声，他与马克西姆斯和普里斯库斯两位哲学家讨论最难懂的灵魂高贵性。突然，他身侧的伤口裂开，血液的压力阻止了他的呼吸，他要求喝一口冷水，随即静静地去世，享年 32 岁。有传闻说他死时曾喊叫："基督，你征服了。"

这则故事首次出现于 5 世纪的基督教历史学家狄奥多勒（Theodoret）的著作中，但现在一般认为这只是传闻罢了。

身犯险境的军队需要另一位指挥官，各将领推选约维安担任重

任，他本是侍卫军的队长。新皇帝将戴克里先在70年前夺自波斯的五省之中的四省交给波斯，以便与之议和。约维安并没有因为宗教而迫害任何人，但是他不久便转而支持基督教。安条克的基督徒公开庆祝异教皇帝的去世。然而，大多数得意扬扬的基督徒领袖，都劝告教友们慷慨地忘却基督教曾遭受的迫害。"大希腊主义"尚需经过11个世纪，方能重新抬头。

第二章 | 蛮族的胜利

（325—476）

备受威胁的边境

罗马帝国包括 100 个国家，边界 1 万英里，它的任何一片领土随时都可能遭到未开化而贪图帝国财富的民族的入侵，而波斯只不过是这漫长边境线上的一个民族。波斯人是难以解决的问题之一，他们的势力日渐强大，不久后他们几乎重新征服了大流士一世（Darius I）在 1000 年前所占有的土地。在波斯之西是阿拉伯人，大多数是身无分文的游牧流浪者；最有见地的政治家也绝料不到这个阴郁的游牧民族终有一天会占据半个罗马帝国以及整个波斯。罗马帝国在非洲诸省份的南边是衣索匹亚人、利比亚人、柏柏尔人、努米底亚人及摩尔人（Moors），他们颇不耐烦地等待着罗马帝国防务或士气的崩溃。西班牙由险峻山岭和海洋包围，似乎将永远为罗马帝国所有。没有人预料到它在 4 世纪时会为日耳曼人所有，而于 8 世纪时又为穆斯林占据。高卢这时超过意大利，以属罗马帝国为荣，秩序安定、富有，拉丁诗歌及散文均臻繁荣；但在每一个历史时期，高卢均须抵抗人口繁殖迅速的条顿人（Teutons），而罗马帝国只能派出少数部队保卫属下的不列颠免受来自西方和北方的苏格兰人和皮克特人（Picts）的侵略，防止来自东方或南方的斯堪的纳维亚和撒克逊海盗的侵扰。挪威海岸是一连串的海盗巢穴，那里的人民觉得打仗不像耕种那样劳苦，并且认为不论为填饱肚皮还是打发闲暇，抢劫外国海岸乃是一项高贵的工作。瑞典南部及其岛屿曾是哥特人的早期住地，他们可能就是维斯图拉河（Vistula）地区的土著；总之他们如西哥特人一样向南扩展直至多瑙河，并且像东哥特人一样定居于德涅斯特（Dniester）河与顿河之间。在欧洲的心脏地带——由维斯图拉河、多瑙河和莱茵河等环绕的地区——蠢动着未来改变欧洲版图及现有国家名称的许多种族：图林根人、勃艮第人、盎格鲁－撒克逊人、朱特人、弗里西亚人、格庇德人、夸迪人、汪达尔人、阿勒曼尼人、苏维人、伦巴底人、法兰克人。面对这些种族浪潮，罗马帝国仅在不列颠建立防卫线，但也只不过是在边境的道路或河流偶尔设有堡垒和警卫队。帝国之外较高的生育率，及帝国内部较高的生活水准，使罗马帝国成为其他种族移民或入侵的对象。

也许我们应该改变将日耳曼诸族视为野蛮人的传统看法。当然，希腊人和罗马人称他们为"野蛮人"（barbari），那绝不是恭维。"Barbari"可能与梵文"varvara"一词有某种联系，后者意为"鲁莽无知之人"；"Berber"一词也有这种意味。五个世纪之间，日耳曼经由战争及贸易而影响了罗马文明，这自然会有所反映。到4世纪时，日耳曼人早已采用了文字，并已建立一个植根于稳定法律的政府。如果将墨洛温王朝（Merovingian）的法兰克人排除在外，则他们的性道德是高于罗马人和希腊人的。在这方面，我们的首要权威仍是道德主义的塔西佗；但同时参考博尼费斯主教的一封信（约756年）："在古代的撒克逊，如果一位未出嫁的处女，或是一位有夫之妇犯了通奸罪，人们便令她自尽，然后以火焚其尸体，并将奸夫吊其墓上；或者将她的衣服剥去直抵腰部，由妇女鞭打她，以刀刺她，直到结束其生命。"这真是维持道德规范的一种极端方法。虽然他们缺乏一个有文化的民族应有的礼貌和文雅，但他们的勇气、好客及诚实常令罗马人惭愧。他们生性残忍，但是在这一点上还未超过罗马人；他们对罗马法律准许施刑于自由人以强取口供或证言，可能会感到震惊。他们个人主义的程度几近混乱，而罗马人这时则已经变得友善、和平。他们的高层人士显露出对文学和艺术的爱好，斯特利考、里西梅尔和其他日耳曼人，完全融入了罗马的文化生活中，对他们所写的拉丁文，圣徒叙马库斯曾表示颇为欣赏。一般而言，入侵的各族——尤其是哥特人——几乎文明得足以欣赏程度更高的罗马文明，并且还能设法吸取这种文明而非破坏它。有两个世纪之久，他们所要求的，只不过是获准进入罗马帝国，并利用其荒废的土地。他们也积极参与帝国的防务。如果我们继续称 4 世纪和 5 世纪的日耳曼各族为野蛮人的话，那是习惯使然。

在多瑙河及阿尔卑斯山以南，人口日益膨胀的各族，已经由和平的移民或皇室的邀请，而进入了帝国境内。奥古斯都首创令野蛮人定居帝国境内的政策，以充实生殖力不强也不尚武的罗马人所留下的空旷土地及兵源缺乏的军团；奥勒留、奥勒利安（Aurelian）和普罗布斯（Probus）也都采取这一办法。4 世纪末，巴尔干半岛及高卢东部居民大都为日耳曼人。罗马帝国军队也是如此，许多政治和军事上的高职均在条顿人手中。罗马帝国曾经一度使这些人罗马化，而移入帝国的民族，已经使罗马人野蛮化了，罗马人开始效法野蛮人的样子穿毛皮衣，头发留得长长的；有些人甚至穿起长裤，这使皇帝愤怒并下令禁止。

入侵的主流来自遥远的蒙古平原。属于突雷尼人（Turanian）一支的匈奴，于 3 世纪占领了巴尔喀什湖及咸海以北地区。根据约丹尼斯（Jordanes）的说法，他们的主要武器是他们的相貌：

> 由于面貌的可怖，使得那些在战事上不见得比他们逊色的人大为恐惧。由于其黝黑面貌的可怕，敌人一见便在恐怖中逃窜，他们并有……奇形怪状的头，眼睛像针孔。小孩一诞生，就以残

酷无比的方式对待他们。他们以剑划破男婴的面颊，以使他们在
接受奶水的滋养之前，先学会忍受剑伤。因此小孩长大到老年时
不长胡须，脸庞留着刀疤。他们身材短小，行动敏捷，善骑马，
长于弓箭，肩部宽阔，脖子坚硬挺直。

战争是他们的事业，畜牧是他们的消遣。有一句谚语说："他们
的家园便是马背。"由于生存空间的紧张和东边敌人的逼迫，他们携
带了箭和刀剑，仗着勇气和速度，约 355 年侵入俄罗斯，征服并同
化了阿兰人（Alani），越过了伏尔加河（372 年），攻击乌克兰境内已
文明化的东哥特人。东哥特的百龄国王俄曼纳里克（Ermanaric）率
军勇敢奋战，终被打败，有些人说他是自杀身死。部分东哥特人投
降，并加入匈奴部队；有些则向西逃至多瑙河北岸的西哥特人土地
上。一支西哥特人的军队在德涅斯特河迎战匈奴，结果大败；西哥特
人部分残余民众，请求多瑙河地区的罗马帝国当局准许他们渡河，在
摩西亚（Moesia）和色雷斯两地定居。罗马皇帝瓦林斯说准许他们定
居的条件是放下武器，并以年轻人为人质。西哥特人终于渡河，却
遭到帝国官员及军队的抢劫；少女及男孩被迫成为好色的罗马人的奴
隶；但是这批新移民，经过一再的贿赂后，终于获准保有武器。罗马
人以高昂的价格售给他们食物，饥饿的哥特人以 10 磅的银子或一名
奴隶换一块肉或一条面包，最后哥特人被迫将子女卖为奴隶以避免饿
死。当他们有叛变之迹象时，罗马帝国的将军邀请其首领弗里提格恩
（Fritigern）参加宴会，企图借机加害。弗里提格恩幸得逃走，并鼓
动走投无路的哥特人发动战争。他们抢劫、放火、杀人，直到整个色
雷斯变成废墟。瓦林斯皇帝急急从东方赶到，率着一支由为罗马效劳
的野蛮人组成的劣等军队，在阿德里安堡（Hadrianople）平原会战哥
特人（378 年）。根据历史学家阿米阿努斯的说法，这场战役是自 594
年前的坎尼（Cannae）之役后，罗马军队最惨重的失败。哥特人的骑
兵击败了罗马的步兵，自此以后直到 14 世纪，骑兵的战略及战术，

成为了战争艺术的主流。在这场战役中，有2/3的罗马军队被歼，瓦林斯皇帝本人也受重伤。哥特人并放火焚烧他藏身的茅屋，这位罗马帝国的皇帝及随从人员均葬身火窟。战胜的一方挥军向君士坦丁堡，但是无法突破瓦林斯的寡妇多米妮卡（Dominica）指挥部署的防御圈。已经渡过不设防的多瑙河的东哥特人和匈奴人，与西哥特人会合，恣意蹂躏从黑海至意大利边境的巴尔干半岛。

救世诸帝（364—408）

在这种危机中，罗马帝国仍然有干练的君主出现。约维安（Jovian）逝世后，军方和元老院拥戴瓦伦提尼安为帝，他是坦直而不懂希腊人的军人，令人想起另一位皇帝韦斯巴芗（Vespasian）。经元老院同意，他任命弟弟瓦林斯为东罗马帝国的奥古斯都及皇帝，而自己则负责较为危险的西帝国。他重新部署意大利和高卢的边境防务，扩整军队，加强纪律，再度将入侵的日耳曼人驱逐至莱茵河以外。他在国都米兰，发布了开明的法律，禁止杀婴，设立大学，增加医药设施，减低税额，改革币制，防止政治上的贪污，宣布信仰上及礼拜的自由。但他有他的缺陷和弱点，他对敌人非常残酷，如果我们能相信历史学家苏格拉底的话，他使重婚合法化，以便能与查斯蒂娜（Justina）结婚。他的皇后曾经大方地向他描述她的美丽，结果种下了此种不幸。然而，他逝世得太早（375年），这是罗马帝国的悲剧。他的儿子格拉提安继承西方的帝位，但仅在一两年间效法父亲的作为，随后便沉迷游乐及打猎，将政事交给出卖官职的贪官污吏。马克西姆斯将他推翻，并入侵意大利，欲取代继承格雷先的瓦伦提尼安二世（格拉提安的同父异母兄弟）；但是东罗马帝国的新皇帝狄奥多西一世率军西征，打败了企图篡夺帝位的马克西姆斯，并使年轻的瓦伦提尼安二世得以稳固在米兰的帝位（388年）。

狄奥多西一世是西班牙人。他曾是西班牙、不列颠和色雷斯的名将。他曾说服战胜的哥特人参加其部队，从而使其停止对抗；他统治东方各省份时，除了宗教上的不容忍之外，可说是位贤君；半个世界都慑服于其英俊、威武、易怒、仁慈、合乎人道的立法及严格的正统神学思想。当他正在米兰过冬时，塞萨洛尼卡（Thessalonica）发生了当时常有的暴乱事件。皇帝派驻当地的总督波特里克（Botheric）将一位深受当地人爱戴的战车御夫以不道德的罪名关入狱中。当地人民要求总督将他释放，波特里克加以拒绝。结果群众击溃守卫部队，杀死总督及侍从，并将尸体剁碎，把肢解了的尸体当作胜利的象征，游街示众。这令狄奥多西一世大为震怒，他秘密下令处罚塞萨洛尼卡的所有居民。全城人民应邀到竞技场观看比赛，事先藏匿的军队突然发动攻击，屠杀了 7000 名男女及小孩（390 年）。狄奥多西一世随后下令，想收回第一道命令，可是为时已晚。

整个罗马世界对他的野蛮报复行为感到震惊，以禁欲基督教教义治理米兰教区的主教安布罗斯写信给皇帝说，除非皇上在人民面前公开赎罪，否则他将不能再在皇帝面前主持弥撒。狄奥多西一世虽然私底下悔悟，却不能公开接受这一侮辱以使权威受损。他试图进入教堂，安布罗斯亲自挡驾。数星期的白费工夫后，狄奥多西一世终于屈服，卸去一切帝位的象征，以谦卑悔过者的身份走入教堂，请求上天宽恕他的罪（390 年）。在教会与国家的战争之中，这是一次历史性的胜利和失败。

当狄奥多西一世返回君士坦丁堡时，发现年方 20 岁的瓦伦提尼安二世，实在无力处理所面临的那些问题。他的左右蒙蔽他，既贪财又夺权；他的民兵首领，异教徒、法兰克人阿博加斯特（Arbogast），俨然成了高卢的土皇帝；当埃尼安二世前往维埃纳展示其作为皇帝的威严时竟然被暗杀（392 年）。阿博加斯特是蛮族拥立君主的始作俑者，他拥戴一位温和而容易操控的学者为西罗马帝国的皇帝。尤金尼乌斯是基督徒，但与意大利的异教徒有很密切的关系，因此安布罗斯害怕他是另一位尤里安。狄奥多西一世再度西征以恢复正统，他带领的军队由阿兰人、伊比利亚人、哥特人、高加索人及匈奴人组成；他的将领中，有后来占领君士坦丁堡的哥特人盖纳斯，防卫罗马城的汪达尔人斯特利考以及抢劫罗马城的哥特人阿拉里克。在阿奎利亚（Aquileia）一场为时两天的战役中，阿博加斯特和尤金尼乌斯被打败了（394 年），尤金尼乌斯由其手下士兵交出而被杀，阿博加斯特则自刎而死。狄奥多西一世令其 11 岁的儿子霍诺留为西罗马帝国皇帝，并任命其 18 岁的儿子阿卡狄乌斯为东罗马帝国的皇帝。随后，由于连年征伐，他积劳成疾而于米兰去世，享年 50 岁。他一度统一的帝国又再度分裂，以后除了查士丁尼大帝（Justinian）曾经短期统一外，帝国再也无法统一了。

狄奥多西一世的儿子们养尊处优，懦弱而优柔寡断。他们道德优良、品性不恶，但他们并非暴风雨中的掌舵者，他们很快便无法掌握政权，行政及决策诸权悉落他人之手。东罗马帝国由贪婪的鲁菲努斯（Rufinus）掌权，西罗马帝国大权则落入能干而无所顾忌的斯特利考之手。398 年，斯特利考这个汪达尔人，安排其女儿玛丽亚嫁给霍诺留，自己做起了皇帝的岳父。但霍诺留是既无智慧又乏感情，他的时间耗费在喂养皇宫中的家禽上，结果玛丽亚在做了 10 年的妻子之后死去，死时仍然是个处女。

狄奥多西一世利用哥特人从事征战，并每年付给他们年费，终使他们和平相处。但他的继位者拒绝付给哥特人此种补助，斯特利考还解散了哥特人部队，无所事事的战士们渴望钱财和冒险，他们的首领阿拉里克不论在外交或战争上，手腕均胜过罗马人。他问他手下的人：为什么健壮自负的哥特人必须屈身做软弱的罗马人或希腊人的用人，而不利用自己的勇气和双手去从垂死的罗马帝国夺取一块属于自己的国土呢？就在狄奥多西一世去世后一年间，阿拉里克率领了住在色雷斯的几乎全部哥特人侵入希腊，毫无阻挡地通过温泉关，沿途屠杀所有役龄男子，奴隶妇女，洗劫伯罗奔尼撒半岛，毁坏位于埃莱夫西斯的神庙，雅典在将几乎全部钱财奉上之后才幸免于难（396 年）。

斯特利考曾驰往援救，可是为时已晚。他设法诱使哥特人陷入无可防守的境地，但是由于非洲发生了叛乱，不得不赶回西方，最后只能与他们议和。阿拉里克与阿卡狄乌斯订立盟约，哥特人获准定居于伊庇鲁斯（Epirus）。此后四年间，罗马帝国与之相安无事。

这些年间，昔兰尼的叙内西乌斯（Synesius），这个半是基督教主教、半是异教哲学家的人，在君士坦丁堡的阿卡狄乌斯宫廷，清晰有力地说明了希腊和罗马所面临的抉择。如果罗马帝国的公民继续逃避兵役，并且将国防信托给招募自威胁帝国的那些民族的军队的话，则罗马帝国将何以生存下去呢？他因此提议放弃奢华和安适的生活，征召帝国的人民服兵役，为自己的国土及自由而奋斗；他呼吁阿卡狄乌斯和霍诺留起而袭击帝国境内粗野无礼的蛮族，将其赶回黑海、多瑙河及莱茵河以外的他们原来的家园。宫廷上下称赞叙内西乌斯的演说非常精辟，然后又开始宴饮作乐。在这同时，阿拉里克却强迫伊庇鲁斯的兵器制造者，为其哥特军队打造足够的矛、盾、刀剑、头盔等。

401 年，他率军进犯意大利，沿途抢劫。数以千计的难民拥入米兰和拉韦纳，然后又逃至罗马城，农民都在有城墙的市镇避难，而富有人家则携带一切财物，奔往科西嘉、撒丁及西西里等岛。斯特利考将各省份的守卫部队全部调走以组成一支大军，抵挡哥特人的浪潮。402 年复活节早晨，他率军突击在波伦提亚的哥特军队，当时后者正暂停抢劫在做祷告。这次战役并没有确切的结果，阿拉里克是撤退了，但是很不幸地，却是撤往没有防卫的罗马城；后来霍诺留给了他很大一笔钱财，才劝服他离开意大利。

这位胆小的皇帝，当阿拉里克接近米兰时便想将首都迁往高卢，现在他又想找一个更安全的地方，结果认为拉纳那是理想地点，因为它周围的沼泽和礁湖，使其难以经陆路被攻占，而沙洲也使来自海上的攻击艰难无比。但是当蛮族的拉达盖苏斯（Radagaisus）率领着约 20 万的阿兰、夸迪、东哥特及汪达尔人等越过阿尔卑斯山，攻击日渐繁荣的佛罗伦萨城时，其新都仍像旧都一样危在旦夕。斯特利考再度发挥他的将才，以少胜多击败了这批蛮族，并将拉达盖苏斯绑缚给霍诺留。意大利再度可以休憩了，而由贵族、公主、主教、阉人、家禽及将军们组成的皇宫，又恢复了往日的奢侈，贪污盛行，充满风流韵事。

皇帝的掌玺官奥林匹乌斯（Olympius）既嫉妒又不信任斯特利考；他尤其厌恶这位大将军那么明显地再三为阿拉里克留下生路，认为他们两人都是日耳曼人，因此相当默契。他反对斯特利考对阿拉里克行使贿赂。但是霍诺留不能下定决心将为国服务 23 年，屡次告捷并拯救了西罗马帝国的斯特利考解职；但是当奥林匹乌斯说服皇帝，使皇帝相信斯特利考企图以其子篡夺皇位时，这位胆小的青年终于同意将他处死。奥林匹乌斯立即派遣一队士兵执行这项命令。斯特利考的朋友本想拒绝服从皇帝的命令，但他不让他们这样做，并自刎而死（408 年）。

几个月之后，阿拉里克再度侵入意大利。

意大利现状

西罗马帝国在 4 世纪末，重现了复苏与衰落、文艺兴盛与贫乏、政治浮华与军事凋敝的复杂景象。高卢兴盛了起来，并威胁到意大利在各个方面的领导地位。在帝国内大约 7000 万人口中，有 2000 万或更多是高卢人，而意大利人还不到 600 万；其余大多数是说希腊语的东方人；罗马城自从 100 年以后，就种族而言是一座东方城市。罗马城一度依赖东方而生存。罗马军团尽收十几个省份的产物和贵重金属，财宝充斥胜利者的官邸。这时征服停止，撤退正开始，意大利被迫依赖本身的人力及物质资源生存；但是这些资源又因为节育、饥荒、疫病、税捐、浪费及战争而大为减少。工业在这个严重寄生的半岛从未兴盛起来；其在东方及高卢的市场也已失去，帝国再也无法支撑城市人口的生活，人们只能在商店和家庭里做工以赚取施舍。同业公会由于王国之内投票机会少而无法出卖选票。国内贸易大为萧条，土匪横行；宽广的道路，虽仍较前一世纪的道路为佳，但已缺乏修缮而日见毁坏。

中产阶级曾是意大利城市生活的支柱；现在他们也因经济萧条和财政剥削而衰微。每个拥有财产的人，都得缴付日增的税额，以养活一个主要任务是收税的日见膨胀的官僚组织。有人讥刺说："依赖公家费用生活的人，要比供给这些费用的人为多。"贪污吞噬了大部分的税收，有 1000 种法律专门阻止、侦查或处罚盗用政府收入或财产的罪行。许多收税官员向单纯的民众超收税额，而将多收的部分中饱私囊；如果得到报酬的话，他们会减轻富豪的税额。罗马皇帝们均努力做到诚实的收税。瓦伦提尼安一世在每一个城镇任命一位市保护官，以保护人民免受税吏狡诈的欺骗；霍诺留则减轻财政困难城镇的税额。但是如果我们信赖萨尔维安（Salvian）的说法，那么就会看到有些人越过边界，宁愿生活在那些尚未学会税收的蛮族国王的统治下。"税吏似乎较敌人更为恐怖。"在这种情况下，人们对养育子女感到畏惧，人口因之大大减少。数以千计的可耕地无人耕耘。此种现象与城市中残余的财富，引致了渴望占有土地的蛮族的入侵。许多拥有土地的农民，由于无能力付税，或是无力保卫自己的家园免于侵犯或抢劫，只好将产业交给更有钱或有力量的地主，而变成其耕种者，他们将产物、劳力及时间的一部分给予地主，以换取生存保障及战时的保护。因此意大利虽然不曾经历完全的封建制度，却是率先为封建制度立下根基的国家之一。在埃及、非洲和高卢，同样的制度也在形成。

奴隶制度慢慢衰微，在一个先进的文明中，没有一样东西可以取代自由人的高低不同的工资对利润及经济的刺激作用。唯有在奴隶充足且便宜时，使用奴隶才合算。由于罗马军团不再从外面带回奴隶，奴工的代价已上涨；而政府力量已削弱，因此奴隶可以轻易逃走。此外，奴隶生病或年老时，还必须照顾他们。随着奴隶的代价上升，主人较为妥善地看待他们，以保护在他们身上的投资；但是在某种范围内，主人对他们仍握有生死大权，可以援引法律以逮捕脱逃的奴隶，并且可以随心所欲地在男女奴隶身上发泄兽欲。派拉的波利努斯（Paulinus）对年轻时的"贞洁"欣然自喜，那时"我克制欲望……从未接受一位自由女人的爱……而仅满足于家里的女奴隶所给予的性爱"。

这时，大多数富人均住在乡村别墅，以躲避城市的混乱和暴民。然而，大多数的意大利财富仍然流向罗马城。这个大都市已不是首都，难得有皇帝莅临，但它仍然是西罗马帝国社会及知识的中心。这里有意大利新贵族阶层的显贵——不是以往的世袭阶级，而是依据土地财产而定。虽然元老院已失去了一些声望和大部分的权力，元老们仍然过着豪华虚伪的生活。他们有才能担当重要的行政职位，并以私人金钱提供大众娱乐。他们的府邸充满奴仆和昂贵的家具，一张地毯的价钱相当于 40 万美元。叙马库斯和西多尼乌斯等人的信函，及克劳狄安的诗歌，透露了贵族生活较为美好的一面：社会及文化性的活动，对国家的忠诚服务，亲善的友情，夫妇的忠贞，亲情的温暖。

5 世纪，马赛的一位教士描绘了意大利和高卢生活中较不光彩的一面。萨尔维安所写的《论神治》（On the Government of God）一书，与奥古斯丁的《上帝之城》（City of God）和奥罗西的《对抗异教徒的历史》（History Against the Pagans）等书，都讨论同样的问题——蛮族入侵的罪恶如何与既神圣又仁慈的上帝调和。萨尔维安以为这些苦难是对罗马帝国经济剥削、政治腐败和道德堕落的公平惩罚。他明确地告诉我们，在蛮族社会中绝见不到富人对穷人如此无情的压迫；蛮族的心肠较罗马人软；只要穷人有交通工具，他们便会集聚到蛮族的国度。这位道德家又说，罗马帝国境内，不论贫富，基督徒或异教徒，同样深陷历史上难得一见的堕落深渊；通奸和酗酒都是时髦的罪恶，美德和节制成为耻笑的对象，基督之名在奉之为上帝的人们之中成为了亵渎神明的字眼。塔西佗指出，与之相对照的是日耳曼人的健康、活力及勇敢，他们对基督教的虔诚，及他们对被征服的罗马人的仁慈，他们相互的忠诚，婚前的禁欲和婚后的忠贞。一位汪达尔酋长在攻占信仰基督教的迦太基时，发现几乎每一个角落都有一所妓院，因此大感震惊；他关闭了所有妓院，并让妓女们在婚姻与被放逐之间选择。罗马世界正在衰败之中，丧失了所有的道德勇气，并将防务交给外籍佣兵。这些懦夫怎么还配生存下去？萨尔维安下结论说：罗马帝国"不是已死亡，便是奄奄一息"，即使在其奢侈和竞技的最高峰亦是如此。它笑了，也死了。

滔滔之言常难公允，虽然夸张些，但这确是一幅可怕的景象。无疑，当时正如现在，美德羞怯地低首，罪恶、不幸、权势和犯罪几乎占了全部角落。奥古斯丁出于与之相似的说教目的，也描绘了几乎同样黯淡的一幅景象：他抱怨教堂空无一人，人们都拥到剧院观赏舞女展露她们没有遮拦的美妙胴体；在公共竞技场合中仍然可以看到罪犯和俘虏被屠杀，而人们将之视为玩乐。我们是在读到叙马库斯的著作时，臆测到此种残酷行为的。他写道，他曾为一次庆典活动而花费约90万美元，而预定在竞技场中角斗的29名撒克逊斗士却在竞技开始之前互相残杀而令他受骗。在4世纪的罗马城，一年共有175个节日，有10个节日是斗士比赛，64个是马戏团表演，其余则在剧院表演。蛮族就是利用罗马人这种对模拟战争的爱好而攻击迦太基、安条克和特里尔等地，因为彼时当地人正沉醉于竞技场或马戏团的表演。404年，罗马城曾举行角斗比赛，以庆祝斯特利考在波伦提亚的一次还根本不能确定的胜利。比赛进行之际，一位东方僧侣忒勒玛科斯（Telemachus）从看台跃入竞技场，要求立即终止比赛，不想竟引起流血事件，愤怒的观众用石头将他击毙。但是霍诺留皇帝为这景象触动，下令废除斗士竞技。我们唯一的根据的是安条克的狄奥多勒所写的《教会史》（*Historia Ecclesiastica*），这个故事可能是捏造的。马戏竞技继续到549年，因为在与哥特人的战争中，罗马城的财富消蚀殆尽，这才被迫停止。

就文化而言，自从普林尼和塔西佗两人以来，罗马城从未经历这样繁盛的一个时期。音乐是当时的风尚，历史学家阿米阿努斯抱怨音乐取代了哲学的地位，并将"图书馆变成了坟墓"；他描写了巨大的水力风琴及像马车一样大的七弦琴。学校众多，叙马库斯说人人均有机会发展其才能。由政府支薪的教授，在"大学"里讲授文法、修辞学、文学和哲学，学生们来自西帝国各省份，而与此同时，环伺帝国的蛮族则耐心研究战法。每一文明都是野蛮之树的一颗果实，而在距离树干最远的地方掉落。

365 年，一位叙利亚的希腊人，安条克的阿米阿努斯·马尔克利努斯来到了有百万人口的罗马城。他出身高贵，面貌英俊。他曾在美索不达米亚的乌尔西奇努斯（Ursicinus）手下当兵，参与了君士坦提乌斯、尤里安和约维安等人的征战；他在写作之前已有丰富的生活经验。当东罗马帝国恢复和平时，他退休到了罗马城，并从事撰写自涅尔瓦（Nerva）皇帝至瓦林斯皇帝的罗马帝国历史，以完成李维和塔西佗两位历史学家未竟的伟业。他的拉丁文艰深而复杂，就如德国人写法文一样；他看塔西佗的著作太多，而说希腊语的时间太长。他是位坦诚的异教徒、尤里安的崇拜者，蔑视罗马城各主教的奢侈。即使如此，他大体上还算公正，赞扬基督教的许多方面，谴责尤里安对学术自由的限制"将永远令人难以启齿"。他在当兵时利用一切时间自学。他相信恶魔和妖术，并引用他的敌对者西塞罗的话来赞美占卜。大体而言，他是位坦白而诚实的人，对各党派和所有人都公平无私，"我写的并没有辞藻的虚饰，只是完完全全忠实于事实"。他厌恶压迫、奢侈、浮华，只要发现这种现象，他便坦诚说出自己的看法。他是最后一位古典历史学家，在他之后，拉丁世界中只有编年史家，而没有历史学家。

罗马城的风尚习俗在阿米阿努斯眼中是势利而堕落的，但是马克洛比乌斯在同一城市中发现人们不但有钱，还以礼节、文化及慈善等使财富益增光彩。他是一个学者，喜爱书籍和宁静的生活。399 年，他却担任罗马皇帝的使者，前往西班牙。他对西塞罗《西庇阿之梦》

（*Dream of Scipio*）的评论成为了新柏拉图神秘主义和哲学的一个通俗
范本。他的杰作《农神节》（*Saturnalia*）被近 1500 年以来几乎每位历
史学家引用，这书堪称文学珍闻，作者收集了他日夜研读的各种特殊
收获。他虽剽窃奥卢斯·杰利乌斯（Aulus Gellius）的著作，但在一
定程度上加以改善，也就是将他的材料变成真人之间的假对话——普
拉埃特克斯塔图斯、叙马库斯、弗拉维安、塞尔维乌斯及其他人——
这些人聚在一起，以美酒、佳肴及博学的谈话庆祝为期三天的农神
节。一位医生迪萨里乌斯（Disarius）被问到了某些医学上的问题：
简单的饮食是否胜过丰富的饮食？——为什么妇人甚少喝醉酒，而年
纪大的男人则经常喝醉？——妇人天性较男人冷静或暴烈？还有对历
法的讨论，长篇大论地分析诗人维吉尔使用的字汇、文法、文体、哲
学及抄袭；各时代名言的收集；论佳肴和山珍海味。晚间，这些学者
则喜欢谈些较轻松的话题：为什么我们害羞会脸红而恐惧则面色苍
白？——为什么秃头现象始自头顶？——鸡与蛋，何者先有？在这个
杂集中经常可以见到一些崇高的文字，例如元老普拉埃特克斯塔图斯
（Praetextatus）在谈到奴隶制度时说：

> 我对人的尊重不是依据他的地位，而是依据他的礼貌和道
> 德。前者缘自机遇，后者来自个性……埃万耶卢斯，你要结交朋
> 友，不但要在会堂或元老院去找，而且要求诸自己的家庭。善
> 待你的奴隶，容许他与你交谈，有时甚至与他推心置腹，我们
> 祖先曾去除主人的高傲和奴隶的自卑，而称前者为家长（pater
> familias），后者为家庭之一员（familiaris）。你的奴隶将因此更尊
> 敬你而非惧怕你。

约 394 年，与上述类似的一些人，接受一位为罗马城的光辉咏
唱最后诗篇的诗人加入他们的圈子。克劳狄乌斯·克劳狄安努斯
（Claudius Claudianus）即克劳狄安，和阿米阿努斯一样，他们都出生

于东方，以希腊语为母语；但是他一定早年便学过拉丁文，因此能写得如此流利。他在罗马停留了短暂时间后到了米兰，在斯特利考幕下找到了一个职位，成为了霍诺留皇帝的非正式桂冠诗人，还娶了位出身高贵又有钱的太太；克劳狄安胸怀野心，渴望飞黄腾达，不想死后被埋在公共墓地。他写下优美的诗篇颂扬斯特利考，而以极尽辱骂的诗歌攻击他的敌人。400年，他回到了罗马，在一首题为《执政官斯特利考》(On the Consulate of Stilicho)的诗中，他写下了可以与维吉尔媲美的永恒之城市的颂词：

> 执政官几可与众神相比，是地球上最大城市的保护者，其胸怀之广阔非肉眼可以测量，其美非任何想象力可以描绘，无人可以加以适当的赞美，它在众星拱月下立起了金黄头顶，天上七界便是模仿它的七山；它是武器和法律之母，伸张权威于全球，是司法的最早摇篮；它出身寒微，但势力及于两极，力量从一小地方延伸，而与太阳毗邻……它接纳被征服者于其怀中，像位母亲而非皇后，在一共同名字之下护卫整个人类，召集被其击败者共享其公民权，以博爱吸引了遥远的种族。靠着它的和平统治，世界成为我们的家，我们可以四处为家，寻觅地球极北，探访其曾令人畏惧的荒野，而那现在只不过是游乐；靠着它，所有人都可饮用罗讷河之水，畅饮奥龙特斯河之流。靠着它，我们成为一个民族。

满怀感激的元老院在图拉真皇帝会堂为克劳狄安立了像，尊之为"最光荣的诗人"，他的诗结合了维吉尔的美妙措辞和荷马的磅礴气势。他又写了一些获得报酬的诗词之后，即将其才华贯注于《普洛塞皮娜之劫》(The Rape of Proserpine)一书，以足以久久萦系脑际的海陆景象和令人忆起当时希腊爱情传奇的细腻手法重说故事。408年，斯特利考遭到暗杀，他的许多朋友也被逮捕和处决。其后我们就不知克劳狄安的踪迹了。

如同在雅典和亚历山大城一样，罗马有相当多的异教徒，到 4 世纪末，仍有 700 座异教庙宇矗立在那里。约维安及瓦伦提尼安一世，似乎都未关闭尤里安所开放的异教庙宇。在罗马的异教僧侣仍然 (394 年) 在其圣院中聚会，牧神节 (Lupercalia) 仍以古老而半野蛮的典礼庆祝，誓言之街 (Via Sacra) 偶尔回响着预知被驱往神庙作为牺牲的牛的哀鸣。

其后罗马异教徒中最受尊敬的是维提乌斯·普拉埃特克斯塔图斯 (Vettius Praetextatus)，他是元老院中异教徒多数派领袖。人人都承认他的德行——正直、博学、爱国、美好的家庭生活，有些人将他比为老加图 (old Cato) 和辛辛纳图斯 (Cincinnatus)。但是时至今日，他的朋友叙马库斯更为人熟知，叙马库斯的信札为那些死亡前夕尚自认为能够长生不死的沉迷的贵族社会，描绘出一个美好的景象。他的家人也似乎是长生不死的，他的祖父于 330 年任执政官，他的父亲于 364 年任治安官；他本人 384 年出任治安官，而于 391 年膺任执政官。他的儿子是司法官，孙子于 446 年任执政官，曾孙于 485 年任执政官，玄孙于 522 年同任执政官。他的财富无数。他在罗马附近有 3 座别墅，在拉丁姆 (Latium) 有 7 座，那不勒斯湾有 5 座，此外在意大利其他地方还有别墅，因此 “他可以在意大利半岛南北旅行，而到处为家”。没有人嫉妒他的财富，因为他为人慷慨，终身读书、为国服务、毫无瑕疵的品德以及数不尽的善行。基督徒和异教徒，野蛮人和罗马人都是他忠实的友人。也许他异教徒身份的重要性超过了爱国者，他觉得他所代表和享受的文化，是与古老宗教不可分割的；他深知两者互为支柱。对古代仪典的忠实，使市民成为自罗马城先祖罗慕路斯至瓦伦提尼安不间断链条中的一环，并会逐渐爱上 1000 年来如此完美的一个城市和文明。市民们选择昆图斯·奥雷利乌斯·叙马库斯作为他们信奉诸神奋斗的代表并非没有道理。

380 年，格拉提安皇帝受到能言善辩的安布罗斯的影响，开始热烈遵奉正统派，宣称所有其统治下的民族均应接受《尼西亚信经》，并指责遵奉其他信仰的人都是疯子。382年他下令帝国或市镇财政当局停止资助异教典礼；没收属于各庙宇和僧院的所有土地；并拆除奥古斯都于公元前29年立在罗马元老院中的胜利女神雕像，已有12代元老在这座雕像面前宣誓效忠于皇帝。元老院指定叙马库斯率领一个代表团向格拉提安说明雕像的问题，格拉提安拒绝接见代表团，并且下令将叙马库斯逐出罗马城（382年）。383年格拉提安被刺身死，满怀希望的元老院派出代表团谒见新皇。叙马库斯在瓦伦提尼安二世面前的陈情被认为是雄辩的杰作。他辩称突然禁止近1000年来维系社会治安与国家威望的宗教信仰，是不妥当的。毕竟，"每个人为寻求真理而走不同的路又有什么关系？只经由一条路，人们绝对无法了解其中的神秘"。

年轻的瓦伦提尼安二世被感动了。安布罗斯告诉我们说，当时御前会议上的基督徒都建议恢复胜利女神雕像，正奉命出使国外的安布罗斯却写了一封态度强硬的信函给皇帝，推翻了御前会议的决定。他对叙马库斯的论调一一予以有力还击。事实上，他甚至表示，如果叙马库斯的陈情获准，他便将开除皇帝的教籍。"皇上可以进入教堂，但是将不会有神职人员去接待陛下，或是陛下将会被他们禁止入内。"瓦伦提尼安终于拒绝了元老院的陈情。

393年，意大利的异教徒做了最后一次努力，冒着一切危险发动了革命。半异教徒的尤金尼乌斯皇帝，东罗马帝国皇帝狄奥多西拒绝承认他，但西方的异教徒支持他，恢复了胜利女神雕像在元老院的地位，并扬言在打败狄奥多西之后，他们将把他的马匹关入基督教的教堂。叙马库斯的女婿尼科马库斯·弗拉维安努斯（Nicomachus Flavianus）率领一支军队前往支援尤金尼乌斯，失败后自杀身亡。狄奥多西率军进入罗马，强迫元老院下令废除各种形式的异教信仰（394年）。当阿拉里克洗劫罗马时，异教徒们认为是被他们忽视的诸神震怒，才使罗马遭受此种耻辱。信仰之争粉碎了人民的团结和士气，当侵略浪潮汹涌而至时，他们只能以相互诅咒和不同的祈祷去应对。

蛮族浪潮

斯特利考被赐死后，奥林匹乌斯下令屠杀数以千计的斯特利考的部下，包括他的蛮族军团首领。在阿尔卑斯山外期待这个机会的阿拉里克立刻抓住这个好机会。他抱怨说，罗马人答应给予他的 4000 磅黄金尚未付清；为了获取这笔黄金，他将以最高贵的哥特青年作为人质，以示忠诚，而当霍诺留拒绝时，他立刻率军越过阿尔卑斯山，抢劫阿奎利亚和克雷莫纳（Cremona），并赢得了首领已被屠杀的 3 万名雇佣兵的支持，随即沿弗拉米尼安（Flaminian）大道冲下，直抵罗马城门（408 年）。他所向披靡，只有一个僧侣指斥他是强盗，阿拉里克却宣称是上帝指挥这次入侵，而使那位僧侣莫名其妙。惊慌的元老院，正如得知汉尼拔入侵罗马时一样，临危不知应变而采取野蛮手段，怀疑斯特利考的遗孀是阿拉里克的同谋者而将她处死。结果阿拉里克切断每条通向罗马城的道路，使罗马城几乎断绝食物的供给。不久，罗马城内人民开始挨饿，男人互相残杀，女人杀死小孩，以人肉为食。罗马最后派出一个代表团去求见阿拉里克。代表团警告他说，有 100 万罗马人民准备抗拒到底。他置之一笑，并答道："草愈浓密，愈容易铲除。"最后他态度有所缓和，答允在收到罗马城内所有的金银及有价值的动产之后立刻撤军。罗马城的使者便问道："如此一来，我们还能留下什么呢？"阿拉里克不屑一顾："你们的生命。"罗马人民选择作进一步的抵抗，但是饥饿迫使他们投降。阿拉里克共得到了 5000 磅黄金，3 万磅银子，4000 件丝袍，3000 件皮衣，3000 磅辣椒。

同时，无数蛮族奴隶逃离罗马主人，加入阿拉里克的军队。此时哥特族一位首领萨鲁斯（Sarus）叛离阿拉里克而投效霍诺留，并带去大批哥特族人，转而袭击蛮军主力。阿拉里克认为这是对所订和约的破坏，便再度率军围攻罗马城。一位奴隶为他打开城门，哥特人蜂拥而入，800年来这个伟大的城市首次被敌人攻占（410年）。连续三天，罗马城受尽掳掠，仅有圣彼得和圣保罗两大教堂幸免于难，而使在教堂内避难的难民逃过一劫。匈奴人及奴隶不受约束，数以百计的富人被屠杀，妇女遭奸淫和杀戮；横卧街道各处的尸体根本无力埋葬。数以千计的人被俘，霍诺留的妹妹加拉·普拉西狄亚也是其中之一。金银被抢劫一空，艺术品被融化以取得其中的贵金属；许多奴隶认为这些财富及美丽的艺术品剥削他们的劳动、耗尽他们的血汗，而将许多雕刻及瓷器恣意毁坏。阿拉里克后来整顿了军纪，并率军南行征服西西里岛。但是就在同年，他患上热病，死在科森扎（Cosenza）。奴隶们将布森托（Busento）河的河水引走，为阿拉里克凿出一个安全而宽广的墓穴，河水最后又被引回原来的河道。为了掩盖坟墓的所在，凡是参与这项工程的奴隶均被杀死。

阿拉里克的内弟阿道夫（Adolf）被拥戴为王。他答应从意大利撤军，但是条件为将普拉西狄亚送给他为妻，同时他手下的西哥特人，作为罗马的盟友必须得到高卢南部，包括纳博讷（Narbonne）、图卢兹（Toulouse）及波尔多（Bordeaux）等地，以成为他们的自治王国。霍诺留拒绝了这门婚事，普拉西狄亚却同意嫁给阿道夫。这位哥特酋长宣称，他并不想摧毁罗马帝国，而是在保存和强化它。他率军退出意大利，并且巧妙地运用外交手腕和武力建立了西哥特人的高卢王国，首都设于图卢兹（414年），但它理论上仍是罗马帝国的一部分。一年之后他被刺杀。深爱着他的普拉西狄亚愿意终身守寡，但是霍诺留将她赐给一位将军君士坦提乌斯（Constantius）。在君士坦提乌斯（421年）及霍诺留（423年）相继去世后，普拉西狄亚拥立其子瓦伦提尼安三世即位并摄政，其后25年一直统治着西罗马帝国，才干不让须眉。

在塔西佗的时代，汪达尔便是人数众多而强大的民族，占领着今普鲁士的中部及东部地区。到了君士坦丁大帝时他们已经南移至匈牙利。他们的军队被西哥特人大败之后，残余的汪达尔人要求准予他们越过多瑙河而进入帝国境内。君士坦丁大帝同意了，此后70年间，他们便在潘诺尼亚（Pannonia）繁衍起来。阿拉里克的胜利激起了他们的想象力；阿尔卑斯山外的罗马军团回撤保卫意大利，富庶的西罗马帝国防备空虚令人垂涎欲滴。406年，大批汪达尔人、阿兰人等蜂拥越过莱茵河洗劫高卢。他们抢掠美因茨城，屠杀了许多居民。他们又往北抵达比利时，洗劫特里尔城。他们筑桥渡过默兹河及埃纳河，抢劫兰斯、亚眠、阿拉斯及图尔奈等城，几乎直抵英伦海峡。随后他们南下，越过塞纳河及卢瓦尔河，到达亚奎丹（Aquitaine），在各个城市中，他们疯狂地发泄怒气，仅有图卢兹因为该地主教埃克苏珀里乌斯（Exuperius）率兵英勇抵抗而幸免于难。他们在比利牛斯山稍作停留，随后又挥军东行，洗劫纳博讷。高卢从未遭到过如此彻底的蹂躏。

409年，他们率领10万人进入西班牙，西班牙的遭遇正如高卢及东罗马帝国一样。罗马帝国的统治带来了繁重的课税，也带来了有秩序的行政，财富集中于广大的地产上，居民沦为奴隶、农奴、贫穷的自由人；但是仅仅因为安定和法治，西班牙当时已成为罗马帝国中最富庶的省份，而梅里达、卡塔赫纳、科尔多瓦、塞维利亚及塔拉戈纳等城也是罗马帝国中最富庶和最有文化的城市。但是这个看似安全的半岛也终被汪达尔及阿兰等族入侵。此后两年间，从比利牛斯山到直布罗陀海峡均遭他们抢劫，他们甚至将征服之手伸向非洲海岸。霍诺留由于不能以罗马帝国本身的力量保卫罗马帝国，遂贿赂高卢西南地区的西哥特族为帝国夺回西班牙；他们的首领瓦利亚（Wallia）通过有计划的征战完成了任务（420年）；苏维汇族退到西班牙西北部，汪达尔人则往南进入安达卢西亚（Andalusia）。瓦利亚将西班牙交回罗马帝国，使得不讲信用的罗马帝国外交使者蒙羞。

汪达尔人仍然渴望着征服和获取粮食，于是越境进入非洲（429年）。如果我们可以相信普罗克匹乌斯和约丹尼斯两人的话，那么他们是受罗马帝国非洲总督博尼费斯的邀请而来的，因为卡尼法斯希望得到他们的协助，以对付他的敌手埃提乌斯，也就是斯特利考的继承者。这个故事似乎令人难以置信。总之，这位汪达尔国王非常干练，策划出这项计划的该撒里克是颇为自负的奴隶私生子，跛脚但健壮，自律甚严，勇敢善战，脾气暴躁，对敌残酷，但是对谈判和战争颇具天分。抵达非洲以后，他手下的8万名汪达尔及阿兰战士、妇女和小孩，立即与久已痛恨罗马帝国统治的野蛮摩尔人结合在一起；同时，受到正统基督徒迫害的多纳图派（Donatist）教徒这时也欢迎他们的到来。在罗马帝国属下的北非大约800万人口中，卡尼法斯仅能召集极少数的人协助他组建一支小型的正规军；他被该撒里克的优势人马击溃后，便逃至希波（Hippo），年迈的圣奥古斯丁激励当地人民英勇抵抗。这个城市连续14个月遭受围攻（430—431年），然后该撒里克撤军去迎战另一支罗马帝国的军队，并且大败之，结果瓦伦提尼安的使节签署一项和约，承认汪达尔对非洲的征服。该撒里克一直都遵守这项和约，直到有一天，罗马帝国军队疏忽警戒，他立即率军，以迅雷不及掩耳之势，不费一兵一卒，轻取富庶的迦太基（439年）。当地的贵族及天主教僧侣的财产均被剥夺，人或被逐或被奴役；教会及教外的财产被搜括一空，他们利用严刑拷问以获知隐匿财物的地点。

这时该撒里克年纪尚轻，却是位能干的行政长官，将非洲治理得井井有条，并且喜欢征战。他建立了一支大舰队，抢劫西班牙、意大利及希腊等地海岸。没有人知道他那满载骑兵的舰只，在何时何地登陆；在罗马帝国历史中，地中海西部从未遭遇如此肆无忌惮的蹂躏。最后罗马皇帝牺牲了帝国两都赖以维生的非洲谷物，而与这位蛮王缔结和约，甚至答允将一位公主许配给他为妻。即将倾覆的罗马城，还像往常一样继续着玩乐欢笑的生活。

自从匈奴人渡过伏尔加河，从而导致蛮族入侵罗马帝国以来，已经有75年之久。他们再进一步向西缓慢移动，不像阿拉里克及该撒里克的征服，而像散布美洲大陆的移民一样，逐渐地在匈牙利及其附近定居，并且统治了许多日耳曼部落。

约 433 年，匈奴王鲁阿（Rua）去世，而将王位让给侄儿布莱达（Bleda）和阿提拉两人。布莱达约 444 年被杀——有人说是被阿提拉所害——阿提拉（哥特语"小父亲"之意）统治着多瑙河以北从顿河到莱茵河的各个部落。哥特历史学家约丹尼斯对他的描写如下，但是我们不知道其中准确的成分有多少：

> 他降生到世界便是要震撼各国，他是各地的灾星，有关他的谣言使全人类胆战心惊。他走路姿态高傲，眼珠滚滚转动，以致他高傲的样子处处表现于他的动作之中。他真是喜好战争，但是行动有节；善于计谋，仁慈对待请求者，对于曾受其保护的人均慈悲为怀。他的身材短小，胸膛宽阔，头部甚大；眼睛细小，胡须稀疏，散发灰光，鼻子扁平，脸色黝黑，一眼看过去，就知他系出何族。

他与其他蛮族征服者的区别，在于他重视诡计远胜于武力。他利用族人的异教迷信，神化他的君权；有关他残酷作风的夸大传闻，促成了他的胜利；最后，甚至他的基督徒敌人都称他是"上帝之鞭"，他们对他的狡诈恐惧万分，认为唯有哥特人可以拯救他们。他既不能听也不能写，但是这无损于他的智慧。他不是个老粗，他有荣誉感和正义感，往往比罗马人显得更为慷慨大方。他的生活和衣着朴素，饮食有节制，他让他的手下享受奢华，他们喜爱展示金银器皿、马具、刀剑以及证明他们妻子心灵手巧的精细刺绣。阿提拉有许多房太太，但是他轻视在罗马及拉韦纳两城某些人中流行的一夫一妻制与淫乱生活的混合体。他的宫廷是巨大的木头建筑，地面及墙壁都铺以木板，但是装饰着雕刻精美和磨光的木制品，并铺上地毯和毛皮御寒。他的首都可能是位于今布达（Buda）市的一个大村庄——布达市直到本世纪仍被某些匈牙利人称为"Etzelnburg"，即"阿提拉之市"。

这时（444 年），他已是欧洲最具权威的人。东罗马帝国的狄奥多西二世及西罗马帝国的瓦伦提尼安，均向他朝贡以换取和平，同时对帝国人民宣称是一个附庸国对帝国效劳的报酬。阿提拉既然可以召集 50 万人马从事征战，因此认为实在没有理由不做全欧洲及近东地区的主人。441 年，他率军渡过多瑙河，攻占锡尔米乌姆、辛吉都努姆（Singidunum）、奈苏斯（Naissus），并威胁到君士坦丁堡。狄奥多西二世派军迎击，但吃了败仗；东罗马帝国只好将每年的进贡从 700磅黄金提高为 2100 磅以换取和平。447 年，匈奴人侵入色雷斯、色萨利及西徐亚，洗劫 70 余城，掳获数千人作为奴隶。被俘的妇女均被征服者纳为妻室，从而开始了好几代的血统混杂，使蒙古人的特征遗留在巴伐利亚人身上。这些匈奴人侵并破坏整个巴尔干半岛达 4 个世纪之久。有很长一段时间，多瑙河不再是东西方之间商业的主要要道，两岸的城市因之趋于没落。

阿提拉心满意足地蹂躏东罗马帝国之后，回头转向西罗马帝国，找了一个不寻常的战争借口。瓦伦提尼安三世的妹妹霍诺里娅（Honoria），被一位大臣诱奸而逐到君士坦丁堡。为了逃走，她不惜采取任何手段，将她的戒指派人送给阿提拉向他求援。别具幽默感的匈奴王却将这枚戒指解释为霍诺里娅向他求婚，他立即要将霍诺里娅据为己有，并且宣称半个西罗马帝国将是她的嫁妆。瓦伦提尼安的大臣们提出抗议，阿提拉则对罗马帝国宣战。他真正的理由，乃是东罗马帝国的新帝马西安拒绝继续向他进贡，而瓦伦提尼安也与马西安行动一致。

451 年，阿提拉率领着 50 万人马开向莱茵河，洗劫并放火焚烧特里尔和梅斯（Metz）两城，屠杀当地居民，整个高卢屈服于其淫威之下；他不是像恺撒一样的文明战士，也不是像阿拉里克、该撒里克等基督教侵略者；他是令人敬畏而丑恶的匈奴王，是"上帝之鞭"，要来惩罚违背誓言的基督徒和异教徒。在这次危机中，西哥特族年迈的国王狄奥多里克一世率军前来援助罗马帝国，他与其他军队一起接受埃提乌斯的指挥，双方大军在特鲁瓦附近的卡塔隆（Catalaunian）平原展开大战，这是历史上最为血腥的战役之一，据说有 16.2 万人阵亡，其中包括英勇的狄奥多里克。西罗马帝国的胜利并不是决定性的，阿提拉撤军时秩序井然，胜利的一方疲惫过度，政令不一，没有追击。次年，他又再度侵略意大利。

第一座被攻陷的城池是阿奎利亚；匈奴人将它彻底毁灭，该城就此一蹶不振。维罗纳和维琴察两城受到较为仁慈的对待，帕维亚和米兰两城则以全部动产贿赂这位征服者。通往罗马城之路现已在阿提拉面前展开，埃提乌斯手下军队太少，根本无法抗拒，但阿提拉在波河停留了一下。瓦伦提尼安三世逃向罗马，然后派遣一个由教皇利奥一世和两位元老组成的代表团前去见匈奴王。没有人知道他们的会谈是怎么一回事。利奥是威风的人物，对这次不流血的胜利居功最伟，历史文献仅记载着阿提拉这时撤退了。他的军中发生了瘟疫，粮食短缺，马西安皇帝也将从东方派来援军（452 年）。

阿提拉率军越过阿尔卑斯山，返回在匈牙利的首都，宣称除非将霍诺里娅送给他为妻，否则第二年春天，他将再回到意大利。这时他的后宫新来了一位年轻的女子伊尔迪科（Ildico），是史诗《尼伯龙根之歌》（*Nibelungenlied*）的女主角克里姆希尔德（Kriemhild）。庆祝两人婚礼的宴会上饮食极端铺张。第二天他被发现死在床上，躺在年轻太太的身边；因为一条血管破裂，喉咙中的血令他窒息而死（453 年）。他的王国由诸子瓜分，但是他们均无能力保全领土，彼此之间互相猜忌，所属各族拒绝为一个混乱的领导效忠。几年之内，曾经威胁过希腊人、罗马人、日耳曼人和高卢人，并将亚洲的印记印在欧洲人面庞上、灵魂中的帝国，终于分崩离析，消失不见了。

罗马的陷落

普拉西狄亚于 450 年去世，此时瓦伦提尼安三世终于可以无所顾忌地做错事了。就如奥林匹乌斯劝霍诺留处死曾在波伦提亚阻挡阿拉里克的斯特利考一样，佩特罗尼乌斯·马克西姆斯（Petronius Maximus）也说服瓦伦提尼安杀死曾在特鲁瓦挡住阿提拉的埃提乌斯。瓦伦提尼安自己无子，十分怨恨埃提乌斯欲使自己的儿子娶瓦伦提尼安的女儿欧多西亚（Eudocia）为妻。在惊慌之中，皇帝遣人召来埃提乌斯，亲手将他杀害（454年）。宫中有一人说："陛下，您已用您的左手，砍去了您的右手。"几个月之后，佩特罗尼乌斯诱使埃提乌斯的两名部属去杀害瓦伦提尼安，事后没有人试图惩治刺客。谋杀早已成为选举的代替手段。佩特罗尼乌斯称帝，并迫使瓦伦提尼安的遗孀欧多西亚嫁给他，又强迫欧多西亚（长女）嫁给其子帕拉第乌斯（Palladius），如果我们可以相信普罗克匹乌斯的话，那么欧多西亚也如霍诺里娅向阿提拉求救一样，请求该撒里克的帮助。该撒里克决定响应她的求援的理由为：罗马虽曾遭阿拉里克的洗劫，但现在又已恢复以往的富庶，并且罗马军队根本无法防卫意大利。这位汪达尔的国王率领着一支无敌的舰队向罗马驶去（455年）。在奥斯蒂亚（Ostia）与罗马之间，只有手无寸铁的教皇，率领着一批教士挡住去路。虽然教皇利奥这回无法劝征服者回头，但是他得到了该撒里克的保证：不屠杀、不用酷刑、不放火。罗马城连续四天遭受洗劫，基督教堂幸免于难，但是异教神庙的宝物均被带到汪达尔的宫殿；在被抢去的宝物中包括提图斯400年前带到罗马的所罗门王宫殿中的黄金餐桌、七叉烛台及其他圣器。皇宫中的所有贵重金属、装饰品及家具均被搬走，富人家中任何有价值的东西一并被劫。数以千计的俘虏被奴役，夫妻分别，亲子离散。该撒里克将皇后欧多西亚及两个女儿带到迦太基，将欧多西亚嫁给其子亨内里克（Huneric），并应利奥一世（Leo I）皇帝的要求，将皇后及普拉西狄亚（次女）送到君士坦丁堡。总之，这次罗马城被洗劫，并非被肆意破坏，而是颇为遵循古代战争的规则。迦太基对罗马帝国于公元前146年的残酷行为，仅给予轻微的报复。

这时的意大利可谓混乱到极点。半个世纪以来的侵略、饥荒和瘟疫，使得数以千计的农庄毁灭，数千英亩的土地无人耕种，但这并不是因为人们没有土地，而是因为人力缺乏。安布罗西（约 420 年）曾感叹博洛尼亚、摩德纳、皮亚琴察等城的横遭蹂躏和人口减少。教皇杰拉斯（Gelasius）曾描写意大利北部广大区域的人烟荒芜。罗马城人口也在一个世纪中由 150 万减少到大约 30 万，帝国的所有大城市这时都在东方。罗马城周围的平原一度满布别墅和肥沃农庄，但居民都逃到有城墙的城镇避难。各城镇面积都收缩到只有 40 英亩左右，以便减少建城墙的费用。在很多情况下，城墙都是利用曾是意大利城市光荣的剧院、教堂、庙宇等断垣残壁砌成。罗马虽然经过了该撒里克的洗劫，仍有些财宝幸存下来，罗马及其他意大利城市将在狄奥多里克及伦巴底人手下恢复过来。470 年，城市与乡村，元老与平民的普遍贫穷，使曾经伟大的民族志气消沉，陷入享乐主义的讽刺人生观，除肉欲和淫乐之神普里阿普斯（Priapus）外，对所有神祇均感到怀疑，这是一种逃避人生责任的胆小不生育主义，愤世而胆怯，指斥投降，但又回避兵役义务。在经济及人口的衰敝中，政治腐化随之而起。贵族们仅能执行事务性的工作，而无法担负治国重任；生意人仅专注于个人收入，而无法拯救这个半岛；将军们通常是以贿赂手段打胜仗而不是以武力；官僚花费庞大而贪污没有节制。高大壮丽的大树，主干已经腐蚀，倾倒的时机已到。

帝国最后的几年，皇室平庸无能，政事杂乱无章。高卢的哥特人宣布他们的将领之一阿维图斯（Avitus）为皇帝（455 年），但元老院拒绝承认，于是他转而当上主教。马约里安皇帝曾英勇奋斗，试图恢复秩序，但是被其首相西哥特人里西梅尔废黜。塞维鲁（Severas）皇帝则是里西梅尔的无能工具。皇帝安特弥乌斯（Anthemius）是位半异教徒的哲学家，无法被信仰基督教的西罗马帝国接受；里西梅尔围攻他，俘虏他，置他于死地。其后的奥吕布里乌斯（Olybrius）皇帝在里西梅尔的慈悲下统治帝国两个月（472 年），但随即无疾而终，反而使里西梅尔吓了一跳。格利塞里乌斯（Glycerius）即位不久（473 年）即被废。两年后，罗马由内波斯（Julius Nepos）统治。就在这时，新的一批蛮族又冲入了意大利——他们是赫鲁利、斯基、鲁吉及其他各族，他们一度在阿提拉的统治之下。与此同时，潘诺尼亚的一位将军奥雷斯特斯（Orestes）推翻了内波斯，而立其子罗慕路斯（绰号奥古斯图卢斯）为帝（475 年）。新的入侵者要求奥雷斯特斯给予他们 1/3 的意大利，奥雷斯特斯拒绝后，立即遭受杀害，随即他们拥立将领奥多阿卡（Odoacer）取代罗慕路斯为帝。奥多阿卡是阿提拉手下一位大臣埃德康（Edecon）的儿子，颇有能力；他召集被恐吓的元老院，并且经由元老院提议，以东罗马帝国的新皇帝芝诺为整个罗马帝国的皇帝，奥多阿卡担任其首相统治意大利。芝诺同意了，而西罗马帝国的帝系也结束了。

没有人认为这一改变意味着罗马帝国的灭亡。相反，人们认为这似乎是罗马帝国的统一，就如以前君士坦丁大帝在世时一样。罗马元老院便持这种看法，并在罗马城为皇帝芝诺立像。意大利军队、政府及农民的日耳曼化，及意大利境内日耳曼人的自然繁衍已经进行得很久了，因此政治上的后果，在表面上似乎是微不足道的。而在事实上，奥多阿卡像国王一样统治着意大利，对芝诺根本不加理会。日耳曼人已经征服了意大利，就如同该撒里克征服了非洲，西哥特人征服了西班牙、盎格鲁人及撒克逊人征服了不列颠，法兰克人征服了高卢一样，西方的罗马帝国已经不复存在了。

蛮族征服的后果是难以描述的。就经济而言，它意味着再度的农村化。蛮族的生活方式是耕田、畜牧、狩猎和战争，还没有学会城市赖以繁荣的复杂商业生活。随着蛮族的胜利，西方文明的城市特性消失了 7 个世纪之久。就种族而言，蛮族的移民导致了不同种族的一次混合——日耳曼血统大量注入意大利、高卢及西班牙，亚洲人的血液输入俄罗斯、巴尔干半岛及匈牙利。人种的混合并没有神奇地使意大利或高卢人民生机旺盛。实际上，经过战争及其他形式的竞争，柔弱的个人和血统被淘汰；人人被迫去发挥体力、精力、勇气以及长期安逸生活所压制的男性气质；贫穷促成了较城市生活健康和简单的生活习惯的恢复。就政治而言，蛮族征服以一种较低的制度取代了较高的君主政体。它扩张了个人的力量，而削减了法律的权威性和保护力，个人主义和暴乱日益增加。就历史而言，这次征服摧毁了使内部腐烂的外表，以非常残酷的方式彻底重建了一套生活系统。帝国虽然享有秩序、文化及法律等优越条件，却终陷入老朽无能，失去了更新和成长的所有力量。现在可以有一个新的开始了：西罗马帝国式微，但是现代欧洲国家诞生了。在基督之前的 1000 年，北方的入侵者进入了意大利，征服它并与当地人民混居，借用他们的文明，经过 8 个世纪后，共同建立了一个新的文明。基督之后 400 年，这一过程重复发生，历史的轮子转了整整一圈，始末实在是一样的。但是，结束永远意味着开始。

第三章 | **基督教的演进**
（364—451）

养育这个新文明的母亲便是基督教会。由于旧秩序在腐化、胆怯及忽视之中消失不见，一支由教会人士组成的生力军代之而起，以活力和技巧保卫再生的稳定和日常生活。基督教的历史性任务，便是为赖以维持社会秩序的制约人性的戒律，提供超自然的认可和支持，以重建人格和社会的道德基础；利用一种由神话与奇迹、恐惧与希望以及爱心等融合而成的信条，将较温雅的行为理想注入粗鲁的蛮族心中。这个新的宗教奋斗着去掳获、驯服并启发野蛮和堕落的人心，去铸造一个统一的信仰帝国，以期再度将人们团结在一起，就如他们曾为希腊的魔力或罗马的伟大而紧密联系在一起一样。这个新宗教的奋斗史，有史诗般的雄壮，虽然它为迷信和残酷所玷污。制度和信仰都是人类需要的，要对此种制度及信仰有所了解，就必须先了解人类的需要。

教会的组织

如果艺术品是由材料组成的，那么罗马天主教会是历史上最伟大的杰作之一。19 个世纪以来，每个世纪都充满危机，但是它都能令其信徒结合在一起，神职人员跋涉天涯海角为信徒服务，养成他们的心智，塑造他们的道德，鼓励他们传宗接代，主持男婚女嫁，慰藉丧亲之痛，升华短暂的人生为永垂不朽的戏剧，接受他们的礼物，跨越异教思想和叛乱，耐心地重建构成其力量的每根破败的支柱。这个庄严的组织是如何成长的呢？

人们困于贫穷，疲于冲突，畏于神秘，惧于死亡，于是在他们的精神饥渴中便产生了这个组织。对数以百万计的人们而言，教会带来了足以鼓舞从容就死的信仰和希望。这种信仰变成了他们最宝贵的财富，他们可以为之牺牲或杀害其他生命。在希望的磐石之上，教会建立了起来。起先只是信徒的简单组合，一种集会（ecclesia）。每个集会或教会选举一个或更多的教会长老或教士领导他们，选举一位或更多的读经者、助手、副执事和执事以协助教士。随着信徒日众，事务也变得更加繁杂，会众便在每一个城市选举一位教士和俗人（layman）为监督或主教（episcopos），以协调他们的职责。随后，主教数目愈来愈多，他们自己也需要管理和协调。因此，4世纪便有了管理主教和一省内各个教会的大主教——总主教（archbishop）、都主教（metropolitan）或首席主教（primate）。在君士坦丁堡、安条克、耶路撒冷、亚历山大及罗马等城市，这些教士阶级之上是宗主教（patriarch）。在宗主教或皇帝的召集之下，主教和大主教们集会举行宗教会议（synod）。如果这项会议只代表一个省，那么便叫作省区会议（provincial）；如果它只代表东方或西方，那么便称作全国教区会议（plenary）；如果是代表东西两方，则是公会议（general）；如果会议的决定对所有基督徒都有拘束力的话，那便是全基督教教会会议（ecumenical）——也就是适用于普世（oikoumene），或是全部基督徒居住的世界。偶然会议所达成的团结，使教会得到了公教会（Catholic）之名，即普遍之意。

这种组织的力量，终究是依据于信仰和声望的，它需要对教士生活给予某些限制。在基督教建立的最初3个世纪中，教士们并不一定要独身。如果他在被授予圣职之前已经结婚，则他可以与太太共同生活，若是独身，他在接受圣职之后便不能结婚；结过两次婚或是娶了寡妇、离过婚的妇女或纳妾的人均不能担任圣职。就像大多数社会一样，教会也为极端分子所困扰。某些基督教的狂热分子，为反抗异教道德中对性欲的放纵，以圣保罗的一段话为依据，认为两性之间的任何性交均是有罪的；他们指斥结婚，对于结了婚的教士更是痛恨。在根拉（Gengra）举行的省区会议（约 362 年）上，便指责这种观点是异端邪说，但是教会仍然逐步要求教士维持独身。各个教会都收到越来越多的财产捐赠，偶尔一位结婚的教士，会设法将捐赠的财产以自己的名字登记，而将其转送给自己的子女。教士结婚、通奸或其他不名誉的事件，减低了人们对教士的尊敬。386 年，罗马一次教会会议劝请教士们完全节欲。一年之后，教皇西利斯（Siricius）命令开除任何已婚或继续与太太一起生活的教士。哲罗姆、安布罗斯和奥古斯丁三人都支持教皇的这项命令。经过一个世代的不断抗拒，这道命令在西方曾经有短暂的时间执行成功。

教会所面临的严重问题，除了须将理想与继续生存调和外，便是寻找出一种与当局并存的方法。教会组织兴起，与政府官员并肩存在，造成了一种权力争夺，和平的先决条件乃是一方屈服于另一方。在东方，教会屈服于国家权力之下；而在西方，教会则为争取独立而奋斗，然后为主宰地位而努力。在任何一种情形下，教会与国家的合一，导致了基督教道德的深刻修正。德尔图良（Tertullian）、奥利金（Origen）及拉克坦提乌斯（Lactantius）等教会人士，都曾教导说战争总是不合法的。但这时在国家保护之下的教会，对于那些它认为保卫教会或国家所必需的战争则不再反对。教会本身并没有武力，但是当需要使用武力时，它便会请求"俗世的力量"去执行它的意旨。教会从政府和个人那里收受了许多的金钱、教堂、土地等礼物，它变得富庶了，需要国家保护它的各种财产权。即便政府垮台，它仍保有其财富；哪怕是信奉异端邪说的蛮族征服者，也很少抢劫教会。《圣经》

的权威很快便能与武力相抗衡了。

异端信徒

最令教会组织厌烦的工作，便是阻止异端邪说——与教会会议决定的基督教信念相违背的思想——的繁衍而导致的教会分裂。教会一旦获胜之后，便不会提倡容忍；教会对信仰上之个人主义的敌视，就如同国家对分裂或反叛的看法一样。无论是教会还是异端教派，都不是以纯粹神学的眼光来看异端思想。所谓异端思想，在许多情况下，只不过是一个试图脱离帝国统治的叛乱地区所树起的思想旗帜而已。因此，基督一性论派（Monophysite）希望使叙利亚和埃及脱离君士坦丁堡的统治，而多纳图派则想使非洲脱离罗马的统治。而且，因为这时教会与国家已是一体，他们既反对国家，也反对教会。正统教派反对民族主义，而异端教派为它辩护；教会努力维持中央集权和团结，而异端教徒则争取地方独立和自由。

异端的一派阿里乌斯派虽在帝国之内被压制，却在蛮族中得到众多信徒。哥特人于 3 世纪侵略小亚细亚时俘虏了一些罗马人，基督教即首次被带给条顿族。所谓使徒乌斐拉（Ulfilas）其实不能算是使徒，他是卡帕多细亚一名基督徒俘虏的后代，他出生并生长于多瑙河以北的哥特人地区。约 341 年，他被尼科美底亚的阿里乌斯派大主教尤西比乌封为哥特人的主教。当哥特人的酋长阿塔纳里克（Athanaric）迫害辖境内的基督徒时，乌斐拉得到了信奉阿里乌斯派的君士坦提乌斯的准许，而将当地的基督徒带过多瑙河，进入色雷斯。为了教导并发展信徒，他耐心地将《圣经》从希腊文译成哥特语。但因为哥特人还没有文字，于是他依据希腊文而造出哥特语的字母，他译的《圣经》是条顿语的第一部文学作品。乌斐拉信仰虔诚，道德高尚，使哥特人对于他的智慧和诚实产生很大的信心，因此他的阿里乌斯派基督教顺利地为他们所接受。正当其他蛮族于 4 世纪和 5 世纪时从哥特接受基督教时，几乎所有帝国的侵略者都信奉阿里乌斯派，他们在巴尔干半岛、高卢、西班牙、意大利及非洲等地建立的新王国，也都奉阿里乌斯教派为国教。征服者和被征服者之间，在信仰上仅有一点点的分别而已：正统教派认为基督与天父上帝完全一致（homoousios），而阿里乌斯派认为基督与天父上帝只是相似（homoiousios）。但是，在 5 世纪和 6 世纪的政治中，这点区别却有相当重大的关系。由于这种偶然的关联，阿里乌斯派一直坚持其阵地，直到信奉正统教派的法兰克人在高卢推翻了西哥特人，贝利萨留斯征服了汪达尔人统治的非洲和哥特人统治的意大利，及雷卡雷德王（Recared）改变了在西班牙的西哥特人的信仰。

我们今天无法对这个时期困扰教会的各种异端教派感兴趣——优诺米派（Eunomian）、阿诺明派（Anomean）、阿波利拿里派（Apollinarian）、马其顿尼派（Macedonian）、撒伯里乌派（Sabellian）、马萨利安派（Massalian）、诺瓦替安派（Novatian）、普里西利安派（Priscillianist），我们只能悲悼人们为之而死的各种荒谬思想。摩尼教不会比波斯的上帝与撒旦，善与恶——光明与黑暗的二元论更像是基督教的一个异端。它试图调和基督教与袄教，但是受到两者的剧烈抨击。它非常坦诚地面对邪恶的问题，及在一个上帝统治下的世界，充满了显然不应有的苦难问题；而自觉有必要假设一位与善共永恒的恶神（Evil Spirit）。4 世纪，摩尼教在东方及西方获得了许多信徒，好几位罗马皇帝采取残酷的手段压制它。查士丁尼大帝对信奉该教的人处以死刑。逐渐地，它势微了，但是它对以后的异端，如保罗派（Paulician）、鲍格米勒派（Bogomile）及阿尔比派（Albigensian）都留下了影响。385 年，一位西班牙的主教普里西利安（Priscillian）被控宣扬摩尼教和全面独身主义。他否认这些指责，但是最后还是在特里尔接受篡夺帝位的马克西姆斯的审讯，原告是两位主教。他被判有罪，虽然圣安布罗斯及圣马丁对判决提出抗议，但他及数位同伴还是被处以火刑（385 年）。

就在教会面对这些攻击时，在非洲，它差一点被多纳图派推翻。迦太基的主教多纳图（315 年）否认有罪的教士所执行的圣礼是有效的，教会不愿因教士的道德操守冒太大的风险，很聪明地驳斥了这种观点。但是异教思想还是迅速地在北非传播，它受到穷人的热心支持，而种种神学上的分歧，最终导致了社会反抗。罗马皇帝们对这一运动大为震怒，下令对参加运动的人课以高额罚金，并且没收财产，剥夺多纳图派买卖及赠送财产的权利，派军将他们赶出教堂，将教堂交给正统教派的教士。既是基督徒又是共产者的革命分子，以潜巡者之名组织起来。他们谴责贫穷和奴隶制度，取消债务，解放奴隶，并试图恢复原始人类神话般的平等。当他们看见奴隶们拉着车子，他们便叫奴隶坐在车上，而令主人拉车。通常他们从事抢劫，当他们遭到抗拒被激怒时，便将石灰撒入富人或正统教派信徒的眼中，使他们失明，或者用棍棒将他们生生打死；如果是他们自己的人死去，他们则欢呼庆祝，相信死后他必上天堂。狂热终于完全俘虏了他们；他们自首，供认是异端信徒，以期能殉道；他们挡住旅人，请求他杀死自己；以至当他们的敌人厌倦于照他们的话去做时，他们便跳入火堆，或从悬崖跃下，或是蹈海自尽。奥古斯丁以各种可能的方式对抗多纳图派，有一段时间几乎成功了。但是当汪达尔人抵达非洲时，多纳图派异端又大批出现，为正统教派教士的被逐欢欣鼓舞。一种强烈的派别仇恨作为传统牢牢地传下来，当阿拉伯人到来时（670 年），竟然根本找不到团结一致的抵抗力量。

而此时英国神学家佩拉纠（Pelagius）正对原罪（original sin）信条发动攻击，而使欧亚非三洲震惊。叙利亚的聂斯脱利（Nestorius）也正就"上帝之母"（Mother of God）提出疑问，而可能殉教。他曾是莫普苏埃斯提亚（Mopsuestia）的西奥多（Theodore）的学生，西奥多差不多写完了《圣经的高等批评》（*Higher Criticism of the Bible*）。西奥多认为《约伯记》是采自异教的一首歌；《雅歌》（*Song of Songs*）则是颇为明显地富于情爱的祝婚诗歌；《旧约》中许多被认为指向耶稣的预言，实际上只是指向基督教以前的事件；玛利亚并非上帝之母，而是耶稣肉身人性之母。聂斯脱利最后成为了君士坦丁堡的大主教（428年），他的能言善辩吸引了群众，但他严厉的教条主义招来了敌人，而使他们有机会采取西奥多关于玛利亚的观点。大多数基督徒认为，如果耶稣是上帝的话，那么玛利亚便是生上帝的（theotokos），即上帝之母。聂斯脱利认为这种说法太过分，他说玛利亚只是基督肉身人性之母，而非神性之母。他建议最好称她为基督之母（Mother of Christ）。

429年复活节，亚历山大城的大主教塞瑞尔在布道时，宣布了正统教派的信条——玛利亚并不是上帝的真正母亲，而是具形的基督或神道之母，它包含了基督的神性和人性。教皇切莱斯蒂内（Celestine）一世因为收到了塞瑞尔的一封信，而在罗马召集一次会议（430年），要求将聂斯脱利解职或是勒令其收回所发表的观点。当聂斯脱利拒绝时，在艾菲索斯召集的一次大公会议（431年）不但解除了他的职位，并且将他开除出教会。许多主教对此提出抗议；艾菲索斯的居民却是欢欣鼓舞，当时的情景一定令人忆起对阿尔忒弥斯女神的回忆。聂斯脱利获准退休到安条克，但是由于他继续为自己辩护并要求复职，皇帝狄奥多西二世将他贬逐到利比亚沙漠中的一个绿洲。他在那儿过了许多年，最后拜占庭宫廷可怜他，下诏赦免他。使者发现他时他已是奄奄一息了（约451年）。他的徒众退到叙利亚东部，建立教堂，并在埃德萨（Edessa）设立一所学校，将《圣经》、亚里士多德及希腊名医盖仑的著作译成叙利亚文，以推动穆斯林对希腊科学、医术及哲学的认识。由于受到了皇帝芝诺的迫害，他们越境进入波斯，在尼西比斯（Nisibis）开办了一所颇有影响力的学校，在波斯当局的容忍之下，逐渐发展兴盛，并且在巴尔赫（Balkh）、撒马尔罕（Samarkand）、印度及中国等地建立团体。其教众散布亚洲各地，到今天依然存在，并坚持谴斥对圣母玛利亚的崇拜。

君士坦丁堡附近一座修道院院长优迪克（Eutyches），宣扬这个混乱时期最后一个重要的异端思想，同时也是最具深远影响的异端学说。优迪克认为基督并不同时具有神性和人性，只有神性而已。君士坦丁堡的大主教弗拉维安召集一次宗教会议，指责此种基督一性说为邪说，并将他逐出教门。优迪克向亚历山大及罗马两城的主教申辩，继承塞瑞尔为亚历山大城主教的狄奥斯科拉斯（Dioscoras），劝皇帝狄奥多西在艾菲索斯召开另一次教会会议（449 年）。宗教附属于政治，亚历山大城教区继续与君士坦丁堡教区相争；优迪克最终被判无罪，而弗拉维安受到了猛烈的舆论攻击而去世。这项会议决定对任何认为基督有神性及人性的人发出驱逐令。教皇利奥一世并未参加这次会议，但是发出数封函件（史称 Leo's tome）支持弗拉维安。利奥在听到其使者的报告后大为震惊，指责该会议是强盗会议（Robber Synod），并拒绝承认其决议。此后在卡尔西登（Chalcedon）举行的另一次会议（451 年）赞扬利奥在信中表达的观点，谴责优迪克，重申基督的人性及神性。但是这次会议的第 28 项规定，确定了君士坦丁堡主教与罗马主教地位平等。利奥一直为争取其职权的最高地位而奋斗，认为这是教会团结及保持权威不可或缺的条件，因此拒绝这项规定，因此两大教区之间展开了长期的斗争。

　　使得混乱情势更为严重的，是叙利亚和埃及的大多数基教徒都拒绝接受基督一人身兼神性和人性的信条。叙利亚的教士仍然继续传播一性学说，一位正统教派的主教被派到亚历山大城，他在耶稣受难日（Good Friday）那天在教堂中被撕成碎片。这以后，一性教（Monophysitism）成为了信奉基督教的埃及和阿比西尼亚（Abyssinia）的国教；6 世纪盛行于叙利亚西部及亚美尼亚。而景教（Nestorianism）则在美索不达米亚及叙利亚东部继续发展。宗教反叛的成功加强了政治上的叛乱，7 世纪时，来势汹涌的阿拉伯人征服埃及和近东，有一半的人将他们当解放者看待，以使自己脱离拜占庭在神学、政治及财政上的暴政。

信奉基督教的西方

·罗马

4世纪时，罗马各主教的表现，无法使人对教会有良好的印象。西尔维斯特（Sylvester）以改变君士坦丁大帝的信仰而闻名于世，教会方面描述他收到了由君士坦丁赠送的几乎整个西欧世界，但是他的作为不像是拥有半个欧洲。尤利乌斯一世坚决认为罗马教区拥有最高的权威；但利贝里乌斯，由于懦弱或老迈，屈服于君士坦提乌斯皇帝的阿里乌斯教派的命令。在他死后，达马苏（Damasus）和乌尔西努斯争夺教皇地位，他们由不同的群众支持，这一点显示出浓厚的罗马式民主传统。光是一天在某教堂内的一次冲突中，就有137人被打死。当时任罗马治安官的异教徒普拉埃特克斯塔图斯将乌尔西努斯放逐，达马苏用权术快乐地统治了18年。他是位考古学家，罗马殉教者的坟墓都被他装饰了美丽的题字；对他不敬的人则说他是女人的搜刮者（auriscalpius matronarum）——为教会向罗马的贵妇骗取财物的专家。

称为大教皇的利奥一世经历了一个危机时期（440—461年），凭着勇气和政治手腕，他使罗马教区的权力和地位达到高峰。当普瓦捷（Poitiers）的希拉里（Hilary）与另一位高卢主教发生争执而不接受他的裁决时，利奥下令强制执行。皇帝瓦伦提尼安三世下了一道划时代的敕令，确定罗马主教对所有基督教会均有管辖权。西方的各主教大致对此均予以承认，而东方的主教们则加以抗拒。君士坦丁堡、安条克、耶路撒冷及亚历山大城等主教，均主张与罗马主教平起平坐。东方教会的激烈争执依然如故，绝少理会罗马主教。通信及旅行的困难，再加上语言的隔阂，使东西教会日益分离。在西方，罗马教皇甚至在世俗事务方面也逐渐居于领导地位。在非宗教性的事务中，他们隶属于罗马政府和治安官，到7世纪为止，他们的当选均须得到皇帝的批准。但是东罗马帝国离得太远，西罗马帝国统治者懦弱，使教皇的地位凌驾于一切之上；当皇帝及元老院在侵略面前退缩、而政府又面临崩溃时，教皇们不畏不惧地坚守岗位，他们的声望因之迅速高涨。西方蛮族皈依基督教，更大大扩张了罗马教区的权威和影响力。

随着富人和贵族家庭摒弃异教转奉基督教，罗马教会所分享的西罗马帝国首都的财富也越来越多。阿米阿努斯很惊奇地发现罗马城的主教在拉特兰宫（Lateran）生活得俨然像个王公，出行时的排场仿佛皇帝。这时（400 年），华丽的教堂点缀着罗马城，一个灿烂的社会形成了，高雅的主教们愉快地与盛装的妇女厮混，并且协助她们订下遗嘱。

虽然信奉基督教的民众在剧院、竞技场等场合，仍与异教残余分子杂处，但少数的基督徒勉力过着合乎福音书的生活。亚他纳修主教将两名埃及教士带到罗马；他写了安东尼的一本传记，鲁菲努斯则为西罗马帝国印行一本东罗马帝国的修道院史。安东尼、施诺乌迪（Schnoudi）和帕科米乌斯（Pachomius）等人的圣行影响了许多虔诚的人；西克斯图斯三世（Sixtus Ⅲ）和利奥一世两位教皇在罗马建立了修道院；有些人虽然居住在自己家里，但也接受了贞洁及守贫的修道院戒律。富有的罗马女人，如马塞拉、波拉及梅兰尼亚家族三代人，都将他们大部分金钱花在慈善上，并建立医院及女修院，前往东方朝见那里的教士，并且对自己异常严苛，以致某些人死于严酷的自律。罗马城的异教人士抱怨说，这种基督教实与家庭生活相违，同时有害于婚姻制度和国家的生机，因此禁欲主义的最主要支持者遭到严厉的批评——此人乃是基督教会史上最伟大的学者和最优秀的作家之一。

·圣哲罗姆

他约 340 年生于阿奎利亚附近的斯特里多（Strido），可能是达尔马提亚（Dalmatian）人。他的名字 Eusebius Hieronymus Sophronius，即"可敬的、圣名的哲人"。他在特里尔和罗马接受了良好的教育，对拉丁经典有相当的研究。他对拉丁文的喜爱程度，令他颇有罪恶之感，但他是个积极而热诚的基督徒。他与鲁菲努斯等朋友在阿奎利亚创立了一个苦修会，宣扬至善的告诫，结果那里的主教谴责他对人类天生的弱点没有耐性。他则指责这位主教无知、残酷、邪恶，与他所领导的群众正相配——一艘破烂船只的笨拙舵手。圣哲罗姆就与一些志同道合的朋友不理会阿奎利亚的罪恶，而起程前往近东，并住进了安条克附近哈尔基斯沙漠中的一座修道院（374年）。当地恶劣的气候令他们难以忍受，结果有两个人去世，圣哲罗姆自己有一阵子也濒临死亡。但他毫不灰心，离开了修道院，到一处隐修所去做隐士，偶尔研究维吉尔和西塞罗的著作。他随身带来了全部藏书，因无法远离像美丽女郎般诱惑着他的诗歌和散文。他对这件事的记载显露出中古式的想象力。他梦见他已逝世，而被拉到判官的席前：

> 我被问及我的身份，我说我是基督徒。但是判官说："你说谎，你是西塞罗的信徒，不是个基督徒。因为你的财宝在那里，你的心也必在那里。"我立刻哑口无言，（然后我感到）鞭子的抽打——因为判官已下令鞭打我……最后旁观者跪在判官的膝前，请求他原谅我的年轻无知，并给我机会去悔悟我的错误，但是如果我再度阅读异教徒作家的书籍，便将遭受最严厉的折磨……这个经验不是甜美或是无聊的梦……我确认我的双肩都已黑青，我在醒后许久还可感到身上的淤伤……此后我阅读有关上帝书籍的热诚，远大于我阅读一般著作的热诚。

379年，他回到安条克，被任命为教士。382年，他在罗马担任教皇达马苏的秘书，并受教皇之命致力《新约》的拉丁文译本。他这时仍然穿着隐士的褐色袍子和外衣，在奢华的教廷中过着禁欲的生活。虔诚的马塞拉和波拉两人，延请他作家庭中的精神顾问。他的异教徒批评者认为他周旋于妇女之间，实与他的热衷颂扬独身主义和贞操不相符合。于是，他以不朽的句子讽刺当时的罗马社会：

> 以胭脂涂颊和以莨蓿抹眼的女人，她们脸上擦满粉……不论年纪多大都不认老；头上装饰着借来的发辫……在孙儿面前行动像害羞的少女……异教寡妇夸示着丝质衣服，以发光的珠宝装扮自己，且散发麝香……其他妇女穿上男人服装，头发剪短……以生为女人而脸红，而喜欢看起来像阉人……有些未结婚的女人利用药物防止受孕，这简直是将人类在怀胎之前即予谋杀；其他的一当发觉自己犯罪而怀胎，便以药品堕胎……但是有些妇女说："对于纯洁者，所有事物都是纯洁的……我为什么要避开上帝要我享受的食物呢？"

他以一种颇具鉴赏力的眼光叱责一位罗马妇女：

> 你的衣服故意撕破……你的双乳包在麻布条子中，你的胸部裹在紧紧的带中……你的披肩有时落下，以便显露你雪白的双肩，然后又匆匆掩盖故意露出的地方。

他除了有道德家的偏见之外，还兼具文学家的夸张，又如将案件极力扩大的律师那样夸夸其谈。他的讽刺文章令人忆起另一位罗马作家朱维纳尔（Juvenal）。像茹安尤维一样，圣哲罗姆总是公平、无畏和毫无保留地指责。当他发现基督徒竟然也纳妾，甚感震惊，尤其当他获知纳妾是在所谓实施贞洁不易的借口下存在，更感震惊。"这种'极受宠爱的姐妹'是从哪儿来而进入教会呢？这些没有结婚的太太来自何处？这些新奇的妾妇，这些只供应一位男人的妓女，她们是与男性朋友共居一屋？经常共眠一床？但是如果我们觉得有什么不对的话，他们却说我们是多疑。"他抨击那些可能协助他登上教皇宝座的罗马教会人士。他嘲笑那些与时髦人士为伍、既卷发又喷香水的教会士人；他也讥讽某些教士黎明即起，前往拜访尚未起床的妇女，希望取得她们的遗赠。他谴责教士结婚及他们不守本分的性生活，极力为教士的独身主义辩解；他认为唯有修道僧才是真正的基督徒，才免于财、色和傲气。他有意大利冒险家卡萨诺瓦（Casanova）一般的辩才，呼吁人们放弃一切而跟随基督，要求基督徒妇女依照律法的规定，将第一胎献给上帝，并劝导他的妇女朋友，如果不能进入女修院，至少在家中生活得要像处女。他几乎认定婚姻是罪恶。"我赞扬婚姻，只因为它能为我带来处女"。他建议"用处女之斧砍倒婚姻之树"，并且将独身使徒约翰的地位，提至有太太的彼得之上。他最有趣的一封信（384年），是给一位叫尤斯托基乌姆（Eustochium）的女孩的，信中谈论了处女的乐趣。他并不反对结婚，但是他认为避免婚姻的人，可以避开罪恶之境、痛苦的怀孕、哭叫的婴孩、家庭的琐事或嫉妒的折磨。他承认纯洁之道也是难行的，贞洁的代价是时常警觉：

> 贞洁可能在一念之间失去……朋友，要选脸色苍白和因禁食而消瘦的人……希望你的禁食日日实行。每晚以泪洗床和湿润卧榻……让你自己的房间保护你；让新郎和你在里面玩乐……当你进入梦境时，它就会来到墙后，将它的手穿过门，触及你的小腹。然后你醒来起床时会叫道："我思爱成疾。"你就会听到他回答："我妹子、我新妇乃是关闭的园、禁闭的井、封闭的泉源。"

圣哲罗姆说这封信的公开"遭到如雨点般的石块的欢迎"，也许有些读者觉得在这些奇异的劝诫中，有种病态的色欲存在，其作者显然尚未免于欲念的困扰。几个月之后（384年），年轻而禁欲的布勒西拉（Blesilla）去世，许多人指责圣哲罗姆教给她的严厉守则。有些异教徒建议，将他及罗马的所有修道士投下台伯河（Tiber）。但是他依然故我，写了一封既安慰又充满斥责的信，给悲伤万分的那位母亲。同一年教皇达马苏过世，其继位者并没有任命他继续担任教皇的秘书。385 年，他离开了罗马，带着布勒西拉的母亲波拉及其妹妹尤斯托基乌姆同行，他在伯利恒（Bethlehem）建立一家修道院，自任院长，另外设立一座女修院，先后由波拉及尤斯托基乌姆主持。此外他还成立一所由僧侣和修女一同礼拜的教堂和一个招待所，以供前往圣地（Holy Land）朝圣的信徒住宿。

他自己生活在一座山洞中，并将书籍收藏在那里，专心读书、写作和从事管理工作，在这里度过 34 年直至去世。他曾与克里泰斯托姆（Chrysostom）、安布罗西、佩拉纠及奥古斯丁等人笔战。他曾就决疑论问题及《圣经》解释等，写了约 50 种著作，他的著作充满武断的教条思想，但是气势逼人，甚至他的敌人都热心地阅读。他在伯利恒创办一所学校，他自己谦虚而自由地教导小孩许多科目，其中包括拉丁文和希腊文。他这时已是一位心志坚定的圣徒，因此觉得可以再度阅读年轻时所摒弃的古典作家。他再度学习希伯来文。他是在第一次停留于东方的时候开始研究希伯来文的；历经 18 年的耐心研究，他终于完成了庄严而铿锵的《圣经》拉丁文译本，这便是所谓的《拉丁圣经通俗译本》（*Vulgate*），这是 4 世纪最伟大和最有影响力的文学成就。就像任何大篇幅的著作一样，这个译本也有错误和一些不合常规的语法，而使主张语文规范的人感到不满；但是这个译本，成为了中古时期神学和文学的语言，将希伯来的感情和意象注入拉丁模型，给予文学上千条雄辩有力的高贵词句。圣哲罗姆的翻译，大体上是直接从原来的希伯来文或希腊文翻译；然而有时他是从阿奎拉（Aquila）、叙马库斯或提奥多提昂（Theodotion）等人的希腊文译本翻译。他的译本曾于 1592 年和 1907 年加以修订，目前仍然是罗马天主教世界标准的拉丁文《圣经》译本。所谓"杜埃圣经"（Douai Bible）乃是此一拉丁译本的英文本。拉丁世界对于《圣经》的认识就此超过以往任何时期。

圣哲罗姆之所以为圣徒，是因为他过着禁欲的生活，终身奉献给教会。就性格和言词而言，他实不能算是圣徒。令人遗憾的是，在这位伟大的人物身上，我们可以发现许多激烈的仇恨、偏见和引起争议的过激言行。他称耶路撒冷主教约翰是犹大、撒旦，对于他，地狱将永远无法给予适当的惩罚。他描述威严的安布罗西是位"畸形的乌鸦"。为了给他的老友鲁菲努斯找麻烦，他对于已故的奥利金穷追不舍，迫使教皇亚他纳修正式谴责奥利金（400年）。我们也许可以原谅肉体上的一些罪，却不能原谅心灵上这种刻薄的表现。

他的批评者立刻对他加以抨击。当他教授希腊和拉丁古典著作时，他们便指斥他是异教徒；当他随着一位犹太人学习希伯来文时，他们便指控他转信犹太教；当他将其著作献给妇女时，他们便将他的动机描写为金钱上的或更坏的原因。他的晚年并不愉快，蛮族侵入近东，蹂躏叙利亚和巴勒斯坦（395年）。"多少修道院被他们抢劫，多少河流被鲜血染红！"他悲伤地得到一个结论："罗马世界已经衰落。"当他还在世时，他所喜爱的波拉、马塞拉及尤斯托基乌姆等人相继死亡。由于生活简朴，他骨瘦如柴，伛偻着背，夜以继日地进行各项工作。当死神降临时，他正写着有关《耶利米书》（*Jeremiah*）的评论。他是个伟大而非善良的人，像尤维诺尔一样刻薄的讽刺家，像塞涅卡一样能说会道的作家，一位学术和神学上的斗士。

·基督教斗士

圣哲罗姆与奥古斯丁是一个特殊时代中最伟大的一对。早期基督教会的教父中，仅有9人被尊为教会博士（Doctors of the Church）：东方有亚他纳修、巴西勒（Basil）、格列高利·纳齐安（Gregory Nazianzen）、约翰·克里索斯托姆和大马士革的约翰；西方有安布罗西、圣哲罗姆、奥古斯丁和格列高利一世（Gregory the Great）。

安布罗西的一生，说明基督教能够吸收一个时代里，可能为政府服务的第一流人才。他出生于特里尔，是高卢治安官之子，根据家里的传统，他注定要从事政治生涯，我们听到他后来担任意大利北部一个省的总督，当不至于感到惊奇。因为他住在米兰，所以与西帝国的皇帝保持密切的接触，皇帝在他身上发现了昔日罗马人的正确判断、行政能力及平稳、勇气等特性。在他获知敌对的各党派正集合大教堂以便选出一位主教时，他匆匆赶到现场，用话语平息了一场即将发生的混乱。当各党派无法共同推举一位候选人时，有人建议选安布罗西。他的名字一提出，立刻得到人们一致热烈拥戴。虽然这位总督表示异议，并且他未受洗，但是他仓促间还是接受了施洗，先后被授以执事、祭司、主教等职，为时一星期（374年）。

他以政治家的威严和驾驭能力执掌圣职。他摒弃了政治地位的虚饰，过着足以为表率的简朴生活。他将自己的金钱和财产给予穷人，将其教堂中的一个圣盘出卖以赎回战俘。他是竭力维护《尼西亚信经》的神学家，也是以布道感化奥古斯丁、使其皈依基督教的演讲家，他也曾为教会写下最早的一些崇高的圣诗。他还是一位法官，其学问和廉洁令腐化的俗世法庭感到羞耻。他也是外交家，担负着教会和政府所赋予的艰难使命。他更是严守纪律的人，他支持教皇，但令教皇失色，他曾令狄奥多西皇帝悔悟，并操纵另一位皇帝瓦伦提尼安三世的政策。这位年轻的皇帝有信奉阿里乌斯异端教派的母亲查斯蒂娜，她试图为一位阿里乌斯派的教士取得米兰的一所教堂。安布罗西的会众日夜守着这个被包围的教堂，静坐抗议皇太后要求交出教堂的命令。奥古斯丁说："就在这个时候，产生了一种模仿东方各省份的习惯，也就是唱圣诗和歌曲，以使人们免于长时和悲伤地守夜带来的疲倦。"安布罗西与皇太后打了著名的一战，终于赢取了重大的胜利。

在意大利南部的诺拉（Nola），波利努斯则代表较温和的基督教圣徒。他出生于波尔多市，一个古老而富有的家庭，娶了一位门第相当的小姐。他曾拜在诗人奥索尼乌斯（Ausonius）的门下，后来参与政治，迅速得到升迁。突然间他想到要远离这个世界，便卖掉财产，将所得大部分分给穷人，只留下自己简朴生活所需的一切。他的太太特拉西娅（Therasia）同意跟他住在一起，做他"贞洁的基督里的姐妹"。由于这时西罗马帝国尚未有修道院建立，于是他们以在诺拉的简朴的家为私人修道院，在那里一住35年，禁绝肉食和酒类，每月都禁食许多天，以便能从财富的桎梏中解脱出来，他们感到很快乐。他年轻时的异教朋友，尤其是他的老师奥索尼乌斯，都觉得他们的生活是在躲避俗世生活的各种责任而加以反对，他的答复是邀请他们来分享他的幸福。在一个充满仇恨和暴乱的世纪中，他自始至终都保持容忍的精神，最后参加他葬礼的，除基督徒外，还有犹太人和异教徒。

波利努斯可以写很迷人的诗歌，但是不常写。最能表达这个时代基督教观点的诗人，是西班牙的奥雷利乌斯·普鲁登提乌斯·克莱门斯（Aurelius Prudentius Clemens）。克劳狄安和奥索尼乌斯两人的作品中充满已死的诸神，而普鲁登提乌斯则是利用古代的韵律，歌唱新鲜而活生生的题材。《殉教者的故事》（*Book of Crowns*），每天每时颂扬的圣诗，对叙马库斯请愿胜利之神雕像的韵文答复。在最后这首诗中，他请求皇帝霍诺留废除角斗士的格斗。他并不憎恨异教徒，他对叙马库斯甚至对尤里安，都有称扬的话。他也请求基督徒们不要毁坏异教的艺术品。他与克劳狄安一样赞赏罗马，使他感到高兴的是，一个人在大部分的欧洲世界中都受到同样法律的保护，到处都安全；"不论我们在何处，大家都像同胞一样生活在一起"。在这位基督徒诗人中，我们捕捉到了罗马的成就与威风的最后一声回音。

这时的高卢已有相当高的文明水准，这实在是罗马很大的荣耀。与文学上的奥索尼乌斯和西多尼乌斯相辉映的，是4世纪时高卢的几位伟大主教：普瓦捷的希诺里、兰斯的雷米（Remi）、奥顿的尤弗洛尼乌斯（Euphronius）、图尔的马丁。希诺里是《尼西亚信经》最活跃的护卫者之一，曾写了12卷的论文以说明三位一体的正确。在他普瓦捷的座堂，他过着一种虔诚教士的标准生活——清早起床，接见所有访客，倾听怨言，调解纠纷，做弥撒，讲道，教书，口授信件或亲自写信，吃饭时听着读经，每天都从事一些劳动，例如耕种或为贫民织衣。真是一位典型的教士。

圣马丁不仅留下一个名字，今天法国有 3675 座教堂和 425 个村庄都是以他的名字命名。约 316 年，他出生在潘诺尼亚，12 岁时想当修道士，但是 15 岁时被父亲强迫从军。他是不平凡的军人——将薪水送给贫民，协助苦难者，谦虚而耐心，似乎要将军营变成一座修道院。在军中服役 5 年后，他终于实践了理想，到修道院去过修道士的生活，起先是在意大利，其后到普瓦捷，靠近他所爱的希诺里。371年，图尔的居民争吵着要他当他们的主教，而毫不理会他褴褛的衣服和蓬乱的头发。他同意了，但是坚持过修道士的生活。在距离图尔市两英里的玛尔莫提尔（Marmoutier），他建立了一所修道院，召集 80名修道士，和他们一起过着简朴的生活。他认为一位主教不但要做弥撒、讲道、执行圣典、募集基金，还要供应饥饿者饮食，为衣不蔽体者提供衣服，访问病患，救助不幸。高卢人民对他爱戴非常，以至各地都流传着关于他奇迹的传说，甚至有他曾使六个人复活的故事。他成为了法国的守护神之一。

圣马丁在普瓦捷所建立的修道院（362 年），是高卢当时相继成立的许多修道院的鼻祖。由于修道院的这种思想，通过亚他纳修所写的《安东尼传》（*Life of Anthony*）及圣哲罗姆高声呼吁实行隐士生活而输入罗马，因此西方首先采取最艰苦和最孤独的修道院生活方式，并试图在较严寒的气候中，去实践埃及修道士的各种苦行。一名叫乌尔菲莱克（Wulfilaich）的修道士，曾在特里尔市的一根圆柱上生活了好几年，双腿双足赤裸。冬天时脚趾指甲脱落，胡须挂着冰柱。圣塞诺克（St.Senoch）在图尔市附近，将自己圈在窄窄的四面墙之间，身体的下半部根本无法活动。他在这种情形下过了许多年，成为当地民众尊敬的圣徒。圣约翰·加西安（St.John Cassian）带来了帕科米乌斯的看法，以平衡安东尼走火入魔的观念。他受到克里索斯托姆布道的启发，而在马赛成立一所修道院和女修院（415 年），并写下西罗马帝国第一套修道院生活的戒律。在他死前（435 年），在普罗旺斯（Provence）一地便有约5000名修道士依据他订的戒律生活。400年后不久，圣霍诺拉图斯（St. Honoratus）和圣加普拉修斯（St. Caprasius），在戛纳（Cannes）对面的莱林斯（Lérins）岛上建成一所修道院。这些修道院训练人们从事合作性劳动、读书和研究学问，而不是令他们做出孤独的奉献。它们成为了神学学校，并且大大影响了西方的思想。当圣本笃（St. Benedict）所订下的规章，于下一世纪传到高卢时，它以加西安立下的传统为基础，建立了历史上最慈善的修道会之一。

信奉基督教的东方

·东方的修道士

由于基督教会不再是一群专心把自己奉献给上帝的人，而成为统治数百万人的一个组织，它对人类的弱点逐渐采取较为宽容的观点，并且容忍，有时甚至分享这个世界的快乐。有少数基督徒认为这种降格，是对基督的背叛。他们决意以贫穷、贞洁和祷告进入天堂，因此完完全全退出这个世界。也许是阿育王（Ashoka）的传教士（约公元前250年）将佛教的修道生活方式及理论和道德等带到了近东；在基督教之前的苦修者，如埃及塞拉皮斯（Serapis）神的苦修士，或是犹太艾塞尼（Essene）苦修会，都可能将严厉的宗教生活的理想和方法传给安东尼和帕科米乌斯两人。修道生活对于许多人而言，是躲避蛮族入侵而带来的混乱和战争的避难所，住在修道院或沙漠中的隐居处，就不会有税捐、服兵役、婚姻纠纷、劳苦的工作。修道士并不一定会被授予圣职，经过几年的和平后，就会有永恒的幸福。

很适合修道生活的埃及，到处都有隐士和修道士，不是遵奉安东尼的孤独修道戒律，便是服从帕科米乌斯在塔本内（Tabenne）所建立的团体生活。尼罗河两岸充斥着修道院和修女院，有些人数达3000人之多。在所有隐士当中，以安东尼最为著名。在独身流浪一段时间后，他将自己的隐居处固定在红海附近的科尔齐姆（Kolzim）峰上。敬仰他的人终于找到他，并模仿他虔诚的修道生活，在他允许的范围内，尽可能将自己的隐居处靠近他的隐居处。在他去世之前，这片沙漠已住了许多他的精神后裔。他甚少梳洗，活了105岁。他曾婉拒君士坦丁大帝的邀请，但是在90岁那年，他跋涉到亚历山大城，支持亚他纳修对抗阿里乌斯教派。不如他著名的是帕科米乌斯，他（325年）建立了9所修道院和1座女修院；偶尔会有7000名修道士聚在一起庆祝某一圣日。这些修道的男女既工作，也作祷告。他们定期顺着尼罗河，航行到亚历山大城售卖他们的产品，购买必需的物品，并参与政教斗争。

在这些苦修者之间，也产生了激烈的竞争，有些人希望进行最为刻苦的修行，以得到桂冠。修道院长杜克斯内（Duchesne）说亚历山大城的马卡里乌斯（Macarius）"只要一听到有什么特殊的苦行，他便要设法去超越它"。如果其他修道者在封斋期不吃煮过的食物，他就要有7年不吃煮过的食物；如果有人以不睡觉自惩，马卡里乌斯便被发现"极力设法连续20个晚上不睡觉"。在一次封斋期，他日夜都站立着，一星期仅有一次吃几片包心菜的叶子；而在这个时候，他仍继续做他编篮子的工作。他曾连续6个月睡在沼泽中，并裸露身体，让有毒苍蝇咬噬。有些修道者以孤独著称，塞拉皮昂（Serapion）住在一个深渊底部的一处洞穴，很少有人敢深入到那个地方。当圣哲罗姆和波拉找到他的洞穴时，他们发现一个皮包骨头的人，身上围着一块缠腰布，脸及双肩都为乱发所掩盖。他的洞穴仅可容纳一块木板和树叶做成的一张床。但是这个人却曾在罗马贵族社会中生活。还有些人睡觉时并不躺下，例如贝萨里昂（Bessarion）和帕科米乌斯，分别有40年和50年不曾躺下睡觉。有些人以沉默为专长，许多年不说一个字。另有人无论到何处都是背着重负，或是以铁手镯、胫甲或铁链绑着四肢。许多人骄傲地记载他们已有多少年没有见过女人。几乎所有苦修者都是靠着少数几种食物过活，有些人却享寿甚高。圣哲罗姆告诉我们说，有些修道者仅以无花果或大麦面饼度日。马卡里乌斯生病时，有人带葡萄给他；为了不纵容自己，他将葡萄转送给另外一位隐士。但是这位隐士又转送给他人，因此这些葡萄在沙漠上绕了一圈（鲁菲努斯告诉我们）最后又完整地回到马卡里乌斯手上。从基督教世界各地拥到东方访问修道者的信徒，说他们如基督一样创造了许多奇迹。他们用手一触或说一个字，便可治病或驱逐恶魔，用眼一望或祷告一声，便可驯服蟒蛇或狮子，也可以站在鳄鱼背上渡过尼罗河。隐士们的遗物变成了各基督教堂最宝贵的财产，直到今天仍然珍藏着。

在修道院中，院长要求所有修道士绝对服从，并以不可能的要求考验新人。据传说，有位院长命令一位新入院者跳入熊熊燃烧的火炉，这位新人果然遵命，火焰却自动分开让他通过。另一位修道士奉命将院长的手杖埋入土中，每日浇水直到它开花为止。数年间，他每天步行到两英里外的尼罗河畔取水浇这支手杖。第三年上帝可怜他，手杖果然开了花。圣哲罗姆说指定修道者工作，是要"防止他们被危险的幻想引入歧途"。这些人有的耕田，有的整理花园，有的编席子或篮子，有的雕刻木鞋，有的抄写手稿，有许多古籍都是经由他们的笔保存下来。然而大多数的埃及修道士都是不识字的，讥讽世俗的知识，认为那是徒劳无功的自负行为。许多人认为清净是敌对神圣，西尔维亚是位处女，她除手指之外，拒绝洗身体上任何部分。在一个生活有130名妇女的修道院中，没有一个人曾经洗过澡，或是洗过脚。然而，到4世纪，修道士变得愿意用水洗涤身体了，一位叫亚历山大的修道院长，为这种堕落行为深感不齿，缅怀起修道者"从未洗脸"的日子。

在修道男女的人数和奇事方面，近东是可以与埃及一较长短的。耶路撒冷和安条克遍布修道会或隐居所。叙利亚的沙漠里也住着隐士。有些人像印度教的托钵僧一样，将自己以铁链锁在无法移动的大石块上，有些人则轻视这种固定的住所，而在山区漫游，吃青草维生。据说，西米恩（Simeon Stylites）在四旬斋的 40 天里，根本不进食物。有一次在四旬斋期间，他坚持将自己圈在一个小范围之内，仅以少量面包和清水为生，到复活节他被放出来时，面包和水根本没有动过。约 422 年，在叙利亚北部的卡拉特（Kalat Seman），西米恩为自己建了一根 6 英尺高的石柱，在石柱上生活。由于为自己这种有保留的做法感到惭愧，于是他又造更高的柱子生活在上面，最后他住在一根 60 英尺高的柱子上，以之为永久住处。这根柱子顶部圆周不会超过 3 英尺，幸亏有栏杆可以防止这位圣徒在睡觉时跌落下来。在柱顶，西米恩不间断地生活了 30 年，暴露在雨水、阳光和寒冷之中。从这高高的讲坛上，他向聚集来的人们讲道，使蛮族皈依基督教，以奇迹治病，玩弄教会政治，令放高利贷者将利率从 12% 降低到 6%。他这种居高临下的虔诚修道方式，造就了许多仿效他的柱顶隐士，这种风气继续了 12 个世纪之久，并且以一种完全俗世化的形式保存到今天。

基督教会并不赞同此种过分的行为，也许修道士在这些谦卑的行为中感觉到强烈的骄傲，在自我牺牲中有种精神上的满足，在逃避妇女及现实世界中有种秘密的快乐。有关这些苦行者的记载充满着对于性的想象和梦，当他们与想象的诱惑和性的思潮搏斗时，他们的隐居处有呻吟的回响，他们相信周遭的空气中满布向他们发起攻击的魔鬼。修道者似乎发觉在孤独中较难保持纯洁，住在城镇中反而较为容易。隐士发疯的事并不令人奇怪。鲁菲努斯说，在一位年轻的修道士的隐居处，突然有一位美丽女人降临，他终于屈服于她的美貌，事后女人不见踪影，他以为是消失在空中。这位修道士疯狂地从隐居所冲出，跑到最近的村庄，跳入一家公共澡堂的火炉中以平息其欲火。另一个故事说，有一位年轻的女子因为受到野兽的追击，要求准许她进入一位修道士的小室中躲避，他同意暂时收留她。但是在这段时间中她偶尔碰了他一下，结果他心中的欲火突然燃起，就好像他多年的苦修并未使它熄灭一样。他想抱住她，但是她从他的手臂间和眼前消失不见。一群魔鬼对他的堕落，高兴得放声大笑。鲁菲努斯说，这位修道士再也无法忍受修行生活，就如法国作家安纳托尔·法朗士（Anatole France）的小说《苔依丝》（*Thaïs*）中的帕弗努塞（Paphnuce）一样，他无法驱除他所想象或看过的美丽影像，他终于离开隐修处，走入城市生活，追求那个美丽影像，直到进入地狱。

教会起先对修道者毫无约束力，因为修道者很少担任圣职；但是教会觉得应对他们的过分行为负责，因为教会也分享到他们行为的光彩。教会无法完全同意修道生活的理想，教会赞扬独身主义、贞操和贫穷，但是不能指斥结婚或养育子女、拥有财产为有罪。教会的意见此时与整个种族的延续存在利害关系。有些修道士可以随意离开修道院或隐居处，以乞食骚扰民众；有些到各个城镇宣讲禁欲主义，售卖真正或虚假的遗物，恐吓宗教会议，煽动易受影响的人们去破坏异教庙宇或雕像。教会无法容忍这类无组织无纪律的行为。在卡尔西登召开的会议（451年）决定：应谨慎处理新申请进入修道院的人选；新人所做的誓言必须执行到底，不能反悔；要成立修道院或离开修道院，都应该得到当地教区主教的准许。

·东方的主教

此时（400年），基督教在东方几乎得到了完全的胜利。埃及当地的基督徒或是科普特教派（Copts）——科普特（Copt）是阿拉伯文克伯特（Kibt）欧化了的形式，而克伯特源自希腊文"Aigyptos"，即埃及人之意——已在人口中占绝大多数，供养着数百间教堂和修道院。总共有90位埃及主教遵从亚历山大城大主教的权威，主教的权力几乎可与法老和托勒密诸王抗衡。有些主教并不是讨人喜欢的教会政治家，例如狄奥菲勒斯（Theophilus）曾经将塞拉皮斯的异教庙宇及图书馆夷为平地（389年）。较令人喜爱的是普托勒马西斯（Ptolemais）的一位谦虚的主教叙内西乌斯。他生于昔兰尼，曾经在亚历山大城师从希帕提亚（Hypatia）研究数学和哲学；终其一生，他都是她的忠诚的朋友，他称她是"真正哲学的真正解说者"。他曾访问雅典，并在那里坚定了异教信仰；但是，403 年，他娶了一位信仰基督教的女人，并且接受了基督教。他觉得可以很容易地将他所信奉的新柏拉图派的上帝、理性和灵魂的三位一体，转换成圣父、圣灵和圣子的三位一体。他写了许多令人喜爱的信札及一些不很重要的哲学作品，其中除《赞美秃头》(*In Praise of Baldness*) 一文外，在今天看来都没有什么价值。410 年，狄奥菲勒斯请他担任普托勒马西斯的主教。他这时是一位乡下绅士，拥有财富，但已没有什么雄心；他谦虚地说自己不适合，而且他不相信肉体的复活（如《尼西亚信经》所要求者），再者他已结婚，无意放弃他的太太。但是对于狄奥菲勒斯而言，教条只不过是工具而已，他对这些置之不理，而在这位哲学家下决心之前便宣布他为主教。最足以代表叙内西乌斯的，是他最后一封信，这封信是写给希帕提亚的，最后的祷告是对基督。

叙利亚的异教庙宇，都被以狄奥菲勒斯的方式毁灭——放火焚烧。皇帝下令将这些庙宇关闭，余下的异教徒虽然抗拒这项命令，但是发现他们信奉的诸神对庙宇被毁坏似乎漠不关心，只好接受失败的命运。亚洲方面基督教的领袖要比埃及的头脑清醒些。圣尼古拉于 4 世纪时，担任吕西亚省米拉的主教，他绝未想到会成为俄罗斯小偷、男孩和女孩等的保护神，最后成为半个基督教世界中圣诞节神话的一部分。在短短的 50 年生涯中，伟大的巴西勒在君士坦丁堡跟从利本纽斯学习修辞学，在雅典研究哲学，拜访埃及和叙利亚的隐士。但是，反对他们内向的苦修，他成为卡帕多恰省恺撒里亚 (Caesarea) 的主教，在其国内组织基督教会，修订典礼仪式，建立自给自足的修道生活方式，并且拟订一套修道院规章，直到今天仍然为希腊及斯拉夫世界的修道院所遵行。他劝导门徒不要效法埃及隐士们那种夸张的苦修生活，而应以有用的工作为上帝、健康及心智健全而努力。他认为耕地是一种很好的祷告。今天在信奉基督教的东方，他的思想仍然发挥着很大的影响。

在君士坦丁堡几乎见不到一点异教信仰的痕迹，基督教本身却因冲突而分裂。阿里乌斯异端仍然势力强大，新的异端思想继续出现，人人均有自己的神学。巴西勒的弟弟，尼亚沙（Nyassa）的格列高利，在约 380 年写道："这个城市到处都是工匠和奴隶，他们都是学问高深的神学家，在商店和街道中讲道。如果你要找个人，将一块银子换成零钱，他会告诉你圣子和圣父之间的差别在何处；如果你问一块面包的价钱，他会告诉你圣子地位低于圣父；如果你问澡堂何处有？你得到的答复是圣子不是由什么东西做成的。"在狄奥多西一世在位时，叙利亚的以撒（Isaac）在新都建立了第一所修道院，类似的机构如雨后春笋般纷纷成立。到 400 年时，修道士在城里不但是一支势力，简直是令人恐怖的力量，在主教与主教之间，以及主教与皇帝之间的冲突中，担任着一个喧嚣的角色。

当格列高利接受君士坦丁堡正统基督徒的要求，去担任他们的主教时（379 年），他终于认清了教派仇恨的厉害。这时皇帝瓦伦斯刚刚去世，但是他所支持成立的阿里乌斯教派仍然控制着教会，并在圣索菲亚教堂举行礼拜。格列高利只好将其祭坛和会众安排在一个朋友家里，但是他给他的教堂取了一个充满希望的名字"Anastasia"（复活）。他是位既虔诚又有学问的人，他曾与同乡巴西勒一同在雅典读书，只有他的第二位继承者才能在口才上与他相比。他的会众人数越来越多，直至超过了官方教堂的人数。379 年复活节前夕，一群阿里乌斯派信众以石头攻击复活教堂。18 个月之后，正统教派的皇帝狄奥多西，在胜利和壮观的气氛中引格列高利走进圣索菲亚教堂。但是教会政治不久便结束了他的宁静生活，嫉妒的主教们宣称他的任命无效，而要他出席宗教会议为自己辩护。出于自尊，他不愿为地位而争斗，格列高利便辞职（381 年）返回卡帕多恰的纳济安祖斯（Nazianzus），安详地度过一生中最后的 8 年。

格列高利平庸的继承者去世后，宫廷邀请安提阿的一位祭司主持圣索菲亚大教堂，这位主教史称圣约翰·克里索斯托姆，意为"金嘴的"。约 345 年他出生于一个贵族家庭，曾跟从利本纽斯学习修辞学，并且熟悉异教文学和哲学。大体而言，东方的主教要比西方的更有学问且更好辩。约翰有敏锐的智力和暴烈的脾气。他对基督教的态度严肃，并且公开指斥当时不公平和不道德的现象，这使他的新会众感到不安。他斥责戏剧是淫荡女人的展览，也是渎神、诱惑和阴谋的学习场所。他诘问首都的富有基督徒，何以将大量的财富花在放荡的生活上，而不听从基督的训令，将大部分财富给予穷人呢？他奇怪为什么有些人拥有 20 栋宅第、20 间浴室、千名奴隶、象牙门、镶嵌的地板、大理石的墙、黄金天花板。他警告富人说，如果他们以东方的舞女招待客人的话，死后便会入地狱。他指责手下教士懒惰而奢华的生活，以及他们在住宅中雇用女人服侍。他治下 13 位主教，因为淫佚的行为和买卖圣职而被革职。他也谴责君士坦丁堡的修道者，在街上的时间要多于闭门苦修的时间。他言行一致，他教区的收入不像通常东方的主教们那样用于外表铺张，而是用于建立医院和帮助穷人。君士坦丁堡的信徒从未听到如此有力、精彩和坦诚的布道。他的布道不是神圣的抽象名词，而是基督教的箴言，有针对性而且尖锐：

> 有谁比地主更会压迫人？如果你看看他们对待其可怜佃农的样子，你会发现他们比蛮族更为野蛮。他们对于那些因饥饿和劳苦而终生身体瘦弱的人，还强收令人难以忍受的长期的税，他们还要求佃农服各种劳役……他们强迫佃农整个冬天在寒冷和雨中工作，他们剥夺了人家的睡眠，让他们回家时双手空空如也……
>
> 他们从地主那里所受到的折磨、鞭打、掠夺，以及对劳役的残暴要求更甚于饥饿，地主们利用他们以获利然后又欺骗他们的手段，真是罄竹难书！他们的劳力推动了地主的橄榄油压榨机；但是他们被迫去做装瓶的产品，自己却一点都得不到，他们仅得到少许金钱作为工作的报酬。

会众喜欢被叱责，而不愿被改造。女人们仍然继续使用香水，富人仍然继续宴饮，教士们仍然使用女仆，剧院仍然继续宣泄欲念。不久，城里除了毫无权力的穷人以外，每个团体都起而反对这位金嘴。皇后尤多克西娅（Eudoxia），即阿尔卡狄乌斯（Arcadius）之妻，率先领导整个城市的享乐主义者过奢侈的生活。她将约翰的一篇布道解释为是针对她，于是要求她懦弱的丈夫，召开一次教会会议以审讯大主教。403 年，东方的主教们在卡尔西登召开会议。约翰拒绝出席，他的理由是他不应被他的敌人审问。这项会议终将他免职，他默默流亡异地。但是人们的反对声浪太大，惊惧的皇帝又将他召回其教区。几个月后他又再度指责上层阶级，并且就皇后的一座雕像进行批评，尤多克西娅再度要求将他赶走。亚历山大城的主教西奥菲勒斯正等待时机，准备随时去削弱一个能与自己相抗衡的教区人物，因此提醒阿尔卡狄乌斯说，卡尔西登会议对约翰的罢黜仍然有效，可以强制执行。于是皇帝派兵逮捕约翰，他被带到博斯普鲁斯海峡以外，放逐到亚美尼亚的一个村庄（404 年）。他的忠实信徒听到这一消息后，便发动了暴乱。在混乱中，圣索菲亚教堂和附近的元老院均被纵火。约翰从被放逐的地方写了信向霍诺留皇帝及罗马主教求援，阿尔卡狄乌斯又下令将他送到遥远的本都省（Pontus）皮图乌斯（Pityus）的沙漠中。在押解的途中，精疲力竭的主教，终于在科玛纳（Comana）去世，享年 62 岁（407 年）。从这以后，除了短暂的时间里，教会成了国家的仆人。

圣奥古斯丁（354—430）

·罪人

奥古斯丁的出生地北非，是种族和信仰混杂的地方，普尼克和努米迪亚族的血液与罗马人的血统相混。奥古斯丁本人即混有各种血统。许多人都说普尼克语——迦太基的古腓尼基语（Phoenician）——

因此奥古斯丁担任主教时，仅能任命能够说这种语言的祭司。多纳图派向正统教派挑战，摩尼教派则向两者挑战，显然大多数人仍是异教徒。奥古斯丁的诞生地是努米迪亚的塔加斯特（Tagaste）。他的母亲圣莫妮卡（St. Monica）是位虔诚的基督徒，她的一生都花费在照顾她任性的儿子和为他祈祷上。他的父亲是位财产不多而又没有什么原则的人，莫妮卡耐心地忍受他的不忠实行为，因为她相信这种行为不会持续太久。

奥古斯丁12岁时被送往马杜拉（Madaura）入学，16岁时到迦太基接受高等教育。萨尔维安不久后将描述非洲是"世界的污水池"，而迦太基又是"非洲的污水池"。因此莫妮卡给儿子的临别赠言是：

> 她命令我，非常热切地警告我，不得与人通奸，尤其是我绝不能污辱任何有夫之妇。这些话对我而言只不过是妇人之见，我真听从的话未免可耻……我如此盲目轻率，以致在友辈中，因为行为不及别人无耻而感到羞耻，他们曾经大言不惭地夸耀他们的粗野行为；他们还炫耀他们比我更为兽性。我很高兴去做这种事，并不只是为了行为本身给予我的快乐，而且也是为了得到赞扬……当我缺乏机会去做一件恶事以与其他人比恶时，我便伪称我做了没有做过的事。

他在学习拉丁文方面颇有成就，在修辞学、数学、音乐和哲学方面也是如此，"我不平静的心却能专心一致地寻求知识"。他厌恶希腊文，从未学精希腊文学，但他对柏拉图很是着迷，而称他为半神，当他皈依基督教后，仍然还是柏拉图的信徒。他在逻辑和哲学方面所受的异教训练，使得他成为基督教会中最精深的神学家。

毕业后，他回到塔加斯特教文法，然后又到迦太基教修辞学。他16岁时，家人忙着为他找个太太，他却希望找个情妇——这是为异教道德和罗马法律所许可的，由于尚未受洗，道德方面可以随意。与人姘居对他而言是一种道德上的前进，他舍弃了滥交，并且似乎对他的情妇颇为忠实，直到两人于 385 年分开。382 年他还是 18 岁的少年，便做了一个儿子的父亲，他曾称这个儿子是"我罪之子"，但是通常称之为"阿德奥达图斯"（Adeodatus）——上帝的礼物。他后来非常疼爱这个孩子，从未令他远离身边。

29 岁时，他离开迦太基准备前往罗马。他的母亲唯恐他死时仍未受洗，请求他不要到罗马去，但他坚持要去，她只好请求他将她一道带去。但是在码头，他留她在教堂中祷告，一个人坐船离去。他在罗马教了一年修辞学，但是学生们将他的学费骗去，他只好申请到米兰当教授。叙马库斯考了考他，同意了，并将他送到米兰，他勇敢的母亲在这里赶上了他，并劝他一同跟她去听安布罗西的布道。他受到这些布道的感动，会众所唱的圣诗更大大影响了他。同时，莫妮卡劝使他接受结婚的观念，并使时年 32 岁的他，与一位有钱而年纪很轻的女人订婚。奥古斯丁同意再等两年，等她满 12 岁。首先他将情妇送回非洲，结果她在修女院埋葬了她的悲哀。几个星期的节欲令他心神不安，不但拒绝结婚，他又找了另一位情妇。他祷告说："给我贞洁，但不是现在！"

在这一切分心的事务中，他还是找时间研究神学。他开始时曾怀着母亲的那种单纯信念，但是在校时已自负地将它抛弃。有 9 年时间（374—383 年）他接受了摩尼教的二元论，作为对充满善与恶的世界的最令人满意的解释。有一段时间他迷恋怀疑论，但他太富于感情，而无法长时期从事抽象的研究。在罗马和米兰时，他曾研究过柏拉图和普罗提诺。新柏拉图学派的思想深深地影响他的哲学，并且通过他主宰了直至阿伯拉尔（Aberlard）时的基督教神学。它也成为奥古斯丁走入基督教的门径。安布罗西曾建议他去念《圣经》，但是遵照保罗的提示"字句是叫人死，精意是叫人活"，奥古斯丁发现象征式的解释，可以去除他所获得的关于《创世记》的幼稚想法。他阅读了保罗的书信，觉得保罗就像他自己一样经历了千万种疑虑。保罗最后的信念，并非抽象的柏拉图式道，而是已变成人类的上帝的道。有一天，当奥古斯丁与朋友阿利庇乌斯（Alypius）坐在米兰一座花园中时，他耳朵里似乎有一个声音不断地说着："拿起念，拿起念。"他再打开保罗的书信，读到"不可荒宴醉酒，不可好色邪荡，不可争竞嫉妒。总要拥戴主耶稣基督。不要为肉体安排，去放纵私欲"。这段文字对奥古斯丁而言，促成了他感情和思想的重要演变。在这种奇妙的信念中，确实有某种比哲学家的逻辑更为温暖、更为深邃的东西存在。基督教对他而言，是情感上的深深满足。舍弃了理智上的怀疑论后，他平生第一次发现了道德上的鼓舞和心理上的平安。他的朋友阿利庇乌斯也承认自己有同样的归顺体验。莫妮卡接到他们投降的消息后，她的心融化于感激的祷告中。

387 年复活节，奥古斯丁、阿利庇乌斯和阿德奥达图斯一起接受安布罗西的洗礼，莫妮卡欣喜地立在一旁。四人决定前往非洲去过修道生活。莫妮卡死于奥斯蒂亚，她深信可以与儿子在天堂团聚。抵达非洲后，奥古斯丁售卖了他继承的家产，将所得分给穷人。然后他、阿利庇乌斯及一些朋友组成了一个宗教会团，在塔加斯特过着贫穷、独身、读书和祷告的生活。奥古斯丁修道会成为西方最早的修道团体。

· 神学家

389 年，阿德奥达图斯逝世，奥古斯丁非常悲痛。工作和写作是他唯一的安慰。391 年，希波（Hippo，今朋尼）的主教瓦勒里乌斯（Valerius），请他协助治理其教区，并授他祭司之职。瓦勒里乌斯常请他代表布道，虽然会众不一定了解他布道的内容，但是他的能言善辩给会众们留下了深刻的印象。希波是一个约有 4 万人口的海港，有一座天主教教堂，多纳图派教堂也有一座，其余的居民都是摩尼教徒或异教徒。摩尼教的主教福图纳图斯（Fortunatus），原先是当地的神学领袖，多纳图派与天主教徒联合起来促请奥古斯丁与他进行辩论，他同意了。连续两天，这两位新奇的斗士在索西乌斯的巴特斯于蜂拥而至的群众面前唇枪舌剑。奥古斯丁获得胜利，福图纳图斯离开了希波，从此再没有回来过（392 年）。

4 年之后，瓦勒里乌斯以自己已年老为由，要求会众选举继承人，奥古斯丁受到一致的推举，虽然他抗议、哭泣，要求让他返回修道院，还是被说服了。此后的 34 年间，他担任希波的主教直至去世，从这里他影响了整个世界。他选了一两名执事，并从修道院带来两名修道士协助他。他们在主教住宅里过着修道院式和共产的生活，奥古斯丁有点不能了解为什么他的一位助手去世后竟能遗下一笔相当的财产。他们都是过着素食的生活，将肉留给客人和病人。根据记载，奥古斯丁既矮又瘦，身体从未健壮过；他曾抱怨肺部不舒服，并且因为寒冷受了很多苦。他非常敏感，容易激动，想象力丰富但是有点病态，智力精微而富弹性。除了固守教条、有时不够容忍，他确实具有许多可爱的性格。那些跟他学习修辞学的人，都接受他的指引而信奉了基督教。阿利庇乌斯一直跟随着他。

他就任主教后不久，便展开与多纳图派的终身战斗。他建议与他们的领导者进行公开辩论，但没有几个人敢于接受。他也邀请他们举行友好会议，起初遇到的是沉默，其后是侮辱，最后是暴乱。在北非的几位天主教主教遭到袭击，有些攻击行动似乎是要取奥古斯丁的性命，但是我们不知道多纳图派方面对于此事作何说法。411 年，皇帝霍诺留在迦太基召开会议，以平息多纳图派引起的争论。多纳图派方面有 279 位主教参加，天主教方面也有 286 位主教与会——不过所谓主教在非洲只不过是一个教区的祭司而已，皇帝的特使马塞利努斯（Marcellinus）在倾听双方的意见之后，下令多纳图派不得再举行任何集会，必须将所有教堂交给天主教。多纳图派的答复是不择手段的暴乱行动，据说还谋杀了希波的一位祭司雷斯蒂图特乌斯（Restitutus），并且杀害了奥古斯丁的第一位助理。奥古斯丁敦促政府当局严格执行命令，他收回了早先的看法："任何人均不得被迫信仰基督……我们只能用辩论去争取，只能以说理令人信服。"他得到结论：基督教会是所有人的精神之父，因此，为了儿子着想，教会应该享有父母亲鞭打逆子的权利。他认为宁可令少数多纳图派受苦，也不能使所有人因为不使用强制手段而趋于毁灭，同时他一再请求政府官员不要对异端分子施行死刑。

除了激烈的斗争和对教区的治理之外，奥古斯丁都是住在"心灵的国度"（Country of the Mind），从事写作。几乎每天他都写一封信，对天主教神学的影响仍然很大。单是他的布道词，就可以装成几册。虽然有些布道词，刻意以相对和平行的句子修饰，也有瑕疵，但许多都用简朴的文体来讨论当地和暂时性的问题以适应那些不识字的会众的需要，这其中大部分都引起了由神秘热诚和深刻信仰融合而成的崇高雄辩。他的头脑经过逻辑训练，非常灵敏，因此不可能限于教区中的问题。在一篇篇论文中，他试图以理性来调和教会的各种教条，他认为在一个破落和暴乱的世界中，教会乃是秩序和正当行为的唯一支柱。他知道三位一体论对理智是种阻碍。连续 15 年，他一直写作他最有系统的作品——《论三位一体》（De Trinitate）——努力在人类经验中寻求三位一体的具有可比性的例子。更令人迷惑的是——这个问题曾使奥古斯丁的一生充满惊奇和辩论——将人类自由意志与上帝先见之明调和的问题。如果上帝无所不知的话，他可以详细地看清未来；既然上帝是不变的，那么他对所有未来事件的认识，使得这些事件必须按照他所预见的情形发生。这些事件是事先就已经注定，毫无改变的可能，那么人类焉能自由？人类不是应做上帝所预见的事吗？而且，如果上帝已预见所有事情，他早就知道他所创造的每个人的最后命运，那么为什么上帝要创造那已注定要堕入地狱的人类呢？

在皈依基督教的最初几年，奥古斯丁曾写了一篇文章《论自由意志》（De Libero Arbitrio）。他当时试图调和邪恶的存在与全能上帝的仁慈，他的答案是，邪恶是自由意志的结果：上帝如让人类自由，人类便有可能做错和做对。这以后，在保罗书信的影响下，他辩称亚当的罪使人类染有了邪恶的倾向，除了上帝所赐予的恩惠之外，不论做多少好事，都无法使灵魂克服这种倾向，也无法消除这个污点而得到解救。上帝向所有人提供这种恩惠，但是许多人拒绝接受，上帝知道他们会拒绝。但是这种堕入地狱的可能性，是人类之所以为人类的那种道德自由的代价。上帝的先见之明并没有摧毁这种自由，上帝只预见人类将自由选定的各种抉择。

原罪的理论并不是奥古斯丁发明的，保罗、德尔图良、安布罗西等人便曾宣扬这种理论。但是他自己对罪恶的经验，及那种使他皈依基督教的声音，使他明确相信人类意志自诞生后便倾向于恶，只有靠着上帝的恩惠，方能使之转向善。他只能将人类意志的邪恶倾向解释成夏娃的罪和亚当的爱的一种结果。奥古斯丁认为，既然我们都是亚当的后代，我们也分担了他的罪，其实也就是亚当之罪的子孙：这种原罪便是色欲。色欲现在仍然玷污了每一生殖行为，由于性与为人父母结合在一起，人类是"毁灭的一群"，大多数人类都将堕入地狱。我们有些人会得救，但是只能依靠圣子的恩惠及无罪怀孕圣子的圣母的调停。"由于一位女人，我们趋于毁灭；由于一位女人，我们终于重获得救。"

由于写得太多和太匆忙——他似乎常常口授给书记——因此奥古斯丁不止一次地陷入夸张，但他以后曾努力矫正这一缺点。有时他提出加尔文（Calvin）教派的教条说，上帝早就已武断选出他将给予恩惠的选民。许多批评者起而指责他的这种理论，他毫不让步，坚持到底。他最有力的反对者来自英格兰，是自由自在的修道士佩拉纠，坚决卫护人类的自由及善行所具有的拯救力量。佩拉纠说：上帝确曾协助我们，因为他给予我们律法和诫命，圣徒的典范和告诫，用来施洗礼的可涤去污秽的清水，及基督可以解救人类的血。但是上帝并没有因为使人性天生邪恶而使人类不易得到解救。没有原罪，也没有人类的堕落，只是犯了罪的人因之而受罚，罪并不能传到子孙身上。上帝并未事先规定人类上天堂或下地狱，也未武断选取他将解救或处罚的人，上帝将我们命运的抉择权留给我们自己。佩拉纠说，人类天生邪恶的理论，是将人类犯罪的责任推到上帝身上的一种胆小行为。人类有意识，所以应自己负责，"如果我应该的话，我便能够"。

佩拉纠于约 400 年来到罗马，与虔敬的家庭住在一起，赢得了德行高超的美誉。409 年，他为逃避阿拉里克入侵，首先到迦太基，随后又转往巴勒斯坦。他在那里过着平静的生活，直到有一天，西班牙的祭司奥罗西乌斯（Orosius）从奥古斯丁那儿来警告圣哲罗姆提防他（415 年）。东方召开一次宗教会议审讯他，宣称他是正统教派。但是，在奥古斯丁催促下召开的非洲教会会议则驳斥上述决议，并向教皇英诺森一世（Innocent I）提出诉请，结果教皇宣布佩拉纠是异教徒，于是奥古斯丁满怀希望地宣布："这个案子已解决了。"教皇英诺森去世后，由佐西姆斯（Zosimus）继位，他宣布佩拉纠无罪。非洲各主教请求皇帝霍诺留改变这一判决，他很高兴能修正教皇的决定。佐西姆斯最终屈服（418 年）。艾菲索斯会议指责佩拉纠人类不需上帝协助便可变善的观点，乃是异教思想。

奥古斯丁也会犯矛盾和荒谬的错误，甚至存在思想上的病态残暴行为，但是他无法克服，因为他爱冒险且生性的热情，任何推论过程都不会修正他的神学思想。他很清楚理智的缺点：以个人短暂的经验贸然判断全人类的经验，如何以 40 年了解 40 个世纪？他写信给一位朋友说："不要以激动的辩论，去争论你尚未了解的事情，或是《圣经》中显得不一致和矛盾的事情；谦虚地延缓你了解的日子。"信仰必须在了解之前。"不要试图去了解然后相信，相信后，你便能够了解。""《圣经》的权威高于人类智能的全部努力。"然而，《圣经》不能永远从字面上去了解，《圣经》原是要使头脑简单的人能够了解，因此必须使用物质的名词以描述精神现实。如有分歧，我们必须依赖教会会议的决定，即教会中最贤明人士的集体智慧。

即使只有信仰，仍然不能够了解；必须要清心，好让我们周围的神光得以射入。我们若能如此谦虚和洁净，经过多年之后，必能达于宗教的真正目标和精髓，即"拥有活的上帝"。"我渴望认识上帝和灵魂。再没有其他东西了吗？什么都没有了。"东方的基督教最常谈及基督。奥古斯丁的神学则是"属于第一身位的"（the First Person）。他所说和所写的，都是有关于圣父的，也是对圣父说的。他从未描写上帝，因为唯有上帝才能充分了解上帝，可能"真正的上帝既没有性、年龄，也没有躯壳"。但是我们可以通过创造物而了解上帝，而且还能详细地了解。世界上每一样东西在其组织及作用上都极为奇妙，并且如果没有创造性的智慧，就不可能有这些创造物。一切活生生的东西，其秩序、比例和韵律，均显示出有柏拉图式的神祇存在，并且在其中，美和智慧是合而为一的。

奥古斯丁说，我们无须相信世界是在 6 天之中创造的，也许上帝在起初只是创造了一团星云状的东西（nebulosa species），但是在这团东西中，蕴藏着根本的秩序或生殖力（rationes seminales），从此所有东西将自然演变出来。奥古斯丁与柏拉图一样，认为这个世界上的实在的东西和事情，都是先存在于上帝的脑中，"就好像一栋建筑物的设计图，在建造之前便已经为建筑师所构想出来一样"。创造的过程便是依照上帝脑中的永恒范例进行。

·哲学家

对于这样强有力的一位人物及如此高产的一支笔，我们如何能够简短地予以适当的评价？在 230 篇论文中，他几乎就神学和哲学上的每一个问题发表了他的意见，而他的文风时常充满着感情。他谦虚而精深地讨论时间的本质。他可以说是抢得笛卡儿（Descartes）"我思故我在"的先机，为了驳斥那否认人类对任何事情有把握的学院派，他辩称："谁怀疑他自己是活着和会思想？……因为如果他怀疑，他就活着。"他在柏格森（Bergson）之前即抱怨智能由于长时间地接触有形物，变成了唯物论者。他如同后来的康德一样，宣称灵魂是所有实在物中最直接为人了解的，他也清楚说明了理想主义者的立场——

既然物质只能通过心智而被了解，我们便无法合乎逻辑地将心智化成物质。他也提出了类似于后来叔本华（Schopenhauer）的观点：人类的根本，是意志而非智能；他也认为，如果一切生育停止的话，这个世界便可以改善。

他有两部作品成为世界文学史上的古典名作。《忏悔录》（Confessions，约 400 年）是所有自传的始祖和最著名的自传。它是直接写给上帝的，一次 10 万字的悔罪行为。这本书首先述说年轻时候的罪，生动地解说他如何皈依基督教，偶尔迸发出狂热的祷告。一般的忏悔录都是伪装的，但是在这本《忏悔录》中，有足以令全世界震惊的诚实。其中提到奥古斯丁写作本书时——他时年 46 岁，身为主教——以往的肉欲念头，"仍然活在我的记忆中，并冲入我的思潮……在睡眠中，此种念头进入我脑中，不仅给我快乐，甚至似乎赞同我的那些行为"。做主教的通常不会作如此坦诚的自我心理分析。他的这一杰作，讲述一个灵魂如何获致信仰和平安的动人故事，它的最初几行撮其大要："您为自己创造了我们，我们的心除非是依靠着您，否则便得不到安宁。"他的信仰这时已毫无犹疑，并且升华为动人的护神论：

> 太晚我才爱上您，喔，您既古老又清新的美……是的，还有上天和地球，及在其中的一切，均嘱咐我应该爱您……当我爱上您的时候，我是爱的什么呢？……我问地球，它回答说：我不是你爱的东西……我问海，海的深处和爬行的东西，他们回答说：我们不是你的上帝，去问比我们更高的吧。我问飞逝的风、整个空气和那里面的居民，他们回答我：
>
> 阿纳克西美尼斯（Anaximenes）错了，我并不是上帝；我问上天、太阳和月亮及星星，他们说：我们也不是你所寻的上帝。我向这一切回答说……回答我关于上帝的事；既然你们不是他，回答我关于他的事。他们大声叫道：他创造我们……那些不喜欢

您所创造的任何东西的人是精神不正常的……我们依靠着您的才能……我们的平安依靠着您的恩惠。

奥古斯丁的《忏悔录》是散文中的诗篇,《上帝之城》(*City of God*, 413—426 年)则是历史中的哲学。当洗劫罗马的消息传到非洲时, 数以千计的可怜的难民随之蜂拥而至, 奥古斯丁就像圣哲罗姆和其他人一样, 对这种疯狂和恶魔般的灾祸感到震惊。为什么几个世纪以来为人们所尊崇的美丽而伟大的罗马城, 当今基督教世界的堡垒, 居然会被一个仁慈的神丢给蛮族去蹂躏? 各地的异教徒均将此次大灾祸归咎于基督教: 因为抢劫、推翻和禁止, 神已经收回了对罗马的保护, 许多基督徒的信仰动摇了。奥古斯丁深深感到危机的到来, 如果这种惊恐不予减轻的话, 则他整个神学大殿便有崩塌的危险。他决心尽他一切才能和力量, 使整个罗马世界相信这种灾祸绝不能归咎于基督教。连续 13 年, 他投入这本书的写作, 在这期间, 他要应付许多事务和骚扰。书陆续刊行, 中间部分常缺乏衔接, 上下文也没有什么关联。最终, 厚达 1200 页的这本书, 成为了许多文章的大杂烩, 讨论的题目从原罪到最后审判, 异常庞杂; 唯有其中的思想深度和优异的文笔, 使其脱出混乱而步入基督教哲学文学的最高境界。

奥古斯丁的初步回答是, 罗马遭受惩罚并不是因为新的宗教, 而是因为持续不断的罪恶。他描写了异教戏剧的粗鄙, 并引用萨路斯提乌斯和西塞罗的话, 以证明罗马政治的腐败。罗马曾是坚忍主义者的国度, 加图 (Cato)、西庇阿那样的人使其更为坚强。它几乎创造了法律, 使半个世界享有秩序与和平。在这些英勇的日子中, 上帝的脸照耀着它。但是道德堕落的种子, 是古代罗马的宗教, 是那些鼓舞而非遏阻人类性欲的诸神:"维尔吉内乌斯 (Virgineus) 神松开处女的腰带, 苏比古斯 (Subigus) 神将她置于男人之下, 普雷玛 (Prema) 神将她压下……新娘听到宗教的命令立了起来, 坐在普里阿普斯神巨大而粗野的腿臂上! "罗马之所以受到惩罚, 是因为它崇拜, 而非忽视诸如此类的神。蛮族赦免了基督教堂和躲到教堂的人，但是对残留的异教殿堂则毫不怜惜，所以这些入侵者怎会是异教复仇的代理人呢？

奥古斯丁的第二个回答阐述了一种历史哲学——试图以一个普遍性的原则，说明有史以来的各种事件。从柏拉图的存在于"天上某处"的理想国的观念，圣保罗的生与死圣徒组成的一个社会的观念，及多纳图派的杜科尼乌斯（Tyconius）关于两个社会的理想，也就是上帝与撒旦的不同社会，奥古斯丁汲取了他这本书的基本观念，也就是两个城市的一个故事：致力于俗世事务及玩乐者的世俗城市，以及过去、现在、未来共同崇拜真正的上帝的人之圣城。罗马皇帝马可·奥勒留曾经写下一句名言："诗人可以说，雅典是个可爱的刻克罗普斯（Cecrops）之城；你就不能说，这个世界是个可爱的上帝之城吗？"——但他这话是指的整个井然有序的宇宙。奥古斯丁说的上帝之城是由天使们的诞生而建立的，而"地球之城"（civitas terrena）则是因撒旦的叛变而建立。"人类分成两种：其一是照人类之法而生活，其二是照上帝之法而生活。这我们称为两个城市或社会，后者注定恒与上帝并存，前者则被罚永远与撒旦一同受苦。"一个实际上的城市或帝国，并不一定在各方面均被局限于地球之城以内，它可以做一些善事——贤明地立法，公平地审判，协助教会，那么这些善行便是发生于上帝之城的范围之内。这个精神上的城市并不是与天主教会完全一致的，教会本身可能会怀有俗世的利益期待，教会人士也可能陷于自私自利和罪恶，经一个城市转入另一个城市。只有在最后审判时，这两个城市才能分开，赫然有别。

基督教会将其会籍象征式地扩大到包含天上和人间的灵魂，基督教之前和信奉基督教的正直的人们，便可能与上帝之城合而为一——奥古斯丁有时将两者视为一体。教会后来将会接受他这合而为一的观点，以作为一种政治思想武器，并且将会从奥古斯丁的哲学，逻辑地推论出神权国家的思想，在神权国家中，人类的俗世权力将为教会所有，且源自上帝的精神权力。随着这本书的问世，异教不再是一种哲学了，而基督教开始成为一种哲学。这是对中古精神的首次明确表达。

·主教

汪达尔人入侵时，这位基督教的名人仍然担任主教之职。一直到最后时刻，他都留在神学的竞技场上，打倒新的异端邪说，还击批评者，回答反对意见，解决困难问题。他曾严肃考虑到女人在下一世是否将保留其性别；是否今世畸形的和残废的、瘦的和胖的，在下一世仍然如此；在饥荒时被他人吃掉的人将如何复活。在被询问健康情况时，他答道："在精神上我很好……在身体上我则卧病在床，由于痔疮肿胀，我既不能走，也不能站或坐……但即使如此，因为这是上帝所愿，我除了说我很好以外还能说什么？"

他曾竭尽全力阻止博尼费斯反抗罗马，并且促请他效忠。当该撒里克步步进逼时，许多主教和祭司问奥古斯丁，他们应该留守原位还是逃亡。他命令他们留下，并且以身作则。汪达尔人围攻希波时，奥古斯丁以布道和祷告来维持人民的士气。围攻的第三个月，他去世了，享寿76岁。他没有留下遗嘱，没有任何财物，但他写下了自己的墓志铭："是什么使基督徒的心沉重？因为他是朝圣的香客，渴望自己的国度。"

历史上很少有人具有他那样的影响力。东方的基督教从来不喜欢他，一方面因为他有限的学问及他将思想隶属于感情和意志，这是完全非希腊的；另一方面因为东方教会已经屈从于国家的权力。但在西方，他使天主教神学有了特殊的性质。他一方面做格列高利七世和英诺森三世的先导，另一方面又启发他们两人，他声称教会对心智及国家居于绝对的主宰地位。教皇对抗皇帝和国王的战争，是他这种思想的自然结果。一直到13世纪，他依然控制着天主教哲学，使它有新柏拉图学派的色彩，甚至亚里士多德学派的阿奎那也以他马首是瞻。威克利夫（Wyclif）、胡斯、马丁·路德等人离开教会时，都认为他们是回归奥古斯丁的立场；加尔文严厉的教条，便是依据奥古斯丁关于选民与堕落者的理论制定的。他鼓舞理性主义者，也成为那些视基督教情多于理的人们的启发力量；神秘主义者试图寻觅他得到上帝异象的步骤；人们也在他祷告的谦卑及温柔中，为他们的虔诚寻找食粮和词句。他统一和加强了基督教思想中的哲学和神秘成分，为托马斯·阿奎那（Thomas Aquinas）和托马斯·肯皮斯（Thomas Kempis）开启了一条道路。

他强调主观、感情，这标志着古典文学的结束和中古文学的胜利。为了了解中古时代，我们必须忘掉我们现代的理性主义、我们对于理性和科学的信心、我们无休止的追求财富、权力及人间天堂，我们必须怀着同情心去了解从这些追求中觉醒过来的人们的心情，"他们站在千年理性主义的尽头，发现一切理想国（Utopia）的梦想均为战争、贫穷和野蛮行为破坏无遗，希望在死后的幸福中寻找安慰，他们受到了基督的故事的启发和安慰，求助于上帝的慈悲和善良，生活在上帝的永恒存在、上帝的最后审判和圣子的抵偿性之死之中。圣奥古斯丁远超过任何人，甚至在叙马库斯、克劳狄安和奥索尼乌斯等人的时代，就有这样的共识，他是基督教世界信仰时代最真实、雄辩和有力的声音。

教会与世界

奥古斯丁反对异教的议论是伟大的历史性辩论中的最后一次反驳。异教的存在，就道德意义而言，主张快乐沉溺于自然的欲望中；就宗教意义而言，它只存在于被教会宽恕或接受、改变的古代典礼和习惯之中。对圣徒亲密而信任的崇拜，代替了对异教神祇的膜拜，满足了简单或诗意之心灵的多神主义。伊希斯（Isis）和何露斯（Horus）的神像改名为玛利亚和耶稣；罗马的丰收节和爱色斯涤净节变成了圣诞节；圣诞节庆典取代了农神节狂欢，五旬节（Pentecost）取代了花神节，万灵节（All Souls' Day）取代了古代纪念死者的节日，基督的复活取代了阿提斯的复活。异教祭坛改而奉献给基督教的英雄以香烛、鲜花、游行行列、礼服、赞美歌等，在古代典礼中为人们所喜的东西，均被基督教会的仪式所吸收和净化；贡献牺牲的祭礼，则升华成弥撒这种精神上的祭礼。

奥古斯丁不赞成对圣徒的崇拜，并且以类似后来伏尔泰（Voltaire）在费内（Ferney）的小教堂贡献祭礼时说话的口吻说："让我们不要将圣徒看成神，我们不希望模仿那些崇拜死人的异教徒。让我们不为他们建立庙宇，也不为他们设立祭坛，而让我们以他们的遗物设立一个奉献给唯一的神的祭坛。"然而教会还是聪明地接受了民间神学不可避免的神人同性论。教会先是抵制，然后妥协进而利用，随即开始滥用殉教者的声名和遗物。教会反对偶像及对偶像的崇拜，并警告信徒说，这些东西只能当作象征物崇拜；但是公众的热诚推翻了这些警告，进而过度崇拜，这引起了拜占庭反对崇拜偶像者的不满。教会指斥魔术、星象学和预言，但是中古文学如同古代文学一样，充满这些东西。不久后，人们和祭司便以十字架为符咒驱逐恶魔。接受洗礼的人必须先驱邪，洗礼时须完全脱光衣服浸入水中，以防恶鬼藏在衣服或装饰物中。以往在医神阿斯库拉皮乌斯（Aesculapius）各庙宇中为人渴求的梦中治疗，现在又可于罗马的圣科西玛斯（St.Cosmas）和圣达米安（St.Damian）圣殿中看到，随后又散布到一百余个圣殿。这类事情，并不是祭司们腐化了普通民众，而是人们劝使祭司这样做。要感动普通人的灵魂，只能通过感官及想象力、典礼及奇迹、神话、恐惧以及希望。任何宗教如不能给他这些东西，便会遭到拒绝或改造。在战争和荒芜、贫穷和疾病之中，很自然地，心怀恐惧的人能在小礼拜堂、一般教堂、大教堂、神秘的光和令人欣喜的钟声、游行、节庆和多彩多姿的典礼之中得到庇护和安慰。

教会屈从于一般人民的这些需要，才得以灌输另一种新的道德。安布罗西曾试图根据坚忍主义拟订基督教的道德，使西塞罗改信基督教以达到其目的；在中古时代的伟大基督徒身上，从奥古斯丁到萨佛纳罗拉（Savonarola），自制和不妥协的操守，这种坚忍主义的理想，塑造了基督徒的典范。但是如此的道德不是一般人的理想。他们对坚忍主义者已有太多经验；他们曾见过这一严肃的道德使得半个世界为血所污；他们希望更温柔、更平静的生活方式，以使人们生活于安定及和平之中。在欧洲历史上，人类的老师首次宣扬一种新道德——仁慈、服从、谦卑、忍耐、慈悲、纯洁、贞操和温柔——这些美德可能源自教会平民化的社会出身，这些美德为妇女所乐于接受，同时它非常适于使道德败落的人民恢复秩序，驯服习于抢劫的蛮族，中和一个堕落的世界中的暴乱行为。

教会的改革在性方面力度最大。异教容忍妓女的存在，以减轻一夫一妻制的严酷；教会则严厉谴责妓女，而且毫不妥协，要求结婚的男女双方遵守同一忠诚标准。教会并未完全成功，但它提高了家庭道德水准，而妓女继续存在，变得偷偷摸摸、更为堕落。也许为了平衡放肆的性本能，新的道德将贞操夸大成随时萦绕脑际的一种意念，并认为结婚生子不如终身守贞或独身。教会的神职人员花了相当时间才能了解，没有一个社会可以在不生育的原则下长久存在。但是如果我们记起罗马戏剧的诲淫，某些希腊及东方庙宇的宣淫，广泛的堕胎和杀婴，庞贝古城墙壁上的春宫画，希腊及罗马颇为普遍的鸡奸，罗马早期帝王的滥淫，卡图卢斯（Catullus）、马提尔（Martial）、塔西陀、尤维纳尔等人著作中反映出的上层社会的淫荡，我们便可以理解这种严厉。基督教会最后获致一个较为健康的观点，对于肉欲之罪，采取了宽恕的态度。然而在同时，结婚生子和家庭的观念就受到了某些损害。最初几个世纪中，许多基督徒认为，如果抛弃父母、配偶或子女，避开人生的责任而疯狂追求自我救赎，那么就可以更完全地为上帝效劳——或者更容易地逃避地狱。

但是基督教会使婚姻拥有庄严的典礼，并使它从一种契约关系升华为一种圣礼，从而加强了家庭的地位。教会使婚姻无法解除，从而提高了妻子的安全感和尊严，它鼓励在无望中的忍耐。有一段时间妇女的地位受到损害，因为有些教父认为，妇女是罪恶之源和撒旦的工具，但是由于圣母受到了种种尊崇，妇女因此也得到了一些补偿。教会在接受了婚姻制度后，即祝福母亲多子多福，并且严禁堕胎或杀婴。可能是为了阻遏这种恶习，教会的神学家们将没有受洗而去世的小孩打入永恒黑暗的深渊。由于教会的影响，皇帝瓦伦提尼安一世终于在374年下令将杀婴罪定为死刑。

教会并未谴责奴隶制度。不论罗马人或蛮族的正统教派和异教徒，均认为奴隶制度是正常而无法废除的。少数哲学家对此提出抗议，但是他们自己也有奴隶。基督徒的皇帝在这个问题上的立法，并不能与安东尼·庇护或马可·奥勒留两位皇帝的立法相比。异教法律规定任何与奴隶结婚的自由女人为奴隶；君士坦丁大帝的法律则判此种妇女被处决，而该奴隶被活活烧死。格雷先皇帝下令，任何奴隶控诉其主人叛逆罪以外的任何罪，应受到立即烧死的处罚，该奴隶的指控是否有根据，均不会被考虑。虽然教会接受奴隶制是战争法的一部分，但是它比当时任何组织都更尽力地去减轻奴隶制的害处。教会由教父宣布人人生而平等的原则——可能是就法律及道德上的权利而言。教会对于这个原则的遵行，反映为它接受各色人参加圣餐仪式，虽然没有一位奴隶可以被授予祭司职位，但即使最穷的自由人，也可能在教会中获得很高的地位。教会拒斥异教法律中对自由人与奴隶受害之间的区别。它鼓励释放奴隶，并使释放奴隶成为一种赎罪或庆祝好运气的仪式，或接近上帝审判席的方式。教会花费了大笔金钱，将在战争中被俘虏的基督徒自奴隶身份解救出来。然而在整个中古时期，奴隶制度继续存在，后来奴隶制度的消失，并未得力于教会的协助。

教会在道德上最突出的一点，是其广泛的慈善工作。异教徒的皇帝，均以国家资金救济贫穷家庭，异教徒的富人，也资助他们的随从和穷人。但是历史上从来没有一个组织，像基督教会那样从事救济工作。教会鼓励对穷人的遗赠，但是须由教会负责执行。虽然也存在一些弊病和盗用公款的情况，但是教会广泛地展开这一工作，甚至尤里安皇帝因为妒忌也开始效法它。教会协助寡妇、孤儿、病患、犯人、遭受自然灾害者。教会经常插手保护下层民众，使他们免于过度的剥削或赋税。在许多情况下，祭司们晋升主教后便将所有财产给予穷人。基督徒如法比奥拉（Fabiola）、波拉、梅兰尼亚等妇女，均将财富用于慈善工作。教会或富有的俗人，效法异教的疗养院（valetudinaria）而成立公共医院，其规模确属空前。巴西勒曾建立一家著名的医院，并于卡帕多恰的恺撒里亚，成立第一家麻风病患救济院。在朝圣路途沿线兴起了"塞诺多希亚"（xenodochia），即旅者客栈，尼西亚会议规定每个城市均应设立一个塞诺多希亚。寡妇应召分配救济物，使她们孤独的生活具有新的意义。异教徒对基督徒坚毅地照顾遭受饥荒或疫病的城市中的病患之义举颇多赞扬。

在几个世纪中，教会为人们的心智做了什么工作呢？罗马的学校仍然存在，教会因此认为知识启蒙工作并非其职责。教会对情感的重视高于理智，就此意义而言，基督教是对传统理性的一种浪漫式反动，卢梭（Rousseau）只是另一位奥古斯丁而已。基督教深信，要生存就须有组织，组织需要基本原则及信仰上的一致，并且绝大多数的信徒都期待由权威树立的信仰，因此教会以不能动摇的教条界定其教义，认为怀疑是一种罪，并且与人们流动性的理智及易变化的观念，进行持续不断的斗争。教会声称，因为神的启示，它已找到起源、本质及命运等老问题的答案。307 年，拉克坦提乌斯写道："凡是接受了《圣经》有关真理的知识教导的人，都知道世界的起源和结束。"基督教将人类关心的轴心从这个世界转移到下一个世界，此后就正式提出超自然的解释，因此消极地阻止了对自然原因的探讨。希腊科学界在过去 7 个世纪所促成的许多进步，都被牺牲，让位给《创世记》

的宇宙论和生物论。

基督教是否带来了文学上的衰敝？大多数教父均反对异教文学，认为它为魔鬼的多神主义及沦落的道德所渗透，但是最伟大的教父仍然喜爱古典文学，福图纳图斯、普鲁登提乌斯、圣哲罗姆、西多尼乌斯及奥索尼乌斯等基督徒均立志模仿维吉尔的韵文或西塞罗的散文。纳西昂的格列高利、克里索斯托姆、安布罗西、圣哲罗姆及奥古斯丁等人，即使在文学上而言，其重要性也超过同时代的异教徒——阿米阿努斯、叙马库斯、克劳狄安、尤里安。但是奥古斯丁以后散文便没落了，作为古文的拉丁文取代了一般口语的粗鲁词汇和粗心的文句结构。拉丁韵文有一阵子堕落成拙劣的诗，其后才又重塑新形式变成庄严的赞美诗。

文化后退的基本原因不是基督教，而是蛮族习俗；不是宗教，而是战争。蛮族入侵的浪潮毁灭或淘空了城市、修道院、图书馆、学校，使学者或科学家无法从事其工作。如果不是基督教会为这个崩溃中的文明维持了某种程度的秩序，则其破坏可能更为严重。安布罗西说："在世界的动乱之中，基督教会毫不动摇，波浪不能撼动它。而在其周围，每件事物都是陷于可怕的混乱，它向所有遭遇海难的人提供一个平静的港口，使他们得到安全。"事实上确实如此。

罗马帝国曾使其科学、经济文化及权力达于古代的顶峰。西罗马帝国的败落、贫穷的蔓延及暴乱的扩大等，需要有某种新的理想和希望，以使人们在苦难中有安慰，在劳役中有勇气：一个权力的时代让位给一个信仰的时代。直到文艺复兴，财富及骄傲才再度恢复，理性才拒斥信仰并舍弃天堂，奔向乌托邦。但是如果理性不幸失败，科学不能找到答案，无力改善良心而仅使知识和权力衍生，那么这丝毫无益于人类；如果所有乌托邦残酷地因强者对弱者不变的虐待而崩溃，则人们便可了解，为什么他们的祖先，一度在基督教早期的几个世纪的野蛮中，背弃了科学、知识、权力和目的，而投入谦卑的信仰、希望和慈善之中，并历时千年之久。

第四章 | **逐渐成形的欧洲**
（325—529）

大不列颠成为英格兰（325—577）

在罗马的统治下，除小农阶级外，不列颠各个阶级都很兴盛。大的地产逐渐扩大，而小块土地逐渐被吞并，在许多情况下自由农民由于土地被买走，而成为佃农或城市中的无产阶级。许多农民支持盎格鲁—撒克逊人对地主和贵族的侵略。除此以外，在罗马统治下的不列颠欣欣向荣，城市数目增多且规模扩大，财富增加，许多住宅均有中央系统暖气设备及玻璃窗，许多富豪都有豪华的别墅。不列颠的纺织业者这时已经开始输出后来享誉世界的优良毛织品。在3世纪时，少数几个罗马军团，便足以维持对外安全和对内和平。

但是到4世纪和5世纪时，不列颠的安全遭到来自各方面的威胁，北方有卡勒多尼亚（Caledonia）的皮克特人，东面及南面有挪威和撒克逊掠夺者，西方有尚未被征服的威尔士的凯尔特族及爱尔兰热爱冒险的盖尔人及爱尔兰人。364至367年，苏格兰人和撒克逊人对海洋地区的侵扰日甚一日，不列颠及高卢的军队将他们击退，但是一个世代以后，罗马将领斯特利考又再度率军击退他们。381年的马克西姆斯及407年的篡位者君士坦丁，出于个人目的而从不列颠调走了当地防卫所需的军团，结果这些军队没有几人能返回不列颠。入侵者开始拥入边境地区，不列颠请求斯特利考派兵援助（400年），但是斯特利考这时正忙着将哥特人和匈奴人赶出意大利和高卢。当不列颠再度向皇帝霍诺留请求援助时，得到的答复是不列颠人必须尽力保护自己。英国历史学家比德（Bede）说："从409年开始，罗马人便不再统治不列颠。"

面对皮克特人大规模的入侵，不列颠首领沃尔蒂格恩（Vortigern）邀请一些北日耳曼部族来援助他。撒克逊人来自易北河区域，盎格鲁人来自石勒苏益格（Schleswig），朱特人来自日德兰（Jutland）。传统——也许是传说——说朱特人于449年，在亨吉斯特（Hengist）（公马）及霍尔萨（Horsa）（母马）两兄弟的率领下抵达不列颠。精力充沛的日耳曼人击退了皮克特人和爱尔兰人，作为报酬得到一些土地。他们注意到不列颠军事力量薄弱，并将这一好消息通知国内。不请自来的日耳曼人，登上了不列颠的海岸，不列颠人勇敢抵抗但缺乏技巧，在历时一个世纪的游击战中，日耳曼人时进时退，最后条顿人在迪奥哈姆（Deorham）打败了不列颠人（577年），而成为了后来所谓盎格鲁地（Angle-land），即英格兰的主人。大多数不列颠人随后即接受了被征服的事实，并且在血统上与征服者相混合，强悍的少数退入了威尔士的山中，继续奋战。另有一些则越过英伦海峡，使今法国西北部成为了布列塔尼（Brittany）。不列颠的各城市均因为长期征战而没落；交通中断，百业废弛；法律和秩序凋敝，艺术进入冬眠期，岛上刚萌芽的基督教为异教诸神及日耳曼的习俗所淹没。不列颠及其语言都变成条顿式。罗马法律和制度消失不见，罗马的城市组织为村庄社区所取代。在英国，血统、面貌、性格、文学及艺术中仍有凯尔特人的成分，但是这种影响在语言上几乎看不到，英国语言这时成了日耳曼语与法语的混合体。

我们要想了解这些难堪日子的狂热，必须暂时抛开历史，看看亚瑟王（Arthur）及其武士们的传奇故事，以及他们之奋力"打败异教徒，支持基督"的历史。威尔士一位修道士圣吉尔达斯（St.Gildas）在一本半是历史、半是传道的奇怪书籍《不列颠的毁灭》（*On the Destruction of Britain*）中，曾提到战争中的蒙斯·巴多尼科斯之围。后来英国历史学家南尼乌斯（Nennius）（约796年）曾提到亚瑟王参与的12次战役，最后一役是在巴斯（Bath）附近的巴登（Badon）峰。蒙默思（Monmouth）的杰弗里（Geoffrey）为此提供了浪漫的细节：亚瑟王如何继承其父亲乌特尔·彭德拉贡（Uther Pendragon）为不列颠之国王，抵抗入侵的撒克逊人，征服爱尔兰、冰岛、挪威和高卢，于505年围攻巴黎，将罗马人逐出不列颠，以手下很多条性命为代价平定了侄儿莫德雷德（Modred）的叛变，并在温切斯特（Winchester）一役中杀死他，而自己也在是役中受了致命伤，而死于"吾主第542年"。马姆斯伯里（Malmesbury）的威廉告诉我们说：

> 当沃尔蒂梅尔（Vortimer，沃尔蒂格恩之弟）去世时，不列颠的力量衰落了，如果不是硕果仅存的罗马人阿姆布罗西乌斯（Ambrosius）在尚武的亚瑟王的有力协助下弭平了跋扈的蛮族的话，则所有不列颠人可能被完全消灭。亚瑟王支撑着日见倾颓的国家，并唤起国人涣散的精神，让他们起而奋战。最后在巴登峰一役，他倚赖盔甲上的圣母玛利亚像的帮助，只身迎战900名敌人，令人难以置信地屠杀了许多敌人而将他们消灭。

我们一致认为这是令人难以置信的。我们只能认为亚瑟王是6世纪时一位模糊但确实存在的历史人物，他可能不是一位圣徒，很可能也不是一位国王。其他有关于亚瑟的故事的流传都得力于特鲁瓦的克雷蒂安（Chrétien）、愉快的马洛里（Malory）和高雅的丁尼生（Tennyson）等人的著作。

爱尔兰（160—529）

　　爱尔兰人相信——我们无法加以反驳——他们"笼罩薄雾和丰腴多产"的岛屿，在公元前1000年或更早居住着希腊人，他们早期的酋长——库库莱恩（Cuchalain）、康纳尔（Conor）、科纳尔（Conall）——都是上帝的儿子。腓尼基的探险家希米尔科（Himilco）于约公元前510年到达爱尔兰，他描写它"人口众多，土地肥沃"。也许是在公元前5世纪，来自高卢或不列颠，抑或来自这两个地方的凯尔特冒险家进入了爱尔兰，征服了土著。对于土著我们毫无所知，凯尔特人显然带来了霍尔斯塔特（Hallstatt）的铁器文化及很具凝聚力的家庭，使得个人对于其家族甚为自负而无法形成一个稳定的国家。家族与家族、王国与王国之间不断争战，历时千年。与此同时，家族中的成员又彼此争斗。在圣帕特里克来到以前，爱尔兰人去世以后，尸体是立着埋葬，做准备战斗的姿势，面对着敌人。大多数的国王死于战争或被暗杀。也许是基于优生的考虑，或者是作为上帝的代理人需要得到第一枚果实，根据爱尔兰的传统，古代的国王对每位新娘都享有初夜权。康科巴（Conchobar）因对这项义务最为热心而受到赞扬。每一个家族，"有史以来"，便记录着其成员、家谱、国王、战争和古代的习俗。

　　凯尔特人成为统治阶级，而将其各家族组成五个王国：乌尔斯特（Ulster）、北莱恩斯特（North Leinster）、南莱恩斯特（South Leinster）、慕斯特（Munster）、科诺特（Connaught）。每个王国各自享有主权，但是所有家族均接受米斯（Meath）的塔拉（Tara）作为国都。每位国王均在此地举行加冕礼，国王就任时还在这里召集全爱尔兰的贵族会议，通过对各王国均有约束力的立法，修订和记录家谱，并将这些存入国家档案。为了使这一会议有个固定场所，科马克·麦克·爱尔特（Cormac Mac Airt）国王于3世纪时，建立了一个大厅，今天我们仍然可以看到这个大厅的地基。一个地方性的会议每年或三年一次在各王国首都举行，为当地立法、征税并作为地方法庭。在这些会议之后举行比赛和竞技、音乐会、歌唱、魔术、笑剧、说故事、诗歌朗诵等活动，许多对新人在这时举行婚礼，为这一时刻增添光彩，大部分人民均参与盛会。现在看起来，可能因为时间的关系，致使当时的情形益增迷人的气氛，当时中央政府与地方自由的调和几乎是理想的。贵族会议持续到 560 年，地方会议则持续到 1168 年。

爱尔兰第一位真正的历史人物是图亚塔尔（Tuathal），约 160 年，他统治着莱恩斯特和米斯。尼亚尔王（Niall，约 358 年）入侵威尔士，掠走大批战利品，抢劫高卢，后被一位爱尔兰人杀死于卢瓦尔河畔。他的后代大多数当上爱尔兰国王。其子莱格海勒（Laeghaire）即位后第五年，圣帕特里克来到了爱尔兰。在这以前，爱尔兰人已发展出由各种直线组成的一套字母。通过口传，他们留下了大量诗歌和传说。他们在陶器、铜器及金器方面也有相当的艺术成就。他们的宗教是万物有灵的多神教，崇拜太阳、月亮及各种自然物，传说中爱尔兰许多地区出没着仙女、恶鬼和小神。有一族穿白袍的僧侣自称能预言未来，以魔杖和车轮控制太阳和风，招来魔雨和火，收集、记载该族的历史和诗歌，研究星球，教育年轻人，担任国王顾问，做法官，制定法律，在旷野祭坛上向诸神奉献牲礼。在这些神圣的偶像中有一个包金的像称为魔龙（Crom Cruach），这是爱尔兰各族的神，各家族的第一个小孩都要奉献给他——可能是抑制人口膨胀的一种方法，人们相信轮回，但是他们同时也梦想海外的一处仙岛，"那里没有哭泣或狡诈，没有痛苦和残酷的事，只有甜美的音乐萦绕；一个美丽奇妙的地方，一片美好的景象，雾气笼罩下的美景无与伦比"。有一则故事说，科纳尔王子因为受到这种描写的诱惑，终于搭上一艘小船，扬帆出海去寻求这块乐土。

基督教在圣帕特里克之前一两个世代进入爱尔兰。由比德所证实的一编年史，在 431 年项下记载着："帕拉狄乌斯由教皇切莱斯蒂内授予圣职，奉命担任信奉基督的爱尔兰人的首任主教。"但是帕拉狄乌斯却于同年逝世，使爱尔兰虔诚信奉天主教的光荣任务，落到了其保护神的肩上。

他于约389年，出生于英格兰西部邦纳温塔（Bonnaventa）村一个中等家庭。因为他是罗马公民的儿子，有了一个罗马名字帕特里克。他仅接受了普通的教育，为自己的粗野不文明深感惭愧。但是他很认真地研究《圣经》，因此他几乎可以随心所欲地背诵和引用《圣经》。16岁时，他为爱尔兰的入侵者所掳，而被带到爱尔兰，当了6年的养猪人。在这些孤独的日子中，他终于皈依基督。他先前对宗教的漫不经心变成了高度的虔诚，他描写自己每天在黎明之前便起床，不论任何天气——冰雹或雨雪——都到外面去做祷告。最后他逃走了，摸索到海岸，被海员救起，带到高户，也许是意大利。他做工赚取路费回到英格兰与父母团圆，在家里过了几年。但是某样东西又使他回到爱尔兰——也许是爱尔兰乡村可爱的气氛，或是当地人民真诚的友善。他将这种感觉解释成神的意旨，呼唤他引领爱尔兰人皈依基督教。他前往勒林斯和欧塞尔（Auxerre），准备做祭司，终于被授予圣职。当帕拉狄乌斯逝世的消息传到欧塞尔时，帕特里克即被任命为主教，同时获赠保罗和彼得的遗物，并被派到爱尔兰（432年）。

他发现当时的爱尔兰国王莱格海勒是开明的异教徒，帕特里克虽未能使他皈依基督教，却赢得了传教的完全自由。声称会魔术的德鲁伊人反对他，并向当地人民展示他们的魔术；他则以驱鬼派——一个小修道会——的方法对付他们。帕特里克在老年时所写的《忏悔录》，曾经谈到他在这项工作中所遭遇到的危险：他的生命曾12次遭遇危险，有一次他及友伴被捕，被囚禁了两个星期，差一点送命，但是有些朋友劝对方释放他们。教会中流传着他展示神迹的一百余个有趣故事。南尼乌斯说："他使盲者恢复视力，使聋者恢复听力，使麻风病人痊愈，驱除恶魔，拯救俘虏，使9人起死回生，写了365本书。"但是使爱尔兰人皈依基督的，不是奇迹而是他的性格——对信仰的十足信心，对工作的热诚坚持。他不是一个有耐心的人，他冲动地诅咒人或祝福人，但是即使是他颇为自负的教条主义也可使人信服。他任命祭司，建立教堂，成立男女修道院，在每一阶段，都组建了强大的精神警备队以守卫新征服的领地。他令人觉得进入教会的国度，就像是一种无比光荣的历程。他的周围聚集着勇敢和忠诚的人，他们忍受一切艰苦以传播人类得救的福音。他并未使整个爱尔兰皈依基督教，仍然有少数异教分子及异教诗歌留存下来，直到今天还能看到其痕迹。但是当他去世时（461 年），他是历史上唯一一个使整个国家皈依某种宗教的人。

　　仅次于圣帕特里克而受到爱尔兰人爱戴的，是一位竭尽全力巩固他的胜利的女人。据说圣布里吉德（St.Brigid）是奴隶和国王的女儿，476 年之前的她我们知之甚少，她就是在这一年成为修女的。在克服无数的阻碍后，她在基尔台（Kildare）建立了橡树教堂（Church of the Oak Tree）。不久它变成了一座修道院，一座女修院和一间学校，和帕特里克在阿尔马（Armagh）创建的一样出名。她死于约 525 年，受到全爱尔兰的尊敬。一个世代之后圣鲁亚德汉（St.Ruadhan）诅咒爱尔兰的国都塔拉。558 年之后，当迪阿尔木德（Diarmuid）王去世时，古代的殿堂废弃了，此时爱尔兰的国王虽然在文化上仍是异教徒，但在信念上已是基督徒了。

法国的前奏

·古典高卢的末日（310—480）

　　在 4 世纪和 5 世纪，高卢在罗马帝国西方各省中，就物质而言最为繁荣，就知识而言最为先进。土壤肥沃，手工艺精良，河川及海上贸易兴盛。由政府支持的大学兴起于纳博讷、阿瑞斯（Aries）、图卢兹、里昂、普瓦捷、特里尔和波尔多、马赛，教师及演说家，诗人和贤者拥有着政治家及拳师般的地位和声誉。随着奥索尼乌斯和西多尼乌斯两人声名鹊起，高卢成为欧洲文学的领导者。

　　德奇穆斯·马格努斯·奥索尼乌斯（Decimus Magnus Ausonius）是一位诗人，也是高卢"白银时代"（Gallic Silver Age）的象征。约310年，他出生于波尔多，是当地一名医生之子。他在当地接受教育，后来他以六音步诗描写他老师的德行，他只记得他们的微笑而忘记了他们的责打。他过着单调的生活，后来成为波尔多的一位教授，教授文法（文学）及修辞（演讲术和哲学），后来他成为未来皇帝格雷先的教师。他写到其父母、伯叔父、妻子、儿女及学生时流露出来真挚感情，他很愉快地描写他承继自父亲的住屋和田地及他希望在何处度过他的余生。他结婚不久后对太太说："让我们永远像现在这样生活，让我们不要放弃我们在初恋时为彼此取的名字……你我两人将永远年轻，你在我眼中永远是美丽的。我们不要理会岁月的增长。"不久后，她为他生的第一个孩子不幸夭折。几年后他深情地谈及这件事："对于你的离去我一直很悲伤，名字跟我一样的第一个孩子。正当你练习着要将牙牙学语变成孩童时代的第一次说话时……我们却为你的逝世而悲叹。你躺卧在你曾祖父的怀中，在他的墓穴中。"他的妻子在为他生了一女一子之后，便与世长辞了。他对她有着很深的爱情，所以不再续弦。他老年时曾痛苦地描述丧妻之痛，那座她曾用双手照料过、用双足走过的房子弥漫着忧郁的寂静。

　　他的诗歌有着温柔的感情，纯正的拉丁文有如维吉尔一般流畅，受到了当时人们的喜爱。后来圣徒波利努斯将他的散文与西塞罗相比，叙马库斯则认为维吉尔的诗，没有一首比得上奥索尼乌斯的《摩泽尔河》（Mosella）。这位诗人与格雷先同住在特里尔时，便喜欢上了这条河流。他描写这个由葡萄园、果园、别墅及欣欣向荣的农庄所构成伊甸园，他使我们感受到河畔的鲜绿及水流的美妙音响，然后他以涵盖一切的突降法，写给河中可爱小鱼一篇连祷辞。奥索尼乌斯在60年的文学研究之后，心中所能迸发出的也只是文学的热情。他的诗是友情的金玉佳句，颂美的连祷，但是由于我们没有遇到这样有魅力的伯叔或教授，很难为这些赞美诗感到兴奋。

瓦伦提尼安一世逝世时（375 年），继任帝位的格雷先召来他年老的老师，赐给他一连串的官职。他陆续担任过伊利里亚、意大利、非洲、高卢等地的行政长官，最后以 69 岁的高龄出任执政官。在他的促请之下，格雷先下令由政府资助教育事业，诗人、医生以及古代艺术品受到保护。出于他的影响，叙马库斯被任命为罗马的行政长官，波利努斯也被任命为一省总督。当波利努斯成为圣徒时，奥索尼乌斯感到悲伤，因为到处受到威胁的罗马帝国急需这类人才。奥索尼乌斯也是基督徒，但不很虔诚。他的兴趣、写作题材、诗韵和神话都属于轻快活泼的异教。

在年近 70 岁时，这位老诗人回到了波尔多，在这里度过余下的 20 年。这时他已做了祖父，他年轻时的赞美孝顺的诗篇这时有祖父般的慈爱相呼应。他告诉孙儿说："不要害怕，虽然学校中时而听到鞭打之回响，并且老师脸色阴沉；早晨时光来临时，不要让哭声或鞭打之声令你心悸。老师手里挥舞着藤条当王笏，装备着桦枝……只不过是让人害怕而已。你的父母亲当年都曾经历这一切，并且还活到现在以安慰我平静的老年。"幸运的奥索尼乌斯，能在蛮族洪流来到之前度过其一生！

阿波利纳里斯·西多尼乌斯（Apollinaris Sidonius）之于 5 世纪的高卢散文，正如奥索尼乌斯之于 4 世纪的高卢诗歌。他出生于里昂（432 年），父亲担任高卢的行政长官。他的祖父也曾担任同一职位，母亲是 455 年即位的皇帝阿维图斯（Avitus）的亲戚，西多尼乌斯后来于 452 年娶其女为妻。这种关系是再好没有了。帕皮亚尼拉（Papianilla）给他克莱蒙（Clermont）附近的一所豪华别墅作为嫁妆。有好几年他的生活便是访晤他的贵族朋友。这些人都是有教养的人，并有赌博和懒惰的特长。他们住在乡下宅第，很少参与政治。他们无力保护其奢华的生活不受入侵的哥特人的侵扰。他们不喜爱城市生活，这时的法国及英国的富人都避居乡村而不喜欢城市。在这些宽广的别墅中——有些拥有 125 个房间——舒适高贵的设备一应俱全：

带镶嵌的地板、柱厅、风景壁画、大理石及青铜雕刻品、大壁炉和浴室、花园和网球场，宅第周围的林地，可供先生女士放鹰打猎。几乎每个别墅均有一间图书室，陈列着古代异教典籍和一些著名的基督教经典。西多尼乌斯的许多朋友都是书籍收藏家，在高卢也像在罗马一样，总有一些富人重视装帧甚于内容，满足于他们从书籍封面得到的文化。

西多尼乌斯代表了此种优雅生活较好的一面——好客、有礼、愉快、道德高尚，会写清秀的诗句及美妙的散文。当阿维图斯前往罗马即帝位时，西多尼乌斯陪他一道，并致欢迎辞（456年）。一年后阿维图斯被废，他又一同回到高卢。但468年，他回到罗马，在西罗马帝国最后的动荡中担任罗马市的行政长官。在混乱中他仍能优容自处，他模仿普林尼及叙马库斯的书信，描写高卢和罗马的上层社会，他也同样具有虚荣和优雅的品质。文学这时已没有什么内容，并且太过谨慎，以至于仅剩形式和魅力。在这些最好的信中，反映了对受过教育的绅士们那种仁慈的容忍和同情的了解，这些成为了高卢文学的代表。西多尼乌斯将罗马人对随笔的爱好带入了高卢。从西塞罗和塞尼加，经过普林尼、叙马库斯、马克罗比乌斯（Macrobius）、西多尼乌斯，到蒙田（Montaigne）、孟德斯鸠（Montesquieu）、伏尔泰、勒南（Renan）、圣伯夫（Sainte Beuve）及安纳托尔·法朗士一脉相传，几乎是同一思想的轮回转世。

为避免对西多尼乌斯有所误解，我们必须指出他是位好基督徒和勇敢的主教。469年，他出人意料地不愿马上从俗世身份转任克莱蒙的主教。这时的主教不但是精神上的引导者，还是民事管理者。安布罗西及西多尼乌斯等既有经验，又有富人所具有的一些条件，要比神学方面的高深学问显得更令人信服。西多尼乌斯在神学上并没有什么造诣，但是也很少诅咒人。他将银器送给穷人，总是宽恕他人的罪。从他所写的一封信中，我们可以察知他教会中信徒的祷告偶尔会因为吃点心中断。当西哥特的国王欧瑞克（Euric）决定并吞奥弗涅时，残酷的现实冲入了这种愉快的生活。连续四年的夏天，哥特人都围攻奥弗涅的首都克莱蒙。西多尼乌斯以外交手腕及祷告抵抗来犯的蛮族，但是失败了。城陷之时他被敌方俘虏，并被监禁在卡尔卡索纳（Carcassonne）附近一座堡垒中（475 年）。两年后他获释，并恢复主教的职位。此后他活了多久，我们无法得知。但是他于 45 岁时便表示希望"神圣的死，使我从目前生活的痛苦和重担中解脱出来"。他对于罗马帝国已失去了信心，而将他对文明的所有希望，寄托于罗马教会。教会终于原谅他那半异教色彩的诗，而封他为圣徒。

·法兰克人（240—511）

随着西多尼乌斯的去世，蛮族带来的黑暗笼罩了整个高卢。我们不愿夸张这种黑暗。人们仍然保有经济方面的能力，买卖商品，铸造钱币，撰写诗篇和创造艺术。在欧瑞克和阿拉里克二世的统治之下，西哥特王国（高卢西南）显得颇有秩序，其文明和进步，得到了西多尼乌斯本人的赞扬。506 年时，阿拉里克二世颁布了"王国法律大要"（Breviarium）。这是一套较为开明的法律，将罗马–高卢人民与其征服者之间的关系，充分加以疏理。勃艮第的国王们也制定了类似的法律（510 年），他们是以和平方式建国于高卢东南部的。直到 11 世纪，罗马法律在博洛涅恢复之前，拉丁欧洲都是由哥特及勃艮第的法律所统治，此外还有法兰克人类似的法律。

历史上有关法兰克人的记载始于 240 年，当时皇帝奥理安在美因茨市附近打败了他们。法兰克人于 5 世纪之初定居于莱茵河西岸的坡地，他们占领了科隆市（463 年），以之为首都，将他们在莱茵河的力量由亚琛扩张到梅斯。有些法兰克部族仍然留在莱茵河东岸，这使当地被命名为法兰克尼亚（Franconia）。舍拉法兰克人（Salic Frank）的名字，可能起源于荷兰的舍拉河（Sala）。他们由此向南和西迁徙，约 356 年占领了缪士河、海洋与索姆（Somme）河之间的区域。大部分时候，他们势力扩张的方式都是和平迁徙，有时是接受罗马帝国的邀请，前往人烟稀少的地区居住。430 年，高卢北部已有一半为法兰克人所有。他们还带来日耳曼语言及异教信仰，因此在 5 世纪，拉丁语不再是莱茵河下游人民的通行语言，基督教也不是他们信仰的宗教。

舍拉法兰克人在其《舍拉法典》（Salic Law）的序言中，自称为"光荣的民族，善于议事，身体健壮，面貌姣好，勇敢、敏捷、坚毅……这是从颈间挣脱了罗马枷锁的一个民族"。他们不承认自己是蛮族，认为是自我解放的自由人。法兰克一词意为自由，即拥有公民权之意。他们身材高大、匀称；长发在头顶结成一束，像马尾般垂下；留髭不留须；外衣腰部系有皮带，上饰珐琅铁片；皮带上悬挂着剑与战斧及剪刀和梳子等。男人跟女人一样喜爱珠宝，佩戴戒指、手镯和珠子。每位身强体壮的男子都是战士，从年轻时便学习跑、跳、游泳、投掷枪矛和使用战斧。勇敢是最美的德行。但是若对其事迹加以分析，不难发现法兰克人并不仅是战士，他们的征服和战役不比我们现代人多，规模和破坏性也远不如我们大。他们的法律反映他们从事农业和手工业，使高卢东北部成为一个繁荣和平的农业社会。

《舍拉法典》是 6 世纪初制定的，与查士丁尼皇帝周详的罗马法同一时期。据说是由"四位可敬的酋长"拟订的，并由三次人民会议审查通过。它规定审判"根据数人的证词而对嫌疑犯作无罪的宣判"（compurgation）和神断（ordeal）原则。只要有足够多的够资格的证人证明被告品行良好，便可使他在没有足够证据的案件上被判无罪。所需证人数目视所控罪行大小而定：72 名证人可使一个谋杀罪嫌疑犯获释，但是当一位王后的贞操受到怀疑时，则须有 500 名贵族做证。如果问题尚不能解决，则使用神断法。被告也许手脚捆绑被丢入河中，如无罪便会下沉，如有罪便会浮起（因为河水已经宗教仪式圣化，能祛除恶鬼，拒绝收纳有罪的人）；或者被告会被命令赤足走过火堆或烧红的铁块，抑或手握烧红的铁器一段时间；抑或探赤裸之手臂于沸水中，自底部拾起某物，或者原告与被告被令站立，双臂伸出交叉成十字形，因疲惫而使手臂放下的一方被勒令认罪；或者被告奉命吃圣餐礼的圣饼，如有罪，则会被上帝击倒；当各种方法都仍无法决定是否有罪时，可用角斗的方法决定两个自由人谁有罪。其中有些神断法历史上很早便有了：波斯古经《火教经》（*Avesta*）提及沸水神断法，古波斯人就使用过；《摩奴法典》（*Manu*）（100 年以前）曾提到印度的淹水神断法；火或热铁神断法也见于索福克勒斯所写的《安提戈涅》一剧中。闪米特人认为神断法是大不敬；罗马人则认为是迷信；日耳曼人充分使用它，基督教会勉强接受，有时还增加宗教仪式和庄严的誓词。

格斗裁判与神断法一样古老。萨克索·格拉马蒂克斯（Saxo Grammaticus）说这种审判法在 1 世纪时由丹麦强制使用，盎格鲁人、撒克逊人、法兰克人、勃艮第人及伦巴底人等的法律显示此法也为他们广泛使用，圣帕特里克也在爱尔兰发现了这种审判法。当一位罗马基督徒向勃艮第国王贡多巴德（Gundobad）抗议说这种审判法只能决定谁的技术高明而不能决定谁有罪时，这位国王回答说："战争和格斗的结局不就是由上帝裁决而决定的吗？并且上帝不是将胜利给予正义的一方吗？"蛮族皈依基督教，只不过是将他们崇拜的神换个名字而已。除非我们能设身处地，了解这些人认为上帝当然与每件事的因果有关而不会容忍不公平的裁决的想法，否则我们无法评论这些习俗。由于会面临如此可怕的试炼，因此原告如对案件或证据没有把握，他们在向法庭提出控告之前一定会再三考虑。事实上，有罪的被告会逃避神断，主动提出赔偿。

几乎每件罪行都有其代价：被告或被判有罪者通常可以付一笔血钱（wergild）以脱罪——其中 1/3 付给政府，2/3 付给受害者或其家属。所付之款视受害者的社会地位而定，因此一名节省的犯人必须考虑到许多事实。如果一名男人胡乱抚摸一位女人的手，他会被罚 15第纳尔（denarii），《舍拉法典》规定 1 第纳尔等于 1 个硬币（solidus）的 1/40。如果他抚摸她的胸部，他须付 45 第纳尔。这与其他罚款相比还算少：罗马人殴打、抢劫法兰克人会被罚 2500 第纳尔，法兰克人殴打、抢劫罗马人会被罚 1400 第纳尔，杀死一名罗马人会被罚 4000 第纳尔，杀死一名法兰克人会被罚 8000 第纳尔；罗马人的地位在被征服者的眼中竟是如此之低。如果受害者或其家属没有得到满意的赔偿，他们会自己报仇。如此一来，血仇可能延续许多代。血钱和司法格斗是原始日耳曼人所能想出的使人们放弃报仇转而诉诸法律的最简便方法。

《舍拉法典》最著名的一条是："任何舍拉的土地均不得由女人继承。"基于此，14 世纪时法国拒绝英国国王爱德华三世（Edward Ⅲ）以伊莎贝拉（Isabelle）之子的身份继承法国王位，随后便爆生了"百年战争"（Hundred Years' War）。这项条款仅适用于不动产，因为当时认为保护不动产需依赖男人的军事力量。大体而言，《舍拉法典》对女人没有什么好处。它规定谋杀女人须付加倍的血钱，因为女人可能是许多男人的母亲。但是（如早期罗马法）它规定女人永远在父亲、丈夫或儿子的监护之下；妻子通奸的处罚是死刑，但对通奸的男人则未规定处罚；它亦准许男人提出的离婚请求。按照习俗，法兰克国王可以拥有多位妻子。

第一位留下名字的法兰克国王是希罗迪奥（Chlodio），他曾于 431 年攻击科隆。埃提乌斯（Aëtius）击败了他，但是希罗迪奥最后还是占领了西迄索姆河的高卢领土，并以图尔奈（Tournai）为都。他传说中的继承者墨洛温（Merovech）建立了墨洛温王朝，一直到 751 年都统治着法兰克人。墨洛温的儿子希尔德里克（Childeric）引诱了色林吉亚一位国王的妻子。她后来做了他的王后，她说她没有见过任何男人比希尔德里克更为贤明，更为强壮，更为英俊。他们结婚后生了克洛维（Clovis），后来建立了法国，他的名字成为 18 位法国国王的名字。

克洛维于 481 年继承了墨洛温王朝的王位，时年 15 岁。他的王国当时只是高卢的一个角落而已，其他法兰克部族统治着施派尔河以西地区，高卢南部的西哥特和勃艮第的王国已因罗马的陷落而完全独立。高卢西北部名义上仍然在罗马统治之下，但已毫无防备。克洛维于是侵略它，攻下城镇，俘虏显贵，接受赎金，售卖战利品，收购军队补给和武器，挥军前往苏瓦松（Soissons）市，打败了一支"罗马"军队（486 年）。在以后 10 年中，他又继续征服其他地区，直至布列塔尼和卢瓦尔河。他使高卢人民保有自己的土地从而得到他们的拥护，他也尊重正统基督教神职人员的信仰和财富以赢得他们的支持。493 年，他娶了基督徒克洛蒂尔德（Clothilde），她不久便使他皈依尼西亚基督教。主教和圣徒雷米（Remi），在来自高卢全境的主教和名流面前，于兰斯市（Reims）为他施洗，有 3000 名士兵随克洛维受洗。也许克洛维早想将势力伸至地中海，他觉得为了法国是值得信奉基督教的。西哥特及勃艮第两王国内的正统基督徒，现在对他们国内的阿里乌斯斯派统治者心怀疑虑，而秘密地或公开地成为这位年轻法兰克国王的盟友。

阿拉里克二世——西哥特国王，看到汹涌而至的征服浪潮，试图以好话将它挡回去。他邀请克洛维举行会议，他们于昂布瓦兹（Amboise）会晤，双方保证友情永固。但阿拉里克回到图卢兹后，逮捕了一些正统派的主教，罪名是与法兰克人勾结。克洛维召集了军事会议并宣称："我实在无法忍受这些阿里乌斯教派的人占领高卢的部分领土。让我们在上帝的庇佑下去征服他们。"阿拉里克的人民分裂了，但他仍极力自卫。他在普瓦捷附近的乌依莱（Vouillé）被打败（507 年），并被克洛维亲手杀死。图尔（Tours）的格列高利说："克洛维在波尔多过了冬天，并且把在图卢兹（Toulouse）的所有阿拉里克的财宝拿走之后，前往围攻昂古莱姆（Angoulême）。上帝对他宠惠有加，城墙都自己倒了下来。"这就是中古时代编年史家的特有注解。河畔法兰克人（Ripuarian Frank）的老王希格伯特（Sigebert）一直都是克洛维的盟友，但是这时克洛维则怂恿希格伯特的儿子说，如他父亲去世他将可得到很大利益，结果儿子便杀了父王。克洛维派人向这位弑父者表示友谊，同时派奸细去谋杀他；这些事情安排妥当后，克洛维便率军前往科隆，劝诱河畔法兰克人诸酋长接受他为他们的国王。格列高利说："每天上帝都使他的敌人在他手中败亡……因为他心胸光明，可以在上帝面前昂然行走，所做的事都令上帝高兴。"

被征服了的阿里乌斯派信徒，不久都皈依正统信仰，他们的教士几乎一无例外地获准保留原来的教会职位。这时克洛维带着俘虏、奴隶、战利品及祝福，将国都迁到巴黎。4年之后，他死在巴黎，享年45岁。王后克洛蒂尔德曾协助他将高卢变成法国，"在她丈夫死后便来到图尔，在圣马丁教堂中供职，以极大的贞洁和仁慈在这里安度她的余生"。

·墨洛温王朝（511—614）

一直希望有儿子的克洛维，去世时却嫌儿子太多。为了避免引起王位继承战争，他将王国分给他们统治：希尔德伯特（Childebert）得到巴黎地区，克洛德梅尔（Chlodomer）获得奥尔良（Orléans）地区，克洛塔（Chlotar）分到苏瓦松地区，西奥多里克继承了梅斯和兰斯地区。他们充满蛮族特有的充沛精力，继续推行他们父王以征服达成统一的政策。他们于530年攻占了色林吉亚（Thuringia），534年攻取勃艮第，536年占领普罗旺斯，555年攻陷巴伐利亚和士瓦比亚（Swabia）。克洛塔一世因为活得比其他兄弟更久，继承了他们的王国，他所统治的高卢远较以后任何时期的法国版图为大，临死前（561年）他又将高卢分成三部分：兰斯和梅斯区，名为"Austrasia"（意即东方），由其子西格伯特统治；勃艮第由甘士兰（Gunthram）治理；希尔佩里克（Chilperic）分得苏瓦松地区，名之为"Neustria"（意即西北）。

自从克洛维结婚那天起，法国的历史便具有了雌雄两性风格，混合着爱情和战争。希格伯特派人送了贵重礼物给西班牙的西哥特国王亚塔纳吉尔德（Athanagild），要求娶他的女儿布朗希尔达（Brunhilda）为妻，亚塔纳吉尔德对即使是带着礼物的法兰克人都感到害怕，因此同意了，布朗希尔达终于来到梅斯和兰斯的宫廷（566年）。希尔佩里克感到嫉妒，因为他只有普通的妻子奥德维拉和粗野的妾弗雷德贡达。他也向亚塔纳吉尔德请求娶布朗希尔达的姐姐。加尔斯温塔（Galswintha）来到了苏瓦松，希尔佩里克爱上了她，因为她带来很多财宝。但是她年纪较大，希尔佩里克最后又回到了弗雷德贡达的怀抱。加尔斯温塔抗议要回到西班牙，希尔佩里克却令人将她扼杀（567年）。希格伯特因此向希尔佩里克宣战，并将他打败。但是弗雷德贡达派出的两名奴隶却将西格伯特暗杀。布朗希尔达被捕，又逃走，拥立幼子加冕为王，是为希尔佩里克二世，布朗希尔达以儿子的名义成功地统治着兰斯和梅斯区。

希尔佩里克被称为"我们时代的尼禄王和希律王，残酷、嗜杀、好色、贪吃、爱钱"。图尔的格列高利将他描写成当时的腓特烈二世（Frederick Ⅱ），他告诉我们说：希尔佩里克嘲笑三位一体和上帝像个人的观念；他曾与犹太人举行令人反感的讨论；抗议基督教会的富有和主教的政治活动；废除对教会有利的遗嘱；贩卖主教职位给出价最高者；试图免除格列高利在图尔的主教职位。诗人福图纳图斯则说这位国王是各种德行的综合体，公平而温良，是像西塞罗一样雄辩的演说家。但是希尔佩里克曾经为福图纳图斯的诗篇而奖赏过他。

希尔佩里克于584年遇刺，刺客可能是布朗希尔达派来的奸细。他留下一个几岁大的儿子，即克洛塔二世，弗雷德贡达代他治理纽斯特里亚（Neustria），其手腕、背信充义和残暴可以与任何时代的男性统治者比肩。她派遣一位年轻的教士前往杀害布朗希尔达，但他未能完成使命，回来后被她下令砍去四肢。但是，这些记载也都是来自格列高利。同时奥斯特拉西亚（Austrasia）的贵族在克洛塔二世的鼓动之下，一再反叛布朗希尔达。她软硬兼施，以外交手腕兼暗杀手段，极力控制境内的贵族。最后他们终于将她推翻。她当时已80岁，受了三天折磨后，头发、手脚被绑于一匹奔驰马的尾巴上，受尽折磨而死（614年）。克洛塔二世继承了三个王国，法兰克王国终于再度统一。

由这段血腥的历史，我们很可能会夸大在温文尔雅的西多尼乌斯之后不到100年笼罩于高卢的野蛮习气，人们必须找到选举的替代物。克洛维的统一工作被他的子孙破坏，但是至少政府尚存在，并非每个时代的高卢都忍受得了国王的多妻制和残酷压制。国王的专制受到了嫉妒的贵族的制约。为报答贵族们在行政及战争上的功劳，国王赐给他们可以独立统治的大片土地。在这大片的土地上，便兴起了封建制度，此后1000年间，封建制度要与法国国王展开斗争。农奴制度形成了，奴隶制度因为新的许多次战争延长了寿命。百业由城镇转向贵族庄园；城镇因之缩小，而受到封建贵族的统治。商业仍然兴旺，但是币制不稳定，拦路抢劫及封建通行税均妨碍了商业的发展。饥荒和瘟疫战胜了人类的增殖力量。

法兰克的酋长与残余的高卢罗马元老阶层通婚，形成了法国的贵族阶级。在这些世纪中，有一支力量强大的贵族，爱好战争，轻视文学，以长须和丝袍为傲，实行多妻制。向来很少有上层阶级如此鄙视道德。皈依基督教对他们毫无影响，基督教对他们而言，似乎只是统治及安抚人心的一种昂贵方式。在"蛮族习气和宗教的胜利"中，蛮族习气统治了五个世纪。暗杀、弑父、杀害兄弟姐妹、拷问、残害、叛逆、通奸及乱伦一扫统治的乏味。据说希尔佩里克曾下令将一个叫西吉拉的哥特人每个关节都以烙铁毁伤，将其四肢通通拔掉。查理伯特以两姐妹为情妇，其中之一是修女。达戈伯特同有三个妻子。荒淫无度也许可以说明墨洛温王朝生育率奇低的原因：克洛维的四子中仅克洛塔育有后代，克洛塔的四子中也仅有一子育有一小孩。国王们均在15岁成婚，年近30岁精力便已耗尽，许多在28岁以前便去世。到614年，墨洛温王朝气数已尽，即将被其他王朝取代。

在这种混乱的情况下，教育几乎无法存在。到600年，识字已成为教会的特权，科学几乎绝迹。医术仍然存在，因为我们曾听到宫廷医生。但是在一般民众中间，巫术和祷告似乎要较医药有效。图尔的主教格列高利指斥以医药代替宗教治病是有罪的。他自己患病时曾请医生诊视，但是不久便说医生无能而将其遣走，然后他喝了一杯含有圣马丁坟上灰尘的水，结果霍然痊愈。格列高利是当时的首席散文作家。他结识数位墨洛温王朝的国王，偶尔做他们的特使。他所著的《法兰克正史》（*History of the Franks*）记载墨洛温王朝后期正史，粗略、杂乱、褊狭、迷信、生动，是研究那一时期的第一手资料。他的拉丁文有许多讹误但简明有力。他曾为其文法不正确而感到愧疚，并希望文法上的罪不会在最后审判日受到处罚。他像一个小孩一样深信不疑，像一位主教那样温和狡黠地接受奇迹和怪事，"我们的故事应该混合着圣徒的奇迹或对民族的残杀"。他要我们相信 587 年时蛇从空中落下，一个村庄及其建筑物、居民突然间消失不见。一个人如对教会有所伤害或有不信之情，则这个人的言行均会受到他的指责。但是对教会忠实信徒的野蛮行径、诡计和不道德行为，他毫不犹豫地视为理所当然。他的偏见直言不讳，可以轻易打折扣。他给人的印象是单纯的。

在他之后，高卢的文字在内容上主要是宗教的，在语言及形式上则为蛮族的，仅有一个明显的例外。那就是福图纳图斯。他出生于意大利，受教育于拉韦纳。35 岁时迁往高卢，著书赞颂当地的主教和王后，并对第一位克洛塔的妻子拉德贡达思慕甚殷。后来她成立一家修道院，福图纳图斯先后为她做祭司，在她的私人教堂里任主持，最后担任普瓦捷的主教。他写作精美诗篇歌颂君主和圣徒，其中有 29 首诗是赞美图尔的主教格列高利的，并以英雄诗体为圣马丁写传。他尤其写了琅琅上口的赞美诗，其中《歌喉》（*Pange Lingua*）一诗曾启发阿奎那另作同一题材，而成就更高的诗篇，而另一首《帝王之军》（*Vexilla Regis*）则成为天主教礼拜仪式一个永久的组成部分。他将感情与诗的技巧很精练地配合起来。念着他清新、亲切的诗行，我们可以在墨洛温王朝的残暴行为中发现仁慈、诚挚和温柔的感情。

西哥特人的西班牙（456—711）

我们已经提到过，在 420 年，高卢的西哥特人重新从汪达尔人手中夺回西班牙，并将它交还罗马帝国，但罗马帝国无法统治它。18 年后，苏维人在西北山陵地区兴起，占据了整个半岛。西哥特在西奥多里克二世（456 年）和欧里克（466 年）的率领下再度越过比利牛斯山，重新征服了大部分西班牙，这次他们将西班牙据为己有。西哥特王朝于是统治西班牙直至摩尔人（Moors）到来。

新王朝在托莱多（Toledo）建立一个华丽的都城，召集了一群富有的王公大臣。亚塔纳吉尔德和利奥维吉尔德都是强有力的君主，他们打败了北方的法兰克侵略者和南方的拜占庭军队。亚塔纳吉尔德的财富为他的两位女儿赢得了法兰克王后的地位，也为她们招来了谋杀。589 年，李卡罗王将他本人及大多数西班牙境内西哥特人的信仰，由印欧语族人的信仰阿里乌斯斯派转变成信仰正统的基督教。也许他看过阿拉里克二世的传记。这时主教们成了王国的主要支持者，也是王国中的主要权力阶层。主教们由于教育程度较高，较有组织能力，操纵了在托莱多与他们共同主持政局的贵族们。虽然国王的权威在理论上是绝对的，并且由他来选择主教，但是由主教及贵族组成的会议有选举国王之权，并且要求国王保证采取进步的政策。在主教们的指导下，终于公布了一套法律（634 年），这是所有蛮族法典中最完善却最不宽容的。它改善了司法上的审判，重视证人证据的衡量而非熟人对嫌疑人人格的保证。罗马人和西哥特人受同一法律的约束，建立了法律面前人人平等的原则。但是它否定信仰的自由，要求所有居民均信仰正统基督教，并准许对西班牙的犹太人施以长期而严酷的迫害。

由于教会在布道及做礼拜时皆使用拉丁文，在教会的影响之下，西哥特人在征服西班牙不到一个世纪时，便忘掉了他们的日耳曼语言，并且使半岛上的拉丁文兼具西班牙语的雄性之刚和雌性之美。修道学校和主教辖下的学校负责教育，但传授的知识主要是宗教，部分是古典文学。瓦克拉那、托莱多、萨拉戈萨及塞维利亚等地相继成立高级学术机构。诗歌受到鼓励，戏剧则被指为诲淫——事实上确是如此。中世纪的西班牙在文学上仅有一人的名字留下来，这便是塞维利亚市的伊西多（Isidore）。一个富于教寓的传说说一位西班牙少年，因为头脑笨拙受责，因此逃离家庭，流浪累了，便在一口井旁边坐了下来。他看到井旁一块石头上有一道深沟，一位路过的女孩解释，这条深沟是被一条汲水用的绳子磨成的。伊西多自言自语说："如果由于每天使用，一条软软的绳子可以勒入石头，那么毅力自可克服我头脑的笨拙。"于是他回到父亲身边，终于成为塞维利亚知识渊博的主教。实际上，我们对他一生所知甚少。在一位虔诚的教士所必须从事的琐事外，他还找出时间写了五六部著作。也许是为了加深记忆，多年以来，他编辑了有关各种科目的资料，分别收录异教和基督教的作品。他的朋友，萨拉戈萨的主教布拉里奥（Braulio），劝他印行这些选集，他便将它们改编成中古时代最具影响力的书籍之一——《语源或起源二十册》（*Etymologiarum Sive Originum Libri XX*）——现在是 900 页的八开本。这是一本百科全书，但不是按照字母排列的。它先是按顺序讨论文法、修辞及逻辑，是为三文（trivium，中世纪七种艺术中低级部分）；然后是算术、几何、音乐和天文，称为四艺（quadrivium，七种艺术中高级部分）；再次是讨论医学、法律、编年史、神学、解剖学、生理学、动物学、世界志、地理学、建筑、测量、矿物学、农业、战争、运动、船只、服装、家具、家庭用具……在每一个科目之下，它解释并追溯基本名词的来源。我们从中了解到人所以被称为 homo，是因为上帝用泥土（humus）造人；膝盖之所以被称为 genua，是因为在胎儿时期是与面颊（genae）相对。伊西多虽然不加选择，却是一位勤奋的学者。他精通希腊文，与卢克莱修过从甚密，以辑录的方法保存了很多极可能散佚的异教文学。他的著作是一种混合物——奇异的语源学，难以置信的奇迹，对《圣经》的古怪而寓意深刻的解释，科学和历史被曲解以适应道德原则，稍加观察便可改正的事实错误。

西哥特人统治下的西班牙几乎没有什么艺术品留下。而托莱多、古意大利、科尔多瓦、格拉那达、梅里达及其他城市均有精美的教堂、宫殿和公共建筑，均以古典形式设计且有基督教的象征和拜占庭的装饰。按照阿拉伯历史学家的记载，阿拉伯征服者曾在托莱多的宫殿和大教堂中发现25顶黄金和珍珠制成的王冠。插图的《圣诗集》（*Psalter*），以熔化的红宝石为墨汁抄在黄金册页上，装饰有宝石的织物、甲胄、刀剑、花瓶，嵌有白银和黄金的一张翡翠桌子——这是西哥特的富人给予其保护者教会的许多贵重礼物之一。

在西哥特统治之下，强者或狡猾者对善良和不幸者的剥削如同在其他政权之下一样继续着。王公和主教在俗世或宗教的仪式下，用禁忌或恐怖手段压制人民的感情，夺去他们的思想。财产集中于少数人手中。贫富差距和基督徒与犹太人之间的壕沟使整个国家分裂为三部分。当阿拉伯人入侵时，贫民和犹太人共谋推翻无视他们贫穷或压迫他们信仰的王朝和教会。

708年，懦弱的国王威蒂扎（Witiza）去世，贵族们拒绝由他的儿子们继承王位，而将王位给予洛得里克（Roderick）。威蒂扎的儿子们逃往非洲，要求摩尔人酋长给予援助。摩尔人曾先试探着袭击西班牙海岸，发现西班牙内部分裂而几乎毫无防备，711年便以更大兵力进攻西班牙。泰里格（Tariq）与洛得里克的军队在加的斯（Cadiz）省内的詹达（Janda）湖畔会战。部分西哥特军队投向摩尔人，洛得里克则不知所终。战胜的穆斯林继续进攻塞维利亚、科尔多瓦、托莱多等地；好几个城镇打开城门迎接入侵者。阿拉伯将军穆萨（Musa）进驻首都（713年），并宣布西班牙属于先知穆罕默德和大马士革的伊斯兰哈里发。

东哥特人统治下的意大利（493—536）

·西奥多里克

阿提拉一去世（453 年），其帝国即崩溃，被他征服了的东哥特人重获自由。拜占庭的皇帝们雇用他们将其他日耳曼蛮族驱往西方，给予他们潘诺尼亚作为报酬，并将其国王西奥德米尔 7 岁的儿子西奥多里克带到君士坦丁堡做人质，以确保东哥特人的忠心。西奥多里克在拜占庭宫廷住了十一年，未受教育却颇具才智，他学习战术和政术，但是从未学习写字。他得到了皇帝利奥一世的赞赏，西奥德米尔去世时（475 年），利奥一世承认他是东哥特人的国王。

利奥一世的继承者芝诺害怕西奥多里克会为拜占庭带来困扰，因此鼓励他征服意大利。奥多阿卡（Odoacer）形式上承认、实际上忽视东罗马皇帝的权威。芝诺希望西奥多里克能使意大利重归拜占庭的治下，当这两位危险的部族首领交战时，芝诺可以去研究他的神学。西奥多里克喜欢这个主意——有些人说是他自己提出了这个想法。他以芝诺特使的身份率领约 2 万名东哥特军越过阿尔卑斯山（488 年）。意大利的正统派主教厌恶奥多阿卡信仰阿里乌斯异端，因此支持似乎是正统派教徒的皇帝派出的打入阿里乌斯派的西奥多里克。在主教们的支持下，西奥多里克在为时五年的战争中终于击溃奥多阿卡坚强的抵抗，并劝他签字议和。他邀请奥多阿卡及其子到拉韦纳赴宴，以山珍海味招待他们，然后亲手将父子二人杀死（493 年）。历史上最开明的王朝之一便是以如此奸诈的手段为开端的。

此后经过几次征战，他占领了巴尔干半岛的西部、意大利南部和西西里岛。他在名义上仍然服从拜占庭，铸币也借罗马皇帝之名，他写信给罗马的元老院时也表示应有的尊敬。他自封为国王（rex），这个一度为罗马人憎恶的名称，这时普遍适用于承认拜占庭宗主权的各地区统治者。他接纳了西罗马帝国后期的法律和制度，热心地维护各种纪念物，将心智和精力投入恢复他所征服地区的政治清明和经济繁荣中。他使自己的哥特部下限于在军警部门服务，并以充足的薪水平息他们的不满。行政权和司法权仍然落在罗马人手中。意大利土地 2/3 在罗马人手中，1/3 则由哥特人分配。即使如此，也并不是所有可耕地均有人耕作。西奥多里克从各国赎回罗马俘虏，并令他们在意大利定居，成为自耕农，彭甸沼地（Pontine Marshes）的积水被排除，以便能重新耕种，促成环境的卫生。西奥多里克深信经济应加管制，于是发布了拉韦纳物价敕令。我们现在虽不知道物价是如何规定的，但据记载，西奥多里克当政时食物的价格较以前便宜 1/3，其主要原因可能不是管制而是和平。他削减公务人员的数量及薪水，停止政府对教会的补助，并降低税额。他的收入竟还可支撑修复入侵者带给罗马与意大利的大部分损害，并在拉韦纳建造一座普通的宫殿及圣阿波利纳尔（Sant'Apollinare）和圣维塔莱（San Vitale）两座教堂。维洛纳、帕维亚、那不勒斯、斯帕勒托及其他意大利城市在他的统治下恢复了它们最辉煌时代建筑的光彩。虽然西奥多里克自己信仰阿里乌斯异端，他却能保护正统派教会的财产和信仰。他的大臣加西道拉斯，是一位天主教徒，曾以令人难忘的文字记载了这一宗教信仰自由政策："我们无法控制宗教，因为没有人能被迫接受违心的信仰。"拜占庭的一位历史学家普罗克匹乌斯将在后一个时代很公正地赞扬这位蛮族国王：

> 西奥多里克极为小心地遵守公平的原则……并达到智慧和正直的最高峰……虽然在名义上他篡夺帝位，但事实上他这个皇帝可以与有史以来任何杰出的皇帝媲美。哥特人与罗马人都深深爱戴他……当他去世时，他不但令敌人闻风丧胆，并且使其臣民对他的死感到深深的惋惜。

·波伊提乌

在这种安定与和平的环境中，意大利的拉丁文学得以充分发展。加西道拉斯曾经担任奥多阿卡及西奥多里克的秘书。在后者的建议之下，他写了《哥特人历史》(*A History of the Goths*)，该书的目的在于告诉高傲的罗马人，哥特人也有高贵的祖先和伟大的英雄。加西道拉斯的态度或许较为客观，他写了一本编年史，是从亚当至西奥多里克的世界编年史。在他结束了颇长久的政治生涯后，他将自己的信函和政府文件搜集起来，编成集子。其中有些内容有点荒谬，有些内容有点夸张，还有相当篇幅用以赞美他及国王非凡的道德修养和政治才能。约 540 年，他在经历过两届政府的没落之后，退隐到他在卡拉布里亚的斯奎拉塞的庄园，修建了两座修道院，过着半是大公、半是修士的生活，最后以 93 岁高龄去世。他教导在一起生活的修士抄写异教及基督教手抄本，并准备一个特殊的房间——缮写室，做这项工作。他的做法为其他宗教机构所模仿，现在我们看到的许多古代文学作品都是由加西道拉斯创始的这种修道院以抄写方式保存下来的，在最后几年中，他编写一本教科书《宗教与俗世研究课程》(*Institutiones Divinarum et Humanarum Lectionum*)，该书大胆为基督教徒阅读异教文学辩护，并且依照马提亚努斯·卡佩拉 (Martianus Capella) 的做法将学习课程分成低级部分和高级部分，这种做法被中古时代的教育广泛采用。

　　波伊提乌的一生可以说是与加西道拉斯相同，除了两人的寿命不同。两人都是出生于富有的罗马家庭，担任西奥多里克的大臣，努力在异教与基督教之间建立一道桥梁，写下枯燥但千年以来被人不断阅读和珍视的书籍。波伊提乌的父亲于 483 年任执政官，岳父小叙马库斯是曾为胜利之神祭坛奋斗的叙马库斯的后代。他在罗马接受了最好的教育，然后又在雅典的学校中度过 18 年学习生涯。回到坐落在意大利的别墅后，他终日埋首于研究。他决心挽救将要没落的古典文化，因此他将一位学者最宝贵的时间，奉献于以明晰的拉丁文概要地记载欧几里得的几何学著作、尼科马科斯的数学著作、阿基米德的力学、托勒密的天文学……他对亚里士多德的《伦理学》及逻辑论述，波菲利的《亚里士多德范畴导论》(*Introduction to the Categories of Aristotle*)的翻译使在其后 700 年间，逻辑学有了主要教材和概念，并且开启了实在论与唯名论之间长期的争论。波伊提乌也有神学上的著作：在一篇论三位一体的论文中他曾为正统基督教教义进行辩护，并定下这一原则——当信仰与理智冲突时，信仰应居于首位。这些著作在今天看来几乎没有阅读的价值，但是它们对中古思想的影响是不容忽视的。

因为受到家族的影响，波伊提乌放弃玄妙的研究而进入政治生活的漩涡中。他步步高升，先是执政官，再是皇帝特使，再次是各机构总管，即首相（522 年）。他以慈善和雄辩出名，人们将他比为狄摩西尼斯和西塞罗。但是树大招风，宫廷中的哥特族官员不满他同情罗马人和大主教徒，使他受到国王的猜忌。西奥多里克这时已 69 岁，健康状况不佳，正试图以平稳的方式将一个信仰阿里乌斯异端的哥特家族对一个 9/10 的人口为罗马人、8/10 的人口为天主教徒的国家的统治权移交给他人。他有理由相信贵族和教会都是他的敌人，他们正期待着他的死亡。523 年，拜占庭摄政查士丁尼发布一项命令，将所有摩尼教信徒逐出帝国，并禁止所有异教徒担任文武官职——包括除了哥特人以外所有的阿里乌斯派信徒。西奥多里克怀疑这一细节的目的在于解除他的戒备，只要一有机会，哥特人的优待就会被撤销。他认为这一命令实在无以回报他给予西方正统教派的完全自由。那位曾写作反阿里乌斯异端之三位一体论文的波伊提乌，不就是由他擢升到最高的官职吗？就在 523 年，他曾将两个纯银的精致灯架送给圣彼得教堂以表示对教皇的敬意。但是他因保护犹太人而激怒了大多数人，暴民毁坏了米兰、热那亚及罗马等地的犹太教会堂，他则动用公款重建这些会堂。

就在这个多事之秋，西奥多里克又听说元老院阴谋将他罢黜。据说主谋是元老院主席和波伊提乌的朋友阿尔比努斯。这位仁慈的学者立即赶去见西奥多里克，保证阿尔比努斯的无辜，他说："如果阿尔比努斯是罪犯的活，则我及整个元老院都有罪。"三位名誉不佳的人指责波伊提乌参与这一阴谋，他们并且出示一份文件，上有波伊提乌的签名，内容是邀请拜占庭帝国重新征服意大利。波伊提乌否认一切指控，并指斥该文件是伪造的，但是后来他承认："如果有任何自由的希望时，我自然会极力去抓住。如果我知道有个反叛国王的阴谋……你不可能从我这里探听到这阴谋的。"他终被逮捕（523年）。

西奥多里克试图与拜占庭皇帝达成谅解。他以一位哲学家国王的口吻写信给查士丁尼：

> 伪称有权主宰良心乃是僭夺上帝的特权。就事物的本质而言，君主之权仅限于政治管理，君主仅有权处罚妨碍公共安全的人。最危险的情形是，一位君主因为部分臣民的信仰与他自己的信仰不一样，就立刻驱逐他们。

查士丁尼回答说，对那些无法得到他信任的人他有权不授予官职，并且信仰的一致是维护社会秩序所必需的。东方的阿里乌斯信徒要求西奥多里克保护他们。他请求教皇约翰一世前往君士坦丁堡为阿里乌斯派信徒说情，教皇认为这不是一个誓言毁灭异教的人应担任的工作，但是西奥多里克坚持其立场。约翰一世在君士坦丁堡受到非常礼遇，但是毫无收获。结果西奥多里克指责他叛逆，将他下狱。一年后约翰死于狱中。

同时，阿尔比努斯和波伊提乌受到国王的审讯，被判有罪并处死刑。元老院大吃一惊，通过决议指斥他们两人，没收他们的财产，并通过这项判决。叙马库斯为其女婿辩护，结果自己也被逮捕。在狱中的波伊提乌写下了中古时代最著名的著作之一——《哲学之安慰》（*De Consolatione Philosophiae*）。在该书不出色的散文与迷人的韵文之间，字里行间是悲伤的字句：只有坚忍地听任变幻无常的命运摆布，试图英勇地调和好人的厄运与上帝的仁慈、全能和先见。波伊提乌想起了在生活中曾得到的各种福祉——财富，以及"高贵的岳父，贞淑的妻子"和可资模范的子女。他忆起了他的显贵地位，及他滔滔不绝地向元老院发表演说时，两位主持的执政官都是他的儿子。他自言自语说，这种幸福无法永远存在，命运必须偶尔以警诫的一击平衡之，如此充足的幸福可以原谅这样致命的灾祸。但是回忆往昔幸福时光可能使痛苦加深，波伊提乌在一句后来出现于但丁诗中人物弗朗西斯科口中的话说："遭逢厄运时，如果以往曾经有过幸福的日子，则这是最令人难受的不幸。"他问"哲学夫人"（Dame Philosophy）——他以中古时代习惯将哲学拟人化——真正的幸福在何处。他发现幸福不在于财富或光荣，享乐或权力。他得到的结论是，除非与上帝结合在一起，否则没有真正或稳固的幸福，"幸福是与神在一起"。很奇怪，这本书中并没有提及个人不朽、基督教或是任何特定的基督教教义，仿佛出自芝诺、爱比克泰德或奥勒留之手。异教哲学的最后一部著作是一位基督徒所写的，他在去世之际想念雅典而非戈尔戈塔。

524 年 10 月 23 日，刽子手来了。他们用一根绳子勒他的颈部，将绳子拉紧，直到他的眼球迸出眼眶，然后他们用棍棒把他打死。几个月后，叙马库斯也被处死。根据普罗科匹乌斯的说法，西奥多里克为曾迫害他们两人深深自责而至哭泣。526 年他也追随他的两位受害者进入坟墓。

他死后不久，他的王国也跟着灭亡。他曾命他的孙子阿塔拉里克（Athalaric）继承王位，但是阿塔拉里克年仅十岁，他的母亲阿玛拉逊莎以他的名义进行统治。她是受过良好教育且多才多艺的女人，是加西道拉斯的朋友，可能也是他的学生。加西道拉斯像为她父亲服务一样效劳于她。但是她太倾向罗马人的做法使其哥特族臣民感到不悦，他们反对她以古典著作作为国王的教材，他们认为如此将使国王变得文弱。她同意国王接受哥特族教师的教导，但是他沉湎于女色，18 岁即死去。阿玛拉逊莎与其堂弟西奥达哈德共据王位，但是由她负责统治。不久西奥达哈德即将她推翻并关入监狱。她请求拜占庭皇帝查士丁尼援救她，贝利沙鲁斯奉命前来。

第五章 | 查士丁尼
（527—565）

帝位

　　408 年，阿尔卡狄乌斯（Arcadius）驾崩，其子狄奥多西二世年方 7 岁，继位成为东罗马帝国皇帝。狄奥多西之姐普尔舍利娅（Pulcheria）大他两岁，负责他的教育，因为她一直担心他不能处理国政。他把国事交给兼理军事的执政官和元老院，自己则抄录古籍或在其上加上装饰画，使他留名后世的那部法典他似乎未曾过目。414 年，普尔舍利娅僭取摄政职位，时年 16 岁，此后她主掌东罗马帝国达 33 年之久。她与两个姐妹矢志保持处女身份，似乎终身信守这一诺言。她们穿着似苦行者般朴素，而且奉行禁食，唱圣诗，祈祷以及建立医院、教堂、修道院，并不时捐赠礼物给这些机构。王宫改建成女修道院，只准妇女及少数僧侣进入。在这种神圣的气氛中，普尔舍利娅、她的表姐尤多西娅，还有她们的官员，将国家治理得井井有条，使得狄奥多西二世在位的 42 年期间，东罗马帝国得以安享难得的太平，而西罗马帝国此时则陷于混乱。这期间最不会被忘记的一件大事就是《狄奥多西法典》（*Theodosian Code*）的颁布（438 年）。429 年，统治者召集大批法学专家，编纂自君士坦丁大帝登基以来，罗马帝国所颁布的所有法令。新法典在东罗马帝国与西罗马帝国均被接受，一直是整个帝国遵奉的法令，直至查士丁尼在位时更大规模的法典编纂为止。

狄奥多西二世与查士丁尼一世之间，东帝国有许多统治者在当时引起了很大的骚动，不过时至今日很少被人记住：利奥一世派遣罗马有史以来最大的舰队攻打该撒里克，结果战败，战舰悉数被摧毁。利奥的女婿，伊索利亚的芝诺为了安抚那些基督一性论者，在其统一诏书中，强行规定基督只有一性，从而导致了希腊正教和拉丁基督教的一次大分裂。阿纳斯塔修斯是个能干、果决、善良的君主。他以聪明、有效的行政措施来重整邦国财政。此外，他降低税率，废除人与野兽的竞技，并在马尔马拉海至黑海之间筑起一条长达40英里的长墙（Long Walls），使君士坦丁堡固若金汤，他将国家经费用在许多有用的公共工程上，而留交国库32万磅黄金。这笔黄金使查士丁尼征服各地成为可能。百姓怨怼他的节省和基督一性论趋向。一群暴徒围攻王宫，杀死三名侍从。他以80岁高龄的威严接见这些人，并答应他们，只要人民能共推一位继位者，他便逊位。由于这个条件无法办到，群众哀求他继续执政。阿纳斯塔修斯死后，王位为目不识丁的元老查士丁（518—527年在位）篡夺，他贪享老福，把帝国事务交由他聪明的侄儿查士丁尼以摄政的身份来掌理。

查士丁尼的历史学家——死对头普罗科匹乌斯——一定不满他的出身，因为这个未来的皇帝出生于古萨迪卡（Sardica），即现在索菲亚（Sofia）附近的伊利里亚一个卑微的农民家庭（可能是斯拉夫族）。他的叔父查士丁把他带到君士坦丁堡，让他接受良好的教育。查士丁尼在军中是杰出的军官，担任查士丁的助手达9年之久。因此叔父死后（527年），侄儿继承了他的王位。

这时他已45岁，中等身材，胡子刮得干干净净，脸色红润，卷发，风度翩翩，脸上常带着深不可测的微笑。他节制饮食，就像一位隐士，食量极小，并且以素食作为养生之道。他经常禁食，直至筋疲力尽才停止。甚至在禁食期间，他仍然保持早起的习惯，"从破晓至中午，再至深夜"都忙着处理国家大事。他时常在副官以为他已安歇的时候，埋首书房中，因为除了当皇帝之外，他还想成为音乐家兼建筑师、大诗人兼大律师、神学家兼哲学家。他的精神始终极为活跃，事无巨细，都很在行。他既不强壮，也不勇敢。他在刚即位后遭遇困难时曾想让位，在屡次征战中，他从未身先士卒冲锋陷阵。也许是因为他和蔼的个性，他极易为朋友所左右，在决策时优柔寡断。他经常把自己的事务拿给他妻子做决定。把查士丁尼的缺点整整写了一卷书的普罗科匹乌斯说，他这个人是"无诚意、多心计、伪君子、表里不一、言行不符、狡黠、装腔作势，甚至还能流出假眼泪……以应当时情况的需要"——不过这可能是对一个能干的外交官的描述。普罗科匹乌斯继续写道："他是个善变的朋友，不停战的敌人，热衷于暗杀和抢劫的人。"他有时确实如此，不过他也有慷慨厚道的时候。有一次，一个名叫普罗布斯的将军被控诽谤他，并以叛逆罪受到审讯。当查士丁尼看到审讯报告时，立即把那份报告撕碎，并传话给普罗布斯："我已原谅你冒犯我，祈愿上帝也饶恕你。"他对坦诚的批评极乐于接受。在他的历史学家笔下，他显得极为可怜："这个僭主是全世界最容易亲近的人。因为职业、身份再低微、再卑贱的人，都可以随便走到他跟前，自由地与他交谈。"

另一方面，他对宫廷的豪华和繁文缛节的热爱，更甚于戴克里先和君士坦丁大帝。他跟拿破仑一样，也因为是僭主而深感缺乏正统的支持。他既无为王的威严，又无称帝的血统，因此不管是在公共场合还是接见外国使节时，他都坚持令人畏惧的仪式与俗套。他极力鼓吹东方视王权为神圣的观念，在他本人和财产前都冠以"神圣的"（sacred）字眼，并要求觐见他的人一律下跪，亲吻其紫袍边缘或他套着半统靴的脚趾。他让君士坦丁堡的主教为他涂油而得以神化，并由主教加冕，戴上一顶镶满珍珠的王冠。从来没有一个政府像拜占庭一样，为了赢得一般人的崇敬之心而在庆典的华丽上下这么多的功夫。

这种做法当然奏效。拜占庭的历史上发生过好几次革命，不过大部分政变都由宫廷里的人发起——朝臣并未因宫廷的庄严肃穆而心生畏惧。紫袍是皇帝御用的衣着；紫袍加身意即登上王位。

查士丁尼在位期间最大的一次反叛发生得很早（532年），几乎要了他的性命。绿党和蓝党——君士坦丁堡的居民各有自己喜爱的赛马队骑士，时人以这些自发组成的小党派衣服颜色为其命名——两派的对立演变为公然动武，使得首府的街道极不安全，以至有钱人乔装成贫民，以免夜行时遭袭。结果政府扫荡两党，并逮捕许多首脑人物。蓝绿两党因而联合起来反抗政府。可能有一大群元老加入反叛行列，而无产阶级的不满使这一行动成为革命。他们攻向监狱，释放囚犯，杀死市区警察及官员，又纵火烧毁圣索菲亚教堂与帝国皇宫的一部分。群众高呼胜利（Nika）——因而这次革命得到了一个名字。这支队伍在胜利情绪高涨之际，要求罢免查士丁尼两位不受欢迎、可能很暴戾的顾问，对于这个要求，查士丁尼同意了。这些暴徒胆气为之一壮，居然说服元老海帕提乌斯（Hypatius）接受王位。海帕提乌斯不顾其妻的哀求答应这请求，并于竞技场观看比赛时，在群众的喝彩声中走去坐在皇帝席上。这时查士丁尼躲在皇宫里面，默想着逃亡之计。皇后狄奥多拉（Theodora）劝他打消这个念头，并要他采取积极的抵抗行动。大将贝利沙鲁斯接受命令，在军中召集了大批哥特人，并将这支军队带往竞技场，屠杀了3万人，逮捕海帕提乌斯，在狱中将他处死。查士丁尼将被免职的官员复职，宽恕了谋反的元老，并将海帕提乌斯被没收的财产归还其子女。其后30年间，查士丁尼虽然高枕无忧，却似乎只有一个人爱着他。

狄奥多拉

普罗科匹乌斯在他《论建筑物》（*Buildings*）一书中，对查士丁尼之妻的一座雕像有这样一段描述："这座雕像虽美，仍远逊于皇后之美，因为凡人根本不可能以文字来形容，或以雕塑来描绘出她的迷人之处。"在这位拜占庭最伟大的历史学家的作品中，只有一本没有赞美狄奥多拉。不过在一本他生前未付梓的书（因此名之曰《未发表》，*Anecdota*）里面，普罗科匹乌斯揭发了皇后婚前性丑闻，这一记载的真实性被争论了 13 个世纪之久。这一秘史是坦率的恶意的缩影，纯属片面之词，其目的在于毁损查士丁尼、狄奥多拉和贝利沙鲁斯三人身后的声誉。由于普罗科匹乌斯是我们赖以了解这一段历史的主要权威，而他其他著作既正确又公正，因此我们不能认为《未发表》这本书纯系捏造，我们只能把这本书看作是一个求婚未成功的人气愤之下完成的复仇之作。对皇后了解很深的艾菲索斯的约翰除了称她是"娼妓狄奥多拉"之外，对她并无其他贬词。除此之外，当时的历史学家甚少响应普罗科匹乌斯的指责。许多神学家指责她为异端，却没有一个人提及她的堕落（假若她的堕落真有其事），他们这种宽宏大量真令人难以置信。我们可以很理智地下这样一个结论：起初她不是个标准的淑女，后来却是真正的皇后。

根据普罗科匹乌斯的记载，狄奥多拉是驯熊师的女儿，在马戏团中长大，当过女演员与妓女，以猥亵的哑剧表演风靡了整个君士坦丁堡，屡次堕胎都极为顺利，却也生下一个私生子。其后成为叙利亚城一个名叫赫克波努斯（Hecebolus）的人的情妇，被他遗弃后，在亚历山大港隐居了一段时间。然后她又在君士坦丁堡以诚实的贫妇形象出现，靠纺羊毛来维持生活。查士丁尼爱上她之后，先让她做情妇，然后娶她为妻，最后又立她为后。我们无法判断这段序曲式的文字有多大的真实性，不过，如果一国之君不以这段既往为忤逆，我们便不应该耿耿于怀才是。婚后不久，查士丁尼就在圣索菲亚加冕，狄奥多拉在他身旁被加为皇后。普罗科匹乌斯说："没有一个僧侣表现出不高兴的样子。"

不管她过去如何，狄奥多拉成为主妇之后，谁也不再去非难她对皇帝的贞操了。她对金钱和权力同样贪婪，时常显露她蛮横的脾气，偶尔也故意与查士丁尼作对。她贪睡，沉溺于美食，喜欢奢侈品、珠宝、爱炫耀，在岸边的皇后宫殿度过一年中大半的岁月。然而，查士丁尼始终迷恋着她，在她干预他的计划时更以哲学家的耐心来忍受。他极溺爱地授予她在理论上与他一般大的统治权，要是她真行使她的权力，还由不得他抱怨。她对外交和教会的政治极为积极，任免教皇与大主教，罢黜自己的敌人。她有时撤回她丈夫发布的命令，而这常常对整个邦国有益。她的聪明几乎可以和她的权力相比。普罗科匹乌斯攻击她对自己的对手极为残酷，有些人被关在地下囚牢中，有些则被谋杀。反对她太过火的，则可能无缘无故神秘失踪。不过她也有慈悲的一面。因异端邪说而被查士丁尼放逐的安特弥乌斯（Anthemius）主教就躲在她的闺房里，由她庇护了两年之久。对贝利沙鲁斯之妻通奸一事，她也许失之软弱。不过为了弥补这个过失，她特地为从良的妓女盖了一栋漂亮的悔过修道院（Convent of Repentance）。有些妓女为她们自己的过去感到懊悔，于是从窗口跳出，而活生生地摔死了。她对她朋友的婚事有着慈母式的兴趣，撮合了好几对佳偶，有时也以对方答应一桩亲事作为他（或她）在王宫内获得晋升的条件。不出人意料，她老年时变成了公共道德坚定的维护者。

最后她还致力于神学研究，并与她丈夫辩论有关上帝本性的问题。查士丁尼极力欲再度联合东西两派基督教，他认为宗教的统一是统一整个帝国不可或缺的条件。虽然狄奥多拉不否认上帝的三位性，她却无法了解上帝本质的二元性。她接受"基督一性论"的教义，认为在这方面东方绝对不肯与西方妥协，而据她判断，整个帝国的潜力和资源财富都在亚洲、叙利亚及埃及等富庶地区，而不是在被野蛮主义和征战摧毁了的西方诸省。她缓和了查士丁尼惯常的缺乏耐心，保护异教徒，向教皇制度挑战，暗中鼓励东方建立一个独立的基督一元论教堂。在这几方面她都固执、无情地同皇上与教皇作对。

贝利沙鲁斯

查士丁尼追求统一的热忱值得同情，因为这正是对政治家亘古恒存的一种诱惑，而统一的代价往往不仅是一场战争。想要从汪达尔人手中重新夺回非洲，从东哥特人手中取回意大利，从西哥特人手中拿回西班牙，从法兰克人手中夺回高卢，从撒克逊人手中取回不列颠；把野蛮人赶回老巢，并使罗马文明广被原有的地区；再度将罗马法令推行至幼发拉底河至哈德良长墙（Hadrian's Wall）之间：这些构想必然会使解救者与被解救者双方都筋疲力尽，不过这些仍不失为不可小觑的雄心大志。为了达成这些理想，查士丁尼不惜答应教皇的条件，结束了东方与西方在宗教上的分裂局面，他还寄望把阿里乌斯派信徒、基督一性论者以及其他异端信徒纳入一个庞大的精神王国。自君士坦丁大帝以来，还从来没有任何一个欧洲人有过这种雄才伟略。

查士丁尼手下名将很多，却受困于财源拮据。百姓不愿为他效命疆场，同时也无力支付战争所需的经费。顷刻之间，国库里查士丁等先王留下的 32 万磅黄金被耗费殆尽。其后他不得不加征各种名目的课税，这使百姓怨声载道。同时，节省不必要的开支，也滞碍了诸将军的行动。普遍征兵制早在一个世纪以前废止，如今所谓的皇家军队，几乎全是由一百余个部落和小国弄来的野蛮雇佣兵。这些雇佣兵依靠抢劫来维持生活，所求只是钱财和强奸妇女。他们常在战争危急时倒戈相向，也时常为了搜集战利品而输掉本可获胜的战争。除了定期的报酬和英明的将军以外，什么也不能使他们团结，什么也无法鼓舞他们。

贝利沙鲁斯跟查士丁尼一样，也是出身伊利里亚的农家子弟，这使我们想起巴尔干半岛的奥勒留、普罗布斯、戴克里先等在 3 世纪时拯救过罗马帝国的君主。自恺撒以来，从没有过一个将军能以如此有限的人力和财力资源赢得这么多场战争的胜利。很少有人在战略、决策方面获得其部属如此多的爱戴，或在对敌人之慈悲等方面优于他的。

值得一提的是：最杰出的将军——亚历山大、恺撒、贝利沙鲁斯、萨拉丁、拿破仑等人——都认为仁慈是战争一大原动力。贝利沙鲁斯和其他诸位名将一样，也有同情、温厚的作风，这种作风使得将士们在完成流血的任务之后都爱戴他。正如皇上溺爱狄奥多拉一般，贝利沙鲁斯也爱慕安东尼娜（Antonina），对她的不守妇道，他能按捺住心头的怒火。出于种种理由，每次出征时他总带着她同行。

贝利沙鲁斯在对波斯的战役中第一次获得巨大的荣耀。两国和平相处150年之后，为了争夺通往中亚细亚和印度的商道这一老问题重新燃起怒火。正当胜利在望之际，贝利沙鲁斯突然奉召返回君士坦丁堡。查士丁尼与波斯议和（532年），付给波斯1.1万磅黄金，然后再派贝利沙鲁斯夺回非洲。他曾经下过这样一个结论，即他绝不可能在东方完成一劳永逸的征服：因为当地的百姓可能会采取敌对的态度，使边界难以巩固。而在西方的诸国，几个世纪以来习惯于罗马的统治，不服那些异教野蛮首领的领导，因此都答应除在和平时期缴税之外，战时也通力合作。而从非洲来的数不清的谷物足以堵上京城里那些专门批评别人的人的嘴巴。

该撒里克在位39年后驾崩（477年）。汪达尔人统治的非洲，在其继承人治理下恢复了大部分罗马风尚。拉丁文成为官方用语，诗人也用拉丁文来哀悼早已被遗忘了的诸王。迦太基城里的那些罗马式戏院又重建了起来，再度上演希腊的戏剧。古代艺术的纪念碑受到尊敬，豪华的新建筑也一栋一栋建了起来。普罗科匹乌斯形容统治阶级是感染了少许野蛮主义的文明绅士，大体说来，他们却又忽视战争的艺术，并悠闲地在阳光底下腐化。

533年6月，500艘运输船及92艘战舰，在博斯普鲁斯海峡集结，接受皇帝的诏令和主教们的祝福后开向迦太基。普罗科匹乌斯随同贝利沙鲁斯前往，他事后对这场"汪达尔之役"（Vandal War）作了极为生动的叙述。大军登陆非洲时只有5000名骑兵，贝利沙鲁斯却能横扫迦太基草草筑成的防线，仅在数月之内即告敉平汪达尔势力。查士丁尼却在这时急忙将他召回君士坦丁堡庆功。摩尔人乘机从山上倾巢而出，攻打罗马的守卫部队。贝利沙鲁斯急忙赶回，及时镇压了部队的叛乱，并领导他们夺得胜利。迦太基的非洲自此一直为拜占庭所统治，直至阿拉伯人到来。

在贝利沙鲁斯攻打非洲之时，查士丁尼的狡猾外交政策倾向于与东哥特人联合。如今他命令贝利沙鲁斯征服东哥特人的意大利，同时又唆使法兰克人与之联合。贝利沙鲁斯以突尼斯（Tunisia）为据点，不费吹灰之力攻取西西里岛。536 年他跨海登陆意大利，派遣部分士兵经水管爬进城里而占领那不勒斯。东哥特人的兵力既微弱又分散。罗马的民众感激地欢呼贝利沙鲁斯是他们的解放者，僧侣们更以欢迎三位一体论者的盛会来欢迎他。他在无人反对、无人抵抗的情况下进入罗马城。西奥达哈德将阿玛拉逊莎杀死，东哥特人又废黜西奥达哈德，另推维提吉斯（Witigis）为新王。维提吉斯召集 15 万大军，将贝利沙鲁斯围困于罗马城内。罗马城内的居民在被迫限粮限水，无法每日都沐浴的情况下纷纷抱怨贝利沙鲁斯，这时他手下只有 5000 名武装士兵。贝利沙鲁斯凭技巧与勇气苦守一年之后，维提吉斯退回拉韦纳城。贝利沙鲁斯一连三年不断向查士丁尼要求增派援兵。兵是派了，不过带兵的将军却是贝利沙鲁斯的死对头。被困在拉韦纳城里的饥饿的东哥特人答应，只要贝利沙鲁斯愿意当他们的国王，他们立即投降。他假装答应了，占领该城之后又把它献给查士丁尼（540 年）。

查士丁尼对这份礼物既感激又怀疑。贝利沙鲁斯过去对战利品一向都很吝啬，他已赢得手下将士们对他个人的过分忠诚，他曾经被奉以整个王国，难道他就不渴望从一个僭主的侄儿手中夺去王座？查士丁尼把贝利沙鲁斯召回之后，发现他的侍从衣着非常华丽，而颇为不快。普罗科匹乌斯这样写道：拜占庭的居民"乐于看见贝利沙鲁斯每天从他家里出来……因为他永远有一大群汪达尔人、哥特人和摩尔人护卫着，因此他在街道上行走时，就如庆典游行一般。还有一个原因，那就是他生得极为魁伟，个子高大又很英俊，而他的举止却极为谦和，风度和蔼可亲，仿佛是个穷困而毫无声望的人"。

被派到意大利接替他的诸将领都无视军纪，彼此争吵，因而让东哥特人瞧不起。因此被打败的那些民族就推举一个有干劲、有判断力、有勇气的哥特人出来当他们的国王。托利拉（Totila）召集那些在意大利各处流浪、无家可归、绝望的野蛮佣兵，攻占那不勒斯（543年）和台布尔区，并围困罗马城。他的仁慈和诚挚令人惊讶，由于他善待俘虏，他们个个都投其麾下。由于他信守攻下那不勒斯前所许下的诸言，使当地人民不禁怀疑：到底谁才是真正的野蛮人？谁又是文明的希腊人？有些元老的妻子落入他的手中，他以礼待之，然后释放她们。他手下的一位士兵强暴了一名罗马少女，被他判处死刑。过去为皇上做事的野蛮人就没有表现得这么爱民过。由于他们得不到濒临瓦解的查士丁尼的薪给，他们就蹂躏国家，这使百姓深深向往昔日西奥多里克统治下那段有秩序、有正义的日子。

贝利沙鲁斯奉命驰往援救。抵达意大利后，他孤身一人冲破托利拉的防线而进入被围困的罗马城。可惜他到得太晚，守军士气低落已极，军官个个是无能的懦夫。卖国的奸细打开城门，使托利拉的1万大军拥入首府（546年）。贝利沙鲁斯一面撤退，一面送信给托利拉，请他不要毁坏这个历史悠久的城市。托利拉允许他手下那些未得报酬、饥饿不堪的部队大肆掠夺，不过却饶了百姓一命，同时还保护女性不受士兵蹂躏。他放下罗马城而去围攻拉韦纳城，这是他犯的一个极严重的错误。贝利沙鲁斯利用他不在的时机重新占领了罗马城。等到托利拉赶回来的时候，他第二次的包围已无法把物资充裕的希腊人再一次驱逐。查士丁尼认为西征已经成功，于是向波斯宣战，而把贝利沙鲁斯调到东方战场。托利拉再度攻下罗马城（549年），占领西西里岛、科西嘉岛和撒丁岛，可说是占领了整个半岛。最后查士丁尼给他的将军纳尔瑟斯（Narses）"一笔庞大的经费"，命他招募一支新军，将哥特人逐出意大利。纳尔瑟斯巧妙而迅速地完成了这项使命。托利拉战败后，在逃命时被杀。残余的哥特人获准安全地离开意大利，经过十八年的长期抗战，这场哥特战争（Gothic War）终于结束了（553 年）。

在这段期间，整个意大利被摧毁了。罗马城五次被占领，三次被围攻、劫掠，饱受饥饿。一度多达 100 万的人口如今已减少至 40 万，其中约半数是靠教会赈济过活的穷人。米兰城一度被毁，居民悉数被屠杀。数百个乡镇因统治者的勒索与军队的劫掠而陷入无法维持的困境。田地任其荒芜，粮食供应不足，仅皮彻努姆（Picenum）一地，据说在这 18 年之中就有 5 万人饿死。贵族政治已经瓦解。罗马元老院的元老在战争、劫掠、逃亡期间死亡太多，劫后余生的人数太少，已凑不足可以使元老院继续存在的人数。579 年以后，我们再也看不到这一字眼了。西奥多里克在位时修理过的引水管已损毁，弃置不用，因而再度使得罗马四周的平原成为瘴气笼罩的大沼泽。依赖这些引水管输水的大浴室也废弃不用而逐渐倾圮。西哥特王阿拉里克和汪达尔王该撒里克攻占罗马时没有毁坏的几百座雕像，也被破坏或熔化来铸造围城用的兵器和机械，只留下废墟来证实古代罗马城身为半个世界的首都的伟大。东罗马帝国的皇帝虽然在短时间内统治着意大利，不过这是一次耗资巨大且虚假的胜利。罗马城在文艺复兴之前是无法从这场胜利中复原的。

《查士丁尼法典》

历史忘却了查士丁尼的战功，却记得他的法典，这是十分正确的。狄奥多西的法典颁布至此已历百年，法典中有许多规定已变得不合时宜，同时有许多新的法令在通过后使法典陷入混乱。此外，法令的相互矛盾也阻碍了行政与司法事务的执行。尤其是基督教影响、改变了立法和法令的解释。罗马城的民法常与组成整个帝国的诸国法令冲突，许多原先制定的法令不能适应东方的希腊式的传统。浩瀚的罗马法律的整体已沦为帝国式的混合物，而非一部合乎逻辑的法典。

　　渴望统一的查士丁尼厌恶这种法令的混乱，正如帝国的解体惹恼了他一般。528 年，他任命十个法律专家来整理、澄清、改良这些法令。这个委员会中最活跃、最有影响力的一位是检察员特利博尼安（Tribonian），他虽然贪污，并有无神论者之嫌，却终身担任查士丁尼立法计划的催生者：提出构想，提供意见，并付诸执行。这项任务的第一部分在仓促间完成，而在 529 年即以《宪政法典》（*Codex Constitutionum*）的名称颁行。这部法典被宣布为整个帝国适用的法令，先于这一法典的各项法令，除非由该法典重新颁布，否则一律废止。法典的序言中有这样一段堂皇的注解：

> 致有志于研究法律的青年：
>
> 皇帝陛下除以武力增其荣耀之外，也应以法律为武装，以求平时与战时均能保有良好的政府；使统治者得以……使正义成为战胜敌人的表征。

　　其后，委员会的诸委员即着手课题的第二部分：将罗马城那些伟大的法律专家所发表的意见中似乎有法律效力的部分搜集起来，使之系统化。他整理出来的东西印成摘要（Digesta），或称汇编（Pandectae）。法律专家的意见一经引录，法令解释一经公布，即成为法官今后判案的依据；其他未经收录的意见则失去法律效力。旧的法律文献不再抄录，因此大多消失了。由剩余的部分看来，为查士丁尼编纂法典的人舍弃赞成自由的那些意见，他们也借着不虔诚的欺骗手段，将某些古代法律专家的意见加以改变，使这一法典进一步与独裁统治的政府步调一致。

　　当这项艰巨的工作正在进行时，特利博尼安和两个同事发现这部《查士丁尼法典》对学生来说太吃力了，因而以《法规》（*Institutiones*）为书名，刊行了一本正式的民法手册（533 年）。基本上，这本《法规》把盖乌斯的《评注》（*Commentaries*）复制、修正，并使之合乎时代潮流。盖乌斯曾在 2 世纪时以惊人的技巧和清晰的头脑，把当时的民法整理出来。同时，查士丁尼也一直颁布新法令。534 年，特利博尼安和 4 个助理把这些法令收入《查士丁尼法典》的修订版里，这使得原版失去权威性，而为历史所遗忘。查士丁尼死后，他那些新增加的立法以《新颁之法令》（*Novellae*）为名出版。以前法令一直用拉丁文写成，这一本却用希腊文写成，意味着拜占庭帝国以拉丁文为法律语言的终结。这些法令被称为"Corpus iuris civilis"，也就是所谓"民法的躯体"（Body of Civil Law），即一般人所谓的《查士丁尼法典》（*Code of Justinian*）。

这部《查士丁尼法典》，跟狄奥多西颁布的那部一样，也把正统的基督教纳入法律之中。这部《查士丁尼法典》首先宣布三位一体，排斥聂斯脱利派、欧蒂科斯派和阿波利纳里斯派，承认罗马教会的教会领导地位，同时命令所有的基督教团体服从其权威。不过在下面数章之中，却又宣布皇帝对教会的统治权：一切教会的法律就跟民法一样，也都必须由君王发布。接着，《查士丁尼法典》又为各大都会、各主教、各修道院长和僧侣立下法令，特别规定教会人士赌博、看戏或看比赛应受的惩罚。摩尼教徒和改奉异端者处以死刑；多纳图派、孟塔尼斯派、基督一性论者和其他反对国教者由政府没收其财产，被判以无买卖行为能力，也无继承权或遗赠权；不准担任公职，也不许集会，没有资格向正统的基督教徒借债。有一条较为温和的法令允许大主教访问监狱，并有权保护囚犯避免枉受处罚。

这部《查士丁尼法典》取代了先前阶级的划分。解脱奴隶身份而获得自由的人，不再把他们看作是另一个团体的人。这些人一经释放，就可以享受到自由人民的权利，他们可以被推为元老或帝王。自由人分为显贵（honestiores）和平民（humiliores）两大类。自戴克里先以来，显贵阶层分化出的各种层级，如今由这部《查士丁尼法典》认可并加以区分：公（patricii）、侯（illustres）、伯（spectabiles，从这个词产生了"respectable"这个英文词）、子（clarissimi）、男（gloriosi）

五级。这部罗马法律到底有着许多东方的元素。

有关奴隶制度的立法，这部法典显然多少受到基督教或斯多葛学派的影响。强奸女奴就跟强奸一个女自由人一样，都被判处死刑。若经主人同意，奴隶也可娶自由人为妻。查士丁尼跟教廷一样，也鼓吹解放奴隶。不过，他的法律又允许父母在贫困潦倒之际将新生的婴儿贩卖为奴。《查士丁尼法典》中某几段还涉及农奴法，为封建制度铺路。一个在某一土地上耕作了30年以上的自由人，其本人和后代必须厮守那块田地。这种措施的目的，据说是为了不使土地荒芜。逃走的农奴或未经主人同意就成为传教士的农奴，其主人可以像对付逃走的奴隶一样，把他捉回来。

在《查士丁尼法典》中，妇女的地位也略有改善。妇女终身受监护的制度早于4世纪取消，而原来遗产只能由男人继承的规定也极少见。过去经常接受妇女遗赠的那些教堂，如今也尽力争取这些改革。查士丁尼设法将教廷对离婚的看法加以贯彻，禁止离婚，除非当事人之一想要入修道院或女修道院。不过这个规定却与现存的风俗与法律相去甚远，大多数人起而抗议，说这会增加戕害人命的案件。因此，帝王后来开列了许多离婚的条件。而这些条件，除了有几次曾经废止之外，至1453年为止，一直是拜占庭帝国法律的一部分。奥古斯都在位时，对独身者和无嗣者加以处罚的规定，在《查士丁尼法典》中均已取消。君士坦丁大帝虽然很少严格执行，却规定犯通奸罪者判处死刑。对于这种罪行，查士丁尼仍然判处男的死刑，不过将对女人的处罚减轻，改为监禁在女修道院里。若丈夫得知其妻与人通奸，在给她三次证据充分的警告之后，发现她仍在家里或旅馆里面与疑似奸夫的人谈话，可以将奸夫杀死而不受刑罚。与未婚女性或寡妇发生性行为时，也处以类似的重刑，除非这个女人是人家的姘妇或妓女。强奸者判处死刑，并没收其财产，给予被奸污的妇女。

查士丁尼对财产方面的法令做了决定性的改变。古代父系亲属——就是由男方衍生的亲戚——继承未留遗嘱财产的特权，现已废止取消。这些遗产改由同族亲戚——子、孙等——直系继承。《查士丁尼法典》还鼓励慈善捐助和遗赠。教会的财产，不论动产、不动产，租赁所得，或农奴、奴隶等都不得转让。教会或世俗的个人或团体均不得将教会的任何财物赠送、贩卖或遗赠他人。由利奥一世和安特弥乌斯制定、经《查士丁尼法典》确认的这些法令，成为教会日渐富有的合法依据。一个时代又一个时代，世俗的财产日渐减少而教会的财产日益增多。教会尝试过废除利息，却归于失败。欠债不还的债务人被逮捕，不过可以交保而获释放，也可在发誓随时候传后释回。虽然对债务人所缴保释金的金额未作严格的限制，但是对逮捕后至审讯前债务人消失的时限却有极严格的限制。由于律师人数太多，查士丁尼专为他们盖了一栋长方形建筑。这栋建筑的大小可由其图书馆藏书15万卷来推测、想象。审讯在皇帝所任命的法官面前进行。不过，经当事人双方同意，案件也可移至大主教的法庭审理。每次审讯进行时，法官面前放置一本《圣经》。双方律师必须在《圣经》面前发誓诚实地尽其全力为当事人辩护，如果他们发现当事人所说不实，则必须撤销辩护。原告与被告须为其理由的公正在《圣经》面前宣誓。所科的刑罚虽然严厉，却非强迫性。法官必须为妇女、少年和酗酒者酌情减刑。禁锢为审讯监禁罪犯，却很少作为处罚之用。《查士丁尼法典》比哈德良和安托尼乌斯·庇护所制定的法律有所退步，因为《查士丁尼法典》允许将罪犯的肢体残害以为处罚。伪造税收账目的收税员，及抄写基督一性论作品的人，可能会被砍去一手。《查士丁尼法典》中常有劓或刖的肉刑规定，后期的拜占庭法律中更增加刺瞎双眼的刑罚，尤其用来处罚那些不够资格继承遗产而想继承的人及那些想篡夺王位的人。自由人犯罪处死刑时用砍头的方式，而对某些奴隶则用钉十字架的方式。巫师和逃兵则被活活烧死。被判刑的公民可以向高一级法庭上诉，再次可以向元老院上诉，最后还可诉诸皇帝。

我们景仰《查士丁尼法典》的整体，而非某一部分。它以严格的正统、强烈的反启蒙主义（obscurantism）和报复性的严厉，与先前诸法典相区别。受过教育的罗马人会发现在安托尼乌斯·庇护时代比在查士丁尼时代生活更文明。皇帝本人无法摆脱他的生活环境和他的时代，为了实现统一的野心，他把当时的正义、慈悲、迷信、野蛮全都纳入《查士丁尼法典》中。这部《查士丁尼法典》跟拜占庭的所有事物一样，极为保守。就那似乎注定永不断绝的文明而言，《查士丁尼法典》也极具羁绊作用。不久，《查士丁尼法典》除了在日渐狭窄的领域外，不再被遵守。为《查士丁尼法典》所歧视的东方国家主义的异教徒转而投入伊斯兰教的怀抱，在《古兰经》之下发展得比在《查士丁尼法典》之下更迅速。伦巴底人统治下的意大利，法兰克人统治下的高卢，盎格鲁—撒克逊人统治下的英国，西哥特人统治下的西班牙，都无视查士丁尼的诏书。不过《查士丁尼法典》确实也给五方杂处的人民带来了几代的秩序和安全，同时还保障边界外十几个国家道路上行人自由、安全的行动。《查士丁尼法典》一直持续至拜占庭帝国法典的终结，《查士丁尼法典》在西方消失五个世纪之后，意大利博洛纳城的法律学家们才予以"重振"，而为列国君王、教皇所认可。

君王神学家

或许查士丁尼的虔诚是出于真心，而非出于政治上的目的；就是狄奥多拉也会承认，查士丁尼在王宫里过着僧侣般的生活：禁食祈祷，熟读神学书籍，与教授、大主教、教皇辩论教义的细微差异。普罗科匹乌斯以一种完全赞同的口吻引述一个反叛者的话说："甚至只要有一点点勇气的人都不会拒绝谋刺查士丁尼，再没有勇气的人也不应该惧怕一个总是到三更半夜还在无人守卫的休息室里，津津有味地和七老八十的教士们讨论基督教经典的人。"东西方教会之间的冲突，由于《芝诺诏书》（*Henoticon*）的颁布而愈演愈烈。然而查士丁尼担任查士丁的摄政时，首次运用权力，几乎就已弥缝了两者之间的裂痕。

由于接受代代相承的教皇观点，查士丁尼在意大利赢得抵制哥特人的正统教会的支持，而在东方则获得反基督一性论者的拥护。

这个教派，热烈地坚持基督只有一性的观点，它在埃及的信徒几乎跟天主教徒一样多。亚历山大港的教徒更为极端，他们之中还分成正统和非正统基督一性论两派。两派人在街上殴斗，女信徒则从屋顶投下石块助阵。皇帝的军队于亚他纳修辖区安排了一位天主教主教，当他第一次布道时，与会的教徒以一连串的石头来欢迎他，当场为皇帝的军队所杀。天主教虽然号称掌握了亚历山大港的主教职位，异端邪说却在乡间大行其道。农民藐视主教和皇帝的诏书。整个埃及在阿拉伯人到来之前，几乎有一个世纪不听皇帝的指挥。

对于这件事的处理，正如许多其他事情一样，果决的狄奥多拉比优柔寡断的查士丁尼能干。她买通罗马教会的执事维格柳斯（Vigilius），说如果他答应向基督一性论者让步，则可升他为教皇。斯尔维里乌斯（Silverius）教皇被贝利沙鲁斯调离罗马城（537年），放逐至帕尔马里亚岛，不久即被虐待至死，维格柳斯随即由一纸诏书被任命为教皇。最后查士丁尼总算接受狄奥多拉认为基督一性论无法被摧毁的看法，发表了一篇名为《三章》（*Three Chapters*）的神学文书，向那些信徒们绥靖。他把维格柳斯召回君士坦丁堡，唆使他在这篇声明上签名。维格柳斯很不情愿地答应。非洲天主教会因而将他处以破门律（excommunicate，550年）。之后，他又收回他的声明，而被查士丁尼放逐至普罗科奈苏斯（Proconnesus）满布岩石的山间，然后他再度表示愿意妥协而获准回到罗马城，却死在半路上（555年）。有史以来只有一个皇帝敢这样公然企图支配教皇。查士丁尼在君士坦丁堡召开一次教会大会（553年），西部诸主教几乎都拒绝与会，大会通过了查士丁尼的律令。西方教会却表示反对，使基督教的东西教会又持续了一个世纪的分裂局面。

结果，死亡赢得了一切纷争。548年狄奥多拉的去世，是挫败查士丁尼的勇气、信心和精力的几次打击中最厉害的一次。当时他已

65 岁，身体由于禁欲苦修和周期性的危机而变得孱弱，他把政务交给手下处理，疏忽了他曾经辛劳地建立起来的防线，而全神贯注于神学。数百次的灾祸，使他在丧妻之后苟延残喘的 17 年的岁月变得昏暗。他在位时地震特别频繁，有十几个城市几乎全在这些地震中毁灭，重建这些城市耗尽了国库的财富。542 年瘟疫猖獗，556 年大饥荒，558 年瘟疫又肆虐。559 年科特里格（Kotrigur）匈奴渡过多瑙河，抢劫摩西亚和色雷斯，俘虏数千人，强暴主妇、处女和修女，将女俘虏在行军途中所生的婴儿丢下喂狗，一路逼近君士坦丁堡的城墙。这时惊慌失措的皇帝向过去时常救他性命的大将军求援。贝利沙鲁斯已年老体弱，然而他披上盔甲，集合 300 名曾在意大利与他共患难的同胞，招募几百名未曾接受训练的新兵，出城迎战匈奴 7000 人的大军。他以一贯的先见之明与技巧部署兵力，将精兵 200 名匿藏于邻近树林中，等匈奴军一向前推进，这股人马就攻其侧翼，而贝利沙鲁斯本人则带领他那支小军队迎击。野蛮人抱头鼠窜，而罗马人却连一个受重伤的也没有。首府的百姓都抱怨贝利沙鲁斯未乘胜追击敌军，将匈奴首领俘虏。嫉妒心重的皇帝听信了谗言，怀疑他有谋叛的居心，因此下令除去其武装侍从。贝利沙鲁斯死于 565 年，查士丁尼没收其财产半数。

查士丁尼比贝利沙鲁斯多活了 8 个月。在他死前的几年，他对神学的兴趣产生了很奇特的结果：这位信仰的护卫者竟变成了异端论者。他宣布基督的躯体是不会腐化的，基督的人性从未受任何欲望和肉体享受所主宰。教会警告他，如果他因这个错误而死去，他的灵魂必然"被推入火焰之中，且在其中永远燃烧"。他死不悔改（565 年），享年 83 岁，在位 38 年。

查士丁尼的逝世意味着一个时代的结束。他是一个典型的罗马皇帝，考虑到东罗马帝国，也考虑到西罗马帝国，尽力抵挡野蛮人的侵犯，给这片广大的地域一个依照单一法规治理的有秩序的政府。他完成了大部分的目标：非洲、达尔马提亚、意大利、科西嘉、撒丁、西西里以及西班牙的部分领土都重归罗马帝国版图；波斯人已被逐出叙利亚；帝国的疆域在他在位期间扩展了一倍。他的立法虽然对异端邪说和性的不道德有着野蛮人似的严苛，不过就其一致、明晰程度及范畴而言，它是法律史上最优秀的法典之一。他的施政能力被贪污、苛捐、反复无常的奖惩所玷污，不过在努力组织帝国的经济和政府方面却甚为杰出。此外，他创造了一个秩序的体系，这种体系虽然不甚讲求自由，却在欧洲的一角托住了文明，而欧陆其他地区却已进入黑暗时代（the Dark Ages）。他还名垂工业史与艺术史，圣索菲亚城可说是他的纪念碑。对于当时的正统人士来说，他们可能会认为他力挽狂澜，再度使帝国未瞬间崩塌，从而赢得了缓冲期。

可惜，缓冲的期间太短。查士丁尼眼见国库充裕，也眼见国库空虚。他的军队每征服一国，该国人士马上怨恨他所颁定的苛刻法令，更与他所派出的窃贼似的税吏为敌。军队死伤殆尽，待遇又不佳，当然无法保住他们以残忍手段赢来的战果。非洲不久就被柏柏尔族攻克；叙利亚、巴勒斯坦、埃及、非洲和西班牙落入阿拉伯人之手；意大利被伦巴底人占领；查士丁尼死后百年，帝国丧失的土地超过它所占领的。我们这些后来人可以发现，要是当时把这些新兴的国家和信仰组成联盟，情况一定会好得多。同样地，应该同那些把意大利治理得不错的东哥特人交好，并保护他们，使古代文化得以不吝惜地流入这些新兴的国家。

我们无须接受普罗科匹乌斯对查士丁尼的评价，因为普罗科匹乌斯本人也驳斥过这些评价。查士丁尼是个伟大的统治者，他的缺点皆源于信仰的逻辑和诚意。他迫害人民是因为缺乏信心的关系，而他的好战则来自他的罗马精神。他之所以没收财物，是由于战争需要。我们悲叹他行事的暴力，却激赏他目标的远大。最后的罗马人是他与贝利沙鲁斯，而不是博尼费斯和埃提乌斯。

第六章 | 拜占庭帝国的文明
（326—565）

工作与财富

　　拜占庭帝国的经济制度是现代私人企业、国家管制和国营工业的混合体。自耕农制并未改变，仍然适用查士丁尼的农业法令。耕地虽日渐扩大，但由于干旱、水患、竞争、无能、租税及战争的影响，许多农民被迫以封建形式隶属于各大地主。地下的矿产资源归国家所有，然而多半为私人机构租赁开采。希腊的矿产已采掘殆尽，不过在色雷斯、本都和巴尔干半岛等地，新旧矿脉仍不断产出。大部分的劳工还是"自由的"——换言之，劳工只受人人憎恶的饥饿驱迫。除了家务和纺织业之外，直接的奴役制度并不多见。但在叙利亚，也许在埃及和北非也一样，政府却以强迫劳工（forced labor）的方式来维护主要的灌溉沟渠。政府在自设的工厂里生产军队、官吏和宫廷所需的大部分用品。

　　约 552 年，来自中亚细亚的一些景教僧侣为罗马帝国提供了一个独立的丝制品来源，而引起查士丁尼的兴趣。只要我们还记得为了控制通往中国和印度的商道，希腊和罗马曾经与波斯打过多少次仗，注意到为通往远东的北部通道所取的名字——丝路，及罗马人为中国取的国名"Serica"（产丝国），或专指中印部分地区的名称"Serindia"（丝国），我们便可以了解为何查士丁尼急切地答应了这个建议。这批僧侣回到中亚细亚，再来时带来蚕卵，也许还带来一些桑树苗。在希腊本有小型丝织工业，仰赖以橡树、白杨或柏树叶子为食物的野生蚕。如今丝织已成为一个主要工业，尤其在叙利亚和希腊。丝业在伯罗奔尼撒半岛极为发达，使这个半岛又多了一个新名字莫利亚岛（Morea）——桑树之地（morus alba）。

在君士坦丁堡，某些丝织品和紫色染料都为政府独占，而且只在皇宫或附近的工场出售。高贵的丝和染过的织物只许政府要员购买，价钱最高的只有皇家成员才能穿。当地下私营企业生产并贩卖同类产品给无特权的人士时，查士丁尼就开放奢华的丝和染料的市场来打击黑市，以私人企业无法竞争的低价把政府制造的纺织品抛售给各商店，等竞争消失后，政府又抬高售价。查士丁尼模仿戴克里先，设法把政府的管制扩展到所有商品的价格和人员工资领域。542年瘟疫过后，劳工来源不足，工资上涨，物价随之大幅度波动。查士丁尼企图以物价与工资条例来协助雇主和消费者：

> 吾人皆知，自前次天谴以来，商人、工匠、农人与船员等人均已养成贪婪之心，售价与工资尽皆二三倍于往昔……今特下令严禁此等抬高售价与工资之情事发生。建筑包商或农工等业者，亦不得给予工人高于往昔之工资。

这个条例的效果如何，我们不得而知。

拜占庭帝国国内的商业和对外贸易，从君士坦丁大帝到查士丁尼在位末期极为兴盛。罗马城的道路和桥梁维护得很好，而对金钱的欲望带来了海上商队，使首都和东方、西方各地百余个港口连接起来。从5世纪初到15世纪为止，君士坦丁堡一直是世界上最大的商业和船运中心。自公元前3世纪以来最重要的商业中心亚历山大城，如今在贸易方面的排行已降至安条克城之下。叙利亚全境因工商业的发达而兴盛起来。叙利亚位于波斯与君士坦丁堡之间，也位于君士坦丁堡与埃及之间，该地的商人既机灵又富有进取心，只有奋发的希腊人才能在航运及为商之道这些方面跟他们一比高下。叙利亚人遍布整个帝国，使拜占庭文明在礼仪和艺术方面带有几分东方的色彩。

由于从叙利亚通往中亚细亚的旧商道必须取道敌国波斯，查士丁尼和阿拉伯西南的希木叶尔（Himyarite）族及衣索匹亚诸王建立友善的邦交，以求开辟一条新商道，因为这些人控制了红海南边的门户。经过这些海峡和印度洋，拜占庭的商人就可以驶向印度。不过波斯人控制了印度的港口，使这一贸易受到牵制，就跟取道伊朗的商路一样。开辟新商道的计划失败后，查士丁尼就开始鼓励黑海沿岸诸港发展，货物可以沿着这些中转港经水运运至科尔基斯港，再由商旅运往索格狄亚那（Sogdiana），中国商人和西方商人可以在那里讨价还价，免受波斯人的监视。同时希腊的商业则仍旧保持其在西方原有的市场。

这种积极的经济策略由一种几乎通行全球的帝国币制支持着。君士坦丁大帝铸造了一种新硬币索利达斯（solidus）来取代恺撒的奥里（aureus），这种硬币重约 4.55 克，或 1/6 两的黄金。索利达斯的金属品质下降，说明一般物价的上涨，及货币随历史变迁所发生的贬值，也告诉我们勤俭虽是美德，但是跟其他东西一样，也得与时俱进才行，银行业已甚发达。由查士丁尼登基时所定最高利息的限制，可以判断出当时拜占庭帝国有多繁荣。他规定的最高利息是：农民贷款 4%，私人抵押贷款 6%，商业贷款 8%，海运投资贷款 12%。当时世界各地的利息没有低于这一标准的。

由土地所有权大小决定的元老贵族政治，还有经营那些利润与风险成正比的投机事业的商业巨子，这些人拥有的财富与奢华的程度在罗马是空前的。在西塞罗或尤维诺尔时代，东罗马帝国的贵族们格调较高，他们不贪求舶来食品，离婚率也较低，为国服务时也表现得极为忠贞、勤奋。他们讲究的主要是在华丽的衣着及袍上镶毛皮边，并染上耀眼的色泽，长袍的质料是预染的丝和金丝，画上从大自然或历史中撷取的图样。有些人简直成了活动壁画，从某元老所穿的衣服上，也许可以发现基督的全部故事。而在这层黄金裹成的社会硬壳后面，则是为重税所苦的中产阶级、勤奋工作的官吏、爱管闲事的僧侣，还有被物价制度剥削、单凭救济品过活、载浮载沉、无财产的最下层公民。

这一时期的性道德和商业道德，跟其他文明经济发展到同等水平时的情形没有两样。君士坦丁堡主教克里索斯托认为跳舞是一种使人感情冲动的东西而大加非难，但君士坦丁堡人照跳不误。教会仍然拒绝为演员施洗，但是拜占庭的舞台还是照常上演有象征性的哑剧。人们必须在一夫一妻、平淡无奇的生活中得到安慰。普罗科匹乌斯那本不足采信的《秘史》（*Secret History*）说："实际上，所有的女人都很堕落。"避孕成为人人拼命研究的学问，4 世纪杰出的医生奥里巴西乌斯（Oribasius）在《医学概要》中辟有一章专门讨论避孕；6 世纪另一位写医学文章的作家埃提乌斯建议，在月经开始和结束时使用醋或盐水，不然就实行节欲。查士丁尼和狄奥多拉试图清除君士坦丁堡的淫媒和妓院老板，以禁止淫业，只收到短期效果。大致说来，妇女地位相当高，从来没有法律和风俗让妇女受到这么少的拘束，妇女也从来没有在政府里有过这么大的影响。

科学与哲学（364—565）

在这个宗教氛围极为浓厚的社会里，教育、学术、文学、科学和哲学的命运到底如何？

启蒙教育依旧由学生家长依学生人数及学期标准聘来私人教师担任。较高的教育，到狄奥多西二世时，有的由讲学者就能力范围所及来传授，有的由领受城市或城邦津贴之教授来担任。利本纽斯抱怨说这些老师待遇太差——他们肚子饿时很想到面包店去，却因害怕被索前债而裹足不前。不过，我们也听说欧迈尼乌斯等教员每年收入 60 万苏斯特斯（sesterces）。正如同其他行业一样，最好的老师和最差的老师待遇太高，其余的老师待遇则又太低。尤里安为了传布异教精神，开始举行全国考试，进行所有大学老师的任命。而狄奥多西二世则出于相反的理由，下令处罚未得到国家执照即公开授课者，而这些执照不久就只发给赞同正统教义的老师们。

东罗马帝国的大学中最著名的是亚历山大城、雅典、君士坦丁堡和安条克的大学，分别以医学、哲学、文学和修辞学取胜。尤里安皇帝的御医帕加马城的奥里巴西乌斯编纂了 70 卷的医学百科全书。查士丁尼宫廷里的医生，阿米达（Amida）城的埃提乌斯，也写了一份类似的调查报告，这份报告对眼、耳、鼻、口腔和牙齿的疾病，有着古代说来最精辟的分析，因此十分出名。从甲状腺肿大和狂犬到痔疮，都有极精彩的论述，从扁桃腺切除到痔疮的外科疗法也有同样的记载。特拉勒斯（Tralles）城的亚历山大（约 525 至 605 年）是这些医学作家中最有独到见解的一个。他为肠内的各种寄生虫取了名字，精确地描述出消化系统的病症，而且他全面、完整地讨论肺病的症状和治疗方法，这更是史无前例。他所著内科病理学及疗法的教科书被译成叙利亚文、阿拉伯文、希伯来文和拉丁文，在基督教世界里的影响仅次于希波克拉底、盖仑和索拉努斯（Soranus）等名医的著作。根据奥古斯丁的记载，5 世纪已经开始进行活体解剖。迷信影响了医学。大多数医生也都接受了占星术的说法，而使有些医生根据星宿的位置开具不同的处方。埃提乌斯推荐，妇女若想节育，必须在肛门附近系上幼童的一颗牙齿。而马塞努斯在其所著《论医药》（*De medicamentis*）一书中（395 年）就有这样的记载：怂恿妇女佩戴兔脚[1]。当时最科学的著作是弗拉维乌斯·维杰提乌斯（Flavius

---

[1] 兔脚系象征幸运的饰品，据说佩戴兔脚便可逢凶化吉，事事如意。——译者注

Vegetius）所写的《汇编》（*Digestorum artis mulomedicinae libri IV*），这本书奠定了兽医学的基础，直到文艺复兴时期一直保持其权威性。

化学和炼金术齐头并进，中心在亚历山大港。炼金术士多是热诚的研究员。他们比古代其他科学家更诚实地从事实验方法的研究，因此他们着实使金属的化学合成向前迈进了一大步。同样，占星术也有厚实的根基，每个人都认为除了日、月之外，其他星宿也会影响地球上发生的事，这是天经地义的。不过，有些庸医就利用这个观念，捏造了一大堆超乎常理的巫术般神奇又神圣的、牵涉到星宿间的驱病符的事物。中古时期各城市里占星术甚至比今日的纽约或巴黎更流行。奥古斯丁就提到过一件事，说他的两个朋友在他们养的家畜生殖时，就留意观察星宿的位置。阿拉伯式的占星术和炼金术中的无稽之谈，有些是伊斯兰教受希腊影响的结果。

这个时期学术界最有趣的人就是信奉异教的数学家和哲学家希帕提亚。她的父亲提昂（Theon）是亚历山大博物院文献记载中最后一个教授，他为托勒密的那本《句子结构》（*Syntaxis*）作了注解，在文章里承认他女儿也参与了这项工作。苏伊达斯（Suidas）说希帕提亚分别为狄奥芬图斯（Diophantus）的作品、托勒密的《天文学规范》（*Astronomical Canon*）以及佩加（Perga）城的阿波罗尼乌斯（Apollonius）的《圆锥曲线论》（*Conics*）作了注解。她的作品一部也没有留传下来。她又从数学转向哲学，根据柏拉图和普罗提努的学说建立她自己的系统，而且（据信奉基督教的历史学家苏格拉底说）她"远胜过当时的其他哲学家"。在她被聘为博物院的哲学讲师之后，她的演讲吸引了大批来自各地、各行各业的听众。有些学生爱上了她，不过她似乎从未结婚，苏伊达斯希望我们相信她结过婚却始终保持处女身份。苏伊达斯还记载了一个故事，可能是她的敌人杜撰的，说当有一个青年不断纠缠她时，她不耐烦地掀起裙子，对那位青年说："你所爱的是这个不干净的传宗接代的象征，而不是什么美好的事物。"她极喜爱哲学，经常在街道上停下来，为任何一个提出问题的人解答柏拉图或亚里士多德学说中难懂的部分。历史学家苏格拉底说："她心灵受到陶冶而表现得极为安详、泰然，她每次出现在政府官员面前时，都被一大群态度庄严而又谦卑的男人包围，愈发使她引人注目，这一点为她赢得普遍的尊敬和景仰。"

这种景仰并不十分普遍。亚历山大港的基督徒一定看不惯她，因为她不仅是个可爱、诱人的非基督徒，还是奥勒斯特斯这个异教徒的腻友。大主教塞瑞尔（Cyril）煽动其修道院的门徒把犹太人逐出亚历山大港时，奥勒斯特斯为这件事向狄奥多西二世呈递一份公正而明显带有抗议性质的说明。有些僧侣拿石头投向守护官，他把那群人当中为首的逮捕，并将之凌迟处死（415 年）。拥护塞瑞尔的人控告希帕提亚，说她是影响奥勒斯特斯最大的人。他们坚称，只有她一个人一直阻止守护官和主教间的妥协。他们对希帕提亚施以极其无人道的迫害。历史学家苏格拉底说："这么不人道的举动，不但给塞瑞尔带来莫大的耻辱，也使整个亚历山大港所有教堂蒙羞。"然而，没有一个人受到处罚，狄奥多西二世只限制僧侣公开出现在大众面前的自由（416 年 9 月），而革除担任公职的异教徒的职位（416 年 12 月）。塞瑞尔还是赢得了这次争端的胜利。

希帕提亚死后，信奉异教的哲学教授都转到雅典城寻求庇护，因为相形之下，在雅典城里非基督教教授在授课方面还是比较自由。学生的生活也比较活跃，同时他们还可以享受到高等教育的好处——例如兄弟会、耀眼的装束、戏弄他人及一般的娱乐活动。斯多葛学派和伊壁鸠鲁学派到此时都已消失，然而柏拉图学院派却在特米提乌斯、普里科斯和普罗克努斯等人的领导下得到极大的支持。特米提乌斯（380 年）注定要以他对亚里士多德作品的注解来影响中古时期阿威罗伊（Averroës）等思想家。普里科斯有一段时间是尤里安大帝的密友兼顾问，他后来因为被控以巫术使瓦伦斯和瓦伦提尼安一世两位皇帝发高烧而被捕，之后他回到雅典城，并在该城教书，直到 395 年九十岁时去世为止。普罗克努斯（410—485 年）就跟真正的柏拉图学派学者一样，也借数学来研究哲学。这位有学者风度的名人，将希腊哲学的意念纳入一个体系，并使之具有高度科学的形式。不过他也感觉到新柏拉图学派的神秘气氛，他认为人可以借禁食和净化的方式进入与超自然神祇互通的境界。查士丁尼于529年封闭雅典城各学院之后，各学派均已失去朝气。各学派的工作只停留在反复推行古代各学派大师的理论上，他们受到强大的传统的压迫和窒息，唯一的出路是借重基督教较不正统的神秘主义。查士丁尼封闭了修辞学家和哲学家的学堂，没收其财产，严禁信奉异教之人授课。希腊哲学在11世纪之后，终于告一段落。

中古的思想家们深信，某些奇怪的希腊作品中那条从哲学通向宗教，从柏拉图通向基督的通道，应归功于狄奥尼休斯这个最高法院的法官（Areopagite）——接受保罗教诲的雅典人。这些作品中最重要的有四本：《论九品天神》（*On the Celestial Hierarchy*）、《论教阶制度》（*On the Ecclesiastical Hierarchy*）、《论圣名》（*On the Divine Names*）及《论神秘神学》（*On Mystical Theology*）。至于这些作品是谁在何时、何地写的，我们不得而知，从内容看，似乎是4至6世纪之间的作品。我们只知道除了这四本之外，很少有对基督教的神学影响更大的作品。艾利基纳（John Scotus Erigena）翻译了其中一本，并接受为其理论基础，大阿尔伯图斯·马格努斯和阿奎那对这些作品推崇备至，而上百个神秘主义者——其中有犹太人，有穆斯林也有基督徒——以之为精神粮食，中古艺术和流行神学，更是将之奉为通往天国的绝对可靠的指引。这些书一般的目的是把新柏拉图派的学说与基督教的宇宙论结合起来。上帝虽说神圣到不可理解的程度，却仍然普遍存在于万物中，成为其根源与生命。介于上帝与凡人之间，有三组天神。第一组（上级三品）为炽爱天使（Seraphim）、普智天使（Cherubim）、上座天使（Thrones）；第二组（中级三品）为宰制天使（Dominations）、异力天使（Virtues）、大能天使（Powers）；第三组（下级三品）为统权天使（Principalities）、总领天使（Archangels）、天使（Angels）。（读者一定还记得但丁让这九位天神环绕着上帝宝座，弥尔顿又是如何把其中某些名字组成一行极雄浑的诗。）这些作品说，创造物是以流出的方式产生的：万物都是由上帝的本体流出，其间必须经这九个天神的引导，然后，人类跟万物又通过相反的过程，由这九级天神引导归于上帝。

文学（364—565）

425 年，狄奥多西二世或其摄政改组君士坦丁堡的高等教育，并正式成立一个拥有 31 位教授的大学：一位讲授哲学课程，两位讲授法律课程，其余 28 位讲授拉丁和希腊文法与修辞，这 28 位教授还负责拉丁文学和希腊文学的讲授。教授人数之多，使我们联想到学生们对文学的浓厚兴趣。这些教授中有一位叫普里西安（Priscian），他在约 526 年写了关于拉丁文和希腊文的巨著《文法》（*Grammar*），该书成为中古时代最著名的教科书之一。东方教会在这段时期似乎不反对抄录异教的名著，虽有少数圣徒进行抗议，君士坦丁堡大学仍然忠实地把古代的名著保存至拜占庭帝国的末期。虽然羊皮纸的价格日渐上涨，书籍的流通仍然甚广。约 450 年，穆萨欧斯（Musaeus）这位不知来自何处的诗人写成他著名的诗作《希洛与利安得》（*Hero and Leander*），诗中描写利安得如何在拜伦之前游过达达尼尔海峡到他钟爱的希洛身旁去，他如何在这次尝试中丧生及希洛在看到他的尸体被冲到她住的塔底下时，她如何

> 从峻峭的危岩倒栽葱跃下，
> 陪着死去的情郎随波逐流。

根据异教神明的故事，以古典方式写了最后一批优美情诗并被收入《希腊诗集》（*Greek Anthology*）的，就是拜占庭宫廷中的基督徒绅

士们。以下抄录一首启发了英国诗人本·琼生（Ben Jonson），并以同题材诗歌成为名篇的，阿加提阿斯（Agathias）（约550年）写的一首情诗：

> 我不爱酒；不过如果你能使
> 忧愁的人快乐，只要你啜饮一口
> 递给我时，我一定接过酒。
> 如果你的樱唇沾上酒杯，为了你，
> 我就不再严肃，不再坚持，
> 或是回避那浓香馥郁酒壶。
> 酒杯把你的香吻递给了我，
> 告诉了我你赐给它的欢愉。

这段时期最重要的文学作品是历史学家写的。萨狄斯城（Sardis）的欧纳匹乌斯写了从270年到400年的《世界史》（*Universal History*）。该书现已不存，书中的主角是查士丁尼，此外是23个饶舌的晚期诡辩学者与新柏拉图派学者的传记。君士坦丁堡正统基督徒苏格拉底写了309年至439年的《教会史》（*History of the Church*），如同我们前面提到过的希帕提亚的情形一样，这部历史书极为准确，而且大致说来极为客观。不过这个苏格拉底也在叙述史实时，加上许多迷信、传说、奇迹，并且时常在书中谈到他自己，仿佛他无法分辨他自己和宇宙似的。他在最后还提出了一个新奇的、劝导各宗派和平相处的呼吁：他认为，和平到来的时候历史学家便没有写作的资料，而那一帮可怜的悲剧贩子一定会绝种。索佐门的那本《教会史》（*Ecclesiastical History*）绝大部分抄袭苏格拉底之作。索佐门是生于巴勒斯坦的基督徒，跟他崇敬的苏格拉底一样，也是首府的律师，法律方面的熏陶显然并未消除他的迷信观念。君士坦丁堡的佐西姆斯在约475年写了《罗马帝国史》（*History of the Roman Empire*），他虽然是个异教徒，可是在吹牛和无聊方面却不逊于与他竞争的基督徒。525年，狄奥尼西乌斯（Dionysius Exiguus）——"矮子"丹尼斯（Dennis "the Short"）——提出一种记载事件年代的新方法，就是以一般人认为耶稣降生的那一年为基准。这一提议在10世纪之前一直未为拉丁教会接受，而拜占庭的人们始终以世界初创的时间为准来算他们的年代。说来令人灰心，不知道有多少我们早期文明原已知晓的事，我们这一代却一无所知。

这一时期有位伟大的历史学家普罗科匹乌斯。他生于巴勒斯坦的恺撒里亚（490年），学过法律，到君士坦丁堡后被任命为贝利沙鲁斯的秘书和法律顾问。叙利亚、非洲、意大利诸战他也曾与这位大将军同行，并一同返回君士坦丁堡。550年，他出版了《战争纪事》（*Books of the Wars*），由于他亲身体会过这位将军的优点和那个统治者的小气，他故意把贝利沙鲁斯描写成一位显赫的英雄，而使查士丁尼黯然无光。普罗科匹乌斯马上又动笔写《逸事》、又称《秘史》的著作。由于他保密措施极为成功，故一直未出版发行，查士丁尼还于554年任命他撰写自己在位期间新建建筑的记事。普罗科匹乌斯于560年发表了《论建筑》（*De Aedifias*），由于书中极力赞美皇帝，查士丁尼不禁怀疑他用心不良或存心讽刺。那一本《秘史》在查士丁尼——也许普罗科匹乌斯——死了以后才公开。这是一本颇富吸引力的书，使人有种身临其境的感觉。不过就文学而言，对已经无法辩解的人进行人身攻击，是一件令人不悦的事。所以说，滥用笔杆来证实某论点的历史学家，很可能会歪曲事实的真相。

普罗科匹乌斯对自己未经历的事情偶尔记载欠确实，他有时抄袭希罗多德的方法和哲学，有时抄袭修昔底德的演说词和围城事记，他也有着当时一般人的迷信，这使他的著作因征兆、预言、奇迹和梦兆而失色不少。不过对他亲眼看见的事物的记载，则又每一桩都经得起考验。他勇于负责，对资料的处理极合逻辑，他的叙述也很引人入胜，希腊文清晰明了，而且极为典雅。

他是不是基督徒？外表上看他是基督徒，不过有时他也随声附和异教的观点、斯多葛学派的宿命论及学院派的怀疑主义。他谈到"命运"——

> 邪恶的本质与不可理解的意愿。不过，我认为这些事物从未被人类了解过，将来也一样不会为人了解。对这种题材的谈论一向很多，而且众说纷纭……因为我们人人都想为自己的无知寻求慰藉……我认为想要探寻上帝的本质的人是发了疯的傻瓜……对于这些问题，我想谨慎地三缄吾口，唯一的目的就是不让这些古老、受崇敬的信仰被人玷污。

拜占庭的艺术（326—565）

·来自异教的通道

拜占庭文明最杰出的成就是在行政和装饰艺术，这个帝国持续了11个世纪之久，而圣索菲亚城更是屹立至今。

截至查士丁尼在位时为止，异教的艺术已告一段落，然而作品多半遭毁坏。野蛮人的蹂躏、帝国的劫掠，还有借宗教之名进行的破坏，造成一连串的毁坏和漠视，而这股风气一直延续到14世纪时彼特拉克（Petrarch）为大劫后幸存的艺术品请命为止。这场破坏的起因之一，是一般人认为异教的神明都是魔鬼，而这些庙宇就是这些神明的庇护所。不管如何，他们认为供奉这些神明的庙宇的砖石，用于建设基督教的教堂或住家的墙壁更佳。异教徒自身往往也在掠夺的行列。有好几位基督徒皇帝，其中最著名的是霍诺留和狄奥多西二世，都尽力保护这些古老的建筑，启发教会人士维护万神庙、忒修斯的庙宇及其他建筑，使之变为基督教的圣地。

基督教起初怀疑艺术支持异教、偶像崇拜和不道德，这些裸体雕像，与它们所获得的对贞洁和守身的尊敬极不相称。当肉体变成撒旦的工具，而僧侣又取代运动员成为榜样时，艺术中对解剖学的研究随之告终，只剩下愁容满面的画像与刻像，及不成形的摺缀衣着。但是基督教获得胜利之后，需要大的长方形会堂来容纳那些参加庆祝狂欢的群众，地方和全国的艺术传统再度兴盛，建筑也从废墟中站了起来。此外，这些大厦也需要装饰，信徒们也要有基督和圣母玛利亚的雕像来协助他们的想象力，要有图画（以非文字的形式）来简单地描述他们那位被钉在十字架上的上帝之子。因此雕刻、镶嵌及绘画重获新生。

在罗马城里，这种新的艺术和原来的几无不同之处。建筑的承受力，形式简朴，圆柱式的大厦等，基督教均承袭自异教。在梵蒂冈山丘上尼禄王所建圆形竞技场（Circus）附近，君士坦丁大帝的建筑师设计了第一座圣彼得教堂，其面积之大令人惊叹不已，长 380 英尺，宽 212 英尺。这个大教堂在 12 个世纪之中一直是拉丁正教主教的圣地，后来布拉曼德（Bramante）把它拆了，在原地建了至今仍屹立在那里的一座更大的教堂。君士坦丁大帝在著名的使徒殉教之地为城外圣保罗（St.Paul Outside the Walls）盖的那座教堂，也分别由瓦伦提尼安二世和狄奥多西一世以同样的规模改建——宽 400 英尺，长 200 英尺。1823 年，"城外圣保罗"毁于一场大火，后按原样重建。由于长宽高的比例甚为完美，柱廊显得极为稳重，使这个建筑物成为人类最高尚的创造物之一。君士坦丁大帝为其妹君士坦蒂娅（Constantia）建的圣君士坦蒂娅陵墓（Santa Costanza，建于 326—330 年）保存至今。拉特兰诺（Laterano）城的圣乔瓦尼教堂（San Giovanni）、特拉斯特维勒（Trastevere）城的圣玛利亚教堂（Santa Maria）及圣洛伦佐教堂（San Lorenzo Fuori Le Mura），在君士坦丁大帝将它们竖起后一世纪内又分别改建，其后又几度修缮。圣玛利亚·马乔雷教堂（Santa Maria Maggiore）抄袭 432 年的一座异教庙宇，而内部的遗迹除了文艺复兴时期所加的装饰之外，基本上还是当年的老样子。

从那个时期直至今日，大厦式的设计一直是基督教各教堂最喜爱的样式。造价便宜、高贵淳朴、结构合理、承重力大，使它成为历代最受青睐的教堂样式。不过这种建筑风格缺乏变化和发展。欧洲的建筑师们开始到处寻求新风格，结果在东方找到了——远及亚得里亚海的出口斯帕拉托（Spalato）港。戴克里先在4世纪初就让他的艺术家们在达尔马提亚海岸发挥所长，盖起一座供他退休后使用的皇宫，而这些人竟完成了欧洲建筑业的革命。拱门直接从圆柱的顶端延伸出去，不再在圆柱之间架设柱顶线盘，就这样一下子为拜占庭式、罗马式及哥特式建筑奠下了基石。而在这个皇宫中，不再出现横饰带，取而代之的是锯齿状的装饰，这种式样在守旧人士看来极为刺眼，却已在东方流行甚久。欧洲不但会被东方的宗教征服，在拜占庭帝国的世界里，甚至也会被东方的艺术征服，这个事实可由斯帕拉托港看出端倪。

·拜占庭的艺术家

到底君士坦丁堡这种难得一见的五色斑斓、肃穆却又极灿烂的所谓拜占庭艺术是从何处来的？对于这个问题，考古学家们争辩的激烈程度不亚于基督徒战士的凶猛。自各方面观之，胜利者是主张来自东方的一派。随着叙利亚和小亚细亚工业促成的国力强大及罗马因侵略引起的国力衰竭，一度随亚历山大大帝而起的浪潮又从亚洲退回欧洲。东方艺术的影响从萨珊（Sasanian）统治的波斯、景教的叙利亚、埃及土人统治的埃及等地拥入拜占庭，到达意大利，甚至波及高卢，代表自然派的希腊艺术，向嗜好象征性装饰的东方艺术屈服。东方人讲究颜色而不讲究线条，喜爱圆拱形屋顶或圆顶胜于木制屋顶，宁可要富丽的装饰而不喜欢呆滞的淳朴，爱好华贵的丝衣而不爱不成形状的宽外袍。正如同戴克里先和君士坦丁大帝采用了波斯式的君主政体一样，君士坦丁堡在艺术方面越来越不愿意向已经野蛮化了的西方学习，渐渐转而向小亚细亚、亚美尼亚、波斯、叙利亚和埃及学习。也许在沙普尔二世（Shapur II）和库斯鲁·阿努舍万（Khosru Anushirvan）领导下的波斯武力的胜利，加速了东方的题材和形式向西的推进。埃德萨、尼西比斯在这个时期成为糅合美索不达米亚文化的两大中心，其中包括伊朗、亚美尼亚、卡帕多恰及叙利亚文化，并借商人、僧侣和工匠之手，把这些文化传播至安条克、亚历山大港、艾菲索斯、君士坦丁堡等地，以及拉韦纳城和罗马城。原有的古典柱式——多丽安式、伊奥尼亚式、科林斯式——在这个满是拱门、圆拱屋顶、三角穹隆和圆顶的建筑世界里变得微不足道了。

如此产生的拜占庭艺术，致力于宣扬基督教的教义，同时展示这个帝国的荣耀。它以祭袍和绣帷、精细镶嵌和壁饰，详述基督的一生、圣母玛利亚的悲伤，及骨灰放入教堂神骨坛的那些使徒和殉教者的故事。它也打入宫廷，装饰了帝王的宫殿，在他的皇袍上满布象征性的徽章或历史性的图案，以灿烂的虚华来眩惑其子民，最后更以皇帝和皇后来代表基督和圣母玛利亚。拜占庭艺术家的主顾极少，因此主题和题材都减少了许多，往往是君主或大主教告诉他做何事、怎么做。艺术家参加集体创作，因此历史上很少留下个人的名字。这些人创造了灿烂的奇迹，他们以所创造出来的艺术光芒睥睨一切人。然而这些人的艺术流于形式主义，范围狭窄，由于为绝对的君主和一成不变的教条而效劳，也变得僵硬而无变化。

拜占庭的艺术家手中有着极丰富的材料：普罗科奈苏斯、阿提卡和意大利的大理石采石场。只要是有异教庙宇的地方，便有用不尽的圆柱和其他材料，砖更可以说是俯拾皆是——晒干了的泥土便可作为原料。艺术家通常使用以灰泥黏合的砖，这种材料极适于东方格调加诸的那种弯曲的形状的需要。这些人常常以十字形的图案为满足——长方形的会堂交叉着左右翼，然后延伸至半圆形小室，有时他们又把这长方形的会堂剖断成为八角形，如君士坦丁堡的圣塞尔吉乌斯（St. Sergius）教堂、巴克斯（Bacchus）教堂及拉韦纳城的圣维塔莱（San Vitale）教堂。不过他们最杰出的技巧，是在一个多边形的架构上建起一个圆形的屋顶，这一点足以使他们傲视古今艺术家。建圆顶他们最喜欢利用三角穹隆，换言之，他们先在这个多边形建筑的每一边上用砖块建起一个拱门或半圆，然后再在每个半圆的上面和里边用砖块盖起一个球面三角形，最后再在这个圆形环上加一圆顶。球面三角形就成为三角穹隆，悬挂于圆顶的边缘和这个多边形建筑顶端之间。就建筑学而言，这个半圆球极为坚实。拜占庭之后，这种长方形会堂的形式几乎在东方消失得无影无踪。

就这种大厦而言，拜占庭的建造者施展了12种技巧。他们几乎不用雕像，他们寻求创造富于象征的抽象美多于表现男女的形象。即便如此，拜占庭的雕刻家们还是极有才华、极有耐心、极有想象力的工匠。他们雕刻狄奥多西式柱头的方式，是把科林斯柱式的叶子拿来和伊奥尼亚式的穗合并在一起，为了增加人们对这种效果的惊讶，这些人更在这合成式的柱头上再刻上动植物的雕像。由于这些饰物使墙或拱门承受不了重力，他们又在这些饰物和柱头之间加上拱基（pulvino）。这种拱基顶端既方又宽，底部较圆且窄，他们又逐渐在上面增加刻花。就跟圆顶方形的建筑形式征服东方一样，波斯又征服了希腊——不过除此之外，他们召集画家来拿巨大、吓人的图画装饰墙壁。细镶嵌师傅把颜色灿烂的宝石或玻璃镶嵌在以蓝色或金黄色为底色的地板、墙壁、祭坛上及拱门的三角壁上，或是任何能够让东方人看见的空隙里。珠宝商把宝石镶在祭袍、祭坛、圆柱或墙壁上；金属工人加上金盘或银盘；木匠雕刻教坛或圣坛的栏杆；织工又来悬挂上织帷，铺上地毯，拿花边和丝制品来覆盖祭坛与教坛。从来没有一种艺术有着这样富丽的色彩，这样精致的象征，这样丰盛的装饰，这样让知识分子折服，这样能启发灵性。

·圣索菲亚

直到查士丁尼在位时，希腊、罗马、东方和基督徒的特质才完全融于拜占庭艺术中。尼卡（Nika）的反叛，使查士丁尼跟尼禄王一样，得到了重建都城的机会。群众在获得短暂的自由的狂喜之中，烧毁元老院、宙克西帕斯的浴堂、奥古斯都回廊、皇宫的一个侧厢，及圣索菲亚——大主教的大教堂。查士丁尼本可于一两年内使这些建筑恢复原貌，他却决心花费更多的时间、金钱、人力使他的首都比罗马城更美，同时他决定盖一座使全世界的高大建筑黯然失色的大教堂。他随即着手拟定历史上最具野心的建筑计划：整个帝国充斥着堡垒、皇宫、修道院、教堂、回廊和门。他在君士坦丁堡城用白色的大理石重建元老院，用五颜六色的大理石重建宙克西帕斯城的大浴室，在奥古斯都城建大理石的回廊和公众散步的广场，利用一条新的导水管把清水引进城里，这条导水管可与全意大利境内最好的导水管媲美。他把自己的皇宫布置得集富丽与奢侈之大成：地板与墙壁全由大理石铺设，天花板上镶嵌的灿烂图案讲述着他从政以来的杰出政绩，"以欢欣的心情"向元老们显示他"赐予自己神明一般的帝王荣誉"。在卡尔西登城附近和博斯普鲁斯海峡彼岸建筑了御用的赫里昂（Herion）别墅，作为狄奥多拉及其宫廷夏季避暑胜地，包括专用港口、市场与集会场所、教堂与浴室。

在尼卡叛变敉平 40 天后，他就着手新的圣索菲亚教堂建筑工程——并非献给一个名叫索菲亚的圣人，而是献给 *Hagia Sophia*——也就是上帝本身的圣智或创造性的真理。他从小亚细亚的特拉勒斯（Tralles）城和伊奥尼亚的米利都城分别召集来安特弥乌斯和伊西多这两位当时最负盛名的建筑师设计和监督这项工程。他们放弃了传统的大厦形式，想出了一种式样，使房屋的中央不再倚在墙上，而是依附在窗间壁上的巨型圆顶，两面扶壁各支撑着半个圆顶。这项工程动用 1 万名工人，耗资 32 万磅黄金，用尽了国库的储备。省级长官依指示献上古代宝物中最杰出的部分给这个新的圣地，从十几个地区进口十几种不同种类、不同颜色的大理石，大批的金、银、象牙、宝石都送来作装饰之用。查士丁尼自己也忙着参与设计与施工的工作，而且（据他那个受人轻视的马屁精说）对技术问题的解决还出过不少力气。他身穿白麻布衣，手持拐杖，头包围巾，夜以继日奔波在工地上，督促工人在期限内完工。5 年 10 个月后这座新建筑完工。537 年 12 月 26 日，查士丁尼皇帝和梅纳斯（Menas）大主教，率领着参加落成典礼的庄严队伍，步入这个金碧辉煌的大教堂。查士丁尼走上教坛，伸举双手，高呼道：“荣耀归属上帝，他的教诲使我完成如此伟大的工程！哦！所罗门王呀，我已胜过了你！”

这座大教堂的正面是一个 250 英尺长、225 英尺宽的希腊式十字架，十字架四个末端的顶上都各盖着一个小圆顶，中间的圆顶则置于十字交叉处正方形（长宽各为 100 英尺）的顶上，这个圆顶的顶点离地 180 英尺，直径 100 英尺——较罗马城里万神殿的圆顶直径小 32 英尺。万神殿的那个圆顶是预先做成一整块，而圣索菲亚的圆顶则由 30 块辐辏的砖质嵌板所组成——因此承受的重力小了许多。558 年的一次地震，使中央的圆顶有一半震裂掉入教堂里。伊西多的儿子继承其父遗志，重建该圆顶，加强其支撑力，并把该圆顶加高 25 英尺。支架上的裂缝使我们担心这个圆顶旦不保夕。这个圆顶之所以出名，不是因其体积大，而是其支撑方式与众不同：这个圆顶并不是像万神殿的圆顶一样，置于圆形的结构之上，而是在圆形的边缘和方形的基柱之间加上三角穹隆和拱门。这个圆顶空前圆满地解决了这一建筑学难题。普罗科匹乌斯描述这个圆顶，并说它是“一项令人羡慕，令人震惊的工程……似乎不是覆于底下的砖石之上，而像是被悬挂在高空的一条金链钩住似的”。

这个大教堂的内部集明亮的装饰之大成。五颜六色的大理石——白的、绿的、红的、黄的、紫的、金黄的——使地板、墙壁，还有两层楼高的廊柱都像是花园一般。细致的石刻使柱头、拱门、三角拱腹、花边、飞檐等处覆满了的莨苕与葡萄叶形的古典装饰。空前多的、无比华丽的细镶嵌从墙壁和穹隆直往下延伸。40 支吊灯均匀地吊在圆顶的边缘，使这个教堂有如装了许多扇窗子一样明亮。长的本堂与走道，中心圆顶底下无柱子支撑的空间，都使人有空间阔大的感觉。各半圆形室前面银质栏杆镶有金属花边，上层厅廊也有铁栏杆。教坛镶着象牙、银和珍贵的玉石。大主教的宝座以纯银制成。祭坛上悬挂丝与金混织的窗帘，窗帘上绘有皇帝与皇后接受基督与玛利亚祝福的形象。金色的祭坛更是用罕见的珍贵大理石制成，上面放置金质和银质圣器。这种浪费国家财富的装饰可令查士丁尼早于莫卧儿大汗夸下海口——说他们已盖起巨人才能盖得起的建筑，更像珠宝商人一样为这些建筑加上装饰。土耳其人在 1453 年占领君士坦丁堡之后，因为痛恨这些"刻像"是偶像崇拜，而在圣索菲亚的镶嵌细工上涂以灰泥。这些身为征服者的土耳其人，以赎罪的心情加盖了四个极优美的清真寺尖塔，这些尖塔和原有的那些有圆顶的建筑物配合起来极为调和。

圣索菲亚真可说是拜占庭式建筑的开山之作与最高峰。各地的人都管它叫大教堂，连抱着怀疑态度的普罗科匹乌斯提到它时也甚感惊讶："当你走进这建筑里面祈祷时，你会觉得这项工程非人力所能及……飘向天空的灵魂会体验到上帝就在你身边的感觉，而且你会觉得他也喜欢这个被选定的家。"

·从君士坦丁堡到拉韦纳城

圣索菲亚是查士丁尼最高的成就，其传之久远，远胜于他的征战及他定下的法律。不过，普罗科匹乌斯还描述了皇城里其余 24 座由查士丁尼建造或改建的教堂，他说道："如果你亲眼看见这 24 座当中的任何一座，你都会觉得皇帝只建了这么一座，而且他在位期间一定只到这个教堂，在那里终其一生。"整个帝国都陷入建筑狂热中，直到查士丁尼逝世为止。西方开始步入黑暗时代的 6 世纪，却是东方建筑史上收获最丰的一个世纪。在艾菲索斯城、安条克城、加沙港、耶路撒冷、亚历山大港、萨洛尼卡港、拉韦纳城、罗马城，及从克里米亚的刻赤港到非洲的斯法克斯城，总有上千座教堂同庆基督教战胜异教，也庆祝东方式的拜占庭战胜了希腊-罗马形式。外部的廊柱、楣梁、山形墙和横饰，都被穹隆、三角穹隆和圆顶所取代。叙利亚在 4 至 6 世纪这三个世纪里发生过一次堪称文艺复兴的运动，设在安提阿、贝瑞图（Berytus，今贝鲁特）、埃德萨以及尼西比斯等城的学校，产生了许多演说家、律师、历史学家及异教徒。叙利亚的工匠们还在细镶嵌工、纺织以及其他装饰艺术上有着优异的表现，他们盖起了上百座教堂。雕刻家则以价格不菲的浮雕来装饰这些教堂。

亚历山大港是整个帝国唯一繁荣不息的城市。这个城的奠基者挑选了这块地方，迫使地中海各国利用该城的港口，不得不与其发生贸易。其古代或中古早期的建筑一个也没有遗留下来。不过从保留下来的极少量的金属制品、象牙制品、木器及人像画等看来，其居民艺术修养的丰富，绝不亚于其人民的淫荡和固执。与罗马城的长方形教堂同时到来的埃及土著式建筑，到查士丁尼统治之时，渐渐变成以东方特色为主了。

霍诺留于 404 年把拉韦纳城定为西罗马帝国的首府时，拉韦纳城就开始焕发出建筑方面的光彩。本来在盖拉·普拉西迪亚（Galla Placidia）长期摄政期间拉韦纳城就很繁荣，由于和君士坦丁堡维持了密切的关系，使东方的艺术家及其风格与意大利的建筑师和建筑形式发生了碰撞。早在 450 年，普拉西迪亚安息的陵寝就出现了典型的东方式三角穹隆之上的圆顶及其被置于十字形教堂左右翼的建筑形式。在这陵寝中我们还看得见那有名的《好牧者基督》的细镶嵌。458 年，内昂（Neon）主教在乌尔西安纳（Ursiana）长方形会堂的圆顶浸礼池上增加了一系列的细镶嵌，其中包括著名的十二使徒的独立形象。约 500 年，西奥多里克国王特地为他的阿里乌斯教派主教盖了一座大教堂，教堂的名字叫圣阿波利纳里斯，是以在拉韦纳城创建基督教区的那位著名人士的名字命名的。在这座大教堂里，那些举世闻名的细镶嵌画中的白袍圣者，都具有拜占庭风格的严肃表情。

贝利沙鲁斯征服拉韦纳城，使拜占庭艺术在意大利的胜利又向前迈进了一步。圣维塔莱教堂在查士丁尼和狄奥多拉的监督下完工

（547年），皇帝和皇后除了支付装饰这个教堂的费用外，还特准使用他们夫妇不迷人的面貌作为装饰之一。各种迹象显示，这两幅画家创作的细镶嵌肖像是完全写实的。皇帝和皇后必定有着极大的勇气，才敢让他们的真实面貌流传后世。细镶嵌画上的这些统治者、教会人士及太监的表情都既痴呆又不自然。这些人僵硬的前额，恢复了古典时期以前的样式。妇女的衣着充分表现出镶嵌细工的特色，不过我们在这些画像上看不到万神殿或奥古斯都那种令人欣悦的优雅，也看不到沙特尔城或兰斯城正门的雕刻人像上所表现出的那种高贵和安详。

献出圣维塔莱教堂两年后，拉韦纳城的主教又捐献了克拉塞（Classe）城的圣阿波利纳里斯教堂——这个教堂是为该城守护神建的第二座教堂，坐落在滨海的郊区——这里曾是罗马舰队驻扎亚得里亚海的基地。这个教堂也采取罗马长方形会堂的建筑样式，不过混合式的柱头却有拜占庭的风味，莨苕叶饰与古典形制不同，既弯曲又相互缠绕，仿佛东风刚吹过似的。一长列一长列的完美廊柱，及廊柱拱门边缘的嵌线和三角壁上五颜六色（7世纪）的细镶嵌，唱诗班席位可爱的灰泥或金属板饰物，教堂半圆形室星形细镶嵌的宝石十字架，这些东西使这座教堂在西方建筑领域拥有十分突出的地位。

·拜占庭艺术

建筑学本身已是拜占庭艺术家的杰作，不过在建筑学之外，或是建筑物内部，还有12种其他形式的艺术被拜占庭艺术家们发挥得极为出色而为后世铭记。他们根本不重视雕刻，当时的风气是重色彩而不重线条。不过普罗科匹乌斯还是赞美当时的雕刻家——可能是浮雕雕刻家——堪与菲狄亚斯和普拉克西特莱斯（Praxiteles）媲美。4至6世纪某些石棺上镌刻的人像，可以说具有希腊式的优雅，又混入了过多的亚洲式装饰。象牙雕刻也是拜占庭人喜爱的艺术之一，他们用它制作记事板、三折写字板、书本的封面、棺木、香水盒、小雕像、镶嵌物，并用于近百种装饰用途。就这种技艺而言，希腊仍是无可匹敌，只不过神祇和英雄人物变成了基督和圣哲。拉韦纳城乌尔西安纳长方形会堂里马克西米安（Maximian）主教的象牙椅（约550年左右），是这项末技的主要成就。

当6世纪远东正实验油彩画时，拜占庭的绘画仍固守传统的希腊方法：蜡画——把颜料烧入木材、帆布或麻布的平板上；壁画——将颜料和石灰混合后涂在潮湿的灰泥表面；蛋彩画法（tempera）——颜料与胶水、胶或树脂混合，并加入蛋白后，涂于板上或已干的灰泥上。拜占庭的画家知道表现距离与深度的方法，却拿建筑物或布幕当背景的方式来规避透视法的困难。绘画数量虽多，却少有留存至今者。教堂的拱壁多画上壁画，残缺不全的片羽表现出写实主义的模样，不成比例的手、发育不全的人、马脸，及令人难以置信的发式等，即是明显的例子。

拜占庭的艺术家以细工最为拿手。现存最杰出的绘画不是壁画或板画，而是当时的书刊中"明亮"——以色彩使之更为生动——的插图。"Miniature"一词是从"minium"演变过来的，而"minium"这个字是指罗马自西班牙进口的石朱砂，为伊比利亚语，因此这个字转而另有"朱红色"——装饰书中字母常用的颜色——之意。当时书籍很昂贵，与其他珍贵物品一样为人所珍视。绘制缩略图的人先拿细刷子或笔把图样勾在草纸、羊皮纸或牛皮纸上，然后绘上金黄色或蓝色的背景，再添入颜料，最后以柔和细致的图案装饰在背景或四周。最初只装饰一章或一页的第一个字母，有时也画上作者的肖像，然后又有了文字间里的插图，最后随着画家技术的进步，他又几乎忘了文字，而开始大画装饰画，有时是几何或花卉图案，或是宗教符号，接着又把这些图案稍作变化一画再画，使书中的文字反而像是来自粗俗世界的入侵者。

手稿、抄本上的字母装饰画，在法老时期及托勒密时期的埃及早已有之，并且从埃及传至亚历山大统治下的希腊与罗马。梵蒂冈视《埃涅阿斯纪》为宝贝，而米兰的安布罗西图书馆更视《伊利亚特》

为无价之宝，这两本书据说是 4 世纪的作品，其装饰也很古典。从异教传给基督教的第一本绘本是科斯马斯（Cosmas Indicopleustes）所写的《基督图志》（*Topographia Christiana*，约 547 年），作者因航海至印度而得了个诨名，又以企图证明地球是平面的而著称于世。现存最古老的一本有插图的宗教书籍，是 5 世纪的《创世记》，如今保存在维也纳图书馆，文字以金银写在 24 页的紫色牛皮纸上，48 幅插图有白、绿、紫、红、黑等颜色，绘着从亚当被逐出伊甸园到雅各逝世时人类所发生的故事。跟这本书一样美丽的有梵蒂冈的《约书亚记的小卷书》（*Joshua Rotulus*）和僧侣拉布拉（Rabula）于 586 年在美索不达米亚画的《福音》书。从美索不达米亚和叙利亚产生了主宰拜占庭的图像学的那些形象与符号，这种技艺经过几千次的改进，终于使这些图案定型、保守，这也在一定程度上促成了拜占庭艺术的不变性。

由于拜占庭的画家们喜爱鲜艳与永恒，他们都爱用细镶嵌。他们选用小块的彩色大理石来铺设地板，一如埃及人、希腊人和罗马人，至于其他部分，他们则使用各种颜色的方块玻璃或珐琅，它们大小不一，一般是 1/8 英寸见方。有时也掺杂些宝石。细镶嵌工经常用来制造手提的圆画或圣像，摆放于教堂或家中，或随身携带，在出门旅行时帮着建立虔诚的信心或用以祈求平安。不过，细镶嵌师傅还是比较喜欢创作教堂或皇宫里那种巨幅作品。他在画室中已涂好颜色的画布上试着摆上这些小方块，亲手调配出让别人从较远的距离看过去应该感受到的那种颜色层次与对比，并反复修改。预定摆上镶嵌物的壁上或地上被敷以粗细两层水泥，按照画布上的模型，把一块一块的玻璃或宝石捺入相应的位置，通常是尖角朝前以便接受较多的光线。圆顶或是教堂侧翼的小屋，海螺形、贝壳形的圆顶效果最好，因为这些形状都可在不同的时间从不同的角度吸收软化的、有层次的光线。哥特人后来就是从这种艰难的艺术得到了染色玻璃的灵感。

这种玻璃在 5 世纪的书中便有记载，不过没有留下样本。这种染色玻璃的颜色附着在外部，并非融入其中。吹玻璃和切玻璃已有上千年的历史，而我们所知这种技艺的发源地叙利亚，同时还是其他技艺的中心。奥勒留以来，金石雕刻已逐渐式微，拜占庭的宝石、钱币、官印，无论图样的设计或手工，都比较差。然而珠宝商把产品卖给各阶层的人士，因为装饰是拜占庭的风尚。首都的金匠和银匠作坊不计其数，金质的圣体容器、圣餐杯和圣骨箱使祭坛增色不少，银盘更是使富人家中的餐桌不胜重荷。

几乎人人都穿华丽的衣服。埃及以其细致、五彩缤纷的图案布料制成了衣服、窗帘、幔帐、覆盖织物等，埃及土著是织造这些布料的大师。这个时期某些埃及绣帷，在技术方面几乎可与戈伯兰（Gobelins）相媲美。拜占庭的织工制造了丝质的绣品，甚至还绣寿衣——在亚麻布上画上死者的像。君士坦丁堡人以衣着来划分阶级，每个阶级的人都拿某些出色的衣着来为该阶级争面子。一有聚会，与会人士衣着的缤纷绚丽，不比孔雀的羽毛逊色。

音乐也广受各阶层人士欢迎。它在教堂的礼拜仪式中的重要性与日俱增，因它的确有助于将感情融入信仰。4 世纪时阿利庇乌斯写了《音乐导论》（*Musical Introduction*），其流传下来的部分内容成为我们借以了解希腊音乐的主要文献。在那个世纪，以字母来代表音符的乐谱被使用抽象符号的纽姆乐谱（neumes）取代。很显然，是安布罗西把这些符号介绍到米兰城，希洛里把它介绍到高卢，哲罗姆把它介绍到罗马。约 5 世纪末，一名叫罗曼努斯（Romanus）的希腊僧侣写作了许多赞美诗的词曲，这些圣诗至今仍是希腊礼拜仪式中的一部分，其所表现的感情的深度及表达力，至今无出其右者。波伊提乌写了题为《谈音乐》（*De Musica*）的文章，把毕达哥拉斯、阿里斯托芬、托勒密等人的音乐理论整理出来。这篇论文仍被牛津、剑桥作为音乐课教材使用。

只有东方人才能了解东方的艺术。就一个西方人想象力所及，拜占庭风格的精髓就是东方在希腊人的心目中已成为至高无上的事物，包括自治政府，阶级组织的稳定，科学与哲学的停滞不进，由政府统治的教会，以宗教管辖人民，华丽的衣着与全国性的庆典，极娱目悦耳的宗教仪式，催眠式反复的音乐演唱，令人目眩的光芒与色泽，想象力征服自然主义，装饰艺术的代表作的消失等。虽然古代的希腊精神会觉得这种改变无法忍受，如今希腊也已是东方的一部分。就在亚洲式的懒散侵袭着希腊世界的同时，它又面临着重新崛起的波斯及伊斯兰教那强到令人无法置信的力量的挑战。

第七章 | 波斯人
（224—641）

萨珊社会

贯穿整个希腊和罗马的历史，幼发拉底河或底格里斯河彼岸有一个神秘的帝国，这个帝国有一千年之久未与日益扩张的欧洲和亚洲的游牧部落接触，却始终未曾忘却阿契美尼德王朝（Achaemenid）的光荣，它逐渐恢复帕提亚（Parthian）战后一度受损的元气，同时在英武的萨珊君主领导下维持着奇特的贵族文化，结果竟使伊斯兰教征服伊朗变成波斯的一场文艺复兴。

3世纪时，伊朗这个词，其含意远较今天的伊朗或波斯丰富。按照字面的意思，所谓伊朗就是"印欧语族人的土地"之意，它包括今阿富汗、巴鲁吉斯坦、索格底亚那、巴尔克及伊拉克等地区。波斯是今法尔斯省的古名，当时后者只不过是这个帝国东南部的一小部分而已。由于希腊人和罗马人对"野蛮人"一向不太重视，就把这一地区的名字拿来当作整个地区的名字。从喜马拉雅山东南到高加索西北，贯穿伊朗的中心地带，有一条作为长墙的山脉。东边是荒芜的高原，西部则是那两条孪生河流的翠绿山谷，这两条河定期泛滥，造就了纵横交错的水道，更使波斯的西部盛产小麦和椰枣、葡萄等各种水果。

在两河之间、两河沿岸及深山中，在紧临沙漠的绿洲上，有上万个村庄，上千座城镇，上百个都市，其中最主要的有埃克巴坦那、雷伊、摩苏尔、伊斯塔克尔、苏萨、塞琉西及萨珊历代诸王的首府宏伟的泰西封等。

阿米阿努斯描写这个时期波斯人体形的特征，说他们"大多身材高瘦，皮肤稍黑……蓄着不算难看的胡子，头发长而粗糙"。上层社会的人头发不粗糙，也不一定高而瘦，多半很英俊，以其身世为傲，举止安详，具有从事危险性运动的天赋和对华丽衣着的鉴赏力。男人包头巾，穿灯笼裤，脚穿便鞋或有鞋带的长统靴；富人身穿毛织或丝织的大衣或长袍，腰际围以佩刀的腰带。穷人则穿着棉花或动物皮毛做成的衣服。妇女穿长统靴配短裤，再套上宽松的衬衫、上衣与飘逸的长袍，将头上黑发卷成一卷，置于背后，上面以花为饰。各阶层人士都喜爱色彩与装饰。传教士与热心的祆教徒认为白色棉织衣服是纯洁的象征，故喜爱白色；大将军喜爱红色；国王则以红鞋、蓝裤、包头巾，头顶装饰吹足气的球或动物的头，与一般人相区别。波斯跟一般文明社会一样，服饰占了男人身份的一半，而对于妇女而言，服饰更为重要。

典型的受过教育的波斯人有高卢人的冲动、热心与活泼，平时看似懒散，关键时刻却很机警，喜爱参加"尽情、无拘束的谈话……狡猾多于勇敢，让别人在远处就见而生畏"——这正是他们让敌人却步的地方。穷人喝啤酒，但是几乎各阶层人士，包括他们的神明在内，都喜欢烈酒。虔诚却吝啬的波斯人在举行宗教仪式时将酒撒向某处，等候神明在适当的时机饮用，然后自己再喝掉那些神圣饮料。萨珊时期的波斯礼仪，据说比阿契美尼德时期粗野，却比帕提亚时期优雅。不过普罗科匹乌斯留下来的记载给我们一个印象，那就是波斯人一直比希腊人更有绅士风度。波斯宫廷的庆典与外交仪式多被希腊帝王采用——敌对的君主彼此称兄道弟，给外国使节免税和安全通行证，并免除其被搜身及纳税的义务。欧美外交礼仪可说是源自波斯诸王的宫廷礼仪。

阿米阿努斯说"大多数波斯人都沉溺色欲"，不过他也承认波斯人很少鸡奸，妓女也比希腊人少。犹太教法师迦玛利（Gamaliel）夸赞波斯人有三种美德："他们饮食有节制，私生活与婚姻关系较庄重。"他们用尽各种方式来鼓励结婚，增加生育率，以充实战时所需的人力，因此他们的爱神是火星而不是金星。宗教也配合婚姻来传布，举行令人震惊的仪式来庆祝，并强调生殖力使光神奥姆兹德（Ormuzd）在与祆教的撒旦阿里曼（Ahriman）发生星宿间的冲突时增加了不少战斗力。管家在炉床做他古老的膜拜，以求后代继承他的基业并崇拜他。如果自己没有儿子，就去领养一个。子女的婚事通常由父母安排，并有职业性的婚姻代理来协助，不过妇女可不依父母的意思嫁人。嫁妆与产业的赠与促成了早婚早育。多妻制是被法律容许的，尤其在第一任妻子不能生育时更是如此。通奸风气很盛。丈夫可以不贞为理由与妻子离婚，妻子也可以遗弃、虐待的理由要求离婚。纳妾也被法律容许，她们一如古希腊的妾室，可以公开露面，并参加男人的宴会，而妻子则留于闺房内。这种古老的波斯习俗传给了伊斯兰教。波斯妇女美若天仙，也许当时还有护花使者，不让男人任意亲近。斐尔杜西（Firdausi）的《沙赫纳玛》（Shahnama）一书就说由于渴望而主动求爱、进行诱惑的是妇女。女性的魅力战胜了男性化的法律。

宗教信仰提高了父母的权威，因此教养子女也少不了它。孩子们以玩球、运动、下棋自娱，年纪还小时就参加长辈们的娱乐——射箭、赛马、马球及狩猎等。萨珊人认为宗教、爱情、战争等都少不了音乐。斐尔杜西说："音乐与美女所唱的歌曲"为宫廷里的盛宴和招待会"增色不少"。七弦琴、吉他、笛子、箫、号角、鼓和其他乐器为数甚众。传说库斯鲁·帕维兹（Khosru Parvez）最喜爱的歌手巴巴德（Barbad）作了360支歌，并亲自为他的皇家主顾演唱，每天晚上唱一首，正好唱一年。在教育方面也一样，宗教具有极其重要的地位。小学设在庙宇内，并由传教士执教。文学、医学、科学与哲学等方面的较高教育则在萨珊城容德·伊·沙普尔（Jund i Shapur）著名的学院里传授。封建首领与各省首长的儿子通常住在国王附近，与皇室的王子一同在王宫附设的大学里接受教育。

帕提亚时代波斯的印欧语——巴列维（Pahlavi）语——照旧使用。用这种语言写成的文学作品只流传下来 60 万字，这些作品几乎全都与宗教有关。我们知道其原本范围极为广阔，不过因为由传教士担任护卫与传递的工作，他们使大部分的世俗作品湮灭不闻。（基督教世界，中古时期早期的文学作品宗教之浓几乎使人窒息，大约也是这个原因。）萨珊诸王都是文学和哲学极开明的拥护者——尤其是库斯鲁·阿努舍万（Khosru Anushirvan），他命人将柏拉图和业里士多德的作品译成巴列维语，并指定在容德·伊·沙普尔学院讲授这些作品，他自己也阅读这些著作。他在位时编纂了好多年鉴，现今仅存的是《阿尔达希尔的行谊》（*Karnamaki Artakhshatr*）。这一部把历史和传奇糅合在一起的作品后来成为斐尔杜西《沙赫纳玛》的主要参考。查士丁尼封闭雅典城的学校时，有七位教授逃到波斯，在库斯鲁的王宫中避难，不久他们就患上了思乡病。波斯王在 533 年和查士丁尼签订和约，"野蛮人"国王要求查士丁尼允许这七位希腊圣者回国，并不得迫害。

在他开明的君主政体下，成立于 4 世纪或 5 世纪的容德·伊·沙普尔大学成为"当时最伟大的知识中心"。学生与教师纷纷从世界各个角落拥向这所大学。景教徒也被收容，他们携来希腊医学、哲学著作的叙利亚语译本。新柏拉图学派的学者在那里播下禁欲主义与神秘主义的种子。在这所大学里，印度、波斯、叙利亚和希腊各国的医学知识结合在一起，产生了日益发达的诊断学说。根据波斯的医学理论，疾病多由四行——火、水、土、风——或四行之一的污染与不洁引起。波斯的医生与教士都说，公共卫生必须以焚烧掉不洁的秽物为前提，而个人的健康只有严格遵守祆教的整洁守则方能获致。

至于这一时期的天文学，我们只知道它遵循着一种既定的历法，将一年分为 12 个月，每月 30 天，每个月包括两个 7 天、两个 8 天的周，并在每年结束时加上年与年间的 5 天。占星术和巫术极为普遍，未观天象之前不敢轻举妄动。人们相信，就连地球上的事务也由在天上互斗的善星与恶星来决定——有如天使与魔鬼在人类心灵中互斗——即古代光神奥姆兹德跟阿里曼的战争。

萨珊王朝重新树立袄教信仰的权威地位，教士拥有土地与征什一税的权利。与欧洲一样，政府也是建立于宗教之上。权力仅次于国王的本土首领领导着所有的世袭术士、僧侣，这些人几乎控制了整个波斯的精神生活，以地狱来威吓罪犯与逆徒，束缚波斯的心智与群众达四个世纪之久。他们有时也为保护百姓而与税吏发生争执，保护穷人不受压迫。术士集团极为富有，有时国王也向庙宇借钱。每个重要城镇都有火庙，庙中那盏号称永不熄灭的圣火象征着光神。只有积阴德、心灵清净的人才能拯救灵魂脱离阿里曼。和那个魔鬼搏斗必须借助术士（Magi）及其法术——也就是他们的预言、咒语、巫术和祈祷。如此灵魂就可以达至神圣、纯净，通过最后审判的裁决，而在天堂里享受永恒的幸福快乐。

与国教并存的其他宗教地位低微。帕蒂安人普遍认可太阳神密斯拉是光神奥姆兹德的首席助手。不过跟基督教、伊斯兰教与犹太教一样，袄教教士坚持将背教者处以死刑写入国家法律。当摩尼（约216—276 年）自称是继佛陀、琐罗亚斯德和耶稣之后的第四位神圣的递信者，并宣布以独身、和平、安详主义为核心的教义时，尚武兼民族主义的术士将他钉上十字架，使摩尼教不得不越过国境另谋发展。然而萨珊的教士与国王对犹太教和基督教却很容忍，正如教皇对犹太人比对异教徒更宽容一样。许多犹太人在波斯帝国西部各省获得庇护所。早在萨珊夺权之前基督教就已在该地生根，在它未成为波斯的死敌——希腊与罗马——的国教之前，基督教还是受到宽待的。当基督教传教士（正像他们 338 年在尼西比斯的所作所为）在抵抗沙普尔二世以巩固拜占庭领土而采取积极的行动之后，基督教就受到迫害，当然这个时候在波斯境内的基督徒自然希望拜占庭获胜，这激怒了波斯。341 年沙普尔下令屠杀波斯帝国境内所有基督徒，他下令禁止将僧侣、教士、尼姑等处以死刑，然而信奉基督教的村庄的居民却被集体屠杀。在沙普尔去世（379 年）之前，有 1.6 万名基督徒被判处死刑或遭放逐。叶兹德格德（Yezdegird）一世（399—420 年）恢复了信仰基督教的宗教自由，并协助他们重建教堂。422 年举行的一次主教大会决定，波斯基督教会既属希腊正教，也属罗马公教管辖。

在宗教的崇拜与对立、政府的敕令与危机、内战与外战等情况下，百姓以耕田、畜牧、手工业、经商等方式无奈地应付政府与教会的索要。农业被定为宗教义务之一：垦荒、耕地、除草与除虫、利用河溪来灌溉——他们对百姓说，这些英雄式的劳动可以确保光神奥姆兹德最后战胜魔鬼阿里曼。这些波斯农人极需要精神慰藉，因为他们几乎都是为封建地主耕作的佃农，光是税租等就往往要付出所收获的谷物的 1/6 到 1/3。约 540 年，波斯人向印度人学得以甘蔗制糖的技术，希腊皇帝赫勒克留（Heraclius）在泰西封的皇宫中发现一大堆糖（627 年），将于 14 年后征服波斯的阿拉伯人很快学会了种植甘蔗的技术，并将此技术传播到埃及、西西里、摩洛哥和西班牙等地，这一技术又从这些地方传遍整个欧洲。畜牧是波斯人的专长。波斯的马在血统、精神、外观和速度等方面仅次于阿拉伯马。波斯人爱马正有如鲁斯塔姆（Rustam）爱拉库什（Rakush）。狗在看护牛羊与看家方面极为有用，所以波斯人认为狗是一种神圣的动物。波斯的猫更是驰名全世界。

在萨珊人的统治下，波斯工业从家庭作坊发展成为都市的一种行业。工会为数甚众，有些城镇甚至还有革命的无产者。丝织技术从中国传入，萨珊的丝织品受到广泛欢迎，并成为拜占庭、中国、日本等国的榜样。中国商人把粗丝拿到伊朗卖，再买回地毯、珠宝、胭脂等。亚美尼亚人、叙利亚人和犹太人则买卖波斯、拜占庭和罗马城的货物。良好的道路与桥梁，良好的治安，促使国家驿道和商贩客栈把泰西封及各省连接起来。波斯湾内修建港口来加速与印度之间的贸易。政府法规限制谷类、医药和其他必需品的价格，并防止垄断与专卖。当时上层社会富有的情况可由下面这个故事窥见一斑：故事说有某男爵邀请1000名客人到他家吃饭，却发觉他只有500份餐具，就向他的邻居借来了另外那500份。

多数依靠乡间田产来维持生活的封建地主组成了土地与人力开发机构，在租佃制度许可范围内组织军队为国打仗。他们以热情、勇敢地跟随在部队之后的方式来训练自己。他们也充当骁勇的骑兵队军官，人与马都和封建制度末期的欧洲一样，全副武装。不过他们缺乏罗马人那样的战术或攻防的最新工程技术。社会地位方面，在这些人之上是大贵族，有的是省总督，有的是政府首长。政治效率一定极高，因为波斯的税率虽比东罗马帝国或西罗马帝国都低，但波斯的国库通常却比帝国皇帝的国库充裕得多。626年库斯鲁·帕维兹拥有4.6亿美元的国库储备，年收入1.7亿美元——当时金银的交易量极大。

法律是由国王、咨议及术士根据《火教经》（*Avesta*）中的法律制定的，至于解释与执行，则交由教士负责。与波斯人作战的阿米阿努斯认为他们的法官都是"学识渊博、经验丰富的正人君子"。一般说来，波斯人言而有信。法庭里的誓言也笼罩着宗教的气氛，违背誓言在法律上科以重刑，到地狱更永为箭、斧、石所斫。用神断方法侦查罪行：嫌疑犯被迫走在灼热的物体之上，或穿火、吃有毒食物等。扼杀婴儿或堕胎都将处以重刑，鸡奸者处以死刑，因通奸而被审讯者被放逐，通奸的妇女割除鼻与双耳。不服者可向高一级法庭申诉，死刑只有在经过国王的审查并得同意之后才宣布执行。

国王宣称其权力来自神明，并以神明的代理人自居，以神明的名义制定法律。一有机会，他就重申自己乃"万王之王、印欧人与非印欧人之王、宇宙的至尊、诸神的后裔"。沙普尔二世更加上"日月的兄弟、众星的伙伴"。理论上来说，萨珊君主通常依部长们的意见行事，这些部长合组国家委员会。历史学家马苏地（Masudi）称赞"萨珊的国王治国有道，政策有条不紊，爱护子民，社会繁荣"。根据伊本·哈尔敦（Ibn Khaldun）的记载，库斯鲁·阿努舍万说过："无军则无王，无财则无军，无税则无财，无农则无税，无贤明公正的政府则无农业。"太平时期帝位世袭，也可由国王传与长子之外的幼子，帝权两度由皇后掌握。无直系亲属继承时则由贵族与教会地位最高之人推选，推选之对象仅限于皇族成员。

国王一生中要履行一系列重要的义务。他必须勇敢地进行狩猎，他坐在一辆由 10 匹打扮得极为华丽的骆驼所拉的车中，有 7 匹骆驼驮着他的王座，100 匹载着跟随他的内阁官员。可能有 1 万名武士同行。如果萨珊岩石浮雕所反映的属实的话，那么第一个跨上马鞍去猎捕皇家的猎园或"乐园"里所养的牡鹿、野生山羊、羚羊、牛、虎、狮或其他野生动物的，一定是国王自己。回皇宫后，他又得在上千名侍从簇拥下，在繁文缛节之中处理政务。他必须穿着满是珠宝的华服，坐在金黄色的王座上，头上王冠之重迫使他把它悬挂在不能动弹的头部上方，保持着令人难以察觉的距离，以减少负荷。他就是这样接见外国使节与贵宾，批阅成千上万的文书，审理司法案件，接受约定与报告。谒见他的人必须卧倒吻地，非经他允许不得起身，与他交谈时须以手帕掩口，以免将疾病传染给他或玷污他。夜晚国王则与妻妾之一共眠，按照优生学的原理传宗接代。

萨珊皇室

根据波斯的传说，萨珊是波斯波利斯城的传教士。他的儿子帕帕克（Papak）是克赫（Khur）国的小王子。帕帕克杀死了波斯省的统治者戈兹赫（Gozihr），自立为该省之王，并将其权力遗赠给其子沙普尔。沙普尔死于非命后，由其兄弟阿尔达希尔（Ardashir）继承帝位。阿尔萨克（Arsacid）朝最后一位波斯王阿塔巴努斯五世拒绝承认

这个新成立的地方王朝。阿尔达希尔在战争中击败阿塔巴努斯（224
年），成为万王之王（226 年）。他把阿尔萨克王朝那种放任式的封建
统治换成集权于中央却又分权于地方的官僚政治的强大皇家权力，借
着恢复祆教的圣秩制度与信仰的方式来获取教士阶级的支持，他激起
人民自尊心的方式是宣布他一定摧毁亚历山大东征后留给希腊的影
响，与亚历山大的继承人对抗，以为大流士复仇，并收复一度为阿契
美尼德诸王所占领的一切土地。他几乎兑现了他的诺言。他那快速的
征战使波斯的版图东北延伸到奥库斯河（Oxus），西抵幼发拉底河。
临死时（241 年），他把王冠戴在其子沙普尔头上，并命令他把希腊
人和罗马人赶到海里。

　　沙普尔继承了其父的能力与智慧。岩石浮雕中的他很英俊，气
质也很高贵。不过显而易见，这些浮雕在极力美化他。他受过良
好的教育，热心向学。他深为希腊大使——诡辩家尤斯塔提乌斯
（Eustathius）——的谈话着迷，甚至还想过挂起王冠，当哲学家。其
实他并不像他的绰号那么可怕，他把全部的自由给予所有的宗教，允
许摩尼教在宫廷中传教，并正式宣布"术士、摩尼教徒、犹太人、基
督徒及信仰任何教的人在其帝国境内绝不受干扰"。他一面继续编纂
阿尔达希尔的《火教经》，一面说服传教士们将来自印度与希腊的与
俗世有关的形而上学、天文学和医学等著作融入这波斯的"圣经"。
他是个自由派艺术爱好者。他虽然在为将之道方面不及沙普尔二世或
那两位库斯鲁，却是萨珊王朝诸君中最能干的行政首长。他在卡伦
（Karun）城建新都，这个新都的废墟上至今留有他的名字。他还在
沙普尔河沿岸的苏什塔尔（Shushtar）城建起古代最重要的工程——
花岗石块砌起的水坝，形成了一座 1710 英尺长、20 英尺宽的桥梁。
为兴建这座水坝，他命人将河水暂时引开，河床铺得很坚固，以巨型
水闸调节流量。据传，沙普尔使用罗马的工程师与囚犯来设计和建筑
这座水坝。他不情愿地披起战甲，侵略叙利亚，抵达安条克，最后
为罗马军所败，签订了和约（244 年），将取自罗马的领土悉数奉还。

由于不满亚美尼亚与罗马合作，沙普尔侵入该国，并在那里建立一个与波斯友好的王朝（252 年）。在右侧防线巩固之后，他重燃与罗马的战火，击败并俘虏皇帝瓦莱里安（Valerian，260 年），攻克安提阿城，驱赶数以千计的囚犯至伊朗服劳役。巴美拉省省长奥登纳图斯（Odenathus）与罗马成立联军，强迫沙普尔再度撤退，而以幼发拉底河为罗马与波斯两国的边界。

272 至 302 年，他的继承者都是平庸之才。霍尔米兹德二世（Hormized II）维持了繁荣与和平的局面。他以国家的经费来修缮公共建筑物与私人住宅，尤其是贫民的住宅。他又成立一个新法庭，专门受理穷人对富人的案件，并且亲往审理。我们不知道这些是否影响了他儿子继承王位。在霍尔米兹德死后，贵族便囚禁他儿子，并宣称王位是留给这位太子的儿子的，即尚在母腹中的皇孙，被贵族们充满信心地尊为沙普尔二世。为了对臣民有个交代，他们把那顶王室的皇冠悬挂于母亲的子宫上方，算是为尚未出世的皇帝加冕。

沙普尔二世自小接受战斗训练，把自己的身体和意志练得坚强，16 岁时接掌政权与军权。东征阿拉伯时他将十余个村庄夷为废墟，杀死数千名俘虏，并以绳子把受伤的与未受伤的敌兵系在一起，以牵制其行动。337 年，他重燃与罗马争夺通往远东商道的战火，他时战时停，几乎斗到只剩下最后一口气。罗马和亚美尼亚皈依基督教给这场战争带来新的紧张局势，两地也加入了这次争端。前后 40 年间，沙普尔二世和许多皇帝打过仗。尤里安虽曾把他逐回泰西封，却又不光荣地撤退。尤里安败下阵来，被迫求和（363 年），同意将罗马底格里斯河两岸诸省与亚美尼亚全部割让给沙普尔二世。沙普尔二世逝世时，波斯的权力和威严如日中天，他们用鲜血换来了几十万亩土地。

5 世纪，战线移向东方。约 425 年，希腊人称为"埃菲塔利特"（Ephthalites）人的乌拉阿尔泰人，他们又被误称为"白匈奴"（White Huns），占领了阿姆河和锡尔河之间的地区。萨珊国王巴赫拉姆五世，这位打起猎来不要性命而被称为"野驴"（the wild ass）的国王，很顺利地击败了这些人。不过在"野驴"死后，这些一面作战、一面繁殖的乌拉阿尔泰人建立了一个帝国，其疆域从里海延伸到印度河，并以古尔甘（Gurgan）为其首都，巴尔克为第一大都市。这些人战胜并杀死菲卢兹（Firuz）国王，迫使巴拉斯（Balas）国王向他们朝贡。

因此，波斯一方面在东方受到威胁，一方面又处于君主政体为维持与贵族及传教士相抗衡的权威而展开斗争的混乱局面。卡瓦德一世（Kavadh I）想借着鼓励以贵族与教士们为首要革命目标的共产运动来削弱这些人的力量。约490年，一个名叫玛兹达克（Mazdak）的祆教传教士自称是上帝派遣前来传布老教义的人：他主张人生而平等，谁也没有与生俱来比别人拥有更多东西的权利，财产与婚姻是人类发明的可悲的错误，财物与妇女应为天下男人共有。与他为敌的人则指责他以同情窃盗、通奸、乱伦为抗议财产与婚姻制度的手段，并认为这可以当作趋近乌托邦理想国的合法手段。穷人，还有少数其他阶层的人乐于接受他的主张，这倒不足为奇，不过玛兹达克得到国王许可，却令人十分惊讶。他的信徒不仅劫掠富户，更抢劫富户的闺房，把富户最有名、最美丽的姬妾抢来供自己享用。被激怒的贵族将卡瓦德监禁，并立其弟德雅玛斯普（Djamasp）为皇帝。卡瓦德在那个"湮没堡"（Castle of Oldivion）被拘禁3年，此后逃到埃菲塔利特人那里。当地的人渴望着波斯能有个可靠的统治者，就给他一支军队，并协助他攻取泰西封。德雅玛斯普让位，贵族纷纷逃回各自的庄园，因此卡瓦德再度成为"万王之王"（499年）。他在权力获得保障之后，转而攻击主张共产的人，并把德雅玛斯普和数千名信徒判处死刑。或许这次运动提高了劳工的地位，因为此后国家委员会所制定的法规不再仅由王子和大主教等签字，也要有主要公会领袖的签字。卡瓦德又领导了30年，和他的盟友埃菲塔利特人携手打了许多胜仗，其中也有跟罗马打的。临死时他把王座传给他的次子库斯鲁——萨珊最伟大的国王。

　　库斯鲁一世被希腊人称为"科斯洛埃斯"（Chosroes），阿拉伯人叫他"科斯拉"（Kisra），波斯人还给予他"不朽的灵魂"这个尊号。他的兄弟谋叛，想把他推翻，他把他们全部杀死，侄子辈的也只留下一个。他的子民尊称他"公正君主"，如果我们把公正里面慈悲的成分去掉，那么他也许配得上这个称号。普罗科匹乌斯说他是"假装孝顺大师"，言而无信。不过，普罗科匹乌斯是他的敌人。波斯历史学家塔巴里（Al-Tabari）称赞库斯鲁的"观察力、学识、聪明、勇气与细心"，并且以库斯鲁的口吻写了一篇就职演说，即使不是真的，也杜撰得很好。他彻底改组政府，以才取士，不论出身。他把他儿子的私人教师布祖尔格米希尔（Buzurgmihr）提升为大臣。他把未经训练的士兵换成经过磨炼、又极能征战的正规军。他还建立了更公平的赋税制度，巩固波斯法令。他建筑水坝与运河来改良各都市的供水及农田的灌溉，鼓励开垦荒地，把牛、农具和种子送给垦荒者，又建筑、修缮、保养桥梁与道路来推动商业。他把全部精力投入为民、为国服务。他鼓励——其实是强迫——结婚，理由是波斯需要更多的人来做事，来卫国。他鼓励单身汉结婚的方法是以公款为新娘办嫁妆，并且以公费来教育他们的子女。他也以公费来养育孤儿与贫儿。他把背教者处以死刑，却容许基督教的存在。他召集了一大批来自印度和希腊的哲学家、医师、学者在身边，并且乐意跟他们讨论人生、政府及死亡等问题。有一次，讨论到"人生最大的不幸是什么"这个问题，有一位希腊哲学家回答说："老时既无钱又昏愚。"一个印度人回答道："百病缠身，精神又受到困扰。"库斯鲁的大臣以下面这句话赢得所有在场者的赞扬。他说："我认为，人最大的不幸是他自知生命的末日已来临，而自己却没做过善事。"库斯鲁挪出大笔补助金来支持文学、科学和其他学问的研究，并拨款资助翻译作品与历史著述。他在位时设在容德·沙普尔的那所大学达到最高峰。他把外国人保护得很好，因此王宫里总是挤满了来自各国的贵宾。

　　他登基时表示他希望与罗马和平相处。因为查士丁尼在非洲和意大利有自己的打算，也就同意了。532 年，这两个"兄弟"签署了永久和平协定。非洲和意大利失守时，库斯鲁幽默地表示要求分享一份战利品，理由是如果波斯不跟拜占庭签订和约，拜占庭可能赢不了。结果查士丁尼果真送他价值连城的礼物。539 年，库斯鲁借口查士丁尼违背条约向"罗马"宣战，普罗科匹乌斯肯定这一指控的合理。也许库斯鲁认为，趁着查士丁尼的军队仍在"西方"征战时攻击他，总比等到拜占庭获胜，国力增强后全力攻打波斯，再跟他交战要好得多。此外，库斯鲁还看到，波斯显然必须拥有特拉比宗的金矿及面向黑海的通道。他进军叙利亚，围住赫拉波利斯、阿帕美亚、阿勒颇等城，得到大笔赎金后撤离，不久又进逼安条克城。躲在城垛里的安条克居民以箭及石弓所射出的石头来欢迎他，更以该城闻名于世的污言秽语来骂他。被惹火了的君主全力攻克该城，没收居民的财宝，烧毁大教堂以外所有建筑，屠杀一部分居民，把剩下的人迁到波斯境内一个新建的"安条克"城。然后他高兴地在过去一度是波斯西部边境的地中海沐浴。查士丁尼派遣贝利沙鲁斯前往征讨，库斯鲁却带着战利品从容地渡过幼发拉底河，而行事谨慎的贝利沙鲁斯也没有追上去（541 年）。波斯和罗马的战争之所以未分胜负，无疑是因为受到地形的限制，他们无法在叙利亚的沙漠或陶鲁斯（Taurus）驻扎军队。库斯鲁其后三次侵略罗马属下的亚洲，他快速进军，快速攻城，得到大批赎金和俘房，蹂躏乡村，然后和平地撤军（542—543 年）。545 年，查士丁尼为 5 年的和平付他 2000 磅黄金，期满后又以 2600 磅黄金买来另 5 年的和平。最后，在战了 30 年之后（562 年），这两个年迈的君主均同意维持 50 年的和平。查士丁尼同意每年偿付波斯 3 万磅黄金，库斯鲁则放弃他对高加索和黑海那块引起纷争的土地的主权要求。

然而，库斯鲁却未结束争战。约 570 年，应阿拉伯西南部的希木叶尔族之请，他派遣一支军队，从阿比西尼亚征服者手中解放他们。等希木叶尔人获得自由，他们发现自己的土地已成为波斯的一个省。查士丁尼与阿比西尼亚建立联盟。他的继承人查士丁二世认为波斯将阿比西尼亚人逐出阿拉伯是不友善的行为，此外，波斯东部的突厥人又暗地同意参加攻打库斯鲁，因此查士丁尼正式宣战（570年）。库斯鲁虽已老迈，仍率兵应战，占领了罗马前哨城镇达拉（Dara）。不过，由于身体欠佳，他初尝败绩（578年），后退至泰西封，579年死于该城，享年不详。他在位48年间几乎每战必胜，只败过一次。他把帝国的领土向四面八方拓展，使波斯处于大流士一世以来国力最强盛的时期。他留下来的行政系统效率极高，阿拉伯人征服波斯之后全盘采用了这套系统。这位与查士丁尼同时代的波斯君主，当时的人都认为他比查士丁尼伟大。其后历代波斯人都公认他是有史以来最强大、最能干的君主。

他的儿子霍尔米兹德四世被一个名叫巴赫拉姆的将军推翻，这个将军自立为霍尔米兹德之子库斯鲁二世的摄政（589年），一年后自立为王。库斯鲁二世成年后要求他归还王位，巴赫拉姆一口拒绝。库斯鲁二世逃往罗马辖下的叙利亚的赫拉波利斯城。希腊皇帝莫里斯（Maurice）答应助他重登王位，条件是波斯撤离亚美尼亚。库斯鲁二世答应了，于是泰西封的居民居然看见罗马军队使一个波斯国王登基（596年）。

库鲁斯·帕维兹使波斯达到自泽克西斯（Xerxes）以来权力最大的时期，也开启了波斯帝国灭亡之路。福凯斯（Phocas）谋杀莫里斯取而代之时，帕维兹向这个僭主宣战（603年）以为其友复仇。结果又重演古代旧事。拜占庭因暴乱与倾轧而支离破碎，波斯军趁机攻占达拉、阿米达、埃德萨、赫拉波利斯、阿勒颇、阿帕美亚、大马士革诸城，沉浸在胜利的狂喜之中的帕维兹竟发动反基督徒的圣战，有2.6万名犹太人加入他的军队。614年，他的这支联军攻陷耶路撒冷，屠杀了9万基督徒。包括圣墓教堂在内的许多基督教堂都被烧成灰烬，连耶路撒冷最珍爱的"真十字架"这个基督的遗物都被抢到波斯去。帕维兹向新皇帝赫勒克留提出神学上的质询："最伟大的神明、世界的主宰库斯鲁向他卑微、鲁钝的奴隶赫勒克留质询：'既然你说你相信你的神明，那么我问你，为什么他不从我手中夺去耶路撒冷呢？'"616 年，波斯军队占领亚历山大港，到 619 年，大流士二世以来下属波斯的整个埃及都归这个"万王之王"所有。另一支波斯军队则同时攻克小亚细亚，占领卡尔西登城（617 年）。前后 10 年间，波斯人占据着这个隔着狭窄的博斯普鲁斯海峡与君士坦丁堡相望的城市。那 10 年间帕维兹毁坏教堂，将其艺术品和财富运往波斯，课税使西亚陷入贫困。阿拉伯人在 30 年后征服此地时，该城已一无所有。

库斯鲁二世把战事交给手下将领负责，自己回到达斯塔格德（Dastagird，泰西封北部约 60 英里的城市）那座奢侈的皇宫，献身于艺术和爱情。他召集建筑师、雕刻家、画家把这个新皇宫改造得比旧皇宫更为华丽，同时为他三千粉黛中最美丽、最得宠的谢尔琳（Shirin）塑像。波斯人都不满她是个基督徒，更有谣传说她使国王皈依基督教，无论如何，进行圣战的同时，他还为她盖起许多教堂和修道院。不过，由于战利品和奴隶供应日益增加而日渐繁荣的波斯宽恕了国王的自我放纵以及在艺术上的庞大支出，甚至他对妻子的骄纵。全国都欢呼他的胜利是波斯对希腊与罗马最后的胜利，也是他们的光神奥姆兹德战胜基督的表现。亚历山大的仇总算报了，而马拉松、萨拉米斯、普拉泰亚和阿尔贝拉的一箭之仇也报了。

拜占庭帝国所留下的，只是少数几个亚洲港口，已分裂的意大利、非洲和希腊，一支未被击败的海军，还有因恐怖与绝望而疯狂的那个被围困的首都。赫勒克留花了 10 年工夫才从废墟里重建一支新军、一个新国家。然后，他没有尝试艰难地从卡尔西登渡过，反而开进黑海、横渡亚美尼亚，从背后攻打波斯。跟库斯鲁当年亵渎耶路撒冷一样，赫勒克留也摧毁祆教的诞生地克洛鲁米亚（Clorumia），把那盏不灭的明灯熄灭（624 年）。库斯鲁二世一连派遣了好几支军队去应战，可惜都铩羽而归。希腊人一步步进逼，库斯鲁二世不得已逃往泰西封。他的将领受不了他的辱骂，联合贵族将之罢黜。他被监禁，每日以面包与水果腹。18 个亲生儿子在他面前被处死，最后，一个名叫舍柔耶（Sheroye）的儿子把他杀害（628 年）。

萨珊艺术

　　沙普尔、卡瓦德、库斯鲁诸朝都富甲天下，成就卓著，然而留传至今的只有萨珊的艺术品。不过，光是这些艺术品，就足以让我们震惊于从大流士大帝到沙·阿巴斯（Shah Abbas）大帝，从波斯波利斯城到伊斯法罕城（Isfahan），波斯艺术持久的生命力和强大的适应力。

　　萨珊流传至今的建筑多为世俗建筑，火庙已消失不见，只留下一座座皇宫。而这些废墟仅是"巨型骨架而已"，外面装饰用的灰泥早已剥落。现存最古老的废墟是设拉子（Shiraz）东南菲鲁扎巴德（Firuzabad）城阿尔达希尔一世的皇宫，建成年代不详，有的说是公元前 340 年，也有的说是公元 460 年。经过 15 个世纪的风雨侵蚀、窃盗及战火的破坏，它的圆顶依旧覆盖着一个高达 100 英尺、宽 55 英尺的大厅。一座 89 英尺高、42 英尺宽的大拱门把长达 170 英尺的正面分为两半，这个正面到我们这一代才彻底坍塌，内拱角的拱门从这个长方形的中央大厅向上延伸到圆形的圆拱上。所谓"内拱角"，就是置于多角形建筑物的上部与该建筑物上边圆形或椭圆形圆顶间的对角拱门，克雷斯维尔（Creswell）认为这种方法是由波斯人发明的。一种不常见而又极有趣的设计，使这个圆顶的压力由双层的中空墙壁来承受，这面墙的内部和外部的支架上跨设一个桶状穹隆，再以重量极大的石块做成的半露方柱所形成的外扶墙来加强外墙对内壁的支撑。这种建筑方式和波斯波利斯城的那种古典廊柱建筑大不相同——粗糙笨拙，不过它所使用的形式后来被查士丁尼所建的圣索菲亚教堂采用，并使之达到完美的境地。

　　离菲鲁扎巴德不远的萨尔维斯坦（Sarvistan）城也留下一个兴建年代不详的同类型废墟：废墟的正面有三个拱门，一个中央大厅，两旁另有厢房，上面有卵形圆顶、桶状穹隆当作扶墙的半圆顶；哥特的飞行式或骨架式的扶墙可能就是从这些半圆顶中除去其他部分，只留下支撑用的骨架演变而来。苏萨西北的另一处王宫废墟——伊万·伊·哈尔卡（Ivan-i-Kharka）有着已知的最古老横亘式穹隆，是以斜弯梁组成的。不过，萨珊遗迹中最感人的——征服波斯的阿拉伯人为其庞大所慑服——是泰西封的皇宫，阿拉伯人称之为"塔克·伊·基斯拉"（Taq-i-Kisra），也就是库斯鲁（一世）拱门。这可能就是638年一位希腊历史学家描写过的那栋建筑。这位历史学家说查士丁尼如何来"为科斯洛埃斯提供希腊大理石以及工匠，为他建了一个罗马式的王宫，其位置离泰西封不远"。这个皇宫的北翼于1888年倒塌，圆顶已不见，三堵巨大无朋的墙高达105英尺，其正面有5层无窗拱廊。极高的中央拱门——已知椭圆形拱门中最高（85英尺）、最宽（72英尺）者——开设在一个长115英尺、宽72英尺的大厅墙壁上。这是历代萨珊国王最喜爱的一个房间。这些毁坏了的建筑正面模仿了马塞努斯剧场（Theater of Marcellus）等较不雅致的罗马前门正面图。这些建筑物给人的印象是大而无当，不过，我们不能光凭遗迹判断过去的美。

　　萨珊遗迹中最吸引人的并不是那些已被劫掠一空、饱经风雨、仍旧处在倒塌中的皇宫，而是波斯山间那些岩石浮雕。这些巨型雕像是阿契美尼德悬崖浮雕的直系亲属，有些还和它们并列，仿佛是在强调波斯权力的延续，及萨珊诸王和阿契美尼德诸王地位平等。萨珊雕刻中最古老的一个表现阿尔达希尔脚踩倒下去的敌人。较出色的则在波斯波利斯附近的纳克什·伊·鲁斯塔姆（Naqsh-i-Rustam），纪念的是阿尔达希尔、沙普尔一世和巴赫拉姆二世。这些国王当然自觉居于主体地位，但是跟大多数的国王和一般人一样，人物雕像难以跟动物在优雅、对称方面一比高下。纳克什·伊·雷德叶布（Naqsh-i-Redjeb）和沙普尔的同类浮雕表现沙普尔一世和巴赫拉姆一世、巴赫拉姆二世强有力的像。在克尔曼沙阿（Kermanshah）附近"花园拱门"（Taq-i-Bustan）有两个由廊柱支撑着的拱门深深嵌入悬崖中，这两个拱门内外的浮雕表现的是沙普尔二世和库斯鲁·帕维兹狩猎的情形，刻着肥象和野猪，栩栩如生。此外，花形饰物刻工极细，廊柱的柱头也都刻得很好看。这些雕刻丝毫看不到希腊那种动态优美、线条圆滑的特点，没有强烈的个性刻画，没有透视的意味，更缺乏形式设计。不过，在尊严和高贵、表现男性活力与权力等方面，它们足可与帝国式的罗马的大部分拱门抗衡。

这些雕刻作品显然是彩色的，宫廷中的许多雕像也是如此，不过也只留下一些蛛丝马迹而已。然而，当时的文学作品反映萨珊时期的绘画极为发达。据说先知摩尼还创办了一所绘画学校，斐尔杜西还提到过，波斯的达官显贵常以伊朗英雄的形象来装饰他们的居所。诗人阿尔·布赫图里（Al-Buhturi）也描写过泰西封王宫里的壁画。当萨珊国王逝世时，宫廷召集当时最优秀的画家来为他画像，以便与皇室传家宝一起保存。

绘画、雕刻、陶器及其他装饰都大量使用萨珊纺织艺术的图案。丝、刺绣、织锦、花缎、绣帷、椅罩、床罩、帐篷、地毯等，都以极大的耐心、极工的技巧织成，然后放在温热的黄、蓝、绿等染料中浸染。除了农夫和传教士之外，每一个波斯人都喜欢把自己打扮得像上层阶级。礼物常是华丽的衣饰。亚述以来，大幅的彩色地毯就已成为东方财富的合法外快。劫后幸存的利牙的那两打纺织品现已成为目前最珍贵的萨珊纺织品。萨珊纺织品甚至当时就成为自埃及至日本各国艳羡与模仿的对象，在十字军东征期间，这些来自异教的艺术品还被选为覆盖基督教圣哲遗迹的布料。赫勒克留占领库斯鲁·帕维兹设在达斯塔格德的皇宫时，细致的刺绣和那一望无垠的地毯是最受他珍爱的战利品之一。最有名的是库斯鲁·阿努舍文（Khosru Anushirvan）的"冬天的地毯"，地毯上那些春、夏景色让他忘却了严冬；地毯上还有红宝石织成的花、果，钻石镶在黄金铺成的地面上，银的人行道，珍珠做成的小溪。哈伦（Harun-al-Rashid）还以那块厚厚地钉上珠宝的宽大萨珊地毯为荣。波斯人更以其地毯为题，大写情诗。

除了实用的陶器之外，萨珊陶器很少留传至今。阿契美尼德王朝制陶艺术极为发达，在萨珊领导下继续下去，这一技艺才能在伊斯兰教的伊朗达到这么完美的地步。热心的费内洛萨（Fenellosa）还认为波斯可能是传播搪瓷艺术到远东地区的中心。艺术历史学家争论有光泽的陶瓷器和景泰蓝瓷器到底是渊源于波斯、叙利亚，还是拜占庭。所谓陶瓷器的光泽就是银、铜、锰等上釉，置于密闭的窑内加热，以免直接与火接触，并促使金或银熔入陶器或玻璃上。萨珊的金属工人制作的大口水罐、细颈壶、碗、杯仿佛是为巨人族特制的。先在陶轮上旋转，制成胚胎然后用雕刻刀或凿刀将之切开，或从正面的敲花细工中锤出图案，从雄鸡到雄狮的各种动物像被制成把手或壶嘴。现今存放在巴黎国家博物院（Bibliothèque Nationale）的玻璃库斯鲁之杯就有好多镶入金板中的奖牌形水晶饰物。据推测，这是当年哈伦送给查理曼大帝的礼物之一。哥特人可能向波斯人学来这种镶嵌技术，再把它向西传播。

银匠制造昂贵的盘子，并协助金匠，拿珠宝为地主、淑女和平民制作饰物。一些萨珊时期的银盘留传下来——收藏在大英博物馆、列宁格勒收藏所、俄罗斯国家博物馆及地中海艺术博物馆里——所描绘的国王或贵族打猎的场景，对动物的刻画总比对人的刻画成功。萨珊时期的硬币有时铸得跟罗马的一样漂亮，例如沙普尔一世发行的。连萨珊的书本都可以当作艺术品来观赏。有一个传说还讲述摩尼的书被拿去公开焚毁时，金和银不断从书中滴流下来的情形。萨珊家具也用极珍贵的材料。库斯鲁一世就有一张镶宝石的金桌子、库斯鲁二世也送过他的救命恩人莫里斯皇帝一张直径 5 英尺的琥珀桌子，桌脚是金的，上面镶满宝石。

总之，萨珊艺术在帕蒂安时期式微 4 个世纪之后，重新焕发活力。要是遗留之物足以作为我们判断的依据，那么它在高贵和伟大方面远不及阿契美尼德，其创意、细致与格调也不如伊斯兰教的波斯，但是在其浮雕上却保存着古老的雄浑，为其后装饰体材的丰盛铺路。

它欢迎新观念与新形式，库斯鲁更是一方面打败希腊将领，一方面又好心起用希腊艺术师与工程师。作为偿债的手段，萨珊艺术把它的形式和动机向东输往印度、土耳其和中国，向西输往叙利亚、小亚细亚、君士坦丁堡、巴尔干半岛、埃及及西班牙诸地。或许它的影响使得希腊艺术强调的重点由古典的表现转向拜占庭式的装饰，也使拉丁基督教艺术从木制天花板转为使用砖制或石制的穹隆、圆顶以及带扶墙的墙壁。萨珊建筑的正门和圆屋顶传下来成为伊斯兰教的寺院和蒙古人的王宫和神龛。在历史上不会有失落的东西：每一种具有创意的观念总会有表现、发展的机会，将其艳丽的色彩投注到人类文明的火焰之中。

阿拉伯征服者

舍柔耶——加冕后称为卡瓦德——弑父并继位之后，和赫勒克留言和。他把埃及、巴勒斯坦、叙利亚、小亚细亚、美索不达米亚西部归还后者，把波斯掳获的俘虏遣返归国，把耶路撒冷的遗迹"真十字架"完璧归赵。赫勒克留对如此彻底的胜利当然感到喜出望外，然而他未留意就在 629 年，他把"真十字架"放回神龛的那一天，有一支阿拉伯军队攻击了约旦河附近的希腊驻军。同一年，黑死病（Black Death）在波斯蔓延，数以千计的人死于这场瘟疫，包括国王本人。他的儿子，年方 7 岁的阿尔达希尔三世继承了王位。将军沙赫－巴拉兹（Shahr-Baraz）弑杀幼主并篡夺王位。他的手下又杀死他，并把他的尸体拖着在泰西封游街示众，高声叫着："非皇族血统而登上波斯王位者，有如此人。"群众通常是最忠实的保皇党。被一连 26 年的战争搞得国力衰微的这块土地弥漫着无政府主义的气息。随着胜利而来的财富所引起道德堕落在社会分裂时期达到了最高潮。4 年之内，共有 9 个统治者角逐国王的宝座，又先后被暗杀、逃亡或暴死。各省，甚至有些城市，都宣布脱离再也无法进行统治的中央政府而独立。

634年，皇冠戴在了叶兹德吉德三世的头上，他是萨珊皇族后裔，也是一个黑女人的儿子。

632年，穆罕默德在创建了一个新的阿拉伯城邦之后逝世。他的第二继承人哈里发欧麦尔（Omar）于634年接到他派驻叙利亚的将军穆塔纳（Muthanna）的来信，告诉他说波斯情势混乱已极，征服它的时机已经成熟。欧麦尔把这项任务交给他最优秀的指挥官哈立德（Khalid）。哈立德带领一支由游牧的阿拉伯人组成的身经百战、渴望获得战利品的军队，沿着波斯湾南岸前进，给前线省份的主席霍尔米兹德写了一张便条，说："接受伊斯兰教，可保平安；否则前来朝贡……有一支喜爱死亡有如你珍惜生命一般的民族已莅临贵地。"霍尔米兹德亲自向他挑战。哈立德接受了，并把他杀死。摧毁一切抵挡之后，穆斯林已抵幼发拉底河。哈立德奉命前往他处营救阿拉伯军队，他的职务由穆塔纳接替。在援兵到来后，后者用小船搭起桥梁，渡过幼发拉底河。年方22岁的叶兹德吉德把最高统率权交给呼罗珊（Khurasan）省总督鲁斯塔姆，命他召集全部武装来挽救国家。波斯人和阿拉伯人在大桥之役中遭遇，并痛击阿拉伯人，鲁莽地追逐他们。穆塔纳重编军队，埃尔－博韦布（El-Bowayb）一役，几乎把秩序大乱的波斯军杀得片甲不留（624年）。阿拉伯人损失惨重，穆塔纳死于战场，然而欧麦尔却又派遣了一位更能干的将领萨德（Saad）和3万新军。叶兹德吉德武装了12万波斯人迎战。鲁斯塔姆率领这支军队渡过幼发拉底河抵达卡迪西亚（Kadisiya），随即在当地展开决定性的战役。战役持续了四天。那是亚述有史以来最血腥的战斗。第四天一阵狂沙扑向波斯军队，阿拉伯人把握这个机会击溃被动的敌军。鲁斯塔姆战死，军队也告瓦解（636年）。萨德带领他那支未遭到抵抗的劲旅向底格里斯河进军，渡河后进入泰西封城。

淳朴、轻率的阿拉伯人看到波斯皇宫时，被皇宫的大拱门和大理石厅堂、巨幅地毯、满镶珠宝的王座震惊了。一连十天，他们忙着搬运战利品。或许是出于这一原因，欧麦尔禁止萨德继续东进，他说：

"伊拉克已经足够。"萨德也同意了，其后三年，他把阿拉伯的统治推向整个美索不达米亚。同时，叶兹德吉德在北部各省又召集另一支军队，为数15万之众。欧麦尔派兵3万前往抵抗，优异的战略使阿拉伯人在纳哈万迪（Nahavand）赢得了这次"胜利中的胜利"。10万名波斯士兵在峡道上被捕，并被集体屠杀（641年）。不久，整个波斯就落入阿拉伯人之手。叶兹德吉德逃往巴尔赫，向中国汉人求救，却遭拒绝。他转而向突厥人求救，结果仅得到极少兵力的援助。在他将开始新的征战之际，一些突厥人为了得到他的那些珠宝而杀害了他。萨珊波斯至此正式宣告寿终正寝。

第一章至第七章历史大事年表

（按：下列所载君王及教皇的年份，均指其统治时期。下列年代均属公元后。）

第八章 | 穆罕默德
（570—632）

阿拉伯

阿拉伯重新被现代欧洲人发现，正说明 19 世纪科学国际主义的抬头。这一发现始自 1761—1764 年，卡斯滕·尼布恩科（Carsten Niebnkhr）在丹麦政府的资助下，在这一半岛游历，他发表的游记（1772 年）是第一部对阿拉伯作出清晰描绘的著作。1807 年，一位乔装摩尔人的西班牙人多明戈·巴迪亚·列布里希（Domingo Badiay Leblich）访问麦加（Mecca），写出了第一部正确记述朝圣仪式的报告。1814—1815 年，一位乔装为穆斯林的瑞士人约翰·路德维希·布尔克哈特（Johann Ludwig Burckhardt, 1784—1817 年）在麦加和麦地那（Medina）两地耗去数月之久，他那部极有见解的报告，不断得到随后而去的游历者的证实。1853 年，一位打扮成阿富汗朝圣者的英国人，查理德·伯顿（Richard Burton）游历了麦加和麦地那，将他那次艰险的历程著成厚厚的两部巨册。1869—1870 年，法国籍犹太人哈勒维（J. Halevy）勘察了古老的米奈（Minaean）、赛伯伊（Sabaean）和希木叶尔（Himyarite）诸王国的旧址，并记述了岩石上的刻文。1875 年，英人查尔斯·蒙塔古·博伊（Charles Montagu Doughty）

随朝圣商队自大马士革起一路旅游，写成《阿拉伯沙漠》（*Arabia Deserta*，1888 年）一书，记载他的种种际遇，此书为英文散文名著之一。1882—1888 年，奥地利人格拉泽（E.Glaser）经过三次艰辛的探险，抄录了 1032 条刻文，这些刻文就是古代伊斯兰阿拉伯历史的主要文献。

565 年，查士丁尼逝世。5 年后，穆罕默德（Mohammed）出生于只有极少游牧民族居住、全部财富仅可维持圣索菲亚教堂的开支、领土的 3/4 为沙漠覆盖的一个小国。那时，很少有人会想到在不到 100 年内，这些游牧民族会征服半个拜占庭统治下的亚洲、整个波斯及埃及、大部分北非地区，并且把矛头指向西班牙。阿拉伯半岛的势力扩展至地中海地区，是中世纪历史上的一个特殊现象。

阿拉伯是世界上最大的半岛，其最长处有 1400 英里，最宽处有 1250 英里。从地理上来说，它是撒哈拉沙漠的延长，是经过波斯到戈壁沙漠（Gobi Desert）路途的一部分。阿拉伯意为"荒凉"。从地形上来说，阿拉伯是一片广阔的高原，屹立在地中海边缘，高出海平面 1200 英尺，山峦起伏，蜿蜒向东，直达波斯湾。高原中央散布着些许绿洲和稀疏棕榈围绕的村落，那里有浅水井可供饮用。以此为中心，沙漠向四周延伸数百里。那里 40 年中仅见一次飘雪，入夜后气温降至零下 3 度，而白天强烈的阳光晒得人皮肤灼痛，血脉贲张。空中飞沙弥漫，使人需要长袍、面罩来保护发肤。天空几乎永远是清亮的，空气犹如"泡沫横飞的美酒"。沿海地带偶有雨露滋润，为这一地区带来了文明：大部分在西部沿岸，有麦加和麦地那两城的希贾兹（Hejaz）地区，及也门地区西南一带——这是古阿拉伯王国的发源地。

约公元前 2400 年，巴比伦石刻记载，巴比伦的统治者纳拉姆辛（Naram-Sin）击败玛岗（Magan）的国王，玛岗是当时阿拉伯西南部米奈（Minaean）王国的首都。从这些石刻我们得知，其历史上曾有过 25 位国王，统治可追溯到公元前 800 年。一段我们暂定为公元前

2300 年的刻文，提及也门的另一个阿拉伯王国赛伯（Saba）。一般认为，约公元前 950 年，示巴（Sheba）女王，从赛伯伊或其北部殖民地出发，"访问"所罗门王。赛伯诸王以马里卜（Marib）为首都，不断地进行防御性战争，修建水利工程（如马里卜水坝，该水坝遗址至今犹存），兴建城堡及庙宇，并宽容地对待宗教，以之为统治工具。他们的刻文——约公元前 900 年以后的——是依照字母的次序排列雕刻的。赛伯人制造乳香和没药，此种香料在古代埃及和亚洲人的仪式中占有很重要的地位。他们控制了印度和埃及间的海上贸易，以及南端通过麦加与麦地那到达皮特拉（Petra）与耶路撒冷的商队通道。公元前 115 年，位于阿拉伯西南的希木叶尔王国征服了赛伯伊，进而控制了该地区的贸易达数个世纪之久。公元前 25 年，奥古斯都不满阿拉伯人对印度、埃及商业的控制，派遣埃利乌斯·盖卢斯（Aelius Gallus）率军远征马里卜。这支军队被当地人引入歧途，在炎热和疾病的袭击下，死亡甚众，以致未能完成任务。但另一支罗马军队却攻占阿达纳港（亚丁），因而掌握了印度、埃及至罗马的商路（日后英国人即利用了这条老路）。

　　约公元前 2 世纪，一些希木叶尔人横渡红海，移民阿比西尼亚（Abyssinia），给当地的黑人带来了闪米特文化和大量的闪米特血统。Semitic 一词是引申自传奇人物挪亚之子闪（Shem）的子民的通称。除此以外，没有更明确的界定。一般来说，叙利亚人、巴勒斯坦人、阿拉伯人及非洲的阿拉伯人，因为其使用闪米特语言故统称为闪米特。而古代的小亚细亚人、亚美尼亚人、高加索人、波斯人、北印度人、大部分欧洲人及欧化的美国人统称为印欧族，因其使用印欧语之故。阿比西尼亚人从埃及和拜占庭那里接受了基督教、手工及艺术，他们的商船曾远航至印度和斯里兰卡，有 7 个小王国承认阿比西尼亚王国为他们的宗主国。吉本（Gibbon）著有《罗马帝国衰亡史》（*Decline and Fall of the Roman Empire*），其一大成就便是确认伊斯兰在中世纪历史的重要性，并以其渊博、正确及宏辩的辞藻记载其政治上的功过。同时，原住在阿拉伯的希木叶尔人，在国王德胡—努瓦斯（Dhu-Nuwas）的领导下接受了犹太教。借着皈依的忠诚，德胡—努瓦斯对西南阿拉伯的基督徒严加迫害。基督徒向教友求助，阿比西尼亚人前来支援，击败希木叶尔诸王（552年），并建立了阿比西尼亚王朝。查士丁尼即与此新兴王国结盟，而波斯却召集被放逐的希木叶尔人余部，赶走了阿比西尼亚人，在也门（575年）建立波斯人的政权。60年后，这一政权又被穆斯林推翻。

在北方，一些阿拉伯小国旋兴旋灭。约3—7世纪，加萨尼人（Ghassanid）的酋长们统治着阿拉伯北部、帕尔米拉（Palmyrene）和叙利亚一带，他们臣服于拜占庭。同一时期，拉克米德（Lakhmid）的国君们在靠近巴比伦的希拉（Hira），建立了整合了波斯文化的王朝，此王朝以音乐和诗歌著称于世。这些都发生在穆罕默德之前，也就是阿拉伯势力扩张至叙利亚和伊拉克以前的事。

除了南北两端的这些小王国以外，从大的方面讲，这些前伊斯兰的阿拉伯政权，是一种原始的家族部落。这些部落以其共同拥戴的某一个祖先的名字来命名，所以巴努—加萨人（Banu-Ghassan）认为他们是加萨的子孙。在穆罕默德以前，作为一个政权，阿拉伯是希腊人对其的草率命名，希腊人统称这一半岛上的居民为"Sarakenoi"（Saracens），显然是源自阿拉伯语东部（sharqiyun），即"东方人"（Easterners）之意。由于交通阻隔，各部落形成自给自足的割据局面。阿拉伯人对比其部落更大的集体皆无义务或忠诚的观念，其尽忠的程度与尽忠的范围恰成反比，为了他的部落，他可以义无反顾去做文明民族只为国家、宗教或种族而做的事，如欺诈、偷窃、杀人。每一个部落或氏族由领袖们所拥戴的酋长统治，酋长大多选自有财、有智慧及有功勋的望族。

在农村，人们在这片不毛的土地上播种五谷蔬菜，饲养牛马，但是他们发现培植椰枣、桃、杏、石榴、柠檬、橘子、香蕉及无花果的果园更能获利。有些人种植乳香、麝香草、茉莉花及熏衣草等香料植

物，有些人采集玫瑰油，更有人从树上采集没药和香油。约有 1/12
的人住在西部海岸或附近的城市中。那里有许多与红海贸易的港埠和
市场，而内陆则有通往叙利亚的商路。我们知道阿拉伯人与埃及人的
贸易关系可上溯至公元前 2743 年，其久远几乎和印度人的贸易关系
相等。一年一度的市集吸引当时的商人来往于城市之间。较大的市集
在麦加附近的乌卡兹（Ukaz）举行，吸引着几百位商人、优伶、传道
士、赌徒、诗人和妓女前来。

　　约有 5/6 的居民是游牧的贝都因（Bedouins）人，他们依季节和
冬季降雨情况，赶着羊群逐水草游牧。贝都因人爱马，但在沙漠地
区，骆驼是他们的密友。骆驼步履缓慢，形体笨重，每小时仅能走 8
里路程，但是在沙漠中，它能在炎热而缺水的情形下，连续走 5 天，
冬天则能走 25 天。母骆驼有奶水，而它们的尿可作洗发水使用。据
英国旅行家道蒂（Doughty）说："游牧民族妇女喜欢用驼尿洗涤婴
孩，因为她们认为这样可帮助婴孩抵抗昆虫的侵袭……此外，男男女
女也都用它来梳洗他们的长发。"粪便可作燃料，死后其肉可食，其
毛及皮革可制衣服及帐篷。正因骆驼有这么多优点，贝都因人才能在
广袤的沙漠里行走，其坚忍、勇毅也如他们的骆驼，其雄健豪迈更与
他们的骏马媲美。身材短小、精壮、结实的贝都因人，依靠少许椰枣
和驼奶，日复一日在沙漠中跋涉。他们用椰枣酿酒，酒精的力量使他
们从尘土飞扬的沙漠，来到充满幻想的境界里。他们的生活交织着爱
与恨的因子，爱与恨变幻不定，就好像西班牙人（他们承继着贝都因
人血统）对侮辱和伤害的报复一样，有时是为了自己，有时是为了他
的氏族。他们一生中最好的时光便是为部族而战，他们征服叙利亚、
波斯、埃及和西班牙，这可说是他们征伐的巅峰时期。一年中的某些
时候，因为朝圣和商业，他们停止战斗。其他时候，他们觉得这一片
辽阔的沙漠，是他们的世界，谁要是不带着贡品闯入，谁就是侵略
者，掠夺这些闯入者的方式就是所谓的征税。他们憎恨城市，因为那
意味着法律和商业。他们爱好沙漠，因为那里使他们自由自在。这

些贪婪、勇敢、残酷、赤诚而又极端贫穷的贝都因人，常以高傲的态度面对世界，以其血统为荣，他们最喜欢将家谱冠于名字之前。

有一点是他们无可争辩的优点，即他们的女人那种无法形容的美，那是一种黝黑、俏俊、热情的美，值得写上数百首诗来歌颂，但这美也如热带气候一般稍纵即逝。在穆罕默德以前——他之后一直没有改变——阿拉伯女性仅在短时间内成为崇拜的对象，旋即降至终生劳碌的境遇。当她出生时，她的父亲可能将她活埋。最好的际遇是做父亲的仅埋怨她的降临，而在同伴面前感觉羞愧。但是无论如何，他已表现出他内心的痛苦了。她只有短暂的愉快童年，七八岁时，她就得与族中一位青年结婚，前提是这位青年的父亲出得起买她做儿媳的钱。她的丈夫须献身于战争以保卫她生命的安全或荣誉。这种豪迈的骑士精神，也被这些热情的情人带入西班牙。但是这些绝世美人，从另一个角度看，只是财产的一部分。她是属于父亲、丈夫或儿子的财产的一部分，可随遗产赠予他人；她是男人的奴隶，而不是伴侣。他要求她多生子女，尤其是儿子。她的职责是制造战士。许多事例说明，她只是丈夫许多妻子中的一个，丈夫可以随心所欲地遗弃她。

然而那种神秘而迷人的美常引起争端，或成为男人写诗的主题与动力。未信伊斯兰教以前的阿拉伯人通常是浅陋的，但他们对于诗歌的爱好仅次于骏马、美女和醇酒。那时他们既无科学家又无历史学家，却满脑子雄辩的激情，创作出宏辩的演说和瑰丽的诗篇。他们的语言是希伯来语的一支，音节多变，词汇丰富，变化繁多，足以写作繁复的诗歌，并传达他们精辟的哲学思想。阿拉伯人即以此典雅而充实的语言自傲，常喜欢在辩论或文章中表现这种复杂的音节，时常注意倾听诗人们在乡村、城镇、荒漠的帐篷中、市集里，婉转而有韵律地吟唱他们的英雄、部落或国君们战争或爱情的故事。这些诗人，对于阿拉伯人来说，就是可唤起他们战争勇气的史学家、传记学家、讽刺家、道德家、报纸、神谕。当一位诗人在诗歌比赛中获得优胜时，全族都会欣喜若狂并分享他的荣誉。在乌卡兹市集上，每年都举办最盛大的吟诗比赛，几乎历时一月之久。每一部族通过他们的诗人进行竞争。在那里没有裁判，只有那些表示赞扬或贬抑态度的群众。获胜的诗歌，以闪闪发光的烫金字抄录下来，名之曰"金曲"（Golden Songs），被当作珍宝保存在君王们的宝库里。阿拉伯人也称这些诗歌为"挂悬"（Muallaqat），据说这些得奖的诗歌，用金字写在埃及丝绢上，悬挂在麦加的克尔白（Kaaba）墙壁上。

这种"挂悬"现存七首，是前伊斯兰时代遗留下来的，约6世纪的作品。它们是叙事体的抒情诗（qasida），韵律复杂而铿锵有力，多半描述爱情或战争的故事。其中一首，是诗人拉比德（Labid）写的，描述一位身经百战的战士荣归故乡，结果发现他的茅舍空无一物，而爱妻已另结新欢。拉比德以哥尔斯密（Goldsmith）一般柔和的笔触、宏大的气魄来写这个故事。另一首诗，记述一位妇女激励男人英勇赴战：

> 鼓起勇气来！鼓起勇气来！护花使者们！挥舞你们的利剑！……我们是晨星的女儿，温柔有如脚下的地毯。我们的颈项挂着珍珠，发际散发麝香。勇敢的战士，我们将他拥入怀中。临阵退却的懦夫，我们一脚将他踢开，我们将不再拥抱他们。

诗人伊姆雷·凯斯（Imru'lqais）写了一首耽于肉欲的抒情诗：

> 那个被面纱遮盖着的她呀，是如此的美好，如此严密地被保护着！她仍然欢迎我吗？
> 我经过她帐篷的绳索——虽然她的近亲躺在黑暗之中伺机杀我，他们均为嗜杀者。
> 我在午夜前来，正当七仙女星镶嵌于苍穹似珍珠般闪烁之际。
> 偷偷地爬进帐篷，我默默注视着。她正脱下了所有的袍子，除了那一件睡袍。

她娇羞地责备着：搞些什么把戏？凭良心说，你只对一个人神魂颠倒。你已是无可救药。

我们一起溜了出来，她很聪明地用她拖曳到地的锦缎袍子擦去我俩留在地上的痕迹。

我们远离营火。在黑糊糊的沙地上，我们双双躺下，躲开那些寻觅我们的眼睛。

靠近她的辫梢，我向她求爱，将她的面孔拉近我，触摸到她的腰肢，那是这般的纤细，还有她踝上戴着的铃铛。

她面貌娇美——没有红晕——而气质高贵，她的胸脯像玻璃似的光洁晶莹，赤裸裸地只挂着串珠项链。

那两排整齐的珍珠般的贝齿，即使在深水里仍可清晰地看到，光亮、纯洁，而触摸不到，就像深湾中的珍珠一般。

她含情脉脉地退了回去，露出了她的双颊、红唇，她就像乌杰拉（Wujra）的小羚羊……

她的颈子如幼鹿般的细长，却如瞪羚一样的洁白，她那润湿的红唇仰举到你的唇边——啊，好一排珍珠般的贝齿！

她的肩头上披散着浓密的头发，就像棕榈枝上悬着的累累黑枣一样的乌黑。

她那纤纤细腰——比一根编结细密的绳子还要光洁柔软。修长的细腿就好像露出水面的芦苇一般柔美。

睡梦中呼吸均匀，香汗淋漓，直到中午时分始慵懒地醒来，披上日间穿的袍子。

她的肌肤是如此的轻盈——手指如水蛭般在身上蠕动，光洁如托布亚（Thobya）的蛇，如伊沙利（Ishali）所使用的牙签。

她是黑暗中的光亮，哦！就像黄昏时的灯光，给孤独寂寞的人照亮了方向。

未皈依伊斯兰教前，诗人常在乐器伴奏下吟唱他们的作品，诗和音乐那时是合为一体的。笛、维忽拉、舌管、箫及小手鼓是常用的乐器。男性的宴会常邀请歌女来献艺，酒店里也常雇有歌女，加萨尼的国王们也有一群歌妓来安慰忠贞的臣僚。624 年，麦加人奋起抵抗穆罕默德时，随身带了一队歌妓在军中，以温暖烽火中孤寂的营帐，并激发战士赴战的豪情。在早期那"愚昧的时期"（Days of Ignorance）——这是穆斯林对皈依之前的称呼——阿拉伯的歌谣仅寥寥数行，常用高音乐器来伴奏，这寥寥数行反复地唱上一小时。

沙漠的阿拉伯有其原始而蒙昧的宗教。他们敬畏、膜拜不可知的日月星辰及地层深处的精灵，时而向辽阔的蓝天祈求慈悲，但是大部分时间，他们困惑于周围的精灵鬼怪，绝望无助地与它们妥协，热情地祈祷，抑或仅耸耸肩膀，无可奈何地接受命运的摆布。他们很少想到死后的问题，有时他们将死者的骆驼系在坟墓边，不给一点饲料，任其饿死，以冀其不久即跟随主人于九泉之下，以免除死者徒步进入乐园的羞辱。他们随时献上祭品，向圣石顶礼膜拜。

麦加是这种信仰的中心。这座圣城的成长，与其气候有莫大的关系。该城为濯濯童山所包围，盛夏溽暑难当，山谷一片荒芜，诚如穆罕默德所熟稔的，全城难有一处花园。但是它的位置——在西海岸的中点，距红海约 48 英里——正是蜿蜒 1 英里的骆驼商队的歇脚点，他们在阿拉伯南部（印度及中非）与埃及、巴勒斯坦及叙利亚进行贸易。控制此一商路的商人们，在那里组织商行，控制乌卡兹市集，并经营以克尔白及"神圣黑石"（Black Stone）为中心的宗教仪式以牟利。

克尔白意为"四方形建筑"。据穆斯林的说法，克尔白曾重建过 10 次。第一次是由天使们建于历史肇始时期，第二次则由亚当所建，第三次由亚当之子塞特所建，第四次由亚伯拉罕及其与夏甲所生之子以实玛利所建……第七次由库赖什族（Qu-raish）酋长所建，第八次建于穆罕默德出生前（605 年），由库赖什的其他领袖们所建，第九次及第十次由伊斯兰教哈里发分别建于 681 年和 696 年。今天我们所见到的克尔白，即是第十次的建筑。它矗立于环绕着麦斯吉德—哈拉姆（Masjid al-Haram），或称神圣寺院（Sacred Mosque）的长廊的中心部分。这是一座40英尺长、35英尺宽、50英尺高的长方形建筑。在其东南角，离地5英尺处，正是人们能吻到的高度，嵌着一块红黑颜色的神圣黑石，神圣黑石为椭圆形，其直径大约有7英寸。许多前来膜拜的人相信，它来自天上——可能是一块陨石。大多数人相信，自从亚伯拉罕时代起，它即是克尔白的一部分。许多伊斯兰教学者则认为这是纪念亚伯拉罕子孙（以实玛利及其后代）的碑石，他们相信，他被驱逐出以色列后，就创立了库赖什部落。他们引用《诗篇》第118篇22、23两节来印证："匠人所弃的石头，已做了房角的第一块石头；这是耶和华所做的。"另一段引自《马太福音》第21章第42、43两节，除引述上述的文字外，还加上这样的一段："所以，上帝的国，必从你们手里夺去，而赐给那些能结果子的百姓。"——虽然那些豪迈的穆斯林并不愿履行基督的伦理观念。

伊斯兰教前期，克尔白内供奉着代表诸神的几个偶像：一位是安拉（Allah）的神，可能是库赖什族的神；另外三位是安拉神的女儿，阿尔—乌扎（al-Uzza）、阿尔—拉特（al-Lat）和麦那赫（Manah）。希罗多德曾提到阿尔—伊利—拉特（Al-il-Lat，即al-Lat），因此可以判断这些阿拉伯神祇，是一些地位较高的神。从库赖什族人视安拉神为诸神之长一事看来，他们已奠定了一神教的基础。麦加人视它为土地之神，他们将土地收获的1/10及牲畜的第一胎奉献给它。被视为亚伯拉罕及以实玛利后裔的库赖什人，有任命祭司和神坛护卫的权力，他们还经管神坛的收入。一小撮库赛人（Qusay）的后裔，是族内的贵族阶级，控制着麦加政府的所有事务。

6世纪初，库赖什族分裂成两派：一派由当时的富商及慈善家哈希姆（Hashim）领导，另一派以哈希姆的善妒的侄子倭马亚（Umayya）为首。这一残酷的对立，决定了此后一段不寻常的历史。哈希姆过世后，由其子或其弟艾卜·阿尔—穆塔里布（Abd al-

Muttalib）承继他的地位，成为麦加诸领导人之一。568 年，穆塔里布的儿子艾卜杜拉（Abdallah）与另一支库赛人的后裔阿米娜（Amina）结婚。他与新娘仅一起生活了三天，即随商队远行，归途中死于麦地那。两个月后（569 年），阿米娜生下了影响中世纪历史的一位重要人物。

穆罕默德在麦加（569—622）

他门第显赫，所得遗产却有限：其父艾卜杜拉只留给他 5 匹骆驼、一群山羊、一栋房子和一位把他从襁褓中带大的奴婢。他的名字穆罕默德，意为"崇高的礼赞"，符合《圣经》中某些预示他的降临的章节。6 岁时，母亲去世，此后他由 76 岁的老祖父扶养，再后来由他的叔叔艾卜·塔里布（Abu Talib）照顾。他们对他关怀得无微不至，却不曾想到要教他读书和写字。这一才能在当时的阿拉伯是微不足道的，但库赖什族只有 17 个人拥有这一才能。穆罕默德本人不懂书写，但雇有文书。他的目不识丁，却并未妨碍他用阿拉伯口语写出著名的语言流畅的经典，而他对人性的了解，即使是受过高深教育的人也不能与之相比。

关于他的青年时期我们知道得很少，虽然这方面的故事多如牛毛。据说，他在 12 岁那年，跟随叔父的商队到达叙利亚境内的波斯特拉（Bostra），可能在那次旅行中，他了解了一些犹太人和基督徒的情况。另一说法是几年后，他替一位叫赫蒂彻（Khadija）的富孀到波斯特拉处理商务。他 25 岁那年，与这位已经 40 岁、有 7 个孩子的富孀结婚。此后 26 年，他与赫蒂彻过着一夫一妻制的生活，她为他生了几个女儿，其中法蒂玛（Fatima）最有名，另外生了两个儿子，均在出生不久夭折。他收养其叔的遗孤阿里（Ali）为养子，以慰丧子之痛。赫蒂彻是好妇人、好妻子，同时也是好商人。她迟暮之年仍忠心耿耿地服侍他，而在他的所有妻妾中，他对她的怀念要算最深了。

阿里后来与法蒂玛结婚，在他养父45岁时，做了以下这样一段
描述：

> 中等身材，不高也不矮。面带玫瑰色。眼珠乌黑，头发浓
> 密，光洁而漂亮，长发垂肩。秀美的长须垂挂胸前……他相貌堂
> 堂，见过他的人，没有不被吸引的。如果我感觉饿了，只要看先
> 知一眼，就会饿意全消。站在他的面前，忧愁与痛苦就会消失得
> 无影无踪。

他气质高贵，不苟言笑。他抑制住敏锐的幽默感，因他了解那对
一个众所周知的人物是危险的。对一些优美的事物，他常铭记不忘，
时常对其作深入的思考。在愤怒或激动时，他也会青筋暴突，可是他
知道如何控制情绪，他也原谅放下武器和知道悔改的敌人。

在阿拉伯及麦加有许多基督徒。至少他与其中的一位是莫逆之
交——赫蒂彻的表兄弟诺法勒（Waraqahibn Nawfal）——"他通晓希
伯来人和基督徒的《圣经》。"穆罕默德经常访问他父亲逝世的地方
麦地那，在那里他结识了不少犹太人。在麦地那，犹太人是占多数
的。《古兰经》的许多篇章显示他对基督徒的道德观、犹太人的一神
论，及深信基督教及犹太教的经文是由神的启示的观念十分了解。这
些教义与阿拉伯的多神论、道德废弛、部落斗争及支离破碎的制度相
比，很使他以阿拉伯人的幼稚为耻。他深深觉得阿拉伯需要新的宗教
信仰——那种宗教可以使支离破碎的阿拉伯各派统一起来，成为一个
雄健富强的国家。这一新的宗教，不是基于阿拉伯人那种黩武复仇的
道德观，而是基于神圣的戒律及超自然的力量。在7世纪时，其他的
一些先知也具有这一类的思想。许多阿拉伯人深受犹太人弥赛亚降临
思想的影响，他们也热烈地期待着神的使者的到来。有一个阿拉伯教
派，叫哈尼夫派（Hanif），早已抛弃克尔白的偶像崇拜的观念，而传
播一个宇宙之神的理论，认为全人类都是这一神祇的奴隶。就像每一

位成功的宗教领袖，穆罕默德给他的那一时代带来了希望。

他 40 岁那年，对宗教更为着迷。每年一到斋月（Ramadan），穆罕默德就率领全家，隐居到希拉山的洞穴里。该山距麦加约 3 英里之遥，他在那里日夜斋戒，沉思及祈祷。610 年的某晚，他一人独居洞中，一件影响他今后一生的事件降临到他身上。据他的一位传记作者记载，穆罕默德说了如下的话：

> 我正熟睡着，盖着一条上面写着字的织锦缎做成的被单，天使加百利（Gabriel）显现在我面前，对我说："读。"我回答："我不会。"他就紧紧地将棉被压着我，那时我想我已窒息死了。然后，他放开我，再说："读！"……我就大声地读，而他也离我而去。我醒来后，依然能记得这些字。我一直往前走，直至山腰，听到一阵好似来自天空的声音对我说："穆罕默德啊！你是安拉神的信使。我是加百利。"我抬头仰望天空，啊！加百利幻作人形，双脚平稳地站在天空，继续说着："穆罕默德啊！你是安拉神的信使。我是加百利。"

回到赫蒂彻的身边，他将所见告诉她。她认为这是上苍的启示，鼓励他宣布他的使命。

从此之后，他有过许多类似的经验。每当这些神迹显现时，他跌倒在地上，全身抖动，口吐白沫，额间汗水如注。他所骑的骆驼也会感到这种抖动，而温驯地顺应着这一动作。穆罕默德认为他头发变成灰白色也是这些经历所致。每当有人迫使他说出启示的过程，他就回答说，整部《古兰经》存在天上，通常加百利每次只传授给我一个片段。若问他如何能记得这许多神圣的教谕，他解释，天使常要他重复背诵每一个字。那些当时接近这位先知的人，却无从知晓天命，也不能听天使说什么。相反，直至 60 多岁，他的思想依旧清晰，对权力充满自信。即使有那些不利证据，也不足以使任何一位正统的穆罕默德信徒改变自己的信仰。

其后4年，穆罕默德一再声称他是安拉神的先知，接受了神谕，要将阿拉伯民族带入一种新的道德观及一神教的信仰境界。当然，他遭遇的困难很多。新的观念只有在人们看到未来的利益时方被接受，而穆罕默德生活在一个商业化而多疑的社会，国库的收入来自那些向克尔白诸神奉献牺牲的朝圣者。为消除这些障碍，他提出信仰者免于沦入地狱而转升天堂的预言。不论贫富或是否奴隶，也不分阿拉伯人、基督徒或犹太人，他都欢迎他们到家里来听道，而他动人的演说感动了一些人。第一个皈依的是他年迈的发妻；第二个是他的侄子阿里；第三个是用人宰德（Zaid）——是他买来做奴隶的，而不久就恢复了自由人的身份；第四个是亲戚艾卜·伯克尔（Abu Bekr），他是库赖什族有地位的人物。艾卜·伯克尔又介绍五位麦加领袖信仰新的宗教，他们后来成为先知的六位伴护（Companions），他们对先知的回忆后来成为最受尊敬的圣传。穆罕默德时常到克尔白，劝说朝圣者，向他们传播一神论。起初库赖什人一笑置之，认为他痴呆，提议用他们的钱，将他送医治疗疯病。但是当他攻击克尔白的偶像崇拜时，为维护自身利益，他们即群起反击，要不是他叔父艾卜·塔里布的庇护，恐怕他早就受到伤害了。艾卜·塔里布不信新的宗教，但是他守旧的思想，使他奋力维护族中每一个人的安全。

为了避免血仇，库赖什人对穆罕默德和那些跟随者暂时未使用暴力。对已经皈依新宗教的奴隶，他们只是加以劝阻。有些人被罚监禁，有些人则被取去头巾，不准饮水，罚站在日光下曝晒。经过几年的经商，艾卜·伯克尔已积蓄了四万银币，他花去其中的3.5万，尽可能多地赎回那些皈依新宗教的奴隶的自由。穆罕默德为缓和形势，被迫放弃一部分言论。库赖什人见到穆罕默德深受奴隶欢迎而感到困惑，甚于他们对其教义的恐惧。他们对那些贫穷的皈依者继续进行虐待。因此先知就劝他们移民到阿比西尼亚去，这群难民在那里受到基督教国王的善待（615年）。

一年后，当时对新宗教信仰最炽烈的欧麦尔·伊本·阿尔卡塔伯（Omar ibn al-Khattab）投入新宗教的阵营。他膂力过人，有社会地位，而且具有道德勇气。他的投入增加了那些处境狼狈的信徒的信心，而且也吸引了新的信徒。从此他们不再躲躲藏藏，而在通衢大道上公开传道。而那些克尔白的卫道者则组织联盟，声称与认为有义务庇护穆罕默德的哈希姆派断绝往来。为避免冲突，包括穆罕默德及其家族在内的哈希姆派撤退至麦加城内的一处隐蔽所，接受艾卜·塔里布的保护（615 年）。这样的情形持续了将近两年之久，直至一些心地仁慈的库赖什人邀请哈希姆派返回他们荒芜的家园，并保证与他们和平相处。

这一小群皈依者欣喜不已。619 年，穆罕默德遭遇到更大的不幸。他最忠诚的支持者赫蒂彻和他的保护者艾卜·塔里布相继谢世。由于感到在麦加不安全，更由于对信徒增加速度的失望，穆罕默德打算迁到麦加以东 60 英里的塔伊夫（Taif）城居住（620 年）。但是塔伊夫的居民拒绝让他进去。那里的领袖们不在乎得罪来自麦加的富商，他们对任何新宗教的设想都非常恐惧，便在街上辱骂穆罕默德，并用石块袭击他，以致他两腿血流如注。重返麦加后，他和寡妇赛吾黛（Sauda）结婚。在 50 岁那年，又与艾卜·伯克尔美丽丰满的女儿艾莎（Aisha）订婚。

那时，他的幻觉仍不断发生。某晚，他在睡梦中被神奇地送至耶路撒冷，在犹太圣殿哭墙的废墟边，长有翅膀的神驹布拉克（Buraq）将他载到天上，复回到人间。而在另一次神迹显现中，先知于次日发现自己安全地躺在他麦加的床上。这个飞行的传说，使耶路撒冷成为伊斯兰教的第三大圣城。

620 年，穆罕默德向一群从麦地那出发、准备到克尔白去朝圣的商人传道。他们听他谈论一神教、信使及最后审判等，因为这些与麦地那犹太人的信仰类似，他们便接受了这一教理。回去后，他们将这一新的福音解释给当地的犹太人听，犹太人听到穆罕默德的教义与他们自己的信仰有些相似，于是很欢迎他。622年，73位麦地那人偷偷拜访穆罕默德，并邀请他到麦地那定居。穆罕默德问他们是否会像保护自己家族那样忠心耿耿地保护他的安全，他们发誓说愿意。但是随即反问穆罕默德，如果他们因保护他而牺牲生命，将会得到什么报酬，他答以"乐园"（Paradise）。

约于此时，倭马亚的孙子艾卜·苏夫扬（Abu Sufyan）成为麦加库赖什族的领袖。由于在一种仇恨哈希姆子孙的气氛中长大，当权后，他对穆罕默德的追随者恣意屠杀。他听说穆罕默德先知正考虑逃到麦地那去，深恐他一旦在麦地那建立权威，将激起对麦加和克尔白的战争。在他的怂恿下，库赖什人就派数名武士前去见穆罕默德，并以死威胁他。由此，穆罕默德偕同艾卜·伯克尔逃到距麦加三英里的塔乌尔（Thaur）的洞窟中藏匿起来。那些库赖什刺客搜寻了三天，却找不到他们。艾卜·伯克尔的孩子设法弄来两匹骆驼，他们就连夜向北逃走，数日赶了近200英里的路程，终于在622年9月24日抵达麦地那。200名麦加人，乔装为朝圣甫毕的麦地那人，在他们之前到达麦地那城门口，与那些皈依的麦地那人一起欢迎这位先知入城。17年后，哈里发欧麦尔指定这一天——622年7月16日——为伊斯兰教纪元的第一天。

穆罕默德在麦地那（622—630）

麦地那原叫雅特里布（Yathrib），后改名为麦迪纳特·纳比（Medinat al-Nabi）或先知城（City of the Prophet）。它坐落于阿拉伯中央高原的边缘。与麦加相比，这里气候宜人，有成百座花园、棕榈园及农舍。当穆罕默德入城时，居民呼唤他道："啊！先知！就在这里歇脚吧！和我们同住。"以阿拉伯式的坚持，有人勒住他的缰绳，而他的回答全是外交辞令："让骆驼来作决定，让它自由自在地前进！"这种口吻平息了嫉恨，他的住处将为神所安排。就在骆驼歇脚处，穆罕默德盖起清真寺及两栋宅第——一处给赛吾黛，一处给艾莎。以后他另建新邸以安置他新娶的妻子们。

离开麦加，穆罕默德也中断了在那里的许多亲戚关系，现在他以神权国家的兄弟关系来取代血缘上的亲属关系。为减轻已经存在的来自麦加的难民和麦地那的帮助者或皈依者之间的嫉恨，他促使双方的每一个成员彼此建立兄弟关系，呼吁两个团体一起到清真寺来膜拜。当举行第一次礼拜仪式时，他登上祭坛，高声喊道："安拉神是最伟大的！"前来膜拜的人也就跟着他喊叫起来。他背对着信徒，严肃地站立着，躬着身子祈祷。然后倒退着步下神坛，在坛脚跪拜三次，继续祈祷如故。将整个的心灵奉献给安拉，就在这种跪拜匍匐中展现出来，他称这种信仰为伊斯兰，而称信徒为穆斯林。然后他转身面对信徒，吩咐他们在礼拜时遵守这一仪式，直至永久。一直到今天，这种礼拜仪式都是每一位穆斯林——不论在清真寺，还是在旅途中或在没有清真寺的外国——遵行的仪式。然后他以一篇传道来结束这一仪式。在穆罕默德时代，常用宣布一项新的启示，指示一周的行动方针和政策。

为了提高先知的权威，他在麦地那组织政府，并且不时颁布一些针对当时当地的演讲及就社会组织的实际问题、生活规范，甚至是部落间的外交和战争的启示。跟犹太教一样，那时教务和俗务之间没有明显的区分，所有事务统归宗教领袖管辖。但是，并不是所有的麦地那人都接受他的威权。大多数阿拉伯人袖手旁观，对新的教义和仪式抱持怀疑态度，看看穆罕默德是否会摧毁他们古老的传统和自由，而将他们卷入战争的漩涡里去。大部分麦地那的犹太人，继续自己的信仰，并与麦加的库赖什人保持商业来往。于是，穆罕默德与这些犹太人订立了一项严格的协定：

　　凡是生活在这个政体内的犹太人，应受保护以免于侮辱和骚扰。他们享受与我们人民同等的帮助和照顾。他们和穆斯林合作组织一个国家，他们和穆斯林一样可自由选择信仰……他们与穆斯林携手合作，共同防卫麦地那，以抵御敌人的侵略……今后凡是接受此公约的两民族间的争端，在安拉的指引下提交先知来裁决。

此合约即被麦地那的犹太人和一些邻近国家接受：如纳德希尔（Banu-Nadhir）、库莱扎（Banu-Kuraiza）、凯努卡（Banu-Kainuka）等。

来自麦加的 200 户移民，使麦地那陷入粮荒。穆罕默德采取了一般饥民常采用的方法来解决这一问题——向有粮食的地方去夺取。他照那个时代一般阿拉伯部落的道德规范，委任军官抢劫途经麦地那的商旅。一旦抢劫成功，4/5 的战利品归劫掠者享有，其余的则归先知，作为宗教及慈善之用。如抢劫者已死亡则归其遗孀，而抢劫者本人则进入天堂。在这种鼓励之下，抢劫和抢劫者都成倍增加，而以经商为生的麦加人，便设计报复。一件抢劫事件使麦加和麦地那同感愤慨，因为那次事件发生在 7 月（Rajab）的最后一天，这是阿拉伯圣月之一，根据传统，阿拉伯人在那天是停止争斗的。623 年，穆罕默德亲自率领一支 300 人的队伍，拦劫一支从叙利亚到麦加的商队，这支商队的首领艾卜·苏夫扬，已风闻这一阴谋，便改变路径，并向麦加求援。库赖什人派遣 900 名身强体健的壮丁支援。这两支队伍，在距麦地那 20 英里处的白德尔（Wadi Bedr）相遇。如果此役中穆罕默德被击败，他一生的功业就到此为止。他亲自指挥赢得此次胜利，却使之归于安拉神的奇迹，从而进一步稳固了他的领导权，带着丰厚的战利品及俘虏回到麦地那（624 年 1 月）。那些在麦加积极地虐杀穆斯林的，都被处死，其余的则被赎回。但是艾卜·苏夫扬生还，并扬言报复。"不要替死去的人哭泣，"他在麦加安慰死者的亲属们，"不要让那些诗人对命运发出哀怨的悲鸣……或许转机就要来临，你可以报仇了。在我与穆罕默德决一死战以前，我决不涂抹油膏，也不接近我太太。"

借着获胜的威名，穆罕默德养成了战争的习惯。阿斯玛（Asma）是麦地那的女诗人，曾在诗中对穆罕默德进行人身攻击，一位双目失明的穆斯林闯入她的香闺，把利剑刺入熟睡中的女诗人的胸口，而把她牢牢地钉在床上。第二天清晨，穆罕默德在寺院内询问他："你杀死了阿斯玛？"他回答："是的，你焦虑不安吗？""不，"先知说，"甚至连一对山羊都不会因此起争执的。"阿法克（Afak），一位皈依犹太教的百龄老人，写了一首讽刺先知的诗，因此在睡梦中被杀死在院子里。还有一个麦地那诗人，卡布·伊本·阿尔－阿什拉夫（Kab Ibn al-Ashraf）是犹太人，当穆罕默德压迫犹太人时，他背弃了伊斯兰教。他写诗来鼓励库赖什人复仇，并且向穆斯林的太太们写一些不成熟的十四行抒情诗，以激怒她们的丈夫。"谁替我除掉这个人？"穆罕默德问。那天晚上，这位诗人血淋淋的首级就放在了先知的脚边。按穆斯林的观点，这是对付叛徒最合法的防御。穆罕默德是国家的元首，具有充分的裁判权。

麦地那的犹太人不再喜欢这一黩武的信仰了，虽然他们一度视该信仰与自己的信仰有血缘上的关系。他们嘲笑穆罕默德对他们经文的解释，及他自称是弥赛亚的说法。他用"启示"的方式猛烈报复，指责犹太人轻视经文，杀害先知，弃绝弥赛亚。起初他指示信徒们说，耶路撒冷也是祈祷时膜拜的方向。624 年，他改变主意，以麦加和克尔白来代替。因此犹太人指斥他恢复偶像崇拜。正在这个时候，一个穆斯林女孩参观麦地那城中凯努卡区的犹太人市场，当她坐在一个金匠的店里时，一个冒失的犹太人从背后把她的裙子撩起钉在她的上衣上。她站起来发现时，因羞于自己的暴露而放声哭叫起来。一名穆斯林就杀了这个冒犯她的犹太人，而这犹太人的兄弟们又将这名穆斯林杀死了。穆罕默德随即率领跟随者，封锁该一区域达 15 天之久。穆罕默德接受犹太人的投降，并命令 700 名犹太人留下他们的财产，离开麦地那。

艾卜·苏夫扬的克制实在值得赞扬，在那次非同寻常的宣誓后，又过了一年，他才与穆罕默德再启战端。625年初，艾卜·苏夫扬统率了一支3000人的队伍驻扎在距麦地那北边3英里的奥霍德（Ohod）山区。包括苏夫扬的妻子在内，随军的15名妇女，用愤慨、哀怨的歌声，煽起战士们复仇的怒火。而穆罕默德那时却只能聚集1000名战士，结果穆斯林溃败。在此役中，穆罕默德英勇作战，结果负伤，在半昏迷状态中被抬出战场。苏夫扬的正室辛德（Hind）的父兄叔伯，死于白德尔战役，她将杀父仇人哈姆扎（Hamza）的肝脏挖出吃掉，并且将他的发、肤、指甲串成手镯、脚环佩带以泄愤。以为穆罕默德已死，苏夫扬凯旋麦加。6个月后，先知已复原，就以串通库赖什人，威胁他的性命为借口，攻击纳德希尔的犹太人。三周的围困后，犹太人获准离境，但每一个家庭只能携带一匹骆驼能负荷的物资。穆罕默德占据一些富庶的枣园以为他家用的来源，将其余的战利品分赠给难民们。他认为己方与麦加仍处在战争的紧张状态中，因此以铲除两翼的一些敌对势力为当务之急。

626年，苏夫扬及库赖什人再度来犯，此次他们集合了1万人的队伍，并得到库莱扎的犹太人的支援，穆罕默德自忖无力抵抗，便退守麦地那城，并沿城墙挖掘战壕以为防御。库赖什人围攻近20天，最终为风雨所阻，只得班师回府。穆罕默德立刻率领3000人突袭库莱扎的犹太人。在他们投降后，穆罕默德让他们在伊斯兰教或死亡二者中择其一。他们选择死亡，因此600名战士被屠杀，埋葬在麦地那城市场附近，妇女及小孩则被卖做奴隶。

此时，先知已变成一位骁勇善战的将领了。在麦地那的10年中，他筹划了65起战斗或掠夺，有27次是他亲自率领。他也是一位干练的外交家，深谙战争与谈判的秘诀。他那时与他的难民皆渴望回归故里与亲戚朋友重聚，渴望能再次瞻仰克尔白，那是他们青年时虔诚信仰的寄托所在。就像使徒们认为基督教是犹太教的一种形式和改良派一样，穆斯林也认为，伊斯兰教是古老的麦加宗教仪式的变迁与发展。628年，穆罕默德向库赖什人提出和平的建议，以保障麦加商旅的安全为条件，换取麦地那人一年一度的朝圣。库赖什人则以先行停战一年为先决条件。出乎意料，穆罕默德接受此一条件，并签订了10年停战协定。而先知为安慰群众的失望，允许他们劫掠位于麦地那东北方、6天路程之遥的海巴尔（Khaibar）地区的犹太人。该地犹太人奋勇抵抗，结果93人战死，余众投降。他们获准继续耕种土地，但须将全部财富及未来收获的半数奉献给征服者。除了他们的首领基纳纳（Kinana）和他的表兄弟因隐匿财富被枭首示众外，余人均幸免于难。基纳纳的未婚妻，17岁的犹太少女莎菲雅（Safiya），则成为穆罕默德的另一位夫人。

629年，穆罕默德率领2000名信徒和平地进入麦加，而库赖什人为避免冲突，都退居到山那边去。穆罕默德及其信徒将克尔白分成7个方位。先知很严肃地用权杖触碰黑石，并且领导信徒高喊："安拉是独一无二的真神！"看到这些被放逐者真诚的态度及严明的纪律，麦加人极为感动。包括哈立德和阿慕尔（Amr）在内的几位有影响力的库赖什人，均接受了这一新的信仰。而邻近几个部落的领袖，也向穆罕默德立下支持的保证。回到麦地那以后，他已经有足够的力量击败麦加了。

10年的休战协定只履行了2年，穆罕默德借口一个与库赖什人联合的部落攻击某一个穆斯林部落，使休战协定无效（630年）。他召集1万名徒众，向麦加进军。艾卜·苏夫扬看到声势浩大的穆罕默德军队，毫无抵抗地听任其入城。除了两三位仇敌以外，穆罕默德宣布大赦百姓。他清除了克尔白内外的偶像，只保留黑石，并颁布吻黑石的规定。他宣布麦加为"伊斯兰教的圣城"，并禁止异教徒踏入此地。库赖什人放弃直接反抗，8年前受攻击而逃离麦加的宗教领袖，此刻已是麦加的主宰了。

胜利的穆罕默德（630—632）

他生命中的最后两年——大部分时间在麦地那度过——是一连串胜利的欢笑。除了少数反抗者，整个阿拉伯均匍匐在他的权威及教义面前。那时最著名的阿拉伯诗人卡布·伊本·祖海尔（Kab Ibn Zuhair），曾撰文辱骂过穆罕默德，此时也亲自到麦地那向穆罕默德表示臣服，他声称自己是皈依者，请求宽恕，并写了一首意气昂扬的诗来颂赞先知。穆罕默德立刻解下身上的披风赐给他。该披风后来以4万银币（dirhem）售给穆阿维叶（Muawiyah），至今仍由奥斯曼土耳其人保留，有时被用作全国性的标志。为报答基督徒的礼遇，穆罕默德将全阿拉伯的基督徒置于自己的保护之下，给予他们充分的信仰自由，但是禁止他们收取高利贷。他派出使者访问希腊皇帝、波斯国王、希拉及加萨的统治者，请他们接受这一信仰，但没有得到回音。他已注意到波斯及拜占庭的交战会令双方同归于尽，却没有将势力扩展到阿拉伯地区以外的念头。

他的时间都用于处理政府的事务，他投身于立法、审判、民政、宗教及军事组织等事务。他做的最小的一件工作就是历法的调整。当时阿拉伯人和犹太人都采用阴历，一年12个月，每三年有一闰月，以配合太阳的运行。穆罕默德规定伊斯兰教采用阴历，每月以30天及29天轮替。这种历法与日月实际运行不相符。依照格列高利历计算，每隔32年半，伊斯兰教历要多计算一年。先知不是科学的立法者，他未颁定任何法规或细则，也未建立任何体制。他因时间需要颁布敕令，如遇矛盾，就借新的启示来废除旧的。即使是最平常的训谕也可借安拉的启示而发布。为了使这种神圣的启示能适应现世俗务的需要，训谕在文体上往往就失去了原先那种流畅与典雅。也许他认为，为使他所有的立法具有神圣而令人敬畏的标记，这种调适只需付出很小的代价。那时他非常谦恭，不止一次，他承认他的无知。他反对别人视他为神圣，他宣称自己没有预测未来及显示奇迹的能力。然而他也会利用启示来达到个人的目的，例如他借安拉神的启示，与养子美丽的妻子宰德结婚。

他的十位夫人和两位小妾，是奇迹与快乐的源泉，被西方世界艳羡。但是我们必须注意，在古代及中世纪初期，闪米特男性死亡率非常高，因此促成了这种多妻制度。在闪米特人的眼里，满足繁衍的需要，几乎可以说是一种道德上的义务。穆罕默德视多妻制理所当然，因而他良心无亏地一再结婚，而不视为病态的淫欲。根据不太正式的记述，艾莎曾引述穆罕默德的说法，说世界上三件最宝贵的事便是女人、香料和祈祷。他的某些婚姻，是对朋友及信徒遗孀的施恩行为，如其与欧麦尔的女儿哈夫莎（Hafsa）结婚；有些是政治婚姻，仍可以哈夫莎及艾卜·苏夫扬的女儿为例，前者乃欲安抚欧麦尔，使其忠心耿耿，后者乃欲笼络敌人。其余则是希望获得子嗣。除赫蒂彻以外，他其余的妻子多不生育，此事令先知十分懊恼。赫蒂彻为他所生的孩子中，只有法蒂玛活得比他久。玛丽是阿比西尼亚赠送给先知的奴隶，颇受暮年的先知的宠信，曾为他生育一子，名为易卜拉欣（Ibrahim），但 15 个月后即夭折。

他的女眷们常因争风吃醋及要求更多的私房钱而喋喋不休，甚使先知心烦。他拒绝她们这种奢侈的要求，只答允她们死后去往天国的乐趣。他一度很尽职地每晚与其中一位同宿，因此这位阿拉伯的主人，竟没有自己的房间。会挑逗而活泼的艾莎争得比她应有的更多的次数，以致引起了众女眷的抗议，最后先知借着一段特殊的启示才息事宁人：

> 照着你的意愿，你可对谁延期，或对谁提前。无论对谁殷勤或冷淡，都无罪过。她们都应觉得幸福，而不感到悲哀，并且她们都应感谢你对她们的安排。

女人和权势是他仅有的乐趣，他在生活上很简朴。他住的是一所耐火砖盖的普通房子，12—14平方英尺，8英尺高，房顶是用棕榈的枝叶覆盖的；门是用羊皮或驼毛织的幕布制成；室内装潢简陋，仅一张垫子铺在地上，上面散乱地放置着几个枕头。他常亲自缝补衣服、鞋子，燃点烛火，擦抹地板，在后院里挤羊奶，或到市场采购物品。他用手抓食物吃，每次饭后，总是很节俭地舔干手指上的食物残渣。他的主要食物是椰枣和面包，奶和蜂蜜是偶尔的奢侈品，他滴酒不沾。他对大臣们彬彬有礼，对平民谦和温顺，对专横跋扈者态度严肃，对部属则威而不严，除敌人外，他对所有的人都很慈祥——这是他的朋友和部属对他的印象。他访问病者，加入到他所遇到的每一个出殡的行列。他不摆架子，拒绝特别的尊崇，接受奴隶的共餐邀请，在他还有时间或精力时，不愿奴隶服侍他，一切亲自动手。虽然他每年的红利和收入很多，但很少用于自己的家庭，用在自己身上的更是少之又少，大部分都用在慈善事业上。

但是他也像所有男人一样虚荣。他花很多的时间在个人的仪容上——抹香料，涂眼圈，染头发，手上戴着一枚刻有"安拉神的使者穆罕默德"字样的戒指，也许这是用来签署文件的印章。他的声调催眠般低沉婉转，感觉敏锐，不能忍受奇异的味道和嘈杂的声音。"态度要温和，"他在布道时说，"说话时务必压低声调，注意，世界上最难听的声音就是驴叫。"他有些神经质，有时神情抑郁，有时却又意气风发。他具有幽默感，有一次他对过从甚密的密友艾卜·霍莱拉（Abu Horairah）说："啊，艾卜·霍莱拉，让我每隔一天孤独一下，这样反而会增加彼此间的感情。"他是一位勇武的战士，也是一位公正的法官。他残酷而狠毒，但他也行了数不尽的义举。他废止许多不近情理的迷信：如弄瞎牲畜的一只眼来医治眼病，将骆驼系在已死主人的坟头。他的朋友爱他近乎偶像崇拜。他的信徒收集他吐出来的唾液，剪下的头发，或他曾经洗过手的水，希望这些东西能奇迹般地治愈他们的疾病。

历经多次战争与爱情的劳累，他的健康与精力仍能保持。至59

岁，他开始衰老了。他怀疑一年前海巴尔人献给他的食物有毒，因为自此以后，他经常发高烧昏迷。据艾莎说，夜深时，他会偷偷地溜出屋子，踯躅于坟场，向死者祈求宽恕，大声为他们祝祷，并且也为将死的人祝福。63 岁那年，热症变本加厉。某晚艾莎抱怨头痛，他也抱怨自己的头痛，并且戏谑她说：难道你不想先死，而让安拉神的先知为你祝福？她用一贯的尖酸刻薄态度回答说，等她下葬完毕，他可以另结新欢。这种热病持续了两周。临终前三天，他从病床上起来，走进清真寺，见到艾卜·伯克尔正在领着做祈祷，他谦卑地坐在艾卜·伯克尔的旁边。632 年 6 月，经过痛苦的挣扎，他在艾莎的怀里与世长辞了。

就其影响之深远而言，他是历史上的巨人之一。他使一个深受溽暑和干旱蹂躏的野蛮民族，提高了精神和道德上的标准。他比任何其他改革者都有成就，很少有人像他那样实现过自己的梦想。他借宗教的力量实现了他的愿望，不仅因为他是一位宗教家，也因为在那个时代，没有其他的媒介可以感动更多的阿拉伯人民。他唤起他们的想象、忧患意识和希望，传达他们能了解的思想。当他刚崛起时，阿拉伯不过是沙漠中一个崇拜偶像的部落；而当他逝世时，它已经是一个颇具规模的国家了。他抑制狂热和迷信，并且加以适当的利用。根据犹太教、祆教及阿拉伯原有的教条，他建立了一套简明而健全的宗教观，以及残忍、强调民族自尊的道德观。在整整 30 年中，他战胜他的敌人达百余次，缔造了一个伟大的帝国。直至现在，将近半个世界仍受到伊斯兰教的影响。

第九章 | 《古兰经》

形式

"Qurân"意为诵读或讲道，穆斯林有时用这一词汇来涵盖他们神圣经文的全部，有时则仅指其中某一章节。跟犹太－基督教的《圣经》一样，《古兰经》是日积月累形成的，而正统派更认为《古兰经》上的每一个字都是得自神的启示。与《圣经》不同，《古兰经》是一人的著作，是一本出自一人之手而最具影响力的著作。在穆罕默德最后23年的生命里，他口述了许多零星的启示，这些都记录在羊皮、牛皮、棕榈叶或骨片上，向礼拜的群众宣读，前面和后面的启示收藏在不同的容器中，并没有特别考虑要把它们按照逻辑排列或按照年代次序排列保存起来。先知生前并未搜集这些片断，但是有几个穆斯林，能把这些片断统统记在心里，作为活课本之用。633年，当许多这样的教徒死去，而又后继无人时，哈里发艾卜·伯克尔就命令穆罕默德的首席抄录员宰德·伊本·彻比特（Zaid Ibn Thabit）"搜寻《古兰经》经文，将其集中在一起"。传说，宰德从"枣树叶、白石片以及男人的记忆中去搜求"。根据宰德完成的原稿复制出数个抄本，但是因为缺少母音之故，对某些字的解释也就各异。而随着伊斯兰教势力的扩展，在不同的城镇也就出现不同的版本。为终止这一混乱局面，哈里发奥斯曼（Othman）命令宰德和其他三位库赖什学者修订原稿（651 年）。正式的修订版复本被送至大马士革、库法和巴士拉等城市。自此，这一正本即保持绝对纯正，并被虔敬地珍藏起来。

这本经书的特性注定重复且凌乱。每一独立章节都有一个易懂的主旨——述说一条教义，口授一段祈祷，宣布一条法令，谴责一个敌人，指示一种程序，讲述一个故事，号召入伍、备战，有系统地陈述条约，呼吁钱财支援，整顿仪式、道德、工业、贸易或财政。我们不敢确定穆罕默德希望把这些片断汇集成册。许多片段就是就某一人或针对某一时的一些评论，如无历史或传统注解，是很难全面了解的。除了忠诚的信徒以外，也没有人愿全部去了解。114 章经文并非按照不明确的性质来排列，而是依长度的递减编排。因为早期的启示通常较短，因此《古兰经》可以说是一部倒叙的历史。麦地那时期那种平淡而偏重实际的章节置于卷首，麦加时期那种以诗体写作而偏重精神的章节则放于后面。因为《古兰经》的次序先后颠倒，阅读《古兰经》要从后面往前读。

除第一章外，《古兰经》是采用安拉神或天使加百利向穆罕默德、他的信徒或敌人传道的形式写的。这是希伯来的先知们所采用的形式，某些章节的确是《旧约》摩西五经所采用的体裁。穆罕默德体会到，除非使信徒们相信这些规范是安拉的意旨，此外没有什么道德规范可使他们信守不渝并奉为圭臬的。这种方式使全书看起来形式上非常宏伟壮观，几可与《旧约》的《以赛亚书》相抗衡。穆罕默德采用一种半诗半散文的文体，而且是不规则地押韵。麦加时期早期的章节，韵律洪亮而清晰，只有熟悉阿拉伯语和伊斯兰教教义的人才能了解其中精义。这是一本纯阿拉伯式的著作，富于生动的比喻，并充满着西洋韵味。大家一致认为，这是一本最好也是最早的阿拉伯语散文作品。

教义

宗教与其他事物相比，是一种道德规范的形式。历史学家是不问神学的真实性的——凭什么来作真假判断呢？他们只追问在怎么样的社会和心理因素下产生这样的宗教；而又在怎样的状况下，这些教义能将兽性转为人性，使野蛮人变为文明人，使空虚的心灵达至充实的和平境界；究竟还有多少自由留给人类让其发展心智；它对历史的影响力究竟如何等。

犹太教、基督教和伊斯兰教均认为，一个健全社会的第一要义乃是一个普遍道德的政府——甚至在邪说猖獗的时候，仍然相信某种仁慈的难以了解的睿智，能将这一世界引向一个公正而崇高的目标。这三种有助于形成中世纪思想的宗教，一致同意这一宇宙的最高智慧就是独一无二的上帝。基督教教义进一步说，这一上帝以三种不同的身位出现，犹太教及伊斯兰教则批驳伪装了的多神教，并且极力强调上帝的统一性和单一性。《古兰经》以完整的一个章节（第112章）来阐述此一主题，而为礼拜报时的穆斯林，每天也在10万座清真寺的尖塔上颂扬唯一真神的信念。

最重要的是，安拉神是地球上生命、生长及一切祝福的源泉。穆罕默德的真主安拉对他说：

> 你看见地面是不毛的；及至我向它降水的时候，它就活动、膨胀，并生出各种美丽的植物（《古兰经》第22章5节）。
>
> 让人类观察自己的食物；我倾下了水，丰富地倾下。我且剖开了地，细碎地剖开。我在那里生长籽粒、葡萄、金花菜、橄榄、枣树。繁茂的花园（第80章24—30节）……你们观看它的果实和它的成熟吧！此中对于有信仰的群众，确含有种种迹象（第6章100节，译按：原误。此处实应为第6章99节）。

安拉也是一位有权力的神，"真主建之诸天，而不用你们所能看见的支柱……制服日月使其各自运行到一个定期……他展开大地，并在大地上安置许多山岳和河流"（第13章23节）。著名的《王位颂》（*Throne Verse*）说：

> 安拉！除他以外，再无有主。他是永生的，自足而无其他。他不假寐不睡眠。诸天所有的，与地所有的都属于他。除经他允准以外，谁能向他求情呢？他知道他们以前以后的……包容天地，保护天地在他不觉疲乏。他是至高至大的（第2章255节）。

除权力和正义外，他有无比的慈悲。除了第9章以外，《古兰经》也像每一本正统伊斯兰教书籍一样，每一章都以一段严肃的前言（先念一声"真主啊！"）开始："奉至仁至慈的真主之名。"穆罕默德虽然强调地狱的恐怖，却也不倦地对安拉无限的慈悲进行赞美。

安拉是全能的主宰，深知我们的隐秘。安拉深知过去、现在和未来，因为一切都是注定的。万事万物，甚至包括灵魂的最后去处，都是由神安排好了的。如奥古斯丁所描述的神一样，安拉不但可从永恒中得知谁将被救，而且"真主必使他所意欲者误入迷途，必使他所意欲者遵循正道"（第35章8节）。就像耶和华闭塞法老的心智一样，安拉对不信奉者说："我确已将薄膜加在他们心上，以免他们了解经义，并且在他们的耳里造重听。如果你召他们于正道，那么，他们将永不遵循正道。"（第18章57节）这一段话——无疑是用来激励信仰的——对任何宗教而言都是一句苛刻的箴言。但是穆罕默德比奥古斯丁还要彻底地断言。据传阿里的《圣传》说："我们和先知并坐着，他用一根棍子一面在地上写着，一面说道：'无论在地狱或乐园，你们的命运都是由真主预先指定好的。'"这种对命运的信念使得宿命论成为伊斯兰教思想的特色。这种思想常被穆罕默德及其他领袖们用来在战场上鼓励士气，因为不管多么危险的时刻，也不论多么谨慎，都不能使命定死亡的时刻提前或延后。这种思想培养了穆斯林逆来顺受的庄严情操，但是它与其他因素结合，在以后几个世纪中，使阿拉伯的思想及生活具有了一种悲观的色彩。

《古兰经》中的超自然世界充满了天使、镇呢，还有一个魔王。天使是安拉神的秘书和使者，专门记述人们的善恶行为。镇呢是由火变成的，与天使不同，他们有吃喝玩乐的欲望、生老病死的痛苦。他们中有善的，善的能倾听，大部分是恶的，常引诱人类走入邪道。镇呢的领袖是易卜里斯（Iblis），他一度是天使，因拒绝对亚当表示顺从，而被罚入地狱。

《古兰经》的伦理观，跟《新约》大致相同，建立在死后善恶因果报应上。"今生不过是娱乐，无聊的谈话及彼此间的夸耀而已"（第57章20节），只有死亡这一件事是确定的。有些阿拉伯人认为，死是万事的结束，因此他们嘲笑所谓来世之说"不过是前人的故事罢了"（第23章83节）；但是《古兰经》却保证肉体和灵魂的复活（第75章34节）。复活并非立刻应验，死者必须安息至审判的日子（Judgment Day）。也正因为他们是睡着的，复活在他们看来是立即到来的。唯有安拉才知道什么时候会复活，但是在复活前一定有征兆。接近复活的日子——一定是宗教信仰废弛，道德观念低下，混乱，充满暴乱不安，烽烟四起，而有智慧的人祈求自己死亡。最后的信号是三声喇叭长鸣。当第一声喇叭声响起的时候，日月星辰毁坠，天空混沌一片，山丘、建筑夷为平地，海水干涸燃烧（第20章102节以下）。当第二声喇叭声响起的时候，一切生命——天使、镇呢及人——都毁灭，只有几位特别受神恩宠的留下。40年后，司音乐的天使伊斯拉非（Israfel）吹起第三声喇叭，尸体便从坟墓中爬起来，再与灵魂结合。神从云端冉冉而降，天使们捧着记载着人在世间的功过、思想的册籍陪伴着。好事及坏事一同摆在天平上衡量，每一个人都用这种方法受审判。接受神启示的先知们就在那时斥责拒绝福音的人，并且为信徒们说情。好人和坏人一起通过叹息（al-Sirat）桥，该桥——比发纤细，比剑锋利——悬吊在地狱谷上，坏人及非信徒将堕入深渊，好人则平安地通过该桥，进入天堂——并非由于他们的功勋，而是主的慈悲。《古兰经》就像基督教基本主义者（译按：以绝对相信《圣经》之记载为基督教信仰之基本，而排斥进化论者）一样，关心正当的信仰甚于善良的功业；里边提到不信穆罕默德的要打入地狱不下数百次（如第 3 章 10 节、63 节、131 节；第 4 章 56 节、115 节；第 7 章 41 节；第 8 章 50 节；第 9 章 63 节等）。罪因程度、种类不同而分开，因此地狱分成七层，每一层有一定的刑罚。有火烧热蒸和冷水浸泡，最轻微的处罚是穿上烧红的铁鞋子走路。对醉鬼的处罚是喝滚烫开水及秽物（第 56 章 40 节以下）。也许但丁可从《古兰经》中看见他的一部分幻想。

穆罕默德对天国的描绘跟地狱一样生动。那些善良的信仰者，及那些在战争中为安拉神献身的人都进入天国，穷人比富人早到 500 年。乐园在七重天之中或在其上。这是一个壮观的花园，流水淙淙，林荫蔽天。受神祝福的人们，在那里身穿锦绣，佩戴珍珠宝石，安详舒适地躺卧在睡椅上，为美少年们服侍着，吃着顺手摘下的果子。那里有流着牛奶、蜂蜜和酒的河流。那些被拯救的人，从银光闪闪的杯子里啜饮香浓醇酒（在地球上是禁止的），而没有酩酊大醉的苦楚。由于安拉神的慈悲，在天国的宴会里，听不到妄谈；取而代之的是一群"未经男人或镇呢碰触过……美如珊瑚及红风信子石，酥胸细腻高耸，眼睛像受到保护的卵一样清亮纯净的处女"，她们身涂香料，不被俗世卑污的烦恼所苦。每一位受祝福的男人，将会得到 72 位美人作为赏赐，她们终生年轻貌美，没有生老病死的痛苦。因为虔诚的女信徒也将进入乐园，当然会引起一些困惑，但是习惯于多妻制度的男人，这些困难是不难克服的。在这种感受上的欢悦中，穆罕默德另加了些精神的激励：一些被拯救者，常喜欢吟诵《古兰经》，他们都感受到凝视安拉面孔时的那种狂喜。"他们全都返老还童，不会变得老迈。"

伦理

在《古兰经》里，就像在犹太法典里一样，道德和法律是未分化的。世俗的一切均包含在宗教里，每一戒律都是神的旨意。《古兰经》不仅包括礼仪、卫生、结婚、离婚，对待孩童、奴隶及动物的准则，也包括商业、政治、利息、债务、契约、遗嘱、工业、金融、犯罪、刑罚、战争与和平等规则。

穆罕默德不轻视商业，他习惯于商业事务。据说，他在麦地那当权的那段日子，就从事过整批买进，零售卖出的买卖，毫不犹豫地牟利，有时他做拍卖员的工作。他精于商业术语，赞成穆斯林在俗世取得成就，提示天国对信仰不坚的人来说就像一场交易。对不诚实的商人他用打入地狱相威胁，斥责垄断和"囤积谷类，待价而沽"的投机者，吩咐雇主"在劳动者汗滴未干以前即发放工资"。他禁止利息。没有一位改革者比他更积极地运用富人的税金来帮助穷人。每一篇遗嘱皆要注明留些财物给穷人，如果人未留遗嘱就死去，则他的固定继承人就得拿出一部分作为慈善之用。与同时代的其他宗教一样，他承认奴隶制度是自然法则，但他尽量将他们的负担和痛苦减至最低。

同样地，他改善阿拉伯妇女的地位，但承认她们的从属性。当发现男人们因情欲受束缚而发出愤怒的讥讽，他就用神父般的口吻说，女人是男人致命的祸根，她们中的大部分都要进入地狱。因此他制定的《舍拉法典》禁止女人成为统治者。他允许女人进入寺院，但认为"家庭对她们更为适合"。然而当她们来听道时，他对她们相当和蔼，即使她们随身带了尚未断奶的孩子。有这样一则极耐人寻味的圣传：如他听到孩子的哭声，他立即缩短布道，以免她感到不便。他结束了阿拉伯杀婴的传统。在法律和经济上，他使女子在合法的控诉和财政的独立上与男子完全平等，她可追求任何合法的职位，保留其所得，继承财产，立遗嘱处理属于自己的财物。他革除了阿拉伯视女人为财产，而父死子继的陋习。女人继承的遗产是男人的一半，而且不得违反女人的遗嘱而处理其财产。从《古兰经》的一节开始提到设立帘幕的规定："住在自己家里，不要炫耀装饰。"但此处是强调衣着要朴实无华，有一篇圣传引述先知对女人说的话："当你需要什么时，你可以外出。"他要求跟随者和他太太们说话时要隔着帘子。除这些限制外，我们看到他那个时候及稍后一个世纪，伊斯兰教妇女行动很自由，而且并未戴面纱。

有些道德标准因气候而定：阿拉伯的热带性气候可能使人早熟，因此在这种热浪逼人的气候中，允许男人的某些权利是必需的。伊斯兰教法律严禁婚姻以外的勾引，故规定男人可以多妻。婚前的禁欲是甚为严格的（第24章33节）。因此斋戒制度被用作一种辅助手段。不管双方家长同意与否，当事人的意愿是必要前提，这种合约跟其他的证件一并封存在男方送给女方的聘礼里。穆斯林可与犹太女人或基督徒妇女结婚，但是严禁与崇拜偶像——即非基督教的多神教教徒——的妇女结婚。跟犹太教一样，独身是有罪的，结婚是一种义务，并且使主愉悦。穆罕默德用多妻制度来平衡两性间死亡率较大的差异，延长母性抚育子女的时间，以弥补热带气候造成的生殖能力的早衰，但是他规定妻子的数目不得超过四人，而他自己则不受限制。他严禁蓄妾，但又宁可保留此一制度，也不允许穆斯林和多神教的妇女结婚。

既然男人被给予了如此多的泄欲机会，因此《古兰经》规定犯通奸罪者双方各处一百鞭笞。跟犹太法典一样，《古兰经》规定，不论基于何种理由，男人有和妻子离异的权利，女人与男人离异时则必须归还聘礼。虽然穆罕默德承认在信仰伊斯兰教之前，男人有休妻自由，但穆罕默德并不鼓励离婚。他说，没有一件事比离婚更使主不快的了，仲裁人应由"男女双方亲属中各指定一人"，而且必须尽量使双方重归于好。一个月中，必须连续宣告三次才能使离婚合法化，而且为慎重起见，规定离婚之女子再婚而又离异后，离婚夫妇始可再结合。女人行经期间，丈夫不许与妻子接近，而且不得视其妻为不洁。

但再行同居前，妻子须行洁净礼。女人是男人的耕地，生育子女是男人的义务。女人应承认男人有最高的智慧及权威：她必须服从丈夫，如她反抗，他应"罚她分床就寝，并鞭笞她"。

在阿拉伯或其他地区，女人在法律上的地位，与她们的言词、温柔及妩媚所散发出来的能力并不相称。以后的哈里发欧麦尔，曾因其妻出言不敬而怒斥她。她却对他说，这正是他的女儿及穆罕默德的妻子们对安拉神的先知所用的口气。他立刻去告诫哈夫莎及穆罕默德的其他妻子们，她们却告诉他少管闲事，因此他只得垂头丧气地回去了。听说此事，穆罕默德大笑不已。他跟其他穆斯林一样，也常和妻子们争论，但他依然喜爱她们，更用适当的感受来谈及女人。据说他曾说："世上最有价值的东西，是一位德行好的女人。"在《古兰经》里，他曾两度提醒信徒们记住母亲怀孕时的痛苦，生育时的痛苦，抚育两三年的痛苦。因此他说："乐园就在母亲的脚边。"

宗教与国家

道德家的第一课题，就是要使合作能引起人们的兴趣，然后才关注合作无间的这一整体或集团之大小。完善的道德观，在于求得每一分子和最大整体之间的最大合作——即与宇宙本体、生命本质、秩序或者神之间的合作。从此点出发，宗教与道德是合而为一的。但是道德直接源于习惯，也是一种间接的强制，因此它只有在拥有强制力的团体内始能发展合作。故所有实际的道德亦即是团体的道德。

穆罕默德的道德虽超越了他所隶属的部落，可是却限于他所创设的信徒集团之中。自他在麦加获胜以后，他限制而非完全禁止部落之间的掠夺。同时，他把一个新的团结意识，一个更广阔的合作与效忠的范围传给整个阿拉伯，包括所有的穆斯林在内。因此《古兰经》里说"唯众信徒是弟兄"（第 49 章 10 节）。部落中强烈的阶级、种族之区分，就在信仰相同的基点上逐渐减少。"如果一位黑奴被指定来领导你们，虽然他的头颅像晒干的葡萄，但是你们仍应听从他。"这就是使零散地分处各地的人民结合成整体的崇高理想。而这也正是基督教精神和伊斯兰教精神所共有的光荣。

这两种宗教，在无限的博爱中，却存在着对不信教者严酷的敌视。"不要把犹太人和基督徒当作朋友……如果你们的父兄不愿接受信仰的话，也不要选择他们做朋友。"（第 5 章 51 节、55 节；第 9 章 23 节）穆罕默德对这一原则的阐释比较温和。"不要把暴乱带到宗教里。如果他们接受伊斯兰教，他们已得到指引；如果他们掉头而去，那么就得要好好地开导他们。""让不信教者休息一下，然后再和颜悦色地开导一番。"（第 36 章 17 节）对待不肯和平接受信仰的阿拉伯人，穆罕默德就以安拉神的名义开启战端。自从与库赖什人燃起战火，而休战的圣月过去之后，无论在何处遇到的非信徒敌人均被杀。"如果那些偶像崇拜者要求你们保护，就保护他们吧，也许他们从此肯接受安拉神的道……如果他们肯悔改，他们就会接受信仰"（接受伊斯兰教），"那么，就开放他们的道路"。（第 9 章 56 节）"不要屠杀年老而不能战斗的人，也不要屠杀妇女、孩童。"每一个有战斗能力的男性穆斯林都要参加此一圣战。"瞧！安拉神爱护那些为他赴战的人……我借安拉神之名宣誓……勇往直前，不论晨昏，为宗教而勇敢赴战，较世上任何一切都要高尚。的确，站立在战斗行列里的每一个人，要比在家里做 60 年的祈祷还要有价值。"这些训诫并非都在激人赴战。"向那些阻碍你接近安拉神的人宣战，但是不要一开始就采取敌对态度。安拉神不喜欢侵略者。"（第 2 章 90 节）穆罕默德接受了他那时代基督教国家的战争法，他因非穆斯林的库赖什人占据麦加，而与之作战，这与乌尔班二世派遣十字军驱逐占领耶路撒冷的穆斯林如出一辙。

其他宗教无法避免的理论与实际上的鸿沟，在伊斯兰教并不显著。阿拉伯人是好色的，而《古兰经》承认多妻制度。但在其他方面，《古兰经》的道德观就像克伦威尔的清教徒道德观一样严苛，只有不明就里的人才会认为穆罕默德教义在道德观点上较不严苛。阿拉伯人倾向于复仇的观念，因此《古兰经》不倡导以德报怨。"谁攻击你，就以同样的方式反击他……任何人受到屈辱，就得起来自卫，别无他途可寻"，"对侮辱只有报复"。（第 2 章 194 节，第 42 章 41 节）像《旧约》一样，这是一种充满杀气的道德观；《古兰经》强调雄浑有力的刚健德行，正如基督教强调柔情温驯的德行。在历史上，没有一种宗教像伊斯兰教一味地试图使男人强悍，并得到成功的。"信徒们！忍耐吧！忍耐胜过一切！"（第 3 章 200 节）尼采的《查拉图斯特拉如是说》一书的主角查拉图斯特拉正是这种口吻。

　　《古兰经》被信徒们尊崇到近乎偶像崇拜的地步，它被用优美的技巧抄写，谨慎地解释，并作为穆斯林的启蒙读本，再作为完整教育的中心和巅峰，传世 13 个世纪以来，深入亿万人的心中，引起了他们的幻想，塑造了他们的性格。但是它或许也冻结了他们的思维能力。《古兰经》教义简洁，缺少神秘及繁琐的仪式，并且没有偶像崇拜与祭司制度。它的预言提高了信徒的道德及文化水准，促进社会秩序及一统，启迪注重卫生，减少迷信思想及残酷行为，改善奴隶的生活状况，提高了阿拉伯人的自尊与荣耀，在伊斯兰世界中（除了某些哈里发的宴享外），塑造了白人世界所不能比拟的清醒与节制。《古兰经》使人们毫无怨尤地接受生命的艰苦及限制，同时激励他们创下历史上最惊人的势力扩张。它给宗教下了一个使基督徒及犹太人都能接受的定义：

　　　　你们的面向东方、西方不为义，义只信安拉、末日、天使、经典、列圣；并因爱安拉，能将其财物布施给亲属、孤儿、穷人、旅客、乞丐及赎身的，并守拜功施天课……能履行契约的人，以及能忍受灾难、艰困和暴乱的人：这些人才是正义者，才算信仰安拉的。（第 2 章 177 节）

《古兰经》的来源

由于《古兰经》的格式模仿了希伯来的先知们，因此其内容大部分也是对犹太教的教义、神话和主题的修正运用。责骂犹太人的《古兰经》，却给予犹太人前所未有且最真诚的谄媚。它的基本观念——一神论、预言、信仰、悔改、最后审判、天国与地狱——在犹太人看来，与他们自己的信仰是极其接近的，甚至在形式及本质上也是如此。它与犹太教主要的分歧点在于它认为救世主已经到来。穆罕默德认为安拉曾赐给人类 104 种启示，而只有 4 种被保存下来——摩西五经、大卫王的《赞美诗》、基督的四福音及穆罕默德的《古兰经》。穆罕默德认为，不论何人，如拒绝接受任何一种即为异教徒。但是前三种已趋腐化，不再得到信任，因此现在《古兰经》已取前三者而代之。曾经有许多令人鼓舞的先知——如亚当、挪亚、亚伯拉罕、摩西、以诺、基督，但是最后得享盛名的却是穆罕默德。穆罕默德接受从亚当直至基督的所有《圣经》故事，但作了一些修正以保持其神圣性，所以上帝并未真正让耶稣死在十字架上。先知先谈论《古兰经》与《圣经》的一贯性，以证明其所负神圣使命的真实性，并解释《圣经》的章节，以阐明其身份与任务。

自上帝创造天地直至最后审判，他都采用了犹太人的观念。安拉即是上帝（耶和华）。安拉是 al Ilah 的缩写，是古老的克尔白神。是相类似的词，以不同的形式在数种闪米特语言中表示神圣之意。所以犹太人用"Elohim"称上帝，而基督在十字架上则求助于以利（Eli）。安拉和耶和华是怜悯之神，同时也是严酷好战的神，了解人类的感情，最后成为至尊无二的真神。用以确定神的统一性的犹太仪式中的以色列的示玛（Shema'Yisrael）也出现在穆斯林信念的第一条——"安拉是独一无二的"。《古兰经》赞美安拉神"大仁大慈"，这一词是犹太法典中的相同语句的回响。称安拉为慈悲的拉赫曼（Rahman）也正是重复犹太法典时代犹太拉比们称上帝为拉赫曼纳（Rahmana）。犹太法典说："圣者，它是可称颂的。"伊斯兰教的典籍却用同样的语调说："安拉"（或穆罕默德）"是可称颂的"。显然，承认先知与《圣经》一致的犹太人，同时也认为他撷取了犹太法典中的一些要旨，有近百段的《古兰经》经文反映出犹太《法典本文》与《注释》的精神。《古兰经》关于天使、复活、天堂等的记述，是模仿自犹太法典而非《旧约》。占了《古兰经》1/4 篇幅的各种故事，也可从犹太法典注解的注文或寓言中寻找出本源。而《古兰经》上的许多故事，常与《圣经》上的有所出入（如约瑟的故事）。这是因为它们来源于未信仰伊斯兰教前的犹太人已在犹太法典的注释中所表现的各种变异形式。

穆罕默德从犹太《法典本文》和《哈拉卡》（*Halakah*）——犹太人的口述律令——中汲取了许多仪式的基本要素，包括饮食及保健的细节。祷告前必须行洁净礼，如没有水来洗净双手时可用沙来代替——这完全是犹太拉比的方法。穆罕默德非常欣赏犹太人安息日的规定，他采用这一传统，但是规定星期五是穆斯林的祈祷日以示区别。伊斯兰教的禁食方法也模仿希伯来人。如犹太拉比们教犹太人每日须祈祷三次，祈祷时须身体匍匐，额头触地，且须面向耶路撒冷及圣殿，而穆罕默德承认这些规则也适用于伊斯兰教。《古兰经》第 1 章规定的伊斯兰教的基本祈祷文，也源自犹太教。希伯来人的致候词 *Sholom aleichem* 与伊斯兰教的"愿安拉赐你平安"一词相同。最后，犹太法典中的天堂，与《古兰经》中的天国，都指赤裸裸的肉体上和浑然忘我的精神上的一种喜悦境界。

在教义及施行上，两者某些规则乃共同承袭了闪米特的文明，其中某些部分——如天使、魔鬼、撒旦、天国、地狱、复活及最后审判——是犹太人模仿巴比伦尼亚或波斯，因此也很可能直接从波斯传入伊斯兰世界。祆教的末世说——复活的死人必须经过一座悬吊在深渊上的危桥，恶迹昭彰的将堕入地狱，而良善的则顺利抵达乐土，除了美食之外，还可享受周旋在青春永驻的美女间的乐趣，这和穆罕默德的末世说是完全一样的。除了犹太人的教义、伦理、仪式及波斯人的末世说以外，穆罕默德另外又吸收了阿拉伯的魔鬼论、朝圣、克尔白祭典，而综合成伊斯兰教。

　　他直接吸收自基督教义的内容并不多。我们从《古兰经》判断，他对基督教并不完全了解，对它的经文也只是间接得知，而对其教理大部分是通过波斯的景教辗转获得。他所传播的因惧于未来的审判而做忏悔则染有基督教的色彩。他将耶稣的母亲玛利亚——希伯来语为米利暗（Miriam）——与摩西的姐姐米利暗混为一谈，同时见基督教世界中对玛利亚的礼拜日趋隆重，便认为基督教视她为构成圣父、圣母及圣子三位一体的女神（第5章116节）。他约略知道些耶稣行神迹的故事，但他不宣称自己有此能力（第3章48节，第5章110节）。他也接受非正统的有关耶稣及"童贞女生子"的传说（第3章47节；第21章91节）。他相信幻影说，认为上帝以幻影代替耶稣在十字架上受罪，而将耶稣毫发不伤地带入天国，但是穆罕默德不认耶稣为上帝的儿子。"安拉何须一子，在诸天与在地的一切都属于他的。"（第4章171节）他请求"有经的人们"，"让我们彼此达成协议，我们只祭祠唯一的神安拉"。（第3章64节）

　　总而言之，尽管穆罕默德否认与基督徒的亲密关系，他对基督徒仍颇具好感。"在这世界中，与基督徒要融洽相处。"即使在他和犹太人发生争执后，他仍然要求对"有经的人们"——犹太人和基督徒——宽容。此一观点及其政策后来也为波斯人吸收，因其也有一部圣典《火教经》。穆罕默德教义，虽然其狂热不亚于任何信仰，却承认穆斯林以外的人也可得救，并要求信徒敬重"律法"（《旧约》）、四福音书和《古兰经》，认为它们共同构成"神道"的全部内涵，这是一个相当清新而宽宏的观念。穆罕默德要求犹太人服从他们的"律法"，基督徒服从《新约》四福音书，但是他也请他们接受《古兰经》是上帝最新谕旨的观念。早期的启示已经腐化并被滥用，而最新的启示可使它们统一、净化，提供人类一个完整而激励人心的信仰。

　　有三部经典形成并普及于信仰时代，它们是《圣经》、犹太法典、《古兰经》——好像在说，在罗马帝国那种野蛮状态下，只有通过超自然的伦理观，方可恢复社会秩序及个人灵魂。这三部经典全是闪米特人的产物，大都是属于犹太人的。而整个中世纪，也可说是这三种经典在信仰上的争执及在教义上的残忍争斗的历史。

第十章 | 伊斯兰之剑
（632—1058）

继承者（632—660）

穆罕默德未曾指定继承人，但他曾命艾卜·伯克尔主持过麦地那清真寺的祈祷仪式。经过一段纷争扰攘的日子，就根据这一事实，诸阿拉伯伊斯兰教领袖被说服共同拥戴艾卜·伯克尔为第一位哈里发（Khalifa）。哈里发，当初只是一个称谓，而不是一个官衔，正式官衔称为艾米尔·慕米宁（Amir Al-Muminin），即教徒领袖（Commander of the Faithful）。身为先知的堂亲和女婿的阿里对这一结果大为失望，近半年之久，坚决拒绝合作。阿里及穆罕默德的叔叔阿巴斯都非常愤怒。这令人不愉快的任命，导致了 12 次大战、一个阿巴斯王朝和一个一直扰乱伊斯兰世界的教派分裂。

当时艾卜·伯克尔 59 岁。他短小精干，头发稀疏，花白的胡子染成红色。生活简朴有节制，态度慈祥而具决断力，他亲自处理行政与判案的细节，没有得到公正合理的结论前决不休息。除非他的子民强迫他，否则他不接受报酬。在他的遗嘱里，他决定将他生前所领的俸给全部归还给新政府。但是阿拉伯各部落误认他这种谦恭的态度是意志薄弱。对伊斯兰教只是虚与委蛇的皈依者，由于误解这一点，拒绝负担由穆罕默德所规定的什一税。当艾卜·伯克尔坚持时，他们却向麦地那进军了。他在一夜之间，招募了一支临时军队，破晓前即追踪打击叛军（632 年）。而当时阿拉伯军中以残酷著称的将领哈立德·伊本·阿尔—瓦立特（Khalid Ibn al-Walid）奉命敉平骚乱的半岛使之归于正统，他们只好在忏悔中奉上什一税。

这种内部分裂，是导致阿拉伯人征服西亚的原因之一。在艾卜·伯克尔就职之初，哈里发绝没有想到这种扩张的计划。叙利亚的阿拉伯诸部落拒绝基督教与拜占庭，避开帝国的军队，向穆斯林求援，艾卜·伯克尔立即给予军火支援，并激起他们反抗拜占庭的斗志。这一向外扩张的举动，反而促使了阿拉伯内部的统一。耐不住饥饿又惯于作战的贝都因部落，欣然加入这些显然有限的战役中，在他们未认清真相前，这些沙漠中的怀疑论者，已狂热为伊斯兰教赴死。

导致阿拉伯向外扩张的原因很多。基于经济上的有：在穆罕默德前一世纪，政治上的衰微，已经使水利系统破坏，人口的生殖率超越了土地所能提供的供应量，渴望获得更多的可耕地，刺激着这群阿拉伯人。基于政治上的有：拜占庭及波斯两国由于战争及相互蹂躏而耗竭了国力，日趋式微；地方政府苛捐杂税繁重，行政失误，且不能保护人民。基于种族上的有：居住在叙利亚及美索不达米亚的阿拉伯部落，对接受入侵者的规章及信仰，不觉得有任何困难。基于宗教上的原因：拜占庭政府对基督一性论教派、景教及其他宗派的高压手段，使住在叙利亚和埃及的大量少数民族日益不满，甚至帝国的禁卫军也是如此。当战争逐步推进，宗教的角色也逐渐重要。那些伊斯兰教领袖都是穆罕默德的狂热信徒，对祈祷的热情甚于对战争的爱好；他们以宗教的狂热鼓励信徒，宣称在圣战中死去，是进入天国的最好途径。基于士气上的原因：近东基督教的道德规范及修道生活日渐式微，为了鼓舞士气，提高战斗力，已染上了阿拉伯的习气并部分接受了伊斯兰教的教义。阿拉伯军队经过严格的训练，具有凝聚力，他们习惯了艰苦及视战利品为报酬，他们能在饥饿的状况下战斗，而将丰盛的餐点寄托于战争的胜利。但是他们并非野蛮人。"公正,他们正应是,"艾卜·伯克尔大声疾呼着,"勇敢,宁死毋屈!仁爱为怀,毋杀老弱妇孺。不要摧毁草木、五谷及牲畜。言出必行,即使对敌人也要信守诺言。不要干扰遁世的宗教人士,至于其他的人,则应强迫他们成为穆斯林,或对我们朝贡;如他们拒绝这些条件,就杀了他们。"给予敌人选择的不仅是伊斯兰教或战争,朝贡也是一种选项。军事扩张的最后原因是:当这支胜利的阿拉伯军队,吸收了众多饥饿又雄心勃勃的新兵之后,即使仅欲维持足够的粮饷,就得要去征服新的领土。战争进展制造了更多的难题:一次胜利要求另一次更大的胜利,一直到阿拉伯人的征服行动迅速超过罗马人,其持久更甚于蒙古人——创下了军事史上前所未有的辉煌战绩。

633年初,大将军哈立德·瓦立特"绥抚"阿拉伯骚乱后,应边境地区游牧部落的邀请,越过伊拉克边境,参与袭击附近一个部落。因为不习惯游手好闲和平淡无奇的日子,哈立德及其500名徒众便接受邀请,与2500名部落壮丁会合,侵入波斯领土。我们无法确知这次冒险是否获得艾卜·伯克尔的首肯,但显然他很明智地接受了这次侵略的成果。哈立德在此役中占领了希拉,并将丰富的战利品奉送给哈里发,得到了哈里发如下的赞许:"女人已黔驴技穷,女人再不能生出像哈立德这样的人了。"女人在胜利者的思维及战利品中已成为重要的一项。在围攻埃墨萨(Emesa)的战役中,一位阿拉伯青年将领描述叙利亚少女的美色,以燃起士兵们的狂热。当希拉城破时,哈立德要一位名叫克尔玛特(Kermat)的妇女与一名阿拉伯士兵结婚,因该士兵宣称穆罕默德曾将她许配给他。这位少妇的家人忧伤不已,但是克尔玛特却淡然处之。"蠢材才会看上我的年轻美貌。"她说,"他却忘了青春可不能持之永恒。"这位士兵看望了她以后,答应她以少许金子赎回自由。

正当哈立德欲享受希拉的胜利果实时,哈里发却又给他一道命令,派遣他去支援靠近大马士革正受到强大的希腊军队威胁的阿拉伯军队。从希拉到大马士革有五天要在干旱的沙漠中行军。哈立德征集驼队，使他们饱餐一顿。一路上，士兵们屠宰骆驼从其腹囊里取水止渴，而其坐骑则靠驼奶充饥。当哈立德的军队抵达距大马士革西南60英里的雅穆克（Yarmuk）河边时，军需品已全部耗尽。据阿拉伯历史学家记载，这支仅4万人（一说2.5万人）的阿拉伯军队，进行了有史以来最关键的一次战役，击败了24万人（一说5万人）的希腊大军（634年）。东罗马帝国皇帝赫勒克留率全部叙利亚军队冒死一战，使叙利亚变成了伊斯兰教帝国扩张的根据地。

正当哈立德获胜之际，艾卜·伯克尔逝世的消息传来（634年），而新哈里发欧麦尔希望哈立德将军队统率权交给俄拜德（Abu Obeida）。哈立德隐瞒这一消息，直至战事完全胜利为止。欧麦尔是艾卜·伯克尔的首席顾问和全力支持者，因此艾卜·伯克尔临终指定他为继承人时，没有人置疑这个决定。然而欧麦尔与艾卜·伯克尔却是相反的典型：他身材高大，肩很宽，富有感情。两个人相同之处为：俭朴，秃头，须发染色。由于岁月和责任感，他养成一种暴躁与冷静交加的复杂性格。他曾经因不公正地打了一位贝都因人而恳求对方——毫无效果——还以同样的殴打。他在道德与宗教方面皆主张严肃，要求每一位穆斯林严格遵守各种行为准则。他随身携带一根鞭子，随时随地鞭笞违反《古兰经》的穆斯林。据圣传记载，他曾亲自鞭打其酗酒的儿子至死。据伊斯兰教历史学家说，他只有一件一补再补的衬衫和披风，以面包和椰枣果腹，以白水解渴。晚上睡在用棕榈叶铺成的床上，不比苦行僧所穿的粗毛衣服更舒服。他唯一关怀的是借着文字和武力传道。当波斯帝国的一位省长向欧麦尔致敬时，发现这位东方的征服者与一群乞丐一起睡在麦地那一座清真寺的石阶上。但我们不敢保证这一故事的真实性。

欧麦尔免除哈立德的职务，因为"上帝之剑"不断地染上其残酷行为导致的斑斑血迹。这位顽强的将领对贬谪处之泰然，他坦率地接受俄拜德的处置，而俄拜德也明智地接受他的忠谏，而反对他在胜利后的暴虐行径。精于骑术的阿拉伯人，证明自己比波斯人和希腊人的骑兵和步兵更为精锐，中世纪早期没有一支军队能抵抗他们在战场上的嘶吼，他们那种神奇的战术和快速的军事行动。他们很小心地选择有利于他们骑兵移动的平坦战场。635 年他们攻占大马士革，636 年攻占安条克，638 年取得耶路撒冷。至 640 年，整个叙利亚已落入穆斯林的手中。641 年，波斯和埃及相继被他们征服。耶路撒冷教长索菲洛尼乌斯（Sophronius）要求哈里发亲自前来批准降约，以为有条件的投降。欧麦尔欣然同意，轻骑简从自麦地那出发，随身只带了一袋玉米、一袋椰枣、一壶水和一只木碟。哈立德、俄拜德及其他阿拉伯将领闻讯出迎。他看到他们的华服绣骑甚为不悦，就地抓起一把石子向他们掷去，大声斥责道："滚开，你们应该这般装束来欢迎我吗？"他很仁慈和礼貌地接待索菲洛尼乌斯，课以被征服者一点贡品，并保证基督徒可在安定和平中保有他们的神龛。一些基督教历史学者说他曾陪伴教长巡视耶路撒冷。在他停留的十天中，他用他的名字来命名清真寺建地。然而，他得悉麦地那人民唯恐他将以耶路撒冷为伊斯兰教的重要据点，很是不满，他立刻回到文化水平较低的麦地那去。

对波斯和叙利亚的控制稳固后，马上掀起了一股从阿拉伯向北方和东方移民的浪潮，堪与历史上日耳曼民族向被征服的罗马各省移民相比。女人也参加了这一次移民，但在数量上不及阿拉伯男人那么多。因此，男性征服者们娶基督徒和犹太人为侍妾，而承认自己与这些妾侍们所生的子女在法律上的合法性，如此在那里生活并繁衍着。到 644 年，在叙利亚和波斯的"阿拉伯人"已增至 50 万之多。欧麦尔禁止这群征服者购置或耕植土地。他希望在阿拉伯以外也能永远保持一个军人阶级，由国家优容供给一切，但须严守军人本职。他的禁律在其死后即被抛诸脑后，他豁达大度，导致他的法令几乎在生前就被置若罔闻了。他将掳获的战利品的 4/5 分给军队，只有 1/5 归属国家。头脑精明的少数人，不久即搜购了大批物资，增加了阿拉伯的

财富。库赖什的贵族们在麦加和麦地那两地兴建堂皇的宫殿：祖贝尔
（Zobeir）在数个城市拥有华丽的宫殿，并拥有 1000 匹马和 1 万名奴
隶。拉赫曼（Abder Rahman）拥有 1000 匹骆驼、1 万只羊和 40 万第
纳尔。欧麦尔眼看他的子民日趋腐化，甚为忧心。

　　欧麦尔在一座清真寺主持祈祷时，被一名波斯奴隶刺伤（644
年）。由于不能说服莱赫曼作为他的继承人，垂死的哈里发即指定
六人来选择他的继承人。也许是他们希望能操纵未来的哈里发，他
们竟然选了六人中最懦弱的一人为继承人。奥斯曼·伊本·阿凡
（Othman Ibn Affan）是一位年迈仁慈的长者，他重建并美化了麦地
那的清真寺，并全力支持赫拉特（Herat）、喀布尔（Kabul）、巴尔克
（Balkh）、第比利斯（Tiflis），及从小亚细亚到黑海的将领们。但非常
不幸，他是早期穆罕默德最强悍的敌人、贵族化的倭马亚氏族的忠诚
一员。倭马亚人蜂拥至麦地那，凭着与这位年老的哈里发的关系，坐
享别人用血汗换来的成果。他却不能拒绝他们的要求，不久就有成
打优厚的官位，交到蔑视虔诚穆斯林清修与简朴生活的倭马亚人手
中。而胜利的果实使伊斯兰分裂成几个互不相让的派别：来自麦加的
避难者与麦地那的援助者相互对立；麦加与麦地那这两个居于领导地
位的圣城与日益发展的新兴伊斯兰教城市，如大马士革、库法、巴士
拉相对立；库赖什的贵族政治与贝都因的民主政治相互诉责；阿里领
导的哈希姆派与穆阿维叶——穆罕默德主要敌人苏夫扬的儿子，时任
叙利亚总督——领导的倭马亚派对立。654 年，一位改宗伊斯兰教的
犹太人在巴士拉宣扬革命主义：穆罕默德将再转入人世，阿里是他唯
一的合法继承人。奥斯曼是一位僭主，他所任命的官员是一群无神论
暴徒。在巴士拉遭到驱逐后，这个犹太人避入库法。在库法再度被赶
走，他逃到埃及。在埃及，他的煽动言论却得到听众热烈的反应。将
近 500 名埃及穆斯林以朝圣者的身份前往麦地那，要求奥斯曼让位。
遭到哈里发拒绝后，他们就将他围困在皇宫里。最后他们拥入宫中，
在他诵读《古兰经》时把他杀死（656 年）。

倭马亚的领袖们随即从麦地那四散逃走，而哈希姆派立即拥立阿里为新的哈里发。在青年时期，阿里是信仰虔诚而又忠心耿耿的典型穆斯林。现时他已55岁，秃头，体格健硕，慈蔼，谨慎。他对以政治代替宗教及以阴谋代替虔诚信仰的事件感到痛苦并畏缩。各方面要求他严惩凶手，但因他迟迟未有行动而让凶手们逃走。他要求奥斯曼所任命的官员辞职，被大多数人拒绝。相反，穆阿维叶将奥斯曼沾满血渍的一件袍子，及奥斯曼太太为援救、庇护其夫而被砍落的手指头在大马士革示众。曾受倭马亚人统治的库赖什人帮助穆阿维叶，先知的伴护祖贝尔和泰勒哈（Talha）也起来反对阿里，并对哈里发的职位提出反对意见，而穆罕默德的骄矜的寡妇艾莎也离开麦地那前往麦加，参加叛乱。正当巴士拉的穆斯林宣布革命时，阿里向库法的退役军人求援，声言如他们出兵相助，他将以库法作为他的首都。他们应允了。在"骆驼之役"（Battle of the Camel）——因艾莎在驼骑上指挥作战而得名——中，两军在今伊拉克南边的霍莱巴（Khoraiba）相遇。祖贝尔和泰勒哈两人兵败被杀。艾莎受到优待，送返麦地那老家。而阿里迁都至靠近巴比伦古城的库法。

在大马士革，穆阿维叶招募、组织了另一支叛军。他是老于世故的人，对穆罕默德的启示提出自己的见解。在他看来，没有一个贵族会以宗教来限制他自己在世间的享受。他对阿里发动战争，旨在恢复被穆罕默德夺去的库赖什族的寡头统治权。阿里那支重新组织的军队，与穆阿维叶的军队在幼发拉底河流域的隋芬（Siffin）相遇（657年）。当穆阿维叶的将领阿慕尔·伊本·阿斯（Amr Ibn al-As）命士兵将《古兰经》用矛头挑起，并要求"根据安拉的话"作一公断时——假定在圣典里可找到解决争端的方法——阿里占了上风。顺应军队的坚持，阿里同意了。仲裁人立即选定，将以六个月的时间解决争执，同时命两军各返原地休息。

此时阿里的一部分部属转而反对他，他们另组派别和军队，称为哈瓦利吉德（Khariji）。他们辩称哈里发应由人民来选举或罢免，他们中有些是除了真主以外、拒绝政府组织的宗教无政府论者。他们全都拒斥新的伊斯兰统治阶级的世俗地位及奢侈作风。阿里尽力以教义说服他们归心，但失败了。他们的虔诚竟变成了狂热，甚至变成暴乱。最后，阿里向他们宣战并扫荡他们。正当此时，仲裁者们一致决议，阿里和穆阿维叶双方撤回对哈里发职位的要求。阿里的代表宣布罢黜阿里，而阿慕尔宣称穆阿维叶为哈里发。在混乱的情形中，哈瓦利吉德派的一名狂徒在库法接近阿里，并将一把浸有毒液的利剑刺入阿里的脑袋中（661 年）。阿里殉难的地方，变成什叶派（Shia sect）的圣地，该派尊阿里为安拉神的代理人，使阿里的陵寝所在地成为朝圣者的目标，与麦加一样神圣。

住在伊拉克的穆斯林另立阿里之子哈桑（Hasan）承继大统。而穆阿维叶向库法进军，哈桑称臣，从穆阿维叶处领得优厚的抚恤金，隐居麦加。他一生结婚百余次，最后被哈里发善妒的妻子毒死，时年45 岁（669 年）。穆阿维叶获得了全伊斯兰人民勉强的效忠，然而出于他对自身安全的考虑，而且麦地那已不再是伊斯兰教人口和伊斯兰教势力的中心了，所以他建都大马士革。在苏夫扬之子的领导下，库赖什贵族终于战胜了穆罕默德派，而神权继任制的共和政体成为世俗世代相传的君主政治，闪米特的律法取代了波斯和希腊人在西亚的统治，欧洲人在此一区域 1000 余年的政权从此被逐出，而伊斯兰教势力从此在近东、埃及和北非维持了近 13 个世纪的影响力。

倭马亚王朝（661—750）

让我们给穆阿维叶一个公正的评价：他最初因仁慈的欧麦尔的指派，成为叙利亚总督而掌握大权，然后领导镇压刺杀奥斯曼的凶手。他诡计多端而很少使用武力。他说：当鞭子能收效时，我不使用我的宝剑；当我的唇舌足可应付时，我不用鞭子。倘使有一丝希望令我与我的朋友结合在一起，我决不主动与之决裂。当他们进一步时，我就让一分；而他们让一分时，我就进一步。因此在他获取权力的过程中，残杀事件较其他开国君主为少。

跟其他篡位者一样，他体会到用宽大的胸怀和庄严的仪式来巩固王位是必要的。他以拜占庭诸王为榜样，而拜占庭诸王取法自波斯皇帝。这种自塞勒斯大帝传下来的君主政体形式，间接地表明它在政府中的适用性及对未启蒙人民的剥削。穆阿维叶的统治带来了繁荣，平息了部落间的争斗，巩固了从阿姆河至尼罗河岸的阿拉伯政权，这一切都证明他的统治方法是正确的。他认为避免选举哈里发所造成混乱争斗的唯一方法是实行世袭制度，所以他指定其子叶齐德（Yezid）为王位继承人，并定下境内诸王国向其子宣誓效忠的誓言。

可是穆阿维叶一死（680年），争夺王位的战争仍不能幸免。居住在库法的穆斯林带信给阿里的另一个儿子侯赛因（Husein），说如他能前来并以库法为首都，则他们愿竭力为他登上哈里发之位而战。侯赛因于是率领全家及70位忠心耿耿的随从离开了麦加。在距库法北边25英里的地方，这一支队伍遭遇到叶齐德部将俄拜杜拉（Obeidallah）军队的拦截。侯赛因拟投降，而他的部属主战。侯赛因10岁大的侄子卡西姆（Qasim）被流矢射中，在侯赛因的怀中死去。侯赛因的兄弟、子侄们也一个接一个地倒下去，直至全部被杀。妇女及孩童都颤抖不已，只能旁观。当侯赛因的首级被带至俄拜杜拉的跟前，他毫不在乎地用权杖翻来覆去地拨弄着。"轻些。"一位官员抗议道，"他是先知的孙子，安拉神可作证，我曾看到他的两片红唇上印有先知的亲吻！"（680年）在卡尔巴拉（Kerbela），侯赛因遇难之处，什叶派穆斯林建了纪念他的神龛。每年忌日，他们将此幕受难剧重演一次，以示对阿里、哈桑和侯赛因的怀念。

艾卜杜拉是祖贝尔之子，他重拾叛乱的余绪。叶齐德的叙利亚军队将其击败，并将他围困在麦加。从弹弓上射出的飞石击中了神圣的长廊，并将黑石击裂成三块；又纵火焚烧，使克尔白被夷为平地（683年）。不久包围尽撤，叶齐德已死，大马士革守军困乏。在两年多的王室混战中，有三位哈里发先后把持王位。最后穆阿维叶的堂兄弟的儿子，阿卜杜—阿尔—马立克（Abd-al-Malik）以残酷的手段终止纷乱，而以相当温和、智慧及公正的手腕统治全境。其将领优素福（Hajjaj Ibn Yusuf）征服库法，重新围攻麦加城。艾卜杜拉时年72岁，在百岁老母的激励下，奋勇抗敌，直至兵败被杀，其首级当作信物送交大马士革当局验明，躯体则悬挂示众一段日子后，交其母领回（692年）。在此后一段相安无事的日子里，马立克常填写诗词，资助文学家。他周旋在八位娇妻之间，并抚育了15个儿子，其中四位先后继承了哈里发之位，因此他得到了"太上皇"的尊称。

他长达20年的统治，为他的儿子瓦立特一世奠定了成功的基础。阿拉伯人向外扩展的事业又重新开始：705年征服巴尔克，709年征服布哈拉，711年西征西班牙，712年征伐撒马尔罕。在东方诸省，优素福发挥了足与其野蛮相称的创造力：变沼泽为良田，在干旱地区兴修水利，开凿并整治运河系统。这位小学教师出身的名将，并不以此为满足，他还引介注音符号以改革古老的阿拉伯拼字法。瓦立特一世是模范帝王，他喜欢行政事务甚于战争。他鼓励发展工商业，开辟市场，改善道路；设立学校，兴建医院——包括已知的第一所麻风病医院——及收容老弱、残疾者之家；扩充并美化麦加、麦地那及耶路撒冷等地的清真寺，并在大马士革兴建一所较大的清真寺，该寺院至今尚存。除了这些工程，他作诗、谱曲、弹维忽拉，也很有耐心地倾听其他诗人和歌唱家的朗诵吟唱，享受彻夜宴饮之乐。

他的兄弟、继承人苏莱曼（Suleiman），将人力和财富浪费在攻打君士坦丁堡上，但徒劳无功，他常以醇酒佳肴和下贱女人来消遣自己，死后仅获得将权力遗赠给其堂兄弟的荣誉。欧麦尔二世在其任内决定弥补倭马亚王朝前期的哈里发们不虔诚和放荡不羁的行为。他终生孜孜以求笃践履行并发扬信仰的光辉。他言行简朴，穿着褴褛，不熟悉的人真不相信他就是一代之君。他嘱咐他的妻子，将她父亲给她的珠宝奉献给国库，她听命遵行。他告诉妻妾们，政府的事务使他不能悉心照顾她们，并听任她们离去。他轻视那些仰赖朝廷的诗人、演说家和学者，而对王国中博学之士非常恭敬地畀予顾问之职。他与邻邦和平相处，撤去包围君士坦丁堡的驻军，也召回了戍守在仇视倭马亚王朝统治的伊斯兰教城市的禁卫军。虽然他的前任们以人头税的减少为借口不鼓励人民改宗伊斯兰教，欧麦尔则大量接受基督徒、袄教徒及犹太人皈依伊斯兰教。当他的财务官员们抱怨他的政策使府库收入减少时，他却回答说："以安拉为见证，我是多么高兴见到每一个人都变成穆斯林啊！从此我们都要用自己的双手开垦土地以谋生。"另外一些刁滑的咨议以要求行割礼来阻止皈依伊斯兰教的狂潮，欧麦尔，这位伊斯兰教的保罗，要求他们取消这一规定。对那些仍然严拒皈依的，他订下严格的限制，剥夺他们在政府中的任职权，禁止他们建造新的神龛。不到 3 年，他因病逝世。

从叶齐德二世那里，我们可看到穆斯林特性及习俗的另一面。叶齐德二世是马立克的小儿子。叶齐德热恋上一名叫作哈比芭的女奴。他还青春年少时，就花 4000 金币买了她。他的兄长苏莱曼哈里发迫使他将她还给卖主，但是叶齐德二世无法忘怀她的美色和温柔性格。当他入继大统后，妻子问他："亲爱的，这世上还有什么事情值得你去追求的吗？""有。"他回答，"哈比芭。"这位尽职的妻子，就遣人将哈比芭带来，赠给叶齐德二世，自己则隐退入侍妾群中。一天，叶齐德二世与哈比芭宴饮作乐，戏将一颗葡萄核投入她的嘴里，使她在他怀中窒息而死。一周后，叶齐德二世也忧郁而终。

希夏姆（Hisham）公正而平静地统治了王国 19 年，改良朝政，度支国用，死时国库充裕。但是圣哲的懿德也许就是统治者败亡的原因。希夏姆在军事上节节失利，各省叛乱蜂起，渴望着有一位挥霍无度的君王的首都呈现一片混乱的景象。他的继承者却为这个仍能胜任的王朝带来了生活奢侈及荒废朝政的恶名。瓦立特二世是宗教上的怀疑论者与放荡不羁的享乐主义君王。他得悉其叔希夏姆的死讯，兴高采烈。他囚禁了希夏姆的儿子，攫夺了已故哈里发亲属的财产，然后疏于政务，挥霍无度，耗尽国库。他的政敌们说，他整天泡在酒池里，饮酒止渴。以《古兰经》当箭靶子练习射箭，并派他的情人们代替他主持公开的祈祷仪式。瓦立特一世之子，也名叶齐德，杀了这位暴君，他在统治国家6个月后死去（744年）。其弟易卜拉欣继位，却无力保住王位，被一位将领夺了权。易卜拉欣以穆万二世（Merwan Ⅱ）的名义，凄凄惨惨地统治了6年，可算是倭马亚王朝最后一位哈里发了。

从世俗的观点来说，倭马亚王朝的诸位哈里发对伊斯兰教是颇多建树的。他们拓展了空前绝后的政治疆域，除了短暂的政治昏暗外，赋予新帝国一个有条理、自由的政府。但在8世纪，这种不确定性的世袭制度，常常将王位给予无能者，他们将府库财产用罄，将行政委于弄臣，而对几乎总是阻挠伊斯兰教政权统一的个人主义却束手无策。旧有的部落仇恨变成了政治上的派系斗争。哈希姆和倭马亚派彼此恩怨很深，表面上的合作俨然超过实际上的敌对。阿拉伯、埃及和波斯对大马士革甚表愤慨。骄傲的波斯人，坚信他们与阿拉伯人同样优秀，要求拥有优越的地位，他们已不能忍受叙利亚人的统治。穆罕默德的后裔们，看到了统治伊斯兰的主子是先知的敌人中最顽固而且最后改宗的倭马亚派，深为愤慨。他们震惊于倭马亚王朝的哈里发们对道德的放纵——也许那是宗教宽容的象征，祈求有一天安拉会派遣救世主转世，把他们从这种屈辱的环境中拯救出来。

所有这些敌对的力量需要的，是众望所归的人进行领导，使他们统一和合作。阿卜·阿尔-阿巴斯（Abu al-Abbas），穆罕默德一位叔叔的玄孙，在遥远隐蔽的巴勒斯坦某地显示出了这一统御才能。他组织起境内的叛乱团体，并完全获得了波斯国家主义者什叶派的赤诚拥戴。749年，他在库法自封为哈里发。穆万二世与阿巴斯的叔叔艾卜杜拉统率的叛军在扎卜（Zab）河相遇，穆万二世战败，一年后大马士革弃守。穆万二世被杀，首级送至阿巴斯验明正身。但是，新哈里发并不因此而满足。"如果他们吸干我的血，"他说，"不能因此而解除他们的饥渴；同样的，这人的鲜血也止不住我心头的愤怒。"他自称为"吸血魔王"（the Bloodthirsty），命令将所有倭马亚世系的王子王孙斩尽杀绝，以杜绝这一没落王朝复辟。此事由已为叙利亚总督的艾卜杜拉主持。他宣布大赦倭马亚派，为证明所言非虚，他邀请了80位倭马亚派的领袖人物共餐。席间，他发出暗号，伏兵蜂拥而上，他们全在乱刀下倒卧于血泊中。地毯上躺卧着倒下去的人，阿巴斯王朝的庆功宴就在这些尸身上继续，音乐伴着死亡的呻吟。几位倭马亚王朝哈里发的尸体被从墓中掘出，这些无肉的骸髅被鞭笞、悬吊示众和焚烧，骨灰随风飘散。

阿巴斯王朝（750—1058）

·哈龙·阿尔拉希德

阿卜·阿尔—阿巴斯所统治王国的版图，东起印度河，绵延至大西洋沿岸，包括信德（Sind，位于印度西北境）、巴鲁吉斯坦、阿富汗、土耳其、波斯、美索不达米亚、亚美尼亚、叙利亚、巴勒斯坦、塞浦路斯、克里特、埃及和北非。但是西班牙的穆斯林不承认他的权威，在他统治的第12年，信德也终于摆脱了他。由于大马士革对他的仇视态度，库法不能给他安全感，阿巴斯就将首都迁至库法北边的安巴尔（Anbar）。帮助他夺取政权的那些人，现在都已是封疆大臣了，他们不论出身门第或文化素养，都是优秀的波斯人。阿巴斯吮饮热血之余，以伊朗人精干、文雅的风仪塑造宫廷的礼貌，施展一系列开明政治。哈里发也促进了艺术、文学、科学及哲学的发展，提高了文化的生命力。经历了一个世纪的屈辱，波斯终于征服了它的征服者。

阿巴斯于754年死于天花。他的同父异母兄弟阿波·加法（Abu Jafar）以"胜利者"阿尔—曼苏尔（Al-Mansur）的名义入继大统。曼苏尔的母亲是柏柏尔族女奴。蓄妾制度及其子女的合法地位，使阿巴斯王朝的哈里发除了3位以外，其他34位都是由奴婢及妾侍生育、抚养的。新任哈里发时年40岁，身材瘦长，蓄有髭须，肤色黝黑而态度庄严，不沉溺于美色，不与酒肉及歌舞为友，对文学、科学和艺术非常重视。他雄才大略而勇敢果决，凭着他刚毅的政治家风度，建立了一个罕见的王朝，避免了这一王朝随着阿巴斯的死亡而衰亡。他孜孜不倦地亲理朝政，在巴格达另建新都，重组政府和军队，使之有持久的生命力，敏锐地照应每一部门和每一事务，经常罢黜贪官污吏——甚至不避兄弟之情——将被侵吞的公款收缴入国库，运用国库财产时，极度节省，以致他没有一个朋友，却赢得了"铜元之父"（Father of Farthing）的尊称。他统治之初，仿效波斯人的方法设立一个内阁，这　机构在阿巴斯王朝历史上扮演着重要的角色。他任命巴尔马克（Barmak）之子哈立德为第一任首相，巴尔马克家族在阿巴斯王朝中担任重要的职务。曼苏尔和哈立德两人携手合作，创造了安定繁荣的局面，这些果实最后均落入哈龙·阿尔-拉希德的手中。

曼苏尔的德政共持续了22年，他死于往麦加朝圣的旅途上。其子阿尔-马赫迪（Al-Mahdi）也可说是非常仁慈的。除了最危险的分子外，他几乎宽赦全部触犯法律的人，对美化都市也毫不吝啬，提倡音乐和文学，用理性的禀赋处理帝国的政务。拜占庭政府借着阿巴斯王朝革命的机会，乘机收回被阿拉伯人统治的小亚细亚领土，马赫迪即派遣其子哈龙率军收回被窃据很久的地区。哈龙将希腊的军队驱回君士坦丁堡，并威胁其首都，爱琳女皇被迫签订城下之盟，答应每年向哈里发朝贡7万第纳尔。自那时起，马赫迪就称年轻的哈龙·阿尔-拉希德为"正直的亚伦"（Aaron the Upright）。先前他曾指定另一王子阿尔-哈迪（Al-Hadi）为王位继承人，如今看到哈龙的卓越才干，就要求哈迪将继承权让给其弟。这时哈迪正统军东边，拒绝了其父的要求，并且拒绝接受回巴格达的命令。马赫迪与哈龙父子即前往擒他。不幸得很，年仅43岁的马赫迪病死途中。哈龙接受了哈立德之子，巴尔马克家族的雅耶（Yahya）的谏议，承认哈迪为哈里发，而自封为其继承人。但是正如萨迪的一句名言所说:"十个托钵僧可共同睡在一张破毯子上,而一国却容不下两个国王。"哈迪不久即驱黜哈龙,囚禁雅耶,并立己子为继承人。不久哈迪死去(786 年)。据说是其母偏爱哈龙,用枕头将哈龙窒死。哈龙登基,雅耶为首相,开创了伊斯兰教历史上最著名的王业。

《天方夜谭》把哈龙描述为一位快活而有教养的君主,偶尔专制残暴,通常则慷慨好施而富人道精神。因为喜欢美好的故事,他令人将其记录下来存在档案里,为了酬谢一位女说书家而常与她同席。除了历史学家所不悦的逸乐外,几乎他的所有性格都流芳史册。这正说明他是一位虔诚刚毅的正统派穆斯林,他严格限制非穆斯林的自由,每两年向麦加朝圣一次,履行每日祈祷膜拜百次的规定。他嗜酒如命,但都是与一些密友私下宴饮。他有七位妻子及数位妾侍,11 个儿子和 14 个女儿,除了阿尔—艾敏(Al-Emin)为祖贝达(Zobeida)公主所生外,其余均为奴隶所生。他对自己的财富极为慷慨。当他的儿子阿尔—马蒙(Al-Mamun)与一名宫女热恋时,这位父王就把她赐给他,只要求他填几行诗作为酬金。他爱好诗词甚于一切,有很多次他赐予诗人们丰厚的礼物,如他因诗人麦尔旺(Merwan)写了一首简短的颂诗,赐给他 5000 金币、1 件锦袍、10 名希腊女奴和 1 匹骏马。他最喜欢的伴侣是放荡不羁的诗人艾卜·努瓦斯(Abu Nuwas),他一再被这位诗人傲慢的态度或公开的败行所触怒,而他也一再地为诗人优美的诗篇而释怀。他在巴格达聚集了一大批诗人、法学家、医生、文法家、声韵学家、音乐家、舞蹈家、艺术家和诙谐家。他用各种不同的态度来赞赏他们的成就,赏赐丰厚,也得到他们数以千计的歌颂礼赞。他本人是一位诗人、学者,口齿伶俐,能即席演说。与同时代君士坦丁堡爱琳女皇、法兰西查理曼大帝及稍后长安的唐玄宗相比,无论在财富、权势、生活以及文化进步上,哈龙都要超过他们许多。

但他不只是一位业余艺术爱好者。他致力于政务,获得公正审判人的美誉——虽然他那时的施舍和铺张是前所未有的——但当他死时，在国库中仍然留下4800万第纳尔的财产。他曾率军亲征，使四境相安无事。他将大部的行政事务及政策性决定委诸聪明绝顶的雅耶。他登基后不久，就召见雅耶说："我任命你统治全国臣民，依你的方法治理他们，依你的意志任免官吏。用你认为最适当的方法处理事务。"为了证明他将践履自己的诺言，他将戒指赐予雅耶。这是一件极端而轻率的授权行为，但是年仅22岁的哈龙，自忖尚未有能力来治理偌大的一个王国。这一行动，也可说是他对曾为自己老师的雅耶的感恩举动。这位老师他曾以父执之礼事之，也曾因他之故而遭受牢狱之灾。

雅耶的作为证明他是历史上一位卓越的行政专家。亲和、慷慨、贤明而不辞劳苦，他将这一政府带入行政效率最高的时期。他建立起有序、安全、法治的社会，修筑道路、桥梁、馆驿，并疏浚运河。即使他厉行苛税来充实官库及私囊，各省仍能保持繁荣的局面，他跟哈里发一样，对文学或艺术极力提倡。他的两个儿子阿尔－法德勒（Al-Fadl）和贾法尔（Jafar）也从他那里得到高官厚禄，但他们都能洁身自爱。他们都变成了百万富翁，兴建很多宫室，豢养了一群诗人、弄臣和哲学家。哈龙对贾法尔极其喜爱，因此引来不少谤议。哈里发将他的一件袍子做了两个领子，使他们两人能同时穿这件袍子，看起来好像一个身体上长了两个脑袋一般。穿着这种暹罗式的袍子，他们共同出现在巴格达的夜生活中。

我们不能确知巴尔马克家族权力突然终止的真正原因。伊本·哈尔敦认为"真正的原因"在于"他们的僭夺权力，处理公共岁入的审慎态度，致使阿尔－拉希德要求些微的财物而不能得到满足"。这位年轻的统治者步入中年，发现无论在追求感官的享乐上，还是知识的满足上，都不能使自己的才能完全表现出来，他后悔自己赋予首相的权力太大了。他命令贾法尔将一名叛党处死，而贾法尔竟任由该人逃遁。哈龙无法宽恕这一故意的疏忽。在《天方夜谭》，有一则发人深省的故事说：哈龙的姐妹阿芭莎与贾法尔坠入情网。而哈龙曾宣誓，要使他的姐妹们的哈希姆血统，成为永远纯洁高贵的阿拉伯血统，而贾法尔却是波斯人的后裔。哈里发答允他们结婚，但要求他们保证除非获得允许否则不得相会。这对恋人不久即破坏了这一约定，阿芭莎秘密地为贾法尔生了两个儿子，隐藏在麦地那抚养。哈龙的妻子祖贝达发现了这件事，并告知哈龙。哈里发立刻传见首席刽子手墨斯努尔（Mesrur），命他杀了阿芭莎，将尸体埋在宫中，哈里发亲自监督事情的进行。然后哈里发令墨斯努尔割下贾法尔的首级呈见，墨斯努尔照办。哈里发最后遣墨斯努尔从麦地那领回两个孩子，哈龙与这两个俊美的孩子谈了一阵，赞许他们一番，随后也将其杀了（803年）。雅耶及其子阿尔－法德勒也被囚禁。他们获准继续保有家族及奴婢，但是终身不得自由。雅耶于贾法尔死后两年去世，阿尔－法德勒则在雅耶死后五年死去。所有巴尔马克家族的财产，约有3000万第纳尔悉数充公。

　　哈龙也没有活多久。有一个时期，他以工作来排遣幽怨及悔恨，甚至进行惨烈的战争来逃避内心的困扰。当拜占庭皇帝尼斯福劳斯一世（Nicephorus I）拒绝继续奉献爱琳女皇承诺的金钱，并大胆地索还已经贡献的财物时，哈龙的回答是："在慈悲、怜悯的安拉神面前，我哈龙哈里发传话给罗马之狗尼斯福劳斯：我收到你的信了，你这荡妇的儿子。我的回答是睁开你的眼睛瞧个仔细，不要只凭耳朵瞎听。"他立即率军远征，从他建立在拉卡（Raqqa）的新皇宫出发，出其不意地攻入小亚细亚，尼斯福劳斯立即同意继续朝贡（806年）。而对查理曼大帝——拜占庭的有力屏障——他则派遣使者，备了许多礼物前往，这些礼物包括一支结构复杂的水表和一头大象。

　　哈龙虽然只有42岁，他的两个儿子阿尔－艾敏及阿尔－马蒙，已经展开了争夺继承权的斗争，并盼望他死去。为缓和他们的对立，哈龙安排马蒙承袭底格里斯河以东诸省，艾敏则统治其余部分，若一人早死，另一人则统治王国全境。兄弟俩签订契约，并在克尔白前宣誓遵守。同一年（806 年），呼罗珊境内发生叛乱。哈龙即率两子前往镇压，那时他正患有严重的腹痛病。当军队行至伊朗东边的图斯（Tus）时，他已无法行动了。当叛军领袖巴辛（Bashin）被带至其面前时，他已陷入最后的挣扎。痛苦和忧郁已使他失去理智，哈龙痛斥俘虏使他从事这次致命的远征，并命人将巴辛碎尸万段，他亲自监督行刑。翌日，"正直的"哈龙逝世（809 年），时年 45 岁。

·阿巴斯王朝的没落

阿尔－马蒙继续向莫夫（Merv）进军，并与叛军订立和约。阿尔－艾敏则回师巴格达，指定尚在襁褓中的儿子为继承人，并要求马蒙割让东部三省，遭到拒绝后，即与之开战。马蒙的将领泰希尔（Tahir）击败了艾敏的军队，包围并且几乎摧毁巴格达。依照当时的习惯，艾敏被割下的首级呈送马蒙验看。马蒙当时仍留守莫夫，即自封为哈里发（813 年）。叙利亚及阿拉伯诸部，因其为波斯奴隶之子，不愿臣服而继续抵抗他。然而未到 818 年，他已进驻巴格达，被承认为伊斯兰的统治者。

马蒙与曼苏尔和拉希德并列，是阿巴斯王朝三位著名的哈里发之一。虽然他也有那些可能使哈龙蒙羞的愤怒及残酷的行为，但一般说来，他仍是温驯且慈悲为怀的人。在他的咨议机构中，罗致了国内各大宗派的代表——穆斯林、基督徒、犹太教徒、萨宾人及祆教徒——直至他的晚年，他都保证他们充分的信仰及礼拜的自由。在这位哈里发的宫廷中，思想自由蔚然成风。马苏地曾记述马蒙在位时某一个下午的盛况：

> 马蒙通常于每周二举行集会，专门讨论有关神学和法律上的问题。各宗派饱学之士纷纷走入铺有红地毯的会议室。桌上摆满美酒佳肴……当盛宴过后，奴隶们手捧着正燃着香料的香炉走进来，宾客们就纷纷用来熏身，然后才能够晋谒哈里发。他以公

正的态度与他们辩论，可想见其谦和有礼不似人君。直至日落时分，用过第二次宴饮，方尽欢而散。

马蒙在位之时，皇家对艺术、科学、文学和哲学的支持，比哈龙更多更细致，因而留下了更为辉煌的成果。他派遣使臣至君士坦丁堡、亚历山大、安条克及世界各地，搜罗希腊名著，并延聘译者将之译成阿拉伯文字刊行于世。他在巴格达建立一所科学学院，并在巴格达及塔德莫尔（Tadmor）建立天文台。医生、法理学家、音乐家、诗人、数学家、天文学家都享受到他的恩宠。

他死得太年轻——享年 48 岁（833 年）——可是却也死得太晚了一点，因为他是独裁的自由主义者，他在晚年迫害希腊正教徒，玷污了他的美誉。其弟、继承者穆耳台绥木（Abu Ishaq al Mutassim）具备他的友善态度，却缺乏他所有的灵性。他周围有 4000 名土耳其军人作为保镖，就像罗马皇帝们依赖禁卫军一样。结果在巴格达，也跟罗马一样，发生了军人跋扈、废立国君的事情。首都的人民抱怨穆耳台绥木的土耳其卫士在街上肆无忌惮，破坏法纪。恐惧群众叛乱，哈里发即离开巴格达，在距巴格达北边 30 英里的萨迈拉（Samarra）另建皇宫。836 年至 892 年间，有 8 位哈里发以此为寝宫及陵寝所在地。他们是穆塔西姆、瓦提克、穆塔瓦基勒、穆恩塔希尔、穆斯坦、穆塔兹、穆赫塔迪及穆塔米德，而穆塔米德在其死前的一段短暂时间里，将首都迁回巴格达。沿底格里斯河方圆 20 英里的范围内，他们建立宏伟的宫殿和寺院，官吏则在此营建有装饰及壁画、喷泉、花园和浴池等设备的豪华住宅。阿尔-穆塔瓦基勒（Al-Mutawakkil）花费 70 万第纳尔建了一处广大的聚会所，以表明他对信仰的虔诚。他只花了相当少的费用兴建在雅法里亚（Jafariya）的皇宫，包括珍珠殿和欢乐殿，这些建筑环绕以花园及溪流。为筹集兴建及装修的资金，他一面提高税收，一面将政府的高级官位出售给出价最高的人。他同时以迫害异端、维护正统来保持安拉神的尊严。其子唆使土耳其卫队把他杀了，篡夺王位，自称为阿尔-穆恩塔希尔（Al-Muntasir），即"他在上帝中的胜利"。

在外力征服这一王朝之前，其内部因素加速腐化了哈里发的政权。由于过度的饮酒、淫欲、奢侈和堕落冲淡了皇族的血液，他们的子孙都很虚弱无能，不理朝政，只沉溺在声色之中。这种日渐增长的富贵逸乐、荒淫无度的生活，在统治阶级中蔓延滋长，而人民也随之纸醉金迷地生活，失去战斗力。这些未经训练的生手，当然无法统治如此分歧丛生的、庞大的帝国。种族与疆界纷争愈演愈烈。阿拉伯人、波斯人、叙利亚人、柏柏尔人、基督徒、犹太人及土耳其人互相仇视。曾使阿拉伯人统一的信仰，分裂成各种教派，加深了政治及地域上的歧异。近东地区的生存依赖水利，那些化瘠土为沃野的运河，需要经常的维护、疏浚，那不是一个人或某一家族有能力提供的。一旦政府对运河系统的整治陷于无能和疏忽，食物的供给就远落在人口的增殖率之后，饥旱接踵而至，以平衡这一不平衡的现象。由饥荒和瘟疫带来的贫困，并没有使征税者有所收敛。农民、工人及商人眼看自己辛苦所得纳入政府的花费及私囊，对从事生产、拓展商业也就失去了兴趣。结果政府财政崩溃，岁入减少，军队粮饷不能按时给付，军心不稳。就像当年日耳曼军队取代罗马军队的地位一样，土耳其军人在阿拉伯军队中具有举足轻重的地位。自穆恩塔希尔以来，土耳其军人就控制了废立哈里发的实权。这一连串卑鄙血腥的宫廷阴谋，造成巴格达哈里发的更替频繁。

中央所发生的政治上的变乱及军事上的软弱，造成了帝国的解体。统领各省的行政长官与中央只具形式上的联系，他们计划永久巩固其地位，使其成为世袭制度。西班牙于756年，摩洛哥于788年，突尼斯于801年，埃及于868年相继宣布独立。九年后，埃及军事统帅攫夺叙利亚，至1076年已控制叙利亚大部分地区。阿尔-马蒙为酬谢其将领泰希尔的功业，将呼罗珊封给他及其子孙。泰希尔王朝（Tahirid）以半自治的方式统治了大部分地方，直至萨法尔（Saffarid）

王朝兴起才告结束。929 年至 944 年，什叶派穆斯林的一个部落，哈木丹尼人（Hamdanid）占领了美索不达米亚及叙利亚的北部，并以摩苏尔（Mosul）及阿勒颇（Aleppo）为其璀璨的文化中心，从而巩固了他们的政权。国王赛弗－道拉（Sayfùl-Dawla）也是诗人，他将当时最著名的哲学家法拉比（al-Farabi）和阿拉伯最受欢迎的诗人阿尔－穆太奈比（al-Mutanabbi）请到阿勒颇宫中居住。居住在里海高地的白益（Buwayh）酋长的后裔最后夺得了伊斯法罕及设拉子和巴格达（945 年）。近一个世纪之久，他们迫使哈里发们依照他们的吩咐行事，使这位"信徒的司令"变成伊斯兰教正统派的领袖，而这一削弱中的国家听命于什叶派的白益酋长指挥。白益王朝最了不起的国君，阿杜德·杜拉（Adud al-Dawla），以设拉子为首都，使它成为伊斯兰世界中最美丽的城市之一。但是他也不忽视其他城市的建设，在他及其继承者的治理下，巴格达又重新找回了哈龙时代的光彩。

874 年，萨曼的后裔，一位祆教徒贵族创立了萨曼王朝，统治着外高加索和呼罗珊两地，一直至 999 年。我们并不认为外高加索在科学和哲学史上有辉煌的成就，但在萨曼诸君统治下，布哈拉及撒马尔罕两城可与巴格达媲美，是学术和艺术中心。波斯语言复活，成为伟大文学的媒介。萨曼政府对中世纪最伟大的哲学家阿维森那予以妥善的保护，并任其使用宫廷丰富的藏书。中世纪最伟大的医生拉齐（al-Razi）将其医学上最重要的著作《曼苏里》（*Al-Mansuri*）献给萨曼王朝的一位王子。990 年，土耳其占领布哈拉，并于 999 年推翻了萨曼王朝。正如拜占庭用了将近三个世纪来抵御阿拉伯的扩张一样，现在穆斯林也不得不为对抗土耳其势力的向西扩张而战，稍后土耳其人必须抵挡蒙古势力的南侵。人口膨胀的压力，造成生活物资的匮乏，于是出现了大量的移民，这是这一时期最重要的历史事件。

962 年，一队土耳其冒险者，在当过奴隶的阿尔普提金（Alptigin）的率领下，由土耳其出发，侵入阿富汗，占领吉兹尼（Ghazni），并在那里建立伽色尼王朝（Ghaznevid）。苏布克提金（Subuktigin）原先是一名奴隶，最后成为阿尔普提金的女婿和继承人，他将王国的领域扩展至白沙瓦（Peshawar）及部分呼罗珊地区。而其子马赫穆德（Mahmud）将从波斯湾至阿姆河的全部波斯领土收入版图，经大小17次残酷的战争，将旁遮普（Punjab）也纳入帝国的范围，而把大量的印度珍宝收入他的府库。因为掠夺来的财富充实了府库，为了解决军队遣散所带来的失业问题，他将部分财富及人力用来建筑吉兹尼伊斯兰教聚会所。据一位伊斯兰教历史学家记载：

> 这座寺院有一个巨型大厅，厅内可同时让6000人举行礼拜，而没有不便的地方。附近他又建起一所学校，学校内有一座图书馆及许多珍贵的书籍……而学院供给他们生活及日常必需品，并按年按月发放薪给。

以学院和宫廷为大本营，马赫穆德延聘了许多科学家，包括比鲁尼（Al-Biruni）和许多著名诗人，当时最有名气的诗人斐尔杜西也在内，他勉为其难地奉献给马赫穆德波斯史上最伟大的史诗。当此30年间，马赫穆德在许多方面都是居于世界的领导地位；但是在他死后7年，整个帝国完全落入塞尔柱土耳其人的手中。

将土耳其人形容成野蛮民族是一个错误，就像我们必须修正对罗马的征服者日耳曼人的称呼一样，因为当土耳其人统治整个伊斯兰帝国的时候，土耳其人已经脱离了野蛮的境地。从贝加尔湖向西北迁移时，定居中北亚的土耳其人，在6世纪已在可汗的领导下有了很好的组织形式。他们已发明冶铁的方法，所制武器坚韧耐用，就像他们用来惩治叛国、谋杀、通奸及怯懦的法典一样，可置人于死地。他们生育率超过战争导致的死亡率。1000年，土耳其的某一支，以其领袖塞尔柱（Seljuq）闻名于世，它统治了外高加索及土耳其斯坦。吉兹尼的马赫穆德欲抵制这股土耳其人的侵略势力，就俘虏了塞尔柱的一个儿子，将其囚禁在印度（1029年）。震惊暴怒之余，塞尔柱土耳其在贵族托格茹（Tughril）坚定而熟练的领导下，占领了大部分波斯土地，同时派遣代表向巴格达的哈里发卡伊姆（Al-Qaim）表示愿向他及伊斯兰臣服，从而铺好了前进的道路。天真的哈里发希望这群无所恐惧的战士能将他从白益贵族的压力下解脱出来，便邀请托格茹前来援助。托格茹应约前来（1055 年），白益贵族纷纷逃遁。卡伊姆与托格茹的侄女结婚，并自封为"东方及西方之王"（"King of the West and East"）。一个接着一个，盘踞在亚洲的伊斯兰教小王国都臣服在塞尔柱的膝下，终于，巴格达被再度承认它的至尊地位。塞尔柱人即采用苏丹——主人——这一头衔，哈里发这一称呼仅被用来指称宗教领袖。他们带给政府新的活力与潜能，而将对正统派信仰的狂热灌输入伊斯兰教教义中。与两个世纪后蒙古人摧毁被征服者的一切不同，他们很快地吸收这一较高的文明，而将这个濒临破碎的国家散处四方的各种力量统一起来，使其融入新的帝国，并在十字军东征期间——伊斯兰教与基督教的长期斗争中——给它一股力量，使其得以残存。

亚美尼亚（325—1060）

1060 年，塞尔柱土耳其将其侵略魔掌伸入亚美尼亚。

这个窘困的小国，几个世纪来一直感受到敌对帝国侵略的威胁，因为其境内的崇山峻岭阻碍了防御上的统一，而其美索不达米亚及黑海之间的谷地为敌人提供了入侵的捷径。希腊和波斯为争夺这些商路和军事捷径而战，"色诺芬的 1 万大军"曾横越此处。罗马和波斯为争夺此地大动干戈，拜占庭与波斯、拜占庭与伊斯兰以及俄国与英国，也都曾为此争斗不休。历经外国的压迫与统治的艰辛，亚美尼亚维持了一个实际独立的局面，充满活力的商业及农业经济，形成自己的法令、文学及艺术，在文化上自成一体。它是第一个以基督教为国教的国家（303 年）。在讨论基督的本质时，他们接受基督一性论者的观点，而否认他有人类的弱点。491 年，亚美尼亚主教们纷纷脱离希腊及罗马基督教，另行成立完全自治的亚美尼亚教会。直到 5 世纪初叶以前，亚美尼亚的文学作品都是用希腊文写作，直至梅斯洛布（Mesrob）主教发明固定的拼音法，始将《圣经》译成亚美尼亚文字。自此以后，亚美尼亚有了丰富的文学作品，大部分是宗教和历史方面的。

642 年至 1046 年，这个国家在名义上属于哈里发，实际上保有其自主权，而且是一个基督教国家。9 世纪，巴拉图尼（Bagratuni）家族以"诸侯之王"（Prince of Princes）的名义建立王朝，建都于安尼（Ani），给这一国家带来几个世代的进步与和平。阿索特三世（Ashot Ⅲ）深受人民的敬爱。他建立了许多教堂、医院、女修道院及救济院，并且（据说）如果没有贫民参加，他绝不坐下来自己用餐。其子加吉克一世（Gagik I）统治时繁荣及进步达到了巅峰：到处设立学校，城市因贸易而繁荣，而且富有艺术气息；卡尔斯（Kars）崛起，成为文学、神学及哲学的中心，与安尼抗衡。安尼有令人难忘的宫殿及著名的天主教堂（约 980 年），是一座波斯与拜占庭混合式建筑，有尖顶、拱形桥梁和圆柱建筑，以后融入了哥特式建筑艺术的其他特征。989 年，君士坦丁堡的圣索菲亚教堂的圆顶因地震倒塌后，拜占庭皇帝即指定安尼天主教堂的建筑师特德特（Trdat）负起重建的艰巨任务。

第十一章 | **伊斯兰景观**
（628—1058）

经济

文化是土地与心智的结合，即地上的资源，由人类的欲望和戒律衍生而成。在所谓宫廷、寺庙等宏伟建筑，在所谓文学、艺术等豪华生活的背后，都反映出这些艺术品的基本元素。如猎人创造了在森林中的各种娱乐及运动；木匠发明了伐木事业；牧人发展出畜牧事业；而农人则整理、耕植、播种，收割兰花、葡萄，养蜜蜂及照料孵雏；女人则发展各种副业，负起照顾家庭的责任；矿工开采矿藏；匠人设计居室、车辆及船只；工匠设计各种工具及生产各种产品；贩夫、店主及商贾调和、划分制造者及消费者之间的供求关系；企业家利用储蓄发展工商业；执行者则集聚体力、财力及智力以创造服务机会并增加物资生产。这种种事业就像一只忍辱负重的巨兽，在它那摇曳负重的背脊上，文明就这样逐渐发芽、苗壮。

所有这一切在伊斯兰世界中也非常繁忙。男人蓄养牛、马、羊、骆驼、巨象及狗等动物，采集蜂蜜，挤牛羊和骆驼的奶，并种植各种谷类、蔬菜及花卉。橘树于 10 世纪前从印度移植至阿拉伯，再由阿拉伯介绍给叙利亚、小亚细亚、巴勒斯坦、埃及和西班牙，再从这些国家普及至整个欧洲南部。甘蔗栽培和蔗糖制炼方法，也以同样的方式由印度经近东传入阿拉伯，再由十字军传入欧陆诸国。棉花最先由阿拉伯人在欧洲种植。这种在如此广漠荒芜的土地上取得的成就，无疑要依靠井然有序的水利系统。在这一点上，哈里发们在经济自由的原则中留下了一个特例，即由政府经营较大的运河系统。幼发拉底河流入美索不达米亚，底格里斯河流入波斯湾，而在巴格达附近的一条大运河将这两条河联系在一起。阿巴斯王朝早期的哈里发们鼓励人民整治沼泽地，重建遭毁弃的家园和村落。在 10 世纪的萨曼王朝时代，介于布哈拉和撒马尔罕之间的土地被视为人间四大乐园之———其他三者为波斯南部、伊拉克南部及大马士革附近地区。

金、银、铁、铅、水银、锑、硫黄、石棉、大埋石及其他珍贵矿石，从土地中开掘出来了。潜水者在波斯湾采集珍珠。石油和沥青也逐渐被人类开发利用。从哈龙时代档案中的一条记载，可知石油及沥青用在焚化贾法尔尸体时的代价。工业停留在手工业时代，在家庭和工场作坊进行生产，同时已有各职业性的组织存在。我们发现已有几所工厂存在。除了在利用风车的动能方面较有成就，在技术方面没有什么进步。据马苏地在 10 世纪时的记载，他曾在波斯和近东看到过这些成就；而在 12 世纪以前，在欧洲还没有出现过，可能这是东方穆斯林赠给他们的敌人十字军的另外一些礼物。当时有许多机械上的发明。哈龙送给查理曼大帝的水钟，是用皮革和镶铜制成的。此钟借一个金属制的小骑士来报时，即每隔一小时由此金属骑士打开开关，让相应数目的球落在钹板上，然后金属骑士退避，开关自动合拢。制造产品的过程缓慢，但是工人精于整个制作过程，因此几乎每一种工业都成为艺术性的工作。波斯、叙利亚及埃及的纺织业因其精细的工艺闻名遐迩。摩苏尔的棉布，大马士革的亚麻布及亚丁的毛纺织品也是当时著名的产品。大马士革还产一种以高温锻造，精钢制造的剑，也很有名。西顿和提尔出产的透明玻璃，巴格达的玻璃和陶器，雷伊的陶器、针及梳子，拉卡的橄榄油及肥皂，法尔斯的香料及地毯，都很有名。伊斯兰教统治下的西亚，工商业的发展均达到了高潮，为16世纪前的欧洲望尘莫及。

陆上运输主要靠骆驼、马、骡及人力。但是马在阿拉伯人的眼中身价很高，不常用作负重的工具。"不要称它为我的马，"一位阿拉伯人说，"称它为我的儿子。它的快捷如流星闪电……步履轻盈，可在你情人的胸膛上跳舞，而不使她遭受任何伤害。"有沙漠之舟之称的骆驼，载负了阿拉伯大部分的贸易物资。4700头骆驼组成的商队，经常跋涉在伊斯兰世界的每一个角落里。以巴格达为中心，驿道向四周成网状展开，经雷伊、内沙布尔（Nishapur）、莫夫、布哈拉、撒马尔罕到中国喀什（Kashgar）；经巴士拉至设拉子；经库法抵麦地那、麦加和亚丁；经摩苏尔或大马士革直抵叙利亚海岸。沿途设有旅舍及厩房，可供旅客及牲畜歇息。大部分内陆运输则依靠河流及运河。哈龙曾计划开凿苏伊士运河，也许是财政上的原因，让雅耶打消了这个念头。底格里斯河在靠近巴格达附近约有750英尺宽，阿拉伯人用船搭建了三座浮桥。

靠着这些繁忙的交通动脉，商业发展起来了。由一个政府将昔日分散在四大洲的这一区域统一起来，对西亚的经济是有益的，关税及其他阻挠因此消除了，语言及信仰上的一致，也使货物的流通更加容易。阿拉伯人不像西欧的贵族那样蔑视商人。不久，他们加入基督徒、犹太人和波斯人的行列，以薄利多销的方式，促进消费者和制造者之间的交易。城镇逐渐发展、增多，交通及市场日趋繁盛；小贩沿着门窗紧闭的人家叫卖、推销货物；商店门口悬吊各种物品，讨价还价之声此起彼落；博览会、市场及市集吸引了大批物资以及商人、消费者和诗人；骆驼商队从中国及印度边界等到波斯、叙利亚和埃及；港口如巴格达、巴士拉、亚丁、开罗、亚历山大港等，成为阿拉伯商人的出海口。直至十字军东征为止，伊斯兰教垄断了整个地中海的商业，以叙利亚和埃及为东端的中心，突尼斯、西西里、摩洛哥和西班牙为西边的重镇，希腊、意大利和高卢为中途转运点，从衣索匹亚控制了整个红海的贸易。这一商路经里海到达蒙古境内；从阿斯特拉罕（Astrakhan）溯窝瓦河而上，抵达诺夫哥罗德、芬兰、斯堪的纳维亚及德国境内，在这些地方穆斯林遗留下许多钱币；为答谢中国帆船访问巴士拉，阿拉伯船只也从波斯湾起航至印度、斯里兰卡。这种生气蓬勃的商业活动，至 10 世纪达到顶点，而那时西欧的商业还停留在草创阶段。当这种商业逐步向西推展，它在西欧的商业语汇中留下了如关税、运输、仓库、商队及市场等词。

国家主张工商业完全自由，并辅以相当稳定的通货。早期的哈里发允许使用拜占庭和波斯的钱币，但是到 695 年，即阿卜杜·阿尔－马立克时代，他们铸造金第纳尔和银第尔汗两种钱币并使之流通。第纳尔从罗马第纳里乌斯（denarius）变化而来，包含 65 克或 0.135 盎司黄金纯度。第尔汗从希腊字德拉克马变化而来，包含 43 克白银纯度。钱币的纯度时有变化，以上仅是概略的估计。伊本·霍卡尔（Ibn Hawqal）曾记述一张票面价值达 4.2 万第纳尔的期票，给予一位在摩洛哥的商人。这种信用形式，阿拉伯人称之为沙克（sakk），我们今日所谓支票（check）即是由此演变而来。投资者将资金投入航运和骆驼队运输事业，虽然收取利息是被禁止的，跟欧洲人一样，规避禁令以收取使用资金及所冒风险的利息仍然存在。专卖是非法的，但仍然很盛行。欧麦尔死后一个世纪内，阿拉伯的上层人士，大都富甲一方，生活在拥有数百名奴隶的豪华宅第中。巴尔马克家族的雅耶曾出 700 万第尔汗的高价，欲购买一只用精细宝石镶制的珍珠盒，却遭到拒绝。据说哈里发穆克塔菲死时，遗留下价值 2000 万第尔纳的珠宝和香料。哈龙之子阿尔－马蒙与布兰（Buran）结婚时，她的祖母把一盒珍珠倾倒在新郎的身上，而她的父亲则将麝香球洒在宾客中间，每一个球中附有一张彩券，持有人可凭券获得一名奴隶、一匹马、一份不动产或其他赠赐。当穆克塔迪尔将伊本·雅萨斯（Ibn al-Jassas）的 1600 万第纳尔充公之后，这位著名的珠宝商却仍然腰缠万贯。许多从事海外贸易的商人，几乎都有 400 万第纳尔的财富——数以百计的商人的宅第，其耗资约在 1 万到 3 万第纳尔之间。

这一经济结构的基层是一群奴隶。从人口的比例上来讲，奴隶在伊斯兰社会中所占的比例，要比基督教王国大，基督教王国的农奴取代了奴隶。据说哈里发穆克塔迪尔蓄了 1.1 万名太监；穆萨带回 30 万名非洲俘虏、3 万名西班牙女童，全部卖做了奴隶；库台巴（Qutayba）俘虏了 10 万名索格狄亚那人，也将之卖做奴隶。不过这些都是东方人的计算方法，不可全信。《古兰经》承认在战争中俘虏的非穆斯林及奴隶所生的子女，为奴隶的正当来源；非穆斯林（就如基督教王国对待非基督徒一样）可作为奴隶役使。贩卖奴隶的行业非常兴盛——大半是来自中非及东非的黑人，来自土耳其的土耳其人，来自俄国、意大利和西班牙的白人。穆斯林对奴隶握有生杀大权。一般说来，他们对奴隶本着人道主义的精神，因此奴隶的命运，并不比 19 世纪欧洲的工人坏，也许更好，更有安全感。在农村，奴隶多半从事体力工作，在城市则从事不太需要精细技术的粗工。他们在家庭中的职务犹如用人，在房间中好比侍妾和太监。大部分的舞女、歌女及演员都是奴隶。女奴与其主子，男性奴隶与自由妇女所生的子孙，自出生时起即是自由人。奴隶也可结婚，所生子女如有才能，也可接受教育。我们惊讶于这么多的奴隶子女在伊斯兰的学术及政治领域担任较高的职务，而且许多人，如马赫穆德及马穆鲁克还成为国王。

伊斯兰教在亚洲地区的剥削，还没有达到如基督徒或埃及穆斯林那种残酷的程度，那些地方的农民时刻都在辛勤地工作，而其收入仅够维持一栋简陋的房子、一块缠腰布，粮食不足，时有饥荒之虞。而这些亚洲人常以怠工来求保护，很少有人能如他们那样轻易地达到懒散的目的。布施非常盛行，即使在最糟糕的时候，一个无家可归的人，仍能住在城里最好的大厦——清真寺里。即使如此，永无止境的阶级战争经年累月地酝酿着，偶然也会变成暴动（如 778、796、808、833 年）。因为国家与宗教合而为一，故这种叛乱经常披着宗教的外衣。有些教派，如呼拉米亚派（Khurramiyya）和穆纳伊达

（Munayyida）派，常采用波斯叛徒马兹达克的共产主义的观点。有一个团体自称为苏尔克·阿拉姆（Surkh Alam）即红旗（Red Flag）。约在772年，哈希姆·穆盖奈耳（Hashim al-Muqanna）即呼罗珊的"蒙面先知"宣称他为真主的化身，要恢复马兹达克的共产主义。他集合各种教派，击败许多军队，统治波斯北部达14年之久，最后（786年）仍被擒杀。838年，巴比克·胡兰尼（Babik al-Khurrani）集结了一群以穆哈米拉（Muhammira）即赤色分子为名称的部众，夺取了阿塞拜疆（Azerbaijan），维持了将近22年的政权，战胜数十次。据较可信的塔巴里（Tabari）的说法，在他被征服以前，曾杀死25.55万名俘虏。哈里发穆耳台绥木命刽子手将巴比克的肢体一段段分割，他的躯干绑在宫廷前示众，他的头颅被送往呼罗珊附近各城展览，以提醒大众人并非生而自由平等。

东方最著名的"奴隶战争"是由阿里发动的，他是阿拉伯人，自称为先知女婿的后裔。在巴士拉附近，许多黑人奴隶专门从事挖掘硝石的工作。阿里提醒他们是如何被虐待，催促他们跟随他起来反抗，保证他们成功后可获得自由、财富。他们随即响应，劫夺粮食，击溃前来围剿的军队，并建立独立村落供自己居住，还为领袖们建立宫舍，建造牢房以囚禁人犯，建筑寺院以供祈祷（869年）。然而雇主们向阿里游说，若他能说服一名奴隶返回工作，则给他5第纳尔的报酬。他拒绝接受。周围的乡村企图以饥饿政策使他们就范，但是他们在粮食告罄之时，袭击奥波拉（Obolla），解放并吸收该城的奴隶，劫掠全城，最后将其付之一炬（870年）。经此次胜利的鼓励，阿里即率领他的手下攻打其他城镇，征服了许多城市，并控制了伊朗及伊拉克南部，直抵巴格达的大门。商业受阻，首都陷入饥荒中。871年，黑人将领莫哈拉比（Mohallabi）率领一支叛军攻占巴士拉。据说全城有30万人被屠杀，数千白人妇女及小孩，其中包括哈希姆贵族，都变成了黑人将士的侍妾奴隶。叛乱持续达10年之久，政府一面派大军前来镇压，一面以宽赦、奖励争取叛变及逃亡者，因此有许多人脱离了阿里而投入政府军中。叛军余众被包围，受到熔化的铅水及"希腊之火"——点燃的石油精火炬——的攻击。最后，一支政府军在大臣（Vizier）莫瓦法克（Mowaffaq）的统率下攻入叛城，扫平抵抗，杀死阿里并斩首示众。莫瓦法克和他的官员们全体跪下，感谢安拉神的仁慈（883 年）。这场叛乱共持续了 14 年，威吓了整个东方伊斯兰的政治和经济。伊本·图伦（Ibn Tulun）时为埃及省长，利用这一有利时机，将王国中最富饶的一省变成一个独立的国家。

信仰

从教义上说，伊斯兰教教义在所有信仰中是最简明的一种："安拉是唯一的神，穆罕默德是他的先知。"这一个简单的公式，其意义是显而易见的，即在于劝人接受《古兰经》及其全部教义。结果，正统派穆斯林也就相信天堂与地狱，天使与魔鬼，肉体与灵魂的复活，万事皆由神注定，最后的审判，穆斯林须践履的四大义务——祈祷、布施、斋戒及朝圣——以及能与穆罕默德沟通的诸先知们的神圣感召。"每个民族备有一个使者"，《古兰经》说（第 10 章 47 节）。有些穆斯林计算出大概有 22.4 万名这样的使者。可是很明显，穆罕默德只承认亚伯拉罕、摩西和耶稣三人是传播上帝之道的。因此，穆斯林接受《旧约》及四福音书均为圣典。如这些经典与《古兰经》有矛盾冲突，那是这些经典为人们的不智及愚鲁所曲解、腐蚀所致。因此，《古兰经》就取代了以前种种启示的地位，所以穆罕默德较以前的所有先知都要优秀。穆斯林称道先知的人道精神，而且他们也如基督徒崇敬基督那样敬重他。"如果我生在他那个时代，"一位典型的穆斯林说，"我不会让上帝的使徒那双神圣的脚履践土地，而让他栖息在我的双肩上，带他到任何他想去的地方。"

一些善良的穆斯林，除了接受并听从《古兰经》的指引外，还遵行由饱学之士所保存下来的有关先知的经典（Sunna）和对话的所谓圣传（Hadith），这使他们的信仰变得更加复杂。随着时间的演变，有关教义、仪式、道德和法律等问题，经典并未作清晰解答的，都一一展示在人们的面前。有时《古兰经》某些词汇是晦涩不明的，需要作阐释。在这一点上，了解先知及其伴护究竟是怎么做或怎么说的，是非常有用的。有些穆斯林献身于搜集这些圣传。在伊斯兰教纪元的第一个世纪里，他们不曾将这些记录下来。他们在各个城市组织圣传派，并公开讲述圣传掌故。穆斯林经常从西班牙到波斯去，只为了亲耳聆听某一位学者讲述某一据说是直接得自先知的圣传，这种为求真理而不畏长途跋涉的举动，在伊斯兰世界是屡见不鲜的。在这种情况下，《古兰经》又衍生出口述的教义，正仿佛除了《旧约》尚有犹太法典。杰胡达·哈—纳希（Jehuda ha-Nasι）将犹太人的口传律令写成 180 条内容。870 年，布哈里（Al-Bukhari）经过艰苦的搜集工作，足迹遍及埃及、土耳其等地，在严格地检查了 60 万篇穆罕默德的圣传后，将其中 7275 篇收录在他的《萨希赫》（Sahih），即《修正书》（*Correct Book*）一书中。每一条圣传都要经过一系列的追溯，最后都须归宗到伴护之一或先知本人，方可采信。

　　许多圣传的采信使伊斯兰教教义有了一层新的意义。穆罕默德不曾宣称神迹的权威，但是有数百篇圣传告诉我们他神奇的工作：他如何用仅够一人食用的食物养活了一大群人；驱除恶魔；有一次祈求上天降雨，另一次则祈求停雨等；他如何用手触摸山羊干涸的乳房使其流下乳汁；病人触摸他的衣服或头发，疾病霍然而愈等。从这些圣传中，我们可以看到基督教的影响：尽管穆罕默德有较为冷酷的见解，但"当爱你的仇敌"也常被用来训诫信徒；主祷文采自四福音书；播种者的寓言，婚礼中的来宾以及葡萄园中的劳动者等故事，也都变成穆罕默德的教谕了。穆斯林曾严厉地抱怨说，许多圣传被杜撰为倭马亚王朝、阿巴斯王朝及其他朝代的宣传标语。伊本·阿比（Ibn Abi al-Awja）于 772 年在库法被处死，因他承认曾编过 4000 篇圣传。少数怀疑论者讥笑圣传的搜集，并用圣传那种严肃的形式编一些枯燥无味的故事来取乐。然而接受经审定核准的圣传的故事，并认为其与信仰及道德是相关的，这变成正统派穆斯林的记号，他们因此被称为圣传派信徒。

一篇圣传记载，天使加百利问穆罕默德，"什么是伊斯兰？"——穆罕默德回答说："伊斯兰即是信仰安拉神及先知，背诵祈祷文，给予布施，遵守伊斯兰历第九月的斋戒，并且向麦加朝圣。"而祈祷、布施、斋戒及朝圣是穆斯林的四大义务，再加上信仰安拉神及先知，合称为"伊斯兰教的五大信念"。

祈祷之前须斋戒，穆斯林被要求每日祈祷五次，而斋戒的重要性仅次于虔诚。跟摩西一样，穆罕默德以宗教作为教导卫生及道德的工具，因为就普遍的情况而言，只有神秘的形式，方能让一般大众接受理性的教导。他告诫说，一个不清洁的人的祷告，安拉是不会也不愿接受的。他甚至想到祈祷前应刷牙漱口，但是最后他妥协了，只需洗脸、手和脚就够了。自上次斋戒后，男人曾发生性行为，女人有月经和生育的，再行祈祷前必须要沐浴一番。黎明、正午稍过、晌午、日落以及睡前，清真寺的执事爬上尖塔诵念祈祷文：

> 安拉是最伟大的！安拉是最伟大的！安拉是最伟大的！安拉是最伟大的！我证明安拉是唯一的神。我证明安拉是唯一的神。我证明安拉是唯一的神。我证明穆罕默德是安拉的使徒。我证明穆罕默德是安拉的使徒。一起来祈祷！一起来祈祷！一起来祈祷！敬祝成功！敬祝成功！敬祝成功！安拉是最伟大的！安拉是最伟大的！安拉是最伟大的！除了安拉以外没有其他的神！

这是一篇有力的祈愿，一篇高洁的训示，它与太阳一同升起，是在劳碌的工作中受人欢迎的一个休止符，是在宁静的夜里，一篇庄严的神的信息。在同一个时间，从各城市的尖塔上，传出尖锐悦耳的吟唱，呼吁世俗的人类暂时放开一切，与神秘的生命及心智的渊源做一次短暂的沟通，即使对一个外来人来说，这种吟诵也是悦耳动人的。在五次祈祷的时间里，所有的穆斯林，不管他在何处，不论他在做什么，必须停止一切工作，洁净自己，匍匐在地上，朝向麦加及克尔白，以同样连续的语调，像太阳缓缓地掠过天空一样，背诵这一篇相同的祈祷文。

那些时间充裕而且信仰真诚的人，就走进清真寺去祈祷。通常寺院的大门是终日敞开的，任何穆斯林，不管正统派或其他教派，均可进去沐浴、休息或祈祷。在走廊里，教师们在讲学，法官们审理诉讼，哈里发们在宣布政策及法令；一般民众聚在一起聊天，听新闻，甚至谈生意；所以清真寺，就像犹太人的会堂和基督徒的教堂一样，是日常生活的中心，是整个社群的大家庭。每周五正午前半小时，执事在寺院的尖塔诵唱颂词——祝福安拉神、穆罕默德及其家族，以及那些伟大的伴护，并号召群众前来寺院聚会。前来礼拜的人都已经沐浴过，穿上干净的衣服，而且都抹上香液，或者至少他们已利用庭院中的水槽及水池，作了部分的清洁。通常当男人到寺院去，女人便得留守在家里，反之亦然。因为一旦女子出席，即使她们是戴了面纱的，也会分散男人的注意力。礼拜的人在寺院正门口脱去鞋子，换上拖鞋或仅穿着袜子进去。在厅里或者在院子里（如人数众多的话），他们肩并肩，一行行一列列地站着，面向壁上的神龛，神龛朝着麦加的方向。一位立祷者诵读一段《古兰经》，然后做一段简短的布道。每一位膜拜者诵念数段祷文，然后再按照规定的跪拜仪式，双膝下跪，上身匍匐。清真寺意指在祈祷中匍匐的地方，原是阿拉伯词"masjid"，从"sajada"变化而来，意指跪下、膜拜。在近东"masjid"读做"musjid"，而在北非则读做"musghid"。之后，立祷者再诵一段较为繁杂的祷文，而聚会的大众则默默地颂念。无须唱诗，没有圣灵显现，也没有圣餐等其他仪式，也不必在礼拜时募款或奉献。宗教已与国家合而为一，经费来自公共资金。主祷者不一定是僧侣，可能是一位俗人，他靠着世俗的职责赚取生活费用，他由寺院住持指定担任一个时期的主祷，在聚会时率众祈祷，可得到一些微薄的薪水。周五祈祷完毕，教徒即可自由离去，如果愿意，可像其他日子一样从事工作。然而无可否认，他们知道除了经济和社会竞争，还有一个超凡脱俗的净化时刻，在不知不觉中，借着共同礼拜的仪式，整个社群紧密地团结在一起。

穆斯林的第二项义务是布施。穆罕默德对富人几乎跟耶稣一样严苛，因此有人说，他在开始时是以社会改革者的姿态出现的，反对富商、贵族与贫苦大众相差悬殊的生活。显然，他早期的追随者都是些出身微贱的人。他在麦地那最初及最重要的活动之一，便是确立向所有公民征收 2.5% 的动产税，用以解救贫苦大众。有专职的官员负责征收及分配这项收入。部分用在兴建清真寺、支付政府行政支出及战争的开销上，而战争更可夺取大量的战利品，因而使给予贫民的救济金更充裕。"祈祷，"欧麦尔二世说，"把我们引向安拉的中途，斋戒带我们到他的宫殿门口，而布施使我们登堂入室。"圣传中有许多穆斯林乐善好施的故事。例如，据说哈桑在他一生中有三次将他的财产与贫民分享，并有两次捐出他所有的财产。

第三项义务便是斋戒。穆斯林不饮酒，穆罕默德不赞许苦行僧的行为，并且贬抑修道院的生活。穆罕默德的信徒要凭着良知来享受愉快的生活，但必须是非常简朴的。但是伊斯兰教跟其他宗教一样，仍有某些禁忌，一则是为了磨炼志节，再则是为了卫生的缘故。到麦地那不久，看到犹太人过每年一度的赎罪日（Yom Kippur），他要求其信徒照样实行，以期争取犹太人信奉伊斯兰教。当他的希望化为泡影时，他就将此节安排在伊斯兰教历的第九月来施行。将近 29 天的时间，每天白昼，所有穆斯林都不吃、不饮、不吸烟、不接近异性，而病人、疲惫的旅行者、儿童或老人、抚育婴儿的女人例外。此令初行时，斋戒的月份在冬天，其时白天来得很迟，却结束得很早。但是伊斯兰教的阴历计算要较四季时序来得短，每隔 33 年，伊斯兰历的第九月是仲夏之月，白昼漫长，暑气使人干渴难熬，但是那些虔诚的穆斯林仍然斋戒如仪。每日一入晚，斋戒解禁，穆斯林即可吃喝、做爱，通宵达旦。在那些晚上，商店是不闭户的，让大家可以宴饮游乐。穷人在那个月照常工作，稍富裕的则在白天睡觉来打发日子。信仰虔诚的信徒，第九月的最后 10 天在寺院中度过。据说在这最后 10 晚中的某晚，安拉神始向穆罕默德宣示《古兰经》。那晚被认为"比 1000 个月还要有价值"。而一些朴实的信徒，不能确定究竟哪一夜为"神旨夜"，因此 10 个晚上用同一严肃的态度来度过。第九月之后的第一天，教徒们就举行开斋节来大事庆祝狂欢。他们沐浴，穿上新衣，彼此拥抱以示礼敬，布施及赠送纪念物，同时到死者的坟前去吊祭。

去麦加朝圣是穆斯林的第四项义务。到圣地朝圣是东方的传统：犹太人希望活着时有一天能亲眼见到锡安山；而在穆罕默德之前，虔诚的异端阿拉伯人已经在向克尔白朝圣了。穆罕默德知道仪式较信仰更难改变，所以他就接受了这一古老的习俗。或许他对神圣黑石非常想念，借着这一古老的仪式，他打开门，使更多的阿拉伯人接受伊斯兰教。克尔白这一净化了的偶像，变成了穆斯林的神殿，每一位穆罕默德的信徒（贫病者例外）"应尽可能地"到麦加去朝圣——以后被解释为一生中应去朝圣一次。当伊斯兰教传播至远方时，仅小部分信徒履行这一朝圣的义务。

朝圣者的勇敢超过两军对垒，可从朝圣的骆驼队忍饥受渴，跋涉在火伞般的阳光下，以及沙漠狂飙的袭击窥其全貌。约有 7000 名信徒，或乘驴、马、骆驼，或乘堂皇的轿子，甚或长途跋涉前往，不过大部分人则颠簸在高耸的驼峰之间，"一步一膜拜……无论如何，每分钟要朝向麦加俯身致敬 50 次"，每天通常要走上 30 英里，有时走50 英里方能遇到一处绿洲。许多朝圣者因此生病，而落在后面，有些就这样死去，有些则落入野兽的口中，供其饱餐一顿。在麦地那，朝圣者在先知的寺院里瞻拜穆罕默德、艾卜·伯克尔及欧麦尔一世的墓园，在这些墓穴的附近，据说还留了一块空地，是留给玛利亚的儿子耶稣的。

一见到麦加，商队就在城外撑起帐篷，因为全城的每一寸土地都是神圣的。朝圣者们沐浴全身，穿上无缝的白宽袍，或乘骑牲畜，或徒步跋涉，跟随蜿蜒数里的队伍，缓缓地在满是尘土的黄土路上前进，希望在城内找到一块可供歇脚的地方。在麦加逗留期间，严禁争吵、发生性行为及其他罪恶行为。在规定朝圣的月份里，圣城内全世界各色人种聚会一堂，在虔诚的礼拜面前，没有国籍和阶级的区分。走进广阔的麦加寺院，数千信徒都小心翼翼地期待着奇异的经验。每个人几乎都忽视了寺院内优雅的尖塔或庄严宏伟的石柱，但是都敬畏地停在哲姆哲姆（Zemzem）井的旁边。据圣传说，此井的水曾使以实玛利解除干渴。每一位朝圣者都愿饮此井中的水，不管井内的水是多么难喝，更不问效果如何。有人把它装在瓶里带回家去，每天啜饮一口，或在临终前喝它。最后，这些膜拜者屏息凝神地走近巨室中央的克尔白，那是一座小型的庙宇，里边悬挂着银色的吊灯，外边的墙壁上则悬着半墙高的布幔。在一个角落里，便是闻名于世的黑石。朝圣者围着克尔白绕行七次，亲吻、触摸或膜拜黑石。许多朝圣者由于专心致意虔诚膜拜，以致睡眠不足，精疲力竭，但是他们仍愿在巨室中消磨神圣的夜晚，蹲踞在自己携带来的地毯上聊天、祈祷，以一种神奇而又惊喜的神情，追忆此番朝圣的目的。

为纪念夏甲疯狂地为其子寻找饮水，第二天朝圣者们就在横亘城外的萨法（Safa）和马尔瓦（Marwa）两山间来回步行七次……第七天那些希望进行"大朝圣"（Major Pilgrimage）的人，便纷纷走向阿勒山（Mt.Ararat）——大约有六小时的路程——去倾听三小时的布道。回程的中途，他们夜宿穆兹达利法（Muzdalifa）并作晚祷。第八天，他们成群拥向米那谷（the Valley of Mina），向着谷中的三根柱石投掷七块石头，因为他们相信，当魔鬼阻止亚伯拉罕杀死儿子时，他也曾向撒旦投掷过石子……第十天，他们奉献一羊、一驼及其他有角兽类做牺牲，食用其肉，并分送布施。这个纪念穆罕默德相似行为的仪式，可说是整个朝圣过程的中心仪式。奉献节（Festival of Sacrifice）是在朝圣的第十天，全世界的穆斯林以同样的牺牲向安拉神奉献的仪式。至此，信徒们方可修面整容，修剪指甲，埋掉修剪下的东西。"大朝圣"的全部仪式至此全部结束，但是通常朝圣者在回骆驼队前，会再向克尔白作一次膜拜。然后他们返回俗世，穿上平常的衣服，带着兴奋而愉快的神情，踏上漫长的归程。

这样著名的朝圣有多方面的意义。就像犹太人向耶路撒冷、基督徒向耶路撒冷和罗马朝圣一样，可以加强信徒的信心，并且借着群体性的经验，可使每一个朝圣者与教义及其他的信仰者发生紧密的联系。在朝圣中，虔诚的信仰将住在沙漠中的贫苦贝都因人、住在城市中的富商大贾、柏柏尔人、非洲黑人、叙利亚人、波斯人、土耳其人、鞑靼人、印度及中国的穆斯林，聚拢在一起——大家穿着同一式样的袍子，用同样的阿拉伯语，诵念同一段祈祷文，因此在伊斯兰世界中，对种族的歧视就比别处要温和得多了。对非穆斯林来说，绕行克尔白膜拜是一种迷信行为，但穆斯林也嘲笑其他信仰的类似习俗，对基督徒所行的圣餐仪式甚为迷惑，认为那仅是精神上的交流与供应的外在象征。

所有的宗教，不论在开始时是如何崇高，不久就会披上一层迷信的色彩，这种迷信是由于身体的极度困乏，以及在求得继续生存的斗争中，心灵上因恐惧而自然产生的。大多数穆斯林相信术士的巫术，对他们神化未来，寻找隐藏的财富，驱除病魔，给敌人苦痛，医治疾病，抵御妖魔的能力很少予以怀疑。更有人相信巫术能使人变成动物、植物，或者使人遁入空中，这几乎就是整部《天方夜谭》的故事结构。到处充斥着精灵，以各种不同的鬼怪或伎俩来捉弄或戏谑人类，使不谨慎的妇女怀孕。大多数穆斯林均身佩护身符，以抵御鬼魅的侵扰，并认为日子有幸与不幸，相信梦境可泄露未来的命运，而神有时也是借梦与人交流。每一位伊斯兰信徒，就跟基督徒一样，都很相信占星术。天体用来确定清真寺的方位和宗教上的节令，也用来选择吉庆瑞祥，它决定每一个人一生的命运——即他的个性和命运，都是由他出生时头顶上那颗星辰的方位来决定的。

　　外界看来，伊斯兰教各派在仪式及信仰上并没有什么明显的区别，但是伊斯兰教在早期已经分裂成各种派别，其数目之多与斗争之激烈，就如同基督教世界一样。有主张尚武的、纪律严谨的和民主的哈瓦利吉（Kharijites）派，主张没有一位穆斯林会永远受到谴责的穆尔吉亚派（Murji'ites），贾卡利（Jabrites）派否认自由意志且是绝对的宿命论者，维护意志自由的盖德里叶（Qadarites）派，以及其他各种的派别。我们对他们的诚信及博识极表尊敬，并且永远如此。但是什叶派无可避免地拥有重要的历史地位。他们推翻了倭马亚王朝，掌握了波斯、埃及和印度的伊斯兰教信仰，而且深深地影响了文学和哲学。什叶派起源于两宗谋杀案——阿里、侯赛因及其家属被谋杀。伊斯兰教大多数小宗派辩称，因为穆罕默德是安拉神选定的使徒，则先知的子孙，承袭先知的精神和宗旨，继承他在伊斯兰教的领导权，这些一定是安拉的意旨。除了阿里以外，在他们看来，所有的哈里发都是篡权者。当阿里成为哈里发时，他们欢欣鼓舞；当他被谋杀时，他们哀痛万分；而当他们听到侯赛因被杀时，莫不惊恐万状。在什叶派的寺院中，阿里和侯赛因两人被当作圣人般供奉着。他们的神龛之受尊重，仅次于克尔白及先知之墓，居于第二位。可能是受到波斯、犹太人及基督救世主观念和佛教菩萨观念不断圣化的影响，什叶派认为阿里的子孙应成为首领（Imams），这是神圣智慧的具体表征。所以第八代首领里扎（Riza）在波斯东北部马斯哈德（Mashhad）的墓，被视为"什叶派的光辉"。873 年，第十二世首领穆罕默德·伊本·哈桑（Muhammad Ibn Hasan）在位第十二年时突然失踪。什叶派深信，他没有死去，而是等待时机，重新降世，以领导什叶派教徒登上世界的巅峰及最高福祉。

　　对于异教，如基督教、祆教、塞比教派及犹太人，倭马亚王朝表现出某种程度的容忍，同时代的基督教国家几乎不能与之相比。他们获准自由选择信仰，并保留其原有教堂，唯一的条件是他们必须穿着易于区别的棕褐色衣服，且视各人所得，每年须向政府交缴 1—4 第纳尔的人头税。此税只向符合兵役条件的非穆斯林征收，而对僧侣、妇女、青少年、奴隶、老人、残者、盲者或极贫弱者则不征收。缴此税者得免除（或排除）兵役，并且免缴社群内的 2.5% 的慈善捐，也可受到政府的保护。虽然在伊斯兰教法庭上他们的证言无效，但他们可在自己的领袖、法官及法律之下组织自治政府。容忍的程度因朝代而不同，各继承者时严时松，大致说来，倭马亚王朝比较仁慈，阿巴斯王朝宽严并施。欧麦尔一世将所有基督徒及犹太人驱逐出伊斯兰圣地阿拉伯半岛。一篇可疑的圣传将"欧麦尔公约"（Covenant of Omar）说成是欧麦尔本人的作品，该公约限制异教徒的一般权利。倘使真有其事，那么这一律令也终究被忽视了，因为欧麦尔本人继续允许埃及境内拜占庭前政府给予基督徒的承诺。

聚居在近东的犹太人，视阿拉伯人为解放者。因为那时他们正遭受种种困窘及间歇性的宗教迫害，而现在他们与基督徒站在对等的地位上，在耶路撒冷再度得到生活和信仰的自由，在亚洲、埃及和西班牙的伊斯兰教政权统治下，他们拥有了在基督徒统治下不曾有过的繁荣。居住在阿拉伯半岛以外、亚洲西部的基督徒，通常都可毫无阻碍地保有自己的宗教信仰。直至伊斯兰教纪元 3 世纪，叙利亚境内基督徒仍然占据优势。在马蒙统治时期（813—833 年），伊斯兰世界中共有 1.1 万座基督教教堂，同时还有数百座犹太人会堂以及祆教庙宇。基督教的节日庆典自由而公开地举行，基督徒朝圣者可以很安全地到巴勒斯坦参拜基督教神龛。12 世纪，十字军发现在近东有大批基督徒。非基督徒常受君士坦丁堡、耶路撒冷、亚历山大及安条克的长老们的迫害，而在伊斯兰教的统治下，他们都能过着自由而安全的生活，因为穆斯林觉得彼此争论是十分不明智的。9 世纪，安条克的穆斯林省长，指定一支特别护卫军来阻止基督教各派在教堂中彼此屠杀。在多疑的倭马亚王朝，寺院和女修道院蓬勃一时。阿拉伯人很赞许僧侣们在农业和土地改良上的成就，称赏寺院酿造的葡萄酒，以及在旅行中享受到的基督教修道院那份殷勤亲切的招待。有一段时期，两者的关系可谓水乳交融到前所未见的境界，胸前佩戴十字架的基督徒，可到清真寺与他的穆斯林朋友聊天。在伊斯兰教政权的行政机构里，雇有数百名基督徒职员。基督徒经常占据重要职位，而引起穆斯林的抱怨。塞尔吉乌斯是大马士革圣约翰教堂的神父，曾任阿卜杜·阿尔－马立克的财政部长，而约翰本人是教会最后一位希腊教父，也是统治大马士革的议会领袖。一般说来，东方的基督徒认为伊斯兰教的统治，要比拜占庭及教会的统治仁慈多了。

大概是早期伊斯兰教所采取的这种容忍政策，使这一新的信仰很快即赢得在亚洲、埃及和北非的大部分基督徒，几乎全部祆教徒及许多犹太人的归心。共享统治者的信仰，在财富上是一件有利的事。战俘如接受安拉神、穆罕默德及心身净化，即免于沦为奴隶。渐渐地，非伊斯兰教地区的人民开始采用阿拉伯语言、服饰，《古兰经》上的律法及信仰。希腊文化，经过千余年的繁荣，已渐渐式微了。罗马的大军无法征服各地原始信仰中的神，拜占庭的正教曾引起异端的叛乱，而伊斯兰教教义无须改变信仰，他们得以保存信仰及崇拜仪式，遗忘了过去的神祇，而对新的宗教变得忠诚。从中国、印尼、印度，到波斯、叙利亚、阿拉伯半岛和埃及，直至摩洛哥和西班牙，伊斯兰教触动了无数的心弦及幻想，铸造了道德和生活规范，给予人们慰藉和强而有力的自尊。

人民

在倭马亚王朝时，阿拉伯人成为占统治地位的贵族阶层，由政府发给俸给。而享受这些特权的条件是，凡身强体健的阿拉伯男人，不论何时，均有服兵役的义务。身为征服者，他们对自己那种纯洁的血统和精湛的语言感到骄傲。他们很讲究家世门第，喜欢将父亲的名字冠于己名之前，如艾卜杜拉·伊本·祖贝尔（Abdallah Ibn Zobeir，即祖贝尔之子）；有时还加上部落及出生地，使得名字变成一则简单的自传，如艾卜·贝克尔·阿麦德·伊本·雅里尔·阿兹迪（Abu Bekr Ahmad Ibn Jarir al-Azdi）。当征服者们将被征服的妇女纳为妾侍，而视她们所生的孩子为阿拉伯人时，血统纯洁这一点也就渐渐变得神秘而莫测高深了，但是他们对自己血统及阶级的骄傲却一成不变。上层阶级的阿拉伯人，出则骏马，衣则丝绸，并身佩宝剑；普通人则穿着裤管宽大的裤子，头戴缠帽，脚穿尖头的鞋子；而贝都因人仍然保留他们那种飘逸的长袍、头巾及束腰。长褶裤为先知所禁止，但是一些阿拉伯人仍顽固地穿着它。各阶层的人都很喜爱珠宝。妇女们以紧身的胸衣、鲜艳的束带和色彩明丽的宽裙子来挑逗男人的遐想。她们将头发在额前梳成刘海，两侧弯曲，脑后则梳成辫子，有时则用黑丝绸束头发，通常她们都喜欢在头上佩戴珠宝及花朵。自 715 年起，她们出门时在眼睛以下戴上面纱。这为这些妇女们增添了浪漫气氛，因为不管何种年龄，阿拉伯妇女的眼睛，都具有一种莫测高深的美。女人在 12 岁时已成熟，四十岁时已呈现老态。在这中间，她们引起大部分关于阿拉伯的浪漫想象，也延续了整个阿拉伯民族。

穆斯林对独身不存敬意，也不把永久的禁欲视为理想的境界，大多数伊斯兰教圣哲均结婚生子。也许伊斯兰教有些矫枉过正，在婚姻中存在一些极端的现象。在法律允许的范围内，对性的贪婪得以充分发泄，所以在穆罕默德及其"继承者"统治的时代，妓女几乎绝迹，但是过分的发泄常需要刺激来鼓舞，因此舞女在大多数已婚男子的生活中就占了极重的分量。本来只供男人耳目之娱的伊斯兰教文学，就如同基督教世界男人的话题一样放荡，这些文学作品大多数是些色情书籍。伊斯兰教医学也很注意春药的制造。伊斯兰教法律非常严格，私通和鸡奸都要处以死刑，但是随着生活条件的改善，道德也变得日渐松弛了，私通只答以 30 鞭子，而对逐渐蔓延的同性恋充耳不闻。因此在社会上兴起了职业同性恋这一阶层，他们穿着妇女的服饰，模仿女人的行为，把头发结成辫子，用蔻丹染上指甲，表演淫荡的舞蹈。哈里发苏莱曼曾下令将麦加的同性恋者阉割，而哈里发阿尔–哈迪若发现两位妇女有同性恋（Lesbian）关系，立即处以枭首的极刑。尽管有这么多管制，同性恋却急遽增长。阿尔–哈迪以后数年间，在哈龙的宫廷里，这种行为已很流行，而且他最爱的诗人艾卜·努瓦斯（Abu Nuwas）的歌曲中亦对此有所反映。男性穆斯林，婚前与妇女共处一室只隔一层帘幕，婚后在闺房中与她们恣情纵欲，很容易会发展出不正常的性关系。而妇女除了亲戚，几乎与所有异性隔绝，也很容易发生这种行为。

自与波斯接触以后，鸡奸及深闺制度这两件事在当时的伊斯兰世界中变得普遍了。阿拉伯人对女人的妩媚是既惧且羡的，男人们为了掩饰对女性魅力身不由己的屈服，就怀疑女人的德性与智慧。"和女人商量，"欧麦尔一世说，"但是须朝她们意见的相反方向去做。"在穆罕默德时代，穆斯林并不排斥妇女，两性间相互访问，一起在街上行走，在清真寺里祈祷。当穆萨布·伊本·祖贝尔问他太太艾莎为何不戴面纱时，她回答说："因为托安拉神的祝福和礼赞，赋予我这闭月羞花的容貌，因此我希望大家能欣赏这份美，也可使他们认识安拉的伟大。"但在瓦立特二世（743—744年）时，妻妾和太监制度已经形成，而深闺制度也随之发展。闺房跟哈拉姆（Haram）同义，意指禁止的或神圣的，隔离女人最初是由于对月经及生育的禁忌，因此闺房只是庇护所而已。丈夫们深知东方人的热情，因此就觉得对女人有保护的必要，同时也感到，除非对女人严加管束，否则是无法避免通奸的。除非行程很短或戴面纱，女人在街上漫步是会遭受谩骂的。她们可相互访问，通常乘坐有幕帘的轿子，入夜之后，她们是绝少在外露面的。在寺院里，她们也常以幕布、栏杆及回廊与男人们隔开，如此，直至她们被完全隔绝。在基督教国家，宗教被描写成是属于女性的次要特性，而在伊斯兰世界中则被描写成公共的崇拜，但它已变成了男人的特权。尤其残酷的是，女人在街上采购物品的乐趣也被剥夺，她们遭人购置所需。而小贩们，通常是女人，都是上门推销，将物品展示在闺房的地板上。除了低阶层的妇女，女人是绝少与丈夫同桌共餐的。除了太太、奴婢及近亲外，穆斯林注视其他妇女是非法的。医生只被允许诊疗妇女患疾病的部位。男人觉得这种深闺制度非常方便，在家里他们有最好的机会，而在外面，则有免于被监视的充分自由。就女人本身而言，直至19世纪，仍然没有反对帘幕或面纱的迹象。她们在闺房中享受着幸福、宁静及安全的生活，如丈夫对维持这份宁静有所疏忽，她们就会产生遭受侮辱般的愤怒。在这一形同监狱的闺房中，具有法定地位的太太们，在历史上依然扮演着重要的角色。哈龙的母亲海祖兰（Khaizuran）及太太祖贝达在8、9两世纪产生的影响及大胆的作风，可与7世纪的艾莎相媲美，她们享受着连穆罕默德的太太们都无法想象的荣华富贵。

一般女子的教育，只限于记诵一些祷文、几段《古兰经》或学习家居艺术。上层社会的妇女接受相当水准的教育，通常由家庭教师教导，有时则进学校或学院；她们学习作诗、音乐以及各种女红；有些成为学者甚至教师。有几位妇女在慈善事业方面很有名气。她们学习一些符合其风俗习惯的礼仪；沐浴前，她们必须先遮住面部；她们对欧洲妇女在宴会时穿低胸的衣服，以及在跳舞时与许多男人相拥的情形甚感讶异；她们也艳羡神能宽容这些犯了如此大罪的罪人。

与大多数文明国家一样，她们的婚姻通常是由父母安排的。在女儿到结婚年龄以前，父亲可将女儿嫁给任何他所希望或喜欢的人。一旦她到了结婚年龄，她便有选择权。通常女子的结婚年龄为12岁，十三四岁就已做了母亲；也有在9或10岁就结婚的。男人的适婚年龄最早是15岁。婚约保证男方给女方一份妆奁，这份妆奁无论在婚姻中或离异后，永远属于女方财产的一部分。在婚前，新郎不许与新娘见面。订婚8天或10天后即举行婚礼。结婚时无须僧侣主持，却要进行一段简短的祷告。婚礼有音乐、宴会、赠送礼物等环节，在新郎的家里及街上热热闹闹地庆祝。仪式过后，丈夫在新娘的房里念着"感谢仁慈怜悯的真主",掀起妻子的面纱。

倘若这一事后的审视不能令新郎满意,他便可连同妆奁及新娘立刻送还给她的双亲。伊斯兰世界虽为多妻制,但大多数人都陆续娶进妻妾们,而非同时娶许多妻子,只有富人才付得起几位太太的费用。因为离婚很容易,更可使一位穆斯林相继有几位伴侣。阿里有 200 位太太;伊本·阿尔-泰伊本(Ibn al-Teiyib)是巴格达一名染剂师,活了 85 岁,据说曾结婚 900 次。除太太以外,一位穆斯林更可有不计其数的侍妾。哈龙因有 200 位侍妾而心满意足,据说穆尔瓦基勒有 4000 位妾,每人一生几乎只能和他共度一夕。有些奴隶商人将女奴隶训练得深谙音乐、歌唱及性的挑逗,然后以妾侍的身份出售,每位售价高达 10 万第尔汗。但是我们可不能把一间通常的闺房当作私人的妓院。有很多侍妾因生子而变为母亲的例子,而且男人以子女众多而引以为荣,而主人与侍妾之间缠绵悱恻的恋情的例子也不胜枚举。合法妻子视侍妾制度为理所当然。哈龙的太太佐贝达(Zobaida)一次曾送给哈龙 10 位侍妾。瓦立特一世的一个儿子生有 60 个男孩,女孩的数目更是无法统计。《古兰经》禁止的太监制度,现已成为闺房中必需的附属品了。基督徒及犹太人也参与了制造及输入太监的工作,哈里发、首相及高官们,曾以极高的价格收买他们。不久,刁黠的太监阶层,就使数届伊斯兰教政府受其牵制。在较早的几个世纪里,闺房制度曾阻碍了阿拉伯人与被征服者的同化,而且他们大量生育,以应付领土扩张的需要。这种能力强者的大量生育,在优生学上是很有功效的。但是自马蒙以后,多妻制变成道德及生理的衰颓以及——由于人口生殖率超过食物增长率——贫穷与不满情绪的源泉。

婚姻生活里女人的地位是神圣的。她在某一时间内只能有一位丈夫,离婚需要付出相当高的代价。丈夫的不忠诚她不能过问,只能视为是道德上无关紧要的小事;但是她若对丈夫不忠,则会被判死刑。不管阻碍有多少,仍然有许多通奸的行为,这是令人讶异的。她有时受到辱骂,有时受到尊敬,有时被蔑视、压制,但是在许多事例中，她们是被激情而温顺地爱着的。"为了我妻的缘故，"艾卜·阿提亚（Abu'l Atiyya）说，"我愿意放弃一切人生的目的及俗世的财富。"这种事情是经常发生的，而且有时相当真诚。此外，伊斯兰教妇女所收受的财物，全由她处置，丈夫及丈夫的债权人是无权提出要求的。在属于她自己的天地里，她纺纱织布，缝缝补补，治理家务，照顾孩子，嬉戏，吃零食，聊聊天，或搞些恶作剧以打发时间。她们因多子多孙而受人尊敬。在农业及宗法社会里，子孙被视为经济上的资产，女人在家族中的地位，完全依照她生育的多寡而定。"丢在墙角的一个破垫子，"穆罕默德说，"也要强过一位不妊的太太。"尽管如此，避孕和堕胎在闺房中仍很盛行。产婆仍以古老的方法接生，医生则介绍新的方法。拉齐（Al-Razi）（约 924 年）在其《经验谈》（*Quintessence of Experience*）一书中，有一段"讨论防止受孕的方法"，列出了 24 种技术及药物的避孕法。伊本·西娜（Ibn Sina）在名著《医学准则》（*Qanun*）一书中，列举了 20 种避孕方法。

《古兰经》明确谴责赌博及酗酒。在伊斯兰世界中，政府及司法上的贪污腐化一如基督教世界。大致说来，在商业道德上，信守承诺、遵守契约的态度，穆斯林要优于基督徒。大家都承认，萨拉丁是十字军时代最有教养的绅士。穆斯林有时视说谎为荣耀，为了拯救生命，平息争执，取悦太太，及在战争中欺蒙不同信仰的敌人，是允许说谎的。穆斯林重视形式及真诚，穆斯林的演说常带有浓厚的礼赞和谦逊。跟犹太人一样，穆斯林彼此用鞠躬及敬礼来表示欢迎，并口念着"敬祝平安"等，对方则答以"托您的福，并感谢安拉的仁慈"。伊斯兰世界一般来说都很诚挚。清洁与否与收入有关，穷人疏于修饰，而境遇好的则常清洗、修剪及涂抹香料。割礼一事，《古兰经》虽未提及，但因其有益于卫生而颇受人重视，男孩一到五六岁便行割礼。私人浴室是富人的享受，公共浴室遍布各处。据说，10 世纪，巴格达一地就有 2.7 万所澡堂。男人与女人一样喜欢香水及香料。阿拉伯半岛在很早以前就因乳香和没药得享盛名，波斯却因其玫瑰油、紫罗兰及茉莉花而闻名于世。很多家庭都有灌木、莳花及果树林园。特别是在波斯，花更受欢迎，因此全城充溢着芬芳的气息。

他们如何来娱乐自己呢？上层阶级大半是宴饮、房事、挑逗、作诗、音乐及歌唱。下层的人们，除了以上列举的事项，另外还加上斗鸡、跳绳舞、变戏法、玩魔术及看傀儡戏等。我们从《医学准则》中发现，在10世纪时，穆斯林已经发展出各种运动及游戏:拳击、摔跤、竞走、射箭、掷铁饼、体操、跳越障碍、骑马、马球、槌球游戏、举重以及曲棍球、棒球。赌博是禁止的，纸牌和骰子不太常见，双陆棋则较为普遍。虽然穆罕默德不赞成把棋子雕刻成人形，但弈棋仍是允许的。赛马很普遍，并且得到哈里发们的支持。据说有一次赛马，有4000匹马参加。狩猎是较为贵族化的娱乐，而且较萨珊时代文明得多，后来演变为猎鹰活动。人们饲养捕获的动物，有些家庭养狗，有些则养猴子。哈里发们则饲养老虎和狮子以娱乐臣民及使节。

当阿拉伯人征服叙利亚时，他们仍停留在半野蛮的状态，骁勇、残暴、淫荡、冲动、迷信和多疑。伊斯兰教软化了他们某些性格，但是大部分仍然保留着。哈里发们并不比同时代的拜占庭、墨洛温王朝或北欧的基督教国王们更残酷无道，但这对任何文明国家显然皆是污点。717年，哈里发苏莱曼在前往麦加朝圣的途中，邀请宫中武士在新近俘虏的400名希腊人身上试试他们的利剑。400名可怜的俘虏，在哈里发的旁观下，在刽子手们的欢呼中，一个个身首异处。穆尔瓦基勒（al-Mutawakkil）登基后，将一名首相下狱，只因其在数年前对他不敬。犯人数周不得睡眠，处于神志不清而渐成精神失常的状态，然后允许犯人痛快淋漓地睡上24小时；待稍微恢复体力，又将他置于两块钉满铁钉的木板中间，微微一动，犯人就得受皮肉伤；犯人痛苦地躺在那里，直到咽下最后一口气。像这样的野蛮行为，当然是少数几个例子。一般说来，穆斯林是温文有礼，富有人道精神、能容忍的。倘使我们作一概括性的描述，他们领悟快、智慧高、易冲动、懒惰、安于现状、安于简朴、静静地忍受不幸的遭遇，以耐心、骄傲和高雅的态度来处理事情。长途旅行时，他们总是带着寿衣，随时准备接受死神的召唤。在沙漠中，因疾病或饥渴不能行动时，他会吩咐其他人继续前进，亲手做完最后的涤净工作，挖好墓穴，把自己裹在破的绸被单里，躺在已经掘好的沟穴中，静静地等待死神的降临，让风沙将他埋葬在广漠的旷野中。

政府

从理论上来说，穆罕默德之后 30 年间，伊斯兰是属于古代意义的民主共和政体，即凡是已成年的自由男人，均享有选择统治者及决定政策的权利。事实上"教徒的领袖"的选择和政策的决定，是由麦地那的一小撮贵族来决定的。有一件事是可预料到的，人因自然禀赋的不同，智慧也因之而有贤愚的差别，而民主政治与人类的智慧有很深的关系。在早期闭锁而沟通困难，教育不普及的情况下，某种程度的寡头政治是势所难免的。战争有碍民主政治，伊斯兰不断地向外扩展，也造成了一人独裁的局面。在倭马亚王朝时代，政府已是十足的君主政体，哈里发的嬗递，由世袭或武力决斗来决定。

从理论上来说，哈里发这一职位，其宗教意义多于政治上的功能。哈里发是伊斯兰教的至尊，他最基本的任务在于维持信仰。所以，在理论上，哈里发是神权政治，即借宗教来达成神的政府。但是哈里发不是教皇或牧师，他不能颁布新的教律。实际上，他几乎享有绝对无上的权力，既不受国会、世袭贵族的限制，也不受牧师的操纵，只有《古兰经》可以限制他的行动——但是那批受他供养的学者，也常秉承他的旨意来解释和运用《古兰经》。这种专制政体，只有这一事实展现了民主的机会：除了双亲均出身奴隶的人外，任何人均有出任政府要职的机会。

阿拉伯人自认为已经征服腐化、有着良好组织的社会、采用了在叙利亚的拜占庭政府和在波斯的萨珊政府那种行政组织，而实际上是以近东的那套古老的生活方式持续着。甚至那富有东方色彩的文化，突破了语言上的障碍，也在伊斯兰世界的科学和哲学中复活。在阿巴斯王朝，一套复杂的中央、省及地方政府组织系统已具规模，由受宫廷革命及皇族间暗杀事件微弱影响的官僚组织运作。这一行政机构的首脑是御前大臣，在理论上他仅是主持典礼仪式的官员，而实际上，因为他往往控制着哈里发的废立，权力颇大。居于第二位的便是宰相（自曼苏尔以后），在权力上较前者更大，他有任命官吏及监督政府各机关的权力，并实际负责指导全国政策的执行。主要的衙门有国税局、主计处、通讯社、警政署、邮政局及申冤司等部门。申冤司后来变成负责行政及司法裁决的上诉法院，同样隶属于哈里发。重要性仅次于军队的是国税局，拜占庭时代税务人员的腐败已消失，大部分税入均用于政府行政及总督的开支。哈龙时代，哈里发的岁收是 5.3 亿第尔汗，此外还有其他不计其数的各种名目的税收。没有发行国债，相反在 786 年，国库尚盈余 9 亿第尔汗。

公共邮局，如波斯和罗马时代一样，只为政府及一些重要人物服务，主要作用是在各省与首都间传递消息与命令，也是大臣搜集地方官员的情报的信息网。它发行旅行指南，对商人及朝圣者颇多助益。指南上面印有各驿站的名称及两站间的距离，构成日后阿拉伯地理的基本素材。鸽子被训练成为传递书信的工具——这是它在历史上首次用于这一用途（837 年）。那时旅行者及商人也附带从事情报传递工作，在巴格达有 1700 位"年老的妇女"从事情报搜集。尽管如此，这些监督工作却并未遏止东方和西方的压榨及贪污事件。地方总督们，就像罗马时代一样，总希望在任期中补偿他们钻营所花的费用，以及改善子女的生活。有时哈里发强迫他们吐出赃款，或将这种压榨权力出售给新任命的地方政府，所以优素福·伊本·欧玛尔（Yusuf Ibn Omar）从伊拉克政府前任官员那里榨出 7600 万第尔汗。法官收入丰厚，但是他们也常屈服于肯花钱的人。因此穆罕默德（据一篇圣传说）认为三位法官之中，至少有两位要打入地狱。

用以统治这个庞大帝国的法律以《古兰经》为基础。犹太法律、伊斯兰法律与宗教是合而为一的。违反了法律，即犯有宗教上的罪恶。法律哲学是神学的一个旁支。当领土随征服者的到来不断扩张时，伊斯兰教法律也接踵而至，但是有很多扑朔迷离的案情，因为在《古兰经》上找不到依据而不知道该如何处理。伊斯兰教法理学家们便杜撰圣传，或明或暗地来配合他们判案的需要。这样圣传就变成伊斯兰教法律的第二个来源。令人惊讶的是，这些圣传符合罗马、拜占庭以及犹太法典的法律原则和判例。繁复的法律传统，维持并提高了法律在伊斯兰世界中的地位。负责解释并适用法律的法学家们，10世纪，获得了几乎与祭师阶级相等的权力和尊严。他们与王室联手，支持阿巴斯王朝的专制政体，因此获利甚丰厚。

在伊斯兰的正统派中，法学分成四大派系。艾卜·哈尼法·伊本·塔比特（Abu Hanifa Ibn Thabit）以类比解释的原则，对《古兰经》的法律予以革命性的注释。他辩称，当初法律是适应沙漠社群的需要而制定的，因此在工业社会或都市中，应适用类比解释，而不是文义解释。以此为基础，他赞同抵押贷款及利息制度（《古兰经》是禁止的），大部分如海勒（Hillel）在8世纪前的巴勒斯坦所实行的一样。哈尼法声称："法律的原理与文法及逻辑规则并不一样。它表达一般习俗，当产生此一习俗的环境变化时，应随之而变化。"与这一持法律进化论的自由哲学派相对抗的是麦地那的保守派，以伊本·阿纳斯（Malik Ibn Anas）为首。精研1700条法学圣传后，他指出大部分的圣传多发生在麦地那，因此应以麦地那的一致见解作为解释《古兰经》及圣传的准绳。住在巴格达及开罗的穆罕默德·萨菲伊（Muhammad al-Shafii）认为，其正确与否，应有较广泛的基础，而非根据麦地那地方的见解，应以整个伊斯兰教社会的一致见解为法律、正统及真理的最后准则。其门生艾哈迈德·伊本·哈巴尔（Ahmad Ibn Hanbal）认为，此观点标准太宽，又含糊不清。因此他创立了第四学派，该派认为法律仅能以《古兰经》及圣传两者来解释、决定。

他攻击穆尔太齐赖派哲学的唯理主义，因此遭到马蒙禁锢。因为他坚定不移地固守保守派的立场，当他死时，几乎全巴格达的民众都来参加他的葬礼。

撇开近一个世纪之久的争论不谈，伊斯兰正统派承认这四支法学派尽管在原理上分立，但在内容上大致雷同。他们都承认伊斯兰教法律的神圣源流，并且也承认欲控制毫无组织的民众，这一神圣源流是极其必要的。伊斯兰教法律对行为和仪式规范的详尽，恐怕只有犹太法典可与之相比。他们规定了牙签的正确用法，夫妇的权利，两性的适当服饰以及头发正确梳理的方法。有一位法律学家终身不曾尝过西瓜的味道，因为不论《古兰经》或者圣传，他不能从中找到吃西瓜的法律根据。制定法的繁琐，扼杀了人类的发展，但是法律上的规定和宽恕的遁词，也使严肃刻板的法律与生命的源泉及活力得到适当的调和。即使广泛地接受自由化的哈纳斐（Hanafite）学派的观点，伊斯兰教法律仍旧对正统学说过于保守及无弹性，以致阻碍了经济、道德及思想的进步。

我们承认这些法律。艾卜·伯克尔到阿尔-马蒙的早期的哈里发们，能在广大的疆域里，使人民生活有规范可循，应被列入历史上最有能力的统治者之列。他们不像历史上其他的征服者，如莫卧儿人、马札儿人及挪威人，蹂躏及夺去被征服者的财产；相反，他们仅仅是征收赋税而已。当欧麦尔征服了埃及，他否决了祖贝尔将其分封给追随者的建议，并且很坚决地说："留在人民的手里，让他们耕种。"在伊斯兰教政权的统治下，土地经过丈量，有系统地记录下来，道路和运河不断疏浚和开拓，并修筑堤坝以防治水灾；半荒芜的伊拉克，再度变成了人间的伊甸园；曾经遍布沙砾、石子的荒芜的巴勒斯坦，已变得肥沃、富饶而繁荣，成为人类聚居的地方。无疑，在这一制度之下，凭着聪明和冲劲，这一片荒芜贫瘠的土地终于被人们开发成富庶的天堂了。哈里发们不断地以理性的态度来保护生命的安全和劳动的代价，且继续延揽人才，使该地区的繁荣延续 3 至 6 个世纪之久，鼓励、支持教育、文学、科学、哲学及艺术的进步达五个世纪之久，使西亚成为世界上最文明的地区之一。

城市

伊斯兰城镇几乎都是中型的，约有 1 万人口，他们聚居于狭窄的区域内，通常筑有围墙以防止侵略或围攻。泥土的道路没有照明设备，入夜一片昏暗。低矮狭窄的白灰墙房屋，紧密地排在护墙的后边。城市里最繁荣的中心是清真寺。凡是有伊斯兰城市崛起的地方，无论知识、学术或声色之娱，都达到了巅峰。

在穆斯林的心目中，麦加和麦地那两都是圣地，一处是古代阿拉伯神祇的中心，也是先知的诞生地；另一处则是他的庇护所及家族所在地。瓦立特二世将麦地那朴实无华的清真寺整修得焕然一新，美轮美奂。在瓦立特二世的督促下，耗资 8 万第纳尔，由拜占庭帝王从埃及和希腊送来 40 车拼花石块和 80 名工匠。因此穆斯林抱怨，他们先知的庙宇竟是由一群不忠诚的基督徒建造的。除了克尔白及此寺外，两城在倭马亚王朝时，均沾染上了使早期的哈里发们震惊的世俗的浮华，却为好胜的库赖什人争了不少面子。战利品源源不断地流入麦地那，大部分分配给当地的居民。到麦地那朝圣的人数越来越庞大，奉献也较以前更丰盛，大大地刺激了当地的商业。圣城变成了财富及声色娱乐的中心。皇宫及市郊别墅住着皇亲国戚和服侍他们的随从，侍妾无数，醇酒源源不断，歌姬漫不经心地唱着哀怨的歌，诗人吟唱着歌颂战争和爱情的诗篇。在麦地那，侯赛因的女儿，貌美如花的苏凯娜（Suqainah），主持由诗人、法学家及政治家参加的沙龙。她以慧黠、妩媚和动人的风韵，为伊斯兰妇女树立了一个楷模。她到底有多少丈夫，不能从她手指上戴的钻石戒指计算出来，因为有时她是以婚后完全自由为结婚的条件。倭马亚王朝那种追求生活乐趣的精神，终于在伊斯兰的神圣中心，征服了艾卜·伯克尔、欧麦尔等人拘谨的虔诚教徒的生活。

　　耶路撒冷也是伊斯兰的圣城之一。早在 8 世纪，阿拉伯人即在此占优势。哈里发阿卜杜–阿尔–马立克，极钦羡库斯鲁·帕维兹那毁掉而又重建的圣墓的优美宏伟，便将收自埃及的岁入，用于在此大兴土木，兴建闻名伊斯兰世界的哈拉姆·萨里夫（Al-Haram al-Sharif，即庄严神殿），以期能超越上述圣墓。神殿前面则建了麦斯吉德·阿克萨（Al-Masjid al-Aqsa）圣寺（The Father Mosque），这是根据《古兰经》某段经文命名的。该寺院于 746 年因地震倒塌，785 年修复，此后屡经整建。该寺院本堂的兴建，可追溯到阿卜杜–阿尔–马立克时代。大部分的列柱是从查士丁尼在耶路撒冷的皇宫中运来的。穆卡达西认为该神殿的宏伟优美超过大马士革的大寺院。据说在该神殿的某间密室里，穆罕默德曾会见亚伯拉罕、摩西及耶稣，并与他们一起在此祈祷，在附近穆罕默德曾见到一块石头（以色列人认此石为世界的中心），亚伯拉罕曾想在这里将以撒献给上帝，摩西则曾在这里接受约柜，所罗门王和希律王曾在此兴建寺庙，穆罕默德也借由此石升入天堂。倘若人们信仰虔诚，他们可在此石上看到先知的足迹。684 年，当叛党阿卜杜拉攫取麦加，并向朝圣者征收贡赋时，马立克欲夺取这些神圣的岁入，即降旨声称今后以此石取代克尔白，作为虔敬的朝圣者的圣物。在这一具有历史意义的石头上，工匠（691 年）建造了一座混合叙利亚和拜占庭风格的圆顶石室（Dome of the Rock），此建筑被列为伊斯兰世界四大奇景中的第三奇景（其他三处为麦加、麦地那及大马士革三地的清真寺）。它不是清真寺，只是存放石头的神龛，十字军曾两度将它误认为是欧麦尔的寺院。在一块 528 英尺见方的八角形平坦石块上，建造起一个 112 英尺高的圆顶，该圆顶为木制品，外表覆以黄铜。穿过四根宏伟的列柱——它们的横梁用精美的拼花及金黄铜片包裹着——走入里边，可以看到那里被同样大小的磨光大理石列柱分割成一个个八边形平地。那些庄严宏伟的列柱模仿了罗马的废墟，而柱头模仿拜占庭。那些拱门的三角拱腹上面，用如库尔佩（Courbet）的优美形式拼凑出花鸟树石等图案；而圆顶底下柱头部分的拼花，更是匠心独运，精美异常。沿着列柱外边的檐板上，那些绿色瓦片上的黄字，是用库法凸形字体雕刻的浮雕，是萨拉丁于1187年完成的。这是此建筑装饰的一个别致的实例。列柱的内部陈列着那块高耸的石头。在《破晓》（"At Dawn"）一文中，穆盖达西（Muqaddasi）写道：

> 当晨曦照射到这个鼓形的圆顶上时，它立即反射出五颜六色的光芒，整栋巨厦呈现出瑰丽庄严的景象。这种奇景，在整个伊斯兰世界中，我不曾在另外一个地方见过；也不曾听说在异端盛行的时代，有任何建筑可与圆顶石室媲美。

耶路撒冷甚至不是巴勒斯坦的省会，这一荣誉归拉姆拉（Al-Ramlah）享有。那里许多现在看起来很贫穷的村落，在穆斯林统治的日子里却都是繁荣的城镇。阿卡（Aqqa 或 Acre）是占地辽阔的大城，穆盖达西985年这样记载："西顿是一座大城，为花园和丛林所环绕。"伊德里西（Idrisi）1154年曾这样形容："提尔是一处风景幽美的地方。"它建筑在伸入地中海的岩石上。891年，雅库比（Yaqubi）写道："那里的旅店有五六层那么高。"1047年，纳希尔·库斯鲁（Nasir-i-Khosru）说："令人叹服的，是这些陈列在清洁的市场上的种类繁多的商品。"的黎波里有优良的港湾，可容纳上千艘船只。底比里亚则以温泉及香料得享盛名。至于拿撒勒，旅行家雅库特（Yaqut）在1224年写道："此地为玛利亚之子救世主耶稣的诞生地——愿它永远安详……此地的人民却置她于不光荣的境地，他们坚信自古以来从无处女怀胎之事。"雅库比说："巴勒贝克是叙利亚境内最富饶的城镇"。而穆卡达西进一步称赞："繁荣而且欢乐。"在叙利亚境内的城市中，安条克仅次于大马士革，位居第二位。穆斯林635年至964年占据此地，然后拜占庭占领它直至1084年。穆斯林地理学者们盛赞此地许多美丽的基督教堂，家家户户向外突出的阳台、迷人的花园及公园，以及每一座房屋内潺潺的流水。塔尔苏斯是主要的城市之一，伊本·霍卡尔（Ibn Hawqal）估计住在那里的成年男子有 10 万人。尼斯福劳斯于 965 年再度占领此城，焚毁所有清真寺，烧掉全部《古兰经》。阿勒颇因位于两条商路的交会处而繁荣起来：该城“人口稠密，房屋均为石头建筑”，穆卡达西写道：“林荫街道两旁店铺鳞次栉比，每条街道都通到寺院的门口。”寺院中用象牙及木头雕刻的壁龛（mihrab），以优雅闻名于世；而讲坛（minbar）“更是令人神往”，附近有 5 所学院、1 所医院和 6 座基督教堂。荷姆斯（Homs，即较古的埃墨萨［Emesa］城）“是叙利亚境内主要大城市之一”，雅库比于 891 年这样描述它说。“几乎所有街道及市场都是用石头铺砌而成的。”伊斯塔尔在 950 年写道。“那里的女人，”穆盖达西说，“都很美丽，并且因美好的皮肤而出名。”

　　在阿拉伯帝国的东境，倭马亚王朝选择大马士革为首都，它与麦加及耶路撒冷两地比起来，更居于帝国的中央。在阿拉伯人东来以前，此地早已是人文荟萃的重镇。五条在此汇合的大河，将这一内陆地区养育成人间的乐园，水源供应 100 个公共喷泉和 100 间公共澡堂，并且灌溉了 12 万座花园，河水西流入长 12 英里、宽 3 英里的紫罗兰山谷（Valley of Violets）。“大马士革，”伊德里西说：“是所有上帝的城市中最有生气的一个。”在中心区，约有 14 万人，历代哈里发就在这一闹市区中央建造他们的王宫，王宫始建于穆阿维叶一世时期，以黄金及大理石建造，地面及墙上嵌镶着拼花石砖，真是金碧辉煌，宫内到处是喷泉及假山飞瀑，阴凉清新，四季如春。在其北边，屹立着一座大寺院，为该城 572 座寺院之一，它是倭马亚王朝的大马士革唯一遗留下来的古迹。在罗马时代，这里屹立着朱庇特庙；在其废墟上，狄奥多西一世建起施洗约翰大教堂。瓦立特一世于约 705 年，向基督徒提议重修此一教堂，使其成为新清真寺的一部分，并许诺给他们建筑材料，任择城中一地另建教堂。他们群起抗议，并警告他说：

"在我们的经里这样记载着，谁毁去这座教堂，谁将会窒息而死。"但是，瓦立特亲手摧毁了这座教堂。据说，花去帝国七年的土地税，始完成了该寺院的建筑工程。帝国另以一大笔经费拨给基督徒另建新教堂。他还从印度、波斯、君士坦丁堡、埃及、利比亚、突尼斯和阿尔及利亚请来了一大批艺术家和工匠参与工程，总计雇用工人1.2万人，全部工程共耗时八年。从别处来的穆斯林一致声称这是伊斯兰文化中最宏伟庄严的建筑，而阿巴斯王朝的哈里发阿尔-马赫迪和阿尔-马蒙——他们对倭马亚王朝或大马士革并无厚爱——也把这个建筑列为第一。宽阔的城墙沿着平坦宽广，用大理石铺成的广场高高筑起。清真寺屹立在这一广场的南端。寺院用平滑的正方形石头建造，有三座尖塔石屏障——其中一座是伊斯兰文化中最古老的。地面设计及装饰是拜占庭式的，而且毫无疑问受了圣索菲亚教堂的影响。圆形屋顶——直径约50英尺——是用锡块拼装成的。寺院内部，计429英尺长，被两排白色大理石柱子分隔成正殿和走廊两部分，两柱之间，从科林斯式镀金柱头开始，筑成圆形式马蹄形状，这是伊斯兰教文化首次采用这种马蹄形柱头的建筑形式。最古老的马蹄形拱门是在公元前2世纪的印度纳西克（Nasik）的穴庙中发现的；359年，美索不达米亚尼西比斯的基督教堂始有这种形式的建筑。拼花地板上铺着地毯，墙上镶嵌着彩色大理石拼花及镀着珐琅的瓦片，内部用6个漂亮的大理石架式建筑隔开，在面朝麦加的墙上，是一座用黄金、白银及珍石装饰的神龛。光线从镶有彩色玻璃的74扇窗户中射进来，此外尚有1.2万盏灯弥补阳光的不足。一名游客说："倘使有人在此逗留百年，留意他每天所看到的种种事物，则他会每天看到不同的新玩意儿。"希腊大使游历此寺院时，就向他的同伴说："我曾向元老院说，阿拉伯的权力即将式微。但是现在，看到他们如此壮观的建筑，我确知他们的统治将还有一段很长的日子。"大马士革的大寺院于1069年遭受火灾重新整建后，于1400年被帖木儿焚毁，此后复经整修恢复旧观。1894年，它复遭受严重的火灾，自此以后，泥灰及石灰水代替了中世纪的装饰。在该寺院的一面墙壁上，可看到悬挂在那里的一根楣木，它来自基督教堂，其上有刻文。这些刻文，穆斯林不曾将它抹掉："啊，基督！您的王国是永恒的，您的统治将与天地共久长。"

自大马士革东北，横越沙漠，直向东行，来到幼发拉底河岸上的拉卡市，那是哈龙·阿尔—拉希德的王宫所在地；再穿过哈夫拉，渡过底格里斯河，便可抵达摩苏尔市。大不里士则位于更遥远的东北方，它于斯时仍欣欣向荣，繁荣异常；向东走，有德黑兰（其时只是小城市）及达姆甘等，在里海的东面则有古尔甘。10 世纪，它只是一个省城，以文人荟萃而闻名。他们中最伟大的一位是萨姆斯·马里·卡布斯（Sha-ms al-Maali Qabus），诗人和学者，曾庇护阿维森那，而他死后，一座高达 167 英尺的高塔贡巴德·伊—卡布斯（Gunbad-i-Qabus）被修建完成作为他的坟墓，它是这一曾经繁荣富庶的城市仅存的建筑物。朝北走，在东面有内沙布尔，在欧麦尔·开俨（Omar Khayyam）的诗章中我们仍可辨认出当时的旋律；马斯哈德是什叶派穆斯林心目中的麦加；莫夫一度是繁荣的省会；还有两座哈里发的税吏们无法染指的城市——布哈拉及撒马尔罕。崇山峻岭的南端是吉兹尼。诗人们记述那里有穆罕默德瑰丽的皇宫和"可与明月嬉戏的高塔"。至今存留的有马蒙所建的胜利塔，以及玛苏德二世所建更华丽的高塔。回头往西走，可看到 11 世纪时伊朗境内近十座繁荣都市——赫拉特、设拉子（该城内有著名的花园和别致的清真寺）、雅兹德、伊斯法罕、卡罕、卡斯温、库姆、哈马丹和克尔曼沙阿。在伊拉克境内，较知名的城市为巴士拉和库法。游客在这里可见到光滑的圆顶和光辉闪闪的尖塔、学院和图书馆、宫殿和花园、医院及浴室等建筑，以及黑暗狭窄的贫民巷。最后要说一说巴格达。

"伟大的巴格达啊！"诗人安瓦里（Anwari）颂赞道：

> 伟大的巴格达，学术及艺术品的摇篮；
> 世上没有一个城市可与她相比；

> 她郊区的美景可与蔚蓝的苍穹争妍，
>
> 温煦的气候可媲美天国的微风；
>
> 晶莹的石子胜似钻石和红宝石；
>
> 底格里斯河畔的少女的美胜过库拉克；
>
> 在花园中嬉戏的窈窕淑女几与相埒；
>
> 数千船只飘浮水面
>
> 有如阳光在空中闪闪发光。

　　这是一座古老而奢华的城市，距巴比伦旧城不远。1848年，在底格里斯河底发现一块刻有尼布甲尼撒名字的砖石。此地在萨珊诸王统治下曾十分繁荣。穆斯林征服此地后，好几所基督教修道院的建造地，大都是属于景教的。据说，从这些僧侣的口中，哈里发阿尔-曼苏尔得知该地夏天清凉，而且不像库法及巴士拉一样炎热，可免于蚊子的侵袭。可能哈里发认为居住在这里，能使自己远离那些已经充满底层暴民的丑陋城市。他尤其觉得，以内陆为根据地，在战略上是有利的，而且经由底格里斯河及纵横缜密的运河，可与沿河两岸鳞次栉比的城市往来，通过海湾可与世界各地的海港互相交通。762年，他将其在哈什米亚（Hashimiya）的官邸以及在库法的政府机构，迁至巴格达。该城三面围以城墙，一面是一条宽阔的壕沟。他正式将巴格达（"神的恩赐"）这一名字改为"Medinatal-Salam"（"和平之城"），雇用10万名工人，费时4年，为他本人、亲属及政府机构盖起高大的砖石建筑。在"阿尔-曼苏尔圆城"的中央，屹立着华丽的王宫，该王宫有时叫金门，有时叫绿圆顶，盖前者因入口金碧辉煌，后者以闪光的圆顶之故。城墙之外，在底格里斯河的岸边，阿尔-曼苏尔建了三座名为"永恒之宫"的夏宫，哈龙一生中大部分时间都住在这里。从这些王宫的窗口，可看到数以百计的船只在码头上卸下来自世界各地的货物。

　　768年，为了使其子阿尔-马赫迪有独立的住所，阿尔-曼苏尔便在河的东边或河对岸的波斯人区另建了一座王宫及清真寺。在这些建筑的周围，发展出新兴市区鲁萨法（Rusafa），它经由固定在船上的两座桥梁，与原来的圆城相通。哈龙以后的大多数哈里发都在此居住，不久，无论建地的广阔与财富，此地都超过了曼苏尔时代。哈龙以后的巴格达，实际上指的是鲁萨法。底格里斯河两岸以皇家建筑为中心的，当初为遮阳而建的许多条狭窄的街道，而今遍布激烈竞争着的嘈杂商店，这些道路直通到富人的住宅区。每一个行业都有专门的街道及市场——如香料市场、编织篮筐市场，制造铁丝、铁缆市场，钱币兑换中心，丝纺织市场、书店等。这些店铺及市集以外是普通人家。除了富商大贾的府邸及皇室建筑，普通人的住宅都是用粗砖建造，只能住很短的一段时间，不能维持很久。至于当时的人口数量，我们没有确切的资料可查，可能有 80 万市民；但是据一位专家估计，也可能达到 200 万人。无论如何，在 10 世纪，除了君士坦丁堡，它算得上是世界上最大的都市了。这里有拥挤的基督教区、学校、僧院及教堂，景教徒、基督一性教派及正统教派教徒也都有他们各自的聚会场所。哈龙曾重建并扩建一座早期的曼苏尔时代的清真寺，而穆塔迪德（Al-Mutadid）又将哈龙所建的清真寺整修扩充。当然，另外还有数百座寺院可以满足人民的需要。

当穷人向天堂寻找安慰时，富人却在人间建立了天堂。在巴格达或巴格达附近，他们建造起数以千计的别致的大厦、别墅和宫殿，这些建筑外观简朴，但是"内部粉刷以天蓝及金黄两色"。我们从艾卜菲达（Abulfeda）令人难以置信的描述，可以想象其内部装潢的富丽辉煌。据他记载，巴格达的皇宫，地上铺了 2.2 万张地毯，墙上悬挂着 3.8 万张壁锦，其中有 1.25 万张是丝织品。哈里发及其家属、宰相、大臣及政府首长们的官邸都设在东城。巴尔马克家族的贾法尔在巴格达城的东南建了一座豪华巨厦，拟迁到那里去居住，而它的富丽堂皇竟导致他死亡。为了避免哈龙的猜忌，他将此宫献给哈龙之子马蒙，哈龙代子收下，但是贾法尔却继续住在那里，并在卡斯尔·雅法瑞（Qasr Jafari）宫中嬉戏玩乐直至死亡。当曼苏尔及哈龙的皇宫开始倾颓时，新的皇宫又已兴建完工了。穆塔迪德耗资 40 万第纳尔兴建他的七星宫（Palace of the Pleiades），从他的马厩可同时容纳 9000 匹马、骆驼及驴一事，可看出该宫建地之广。穆克塔菲（Al-Muqtafi）在该宫附近建起较小的皇冠宫（Palace of the Crown），连同花园共占地 9 平方公里。到了穆克塔迪（Al-Muqtadir），又建造起有名的华树宫（Hall of the Tree），因其花园的池旁植了一株以熔化的金银铸造成的树而得名，华树的银枝叶上饰有银鸟，它们可机械地发出啁啾的鸣声。白益王朝的苏丹们在浪费挥霍方面更甚于前人，仅穆伊兹拉赫（Muizziyah）王宫，即耗去了 1300 万第尔汗。917 年，穆尔塔迪接见希腊的大使们，后者参观了属于哈里发及其政府的 23 座皇宫，那些大理石列柱，不计其数的各式各样的美丽无比的地毯和壁锦，华服的马夫，御马的金银马鞍及锦缎鞍套，园中的奇禽珍兽，以及游曳在底格里斯河上，称得上是水上皇宫的游艇，使他们惊叹不已。

　　在这样的豪华富贵中，上层阶级过着奢侈沉迷、纵欲腐化的生活。他们到玛伊丹（Maydan）城堡或广场去观看赛马或马球比赛；喝着醇酒，食物都是以最高的价格从最有名的地方买来的；穿的都是锦缎绫罗；他们的衣服上、头发上和胡须上都涂抹香料；闻的是乳香麝液；头上、耳上、颈上、腕上，甚至女性的脚踝上，都佩戴着珍珠宝石。"你脚上佩环叮当，"一位诗人向一名少女唱着，"夺去了我的理性。"通常女人是不准参加男人的社交应酬的，诗人、乐师和才子取代了她们的地位，歌咏及谈话的主题都是有关爱的故事，那里有柳腰纤纤的女奴婆娑起舞，直至男人们成了她们的奴隶。较高雅的聚会则是吟诗或诵念《古兰经》，有些人组织了如兄弟会等学术性的俱乐部。约 790 年，我们听说有十八人俱乐部，它的成员是一名逊尼派、一名什叶派、一名哈瓦利吉派教徒、一名摩尼教徒、一位抒情诗人、一位唯物论者、一名基督徒、一名犹太人、一名赛伯伊人和一位祆教徒。据说，他们在聚会时都能容忍、幽默，即使辩论时也都能礼让谦虚。

一般说来，伊斯兰社会是一个很有风度的社会，所有被允许的技艺及学科都受到奖励，学校及学院到处林立，处处听到弦歌之声，这些是巴格达生活高雅的一面。

一般民众的生活我们很少听人谈及，我们仅能肯定，为建造这些华宫巨厦，他们曾奉献出他们的劳动。当有钱人欣赏文学及艺术，钻研哲学和科学时，淳朴的民众则欣赏街头卖唱者用维忽拉伴奏，哼唱自编的歌曲。庆祝结婚的行列，给街上增添了喧闹的气氛。而碰到节假日，他们彼此访问，交换礼物，吃着自认为和皇宫里一样可口的食物。即使是穷人，也可以分享哈里发的威严及庄丽的清真寺；送往巴格达的税款中，也有他们的血汗钱；首都的庄严豪华，他们亦分享一分骄傲；在他们的内心深处，觉得自己也是统治这一世界的一分子。

第十二章 | 东方伊斯兰教的思想与艺术

（632—1058）

学术

如果我们相信传说，那么，穆罕默德不像多数的宗教改革者，他赞赏并鼓励对知识的追求，"他离家出走，遵循神的道路，探求知识……学者的墨水比殉教者的血迹更加高贵"。不过，这种传说有教育上的自我崇拜格调。总之，阿拉伯与希腊文化在叙利亚的接触，唤醒了它们迫切的竞争意识；而学者和诗人都在伊斯兰社会里受到尊敬。

儿童从会说话起就接受教育，而且马上要学会说："我证明除了安拉别无他神，我证明穆罕默德是他的先知。"到6岁，奴隶及穷人家的所有男孩，都进入小学（有钱人自己请家庭教师）。学校通常是在清真寺里，有时是在露天的公共场所。小学通常是不收学费的，即使收也很少，教师对每个学生一个礼拜只收2分钱，其他的钱由慈善家捐助。课程很简单：伊斯兰教礼拜仪式所必需的祈祷文，认识基本的《古兰经》文，及《古兰经》本身的神学、历史、教义与教规。书写和算术要到较高教育时再学，也许是东方将书写当作一种艺术，需要特别的训练。此外，据伊斯兰教的说法，良好的书写是靠勤练得来的。每天都要熟读一段《古兰经》并高声背诵。每个孩子都以熟记

《古兰经》全书为目标。达到这一目标的称为哈菲兹（hafiz），要公
开地予以庆祝。同时学会书写、射击和游泳的，称为 al-kamil，即全
才。方法是记忆，训练是体罚，最普通的处罚方式，是以棕榈树枝打
脚底板。哈龙就对自己儿子的教师说："请不要使他的才能受到限制，
也不要对他的怠惰采取宽大的态度。请以仁慈温和的方法使他尽量发
展，但是万一此法不行，请尽管使用强迫和严格的方法。"

　　小学的目标是陶冶性情，中学则是传授知识。学者们靠着寺庙
的柱子或墙壁蹲着，讲解《古兰经》、神学、教规及穆罕默德的言行
事迹。据推断，有许多这种学校都在政府的规定和补助下成了大学或
学院。在基本的神学课程中，他们还加入语法、语言学、修辞学、文
学、逻辑、数学和天文学。文法特别受重视，因为阿拉伯文被认为是
所有文字中最接近完美的，而且正确运用这种文字，是有教养的人的
主要标志。这些学院是免学费的，有时政府或慈善家还负担教授的薪
金和学生的零用钱。教师比除了《古兰经》以外的经典都更受重视。
男孩子学习做人，比研讨书本更重要。学生们可以从伊斯兰世界的这
一端旅行到另一端去寻访名师。每个希望在国内享有较高地位的学
者，都要听听麦加、巴格达、大马士革和开罗著名学者的讲学。这种
国际性的学术交流，由于整个伊斯兰世界在学术和文学上都使用阿拉
伯语言和文字，所以比较容易达成，拉丁文在这个地区并不流行。游
客进入伊斯兰教城市，几乎每天任何时间都可以在大寺院中听到学术
性的讲演。经常有些外地来的学者，不但可以免费听课，有时还可享
受免费的食宿。这些学院是不授学位的，学生们追求的是老师所颁给
的合格证书。他们的最终目标是做一个有教养的人——具有良好的礼
貌和鉴别力，高度的语言能力和相当的知识。

　　712 年，穆斯林占据撒马尔罕时，他们从中国人那里学会了将亚
麻和其他有纤维的植物打成纸浆，然后再将制成的薄纸染色。他们
将这种产品介绍到近东，当埃及的纸草（papyrus）还没有被遗忘时，
就以此来代替羊皮纸和皮革，并取名为"papyros"，即后来英文所谓

纸（"Paper"）。伊斯兰世界中第一个造纸工厂，794 年由哈里发哈龙的首相之子建于巴格达。这种手艺又由阿拉伯人带到西西里和西班牙，传到意大利和法国。早在 105 年中国就使用纸，而麦加是在 707 年，埃及是在 800 年，西班牙在 950 年，君士坦丁堡在 1100 年，西西里在 1102 年，意大利在 1154 年，德国在 1228 年，英国在 1309 年。随着纸的传播，图书业也发展起来。历史学家雅库比告诉我们，在他的时代（891 年），巴格达有 100 多位书商。他们的书店同时也是抄写、书法、文艺的中心。许多学生以抄写手稿，将之出售给书商维生。10世纪，我们听说有搜集作家手写原稿的人，许多藏书家不惜巨资求购旧有的原稿。作者售书，但不获利，他们节俭度日，或依靠王公与富豪的施与。文学的写作，艺术的创作，是为了迎合王公富豪的口味。

多数清真寺有图书室，有些城市还有公共图书馆，藏书量也相当可观。约 950 年，摩苏尔有一座图书馆，是由慈善家建立的，提供学生纸张和书。拉伊的公共图书馆，还将书籍分成十大类。巴士拉的图书馆，还供给学者基本的生活费用，让他们在里面工作。地理学家雅库特花了三年的时间，在莫夫和花刺子模（Khwarizm）的图书馆中收集他编纂地理词典的资料。当巴格达被蒙古人摧毁之际，它共有 36 座公共图书馆。私人图书馆更是不可胜数，富豪拥有大量的藏书，这是当时的风尚。一位医生谢绝了布哈拉一位苏丹的邀请，因为这需要 400 匹骆驼搬运他的藏书。阿尔－瓦基迪（Al-Waqidi）临死时，留下 600 箱书，每一箱要两名壮汉才搬得动。"10 世纪，王公们如萨希布·伊本·阿巴斯（Sahib Ibn Abbas），藏书之多，可以与欧洲所有图书馆的总和匹敌。"伊斯兰教的文化生活到达了最高点。从科尔多瓦到撒马尔罕的上千座清真寺，学者就和柱子一样多，他们谈经论道，语惊四座。往来各地寻求知识的地理学家、历史学家和神学家，使伊斯兰教王国道路为之堵塞。王公们的殿前，关于诗歌与哲学问题的辩论不绝于耳。百万富翁没有一个敢不支持文学和艺术的。被征服的旧有文化，被才思敏捷的阿拉伯人热切地吸收了。征服者所表现的这种宽容，使诗人、科学家与哲学家把阿拉伯文变成了学术与文学领域的世界通用语言，在他们中间，有阿拉伯血统的人反而是少数。

伊斯兰的学者在这段时间，致力于文法的研究，使阿拉伯文逻辑化与标准化；他们搜罗字典，使语言更加准确和有条理；他们的文选、文摘及百科全书，保存了易于失散的文献；这些皆强化了杰出文学的根基。此外，他们又以教科书、文学和历史批评方面的工作，奠定了这个基础。在这里，我们很遗憾省略了他们的名字，但我们要向他们的卓越贡献致敬。

在我们所能记得的学者中，尤其要谈谈历史学家，是他们带给我们文明的知识，否则，那情形就如同在法国考古学家商博良（Champollion）之前，我们对埃及法老时代一无所知一样。穆罕默德·伊本·伊萨克（Muhammad Ibn Ishaq）写了一本古典的《穆罕默德传》（*Life of Mohammed*），经过伊本·希夏姆修订和补充之后，成为最古老、最杰出的阿拉伯散文——除了《古兰经》。好奇且不知疲倦的学者编纂了先哲或哲学家、大臣、法理学家、医生、书法家、官吏、情圣、学者的传记词典。伊本·库泰巴（Ibn Qutaiba）是梦想撰写世界史的穆斯林之一。与一般的历史学家不同，他有勇气将自己的宗教置于适当的眼界下，而使每一个国家或信仰，在时代中都是无限的。穆罕默德·阿尔-纳迪姆（Muhammad al-Nadim）在 987 年完成了《科学索引》（*Fihrist Al-' Ulum*），它是所有阿拉伯文书籍的百科全书，无论原著或译著，都有作者的传记与批评，甚至包括每一位作者的美德与恶癖。由今天已知的不足当时千分之一的资料，我们可以看到伊斯兰文学在他的时代是多么丰富。

有"伊斯兰的李维"（"The Livy of Islam"）之称的艾卜·雅法尔·穆罕默德·阿尔·塔巴里（Abu Jafar Muhammad al-Tabari），如同许多穆斯林作家一样，是波斯人，诞生于里海以南的塔巴里斯坦（Tabaristan）。他在阿拉伯、叙利亚、埃及过了几年穷困潦倒的游历生活后，在巴格达定居下来，成为法理学家。他穷 40 年的精力，完成了一部世界性的编年纪《君王和使徒的年鉴》（*Kitab Akhbar Al-Rusul Wal-Muluk*），从创世起到913年止。现在该书尚存有15大本，但是原来的篇幅比这多十倍。如同法国作家波舒哀（Bossuet）一样，阿尔·塔巴里在他著作的前几章中，采取了神话的无稽之谈：神"创造人来试验他们"；上帝把一座用红宝石建造的房子丢到地球上给亚当住，但是当亚当犯罪之后，上帝又将房子收回。阿尔·塔巴里采用了《圣经》中关于犹太人历史的描述，接受了基督由童女所生的观念（玛利亚怀耶稣，乃天使加百利吹进她的袖子），第一章是以耶稣升天进入天堂为结束。第二章则可信多了，并且还偶尔有从3世纪到7世纪中叶统治波斯的萨珊王朝的明确事件的记述。其方法是按照年代次序，逐年地描述各种事件，通常遵循传统的叙述法——从先知的种种言行，一直讲述到同时代一些琐事或追溯其目击者。这种方法的优点是小心地说明来源，但是因为阿尔·塔巴里不想把这许多传说融合成有机的整体，他的历史著作只能是辛勤的堆积，而不是艺术的工作。

阿尔·马苏地是阿尔·塔巴里最伟大的继承人，他把阿尔·塔巴里列为自己最伟大的先驱。艾卜-哈桑·阿里·马苏地是巴格达的阿拉伯人，游历过叙利亚、巴勒斯坦、阿拉伯、桑吉巴、波斯、中亚细亚、印度、斯里兰卡，他自称到达过中国沿海。他编辑了自己的选集，那是一部30卷的百科全书，内容太多，即使异常博学的伊斯兰学者都嫌太长，虽然他以摘要的方式出版，但仍是巨著。947年——他也许了解到读者没有太多的时间去读——他终于将该书删简成现存的样子，而且给它起了一个有趣的名字《珍奇宝库》（*Meadows of Gold and Mines of Precious Stones*）。阿尔·马苏地广泛地讨论了地理学、生物学、历史学、政治制度、宗教、科学、哲学以及从中国到法国的文学，他是伊斯兰世界中的大历史学家，号称伊斯兰世界的普林尼及希罗多德。他并没有使他的资料看上去很枯燥，而是以亲切轻松的笔调来处理，有时他也提及一些有趣的故事。他对宗教有点怀疑，但从不将这一观念强加于他人。在晚年，他概述了他对科学、历史、哲学的观点，写成《知识之书》（*Book of Information*）。在书中，他认为进化"是从矿物到植物，从植物到动物，再从动物到人"。也许正因为这一观点，他被巴格达的保守势力所抨击，他自称"被迫离开了自己出生和成长的地方"。虽然到了开罗，他为自己的流落异乡而忧伤不已。他写道："这是我们时代的特性，分离且分散一切……由于热爱家园，真主使这个国度繁荣；道德正义的表征就是热爱自己的出生地；贵族世家的一个标志就是厌恶与祖先的家园分离。"经历十年的放逐生涯后，他于 956 年死于开罗。

这些历史学家，在他们的为学和兴趣范围上，都有突出的表现，他们适当地将与人类有密切关系的地理和历史予以结合，他们远胜过同时代基督教世界的历史学家。尽管如此，他们仍长期使自己迷失在政治、战争和文辞的修饰中，很少寻求事件的经济、社会或心理的因果关系。在他们那浩瀚的著作中，我们并未获得有秩序的综合认知，只发现了没有组合的堆积部分——国家、对话和人物。他们很少为良心所驱使而将来源追查清楚，仅过分虔诚地依赖一连串可能错误或不实的传说，使他们的文章有时沦为荒诞幼稚的童话、奇迹与神秘传说。许多基督教历史学家（除了吉本之外）可以写出所有伊斯兰文明只是十字军一个简短附属品的中古史。同样，许多伊斯兰教历史学家也可以把世界历史贬为伊斯兰教的前奏，一切仅是为穆罕默德的降临做准备。但是如何能以西方的观点来正确地判断东方？优美的阿拉伯文学经过低劣的翻译，就像将一株花草从根切掉。伊斯兰教历史学家写作的题材，能吸引他们国人的，似乎与西方读者相距很远。西方人并未体验到人们经济的互相依赖，是以东方、西方的相互研究和了解为基础。

科学

在伊斯兰生活活泼生动的几个世纪里，穆斯林致力于对智慧的追求。历代哈里发都了解阿拉伯在科学与哲学方面的落后及希腊文化在叙利亚的进步。倭马亚王朝的统治者聪明地将在亚历山大、贝鲁特、安条克、哈兰、尼西比斯和琼德·伊·沙普尔（Jund-i-Shapur）等地的大学的水平，赶上基督教、赛伯伊或波斯的大学。在那些地方，仍保存了希腊的古典科学与哲学，多数是叙利亚的译著。穆斯林对学习叙利亚或希腊学术成果有极大的兴趣，而且很快就有了这方面的翻译著作（由景教徒或犹太人译成了阿拉伯文）。倭马亚王朝和阿巴斯王朝的王公们经常鼓励引入外来的学术成果。阿尔—曼苏尔、阿尔—马蒙及穆尔瓦基勒等哈里发都派遣使者到君士坦丁堡和其他希腊城市——有时候甚至到他们传统的敌人希腊国王处——去搜求希腊书籍，特别是数学和医药方面的著作。在这种情形下，欧几里得的《几何原理》传入了伊斯兰国家。830 年，阿尔—马蒙哈里发耗资 20 万第纳尔在巴格达建立了一座"智慧之宫"（House of Wisdom）作为科学院、天文台和公共图书馆。他还延揽了一批翻译人才，由国库支付他们的薪水。伊本·哈尔敦认为这个机构的工作使伊斯兰教王国在许多方面受到极大的影响——商业的扩展和希腊的再发现——结果是科学、文学与艺术大放异彩——类似意大利的文艺复兴。

从 750 年到 900 年，叙利亚文、希腊文、伊朗地方的巴列维语和印度梵文著作的翻译工作仍在进行。"智慧之宫"的首席翻译家，是景教医生侯奈因·伊本·伊萨克（Hunain Ibn Ishaq）。根据自己的计划，他将古希腊名医盖仑与盖仑学派 39 篇叙利亚文论文译成阿拉伯文。由于他的翻译，盖仑的一些重要著作避免了散佚的命运。不但如此，侯奈因还翻译了亚里士多德的《范畴篇》（Categories）、《物理学》（physics），柏拉图的《理想国》（Republic）、《蒂迈欧篇》（Timaeus）和《法律篇》（Laws），希腊名医希波克拉底的《格言》（Aphorisms），希腊医生狄奥科赖德（Dioscorides）的《药材》（Materia Medica），托勒密的《四重》（Quadripartitum），以及希腊文《旧约》。阿尔—马蒙付给他的报酬，是和他译出书籍同样重量的黄金，几乎使国库无力负担。穆尔瓦基勒聘他担任御医，但他在死刑的威胁下，仍拒绝调配毒药给敌人吃，以致被监禁了一年。他的儿子伊萨克·伊本·侯奈因曾协助他的翻译工作，并且自己将亚里士多德的《形而上学》（*Mataphysics*）、《论灵魂》（*On the Soul*）、《论动物的发生与败坏》（*On the Generation and Corruption of Animals*），及阿佛洛狄西亚（Aphrodisias）的亚历山大对亚里士多德作品的评论等著作译为阿拉伯文，这对伊斯兰教哲学产生了很大的影响。

约 850 年，大多数的希腊古典书籍，如数学、天文学和医学都翻译出来了。阿拉伯文的说明，使托勒密的天文学作品《天论》（*Almagest*）享有盛名；佩加（Perga）的几何学家阿波罗尼乌斯的《圆锥曲线论》第 5 至 7 卷、亚历山大科学家赫洛（Hero）的《机械论》（*Mechanics*）及拜占庭哲学家斐洛（Philo）的《气体论》（*Pneumatics*）等，都只有阿拉伯文译本流传下来。很奇怪的是，穆斯林如此沉湎于诗歌和历史，却忽略了希腊的诗、戏剧和史料编纂法。在这方面，穆斯林接受了波斯而非希腊的领导。柏拉图至亚里士多德，主要是以新柏拉图学派的译介被引入到伊斯兰国家：柏拉图经由哲学家波菲利的介绍，亚里士多德经由 5 世纪或 6 世纪据称是新柏拉图学派所著的《亚里士多德的神学》（*Theology of Aristotle*）而传入伊斯兰国家，此书虽然未能把握亚里士多德神学的精髓，但经译成阿拉伯文后，却被当作亚里士多德真正的作品。柏拉图和亚里士多德的著作差不多完全翻译出来了，虽然有很多错误。因为伊斯兰教学者想以《古兰经》调和希腊哲学，所以他们很快就采用了新柏拉图主义。真正的亚里士多德的学说传到伊斯兰国家的，只有他的逻辑学与科学。

科学和哲学不断从埃及、印度、巴比伦，经由希腊和拜占庭向东传到西班牙，然后再传到北欧和美洲，这是在杂乱不堪的历史脉络中最明显的一支。希腊科学虽然因长时期的蒙昧以及政府的无道和贫困而陷于暗淡，但当穆斯林进入叙利亚时，叙利亚仍然保存着希腊文化。这时，幼发拉底河上游肯内斯雷（Kennesre）的教长塞维鲁·塞波克特（Severus Sebokht）正在撰写希腊文的天文学论文，并使印度以外的国家首次了解了印度数字（662年）。阿拉伯人的科学绝大部分继承自希腊人，印度的影响应列为第二。773年，在阿尔-曼苏尔的命令下，翻译了公元前425年印度的天文学论文，可能是这些译本从印度将阿拉伯数字和零传到了伊斯兰国家。813年，阿尔-花拉子密（Al-Khwarizmi）在他的天文表中采用了印度数字；约825年，他发表了《论印度数字》（*Algoritmi De Numero Indorum*）；同时algorithm或algorism指任何肇基于十进制的算术法。976年，穆罕默德·伊本艾哈迈德（Muhammad Ibn Ahmad）在他的《科学之钥》（*Keys of the Sciences*）中指出，在计算时，如果十位数没有数字时，可以用一个小圈圈"来保持它的序列"。穆斯林称这个小圈为sifr，即空无之意，也就是英文的零（cipher）；以后拉丁学者又将sifr写作zephyrum，意大利人又将其缩写成为zero。

　　3世纪希腊数学家丢番图（Diophantes）的代数学，因阿拉伯人的深入研究而确立了在这一领域的地位。中世纪最伟大的数学家为穆罕默德·伊本·穆萨（Muhammad Ibn Musa），由于他出生于里海东岸的花剌子模，人们称他为阿尔花剌子模。他对五种科学都有很大的贡献：印度数字的著作；天文表的编纂（为西班牙的穆斯林所修正，几个世纪以来为中外天文学家们树立了标准）；制作已知的最早三角表；与六十九位学者合作绘制地理百科全书；在他的《积分法与方程式的计算》（*Calculation of Integration and Equation*）中，提出了解析几何的二次方程式解法。他的这些著作，现已无阿拉伯文本流传，12世纪时由希腊人译出后，一直到16世纪，都是欧洲大学的主要教材，而且代数这个名词也随之被传到西方。塔比特·伊本·库拉（Thabit Ibn Qurra）除完成了许多重要的翻译，在天文学和医药学方面享有盛誉外，还成了最伟大的穆斯林几何学家。艾卜·艾卜杜拉·巴塔尼，即欧洲人熟知的阿尔巴特格努斯（Albategnus），他在三角学方面的成就，远超过前人希巴克斯（Hipparchus）和托勒密。他所制定的三角函数（trigonometrical ratios），就是我们今天所使用的。

　　阿尔－马蒙哈里发做过天文学家的助手，担任观察和记录的工作，以证实托勒密的发现，并研究太阳上的黑子。他们确定地球是圆的，从两个地点（帕拉米亚和辛雅尔平原）以太阳的位置来测量地球的度数，得出的结果是 $56\frac{2}{3}$ 英里，只比我们今天计算出的结果多 0.5 英里。根据他们的测量，他们估计出地球的圆周大约是两万英里。这些天文学家完全是根据科学原则工作的，凡是未经测量或试验印证的一律不予采信。他们中的艾卜－法尔加尼（Abu'l-Farghani）在 860 年写作的天文学教材，在欧洲和西亚保持权威达 700 年之久。比他名声更大的阿尔－巴塔尼，连续 41 年进行天文观测，得出的结果非常准确：他得出的天文系数与现在算出的大致相同——每年的岁差是 54.5 秒，黄道的倾斜是 23 度 55 分。在巴格达早期统治者白益王朝的资助下，艾卜－瓦法（Abu'l-Wafa）比丹麦天文学家杜科·布拉赫（Tycho Brahe）早 600 年发现第三个月球轨道改变（Lunar Variation）。昂贵的仪器被提供给穆斯林天文学家使用：不仅有希腊人了解的观象仪和浑天仪，还有半径 30 英尺的象限仪，和半径 80 英尺的六分仪。经过穆斯林改良的观象仪，于 10 世纪传到欧洲，直到 17 世纪，一直被航海家广泛使用。阿拉伯人以一种审美的热情来设计和制造仪器，它们不仅是科学仪器，也是艺术作品。

　　比绘测天文表更重要的工作，是绘制地图，因为穆斯林是以耕作和贸易为生的。一名叫苏莱曼·阿尔－塔吉尔（Suleiman al-Tajir）的商人，约 840 年携带他的货物到达远东。一位不知道名字的作家在 851 年写出了这位商人途中见闻，比马可·波罗的《马可·波罗游记》早 425 年。在同一世纪中，伊本·霍尔达德贝赫（Ibn Khordadhbeh）又写下了关于印度、斯里兰卡、东印度群岛和中国的文章，而且很明显都是采自直接观察的资料。此外，伊本·霍卡尔还对印度和非洲有过描述。艾哈迈德·雅库比在 891 年写了《列国志》（*Book of the Countries*），对伊斯兰国家各省市和许多国度都有翔实的记述。穆罕默德·穆盖达西游历了信奉伊斯兰教的所有地区（除了西班牙），在充分掌握各种资料之后，在985年写了《大伊斯兰帝国纪》（*Description of the Moslem Empire*）——这是阿尔·比鲁尼《印度》（*India*）一书问世之前，最伟大的阿拉伯地理书。

阿尔·比鲁尼是伊斯兰世界最伟大的学者。他是哲学家、历史学家、旅行家、地理学家、语言学家、数学家、天文学家、诗人和物理学家——在这些领域内从事重要和独创的工作——他至少是伊斯兰教的莱布尼茨，甚至是达·芬奇。和阿尔瓜利密一样，他出生在现在的希瓦（Khiva）附近，在中世纪科学的巅峰时代，他是里海地区的领袖。花剌子模和塔巴里斯坦的王公们赞赏他的才能，并在宫廷中给了他一个职位。当吉兹尼的马哈茂德听到花剌子模的诗人和哲学家的事迹之后，要求王公将阿尔·比鲁尼和伊本·西那等学者送到吉兹尼；花剌子模的王公觉得非同意不可。1018年，阿尔·比鲁尼前往吉兹尼，受到极大的尊敬，并与印度人民一起热心地从事研究。或许是在马哈茂德的协助下，他到达了印度，在那边住了好几年，学会了这个国家的语言并且熟悉它全部的古迹。回到马哈茂德的宫中之后，他成了这位王公最信任的人。一位旅行家从亚洲的北方来，向这位王公介绍说有一个地方，太阳几个月都不落下去。这对国王是一种欺骗，于是国王想把他监禁起来。阿尔·比鲁尼对这一现象进行解释，而国王觉得很满意，才使这位旅行家免除了牢狱之灾。马哈茂德的儿子马苏德是一位业余科学家，经常向阿尔·比鲁尼馈赠礼物和金钱，但凡是超过阿尔·比鲁尼所需的，都被退回。

他的第一部主要著作（约1000年）是一篇专论《往时遗迹》（*Athar-ul-Baqiya*）——讨论波斯人、叙利亚人、希腊人、犹太人、基督徒、赛伯伊人、袄教徒和阿拉伯人的历法与宗教庆典。这是一部不寻常而且没有偏见的著作，绝对没有宗教的好恶。以一名穆斯林而言，阿尔·比鲁尼倾向于什叶派，稍微有点不可知论的倾向。但是他还是保留了相当程度的波斯的爱国主义，并谴责了阿拉伯人摧毁高度文明的萨珊的政权。在其他方面，他是一位客观的学者，辛勤地研究，彻底考察传说和经典（包括四福音书），准确而谨慎地写作著作，经常承认自己的无知，并有永不懈怠探求真理的精神。在《往时遗迹》的序文中，他像几百年后的弗朗西斯·培根一样写道："我们一定要将所有能蒙蔽人们的因素去除——旧有的习俗、派系的偏见、个人的敌对或喜怒，以及支配的欲望——以达到真理。"当他的热情征服印度时，阿尔·比鲁尼花费了好几年的时间研究印度的民族、语言、信仰、文化和阶级。1030 年，他出版了巨著《印度历史》（*History of India*）。在文章的开头，他分析了道听途说和客观的报道，指出各色各样的历史的"骗子"。他对印度的政治史下工夫不多，用 42 章的篇幅讨论印度天文学，11 章来讨论印度的宗教，他极为欣赏《薄伽梵歌》（*Bhagavad Gita*）。他看出了印度吠陀哲学、什叶派、新毕达哥拉斯学派和新柏拉图学派神秘主义的相似之处，对印度思想家与希腊哲学家的同样文摘加以比较，他表示了对希腊的偏好。他写道："印度没有产生苏格拉底，没有逻辑方法将幻想驱除于科学外。"不过他还是把一些梵文的科学著作译成了阿拉伯文，像是要补偿什么似的，又把欧几里得的《几何原理》和托勒密的《天论》译成了梵文。

他几乎对一切科学都有兴趣。他对中世纪的印度数字非常重视。他著有关于观象仪、平面天体图和浑天仪的论文，还制定了天文表。他认为地球是圆的，指出"一切有趣的事情都集中到地球"，并且谈及天文资料可以假定地球每天以其轴为圆心自转和每年绕太阳运行一周来解释，就像它相反的假定一样。他推测印度河流域以前是海底。他还有许多关于宝石鉴定的著作，根据自然、商业和医学的观点，对很多石类和金属作出说明。他确定了 18 种贵重宝石的比重，并发现了"物体的比重相当于它的排水量"的原理。他还发明了一种计算方法，不必费力地加算，就能计算出数字不断倍增的结果，如同印度故事中的象棋方格与谷粒。他对几何学的贡献是许多定理的解法，有些后来就以他的名字命名。他编纂了一部天文学百科全书，一部地理学论文，及一卷天文学、占星学和数学概要。他根据容器静水学的交流原则，说明泉水和自流井的作用原理。他写有马哈茂德时代、苏布克提金（Subuktigin）时代和花剌子模地区的历史。东方的历史学家称他为"舍赫"（Sheik），意思是"他们所知的最伟大的人"。与他同时代，著作颇丰的学者有伊本·西那、伊本·阿尔—海泽姆（Ibn al-Haitham）和斐尔杜西等人，在10世纪与11世纪之交，他们共同成就了伊斯兰教文化的最顶峰和中世纪思想的最高潮。

化学成为一门科学，大多要归功于穆斯林。因为在这方面，希腊人（据我们所知）限于工业上的经验和一些含混的假设，而阿拉伯人介绍确实的观察，控制的实验和小心的记录。他们发明蒸馏器并为之命名，对无数物质做过化学分析，整理各种宝石，分辨碱和酸，调查它们的化学亲和力，研究并制造了百种以上的药物。酒精是阿拉伯文，但非阿拉伯的产物。9世纪或10世纪，意大利作品中首次提及酒精。对穆斯林来说，妆粉（al-kohl）是画眉用的一种细粉。由于上千种偶然的发现，炼金术（穆斯林学自埃及）对化学的贡献颇大，这种方法是中世纪最科学的工作。事实上，所有的穆斯林科学家都认为，一切金属追根究底都是相同的，因此可以将一种金属变为另外一种。炼金术的目的，是将基本金属，如铁、铜、铅或锡变为金或银。点金石（Philosopher's stone）是一种物质——曾经寻求，但从未发现——经过适当的处理，它就成为贵重金属。血液、毛发、排泄物和其他的物质加以各种不同的试剂，并使之接受煅烧、升华、日光与火，看它们是否具有这个神奇的本质。拥有炼金药液，就可以延长寿命。炼金术方面最著名的人物是查比尔·伊本·赫扬（Jabir Ibn Hayyanl），也就是欧洲熟知的盖比尔（Gebir）。其父为库法的一名药剂师，他则悬壶济世，大部分的时间都花在蒸馏器和熔炉上。10世纪，有100多部或更多的著作被认为是他的匿名之作，其中许多作者不详的著作还被译成了拉丁文，强烈刺激了欧洲化学的发展。如同其他科学一样，化学在10世纪后将地位让给了神秘学（occultism），几乎有300年的时间没有抬头。

这段时期穆斯林遗留下来的生物学著作很少。艾卜·哈里发·阿尔—迪纳维里（Abu Hanifa al-Dinawari）根据希腊医生狄奥科赖德的学说写了《植物学》（*Book of Plants*），但是增加了很多医用植物。伊斯兰教国家的植物学家知道如何以嫁接法培育新的水果，他们将玫瑰移接在杏树上，培育稀有美艳的花朵。奥斯曼·阿米尔·阿尔—贾希兹（Othman Amr al-Jahiz）提出了与阿尔马苏地相似的进化论：生命是"从矿物进到植物，从植物到动物，从动物到人"。神学诗人贾拉拉·阿德·丁（Jalal ud-Din）接受了这个理论，并进行演绎，即如果过去有这种进化的成就，那么人类在下一个阶段将变成天使，最后成为神。

医学

阿拉伯人进入叙利亚时，人们只有简单的医学知识和工具。逐渐富裕之后，叙利亚和波斯出现了许多有才干的医生，并且吸引了希腊及印度的医生来到这里。由于宗教禁止活体解剖或解剖人类尸体，因此穆斯林满足于盖仑的解剖调查与伤患研究，阿拉伯的医学外科最弱，而药剂及其治疗为最擅长。阿拉伯人为传统药物增加了龙涎香、樟脑、肉桂、丁香、水银、旃那叶、没药，而且他们介绍新的制药配方——糖浆、加糖水的药水、玫瑰香水等。意大利与远东贸易的主要特色之一就是输入阿拉伯的药物。穆斯林建立了第一间药房和诊所，成立了中世纪第一所药剂学校，写了许多药学论文。穆斯林医生都热心提倡洗澡，特别主张在发烧时洗蒸气浴。他们治疗天花和麻疹的方法，并不比今天逊色。外科手术时，以吸入药物的方法麻醉，印度大麻叶制造的麻醉药和其他药品用于使人熟睡。我们已知有34座医院是伊斯兰国家在这段时间设立的，很明显是仿照波斯的学院与在琼德–伊–沙普尔的医院建造的。我们所知巴格达最早的医院，是哈里发哈龙·阿尔—拉希德时建立的，另外有 5 座是在 10 世纪时建立的。918 年，巴格达医院中设有院长一职。伊斯兰教最有名的医院，是 706 年在大马士革建立的，978 年时有 24 名医生。医学训练主要在医院中进行。非经考试合格与国家颁发证书，任何人皆不得行医；药剂师、理发师、整形外科医师都接受政府的规定与检查。负责医药的大臣阿里·伊本·伊萨（Ali Ibn Isa），组织医生巡回各地为患者治病（931 年）。有些医生还每天到监狱里治病，对精神病患者有特别人道的治疗方法。公共卫生却普遍很糟糕，在四个世纪中，东方伊斯兰曾发生过 40 次流行病。

931 年，巴格达有 860 名有执照的医生。医生的收入相当高。哈里发哈龙及阿尔—马蒙、巴尔马克家族的御医吉布里尔·伊本·巴克蒂萨（Jibril Ibn Bakhtisha）拥有 8880 万第尔汗的财富。据说他一年替哈里发放血两次的报酬是 10 万第尔汗，每半年清肠一次的报酬也同样多。他假装要在公众场合脱去一名女奴的衣服，从而治好了她歇斯底里的瘫痪。在吉布里尔之下，有一连串著名的穆斯林医生：尤哈纳·伊本·马萨瓦伊（Yuhanna Ibn Masawayh），以解剖猩猩研究解剖学而闻名；侯奈因·伊本·伊萨克，翻译家，《眼睛十论》(*Ten Treatises on the Eye*) ——最早的有系统的眼科教科书——的作者；阿里·伊本·伊萨，伊斯兰世界最伟大的眼科医生，他的《眼科医生指南》(*Manual for Oculists*) 直到 18 世纪都是欧洲的教科书。

这段时期有位杰出的医生艾卜·贝克尔·穆罕默德·阿尔—拉齐（Abu Bekr Muhammad al-Razi），即欧洲人熟知的拉齐斯（Rhazes）。同许多同时代的有名科学家和诗人一样，他是以阿拉伯文写作的波斯人。他出生在德黑兰附近的拉伊（Rayy），在巴格达研究化学、炼金术和医学，写了 131 本书，其中半数是有关医学的，多数已经散佚了。他的《丛书》(*Comprehensive Book*) 涵盖了医学的每一门类，被译成拉丁文后，在白人世界中被使用了数世纪之久，是最受重视和最常用的医学教科书，这是 1395 年巴黎大学医学院图书馆所藏的九部医书之一。他的《论天花与麻疹》(*Treatise on Smallpox and Measles*)，是由直接观察和临床分析而诞生的杰作。这是对传染病第一次准确的研究，是最先区分这两种疾病的著作。从 1498 到 1866 年一共印行了40 个英文版，可见它声誉之隆。拉齐最有名的著作是献给呼罗珊王子的 10 卷的《曼苏尔书》(*Kitab al-Mansuri*)。经过克雷莫那的格拉德译成拉丁文后，其中第 9 卷《医学集成》(*Nonus Almansoris*) 一直到 16 世纪都是欧洲通行的教科书。拉齐还介绍了新的治疗方法，如水银药膏与使用动物肠线缝合。那个时代，医生们一般只检查小便来诊断疾病，有时甚至连病人都不看，他于是热心地对小便进行分析。有些篇幅较短的著作也显示出了轻松的风格，其中之一是《论即使熟练的医生也不能治愈一切疾病》("On the Fact That Even Skillful Physicians Cannot Cure All Diseases")，另一篇是《何以庸医、外行、妇女比受过训练的医生更会治病》("Why Ignorant Physicians, Laymen and Women Have More Success than Learned Medical Men")。他是公认的伊斯兰教最伟大的医生，中世纪最伟大的临床医生。他 82 岁时去世，死时一贫如洗。

巴黎大学医学院挂着两位穆斯林医生的画像——拉齐斯和阿维森那。穆斯林认为他们最伟大的哲学家与最著名的医生是阿维森那。他的自传——少数阿拉伯文学作品之一——告诉我们，在中世纪时，学者或圣哲的生活是如何的流动。阿维森那的父亲在布哈拉经营钱庄，他的家庭教师使他由苏菲教派的神秘主义者变成具有科学思想的学者。伊本·哈立坎 (Ibn Khallikan) 带着东方人习惯性的夸张说："10岁的时候，他在研究《古兰经》和一般文学方面就很杰出，并在神学、数学和代数学方面具备了相当程度的知识。"他学医乃无师自通，年轻时就开始免费为人看病。17 岁时，他奉召为布哈拉的统治者努赫·伊本·曼苏尔 (Nuh Ibn Mansur) 治病，由此在宫廷中得到一个官职，专心地在这位伊斯兰教君王的藏书丰富的图书馆中研究了一段时间。10 世纪末，萨曼王朝崩溃，阿维森那转到花剌子模的王子阿尔—马蒙麾下任职。当吉兹尼的马哈茂德宴请阿维森那、阿尔·比鲁尼及马蒙宫中其他俊彦之时，阿维森那拒绝前往。他与另一位学者玛西希（Masihi）逃入沙漠。在沙暴中，玛西希不幸死了，他经历千辛万苦，终于到了古尔甘，并在卡布斯（Qabus）宫中任职。马哈茂德将阿维森那的画像散发到全波斯各地，悬赏通缉他，但是卡布斯保护着他。卡布斯被谋杀后，他奉召为哈马丹的王侯治病。由于医术高明，他成为大臣。但是军队不喜欢他的统治，不但拘捕了他，而且洗劫他的家，想把他处死。他逃到一位药剂师的家里。在各种限制下，他开始写作，这使他很快就享有了有盛名。当他计划秘密离开哈玛丹（Hamadan）时，却被王侯的儿子逮捕了，监禁在牢中几个月，即便如此，他仍继续写作。再逃亡时，他伪装成苏菲教派的神秘主义者，经过长时间的历险，终于在伊斯法罕的白益族王侯阿拉·阿尔—多拉（Ala al-Dawla）宫中获得庇护和名声。大批的哲学家和科学家集合在他四周，由王侯亲自主持学习会。有人说这位哲学家享受到学术和爱情的乐趣，但也有人说，他日夜沉湎于研究、教学和政务。伊本·哈立兰直接引述了他不寻常的发人深省的话："每日一餐……好好保存精液。这是生命之水，要进入子宫。"不幸的是，他在回哈玛丹的旅途中死了。今天仍有虔诚的崇拜者守护着他的坟墓。

　　无论周围如何扰攘不安，他仍然在办公室中、监狱中，用波斯文或阿拉伯文写了上百本书，几乎囊括了各种科学与哲学。他还写了一些优美的诗，现存 15 篇：其中一篇是影响了波斯名诗人欧麦尔·开俨的《茹别雅》（*Rubaiyat*）；另外一篇《灵魂的堕落》（*The Descent of the Soul*），至今仍被东方伊斯兰国家的学生传诵着。他翻译了欧几里得的著作，观察天象，设计了一种类似今天游标的仪器。他对运动、力学、真空、光、热和比重作了最基本的研究。他关于矿物的论文，直到 13 世纪都是欧洲地质学的主要资料。他对山脉的形成有很明晰的说明：

山脉的形成可能有两种原因。一种是地壳变动的结果，如剧烈的地震；另一种是水力的侵蚀，割裂了新的水道。地层的种类又有不同，有软硬之分；风和水使前者分解，而对后者无能为力。这种改变需要漫长的时间才能完成……而水是这些结果的主要原因，由许多山脉里留下的水生物化石就可证明。

有两部巨著包含了阿维森那的学说：《论治疗法》（*Kitab al-Shifa*）是一部18卷的数学、物理、形而上学、神学、经济学、政治学和音乐百科全书；《医学准则》是生理学、卫生学、治疗法与医药学的广泛调查，并且上升到了哲学研究。结构完整，有着滔滔不绝的讨论，但是它对分类与区别的学术热心变成了一种病态，作者并未适当地予以规范。他开篇即是令人沮丧的告诫："每一个跟我学习而想适当运用它们的人，都应熟记这本书的大部分。"而这本书有100多万字。他认为医学是一种艺术，解除隙碍使身体恢复自然的正常功能。首卷讨论主要的疾病——它们的症候、诊断和治疗；一般与个别疾病的预防及卫生，以及灌肠、放血、烧灼、沐浴和按摩等治疗方法，都有专章论及。他提倡深呼吸甚至偶尔的大喊，以展开胸、肺——和小舌。第2卷集合了希腊与阿拉伯的药用植物知识。第3卷特别着重病理学，包含对肋膜炎、蓄脓、肠病、性病、性变态、神经病等详细的讨论。第4卷讨论发烧、外科、化妆品、头发与皮肤的保养。第5卷——关于调配760种药品详细的说明。12世纪时，《医学准则》被译成拉丁文，超过了拉齐斯甚至盖仑的著作，占据了欧洲医学院主要教科书的地位。直到17世纪中期，一直是蒙彼利埃和卢汶大学的必读教材。

阿维森那是最伟大的医学作家，拉齐斯是最伟大的医生，阿尔-布鲁尼是最伟大的地理学家，阿尔-海塔姆是最伟大的光学仪器学家，雅比尔可能是中世纪最伟大的化学家。像所有中世纪的科学一样，阿拉伯的科学常沾染了神秘学的成分；只有光学在累积前人研究结果的综合工作上，远比创造性的发明或系统的研究更有成效；然而，炼金术却发展了实验的方法，这是令人骄傲的，也是现代思维的工具。500 年后的罗杰·培根（Roger Bacon）将这种方法介绍到欧洲，声称受到了西班牙的摩尔人的启迪，而他们又从东方穆斯林那里学到了这一方法。

哲学

　　像科学一样，伊斯兰国家在哲学方面通过基督教的叙利亚继承了异教徒希腊人的宝贵遗产，然后把它的成果传回基督教的欧洲。当然，许多影响交织在一起，产生了穆尔太齐赖学派的知识反动，以及阿尔金第、法拉比、阿维森那和阿成罗伊的哲学。印度的冥思方法（Speculations）经吉兹尼和波斯传入；祆教和犹太教的末世论（eschatology）占了一小部分；基督教的异端辩论上帝属性、基督和神道的性质、命定与自由意志、启示与理性等内容，搅乱了近东的气氛。但是促使亚洲伊斯兰国家思想发酵的原因——如意大利的文艺复兴——是希腊的再发现。纵然，翻译了许多伪书，但一个新的世界出现了：不经过神圣经典的审核，人类无畏地推论任何事情，并且认为宇宙秩序既非神妙的离奇事物，也非不可预计的奇迹，而是庄严且普遍的法则。希腊逻辑经亚里士多德的《论理学》（Organon）的引介传到伊斯兰国家并使人们为之着迷，并赋予了闲暇思考的能力，这些成了人们思考的条件和工具。3 个世纪中，伊斯兰教发展了逻辑的新游戏，那里的青年像柏拉图时代的雅典青年一样沉迷于"最亲爱及令人愉悦的"哲学。伊斯兰教教义开始动摇和崩溃，如同希腊正统学说融化在诡辩学者的雄辩脚下，基督教正统派在知识渊博者的挑战和伏尔泰的智慧鞭笞之下枯萎一样。

　　伊斯兰教启蒙（Moslem Enlightenment）有其奇特争论的直接缘由。《古兰经》是永恒存在还是创造出来的？哲学家斐洛认为道即是无时间性的上帝智慧。第四部《福音书》指出基督即是道，道（或理

性）"太初之时……即是上帝"，甚至没有道，"任何被创造的事物都
因而不能被创造"。诺斯替教派与新柏拉图学派将神圣智慧人格化，
视之为创造的代理人。犹太人坚信摩西五经的永恒性——这四者使正
统伊斯兰教产生相应的观念，即认为《古兰经》无时间性地永远存在
安拉心中，其对穆罕默德的启示仅是有时间性的一件大事而已。伊斯
兰教哲学的首次展示（约757年）即为穆尔太齐赖派的成长。穆尔太
齐赖意为"脱离者"，他们否认《古兰经》的永恒性。这派人郑重声
明，他们虽然尊敬伊斯兰教的圣书，但是《古兰经》或圣传倘若违
背了理性，则必须予以寓意性的阐释。这种理性与信仰之间的调和，
他们称为"kalam"（逻辑）。他们认为照《古兰经》字面的意思把愤
怒、仇恨以及一切都归于安拉是荒唐的，诗一般的神人同形论虽然适
用于穆罕默德时代的道德与政治目的，但很难被知识分子接受。人的
思想永远无法了解真正的自然或神的属性；只有在肯定一个精神的力
量为一切实体的基础上，与信仰是相符的。更有甚者，如正统派的论
点——相信所有事物均由上帝预先决定，并且认为得救或惩罚仅是武
断性的选择，这种说法，在穆尔太齐赖派看来，似乎是人类道德与事
业的致命伤。

　　上百种不同的论点，在阿尔-曼苏尔、哈龙·阿尔-拉希德、阿
尔-马蒙的统治下，传播得很快。最初是学者和异教徒私下谈论，然
后被哈里发们作为闲谈的话题，最后成了学院与寺庙中演说的题目。
阿尔-马蒙对这种羽毛未丰的理性奔放很感兴趣而加以保护，最后宣
布以这种观点作为正式的信仰。阿尔-马蒙掺杂了东方专制老习惯和
希腊化的穆斯林最新观念，他在832年发布一道命令，要所有的穆斯
林承认《古兰经》是在时间里的创造；后来又有命令，除非人们接受
新的教条，否则不能担任证人或法官；以后更以法令的形式强迫人们
接受意志自由及不可能以肉眼看见真主的观点；最后，拒绝接受这种
考验和誓言的人将被判处死刑。阿尔-马蒙死于833年，他的继承人
穆耳台绥木和阿尔-瓦提克延续了他的做法。神学家伊本·哈巴尔反

对这种宗教法庭。他被迫接受审判，引用有利于正统派观点的《古兰经》回答所有问题。他被鞭打至昏厥并关入狱中。但是他所遭受的痛苦，使人民视他为殉道者和圣人，他为恢复占绝对优势的伊斯兰哲学做了准备。

同时，哲学界产生了第一个巨人。阿尔金第（Abu Yusuf Yaqub Ibn Ishaq al-Kindi）约 803 年诞生于库法，他是一个市长的儿子。他在家乡和巴格达念书，后来成为阿尔－马蒙和穆耳台绥木宫中著名的翻译家、科学家和哲学家。与许多伊斯兰思想全盛时代的思想家一样，他博览群书，广泛学习，写了 265 篇论文，涉及各领域——数学、几何、天文、气象学、地理学、物理学、政治学、音乐、医学、哲学……他同意柏拉图关于人必先成为数学家，始可成为哲学家的说法，而且努力简化健康、医学、音乐等与数学的关系。他研究潮汐，探求落体速度及其法则，在《光学》（*Optics*）一书中，他研究了光的现象，这本书对英国科学家罗杰·培根影响甚大。他以《为基督教辩护》（*Apology for Christianity*）一文震惊了伊斯兰世界。他和一名助手翻译了伪书《亚里士多德的神学》。他深深被这本伪书感动，他很高兴，并认为这本书将亚里士多德与柏拉图调和起来——将他们两人都转变为新柏拉图学派。阿尔金第的哲学是新柏拉图学派，认为精神有三等——上帝、道或有创造力的世界灵魂——从世界灵魂中流出人的灵魂，如果人类以正确的知识训练他的灵魂，就可得到自由与永生。很明显，他英雄式的丰功伟绩使他成为一正统教派，然而他采信了亚里士多德区分神圣的"发动"智性与仅属于思维能力的个人受动智性的观点。阿维森那可能将这种观点传给哲学家阿成罗伊——他以反对个人不朽而使世界掀起讨论热潮。阿尔金第加入穆尔太齐赖学派，当叛乱发生后，他的图书室被抄，性命危在旦夕。但他终于劫后余生，重获自由，逝于 873 年。

在一个政府、法律与道德都受宗教教义束缚的社会中，任何对教义的攻击都会被视为有害于社会秩序的基础。所有被阿拉伯征服的事物——希腊哲学、诺斯替基督教、波斯民族主义、祆教教派的共有主义——又复苏了，《古兰经》遭受质疑与嘲笑，一位波斯诗人因宣称他的诗句优于《古兰经》而被杀（784 年），整个植基于《古兰经》上的伊斯兰教似乎就要崩溃了。在这种危机中，有三个因素使正统派获得胜利：保守的伊斯兰教哈里发，土耳其禁卫军的兴起，以及人民对他们固有信仰的忠诚。阿尔－穆尔瓦基勒在平民和土耳其人的拥戴下于 847 年即位。土耳其人是伊斯兰教新的皈依者，他们与波斯为敌，又对希腊思想相当陌生，主张以武力挽救信仰。阿尔－穆尔瓦基勒取消和改变了阿尔－马蒙的褊狭自由主义，穆尔太齐赖学派和其他异教徒被逐出政府和教育机构，任何表现异端观念的文学与哲学都被禁止，《古兰经》的永恒性以法律予以重建。什叶派被禁止，在卡尔巴拉地方的侯赛因寺庙被毁（851 年）。欧麦尔一世公布反对基督徒的法令，哈龙更扩大到犹太教徒（807 年），但不久即为人忽视，阿尔－穆尔瓦基勒复重新公布这一法令（850 年）。犹太教徒和基督徒被命令穿上不同颜色的服装，上面要有某一颜色的补丁，只能骑骡和驴。他们还得在家门口钉上木制的魔鬼。新的基督教堂和犹太教堂都被拆除，而基督教的仪式中不准用十字架。基督教徒和犹太教徒不准在伊斯兰学校接受教育。

第二个三十年间，反动稍微温和一点。一些正统派的神学家勇敢地接受了逻辑的挑战，建议以理性来证实传统信仰的真理。这些逻辑家是伊斯兰教的经院哲学家，他们致力于宗教与希腊哲学的调和，正如迈蒙尼德（Maimonides）在 12 世纪时曾试图调和犹太教，阿奎那在 13 世纪时曾试图调和基督教一样。巴士拉的艾卜·哈桑·阿尔－艾什尔里（Abul Hasan al-Ashari）在讲授穆尔太齐赖学说的教条十年之后，于 40 岁时转而反对这些学说，他以穆尔太齐赖学派的逻辑武器来攻击穆尔太齐赖学派，使旧有的教义取得了辉煌的胜利。他毫不畏缩地接受穆罕默德的命令：安拉预先决定一切行动和事情，而且是它们的首要原因；他超乎一切法律与道德之上；"他是万物的君主，依其心意进行统治，即使他将他们完全送入地狱也毫无错误"。不是所有的正统派都有兴趣将信仰提交理性论证，许多人服膺"信而不问其何以然"的信条。多数的神学家都停止讨论基本问题，但是他们也沉醉于经院哲学的教条细节中，接受它们的原则为公理。

哲学上的骚动，却在巴格达平息下来，只在小宫廷中造成一些波澜。萨伊夫－多拉（Sayfu'l-Dawla）在阿勒颇为第一位在哲学界享有声誉的哲学家，土耳其人穆罕默德·艾卜·纳什尔·法拉比（Muhammad Abu Nasr al-Farabi）安置了一处住所。他出生在土耳其斯坦的法拉比，在巴格达和哈兰跟随基督教老师学习逻辑，亚里士多德的《物理学》他读过 40 遍，《灵魂论》（De Anima）读过 200 遍，他在巴格达被指控为异端，接受并带有苏菲教派的色彩，生活得非常自在。伊本·哈立兰说他是"最不关心世事的人，他从不设法使自己为了生活或住所而操心"。萨伊夫－多拉问他需要多少生活费用，法拉比认为每天 4 个第尔汗足够了，于是这位王公终身供给他这个数目的津贴。

法拉比的著作有 39 部留传下来，大半是评论亚里士多德的著作。他的《科学百科全书》（Ihsa Alulum）集合了他那一时代的语言学、逻辑学、数学、物理学、化学、经济学和政治学的知识。他率直地否认共相（属性、种类或性质）远离个体而存在，因而激怒了基督教国家的经院哲学家。一些人受《亚里士多德的神学》欺骗，而他将不流于空想的亚里士多德转变成了神秘主义者。法拉比享寿之高，足以使自己"沉入"正统信仰之中。年轻时，他曾声明自己是理论上的不可知论者，等到晚年，他却花费很大的心血来详细描述神祇。他如三个世纪后的阿奎那一样，接受亚里士多德对上帝存在的论证：为了理解一系列的偶然事件，必须假设有一个最后且必然的存在（necessary being）；一系列的因果关系（Cause），必有其第一因（First Cause）；一连串的运动（Motion），必有一不为他物所动的原动者（Prime Mover）；杂多（Multiplicity）中必有单一（Unity）。哲学的最终目的

（从未真正达到过）就是第一因的知识，到达这个知识的最佳途径就是灵魂的纯洁。像亚里士多德一样，法拉比小心地避而不谈不朽的问题。他于 950 年死于大马士革。

他的遗稿中，仅有《理想城》（*Al-Medina al-Fadila*）颇富创见。它始于对自然法则的描述，每种机体永远不断地同其他机体竞争；在最终的分析中，每一种生物都视其他所有生物为达成其目的的手段。法拉比指出，有些犬儒派学者不同意这个说法：在这一不可避免的竞争中，聪明的人最能使他人屈服在自己的意志下，从而达到自己的愿望，人类社会如何从蛮荒法则中产生？如果我们相信法拉比的说法，穆斯林中会有卢梭主义者和尼采主义者提出这样的问题：有人认为社会是由契约开始的，在个人之间，为了生存而需要接受经由习惯和法律产生的某些限制；其他人嘲笑这种社会契约是不符合历史的，坚信社会或国家起源于强者征服弱者和兼并。国家本身，根据尼采主义者的说法，是竞争的机构，所以为了权势、安全、力量与财富，很自然地要互相竞争；战争也是自然且不可避免的；就像自然界的法则一样，最后的裁决就是强者即公理。法拉比反对这种观点，呼吁与他志同道合的人共同来建立一个不肇基于嫉妒、权力和敌对的社会，即一个根植于理性、忠诚和爱的社会。最后他向人们推荐根植于坚强的宗教信仰的君主政体。

约 970 年，法拉比的再传弟子在巴格达成立了一个学者联合会来讨论哲学问题。会员不问种族、宗教的差异，一致沉湎于逻辑学和认识论，不过这个团体的存在显示了首都残存的知识气息。另一个较为重要的协会，是与之性质相似但秘密存在的，由科学家与哲学家组成的兄弟会，983 年成立于巴士拉。这些诚笃的弟兄会成员为伊斯兰教政权的衰弱、人民的贪婪和道德的堕落忧心，他们渴望伊斯兰教道德、精神和政治的革新，并且认为这种革新可以通过混合希腊的哲学、基督教及其伦理、苏菲教派的神秘主义、什叶派的政治主张及伊斯兰教的法律达成。他们认为友谊是能力和美德的合作，每一个团体都把其他人缺乏和需要的品质提供出来。他们认为，众人的心灵的思考要比个人更容易得到真理。因此他们私下聚会和讨论时，以自由、宽容和礼貌来谈论一切人生的基本问题。最后发表了51本小册子，这是他们合作得出的科学、宗教和哲学摘要。一名西班牙穆斯林约1000年时赴近东旅行，他很喜欢这些论文，搜集并保存了它们。

在1134页的文章中，我们发现关于潮汐、地震、日食、音波和许多自然现象的科学解释。它还收集了占星学和炼金术的成果，还有关于巫术和数学游戏的内容。在神学方面，几乎同所有伊斯兰教思想家一样，是诺斯替与新柏拉图学派：从第一因（或上帝）产生了发动的睿智（Active Intelligence，如道理、理性），进而产生躯体与灵魂的世界。所有物质都由灵魂形成并经由灵魂活动。每一个灵魂都是永无休止的，直到它与积极的知识再结合为止。这种结合需要灵魂的绝对纯净，伦理学是获得这种纯净的艺术，科学、哲学与宗教是这种纯净的手段。在寻求纯净的道路上，我们必须仿效苏格拉底的知识热诚、耶稣的博爱和阿里的谦逊与高尚。当心灵经由知识获得解放后，通过寓言可以再次作自由解释，而与哲学调合。总之，这51本小册子，是我们所拥有的，对阿巴斯王朝时代穆斯林思想最完全和最一致的说明。巴格达的正统派领袖，于1150年将这些小册子当作异端邪说予以焚毁，但它们仍继续流传，并融入伊斯兰教和犹太教哲学之中，产生了深远的影响——对阿尔-伽萨尼、阿成罗伊、伊本·嘉毕罗、杰胡达·哈勒维、哲学家和诗人阿尔-马亚里影响甚大，或许对企求在短暂的一生里能与这部集体作品在深度与广度方面匹敌，并超越它的人也有影响。

对阿维森那来说，他并不以当科学家与世界著名医学权威为满足。无疑，他知道一个科学家唯有经过哲学研究才能使自己成为一个完全的人。他告诉我们，他读了40遍亚里士多德的《形而上学》还不能够了解，而法拉比的评论却使他能够理解这本书，他欣喜若狂地冲到街上大肆施舍。亚里士多德在哲学里揭露了他的最高目标，早在

《医学准则》这本书中，他已用哲学家来称呼亚里士多德，在拉丁世界，这个名词乃是亚里士多德的同义词。他在《论治疗法》一书中对自己的哲学有详细的说明，然后又在《医典》（*Najat*）中予以概要的叙述。他有逻辑的才华，坚持精确的定义。他对共相或普遍理念是否远离殊相而存在的问题，给予中世纪式的回答：它们存在于（1）"事物之先"（ante res），即存在于上帝的心中，如柏拉图的学说，所有事物皆依照它们的范型而造；（2）"事物之中"（in rebus），在事物之中，它们显现或做范例；（3）"事物之后"（post res），在事物之后，它们是人类心灵中的抽象观念。然而，共相并不远离殊相而存在于自然世界中。一个混乱的世纪之后，阿奎那与法国哲学家阿贝拉德也作出同样的回答。

的确，阿维森那的形而上学几乎就是两个世纪之后拉丁思想家所汇集的经院哲学的摘要。他在开头时费力地重述了亚里士多德和法拉比关于质与形、四种原因、偶然与必然、多与一的看法；并且对于偶然与变易的万物——必朽的事物——如何从必然与不可变易的一面流出的难题感到焦虑。他像普罗提诺一样想以假定一个"居间的自动的睿智"来解决这个难题，这一智慧有如灵魂一样，普遍存在于天国的、物质的及人类的世界。欲使上帝从尚未创造世界至创造世界的过程中的变迁，与上帝的神圣不可变迁论相调和，他认为尚有困难，他主张如亚里士多德一样，相信物质世界的永恒性，但是他了解这样会开罪伊斯兰教的经院哲学家（mutakallimun），于是他妥协地采取了有利于经院哲学的说法：上帝先于世界是从逻辑上说，而非从时间上说（所谓逻辑上，指次序、本质和原因）；世界的存在，每一时刻都有赖于支持它的力量而存在，这就是上帝。阿维森那承认，除了上帝之外，一切实体都是偶然的——那就是说，一切实体的存在是可以避免的及可以减少的。因为这些偶然事物需要一个存在的原因，除了在"原因之链"中复归于"必然的存在"外，别无其他解释，这个必然的"有"，它的本质和意义即已蕴涵"存在"；而这个"存在"，为了诠释他物的存在，势须先予设定。上帝是唯一本然自存的"有"；他的"存在"是最重要的，因为没有这第一因，万物不可能"有"。由于一切的物质是偶然的——它的本质并不蕴涵它的存在——因此上帝不可能是物质的。因为如同理性一样，他必须是单一的。既然在它所创造的万物中有睿智存在，那么万物的造物者也必有睿智。最高的睿智能刹那间洞悉万事万物——过去、现在以及未来——而不受时间局限，它们的发生是他永久思考的暂时现象。但是上帝并非直接促成每一行动及事件，万事万物由于其内在目的——它们有其自明的目的及命运——而发展。所以上帝并不需要为罪恶负责任，罪恶是我们为意志自由而付出的代价；同时，人类的罪恶才显出上帝的荣耀。

灵魂的存在，由我们当卜的内在知觉就可证实。同样，我们天经地义地认为灵魂是精神性的，我们的观念很明显与感官不同。灵魂是肉体能够自己活动与成长的内在根源，就此意义说来，甚至天体星辰也有灵魂，"整个宇宙是生命本源的显现"。肉体本身并不能运动，它的每一动作皆是由与生俱来的灵魂促成的。每一灵魂或睿智拥有相当于第一因的自由与创造能力，因为它是由这个第一因所流出的。人死后，纯净的灵魂重新与世界灵魂（World Soul）结合为一体，这种结合洋溢着至善的真福。

阿维森那也像其他人一样，试图调和追寻已久的人们的信仰与哲学家的推论。他像罗马哲学家留克利希阿斯一样，不希望为了哲学而摧毁宗教，也像一个世纪后的阿尔-伽萨尼，不希望为了宗教而摧毁哲学。他只以理性处理一切问题，不为《古兰经》所限，他对神灵的启示作了客观的分析，但是他肯定人民需要能为他们颁布道德法则——在形式上与寓意上都能为一般民众所理解，并且有拘束力——的先知。所以从树立或保存社会基础与发展道德的观点看，先知是上帝的信使。因此穆罕默德宣称肉体的复活，有时也以物质名词描述天堂。哲学家怀疑肉体的不死，但是他了解如果穆罕默德以纯粹的精神天堂来教导人民，一定不会有人听从，而且也不会有一个有纪律和强大的国家。那些能以精神上的爱来崇拜上帝的人，既不怀抱希望，也不心存恐惧，是最高尚的人，但是他们只能向最成熟的学生而非群众表现出这种态度。

阿维森那的《治疗法》与《医学准则》代表着中世纪思想的最高潮，而且是思想史上最重要的作品之一。其中许多内容都是跟随亚里士多德和法拉比的引导，就像亚里士多德追随柏拉图一样；只有狂人才会完全独创。他有时也谈及就我们易错的判断似乎是无意义的事，但是这在柏拉图和亚里士多德，也有同样的情形，这种愚蠢仅能在哲学家的书中找到。他缺乏坦率的易变性、批评精神和阿尔—比鲁尼的开放心灵，而且还有许多错误。他那清晰明快的风格，以轶事和诗篇阐释抽象思想的能力，及其科学与哲学的广阔视野，远胜过他的对手。他的影响是远大的：一直到达西班牙，影响了阿成罗伊（Averroes）和迈蒙尼德（Maimonides）；并进入拉丁基督教世界，对经院哲学家颇多助益。令人惊讶的是，哲学家大阿尔伯图斯·马格努斯和阿奎那（Thomas Aquinas）也有不少论点可以追溯至阿维森那。英国科学家罗杰·培根称他是"自亚里士多德以来哲学界的主要权威"，这么说并非仅出于礼貌，阿奎那的确非常尊敬他，将他与柏拉图相提并论。

在东方，阿拉伯的哲学几乎与阿维森那一起消逝。接踵而至的是塞尔柱人对正统派的强调，神学家们信仰主义的威胁，及阿尔—伽萨尼神秘主义的浩大声势，纯理论的思想遂告一段落。很可惜，我们对这三个世纪（750—1050 年）的阿拉伯全盛时期所知甚少。上千种阿拉伯科学、文学和哲学书稿藏在伊斯兰世界的图书馆中；仅君士坦丁堡一地就有 30 座清真寺图书馆，但它的藏书还只是杂凑而成的；在开罗、大马士革、摩苏尔、巴格达，藏书汗牛充栋，还远未完全编目；马德里附近埃斯科里亚尔（Escorial）的一座大图书馆，几乎无法把伊斯兰教科学、文学、法学和哲学文稿编成目录。我们所了解的这几个世纪的伊斯兰思想，只是残存的一鳞半爪，而这些得以留传后世的，也只是当时作品的片段而已。当学者彻底研究这个半被遗忘的遗产时，可能会将东方伊斯兰教的 10 世纪列为思想史的黄金时代之一。

神秘主义与异端

伊斯兰的神秘主义有许多渊源：印度托钵僧的苦行主义、埃及和叙利亚的诺斯替教派、希腊后期的新柏拉图学派、基督教众多的苦行僧。像在基督教世界中一样，伊斯兰教少数虔诚教徒反对宗教适应经济世界的任何利益与实际，他们提倡回到艾卜·伯克尔和欧麦尔一世时代的简朴生活。他们痛恨任何横亘在他们与神之间的媒介，甚至寺庙中严格的仪式，在他们看来，也是阻碍神秘意境的。在这一神秘意境中，精神，即一切俗事的净化，不但能进入天国，而且能与上帝结合。这种运动在波斯特别活跃，也许是因为接近印度，或因琼德·伊—沙普尔的基督徒的影响，抑或是因为承袭 529 年从雅典逃到波斯的希腊哲学家而建立的新柏拉图学派之故。大多数伊斯兰教神秘主义者，自称为苏菲教派，因为他们穿着简单的羊毛袍子（Suf）。他们之中，有些是很热情的人，也有高贵的诗人、泛神论者、苦行者、庸医和多妻的人。他们的原则随时随地在变。阿成罗伊指出，苏菲派"以为去除了一切肉体的欲望和纵欲的思想之后，上帝的知识就留在我们心中"。但是也有许多苏菲派信徒试图通过外在的努力达到上帝。我们所看到的世界上的完美与可爱，都是存在于完美与可爱之中的神力的显现或运作。一位神秘主义者说："啊，真主！我从未听到动物的叫声、树枝的颤动、流水的潺潺、小鸟的歌声、习习的风声、隆隆的雷声，而感觉不到它们即是你独一性的明证及无物如你的证据。"实际上，神秘主义者认为，个别事物能存在，是因为它们之中的神圣力量；它们唯一的真实就是这个基本的神性。因此上帝就是一切，不仅除了安拉别无他神，除了上帝也无"存在"。因此每一个灵魂都是上帝，纯粹的神秘主义者断言"上帝与我为一"。艾卜·叶齐德说："实在我就是上帝，除我之外没有上帝。崇拜我。"侯赛因·阿尔—哈拉杰说："我就是我所爱的它……我所爱的它也就是我。我就是淹死挪亚家人以外的人类的它……我是真理。"哈拉杰因太过张扬而被捕，在上千次的鞭打后，被火烧死（922 年）。他的徒众宣称，在这次事件后，还看到他并和他谈过话，许多苏菲派信徒将他说成圣人。

　　苏菲派信徒像印度教徒一样，相信训练的过程对接受上帝神秘的启示很有必要：纯净地表现忠诚、沉思与祈祷；新入教者对长老与教师的完全服从；完全弃除一切个人欲望，甚至连救世或与神秘结合的欲望也在摒弃之列。最完美的苏菲派信徒是为上帝自己而爱上帝，并非为任何报偿。艾卜·卡希姆说："对你来说，赐恩者本身比恩赐更好。"但是苏菲派信徒通常视训练为求得事物真正知识的手段，有时把它当作获致超自然奇迹力量的课程，不过大多是把它当作与上帝结合的道路。在这种结合中如果能完全忘记自我，就是"完人"。苏菲派信徒相信这种"完人"超越一切戒律，甚至超越了朝圣的义务。苏菲派信徒的格言说："所有眼睛都集中在麦加的神圣黑石上转动，而我们将注意力集中至所爱者的脸上。"

　　直到 11 世纪中期为止，苏菲派信徒仍然过着世俗生活，有时还与妻子、儿女一起，甚至认为独身生活并无多大的道德价值。艾卜·赛义德（Abu Said）说过："真正的圣人是生活在大众之中，与他们共同生活，照样结婚，参与社会生活，而且时时不忘上帝。"就苏菲派信徒而言，生活的简朴、虔诚和寂静主义是他们仅有的标志，这很像早期的教友派（Ouaker）。有时他们也集中在神圣的教士四周，或聚在一起祈祷、互相勉励。在 10 世纪时，奇特的苦修僧崇拜仪式，身体回旋转动同时舞蹈（dervish dances）已经定型，且在后期苏菲派信徒中间具有特殊的地位。有些人则隐居或折磨自己，但是苦行主义在这段时间并不风行，而且为数甚少。苏菲派信徒的圣人不可胜数，最早的一位圣人是妇女拉比亚·阿达—维雅（Rabia al-Adawiyya）。年轻时她曾被卖为奴隶，她的主人看到她祈祷时头顶上有红光，便使她重获自由。她终身不嫁，过着自制与布施的生活。问她是否恨撒旦，她回答："我对安拉的爱，使我无暇来恨撒旦。"据一位著名的苏菲派信徒说，她曾说过这样的话："噢，真主！将你赐我的现世的物质赐给你的敌人，并将赐给我来生的一切转赠你的朋友；因为你本身对我已足够了。"

让我们以圣人兼诗人艾卜·赛义德·伊本·艾卜—哈伊尔（Abu Said Ibn Abi'l-Khayr）作为苏菲派信徒的一个例子。他出生在呼罗珊的玛亚纳，他认识阿维森那，谈及这位哲学家时说"他知道我的所见"，而哲学家谈及他时说"他看见我的所知"。年轻时他爱好世俗文学，声称记得 3 万首前伊斯兰教的诗歌。26 岁时，有一天，他听到了艾卜·阿里的演说，他引述《古兰经》第 6 章第 9 节的内容说："哦安拉！然后让他们在空谈中自得其乐。"艾卜·赛义德说："一听到这句话，我心房的门开启了，我使自己心移神驰。"他把自己所有的书都付之一炬。他说："苏菲派神秘主义的第一步，就是把墨水瓶打掉，把书撕掉，忘掉一切知识。"他隐退到家乡一个小教堂的壁龛中；他在那儿坐了 7 年，不停地说："安拉！安拉！安拉！"这样不停地呼唤圣名，在伊斯兰教神秘主义是"超脱自我"的有效方法。他实践了苦行的几种方式：总穿着同一件衬衣，只有在极需要时才说话，日落以前不进餐，进餐时只吃一片面包，从不躺下睡觉；他在壁龛中凿一个仅可容他站立的小洞，经常把自己关在里面，塞住耳朵不听任何声音。有时在夜间，他会用绳子把自己吊到井下，低着头背诵整本《古兰经》——如果我们相信他父亲的证言的话。他为其他苏菲派信徒当仆役，为他们乞讨，为他们打扫。"有一次——当我坐在寺中，一名妇女爬到屋顶上，以污秽物泼我。而我仍然听到一个声音在说：'你的安拉对你还不够吗？'"40 岁时，他"大彻大悟"，开始传教，吸引了许多忠诚的听众。他告诉我们，有些信徒以他的粪涂在脸上，以"得到祝福"。他建立苦行僧的寺院，并制定了一套规定，成为后世类似组织的典范，影响了苏菲派教派。

如圣奥古斯丁一样，艾卜·赛义德认为人之得救，是由于安拉的慈悲荣耀，而非人的善行，但是他认为得救是独立于天堂之外的精神解脱。安拉为人类一次又一次启开大门。第一次是悔改，然后是：

> 确信之门，因此他接受谩骂和忍受屈辱，并且确信这些将因它而逝…然后真主又为他启开爱心之门；但是他仍然具有"我爱"的想法……然后是结合之门……因此他体会到一切都是它，一切都是由它而来……他了解自己无权说"我"或"我的"……欲望也远离他而去，他自由且宁静……你永远不能远离私心，除非你去除它。使你远离真主的私心说"某人待我欠佳……某些是由我而做好的"——所有这些都是多神；任何事物都不依赖受造物，而依赖造物者。这些你必须明白，而且曾经说过，你必须坚定不屈……坚定不屈，意即当你说"一"时，你绝不再说"二"……说"安拉"并坚定地站在那里。

同样的"印度爱默生主义"（Hindu-Emersonian doctrine），也出现在可能是艾卜·赛义德的四行诗中：

> 我说："你的美属谁？"
> 它回答说："因为我本然自存，所以属于我；
> 我是爱人，被爱者，且是爱；
> 是美，是镜，也是观看的双目。"

因为当时没有教会将这些英雄封为圣徒，他们只被大众赞扬而封为圣者。在 12 世纪，《古兰经》不鼓励崇拜圣者，而是将之视为一种偶像崇拜，但是民众的自然情感势不可挡。早期的圣者伊布拉希姆·伊本·亚当（Ibrahim Ibn Adham），即亨特（Leigh Hunt）笔下的艾卜·本·阿德汗（Abou Ben Adhem）。这些圣者在大众的想象中具有神奇的力量：他们通过阅读和心灵感应，能知道千里以外的秘密；他们能吞火与玻璃而不受伤；他们能从火上、水上经过，能在空中飞行，在刹那间游行千里。艾卜·赛义德所谓的"心灵阅读"（mind reading），会令今天任何的神话作者惊叹不已。日复一日，宗教（某些哲学家推想为僧侣的产物）就在民众的需要、情感和想象之下，一再完成，先知们的一神教变成了群众的多神教。

伊斯兰教的正统派在教会中接受了苏菲主义，并给予它相当程度的表达和信仰自由，但是这个精明的政策却不适用于暗藏政治变革企图与摒弃法律、道德的异端。许多半宗教、半政治的反动，均可归为以实玛利派。依伊叫派教义，阿里的每一后代，直到第十二代，都是神灵的化身或伊玛目（Imam），而每一个伊玛目都指定了他的继承者。第六代贾法尔·萨迪克指定他的长子以实玛利继承他。据说，以实玛利贪恋杯中之物，贾法尔便取消了他的任命，选择另一个儿子穆萨做第七代的伊玛目（约760年）。有些什叶派教徒坚持以实玛利的任命是不可取消的，并尊他或他的儿子穆罕默德为第七代与最后的伊玛目。一个世纪以来，以实玛利派徒众只保持着很小的规模，后阿什杜拉·伊本卡达（Abdallah Ibn Qaddah）自任为领袖，派教士到整个伊斯兰国家传播第七代的教义。在加入该派之前，皈依者要秘密宣誓绝对服从"大主人"（Dai-d-Duat）。教旨分为对教外人士与教内秘传：他们告诉新皈依者，经过九个入教的步骤之后，一切遮蔽都要去掉，"秘密教义"（上帝是全部）将向他显示，然后他就高于一切信条与规律。在入教的第八个步骤，他们告诉皈依者，"最高的存在"是不可知的，对它的崇拜并不足以报答它。此外，他们宣称救世主必将降临而建立一个平等、公正、博爱的政权。这个特殊的宗教团体在伊斯兰及时形成一股力量，席卷了北非和埃及，建立了法蒂玛王朝。在9世纪时，由它产生的运动，几乎结束了阿巴斯王朝的统治。

当艾卜杜拉·伊本卡达于874年去世时，一位名叫哈木丹·伊本·艾什拉斯（Hamdan Ibn al-Ashrath）的伊拉克农夫，大家都称他卡尔马特（Qarmat），成为以实玛利派的领袖，这一教派有段时间在亚洲极有力量，并被称作卡尔马特派（Carmathian）。他计划推翻阿拉伯，恢复波斯帝国，秘密地征召了成千个支持者，并说服他们捐出财产与收入的 1/5 作为基金。又一次社会革命进入了以神秘形式为外表的宗教：卡尔玛特派提倡共产公妻，将工人组成行会，宣传普遍的平等，对《古兰经》采取寓意性的自由解释。他们轻视正统派的仪式与斋戒，嘲笑那些向庙堂与石头崇拜的"笨驴"。899 年时，他们在波斯湾的西岸建立了一个独立的国家。900 年时打败了哈里发的军队，几乎使其无一生还。902 年，他们攻入叙利亚，直抵大马士革城下。924 年，他们吞并了巴士拉，然后是库法。930 年，他们抢掠了麦加，杀死了 30 万穆斯林，抢走了大批的财物，包括克尔白的幕和黑石本身。951 年，在法蒂玛王朝哈里发曼苏尔·伊本·阿比·阿米尔的命令下被送回原处。最后，人民终于联合起来保卫财产和秩序不受威胁。但是它的教义与暴乱一直延续到下个世纪。

文学

在伊斯兰国家的生活与宗教里有戏剧却无文学，这种风格，与闪米特智力活动显然很不同。像其他中世纪文学一样，这里没有小说。多数的作品都须诵读而非默读，那些爱好小说的人无法专心，而专心乃阅读复杂或连载故事所不可或缺。短篇故事与伊斯兰教或亚当一样古老，单纯的穆斯林以孩童般的热情和兴趣来听它们，但学者从不把它们当作文学。这些故事中最受欢迎的是《一千零一夜》和比德佩（Bidpai）的《寓言》（Fables）。《寓言》在 6 世纪时由印度传到波斯，被译成巴列维文，然后又在 8 世纪时被译成阿拉伯文。梵文原本散佚了，阿拉伯文本则留传了下来，被译成 40 余种文字。

马苏地在《金色草原》（Meadows of Gold）一书中提及波斯的书

籍《一千个故事》（*Hazar Afsana*），他把它翻译成阿拉伯文，这是我们所知最早提到《一千零一夜》的书籍。马苏地所描绘的书，其体裁与阿拉伯人的《天方夜谭》相同。这种以一系列的故事为架构的体裁早已盛行于印度。这些故事在东方传之已久，不同的版本可能因编者拣选而有差异，所以我们不能确定现存的一些故事，是否马苏地也知晓。1700年后，一部不甚完整的阿拉伯文稿（不能溯源至1536年前）从叙利亚辗转到了法国东方学者加朗（Antoine Galland）手里。他对里面的奇妙幻想，详细的伊斯兰生活很感兴趣。他于1704年在巴黎翻译、出版了该书的第一个欧洲译本。这本书取得出乎意料的成功，被译成每一种欧洲文字，老幼妇孺都开始谈论水手辛巴达（Sinbad the Sailor）、阿拉丁神灯（Aladdin's lamp）和阿里巴巴与四十大盗（Ali Baba and the Forty Thieves）的故事。除了《圣经》（《圣经》本身也是东方的），《寓言》及《一千零一夜》成了世界上最普及的读物。

阿拉伯文的特质是趋向于强烈的情感，波斯文则倾向于华丽的辞藻。阿拉伯语（当时为两个民族通用）字尾的变化有了韵调，所以文言散文通常都是押韵的。传教士、演说家和说书人都采用有韵散文。巴迪·哈玛德哈尼（Badi al-Hamadhani）就以这种文本，写作他有名的《唱集》（*Maqamat*）。近东人以心灵和耳朵来感受周围的一切，声音为欣赏文学的主要方式，就像印刷术发明之前所有的人那样。多数的伊斯兰文学是背诵的诗或故事。诗是写来诵读或高声唱的，伊斯兰国家的每一个人，从农夫到哈里发，都喜欢听人吟诗。在知识分子中，有一种很流行的游戏，由一个人接着前面一人的韵作一首诗，或是即席抒情诗与讽刺诗的竞赛。诗人以复杂的韵调形式互相对抗，许多是中间和结尾押韵的。阿拉伯诗句的押韵影响了欧洲诗歌的押韵法。

也许从来没有一个文明或时代赶得上阿巴斯王朝诗人的数目和成就。艾卜—法拉杰在他那个时代结束之时，已汇编抄录了大量阿拉伯诗歌在他的《唱集》（*Kitab al-Aghani*）中，整整20卷的书展现出阿拉伯诗歌的丰富和变化。诗人被看作宣传家，令人恐惧的讽刺诗作者。富人以财富购买赞美，哈里发以禄位或金银换取诗人对他们行为或氏族的称颂，以及优美的诗句。哈里发希夏姆想记起一首诗，派人去找诗人哈姆麦德，正好他能完整地记得，于是希夏姆奖赏他2名女仆和5万第纳尔。阿拉伯的诗，一度为沙漠中的牧人吟唱，现在它进入宫廷中了。许多诗矫揉造作，流于形式，琐屑、虚伪而不诚恳，因此引发了古诗与当代诗的论争，批评家抱怨说，只有穆罕默德以前才有伟大的诗人。

　　在诗文中，爱情与战争超过了宗教。阿拉伯诗歌（波斯的情形并非如此）极少是神秘的，它着重于歌颂战争、热情或感情。在征服的世纪结束时，夏娃征服了战神和安拉，成了阿拉伯诗歌的灵感源泉。伊斯兰诗人热衷于描述妇女的迷人——她的秀发、杏眼、樱唇、纤手。在阿拉伯的沙漠和圣城中，抒情诗人的主题形成了格式，诗人和哲学家谈论爱的伦理和礼仪。这个传统经由埃及和非洲，传到西西里和西班牙，再传到意大利和法国东南部。韵调、节奏和许多词句，皆扣人心弦。

　　哈桑·伊本·哈尼满头鬈发，故赢得了"鬈发之父"的美誉。他出生于波斯，后来到了巴格达，成为哈里发哈龙的宠臣，《一千零一夜》中有一两个冒险故事可能就是以他为原型。他爱好醇酒、美人和自己的诗歌，因为太过于突出及他的不可知论与好色，他得罪了哈里发，数度被监禁又被释放。他开始时处于悠闲的阶段，后来养成高洁的德行，最后是到处都随身带着念珠和《古兰经》。但是首都的社会还是最喜欢他写的醇酒与罪恶的赞歌：

> 　　来，苏莱曼！为我歌唱，
> 　　快，为我斟上醇酒！……
> 　　在杯盘交错之际，
> 　　为我添上一杯，让我跌进醉乡。

从未如此接近——一切都遗忘，
令那尖声的祷告报时人，空自响亮！
尽量累积你的罪恶：
主准备减缓它的怒气。
当日子来临，自会赦免你。
在伟大的王者和荣耀的祖先面前；
咬断你的手指，把一切可悲的欢娱
经由可怕的地狱之火，使之远离。

　　小宫廷也有它们的诗人。萨伊夫·多拉麾下有一位几乎不为欧
洲人所知，却被阿拉伯人认为是最杰出的诗人。他叫艾哈迈德·伊
本·侯赛因（Ahmad Ibn Husein），穆斯林都叫他穆塔纳比（al-
Mutannabi），即"预言假托家"。他于915年出生在库法，在大马士革
求学，自称是先知，数次被捕又被释放，后来在阿勒颇宫中安定下
来。他跟艾卜·努瓦斯一样，有自己的宗教，特别否定禁食或祈祷、
读《古兰经》。虽然他认为生活并不完全符合他的标准，但是仍然有
太多的享受以至于无暇想到永生。他以极大的热情和极高的技巧来颂
扬萨伊夫的胜利。他的诗在阿拉伯极受欢迎，然而却无法译成英文。
一个对句预言了他的死亡：

　　　　在暗夜和广阔的沙漠中，马贼认出了我；
　　　　剑与矛取代了纸与笔的力量。

　　他被海盗攻击，想要逃走。不幸的是，他的仆役提醒他，他曾写
下这些虚张声势的诗句。穆塔纳比决心光荣地活下去，他进行抵抗，
结果受伤而死（965年）。
　　8年之后，阿拉伯诗人中最奇特的一位，艾卜·马亚里出生在阿
勒颇附近的阿亚拉图。天花使4岁的他失明，但他仍然成为学者，他

将图书馆中为自己喜爱的文章记忆下来，并到处旅行，听名学者的演讲，最后又回到自己的故居。此后的 15 年中，他每年的收入是 30 第纳尔，而且要负担仆役与向导的费用。他的诗使他成名，但他拒绝写颂词，几乎使自己断炊。1008 年，他访问了巴格达，受到诗人和学者的尊敬。也许是受首都的一些自由思想家的影响，他接受了一些怀疑主义者的论点，这为他的诗句增添了几分趣味。1010 年，他衣锦荣归，回到阿亚拉图，一直到死，都过着圣哲的生活。他是素食者，不仅不近鱼、肉，连蛋、乳和蜂蜜都不食用。他认为从动物世界中获取任何东西都是抢夺。出于同一理由，他不穿皮衣，并责备妇女穿皮革，建议大家穿木鞋。他以 84 岁高龄去世。一名虔诚的弟子汇编了180 首诗在他的葬礼中，由 84 名仆役在他的墓前诵读来赞美他。

我们对他的认识，主要是通过 1592 首总称为《义务》(*Luzumiyyat*)的短诗。他不像其他的诗人谈论女人与战争，他勇敢地面对一些最基本的问题：我们应否追随神的启示，还是追随理性？生命是否有价值？死后有无生命？上帝是否存在？……这位诗人无时无刻不在表达他正统派的观点，但是他警告我们，要以合法的方式，谨慎地反对殉教："我大声反对绝对荒诞的谎言，但是以很少听到的平静声音说真实的事情。"他反对不辨善恶的诚实："不要把你的宗教本质告诉恶棍，因为这样会使你遭到毁灭。"简单地说，马亚里是理性主义者及持不可知论的悲观主义者：

> 有人寄望一位具有先知风采的伊玛目
> 将会出现，沉默的大众会大为惊异。
> 啊，这可笑的想法！只有理性
> 而非伊玛目才能指出晨昏之道：
> 我们须在这些古老的传说中发现真理，
> 抑或它们是些讲给年轻人听的无价值的神话：
> 以我们的理性发誓，它们只是谎言。

而理性之树结下真理之果……
年轻时，我常中伤我的朋友，
倘若我们的宗教信仰不一；
然而如今我的灵魂遍游天国与地府；
对我而言，除爱之外，一切皆徒有虚名。

他责备伊斯兰教的神职人员。"使宗教为人的脏钱服务"，他们"传教时寺庙充满了恐怖"，他们的举止并不比"那些在小酒馆喝酒的人"好，"诚实的人，你被那个向女人说教的狡猾无赖欺骗了"——

他爬上教坛是为了自己的卑鄙目的，
虽然他不相信复活，
却使所有的听众在他讲起世界末日的神话时，
感到畏缩，目瞪口呆。

他认为最坏的恶棍，就是把持麦加圣地的人，他们为了钱不择手段。他建议他的听众不要为朝圣浪费时间，要满足于：

当灵魂消逝后肉体即无感觉；
没有肉体而单独存在的精神可否感觉？……
我们欢笑，但那是愚昧的笑声；
我们应痛哭，高声痛哭，
他们像玻璃一样地被摔碎，因此
无法再予以改铸。

他总结说："如果安拉认为我应该被做成用来斋戒、沐浴的土盆，我会感谢和满足。"他相信一个全能和睿智的真主，而且"在研究过解剖学之后，对否定真主的医生感到惊异"。不过他也反对"我们的本性并不因我们的选择变得罪恶，而是由于命运的主宰……"——

> 为何责备世界？世界是自由的。
> 罪恶，应该是你和我应受的责备。
> 葡萄，醇酒，饮酒者——是三件事；
> 但是何者有错，我怀疑——
> 他是榨出葡萄汁者，还是品尝美酒者？

他用伏尔泰般的讽刺口吻写道："我发觉人类在天性上就是对他人不公正，但是毫无疑问，它创造的不公正是公正的。"他对那一时代的教条主义感到愤怒：

> 醒来，傻子！你所举行的神圣仪式
> 不过是人们老早就发明的欺骗。
> 贪财者，满足了他们的欲望，
> 最后仍是卑贱地死去——一切归于尘土。

似乎是受尽了人们欺骗和冷酷的打击，马亚里成了悲观的厌世者，"伊斯兰国家的泰蒙"（Timon of Islam）。因为社会的罪恶是因人性而致，所以改革亦属无望。最好的方法就是离群独居，只和一二知己来往，过单调而平静的生活。最好是根本不要生下来，因为一生下来就要承受"痛苦与灾难"，一直到死才能平安：

> 生命是一种疾病，最好的药物就是死……
> 一切都要死，安居的人和流浪者都一样。
> 甚至地球都像我们一样，日复一日在探求生计。
> 一点点地，它吞噬了人们的血肉……
> 一弯新月高悬苍穹，

死亡弄弯了枪矛，她的尖端被磨利了，
晓日东升像那出鞘的军刀。

我们无法逃避这些结果，但是像叔本华一样，我们可以欺骗它们
如同欺骗自己的孩子：

如果你能对自己的儿子证明，
以行动表示爱他如何深，
那么一切明智的话都会出现
叫你根本不要为他们着想。

他就遵循这点，为自己写下了最简洁、最痛苦的墓志铭：

我的祖先把这些给了我，我却没有如此。

我们无法确知有多少穆斯林具有与他一样的怀疑主义。在他之
后，复苏的正统派有意识无意识地担任着文学审查员而传教给后世子
孙，像在基督教世界中一样，可能误导我们进入中世纪那减少到最少
量的怀疑。穆塔纳比和马亚里达到了阿拉伯诗歌的最高境界。在他们
之后，神学家的无上权力和哲学家的沉默，把阿拉伯的诗歌引向不真
实、矫揉造作、奉承且琐碎的格调。但同一时期波斯的复苏，自阿拉
伯统治下的自我解放，使这个国家有了真正的复兴。波斯人民在语言
上并没有使用阿拉伯语。10世纪时，塔比里德、萨曼、哈兹尼维德
等王朝，逐渐显现出政治和文化独立的趋势，波斯文重新成了政府与
学术上的通用语，成为"现代波斯文"，它为阿拉伯文所充实，并采
用了优美的阿拉伯字体。波斯现在发展出宏伟的建筑和美丽的诗歌。
在阿拉伯的颂歌、断简残篇、情诗之外，伊朗的诗人加上了散文诗和
四行诗。波斯的每一事件——爱国主义、热情、哲学、虔敬——现在

都在诗篇中放出了异彩。

全盛期是由鲁达吉（Rudagi）开始的，他即席赋诗、演唱民谣，在布哈拉城萨曼（Samanid）的宫中弹奏竖琴。三十年后，努赫·伊本·曼苏尔王公请诗人达基基（Daqiqi）写作诗篇《王者之书》（*Khodainama*），其时达尼什瓦尔（Danishwar）（约651年）已经汇编了波斯旧有的各种传说。达基基被他宠信的仆役刺死之前，已经写了1000行诗。斐尔杜西接着完成了这项任务，成了波斯的荷马。

艾卜·卡希姆·曼苏尔，于约934年生于图斯（靠近马斯哈德）。他的父亲在萨曼宫中有一个职位，遗留给他一幢舒适的别墅（在靠近图斯的巴兹）。闲暇时，艾卜·卡希姆喜欢研究古物，这使他对《王者之书》发生了兴趣，他着手将这些散文故事改为民族史诗。他称自己的著作为《帝王之书》（*Shahnama*），并且依当时的风格取了斐尔杜西（"花园"之意）做笔名，也可能是他的私人花园就叫这个名字。经过25年的努力，他完成了诗集的初稿，于是前往吉兹尼（约999年），希望将它献给伟大又可怕的统治者马哈茂德。

早期的波斯历史学家告诉我们，当时有"400位诗人经常出现在苏丹马哈茂德面前"。这无疑是一大障碍，但是斐尔杜西成功地吸引了大臣的兴趣，并得到了统治者的注意。马哈茂德在宫中给予这位诗人一处舒适的住所，提供他大量的历史材料，命他编成史诗。马哈茂德答应每修改一个对句，给他1个金第纳尔。我们不知道他到底工作了多久，最后（约1010年）史诗完成时共有6万个对句。马哈茂德准备付他答应的报酬时，有些大臣表示反对，认为数目太多，并说斐尔杜西是什叶派和穆尔太齐赖派的异端。于是马哈茂德给他6万银第尔汗。诗人愤怒而鄙夷地将这些钱分给澡堂的一个侍者和卖*sherbet*（一种由果汁、糖、水或再加牛奶或蛋白而制成的清凉饮料）的小贩，然后逃到赫拉特。他在一间书店躲藏了6个月，直到马哈茂德派出逮捕他的间谍放弃搜索为止。他到塔巴里斯坦的王公萨里雅尔（Shariyar）处避难。他在那里写了对马哈茂德极尽讽刺的诗歌，但是萨里雅尔害怕国王，以 10 万第尔汗将诗歌收买后予以销毁。如果我们相信这些，那么写诗在中世纪的波斯就是最赚钱的职业之一。斐尔杜西到了巴格达，写了长篇的叙事诗约瑟和波提乏的妻子的故事《约瑟和祖莱卡》（*Yusuf and Zuleika*）。他在 76 岁的时候回到故乡图斯。10 年之后，马哈茂德被一首优美的诗歌吸引，于是打听作者是谁。当他知道是斐尔杜西之后，十分后悔当初没有照自己的诺言给他奖赏。他派了一个商队，带了价值 6 万第纳尔的黄金和一封道歉信。当商队到达图斯时，正好遇到这位诗人的葬礼。

《帝王之书》若仅以分量来说，已是世界文学的巨著之一。除了细腻的诗句外，还有图片，他用了 35 年的时间、12 万行诗来叙述他国家的历史——远超过《伊利亚特》与《奥德赛》合起来的长度。这位老人狂热地迷恋着波斯，醉心于每一个细节，不管是传说还是史实，他的史诗在谈及史事之前已经完成了一半。他以祆教圣典的神秘人物开始，叙述加雅慕尔斯（Gayamurth）、祆教的亚当的故事，然后又说到加雅慕尔斯了不起的孩子雅姆什德（Jamshid），他"统治了 700 年之久……世界因他而更幸福，没有人知道什么是死亡、悲伤与痛苦"。但是几个世纪之后，"他内心生出了骄傲，忘了自己的幸福从何而来……他在世界上只看到自己，而自称为神，把自己的肖像送到各地去供人崇拜"。最后他叙述到史诗中的英雄鲁斯塔姆，他是大臣扎尔的儿子。当鲁斯塔姆五百岁时，扎尔爱上了一名女奴，并生了一个儿子（鲁斯塔姆的弟弟）。鲁斯塔姆先后服侍过三个国王，也救过三个国王，四百岁时自军中退休。他忠心耿耿的战马拉克什年纪也很大了，几乎也是伟大的英雄，斐尔杜西给它任何一个波斯人所能给予一匹良马的关切和注意。在这部史诗中，也有动人的爱情故事，以及抒情诗人对女性的崇拜；也有美女迷人的肖像——其中之一是斯达维赫（Sudaveh）皇后，"她戴了面罩，无人可看清她的美艳。她和男人走在一起时，就像是太阳走在云后一样"。但是在鲁斯塔姆的故事中，爱情的主题很少。斐尔杜西了解表现父母之爱与孝顺的爱，会比性爱更感人。在远方作战时，鲁斯塔姆曾与土耳其女子坦米内（Tahmineh）产生恋情，但后来失去了联系。她悲伤又骄傲地抚养他们的儿子索拉布（Sohrab），告诉儿子关于他伟大但失踪了的父亲的事迹。当土耳其与波斯交战时，父子互不认识，彼此执予相对。鲁斯塔姆很赏识这个年轻人的勇敢，有意放过他。但是孩子不屑地加以拒绝，仍勇敢地作战，结果身负重伤。临死时，他叹息从未见过父亲鲁斯塔姆之面，胜利者始发现自己杀死了儿子。索拉布的战马独自回到了土耳其的阵营中，消息传到了索拉布的母亲处，这一情节在诗中有极好的描写：

> 强烈的感情几令她窒息，
> 血管似因死亡之冷酷而枯萎。
> 颤抖的妇人加深了她的忧伤，
> 她痛哭失声，直到魂魄又再归回。
> 之后她凝视着，心神错乱地，又再痛哭，
> 狂乱地，处于同情之中
> 宠爱的战马，现比以前更亲切了，
> 亲吻它的四肢，她以泪洗马；
> 紧握着儿子在战场上的家信，
> 以火热的双唇，她一遍又一遍地亲吻着；
> 将他的战袍紧压胸膛，
> 就像搂住婴儿在慈母的怀里。

这篇生动的故事情节在一段插曲和另一段插曲中间跳跃，只有从热爱祖国的暗示，才能获知其一致性。我们——不像以前人类有那么多的空闲，所以发明了许多省力的办法——无法抽出这么多时间读完这些诗句，但又不能埋没这些人物，我们曾否有人读完《伊利亚特》、《神曲》、《失乐园》或《埃涅阿斯纪》？只有对诗有特别欣赏力的人

才能消化这些。看了 200 页之后，我们对鲁斯塔姆战胜怪兽、大龙、土耳其和有魔力的人已经厌烦了。但我们不是波斯人，我们无法听到原诗的洪亮声音，我们不可能像波斯人一样受感动，他们一个省内就有 300 个村子以鲁斯塔姆命名。1934 年，亚洲、欧洲和美洲的知识分子，一起纪念这位诗人诞辰 1000 周年，他的书籍 1000 年来都是波斯的精神支柱。

艺术

阿拉伯人侵叙利亚时，他们唯一的艺术是诗。一般认为穆罕默德阻碍了雕刻和绘画的发展，因为它们与偶像崇拜密切相关——而音乐、丝绸、金银饰物被认为是享乐主义的颓废表现。虽然这些禁令逐渐废弛，但是伊斯兰在这段时期的艺术几乎仍限于建筑、陶瓷和装饰。阿拉伯人本身在艺术方面并不成熟，他们也有自知之明，所以他们从拜占庭、埃及、叙利亚、美索不达米亚、伊朗、印度雇用熟悉艺术形式与传统的艺术家与工匠。耶路撒冷的圆顶石室和大马士革瓦立特二世所建的寺院，是纯粹拜占庭式的，连它们的装饰也不例外。再向东走，亚述和巴比伦的装饰瓦片以及现在亚美尼亚与景教的教堂形式也被接受。在波斯（萨珊王朝的文学与艺术被破坏后），穆斯林看到了簇柱、尖顶、拱形圆顶以及花形、几何形装饰的优点，这些最后都变成了阿拉伯的风格，不仅是模仿，更是将外来的艺术予以妥善的综合。从西班牙的摩尔族王宫阿尔哈姆布拉（Alhambra），到印度的泰姬陵，伊斯兰艺术突破了时间与地域的限制，嘲笑着种族的隔阂，发展为一种独特而又多彩多姿的风格，并以前所未见的丰富的精巧别致，表现了人类精神。

如同多数信仰时代的建筑一样，伊斯兰的建筑几乎全部是宗教性的。人类的居所是用来供短暂生命安息的，但是供奉神祇的殿堂，至少在内部，唯美是求。留下来的东西不多，但我们还是得知由建筑工程师建造的桥梁、沟渠、喷泉、蓄水池、公共浴室、城堡等。在阿拉伯征服的第一个世纪，这些工程师多数是基督教的，但是一个世纪之后，绝大多数是穆斯林。十字军在东方伊斯兰发现了非常好的军事建筑（在阿勒颇、巴勒贝克等地），并学会了利用有枪眼的墙，从敌人处学会了很多城堡与要塞的特点。塞维利亚的金塔（Alcazar）和格拉那达的摩尔族王宫阿尔哈姆布拉，是城堡和宫殿的混合。

倭马亚王朝的宫殿，除了在死海东部沙漠的库萨里·亚姆拉（Qusayr Amra）留下来一座乡下式的房屋外，一无所存，从遗迹可以辨认出圆形的浴池和有壁画的墙。在多拉设拉子王宫有 360 个房间，一年中每天使用一间，每间都漆上各种不同的色彩。宽敞的大房间中有一间是两层高、拱顶的图书室。"论及任何主题的任何书，都可以在此找到"。一位热心的穆斯林就这样说过。舍赫拉扎德（Scheherazade）口中的巴格达大厦是虚构的，却暗示了内部装饰的宏伟。富人在城市有府邸，郊外还有别墅，甚至在城市中有正式的庭园，而在别墅的四周的庭园是名副其实的"乐园"——有泉水、小溪、喷泉、奇花异草、果树、绿荫的公园，还有可享受新鲜空气而又不受日晒的凉亭。在波斯有一种花卉的信仰，以华丽的展览来庆祝玫瑰节。设拉子和菲鲁扎巴德的玫瑰闻名世界，有 100 瓣的玫瑰是送给哈里发或国王的礼物。

穷人的房子，用长方形的自然晒干的泥砖砌墙，用泥、稻草、棕榈叶、树枝混合制成屋顶。较好的房子有带水池的内院，或许还有树，有时在院子和屋子之间还会有木头的柱廊和走廊。房子很少面对街道或对街敞开，它们是私人的城堡，是为安全和宁静而建的。有些还有躲避缉捕或逃生用的密门，或供情妇出入的暗门。除了赤贫家庭，所有的房子都与妇女的居室隔开，有时还有供妇女居住的单独庭院。富豪家中还有豪华的浴室套房，但是多数的住所都没有水管，只能提进清水，倒出脏水。新式的房屋可能有两层，中央的客厅直通圆顶，二楼的阳台面对着院子。除非是赤贫之家，所有的房子至少有一个木制的格子窗，可以让光线进来，又不会很热，又可使外面的人看不到里面。这些格子窗通常雕刻得很精美，以宫中或寺庙中石头或金属屏风为模型。房子里没有火炉；取暖的方法是在小火盆中燃烧木炭。壁上是灰泥，通常绘上各种颜色。地板上铺着手织的地毯。可能会有一两把椅子，但穆斯林宁愿蹲着。靠近墙壁，房子的三面地板加高1英尺多，铺上坐褥。没有特定的卧室。床是一张床垫，白天卷起来放在橱中。家具很简单：花瓶、餐具、台灯与书柜。东方文明是合乎简单的需要的。

对穷苦而虔诚的穆斯林来说，寺院内部的堂皇是必要的。这是用他们的劳动和金钱建造的，集合了他们的艺术与手艺，像美丽绒毡般躺在安拉脚下，它的美和壮丽是人人均可分享的。通常寺院位于市场附近，很方便。它的外表并非总是动人的，除非从正面看，否则无法把它与相邻的建筑物区别开来。它的材料通常都是灰泥面的砖。它的用途决定了它的形式：长方形的院子举行仪式；中间的水池供斋戒沐浴；四周的拱廊供教学之用并提供阴凉；在面向麦加的院子一边，通常有一个围起来的长廊。它也是长方形的，在这里礼拜者面向麦加站成长列。大建筑物有很多圆顶，几乎都是砖造的，每一层都设计成底部稍稍凹进，表面覆以灰石，以隐蔽偏差。同萨珊王朝和拜占庭的建筑一样，从长方形的地基到环形的圆顶，是以三角穹隆或内角拱为过渡。寺院建筑更大的特色是尖塔，也许是叙利亚穆斯林由巴比伦的锥形塔状建筑和基督教堂的钟楼发展而来的，波斯穆斯林从印度学到了圆筒式的建筑形式，非洲穆斯林在设计建筑物时，很受亚历山大港的灯塔或法罗斯岛的四角灯塔的影响；也许大马士革古老寺院中的四角塔影响了这一形式。在这一时期之初，尖塔很简单，而且大多不加装饰，但下一个世纪的巍峨建筑，有着细长的阳台，华丽的连环拱廊，以彩陶为表面装饰，英国建筑史学家菲尔古森（Fergusson）称它为"世界塔形建筑的最高贵形式"。

清真寺内部的装饰异常夺目且富于变化：地板和壁龛上有各种花

式的灿烂的瓦片；门窗和灯做成精巧的形状，采用彩色的玻璃；通道铺着地毯；墙壁最下方的方格覆有各色的大理石；美丽的阿拉伯文字饰带，在飞檐或壁龛上到处飘扬；门、天花板、讲坛和帘幕……都有精巧的木雕和象牙雕刻，以及华美的金属壁带。讲坛本身是用木头仔细雕成的，镶以黑檀或象牙。附近是读经台，放着《古兰经》，由小圆柱子支撑着。《古兰经》本身自然也是书法家和艺术家的杰作。代表麦加方向的墙上设了一个小龛，可能是模仿基督教堂东面半圆形小室。人们对壁龛极尽装饰，使它几乎成为小礼拜堂或祭坛，所有伊斯兰教著名艺术家都绞尽脑汁以彩陶或细镶嵌，花朵、浮雕、模铸及各种颜色的砖、大理石、瓦片，灰泥、绿土等来美化它。

我们应感谢闪米特人禁止以人类或动物形象作为艺术装饰，似乎是为了补偿这一缺憾，伊斯兰教艺术家发明或吸收了大量的抽象图案。首先是几何形——线条、多角形、方形、立体、圆锥、螺旋形、环形、椭圆形、半圆形、多边形等；加上一百多种混合，又发展出了涡旋、绳形、格子和星形；花的形状，又设计出了花环、花藤或花结、各种树叶的形状。10世纪，伊斯兰艺术家把这些几何图形与花草图案加以混合，并且加上独特的阿拉伯文字，把库法文字直写或侧写，或加以装饰，把字母变成了艺术作品。当宗教的禁令有所松动，艺术家又以空中的鸟、野兽或各种幻想的动物来作为装饰的图案。艺术家对装饰的鉴赏力，使每一种艺术形式都增色不少——细镶嵌、彩绘、陶瓷、纺织、地毯，而且几乎每一种设计，从中央到四周，从头到尾，都具有一致性或规律，就像音乐的乐章一样。任何一种材料都可用于装饰，木头、金属、砖、灰泥、石、玻璃、瓦片、彩陶等，都成了这种抽象艺术的材料，往昔从未有过这样的艺术成就。

这些多彩多姿的伊斯兰建筑在阿拉伯、巴勒斯坦、叙利亚、美索不达米亚、波斯、印度、埃及、突尼西亚、西西里、摩洛哥和西班牙等地无数的清真寺内比比皆是。它的外部表现了男性健壮的美，并通常以女性的优雅和内部的细致装饰加以平衡。麦地那、麦加、耶路撒冷、大马士革、巴士拉、设拉子、内沙布尔、阿尔德比尔等地的寺院；我们仅能举出巴格达的贾法尔纪念寺院、萨迈拉的大寺院、阿勒颇的扎卡里雅赫寺院、旧开罗城的伊本·图伦寺及阿尔扎尔寺、突尼斯的大寺院、凯鲁万的西迪寺院、科尔多瓦的蓝寺院等，因为这一时期所建的上百座寺院，只有十多座保存了下来并享有盛名，其余皆因地震、年久失修、战争而毁于无情的岁月之手。

　　由最近的研究得知，仅波斯就诞生了许多宏伟的建筑，这在我们对过去的再发现中是一件大事。1925 年雷扎可汗（Reza Khan）派亚瑟·乌帕姆·波珀进入波斯的清真寺（对于非穆斯林而言是关闭的）拍摄内部的照片，使我们对波斯建筑的技巧和艺术有了划时代的发现。但是这个发现已经太迟了，许多波斯建筑杰作已经变成了尘土。旅行家马卡达西（Muqaddasi）把在法萨的寺院列为麦地那一系，将在图谢兹（Turshiz）的寺院列为大马士革的大寺院一系。内沙布尔地方的寺院，有大理石的柱子，金碧辉煌，墙上有各种雕刻，是当时的奇观之一。同时，"无论呼罗珊或西斯坦（Sistan）的寺院，都无法与赫拉特的寺院比美"。纳茵（Nayin）的集会寺院，现仅存两座可爱的尖塔，以及灰泥浮雕、有雕刻的柱子和壁龛的柱头，从中我们大致可以判断 9 世纪与 10 世纪波斯建筑的量与质。阿尔迪斯坦（Ardistan）的礼拜五寺院（Friday Mosque，1055 年兴建）仍拥有着华美的壁龛和大门，其中许多式样都在后来的哥特式建筑中出现：高耸的弓架结构、穹棱三角穹隆、交叉的穹隆和起棱的圆顶。多数波斯清真寺和殿堂的建筑材料是砖，就和苏美尔人和美索不达米亚的古迹一样，石头很少且很贵重，泥土和燃料却很充足。然而，波斯的艺术家以光线、色调和各种新奇的形状来改变砖的层次，使得装饰富于变化，创造了前所未有的最新形式。除了砖头之外，一些特殊的地方，如正门、教坛及壁龛，波斯的陶工使用了各种色彩的镶嵌和光亮夺目的瓦片。11世纪，陶工们于建筑外观创造了更灿烂的色彩。伊斯兰的每一种艺术，都谦卑而骄傲地为寺院服务。

因恐偶像崇拜死灰复燃，禁止雕刻，于是人们将精力用于装饰浮雕。各种石材都有精巧的雕刻，灰泥在变硬之前，用手塑成各种形状。在这方面，有一个引人入胜的范例。在约旦东部的叙利亚沙漠中的穆萨塔（Mshatta），瓦立特二世开始（约743年）建造一座冬宫，但未完成。在王宫正面下方，有美不胜收的石雕——三角形、玫瑰花结，边缘处还有各种花卉、果实、鸟兽和种种繁复的图案。这一杰作于1904年运到了柏林，一直保存至第二次世界大战。木工极力美化门窗、帘幕、阳台、天花板、桌椅、读经台、教坛及壁龛，独特的雕刻可以从提克里特（Takrit）的一块镶板（存于纽约大都会博物馆）看到。有人以象牙和骨类装饰寺院、《古兰经》、家具、器皿等。这个时代的作品，只有一件传到现在——一副象棋（存于佛罗伦萨国家博物馆），是9世纪的作品，被断定是哈龙送给查理曼大帝的。伊斯兰教的金属工人用青铜、黄铜做出了很多铜灯、水罐、碗、水壶、杯、盆、火盆等，他们又做了狮子、龙凤、孔雀和鸽子，有时他们也做各种特殊形状的东西。有些工匠还把特有的设计用于金银，做成"金属镶嵌的"物品——一种艺术的应用而非发明。大马士革的剑，是用最硬的钢做的，装饰着浮雕或阿拉伯式的镶嵌，还有金或银。伊斯兰的金属工人在艺术界的地位极高。

在亚洲、非洲及西班牙的穆斯林，其制陶技术承继了五种传统：埃及式、希腊-罗马式、美索不达米亚式、波斯式和中国式。F.萨赫（F.Sarre）在萨迈拉城发现了一些唐陶（Tang Pottery），其中包括瓷器。早期的伊斯兰-波斯制品，根本就是按照中国式样做的。巴格达、萨迈拉、拉伊和其他许多城市都发展成制陶中心。10世纪，波斯的陶工除了瓷器，几乎可以做任何一种陶器，从痰盂到"至少可以容纳四十大盗之一"的奇形大花瓶，各种形状都有。最好的波斯陶匠在设计精巧、色泽夺目和烧陶功夫上，仅次于中国和日本。这是波斯人偏爱且擅长的艺术。贵族热心地收集各种珍品，诗人如马亚里和欧麦尔·开俨，也在这方面找到很多哲学的隐喻。我们听说，9世纪的宴会中，诗歌就写在碗上来美化餐桌。

那时，萨迈拉城和巴格达的陶工以制造——也许是发明——有美妙色泽的陶器享有盛名：在陶胚上了釉的表面，绘上金属氧化物做装饰，再用烟和文火烧，这样可使颜色呈现于薄薄的金属层上，使陶釉具有特别的耀眼的红色。美丽的单彩画就是用这种方法制作的，而多彩画采用金色、绿色、棕色、黄色、红色等上百种色彩，更加美观。着色的技术也源自古老的美索不达米亚装饰瓦片的技术。各种颜色及适当的调和，使上百座寺院和宫殿的墙壁，都有了宏伟的正门和壁龛。在玻璃艺术方面，伊斯兰国家学到了埃及和叙利亚的所有技巧。用玻璃做的各种灯，加上了圆形浮雕、题铭和花朵图案。或许叙利亚在这段时间里，开创了珐琅玻璃艺术，它于13世纪达到顶峰。

当我们回想起天主教堂大量及普遍使用绘画和雕刻，以及它们在基督教教义和故事传播中的重要地位，我们不难发现伊斯兰教缺乏这种代表性的艺术。《古兰经》虽禁止雕刻，但未提到绘画。然而，被认为是关于阿伦莎（Aisha）的圣传，也指出穆罕默德反对绘画。伊斯兰教的法律，不论什叶派或逊尼派，皆禁止雕刻与绘画。无疑，穆罕默德受了摩西十诫第二诫（不得跪拜偶像）的影响。摩西十诫相传为上帝口授摩西，犹太教奉为戒律，也为上帝与人间所定契约，后基督教也遵守。还有一种解释说，如果艺术家赋予有生命事物以形式，会侵犯造物主的职权。有些神学家比较宽大，允许无生命的图画，有些默许将动物和人像限于非宗教性的用途。倭马亚王朝有些哈里发不顾这些禁令。约712年，瓦立特一世以描绘猎人、跳舞的女子、出浴的妇人和他自己在王座上的希腊式壁画，来装饰他在库萨伊尔·阿姆拉（Qusayr Amra）的夏宫。阿巴斯王朝的哈里发自称虔敬，但是他们的私人房间中仍有壁饰。穆阿台绥姆雇了艺术家，或许是基督徒，在萨迈拉城王宫墙上绘制打猎的场景、僧人以及裸舞的女子。穆尔瓦基勒虐待异教徒，但允许拜占庭的画家在这些壁画上加上代表基督教僧侣和基督教堂的图像。卢浮宫的统治者马哈茂德以他自己、军队及象群来装饰他的宫殿。他的儿子玛苏德在被废黜前不久，用波斯或印度式的色情绘画，来装饰他在赫拉特府邸的墙壁。有一个故事，说一位大臣的家里，有两位艺术家为谁的作品更逼真起了争执：伊本·阿齐兹（Ibn Aziz）画了跳舞的女子，看起来像是由壁中出来似的；卡布尔（al-Qasir）做了一件更难的工作——把她画成像是要走进壁中去。他们两人的作品都惟妙惟肖，大臣给了他们极高的荣誉和奖金。还有许多违反禁令的事可以列举出来，特别是在波斯，我们可以在图画中发现许多活生生的生物。虽然如此，禁令——由人民支持到摧残或毁灭艺术作品的地步——却延迟了伊斯兰绘画的发展，使得伊斯兰绘画以抽象装饰为主，几乎摒弃了肖像画（不过我们仍听说有40幅哲学家阿维森那的画像），更使得艺术家完全依赖于王室与贵族的资助。

这段时期以来，除了库萨伊尔·亚姆拉和萨迈拉城的壁画外，伊斯兰的壁画完全消失了。上述两处壁画，显示了拜占庭工艺和萨珊王朝风格的奇特而无益的结合。好像是一种补偿，伊斯兰的小画像成为历史上最好的。它的成就得益于综合了拜占庭、萨珊王朝和中国艺术。一双手能使艺术如此完美无缺，几乎有人要抱怨古登堡（Gutenberg）。就像现代欧洲的室内乐，中世纪伊斯兰各种手绘小画像，是属于少数贵族的艺术，只有富人才能供养贫困的艺术家，使他们耐心地完成杰作。装饰是附属于绘画的，配景和塑像都不受重视，中心的艺术主旨或形式——也许是一个几何图形或一朵花——有上百种变化，直到每一寸地方，甚至边缘，都布满了小心描绘上去的线条，就像是刻上去似的。世俗作品中的男人、女人、动物，可能以打猎、幽默和爱情的方式表达出来，但精巧线条的奇想、各种色彩谐调的流水、完美冷静的抽象美等，都在表现心境的安宁。艺术通过感情，通过形式而有意义地表现出来的，但是感情必须接受纪律，而形式一定要有组织和意义，即使这个意义不能为语言表达。这是装饰的艺术，就像最奥妙的音乐一样。

　　书法也是艺术的主要部分，到了中国，就会发现书法与图像密切相关。从库法城诞生了库法体，粗俗的角形，天然的尖角，书法家以母音的、弯曲的、诗体的及字母发音的符号和如花的字体来充实这些瘦弱的骨架，使库法体又恢复成为建筑装饰经常使用的特色。但是就草书来说，阿拉伯字母的纳斯希（Naskhi）体更能吸引人，圆形文字和弯弯曲曲的横向发展，使它本身就成为一种装饰；全世界没有一种书写和印刷的文字像它那样美。10世纪，除了碑文、陶器铭文，它在各方面都在库法体之上。传到我们手上的中世纪伊斯兰书籍，多数是纳斯希文字。这些存留下来的书籍大多是《古兰经》。抄录圣书是有报酬的虔敬工作，配以插图就是亵渎神圣，以美丽的书法来抄录，则被尊为最高贵的艺术。不管什么地方，画家被雇用时报酬都很低，书法家被大家争相延揽，荣誉与报酬都很高，有时还与国王和政治家并列。名家的手迹往往是无价之宝。10世纪已经有藏书家，他们无论到哪儿都带着收集来的珍贵稿本（以黑色、蓝色、紫罗兰色、红色与金色颜料写在羊皮纸上）。这些书只有少数存留下来，其中最古老的是开罗图书馆的一本《古兰经》，时间是784年。这些书都是用最柔韧有力的皮革包着，用最好的艺术工艺装订，很多封面都有华美的设计。说9到19世纪伊斯兰的书籍是最好的，并没有夸大。

　　伊斯兰生活中的装饰，所有的艺术都融合在一起，好像一套交错进行的装饰主题。绘画和书法也应用于纺织品，烧在陶器上，装在大门和壁龛上。如果中世纪的文明使艺术家和工匠稍有区别的话，那么这不是贬低艺术家，而是抬高工匠，每一种制造业的目的都是成为一种艺术。编工像陶工一样，做出了普通的日用品，但是有时候他的技艺和耐心创造了思想，他的梦想创造了形式，礼服和帘帐、地毯或各种覆套、刺绣或锦缎，要花上很长的时间，以小画像的技巧来设计，再染成东方人所喜爱的华丽色彩。在穆斯林征服叙利亚、波斯、埃及和特兰萨克西拉（Transoxiana）等地时，拜占庭、古埃及、中国的纺织已经很出名了。伊斯兰加紧学习，虽然先知们禁止穿用丝织品，伊斯兰的工厂还是很快做出了违禁的东西，大量供应那些寻求肉体和灵魂得到赦免的男女。"一件荣誉的袍子"是哈里发给他他仆从最珍贵的礼物。伊斯兰国家获得了中世纪世界丝绸商的领导地位。波斯的丝织品被欧洲的仕女当作锦缎买去。设拉子以羊毛布料闻名，巴格达以帘帐和波纹绢丝闻名，胡齐斯坦（Khuzistan）以骆驼和羊毛织品出名，呼罗珊以沙发套出名。由于丝织物极易腐朽，现在已无样品留下，我们只能由后来的书籍和当时作家的记载去揣摩它们的美好。档案记载，哈里发哈龙下令："有一件 40 万片金箔的光荣袍子，送给大臣雅耶的儿子贾法尔。"

音乐

《古兰经》中并未禁止音乐，但是有传说宣称，先知因害怕杂乱妇女的歌唱与舞蹈，而指责乐器是招致破灭的魔鬼的报时人。神学家以及四派正统法学家，都担心音乐会撩起人类的性欲，不过也有一些较宽容的人承认，音乐本身并非罪恶。而人们的行为经常比教义规定的要活跃，他们相信古谚"酒是肉体，音乐是灵魂，欢乐是它们的子孙"。音乐伴着伊斯兰每一阶层的生活，在《一千零一夜》中，充满了对爱情、战争与死亡的歌颂。每一座王宫、殿堂，都有歌手吟唱着诗篇或他们自己的歌。一位历史学家很惊异地说："阿拉伯在各方面的音乐修养，任何国家的艺术史都对它缺乏认识。"除非经过长期的训练，否则西方人很少能真正欣赏阿拉伯音乐的特质——东方式的华丽结构与节奏，对精致曲调的偏爱（不喜和声与对位，宁爱错综的声音），半分而非三分的音调区分。对我们来说，它似乎是单音符的重复、单调的哀伤、不成格调的奇异作品；对阿拉伯来说，欧洲音乐似乎在音符方面缺乏韵律和细微的区别，而粗俗地一再使用杂乱和极大的声响。阿拉伯音乐的冥想倾向，深深影响了伊斯兰精神，萨迪说一个孩子"唱许多幽怨的曲子，可以抓住空中的飞鸟"。阿尔-伽萨尼形容心醉神迷是"由倾听音乐而来的境界"。宗教最初指责音乐，后来也在沉醉的热烈仪式中使用它。

伊斯兰音乐最初用古老的闪米特形式和音调，后来与源自亚洲希腊的"音阶"接触，而有了进一步发展，同时也强烈地受到波斯和印度的影响。音乐符号与乐理都取自希腊，阿尔金第、阿维森那、布雷斯伦（Brethren）对这方面都有很详尽的讨论。法拉比的《音乐通论》（*Grand Book on Music*）是中世纪讨论乐理的好书籍——"即使不超过，至少也与希腊传给我们的任何事物并驾齐驱。"早在 7 世纪，伊斯兰就创作了很多音乐（在 1190 年之前欧洲并不知道）——它们的符号显示曲子的长度及音调。

在上百种的乐器中，最主要的是维忽拉、七弦琴、二弦维忽拉、一种叫萨泰利琴（psaltery）的弦乐器和横笛，有时也加上号角、铙钹、响板、鼓和小手鼓。七弦琴是一种小竖琴。维忽拉是他们的四弦琴，弦乐器的弦线是用指拨动。维忽拉有不同大小，各种形式。大维忽拉叫作"qitara"，从希腊文"kithara"而来；英文的吉他（guitar）和维忽拉是从阿拉伯文而来。有些弦乐器用琴弓演奏，风琴有空气管和水压两种形式。某些伊斯兰城市，如塞维利亚以制造优良乐器出名，它们比同时代伊斯兰的任何产品都好。几乎所有的器乐都用来伴奏或作为歌唱的前奏。一般说来，合奏限于上列五种乐器，但是我们也听说有过大型的乐队。据说麦地那的音乐家苏拉伊杰（Surayj）最先使用了指挥棒。

虽然伊斯兰国家热爱音乐，但除了名家之外，音乐家的地位很低。很少有名门子弟学习音乐。豪门则由女奴演奏音乐。许多法律规定法院不接受音乐家的证词。舞蹈几乎完全限于受过训练的仆役和雇来的人，经常是色情的，也经常是风雅的。哈里发艾敏曾亲自指挥通宵达旦的舞剧，由许多少女唱歌跳舞。阿拉伯人与希腊人、波斯人接触之后，音乐家的地位有所提高。倭马亚和阿巴斯王朝的哈里发，慷慨地赠与杰出的演奏家财物。苏莱曼将 2 万锭银子赏给竞赛获胜的麦加音乐家。瓦立特二世也举行过歌唱比赛，其中一次头奖是 30 万锭银子。当然，这个数目可能有东方式的夸大。阿尔—马赫迪把麦加的音乐家西雅特（Siyat）请到他宫中，"他的灵魂被温暖和冷却，胜以洗温水浴"。哈龙·阿尔—拉希德更给西雅特的学生伊布拉希姆·莫斯利（Ibrahim al-Mawsili）一个官职，给他 15 万第尔汗，每个月还另加 1 万，唱一首歌也是 10 万。这位统治者太爱好音乐——违反了他同一阶层的习惯——所以鼓励他具有音乐天才的同父异母弟弟伊布拉希姆·伊本·马赫迪（Ibrahim Ibn al-Mahdi）学习音乐，据说他的音域比普通人要广得多。时间似乎总是在捉弄人，我们听说他后来领导了阿拉伯音乐的浪漫运动来反对伊布拉希姆·莫斯利之子伊萨克领导的古典派。伊萨克被公认为伊斯兰教最伟大的音乐家。阿尔—马蒙经常说到他："他从未为我歌唱，但是我感觉到自己的热情在升腾。"

现在我们对伊斯兰社会有了很多有趣的印象，也了解到在伊斯兰由音乐引起的混乱。伊布拉希姆·莫斯利的学生穆克哈里克（Mukhariq）讲了一个故事，但请不要太把它当真：

在与哈里发通宵畅饮之后，我请求出去散散步……他答应了。我在漫步时，看见了一位少女，她红色的小脸就像初升的朝曦，手上提着一个篮子。于是我跟着她走，她停在一个店前买了水果。发现我在跟踪，她几次回头看我并责怪我，但我仍然跟着她，直到她走进一扇大门为止……当她进去后，门便关上了，我在对面坐下，因惊艳而失丧理智……我独坐良久，直到太阳下山。终于来了两位骑驴的美少年，他们前去叩门，大门打开后，我也随着一起进去。屋子的主人以为我是他们的同伴，而他们也以为我是主人的朋友。食物端上来，我们吃了，手也洗干净了，香气袭人。主人问两位少年："你们想不想我叫她（提到了一位少女的名字）？"少年回答："如果您愿意赏脸，就请叫她吧。"于是主人将她叫出来，啊，原来就是我看见过的那个女子……一名女仆引她出来，把维忽拉拿给她，她放在膝上。斟上酒，开始唱歌，我们一面饮酒，一面陶醉在她的歌声里。少年们问："这是谁的曲子？"她回答："这是我主人穆克哈里克的。"然后她又唱了另一首歌，她说这首也是我的。少年们这时正在尽情饮酒。她往旁边怀疑地看着我，直到我忍不住叫她唱出最拿手的歌来，她也想试试看，因此唱了第三首歌，但是声音太过紧张。我说："您唱错了。"于是她把维忽拉从膝上丢下，生气地说："你来唱，让我们来听听你的。"我说："好。"就把音色调好，唱了她刚才唱过的第一首曲子。听完，他们立刻跳起来吻我的头。我又接着唱第二首，第三首。他们几乎已失去理智。

屋子的主人问两位少年，他们都说不认识我，于是主人吻我的手，说："看在安拉的分上，请问您是谁？"我告诉他："我是歌唱家穆克哈里克。""请问先生来此有什么事吗？"他又问我，并吻了我的双手。我回答："只当一个食客。"——并把刚才遇到的事告诉了主人。他看看两位少年说："告诉我，你们知不知道我为这位女孩花了 3 万第尔汗，并且拒绝把她卖掉？"他们回答："的确是的。"然后主人又说："现在请二位作证，我把她送给他。"两位少年说："我们准备付她身价的 2/3。"于是他把女子的手交给我，表示她已归我所有。当晚告辞时，他又送给我不少礼物，我于是满载而归。当我们经过女子责骂我的地方，我叫她把骂我的话再说一遍，她因害羞而不肯再说。牵着少女的手，我们去见哈里发，他因我离开太久而面有怒色，但当我把一切诉说完后，他惊喜交集，命令把屋子的主人和他的两位朋友一起请来，他要报偿他们。对屋子的主人，他赏了 4 万第尔汗，他的两个朋友每人 3 万，又给了我 10 万。我吻了他的脚，然后离去。

第十三章 | 西方伊斯兰教
（641—1086）

非洲的征服

近东只是伊斯兰世界的一部分。在伊斯兰教势力的影响下，埃及又恢复了法老时代的光荣。突尼斯、西西里和摩洛哥在阿拉伯人的领导下，也恢复正常的政治秩序，并且如火种一般点燃了凯鲁万、巴勒莫和菲兹（Fez）诸城的文明。摩尔人统治下的西班牙，在文明史上创下了巅峰的纪录，与后来统治印度的莫卧儿穆斯林一样，"缔造了庞大的帝国，末了留下光辉璀璨的文化遗产"。

正当阿拉伯名将及其他的征服者使东方诸邦臣服时，阿姆尔·伊本·阿斯（Amr Ibn al-As）于穆罕默德死后 7 年，从巴勒斯坦的加沙出发，攫夺了佩鲁修姆和孟斐斯两城，并进军亚历山大港。埃及有港湾和海军基地，而阿拉伯势力正需要一支舰队；埃及输出玉米至君士坦丁堡，而阿拉伯人正需要玉米来喂饱人民。在埃及的拜占庭政府，几个世纪以来，将阿拉伯的雇佣兵用作维持治安的工具，但这对征服者起不到威吓作用。埃及的基督一性论教派正遭到拜占庭政府的迫害，他们立刻伸出双手欢迎穆斯林的到来，协助他们攻占孟斐斯，并引领他们进军亚历山大港。亚历山大港经阿姆尔近 23 个月的围攻后，终于陷落（641年）。阿姆尔在写给哈里发欧麦尔的信上说："此城内的豪富巨贾屈指难数，城内环境的幽美，难以笔墨形容。我很荣幸地告诉你，城内有4000座金碧辉煌的皇宫，400间公共澡堂和400个娱乐场所。"阿姆尔禁止掠夺，并减征税赋。因不明了基督教各派间理论上的不同，便下令禁止基督一性论教徒私自对他们的正统派敌人施以报复，并宣布所有教派信仰自由，从而推翻了这里几个世纪以来的习俗。

关于阿姆尔是否曾摧毁亚历山大城图书馆，最早提及的是一名叫艾卜·拉蒂夫（Abd al-Latif）的穆斯林科学家，但是叙利亚信奉基督教的犹太人巴尔—赫布拉埃乌斯（Bar-Hebraeus）有更详细的记述，他在以艾卜法拉杰为笔名，用阿拉伯文写的世界史概述里提到此事。据他记载，亚历山大港的文法学家约翰请求阿姆尔将图书馆的手稿赠给他。阿姆尔向欧麦尔请示，据说哈里发的回答是："如果这些希腊人的著作与上帝的经典是一致的，它们就毫无用处，无须保存下来；倘使不一致，那么它们是有毒的，就应该焚毁。"这话以讹传讹，最后竟浓缩成：烧掉图书馆，因它们已经包含在一本书里了——指《古兰经》。据巴尔·赫布拉埃乌斯的说法，阿姆尔将藏书分送至城中的公共浴室，4000座火炉将这些书籍当燃料整整烧了近半年之久（642年）。但是与上述相反的说法也值得注意：（1）图书馆中的大部分藏书于392年，教长西奥菲勒斯时代，已被狂热的基督徒摧毁了；（2）幸存下来的也被敌视而弃置不顾，"因此大部分收藏至642年时，也已经失散了"；（3）自阿姆尔烧书至艾卜·拉蒂夫最先报道此事，其间五百余年，竟没有一位基督徒历史学家提及此事，虽然于933年任亚历山大城总主教的尤迪克（Eutychius），曾对阿拉伯人征服亚历山大港的历史有详尽的描述。因此这一说法颇似后人杜撰，因此不被人采信。无论如何，亚历山大港图书馆逐渐解体，无疑是个悲剧，因为我们相信图书馆里藏着埃斯库罗斯、索福克勒斯、波利比乌斯、李维、塔西佗及其他百余位作家的全部著作，而如今我们只能读到他们的断简残篇。苏格拉底前期哲学家们的作品，如今留给我们的也只是些零碎片断，遑论数千卷希腊、埃及和罗马的史学、科学、文学和哲学的著作在那人类灾难中被焚。

阿姆尔在埃及的政绩颇可称道。他将部分压榨来的税收，用于修整运河和堤防，并重开尼罗河至红海长 80 英里的运河，从此船舶可从地中海直航印度洋。（723 年遭流沙阻塞，从此被放弃使用）阿姆尔选择他在 641 年驻扎之地，建设他的新都，名为福斯塔特（al-Fustat），即阿拉伯语"帐篷"之意，这便是开罗的雏形。此后近两个世纪，伊斯兰教总督以此为根据地，替大马士革及巴格达的哈里发们统治着埃及。

每一次的征服，都创造了一个新的疆域，因暴露在敌人面前，则引起更进一步的侵略。为保护伊斯兰教的埃及，抵抗来自拜占庭的昔兰尼人的侧面攻击，一支由 4 万名穆斯林组成的军队，穿过沙漠进占巴尔卡（Barca），并进军邻近的迦太基。这位穆斯林将领，在距现今突尼斯南方 80 英里的沙土上插上他的矛，搭帐篷驻扎军队，著名的伊斯兰大城凯鲁万——意为"休息之地"——就这样建立起来了（670年）。因意识到迦太基的陷落将会使穆斯林控制地中海，并打开通往西班牙的通路，故希腊皇帝派遣军队及一支舰队前来阻遏。而柏柏尔人暂时忘记对罗马人的仇恨，也参加了保卫该城的战斗。因此直至698 年，迦太基才完全屈服。征服非洲后不久，伊斯兰教势力长驱直入，直抵大西洋沿岸。完全依照他们自定的条件，柏柏尔人被说服，接受了伊斯兰教的统治及信仰。从此非洲分立为三个行省，即埃及，以福斯塔特为省会；易弗里基叶（Ifriqiya），以凯鲁万为省会；马格里布（Maghreb，即摩洛哥），以菲兹为省会。

近一个世纪之久，这些新开辟的省份均承认东方的哈里发为它们的行政元首。但是自哈里发迁都巴格达以后，彼此间的沟通及运输上的困难就日渐增加，一个接着一个，这些非洲行省变成了独立王国。统治菲兹的是伊德里西王朝，统治凯鲁万的是阿格拉布（Aghlabid）

王朝，统治埃及的是图伦（Tulunid）王朝。这一古老的谷仓，从此不再遭受外人掠夺，而进入复兴时期了。艾哈迈德·伊本·图伦替埃及征服了叙利亚，并在卡泰（Qatai）建立新都（位于福斯塔特市郊）。他促进学术及艺术的进步，设立宫廷，建了公共浴室，一所医院，及一座至今屹立在那里作为他个人纪念碑的雄伟寺院。其子胡马赖韦（Khumarawayh）则追求奢侈生活，以黄金铺饰王宫的墙壁，并用人民的血汗为自己造了一座水银泳池，一个充满气的皮床浮在上面，使他在凉爽舒适的状况下入睡。其死后 40 年，另一个土耳其王朝伊克什德（Ikshidid）取代了图伦王朝。这些非洲王室，在血统或传统上并没有生根，必须依靠军事力量及统御术来进行统治和维护权威。当财富罄尽时，他们的军事力量也就消失得无影无踪。

这些非洲王朝最成功的地方，就是把他们至高无上的军事力量与狂热的信仰结合在一起。约 905 年，艾卜·艾卜杜拉来到突尼西亚，宣扬第七世叶派领袖以实玛利的教义，声称救世主将提早到来，因而赢得了柏柏尔人的拥戴，促使他们推翻了阿格拉布在凯鲁万的统治。为迎合他所唤起的期望，他从阿拉伯半岛召请来艾卜杜拉·伊本·穆罕默德，称他为什叶派伊实玛利的先知艾卜杜拉的孙子，尊他为救世主，并拥立他为君主（909 年），不久俄拜杜拉下了一道命令将他处死。俄拜杜拉自称为法蒂玛的后裔，并以命名其王朝。

在阿格拉布及法蒂玛两朝君主的统治下，北非又恢复了在迦太基及罗马帝国时期的繁荣。正值国力日盛，9 世纪，这些伊斯兰教征服者开辟了三条商路，1500 至 2000 英里长，横越撒哈拉大沙漠，通往乍得湖（Lake Chad）和提姆布克图（Timbuctu），并在西边及北边的朋尼（Bône）、奥兰（Oran）、休达（Ceuta）及丹吉尔（Tangier）兴建海港，由此繁荣了苏丹与地中海，东伊斯兰及摩洛哥与西班牙之间的商业贸易。菲兹变成西班牙贸易的中心，其所产香料、染料及无边圆形红帽，也因此名闻遐迩。

969 年，法蒂玛王朝从伊克什德王朝手中夺取了埃及，从此他们的统治领域扩展至阿拉伯半岛及叙利亚。法蒂玛王朝哈里发穆伊兹将首都迁至卡希拉（Qahira），即开罗。正如卡泰为福斯塔特东北角的延长，卡希拉为卡泰东北角的延长，也与卡泰一样，开始只是驻营地。在穆伊兹及其子阿齐兹时代，大臣雅库布·伊本·基利斯（Yaqub Ibn Qillis），一位改信伊斯兰教的巴格达籍犹太人，重新组织了埃及政府，使法蒂玛王朝成为那个时代最富有的统治者。当穆伊兹的姐妹拉什达（Rashida）死时，她遗留下 27 万第纳尔和 1.2 万件礼服。他的另一位姐妹艾卜达（Abda）死时，遗留下 3000 座银花瓶，400 把涂金的宝剑，3 万匹西西里出产的布料和一大箱珠宝。没有一件事比成功更能令人腐败的了。继承王位的哈里发哈基姆（al-Hakim）对财富及权力的渴求近乎疯狂。他暗中杀害了数位大臣，迫害基督徒及犹太人，烧毁基督教堂及犹太人的聚会所，并命令诋毁耶路撒冷的“圣墓教堂”。这种行为便是导致十字军东征的原因。重蹈罗马皇帝卡里古拉（Caligula）的覆辙，他自称为上帝，并派遣教士深入民间，建立对他的个人崇拜。而当一些教士被杀害后，他重新对基督徒及犹太人施以恩惠，替他们重建神龛。36 岁那年他遇刺身亡。

尽管有那么多的皇族特权，埃及仍因其联系欧亚两地间商业来往而繁荣不已。而来自印度和中国的商人，通过波斯湾，沿红海及尼罗河溯流而上，到达埃及的也逐渐增多。巴格达的财富及权力日益式微，开罗却蒸蒸日上。当纳希尔·库斯鲁于 1047 年访问此一新都时，他记述当时那里已有 2 万户住家，房屋大部分都是砖造，并有五六层楼的建筑，而且 2 万家店铺“堆满黄金、珠宝、刺绣、织锦和绸缎，以致无休息坐立之处”。主要街道都有遮阳设备，夜间也有街灯照明。物价全由政府规定，任何人私自抬高物价，被抓到时，就得骑在骆驼上摇着铃游街示众，承认自己的罪状。百万富翁多如牛毛，有一位基督徒商人，在尼罗河缺水而发生饥荒时，曾以个人的财产养活全市人口达 5 年之久。大臣雅库布·伊本·基利斯死后，也遗留下价值 3000

万美元的财富。这些富商巨贾与法蒂玛王朝的哈里发携手合作，共同建立清真寺、图书馆及学院，并促使科学及艺术繁荣发展。除了偶然的残暴无道、浪费奢侈、压榨劳动者及从事一些必需的战争外，法蒂玛王朝的统治，一般说来是仁慈而自由的，在繁荣程度文化水平上，可与埃及历史上的任何朝代相媲美。

法蒂玛王朝的财富，在穆斯塔绥尔长期统治时期达到了鼎盛。他是苏丹奴隶的儿子。他为自己建造亭台楼阁，一生过着诗酒风流的日子。"这，"他这样说，"要比眼巴巴地注视着黑石，倾听庙祝的祈祷，和啜饮不洁的池水（从麦加的哲姆哲姆圣井中汲取）要快乐得多了。"1067年，他的土耳其军队叛变，攻入皇宫，掠去价值连城的艺术珍品，大量珠宝和25驼车的文稿，后者有些被土耳其军官们带回家去当燃料烧掉，那些文稿的包装、封皮，被用来缝补奴隶们的鞋子。穆斯塔绥尔一死，法蒂玛王朝也随之分崩离析，而那支一度纪律严明的军队，也就纷纷卷入柏柏尔人、苏丹人及土耳其人的争执之中。易弗里基叶和摩洛哥此时已经分离，巴勒斯坦背叛，叙利亚也已经独立。1171年，萨拉丁推翻了法蒂玛王朝的最后一位哈里发之后，埃及王朝拥有的荣华富贵烟消云散。

非洲的伊斯兰教文明（641—1058）

开罗、凯鲁万和菲兹的宫廷，在建筑、绘画、音乐、诗歌及哲学上争奇斗艳。但是这一时期几乎所有有关伊斯兰非洲的文稿，幸运地留存下来的资料，却被藏在图书馆里，直至最近才被西方的学者们发掘、探讨，大部分的艺术品已经散佚，只有那些屹立不倒的清真寺，可使人辨认出那一时代的光辉的一面。在凯鲁万有西迪寺院，始建于670年，经过七次整修，现在留存的部分是建于838年的建筑，该寺院的圆拱回廊，是用来自迦太基废墟的科林斯式石柱盖的，布道坛是一件木雕杰作，壁龛是优美的彩陶作品。它的方正而厚实的尖塔——

是世界上最古老的——替西方的尖塔确立了叙利亚式。此一寺院使凯鲁万成为伊斯兰教第四圣城，是"进入乐园的四大门"之一。从神圣及庄严上讲，位居第二的是菲兹和马拉科什（Marraqesh）、突尼斯和的黎波里等地的寺院。

开罗的清真寺数量很多，并且都很宽阔，至今尚有 300 多座点缀着这迷人的古都。阿姆尔寺建于 642 年，10 世纪时重建过一次。除了从罗马及拜占庭废墟上运来的科林斯式圆柱以外，如今已经很难看到早期的遗迹了。伊本·图伦寺（878 年）仍很小心地保存着最初的形式和装饰。一座高高的锯齿形围墙，环绕着一个宽敞的庭院；内部那些尖形的拱门，除了尼洛美特（Nilometer）的拱门（865 年）——建于尼罗河的一个岛上，用以测定尼罗河水位的升降，在埃及再也找不出比它更古老的拱门了。也许这种优美而便利的拱门形式，是从埃及经西西里，再经由诺曼底人的研究吸收，成为欧洲哥特式的一部分的建筑形式。正如"锥体曲绕"形的尖塔，以及伊本·图伦的圆顶坟墓，它采用的是马蹄形拱门——这是伊斯兰教艺术中比较不受欢迎的一种形式。据说伊本·图伦当时有意建造有 300 个拱门的建筑。但是得知要达成此一目标，必须拆除一些罗马及基督教的大厦，方可获得 300 个拱门的列柱时，他放弃了原来的构想，而改用砖造列柱来作为这些拱门的支撑。从这座清真寺，我们可看到哥特式建筑的一些原始雏形。最后，仿佛是使这一建筑变成沙特尔建筑的一个步骤。有些窗户嵌镶彩色玻璃，有些则用圆花形及星状的石架来镶嵌，或者用其他几何圆形做装饰。这些工程完成的确切日期就不得而知了。

970 年至 972 年，饶哈尔（Jauhar），自基督教改宗伊斯兰教的奴隶，为法蒂玛王朝征服了埃及，建造了一座阿扎尔（el-Azhar）（"光辉"之意）寺院。如今有些结构仍可在遗址中看到。那里使用的就是尖形拱门，这些拱门建筑在用大理石、花岗石及斑岩所做成的 380 根列柱上面。哈基姆寺是用石头建造的，虽然已经腐蚀不堪使用，但大部分至今仍保存着。中世纪有些建筑观念可能就是得自优美的阿拉伯风格及库法的雕刻设计。虽然它们现在被视作堡垒一样，门禁森严（无疑当时是有这种意思的），但是这些寺院曾因优美的雕刻、纹饰、拼花及瓷砖制的神龛，和已成为博物馆稀世珍藏的枝形吊灯而风靡一时。伊本·图伦寺有1.8万盏灯，大多数是各种各样的彩色玻璃制成的。

在伊斯兰的非洲，穆斯林以耐心和技巧制造了一些较次要的艺术品。凯鲁万的清真寺是用发光的瓦片盖起来的。纳希尔·库斯鲁（1050年）曾描述开罗制的陶器"优美无比，而且透明到可以从另一边看到这一边的手纹"。埃及和叙利亚的玻璃，仍保持着古代的光荣和优秀传统。法蒂玛王朝水晶石制的器皿，千余年原封不动地保存着，如今成了威尼斯、佛罗伦萨和卢浮宫的珍品。清真寺的门、神坛、壁龛以及窗格上的木雕，也使人有赏心悦目之感。从科普特人那里，埃及的穆斯林学会了用木块、骨片、象牙或珍珠镶嵌箱子、盒子、桌子及其他物品的装饰艺术。当然，那时珍珠是非常多的。当土耳其佣兵侵入穆斯塔绥尔寺时，他们劫走了数千件金器——如墨水瓶、象棋、花瓶、禽鸟雕塑以及宝石缀饰的树形装饰品等。在这些被掠走的物品中，有用金丝线绣制成古代名君遗像及传记的丝绣窗帘。从科普特人那里，穆斯林又学会了利用木制模型在纺织品上印打花纹的技巧。这一技术由十字军从埃及传入欧洲，可能与后来印刷术的发明大有关系。欧洲商人对法蒂玛的纺织品估价甚高，他们以无比崇拜的口气竞相称赞开罗及亚历山大港的纺织品。我们听说法蒂玛出产有图案的豪华地毯，及用天鹅绒、缎子、锦缎和金属薄片制成的帐篷。一顶为穆斯塔绥尔的大臣雅祖瑞（Yazuri）做的帐篷，动员150位工人，费时9年，耗资3万第纳尔制成。除了"人狼"外，它上面饰有世界上所有知名动物的标本。法蒂玛王朝的绘画，现在仅存开罗的阿拉伯博物馆内一些零零星星的壁画。法蒂玛的埃及没有留下一丁点东西，但是马克里齐（Maqrizi）——他在15世纪时曾写过一部绘画史——告诉我们，在法蒂玛历代哈里发的图书馆里，藏着装饰富丽的手稿本，其中包括 2400 本《古兰经》。

　　在哈基姆时代，开罗的皇家图书馆内有藏书 10 万卷；在穆斯塔绥尔时代，增至 20 万卷。据说这些书籍、文稿免费借给有责任心的学者阅读。988 年，大臣雅库布·伊本·基利斯说服哈里发阿齐兹，供给在阿扎尔寺攻读的 35 位学生生活费及学杂费，这就是世界上最早的大学制度的由来。当这一制度逐渐推广，吸引了伊斯兰世界所有的学生前来攻读，就像几个世纪后巴黎大学吸引了所有来自欧洲的学生一样。一年接着一年，哈里发、大臣及富豪捐助奖学金给这所大学，阿扎尔已有 1 万名学生和 300 位饱学的教授。纵览世界最令人觉得愉快的一件事，就是看到一群群学生在这座有 1000 年历史的学府的回廊里，聚精会神地聆听讲学，每一群学生，都倚傍着一根柱子，围成一个半圆形，蹲在地上，倾听坐着的教师们授课。来自伊斯兰世界各地的名学者，前来讲授文法、声韵、算学、诗歌、逻辑、神学、圣传、《古兰经》注释及法律。学生无须负担学费，教授也不拿薪水。学校完全依靠政府的补助及私人的捐献。这一著名学府比较热心于对正统伊斯兰教思想的阐述，来校指导的饱学之士，对法蒂玛王朝的文学、哲学及科学，则较少鼓励和刺激。我们几乎未发现法蒂玛王朝时代有什么大诗人出现。

　　哈基姆在开罗成立"智慧之厅"（Dar al-Hikmah），主要负责传授什叶派中以实玛利派的教义，但是课程包括了天文学和医学。哈基姆曾设立一座天文台，并协助阿里·伊本·尤努斯（Ali Ibn Yunus）从事天文研究，尤努斯可说是伊斯兰世界中最伟大的天文学家。经过 17 年的观察，尤努斯完成了星象运行及周期的哈基姆表，留给我们有关黄道、岁差（precession of the equinoxes）、太阳视差（solar parallax）等更正确、更有价值的观念。

　　在伊斯兰教埃及的科学家中，名气最大的要算穆罕默德·伊本·海泽姆（Muhammad Ibn al-Haitham），在中世纪的欧洲则以阿尔哈金之名为人熟知。他于 965 年生于巴士拉，以算学家及工程师著称。据说他曾提出整治尼罗河水患的计划，因此哈基姆邀请他至开罗。然而这个计划显得不切实际，海泽姆于是隐藏起来，避开那位脾气捉摸不定的哈里发。像中世纪其他思想家一样，因对亚里士多德提出的知识的理性综合法则感兴趣，他对这位哲人的著作下了一番注释的功夫，结果这些著作竟无一卷流传下来。我们之所以知道海泽姆，主要是因为他所著《光学》（*Kitab al-Manazir*）一书：在中世纪的所有著作中，就方法及思想而言，该书要算是最具科学性的了。海泽姆研究光在半透明体——如水及空气——中的折射率，并发现了放大镜的原理，与三个世纪后罗杰·培根、维特罗（Witelo）及其他欧洲人根据他的研究而发明显微镜及望远镜，在原理上是相同的。他拒斥欧几里得及托勒密"人之所以能看见，是因为眼睛所发出的光与外界物体接触的"学说，他认为"物体之所以能被看见，是由于物体上所发出之光经透明导体引入我们的视觉——眼球的关系"。他提出太阳及月亮越接近地平线，其形状越大、越显著的理论，以证明空气影响效率的理论，并指出透过大气层的折射率，即使太阳还在地平线下成19度的锐角时，我们便可见阳光的道理。基于此，他计算出大气层的厚度约10英里（此为英国人的度量距离）。他进而分析大气层高度与密度的关系，以及大气密度对物体重量的影响。他利用复杂的数学公式，研究光通过凸面镜及凹面镜时的反射作用。月食时，他利用百叶窗上的一个小洞，来观察对面墙上映出来的太阳的半月影像，因而他最先提到了几世纪后应用到照相机上的暗房原理。我们无法抹杀海泽姆对欧洲人科学研究的影响。没有他，罗杰·培根就不会被人们知道。培根在《大作品》（*opus maius*）中谈到光学理论时，几乎每一步都引用或参考他的论著，其第四部分更几乎都在述说这位开罗物理学家的发现。直至稍后开普勒及达·芬奇时代，欧洲人研究光学，仍奉海泽姆的著作为圭臬。

阿拉伯人征服北非使基督教在该地区的影响渐渐消失得无影无踪。柏柏尔人不仅接受了伊斯兰教，而且变成了它狂热的维护者。无疑，这其中有经济上的考虑：非穆斯林须缴人头税，而皈依者经过一定时间后即可豁免。当744年埃及的阿拉伯总督宣布这一命令时，即有2.4万名基督徒投入伊斯兰教的阵营。这虽是应时之举，同时也是对基督徒的残酷的迫害，影响了许多人依附到统治者的信仰。在埃及，少数民族科普特人勇敢地拒绝接受这一信仰，他们建造了如堡垒般坚固的教堂，秘密地奉祠自己的信仰，直至今天仍然存在。然而曾经熙熙攘攘的亚历山大港、昔兰尼、迦太基及希波等地的教堂，如今已是门可罗雀，日益衰颓。而对阿塔那西乌斯、塞瑞尔及奥古斯丁等的记忆也渐渐淡去；而阿里乌斯派、多纳图派、基督一性论教之间的争执，也逐渐湮没在伊斯兰教逊尼派与以实玛利派的争论中。法蒂玛王朝将以实玛利派改造成有严密的入会仪式及教阶组织的"大会社"以支撑他们的政权，会员们谙于政治性的刺探及阴谋诡计。这一组织形式传入耶路撒冷及欧洲，深深地影响了圣堂武士（Templar）、启明社（Illuminati）以及西方世界其他秘密兄弟会等组织的形成、礼仪和服饰。

伊斯兰教在地中海（649—1071）

自从征服了叙利亚和埃及，这些伊斯兰教的领袖们就了解到，如果没有一支舰队，他们是无法防守海岸线的。不久，他们的军队夺得塞浦路斯和罗德斯岛，跟着击败了拜占庭的海军。他们于809年攻占科西嘉，810年夺取撒丁，823年占领克里特，870年攻克马耳他。827年，希腊与迦太基为争夺西西里的古老战争又重新开始。凯鲁万的阿格拉布哈里发一个接一个地派遣远征队出去鲸吞蚕食，掠夺土地。巴勒莫于831年陷落，接着他们于843年攻占墨西拿，于878年夺得叙拉古，而陶尔米纳也于902年失陷。法蒂玛的哈里发们承继了阿格拉布的权力（909年）后，也将西西里纳入其统治的范围。法蒂玛王朝迁都开罗以后，当时的西西里总督侯赛因·凯勒卜（Husein al-Kalbi）自封为统帅，独揽几乎所有权力，他建立凯勒卜王朝，使伊斯兰文明在西西里盛极一时。

以地中海为天堑，穆斯林正虎视眈眈地注视着南意大利的几个城市。海盗应运而生，基督徒和穆斯林彼此侵扰对方沿海区域，掳掠异教徒卖做奴隶。阿拉伯舰队，大部分来自突尼斯及西西里，于 10 世纪时开始袭击意大利诸港口。841 年，穆斯林进击巴里（Bari），它是拜占庭在意大利东南的主要基地。一年后，应伦巴底大公（Lombard Duke）本尼凡托（Benevento）的邀请，他们帮助他对抗沙莱诺，于是横扫意大利，所过之处尽为废墟。846 年，1100 名穆斯林登陆奥斯蒂亚，长驱直抵罗马城，恣意劫掠罗马郊区及圣彼得和圣保罗两大教堂，然后悠闲地返回他们的舰队。眼看竟没有权威能起来组织防卫意大利，教皇利奥四世毅然担起重任，使阿尔马菲、那不勒斯、加埃塔和罗马结成盟友，成立联防，越过泰伯河抵御敌人的进攻。849 年，阿拉伯人再一次决心攫夺西方基督教的堡垒。意大利联合舰队，在教皇的祝福下奋勇赴战，使他们全军覆没——关于此役的场面，拉斐尔曾绘制成画，悬挂在梵蒂冈的拉斐尔室。866 年——神圣罗马帝国皇帝路易二世自日耳曼率军南来，将穆斯林逐回巴里和塔兰托。至 884 年，他们全部被驱逐出半岛。

但是他们继续骚扰，不断犯边，使意大利中部持续了 30 年之久的恐惧生活。876 年，他们掠夺罗马四周的平原，罗马岌岌可危，教皇给予阿拉伯人一年的贡纳，2.5 万曼库西（mancusi），以为换取和平的代价。884 年，他们将蒙特喀昔诺修道院烧为焦土。在间歇性的攻击中，他们破坏了整个爱尼奥（Anio）谷地。最后，教皇和希腊、日耳曼的联军，以及南部、中部意大利军队，在加里利亚诺（Garigliano）将阿拉伯军击溃（916 年），终于结束了这一以掠夺为主的悲剧的世纪。意大利，或许是基督教，终于在这千钧一发之际逃过了厄运。如果罗马失守，阿拉伯军队势必进入威尼斯，而威尼斯失守，君士坦丁堡将成为东西两大伊斯兰教势力的争夺点。战事的机运关系着千百万人的信仰。

　　同时，由于向新的征服者屈服的传统，西西里的多元文化，又增加了伊斯兰教文化的色彩。西西里人、希腊人、伦巴底人、犹太人、柏柏尔人和阿拉伯人，摩肩接踵地在伊斯兰教古都潘诺摩斯（Panormus）、阿拉伯的巴勒姆及意大利的巴勒莫等城市的街道上行走。在宗教上他们互相仇视，却共同生活在一起，有如一般西西里人持有的生活情操。970 年，地理学家伊本·霍卡尔在此地发现 300 座清真寺和 300 位颇受当地人民敬重的教师。这位地理学家说：“虽然事实上，这些教师因智慧贫乏及头脑简单而声名狼藉。”气候温和，风调雨顺，使这一地区郁郁葱葱。西西里是农业的乐土，而狡黠的阿拉伯人在那里坐享其成。巴勒莫变成基督教欧洲及伊斯兰教非洲间的贸易港，不久就成为伊斯兰最富庶的城市之一。穆斯林喜欢华丽的服装，闪亮的珠宝，装扮的艺术，这使他们变得雍容有礼而不粗俗。西西里大诗人伊本·哈姆迪斯（Ibn Hamdis）描述巴勒莫青年的快乐时光，说：“午夜的狂欢侵入女修道院，向满面惊怖而慈蔼的尼姑购买醇酒。在狂欢的节日，男女在一起嬉戏作乐。”“当欢乐王子无法无天时”，唱着歌的女子们，以纤纤素手拨弄着手中的维忽拉，愉快地跳着舞，舞姿“像一弯明月悬挂在柳树梢上一样，摇曳生姿”。

　　因为摩尔人喜欢风趣和韵律，岛上有上千位诗人，而西西里人的浪漫情调也提供了丰富的素材。那里有不少学者，因为巴勒莫有一所著名的大学；由于西西里穆斯林对沙莱诺医学校的影响，所以也有不少伟大的医生。在文化领域，西西里还处在草创阶段，愿意吸收不同民族和信仰的文化精英，所以优秀的诺曼底人统治下的西西里，仍保留着大半阿拉伯风味，及属于东方的技艺和工匠的遗产。诺曼底人征服西西里（1060—1091 年），使得岛上的阿拉伯遗产渐至湮来不闻。罗杰伯爵很自傲他夷平了“甚有艺术价值的阿拉伯人的城堡及王宫等建筑”。但是伊斯兰教艺术形式仍然在拉·兹扎（La Ziza）的王宫和卡佩拉·帕拉蒂那（Capella Palatina）的天花板上留下了它的痕迹，在诺曼底王族宫殿、教堂里，摩尔人的装饰仍然点缀着基督教的神龛。

西班牙的伊斯兰教（711—1086）

·哈里发和总督

首先征服西班牙的是摩尔人而不是阿拉伯人。泰里格是柏柏尔人，他的军队中有 7000 名柏柏尔人，而只有 300 名阿拉伯人。他的名字刻在他的军队登陆的那块岩石上。摩尔人称它为阿尔泰里格（Gebel al-Tariq），即泰里格山（The Mountain of Tariq），后以讹传讹，变成了直布罗陀。泰里格是被阿拉伯驻北非总督穆萨·伊本·努萨伊尔（Musa Ibn Nusayr）派遣进入西班牙的。712 年，穆萨率领 1 万名阿拉伯人和 8000 名摩尔人横渡海峡，攻取塞维利亚和梅里达两城。泰里格以僭越之罪遭受鞭打并被投入牢狱之中。哈里发即召回穆萨，释放泰里格，后者即重拾征伐事业。穆萨曾任命其子阿布·阿齐兹为塞维利亚总督，而瓦立特的兄弟苏莱曼猜疑艾卜·阿齐兹阴谋使西班牙独立，因此派人将其杀害。其首级送给已为大马士革哈里发的苏莱曼，他则将首级送给穆萨，穆萨说："请将首级赐给我，让我来合上他的眼睛。"不到一年，穆萨抑郁而死。我们认为，这一故事不过是血腥的传奇而已。

胜利者对被征服者是相当仁慈的，只对曾积极参加抵抗者没收土地，赋税征收一仍旧制，并给予人民西班牙很少有过的信仰自由。一旦在半岛上稳固了他们的地位，穆斯林就翻越比利牛斯山，进入高卢境内，试图将欧洲变成大马士革的一个省份。行至距直布罗陀约 1000 英里的图尔与普瓦捷之间，他们与亚奎丹公爵尤第斯（Eudes）和奥斯特拉西亚大公（Duke of Austrasia）查理（Charles）的联军相遇。经过七昼夜的激战，伊斯兰军队遭到历史上最惨烈的败绩（732 年），数百万人的信仰将再一次由战争决定。查理就是卡洛斯·马特努斯（Carolus Martellus），即"战槌"查理（Charles the Hammer）。735 年，穆斯林重整旗鼓，卷土重来，夺回了阿尔勒。737 年占领阿维尼翁，并且蹂躏了自隆河到里昂间的谷地。759 年，"矮子"丕平（Pepim the Short）终于将他们逐出法兰西南部。但是 40 年来，他们已经影响了兰多克（Languedoc），使它具有了对不同信仰的罕见包容，为它带来了多彩多姿的欢乐，以及富于挑逗的柔情歌谣。

　　大马士革的哈里发们毕竟低估了西班牙：直至 756 年，那里还是受凯鲁万政府统治的安达卢西亚。但 755 年，一位风流倜傥的人物到了西班牙，他具有贵族的血统，意欲在那里建立一个王朝，使其在财富及光荣上可与巴格达的哈里发们匹敌。750 年，胜利的阿巴斯派下令将全部倭马亚皇室的子孙们斩草除根，拉赫曼，哈里发希夏姆的孙子，是倭马亚王朝唯一逃脱劫难的后裔。虽然受到严密的搜捕，他还是泅过了辽阔的幼发拉底河，逃入巴勒斯坦、埃及和非洲，最后抵达摩洛哥。阿巴斯派革命的消息传来，加深了在西班牙的阿拉伯人、叙利亚人、波斯人和摩尔人之间的矛盾。一个忠于倭马亚王朝的阿拉伯集团，因害怕遭到阿巴斯派的诘难及惩罚，便邀请阿卜杜－艾尔－拉赫曼做他们的领袖。他接受邀请，并成为科尔多瓦的总督（756 年）。他击败了哈里发阿尔－曼苏尔派遣前来问罪的军队，并将将领的首级送回，悬在麦加的皇宫前示众。

　　也许是由于这些事件，才使欧洲人无须崇拜穆罕默德：伊斯兰教的西班牙疲于内战，外援断绝，停止了征战，甚至把在北西班牙的驻军也撤回。自 9 世纪至 11 世纪，半岛就自科英布拉（Coimbra）经萨拉戈萨，以埃布罗（Ebro）河为界分割成伊斯兰教和基督教两部分。属于伊斯兰教的南部，终于为拉赫曼一世及其继承人绥靖，无论在诗词或艺术上都很有成就。拉赫曼二世坐享这一繁荣果实。即使与基督徒在边界发生战争，民众叛乱纷起，诺曼底人侵扰海岸之际，他仍然悠闲地美化科尔多瓦的宫殿、寺院，厚赏诗人，并宽恕触犯刑律的人，就日后的社会混乱而言，这可能是原因之一。

拉赫曼三世是在西班牙的倭马亚王朝的杰出人物。他于 21 岁登基，发现安达卢种族纠纷不断，宗教恩怨很深，盗匪蜂起，而塞维利亚和托莱多两地皆致力于脱离科尔多瓦而独立。虽然他温文尔雅，又以慷慨多礼著称，但是他使出了强硬的手段敉平叛乱，并且降服了那些想效法同时代的法兰西贵族，为自己的财富建立封建制度的阿拉伯贵族。他邀集不同信仰的人参与议事，调整他的同盟关系，以便在敌人和邻邦间维持平衡，同时他以拿破仑式的精明干练来理政，且事必躬亲。他为将领们设计战略，并时常亲冒锋镝。他击退来自那瓦拉的桑乔（Sancho）的侵略，夺取并摧毁了桑乔的首都，因此在他有生之年，基督徒不敢再来骚扰、侵犯。929 年，因为知道自己的权力与并世诸统治者相伯仲，而且获悉巴格达的哈里发已变成土耳其禁卫军的傀儡，他便僭取哈里发的头衔——"教徒的领袖及护教者"。他死时留下了一篇亲笔书写的措辞很谦和的人生总结：

> 我已经胜利和平地统治了 50 余年。荣华富贵任我享受，俗世的一切尊崇吉庆，再也没有一件是值得我去追求的了。现在，我愉快地回忆着曾经降临在我命运中的那些快乐的事件，大约有 14 件之多。啊！人啊！不要对现世寄予太多的信任！

其子哈卡姆二世从近半个世纪的不愉快的争斗中，尽享渔人之利。自内忧外患中获得安宁，他全力修整科尔多瓦及其他城市，建筑清真寺、学院、医院、市场、公共浴室以及贫民庇护所，使科尔多瓦大学成为他那个时代的最高教育机构，并且资助数百位诗人、艺术家及学者。穆斯林历史学家阿尔-马卡里（Al-Maqqari）这样形容他：

> 在对文学及科学的爱好上，哈里发哈卡姆超过任何一位在他之前的哈里发，这是他亲自支持及培养的事业：他将安达卢变成一个最大的市场，在那里任何文学著作都很畅销。他还设置机构

为他到遥远的国度去搜集珍本藏书，汇给他们大量的金钱，以至于安达卢藏书之丰，实难以计数。他甚至将礼品赠送给远在东方的作者，作为对他们的酬谢，以鼓励他们出版著作或获得最初的版本。他得知伊斯法罕的艾卜·法拉杰完成了《唱集》，他就送去 1000 块纯金的第纳尔，用这一方法，甚至该书在伊拉克出版前，作者就奉送给他一个抄本。

当这位学者型的哈里发优游于泉林之时，整个政府的行政事务，甚至对国家政策的指导，悉委之于能干的犹太人总理哈什迪·伊本·沙普鲁特（Hasdai Ibn Shaprut），而军队的统御权则委之于能力卓越，道德却低劣的将领阿尔−曼佐尔（Al-manzor），他为基督教戏剧或浪漫小说增添了不少笑料。他的真名为穆罕默德·伊本·阿比·阿米尔（Muhammad Ibn Abi Amir），出身族系复杂的古老阿拉伯家庭。他起初以替人书写向哈里发的请愿状维持生活，后来成为检察长办公室的一名职员。967 年，他年方 26 岁，即被指定替哈卡姆的长子，叫阿卜杜−艾尔−拉赫曼的，治理财产。他又百般奉承这孩子的母亲苏布赫（Subh）皇后，他的彬彬有礼及温文尔雅的态度，甚得她的欢心，使她觉得他是位精力旺盛的有为青年。不久，他们母子的财产一并由他来管理。不到一年，他变为造币厂的主持人。现在他对朋友们慷慨好施，而政敌们则指责他贪污腐化。阿尔−哈卡姆命他清理账目。自知无法清理，他就请求一位富有的朋友协助弥补亏空。然后，他来到王宫面对告发他的人，获得胜诉，并汇报清理账目的结果。日后哈里发即任命他担任数个较为优厚的差使。哈卡姆一死，他就亲自指挥杀害敌对方的继承人，因而稳住了哈卡姆之子希夏姆二世的王位继承权。一周后他变成了首相。

希夏姆二世是位软弱无能、优柔寡断、缺乏统治能力的君主，978 年至 1002 年，伊本·阿米尔则是不戴王冠的实际上的哈里发。他的政敌相当尖锐地指控他了解爱情的哲学甚于伊斯兰教的信仰。为了让他们闭嘴，他邀请正统派神学家将那些责难逊尼派的书籍，从哈卡姆的大图书馆里拿出来付之一炬。就凭着这一卑劣的报复行为，他赢得了虔诚的薄誉。同时他借着秘密地保护学者的举动，争取到了整个知识阶层对他的支持。他将学者延揽入朝廷，并用国库的收入，供养了一大群文人墨客，每次他征战归来，他们就吟诗颂赞。仿照科尔多瓦的形式，他另建新城扎希拉（Zahira），作为他的王宫及行政官署所在地。而年轻的哈里发，战战兢兢在接受神学训练，仍旧留在古老的王宫，过着几乎被人遗忘的囚徒生活。为了巩固地位，阿米尔重新组织了一支以柏柏尔人及基督徒雇佣兵为主的军队，这些人与阿拉伯人有刻骨的仇恨，对国家并不觉得有责任感，但是对他个人的慷慨大度及机智圆滑十分敬佩，故愿效忠。当里昂的基督教国家协助背叛他的内乱时，他即消灭叛军，并残酷地击败了里昂人，胜利凯旋首都，此后他僭取阿尔－曼苏尔（"胜利者"）的别号。虽然叛乱的阴谋此起彼伏，但是他用间谍渗透及巧妙的暗杀来阻止叛乱。其子艾卜杜拉也曾加入一个阴谋团体，结果被发现而处以枭首极刑。跟罗马将军苏拉一样，他从来不曾对有功者不予奖赏，有罪者不加以报复。

因他镇压犯罪的成效显著以及处事公正严明，人民很能宽恕他的罪愆。在科尔多瓦，从未有一个时代像他的时代那样，生命与财产皆能获得保障。因此大家不得不称赞他的智慧、勇气和毅力。一天，正主持会议时，他忽觉腿痛，即延请御医前来，医生诊断须用火烙治疗，会议仍继续进行，曼苏尔虽受火烙之苦，却面不改色。阿尔·马卡里说："与会众人开始不觉有异，直至闻到皮肤烧焦的味道，才明了究竟。"他曾用被俘的基督徒扩建科尔多瓦的清真寺，而他亲自参与其事，因此使他的名气更大了。因得知伟大的政治家们不管是否为了正义，只要能在战场上获胜，都会得到当代及后世的敬仰，故他重燃对里昂的战火，将其首都夷为平地，并大肆屠杀百姓。几乎每年春天，他都要与北部一些不忠实的部落发生战事，总是不胜不归。997 年，他占领并摧毁了圣地亚哥·科姆波斯特拉（Santiago de

Compostela）城，夷平了著名的圣詹姆斯神殿，并命被俘的基督徒肩扛着该教堂的门板及铜钟，凯旋科尔多瓦。

虽然实际掌握了伊斯兰教西班牙的政权，曼苏尔仍不满足，他希望成为名副其实的君主，从而创立一个朝代。991 年，他辞去职务，由他年仅 18 岁的儿子艾卜·马立克继任，在自己众多头衔上加上"Sayid"（主上）及"Malik karim"（上皇）的名号，以绝对的权威实行统治。他希望战死在沙场上，为了完成此一心愿，每次出征他总是携带着寿衣。1002 年，61 岁之时，他入侵卡斯提亚，攻城略地，焚毁修道院，蹂躏当地人民。他在归途中患病，却拒绝延医，将儿子召到病榻前，告以一两日内他即将去世。当其子闻言啜泣时，他却说："这是帝国即将衰亡的象征。"果然，不到 30 年，科尔多瓦王朝就崩溃了。

曼苏尔之后摩尔人统治的西班牙，是一部旋兴旋灭、暗杀、种族斗争及阶级斗争的历史。柏柏尔人眼见他们用武力争来的天下，日渐衰颓而一蹶不振，而他们又被赶入荒凉的埃斯特雷马杜拉（Estremadura）平原及里昂山区，便揭竿而起，反抗统治他们的阿拉伯贵族阶级。城市中被剥削的工人们痛恨他们的雇主，也经常用暴烈的叛乱来推翻主人。所有层级的人一致痛恨阿米来家族——他们是阿米尔的继承人，在阿米尔儿子的领导下，几乎垄断所有要职及特权。1008 年，艾卜-马立克去世，其弟艾卜德尔-拉赫曼·珊德祖尔（Abder-Rahman Shandjul）以首相的身份承继王位。他行为不检，公然饮酒，放纵罪犯，喜爱宴饮作乐甚于治理政事。1009 年，他被国内所有党派参加的一次革命废黜。革命群众失去控制，大肆抢劫在扎希拉的阿米尔家族的王宫，并将它烧为焦土。1012 年，柏柏尔人洗劫科尔多瓦，屠杀近半数的居民，将剩下的人驱逐出境，并以科尔多瓦为其首都。这一革命短暂有力，一位基督教历史学家将这一事件称为"伊斯兰西班牙的法国式革命"（French Revolution of Islamic Spain）。

　　毁灭是一瞬间的事，建设却需要持久的忍耐。在柏柏尔人统治下，混乱、抢劫和失业骤然加剧。原先隶属于科尔多瓦的城市纷纷叛变，并拒绝缴纳贡赋，甚至拥有大笔不动产的地主们也各自为政，自建政权。慢慢地，那些被驱逐的科尔多瓦人开始了复兴，终于在1023年，他们赶走了柏柏尔人，拥戴艾卜－艾尔－拉赫曼五世登位。科尔多瓦的贫民们了解旧政权的恢复，对他们并无好处，于是他们就夺取皇宫，拥戴领袖之一穆罕默德·穆斯塔克菲（Muhammad al-Mustakfi）为哈里发（1023年）。穆斯塔克菲任命一位织工为首相。结果织工被暗杀，"贫民哈里发"被毒死。1027年，中上阶级联盟推戴希夏姆三世即位。4年后，军队僭取权柄，杀了希夏姆的首相，要求希夏姆逊位。一公民领袖见发生争夺哈里发之位的纷争，知道无法成立有效的合法政府，便废除哈里发制度，代之以执政制度。伊本·雅瓦尔（Ibn Jahwar）被选为首任执政，以公正和睿智来统治这一新理想国。

　　然而为时已晚。政治权威及文化上的领导地位已经被摧毁殆尽了。学术及文学的重心，因受到内战的骚扰，已从这"世界之珠"转移到托莱多、格拉那达和塞维利亚的宫廷中了。穆斯林的西班牙已分裂成为23个城邦政府，它们忙于阴谋和争斗，以致疏忽了基督教西班牙对穆斯林的吸收与同化。格拉那达在其能干的大臣塞缪尔（Rabbi Samuel Halevi）辅政下，以以实玛利·伊本·纳格德拉（Ismail Ibn Naghdela）之名享誉阿拉伯世界。托莱多于1035年宣布独立，50年后向基督教统治者屈服称臣。

　　塞维利亚则承继了科尔多瓦的光荣。有些人认为塞维利亚较科尔多瓦更为繁荣，人们喜欢那里的花园、棕榈树、玫瑰花以及音乐、舞蹈及歌唱的情调。预见到科尔多瓦的没落，塞维利亚于1023年宣布独立。其首席法官艾卜·卡西姆·穆罕默德（Abu'l Qasim Muhammad）发现一个编草席的人貌似希夏姆二世，即称他为哈里发，招待他到华宫居住，并处处指点、引领他，同时劝说巴伦西亚、托尔托萨和科尔多瓦诸邦承认他为希夏姆二世。以这一简单的诡计，这位精明的法学家即创立了短暂的阿巴德王朝。他死后（1042 年），其子阿巴德·穆塔迪德（Abbad al-Mutadid）继位，以诡计和残酷的手腕统治了塞维利亚 27 年，并积极扩展其势力，以致半数以上的伊斯兰教西班牙城邦向他朝贡。其子穆塔米德（Al-Mutamid）26 岁承继大统，但无论是雄心壮志还是暴虐，都不及其父。不过穆塔米德却是伊斯兰教西班牙最伟大的诗人。他喜欢诗人和音乐家做他的朋友，不愿政客及将领们做他的伙伴，他常在诗中赞美他才能卓越的政敌的才华。他认为付出 1000 杜卡特购买一篇讽刺短诗并不过分。因喜欢伊本·阿玛尔（Ibn Ammar）的诗，就任命他为首相。他听说叫作鲁玛基叶（Rumaykiyya）的女奴，能写出韵律优美的诗篇，就把她买了来，与她结婚，恩爱非常，直至谢世。但是他并未疏于照顾宫中其他娇妻美妾。鲁玛基叶使王宫处处洋溢着她的欢笑，并且使她的主人步上欢乐的巅峰。神学家们则指责她使丈夫对宗教冷漠，令寺院门可罗雀。但穆塔米德处理政事就像对爱情和歌唱一样井井有条。当托莱多攻击科尔多瓦，科尔多瓦政府向他求援时，他即派军援助，击败了托莱多，并使科尔多瓦变成塞维利亚的附庸。这位诗人君主代表了这动荡不安的一代的文明，这一文明的光辉灿烂不亚于哈龙时代的巴格达及曼苏尔时代的科尔多瓦。

·摩尔族统治下的西班牙文明

"从来没有人像阿拉伯征服者那样，宽大、公正、明智地统治着安达卢西亚。"这是一位伟大的基督教东方学者的评论，他的热诚也许要使他的赞誉打折扣，但是经过恰当的判断，他的评论仍然是成立的。西班牙的总督及哈里发们在稳定政府一事上，具有与马基雅维利同样残酷的思想。有时他们是残酷而凶狠的。马卡里举出数以百计有关西班牙倭马亚统治者们公正、开明及自由的实例。他们可与同时代的希腊皇帝相媲美，他们对先前西哥特人建立的不开明政权，的确作了不少改进。他们对公共事务的处理，对那个时代的西方来说是相当合乎理性及人道主义的精神，且由一个有良好组织的司法机构来行使。在内政上，大部分被征服地区都由该地区原有的法令及机构自行处理。城镇治安良好，市场及度量衡也加以适当的管理。人民及其财产经过适当地调查记载下来，赋税也较罗马及拜占庭要合理。在阿卜杜—艾尔—拉赫曼三世时期，科尔多瓦哈里发的收入高达1204.5万金第纳尔——可能要超过所有拉丁基督教国家收入的总和。但是对于农业、工业及商业方面有良好组织的国家来说，这些收入并不依赖于高额税收。

阿拉伯的统治对当地农民来说，是短暂的快乐时光。西哥特贵族们的庞大财产被瓜分，农奴变成财产所有者。但是在那些世纪中，盛行的封建制度也在西班牙流行，当然，比起法国实行的要好得多了。阿拉伯领袖们也搜刮了不少土地，实行农奴制度的农业经营方式。但是摩尔这一词汇，我们指的是北非西部及西班牙的穆斯林——他们部分是阿拉伯人，大多数是柏柏尔人。对待农奴要比他们的前任略有改善，而非穆斯林的奴隶，一经皈依伊斯兰教即可获得自由。大部分阿拉伯人将农业方面的实际工作留给被征服者处理，而且他们采用最新的农业经营方式，在他们的经营下，西班牙农业科学的发展远在基督教的欧洲之上。原来赋闲的公牛——迄今在西班牙仍普遍用于耕作及拉车——当时已大量由驴、骡及马等牲畜取代了。带有阿拉伯风格的西班牙畜牧业，培育了阿拉伯及西班牙骑士使用的优良骏马。西班牙的穆斯林从亚洲带来并教导欧洲的基督徒种植米、荞麦、甘蔗、番石榴、棉、菠菜、芦荟、香蕉、樱桃、橘子、柠檬、桃子、枣子、无花果、草莓、姜及没药等植物。栽培葡萄是摩尔人最主要的事业，但他们的宗教是禁酒的。花园式的市场、橄榄及兰花果园，使得西班牙的某些地方——特别是科尔多瓦、格拉那达及巴伦西亚周围——成为世界著名的花园区。摩尔人在8世纪夺得马约卡岛，在他们的经营下，那里变成了花果乐园，特别以枣树、棕榈最为著名，后竟以其命名首都。

西班牙丰富的矿藏，使摩尔人拥有大量的金、银、铜、铁、锡、铅、铝、硫黄和水银等矿产。安达卢西亚一带海岸则盛产珊瑚，珍珠则出产在加泰罗尼亚一带海域；巴约及马拉加两地盛产橡胶。冶金技术得以迅速发展，穆尔西亚即以铁器及铜器闻名于世，托莱多的剑、科尔多瓦的盾也很有名。手工业也相当发达。科尔多瓦出产供应全欧洲皮匠的科尔多瓦皮革。仅科尔多瓦一地就有 1.3 万余名纺织工人。摩尔人的地毯、垫子、丝幕、披肩、长沙发等受到广泛的欢迎。根据马卡里的说法，科尔多瓦人伊本·菲尔纳斯（Ibn Firnas）在 9 世纪时曾发明眼镜，制造了复杂的航海仪及飞行器。拥有约 1000 艘船的商队，将这些西班牙产品运销亚非两洲。而来自世界各地的船只，停泊在巴塞罗那、阿尔梅里亚、卡塔赫纳、巴伦西亚、马拉加、加的斯、塞维利亚等港口。可靠的邮递服务维系着政府的工作。政府铸造金第纳尔、银第尔汗以及铜第法尔，维持了与拉丁基督教国家比较起来可说是相当稳定的金融状况。但是不久这些摩尔人铸造的货币，无论在重量、纯度上，还是购买力上，都日渐退步。

经济压榨就像其他地方一样。拥有广大土地的阿拉伯人，和压榨生产者和消费者的商人一样，吸干了地上的资产。大多数有钱人住在乡村别墅，城市则留给柏柏尔人的无产者、由基督教改宗的叛教者、非穆斯林而接受穆斯林生活方式及阿拉伯语言的摩扎拉布（Mozarab）人和一小撮太监、斯拉夫官员、卫士及仆婢。科尔多瓦的哈里发们，因为鼓励企业而无法限制压榨，故与穷人妥协，许诺将土地收入的 1/4 拿出来用作贫民福利。

穷人的狂热信仰，赋予合法的神学家无上的权威。教义或道德的改革引起人民的憎恶，因为他们知道异端邪说及投机者常躲藏暗处或闪烁其词，哲学若不是默默无言，就是声称求得了最适当的结论。背叛伊斯兰教要处死刑。科尔多瓦哈里发们通常是自由主义人士，但是他们猜忌利用浪游学者从事间谍工作的埃及法蒂玛王朝的哈里发们，而他们也偶尔加入神学家的行列，压制思想独立。另一方面，这群摩尔人却又给予非穆斯林信仰的自由。曾受到西哥特人迫害的犹太人，协助穆斯林征服西班牙，现在他们——一直至 12 世纪——与征服者们和平相处，发展学术和财富，有时还官居要职。基督徒在政治上遇到更大的阻碍，但也有许多人一帆风顺。男性基督徒，跟所有的男人一样，被强迫施行割礼，这乃是全国性的卫生措施，否则他们就要由他们自行选出来的执政官，依照西哥特罗马法（Visigothic Roman Law）进行处置。因免除兵役，每一个自由而有能力的男性基督徒须付土地税，通常富裕者一年付 48 第尔汗，中产阶级减半，而手艺人或工人则又减半。基督徒与穆斯林可自由通婚，所以他们可享受伊斯兰教及基督教的假日，也可同时使用清真寺及基督教教堂。来自欧洲基督教国家的神职人员及一般民众，多数可以学生、访客或旅客的身份自由出入科尔多瓦、托莱多或塞维利亚。一位基督徒以类似古希伯来人对希腊化的犹太人严厉批评的措辞，抱怨这种结果：

> 我的基督徒同胞们，沉浸于阿拉伯人的诗篇和浪漫气息中。他们孜孜于研究伊斯兰教神学家及哲学家的著作，不但不拒斥它们，更追求正确及完美的阿拉伯风格……罢！这群才华横溢的年轻基督徒，除了阿拉伯以外，竟不知有其他的文学或语言。他们对阿拉伯书籍狼吞虎咽付出很高的代价，群趋到那些藏有阿拉伯经籍的图书馆去。到处都可听到他们对阿拉伯知识的颂赞。

从一封日期为 1311 年的信里，我们可以知道伊斯兰教对基督徒的吸引力，这封信是写给在格拉那达的穆斯林的，那时那里大约住着 2 万人，除了 500 人外，全部是改宗伊斯兰教的基督徒。基督徒们经常表示他们喜欢伊斯兰教的教条甚于基督教的教规。

但是从另一角度来看，这是一段黑暗坎坷的时期。基督徒是自由的，教会却不然。教会的田产，常因一纸命令被充公，这使得所有积极的反对者不得不臣服于征服者。许多教堂被毁，而新教堂不准建立。伊斯兰教总督们从西哥特君主那里承继了对主教的任免权，甚至可召集教会会议。总督们可将主教职务卖给出价最高的人，不问他是怀疑论者抑或自由思想者。基督教教士们可能当众遭受侮辱。基督教理论，在穆斯林看来是荒诞不经的，他们可任意批评，但若基督徒予以反驳，则会招致灾祸。

在这样一种剑拔弩张的情况下，一件偶然的小事都可能酿成大悲剧。科尔多瓦城的一位美丽少女，我们只知道她叫弗洛拉（Flora），是穆斯林和基督徒的混血女儿。当她信奉伊斯兰教的父亲死了之后，她决心成为一名基督徒。她从监护她的哥哥那里逃到一位基督徒的家里，但被抓了回去并遭到毒打，她坚持改宗，于是被交给伊斯兰教法庭审判。原本可能判她死刑的，但法官只命令鞭打一顿了事。她再度逃到一位基督徒家里去，在那里，她遇到青年教士尤洛吉乌斯（Eulogius），他对她极为倾慕。当她藏身于一间女修道院时，另一位名叫佩尔菲克图斯（Perfectus）的教士，因为对某些穆斯林谈起他对穆罕默德的看法而壮烈地殉道了。他们原保证不出卖他的，但是他如此激昂，令人震惊，因此他们就向当局告发。佩尔菲克图斯原可撤回他的话来，挽救自己的生命，但他竟向审判者重申他认为穆罕默德是"撒旦的奴隶"的观点。法官将他囚禁数月，希望他能改变立场，结果无效，佩尔菲克图斯被判死刑。在赴刑场的途中，他仍不断地咒骂先知为"骗子、通奸者、地狱之子"。穆斯林幸灾乐祸地看着他被斩首，而科尔多瓦的基督徒们，则以圣者应享的哀荣来殓葬他的尸体（850 年）。

他的死点燃了双方于教理上的怨恨。一群基督教的"狂热分子"（Zealots）在尤洛吉乌斯的领导下组织起来，决定公开诘责穆罕默德，欣然而悲壮地去殉道，以为进身天国的捷径。科尔多瓦的修道士伊萨克（Isaac）来到法官面前，述说改宗的意愿。但当这位法官欣喜地阐释伊斯兰教教义时，这位修道士却打断他。"你们的先知，"他说，

"说谎并欺蒙你们。他该受到谴责，他用这么多的邪毒来教导你们，应该被打入地狱中去！"法官申斥了他一顿，并问他是否喝醉了。他回答说："我的精神正常，判我死刑吧。"法官将他拘禁起来，但恳求阿卜杜－艾尔－拉赫曼二世以精神错乱赦免他的罪。哈里发看到佩尔菲克图斯的隆重葬礼，甚为震怒，因此下令将这名修道士处斩。两天后，法兰克籍的宫廷守卫桑科（Sancho）公然贬责穆罕默德而被斩首。接着有六名修道士到法官面前大骂穆罕默德，并要求不要痛快地将他们处斩了之，要以"你们最痛苦的刑罚"来处罚，结果六人全被斩首。接着又有一名牧师、一名神职官员和一名修道士模仿他们的行为。狂热分子欢欣雀跃，但是许多基督徒——包括教士和一班俗众——谴责这种狂热的殉道愿望。"苏丹，"他们对狂热分子说，"准许我们信仰我们的宗教，而没有压迫我们。那么，为何你们要有这种愚昧的疯狂举动？"阿卜杜－艾尔－拉赫曼召集基督教主教会议，谴责狂热分子，并宣称他们若再不停止煽动，即将对他们采取行动。尤洛吉乌斯则指斥这一会议为懦夫行为。

此时，弗洛拉的热情已被这群狂热分子煽动起来，于是离开了女修道院，和另一位名叫玛丽的女子一起走到法官面前，对他说穆罕默德是"通奸者、一个骗子、恶棍"，并说穆罕默德主义是"魔鬼的创作"。法官于是判两人监禁。当尤洛吉乌斯恳求她们壮烈地为宗教殉难时，她们的朋友则劝她们收回咒骂。结果她们双双被处斩（851年）。尤洛吉乌斯经此鼓励，进一步煽动新的殉道者。教士、僧侣和妇女成群结队地向宫廷走去，谴责穆罕默德，结果均被斩首（852年）。7年后，尤洛吉乌斯也壮烈地殉道了。在他死后，此一运动告即平息。此后我们只听说在859年及983年有两起殉道事件，这以后，在伊斯兰教统治下的，不再听说有这类事件发生。

在穆斯林中，当财富日积月累增加时，对宗教的热情却日渐衰退了。尽管伊斯兰教的法律非常严酷，11世纪时，却兴起了一股怀疑的浪潮。不仅比较温和的异端邪说进入西班牙，而且有一个新宗派于此时崛起，宣称所有的宗教都是假的，对戒律、祈祷、禁忌、朝圣和布施加以嘲笑。另一个团体创立了"宇宙宗教"（Univesal Religion），反对一切教条，而要求一个纯伦理的宗教观。有些不可知论者则认为：宗教的教义"可能是也可能不是真实的，我们既不确定，也不否认它们，只是无从说起，但良知不容许我们接受那些无法证明其真实的教条"。神学家们努力予以反击，当11世纪骚乱降临到西班牙的伊斯兰教时，他们却将此归咎于反宗教。当统治者再度将统治根植于宗教信仰，而对宗教与哲学的争论只限于宫闱生活及消遣时，伊斯兰教在这段时间再度兴盛起来。

且不谈这些哲学家们。那些闪光的圆顶和镀金的尖塔，在数以千计的大小城镇随处可见。10世纪，伊斯兰教的西班牙成了欧洲，也可说是全世界最都市化的国家。曼苏尔时的科尔多瓦已是相当文明的城市了，仅次于巴格达及君士坦丁堡。据马卡里说，此地有20万栋房子、6.03万座宫殿、600座清真寺和700间公共浴室，这个统计是东方式的。游客们对上层阶级的豪富甚为惊讶，在他们看来那里真是极端繁荣——每一个家庭都养一头驴，只有乞丐出门才靠步行。街道铺饰整齐，且建有人行道，入夜灯火辉煌。行人在夜晚走上10里路，仍可见到街灯及连绵不断的建筑。在静静的瓜达尔基维尔河（Guadalquivir）上，阿拉伯工程师建造了一座有17个拱形桥孔的石桥，每一座桥墩间的距离约50英尺宽。阿卜杜–艾尔–拉赫曼一世时最早的建筑之一是一座导水槽，该槽每日带给科尔多瓦家庭花园喷水池及浴室充足的新鲜用水。该城亦以其奔放的花园和夹竹桃而闻名于世。

拉赫曼一世怀念他度过寂寞童年的那些地方，就在科尔多瓦建了一个大花园，模仿他童年时建在大马士革附近的别墅，因此在此花园中，他盖了里萨法赫（Rissafah）皇宫。后来的哈里发们又增建了一些建筑，穆斯林替它们取了些花团锦簇的名字：如百花宫、情人宫、安乐宫、王冠宫等。科尔多瓦跟后来的塞维利亚一样，拥有皇宫和堡垒式混合建筑阿尔卡扎尔。穆斯林历史学家称这些大厦在豪华和美观上可与尼禄时的罗马相匹敌：庄严的门框、大理石列柱、拼花地板、镀金天花板以及只有伊斯兰教艺术才能拥有的各种精美装饰。皇家的宫殿、贵族和富商大贾的房舍，沿着河流两岸鳞次栉比地延伸数里。阿卜杜－艾尔－拉赫曼三世的一位侍妾留给他一大笔财富，他主张用这笔财富去赎回战争中被俘的士兵，而那些自负的搜寻者则声称他们找不出一名俘虏来。因此哈里发的宠妻扎赫拉（Zahra）建议他，用这笔财富建造一座郊区皇宫以纪念她。费时 25 年（936—961 年），有 1 万名工人和 1500 头牲畜参加劳动，始实现了她的美梦。扎赫拉皇宫建在科尔多瓦城西南三英里的地方，设计和装潢都很豪华奢侈。全宫用了 1200 根大理石列柱，其女房可容纳 6000 名妇女，大厅的天花板和墙壁，都是用大理石制成或是镀着金，八扇大门镶嵌着黑心木、象牙和宝石，一座水银池塘反射着跳跃的太阳光。扎赫拉宫变成了贵族们的住宅中心，以风景明媚、幽雅、宁静著称。在城的另一端，曼苏尔建立了另一座可与之匹敌的扎赫拉宫（978 年），该宫也吸引了不少贵族、婢仆、随从、诗人、宫廷侍从等来此居住，因而成了另一个风景区。这两个地方都于 1010 年革命时化为焦土。

若他们将安拉的神殿，在优雅及空间上，都建得超过他们的皇宫，一般群众对这种奢侈挥霍总是会谅解的。罗马人曾在科尔多瓦为门神雅努斯（Janus）建了一座神庙，基督徒将它改建为大教堂。阿卜杜－艾尔－拉赫曼一世向基督徒购得此地，毁去原有建筑，另建了一座蓝寺院。1238 年，基督徒再度来到西班牙时，又将清真寺改建成大教堂。因此，所谓真、所谓善、所谓美，都是随着战争而变动的。然而这一计划却是阿卜杜－艾尔－拉赫曼在那些动乱岁月中的慰藉，他回城中亲自监督工作，希望在死前，能在这一华丽的新寺院中领导一次感恩祈祷。他死于 788 年，正好是开工典礼后两年。其子阿尔希夏姆继续这一工作。将近两世纪之久，每一代哈里发均在此增建一部分，至阿尔－曼苏尔时该寺院占地已达 742 英尺长、472 英尺宽。

该寺院的外部是砖石造的设有枪眼的城墙，上有不规则的望塔，并有在形式及美观上皆超过同一时代任何尖塔的大型尖塔，此尖塔被列于无数"世界奇景"的名单中。该寺院共有 19 扇大门，大门之上是马蹄形拱门，雕刻着优雅的花草鸟石和几何图案。一进大门是洗净室，现名奥兰格斯宫（Oranges）或帕提奥德·洛斯·纳兰约斯（Patio de los Naranjos）宫。在此一长方形的建筑空间中，地板是用彩色琉璃瓦铺饰的，内有 4 座喷水池，每一喷泉都是用整块大理石凿成的，而每块大理石都是用 7 头公牛从采石地运到这里。整栋寺院共用 1290 根列柱支撑，内部分成 11 个区域，共有 21 条通道。这些列柱的柱头上是各色各样的拱形设计——有些是半圆形的，有些是尖形的，有些是马蹄形的，大部分是用红白相间的石料制成的。这些列柱系用不透明的有色宝石、斑岩、雪花石膏或大理石制成，原料皆来自罗马或西哥特的西班牙的废墟。仅列柱就给人以广袤宽阔的感觉。木制的天花板雕着涡形装饰，刻有《古兰经》经文及其他各色各样的铭记。从天花板上垂吊下 200 盏枝形吊灯架，内中共装着 7000 杯香油，自屋顶倒悬的基督教钟里的香油库注下香油。地板及墙壁是用细镶嵌装饰的，有些是用镀珐琅的玻璃镶嵌，色彩繁多，有时还嵌入金片或银片，虽然已经过了 1000 余年，仍然闪闪发光，就像大教堂墙上点缀的宝石一样。其中一部分是神殿，地板是用银片及琉璃瓦片铺设的，门扇装饰精美，内部全以细镶嵌，屋顶是三个连接着的圆形屋顶，有雕刻优美的木制屏风将它与其他部分分隔开。神殿内部建有神龛及讲坛，艺术家们在此发挥了他们最高、最成熟的艺术天才。神龛是一个七边形的壁龛，周围墙壁铺饰金片，在深红和碧绿色的地板上点缀着镀珐琅的细镶嵌、大理石花格及金黄色铭文。上面是优美精细的列柱及三瓣叶形的拱形建筑，其可爱精巧堪与任何哥特式建筑相媲美。讲坛是最精致的一种，其上共有 3.7 万块象牙片及价值昂贵的木片——如黑檀木、香橼、茄楠香及红色、黄色的檀香木，全部由金制及银制的钉子拼钉在一起，其上并嵌着珍珠、宝石。在这讲坛上一个覆盖着金丝线缝制的深红色丝绸的珠宝盒里，是一部奥斯曼哈里发亲笔抄录的《古兰经》，上面还有他临死时留下的斑斑血迹。对我们这些较喜欢用镀金及铜片来装饰戏院，而不愿用珠宝及黄金来点缀大教堂的人来说，蓝寺院的装潢太奢侈了。墙壁上沾满了后世数代开创丰功伟业者的血迹，列柱数目多得难以计算，马蹄形拱门脆弱而不雅，就好像一对弓形腿上放置了一大堆肥肉似的。但是毕竟有其他不同的看法：马卡里认为这座伊斯兰寺院"无论在大小形状，设计美观，装潢布置或设计构造方面，都是无与伦比的"。

　　摩尔族的西班牙有一句俗语，即"当乐师在科尔多瓦去世，他所遗留下来的乐器会被送到塞维利亚去出售；当一位富商在塞维利亚去世，那他的图书馆将被送到科尔多瓦去拍卖"。在 10 世纪，科尔多瓦是西班牙人文荟萃之地，虽然托莱多、格拉那达及塞维利亚在这一方面也有积极的表现。穆斯林历史学家形容摩尔人的城市是诗人、学者、法学家、医生和科学家的蜂窝，马卡里曾用 60 页的篇幅来记述这些人的名字。当时的初级教育很发达，不过是自费的。哈卡姆二世增建了 27 所学校，免费接纳贫民就读，男女的教育机会是均等的，有好几位摩尔妇女在文学及艺术上都有卓越的成就。高等教育独立讲座在寺院中单独传授，他们所讲授的课程内容，正好配合组织不健全的科尔多瓦大学，该大学在 10 世纪和 11 世纪时，其名望仅次于开罗及巴格达的同一类型的大学。在格拉那达、托莱多、塞维利亚、穆尔西亚、阿尔梅里亚、巴伦西亚及加的斯都设有学院。造纸技术已由巴格达传入，因此书籍大量增加。伊斯兰教的西班牙有 70 座图书馆。富人常向人展示他们收藏的摩洛哥人装订完善的版本，藏书家到处寻找稀有而漂亮的，有插图的版本。学者哈德兰在科尔多瓦的拍卖中，对于他所希望得到的书总是出很高的价钱，直到这本书的价格远超过该书的真正价格而获得购买权。这位成功的出价者解释说，因为他的图书馆里还有一本书的空位需要填补，而这本书正好适合那个空位。"我非常懊恼，"哈德兰附带说，"我不得不告诉他，'他是没有牙齿的人，却得到一颗胡桃。'"

在伊斯兰教的西班牙，学者极受尊重，大家都认为学问和智慧是一体的东西。神学者和文法学家有上百位之多，声韵学家、语言学家、词典编撰者、文集编选者、历史学者、传记学家则多如牛毛。艾卜·穆罕默德·阿里·伊本·哈兹姆（Abu Muhammad Ali Ibn Hazm）除了担任倭马亚王朝最后一任首相外，还是一位学识渊博的神学者及历史学家。其所著《论宗教及教派》（*Book of Religions and Sects*）一书，讨论犹太教、祆教、基督教以及伊斯兰教各种主要的派别，是世界上最早的关于宗教比较的著作之一。若我们想要了解中世纪受过教育的穆斯林对中世纪基督教的看法，只要读一段他的东西便可略知一二了：

> 人类的迷信再也不会激起我们的震惊了。大多数文明国家仍然受到迷信的束缚……基督徒数量庞大，只有上帝才知道他们有多少，他们自夸拥有众多精明的统治者和聪明的哲学家。然而他们相信一即三及三即一的说法；所谓三位一体即圣父、圣子及圣灵；而圣父为圣子亦非圣子；那个人为上帝亦非上帝；救世主亘古存在，却为受造者。其中基督一性论教派有几十万人之众，都相信创世主曾经受拷打、鞭笞，最后被钉上十字架，世界曾经有三天失去主宰。

对哈兹姆来说，《古兰经》上的每一句话都是百分之百的正确。

在伊斯兰教的西班牙，科学和哲学并不昌盛，因为他们认为科学和哲学会破坏人民对宗教的信仰。马斯拉玛·伊本·艾哈迈德（Maslama Ibn Ahmad），住在马德里及科尔多瓦两地，曾将阿尔-花剌子模的天文历法表介绍给西班牙。作者不详的一部著作，认为出自他的手，上面记述许多有关实验的宝贵经验，其中之一即说明化学变化是从炼金术演变而来的——从水银中提取水银化合物的过程。托莱多人伊布拉希姆·扎尔卡利（Ibrahim al-Zarqali）因改良天象观测仪器而享誉国际，哥白尼在其所著有关天文观察的论文中即引述他的论文。他的星象观测是那个时代最优秀的，他首次证明太阳系中星球移动的定律，他所著关于星球运行的《托莱多天文表》（*Toledan Tables*）在欧洲被普遍采用。艾卜一卡西姆·扎拉维（Abul Qasim al-Zahrawi）曾任拉赫曼三世的御医，基督教国家尊称他为艾卜尔卡西斯（Abulcasis）。他在外科手术上是首屈一指的，所著的《医学百科全书》（*Al Tasrif*）光记载外科手术即有三大册。该书曾译成拉丁文，许多世纪间都是外科手术的标准教科书。在那一段时间，科尔多瓦成了欧洲人寻求外科手术最常去的地方。与任何文明都市一样，那里有小部分非法行医和医德败坏的医生。哈兰尼（Harrani）宣称，他有诊治腑脏疾病的秘方，并以 50 第纳尔的高价，把药卖给那些有钱的笨蛋。

"我们避免提到诗人，"马卡里说，"他们在希夏姆二世及曼苏尔时代，人数之多犹如海洋中的细沙。"在这些诗人中，有一位瓦拉达的公主。她在科尔多瓦的家，十足是法国启蒙时代的沙龙；诙谐家、学者和诗人常聚集在她周围。她与其中 20 位左右谈情说爱，并自由地描述她恋爱的故事，她的这种大胆作风，令雷卡麦尔（Récamier）夫人为之震惊。她的朋友穆伽（Mugha），无论姿色或才华，皆凌驾于她之上。在那段日子里，几乎住在安达卢西亚的每一个人都是诗人，他们随时随地交换即兴的诗篇。哈里发们也参与这种雅事。在那个时代，摩尔王族的宫廷里，如果没有豢养一两位享受荣华富贵的诗人，那真是一件不可思议的事。这种恩宠，对诗歌是好坏参半的。属于那个时代的诗，流传到我们手里的，都是些矫揉造作、堆砌而没有灵魂的东西，读来味同嚼蜡。主题则是爱情、肉欲或柏拉图式的爱情故事。在西班牙，也如在东方，穆斯林歌唱家无论在气度或方式上，都能表达吟游诗人的气质。

在这些多如繁星的人物里，我们且举一例。此人名赛义德·伊本·朱迪（Said Ibn Judi），是科尔多瓦市长的儿子，是卓越的战士及感情丰富的情人，是典型的伊斯兰教社会的绅士：自由自在，英勇，精于骑术，仪表俊朗，谈吐文雅，有诗才，膂力过人，擅长剑术、掷矛及射箭。对于爱情或战争，他自己也不确知更喜欢哪一件。即使只是女人的轻轻碰触，他都敏感非常，他忍受了一连串的爱情折磨，而每一位都曾与他海誓山盟。就像一位多情的吟游诗人一样，即使是惊鸿一瞥，他就会深堕情网。他爱得最真挚的是杰哈妮（Jehane），对于她，他却只见过百合般的素手。他是个真诚的享乐主义者，觉得考验的负担是道德家的责任。他说生命中最甜美的时刻是"座上客常满，杯中酒不空，当争执之后又与情人言归于好，彼此又互诉衷曲，静静地拥抱，享受宁静和平和。我像在战场中冲杀的烈马，纵横在享乐的圈子中。我死而无憾！当战斗的时刻，死神向我招手时，我愿安详地飘然而去，一对俊美明亮的眼眸便能令我心旌摇荡，奔向她们。"他的同僚们时常怨恨他勾引自己的妻子，一位官员当场抓到妻子和他通奸，立时将他杀死（897年）。

更英雄式的悲剧，降临在大诗人穆塔米德的生命中。他是塞维利亚的总督。像其他西班牙小王国一样，有很多年，他向卡斯提亚的阿方索六世（Alfonso VI）纳贡，作为与基督徒和平相处的代价，然而贿赂永远不能满足需索者的要求。从掠夺中增加了战斗的实力，阿方索于1085年全力攻击托莱多，而穆塔米德看出了他与托莱多唇亡齿寒的关系。伊斯兰教的西班牙城邦国家由于阶级纷争及彼此攻讦，弄得民穷财尽，以致无力抵抗侵略。但在地中海的对岸，正兴起一个伊斯兰教的新王国。该邦国以北非隐士的名字命名为阿尔摩拉维德（Almoravid），以狂热的宗教信仰为立国的基础，将每一个壮丁都训练成为安拉的战士，因此他们的军队轻而易举地征服了整个摩洛哥。正当此时，其国王优素福·伊本·塔什芬（Yusuf Ibn Tashfin），一位骁勇善战，精明干练的国王，接到西班牙各王公的联合邀请，请他援助他们抵御卡斯提亚的残虐欺凌。优素福即率军渡过直布罗陀海峡，增援马拉加、格拉那达及塞维利亚诸邦，在巴达霍斯（Badajoz）附近的扎拉卡（Zallaka），他与阿方索的军队相遇（1086年）。阿方索即遣人送给他一封短简："明天（星期五）是你们的假日，星期天是我们的。因此我提议，我们在礼拜六决战。"优素福完全同意，阿方索却在星期五偷袭伊斯兰教军队。穆塔米德从容应战，优素福应战自如，伊斯兰教军队大获全胜，并以大屠杀来庆祝他们的节日，而阿方索一方仅有500人幸免于难。优素福班师回北非，不取一丝一毫的战利品，深得西班牙人的敬佩。

4年后，他卷土重来。穆塔米德敦促他摧毁重整旗鼓的阿方索。优素福只是敷衍战事，全力僭取伊斯兰教西班牙的主权。受苦的人们热烈欢迎他，因为他们喜欢新的主人甚于旧主人；知识分子视他为宗教的反动者而激烈反对他；但是神学家们则热烈地拥戴他。他不费吹灰之力取得格拉那达，并取消了《古兰经》上未规定的种种苛捐杂税，令人民欢欣鼓舞（1090年）。穆塔米德与其他总督结盟，起来反抗他，并与阿方索缔结神圣同盟。优素福包围科尔多瓦，市民即迎他入城。他围攻塞维利亚，穆塔米德本英勇奋战，眼见爱子战死沙场，顿时精神崩溃而投降。至1091年，整个安达卢西亚地区，除了萨拉戈萨以外，全在优素福的掌握之中，而伊斯兰教的西班牙，以摩洛哥为统治中心，又成了非洲的一个省份了。

穆塔米德被送入丹吉尔的监狱。在那里他接到当地诗人胡斯瑞（Husri）颂扬他的诗篇，诗人要他赐赠一些纪念物。已成阶下囚的总督，全部财产只有35杜卡特，便全部赠与胡斯瑞，并为不能送得多一点而感到抱歉。后来，他被解送到距摩洛哥不远的阿格麦特，在监禁中过了一段忍饥挨饿的日子，那时他仍经常写诗，直到去世为止（1095年）。

其中一首诗，可当作他的墓志铭来阅读：

不要太执着于世界，看呀！

包在锦绣丝缎里的，

不过是个不可靠而无用的窝囊废。

请听我说穆塔米德，你已日趋衰老。

而我们——梦想青春的利剑永不生锈，

希望海市蜃楼中有汩汩流泉，沙滩上能开出美丽玫瑰

　　　——对这谜样的世界已经看透，

经历沧海桑田的艰辛始获得这一点智慧的结晶。

第十四章 | 伊斯兰教的兴盛与没落
（1058—1258）

信奉伊斯兰教的东方地区（1058—1250）

托格茹死后（1063 年），他 26 岁的侄儿阿尔普·阿尔斯兰（Alp Arslan）继任为塞尔柱苏丹。一位友善的历史学家这样描述他：

> 高大，长须，当要射箭时总是将胡子结起来。他射箭奇准，万无一失。他戴着极高的头巾，因此人们常说，从他头巾的上端到胡子的下端有两码长。他是一位强壮、公正的统治者，非常豪爽，毫不偏私地处罚贪官污吏，并体恤贫民。他热衷于研究历史，对关于历代统治者的记载有极大兴趣，对叙述其特性、法规及实施方法的著作，也都处处留意。

虽然有这些学术倾向，他仍因征服赫拉特、亚美尼亚、乔治亚、叙利亚而赢得了"狮心英雄"（the lion-hearted hero）的美誉。希腊国王罗玛努斯四世集合了 10 万纪律败坏的散兵，来对抗他 1.5 万饱经沙场的将士。塞尔柱的领袖提出了合理的和平条件，但罗玛努斯不屑地拒绝了，于是双方在亚美尼亚的曼齐刻尔克（Manzikert）展开血战，希腊国王虽然勇敢作战，仍兵败被俘，被带到阿尔普—阿尔斯兰处。阿尔斯兰问罗玛努斯："如果幸运之神倾向于你，你会如何对我？"他回答："我会把你剁成碎片。"阿尔斯兰却以礼相待，并厚加赏赐，放他回国。一年之后，阿尔斯兰遇刺身亡。

他的儿子马立克·萨赫（Malik Shah）是塞尔柱族最伟大的苏丹。当他的大将苏莱曼彻底征服了小亚细亚，他自己也取得了特兰萨克西拉，及远至布哈拉及喀什的土地。他有才干且尽责的宰相尼扎姆·穆尔克（Nizam al-Mulk）帮助他取得了这些成就，并为阿尔斯兰的王国取得了阿尔—拉希德时代巴尔马克家族给予巴格达的光荣和财富。在他当政的 30 年中，尼扎姆管理行政、政策与财政，鼓励工商，兴修道路、桥梁与旅舍，使所有的旅人都能平安旅行。他还是艺术家、诗人、科学家的好友，在巴格达兴建了宏伟的建筑，建立并资助一所著名的大学，支持并亲自指挥在星期五寺院内兴建大圆厅（Great Dome Chamber）。很明显是在他的建议下，马立克召集欧麦尔·开俨与其他的天文学家修订波斯的历法。有古老的传说，说尼扎姆、欧麦尔和哈桑·伊本·赛伯伊还是同学时，即誓言将来要有福同享。就像许多美好的故事一样，这可能只是一个传说，因为尼扎姆是在 1017 年出生的，而欧麦尔和赛伯伊两人死于 1123 至 1124 年之间，没有证据证明他们中任何一人活到了 100 岁以上。

75 岁那年，尼扎姆在他以波斯散文体写就的一本主要著作《统治术》（Siyasat-nama）里，提出他的政治哲学。他强调人民与君主皆应有正统的宗教，并认为政府若无宗教基础则不能稳定，又从宗教的观点推论出苏丹的神圣权力及无上权威。但他并不排斥某些人对君主的义务提出的忠告。

统治者必须避免过度的饮酒与淫逸，要注意并惩治官吏的贪赃枉法，而且每周要举行两次公听会，即使是最小的问题，人民也可提出请愿。尼扎姆厚道但不容忍异端，他悲叹基督徒、犹太人和什叶派为政府所雇用，并指责以实玛利派对国家团结具有特别的威胁。1092

年，一名以实玛利激进分子伪装为请愿者接近他而将他刺死。

　　这个谋杀是历史上最奇特的事件之一。约 1090 年，以实玛利派领袖——就是传说中与欧麦尔及尼扎姆结盟的哈桑·伊本·赛伯伊——在波斯北部占据了一个叫鹰巢（Eagle's Nest）的山地据点，当地海拔 1 万英尺，他在那里以恐怖和暗杀行动对付反对以实玛利信仰的人和控告者。尼扎姆的书指控这个团体与波斯萨珊王朝的马兹达克主义者（Mazdakites）一脉相传。它是一个秘密的兄弟会，有不同的等级，有一名被十字军称为"山上老大"（Old Man of the Mountain）的领袖（Grand Master）。最低一级的叫信徒（*fidais*），要无条件地毫不迟疑地服从他们领袖的任何命令。根据在 1271 年经过阿拉穆特（Alamut）的马可·波罗的说法，领袖在堡后建了一个供人居住的花园，"里面有妇女和少女与男人调情"。被允许入教的人要服用大麻叶做成的麻醉药，被麻醉之后，就把他们带到花园里，等他们恢复神智后，再告诉他们已经置身天园之中。享用四五天的醇酒、美人、佳肴之后，又给他们麻醉药服用，把他们带出去。他们不停地奔走，寻找失去的乐园，这时告诉他们，如果他们能服从教主或忠实地做他的仆役，就可重回天园永不离开。那些表示愿意的青年被称作 *hashshasheen*，意即"饮用麻醉药的人"——这就是暗杀（assassin）一词的来源。赛伯伊统治阿拉穆特 35 年之久，使那里成为一个暗杀、教育和艺术中心。他死后很久这个组织仍然存在，占领了另一个据点，与十字军作战，而且（据断定）在"狮心王"理查德的吩咐下杀死了蒙特菲拉特的康科德。不过它仍然作为一个教派存在，且有段时间与他人相安无事并受尊敬。其在印度、波斯、叙利亚和非洲的虔诚信徒，奉阿加可汗（Agha Khan）为领袖，每年献给他所得的 1/10。

　　马立克·萨赫在他的宰相死后一个月也去世了，他的儿子们为继承王位而拔刀相向，在一连串的混乱中，穆斯林却并未联合起来对付十字军。巴格达的苏丹辛雅尔（Sinjar）恢复了塞尔柱的光荣政权，并大力奖励文学，但在他死后，塞尔柱又分裂成许多小的对立派别争战不已。在摩苏尔，马立克·萨赫的仆役库尔德人赞吉（Zangi）于1127 年建立了诸侯之王王朝（Atabeg, Father of the Prince），与十字军激战，并将他的统治扩展到美索不达米亚。其子努尔丁·玛哈穆德（Nuruddin Mahmud）征服了叙利亚，建都大马士革，以公义勤勉治国，并将埃及从垂死的法蒂玛王朝中拯救出来。

在同样糟糕的情形下，阿巴斯王朝屈服于白益和塞尔柱的统治，两个世纪之后，开罗的哈里发们降为什叶派僧侣，政权由军人出身的首相把持。由于沉湎于后宫佳丽，被太监和仆役蒙蔽，为安逸和妻妾腐化，埃及的法蒂玛王朝准许宰相使用君主的头衔，任意支配政府的官职与财政。1164 年，两名候选人极力争夺首相的职位。其中一名叫沙瓦尔的求助于努尔丁，于是后者派什尔库赫（Shirkuh）率领一部分军队前往协助。结果什尔库赫谋杀了沙瓦尔，自任为首相。1169 年什尔库赫死后，他的侄子继任这一职位，即我们所熟知的萨拉丁。

他于 1138 年生于底格里斯河上游的特克里特（Tekrit），属于库尔德族非闪米特人血统。他的父亲阿优布（Ayyub）最初在赞吉手下任巴勒贝克总督，后在努尔丁时任大马士革总督。萨拉丁便在这些城市及宫廷中长大，学习政治和军事。除此之外，他具有虔诚的正统派思想，并对神学有些研究，过着几乎是苦行僧的简单生活。穆斯林将他列为最伟大的圣者之一。他主要的衣着是一件粗制的羊毛衣，唯一的饮料是水。他对性的节制（在早期的放任之后）几乎影响了所有的同辈，使他们竞相效尤。他与什尔库赫一同被派往埃及，处处表现出他是一名杰出的军人，于是他被派往亚历山大担任指挥官，成功地抵制了法兰克人（1167 年）。他 30 岁时即任首相，立志使埃及恢复正统的伊斯兰教信仰。1171 年，他在公开祈祷中，以阿巴斯王朝的哈里发取代什叶派的法蒂玛王朝哈里发——前者现在仅是巴格达的正统领袖。法蒂玛王朝最后一位统治者阿迪德（Al-Adid）当时正卧病宫中，没有注意到这一宗教革命，萨拉丁完全不让他知道这件事，让这个废物"可以在平静中死去"。不久，哈里发就不再指定继承人，法蒂玛王朝也趋结束。萨拉丁使自己由宰相变为总督，以努尔丁为苏丹。当他进入开罗哈里发的宫中时，宫中住了 1.2 万人，除了哈里发少数男性亲属外，其余都是妇女，而且充塞着珠宝、家具、象牙、瓷器、玻璃和其他艺术品，在当时很难再找到其他艺术品可以与之媲美。萨拉丁自己丝毫未取，将宫廷让给部下居住，自己继续住在宰相的官邸，过着简单的生活。

努尔丁在 1173 年去世时，这位总督拒绝承认他 11 岁的儿子继承苏丹之位，而这时叙利亚又濒临混乱。因为害怕十字军攻占该国，萨拉丁率领一支 700 名骑兵组成的部队离开了埃及，以速战速决的方式使自己成了叙利亚的主人。回到埃及后，他自称为王，于 1175 年建立阿优布王朝。6 年之后他再度出兵，建都大马士革，征服了美索不达米亚。像在开罗时一样，他表现出严格的正统信仰。他兴建了几座清真寺、医院、修道院与神学院。他鼓励建筑，反对非宗教性的科学，如柏拉图一样鄙视诗歌。当他了解到自己的错误后，很快予以改正。税率降低了，公共工程展开了，政府的工作也有效地推广开来。在他公正廉明的统治下，伊斯兰教大放异彩。连基督教国家也承认他是一位异教的君子。

我们不必详述他死后（1193 年）东方伊斯兰帝国因分裂而造成的混乱。他的儿子们缺乏他的能力，三代之后（1260 年）阿优布王朝结束了在叙利亚的统治。埃及的繁荣时代至 1250 年也告结束。埃及的巅峰时期在 1218 至 1238 年，腓特烈二世的朋友马立克·卡米勒（Malik al-Kamil）的时代。在小亚细亚，塞尔柱人建立了罗马苏丹政权的统治，使科尼亚（Konya）一度成为学术文化的中心。自荷马以来，小亚细亚即半希腊化。现在则降低了希腊化的程度，成为土耳其化的土耳其斯坦。而如今，土耳其在这曾经是赫梯人（Hittite）发源地的地方仰人鼻息。一支独立的土耳其部落曾统治了阿尔·瓜利密，其势力从乌拉尔山扩张到波斯湾。

即使在衰落的这些年里，伊斯兰教仍然在诗歌、科学和哲学方面居于世界领导地位，在政治方面也足以与欧洲的霍恩施陶芬王室诸君匹敌。塞尔柱的统治者——托格茹、阿尔普·阿尔斯兰、马立克·萨赫、辛雅尔——是中世纪最能干的君主。尼扎姆·穆尔克被列为最伟大的政治家之一。努尔丁、萨拉丁、卡米勒与理查德一世、路易九世、腓特烈二世不相上下；所有这些伊斯兰教统治者，甚至一些小国王，都承继阿巴斯朝的传统，奖励文学与艺术。在他们的宫中，我们可以看到一些诗人，如欧麦尔、尼扎米、萨迪、雅拉尔·乌德—丁·鲁米（Jalal ud-din Rumi）。虽然哲学在他们的过分正统的立场下黯然失色，建筑却比以前更为宏伟。塞尔柱人和萨拉丁迫害伊斯兰教的异端，但是宽容基督教和犹太教，因此拜占庭的历史学家告诉基督教国家，应邀请塞尔柱的统治者来驱逐、压迫拜占庭的总督们。在塞尔柱和阿优布诸君的统治下，西亚又再度在各方面繁荣起来。大马士革、巴格达、阿勒颇、摩苏尔、伊斯法罕、拉伊、赫拉特、阿米达、内沙布尔、莫夫等地，在这一时期，是西方世界中最美丽和最文明的都市。这是光辉的衰退。

信奉伊斯兰教的西方地区（1086—1300）

1249 年，阿优布系最后一位埃及苏丹萨利赫（al-Salih）死了。他的遗孀，当过女仆的辛雅尔·杜尔（Shajar al-Durr）把前妻的儿子谋害了，自封为后。为了保持男性的荣耀，开罗的伊斯兰教领袖选择了曾是男仆的艾伊贝克（Aybak）与她为伴。她嫁给了他，继续她的统治。当他企图宣布独立时，她便将他谋害于浴室之中（1257 年）。她自己不久也被艾伊贝克的一群女仆用木鞋打死。

艾伊贝克活着的时候，建立了马穆鲁克王朝，也称"奴隶王朝"（Mamluk Dynasty）。"mamluk"意即"被拥有的人"（owned），指白人奴仆，他们通常是阿优布朝苏丹们雇用为禁卫军的强壮和勇敢的土耳其人或蒙古人。就像在罗马与巴格达一样，在开罗这些卫士也变成了君主。有 267 年之久，埃及在马穆鲁克王朝的统治之下，甚至叙利亚也一度在其统治下。他们以暗杀染红了首都，又以艺术来美化它。他们在阿因·雅鲁特（Ain Jalut）击败蒙古人（1260 年），他们的勇敢拯救了叙利亚和埃及——甚至欧洲。他们从法兰克人手中挽救了巴勒斯坦，将最后的基督教战士逐出亚洲。

最伟大和最无可指责的奴隶君主是马立克·拜巴尔斯（Al-Malik Baibars）。身为土耳其仆役的他，以勇敢在埃及军中赢得高级职务。他于 1250 年在曼苏拉打败了路易九世。之后在库图兹麾下，在阿因·雅鲁特充分显示了他的战功。在班师回开罗途中，他谋杀了库图兹，自立为王，接受开罗市民为库图兹准备的欢迎仪式。他与十字军重启战端，经常获胜。由于这神圣的战争，伊斯兰教传统对他的尊敬仅次于哈龙和萨拉丁。同时代的基督教编年史家记载说，和平时，他"严厉、道德高尚，不仅对人民，甚至对信奉基督教的子民也宽大为怀"。他建立了严密的政治组织，使他以后的无能的继承者皆能维持奴隶君主的统治局面，直到 1517 年才被奥斯曼土耳其推翻。他在埃及建立了强大的陆海军，疏浚港口、道路与运河，用他自己的名字建立了许多清真寺。

另一名土耳其奴役，罢黜了拜巴尔斯的儿子，成为曼苏尔·萨伊夫—丁·夸劳恩（Mansur Sayf-al-Din Qalaun）苏丹。他得以留名青史，主要是因为他在开罗建立大医院，而且捐赠了 100 万第尔汗作为养老金。他的儿子纳西尔曾三次即位，但两次被废。他修建沟渠、公共浴室、学校、修道院和 30 座清真寺，用 10 万劳工，开掘从亚历山大港到尼罗河的运河。他为儿子的婚宴杀了 2 万头牲畜，这是奴隶王朝奢侈生活的例证。当纳西尔在沙漠中旅行时，40 头骆驼背上背着肥沃的土壤，每天供给他新鲜的蔬菜。他耗尽了财富，替他的继承者们宣告马穆鲁克王朝的逐渐倾颓。

这些苏丹并不比塞尔柱或阿优布王朝诸君给我们的印象深刻。他们兴建了许多伟大的公共工程，但其中大部分是在剥削农民和无产者，在压迫已达极限的情形下完成的。对政府来说，这是对国家的不负责任，或是一个不负责任的贵族政体。暗杀是唯一令人印象深刻的事件。不过这些残忍的统治者，对文学和艺术还是有很大兴趣的。马穆鲁克王朝君主统治的时代是中世纪埃及式建筑最灿烂的时代。开罗是印度河以西最富裕的城市（1250—1300 年）。

　　市场充斥着日用品，许多还是奢侈品。大的奴隶拍卖市场可以贩卖男女奴隶。小商店紧靠着墙壁，摆满了可以讨价还价的货品。为了阴凉及防御而专门设计的狭窄弯曲的小巷子里挤满了人畜，行人车辆嘈杂扰攘。住家隐匿在阴森的建筑物后面，房间在街道及其紧邻的内庭与花园所散发出来的光彩、温暖及喧闹声中，显得阴暗而冰冷。屋内布置有帷帐、地毯、刺绣和艺术品；男人嚼有致幻作用的大麻叶，沉醉于梦境中。女人在闺中闲聊，或偷偷摸摸地隔着格子窗调情。城堡中各种音乐和怪异的演奏杂乱交错。公园里充满了花朵的芳香和不绝的游客。运河与大河中穿梭着货轮、客船和游船。这就是中世纪伊斯兰教的开罗。有一首诗是这样写的：

> 花园边流淌着静静的尼罗河。
> 我经常驾舟遨游
> 且不时上岸休憩，
> 沉醉在温煦和暖的阳光中，
> 因她而使此地如斯美丽。

　　在北非还有一系列的王朝。扎伊利德（Zayrid）和哈夫斯（Hafsid）诸君统治过突尼西亚，哈玛蒂德（Hammadids）王朝统治过阿尔及利亚，阿尔摩拉维德（Almoravid）王朝和阿尔摩哈德王朝（Almohads）治理过摩洛哥。在西班牙，曾是非洲简朴武士的胜利者阿尔摩拉维德诸君，很快就学会了被征服的科尔多瓦及塞维利亚王公们的豪华生活。战争的信条为了和平而被弃之不顾。当生活优裕，为了达成欲望，勇气也会向金钱屈服。女人的妩媚赢得人们的赞赏，这种力量只有神学家所说的乐园的幸福才可与之相比。官吏开始贪污，在优素福·伊本·泰什芬统治之下有能力的政府，到其子阿里已腐败无能了。由于政府的弊病日益增长，盗匪横行，道路不再安全，商业衰退，财富减少。天主教的西班牙国王抓住这个机会，攻占了科尔多瓦、塞维利亚和其他摩尔族西班牙城市。穆斯林于是重返非洲求援。

1121 年，一次宗教革命使新派得到权力。阿卜杜拉·伊本·突玛特（Abdallah Ibn Tumart）对正统的神人同形主义和哲学家的理性主义都加以谴责，他要求恢复简单的生活与教义，最后他自称是救世主或什叶派信仰中的弥赛亚。非洲亚特拉斯山脉的蛮族成群地到他那里去，他在阿尔摩哈德或唯一神论教派的名义下将他们组织起来，推翻了摩洛哥的阿尔摩拉维德王朝。他发现在西班牙获取政权是很容易的事。在阿尔摩哈德王朝君主艾卜·穆闵（Abd al-Mumin）及艾卜·亚库卜·优素福的统治下，秩序和繁荣又重回安达卢西亚和摩洛哥；文学与学术再次抬头。哲学家受到保护，大家了解他们的著作是难以理解的。但是艾卜·亚库卜·优素福却向神学家屈服，放弃哲学，并下令焚毁所有的哲学著作。其子穆罕默德·纳西尔既不关心哲学，也不注重神学。他荒废朝政，耽于游乐，于 1212 年在拉斯·纳瓦斯·德·托罗萨（Las Navas de Tolosa）被基督教的西班牙联军打败。阿尔摩哈德西班牙分裂成许多小的独立国家，被基督教徒一一征服——科尔多瓦于 1236 年，巴伦西亚于 1238 年，塞维利亚于 1248 年。被袭击的摩尔人退回了格拉那达等地，那里的田地变成了花朵盛开的葡萄园、橄榄园和橘子园。一位接一位的精明统治者支持着格拉那达及其附庸——埃克斯雷斯（Xeres）、哈安（Jaen）、阿尔梅里亚、马拉加——抵抗一再攻击的基督徒。商业和工业复兴了，艺术绚烂，人民以华丽的衣着和快乐的节日受到艳羡。这个小王国一直生存到 1492 年，是欧洲最后的文化立足点，使安达卢西亚在几个世纪中成为人类的骄傲。

伊斯兰艺术一瞥（1058—1250）

柏柏尔人统治的这一时期，伊斯兰教的西班牙在格拉那达建立了摩尔族王宫阿尔哈姆布拉，并在塞维利亚建立了宫殿阿尔卡扎尔和吉达尔达。新的建筑被称做摩尔式，因它是由摩洛哥传进来的。其建材来自叙利亚和波斯，外观像印度的泰姬陵。伊斯兰教的艺术王国是如此的广阔与丰富。它现在是一种柔弱的形式，不再像大马士革、开罗和科尔多瓦等地的清真寺，给人强有力的印象，但在精致优美方面，似乎一切技巧都用于装饰，雕刻师也成为了设计师。

阿尔摩哈德诸君是热心的建筑师。最初他们为了防御而建筑。围绕着主要城市的四周，有坚厚的墙壁和塔，就如在塞维利亚防守瓜达尔基维尔河的金塔（Tower of Gold）一样。阿尔卡扎尔是一个城堡和宫殿的建筑群，呈现出平坦而鲁钝的外貌。这是托莱多的建筑师贾卢比（Jalubi）为亚库卜·优素福设计的（1181 年），1248 年之后成为基督教国王最喜欢的住所。佩德罗一世（1353 年）、查理五世（1526 年）和伊萨贝拉女皇先后对其改造、修缮、恢复原状和扩建。如今，其建筑面貌就结构而言，主要是基督教的，但是在工艺和风格方面，大部分是摩尔式或基督教摩尔式。

当艾卜·亚库卜·优素福于 1171 年开始建造塞维利亚的阿尔卡扎尔时，还建造了一座雄伟的清真寺，现在已无存。1196 年，设计师查比尔设计了伟大的清真寺的尖塔，即我们所说的吉拉尔达。基督教征服者将清真寺改成教堂（1235 年）。1401 年，它被拆毁，在原址——部分使用原有的材料——建了塞维利亚大教堂。吉拉尔达最下面的 230 英尺是原来的建筑，其余的 82 英尺是基督徒以和谐的摩尔式增补的（1568 年）。上面三分之二满布连环拱廊的阳台，以灰石与石子的花边格子墙作装饰。顶端是一尊富于震撼力的基督铜像（1568 年），严格地表现出朝着风向的西班牙的强烈宗教气质，因此它的西班牙名字为吉拉尔达——"朝向"之意。摩尔人在马拉科什和拉巴特设计建造的塔也很美观。

在格拉那达，穆罕默德·伊本·艾哈玛尔于1248年下令建造西班牙最著名的大厦阿尔哈姆布拉——"红屋"之意。他选择的地点为深峡所环绕的危岩，俯瞰达罗河（Darro）和格尼尔河（Genil）。这位统治者在那里发现了一座城堡，即"阿尔卡扎巴"（Alcazaba），为9世纪的建筑物。他在红屋和它的早期宫殿外边建立了围墙，到处留下他的格言："除安拉之外无征服者。"以后基督徒和摩尔人又不断扩大和整修这座大建筑物。查理五世增建了他自己四方形的文艺复兴时代风格的宫殿，严肃、不谐调而又不完全。根据东方伊斯兰教的军事建筑原则，无法考查姓名的建筑师设计了最初作为城堡的大围场，可容纳4万人。以后的两个世纪，日益浮华的格调逐渐使这个城堡成为聚会大厅与宫殿，几乎所有的装饰都是花朵与几何图形，以各种颜色印在灰石与石头上，其华美举世无双。在米尔特勒斯（Myrtles）殿里，一汪池水映出了叶簇和饰以花格墙壁的回廊。后面耸立着有枪眼的科曼瑞斯（Comares）塔，在那里，被围困的人能拥有一个坚不可摧的内堡。塔的内部是华丽的接待大厅，统治格拉那达的总督即于赞美声中在此即位，此时各国的密使无不惊叹这个小王国的艺术与财富。查理五世从阳台的窗子俯瞰下面的花园、果林和小溪，不禁沉思着："那些没有得到这里的人是多么的不幸！"在主要的大院子中，12只大理石猛狮守护着华丽的雪花似的喷泉。细长的柱子和环绕着拱廊的花团锦簇的柱头，钟乳石的拱内侧之穹隆，库法文字，被时间消蚀了色彩的金银细丝构成的复杂图案，使这一杰作成为典型的摩尔式风格。也许是由于过度热衷和奢侈，摩尔人迫使艺术从高雅变为放纵。一切装饰使眼睛与灵魂，甚至对美与技巧都感到厌烦。这种细腻的装饰产生了一种虚弱的感觉，牺牲了建筑应该给予人的安全的印象。但是几乎所有这些建筑都经历了十几次地震，接待大厅的天花板震落了，其余的仍然保存了下来。总之，这些庭园、宫殿、喷泉和阳台，表现了摩尔人在西班牙艺术上达到的顶点和腐化。征服者的精力用于享乐和对美的追求，追求富强变成了追求优美和高雅的艺术。

摩尔人的艺术于 12 世纪时从西班牙传回北非、马拉喀什、菲兹、特勒姆森、突尼斯、斯法克斯、的黎波里等地，壮观的宫殿，使人眼花缭乱的清真寺和错综复杂的贫民区，都达到了最高峰。在埃及和东方，塞尔柱阿优布王朝和马穆鲁克王朝，把一种新的雄浑的气质带进了伊斯兰教的艺术之中。在开罗东南，萨拉丁和他的继承者利用俘获的十字军劳工兴建庞大的城堡，可能是模仿法兰克人在叙利亚修建的堡垒。阿优布王朝在阿勒颇兴建大清真寺和城堡，及在大马士革的萨拉丁灵庙。同时建筑方面的革命，在整个东方伊斯兰国家，将古老的庭园式样，转变为更有生气的清真寺。当清真寺增加后，已不再需要它们作为人数众多的集会崇拜中心。而学校数目的增加，需要更多的教育设备。寺院的主要建筑部分——现在几乎完全是圆顶——有四个厢房或回廊向外扩张，每一部分都有自己的尖塔，装饰美观的正门，一间宽阔的讲堂。通常四派的神学及法律学校都有自己的厢房，就像一位诚实的苏丹说过的，支持全部四个正统派是很理想的，因为至少有一个可以在任何情形下为政府的行为辩护。这种革命性的设计，被马穆鲁克王朝君主们用来以石料建造寺院和坟墓，以波纹装饰的青铜做成防卫用的雄伟大门，以染色玻璃窗增加光彩，以镶工来增加它的华丽，加上灰石上各种色彩的雕刻，及只有伊斯兰教才知道如何制造的耐久瓦片。

塞尔柱人的建筑遗迹百不存一。亚美尼亚阿尼的清真寺，科尼亚的库瓦尔极（Diwrigi）寺宏伟的大门，阿拉丁的雄伟的寺院，希尔特耶利（Sirtjeli）的洞穴式大门与刺绣般的正面，美索不达米亚的摩苏尔大寺院，巴格达的穆斯塔绥尔寺，波斯拉伊的托格茹塔，莫夫的辛雅尔坟墓，哈马丹阿尔维亚恩寺院的耀眼神龛，夸斯文的星期五寺院缀以棱线的拱形圆顶、独特的内角拱，以及赫达里亚（Haydaria）寺院的大圆顶和神龛……这些不过是保存下来的极少数建筑，它们证明了塞尔柱设计者的技巧与塞尔柱苏丹们的风格。而比这些都美的——只有马斯哈德波斯什叶派领袖里扎的坟墓——是塞尔柱时代的杰作，伊斯法罕的星期五寺院就像沙特尔大教堂或巴黎圣母院一样，烙上了几个世纪的劳力建造痕迹。它始建于1088年，经数次整修或扩建，于1612年建成了现在的样子。大型砖造圆顶，记载了尼扎姆·穆尔克的碑铭，时间为1088年。门廊和圣堂的正门——80英尺高——以细镶嵌彩陶装饰，历史上鲜有其他建筑可与之匹敌。内厅顶上有缀以棱线的圆顶、复杂的内角拱，和从许多角柱上立起来的尖拱。它的神龛（1310年）有葡萄藤和荷叶群的灰石雕刻及库法文字，在伊斯兰教中很少有超过它的。

　　这些遗迹，使我们对土耳其人是野蛮人的说法置之一笑。就像塞尔柱的统治者和首相被认为是历史上最能干的政治家，塞尔柱的建筑师也因为一大堆愚鲁的计划被列为信仰时代最优秀和最勇敢的建筑师。波斯人对装饰的鉴赏力受到塞尔柱英雄式风格的影响。这两种形式的组合，在小亚细亚、伊拉克和伊朗掀起了建筑热潮，正与同时代哥特式建筑在法国大放异彩相呼应。不像阿拉伯人那样把寺院藏在宫廷的角落里，塞尔柱人使寺院具有豪放、光明的正面，并使它有高大的圆锥形的圆顶，令所有的大厦成为一个整体。尖顶、圆顶、穹隆现在是完全融合在一起了。

　　一切艺术都在这个伟大而逐渐衰落的奇妙时代，达到了伊斯兰教艺术的顶峰。陶器对波斯人来说，似乎是快乐生活不可缺少的东西，很少有陶器的制造艺术能达到如此变化多端的优异程度。光泽的装饰，釉料上下单色或多色的绘画、珐琅、瓦片与玻璃的美化，改良了埃及、美索不达米亚、叙利亚和萨珊的遗产。它受到中国的影响，特别是在人物的绘画方面，然而这并没有完全支配波斯形式。12至14世纪的波斯陶器，仍然是举世无双的——在丰富多变的形式、优美的调和、华丽的装饰以及线条的高雅与精细方面，都超过其他地方的艺术品。

　　一般说来，伊斯兰的小件艺术品不该只有这么小的名气。阿勒颇与大马士革在这一时期，以珐琅设计生产了极细致而奇妙的玻璃，开罗也制造了寺院和宫廷用的珐琅玻璃灯，今天是艺术收藏家的无价之宝。一件阿拉伯玻璃细颈瓶，被罗斯柴尔德家族（Rothschild）以1.365 万美元的价格买去。被萨拉丁散失的埃及法蒂玛时代的宝物，包括上千只水晶或带红条纹的玛瑙花瓶，在技巧上似乎超过了今天的水平。古老的亚述人的金属制造艺术，在叙利亚和埃及达到了巅峰，它于 15 世纪传到了威尼斯。黄铜、青铜、银、金被铸造或打成各种用具、武器、兵器、灯、盆、壶、碗、盘、镜、天文仪器、花瓶、枝形灯架、笔盒、墨盒、火盆、香水喷洒器、动物的形体、柴架、钥匙、剪刀……上面还有精细的雕刻，许多地方还镶有贵重的金属或宝石。铜桌子上面也刻有各种图样，圣堂、门或坟墓还有贵重金属做的栅栏。有一个银托盘，上面刻了许多山羊、鹅和阿尔普－阿尔斯兰的名字，是 1066 年的作品，现存波士顿艺术馆。它被认为是波斯艺术"在伊斯兰教时代的杰出银器"及"塞尔柱时代存留下来最重要的单件艺术品"。

　　雕塑仍是一种附属艺术，限于石头或灰泥浮雕与雕刻，及阿拉伯式的装饰。一位轻率的统治者，可能会为自己或妻子，甚至一名歌女制作雕像，但这种雕像是有罪的，很少公开。木刻却很兴盛，门、讲坛、神龛、读经台、屏风、天花板、桌子、格子窗、窗子、柜子、盒子、梳子，都刻上花边，或费力地用一个旋转架，以交叉的旋转脚转动他们的旋床。另外还有一些以很大的耐心制造出来的，有丝、缎子、锦缎、刺绣、金织天鹅绒、帘子、帐篷和地毯，都有精巧的编织或有趣的设计，能使世界为之惊羡。马可·波罗在约 1270 年游历小亚细亚，指出那里有"世界上最美丽的地毯"。萨尔金特（John Singer Sargent），认为某一张波斯地毯"其价值足抵过去所绘的图画"。但是专家们认为，现存的波斯地毯只是波斯领导世界艺术几个世纪期间有瑕疵的标本。塞尔柱时代的辉煌只遗留在残存的伊朗地毯上，但是我们可以从蒙古时代他们在彩饰画方面的表现，臆测他们的成就。

绘画是伊斯兰教的主要艺术，壁饰和肖像画是次要的艺术。埃及法蒂玛王朝哈里发阿米尔雇用了一批艺术家，在他开罗的宫中绘制那一时代诗人的肖像。很明显，关于偶像崇拜的古老禁令已逐渐废弛。塞尔柱的绘画在河间地带达到了顶峰，那里的逊尼派反对画像的偏见未受重视。土耳其的遗存中也有很多他们英雄的画像。没有一张被肯定为塞尔柱人的画像留传下来，但是继东方伊斯兰教之后的蒙古时代艺术全盛期，使我们猜想塞尔柱时代的精美艺术。灵巧的心智和双手，为塞尔柱、阿优布诸君或马穆鲁克王朝的寺院、修道院、贵族和学校做出了更可爱的《古兰经》，皮革或漆的精美装订，其设计之精巧与慎重，有如蜘蛛结网。富人花很少的钱就可让艺术家设计出最美观的书。造纸商、书法家、画家、书籍装订者，有时候要工作17年来完成一卷书。纸必须是最好的。据我们所知，画笔是以两岁以下的小猫的颈部白毛做成的。蓝色颜料有时是用石蓝做的，其价值与黄金相同。液体黄金用于装饰，或书写书本的线条、文字，有时并不以为贵重。一位波斯诗人说过："想象，并不能抓住从设计优美的线条推衍出图形来的快乐。"

欧麦尔·开俨时代（1040—1123）

这个时代的艺术家，在数量上与诗人和奴隶相当。开罗、亚力山大港、耶路撒冷、大马士革、巴勒贝克、阿勒颇、摩苏尔、埃墨萨、图斯、内沙布尔及其他许多城市以其大学为傲，仅巴格达一地，在1064年就有30所大学。一年之后，尼扎姆·穆尔克增建了一所名为尼扎米亚（Nizamiya）的大学。1234年哈里发穆斯塔绥尔又建了一所，在规模、建筑和设备方面都超过其他大学，一位旅行家称它是城里最美的建筑。它包括四派不同的法学院，合格的学生可免学费、食宿费和医药费，每月还发一笔零用钱。学校有一所医院、一间浴室和图书馆，对学生、教职员自由开放。妇女在某些情况下也可以进大学，因为我们听说有一位女教授，她的演说就像阿斯帕西亚或希帕提亚一样吸引了大量的听众（约1178年）。图书馆在这个时期也比伊斯兰世界以前任何一个时期都多，而且藏书丰富。伊斯兰教统治下的西班牙即有70座图书馆。文典作者、辞典编辑者、百科全书编者和史学家均有极好的成就。集体传记是穆斯林的专长与嗜好：伊本·奇弗蒂（Ibn al-Qifti）写了414位哲学家与科学家的传记；伊本·阿比·乌萨比亚（Ibn Abi Usaybia）也为400位医生写了传记；穆罕默德·阿乌弗（Muhammad Awfi）编辑了300位波斯诗人的百科全书，不过没有提到欧麦尔·开俨（Omar Khayyam）；伊本·哈立兰在这方面的作品，以《名人讣闻摘记》（*Obituaries of Men of Note*）最为出色，凌驾于所有原创的同类著作之上。这本书包括865位杰出的穆斯林的生活佚事。一本书能有如此丰富的内容很不简单，但是伊本·哈立兰仍为它的不完全而抱憾，并把这一点写入结论中，他说："除了《古兰经》之外，安拉不会允许其他没有错误的书。"

伊斯兰教小说从未超出恶汉滋事这一题材，一直保持着单一的风格。继《古兰经》《天方夜谭》《寓言》之后，伊斯兰世界最受欢迎的书是巴士拉的艾卜·穆罕默德·哈里里（Abu Muhammad al-Hariri）所著的《论集》（*Maqamat*）。这本书以阿拉伯散文体韵文述说迷人的无赖艾卜·宰德的冒险故事，他以亲切的幽默、聪明和诱人的哲学，使他的鬼把戏、罪恶及对神祇的不敬得到了赦免：

> 不要听那些在美丽的玫瑰花盛开时，却阻止你采摘的傻子的话。继续追求你的目标，虽然它似乎超过你的能力所及。随他们去说吧，把握住你的幸福并祝福它！

几乎当时所有穆斯林文化人都写诗，而几乎每一位统治者都鼓励这一雅事。据伊本·卡尔顿（Ibn Khaldun）说，在非洲和西班牙的阿尔摩拉维德和阿尔摩哈德王朝宫廷中，可以找到成百位诗人。在塞维利亚的一次集体竞赛中，图德拉的盲诗人阿亚玛·托特里（el-Aama et-Toteli）得奖了：

> 当她笑时，珍珠般的牙齿微露；
> 当除去面纱时，她的美丽有如皓月；
> 宇宙太小，不足以容纳她；
> 而今她仍紧扣我心弦。

据说其他的诗人都把自己的诗撕毁了。祖赫伊尔（Zuheyr）在开罗时，他已年过花甲，仍唱着情歌。在东方的伊斯兰帝国分裂成许多小王国之后，资助诗人的统治者增加了，他们相互竞争，这对文学很有帮助，就像 19 世纪德国的情形一样。波斯的诗人最多。呼罗珊的安瓦里（Anwari）曾经在辛雅尔（这是他除自己之外唯一佩服的人）的宫廷中作韵文：

> 我的心热情如火，言语畅似流水，
> 知识使我的思想敏锐，文章毫无瑕疵。
> 啊！无一统治者值得歌颂！
> 啊！任何美人都不配得我的诗歌赞美！

和他一样自负的是同时代的哈加尼（Khagani），他的傲慢激怒了他的老师——

> 我亲爱的哈加尼，虽然你如此聪明，
> 在诗文方面，我愿免费暗示你：
> 不要以讽刺的文章嘲笑任何作古的诗人；

　　他或许即为你的祖先，虽然你不知道。

　　欧洲对波斯诗文的认识，主要是通过欧麦尔·开俨——波斯将他列为科学家，认为他的四行诗是"中世纪最伟大的数学家之一"的消遣。他全名为艾卜-法斯·乌麦尔·哈雅米·伊本·伊本拉希姆（Abu'l-Fath Umar Khayyami Ibn Ibrahim），于1038年出生于内沙布尔。他的姓氏意为"做帐篷的人"，但这并不能证明这是他的职业或他父亲亚伯拉罕的职业。在欧麦尔时代，代表职业的姓氏已经失去了字面上的意义，就像我们现在的铁匠（Smith）、裁缝（Taylor）、烤面包师（Baker）和挑夫（Porter）一样。我们对他的生活知道得很少，不过史书中记载了几部他的著作。他的《代数学》于1857年被译成法文，比阿尔瓜利密与希腊的代数学都要进步，其三次方程式的部分解法，曾经被认为或许是"中世纪数学的最高峰"。他的另一部讨论代数的著作（原稿存来登图书馆）仔细研究了欧几里得的公理与定理。1074年，苏丹马立克·萨赫任命他和另外几个人修订波斯的历法。新历法每3770年有一天的校正——比我们每3330年有一天的校正更加准确。我们可以把这个问题留给下一个文明去选择。穆斯林的宗教观念强于伊斯兰教的科学，欧麦尔的新历法并未被穆斯林接受。由尼扎米-伊-阿鲁迪（Nizami-i-Arudi）所写的轶事，我们可以了解这位天文学家的声誉：

　　在伊斯兰历508年（1114—1115年）的冬天，国王传令莫夫的省长，要他通知欧麦尔·开俨替国王选个好日子去狩猎……欧麦尔花了两天的时间来研究这件事，然后仔细地选了一个理想的日子，并亲自照料国王出猎。当国王一行人走了不远，天色忽然变得很阴暗，并刮起风来，接着雪雾弥漫。所有同行的人都开始嘲笑他，国王也想中途折返。但是欧麦尔说："不必焦急，一小时之内云雾就会散开，在这五天之内，不会有一滴雨水。"于是国王继续前进。云散开了，五天之内，没有雨，没有云。

《茹别雅》（*Rubaiyab*）是波斯式的四行押韵诗。这是一种希腊式的警句诗，以简明的诗体表达一个完整的思想。它的来源已不可考，但必远在欧麦尔之前。在波斯文学中，它自始即非长诗的一部分，而是自成整体，因此波斯的四行诗搜集者，不是按思想的顺序安排他们的诗句，而是强调韵调音节。现存波斯四行诗有上千首，大部分作者姓名不可考。被认为属于欧麦尔的作品在一两百首以上，但这不一定可靠。欧麦尔最早的四行诗手稿（在牛津大学图书馆）日期是 1460 年，共计 158 节，以字母的顺序排列。其中有些可以追溯到欧麦尔的前辈——有些是艾卜·赛义德的，一首是阿维森那的。我们几乎不能肯定欧麦尔曾写过任何一首关于自己的四行诗。

德国的东方学家哈默（Von Hammer），于 1818 年时注意到欧麦尔的四行诗，是第一个关注其作品的欧洲人。1859 年，费兹杰拉尔德选了 75 首特别好的，译成典雅的英文韵文。第 1 版虽然只卖 1 便士，顾客却很少，但是不断地重印之后，终于使这位波斯数学家成为世界上拥有最多读者的诗人之一。在费兹杰拉尔德翻译的 110 首四行诗中，49 首——经判断与原著相似——是对波斯版本的单独四行诗的忠实翻译；44 首是混合的，每一首都由两首或更多的四行诗组成；2 首"反映原诗的整个精神"；6 首可在欧麦尔的原文中找到，但也可能不是他的作品；两首因费兹杰拉尔德阅读哈菲兹的诗文而有偏差；3 首在现存的欧麦尔的作品中没有任何线索，很明显是费兹杰拉尔德自己作的，在第 2 版中被他删掉了。第 81 节——

> 啊你，创造了这卑微地上的人，
> 甚至在乐园中尚想到放置一条蛇，
> 因着一切罪恶，玷污了人的面，
> 人不断地犯罪与被宽恕！——

在欧麦尔的作品中无法找到。以费兹杰拉尔德的译本与波斯译本比较，可知费兹杰拉尔德的译笔反映了欧麦尔的精神，最忠实于原著，因此我们有理由相信它的意译内容。费兹杰拉尔德时代的达尔文主义思想，使他忽略了欧麦尔的仁慈、幽默，而加重了反神学的色彩。但是只比欧麦尔晚一个世纪的波斯作家对他的描述，与费兹杰拉尔德的解释是很一致的。米尔萨·伊巴德（Mirsad al-Ibad）（1223年）称他是"一个不快乐的哲学家、无神论者和唯物论者"。奇弗蒂（al-Qifti）的《历代哲学家小史》（*History of the Philosophers*），评价他"在天文学与哲学界无出其右者"，但是认为他是一位进步的自由思想者，则过于谨慎。萨拉祖利（al-Sharazuri）在 13 世纪描述他是一位坏脾气的阿维森那信徒，并列出了欧麦尔两本关于哲学的著作，现已遗失。有些伊斯兰教神秘与禁欲主义者想在欧麦尔的四行诗中找出深刻的寓意，但是此教派的纳耶穆德—丁·拉齐（Najmud-din-Razi）却指责他是那一时代最主要的自由思想家。

可能是科学，也可能是马亚里诗文的影响，欧麦尔忍受侮蔑继续反对神学，他被诬蔑在清真寺中偷祈祷用的地毯。他接受了伊斯兰教义的宿命论，放弃了来世的希望，成为一名悲观主义者，以学术与酒为安慰。收藏在牛津大学图书馆里的他的手稿，其中第 132 至 133 节，几乎将畅饮提升到哲学的境界：

> 是我以嘴饮尽了所有的酒店。
> 善良与罪恶的世界我都不要。
> 若这两个世界像马球一样掉到街上，
> 你们会在这以外寻到我。像一个熟睡的醉汉……
> 万事均宜禁戒，除酒而外……
> 做一名醉汉、下贱者和流浪汉是好的。
> 还有什么比痛饮一顿醉了更好？

　　这是两个极端。但是当我们注意到许多波斯诗人也在无意识中作同样的赞美时，我们会感到诧异：难道这种对酒神的虔敬，是一种伪装及文学形式，就像罗马诗人贺拉斯的含混的爱？

　　也许正是这些即兴式的四行诗，造成了对欧麦尔生活的错误看法。它们无疑在他85年的生命中，扮演着次要的角色。

　　我们不应将他描述为一个醉卧街头的醉汉，而应将他看作一位满足于三次方程式与星座及天文图表的老者，以及偶尔与一些"地上的明星"学者一同畅饮的人。他似乎喜爱花草。欧麦尔曾对尼扎米—伊—阿鲁迪表示，他愿葬在花朵盛开之地：

> 　　在伊斯兰教历506年（1112—1113年），欧麦尔·开俨和穆扎法尔·伊斯菲扎里（Muzaffar Isfizari）在巴尔克相遇……在艾卜·赛伊德省长家里，我也参与了这次聚会。在这次友好的聚会中，我听到欧麦尔说："我的坟墓将要在一个绿树成荫的地方，每年能为我开两次花。"这对我来说似乎是不可能的，虽然我知道像他这样的人不会讲废话。
>
> 　　当我在1135年到达内沙布尔时，这位伟人已经入土13年了……我去到他的坟上：他的墓在一座花园的墙角，上面种着梨树与桃树；坟上撒满了花瓣，尘土为落花所掩盖。我想起了他在巴尔克说的话，不禁想痛哭一场，因为在世界上的任何地方，都无法再看到像他这样的人了。

萨迪时代（1150—1291）

　　欧麦尔死后5年，一位更出名的波斯诗人出生在靠近第比利斯的甘德扎，那里现名基洛瓦巴德（Kirovabad）。似乎是有意与欧麦尔形成对比，艾卜·穆罕默德（Ilyas Abu Muhammad）——后来以尼扎米这一名字闻名于世，过着真正的虔敬生活，绝不饮酒，忠于自己的出身和诗。他的《莱伊拉与玛杰鲁的故事》(*Romance of Layla and Majnun*)（1188 年）是波斯诗歌中最受欢迎的爱情故事。玛杰鲁迷恋着莱伊拉，她的父亲却强迫她嫁给另一个男人。玛杰鲁因失望而精神错乱，从有教养变为狂野，只有在听到莱伊拉的名字时，他才会暂时恢复神智。成为寡妇的莱伊拉后来回到了他的怀抱，但不久就死了，多情的玛杰鲁于是在她的坟前自杀。原作品的和谐且激烈情绪几乎是无法翻译出来的。

即使是神秘主义者也唱情歌，但他们慎重地向我们保证：他们所描绘的情感，不过是对上帝爱情的象征。穆罕默德·伊本·伊布拉希姆在文学界有"信心杰出者"或"药剂师"(Farid al-Din Attar) 之称。他出生在内沙布尔附近（1119 年）。他的姓氏意为"售卖香水者"。因为受到宗教的召唤，他进入苏菲派的修道院。他的 40 部著作，全为阿拉伯文，包括 20 万行诗。他最有名的著作是《鸟类论谈》(*Mantiqal Tayr*)。讲述 30 只鸟联合起来寻找鸟王希穆尔格（Simurgh，意为"真理"）的故事。它们飞过六个山谷：寻求、爱、知识、超然（于一切人的欲望）、统一（它们领悟万物即为一）及迷惑（由于丧失一切个体存在的意识）。其中三只鸟寻找第七个山谷，消灭（自我），叩响了鸟王的门。忠厚的侍从给每一只鸟看自己的行为记录，令它们羞惭万分，跌倒在尘土之中。但是从尘土中它们又升起来，变为光，现在它们才了解自己和希穆尔格（在这里指 30 只鸟）是一体的。之后它们消失在希穆尔格中，如同影子消失在阳光中一般。在其他的著作中，伊布拉希姆更直接地表达了泛神论思想：理性无法了解上帝，因为它连本身都不了解；但是挚爱与灵魂超拔却可以接触到上帝，因为它是一切事情的实体与力量，每一行动与动作的唯一来源，是世界的精神与生命。除非灵魂进入这精神的整体中，成为其一部分，否则无法快乐。渴求这种统一是唯一的真正宗教，自我隐没在这个统一中是唯一的真正永生。正统派把这些都当作异端，一群人攻击他的房子并将之焚毁。但是这并没有毁损他，传说他活了 113 岁。据说他死前，把手放在一个孩子身上祝福他，孩子欢呼他为主人，令他的名声黯然失色。

哲拉鲁丁·鲁米（Jalal-ud-Din Rumi）是巴尔克人，但大部分时间住在科尼亚。神秘主义者萨姆斯—伊—塔布里奇（Shams-i-Tabrizi）到那里去传教，哲拉鲁丁被他深深打动，于是成立了有名的毛拉维（Mawlawi）教派（伊斯兰教中崇拜时身体回旋舞蹈的苦修僧教派），它现在仍然以科尼亚为中心。在其短暂的生命中，哲拉鲁丁写了数百首诗。他的短诗集为《赋集》（*Divan*），表现了深厚的情感、诚挚和高贵，理所当然地成为自《诗篇》以来最好的宗教诗。哲拉鲁丁的主要著作《宗教叙事诗》（*Mathnawi-i Ma'nawi*），是冗赘的关于神秘主义的说明文。这一宗教叙事诗，在篇幅上超过荷马全部遗著。文字异常优美典雅，但美的事物并非永远快乐。它一再重申宇宙一体的观点：

　　有人敲他爱人的门，里面的声音问："谁在外面？"——他回答："是我。"声音又说："这间屋子不能容纳我和你。"门仍然关着。于是这个人走到沙漠之中，独自斋戒并不断地祷告。一年之后他又回来叩门。里面的声音又问："谁在外面？"他回答："是你自己！"于是门为他打开了。

　　我四下张望去寻找它。它不在十字架上。我又到神庙、古塔去，也没看到它的踪影……我到克尔白去找，它也不在那个老少咸集的地方。我请教阿维森那它在哪里，它也不在他的著作里。我回头往自己心里看，在那里看见了它。它并不在其他地方——
　　　　你所见每一种形式在世界都有它的原形；
　　　　如果形式覆灭了，并不要紧，因为它的原始是永存的。
　　　　每一种你所看过的美好形式，每一段你所听到的深沉声音
　　　　不要为它的消失沮丧，因为事实并非如此……
　　　　当泉水流出后，就成了江河的源头。

内心不要忧伤，尽可放心不停地饮用河水；

不要以为河水枯竭了，因为它是源源不绝的。

从你来到这生生不息的世界的刹那，

面前就摆了让你逃脱的梯子。

最初你是矿物；然后变成植物；

后来你又变成动物；何以这些对你会是个秘密？

最后你被造成人，具有知识、理性、信仰……

当你现在开始出发，无疑地，你会变成天使……

从天使的身份……你会进入那片汪洋大海。

你的水点会形成大海……

不要再谈了，以你的全副心灵，永远说一。

　　最后谈谈萨迪。他的真名当然要长得多了——穆萨里特·乌丁·穆什利赫·伊本·乌丁·艾卜杜拉（Musharrit ud-Din Ibn Muslih ud-Din Abdallah）。他的父亲在设拉子酋长萨德·伊本·赞吉（Sad Ibn Zangi）宫中任职，当他的父亲死后，酋长收养了这个孩子，而他依照伊斯兰教的习惯，在自己姓名之后，加上了领养人的姓氏。学者们对他的生活年代有争论——1184 至 1283 年，或 1184 至 1291 年，或 1193 至 1291 年。每一种观点都认为他活了将近一个世纪。他告诉我们："在少年时代，我的宗教信仰很强烈……是虔诚的宗教信徒和禁欲者。"自巴格达尼扎米亚学院毕业（1226 年）后，他开始了异乎寻常的游学。30 年间，游遍了近东和中东、印度、衣索匹亚、埃及和北非。他了解每一种辛酸和各种贫困。他抱怨自己没有鞋子，直到他遇见一个没有双脚的人为止，"因此我感谢安拉对我的仁慈"。在以后愉快的诗句中，他大声说出了同样的结论：

　　一旦发现了这种骗术，你也会如此做，

　　就把这个骗子杀掉，不要放过他，下手要快！

因为若你让他活命，

可以确信，他将不会饶过你。

所以我以乱石将这歹徒打死，虽然他哀号求饶，

因为，诚如你所知，死人不能再编造谎言。

他在与十字军作战时，不幸被异教徒俘虏，旋即被赎回。为了表示感激，他娶了恩人的女儿为妻。她却是一个令人难以忍受的泼妇。他写道："情人的指环，是理性的桎梏。"他休掉了她，却遇到了更多的"指环"，那是更多的桎梏。他比第二任妻子活得久，50岁时，他隐退到设拉子的一座花园中，过着隐居的生活，在那里度过他最后的50年。

那时他尚有精力，于是开始著书立说。据说他全部的主要著作，都是退休之后完成的。"潘德纳玛"（Pandnama）是"智慧之书"；"迪万"（Divan）是短诗集，大部分用波斯文，小部分用阿拉伯文写就，有些是虔敬的，有些是猥亵的。《果园》（*Bustan*）一书，以教诲诗的形式来阐明萨迪的一部分哲学，并以柔和的文字调剂之：

我从未经历过比这更销魂的时刻。那晚，我将甜心拥在怀中，凝视着她充满睡意的眼……我告诉她："爱人，我可爱的小花，现在不是睡觉的时刻。来歌唱吧，我的夜莺！张开你那小嘴，如含苞玫瑰的初绽。不要再睡了，激起我的心情！让你的樱唇赐我以爱情的魔药。"爱人仰望着我，自言自语地轻声说："激起你的心情，你现在使我清醒了吗？"……你的甜心一再强调，她从未属于别人……你笑了，因为明知她在撒谎。但这又何妨？难道她的樱唇在你的双唇下不够火热？在你的爱抚下，她的肩还不够柔软？……据说五月的微风是甜美的，有如玫瑰般清香，夜莺的歌声，青的草原，蔚蓝的天空。啊！你怎知道，只有当甜心在时，这一切才会甜美。

《玫瑰园》（*Gulistan*）是点缀着愉快诗句的寓言：

不义的国王问一位圣者："什么是比祈祷更好的事？"圣者回答："对你而言，是拥被沉睡到中午，因为在这段时间，你不致戕害人民。"

十个托钵僧可以睡在一张地毯上，一个国家却无法容纳两个国王。

如果你追求财富，不要求满足。

一个能被伤害、激怒的有宗教信仰的人，仍然有如一条浅溪。

从未有人了解自己的无知，除非是当别人在讲话尚未结束时，就开始说话。

假如你只有一个优点和七十个缺点，你的爱人只可以辨识这个优点。

不要慌张……要学会沉着。阿拉伯的骏马全速奔跑很短的距离之后，体力就虚弱了；但是骆驼以它沉着的步子，日夜前进，终于抵达目的地。

努力追求知识，因为财富和金钱都是不可靠的……若一个有技能的人失业了，他不必懊恼，因为他的知识本身就是财富的源泉。

一位严格的校长比一位放纵的父亲更有用。

如果知识从地球上消失，就不会再有人说"我是无知的"。

萨迪是一位哲学家，但他因为写了易于理解的著作而丧失了这个头衔。他的哲学要比欧麦尔的健康，它了解信仰的安慰，也知道如何以仁爱生活的单纯福分来医治知识的苦痛。他经历了人类的悲欢离合，而仍然活了近一百年。除了是哲学家，他还是诗人：容易被每一种美的形式和气质所感动，从美人的纤纤素手到夜空中偶现的孤星。

他能以简洁、细腻而优雅的手法，表达出智慧和陈腐平庸的话。他从不放弃使用启发性的对比及吸引人的句子。"对没有价值的人施以教育，就像把核桃丢到屋顶上一样"；"朋友与我的关系，就像一颗果实中的两粒种子"；"如果太阳这个天体是在吝啬商人的钱包中，那将无人可在世上见到白昼，直到最后的审判来临"。总之，虽然就他的智慧而言他是一位诗人，但他将一切智慧屈从于爱情的束缚：

> 命中注定我无法将甜心拥入怀中，
> 也无法使我忘怀长久以来未吻过的香唇。
> 她总是把圈套放得又远又广来引诱她的牺牲者，
> 但是我会把它抢过来，也许有一天会把她引到我身边。
> 但我仍不敢过分鲁莽地用手抚摸她的秀发，
> 因为在那里面捕捉到的，就像在陷阱中的小鸟，是爱人不可测的心。
> 在这个我描绘的庄重形式中，我是一名奴隶，
> 穿着适度剪裁的华丽的衣服，
> 啊，香柏树啊，银色的枝干，你的色泽与气味
> 使桃金娘与野蔷薇黯然失色。
> 你眼波流转，莲步轻移，
> 足下踩着茉莉和洋苏木的花朵……
> 啊，难怪在春天你会令人如此妒忌，
> 当花朵微笑时云层便都散开，
> 而这一切均因为你！
> 即令你踏过死者身上，
> 那双脚仍是如此美好与轻盈，
> 倘若你听到他从裹尸布下发出的声音，也无须惊奇。
> 意乱情迷在王者时代，是为国家所诅咒。
> 除了我为你的爱发狂，人们为我的歌声所迷惑。

伊斯兰教的科学（1057—1258）

伊斯兰教的学者们将中世纪的民族分为两类——有科学涵养与没有涵养的。第一类，他们是印度人、波斯人、巴比伦人、犹太人、希腊人、埃及人及阿拉伯人。在他们看来，这些是世界上优异的民族，其他民族，属尚未开化。

在此时期，伊斯兰教继续其在科学上无以匹敌的进展。在数学方面，最显著的进步是在摩洛哥和阿塞拜疆，我们于此又再度见到了伊斯兰教的文化范围。1229 年哈桑·玛拉克什（Hasan al-Marraqushi）印行了每一度的正弦表和正矢表、弧弦、余弦表。一代之后，纳绥尔·乌丁·突斯（Nasir ud-Din al-Tusi）首次发表论文，使三角学成为一门独立的科学，而不再是天文学的附属。在这一领域内，一直未有其他著作能与这本《论观念》（*Kitab shakl al-qatta*）匹敌，直到两个世纪之后雷乔蒙塔努斯的《论三角》（*De Triangulis*）问世为止。也许 13 世纪后半期出现的中国三角学是由阿拉伯传来的。

这个时期物理学方面的著名著作是《智慧的均衡》（*Kitab Mizan al-hikmah*），作于约 1122 年，作者是来自小亚细亚的希腊奴隶艾卜·法斯·胡齐尼（Abu'l Fath al-Khuzini）。这本书叙述了物理学的历史，制定了杠杆定律，搜集了许多液体、固体的比重，并提出了地心引力是将一切东西引向地心的宇宙力量的观点。希腊人和罗马人所知道的水车，被穆斯林加以改良。十字军看到这种水车自奥伦特（Orontes）河中汲取河水，于是将它们介绍到了德国。炼金术士也很活跃，拉蒂夫表示，他们知道"300 种欺骗人的方法"。一名炼金术士向努尔丁借巨款以研究炼金术，结果却逃之夭夭。一位才子，并非出于谴责的目的，公布了一批受骗的傻子的名单，其中努尔丁位居榜首。作者还表示说，若这位炼金术士回来的话，他便取代努尔丁成为傻子国王。

1081 年，巴伦西亚的伊布拉希姆·萨赫迪（Ibrahim al-Sahdi）制造了我们所知道的最早的天体仪。那是直径 209 厘米（81.5 英寸）的铜制球体，在它表面绘制的 47 个星座中，标示出了各种等级的 1015 个星体。塞维利亚的吉拉尔达（Giralda，1190 年）除了是伊斯兰教的尖塔外，还是观测站，雅比尔·伊本·阿拉赫（Jabir Ibn Aflah）就在那里写了《托勒密天动理论的修正》（*Islah al-majisti*，1240 年）。同样对托勒密的天文学提出反对意见的最重要的著作是科尔多瓦的艾卜·伊萨克·比特鲁齐（Abu Ishaq al-Bitruji）写的，他激烈地批评了托勒密提出的解释星体运行轨迹和运动的周转圆（epicycles）和不全圆（eccentric）理论，为哥白尼奠定了前进的方向。

这个时代诞生了两位闻名中世纪的地理学家。艾卜·穆罕默德·伊德里西（Abu Abdallah Muhammad al-Idrisi）生于休达（Ceuta，1100 年），在科尔多瓦求学，在巴勒莫从事著述。他奉西西里王罗杰二世之命，写作《罗杰之书》（*Kitab al-Rujari*）。在书中他将地球分成 7 个气候区，每一区又分为 10 个部分，70 个部分各有详细的地图。这些地图是中世纪制图法最杰出的成就，它的完整性与正确性及包括的范围，是前所未有的。伊德里西像多数的伊斯兰教科学家一样，坦白说明地球是圆的。能和他匹敌的，是被尊为中世纪最伟大的地理学家艾卜·阿布杜拉·雅库特（Abu Abdallah Yaqut，1179—1229 年）。他是出生在小亚细亚的希腊人，在作战时被俘，沦为奴隶。巴格达的一位商人买了他，并使他接受良好的教育，然后给予他自由。他到处旅行，起初是做商贾，然后做地理学家，对各地区不同的人民、衣着和生活方式大感兴趣。他很高兴在莫夫找到了 10 座图书馆，其中之一藏书 1.2 万卷。馆长慧眼识人，准他一次借书 200 卷。那些嗜书成性，以书为精神、活力来源的伟人可以从智慧的宝库中收获巨大的欢乐。他继续旅行，到基瓦（Khiva）和巴尔赫（Balkh）去。蒙古人在那里差点将他俘虏，他逃走了，身无一物，除了他的手稿。他通过波斯到了摩苏尔。在以抄写员为生的那个时期，他完成了内容丰富的《地理百科全书》（1228 年）——几乎汇集了中世纪所有关于地球的知识。它几乎包括了一切——天文学、物理学、考古学、人种志、历史，并标出城市的坐标，罗列各城市名人的生活与著作。很少有人能如此热爱世界。

植物学自西奥菲拉斯塔（Theophrastus）之后几乎被人遗忘，但这一时代的伊斯兰教却使它复兴。伊德里西写了《草本书》，强调的是植物学内容，而非仅是 300 种植物的医药价值。塞维利亚的艾卜·阿巴斯（Abu'l Abbas）因为研究从大西洋到红海的植物，而赢得了纳巴提（al-Nabati）植物学家的姓氏。马拉加（Malaga）的艾卜·穆罕默德·伊本·白塔尔（Abu Muhammad Ibn Baitar, 1190—1248 年）将所有伊斯兰教的植物知识都集中在一部超乎寻常的庞大巨著中，直到 16 世纪，这部巨著都是标准的植物学教材，也使作者赢得中世纪最伟大的植物学家与药学家的桂冠。塞维利亚的伊本·阿万（Ibn al-Awan）（1190 年）在农学方面取得了卓越成就，他的《农友之书》（*Kitab al-Falaha*）分析土壤和施肥，说明 585 种植物和 50 种水果的培养方法，解释了嫁接的方法，讨论了植物病害的症候与治疗。这是整个中古时期，关于农业科学最完整的一部著作。

就像前一时期一样，穆斯林医生在素质方面，也超过亚洲、非洲与欧洲。他们特别擅长眼科，也许是近东眼病特别流行的缘故。和其他地方一样，医生的收入中治疗费用占大部分，而预防措施所得较少。白内障的手术很多。阿勒颇的哈里发伊本—玛哈辛（ibn-abi'l-Mahasin）（1256 年）对自己的白内障手术极有信心，曾为一个独眼人开刀。伊本·白塔尔的著作《植物大全》（*Kitab al-Jami*）开辟了植物药学的新纪元，它列出了 1400 种植物、食物和药物，其中 300 种是第一次提出的。他分析了它们的化学成分和治疗效果，并加上了敏锐的临床观察。但是在伊斯兰教医药方面名气最大的是塞维利亚的艾卜·麦尔文·伊本·祖尔（Abu Marwan Ibn Zuhr, 1091—1162 年），欧洲医学界叫他阿温佐尔（Avenzoar）。他的家族行医六代，他是第三代。他的家族每一个人都是名医。他的名著《治疗与饮食单一化》

(*Book of Simplification on Therapeutics and Diet*)，是应他朋友阿成罗伊（当时最伟大的哲学家）的要求写作的，阿成罗伊认为他是自盖仑以来最伟大的医生。该书的长处是包括临床记录，他留下了内脏溃疡、内包炎、肠结核和颈瘫痪的正式分析。这本著作被译成希伯来文和拉丁文后，对欧洲医学影响极大。

在医院的设备和能力方面，伊斯兰教也居于世界的领先地位。努尔丁于 1160 年在大马士革建立一所医院，三个世纪以来一直免费治疗并赠与药物。据说，医院的药房有 267 年之久没有熄过火。伊本·祖贝尔（Ibn Jubayr）于 1184 年到了巴格达，对这座位于底格里斯河畔、宫殿一般的医院大为赞叹，那里的食物与药品都是免费供应病患的。苏丹卡劳恩（Qalaun）于 1285 年在开罗建造中世纪最大的医院玛里斯坦·曼苏尔（Maristan al-Mansur）。宽阔的四边形建筑包括四栋单独的建筑，中间是一个大天井，里面点缀以连环拱廊和喷泉、小溪。不同病情的病人和恢复期的病人，有分开的病房，还有实验室、治疗室、门诊室、厨房、浴室、图书室、小规模的祈祷处、讲堂以及专供精神病人消遣娱乐的场所。无论男女、贫富、奴隶或自由人，一律免费治疗，而且在治愈出院时还被赠与一笔款项，这样可使病愈的人不必立刻开始工作。它为失眠的人提供柔和的音乐、专门讲故事的人或是历史故事书籍。每一个伊斯兰教的大都市，都有精神病人收容所。

阿尔-伽萨尼与宗教复兴

这些科学进展之中，旧有的正统派开始争取教育人士的支持。宗教与科学的竞争，使许多人成为怀疑主义者，有些成为公开的无神论者。阿尔-伽萨尼将伊斯兰教的思想家分为三类——有神论者、自然神教信徒（或自然主义者）及唯物论者——并指责这三类都是异教徒。有神论者接受上帝与永生，但否认创造与肉体的复活，认为天堂与地狱只在精神上存在。自然神教信徒承认上帝，但反对永生，认为世界如同一个自行运作的机械。唯物论者则完全反对神的观念。一个半组织化的运动达里雅（Dahriyya），自称是坦白的不可知论者，其中有些人甚至怀疑刽子手是否切下了托玛塞斯（Thomases）的头。伊斯巴罕·伊本·卡拉（Isbahan Ibn Qara）在斋戒日对虔诚的禁食者说："人们自己折磨自己毫无意义，人就像一粒种子，发芽、成长，然后被收割，永远消逝……吃与喝吧！"

为反对怀疑主义，伊斯兰教产生了最伟大的神学家艾卜·哈米德·加扎利（Abu Hamid al-Ghazali），他1058年生于图斯，早年丧父，由父亲一位持泛神论的朋友抚养。他研究法律、神学与哲学，33岁时任巴格达尼扎米亚学院的法律讲师，他的辩才、博学和辩证能力，立刻受到整个伊斯兰世界的赞赏。经过了4年的荣耀生活之后，他忽然得了一种怪病。食欲和消化力减退，有时舌头麻痹，影响讲话，他的精神开始崩溃。一位名医诊断他的病情出自精神上的原因。事实上，他在以后写作的有名的自传中，坦白地表示他曾失去了承认伊斯兰教信仰的理性能力，而且对正统派教义的伪善也感觉无法忍受。他于1094年离开了巴格达，表面上是到麦加朝圣，实际上是去过隐居的生活，寻求安静、沉思和安宁。因在科学上找不到支持，他重新寻求破碎的信仰，从外在世界转向内在世界的寻求，在那里，他找到了直接和非物质的实体，这给予精神世界信仰坚强的基础。他使知觉从属于严格的查究——唯物主义以知觉为依据。他指责以知觉从如此遥远的距离观察星星，以为星星是渺小的，其实它们很多都比地球大。在结论中，他以上百的这种例子，证明单凭知觉并不一定能证实真理。理性较高一层，并以此一知觉改正彼一知觉，但是最后它仍然归于知觉。也许人的内在有一种知识的形式，对于真理的导引，比理性更确定？他觉得已经在神秘主义者的内省冥想中找到了这点：泛神论在"实在"隐藏的核心方面，比哲学家走得更近，最高的知识在于注视心灵的奇迹，直到上帝在它自身之内出现为止，而自身本身

（self itself）消失在一个吸收全体的"一"之中。

在这种心情下，阿尔－伽萨尼完成了他最具影响力的著作——《哲学的毁灭》（*Tahafut al-Filasifa*）。所有理性的技巧都转而反对理性。通过像康德一样敏锐的"直觉辩证法"（Transcendental Dialectic），这位伊斯兰教的神秘主义者认为，理性导致全面的怀疑，知识的破产，道德的败坏，社会的崩溃。他在休谟之前七个世纪，就把理性贬为因果律（Priciple of Causality），而因果关系只是按次序而生的：我们都相信 B 通常是随着 A 的，并非 A 是产生 B 的原因。哲学、逻辑、科学都不能证明上帝的存在或灵魂不灭，只有直接的直觉知识，才能使我们确信这些信仰，没有它便没有道德秩序，也就没有文明可以存在。

最后，他又从神秘主义回到正统观点。年轻时的恐惧和希望重新恢复，他宣布自己感觉到严厉的真主的目光与恐吓接近他的头部。他重新声明伊斯兰教地狱的恐怖，并极力解释传道对于民众道德是必需的，他又重新接受《古兰经》和圣传。他在《宗教科学复兴》（*Ihya Ulum al-Din*）一书中，以全部辩才和有利于自己的说法，解释并为他回归正统辩护。在伊斯兰教中从未有怀疑主义者和哲学家遇到这样有力的对手。在他死时（1111 年），不信仰的潮流已经被有效地扭转过来了。所有的正统派都因他得到安慰，甚至连基督教的神学家也很高兴在他的翻译著作中找到对宗教的辩护及对虔敬的解释，因为自从奥古斯丁之后，就再没有人这样写过。在他之后，即使是阿成罗伊，哲学也都隐藏在伊斯兰世界的遥远角落里，对科学的追求衰退了，伊斯兰教的思想越来越专注于圣传和《古兰经》。

阿尔－伽萨尼转变为神秘主义者，是苏菲教派的一大胜利。当时正统派已经接受了苏菲教派的教义。此派教义，也曾被纳入神学之中。伊斯兰教的学者——少数对伊斯兰教教义与法律有研究的典型人物——仍然统治着官方的僧侣与法律的世界，但是在宗教思想方面，已经让位于苏菲派的僧侣与圣者们。基督教圣方济会的兴起，使 12 世纪的伊斯兰教也产生了一种新的修道生活方式。苏菲派的信徒如今放弃了家庭生活，生活在宗教性的兄弟会中，由教主管辖，自称为"dervish"或"faqir"（波斯与阿拉伯语，意为"穷人"或"托钵僧"）。有些人以祈祷和冥想，有些人以苦行、自我否定，还有些人以狂乱舞蹈的精疲力竭，来寻求超越自我与引起与安拉的神奇统一。

他们的教义接受了穆希伊·丁·伊本·阿拉比（Muhyi al-Din Ibn al-Arabi）——一位住在大马士革的西班牙穆斯林——150 部著作的有系统而确切的说明。世界绝不是被创造的，阿拉比认为那是外在的范围，而内在的观点就是安拉。历史是安拉自我意识的发展，它最后仍由人来完成。地狱是暂时的，最后一切都会得救。当去爱一个肉体和转瞬即逝的形式时，那么爱是错误的。是安拉出现于所爱的人之中，一个真正的爱人会发现并喜爱所有美好形式的创造者。也许是联想到哲罗姆时代的一些基督徒，阿拉比指出"他爱并保持贞洁，一直到死，成为殉道者"，实现了信仰的最高境界。许多已婚的托钵僧都声称是以这样的贞洁与他们的妻子生活在一起的。

因为人民大量的奉献，有些穆斯林变得很富有，并赞同过享乐的生活。叙利亚的一位主教于约 1250 年不满地说："以前，苏菲派的信徒是一个兄弟会式的组织，在肉体上是分开的，却在精神上结合。如今他们是一个穿着华丽的世俗团体，在神圣的奥秘方面却褴褛不堪。"一般民众容忍地嘲笑这些神圣的俗物，虔诚的信徒却毫不吝惜地崇拜他们，把神迹和能力归于他们，像尊敬圣者那样尊敬他们，庆祝他们的生日，向他们祈求安拉的祝福，并到他们的墓前膜拜。伊斯兰教和基督教一样，是一个正在发展和可调整的宗教，它可能会震惊再生的穆罕默德或基督。

当正统派胜利时，容忍便消失了。从哈龙开始，以前不受重视的"欧麦尔的训令"已经逐渐地被遵行了。从理论上说，虽然实际并非一向如此，非穆斯林现在被要求穿着不同的黄色条纹衣服。他们不准骑马，不过可以乘驴或骡子。他们不能盖新的教堂或犹太人的会堂，只能整修旧有的。教堂外面不能展示十字架，也不准敲教堂的钟。非穆斯林的儿童，不准入伊斯兰教的学校就读，不过他们可以自建学校。法律仍然有明文规定——并不总是加强。然而在 10 世纪的巴格达，仍有 4.5 万名基督徒，基督徒的葬礼行列经过街上并不会被打扰。穆斯林继续抗议政府任用基督徒与犹太人担任高级职务。即使是在十字军的攻击与挑战下，萨拉丁仍然使自己的王朝对基督徒非常宽大。

阿成罗伊

有段时间，因在谨慎的批评中适当散布正统派的宣言，哲学得以在伊斯兰教的西班牙残存，而且企图发现统治者内部出现的自由思潮。虽然他们私底下是喜欢自由的，但认为思考对人民有害。因此阿尔摩拉维德王朝的萨拉戈萨省长选择了艾卜·贝克尔·伊本·巴雅（Abu Bekr Ibn Bajja）和他的僚属和朋友。他出生于约 1106 年，欧洲称他为阿维帕塞（Avempace）。他年轻时在科学、医学、哲学、音乐和诗歌方面就有很高的造诣。伊本·哈尔顿告诉我们这位省长如何欣赏这位年轻学者的一些诗篇，并发誓说这位诗人进宫时，会走在铺满黄金的道上。害怕这个诺言会减少对他的欢迎，于是伊本·巴雅在他的每一只鞋子里放了一枚金币。萨拉戈萨被基督徒攻下后，这位诗人、科学家、大臣逃到了菲兹，在那里，他发现自己处身于穆斯林中，一无所有，还被指控为无神论者。他死时年仅 30 岁，据传闻是被毒死的。他散失的音乐论文，被认为是西方伊斯兰教文学中有着精巧主题的杰作。他最有名的著作《隐士的准则》（*A Guide to the Solitary*），重新确定了阿拉伯哲学的基本理论。伊本·巴雅认为人类的知识是由两部分组成的：一为"物质睿智"（material intellect），是与肉体共生死的；另一为"主动睿智"（active intellect），或一般人共有的宇宙精神，是每个人都有而且永存的。思想是人类的最高功能，通过思想，而非神秘的幻想，人类可以获得"主动睿智"或上帝的知识，并与之合而为一。思考是冒险的事业，除非人能保持沉默。聪明的人可以生活在适当的幽静中，不接近医生、律师和人们，或者少数几个哲学家可以组成一个小团体，在互相体谅中追求知识，远离喧嚣的群众。

艾卜·贝克尔·伊本·图法伊尔（Abu Bekr Ibn Tufail），欧洲人称为艾卜巴赛尔（Abubacer），继续伊本·巴雅的事业，并几乎实现了他的理想。他也是科学家、诗人、医生和哲学家。他做了马拉喀什（在摩洛哥的阿尔摩哈德首府）哈里发艾卜·雅库布·优素福的医生和宰相。他尽量将精力消耗在王室的图书馆中，抽时间写作了许多技术性的著作，中世纪文学中最突出的哲学传奇，以伊本·西那的书为参考，并且（通过1708年的奥克莱英译本）可能启发了笛福（Defoe）的《鲁宾孙漂流记》。

哈伊·伊本·雅克赞（Hayy Ibn Yaqzan，意为"活泼、机警"之子），是这个故事的主人公，自幼被抛弃在一个无人居住的岛上，由母山羊将他喂养长大。他长大后非常聪明能干，用动物的皮做衣服、鞋子，研究星宿，解剖活的或死的动物，"在这种情形下，他获致了最博学的博物家所能知晓的学问的最高境界"。从科学到哲学与神学，他为他自己证明了一个全能造物者的存在。他实行苦行主义，放弃肉食，得到了与"主动睿智"超尘忘我的合一。哈伊现已49岁，已成熟得可以传授学问了。很幸运，神秘主义者阿萨尔（Asal）来到这个岛上，希望过独居生活。他遇见了哈伊，这还是哈伊首次发现人类的存在。阿萨尔教他说话，很高兴地发现他已经独自获得了有关神的知识。阿萨尔还告诉他尘世间一般宗教的粗俗，并且悲叹，连微不足道的道德也只有在对天国的向往和对地狱的恐惧下才能达到。哈伊决心回去，改造愚昧的人们，以使他们拥有更高和更富哲学意义的宗教。到达人类聚居区后，他在市集宣扬泛神主义。人们不注意他，或不理解他。哈伊最后认为穆罕默德是对的：人们只有相信宗教的神秘、神迹、庆典和超自然的惩罚与奖赏，才能接受社会秩序和规范。他为自己的干扰感到抱歉，回到了原来住的小岛，与阿萨尔朝夕相处，与温和的动物，与"主动睿智"生活在一起，并且"继续献身真主，直到他们死为止"。

伊本·图法伊尔以罕见的大度，在约 1153 年向艾卜·雅库布·优素福推荐了一位年轻的律师和医生，穆斯林叫他艾卜·瓦立特·穆罕默德·伊本·鲁什德（Abu al-Walid Muhammad Ibn Rushd），中古欧洲称他阿成罗伊——对伊斯兰哲学最有影响的人物。他的祖父与父亲都是科尔多瓦的大法官，并尽量给予他这个古都所能提供的教育。他的一位学生曾经转述阿成罗伊首次与总督谈话的内容：

> 当我被引至贝利埃维尔王子面前时，我发现他与伊本·图法伊尔在一起，他……在王子面前对我赞誉有加……王子发问而开始了谈话："哲学家们对天堂的看法如何？它们是永恒的，或是有一个起点？"我感到万分的惶恐与困扰，想顾左右而言他……但是王子察觉了我的困窘，转向伊本·图法伊尔，开始和他讨论问题，叙述了伊斯兰教对柏拉图、亚里士多德和其他哲学家的一些看法，及伊斯兰教哲学家对他们的批评。他良好的记忆力，我想即使是专门的哲学家也不一定能胜过。王子叫我放松心情，试验了我的知识。当我告辞时，他给了我一笔赏赐和坐骑以及一件昂贵的锦袍。

1169 年，阿成罗伊被任命为塞维利亚的大法官，1172 年又担任科尔多瓦的大法官。10 年之后，艾卜·雅库布召他到马拉喀什担任御医。1184 年雅库克·曼苏尔继位时，他仍继续担任这一职务。1194 年，他被驱逐到科尔多瓦附近的卢塞纳（Lucena），以平息群众对他的异端邪说的愤怒。1198 年他被赦免召回，但当年就去世了。他的坟墓现在马拉科什。

因为他哲学家的名气，他的医学著作几乎被人遗忘，但他是"当时最伟大的医生之一"，是第一个说明视网膜功用，认识天花病症及尝试免疫的人。他的《医学百科全书》被译成拉丁文，被基督教各大学普遍采用为教科书。同时艾卜·雅库布曾经表示，希望有人能写一部清晰的亚里士多德释义，伊本·图法伊尔建议由阿成罗伊担任这一工作。这项建议被接纳了，因为阿成罗伊早已肯定地下过结论，认为各家各派的哲学都包含在亚里士多德之中，亚里士多德的理论仅需因不同时代加以不同解释即可。在乔治·圣塔耶纳《理性生活》（*The Life of Reason*）一书中，也采取了相同的原则。他决定对亚里士多德每一部主要著作先作一个摘要，然后作简明的评论，继而作深入研究的详细评论——这种由易而难，由简单而复杂的说明体裁，是伊斯兰教大学的习惯。遗憾的是他不懂希腊文，要靠叙利亚翻译的阿拉伯文译本，但他仍以耐心、明晰和敏锐的分析，在整个欧洲赢得了评论家的美誉，一跃而与伊斯兰教哲学泰斗齐名，地位仅次于伟大的阿维森那。

对这些著作，还加了几本自己关于逻辑、物理学、心理学、形而上学、神学、法学、天文学和文法的著作，及一本回答阿尔-伽萨尼《毁灭的毁灭》（*Tahafut al-Tahafut*）一书中一篇名为《哲学之毁灭》的文章的书。他与弗朗西斯·培根一样，认为虽然少量哲学会使人倾向于无神论，但彻底的研究会使人对宗教与哲学之间的关系有较清楚的了解。因为虽然哲学家不能接受"《古兰经》、《圣经》和其他启示性书籍"字面的意义，但他认为对一般人民，很有必要发展一种全面性的虔敬与道德，因为他们深为经济方面的需求所困扰，以致除了偶然的、皮毛的与冒险的思索外，无暇思索已有的事情。因此一位成熟的哲学家，既不会发表，也不会鼓励任何反对旧有信仰的言论。同理，哲学家应该让他自由地寻求真理，但应将他讨论的对象限于知识分子所理解的范围内，而不对一般民众进行宣传。用符号来解释，宗教的教义可以与科学、哲学上的发现互相调和，经由符号与寓意对宗教经典解释，已经实施了好几个世纪，甚至连神职人员也如此。阿成罗伊并不明确地说教，他只是暗示，基督教的批评使他获得一个原则———一项命题可能在哲学（在知识分子）中是真的，但在宗教（及道德）中却是假的（有害的）。所以阿成罗伊的主张绝对不能在他为一般读者而写的简短论文中去找，而要在他对亚里士多德更深奥的评论中去发现。

他为哲学下的定义是以人类的进步观点来"探究存在的意义"。世界是永恒的，天体的运行无始也无终。创造是一个谜：

> 相信创造说的人认为，行为者上帝制造一个（新的）事件，不需要任何已经存在的物质……这种想象使得我们今日存在的三大宗教的神学家认为，有些东西可以由无中生有……运行是永恒和继续的，一切运动都有一个先于动作的原因。无运动即无时间。我们不认为运行有一个起点，或一个终点。

不过上帝仍是世界的创造者，在某种意义上，即上帝只存在于他持久的权力及经历的每一时刻，也就是说存在于神力的不断的创造中。上帝是宇宙的秩序、力量和精神。

根据这个最高的秩序和智慧，在宇宙中散射出一个秩序和智慧。根据最低天体（月亮）的智慧，产生"主动或有效的智慧"，使它进入每一个人的躯体与精神之中。人类的精神由两种元素组成。一种是受动或物质的智慧——是思想的能力与可能性，组成肉体的一部分，也随着它的死亡而消失（神经系统）。另一个是自发智慧——一种神圣的注入，刺激受动的智性成为正确的思想。这种自发智慧并不个别存在，对所有的人都相同，而且永远存在。阿成罗伊将自发智慧对个人或受动的智性的功能，与本身永远是一个的太阳——它的光芒照亮许多事物——相比较。就像火焰接近易燃物一样，个人的智性热望与自发智慧合一，这种结合，使人类的精神可能成为与上帝相似的精神，因为在思想能及的范围内，它紧握住了宇宙的一切。的确，除非了解它的精神，世界与它的内容对我们是不存在、也毫无意义的。唯有经过理性而对真理的知觉，才能导致个人精神与神的结合，苏菲教派认为这可由苦行的戒律或神迷的舞蹈达到。阿成罗伊无助于神秘主义。他的天国概念是圣人的安静与仁爱的智慧。

这也是亚里士多德的结论，而且主动与受动的智性可回溯到亚里士多德的《动物学》第 3 章第 5 节，经过阿佛洛狄西亚的亚历山大和亚历山大港的特米斯提乌斯解释发展了"新柏拉图主义"的原则，并经过法拉比、阿维森那和伊本·巴雅等人，传到了哲学的朝代。结果，就像它的开始一样，阿拉伯的哲学是亚里士多德的新柏拉图学派。但是反过来说，对大多数的伊斯兰教和基督教哲学家而言，亚里士多德的主张被修改成适合神学的需要，在阿成罗伊的伊斯兰教教条，被减低到最低限度，使他们能适合亚里士多德的见解。因此阿成罗伊在基督教世界中的影响，大于他在伊斯兰教中的影响。他的伊斯兰教同辈控诉他，伊斯兰教的后代遗忘他，他大部分著作的阿拉伯文版本都散佚了。犹太人保存了很多希伯来文译本，迈蒙尼德追随阿成罗伊之后，寻求宗教与哲学的调和。在基督教中，他的许多文章从希伯来文译成拉丁文，培养了异端布拉奔特的希格（Siger de Brabant）和意大利帕多瓦学派的理性主义，并威胁到了基督教的信仰基础。阿奎那著《神学大全》以压制阿成罗伊的潮流，但是他也采用阿成罗伊对亚里士多德作品的各种评论方法，在对亚里士多德释义时，在选择内容如"个体化原则"，对神人同形论的《圣经》的符号解释，在承认世界永存的可能性，在反对神秘主义作为神学的充分基础，及在认为宗教的某些教条虽是超乎理性的但可由于信仰而接受，在这些方面他都模仿阿成罗伊。罗杰·培根将阿成罗伊放在亚里士多德和阿维森那之后，并夸大地说："在今日（约 1270 年）阿成罗伊的哲学得到了明智之士的一致赞同。"

1150 年，哈里发穆台齐德（Mustanjid）在巴格达下令焚毁一切阿维森那及"诚笃的兄弟会"的著作。1194 年，塞维利亚的统治者艾卜·优素福·雅库布·曼苏尔又下令焚毁除极少数自然科学之外的阿威罗伊著作。他禁止他的臣民研究哲学，并鼓动他们把在任何地方找到的哲学书籍付之一炬。人们很热心地执行这些命令，人民痛恨对宗教的攻击，因为他们大多数都以宗教为困苦生活的最好慰藉。大约就在这个时期，伊本·哈比布因研究哲学而被处死。当政治力量在伊斯兰世界中衰退时，它寻求更多的神学家和正统派律师的协助。虽然得到了他们的帮助，相反的，也镇压了独立思想。即使如此，他们的协助也不足以挽救国家。在西班牙，基督教从这个城市推进到那个城市，直到仅有格拉那达一地保持伊斯兰教信仰为止。在东方，十字军占领了耶路撒冷。1258 年，蒙古人攻占并摧毁了巴格达。

蒙古人的到来（1219—1258）

历史又一次地说明了这样一个真理：文明的舒适招致了蛮族的征服。塞尔柱为东方伊斯兰带来了新的力量，但是他们也屈服于安逸之下，而马立克·萨赫的帝国，分裂成文化灿烂但武力衰微的自治王国。宗教的狂热和种族的互不相容，使人民互相排斥，瓦解了任何抵抗十字军的联合防御。

同时，在西北亚的平原和沙漠，蒙古人在艰苦和原始的力量中兴起了。他们生活在帐篷或露天中，逐水草而居，动物的皮革就是他们的衣服。他们喜爱研习战法。这些新的匈奴人，就如同 8 个世纪之前他们的同宗一样，都是使用匕首与刀剑的专家，射箭奇准无比。基督教的使者乔瓦尼·德·皮亚诺·卡皮尼（Giovanni de Piano Carpini）曾说过："他们能吃一切东西，甚至虱子。"成吉思汗以严格的纪律使他们成为一支不可抵挡的武力。当成吉思汗不在首都卡罗科隆（Karokorum）时，一位族长起而背叛他，并与花剌子模一位独立国家的君主阿拉丁·穆罕默德组成联盟。成吉思汗平定了叛变，向伊斯兰教国王提出了媾和的条件。条件被接受了，但不久就有两名蒙古商人被穆罕默德在奥特拉尔的省长以间谍罪处死于特兰萨克西拉。成吉思汗要求引渡那位省长，但被拒绝，穆罕默德还将蒙古负责交涉的负责人斩首，割掉其他人的胡子后放回。成吉思汗于是宣战，蒙古对伊斯兰教的攻打于是开始（1219 年）。

可汗的儿子朱济（Juji）率领一支军队，在让德（Jand）一战击溃了穆罕默德 40 万大军，穆罕默德被迫逃到了撒马尔罕，遗尸 16 万具。另一支军队由可汗的儿子雅加泰（Jagatai）统领，攻占并劫掠了奥特拉尔（Otrar）。第三支军队由可汗亲自率领，焚毁了布哈拉，成千名妇女被暴侵，3 万人被斩杀。撒马尔罕以及巴尔赫在蒙古人来临时就降服了，但仍受到掠夺与屠杀。整整一个世纪之后，伊本·白图泰描述这些城市时，说它们大部分仍是废墟。可汗的另一个儿子拖雷（Tule）率领 7 万大军经过呼罗珊，所到之处尽成废墟。蒙古人把俘虏整编成他们部队的先锋，让他们自由选择，是在前方与自己的同胞殊死厮杀，还是宁可被杀。莫夫因内部变乱而被攻占，被焚毁为废墟。它宏伟的图书馆是伊斯兰教的宝库，也毁于大火。它的居民可以带着珠宝从城门下走过，但也被屠杀和抢劫一空。这次屠杀（伊斯兰的历史学家断言）持续了 13 天，杀害了 130 万人。内沙布尔奋勇地抵抗了很久，但最后仍城破而降（1221 年），男女老幼几被屠杀殆尽，只有 400 名工匠被送往蒙古。被砍下来的头颅堆积成为一座恐怖的金字塔。美丽的拉伊城和其 3000 座寺院以及著名的陶窑，也一起被毁，而且（一名伊斯兰教的历史学家说）全部的居民都被杀死。穆罕默德的儿子哲拉鲁丁集合了一支新的土耳其军队，与成吉思汗在印度河会战，结果大败，逃往德里。赫拉特城因为反抗蒙古省长，6 万居民被杀。这种残忍是其战术的一部分，它要使反抗的人产生一种类似麻木的恐惧心理，除了投降别无选择。这个战术是成功的。

成吉思汗回到了蒙古，拥有 500 名妻妾，后来寿终正寝。他的儿子和继承人窝阔台，派了 30 万大军去俘获哲拉鲁丁。哲拉鲁丁在迪亚贝克尔（Diarbekr）组织了另一支军队，结果兵败被杀。蒙古人大军掠过阿塞拜疆、美索不达米亚北部、乔治亚和亚美尼亚（1234年）。在听闻由亚述人领导的反抗在伊朗爆发后，成吉思汗的一个孙子胡拉古（Hulagu），率领军队经过撒马尔罕和巴尔赫，在阿拉穆图摧毁了亚述人的据点，然后转往巴格达。

东方最后一位阿巴斯王朝哈里发穆耳台绥木是饱学之士，是一丝不苟的书法家，是极为温顺，忠于宗教、书本及贞洁的人。这是不合胡拉古胃口的敌人。蒙古指责哈里发窝藏叛徒及背地里给予亚述人援助，为了表示惩罚，这名蒙古人要哈里发向大可汗投降，安全解除巴格达的防御。穆耳台绥木傲慢地拒绝了。经过了一个月的围攻，穆耳台绥木向胡拉古求和。在从宽处理的诱惑下，他与两个儿子投降了蒙古人。1258 年 2 月 13 日，胡拉古率领部队进入巴格达，开始了 40 天的抢劫与屠杀。据说有 80 万人被杀。成千的学者、科学家和诗人也同遭厄运。几百年历史的图书馆和宝库，在一个礼拜之内被抢劫一空并被毁坏，被毁的书籍成千上万。最后，哈里发和他的家人在被迫说出了他们秘密存放财物的地点之后，也被杀害。如此，亚洲阿巴斯王朝的哈里发统治结束了。

胡拉古回到了蒙古。他的军队由另一位大将统领，去征服叙利亚。在阿因·雅鲁特（Ain Jalut），他们遇到了马穆鲁克王朝领袖库图兹和拜巴尔斯率领的一支埃及军队，结果蒙古人大败（1260 年）。伊斯兰教世界和欧洲的每一个人，无论信仰何种宗教，都欣喜万分，恐惧一下子被驱散。1303 年，一场决定性的战役在大马士革附近展开，最终结束了蒙古人的威胁，挽救了叙利亚，甚至基督教的欧洲。

历史上从未有一个文明如此突然地受到如此沉重的打击。蛮族对罗马的征服延续了两个世纪，经过打击后，仍有收复失土的可能。日耳曼的征服者尊重——有些企图保存——垂死的罗马帝国。但是蒙古人的来去，集中在 40 年间，他们不是征服与停留，而是屠杀、掠夺及将战利品带回蒙古。当血腥的屠杀过去之后，留下来的是残破的经济，中断或阻塞的运河，学校与图书馆的灰烬，政府也为之瘫痪，人口减少一半，而且造成了精神上的崩溃。享乐主义者放任、肉体与精神疲劳、军队瓦解与怯懦、宗教的宗派主义和蒙昧主义、政治腐败与独裁，所有的缺点都在外力攻击下彻底暴露出来——这使西亚的世界领导地位急遽下降，使叙利亚、美索不达米亚、波斯、高加索和特兰萨克西拉等上百个文明而美丽的城市，变成贫穷、疾苦的落后地区，成为现代世界的停滞地区。

伊斯兰世界与基督教国家

伊斯兰文明的盛衰，是历史的重大现象之一。五个世纪以来，自700年至1200年，伊斯兰在权力、秩序、政府范围、生活方式的文雅、生活水准、高尚的立法以及宗教宽容、文学、学术、科学、医学与哲学等方面，都居于世界的领导地位。在建筑方面，于12世纪时被欧洲的大教堂超过，哥特式的雕刻在伊斯兰世界中无出其右者。伊斯兰的艺术殚精竭虑于装饰，结果为范围狭隘和形式单调所限，但在它影响所及的范围内，却从未被超越过。伊斯兰世界比中古基督教国家更广泛地浸润到艺术与文化的气息中，统治者是书法家和商人，医生也可能是哲学家。

在性道德方面，这一时期基督教国家可能胜过伊斯兰国家，虽然没有太多的选择。虽然想躲避实际的情形，但基督教是一夫一妻制，把性的冲动限制在一定的范围内，而且逐渐提高妇女的地位，而此时伊斯兰世界却以帷幔或面罩遮住了妇女的面貌。基督教会限制离婚很有成效，同性恋的观念从未被接受，甚至在文艺复兴时的意大利也是如此。伊斯兰教的教规虽不允许同性恋，日常生活却可随便。穆斯林似乎比他们的基督教同辈们更有绅士风度，他们较能信守诺言，对战败者也较为仁慈，很少有像1099年基督徒占领耶路撒冷时的那种残忍行为。基督教的法律仍以战争、火、水来实施惩罚，而伊斯兰的法律则发展为进步的法理学和开明的司法。伊斯兰教来自希伯来的成分较少，较基督教采用折中主义也少，保持着较简单与纯净的教义与仪式，不像基督教那样富于传奇性和生动多彩，对人类崇拜自然界的多神论较少让步。它类似新教嘲笑地中海教派（Mediterranean religion）所提出的幻想与观念，但是在天国的概念上，它屈从于流行的享乐主义。它几乎完全没有祭司制度，但是正当基督教进入天主教哲学最繁盛的时期时，伊斯兰教却走上了狭隘与枯燥的正统派的道路。

伊斯兰教对基督教的影响宽泛且巨大。基督教的欧洲从伊斯兰教那里接受了食物、酒、药品、医药、甲胄、纹章、艺术精神与风味、工商业项目与技术、海上规则与方法，以及下列这些事物及词汇——橘子（orange）、柠檬（lemon）、糖（sugar）、糖浆（syrup）、冰果子露（sherbet）、加糖水的药水（julep）、长生不老之药（elixir）、壶（jar）、天蓝色（azure）、阿拉伯式（arabesque）、垫子（mattress）、沙发（sofa）、软棉布（muslin）、缎子（satin）、粗天鹅绒（fustian）、商品陈列所（bazaar）、队商（caravan）、支票（check）、税率（tariff）、交通（traffic）、国境的关税（douane）、杂志（magazine）、冒险（risk）、小帆船（sloop）、平底船（barge）、电缆（cable）、旗舰（admiral）等。国际象棋是经伊斯兰、印度传入欧洲的，并沿用了波斯的术语。"将死"（checkmate）一词是源于波斯语的"国王已死"（shah mat）。许多乐器也采用闪米特名称——维忽拉（Vihueln）、三弦乐器（rebeck）、吉他（guitar）、小手鼓（tambourine）。抒情诗人的诗篇与音乐是由伊斯兰教的西班牙传入法国的普罗旺斯的，并由伊斯兰教的西西里传入意大利。阿拉伯文学中关于天堂与地狱之旅的描述可能启发了但丁的《神曲》。印度的寓言和数字也是以阿拉伯的形式传入欧洲的。伊斯兰教的科学维持和发展了希腊的数学、物理学、化学、天文学与医学，并将希腊的遗产大量传到欧洲。阿拉伯的科学术语——代数学（algebra）、零（zero）、零号（ciphcr）、方位（azimuth）、蒸馏器（alembic）、天顶（zenith）、历书（almanac）——仍然保存在欧洲人的语言中。伊斯兰的医学领导世界达 500 年之久。伊斯兰的哲学为基督教的欧洲保存也破坏了亚里士多德的理论。经院派学者认为阿维森那与阿成罗伊是来自东方的明灯，权威仅次于希腊的学者。

　　肋骨状的拱形圆顶，伊斯兰也早于欧洲，虽然我们无法探索它演变成哥特式艺术的轨迹。基督教的尖塔和钟楼灵感也得自伊斯兰教的尖塔，也许哥特式窗格比吉拉尔达塔的尖头的拱廊更优秀。法国与意大利制陶艺术恢复生气，得力于 12 世纪伊斯兰陶工的输入，及意大利陶工到伊斯兰教的西班牙见习。威尼斯的金属与玻璃工人、意大利的钉书工人、西班牙的盔甲工人，都是从伊斯兰教的工匠处学得手艺，而且几乎欧洲每一个地方的织工，都是以伊斯兰教的式样和设计为样本，甚至庭园都受到波斯的影响。

　　我们将看到这些影响是以什么方式输入的：商业与十字军；上千种来自阿拉伯的拉丁文译本；一大批学者，如吉尔伯特、迈克尔·司各特（Michael Scot）、阿德拉德（Adelard）等人到伊斯兰教的西班牙的旅行；信仰基督教的西班牙父母把儿子送到伊斯兰教宫廷接受武士的教育——因为伊斯兰教的贵族"虽然是摩尔人，但也是武士与绅士"；基督徒与穆斯林在叙利亚、埃及、西西里和西班牙的日常接触。基督教徒在西班牙的各种进步，他们承认是伊斯兰教的文学、科学、哲学与艺术进入基督教国家的浪潮带来的。1085 年占领托莱多，大大促进了基督教徒对天文学的了解，推广了地球是球体的认识。

　　但是在这些事实的背后，还有着一种世代相传的仇恨。除了面包，没有什么比人类的宗教信仰更可贵的了，因为人活着不仅仅是为了面包，还有给他希望的信仰。因此他最痛恨向他的生计或教义挑战的人。三个世纪之久，基督徒眼见伊斯兰教推进、占据和吞并一个又一个基督教领地及其人民，感受到它对基督教商业的压迫，及听任其称基督徒为异教徒。最后，潜在的冲突演变为严重的事态：对峙的文明在十字军东征时相遇，东方和西方的精英互相残杀。在整个中古互相敌对的历史中，还有第三个信仰，即犹太教，夹在两者的互相攻击之中。西方损失了十字军，但赢得了教义的战争。每一名基督教的武士都被赶出了犹太教与基督教的圣地。但是伊斯兰教由于它缓慢的胜利以及被蒙古人蹂躏，退回到了蒙昧和贫穷的黑暗时期。而被打败的西方，由于自身的努力和反思，热切地向敌人学习，把教堂建筑得高耸入云，并向海洋发展，改变其生硬的新文学，注入但丁、乔叟（Chaucer）和维庸（Villon），并以高度的精神，进入了文艺复兴时代。

　　一般的读者会对关于伊斯兰教文明的冗长探讨心生厌倦，而学者则会悲叹它过分简略。只有在历史的巅峰，才能产生如此众多的杰出人物——在政府、教育、文学、语言学、地理学、史学、数学、天文学、化学、哲学与医学各方面，伊斯兰世界从哈龙·阿尔-拉希德到阿成罗伊的四个世纪间，就产生了许多杰出人物。部分光辉的成就是靠希腊的残余，但其中大部分的政治才能、诗篇与艺术，都是自发的和无与伦比的。就某方面而言，伊斯兰教的全盛，乃是近东自希腊的统治之下的光复，它不仅收复了萨珊和阿契美尼德的波斯，而且还收复了所罗门的犹大，阿苏尔巴尼帕（Ashurbanipal）的亚述，汉谟拉比的巴比伦尼亚，萨尔贡（亚述国王）统治下的阿卡德，以及许多不知名的君主统治的苏美尔。所以历史再一次说明它本身。虽然地震、流行病、饥荒、人口的迁徙和悲惨的战争从未停止，文明的基本过程并不消失，新的文明续接上了，将它们从大火灾中挽救出来，继续模仿它们，然后创造，直到新的一代与新的精神能加入竞赛为止。因为人是他同侪中的分子，各个世代也只是家庭中的一个片段，而文明则是历史这个大整体中的结合。文明是人类生活的舞台。文明是多元的——是许多民族、阶层和信仰合作的产物，没有一个学习历史的人，会是种族主义或教条的盲从者。因此学者们，虽然由于感情上的

血缘联系而属于他的国家，但也能成为没有仇恨和疆界的精神国家
（Country of the Mind）的一分子。假若他有政治偏见、种族歧视或宗
教仇恨，就不配享有学者之名。一位学者，他会向曾经承受并发扬文
明遗产的任何人表示敬意。

第八章至第十四章历史大事年表

715—717	苏莱曼一世任哈里发
717—720	欧麦尔二世任哈里发
720—724	叶齐德二世任哈里发
724—743	希夏姆任哈里发
732	穆斯林在法国图尔遭遇败绩
743	在姆萨塔的浮雕
743—744	瓦立特二世任哈里发
750	"吸血魔王"阿卜·阿尔-阿巴斯建立阿巴斯王朝
754—775	阿尔-曼苏尔任哈里发；巴格达成为首都
755—788	科尔多瓦总督阿卜杜-艾尔-拉赫曼一世
757—847	穆尔太齐赖派哲学家盛行
760	以实玛利教派兴起
757—786	阿尔-马赫迪任哈里发
约786	兴建科尔多瓦的蓝寺院
786—809	哈龙·阿尔-拉希德任哈里发
789—974	菲兹的伊德里斯王朝
803	巴尔马克家族没落
约803	哲学家阿尔金第
808—909	非洲凯鲁万的阿格拉布王朝
809—810	穆斯林占领科西嘉及撒丁
809—877	学者侯奈因·伊本·伊萨克
813—833	阿尔-马蒙任哈里发
820—872	波斯的塔希里德王朝
822—852	科尔多瓦总督阿卜杜-艾尔-拉赫曼二世
约827	阿拉伯人征服西西里
830	阿尔-马蒙在巴格达成立"智慧之宫"
830	阿尔-花剌子模作《代数学》
844—926	医生阿尔-拉齐
846	阿拉伯人洗掠罗马
870—950	哲学家法拉比
872—903	波斯的萨法尔王朝
873—935	神学家阿尔-阿萨里
878	兴建于开罗的伊本·图伦寺院
约909	在凯鲁万建立法蒂玛王朝
912—961	科尔多瓦的哈里发阿卜杜-艾尔-拉赫曼三世
915	史学家阿尔·塔巴里声誉鹊起
915—965	诗人阿尔-穆姆纳比
934—1020	诗人弗尔达乌斯

940—998	数学家艾卜·瓦法
945—1058	白益家族在巴格达干政
951	地理学家阿尔-马苏地逝世
952—977	亚美尼亚国王阿肖特三世在位，与990—1020年间在位的国王加吉克一世统治期间，并称为中世纪亚美尼亚的黄金时代
961—976	科尔多瓦的哈里发阿尔-哈卡姆
965—1039	物理学家阿尔-海泽姆
967—1049	苏菲教派的诗人艾卜-赛义德
969—1171	法蒂玛王朝迁都开罗
970	在开罗兴建埃尔-阿扎尔寺院
973—1048	科学家阿尔-比鲁尼
973—1058	诗人阿尔-玛阿里
976—1010	科尔多瓦的阿尔-希夏姆哈里发
978—1002	曼苏尔任科尔多瓦的首相
980—1037	哲学家阿维森那
约983	成立"诚笃的弟兄会"组织
990—1012	开罗的阿尔-哈克姆寺院
998—1030	吉兹尼的统治者玛哈穆德
1012	科尔多瓦的柏柏尔人革命
1017—1092	首相尼扎姆·阿尔-穆尔克
1031	哈里发统治在科尔多瓦的终结
1038	塞尔柱土耳其人侵入波斯
1038—1123	诗人欧麦尔·开俨
1040—1095	总督及诗人阿尔-穆塔米德
1058	塞尔柱人进占巴格达
1058—1111	神学家阿尔-伽萨尼
1059—1063	塞尔柱土耳其的酋长托格茹在巴格达即位为苏丹
1060	塞尔柱土耳其人征服亚美尼亚
1063—1072	阿尔普·阿尔斯兰苏丹在位
1071	土耳其击败希腊军队于曼齐卡特
1072—1092	马立克·萨赫苏丹在位
1077—1327	小亚细亚的塞尔柱人建立罗马苏丹政权
约1088	兴建伊斯巴罕的星期五清真寺
1090	"刺客"教派成立
1090—1147	西班牙的阿尔摩拉维德王朝
1091—1162	物理学家伊本·佐赫尔
1098	法蒂玛派占领耶路撒冷
1100—1166	地理学家阿尔-伊德里斯

约 1106	哲学家伊本·巴雅享盛名
1107—1185	哲学家伊本·图法伊尔
1117—1151	塞尔柱苏丹珊雅尔在位
1126—1198	哲学家阿成罗伊
1130—1269	摩洛哥的阿尔摩哈德王朝
1138—1193	萨拉丁
1148—1248	西班牙的阿尔摩哈德王朝
1162—1227	成吉思汗
1175—1249	阿尤布王朝
1179—1220	地理学家雅库特
约 1181	塞维利亚的阿尔卡扎尔完工
1184—1291	诗人萨迪
1187	萨拉丁败十字军于海丁，并占领耶路撒冷
1188	诗人尼扎米，作《莱伊拉与玛杰鲁的故事》
1196	兴建塞维利亚的金塔
1201—1273	诗人哲拉鲁丁·鲁米
1211—1282	传记作家，伊本·哈立兰
1212	基督徒大败摩尔人于托莱多的拉斯·纳瓦斯
1218—1238	开罗的阿尔-卡米勒苏丹在位
1219	成吉思汗入侵特兰萨克西拉
1245	蒙古人占领耶路撒冷
约 1248	在格拉那达兴建豪华的摩尔族王室宫殿阿尔哈姆
1250—1517	马穆鲁克统治埃及
1252	西班牙境内的摩尔族政权只限于格拉那达
1258	蒙古人劫掠巴格达：阿巴斯王朝结束
1260	马穆鲁克王朝击败蒙古军于阿因·雅鲁特
1260—1277	马穆鲁克王朝苏丹拜巴尔斯在位

第十五章 ｜ 塔木德

流亡（135—655）

在穆斯林及基督徒世界里，有一个伟大的民族历经艰难险阻，始终保持其独特的文化。他们有本族的教条作为慰藉与鼓励，他们有自己的法律和道德评价，并产生了自己的诗人、科学家、学者和哲学家，还是上述两个敌对世界文明精华的传播者。

犹太人总想光复被庞培及提图斯所毁灭的犹太国，高契巴（Bar Cocheba）叛变（132—135 年）并非其复国努力的最后挣扎。安东尼·庇护在位时，他们试图东山再起，可惜事未竟成。他们的圣地不再允许他们进入，只有在痛苦的毁城周年纪念日，才特别恩准他们进入，在圣殿残垣中痛哭哀号。巴勒斯坦全部的 985 座城市尽遭毁弃，惨遭屠杀者达 58 万人之多，而高契巴革命时，犹太人被屠杀过半，并堕入赤贫的深渊，几连文明生活都不可保。然而高契巴事件后二三十年，犹太人又在底比里亚城成立"犹太民族会议"（Beth Din）——由 71 位犹太拉比及法学家组成一法庭，并开设犹太会堂与学校，于是民族又有了新的希望。

基督教的胜利带来了新的问题。在君士坦丁大帝皈依基督教以前，犹太教在法律上与其他宗教完全平等。在他皈依以后，犹太人就受到种种限制与压迫，并禁止基督徒和他们来往。君士坦提乌斯放逐犹太拉比（337 年），宣布犹太人与基督徒女子结婚者处以极刑。尤里安的兄弟加卢斯皇帝课征犹太人重税，以致很多犹太人卖儿鬻女，穷于应付。352 年，犹太人又一次叛变，却又归于失败。沙弗雷斯城（Sepphoris）因而付之一炬，底比里亚及其他各城也多半遭毁坏，成千的犹太人死亡，成千的犹太人沦为奴隶。巴勒斯坦犹太人的情况（359 年）如此可怜，与别的犹太社区通信颇为困难，于是族长海勒二世毅然放弃其决定犹太节日的特权，为便利各自单独计算，颁布了至今仍为全世界犹太人使用的一种日历。

自此困厄以后，尤里安登基，犹太人始获短期的安宁。他减轻赋敛，废止歧视法律，嘉许希伯来人的慈善，并承认耶和华为"一位大神"。他询问犹太领袖祭神何以不用牛羊牺牲，当他们答以除了耶路撒冷圣殿以外，教规禁用牺牲时，他即下令拨款重建圣殿。耶路撒冷又向犹太人开放，他们纷纷自巴勒斯坦各地及帝国各省而来，无论男女老幼，有力出力，有钱出钱，重建圣殿。我们可以想象，在三个世纪的祈祷之后，此日一旦来到，这个民族是何等的欢欣（361 年）。但是在筑基之际，地底竟喷出火焰，烧死多名工人。虽然再次复工，但是同样的现象再次发生——可能是天然气爆炸所致——使得工程中途受挫。这像是神意在阻挠，基督徒为此极为开心，犹太人只觉奇怪和悲伤。旋即尤里安暴卒，库款停止拨发，旧有的限制性法律不但重又制定，而且变本加厉。那些犹太人又一次被逐离耶路撒冷，回到乡下，恢复贫穷，又需要祈祷。此后不久，哲罗姆报告说，巴勒斯坦的犹太人口"只有从前的 1/10"。425 年，狄奥多西二世废止巴勒斯坦族长制度。希腊基督教教堂取代了犹太会堂与学校。而在 614 年短暂的骚动以后，犹太世界就此失去巴勒斯坦的领导权。

假如犹太人希望迁到基督徒色彩不浓的地方寻求丰衣足食的生活，那是不能苛责的。有些犹太人终于向东迁徙至美索不达米亚及波斯境内，使得巴比伦城内犹太人再度欣欣向荣。实际上自公元前597年该城沦陷以来，该城犹太人即从未停止其繁荣。同样地，犹太人在波斯也不许参与政治，但是由于贵族以外的人民也不得参政，这项限制对犹太人不算是侮辱。虽然在波斯迫害犹太人事件也有多起，但是该国课税较轻，政府又颇肯合作，而且波斯国王承认和尊重犹太社区的领袖。当时的伊拉克土地肥沃，颇富灌溉之利，移居此地的犹太人顿成殷商和富农。有些犹太人，包括部分著名学者在内，因酿制啤酒而致富。波斯境内的犹太人社区增加得很快，因为犹太人顺应波斯的法律，接纳其多妻制度，我们由伊斯兰教教义即可了解该制度的由来。著名的犹太拉比拉伯（Rab）和纳赫曼（Nahman）于旅行讲道之际，惯于在各城市公开征求临时夫人，成了地方青年寻求结婚而不滥交的生活楷模。纳哈第城（Nehardea）、苏拉城（Sura）及本伯地萨（Pumbeditha），都建立发展高等教育的学校，其学者及犹太拉比的判决普遍受到散布各地的犹太人的敬重。

同时，犹太人继续向地中海各地分散。有些人加入叙利亚及小亚细亚的犹太社区。有些人则不顾希腊皇帝及族长的敌视，移居君士坦丁堡。有些人自巴勒斯坦向南移居阿拉伯，与闪米特人和平相处，并拥有其宗教信仰的自由。他们占领整个地区，如海拉尔；在雅特里布（Yathrib，今麦地那），人口几与阿拉伯人不相上下。有些人改宗多次，使阿拉伯人心中容许《古兰经》注入犹太教的因素。有些人穿越红海进入阿比西尼亚，人口繁殖迅速，在315年竟占该地人口的半数。犹太人控制了亚历山大港一半的航运生意，他们在这个热闹的城市致富，却引发宗教仇恨的怒火。

犹太社区在北非各城，在西西里岛及撒丁岛的发展均极迅速。在意大利，他们人口众多，虽然有时不免受到基督徒的侵扰，但是大体说来，信异教的皇帝、基督徒皇帝、西奥多里克大帝及教皇均对他们加以保护。在西班牙，在恺撒大帝以前即有犹太人区，他们在异教帝国的统治下自由发展，未受侵扰。他们在阿里乌斯教派的西哥特

（Arian Visigoths）王朝极为兴隆，可是自李卡罗王（King Recared）采纳《尼西亚信经》以后，他们就遭受种种非人的迫害。在第三次和第四次奥尔良宗教会议（Councils of Orleans）制定严苛法律以前，即希腊正教徒克洛维征服阿里乌斯派的西哥特高卢国后二三十年，在高卢未闻犹太人曾受迫害。在约560年，奥尔良的基督徒焚毁一座犹太会堂。犹太人诉之法兰克国王甘士兰，请仿照西奥多里克大帝拨公款重建该会堂，被甘士兰王拒绝。图尔的主教格列高利大加赞赏，说："吾王睿智，吾王之荣！"

　　散处各地的犹太人总是经得起种种苦难的考验，屹立不倒。他们不厌其烦地重建犹太会堂，重启新生。他们苦干、经商、放款、祈祷与希望、增殖与繁荣。每一个社区至少设立一所公立小学与一所公立中学，多数情形是设在会堂内。学者被劝说不要住在未设学校的城镇。经文及教学用语均为希伯来文，住在东方的犹太人日常语言是闪米特语系的阿拉姆语，在埃及和东欧则讲希腊语，其他各地的犹太人则使用当地人民的语言。犹太教育的中心主题为宗教，至于世俗文化，此时几被忽视。散居各处的犹太人只有经由律法方能维持其身心平衡，然其宗教就是律法的研读与实践。祖先的信仰愈受攻击，犹太人愈加珍贵，而《塔木德》（Talmud）及犹太教会堂，对于生活在希望中，而其希望来自信仰上帝的这个受压迫欺凌的民族，不啻是必要的支持与避难所。

塔木德的创作者

　　神殿里，会堂里，巴勒斯坦及巴比伦学校里，犹太法学家及法师编订卷帙浩繁的法典与评注，通称为《巴勒斯坦及巴比伦法典》（The Palestinian and Babylonian Talmuds）。他们认为摩西不但曾在《摩西五经》（The Pentateuch）中留下一部成文法典，而且留下一部口述的法典，由老师传给学生，代代相传，从而发扬光大。巴勒斯坦犹太教法利赛派（Pharisees）及撒都该派（Sadducees）争论的重点，在于这部口述法典是否源自神意而有其拘束力。自公元70年犹太人流亡散居各地以后，撒都该派绝迹，犹太拉比皆继承法利赛派的法统，因此正统犹太人均承认口述法典为神诫，与《摩西五经》一并构成他们赖以生存，而且在实际上可以说关系其生存的律法。经过千余年的演进，该口述法典发展成形，形诸文字则称为《法典本文》（Mishna）。再经8世纪的辩论、审断及阐释，累集而成两部《本文的注释》（Gemaras）。把《法典本文》与节缩的《本文的注释》混合起来，就成为《巴勒斯坦法典》（Palestinian Talmud），与完整的《本文的注释》融合就成为《巴比伦法典》（Babylonian Talmud）。在人类心智活动史上，这是最复杂、最惊人的故事。《圣经》是古希伯来人的文学与宗教，律法则为中古犹太人的生命与心血。

因为《摩西五经》的律法很早就已写成，因此对于没有自由的耶路撒冷，或失去耶路撒冷的犹太教，或已失去巴勒斯坦的犹太人而言，已无法适应各种不同的情况与需要。在犹太人流亡各地以前，犹太最高法庭教师（Sanhedrin teacher）负责解释摩西律法，以资实际应用并作为新时代及不同地方的指导。流亡以后，这就成为犹太拉比的职权。他们的注释与讨论，包括多数及少数意见在内，均世代相传。也许是为了使口述的传统更有弹性，也许是要大家记得，这一传统并未形诸文字。有权解释律法的犹太拉比有时不免要求助于已将口述之传统记在心里的那些人。后6个世纪内，犹太拉比被称为"口述律法教师"（tannaim）。在圣殿崩毁以后，他们是唯一的律法专家，身兼巴勒斯坦社区的教师和法官。

巴勒斯坦及散布各区的犹太拉比成为历史上最独特的贵族。他们并非对外封闭或世袭的阶级，其中许多人来自最穷苦的阶级，多数人即使在蜚声国际以后仍以工艺家的身份谋生。而且直到这一时期结束，他们担任教师和法官的工作并未接受报酬。富人有时让他们成为企业的匿名合伙人，或将其供养于家中，或把女儿嫁给他们，使他们免做苦工。只有少数人因位居社区高位而致腐化。某些人难免有人性的缺点：善怒、嫉妒、仇恨、吹毛求疵、骄傲。然而他们经常自省，认为真正的学者应是谦谦君子，智慧只有从一个人的生活小节中才能表现出来。人们因其德行及过失而喜爱他们，因其学问及忠诚而钦佩他们，他们的睿智及奇迹流传下来，演变成上千个传奇故事。

由于法师的判例日积月累，增加很多，因此只靠记忆便不能满足需要了。海勒、阿奇巴（Akiba）及梅尔（Meir）虽已试验种种分类与记忆的方法，但没有一样为大家所接受。律法传授的杂乱无章成为家常便饭，能够记得全部口述律法的人惊人地减少，而流亡又使得这些少数人散布天南地北。约公元189年，在巴勒斯坦的沙弗雷斯城，耶胡达（Jehuda Hanasi）法师继承并修正阿奇巴及梅尔的工作，重编了口述法典，把它书写下来，并加上自己的意见，即耶胡达法师的《律法本文》（*Mishna of Rabbi Jehuda*）。少数学者认为耶胡达并未将他的《摩西律法书》写下，一直到8世纪都是口口相传。

如上所述，这部《律法本文》（口头训诫）乃是耶胡达以来编纂添改的结果，纵然如此，它仍是非常简练的大纲，使信众反复诵读予以牢记。因而除了有犹太生活与历史背景的人外，对于其他背景的人说，这部《律法本文》简直是不可捉摸的简短与晦涩。不但巴勒斯坦的犹太人，即使巴比伦及欧洲的犹太人均接受它，只是每一派对其格言各有不同的解释而已。上六代（10—220年）的犹太口述律法教师既参与制定《律法本文》，现六代（220—500年）犹太律法"注释者"把巴勒斯坦与巴比伦两部注释结合起来。新教师对耶胡达《律法本文》下的功夫，相当于口述律法教师对《旧约》下的功夫，他们辩论、分析、解释、修正，并说明其内容，使之应用于他们所处环境与时代的新问题与新形势。至4世纪末，巴勒斯坦学派重编评论，即《巴勒斯坦律法注释》（*Babylonian Gemara*）。同时（397年），苏拉学院（Sura College）院长艾西（Ashi）法师，也开始《巴比伦律法注释》的编纂工作，历时整整一代。100年后（499年），拉比那二世

（Rabina Ⅱ）在苏拉完成艾西未竟的工作。假如我们了解到《巴比伦律法注释》较《律法本文》篇幅超过 11 倍，就会了解为何其编纂历经一个世纪之久。其后 150 年（500—650 年）内，律法理论家校正了这本巨著评论，并使其具有《巴比伦法典》的色彩。

　　"塔木德"一词本意为训诫。《律法注释》的编写者仅以之用于《塔木德》的本文。以今天看来，法典是包括《本文》与《注释》的。在《巴勒斯坦法典》与《巴比伦法典》之间，其中《本文》完全相同，不同的是《注释》，即其评论部分。《巴比伦法典》较《巴勒斯坦法典》长四倍之多。两本《注释》均使用闪米特阿拉姆语。《本文》则使用新希伯来语，其中包含很多借自邻境的外来语。《本文》的内容简洁扼要，寥寥数行即是一条法律。《注释》则行文故意散漫。著名犹太拉比对《本文》原文的不同意见都接受，明定修改法律的情势与条件，并加上许多示例。《本文》大部分为犹太教习惯（ha-lacha），《注释》则部分为法律重述或讨论一项法律，部分为寓言故事（haggada）。大体说来，寓言故事包括：说明性的逸闻或楷模、传记、历史、医药、天文、星相、魔术、通神论、劝善及遵守法律等。寓言故事常常可以使学者在经过复杂而又累人的辩论后得到心灵的休息。如：

　　　艾米（Rab Ami）、艾西（Rab Assi）与那伯卡拉比（Rabbi Isaac Napcha）谈话，其中一位跟后者说："法师，请给我们讲一个好听的传奇故事。"另一位说："还是告诉我们一些法律要点的好。"当他开始述说传奇故事时，他就使后一个不高兴，而当他开始解说法律要点时，他又得罪前一个。于是，他说了这个寓言："我就像一个拥有大小两个老婆的人。年轻的小老婆为了使他看来年轻，就拔尽他的灰发，年老的大老婆为了使他看来年老，就拔尽了他的黑发，他夹在两者之间成了一个秃子。我现在在你们当中，情形与此完全相同。"

《巴比伦法典》，共约 6000 页，每页 400 字。《本文》分成 6 个顺序（sedarim），每个顺序分成数篇论文（masechtoth），全部共 63 篇，每篇论文再分成若干章节（perakim），每章又分成数个教训（mishnayoth）。现代版的《塔木德》大体包括：一、拉什（Rashi）1040 年至 1105 年的旁注，载于正文里页的边缘；二、附注（tosaphoth），是 12 和 13 世纪法国及日耳曼犹太拉比对《塔木德》所作评论，载于《本文》外页的边缘。许多版本均把附录或补遗部分（tosefta）加进去——从耶胡达口述《律法本文》删去的残余部分。

律法

·神学

犹太拉比常说，一个人首先要学习成文与口述的各种律法。"研究律法较之建筑神庙更伟大。""一个人每天忙着研究律法的时候，就该体认'这仿佛是我从西奈学到律法的那一天。'"律法以外的学问皆无必要，希腊哲学、世俗科学，只有在"既非白日亦非夜晚的时刻"方可学习。希伯来经文的每个字都是上帝的话，即使是《雅歌》也是上帝启示的赞美诗——以寓意描述耶和华与其特选新娘以色列间的盟约。天主教神学家解释这段话，认为是象征性地描述基督与其特选新娘（教会）间的盟约。因为没有律法就会引起道德的混乱，因此在开天辟地以前，律法已存在于"上帝的胸中或心里"。赫拉克利特将行星脱轨比为罪恶，柏拉图提出超人的原型观念。该理论转现于《旧约·箴言》第 8 章第 22 节。耶稣承认律法的永恒性（《路加福音》第 17 章第 7 节，《马太福音》第 5 章第 18 节）。穆斯林也不居于人后，以《古兰经》的不朽教人。上帝将它传给摩西是一件适时的大事。《塔木德》以律法而言，也是上帝最终不移的话。它是系统的律法，由上帝口述给摩西，再由摩西传给其继承人，其中的训令与经文具有同样的拘束力。犹太的正式议会从未采纳这种《塔木德》式的法律观。现代修正的犹太教派则对此加以拒斥。某些犹太拉比认为《律法本文》较之经文更具权威，因为它是最近修正的法律形式。某些犹太拉比的训令干脆就宣布《摩西五经》诸法为无效，或另作解释使之无大害。中世纪，日耳曼及法国的犹太人研究《塔木德》较经文更花工夫。

《塔木德》与《圣经》一样，主张天纵睿智、无所不能的神的存在是天经地义的。偶有犹太人对此抱持怀疑者，如虔诚的犹太拉比梅尔的学者朋友艾卜亚（Elisha ben Abuyah），然而他们只是一小群人，几乎默默无闻。《塔木德》中的上帝，实际上是神人同形的：爱、恨、生气、笑、哭、悔恨，佩戴经匣，身居王者宝座，下有天使组成的圣职组织，并一日三次研读律法。犹太拉比承认赋神以人性是出于假想。他们表示："为了帮助理解，我们将他造物的用语用到他的身上。"假如人们只有依赖图片才会了解，那么又怎能怪他们。他们也认为上帝是宇宙的灵魂，肉眼看不见，到处存在，充实而有力，超越人间经验而无所不在，虽凌驾世俗世界之上，却又充塞于世界内部及任何残片之内。此种神性的普遍存在——神之显现（Shekinah）在圣地、圣人或圣物里面及研究或祈祷的时候，特别显得真实。虽然如此，这个无所不在的神却只有一个。犹太教最不能接受的观念是多神论。他们热烈主张神的独一性，反对异教徒的多神论及基督教三位一体明显的三神论。著名而普遍的犹太祷词《以色列祷词》（*Shema Yisrael*）宣称："听呀，哦，以色列，上帝是我们的神，上帝只有一个。"在他的殿中或在崇拜之时，救世主、先知及圣贤，皆不得与其并列。除了少数场合，犹太拉比禁止人们直呼他的名字，意在吓阻渎神和施术。为避用希伯来文"JHVH"（耶和华）四个子音，他们使用"Adonai"（上主）一词，甚至建议以圣者、慈悲者、皇天及天父等来代替它。上帝能够创造奇迹，特别是经过伟大的法师之手，但这些奇迹不宜视为违反自然律，因为没有上帝的意志即没有律法的存在。

上帝造物有其神圣及慈善的目的。"上帝创造蜗牛以治疥癣，苍蝇以治黄蜂螫刺，蚊蚋以治蛇咬，蛇蟒以治疼痛。"人神之间有一种持续的关系，人类生活中的每一个步骤都离不开神的监视，人类各种行为或思想可以使神光荣，也可使其蒙羞。人类是亚当的子孙，然而"造物者最初所造的人与动物一样有尾巴"，"到了以诺那一代，人脸与猴子仍旧相似"。人类由肉体和灵魂组成，其灵魂来自上帝，肉体则来自尘土。灵魂促其向善，肉体则促其向恶。也许人类的劣根性是来自撒旦，其恶毒本质到处隐伏。不过，各种罪恶到了最后可望转为善性。若无世俗的欲望，人类就可望不做苦工，也不必抚养后嗣。一个欢欣的句子这样说："来吧，我们该归功于我们的祖先，若不是他们犯了罪，我们根本就不会来到这人间。"

犯罪极为自然，可是罪恶的因子并非出自天生。犹太拉比接受人类堕落的理论，但不接受原罪或神替人类赎罪而死的说法。每个人为其所犯的罪而受苦。如果他在人世受的苦超过所犯的罪，那可能是我们不知其犯罪的程度，或许因为过度的惩罚可能因祸得福，使其在天堂获得特殊的待遇。因此，阿奇巴认为，每个人均应以其逆境而庆幸不已。至于死亡，是因有了犯罪才会来到人间，真正无罪的人必能永生不死。死亡就是人类对造物者的一种负债。律法释文里面有一则关于死亡及梅尔法师的动人故事：

在安息日下午，当梅尔法师做每周例行讲道时，他的两个爱子突然在家里去世。他们的母亲仅以被单覆盖，因为禁止于圣日举哀。梅尔是晚讲道后回家，问起未去会堂的两个孩子。她要他复诵"哈勃达拉"（habdalah，安息日结束的典礼），然后请他吃晚饭。接着她说："有一问题想问君：一位朋友曾请我代管珠宝，现在他想要回它们，我是不是该还？"梅尔法师答道："当然该还。"夫人即携着他的手，将他带到床边，拉开被单。梅尔法师失声痛哭，夫人却说："他们只是被托给我保管一时而已，如今其主人已取回他自己的东西了。"

希伯来经文很少谈到善恶报偿不灭论，但这种观念在犹太教神学理论中已占重要的地位。印兰谷（Ge Hinnom）或苏有（Sheol）两地就是对地狱的描述。印兰谷是耶路撒冷城外垃圾堆，常年火焰不断，以防时疫流行。苏有被视为是容纳死者的地底黑暗地区。和天堂一样，地狱也分七层，各有不同等级的处罚。只有最邪恶的受割礼者才进入地狱，但即使是已确定的罪人也不会永远受罪。"所有下地狱者都可以重见光明，只有下列三类例外：犯通奸罪者，公然侮辱他人者，使他人名誉受损者。"天堂称为伊甸园，是精神与肉体都感到极乐的化园。这里的醇酒是造物六天中留下的葡萄美酒，香气漫天。上帝将与得救的人一起参加盛宴，而他们最大的快乐是见到上帝。不过，有些法师承认，人类无法预知死亡以后的情形。

犹太人是以民族而非个人的立场来解释得救的。他们受到明显的无情残酷的排挤，因此坚信他们是上帝特选和宠爱的民族，如此才使自己更坚强而屹立不倒。他是他们之父，又是正义之神，他不可能破坏与以色列间的圣约。基督徒和穆斯林接受和尊重的经文不就是他传给他们的吗？在极度绝望当中，他们竟有了补偿性的自傲，认为过去使他们感到高贵的犹太拉比，现在应借责备而使他们知道谦逊。当年与今天一样，他们渴望回到他们民族的诞生地，并在美丽的回忆里把它理想化。他们认为："凡在巴勒斯坦走4厄尔（ell，即45英寸）路者即可永生。""凡住在巴勒斯坦的人不会犯罪。""住在巴勒斯坦者即使随便地谈话也是律法。"犹太人每日祈祷文中心部分"十八段"（the Shemoneh Esreh），包括祈求弥赛亚君王大卫之子的归来，因他可以重建统一自由的犹太国，在自己的圣殿中以古礼、古歌崇拜上帝。

·仪礼

在这个信仰的时代，使犹太人特别杰出并使他们在到处流亡中仍团结在一起的并非神学，而是宗教仪礼，不是基督教仅予扩充和伊斯兰教根本采纳的教条，而是繁文缛礼，只有这个骄傲、感情容易激动的民族才具有遵守它的谦逊与耐性。基督教通过统一的信仰来寻求团结，犹太教则由统一的仪礼而得到团结。艾略加（Abba Areca）以为，律法的制定"是为了要从遵守当中使人守规矩，达到净化人类本质的目的"。

最重要的，这种仪礼乃是一种礼拜的律法。当会堂承继了圣殿的地位时，祭品与祈祷就取代了牺牲祭祀。但是会堂与圣殿一样不容许任何神或人的偶像存在，各种偶像崇拜都被禁止。乐器在圣殿虽是允许的，在会堂却受到禁止。基督教在此与犹太教分开，而伊斯兰教则在此从犹太教接枝。犹太教发展成沉郁的礼拜，基督教则发展成沉郁的艺术。

每日或几乎每时都要祈祷，成为正统犹太人的宗教经验。晨祷时用内装经文的小盒系于前额及双臂。饭前先说简短的祷词，饭后照例进行较长的感恩祷告。但是仅有家庭祈祷还不够，只有一起做事人们才会团结为一体。犹太拉比们带着东方式的夸张辩称："只有在犹太会堂所作的祈祷，神才会听到。"公共礼拜仪式主要包含"十八段"、《以色列祷词》、《摩西五经》、《先知书》及《诗篇》选读、经文讲解、《卡狄士祷词》（Kaddish，为生者与死者颂扬、祝福的祷词）及结束祝辞。

较礼拜大典更为繁重的是净身或洁礼。生理卫生被视为有利于精神健康。犹太拉比禁止人们住在没有澡堂的城市，对沐浴给予诸多健康方面的指示。"如果沐浴用热水，而浴后不用冷水，那就像铁放进熔炉后没有泡入冷水一样。"身体与铁一样，须经锻炼强化。沐浴完毕应涂油。起床后、餐前、餐后，大典祈祷前或举行其他任何礼仪以前，均应洗净双手。尸体、性行为、月经、生小孩、害虫、猪及麻风病（包括各种皮肤病），在礼仪（指依宗教律法而言）上均为不洁。接触或为上述诸物污染者应即刻到会堂举行洁礼。女人生男孩者

40天内被视为不洁（不得进行性行为），生女孩则为80天。依据《圣经》指示，小孩出生第八天应受割礼。这表示对耶和华的一种牺牲和守约。但是由埃及人、伊索匹亚人、腓尼基人、叙利亚人及阿拉伯人的习俗来看，这是一种卫生习惯：在那样的天气里，可以促进性早熟与性刺激，干净则在其次。犹太拉比下令犹太人出生12个月内均应受割礼，更可证实这一结论。

《塔木德》有时候念起来就像家庭医药手册，而非宗教法典。《塔木德》实为告诫其人民的百科全书。4世纪和5世纪的犹太人和多数地中海民族一样，有种种医药上的迷信，并深信孤苦人民都拥有医药替代品。许多流行的迷信认为可以治病的药方皆纳入这部《塔木德》。虽然如此，我们发现《巴比伦法典注释》对食道、喉头、气管、肺、脑膜及生殖器，均有精确的阐述；对肺瘤、肝硬化、干酪性坏死及其他种种病症，也有正确的描述。犹太拉比已注意苍蝇及共用茶杯可能引起传染，而血友病已被认为是遗传病，且断定其后代受割礼极不合宜。与这些见解混在一起的，是那些驱除病魔的巫术秘方。

犹太拉比与我们一样，精于饮食。饮食的智慧首重牙齿。不管牙齿有多痛都不能拔除，因为"一个人善用牙齿咀嚼，脚下自然生出力量来"。除枣子外，其他蔬菜及水果都被极力推崇。肉类是奢侈品，享用前先要沐浴净身。屠宰牲畜应极力减少其痛苦，并应取出血液，吃含血的肉也是最不洁的事。因此，只有受过训练的人才可屠宰动物，屠宰之前，他们应检查动物内部，确定动物并未染病。牛肉与牛奶或含有它们的食品，不应同时进食，甚至厨房内也不宜把它们放得太近。猪肉极为不洁而被严厉禁止。鸡蛋、洋葱或蒜头去壳或去皮、隔夜的都不能吃。食必定时，"别像母鸡一样整天吃个没完"。"死于过食者多于不饱者。""40岁以前，多吃有益；40岁以后，多饮有益。"适度饮酒较完全戒绝为佳，酒常是良药，因此"没有酒即没有快乐可言"。犹太拉比继续饮食的讨论，辩称："如厕较久，可以延年。"并建议完毕后做感谢祈祷。

他们讨厌禁欲主义，建议人民享受与犯罪无关的种种美好的事。斋戒在某段时间或假日是必要的，不过，这也许是宗教促进人体健康的方式。种族的智慧使犹太人经常过节并举办盛宴，纵然在享乐中，也可听出哀伤及怀念的音调。"在佳节中，男人应使其妻子及家人感到快乐"，如果可能，他该使他们有新衣服穿。安息日——犹太人最伟大的发明——显然是《塔木德》时代的一种负担，那时虔诚的犹太人要尽量少说话，家中不得举火，须在会堂停留数小时进行祈祷。在极端挑剔的情况下，一篇冗长的论文讨论了安息日可以做与不可做的事。但是犹太拉比的解释导向减轻而非增加对神的恐惧。他们精心设计种种理由，使人在假日也尽其义务。而且，善良的犹太人在遵行古代安息日礼仪时，竟发现了一种神秘的乐趣。首先进行一个小小的圣洁礼。他在家人及客人（这是款待朋友的好时光）的围绕下举起一杯酒，宣读祝辞后啜饮一口，即传给客人、妻子和小孩共饮。然后他拿起面包祝福，感谢上帝"赐给我们面包"，逐一传给同桌诸人。在安息日斋戒或举哀皆不可以。

一年内有种种节日，作为虔诚的回忆或感恩休息的好时刻。逾越节自尼散月（Nisan，即阳历 4 月）十四日开始，历经 8 天，旨在纪念犹太人离开埃及。在《圣经》时期，它被称为无酵节，乃因犹太人逃离时携带了尚未发酵的面团。《塔木德》时代称之为"Pesach"，意为逾越，因为耶和华击杀了埃及头生的人，而越过那些由犹太人在门楣上涂洒了羊血的屋子。佳节的第一天，犹太人举行逾越节餐礼（Seder）。每家家长担任全家聚会的领袖，一道举行典礼追念摩西流亡的痛苦日子，并以问答方式把那些珍贵的故事传诸子弟。逾越节七周后有五旬节（the feast of Shavuot），庆祝小麦丰收及西奈山上神的启示。帝希力月（Tishri）——教会纪年第七月，犹太民历第一月，犹太人庆祝新年及新月佳节（Rosh-ha-Shana），吹羊角号（shofar）纪念律法的启示，呼唤人们来忏悔，并预见有那么快乐的一天，号角会召唤全世界犹太人到耶路撒冷崇拜他们的上帝。自新年、新月节前夕至帝希力月的初十日为忏悔时期，除初九日外其余各日，虔诚的犹太人都斋戒和祈祷。初十日是赎罪日（Yom-ha-Kippurim），从日出到日落，不吃，不饮，不穿履，不做工，不沐浴，也不放纵做爱，他们整天在会堂做礼拜，甚至从崇拜金牛犊开始，为他们自己及其民族的罪恶而忏悔和哀伤。至帝希力月十五日，及住棚节，7天内犹太人应住在帐篷内，以纪念他们的祖先在40年的旷野逗留期中曾住过帐幕。到了流亡异邦时期，完全照昔日庆祝丰收或收获佳节已有困难，故犹太拉比乐意重新将"住棚"解释为任何象征居住的事物。在第九月——基斯流月（Kislev，即阳历12月）二十五日起七天内为献神节（the festival of Hanukkah），纪念圣殿为艾庇方尼斯（Antiochus Epiphanes）污染后再由马考比人（the Maccabees）加以净化的历史（公元前165年）。亚达月（Adar，阳历3月）十四日，犹太人庆祝普珥日（Purim），纪念以斯帖（Esther）及莫底凯（Mordecai）将其民族自波斯大臣哈曼的阴谋中救出，在欢乐的酒宴中互赠礼物，互祝好运。拉巴（Rab Raba）认为，当天每一个人均应狂饮至无法分辨该"诅咒哈曼"还是"诅咒莫底凯"为止。

我们不宜把法典时代的犹太人视作郁郁寡欢的悲观者，认为他们因才能无从发挥而痛心疾首，在教义分歧引起的风暴中浮沉，及在渴望恢复残破故国中迷失自我。在流离失所、受到种种压迫之时，他们仍然坚忍不拔，珍视生活的奋斗与甘苦、辛勤妇人的短暂美丽及天地长存的种种盛景。法师梅尔说："每天，每一个人都该说百次祝辞。"另一位法师对大家说："连走4厄尔的路未低头祈祷者，是对上帝的轻慢，因为经上不是说'整个大地充满了他的荣光吗'？"

·犹太法典的伦理学

《塔木德》不仅是犹太历史、神学、礼仪、医药及民谣的百科全书，而且是关于农业、园艺、工业、职业、商业金融、税捐、财产、奴隶制度、继承、偷窃、法律程序及刑法的总论。

但《塔木德》毕竟是伦理法，它与基督教教义有很大不同，反而更像伊斯兰教教义。这三大宗教同时拒斥自然——非宗教——的道德可行性，他们相信多数人只有借畏惧上帝才能导之向善。三者的道德律均建立于同样的观念之上：上帝有无所不见的眼睛与无处不在的手，道德律有神圣不可侵犯的权威性，并由死后的赏善罚恶而使德行与幸福终得平衡。在两种闪米特文化中，律法及伦理学均与宗教不可分离，犯法与罪过之间，民法与教会法之间皆不许有分别，各种不名誉的行为皆是冒犯上帝，皆为冒渎神的存在及圣名。

三大宗教也同意某些道德的要素：家族及家庭神圣、尊敬长上、爱护小孩及博爱。在美化家庭生活方面，未见超过犹太人的民族。犹太教或伊斯兰教，矢志独身或无子嗣，皆是罪过。成家及持家是宗教的规定，为613种教规中的第一种。此外，经文释辞解释说："无子之人，等于死亡。"犹太人、基督徒及穆斯林相信，当宗教对父母的指导失去效力时，该团体能否充分延续就有问题了。只有在某些场合，犹太拉比允许家庭自行控制人口，特别是避孕。"有三类妇人应使用避孕法：未成年人，以免怀孕造成悲剧，怀孕妇人，以免发生流产；哺乳中的母亲，以免怀孕而使小孩因断奶而过早夭折。"

此时的犹太人和同时代的人一样不愿生女孩，以生男孩为喜事。只有男孩可以继承父名、家族、财产，并照顾其坟墓。女孩一旦成年，会嫁到另一个或许甚远的家庭，父母等于失去了女儿。但是只要孩子生下来了，他们就不分彼此，在调和纪律与宠爱的方式下加以抚育。一位法师说："要打孩子就用鞋带打。""假如一个人舍不得处罚小孩，"另一位法师说，"其结果只有使其堕落。"应不惜任何代价给小孩教育，即教以"律法与先知书"，以开启其灵智与训练个性。希伯来谚语："世界因学童的气息而得救"，神的显现照亮了他们的小脸。孩子总有一天必须尊重和保护父母至死，不问情况如何。

慈善是一种不可避免的义务。"广做善事者比做各种牺牲者更加伟大。"有些犹太人颇为吝啬，有些则是一毛不拔，但是大体说来，犹太人较其他民族更乐善好施。犹太拉比禁止人们捐赠1/5以上之财产以为慈善之用，但是某些犹太人死后遗赠竟达财产之半。"乌那（Abha Umna）脸上永远带着祥和之气。他是外科医生，可是为人疗治从不伸手索取报酬。他在诊所一角置一小盒，有能力付款者可随意掷于内……无能力支付者就不觉可耻。"胡纳（Rab Huna），"当他坐下准备进食时，必将大门打开说：'谁有需要，进来吃吧！'"伊来（Chama ben Ilai）散发面包给有需要的人，到外国旅行时，则将手置于钱袋内，等到他人开口乞讨可以不必迟疑。但是《塔木德》抨击炫耀式的施舍，建议自谦和保密："暗中乐善好施的人比摩西更伟大。"

对于婚姻制度，犹太拉比滔滔不绝，尽述其所学所知。犹太生活组织的基础建于婚姻制度与宗教上，他们并不谴责性欲，但是畏惧性欲的影响力，尽力设法控制它。有人认为应把面包与盐混在一起吃，"以减少精液的分泌"。其他人觉得，辛苦的工作与研读律法可以减少性的诱惑。假使仍然无效，那就"让他到一个陌生的地方，穿上黑衣服，纵心所欲而为，但是别让他公然亵渎上帝的令名"。每人均应避开引起感情冲动的场合，不宜和妇人聊天过久，而且他"在大路上不走在妇人的后面，就是自己的太太也不行……一个人宁可走在狮子的后面，也比走在妇人后面来得好"。犹太拉比的幽默见于开汗（Rab Kahan）的故事：

　　当他受到诱惑时，他一度在卖女用竹篮。他要求考验他的人让他走，并答应会回来。但是他并未守诺回去，而是登上一间房子的屋顶跳了下去。在他跳到底以前，艾里杰（Elijah）出现了，抓住了他，怨他使自己走了400英里来救他脱离自毁之路。

犹太人显然认为保持童贞是好事，但是一直保持童贞则有碍发育。依据他们的意见，最完美的女人是慈母，犹如男人最高的美德是贤父一样。恐结婚过迟不合卫生要求，他们鼓励每位父亲给予女儿一笔嫁妆，并解决男孩的婚姻问题。他们主张早婚——女孩 14 岁，男孩 18 岁。女孩 12 岁半，男孩 13 岁即可合法结婚。研究律法的学生被许可暂缓结婚。有些犹太拉比主张男人结婚前应建立经济基础——"男人首先应建个房子，然后建一个葡萄园，最后才结婚"——但是这只是少数人的意见，假如父母能提供经济支援，那么便能顺利解决。年轻人被奉劝择偶应求其具有贤妻良母的本性而不必计其美丑。"择妻退一步想，择友进一步想"，娶妻高于自身者，自取其辱。

《塔木德》与《旧约》、《古兰经》一样，允许多妻。一位犹太拉比说："男人可以任意娶许多位太太。"但是同篇文集中另一段文章则以四位为限。另一篇文章则认为男人娶第二位太太时，应许可第一位太太的离婚要求。依据娶嫂制度（levirate），犹太人可以与兄弟的遗孀结婚，这是推定的多妻制度，对于与其他中古社会一样夭折率极高的犹太社会，这样做不但表示仁慈，而且有助于维持较高的生殖率。在准许男人择偶有极大的自由后，犹太拉比视通奸为重罪。某些人赞成耶稣的主张，认为"眉目传情即已构成不忠之罪"。某些人进而主张："任何人即使仅注意女人的小指头也已构成心中的犯罪。"但是艾略卡较为仁慈，认为"男人仅眼见而未及享受者，只是在审判日来临时列为过失记录而已"。

若双方同意离婚，法规则不禁止。丈夫不同意，妻子不得离婚，但不经妻子同意，丈夫可以休妻。与不忠的妻子离婚顺理成章，妻子婚后 10 年无所出者，丈夫即被建议与之离婚。萨买学派（The School of Shammai）主张，只有妻子不贞才准丈夫休妻。海勒学派（The School of Hillel）主张，只要丈夫发现妻子有"任何不当行为"（anything unseemly）即可离婚。《查士丁尼法典》时代流行的是海勒的见解，阿奇巴更加过分，竟谓丈夫"如果发现另一个女人较为漂亮，即可与太太离婚"。男人也可未经给付婚姻破裂款项即与违反犹太律法的女人离婚，"诸如未蒙面而公然抛头露面，在街上跑或与各类男人谈话"，"也可径与声音尖锐的女人离婚，指在家中谈话而隔壁可以听清楚的女人而言"。被丈夫遗弃不得作为离婚的理由。某些犹太拉比许可妻子向法院诉求离婚，如果丈夫残忍、性无能或不履行结婚义务，或未给她适当的赡养，或受伤残废，或身有恶臭等。犹太教法师要求履行复杂的法律程序，而且多数情形均须没收双方所得嫁妆及婚姻破裂保证金，以尽量减少离婚案件。艾里舍法师（Rabbi Eleazar）说："圣坛将为休弃年轻时娶的妻子的人而哀伤流泪。"

《塔木德》的律法跟伊斯兰教的律法一样，全然是男性制定的法律，十分重视男人，显示了犹太拉比非常恐惧女权高涨的事实。就像基督教的神父一样，他们谴责女人，理由是夏娃过分聪明的好奇心使得"世界的灵魂"遁形消失。他们认为女人"浮躁"，但也承认女人拥有男人所缺少的本能的智慧。他们讨厌女人的喋喋不休。"世人讲话十分，女人得九，男人仅得其一。"他们谴责女人故作神秘，爱用胭脂及粉黛。他们赞成男人对女人购置服饰时表现得慷慨大方，但是希望她为丈夫而非为别人而装扮。根据一位法师的说法，在法律上，"100个女人作证只等于1个证人的效力"。依《塔木德》规定，她们的财产权与18世纪的英国一样，受到种种限制，她们赚的钱或财产收入皆归其丈夫所有。妇人的地位限于家庭内。一位满怀希望的法师说：在理想的"弥赛亚时代，女人每天要生一个小孩"。"男人有个恶妇在家，就永远不会下地狱。"然而阿奇巴却认为男人有一贤妻则万事足矣。《查士丁尼法典》有一段释文说："一切源自妇人。"希伯来俗谚云："家庭之祸，来自妻子，因此做丈夫的应尊重妻子……男人该小心别让女人啼哭，上帝会计算她们的眼泪。"

《塔木德》中最轻松的部分，是一些称为阿波斯（Pirke Aboth）的小文，由佚名的编者收集公元前2世纪至公元2世纪著名犹太拉比的格言构成。许多精辟的箴言赞扬智慧，有些则阐述智慧的意义：

> 左玛（Ben Zoma）说：谁最聪明？学习众人长处者……谁最有力？能克制自身（邪恶）意欲者……能够统治自己心灵者胜

于攻城略地者。谁最富有？能满足于一己所有者……用双手维生者，快乐也必随之……谁最受尊重？敬人者人恒敬之……别轻视任何人或物，因为人皆有得意之时，物必有其用……有生之年，我在圣贤之中成长，而我发现沉默是金的道理……

法师艾里舍常说：智慧多而善行少者，犹如树上枝干多而根少，以故风起时连根拔起，当头倾倒……善行多而智慧少，犹如树上枝干少而根多，以故即使全世界大风猛吹，也无从动摇其地位。

生活与律法

犹太《塔木德》并非艺术作品。将千年的思想整理为一贯的体系，这一工作即使是让一百位不知疲倦的犹太拉比去做，也觉繁重。很多论文显然是次序颠倒了，许多章节张冠李戴，很多题目被剔除后又非法予以恢复。它不是深思熟虑的产物，而是深思熟虑的本身，所有的意见均予以记录，而且很多矛盾问题往往留下不予解决，就像我们越过了15个世纪去倾听各派最亲切的辩论，听阿奇巴、梅尔、耶胡达及拉伯在激烈争辩时说了什么一样。要知道我们是无权闯入他们的生活的人，要知道他们说的话多半是随意的，因此其内容散漫，未经裁减编纂，匆匆流传已有多年，所以我们应原谅其中充满强辩、诡辩、传说、星相、鬼神、迷信、魔术、奇迹、命理及启示性的梦、困难重重的争论所织成的妄想的网，及用以安抚受挫的希望所作自慰的浮夸。

假如我们觉得这些律法太严苛，这些规定太吹毛求疵，而对违犯者处分太重，我们不宜太把它放在心上。要知道犹太人并未假装遵守这些戒条，犹太律法也往往对完美的教义与人类潜藏的弱点之间的实际差距故作不知。一位审慎的犹太拉比说："假如以色列人有一次正确地遵奉了安息日礼仪，大卫之子定会立即降临人间。"《塔木德》并非要求绝对服从的法律，它是犹太拉比意见的记录，旨在作为平日礼拜的指导。一般未受教育的群众仅奉行该法的一小部分而已。

犹太《塔木德》特别重视礼仪，部分是犹太人对基督教与国家强迫其放弃律法的一种反应，礼仪是一个自认彼此为一体的表征，是团结与持续的表征，是对不知宽恕的世界的反抗。洋洋20卷，我们到处可以发现仇恨基督教的话，但是这些话是针对那些忘记基督的仁慈的基督徒而发的，而且依犹太拉比的意见，也是针对那些放弃古代信仰中不可改变的核心———一神论———而发。在繁文缛礼及引人争论的咒骂文章当中，我们也可发现成千上百的忠言及洞察肺腑的见解，并可发现追念《旧约》的豪放高远或《新约》的神秘隽永的文章。犹太人富于想象的幽默特性，大大减轻了长篇说教的索然无味。就像一位犹太拉比所说的，摩西暗中走进阿奇巴的教室，坐在最后一排，对那位伟大教师能自《摩西法典》征引出那样多的法条甚觉惊奇，而且那大多是摩西这位记录者从未梦想得到的。

1400年来，犹太《塔木德》一直是犹太教育的中心。希伯来年轻人在7年内每天花7小时精读它、背诵它，眼看口读，设法牢记于心，就像中国人熟记儒家典籍一样。《塔木德》通过严格的研究规矩与保存知识，塑造人的心智与个性。教学方法并非限于反复背诵，也包括老师与学生及学生与学生之间辩论，及将旧法适用于新环境。结果是心智日见敏锐，记忆得以保持不忘，使犹太人在需要头脑清楚、集中、坚毅不拔及精细时占有极大的优势，虽然这也使犹太人心智范围与自由变得狭窄。《犹太法典》驯服了犹太人急躁的个性，克制了他们的个人主义，并养成其在家庭及社区内的忠诚和庄敬自若。天才固可能为"律法的枷锁"所阻碍，整个犹太民族却因此得到了拯救。

除了从历史方面进行研究外，我们简直不能了解犹太《塔木德》已成为流亡、赤贫、受压迫以及面临解体危险的一个民族求生的工具。巴比伦沦陷当日先知维持犹太精神的做法，也是全体离散之日犹太拉比的做法。在经历了崩溃的经验以后，他们须重获自尊，重建秩序，须维持信念与道德，须重建身心的健康。通过严肃的纪律，使失其根源的犹太人在自己的传统重获根基——在各地到处流浪及几世纪的悲惨生活当中仍能恢复稳定与统一。根据海涅（Heine）的说法，犹太《塔木德》就是"手提的祖国"（Portable Fatherland），不管犹太人身处何地，即使在受异国包围的恐惧之中，他们也可将心灵沐浴于律法之海中，仍可以在自己的世界中自由自在，与他们的先知及法师共同生活于他们自己的天地之中。无疑，他们爱这本书，对我们来说，这比蒙田的一百篇散文更为壮阔复杂。即使是断简残编，他们也惜之若命，轮流阅读大部手稿，然后捐巨款将全书付印。当国王、教皇或国会禁止、没收，或将之焚烧时，他们为之泪下不止，而听说劳伊克林（Reuchlin）和伊拉斯姆斯（Erasmus）保卫该书时，又雀跃欢欣不已。即使到了今天，该书仍被视为犹太圣殿及家庭中最珍贵的圣物，犹太人心灵的避难所和慰藉。

第十六章 | 中古犹太人
（565—1300）

东方的犹太社区

　　以色列人如今已有一部法律，但无国家；他们已有经书，却还没有家。614年，耶路撒冷是一座基督教城市。629年它为波斯城市，637年又为基督教城市，至1099年成为伊斯兰教地方首府。同年，十字军围攻耶路撒冷，犹太穆斯林并肩保卫该城，当该城陷落时，残存的犹太人皆被逐入会堂并活活烧死。1187年萨拉丁占领耶路撒冷后，巴勒斯坦犹太人又迅速繁殖起来。萨拉丁的兄弟艾拉迪尔苏丹欢迎1211年逃离英法的300名犹太拉比来此定居。不过，52年后，那克曼尼迪斯（Nachmanides）发现该城只有少数犹太人，圣城已完全成为穆斯林的城市。

　　纵然有改宗及不时受到迫害的情形，但犹太人在叙利亚、巴比伦尼亚（伊拉克）及波斯等伊斯兰国家人口仍然很多，并发展出一种生气蓬勃的经济与文化生活。至于其内政，与受萨珊诸王统治时一样，他们在族长及法师、学院院长领导下，享有独立的自治权。伊斯兰教王国统治者都承认犹太族长为巴比伦尼亚、亚美尼亚、土耳其斯坦、波斯及也门等地犹太人的首领。据陶德拉的本雅明（Benjamin of

Tudela）说，所有伊斯兰教国王之子民应"在族长出现时起立致敬"。族长职位家族世袭，该家族血缘可直接追溯至大卫王，其权力是政治性而非宗教性的。因其致力于控制犹太拉比，而导致衰亡。262 年以后，改由法师、学院院长选出族长并对后者加以节制。

位于苏拉及本伯地萨基地的法师学院，为伊斯兰国家犹太人及部分基督教国家犹太人提供宗教和学术上的领导人才。658 年，哈里发阿里解除了族长对苏拉学院的统辖权，该学院院长马尔–伊萨克（Mar-Isaac）被尊为"阁翁"（Gaon），从此开始了巴比伦尼亚宗教与学术上的"阁翁时代"（Gaonate）。本伯地萨学院由于靠近巴格达而极其繁荣并受到尊重，其领袖也取得阁翁的头衔。自 7 至 11 世纪，犹太世界关于《塔木德》的疑问向这些阁翁咨询，而后者的答复又成为犹太教《塔木德》的新文献。

阁翁与动摇和分裂东方犹太人的异端同时兴起——或许部分由其促成。762 年，犹太族长所罗门（Solomon）逝世，其侄安南（Anan Ben David）本应继承其位，但是苏拉及本伯地萨学院首领放弃原则，改立安南之弟查兰雅（Chananya）为族长。安南攻击两位阁翁，后逃至巴勒斯坦，另建自己的会堂，并呼吁各地犹太人服膺《摩西五经》。也就是恢复撒都该派的主张。类似于伊斯兰教什叶派主张毁弃"传统"，尊奉《古兰经》，也类似基督徒扬弃天主教传统，改奉福音书的主张。安南更进而于一篇评论中审查《摩西五经》，这是经文评述上大胆的行动。他抗议《塔木德》法师适应环境的解释对摩西律法所作的种种改变，并力主应严格执行《摩西五经》的规定，因此其信徒被称为经文派（Qaraites），源自闪米特语系阿拉姆语"qera"，意为"本文"；也源自"qara"，意为"研读"；"quran"即"经文信徒"。安南赞扬耶稣为圣者，因为耶稣并非要扬弃摩西的成文法，而是要毁弃犹太法学者及法利赛派的口述法。依安南的意见，耶稣并不是要另创新教，而是要净化与强化犹太教。在巴勒斯坦、埃及及西班牙，经文派信徒日益增多。至 12 世纪则趋于衰落，只有土耳其及阿拉伯地区尚存极少数的信徒。至 9 世纪，可能受到伊斯兰教中穆尔太齐赖派的影响，放弃安南逐字解释的原则，并建议以隐喻性的小量盐巴来象征《圣经》里肉体复活及身体的种种描述。正统犹太拉比，转取严格逐字解释原则，就像正统穆斯林一样，坚决主张"神的手"（God's hands）或"神坐了下来"（God sitting down）等类片语应予逐字解释，某些评释家甚至估计神体、器官及胡须的精确量度。少数犹太自由思想家，如巴尔奇，甚至拒绝承认《摩西五经》为有拘束力的律法。由于经济繁荣、宗教自由及自由讨论，犹太教诞生了第一位著名的中世纪哲学家。

塞地亚（Saadia ben Joseph al-Fayyumi）于 892 年生于法尤姆（Fairyum）小村迪拉斯（Dilaz）。他在埃及长大，并在那里结婚。915 年，他移居巴勒斯坦，后又移居巴比伦尼亚。他是品学兼优的学生，又是春风化雨的教师，36 岁时已经是苏拉学院的阁翁。鉴于经文教派及怀疑主义对于正统犹太教的攻击，他致力于证明传统信仰完全与理性及历史相合，如同穆台凯里蒙派（the mutakallimun）对伊斯兰教所做的工作。在五十年的生命中，塞地亚写了很多著作，多数为阿拉伯文著作——在中古犹太思想史上只有迈蒙尼德可比拟。其所著《阿格龙》（*Agron*）一书为希伯来文闪米特阿拉姆语字典，建立了希伯来哲学。其所著《语意学》（*Kitab al-Lugah*），是已知最古的希伯来语字典。其所译的阿拉伯文版《旧约》，至今仍为说阿拉伯语的犹太人所用。其对《圣经》等所作的几篇评论，使他成为"也许是有史以来最伟大的《圣经》评论者"。其所作的《哲学理论与信仰》（*Kitab al-Amanat*），是反非犹太神学的概论。

塞地亚接纳启示与传统，及成文法与口述法，但他也接受理性，想要以理性证实启示与传统的可靠性。《圣经》有与理性矛盾之处，我们几乎可以肯定，以成人的心智，不会逐字解释并予以接受。神人同形论应视为另有隐喻去加以了解，盖神与人是不会相似的。世界运行有其次序与定律，可见必有一位天纵睿智的造物者。若认为睿智的神竟不知奖善亦非合理，唯显然的善行不一定在此生中获得善报，因此必然有来生，以补偿今生的明显不公。或许善人受到各种责难是他们偶然犯过的责罚，以便他们死后立即进入天堂乐园。而恶人在人间得逞其威，是他们偶然行善的报酬，以便……但即使是那些具有最高德行，在人间富足，享尽福泽者，心中也会感觉到可能有一个比目前这个更有无限可能，但成就却很有限的更好的世界存在，假如这些希望永远不会实现，则那个聪明睿智，能创造这样奇妙世界的神，要怎样才能使这些希望存在于灵魂中呢？塞地亚采纳少量伊斯兰教神学家的意见，并学习他们解释的方法，甚至不时引用他们意见的细节。他的著作最终散布于犹太世界，并影响了迈蒙尼德。本·迈蒙（Ben Maimon）说："假如不是塞地亚，律法几乎就消失了。"

我们承认塞地亚脾气有些暴躁，他与族长大卫（the Exilarch David Ben Zakkai）的争吵伤害了巴比伦尼亚的犹太人。930 年，大卫驱逐塞地亚，而塞地亚也将大卫逐出犹太教。940 年，大卫死去，塞地亚任命一位新族长，但是继任者被穆斯林刺杀，理由是他曾轻视穆罕默德。塞地亚不久任命死者之子继承其位，然后者又被刺身死。沮丧的犹太人于是不再填补这一空缺，942 年，巴比伦族长在七个世纪后消失了。同年塞地亚逝世，巴格达的伊斯兰教统治制度解体，埃及、北非、西班牙建立独立的伊斯兰国家，凡此种种削弱了亚洲、非洲及欧洲犹太人之间的联系。到了 10 世纪以后，巴比伦尼亚的犹太人也承受了东方穆斯林经济落后的命运。1034 年，苏拉学院关门了，四年后本伯地萨学院也遭受同样的命运。至 1040 年，阁翁制度宣告结束。十字军进而把巴比伦尼亚犹太人孤立于埃及和欧洲犹太人之外，而自蒙古人于 1258 年围攻巴格达后，巴比伦尼亚犹太社区就几乎从历史中消失了。

在这些灾难尚未到来之前，许多东方犹太人移居亚洲、阿拉伯、埃及、北非及欧洲内陆。1165 年，斯里兰卡竟有希伯来人 2.3 万名之多。阿拉伯许多犹太社区在穆罕默德的高压统治下仍能幸存。阿姆尔于 641 年征服埃及时，其报称有"4 万进贡的"（付税的）犹太人住在亚历山大港。当开罗日见繁荣时，犹太人口不论正统派或经文派均有增加。埃及犹太人在其亲王（Nagid）统治下享有内政自治的权利，他们在商业上极为繁荣富裕，而且在伊斯兰国家政府中担任要职。960 年，根据传统说法，有四名犹太拉比自意大利巴里（Bari）搭船西来，他们被西班牙伊斯兰教海军大将所俘，被贩为奴。摩西法师（Rabbi Moses）及其子邱诺克（Chanoch）被贩至科尔多瓦，薛玛利亚法师（Rabbi Shemaria）被贩至亚历山大港，胡希尔法师（Rabbi Hushiel）被贬至凯鲁万。就我们所知，犹太拉比后来均获自由，并在贩往的城市开创学院。我们常假定，但并不肯定，他们是来自苏拉的学者，无论如何，他们已把东方犹太人的学术带到了西方。当犹太教在亚洲趋于式微之际，却在埃及和西班牙进入和平盛世。

欧洲的犹太社区

犹太人自巴比伦尼亚及波斯，越过特兰萨克西拉及高加索地区，进入中古俄罗斯，并自小亚细亚经君士坦丁堡到达黑海沿岸。在首府君士坦丁堡及拜占庭帝国境内，自 8 世纪至 12 世纪止，犹太人享有困境中难得的繁荣。希腊境内有许多犹太人住的社区，特别是在底比斯，当地犹太人制丝业赫赫有名。向北越过塞萨利、色雷斯及马其顿，犹太人又移居巴尔干半岛，并沿多瑙河进入匈牙利。至 10 世纪，有一群希伯来商人从德国进入波兰。基督未诞生前，即有犹太人住在德国。9 世纪，梅斯、施派尔、美因茨、沃姆斯（Worms）、斯特拉斯堡、法兰克福及科隆等地，就有相当多的犹太社区。这些犹太人熙来攘往皆为生意，故对文化史贡献不多。不过其中有乔松（Gershom ben Jehuda）在美因茨设立犹太拉比学院，用希伯来文写了一本关于《查士丁尼法典》的评论，堪称一代权威。日耳曼犹太人有关《塔木德》的问题都求教于他，而非洽询巴比伦尼亚的阁翁们。

691 年英国已有犹太人。更有许多人随威廉大帝（William the Conqueror）入境，最初为诺曼底诸王所保护，是资本供应者及代征赋税者。他们在伦敦、诺威克、约克及英国其他枢纽之地的社区，地方政府并无管辖权，只有国王才有权管辖。这种法律上的孤立状态加深了基督徒与犹太人之间的鸿沟，成为 12 世纪集体屠杀犹太人的部分原因。

自恺撒时代以来，高卢就有了犹太商人。到 600 年，所有大城市皆有犹太社区。墨洛温王朝诸王敬神心切，故对他们加以残酷的迫害。希尔佩里克命令他们全部改信基督教，不然就挖下他们的眼睛（581 年）。查理曼大帝虽仍维持歧视犹太人的法律，但也保护他们，视他们为有用的农民、巧匠、商人、医生及财政家，并雇用一名犹太人为私人医生。787 年，根据引人争论的传统说法，他将哥洛尼摩家族（the Kalonymos family）自卢卡移至美因茨，以鼓励法兰克王国的犹太学术。797 年，他派遣一个犹太人担任通译或向导，与使节一起至哈龙。"虔诚者"路易优待犹太人，视之为商业繁荣的促进者，特派官员（magister ludaeorum）保护他们的权利。纵然仍有敌视的事情发生，法律上也有不平等的规定，而且偶有小的迫害。但是犹太人在 9 世纪和 10 世纪的法国，仍享有相当的繁荣与和平。

整个意大利，自特拉尼至威尼斯及米兰，到处有小型犹太社区。犹太人在帕多瓦人口很多，可能对当地大学阿成罗伊派的成长有过影响。沙莱诺是中古拉丁基督教第一所科学医药学校所在地，共有 600 名犹太人，当中不少人是驰名一时的医生。腓特烈二世宫廷中有不少犹太学者，而教皇亚历山大三世的宫廷中也有几位职位甚高的犹太人，但是腓特烈却与教皇格列高利九世联合迫害意大利的犹太人。

西班牙犹太人自称西法丁（Sephardim），并追溯其祖先为犹太王族西法拉。Sepharad 一字，出自《旧约·俄巴底亚书》第 1 章 20 节，可能系指小亚细亚，曾有部分犹太人被巴比伦国王尼布甲尼撒驱逐至此（公元前 597 年）。此字后被用于西班牙。德国的犹太人含糊地自称为亚实基拿人（Ashkenazim），因为他们自认为出自雅弗（Japheth）的孩子亚实基拿（Ashkenaz）一脉。在李卡罗王改信正统基督教后，西哥特联合强有力的西班牙教会组织迫害犹太人，使他们备尝艰辛。他们不能担任公职，被禁止与基督徒结婚或蓄有基督徒奴隶。希斯伯王（King Sisebut）命令所有犹太人改信基督教，不然就迁离其地（613年）。其继承者虽废止该令，但是633年举行的托莱多会议决定，已受洗的犹太人如又改信犹太教，应与其子女隔离并售为奴。辛迪拉王（King Chintila）又恢复希斯伯王的命令（638年）。艾吉卡王（King Egica）禁止犹太人拥有土地，并不许犹太人与基督徒有任何交易（693年）。当摩尔人及阿拉伯人入侵该半岛时（711年），犹太人屡次协助他们。

这些征服者为增加当地人口欢迎移民，共有5万犹太人自亚洲和非洲移入。有些城市，例如卢塞纳，几乎都是犹太人。解除了经济上无法作为的状况后，伊斯兰教西班牙时代的犹太人在农业、工业、财政及各行业蓬勃发展起来。他们采取了阿拉伯人的服饰、语言及习俗，戴包头、穿丝袍，出门用车，几乎与阿拉伯人难以分别。有些犹太人成为宫廷医生，有一位还成为科尔多瓦最伟大的哈里发顾问。

哈什迪·伊本·萨普鲁特与拉赫曼三世的关系，犹如下个世纪尼扎姆·穆尔克与马立克·萨赫的关系。他生于富裕而有修养的艾兹拉（Ibn Ezra）家族，其父曾教希伯来文、阿拉伯文及拉丁文。他在科尔多瓦城学习医学及其他科学，治愈了哈里发的病，并在政治上显出广博的知识与精确的判断，年仅25岁即被任命为外交官。他对全国财政与商业更负有极大的权责。他并无官衔，因为哈里发深恐任命他为高级官员会引起怨恨。然而哈什迪善用手段以执行各种职务，因此在阿拉伯人、犹太人及基督徒人中都很得人缘。他奖励学术与文学，供给学生奖学金及书籍，座中常有诗人、学者和哲学家。当他死时，穆斯林与犹太人争相追念他。

在伊斯兰教西班牙其他各地，也有类似声名较著的人物。在塞维利亚城，穆塔米德曾邀请知名学者及天文学家伊萨克（Isaac Ben Baruch）至宫中任职，给予他亲王的头衔，并任命他担任犹太教会首席法师。在格拉那达，有位塞缪尔（Samuel Halevi Ibn Naghdela），在权力与智慧两方面都堪与哈什迪相媲美，在学问上更为精深。他生于993年，长于科尔多瓦，他将《塔木德》与阿拉伯文学做了一番综合研究，而他依靠贩卖香料为生。科尔多瓦沦入柏柏尔人之手时，他移居马拉加城，替人撰写上奏格拉那达国王哈布斯的陈情表，以获取微薄的收入。国王的首相感于文章的文情并茂，字迹清秀，便亲访塞缪尔，将他带到格拉那达，安置于阿尔哈姆布拉宫，作为国王的书记。不久塞缪尔兼任国王顾问，首相竟说："当塞缪尔提供意见时，就像听到神在说话一样。"临终之际，首相荐塞缪尔为其继承人。1027年，塞缪尔成为伊斯兰教西班牙王国唯一公开担任公职而具有首相身份的犹太人。由于格拉那达在11世纪犹太人占人口半数，塞缪尔可以担任。阿拉伯人不久即赞许这一任命，因为在塞缪尔励精图治之下，这个小国在经济上、政治上及文化上皆欣欣向荣。塞缪尔是学者、诗人、天文学家、数学家和语言学家，通七国语言。他著有（主要为希伯来文）20篇文法论，数卷诗及哲学著作，一部《塔木德》导论及一部希伯来文学选集。他慷慨资助其他诗人，救助诗人和哲学家伊本·嘉毕罗（Ibn Gabirol），帮助年轻学生，并捐资给各地的犹太社区。他一方面是首相，一方面又是犹太拉比，讲述《塔木德》。感激的人民献给他（以色列）亲王的头衔。他死后（1055年），其子约瑟夫（Joseph Ibn Naghdela）继承其职。

　　11世纪和12世纪，是西班牙犹太人的黄金时代，为中古希伯来史上最富足繁荣的时期。巴里移民邱诺克在科尔多瓦获赎后，即在哈什迪的协助下，在当地建立一所学院，该学院很快取得犹太世界学术领导的地位。类似的学校纷纷在卢塞纳、托莱多、巴塞罗那、格拉那达等地建立起来。东方犹太学校几乎限于宗教教育，然上述这些学校同时提供文学、音乐、数学、天文、医药及哲学等教育。这种教育使当时西班牙上层犹太人有一半均在文化及修养上颇有广度与深度，只有同时期的穆斯林、拜占庭帝国及中国人才可比拟。当时富有的政要如果不懂历史、科学、哲学及诗，就是一种耻辱。由此产生了犹太贵族阶级。也许我们太注意他们的优越尊贵，但是就贵族阶级认为有良好出身与财富就应该慷慨和举止高雅来说，是可以稍稍弥补其骄傲的缺点的。

西班牙犹太人的衰落可追溯至约瑟夫的没落。他与其父一样随侍国王左右，堪称能臣，然而面对占一半人口的摩尔人被犹太人统治的事实，他却缺少自我谦抑的技巧来加以调和。他独揽国家大权，服饰与国王一样华贵。1066 年，阿拉伯人及柏柏尔人起来反叛，把约瑟夫送上十字架钉死，残杀格拉那达 4000 名犹太人，并掠夺其财产。残存的犹太人被迫售地，向外移民。20 年后，阿尔摩拉维德族自非洲入侵，他们强烈地坚持正统派观点，西班牙穆斯林与犹太人之间长期的蜜月遂告终止。一位穆斯林神学家宣称，犹太人答应穆罕默德在伊斯兰教纪元 500 年（622 年）结束时，若其所盼望的弥赛亚犹未来临，他们就要改信伊斯兰教。依穆斯林的算法，5 个世纪后将于 1107 年届满，伊斯兰教哈里发优素福要求西班牙境内犹太人皆改信伊斯兰教，但若付一笔巨款给国库，则可豁免。当阿尔摩哈德人取代了阿尔摩拉维德族人，成为摩洛哥及伊斯兰教西班牙的统治者时（1148 年），他们要求犹太人及基督徒进行 535 年前希斯伯王就已提出的选择——改宗或流亡。许多犹太人假装改信伊斯兰教，许多人随基督徒移至西班牙北部。

起初，他们受到当地政府的宽容，就像四百年来在穆斯林统治下所受的仁慈待遇一样。卡斯提亚的阿方索六世、七世善待犹太人，使犹太人与基督徒在法律面前一律平等。他们严厉压制托莱多排斥犹太人的暴动（1107 年），其时该城有 7.2 万名犹太人。在阿拉贡国，这两个母子宗教（指犹太教与基督教）彼此也有类似的和解，并达一个世纪之久。事实上，詹姆斯一世（James I）欢迎犹太人定居马约卡、加泰罗尼亚及巴伦西亚，大多数情形下都给予犹太居民免费的家园和土地。在巴塞罗那，犹太人在 12 世纪称霸商界，占有当地 1/3 的土地。基督教西班牙时代的犹太人须负担重税，但他们不仅日趋繁荣，而且享有内政自治权。基督徒、犹太人及摩尔人之间可以自由贸易往来。佳节来临时，彼此还要互送礼物。国王常常捐款助建犹太会堂。1085 年至 1492 年，犹太人在西班牙基督教国家担任财长和外交官，有时甚至担任大臣等高级职位。12 世纪和 13 世纪，基督教教士也维持此种基督教的友爱关系。

首次不宽容异己的事件发生在犹太人中间。1149 年，里昂及卡斯提亚国王阿方索七世宫廷总管耶胡达（Jehuda Ibn Ezra），利用政府武装攻击托莱多的经文派犹太人，详细情形今不可知。然而自此以后，一度人口甚多的西班牙经文派教徒就很少见了。1212 年，部分基督教十字军进入西班牙以从摩尔人手中解放该地。大体说来，他们对犹太人颇为友善，虽有一群十字军进攻托莱多犹太人，而且屠杀甚多，但是该城基督徒起而保护这些居民，迫害停止。卡斯提亚国王阿方索十世于 1265 年的法典中加入反犹太法，但是该法典直到 1348 年才正式生效。同时阿方索雇用了一位犹太医生和理财专家，赠与塞维利亚的犹太人三座清真寺以改建犹太会堂，从而也享受了犹太及伊斯兰教学术在其仁治下显露的光辉灿烂。1276 年，阿拉贡国佩德罗三世开始其军事冒险，苛征重税则在所难免，其财政大臣及很多政府官员都是犹太人，贵族与市民于是起来反抗王朝，迫使国王解除了犹太官员的职务，并采纳议会（Cortes）的决议（1283 年），不再雇用犹太人担任政府职务。当萨迈拉宗教会议（Ecclesiastical Council of Zamora）决定犹太人应戴徽章以便识别，又规定犹太人与基督徒隔离，并禁止基督徒雇用犹太医生，禁止犹太人雇用基督徒为仆役（1313 年）时，宽容时代即告一段落。

基督教国家中犹太人的生活

·政府

除了巴勒莫及少数西班牙城市外，中古基督教城市并未将犹太人予以隔离。不过，犹太人出于社交方便、人身安全及宗教统一等理由，往往自愿隔离。犹太会堂是犹太社区社会活动及经济中心，多数犹太住宅皆靠近会堂，结果因过分拥挤而妨碍了公共及私人卫生。在西班牙，希伯来区有华丽大厦，也有茅屋平房。在欧洲其他各地，希伯来社区几近贫民窟。

犹太社区允许富人影响选举与任官，因此属于君主统治下半民主的地区。付税的宗教会众有权选举犹太拉比及会堂职员。一小群当选的长老担任区法庭法官，该法庭负责征税、定价、执法，并对犹太人饮食、舞蹈、德行及服饰等规范发布命令，虽然这些命令并非永远被人们遵守。该法庭有权审判违反犹太法的犹太人，并设有执行官员以执行其命令。刑罚自罚金至驱逐出教，不一而足。依据权限及习惯，该法庭很少判死刑，犹太法庭往往以"完全驱逐出教"（herem, full excommunication）代替死刑——这是一种庄严可怖的控诉、诅咒大典，典礼中逐一吹熄蜡烛，象征犯罪者灵魂的死亡。犹太人和基督徒一样，惯用驱逐出教，结果这两种宗教的驱逐出教皆失去威吓作用，收效甚微。犹太拉比与基督教会一样迫害异教，宣告其为非法，偶尔也焚烧其著作。

通常情形下，犹太社区并不受地方政府的管辖。其唯一主宰者为国王。为了取得保护犹太社区宗教及经济权益的特许状，社区内须任意认捐一笔款项给国王，其后犹太社区又付款给自由市以重新确定其自治权。不过犹太人应接受国家法律，当然遵守视为原则。《塔木德》说："王国法律就是律法。"另一段说："让我们为政府的福利祈祷，因为若人皆无惧于政府，则必彼此残杀吞并。"

国家向犹太人征收人头税，财产税高达 33%，又征收屠宰税、酒税、珠宝税、进口税及出口税，而且战争、加冕、国王巡狩均责成犹太人"自由乐捐"协助。12 世纪，英国犹太人占人口 0.25%，却须支付国税的 8%。及理查德一世（Richard I）十字军出征，他们又增加 1/4 税额，并须捐赠 5000 马克作为自日耳曼人手中赎回理查德一世的赎金——相当于伦敦城认捐的三倍。犹太人也在本社区收税，并定期支付慈善、教育及支援巴勒斯坦受苦的犹太人。无论何时，不论有无理由，国王可以没收犹太人部分或全部财产，因为依据封建法，犹太人是国王的人。当一位国王死亡，其保护犹太人的约定也随之告终，其继承人收受大宗礼物后，才重新认定该约定的效力。有时候这笔礼物等于该国犹太人财产的 1/3。1463 年，勃兰登堡侯爵（Margrave of Brandenburg）艾伯烈克特三世（Albrecht III）宣称，每一位日耳曼新王"既可依据惯例焚杀全部犹太人，也可大发慈悲保留其生命，但取其 1/3 的财产"。13 世纪英国著名法学家布拉克顿（Bracton）评论此事说："一位犹太人本身一无所有，因为不管他取得何物，皆非为其所有，而是属于国王。"

·经济

除政治上被区别对待，经济上也处处受限制。一般而言，法律上犹太人并非不能拥有土地。中世纪某个时期，他们在伊斯兰教及基督教的西班牙、西西里、西里西亚、波兰、英国及法国均拥有广大的土地。但是形势变化的结果是犹太人拥有土地日益行不通。依基督教法不得雇用基督徒为奴，依犹太法不得蓄养犹太人为奴，因而犹太人必须雇用自由工在其土地上工作，然而自由工供不应求，而且工资非常高。犹太法禁止犹太人在星期六工作，而基督教国家的法律常常禁止在星期天工作，这些规定使其困苦不堪。而封建习惯或法律又使犹太人无法在封建政府中谋得一职，因为这类职位必须行基督教宣誓礼，宣誓对领主效忠，并服兵役，但是基督教各国法律几乎都禁止犹太人携带武器。在西哥特王朝的西班牙，希斯伯王取回先王给予犹太人的土地，艾吉卡王将本属基督徒的犹太人财产一律"收归国有"。1293年，法来多里议会（Cortes of Valladolid）禁止售地给犹太人。驱逐或攻击犹太人的事情随时都会发生，9 世纪以后，犹太人不再购置地产或在乡下独居。以上这些情形，使犹太人不宜经营农业，他们均向都市聚集，从事工业、商业及金融业。

在近东及南欧，犹太人在工业上极为活跃。实际上，是犹太人从伊斯兰教或拜占庭帝国那里，把进步的工艺技术传向西方。本雅明发现安条克及泰尔两地有成百上千的犹太玻璃工人。犹太人染色和刺绣的纺织品在埃及和希腊以精良驰名一时。即使到了 13 世纪，腓特烈二世仍要召请犹太匠人经营西西里岛国有丝织工业。在该地及其他各地，犹太人从事金属贸易，特别是铸金及珠宝业。直到 1290 年，他们一直在康沃尔（Cornwall）经营锡矿业。南欧的犹太技工组成声势浩大的行会组织，在与基督徒技工竞争方面颇具优势。但是在北欧，基督徒行会组织垄断了许多行业。一国又一国，都禁止犹太人从事服务业，不许他们担任金属匠、工匠、裁缝、制鞋者、磨粉者、面包师或医生，不许他们在市场上出售酒、面粉、牛油或其他油类，或在犹太区以外的地方购买房子安家。

在层层限制下，犹太人转而从事商业。《巴比伦法典》法学家拉伯给予其人民一则箴言："用 200 先令去做生意，就有肉有酒；若是把同样一笔钱用来种田，你顶多只有面包和盐。"每一个城镇，皆可找到很多犹太小贩，各地市集及市场皆有犹太商人。国际贸易是其专长，而在 11 世纪以前几乎由其独占。他们的商队及轮船穿越沙漠、山脉及大海，在多数情形下，他们携带货物同行。他们成为基督教与伊斯兰国家之间，欧洲与亚洲之间，斯拉夫与西方国家之间贸易往来的枢纽。他们经营大部分奴隶交易。他们学习各种语言，颇有天分与耐心，这对生意当然很有好处。他们通晓希伯来文，而散布各地的犹太社区法律与习惯又颇近似，这对其生意很有助益，而且各地犹太社区对外来犹太人很殷勤好客，也有助于经商。本雅明走遍半个世界，发现四海如一家，到处受到殷勤招待。870年，担任巴格达邮务局长的伊本·霍尔达德贝赫（Ibn Khordadbeh）在《路书》（*Book of Routes*）中谈到那些会说波斯语、希腊语、阿拉伯语、法兰克语、西班牙语及斯拉夫土语的犹太商人，并说明他们自西班牙及意大利前往埃及、印度及中国的海陆路线。这些商人把阉人、奴隶、织物、毛皮及宝剑带到远东，再把麝香、芦荟油、樟脑、香料及真丝携回西方。十字军攻陷耶路撒冷，及威尼斯和热那亚舰队的征服地中海，使意大利商人压倒了犹太人。到11世纪，犹太人的商业领导地位宣告结束。甚至在十字军东征以前，威尼斯就禁止其商船载运犹太商人，此后汉萨同盟又禁止北海及波罗的海各港口与犹太人贸易。到12世纪，多数犹太商业均限于国内，而即使是在这样狭窄的范围内，也有禁止犹太人经营多种商品买卖的法律限制。

　　他们于是转向金融业。身处仇视的环境里，暴动可能破坏其不动产，王室贪得无厌则可能没收其不动产，因此犹太人认为储蓄应以流动性为可靠。他们最初进行简单的换钱交易，积累一定财富后从事商业投资，其后又放贷取息。《摩西五经》及《塔木德》禁止犹太人之间借贷取利，但犹太人与非犹太人之间则不在此限。由于经济生活日益复杂，而工商业日益扩展，使资金融通的重要性上升，故犹太人之间也通过基督徒互相贷款，或在企业及其利益方面以匿名合伙人的方式互相贷借资金——这是犹太拉比及少数基督教神学家允许的方式。《古兰经》及基督教会均禁止放贷取息，因此12世纪以前基督教放贷人人数较少，伊斯兰教及基督教借款人——包含教士、教会及修道院——均向犹太人贷款。艾农（Aaron of Lincoln）曾贷款建立9座西妥修道院（Cistercian Monasteries）及一座圣阿尔班（St.Albans）大教堂。到13世纪，基督教银行家侵入这一行业，采取犹太人发展出来的方法，不久就在财富及营业范围方面超过了他们。"基督徒放高利贷者，虽然不需要保护自己，不必担心被谋杀或抢劫，但是他们索债的严苛，比犹太人并不稍逊。"两者压迫欠债人都像罗马人一样苛酷，但另一方面国王也在剥削他们。

放贷者均须缴纳重税，若是犹太人，有时政府会没收其全部财产。国王原则上许可高利率，却定期从金融家手中榨取重利。收债费用很高，多数情形下债权人必须贿赂官员允其取回欠款。1198年，教皇英诺森三世（Innocent Ⅲ）准备第四次十字军东征，命令基督教各国王强迫犹太人完全免除向基督徒收取借款利息。法王路易九世"为了使其本人及祖先的灵魂自罪恶中得救"，特免除其臣民欠犹太人债务的1/3。英国国王有时候颁布免债令——取消利息或本金，或取消两者——加恩于欠犹太人钱的臣民。国王出售免债令不能算少，而且在账册上记下他们为善所得的报酬。贷款契约副本依规定应留存英国政府一份，特设处理犹太人财政单位，处理契约归档及监督事宜，并审查与契约有关的案件。当犹太银行家无法缴税或支付征费时，政府即查其贷款记录，没收其全部或部分，并通知债务人直接还款给政府。1187年，当亨利二世向英国人民征收特别税时，犹太人被迫缴纳其财产的1/4，而基督徒只缴纳1/10，事实上约半数的税系由犹太人负担。有时犹太人以财物支援王国。1210年，英王约翰下令监禁英国全部犹太人——无分男女老幼，向他们征收6.6万马克的税，隐匿财产的疑犯，每天都被拔掉一颗牙齿，直到说出实话为止。1马克相当于半磅银币，其购买力几乎等于现在（20世纪50年代）的50倍（5.4美元）。1230年，亨利三世（Henry Ⅲ）指控犹太人损害国家硬币（显然有些犹太人曾这样做过），便没收英国犹太人动产的1/3。此举显然获利甚巨，在1239年又有另一次没收。两年以后，又征收了犹太人2万银马克，1244年又征取了6万马克——等于国王一年的全部收入。当亨利三世向康沃尔伯爵（Earl of Cornwall）借款5000马克时，便以英国全部犹太人作为抵押。1252年至1255年，一连串的赋税使犹太人绝望到乞求集体离开英国，然未获允许。1275年，爱德华一世（Edward Ⅰ）严禁贷款取利。虽然如此，贷款取利依然盛行，又因风险增加，利息随之提高。爱德华下令逮捕英国全部犹太人并没收其财产。许多基督徒贷款者也遭监禁，其中 3 人被处以绞刑。犹太人中有 280 人被处以绞刑，集中移至伦敦，其他各郡，也执行不少绞刑，成百上千的犹太人的财产均被没收充公。

在令人惶恐不安的没收财产的间隙，犹太银行家却更趋繁荣，某些人难掩其暴富的迹象。他们不仅预借资金修建城堡、大教堂及修道院，而且自行建筑高楼大厦。他们的华厦在英国是最先以石块建成的房子。纵然艾里舍拉比有格言说"上帝之前，人人平等——无分妇人或奴隶、贫或富"，但是犹太人也有贫富之分。犹太拉比设法以种种经济管制，减缓贫穷，并压制乘人之危牟利的行为。他们强调团体对大众福利的责任，并借有组织的慈善活动减少贫困的痛苦。他们并不公开抨击财富，但成功地使学问与财富一样受到尊重。他们指明垄断或囤积居奇为罪恶行为，他们禁止零售商获利超过批发价的 1/6，他们监视重量与度量的标准，他们制定最高价格及最低工资。这许多规定均告失败，犹太拉比无法把犹太人的经济生活与伊斯兰教及基督教的邻人加以分离，而货物及服务的供求也非管制所能加以限制。

·道德

富人聚敛甚多，便借广行善事以补罪愆。他们承认有钱就应尽社会义务，或许他们深恐穷人的诅咒和愤怒。住在犹太社区的犹太人从无饿死的记录。从 2 世纪起，犹太官方监督即已规定宗教大会成员不问贫富定期捐款给"社区公库"（Kupah）的数目，公库款用以照料老人、穷人或病人，以及孤儿的教育与婚姻等。殷勤好客由犹太人自由行之，特别是对远游的学者。某些社区，犹太教会的人员设法将旅客安置在私人住宅内。中世纪后期，犹太慈善机构增加到相当多的数目，不但有许多医院、孤儿院、贫民救济院、养老院，而且有专门供应罪犯赎金、穷苦新娘嫁妆，慰问病人、照顾寡妇及免费埋葬死人等机构。基督徒责备犹太人贪得无厌，但也引述犹太人慷慨的事例，以激励基督徒踊跃行善。

　　阶级的差异使他们讲究服饰、饮食、言语表达。一般犹太人着长袖束腰长袍，多为黑色，犹如在为其被毁的圣殿及破碎的河山守丧一样。但在西班牙，富有的犹太人着丝与皮以炫耀其财富。而犹太拉比只有空自悲伤，深恐此种排场成为敌视及不满的把柄。当卡斯提亚王禁止华服盛装时，犹太男人立即服从，但是他们的妻子仍旧华服盛装。当国王要求解释时，他们告诉他，皇家英勇，扶助妇女，自不宜对妇人适用这些限制。因此在整个中世纪，犹太人继续允许他们的妇女穿着华丽时尚。但是他们禁止妇人没包头发而公然露面，如有违反可构成离婚条件，而且犹太人不能在露出头发的女人面前祈祷。

　　犹太法典中有关卫生的规定，减少了社区拥挤的不良影响。行割礼、每周沐浴、禁饮酒及吃腐肉，使犹太人获得最佳保障，免受肆虐于邻近基督徒住宅区的疾病的侵袭。穷苦的基督徒吃腌肉或咸鱼，常常染上麻风病，但是犹太人患此症者甚少。或许是因为同样的原因，犹太人较基督徒少患霍乱和类似的疾病。但在罗马贫民区，受到坎帕尼亚沼泽蚊虫的传染，犹太人或基督徒都染患疟疾。

　　中古犹太人的道德生活，表现了东方的传统及在欧洲所受到的限制。由于遭受各种歧视，被抢劫、杀害，受侮辱及代人受过，犹太人与各地弱势人群一样，采取狡猾的手段。犹太拉比反复指示"欺骗非犹太人比欺骗犹太人更为邪恶"，但是有些犹太人仍愿意冒险，或许基督徒也同样尽其所能讨价还价，想占别人便宜。某些银行家，不论犹太人或基督徒，催索债款极端残酷，虽然中世纪与18世纪一样，也有像罗斯柴尔德家族中的安塞姆（Meyer Anselm）那样诚实可靠的放贷者。某些犹太人及基督徒剪下硬币的一部分或收受贼赃。高级金融机构常雇用犹太人，可见基督徒雇主对其人格的完美颇为信任。犹太人很少有暴行重罪——谋杀、抢劫、强奸等。他们在基督教各国，比在伊斯兰教各国酗酒的情况也少得多。

　　虽然准许多妻，但是他们的性生活却出奇的干净健康。和来自东方的民族相比，他们少有断袖之癖。他们的妇人均是庄重娴静的女人、勤俭的妻子、多产的良母。早婚使娼妓减少至最低的限度。独身者为极少数。法师艾休（Asher Ben Yehiel）主张，20 岁的独身者，除非专心研习律法，否则可由法院强制其结婚。父母均代子女安排结婚大事。11 世纪犹太人的一份文件称，很少有女孩子"粗鲁鄙俗到说出自己的意中人"。但是，未经双方同意的婚姻没有法律效力。做父亲的可在子女幼年时替其预订婚约，哪怕只有 6 岁也是可以的，但是成年以前小孩不可能成婚，而当女儿成年，假如她不愿意，即可废除婚约。订婚为正式大典，女孩在法律上成为男人的妻子，自此以后除非离婚，否则不再分离。订婚大典中，关于嫁妆及结婚预存款，双方签订一项契约。后者是丈夫休妻或死亡时支付给妻子的一笔预储款项。没有 200 银币（足够买一栋房子）以上的结婚预存款，与处女新娘结婚即属无效。

伊斯兰各国富有的犹太人中间盛行多妻，但是基督教各国的犹太人却很少多妻。《塔木德》后期犹太教文献有约千次谈到男人之妻，均用单数，而不用复数。约 1000 年，美因茨的法师乔松（Gershom ben Judah of Mainz）下令驱逐多妻的犹太人出教，其后不久，除西班牙外，欧洲各国犹太人多妻及娶妾制度几乎绝迹。不过结婚 10 年，妻无所出，其夫娶妾或多娶一妻者并不罕见。乔松于同一道教令中，废止丈夫未经妻子同意或妻子无罪即可离婚的权利。

纵使法律上婚姻结合较松散，家庭仍是犹太人生活最安全的地方。外来危险导致内部的团结，甚至敌视他们的旁观者也作证，称犹太家庭的特征为"温暖及尊严……周到、体贴、父慈母爱、兄友弟恭"。年轻的丈夫与妻子共同工作，同甘共苦，丈夫视妻子为大我的一部分。他是父亲，小孩在其膝下长大，激起内在的潜能，使小孩得到更深挚的关怀。结婚前他可能未与其他妇人发生关系，之后在小而亲密的社团内就很少有不忠的机会。几乎是从小孩出生开始，他就设法储蓄，作为女儿的嫁妆及男孩结婚的预存款。他认为孩子们结婚之初的生活由其负责是理所当然，这样一来让年轻人在一夫一妻制的限制下不至于出轨淫乱。许多情形是新郎与新娘住在岳父家中——这很少会增加幸福。与罗马共和时代一样，家中长者的权力绝对不容置疑。他可以驱逐子女出教，有理也可殴打妻子，但是假如严重伤害了她，社区可以依其财产情况对其处以罚款。家长权力的执行虽然严峻，但仍不失爱护之心。

妇人在法律上的地位很低，道德上则很高。像柏拉图一样，犹太人因生为男人而感谢上帝，而妇人则谦卑地答称："感谢上帝，依其意旨而我生为女人。"在会堂里，妇人在廊上或在男人后面另有座位——这对她们令人着迷的魅力，实是一种笨拙的恭维。她们的出席也不能计入法定人数内。赞扬女人漂亮的歌被视为不雅无礼，虽然《塔木德》并未加以禁止。男女调情只能见于通信，犹太拉比禁止异性间公开谈话——甚至夫妇之间亦然。舞蹈不受禁止，但只限于女人与女人及男人与男人之间的舞蹈。丈夫在法律上是妻子唯一的继承人，妻子却无权继承丈夫的财产。丈夫死后她可取回相当于嫁妆的财产及结婚预存款，其子为其余财产当然的继承者，自然会适当照顾其母。无子时女儿才有继承权，否则只能视兄弟对她们的感情而定，实际上这种感情极为可靠。女孩从来不上学，女子有才被视为特别危险，不过允许她们私自读书，我们也知道有不少妇人公开讲授律法——虽然有时讲授者与听众隔开。虽在体力和法律上有种种不利，但是有功的犹太妇人在婚后仍可取得完整的荣誉与忠诚。迪本（Judah Ben Moses Ibn Tibbon）对一位伊斯兰教贤人的话颇表赞许："只有善行会给女人带来荣誉，只有鄙行会使女人受到轻视。"

父母与子女的关系较婚姻关系更接近完美。犹太人和其他人一样自负，对其生殖能力及子女甚感得意。最严肃的起誓是将手放在誓词（testes）上面，故有英文中"Testimony"（作证）一词。每位男人被期许至少有两个子女，然而事实上总有更多的小孩。小孩受到尊重，视为来自天上的访客，是天使的化身。父亲也受尊重，被视为神的代理人。父亲在座，除非呼其同坐，孩子一直站立，孩子的乐于服从，与年轻人的傲性已完全调和。举行割礼时，依据《亚伯拉罕盟约》（*Covenant of Abraham*），小孩即已被献予耶和华。每一个家庭都把训练一个儿子成为法师当作应尽的义务。小孩年满 13 岁，即举行严肃的成人礼。举行成人礼之后的小孩，被视为已成年，能尽法律义务。宗教在成长的每个阶段均显现其尊严与神圣，减轻了父母的教育负担。

·宗教

中古犹太人大体遵守律法，作为避免外来惩罚，尤其是避免团体分裂的堡垒。律法有许多方面令人困扰，但仍受到尊重，被视为促进成熟和特殊家庭及学校教育的必需，是生活的重要媒介。

每个犹太家庭即是教会，每个学校即是圣庙，每位父亲即是祭司。会堂的祈祷及礼仪在家庭中均有简化的形式。宗教斋戒及节庆均举行教育性的仪式，把过去与现在，把逝者与生者及未出世者联结在一起。每星期五安息日前夕，父亲将妻子、儿女及奴仆叫到他的身边，分别祝福，领导他们祈祷、读经及唱圣歌。主要房间门柱上加上一个管子，内装一卷写有两段《申命记》的羊皮纸（第 6 章 4 至 9 节，第 11 章 13 至 21 节），提醒犹太人神只有一个，应以"全心、全力、整个灵魂"去爱它。小孩四岁即入会堂礼拜，在其最易受影响的成长期接受宗教的熏陶。

犹太会堂不仅是圣庙，而且是犹太社区的社交中心。"Synagoge"、"ecclesia"、"synod"、"college"，其意均为"集会"、"宗教大会"。基督诞生以前会堂原本就是学校，故艾斯甘那支犹太人（Ashkenazic Jews）仍然称其为会众（Schule）。流亡中，犹太会堂神奇地肩负各种任务。某些会堂，照例于安息日执行该周"最高法庭"所作的决定，并征税、登载遗失、接受申诉、宣告定期出售财产，使所有人得以提出反对出售等。会堂负责社区慈善工作，在亚洲建立旅客住所。犹太住宅区里面最好的房子总是会堂，有时，特别是在西班牙和意大利，会堂多为建筑杰作，极为富丽堂皇。基督教国家不断禁止建筑与市内最高的基督教堂一样高的犹太会堂。1221 年，教皇霍诺留三世竟下令拆毁犹太会堂。14 世纪，塞维利亚有 23 座犹太会堂，托莱多及科尔多瓦差不多也有这个数目。1315 年建于科尔多瓦的一座犹太会堂，如今已被西班牙政府认定为国家纪念建筑。

每座会堂皆有一所学校，还有私立学校及私塾。教师工资由社区或父母支付，但须受社区的监督。男孩每天很早即上学堂——冬天是破晓之前，数小时后放学回家吃早餐，然后又回到学校上课，直至 11 时始回家吃午饭，中午又回校上课，中午 2 时至 3 时是休息时间，接着上课至晚间，最后才放学回家吃晚饭、祈祷及就寝。对于犹太儿童而言，生活是一件很严肃的事。

希伯来文及《摩西五经》是主要的读物。到了 10 岁，学生开始读《塔木德》的本文，13 岁读《塔木德》的重要论述。期望成为学者的学生自 13 岁至 20 岁或 20 岁以后，应继续读《塔木德》的《本文》和《注释》。通过对《塔木德》各种不同主题的学习，学生学到多种科学知识，但对非犹太人的历史几乎是一无所知。他们反复背诵许多东西，用于背诵的合唱曲是那样强而有力，因此有些地方根本不须学校讲授。学院提供高等教育。学院的毕业生称为"律法学者"（talmid hakam），他们免付社区税捐。虽然他们不一定是犹太拉比，但是在其来去之际，非学者的人们均应起立致敬。

犹太拉比是老师、律法家，还是祭司。照例他应该结婚。他执行宗教事务，或报酬不多，或竟无报酬，因此他也要在社会上谋生。他很少讲道，那是旅行讲道家（Maggidim）的任务，他们的训练重在声音洪亮，使口齿惊人的清晰流畅。任何宗教大会成员皆可领导祈祷、读经或讲道，不过这项荣誉常常给予某些有名的或常常行善的犹太人。正统希伯来人的祈祷是很复杂的典礼。要恰当地举行祈祷大典，必须包头以示敬重，双肩及前额应绑上经匣，内含《出埃及记》（第 13 章 1 至 16 节）及《申命记》（第 6 章 4 至 9 节，第 9 章 13 至 21 节）

经文，而且其衣服边缘应刻上帝的箴言。犹太拉比将这些仪式解释为神的合一、显现及律法的必要备忘大典。一般犹太人认为这些仪礼是拥有神力的。宗教大典的高潮是宣读圣坛上小约柜内的一卷律法。

　　流亡的犹太人最初讨厌在宗教大典上奏乐，认为那太不适合国破家亡的悲哀气氛。但是音乐与宗教的亲密关系犹如诗之于爱，最深的感情为求最文明的表达，就需要最富感情的艺术。音乐通过诗又回到了会堂。6世纪，新希伯来诗人开始写宗教诗，杂以人为的离合诗句及押头韵诗句。在响彻云霄的希伯来语的豪迈虔敬中，感情向上升华，并充满宗教的热诚，到如今就促成了犹太人的爱国与虔诚。淳朴自然而有力的以利亚撒·卡里尔赞美诗（8世纪），至今在某些犹太会堂仪礼中仍占有重要地位。西班牙、意大利、法国及德国的犹太人也有类似的诗。在赎罪日许多犹太人唱以下这篇赞美诗：

> 当王国终于来临，
>
> 群山也将高歌，
>
> 而众鸟也必高笑欢腾，
>
> 为了它们又归入神的怀抱。
>
> 而在各地的会众，
>
> 齐唱赞美的诗歌，
>
> 让远方听到的人们，
>
> 共同欢呼加冕的王。

　　圣诗（piutim）被犹太会堂采用，是由唱诗班的领唱者领唱，从此音乐再次成为仪礼的一部分。许多会堂读经及祈祷均由会堂主领者（cantor）或会众予以吟诵，音调大体均为临时创作，但是偶尔模仿基督教一般唱诗的格调。11世纪前，瑞士圣加尔（St.Gall）教堂音乐学校创作了著名的希伯来圣歌《齐声誓愿》（*Kol Nidre*），这是一首复杂的歌曲。

在犹太人心中，会堂永远无法完全取代圣殿的地位。有一天他可在锡安山圣殿至圣所（the Holy of Holies）向耶和华献祭，这种希望一直令他憧憬，并使他总是为假的弥赛亚所欺。约720年，叙利亚人瑟热内（Serene）自称是大家所期待的救世主，并鼓动犹太民众，图谋自穆斯林手中夺回巴勒斯坦。巴比伦尼亚和西班牙的犹太人都弃家前来加入他的冒险事业。他不久就被捕入狱，并由哈里发叶齐德二世揭发其欺骗行径，并被处死。约30年后，伊斯法罕城的伊萨又领导类似的叛乱，在其领导下，1万名犹太人揭竿而起，挺身战斗，但终于失败，伊萨在战役中被杀，伊斯法罕的犹太人遭受严厉的惩罚。当欧洲为第一次十字军东征激动兴奋之际，犹太各社区竟梦想基督徒如果获得胜利，就会把巴勒斯坦还给他们。他们在一连串的集体屠杀和抢劫后才梦醒。1160年，阿尔律（David Alrui）宣称自己是弥赛亚，光复耶路撒冷，恢复犹太人的自由，这又得到美索不达米亚犹太人的积极响应。阿尔律的岳父深恐这一叛乱使犹太人遭殃，乘其入睡时将其刺杀。约1225年，又有一位弥赛亚出现于阿拉伯南部，使犹太人兴奋至集体歇斯底里的程度。迈蒙尼德在著名的《给南方的信》（*Letter to the South*）中揭发冒名者的谎言，并提醒阿拉伯犹太人过去这种不可靠的尝试所导致的死亡与破坏。虽然如此，他仍支持弥赛亚的希望，认为那是流亡的犹太人精神的支柱，并将其列为犹太教13个基本信条之一。

·反犹太主义（500—1306）

非犹太人与犹太人之间的仇恨根源是什么？主要的根源是经济上的，但是宗教间的差异加深或掩盖了经济上的敌视。信奉穆罕默德的穆斯林，怨恨犹太人不承认他们的先知。基督徒接受基督神性之说，发现基督的族人竟不承认其神性，极为震惊。几个世纪以来，许多善良的基督徒并不觉得，让整个民族替一小群耶路撒冷犹太人在基督死前数天的行为负责任，是违反基督教义或不人道的事。《路加福音》述说一群犹太人欢迎基督进入耶路撒冷（第 19 章 37 节），又述说当他背负十字架至戈尔戈塔，"有许多百姓跟随耶稣，内中有好些妇女，妇女们为他号啕痛哭"（第 23 章 27 节），而且在他被钉上十字架后，"聚集观看的众人，见了这所成的事都捶着胸回去了"（第 23 章 48 节）。但是每到复活节前一周，虽有成千个讲坛在述说着耶稣受难的故事，却都忘记了犹太人同情耶稣的明证。基督徒心中腾跃着怒火，在那几天内，犹太人均足不出户，深恐人们因为冲动又导致另一次集体抢劫及杀人。

上千的猜疑及仇视来自彼此间的误会。犹太银行家最受敌视，主要与贷款利率高有关。当基督教国家经济有了发展，基督教商人及银行家侵入原由犹太人独占的行业后，竞争又造成彼此的仇恨，某些基督徒商人积极地鼓动反犹太主义。犹太人任公职者，特别是担任政府财政部门职位的人，自然成为讨厌赋税及怨恨犹太人的基督徒的攻击对象。由于经济与宗教的仇恨，对某些基督徒来说，一切与犹太人有关的事物皆令人讨厌，反之犹太人亦然。基督徒责备犹太人本位主义、排外，却不认为这是对歧视和不时受身体攻击的正常反应，应加以宽谅。犹太人的脸孔、语言、态度、饮食、仪礼，在基督徒眼中似乎奇怪得令人讨厌。犹太人在基督徒斋戒时饮食，在基督徒饮食时斋戒。休息及祈祷的安息日仍旧为星期六，而基督徒的安息日却已改为星期天。犹太人在逾越节欢欣庆祝逃离埃及，可是该节日很靠近星期五，那天基督徒都为耶稣的死亡而哀伤。依据犹太律法，犹太人不吃非犹太人煮的食物，不饮非犹太人酿制的酒，不用非犹太人摸过的盘碟和器具，不与非犹太人结婚，基督徒把这些古法——早在基督教成立前即已制定——解释为犹太人认为一切基督徒的物品皆不洁，并抨击犹太人常常不干净，衣服也不整齐。由于彼此隔离，双方都有荒谬可悲的传说。罗马人曾控告基督徒残害异教儿童，于秘密祭典中献其血给基督教上帝，12 世纪的基督徒也控告犹太人绑架基督徒小孩献给耶和华，或用其血制药，或做逾越节的无酵饼。犹太人又被控在基督徒饮水井里下毒，并偷圣饼榨取耶稣的血。当少数犹太商人着华服炫耀其财产时，整个犹太民族就被控尽取基督徒的财富予己。犹太女人被疑为尽是女巫，有人认为许多犹太人均是魔鬼的同伙。犹太人为了报复，也对基督徒编造类似的传说，并对基督的出生及少年时代，捏造了许多侮辱性的故事。《塔木德》劝告犹太人以慈善加于非犹太人，巴雅赞许基督教修道院制度，迈蒙尼德认为"耶稣及穆罕默德的教义引导人类走向完美之境"，但一般犹太人不能了解哲学上的这种契合，采取以牙还牙、以怨报怨的态度。

疯狂之中也有清醒之时。不顾国家与教会法的禁止，许多基督徒与犹太人结为好友，有时还通婚，这在西班牙与法国南部特别突出。基督教与犹太学者合作也不乏实例——如迈克尔·斯科特与安那托利，但丁与伊曼纽尔。基督徒赠礼给犹太会堂，沃姆斯的一所犹太公园，即依赖一名基督徒妇人的遗产而得以维持。里昂城为了方便犹太人，将市集由星期六改为星期天。世俗政府发现犹太人是商业和财政上的一大资产，因此给予他们摇摆不定的保护。国家限制犹太人公开活动或逐其出境，有些是因为无法在不宽容及暴动的情况下保障他们的安全。

在这方面，教会的态度因时因地而异。在意大利，教会保护犹太人，认为是《旧约》"律法的保护者"，也是经文合于历史及证实"上帝愤怒"的活生生的证人。基督教会议虽常常含有美意，但对犹太人的限制仍是主流，结果是定期地增加犹太人的苦难。《狄奥多西法典》（*Theodosian Code*，439 年）、克莱蒙宗教会议（Council of Clermont，535 年）及托莱多宗教会议（Council of Toledo，589 年），均禁止犹太人担任有权处罚基督徒的职务。奥尔良宗教会议（Council of Orleans，538 年）命令犹太人在复活节前一周足不出户，或许这是为了他们的安全，同时禁止他们担任公职。第三次拉特兰会议（Third Council of the Lateran，1179 年）禁止基督教助产士或护士给犹太人接生。贝西亚宗教会议（Council of Beziers，1246 年）谴责基督徒雇用犹太医生。阿维尼翁宗教会议（Council of Avignon，1209年）为报复犹太人的清洁律，禁止"犹太人及娼妓"触摸出售的面包与水果，并重申禁止犹太人雇用基督徒仆佣的教会法，又警告信徒不可和犹太人互换服务，应视他们为不洁之人而躲开他们。有几次宗教会议宣告基督徒与犹太人结婚无效。1222年，一位教堂执事改信犹太教并娶犹太妇人，竟被烧死。1234年，一位犹太寡妇被拒绝归还嫁妆，理由是其夫改信基督教，他们的婚姻无效。第四次拉特兰会议（1215年）鉴于"因错误，基督徒有时与犹太妇人或伊斯兰教妇人有了关系，有时犹太人或穆斯林与基督教妇女有了关系"，因此决议："在基督教各区的犹太人或穆斯林，无论男女，不管何时，若处在大庭广众之中，应通过服饰的特征明示与其他民族有别。"他们年满12岁即服特别颜色——男子在帽子或斗篷上，女人则在面罩上。这是对以前穆斯林歧视基督徒及犹太人律法的一种报复。徽章由各国政府或地方教会各自决定，通常是黄布的轮子或圆圈，直径约2英寸，鲜明地织于衣物上。英国于1218年执行该命令，法国是1219年，匈牙利是1279年。在尼古拉（Nicholas of Cusa）及加比特拉诺（San Giovanni da Capistrano）于12世纪全面执行该命令以前，西班牙、意大利及日耳曼等地断断续续地执行该命令。1219年，卡斯提亚犹太人威胁将集体离开该国，假使该命令严格执行的话。当地教会同意撤销该命令。犹太医生、学者、财政官员及旅客常常不受该命令的约束。16世纪以后，该命令渐成摆设，至法国大革命时完全取消。

大体说来，教皇是宽容的。格列高利一世虽然热心传教，却禁止强迫犹太人改宗，而且在他统治下的地区，仍然维持犹太人的罗马公民权。当泰拉奇纳（Terracina）及巴勒莫的主教们擅自侵占犹太会堂供基督徒使用时，格列高利强迫他们立即物归原主。他谕知那不勒斯的主教说："犹太人做礼拜别去干扰他们。让他们自由欢度节日，因为长久以来他们及其祖先即已这样做。"教皇格列高利七世呼吁基督教统治者服从宗教大会禁止犹太人任公职的命令。当尤金尼乌斯三世于 1145 年至巴黎，庄严地走进当时仍在犹太人居住区的天主教堂时，犹太人选出一个代表献上一卷犹太律法。他即祝福他们，他们随即很快乐地回家，然后教皇与国王共享逾越节羊肉。亚历山大三世对犹太人不但颇为友好，还聘用一位犹太人为其处理财政事务。英诺森三世主持第四次拉特兰会议，要求犹太人戴徽章，并定下一个原则，即犹太人送耶稣上十字架，因此他们注定应该继续为人役使。但他重申前令，禁止强迫改宗，态度颇为温和，更强调："基督徒不得伤害犹太人……或强取其财产……或在其过节时加以侵扰……或以威胁掘出死者而勒索金钱。"宗教裁判所的创始人格列高利九世特免犹太人受其节制管辖，除非他们试图把基督徒犹太化，或攻击基督教，或改信基督教后又重归犹太教，并在 1235 年发布教谕，反对以集体暴力施于犹太人。英诺森四世（Imnocent Ⅳ）驳斥犹太人杀害基督徒小孩祭神的传说（1247 年）：

> 某些教士、君王、贵族及显要……伪造无神计划来迫害犹太人，并以暴力剥夺其财产归为己用，颇为不义。他们诬告犹太人在逾越节祭典中分割被谋杀小孩的心……事实上，无论何地发生谋杀，他们就恶意地称是犹太人所为。因为这个理由及其他虚伪的指责，他们狂怒地攻击他们，抢劫他们……利用饥饿、监禁、疑问及其他折磨来压迫他们，有时甚至置之于死地，以致犹太人虽然受基督君王的统治，但是其境遇比之受埃及法老统治的祖先还要不如。他们在绝望中被迫离开其祖先自有史以来即已居住的国土。因为我们很乐意看到他们无灾无难，兹特下令阁下以友善仁慈的态度对待他们。无论何时，如发现有不公平的暴力攻击，请即加以补救，尽力使其免受类似的折磨。

这种高贵的呼吁可惜多半被置之不理。1272 年，格列高利十世竟需要再次驳斥祭典谋杀的传闻。而为了强调这一点，他决定自此以后，除非有一位犹太人的确认，否则一位基督徒控诉犹太人的证词将不予采信。1763 年以前，多位教皇发布了类似的教谕，证明教皇的仁慈，而现实中对犹太人的恶行依然如故。教皇具有诚意，可从教皇国中犹太人比较安全，而且享有免于迫害的相对自由得到证明。他们在许多国家不时遭到驱逐，但从未被逐离罗马或教皇驻地阿维尼翁。一位饱学的犹太历史学家曾经写道："假如没有天主教会，则中世纪的犹太人不可能在基督教欧洲生存下去。"

在十字军东征前，中古欧洲断断续续发生迫害犹太人的事件。拜占庭皇帝执行查士丁尼大帝迫害犹太人的政策达两个世纪之久。赫勒克留（628 年）将犹太人逐出耶路撒冷以报复他们援助波斯，并尽力铲除犹太人。以撒里亚人利奥皇帝（Leo the Isaurian）因谣言称他是犹太人，为了辟谣，就下令拜占庭的犹太人在改信基督教与被逐之间作一选择（723 年）。有些犹太人顺从了，有些人在会堂中自焚，至死不屈。巴西勒一世恢复强迫犹太人受洗的运动，而君士坦丁七世（Constantine VII）规定犹太人在基督教法庭另有一种耻辱的宣誓方式，直到 19 世纪为止，欧洲各国仍然采取这种方式。

1095 年，教皇乌尔班二世（Urban II）宣告组成第一次十字军时，某些基督徒认为在誓师远征耶路撒冷的土耳其人以前，应先杀尽欧洲的犹太人。法国的戈弗雷（Godfrey of Bouillon）接任十字军统帅后宣称要向犹太人报耶稣流血之仇，寸草不留，他的同伙也宣告要杀尽不改信基督教的犹太人。一位僧侣又鼓起基督徒的热诚，因他宣称耶路撒冷圣冢发现碑文，上面说使犹太人改宗是基督徒的道德义务。十字军计划沿莱茵河向南行，该地有北欧最富庶的犹太社区。德国犹太人对莱茵河流域商业的发展贡献最多，他们善于自制，富于美德，同时赢得世俗基督徒与教士的钦佩。施派尔城主教路迪乔（Bishop Rüdiger of Speyer）与当地犹太人和睦相处，颁给他们特许状，准其自治并保护其安全。1095 年，亨利四世颁发类似的特许状给王国内一切犹太人。十字军东征的消息、计划路线及其领袖发出的威胁，给和平的犹太会众带来了巨大的恐慌。犹太拉比宣告数天的斋戒与祈祷。

　　十字军一抵达施派尔，立即拉了11名犹太人进入教堂，迫其受洗，11人均予拒绝，于是被杀。该市其他犹太人受到主教乔安森（Johannsen）的庇护，他不仅保护他们，而且将在教堂中杀人的十字军处以死刑。当一些十字军接近特里尔城时，该城犹太人纷纷请求主教艾吉尔伯特（Egilbert）庇护，他愿予保护，条件是他们应即受洗。大部分的犹太人同意这个条件，可是不少妇人杀死自己的小孩，然后投摩泽尔河自尽。在美因茨城，大主教路特（Ruthard）将1300名犹太人藏在地窖里，十字军一路前进，杀死1014人，只有少数幸免于难。4名美因茨犹人人受了洗，但是不久就自杀了。当十字军接近科隆时，基督徒纷纷把犹太人藏在自己家里。暴民烧毁犹太区，杀死了捉住的少数犹太人。主教赫尔曼（Hermann）冒着生命危险，暗中将藏匿的犹太人送至全国各个基督徒家中，那群朝圣者发现了迁徙的行动，就在村子里守候猎物，杀死了被发现的每个犹太人（1096年6月）。有两座村子共有200名犹太人被杀，另外4座村庄，犹太人在暴民包围之下，宁愿由自己人结束自己的生命也不愿受洗。刚生下小孩的母亲受攻击时，杀掉了刚出生的小孩。在沃姆斯城，主教艾理布兰加（Allebranches）尽量收容犹太人到自己住所避难，解救他们。十字军在其他城市横施难以描述的暴行，杀了许多人，然后抢劫并烧毁犹太人的家，许多犹太人宁可自杀也不背叛信仰。7天以后，一群暴民围攻主教住所，主教告诉犹太人说他再也不能约束暴民，劝其受洗。犹太人请求给他们一点时间独自考虑，然当主教返回时，却发现几乎全部的犹太人都相帮着结束了生命。攻击者破门而入，杀了还活着的人。共约800名犹太人死于沃姆斯集体杀害事件。类似的情形也在梅斯、雷根斯堡（Regensburg）及布拉格等城发生。

　　第二次十字军（1147年）威胁采取第一次的范例。克鲁尼修道院院长"尊贵者"彼得（Peter the Venerable）劝请法王路易七世袭击法国犹太人，"我并不要求把这些可恨的家伙杀死……上帝并不想消灭他们，但是和弑弟者该隐一样，他们应受可怖的折磨，应使其受到最大的侮辱而觉生不如死"。圣丹尼斯修道院院长阿博特·苏格尔抗议这种基督教观念，而路易七世能没收富有的犹太人的财产即已满足。但是对德国的犹太人来说，远不止没收财产这么简单。法国教士鲁道夫（Rodolphe）未经许可离开修道院，到德国宣传集体屠杀、抢劫犹太人。在科隆，"虔诚的"西蒙（Simon the Pious）被谋害，尸体被肢解。在施派尔城，一位妇人被置于刑架上折磨，以劝其改信基督教。这时候还是世俗的主教在尽力保护犹太人。科隆主教阿诺德（Arnold）给犹太人坚固的城堡作为栖身之所，并准许他们武装自卫。十字军避不攻击城堡，但是杀死任何落入手中的不肯改教的犹太人。美因茨大主教亨利准许被暴民追逐的犹太人进入其住所，暴民竟破门而入，就在他眼前杀死他们。大主教诉之当时最有影响力的基督徒圣伯纳德（St.Bernard），伯纳德严辞谴责鲁道夫，吁请停止对犹太人的暴力行为。鲁道夫仍继续推行反犹太运动，伯纳德于是亲至德国，强迫他回到修道院去。不久，一名被肢解的基督徒在维尔茨堡被发现，基督徒控告此系犹太人所为，主教恩比科（Embicho）对此发出抗议，他们仍加以攻击，杀死了20人。许多受伤者却仍受到基督徒的照拂（1147年），主教埋葬死者在其花园内。在本地自行组织十字军的观念自德国传至法国，以致犹太人在卡朗坦（Carentan）、莱美卢（Rameru）及萨利（Sully）等地屡遭残杀。在波希米亚，有150名犹太人被杀。在恐怖事件过去以后，各地基督教教士均尽其所能协助残存的犹太人，而在胁迫下受洗者均准许仍归犹太教，免受叛教的恐怖重罚。

这些集体屠杀事件伴随着一连串的暴力攻击。1235年巴登一件谋杀悬案竟又归咎于犹太人，随后就是一阵屠杀。1243年，靠近柏林的伯立兹（Belitz），全部犹太人均被活活烧死，理由是他们当中有人弄脏了圣餐的饼。1283年，美因茨城有人控诉犹太人祭典杀人，大主教威尔纳（Werner）设法调解，仍有 10 名犹太人被杀，犹太人又遭洗劫。1285 年，慕尼黑又因类似的谣言而群情激愤，180 名犹太人逃至犹太会堂避难，暴民竟放火烧会堂，将 180 名犹太人活活烧死。一年以后，上韦色尔（Oberwesel）有 40 位犹太人被控喝干一位基督徒的血而被杀。1298 年，勒廷根城（Röttingen）犹太人被控污渎圣饼而全部被焚死。虔诚的男爵莱茵福来西（Rindfleisch）集结并武装一群基督徒去杀害犹太人，他们完全破坏了维尔茨堡犹太人社区，并杀死住在纽伦堡的犹太人 698 人。迫害犹太人到处流行，半年内共有 140 处的犹太教会被连根拔除。以往德国犹太人在社区受破坏后即不断重建，现在终于失望了。1286 年，许多犹太家庭离开美因茨、沃姆斯、施派尔及其他德国城镇，移往巴勒斯坦与穆斯林住在一起。及至波兰与立陶宛表示欢迎移民，两地没有劫杀犹太人的情形，莱茵河区域的犹太人遂渐渐外移至斯拉夫的东部。

　　英国犹太人由于不得拥有土地或参加行会，都成为商人或金融家。少数人因放高利贷致富，竟使全体犹太人受人怨恨。贵族及乡绅向犹太人举债发展事业以供应十字军东征，他们以田产的收入作抵押，基督教农民想到贷款者压榨其劳力自肥，怒气上升。1144 年，诺威克城的小威廉被人谋害，犹太人被控杀人取血，该市犹太区被包围烧毁。亨利二世保护犹太人，亨利三世同样如此，但是他在七年内向犹太人征税及没收财产达 42.2 万镑之多。理查德一世加冕时，伦敦城想要逃债的贵族煽动一次小争吵，竟造成一次大劫杀，并波及林肯、斯坦福及林恩等地。同年在约克郡，"欠犹太人很多债"的理查（Richard de Malabestia）竟领导暴民杀害 350 名犹太人，犹太拉比陶伯（Yom Tob）带领 150 名约克犹太人自杀。1211 年，有 300 名犹太拉比离开英法两国前往巴勒斯坦。7 年以后，当亨利三世执行戴识别徽章诏令时，又有许多犹太人向外移民。1255 年，谣言传遍林肯城，说有一位叫修（Hugh）的男孩被骗进犹太社区，在欣欣鼓舞的一群犹太人面前惨遭折磨，钉上十字架，且被长矛刺穿，武装群众于是袭击该犹太社区，抓住疑为主事的犹太拉比，绑在马后，拖过街头，然后将其吊死。有91名犹太人被捕，有18人被吊死，许多俘虏因勇敢的多米尼克教派僧侣的说项而获救。林肯天主堂至今有小霍福神祠一座，其上有警句："许多意外事件往往令人怀疑。"在英国及其他地方有许多类似的故事，均源自中世纪对犹太人的狂热的仇恨，及毫无根据的集体迷信，即谓祭典杀人是犹太逾越大典的一部分。实则早在13世纪，教会即已试图保护犹太人避开一般人的怨恨，并驳斥这些奇怪的控诉。

1257年至1267年，在使英国陷入混乱的内战期间，群众失去节制，大屠杀一再发生，几乎破坏了伦敦、坎特堡、北安普顿、温切斯特、伍斯特、林肯及剑桥等地的犹太社区。房屋被毁坏，契券被烧毁，残存的犹太人几至一文不名。英国国王改向佛罗伦萨或卡奥尔（Cahors）的基督教银行家借款，他们不再需要犹太人的协助，并认为保护他们是自找麻烦。1290年，爱德华一世命令英国残存的1.6万名犹太人于11月1日以前离开，并放弃不动产及应收回的贷款。许多犹太人驾小船驶过英吉利海峡时被淹死，某些人为船员抢劫一空。到达法国的犹太人被当地政府通知，于1291年封斋期40天内离开。

在法国，随着十字军东征，亚洲的土耳其人及兰多克的阿尔比异端派，在宗教上改变了对犹太人的态度。主教们传布反犹太的言词，激动人心，在贝西亚攻击犹太社区是复活节前一周的固定仪式之一。最后（1160年），一名天主教高级教士禁止此类抨击性的布道，但是要求犹太社区于每年圣枝主日缴纳特别税。在图卢兹，犹太人被迫于耶稣受难日派代表至天主教堂公开接受挂在耳上的匣子，作为永久有罪的提醒。1171年，许多犹太人被控逾越节中使用基督徒的血，被烧死于布洛伊斯（Blois）。"奥古斯都"菲利普（Philip Augustus）看到赚钱的机会，立即以在基督徒井中下毒为名，下令逮捕王国的犹太人作为俘虏，然后让他们以重金赎身（1180年）。一年以后，又将他们逐离王国，没收他们的地产，将犹太会堂送给基督教会。1190年，他杀死奥朗日 80 名犹太人。1198 年，他又让犹太人移入法国，代管银行业以榨取暴利。1236 年，基督教十字军入侵安茹及普瓦都的犹太社区——特别是波尔多和昂古莱姆两地——要犹太人受洗，犹太人拒绝，于是有 3000 人惨死于铁蹄之下。教皇格列高利九世谴责屠杀，但是无法让死人复活。圣路易（St.Louis）劝告百姓莫与犹太人论教，他告诉尤安维尔说："俗人听到骂基督教的话，应以刀剑而不应以言语来辩护，就是用刀剑尽力刺进对方的肚子里。"1254 年，他把犹太人逐离法国，没收其财产及犹太会堂。数年之后，他又接纳他们，并为他们恢复会堂。他们正要重建家园，"美男子"菲利普（Philip the Fair）又把他们下狱，除穿在身上的衣服外，存款及财产通通被没收。他还将近 10 万名犹太人逐离法国，每人仅给一天的食物。国王把一座犹太会堂送给其车夫，这位车夫竟然获利匪浅。

流血事件接二连三上演达两个世纪后，形成了一种景象。在法国的普罗旺斯、意大利的西西里及拜占庭帝国，9 世纪后，只有少数迫害犹太人事件，而他们在基督教的西班牙发现了保护自己的方法。即使在德国、英国及法国，和平时期也很长，而每次悲剧过后的 30 年内，犹太人口繁多，有些人又发达起来。虽然如此，他们的传统已将悲剧间隔期的痛苦记忆传了下来。对不停劫杀的恐惧，竟使和平时期变得焦虑，每位犹太人均须记住在殉道时应背诵的祈祷文。财产越是不安全，追求财富的愿望越炽热，可笑的是，只有街头浪人愿意问候戴黄色徽章的犹太人，一个孤立无助的少数民族的耻辱深入灵魂之中，摧毁了个人的自尊及种族间的互相友爱。在北方，犹太人心中留下了沉郁的"犹太人的悲哀"（"judenschmerz"，即 the sorrow of the Jews）的记忆，令人忆起成百上千的耻辱与伤害。

为了一个人死在十字架上，竟有如此多的人在十字架下牺牲！

第十七章 | 犹太人的心智
（500—1300）

文学

　　每个时代，在努力于困境中更好地生存与寻求精神食粮这两者之间，犹太人总是踌躇难安。犹太商人本身不能成为学者，但羡慕并敬重能抛开财富、安然于学习知识和寻求智慧的人。犹太商人及银行家去参加特鲁瓦市集（the fairs of Troyes），中途停下来听伟大的拉什解释犹太《塔木德》。因此，在小心翼翼的经商中，在贫贱中，在遭受致命的侮辱中，中世纪的犹太人仍然产生了许多文法家、神学家、神秘学家、诗人、科学家及哲学家，有一段时期（1150—1200年）只有穆斯林在普及识字与学识、财富上可与犹太人相比。他们可与穆斯林接触来往，就是有利之处，有许多人读阿拉伯书籍，因此中古伊斯兰教文化的整个精华部分皆被吸收。他们自伊斯兰教取得科学、医药及哲学知识，等于他们在宗教上对于穆罕默德及《古兰经》所做的贡献。由于他们的居间促成，他们以伊斯兰教思想为营养，激励了西方基督徒的心灵。

　　在伊斯兰国家，犹太人说话及写作常用阿拉伯语，他们的诗人仍采用希伯来语，但是接受阿拉伯的音步诗形式。在基督教国家，犹太人说当地语言，但是以古代语言进行文学创作并崇拜耶和华。迈蒙尼德过世以后，西班牙犹太人逃避阿尔摩哈德王朝的迫害，放弃阿拉伯文，改以希伯来文为文学媒介。希伯来文的复兴，可能得益于犹太语言学家的努力，《旧约》经文因为缺少母音与标点符号，原已很难理解，历经三个世纪的研究（自 7 至 10 世纪），通过增加母音记号、强音符号、标点符号、分节及脚注等，终于展露了传统的经文面目。自此以后，任何识字的犹太人都可以看懂本族的经文了。

　　这种研究促成了希伯来文法及字典编纂的发展。马那肯（Menachem Ben Saruk）的诗歌与学问吸引了哈什迪的注意，他召马那肯至科尔多瓦，鼓励他努力编纂《圣经》希伯来文字典。马那肯的门生查于吉（Jehuda Ibn Daud Chayuj）依据科学方法将希伯来文法应用于三本论《圣经》语言的阿拉伯文著作。耶胡达·伊本的门生萨拉戈萨人加那（Jonah Ibn Janaeh）青出于蓝胜于蓝，在阿拉伯文《评论》（*Book of Critique*）一书中，改进了希伯来文句法及字典编纂法。摩洛哥的哥来希（Judah Ibn Quraish）在精通希伯来文、阿拉姆语及阿拉伯语后，首创闪米特语系各种语言的比较语言学。经文派犹太人亚伯拉罕（Abraham al-Fasi）找出《旧约》文字的语根，依据字母顺序编成字典，进而又强化了这项工作。罗马的耶其尔（Nathan ben Yechiel）编纂《法典字典》，足以傲视其他字典的编纂者。在纳博讷城，基姆希（Joseph Kimchi）及其子摩西与大卫为此下苦功达数十年之久。大卫的《文法纲要》（*Michlol*）盛行几个世纪，是希伯来文文法的权威著作，对于詹姆斯王聘请的《圣经》译者而言，该书提供很大帮助。以上这些人仅是上千位学者中的少数几人而已。

　　得益于精深学术的熏陶，希伯来诗歌终于超脱了阿拉伯的范式，发展出自己的形式与主题，仅在西班牙一地就产生了三位诗人，足可与同时代伊斯兰教或基督教文学家颉颃。嘉毕罗（Solomon Ibn Gabirol）在基督教各国被称为阿维斯勃朗（Avicebron），他悲剧的一生足以反映以色列人的情感。这位被海涅称为"哲学家中的诗人，诗人中的哲学家"的诗人约 1021 年生于马拉加，早年父母相继谢世，在贫苦中长大，使他沉思冥想。他的诗篇得到伊斯兰教城邦萨拉戈萨大臣哈桑的偏爱。有一阵子，嘉毕罗在该地觅得保护而生活幸福，歌颂人生的欢乐。但哈桑后被阿拉伯君王的敌人刺死，嘉毕罗只好逃离该地。此后许多年，他在伊斯兰教西班牙到处流浪，又穷又病又瘦，以至于"即使是一只苍蝇也可轻易地把我带上空中"。诗人塞缪尔在格拉那达城给他庇护。在这里，嘉毕罗开始撰写哲学方面的书，以诗歌来赞颂智慧：

> 我怎能放弃智慧？
> 我已与她缔结盟约。
> 她是我的母亲，我是她的爱子；
> 她把珍宝紧扎在我的颈项上……
> 虽然生命属我所有，可是我的灵魂总是向往
> 她那如天一样的崇高……
> 我永远不休不息直到发现了她的源流。

可以推测，他鲁莽冲动的骄傲性格终使他与塞缪尔发生了争执。当时他只是 20 多岁的青年，又重回到处流浪的穷苦生活。不幸使他在精神上更加谦逊，他由哲学转向宗教：

> 主啊，人是何物？是被污蔑和践踏的兽尸，
> 是满怀欺心的有毒造物，
> 是在热火中干缩的枯花。

他的诗歌有时具有《赞美诗》低沉壮阔的气韵：

> 上帝呀！给我们和平，

永久地恩赐福泽。

别让我们惹你厌恶，

你是我们的住处

我们不息地徘徊流浪，

或带着锁链在流亡的恐惧中坐着；

不论我们前往何地，依然高唱

我主的荣光就在身旁。

他的杰作《高贵的上帝》（*Kether Malkuth*）赞颂神的伟大，如同他在早期的诗歌中赞许自己一样：

我要飞向着你来赢取

一个安全的场所，藏身于

你愤怒的暗影中，

直到你的怒气全消。

我要依靠你的慈悲，

直到你听取我的诉苦；

我永远不会放弃对你的信赖，

直到你的荣光赐福于我。

伊斯兰教的西班牙，犹太文化的繁荣可从格拉那达的艾兹拉家族（the Ibn Ezra family）得到印证。雅各·艾兹拉（Jacob Ibn Ezra）在哈布斯王政府大臣塞缪尔手下担任重要职位。他家便是文学和哲学沙龙。他的四个儿子在学术熏陶中长大，有三个名重一时：约瑟夫任该国高官，领导犹太社区；以撒是诗人、科学家及《塔木德》编著者；摩西斯是学者、哲学家，并且是哈勒维前一代最伟大的犹太诗人。当摩西斯爱上了他漂亮的侄女，其快乐的青年时代即告结束，以撒将她许配给其弟亚伯拉罕。摩西斯于是离开格拉那达，在陌生的国土到处流浪，只有诗能安慰他那无望的恋情。"你的红唇似蜜，让人想要吮吸。你呼出如兰如麝的香气，让人亲近呼吸。虽然你对我虚情假意，我对你却是真情永驻，直到你成黄土一堆为止。我心为了夜莺歌唱而欢欣鼓舞，虽然夜莺盘旋于上终是杳杳远去。"最后，和嘉毕罗一样，他转向宗教，高唱神秘奉献的圣诗。

亚伯拉罕·艾兹拉——勃朗宁（Browning）所说的维多利亚时代哲学的代言人——是摩西斯的远亲和知己。1093 年他出生于托莱多，年轻时勤奋好学，广泛涉猎各个领域的知识。他也是到处流浪，做过很多职业。运气对他太坏，他带着犹太式的自嘲说："假如我出售蜡烛，则太阳永不西沉；假如我贩卖寿衣，人类就永生不死。"他旅行至埃及，经伊拉克至伊朗，或许到了印度，再回意大利，然后到法国和英国。75 岁又回到西班牙，同年逝世，身后一贫如洗，然其诗歌和散文却已蜚声犹太世界。其著作与其住过的地方一样丰富多彩——数学、天文、哲学及宗教方面皆有论著，其诗篇描述爱与友情，神与自然，解剖学与时令、季节，棋与星星等。他把"信仰时代"普遍存在的观念进行诗化，而且在希伯来情调方面比纽曼更着先鞭：

> 啊！人间天上的上帝，
> 灵与肉皆属于你！
> 你以大智慧赐给
> 人类内心的灵光……
> 我的时光任你支配，
> 只有你才知道何者最善，
> 而在我无以立足之处，
> 你的神力带来可贵的救助；
> 你的斗篷掩去我的罪恶；
> 你的仁慈是我可靠的屏障；
> 而你那慷慨的赐福保佑，

却不需要任何报偿。

同时代的人重视他，主要是因为他对于《旧约》各经的评述。他为希伯来经文的真实性和神示性辩护，但是把神人同性论的内容视为一种隐喻。他首先主张《以赛亚书》是两位而非一位先知的作品。斯宾诺莎认为他是《圣经》理性批评的创始人。

那时代最伟大的欧洲诗人是哈勒维。托莱多城被卡斯提亚阿方索六世攻陷后一年，他出生于该城，在当时最开明、最自由的基督教皇帝统治下安全地长大成人。早年一首诗大获摩西斯·艾兹拉的欣赏，老诗人邀请他到格拉那达同住，在那里摩西斯与伊萨克在家中款待他达数月之久。西班牙各犹太社区，争相阅读他的诗篇及佳言隽句。其诗歌反映了他善良的个性及幸运的年轻时代的生活。他歌颂爱情，模仿伊斯兰教及法国东南部普罗旺斯一地抒情游吟诗人的技巧，及《雅歌》所具有的那种美感。有一首诗《他的欢乐之园》（*The Garden of His Delight*）是情诗中坦述性爱的杰作：

> 下来吧！她的爱人；为何你还要留在那儿
> 在她的花园中觅食？
> 不如转向做爱的床，
> 去采集她的百合花。
> 她那胸前一对秘密的苹果
> 已发出迷人的香气；
> 为了你她把闪光的宝果
> 掩藏在她的项链里……
> 若不是有面幕遮着，她会使
> 天上的星星失去光辉。

哈勒维辞谢艾兹拉家族的殷勤招待后，至卢塞纳城犹太学院，在那里进行研究达数年之久。他学医，后来成为不算杰出的医生。他在托莱多开设一所希伯来文学校，讲授经文。瞬即结婚，生有四个孩子。年纪越大，他越了解犹太人的不幸，比对自己的感触更深。他开始歌颂犹太民族，歌颂他们的痛苦和他们的信仰。和许多犹太人一样，他也希望老死于巴勒斯坦：

> 哦！世界之城（耶路撒冷），傲视当代，富丽华贵！
> 哦！恨无飞鹰之翼，一飞冲天，飞至你那儿。
> 直到我泪下滂沱，沾湿你的土地！
> 我心落在东方，虽然我身留在西方。

生活富裕、愉快的西班牙犹太人视这类诗为哗众取宠，然而哈勒维的态度是诚挚的。1141 年，找到适当的人照顾其家庭后，他开始艰难地踏上耶路撒冷朝圣的历程。逆风将他所乘的船吹至亚历山大港。那里的犹太人盛情款待他，并恳求他不要冒险前往当时被十字军占领的耶路撒冷。随后，他来到达米埃塔和提尔，不知是何原因，他又转往大马士革。从此他就在历史中消失了。传说他转道至耶路撒冷，初见该城即屈膝膜拜，吻它的土地，不久竟被一个阿拉伯骑兵踩躏至死。我们不知道他是否抵达他朝思暮想的圣城，但我们知道他暮年时在大马士革，写了一首《锡安颂》（*Ode to Zion*），被歌德赞颂为世界文学史上最伟大的诗篇之一：

> 锡安山呀！你不是想要
> 从你的圣石中传来你的祝福，
> 为你着迷的人群
> 纷纷向你朝拜，他们是你残存的羔羊？……
> 我的声音已经沙哑，当我为我的忧患而哀伤；
> 但是，在幻想的美梦里，

我仿佛看到你已自由，它的韵律流泻奔放，
甜美犹如悬于巴别塔溪畔的竖琴……
若是神意一如往昔，我就要
到那圣地倾诉衷情，但我能
在那儿尽情地用我的灵魂来诉说！
王殿及神座就在你那儿；
何以列王的宝座
如今竟坐满了奴隶？
哦！谁会领我向前
寻找异时旧日的宝座，
其地天使曾以其荣光启示了
你的使者及你的先知？
哦！谁赐我以羽翼，
就此高飞远翔，
而在该处从长久的流浪中歇息下来，
在你已毁坏后是否歇息的是我已死的心？
在你的圣土我要俯首膜拜，手握
石头视同宝贵的黄金……

你的大气是我灵魂的生命，你的
尘土就是香料，你的溪流温香甜蜜；
裸体赤脚，来到你残破的圣殿，
谁知我心中有多欣喜！
来到藏匿约柜的地方，而在幽暗的
凹处居住着神圣的天使……
锡安山，你真完美呀，在你那儿
齐集了爱与祝福！
你伙伴的灵魂柔顺地

转向着你；你的幸福就是他们的快乐，

然而他们现在泪落不止，为了你的毁灭而悲哀，

在遥远的流亡中；对于你的神圣崇高，

他们无限向往，而面向你的大门，他们俯首祈祷。

上帝希望你是它的住所，

永远永远并且赐福于你，

上帝已把福泽荫给了他，

留在你的宫廷内。

他密切向前注视，满怀幸福向你接近，

只待你的荣光升起，

而在其上破晓已至，光明大放，

就在那东方的天空上。

但是最有福的他，满眼喜悦，

为你的赎罪解放而欢天喜地，他会注意

更会看到你已一如往昔的年轻。

《塔木德》的历险

西班牙黄金时代的犹太人过分繁荣，在创作深度上因此不如衰落时期的诗人。他们写作欢欣、优美及感恩的诗篇，并论及一种哲学，调和了经文与希腊思想。尽管狂妄的阿尔摩哈德王朝将犹太人由伊斯兰世界驱入基督教的西班牙，他们继续着繁荣，在 13 世纪，托莱多、赫罗那及巴塞罗那三地基督教均极宽容，使犹太学院盛极一时。在法国和德国的犹太人就没那么幸运，他们畏缩在狭窄的犹太区内，专心研读《塔木德》。他们不会自寻烦恼，在世俗世界中证实信仰。他们从来就没有怀疑该法的前提，他们殚精竭虑地研读《塔木德》。

法师乔松创设于美因茨的学院是当时最具影响力的学校之一，有

几百名学生在那里就学，与乔松合作编纂并注释《法典本文》，前后经两代人努力完成。在法国，法师伊兹哈克（Shelomoh Ben Yitzhak）也进行类似的工作，人们将其头衔及本名首字母合并，称他为拉什。他生于法国东北香槟（Champagne）地区特鲁瓦市，曾在沃姆斯、美因茨、施派尔等地的犹太学院作研究。回到特鲁瓦市后，他以卖酒维持生计，闲暇时则讲述《圣经》、《塔木德》。虽非正式的法师，他在特鲁瓦市创设一所学院，在该校传道授业四十年之久，陆续评注《旧约》、《法典本文》及《注释》。他不像某些西班牙学者，试图调和哲学思想来解释宗教的经文，他解释经文相当清晰明白，其《塔木德》评论往往与《塔木德》一起印辑成书。个性与生活的谦和、纯净，使他赢得民众的尊敬，被视为圣人。欧洲各犹太社区在神学及律法方面屡次求教于他，其答复被视为具有合法的权威性。他在老年为第一次十字军东征的暴行而伤心欲绝。他死后，其孙塞缪尔、雅各及以撒继续其未竟的事业。雅各是第一位被称为学者（tosaphists）的《塔木德》补充评述家。拉什死后五代，法、德《塔木德》学家在《塔木德》里页空白处补充校正并修改了拉什的评述。

当查士丁尼大帝认为《塔木德》是"一本无知、寓言、邪恶、侮辱、诅咒、异端以及渎神的书"而予以禁止时，《塔木德》尚未臻于完备。自此以后，基督教会似已忘记了这部《塔木德》的存在，罗马教会的神学家很少有人懂得《塔木德》所使用的希伯来文或闪米特阿拉姆文，故在 700 年内，犹太人可以自由研究自己喜欢的《塔木德》——如此持续了很久，他们似乎也忘了《圣经》的存在。但是 1239 年，法国犹太人道宁（Nicholas Donin）改信基督教，在教皇格列高利九世面前控诉《塔木德》可耻地侮辱耶稣及圣母而且犹太人对待基督徒欺诈不诚。某些罪状是真实的，因为勤劳的编纂者过分尊重口述律法教师及注释者的意见，以致在《法典本文》的世俗部分偶尔地包括一些愤怒的犹太拉比反击基督教攻击犹太教的批评。但此时比教皇更基督教化的道宁增添了许多并无事实根据的罪名，说《塔木德》允许并奖励欺骗和杀害基督徒，不管此人是何等的善良，说犹太拉比允许犹太人随意毁弃誓约，并说研读犹太《塔木德》的任何基督徒将被杀死等。格列高利命令将法国、英国及西班牙发现的《塔木德》均交给多米尼克或圣方济各派教徒，令这些僧侣小心研究，并说该书应予焚毁，如果罪名查实的话。这项命令执行的结果如何，未见史料记载。在法国，路易九世令犹太人交出《塔木德》版本，否则处以死刑，并召四位犹太拉比至巴黎，在国王、皇后、道宁及两位著名经院哲学家——威廉和大阿尔伯图斯·马格努斯——面前公开举行辩论会，为《塔木德》辩护。经过三天的调查，国王下令焚毁《塔木德》各个版本（1240年）。桑斯（Sens）大主教科努图斯（Walter Cornutus）替犹太人说情，国王才答应将许多版本归还原主。但是大主教不久逝世，某些僧侣主张这表明上帝认为国王过于仁慈。路易受他们鼓励，下令没收《塔木德》各版本，共装成24车运至巴黎，付之一炬（1242年）。1248年，教皇使节禁止法国犹太人拥有《塔木德》，自此以后，除普罗旺斯一地，犹太法学研究及希伯来文学在法国均趋衰落。

　　1263年，巴塞罗那也举行类似的辩论。阿拉贡及卡斯提亚主持异端裁判的多米尼克派僧侣雷蒙德（Raymond）想使两国犹太人改信基督教，为了充实布道者的学问，他在基督教西班牙教士培训学校安排了希伯来文的课程。有一名改信基督教的犹太人保罗协助他，他在基督教及犹太教神学方面的学识给雷蒙德极为深刻的印象，因此他安排在阿拉贡国王詹姆斯一世面前，让保罗与赫罗那城犹太拉比纳其曼（Moses Ben Nachman）辩论。纳其曼等人勉强参加辩论，因为不管胜负，都一样令人恐惧。辩论持续四天之久，国王颇觉有趣。1264年，教会强行夺取阿拉贡国《塔木德》，删去其中反基督教的词句，然后将书退还原主。纳其曼徒众在为阿拉贡犹太教辩护的文章里，谈到基督徒所用的词句对于雷蒙德来说好像完全是渎神不敬的。这位僧侣向国王抗议。但是直到1266年，詹姆斯才迫于教皇的坚持，把纳其曼等人逐出西班牙。一年以后，这位犹太拉比死于巴勒斯坦。

犹太人的科学

中古时代犹太人的科学和哲学均在伊斯兰教各国取得显著成就。中古时期住在基督教各国的犹太人极为孤立并受歧视，但是他们同时受到邻近民族的影响，以至于埋首于神秘主义、迷信及救世主的梦想中，以寻求解脱，历史长河中很少出现对科学发展如此不利的环境。不过，宗教鼓励研读天文学，因为必须依赖天文学才能正确确定各个节日。6 世纪，巴比伦的犹太天文学家开始引用天文计算法取代直接观测天象的方法。他们根据太阳的显明运行计年，依照月球的盈虚计月，每个月均有巴比伦式的名字，满月为 30 天，缺月为 29 天，然后以 19 年为一个周期，每逢 3、6、8、11、14、17 及 19 各年均加上第十三个月，借以调和阴历与阳历。在东方，犹太人使用塞琉古历法（the Seleucid calendar）来记事，该历法自公元前 312 年起开始使用。在欧洲，自 9 世纪起，他们采用今日流行的犹太纪年，称为 *anno mundi*，意为"世界年历"（year of the world）——它公认为公元前 3761 年首创并开始应用。犹太历法与很多历法一样有缺陷，也一样神圣不可改变。

犹太学者马夏拉（Mashallah）是伊斯兰国家早期的天文学家之一。其所著《天体运行轨道》（*De Scientia Motus Orbis*）由杰拉德（Gerard）从阿拉伯文译为拉丁文，在基督教各国很受赞赏。其《论价值》（*De Mercibus*）一书，是现存最古老的阿拉伯文科学著作。其时主要的数学论著有《论代数、几何及三角》（*Hibbur ha-Meshihah*）——为巴塞罗那的亚伯拉罕·西雅（Abraham Ben Hiyya）所著。他还主编了一部现已逸失的有关数学、天文学、光学及音乐的百科全书，并留下了现存最早的论历法的希伯来文论文。一个世纪之后，亚伯拉罕·艾兹拉发现写诗与研讨数学组合分析原理并不冲突，可以并行不悖。这两位亚伯拉罕是最早不以阿拉伯语而用希伯来文写作科学著述的犹太人。通过这些书以及无数翻译自阿拉伯文的希伯来文译著，伊斯兰教科学和哲学传入了欧洲犹太社区，使其超越了纯粹犹太律法学的范围，扩展了知识生活的领域。

部分得益于阿拉伯科学，同时也因恢复了其传统医术的关系，此时的犹太人写下了许多论述医药的杰作，并成为基督教欧洲最可敬的医生。以色列利（Isaac Israeli）在埃及成了享有盛名的眼科医生，受聘在凯鲁万担任御医。其医学著作已由阿拉伯文译成希伯来文和拉丁文，整个欧洲一致称赞其为古典名著。这些著作在沙莱诺和巴黎被列为教科书，在700年后被伯顿（Burton）的《忧伤的解剖》（*Anatomy of Melancholy*）引述。传说以色列利视富贵如浮云，是顽固的独身者，并为百岁人瑞。可能与他同时的耶夫地（Asaf ha-Jehudi），是最近才发现的一部现存最古老的希伯来文医学著作的作者，该书杰出之处在于，认为血液通过动脉和静脉循环。假如他也猜到心脏的功能，那么他比哈维更早知道血液循环的原理了。

在埃及，自迈蒙尼德到来后（1165年），当地的卫生事业完全由犹太医师和犹太医书主宰。开罗的法达（Abu al-Fada）写下12世纪主要的眼科著作，而艾塔（al-Kuhin al-Atrar）编写了至今仍被伊斯兰世界使用的方剂。南意大利及西西里的犹太医生成为阿拉伯医药进入沙莱诺的媒介。沙伯萨（Shabbathai Ben Abraham）被称为堂诺罗（Donnolo）。他生于奥特朗托，后为穆斯林所俘，在巴勒莫尽学阿拉伯医术后，回到意大利悬壶济世。耶路撒冷的犹太人格拉萨斯（Benvenutus Grassus）在沙莱诺学医，后在该地与蒙彼利埃教学。他写成《医学实践》（*Practica Oculorum*），被伊斯兰教与基督教各国公认为是讨论眼疾的精确论文。该论文发表后224年，成为第一部付梓的眼疾专科医书。

各地犹太律法学校，特别是法国南部，均开有医药课程，部分原因是使犹太拉比获得维生的技能。蒙彼利埃希伯来学院训练出来的犹太医生，协助创设了著名的蒙彼利埃医校。1300 年，一名犹太人被任命为校董，竟使犹太人得罪了巴黎大学的医药权威，蒙彼利埃医校被迫不准犹太人入学（1301 年），而且在 1306 年，该市希伯来医生与一般犹太人一样，被逐出法国。不过，由于接受犹太教及伊斯兰教的范例与影响，基督教医学此时已经革命化了。闪米特医生很久以前就已去除了他们认为魔鬼附体才会得病的观念，而且他们合理的诊断与医疗方法往往获得成功，减弱了人们对圣人遗物疗效与其他超自然疗法的迷信。

僧侣及世俗教士的修道院和教堂，都放置圣人遗物供人朝拜，当然不肯接受这种革命。教会反对基督教家庭殷勤延揽犹太医生，教会怀疑这些人只知医药而不知信仰，更担心他们在病人心中有太大的影响力。1246 年，贝西亚宗教会议禁止基督徒聘请犹太医生。1267 年，维也纳宗教会议禁止犹太医生替基督徒看病。尽管有这些禁令，有些基督教显贵仍然倚重犹太医术。教皇博尼费斯八世（Boniface Ⅷ）患眼疾，请莫迪凯（Isaac Ben Mordecai）诊断。西班牙教士和哲学家吕里（Raymond Lully）称每所修道院均有一位犹太医生，一位教皇特使发现许多女修道院也如此，大为震惊，而西班牙的基督教诸国王直到斐迪南及伊莎贝拉在位时，都欢迎犹太医术。阿拉贡国王詹姆斯一世御医、巴塞罗那的班万尼斯特（Sheshet Benveniste）著有当时最主要的妇科论文。直到 13 世纪基督教大学采用理性医学研究后，犹太人才失去在基督教各国行医的优势。

犹太人是迁徙频繁、散居各地的民族，因此在地理学上贡献很少。虽然如此，12 世纪最杰出的旅行家却是两名犹太人——赖地斯本城的派他奇亚（Petachya of Ratisbon）和都德拉城的本雅明——他们用希伯来文把旅行欧洲及近东的情形翔实地记了下来。本雅明于1160 年离开萨拉戈萨，他一路悠闲从容，访问了巴塞罗那、马赛、热那亚、比萨、罗马、沙莱诺、布林底西、奥特朗托、科孚、君士坦丁堡、爱琴海群岛、安条克、巴勒斯坦诸重要城市、巴勒贝克、大马士革、巴格达及波斯等地。回程时他又自印度洋和红海乘船至埃及、西西里及意大利，然后自陆路至西班牙。他于1173年平安抵达家门，不久去世。他主要的兴趣为犹太社区，描述沿途各国地理及种族特色，准确客观。其游记与一个世纪后《马可·波罗游记》相比，虽不如后者引人入胜，却更为真实可靠。该书几乎有各种欧洲语言译本，至今仍为犹太人喜爱。

犹太哲学的兴起

人类的心灵生活由两种力量支撑：为求生存需要信仰及为求进步需要理性。在穷困、混乱的时代，信仰的意志至高无上，因为此时勇气是必需的。太平盛世人们重视学识的力量，借以晋升与求取进步。因此，自贫穷进入富庶的人类文明往往导致理性与信仰的冲突，即"科学与神学之战"。在这一冲突中，综合各方面观测人生的哲学，常能设法调和正反各方面的意见，居间寻求息争止纷，然其结果竟为科学界所轻视，又为神学界所疑忌。在信仰时代，生活艰苦，若没有希望便无法忍受，因此哲学附着于宗教，引用理性来护卫信仰，而成为一种伪装的神学。中世纪西方文明的三种信仰，伊斯兰教最富裕，基督教次之，最穷困的是犹太教。在伊斯兰教西班牙富裕的犹太人手中，犹太哲学才与信仰分离，自我发展。

中古犹太哲学有两个渊源：希伯来宗教与伊斯兰教思想。多数犹太思想家认为宗教与哲学在内容与结果两方面近似，所不同的只在方法与形式：宗教称为神示教条，在哲学则称为理性证实的真理。在伊斯兰教社会环境里，自塞地亚以至迈蒙尼德，多数犹太思想家均做这种尝试，自阿拉伯译文及伊斯兰教评述中汲取希腊哲学的知识，并以阿拉伯文写作供犹太人及穆斯林阅读的文章。就像艾什里以理性做武器攻击穆尔太齐赖教派，挽救了伊斯兰教正统派一样，塞地亚在艾什里抛弃怀疑主义的那一年（915年）离开埃及赴巴比伦，运用反复辩论及辩论的技巧解救了希伯来神学。塞地亚不仅模仿伊斯兰教经院神学家的方法，甚至模仿他们辩论的细节。

塞地亚在东方犹太教的胜利与加扎尼在东方伊斯兰教的胜利具有同样的影响：政治混乱及经济衰落扼杀了东方的希伯来哲学。这个故事的其余部分发生在非洲与西班牙。在凯鲁万，以色列利于行医、写作之暇，编写了几部很有影响力的哲学著作。其中，《论定义》（*Essay on Definitions*）一书，使经院逻辑增加了几个名词；《论因素》（*On the Elements*）一文把亚里士多德《物理学》带进了希伯来的思想；而《灵魂与精神集》（*Book of Soul and Spirit*）主张神逐渐发射（光辉）至这个物质世界，这是一种新柏拉图理论，取代了《创世记》开天辟地的故事，这是犹太神秘哲学喀巴拉（Cabala）的一个根源。

伊本·盖比鲁博作为哲学家比作为诗人更有影响力。历史上一桩趣事是经院哲学家恭谨地引述名为阿维斯勃朗的著作，认为他是穆斯林或基督徒，直到 1846 年，孟克（Salomon Munk）才发现伊本·盖比鲁博与阿维斯勃朗是同一个人。因伊本·盖比鲁博试图完全以与犹太教无关的名词来著述哲学，才造成这一误会。其谚语精选——《珠玉集》（*Choice of Pearls*）——几乎完全从犹太以外的渊源取材，虽然希伯来民俗中妙语如珠，俯拾即是。其中一句隽语很有儒家的风格："人若为增进己德，又何必以怨报怨于敌人？"事实上，这就是《论改良德行》（*On the Improvement of the Moral Qualities*）一书的概要。该书似著于 24 岁时，此时作者的哲学似乎尚未成熟。通过人为计划，这位年轻诗人将行善作恶归之于人有五种感官，只是其结论平凡无奇。可是在信仰时代，该书杰出之处在于试图建立宗教信仰所不支持的道德律。

伊本·盖比鲁博在其杰作《生命泉》（*Mekor Hayim*）中，显示了类似的勇气，他不再引述《圣经》、《塔木德》或《古兰经》的语句。该书异常极端的国家主义（*supernationalism*）惹恼了犹太拉比，而它译成拉丁文，称为《生命之泉》（*Fons Vitae*）后，却对基督教各国影响很大。盖比鲁博接受流行于阿拉伯哲学界的新柏拉图主义，但是他又加上意志论，强调神与人意志的作用。盖比鲁博认为，我们应假定有神的存在，作为第一本体（first substance）、第一实体（first essence）或基本意志（primary will）只能了解任何事物的存在或运动，但是我们不可能了解神的特质。宇宙并非以时间创造，而是在神不断、渐进的发射中流动。除神以外，宇宙万物均由物质与形式构成，此二者恒常并存，只有在思想上能分开。犹太拉比驳斥盖比鲁博的宇宙论是一种伪装的唯物论，但是哈勒斯的亚历山大、圣博纳芬图拉（St.Bonaventura）及邓斯·斯科特（Duns Scotus）等人接受神造物质的普遍性及基本意志两种理论。奥弗涅的威廉称盖比鲁博为"最高贵的哲学家"，并认为他是一位良好的基督徒。

　　哈勒维反对各种推测，认为那是无益的。和伽萨尼一样，他深恐哲学逐渐损害宗教的基础——不但是对教条质疑，忽视不顾，或以隐喻解释《圣经》，而且可能以论证取代诚心崇拜。面对柏拉图及亚里士多德理论侵入犹太教，伊斯兰教教义对犹太人的种种引诱，及经文派犹太人不断攻击《塔木德》，这位诗人写下了中古哲学最有趣的著作《卡扎里》（Al-Khazari）。它以戏剧性的场面描绘卡沙耳国王（Khazar king）改信犹太教，来陈述他的意见。哈勒维很幸运，其书虽用阿拉伯文写成，却使用希伯来字母，只有受教育的犹太人才看得懂。故事把一位主教、一位伊斯兰教导师及一位犹太拉比带到好奇的国王面前，然后迅速地处理伊斯兰教及基督教的理论。当基督徒及穆斯林引述希伯来经文为神的启示，国王就逐走他们，只留下犹太拉比。书中多为犹太拉比的对话，向已受割礼的温良国王解说犹太神学与祭仪。这位皇家学生对老师说："自从贵教广传四方以来，除了关于天堂与地狱的部分情节外，并无新奇之处。"受到了鼓励，犹太拉比声称希伯来文是神的语言，上帝只直接对犹太人说话，也只有犹太先知才受到神的启示。哈勒维对那些宣称理性优越、将神与天归于三段论法及范畴的哲学家加以嘲笑，人心显然只是一个广大而又复杂的创造物中脆弱而又微小的部分而已。智者（未必即为学者）自会认识理性对超人世的事物的软弱无力，他自会维持经文给他的信仰，并像赤子一样信仰与祈祷。

虽然哈勒维反对，理性的吸引力仍然存在，而亚里士多德理论的入侵依然如故。多德（Abraham Ibn Daud）和哈勒维一样，深具犹太人本色，他护卫《塔木德》，反对经文派的主张，傲然述说《第二王国犹太列王史》（*History of the Jewish Kings in the Second Commonwealth*）。但是和 12 及 13 世纪无数基督徒、穆斯林及犹太人一样，他想以哲学来证实他的信仰。他和哈勒维一样出生于托莱多，并以行医为生。其所著阿拉伯文《最高信仰集》（*Kitab al-Aqidah al-Rafiah*）给予哈勒维的回答，与阿奎那对反哲学的基督徒的答复一样：和平卫护宗教，抵御非信徒的方法是借重理性分析，只依赖单纯的信仰不可能达到目的。比阿成罗伊早数年，比迈蒙尼德早一代，比阿奎那早一个世纪，陶德就已努力调和其祖先的信仰与亚里士多德的哲学。那位希腊人若地下有知，发现他受到三大宗教的赞赏，或晓得犹太哲学家仅从法拉比及阿维森那所作摘要中认识他（虽然他们是通过不完整的译文及新柏拉图主义的伪书了解其哲学的），一定非常高兴。陶德与阿奎那均渊源于亚里士多德，但他比后者更忠实，他和阿维森那一样主张只有宇宙灵魂（the universal psyche）才是永生，人类灵魂则不然。犹太哲学就像中世纪一般的哲学一样，以新柏拉图主义及敬神始，而以亚里士多德哲学与怀疑终。迈蒙尼德开始可能采纳陶德的亚里士多德派主张，以勇气和技巧面对理性与信仰的冲突等各种问题。

迈蒙尼德（1135—1204）

这位最伟大的中古犹太人生于科尔多瓦，是著名学者、医生及法官迈蒙·约瑟夫（Maimon Ben Joseph）之子。其名为摩西，犹太有谚语："自摩西至摩西，其间没有一个能如摩西。"他的族人称他为摩西·迈蒙（Moses Ben Maimon），或简称为迈蒙尼（Maimuni）。当他成为名重一时的犹太拉比时，其头衔及姓名缩写字母就拼成有趣的名字"兰班"（Rambam），而基督教世界则追溯其家系，称之为迈蒙尼德。有传闻说他幼时厌恶读书，失望的父亲称他为"屠夫之子"，把他送到从前的老师密加斯法师（Joseph Ibn Migas）那里。虽然有这样的开始，这第二位摩西终于熟知《圣经》及犹太文学、医药、数学、天文学及哲学，他是他那一时代最博学的两个人之一，唯一能与他抗衡的是阿成罗伊。奇怪的是，这两位杰出的思想家是同乡，而且年纪只相差9岁，竟好像从未见过面，而且很明显的是，迈蒙尼德在自己的书写成很久以后，直到老年才读阿成罗伊的著作。

1148年，柏柏尔人的宗教狂热分子攻陷科尔多瓦，摧毁了天主教堂和犹太教堂，要求基督徒和犹太人改信伊斯兰教，否则就遭放逐。1159年，迈蒙尼德偕其妻儿离开西班牙，他们在菲兹一住九年，伪装成穆斯林，因为在那里，犹太人和基督徒都不许居留。迈蒙尼德辩解说："我们无须主动服膺异教，只须朗诵空洞的宗教套语而已，穆斯林也晓得我们不会诚心朗诵，只是为了规避盲信者的注意而已。"由此他主张，住在摩洛哥那些岌岌可危的犹太人表面上信伊斯兰教，并无不可。菲兹首席法师就因不同意他的意见而在1165年殉教。深恐遭受同样的厄运，他逃至巴勒斯坦，再转至亚历山大港（1165年）及开罗旧城（后终老于此地）。不久他就被公认为是最有能力的良医，成为萨拉丁国王长子阿里及其大臣卡迪的私人医生。他利用在宫中获得的宠幸使得埃及犹太人受到庇护，而当萨拉丁征服巴勒斯坦后，迈蒙尼德就劝他让犹太人再次定居于该地。1177年，他担任开罗犹太社区首领。一位穆斯林法学家控告他叛离伊斯兰教，要求判处他死刑。经大臣判决，被迫改信伊斯兰教者不宜视为穆斯林，他才获救。

他的书多数是在开罗忙碌的几年中写成的。十部阿拉伯文医学著作把古代名医希波克拉底、盖仑、狄奥科赖德、拉齐斯及阿维森那的医术传了下来。《医学箴言》（*Medical Aphorisms*）一书将盖仑的医学贡献简化为 1500 句处方，包括各科在内。该书译成希伯来文与拉丁文，在欧洲常被称为《摩西法师处方》（*Dixit Rabbi Moyses*）。他为萨拉丁之子写了一篇关于饮食的论文，并为萨拉丁的侄子、哈马国苏丹穆扎法尔一世（Muzaffar I）写下《论性交》（*Maqala fi-l-Jima*），该书引言中有一种很不平常的语调：

> 我主陛下——愿上帝延长其力量！——令予编写增长其性能力之著作，因为他……在这方面有些困难……可是在性交方面他不愿放弃他向来的习惯，故于痛感性肌无力后，希望提高（性能力）以增加其女奴的数目。

除了这些论文外，他又写作许多专论——论毒、论哮喘、论痔、论忧郁症——及一部博学的《药物词典》（*Glossary of Drugs*）。和其他著作一样，这些医书某些内容与今日公认正确的医理抵触——例如右边睾丸如比左边大，头胎小孩必为男性等——但是这些书对待相反意见很诚恳、客气，其处方和劝告颇显智慧和温和，这种诚心协助患者的态度是其特殊之处。只要节食可获得疗效的，他便不肯开药。他警告不要过食："不宜过食，使胃胀如长瘤。"他认为适量的酒有助健康。他劝人研修哲学，作为精神与道德平衡之训练，俾获健康长寿。

23 岁时，他开始评注《塔木德》的《本文》，在经商、行医及海陆冒险旅行当中笔耕不辍，达 10 年之久。该书出版于开罗，称为《灯书》（*Kitab al-Siraj*），其明白扼要、广征博引、审断精深等优点，立使时年 23 岁的迈蒙尼德成为仅次于拉什的《塔木德》评释者。12 年后，他以新希伯来文写作并发表其最伟大的著作，并大胆称之为《摩西律法书》。该书依据逻辑顺序及简要清楚的原则，将《摩西五经》重新编排，而《法典本文》及《法典注释》大体也是如此。该书引文说："我将本书命名为《摩西律法书》，理由是凡人读了《摩西五经》再读本书后，就不需读他书，即可完全了解口述律法的内容。"
他删掉《塔木德》中关于预兆、护身符及星相学的规定，他是中世纪
排斥星相学的少数思想家之一。他将该法 613 篇箴言分类归于 14 个
项目之下，每项述说一"书"，不但设法解说每条法规，而且说明其
逻辑及历史的必要性。在 14"书"中，只有一"书"译成英文，该
一"书"构成坚实的一册，我们可借以了解原作的浩瀚精深。

　　从该书及晚期著作《迷途指南》（*Guide to the Perplexed*）一书看，
迈蒙尼德显然并非公开的自由思想家。他尽力替经文中描述的奇迹找
出自然的原因，但他也认为《摩西五经》中每个字均出自神示，而且
力主正统犹太教教义，即口述律法系由摩西传予以色列长老。也许他
觉得犹太人至少应和基督徒及穆斯林一样地维护经文，也许他也认为
若对道德律神圣渊源失去信仰，社会秩序即无法维持。他是一位严肃
而又独裁的爱国者："每个犹太人均应服从《巴比伦塔木德》，我们还
应该迫使每个犹太人遵守《塔木德》中诸贤订立的法则。"他较当时
大多数穆斯林及基督徒稍开明，认为积善而主张一神的非犹太人也可
上天堂，但是在希伯来民族范围内，对于异端的态度与《申命记》或
托吉玛达（Tor-quemada）一样严厉："据我的看法，犹太社区任何成
员有敢轻慢或妄自违反神圣道德箴言的，应处以死刑。"他比阿奎那
更早主张异端应处死刑，因为"对那些误使人民追寻没有价值的理论
者残酷，就是对整个世界仁慈"。他坦然接受经文中对行使巫术、谋
杀、乱伦、偶像崇拜、暴力抢劫、绑架、忤逆、破坏安息日等处死刑
的规定。自古埃及向外迁徙，并试图从赤贫的无家可归的部落中重建
国家的犹太人的状况，也许可以证明上述法律是有必要的，在基督教
欧洲或伊斯兰教非洲，犹太人不时遭受攻击，被迫改宗或失德等，这
种不安全的状况当然需要严刑峻法来维持秩序与统一。但在这方面
（及在异端裁判之前），基督教的理论，也许也包括犹太人的实际行为
在内，比犹太法更人道一些。这种严厉精神光明的一面见于迈蒙尼德
对当时犹太人的忠告："假如异教徒对犹太人说：'把你们当中一人交

出来，被处以死刑。'他们应该集体就死，而不可把一名犹太人交给他们。"

他描绘学者成为圣贤饶有意趣。他赞赏犹太律法格言："身为律法学者的私生子，比无知的高级祭司地位为高。"他忠告学者每日花3小时谋生，花9小时研读律法。他相信环境比遗传更有影响力，建议学生应与好人、贤人为友。学者在学业未竟以前，在能就业谋生之前，在能购屋之前，均不宜成家。学者可以娶四位妻子，但是每个月跟每位只能同居一次：

> 虽然与妻子行房事在所不禁，但是学者应使这种关系增加圣洁的光辉。他不该像公鸡一样老是和妻子在一起，而应在星期五晚上尽结婚的义务……行房事时，夫妻皆不该现出如醉如痴或冷若冰霜，或伤心郁结的样子。此时妻子不可瞌睡。

这样终于就会产生圣人。其人：

> 极度的谦逊多礼。他不会光头或赤身露体……说话时不会无故提高声调。与任何人说话均温文雅顺……他会避免夸张及装腔作势，言过其实。他会优先考虑每个人。他会强调别人的优点，不会在言词中轻蔑他人。

除了绝对紧急而必要的情形外，他避免到饭店用餐，"贤者除自己家中及自己的饭桌外，不会在其他地方吃食"。他每日都研究律法，直到寿终。他会小心避开假的弥赛亚，但不会失去信心，永远相信有朝一日真的弥赛亚会出现在人间，促成犹太人回到锡安山，带给全世界真正的信仰、富足、四海一家及和平。"纵然其他民族消失了，犹太民族将永存于这个世界。"

《摩西律法书》惹怒了许多犹太拉比，很少有人会谅解这种取代

《塔木德》的意图，而许多犹太人则由于据说迈蒙尼德认为研究律法的人比遵守者更为崇高而感到愤慨。虽然如此，该书使作者成为当时的犹太领袖。所有东方犹太人皆视他为他们的顾问，问道于他，阁翁制度似乎又恢复并持续一代之久。但是迈蒙尼德立即着手写作另一本书，并不因盛名而停滞不前。在为正统犹太人编纂及解析律法后，他又试图使埃及、巴勒斯坦或北非为哲学引诱或改信经文派异端的那些犹太人重回犹太教怀抱。经过十年的努力，他向犹太世界发表了最著名的作品《迷途指南》（1190 年）。该书以希伯来字母拼写的阿拉伯文写成，不久就译成希伯来文，并译成拉丁文，从而引发了 13 世纪一场最激烈的学术风暴。

该书引文说："我的主要目标，是要解释先知书中的某些言词，即《旧约》中的一些话。"许多《圣经》名词及文句具有几种意义：直译的意义、隐喻的意义或象征的意义。如果逐字解释，那么其中有些话，对虔诚信教而又重视人类最高智慧所表现的理性的人，会成为一种障碍。不应强迫这种人在有宗教、无理性，或有理性、无宗教中作一抉择。因为理性是神赐予人的，当然不会违反神意。迈蒙尼德认为矛盾之所以发生，是因为我们将逐字解释而成的意义，强加于《圣经》所要启示的朴质无文者的善于想象而多彩多姿的心灵：

> 我们的圣哲曾说，要将整个创立故事晓示人类，是不可能的事……其所以采取隐喻描述的方式，是要使未受教育者也可依据其现有知识及较低的理解力而了解其意义，至于已受教育者应以另一种方式去了解。

由此点出发，迈蒙尼德进而讨论神性。他引自然的结构为证，认为有一种至高无上的智慧统治着宇宙，但他嘲讽万物是为人类而造的观念。事物之所以存在，是因为神的力量及生命的存在，"假如可以设定它并不存在，则世界上不可能有他物的存在"。因为这样，神的存在就有绝对必要，因此其存在就是他的本质所在。"一件事物的本身就有存在的必要性，当然不需再有任何存在的理由。"这些是阿维森那力主的主张，后由阿奎那采纳，斯宾诺莎又将之纳入自我存在本体的观念内。因为神具大智慧，他必然无形无质，因此经文中神具有人体器官或特质的描述，均应作为象征来解释。迈蒙尼德认为（或许是接受穆尔太齐赖派的主张），事实上我们除了知道神的存在外，对其他一无所知。即使我们描述他所用的非物质名词——智慧、无所不能、慈爱、统一、意志——也是同形异义的名词，它们用于神与用于人有不同的意义。适用于神具有何种意义，我们永远不知道，我们不能给它下定义，我们不应认为它有确定的特性、特质，或遽下任何描述之词。看到《圣经》中神或天使对先知"说话"，别以为真的有语调或声音，"所谓先知实包含想象力的最完整发展"，那是通过梦境或幻境"得自神灵的启示"，先知述及的奇遇并未实际发生，只是幻境或梦境而已，因此多数情形应作另有寓意的解释。"某些贤哲明白表示，并无约伯其人，而是一种富有诗意的虚构人物……借以显示最重要的真理。"任何人如果发展其智能至最高点，就可能会有此种先知的启示，因为人类理性本来就是一种不停的启示，基本上与先知生动有力的内在洞察力并无差别。

上帝是否应时创造世界？照亚里士多德的想法，充满物质及运动的宇宙是不是永存呢？迈蒙尼德认为，这一问题非理性所能解决，我们既不能证明世界是否永久，也不能证明创世之事，因此我们只有坚守我们祖先对创世的信仰。他接着以寓言解释《创世记》造物的故事：亚当代表主动的形式（active form）或精神；夏娃代表受动的物质，即万恶之源；蛇代表想象力。但是罪恶并无真正的实体，仅是善的反面。我们遭遇不幸多因自己有过错，至于其他的罪恶只有从人类或狭窄的观点看才是罪恶，若从宇宙观察，每种罪恶中都可发现整体的善良与需要。上帝使人拥有自由意志，人有时选择罪恶，上帝已预见这种选择，但并未直接干预。

人是否可以永生？关于此点，迈蒙尼德尽全力使读者感到神秘莫测。在《指南》一书中，他避开这个问题，仅谓"死后的灵魂并非出生时的灵魂"。后者——潜在智能（potential intellect）——是人体的机能，随人体而死亡。残存者是"取得"或"活动"智能，未有人体前即已存在，非人体的机能。这种亚里士多德、阿成罗伊派的理论显然否认人会永生。在《指南》一书中，他又强调："无形无体的实体，只有当它们是体内的力量时，才可以计数。"不知是否为阿奎那的"个体化原理"（principle of individuation）的渊源所在。也就是说，在肉体死后存在的无形质的精神并无个别的意识。由于肉体复活是犹太教与伊斯兰教的中心理论，这类怀疑论调引起许多人的抗议。《指南》一书译成阿拉伯文后，阿拉伯世界掀起一场风波，穆斯林学者艾卜杜勒·拉蒂夫抨击这种说法是"使用似是支持的手段破坏各种信仰的原则"。此时萨拉丁正与十字军进行殊死战斗。他永远赞成并支持正统说，现在处于圣战白热化中，比从前更怨恨异端，认为这是影响穆斯林士气的一大威胁。1191年，他下令将阐扬神秘异端学说的苏拉俄底（Surawardi）处死。同月，迈蒙尼德发表论文《论死者复活》再次对肉体不朽表示怀疑，但是宣称他采纳为一种信仰的论述。

风波停止了一个时期，他忙于医生的工作，并答复来自犹太世界有关神学及伦理的各种询问。当将《指南》译为希伯来文的迪本计划访问他时（1199年），他警告迪本别寄以期望：

> 与我讨论任何科学问题，不管白天或晚上，即使1小时也是不可能，因为下述是我的日常工作。我住在福斯塔特，而苏丹住在开罗，距离为2个安息日的旅程（1英里半）。我对摄政（萨拉丁之子）的责任极为繁重。我每天一大早就须去见他。当他或其小孩，或其宠妾身体不适时，我就不敢离开开罗，白天多半时间都要留在宫中……要到了下午才回到福斯塔特……那时我饿得要死。我发现会客室满是人，神学家、法庭监守官员、朋友及敌

人……我下了马，洗过手后，就请求患者在我用点心时——那是我在 24 小时内唯一的一餐——忍耐片刻，然后我开始替患者看病……直到夜幕低垂，有时直到深夜 2 点，甚至还要更晚。我一面开处方，同时斜躺着以稍减疲倦，而当华灯已上，黑夜来临时，我已非常疲倦，几乎不能说话。因此，除了安息日以外，任何犹太人皆无法与我私下约谈。在安息日那天，全部会众，至少是多数会众，都于晨祷后到我这儿来，当我指导他们时……我们在一起研读，直到中午他们离开才停止。

他终于未老先衰，英王理查德一世欲聘他为私人御医，但他无力接受这一聘请。萨拉丁之大臣，鉴于他已衰老，准其退休养老。他死于 1204 年，享年 69 岁。其遗体被送至巴勒斯坦，其墓穴也许至今仍然可以在底比里亚城找到。

迈蒙尼德之争

迈蒙尼德不但对犹太世界有影响力，对伊斯兰教和基督教也都有影响。伊斯兰教学者在犹太教师的指导下研究《指南》一书，蒙彼利埃及帕多瓦的大学均以该书拉丁文译本为教材。在巴黎，亚历山大和威廉也时常引述该书。大阿尔伯图斯在许多方面均采纳迈蒙尼德的观点，阿奎那也常常考虑他的意见，虽则旨在加以驳斥。斯宾诺莎或许因为缺少某些历史知识，批评迈蒙尼德寓言式地解释经文是保持《圣经》权威的不良尝试，但是他称赞这位伟大的犹太拉比是"公开宣告经文应配合理性的第一人"，而且他接纳迈蒙尼德关于先知、神迹及神性的某些意见。

就犹太教本身而言，迈蒙尼德的影响是革命性的。其后代继承迈蒙尼德的工作：其子亚伯拉罕于 1205 年继任犹太族长及宫廷御医，其孙大卫及其曾孙所罗门也继任埃及犹太人的领袖，且三人均继述迈蒙尼德哲学的传统理论。一时之间，运用寓言式的诡辩将《圣经》亚里士多德化的情形极为流行，而且否认《圣经》故事的历史性。例如，认为亚伯拉罕及其妻撒拉的故事仅是一种传说，所代表的乃是物质与形式，而犹太礼法则仅象征目的与真理。犹太神学整个架构好像要自法师的头上落下，就此崩溃。一些犹太拉比立即进行有力的反击，包括巴勒斯坦的阿里、包斯吉尔的亚伯拉罕·大卫、托莱多的艾卜拉菲、吕内勒的艾斯特拉克、蒙彼利埃的所罗门·亚伯拉罕、西班牙的乔朗第及其他人等。他们抗议"将经文卖给希腊人的行为"，抨击以哲学代替《塔木德》的企图，痛惜迈蒙尼德对永生的怀疑，扬弃无法使人崇敬或祈祷的那种隐喻、抽象的不可知上帝，犹太教神秘哲学的信徒也参与攻击，甚而渎污了迈蒙尼德的墓穴。

正当正统基督教派在法国南部发动铲除阿尔比异端之战时，迈蒙尼德之战也使该地犹太社区分裂了。而当基督教正统派反对理性主义，禁止大学讲授亚里士多德及阿成罗伊的著作以自卫之际，蒙彼利埃的犹太拉比所罗门·亚伯拉罕——或许是为了预防基督徒攻击犹太教会众为潜藏的理性主义者——采取非常步骤攻击迈蒙尼德哲学著作为邪说，并驱逐研读渎神科学及文学与以寓言解释《圣经》的犹太人出教。由基姆希及迪本领导的迈蒙尼德支持者们也采取报复，劝告法国南部普罗旺斯地区吕内勒、贝西亚、纳博讷诸城以及西班牙萨拉戈萨、莱里达等地的会众，将所罗门及其徒众驱逐出教。所罗门当即采取更惊人的行动：他向蒙彼利埃多米尼克教派宗教裁判所控告迈蒙尼德的书是异端邪说，对犹太教及基督教都有危险性。多米尼克教派僧侣加惠于他，于1234年一次公开仪式上，将能到手的迈蒙尼德著作付之一炬。1242年，巴黎也有同样的事情发生。四十年后，犹太《塔木德》也在巴黎被焚。

此类事件使迈蒙尼德的信徒勃然大怒。他们在蒙彼利埃拘捕了所罗门的重要信徒，控告他们诬告伤害同胞，并处以割舌之刑。显然所罗门也被处死了。乔那拉比（Rabbi Jonah）后悔参与焚毁迈蒙尼德著作事件，亲至蒙彼利埃，在犹太教会堂公开忏悔，并至迈蒙尼德墓穴参拜悔过。但是艾斯特拉克策划禁止研读任何渎神科学的律令，又引起冲突。那克曼尼迪斯及艾休支持他。1305 年，巴塞罗那犹太会众受人尊敬的实力领袖艾得力特（Solomon Ben Abraham Ben Adret）针对任何传授，或年 25 岁以下研读任何世俗科学的犹太人发布驱逐出教令，但医药或非犹太哲学不在此列。蒙彼利埃自由派以驱逐禁止其子研读科学的犹太人出教作为报复。这两种禁止都没有广泛的效力，各处的犹太青年继续研读哲学。但在西班牙，艾得力特和艾休的广泛影响力，与在宗教裁判所控制下的欧洲迫害及恐惧的日益滋长，迫使犹太人返回学术及伦理的孤立状态。科学研究已经衰落，纯粹的犹太律法研究在希伯来学校大行其道。在其运用理性的冒险行动过去之后，犹太人不断为宗教恐怖行动及周围的仇恨所冲击，又埋首于神秘主义和虔诚敬神之中。

犹太教神秘哲学

犹太教神秘哲学和犹太民族一样古老。它受到祆教黑暗与光明的二元论、新柏拉图派衍生取代创造理论、新毕达哥拉斯派的数字神秘主义、叙利亚及埃及诺斯替派的灵知通神论、早期基督教的《伪经》、印度、伊斯兰教及中古基督教会诗人与神秘家的影响。但是基本渊源则在犹太人的心性及传统中。即使在基督以前，犹太人对《创世记》中的创世故事及《以西结书》第 1 和第 10 章，已有神秘的解释传世。在《塔木德》的《本文》，这些神秘除了私下对一个可靠的学者解释外，通常是禁止解说的。创世或亚当以前的故事，乃至将来世界的毁灭，均可自由想象。斐洛以圣子或神智（Divine Wisdom）作为上帝创造动力的理论，就是这些高超推测的范例。古犹太的苦修派信徒有其极力对外保密的秘密著作；而希伯来伪经，如《犹太五十年节书》（*Book of Jubilees*），则对神秘的宇宙发生论（cosmogony）有所解说。不应说出的耶和华的圣名也充满神秘：它的四个字母——Tetragrammaton（即指 J.H.V.H.）——被大家低声念着，含有隐藏的意义和奇迹的效果，仅传给成年人和谨慎的人。阿奇巴主张上帝创世的工具为律法或《摩西五经》，这些圣书的一字一句均有神秘的意义及魔力。某些巴比伦阁翁把这种魔力归于希伯来文字母及天使的名字，知道这些名字的人就能控制大自然的各种力量。博学者也玩弄黑白魔术（white or black magic）——可从灵魂与天使或魔鬼联合而获得奇异的能力。通灵术、经文签、驱邪咒、护身符、魔咒、占卜术、掷签等，在犹太人生活中，和在基督徒生活中一样，大行其道。各种星象奇观均被包括在内。星星代表字母，是一种神秘的天书，只有其创造者才能了解。

在公元 1 世纪，巴比伦发现一本名为《创世书》（*Sefer Yezira*）的神秘教的著作。神秘家包括哈勒维在内，称该书由亚伯拉罕及上帝所编写。其学说是通过十个数目或原则造物始得完成：神灵，其三衍生物——空气、水及火，左方三面空间及右方三面空间。这些原则决定了内容，然希伯来文 22 个字母却决定了造物为人心所了解的形式。该书从塞地亚至 19 世纪期间，引出许多精深博学的评论。

约 840 年，一位巴比伦法师将这些神秘理论传给意大利的犹太人，由此传至德国、普罗旺斯及西班牙。伊本·盖比鲁博的神与世界间有一中间媒介的理论，也许就是受其影响。包斯吉尔的大卫使用"神秘传统"作为驱使犹太人扬弃迈蒙尼德理性主义的手段。其子"盲者"伊萨克（Isaac the Blind）及门人艾兹雷尔（Azriel）可能是《光明之书》（*Sefer-ha-Bahir*）的作者，该书是对《创世记》第一章的神秘论述，《创世记》中造物主的衍生物，到了此处就转变为光、智慧及理性。此一神理论的三分法被视为犹太教的三位一体。沃姆斯的艾力沙（Eleazar of Worms）及艾卜拉菲（Abraham Ben Samuel Abulafia）提出"神秘说"（Secret Doctrine），认为这是比《塔木德》更深入、更有益的学问。他们和伊斯兰教及德国神秘家一样，把爱情与婚姻的感性言语拿来说明灵魂与神的关系。

到 13 世纪，传统（*qabala*）一词被广泛使用，以描述神秘说的各种发展阶段及其成果。约 1295 年，里昂的托伯出版了第三本古典犹太神秘哲学作品《光辉之书》（*Sefer ha-Zohar*）。他称其中文章传自 2 世纪犹太拉比耶海（Simon ben Yohai）。托伯表示，耶海受到天使及十原则的启示，将原要保留至弥赛亚出世的秘密秘传给其读者。犹太神秘哲学精华尽载于《光辉之书》，其内容包括：通过爱才能认识无所不包的上帝，上帝圣名四字母，造物主及衍生物，柏拉图的大宇宙及小宇宙的类似性，弥赛亚的出世日期及方式，灵魂预先存在及转移，仪礼、数字、字母、点与线的神秘意义，密码、字谜及文字倒读的使用，《圣经》本文的象征解释，及女人是罪恶而同时又是造物神秘的具体化的观念。托伯使耶海预言 1264 年罗马会倾覆，并使用 13 世纪以前显然不知道的一些观念。他骗了很多人，却骗不过自己的妻子，她供认托伯利用耶海为最佳的进财手段。该书的风行鼓励类似的伪书的写作，而后期的犹太神秘家也以同样欺骗的手段，假借其名印行有关沉思冥想的典籍。

犹太教神秘哲学的影响极为深远。有一时期，《光辉之书》与《塔木德》同时成为犹太人爱读的书。某些犹太教神秘哲学家攻击《塔木德》为陈旧的文字逻辑杂碎，而包括博学的那克曼尼迪斯在内的某些《塔木德》学者，备受神秘哲学的影响。欧洲犹太人广泛相信神秘哲学的真实性及神示性。他们在科学及哲学上的研究同时受害甚巨，迈蒙尼德的黄金时代随《光辉之书》的高明不经之谈而告结束。甚至对基督教思想家，犹太教神秘哲学也有某些吸引力。吕里的《大艺术》（*Ars Magna*）一书采取神秘哲学中的数字及文字神秘。米兰多拉（Pico della Mirandola）认为他已从神秘哲学中找到基督神性的最终证明。巴拉西赛尔斯（Paracelsus）、阿古力巴（Cornelius Agrippa）、福禄得（Robert Fludd）、摩尔（Henry More）及其他基督教神秘家均采取该书的种种推想。劳伊克林供认其所著的神学著作剽窃犹太教神秘哲学。或许神秘哲学思想对波梅（Jakob Böhme）也有影响。如果说犹太人较穆斯林和基督徒有更多的人在神秘启示中寻求安慰的话，那是因为这个世界对他们显露最狰狞的脸孔，从而迫使他们在想象与欲望的网中逃避现实以求生存。只有不幸的人才会相信神选择他们为其子民。

解脱

中世纪的犹太人从神秘学的狂喜中，从弥赛亚的幻梦觉醒中，从周期性的迫害中，从困苦的经济生活常规中，从模糊的宗教集会及其礼仪教条的安慰中寻求庇护。他们虔诚地庆祝佳节，借以追念其历史、其苦难及祖先的荣耀，他们耐心地遵行农业时代的盛礼，以调整其都市生活。已渐消失的经文派信徒在黑暗冰寒当中度安息日，唯恐引火或点灯会违反律法，但多数的犹太人，虽然犹太拉比表示反对，他们仍然带进基督教朋友或仆人燃火取热、照料灯火。他们慷慨而又铺张地抓住每一个宴请的机会：为儿子举行坚信礼或行割礼，为子女举行订婚或结婚仪式，著名学者或亲属来访，及某些宗教节日来临等情况，家庭中均举行宴会。犹太拉比规定，宴会主人邀请客人不得超过 20 位男人、10 位妇人、5 位小姐，亲属则至第三代为止。结婚盛典有时长达一周，甚至到了安息日也不会中断。结婚佳偶头戴玫瑰、桃金娘及橄榄枝，通道上撒着硬果及小麦，大麦颗粒丢向他们，暗示丰收多产。婚礼各阶段伴以歌唱和妙语。中世纪晚期，为达到欢乐之境，他们聘请说笑话者助兴。有时候其笑话竟然残酷得真实。但是通常他接受海勒慈蔼的命令："每一个新娘都是漂亮的。"

就这样一代代庆祝着，含饴弄孙，隐入烦恼却慈祥的老年。我们可以从伦勃朗的画像看到这些老年犹太人的脸：带着民族及个人历史的面孔，有着智慧的胡须，包含着悲伤的回忆但为挚爱所软化的眼神。伊斯兰教或基督教道德比不过犹太教青年与老年间的感情，比不过无视一切缺点的爱，比不过老练对幼稚的潜移默化之功，比不过生活充满了尊严乃至能安然接受死亡。

当犹太人立遗嘱时，他留给后代的不仅有世俗的财物，还有精神上的忠告。美因茨的艾力沙遗嘱说："在会堂里要做一个优秀分子。祈祷时不要说话，要应答法师祈祷或歌唱，礼拜后要切实行善。"接着就是最后的训示：

> 替我洁身，为我梳头，修我指甲，就像我平生所做的一样，以使我带着洁净之身前往永恒的安息之所，就像我每逢安息日前往教堂一样。将我葬在我父的右边，即使地方不够大，我相信他的爱心会使他愿意让我在他身旁占个位置。

当死者呼出最后一口气时，长子或最杰出的孩子，或亲属应为其将眼皮和嘴巴合上，将其躯体洗净，涂上香油，包于净素的麻布内。几乎每一个人均参加治丧会，该会取走尸体，加以看守，举行宗教告别仪式，并送之至墓穴。在葬礼当中，扶柩者照例赤足而行，妇人走在棺架前面，吟唱挽歌，并敲大鼓。犹太人欢迎碰到送葬行列的陌生人加入，伴灵至墓穴。灵柩通常都置于死者亲属的棺木之旁，男人之入土即是"与他列祖同睡""去与他的族人相聚"。哀悼者并未绝望。他们知道虽然个人会死，但是犹太民族将长存。

第十五章至第十七章历史大事年表

第二部

黑暗时代与十字军东征

科多巴清真寺。原为伊斯兰教清真寺，13 世纪改为基督教大教堂。

第一章 | **拜占庭世界**
（565—1095）

赫勒克留皇帝

如果我们现在从东方地区无休无止的斗争中转过头来，我们不禁怜悯这个处在内忧外患之中的偌大帝国。柔然人、斯拉夫人正渡过多瑙河，攫取帝国的土地和城镇，波斯人则准备吞并西亚，西班牙早已落入西哥特人之手，而伦巴底人于查士丁尼死后三年（568年），征服了半个意大利。瘟疫于542年袭击帝国，566年再度侵袭。569年帝国发生饥荒。贫穷、野蛮、战争破坏了交通，妨碍了商业，也窒息了文学与艺术。

查士丁尼的继承者们尚属能干，但是要有上百个"拿破仑"才足以应付他们所面临的种种问题。查士丁二世（Justin Ⅱ）有力地对抗扩张中的波斯。提比略二世（Tiberius Ⅱ）为诸神所钟爱，几乎为全德之人，惜在短暂而清明的统治之后，即为诸神召归。莫利斯英勇而巧妙地攻击入侵的柔然人，但很少为国人所支持。成千的人为逃避兵役而躲入修道院，当莫利斯禁止修道院在国难度过以前收容新的人员时，教士们则叫嚣推翻他。602年，百夫长福克斯领导军民革命，反对贵族和政府。莫利斯眼见自己五个儿子被屠，这位老皇帝拒绝以保姆之子换取幼子的性命，自己也被杀。六颗人头高悬示众，尸体则被投入海中。君士坦丁娜皇后和她的三个女儿，及许多贵族，经审判或不经审判，备受凌辱而死，刺眼、割舌、断肢，不一而足，宛如法国大革命的景象预演了一次。

波斯王库斯鲁二世乘此混乱，重启昔日的波希战争。福克斯与阿拉伯人合谋，把所有拜占庭的军队开入亚洲，但处处为波斯所败，此时柔然人在未遇抵抗的情形下，几乎占领了所有君士坦丁堡的农业腹地。君士坦丁堡的贵族要求非洲的希腊人总督赫勒克留前来拯救帝国及他们的财产。他以年老为由，派其子前往。小赫勒克留以一支舰队驶入博斯普鲁斯海峡，推翻福克斯，在民众面前残毁这个篡位者的尸首。610年，他被拥立为皇帝。

赫勒克留不负众望，以赫拉克勒斯式的精力致力于重建破碎的国家。他以10年的时间重振人民的士气，恢复军队的力量和国库的财源。他授予农民土地，条件是每家的长子须服兵役。此时波斯人攻陷耶路撒冷（614年），已进至卡尔西登（615年），只剩拜占庭的海军仍然控制着海上，侥幸使君士坦丁堡及欧洲安然无恙。不久，柔然部落进抵金角并劫掠其近郊，拘捕上千的希腊人为奴。农业腹地和埃及的失陷，切断了这个城市的谷物供应，618年，接济被迫中止。赫勒克留失望之余，想把军队开入迦太基，然后从那里重新夺回埃及，可是人民和教士皆不允其离国，塞尔吉乌斯（Sergius）主教同意倾希腊教会财产，以有息贷款的方式支援他展开一场夺回耶路撒冷的圣战。赫勒克留先和柔然人议和，622年终于开始对抗波斯人。

此后的战役正是计划与执行的杰作。6年之中，赫勒克留屡败库斯鲁。626年，他离国期间，一支波斯军队和一群柔然人、保加人、斯拉夫人围攻君士坦丁堡。赫勒克留派出的一支军队败波斯人于卡尔西登，而塞尔吉乌斯主教激励城中卫戍部队及人民，击退了蛮族。赫勒克留进至泰西封，库斯鲁二世垮台，波斯求和，并放弃库斯鲁掠自希腊帝国的一切。离国7年之后，赫勒克留终于凯旋君士坦丁堡。

　　他晚年时遭遇意想不到的令他羞愧的厄运。因病体衰，他把最后的精力用于加强内政，这时，突然间崛起的阿拉伯部落拥入叙利亚，打败一支精疲力竭的希腊军队，并于638年占领了耶路撒冷。而641年，他寿终正寝之时，埃及也失陷了。波斯与拜占庭互相攻击，同遭毁灭的厄运。君士坦斯二世时，阿拉伯人仍不断取胜，他感到帝国大势已去，将余年用在西方，结果被杀于叙拉古。其子君士坦丁四世更能干或更为幸运，经过五年的艰苦岁月（673—678年），穆斯林企图再夺君士坦丁堡，"希腊火"（Greek fire）却拯救了欧洲。这种新武器，据称由叙利亚的加利尼古（Callinicus）发明，与火焰投掷器类似，是一种由火油、生石灰、硫黄、松脂制成的易燃混合物，以火箭方式攻击敌船或军队，或从管中吹出，或射在裹有浸过油脂的大麻、亚麻的铁球上，或把它点燃装在小船上顺水漂流攻击敌人。这种混合物是个秘方，拜占庭政府很成功地保持其秘密两百年之久，泄密即视为叛国和渎神。后来阿拉伯人终于发现了制法，而以"阿拉伯火"对抗十字军。在火药发明以前，它一直是中古世界谈论最多的武器。

　　717年，穆斯林再度进攻希腊首都，一支8万人的阿拉伯和波斯军队在莫斯勒玛（Moslema）的领导下，由阿比多斯越过达达尼尔海峡，从背面包围了君士坦丁堡。同时阿拉伯又组成了一支1800艘船的舰队（估计这种船不大），据一位历史学家记载，这支无敌舰队进入博斯普鲁斯海峡时，就好像移动的森林布满了海峡一般。在这危急关头，希腊幸运地以能干的将军以撒里亚人利奥代替无能的狄奥多西三世登上王位，并领导防御。他以战略技巧来部署拜占庭一支小小的海军，每一只船都装备了"希腊火"。结果，阿拉伯的船只立即着火，几乎全遭焚毁。希腊军队展开反攻，取得了决定性的胜利，使穆斯林退回了叙利亚。

破除偶像者（717—802）

　　利奥三世（Leo Ⅲ）的绰号源自西里西亚的以撒里亚区。据塞奥尼凡斯（Theophanes）记载，他出生于此地的亚美尼亚家族。其父由此迁居色雷斯后，以牧羊为业，并在一次交易中，将儿子利奥及500头羊一并送给了查士丁尼二世作为礼物。利奥变成宫廷卫士，后担任安纳托利亚军团的指挥官，最后在军队选举下成为皇帝。他是一个野心勃勃、意志坚强、坚韧不拔的人。当将军时，他曾屡次击败实力更为雄厚的伊斯兰教部队；他也算得上是个政治家，公正地执行法律，改革税法，减少农奴，扩大农民所有权，分授土地，增加荒地人口，修订法律，为帝国带来安定。他唯一的瑕疵是独裁。

也许由于他年轻时在亚洲从穆斯林、犹太教徒、摩尼教徒、基督一性教派、保罗教派等吸收了斯多葛式严谨的宗教观念，这些宗教反对当时的基督徒沉溺于偶像崇拜，拘泥十仪式及迷信种种现象。《旧约》曾明白地禁止任何"雕刻偶像，无论男像、女像，或地上走兽的像"。初期的教会不赞成塑像，视之为异教的遗迹，并且憎恶异教将偶像视为诸神的象征。可是因为君士坦丁在位时，基督教的胜利及君士坦丁堡、希腊化的东方受希腊环境、传统和雕刻艺术的影响，基督教不再如此强烈地反对偶像。由于受崇拜的圣徒日益增多，为了辨认和纪念他们，而产生了大量的圣徒以及玛利亚的画像，耶稣基督的像及十字架也都成为崇拜的对象，对一些头脑简单的人来说，这些画像甚至是具有不可思议力量的符咒。人们天生幻想的自由，把这些圣迹、画像、雕像都当成了敬拜的对象，他们俯伏其前、亲吻、燃烛、焚香、献花，并从他们神奇的感应中寻觅神迹。尤其是希腊的基督教，圣像比比皆是，教堂、修道院、住宅、商店，甚至家具、小装饰品、衣服上皆有。当城市遇到瘟疫、饥荒、战争时，人们宁可依恃这些圣迹的力量及他们的守护神，而不再信赖人为的一切。尽管长老们及教会一再阐释这些圣像并不是神，仅是他们的遗迹而已，可是人们对这些区别并不在意。

普遍的偶像崇拜触怒了利奥三世，这几乎等于异教以这些方式再度征服了基督教，并且他深深感觉到那些反对各种迷信的正统宗教——伊斯兰教、犹太教及基督教——各派正对此冷嘲热讽。他为了削弱僧侣驾驭人民及政府的力量，并赢得教徒及基督一性教派的支持，召集了一个主教及元老参加的大会。征得他们同意以后，于726年，他宣布一道诏令，将教堂中的偶像一概除去，禁止任何基督及圣母的象征物，教堂的壁画也一概涂掉。这一诏令只有一些高级教士支持，低层的教士及僧侣反对，民众则起而反抗。企图维护律令的士兵，遭到那些因最敬爱的信仰象征受到亵渎而惊骇、愤怒不已的信徒的攻击。希腊和基克拉泽斯群岛的反叛势力拥立了一个对抗的皇帝，并派舰队攻击君士坦丁堡。利奥击败舰队，监禁叛军领袖。意大利这种异教的崇拜方式并未消灭，人民几乎一致地反对这一诏令。威尼斯、拉韦纳、罗马驱逐政府的官员，而教皇格列高利二世召集西方主教会议，诅咒那些破坏偶像者，可是没有提到皇帝利奥。君士坦丁堡的大主教也参加了反抗，他企图借反叛使东方教会脱离帝国而恢复独立。730年，利奥将他免职，但没有迫害他，这个诏令执行得很温和。741年利奥死时，大部分的教堂仍然保存有未受损害的壁画和镶嵌装饰。

君士坦丁五世（741—775年）继续执行他父亲的政策，获得了怀有敌意的历史学家给他的绰号"Copronymus"——"以污秽命名"。754年，他在君士坦丁堡召开东方主教会议，认为偶像崇拜"可憎"，指责这种崇拜是"魔鬼撒旦又引入了偶像崇拜"，指责"无知的艺术家用肮脏的手塑造只应由内心信仰的形象"，并下令将教堂中所有的偶像刮掉或摧毁。君士坦丁毫不留情地执行诏令，监禁并施酷刑于反抗的僧侣，挖眼，割舌，劓鼻。767年将大主教惩处后斩首。君士坦丁五世像英国的亨利八世一样，封闭修道院及修女院，没收其财产，将其房舍改作一般用途，并将修道院的土地分赠给宠臣。艾菲索斯的总督，在皇帝的同意之下，集中区内的修士、修女，强迫他们结婚，否则即予处死。如此迫害进行了5年之久（765—771年）。

君士坦丁要求其子利奥四世宣誓继续实行破除偶像的政策，利奥不顾羸弱的身体，尽可能去做。他临死时立年甫十岁的儿子君士坦丁六世为帝，并命皇后爱琳（Irene）在幼主未成年期间摄政。她的统治干练而果决。因为自己身为女性，并同情百姓的宗教情操，她悄悄地终止了破除偶像的诏令，允许僧侣回到他们的修道院和讲坛上去。787 年，尼西亚召开第二次大主教会议，350 位主教在教皇使节领导下恢复对圣像的尊敬（并非崇拜）为基督徒虔敬与信仰的合法表现。

790 年，君士坦丁六世成年，却发现他的母亲不愿交出权力，他迫她退位并放逐了她。不久，心地仁慈的君士坦丁动了怜悯之心，于792 年把母亲接回王宫，与之共享王权。797 年，他遭母亲监禁并被弄成瞎子，他的母亲从此以皇帝的头衔统治了 5 年之久。她以智慧和权术治理着这个帝国：减低赋税，施舍贫民，建立慈善机构，美化都城。她受到百姓的称赞和爱戴，可是军队却因受制于一个比大部分男人都能干的女人而感到愤怒。802 年，主张破除偶像者发动叛乱，将她废黜，立她的财政大臣尼塞福鲁斯为帝。她静静地退位，仅要求体面而安全地退隐，她得到允许，被放逐到莱斯博斯岛（Lsebos），以缝纫过着困乏的日子。9 个月以后，她身无分文，也无朋友地死去。神学家们因她的虔敬宽恕了她的罪恶，教会封她为圣徒。

帝国面面观（802—1057）

在对拜占庭文化作全面透视之前，须谈谈许多皇帝及女皇的所作所为。这里不谈他们的阴谋权术、宫廷政变和谋杀，只谈他们的政策、立法及他们长期对抗南方的穆斯林、北方的斯拉夫人、保加人，为维护国土日蹙的帝国所作的努力。在某些方面，这是一幅英勇动人的画面：历经沧桑的希腊遗产大致保存下来，经济秩序与持续性仍得维持，文明绵延无间断，这似乎是由伯里克利、奥古斯都、戴克里先和君士坦丁诸人不断推动的结果。另一方面是一个个将领经过流血斗争爬上王位，然后又相继被杀，是壮丽奢华、挖眼、剺鼻、焚香、虔敬与叛逆，是皇帝与主教钩心斗角以决定帝国应由武力还是神话来统治。我们看见尼塞福鲁斯一世及其与哈伦·阿尔·拉希德的战争。迈克尔一世为保加利亚人所败，退位削发为僧。亚美尼亚人利奥五世再度禁止崇拜偶像，在教堂唱赞美诗时遇刺。目不识丁的"结巴"迈克尔二世（Michael Ⅱ the Stammerer）与修女相恋，说服了元老院欲与她结合。狄奥费罗斯是立法改革者，帝国忠实的建立者，也是尽责的统治者，他恢复破除偶像的迫害行动，最后死于痢疾；其妻狄奥多拉是一位能干的摄政者，她停止了迫害。"醉汉"迈克尔三世（Michael Ⅲ the Drunkard）庸碌无能，政府先由其母代掌，母亲死后又由有学养、能力俱佳的叔叔恺撒·巴达斯执掌。然后一个出人意料的人物横空出现，除了固执地施行暴力外，一反前例地建立了强大的马其顿王朝。

马其顿人巴西尔生于阿德里亚那堡（Hadrianople）附近的一个亚美尼亚农家。他幼时为保加人所掳，少年时就和他们一起生活在多瑙河的彼岸，即后来叫作马其顿的地方。25 岁时，他逃脱前往君士坦丁堡，一位外交家欣赏他身强力壮，又富有头脑，便雇他为马夫。他陪伴主人出使希腊，在那儿赢得富孀丹妮利斯（Danielis）的青睐。回到君士坦丁堡，他为迈克尔三世驯养的一匹好马被列为御用，虽目不识丁，竟因此升任侍从大臣。巴希尔确善迎合，也颇具才干，当迈克尔想为他的情妇物色郎君时，巴希尔便和农家女出身的妻子仳离，并将她和一大笔嫁妆送回色雷斯，然后娶了尤多西娅，而尤多西娅继续侍候皇帝。迈克尔以情妇相赠，不过这个马其顿人却欲得帝位为报。866 年，他说服迈克尔用他粗大的双手把阴谋废黜他的叔叔巴达斯扼杀了。由于长期习惯无法纪的统治，迈克尔让巴希尔与自己共任皇帝，并把所有的政事交给他处理。867 年，迈克尔威胁要废黜巴希尔时，巴希尔安排并主使一次暗杀，使自己成为唯一的皇帝。由此看来，即使在世袭王朝，事业之门仍然为才智之士洞开着。一个目不识丁的农家子以如此卑下恶毒的手段建立了拜占庭帝国统治时间最长的一个王朝，他卓越地治理了十九年，立法明智，司法公正，国库充裕，他还在占领的城市兴建新的教堂和王宫。没有人敢反抗他，在一次狩猎中他意外死去。皇位异常平静地传给他的儿子。

利奥六世补其父之不足，博闻、好学、沉静而和善。街谈巷议皆以为他不是巴希尔而是迈克尔之子，可能其母尤多西娅自己也无法确认。他赢得"智者"的雅号，并不是因为他的诗或他对神学、行政、战争的论述，而是因为他重组政教合一的政府，重新编纂拜占庭《法典》和琐细的工业法规。他虽然是博学的佛提乌斯（Photius）主教心爱的门生，本人对宗教也很虔诚，可是他四次结婚，使得教士们震惊、百姓们愉快。他前两位妻子都未生子即去世，利奥坚信唯有得子才是解决继承争斗的唯一办法，尽管教会禁止三次结婚，利奥仍坚持，他的第四任妻子卓伊终于产下一子，解决了继承问题。

君士坦丁七世，被称为"生于禁宫之中"。他继承了父亲对文学的爱好，可是没有继承他行政上的才能。他为儿子写了两本有关治国之道的书：一本谈帝国的诸省，一本是《礼仪集》（*Book of Ceremonies*），叙述一国之君应通晓的必要的仪式和礼节。他监督编写有关农业、医药、兽医学、动物学的著作，并选历史学家和编年史家的著作辑成一部《历史学家的世界史》。在他的赞助之下，拜占庭优雅但内容贫乏的文学繁盛一时。

也许罗曼那斯二世像其他的小孩一样，未读过自己父亲的著作。他娶希腊女子提奥法诺（Theophano）为妻，她涉嫌毒杀她的公公及促成罗曼那斯之死。在她24岁的丈夫逝世以前，苦行修身的将军尼塞福鲁斯二世福卡斯已受她迷惑，并与之共谋夺得皇位。尼塞福鲁斯已于961年将穆斯林逐出阿勒颇与克里特，965年又将他们逐出塞浦路斯，968年逐出安提阿，由于这一连串的胜利动摇了哈里发阿巴斯。尼塞福鲁斯要求大主教允许将所有殉道者的报偿与荣耀，赐予因参加对抗穆斯林而阵亡的士兵们，可是大主教以所有的士兵被他们所流的血玷污了为由而拒绝，假如他同意了，十字军事件可能提前一个世纪发生。尼塞福鲁斯雄心尽丧，像隐士一般退居深宫。提奥法诺不耐隐居生活，成了将军约翰·特兹米色斯（John Tzimisces）的情妇。969年，二人共谋杀害了尼塞福鲁斯，约翰因而夺得帝位。然而他后悔自己的所为，从此竟将提奥法诺遗弃，并驱逐出国。于是他以对抗穆斯林及斯拉夫人的暂时性胜利来弥补自己的罪恶。

他的继承人是拜占庭历史中最具性格的人物之一。巴希尔二世是958年罗曼那斯与提奥法诺所生，曾与尼塞福鲁斯及色米色斯共任皇帝。976年，刚刚18岁的他就开始了半世纪之久的独裁统治。他曾遇到种种艰难：首相密谋废黜他；他打算向之课税的封建公爵们，暗中资助反叛他的活动；东方军队的将领巴达斯·席拉斯（Bardas Sclerus）叛乱，为巴达斯·福卡斯（Bardas Phocas）所镇压，后者却被其军队拥立为皇帝；穆斯林又几乎将约翰·特兹米色斯在叙利亚赢得的土地完全夺了回去；正值全盛时期的保加利亚入侵帝国的东部和西部。巴希尔敉平叛乱，从阿拉伯人手中夺回亚美尼亚，经过30年残酷的战争，摧毁了保加利亚人的势力。1014年，他获胜之后，将1.5万俘房弄成瞎子，其中每第一百名留下一只眼睛，让他们带着这支悲惨的队伍回到保加皇帝萨穆尔身边去。希腊人也许恐惧多于赞赏地称他为"保加利亚人的刽子手"（Bulgaroctonus）。在这一场场的战役中，他还腾出时间和"剥削贫民的富豪"作战。根据他于996年颁行的法律，他企图打击一些大的田庄，鼓励自由农的增加。68岁时，就在准备率舰队前往西西里攻打阿拉伯人时，他忽然崩殂。自从赫勒克留以来，没有开疆扩土如他的皇帝，自从查士丁尼以来，也没有坚强有力如他的皇帝。

拜占庭帝国从他年迈的兄弟君士坦丁八世以后又步入衰运。君士坦丁没有子嗣，只有三个女儿，只好劝诱罗曼那斯·阿基拉斯（Romanus Argyrus）娶他年近50岁的长女卓伊为妻。卓伊以摄政的身份，在其妹狄奥多拉协助下，代掌罗曼那斯三世、迈克尔四世、迈克尔五世和君士坦丁九世四朝国政，其治绩少有皇帝可超乎其上。姐妹二人整顿政教界的腐化，强迫官员交出侵吞的财物。曾为首相的某人，交出了他密藏在水槽中的 5300 磅金子。当阿列克斯（Alexis）大主教死时，在他房中竟发现藏有 10 万磅银子。并且有一段时期，朝中停止出售公职。卓伊和狄奥多拉在最高法庭中担任法官，执法严正。卓伊之公正，无人可与之匹敌。62 岁时她与君士坦丁九世结婚，自知化妆已无法维持自己动人的容颜，她允许新任丈夫将情妇西克伦那（Sclerena）带进宫中，他则在两宫之间任选住处。除非确知她丈夫有空当，卓伊不会去打扰他。1050 年，当卓伊亡故之时，狄奥多拉也退隐到修道院中去，君士坦丁九世精明睿智地统治了五年，他选贤任能，美化圣索菲亚教堂，为贫民建医院和救济院，并赞助文学与艺术。1055 年他死后，马其顿王朝的拥护者发动了一次广受欢迎的叛变，使退隐修道院的老处女狄奥多拉勉违初衷地出任女皇。尽管她已 74 岁，她和她的辅臣还是井井有条地治理国政，但是 1056 年，她突然崩殂，动乱随之而起。宫廷贵族立迈克尔六世为帝，可是军队却倾向于将军伊萨克·科姆内努斯（Isaac Comnenus）。一场战斗解决了这个问题，迈克尔退隐为僧侣，科姆内努斯则于 1057 年进入首都，成为皇帝。马其顿王朝经历了 190 年的混乱、战争、淫秽、虔敬和出色的治理，终告结束。

科姆内努斯两年后退位，任命元老院之首君士坦丁·杜卡斯（Constantine Ducas）为继承人，自己则隐退到修道院中去。1067 年，君士坦丁死，其妻尤多西娅摄政四年，然而战争需要一位有力的领袖，她下嫁罗曼那斯四世，并立他为皇帝。1071 年，罗曼那斯于曼日克特（Manzikert）为土耳其人所败，羞愧地回到君士坦丁堡，遭到革职、监禁、弄瞎双目的惩罚，任由他伤口不治而死。1081 年，当伊萨克·科姆内努斯的侄子阿列克塞（Alexius Comnenus）一世继承帝位时，拜占庭帝国似乎正趋于没落。1076 年，土耳其人占领耶路撒冷，由小亚细亚进逼而来，帕特兹纳克（Patzinak）和库曼（Cuman）族也从北方逼向君士坦丁堡，诺曼底人则正侵袭着拜占庭在亚得里亚海的据点，而拜占庭的政府和军队却在叛乱、无能、腐化、懦弱中一蹶不振。阿列克塞颇能以技巧和勇气来应付这种局面。他派出间谍在诺曼底地区鼓动革命，并以商业利益换取威尼斯海军的援助以对抗诺曼底人，没收教会财产以重建军队。他亲自领军作战，以高明的战略赢得胜利，几乎兵不血刃。征战之余，他还重组政府和国防，使倾颓的帝国又延续了100年。1095年，他制定具有远见的外交策略，他要求西方对信仰基督教的东方加以援助。在皮亚琴察会议中，他以重新统一希腊和拉丁教会为代价，换取与西方联合对抗伊斯兰教。他的要求及其他一些因素，导致了为了拯救拜占庭、后来又摧毁拜占庭的戏剧性的第一次十字军东征。

拜占庭的生活（566—1095）

11世纪，这个希腊帝国在以撒里亚和马其顿王朝文治武功的统治之下，再度达到查士丁尼以来武力、财富和文化的顶峰。小亚细亚、叙利亚北部、塞浦路斯、罗得斯、基克拉泽斯群岛和克里特岛，皆从穆斯林手中夺回。意大利南部在君士坦丁堡统治下，重现大希腊（Magna Grecia）的盛景，巴尔干地区则从保加人及斯拉夫人手中夺回，拜占庭的工商业再度主宰地中海，希腊基督教得志于巴尔干和俄罗斯，而希腊的艺术和文学正处于一场马其顿式的文艺复兴之中。11世纪，它的国库拥有相当于24亿美元的收入。

君士坦丁堡的巅峰时期，在贸易、财富、豪华、壮丽、优美和艺术上，不但超过古代的罗马和亚历山大港，也胜过当时的巴格达和哥多华。它将近100万的人口中，主要是亚洲人或斯拉夫人——包括亚美尼亚人、卡帕多细亚人、叙利亚人、犹太人、保加人、半斯拉夫种的希腊人，及来自斯堪的纳维亚、俄罗斯、意大利、伊斯兰教地区的各色商人和士兵，在这些人之上则是一小撮希腊贵族。住宅建筑有上千种不同的形式——尖顶、平顶、圆顶，配合阳台、走廊、花园或凉亭。市场上则充斥世界各地的物产。住宅与商店之间有上千条狭窄的泥土街道，也有大厦与林荫回廊簇拥的壮丽大道，这些大道陈列着雕像与凯旋门，经过城门一直通往乡间。华丽的王宫，如狄奥费罗斯、巴希尔一世、尼塞福鲁斯的王宫，大理石的阶梯绵延至马尔马拉海的码头。（据一位旅行者说）教堂"多如一年中的日数"，其中许多是建筑中的瑰宝，圣坛珍藏着基督教最受尊崇和珍贵的纪念物。修道院外观务求壮丽，内则以崇德之圣徒为傲。圣索菲亚教堂装修一新，灯烛辉煌，香烟袅袅，庄严而又绮丽，赞美之歌洪亮而又华贵，这便是拜占庭皇城多彩多姿的生活的大概。

我们在贵族、大商人所拥有的城中大厦以及海边或内地的别墅中，可以发现当时所能拥有的各种奢侈品及不为闪米特禁忌所限的装饰：各种颜色、纹理的大理石，壁画，镶嵌，雕刻及上好的陶器，在银棒上滑动的布幕、帷幔、地毯和绸缎，镶有银和象牙的门，雕刻精美的家具，金银制的餐具。这里面有推动拜占庭社会的动力：面貌和身材姣好的男女，身着染色的绸衣花边、毛皮，像波旁王朝的巴黎和凡尔赛宫一样，进行着风雅、爱情以及权谋的争斗。没有妇女比这些淑女更长于熏香抹粉，更显得珠光宝气。王宫中熏香之火终年不熄，借以消除皇后和公主身上的臭气。以往的生活从没有如此浮华，以往的财物、宴会、游艺从来没有如此多彩多姿，而所定的外交礼仪却少之又少。殷实的贵族们把上好的衣饰穿到竞技场和广场上去炫耀，把华丽的大马车拉到公路上去疾驰，鲁莽地惹起徒步穷人的憎恶，其财富足以招致在舰船上，在大理石、雪花石膏及金银的祭坛上侍奉上帝的大教士的诅咒。克拉里的罗伯特（Robert of Clari）说君士坦丁堡拥有"世界上2/3的财产"。图德拉的本雅明说："希腊的居民似乎全是国王们的儿女。"

12世纪的一位作者说道："假如君士坦丁堡的财富超过其他城市，则其罪恶也在诸城之上。"无论贫富，所有大都会的罪恶行为都会聚于此。残暴与怜悯的念头在同一帝国人民的心头交替出现，庶民对宗教需求的程度，也随政治活动和战争的腐化或动乱而变化。阉割儿童，谋杀，或将王位继承人、潜在的敌手弄成瞎子，凡此种种，千篇一律地在朝代嬗递之中单调地重复着。受到不同种族、阶级、教条左右与搅扰的人民，是如此多变、嗜杀成性和周期性的扰攘不安。他们接受政府提供的面包、油、酒，以赛马、斗兽、绳技、剧院中猥亵的哑剧和街头帝国与教会的浮华虚饰为娱。赌场比比皆是，妓院几乎在任一条街上都可以找到，有时候就"正在教堂的门口"。拜占庭的女人以放荡和宗教热情高而闻名，男人则以机警和狂妄的野心而著称。各阶层的人都相信法术、占星、卜筮、魔法、巫术和奇异的护身符。罗马人的美德甚至比拉丁语消失得还早，罗马和希腊的特质为已丧失本身德行的东方洪流所淹没，这些东方人除了语言之外，已一无所有。然而，即使在这样一个充满信仰和放浪形骸的社会里，绝大多数的男女仍然是中规中矩的公民和父母，他们经过年轻时的嬉戏以后，安心地接受家庭生活的悲欢，并勉为其难地履行他们在世上的工作。一个弄瞎政敌的皇帝可以在医院、孤儿院、老人院和免费客栈上倾注他的仁慈。在贵族圈里，虽然日日以奢华安逸为能事，仍然有上百的人，在贪污受贿的鼓动下，做着行政和政治家的工作，除了阴谋、颠覆外，他们毕竟也设法使帝国免于各种灾难，并维持着中古基督教世界中最繁荣的经济。

　　戴克里先和君士坦丁建立的官僚体系，成为700年来在帝国各地都能发挥功效的行政工具。赫勒克留将帝国原来的行省改为由总督治理的军区，这是由伊斯兰教威胁所激起的拜占庭机构上百种改革之一。各区在集权化的统治下保持相当的自治，它们不受扰动首都的斗争和混乱的影响，而长期保持秩序和繁荣。君士坦丁堡由皇帝、长老、暴民统治，各区却由拜占庭的法律统治。当伊斯兰教将法律和神学糅为一体，而西欧深陷于各种蛮族法典的混乱之中时，拜占庭珍爱并扩充查士丁尼的遗产。查士丁尼二世和赫勒克留的《新法》（*Novels*）、利奥三世颁布的《法律集要》（*Ecloga*）、利奥六世颁

行的《诏书》（*Basilica*）及其新法，都把查士丁尼的《罗马法典》
（*Pandects*）加以修订，以适应5个世纪以来各方面的需要，军事法、
宗教法、航业法、商业法、农业法，在法律上为军队、教会、市场、
港口、农田、海上带来秩序和规范。11世纪君士坦丁堡的法律学校
也是基督教世俗学术中心。如此，拜占庭在千年的危厄与变迁中，保
存了罗马最伟大的赠礼——罗马法，一直到12世纪它在意大利北部
的博洛尼亚复活，并革新了拉丁欧洲的民法和罗马教会的法典。利奥
三世颁布、由古罗得斯岛航海法规发展而来的拜占庭航业法，是中古
基督教世界的第一部商业法，也是11世纪意大利特兰尼和亚马非共
和国商业法的来源，由此一脉相传，而成当代的法律遗产。

　　《农业法》值得称道之处，在于遏制封建而确立自由的农民。小
片的土地分给退伍军人，较大的国有土地则由现役士兵耕种，作为服
兵役的一种方式。广大的地区由从亚洲移民到色雷斯和希腊的异端教
派垦殖。还有大片的区域在政府的强制或保护之下，由国内危险性较
小的蛮族开垦，这样一来，哥特人进入了色雷斯和伊利里亚，伦巴底
人进入了潘诺尼亚，斯拉夫人进入了色雷斯、马其顿和希腊。10世
纪，伯罗奔尼撒半岛竟成了斯拉夫人的天下，阿提卡和色萨利的斯拉
夫人也很多。国家与教会合力打击奴隶制的气焰，立法禁止买卖奴隶
或以自由民为奴，并且奴隶只要入营当兵、担任教士或与自由民结
婚，即自动解除奴隶身份。在君士坦丁堡，奴隶虽只准做家庭杂务，
但是蓄奴之风却颇炽盛。

　　大块农田以收买或其他方法吸收小块农田，土地集中成若干大农
庄，当农庄过分集中，又因课税或革命而再分割，然后又再集中。10
世纪，东拜占庭大部分的土地集中在富有的地主、教会、修道院，及
由遗赠田产支持的医院手中。这些土地由农奴或有法律自由、但受经
济束缚的农奴耕种。地主在仆从、卫士、家奴的侍候下，在他们的别
墅或宅邸里过着高度奢华的生活。我们可在巴希尔一世的女施主丹尼
利斯夫人的故事里看到许多或好或坏的大地主。当她从帕特拉斯到君

士坦丁堡访问巴希尔一世时，有 300 名奴隶轮流为她抬轿。她送给巴希尔一世的礼物，比拜占庭任何皇帝曾收到的都多：400 名青年、100 名阉人、100 名少女，此外尚有 400 匹织锦、100 匹细致的白葛布和一套金银餐具。她生前将她大部分的财产分赠他人，死后又将其余遗赠巴希尔的儿子。其子利奥六世一下子接收到 80 座别墅和农庄，成堆的钱币、珠宝、金银器皿、贵重家具、织品、无数的牛和上千的奴隶。

这些希腊礼物并非都能为皇帝们带来愉快。这些搜刮百万民众血汗而得的财富，会使皇帝陷入极大的危险。皇帝为了利己，也为了人道，总是设法阻止财富不断集中。927 年到 928 年饥馑与瘟疫流行的严冬里，挨饿的农民以极低的价格，甚至仅仅交换一些实物，就把他们的土地卖给大地主。934 年，摄政罗曼那斯颁布了一道诏令，谴责地主"较饥馑与瘟疫更少仁慈"，他要求将以平价之半的价格购得的地产物归原主，允许任何卖主在 3 年之内以同样的价格买回他们出售的土地。此令收效极微，集中仍然继续，更糟的是许多自由农抱怨重税，出售土地，然后迁入城市——假如可能，迁入君士坦丁堡接受救济。巴希尔二世再次和贵族进行斗争，他在 996 年所颁布的敕令，允许卖主随时可以原价赎回土地，废止违反 934 年法律的地契，并要求将这些土地立即无偿归还原主。11 世纪时大多数地主避过了这些法律，东拜占庭陆陆续续建立起改头换面的封建庄园。但是皇帝的努力并没有全部白费。残余的自由农，在所有权的鼓舞下，化土地为农田、果园、葡萄园、养蜂场和牧场。大农庄主发展出较中古更科学化的农业。8 至 11 世纪，拜占庭的农业和工业保持同样的繁荣。

这时期的东拜占庭帝国都市和半工业的特色，与阿尔卑斯山北麓农业的拉丁欧洲迥然不同。矿工和冶金业者积极地探采地下的铅、铁、铜和金矿。不只是君士坦丁堡，还有其他上百个拜占庭城市——士麦那、塔索斯、艾菲索斯、杜拉佐、拉古萨、帕特拉斯、科林斯、底比斯、萨洛尼卡、阿德里亚那堡、赫拉克利亚、塞利姆布里亚——

活跃着制革匠、鞋匠、马鞍匠、军械匠、金匠、珠宝商、金属工人、木匠、木刻师、制轮匠、面包师、染工、纺织工、陶工、镶嵌师、画家……9世纪的君士坦丁堡、巴格达、哥多华，作为制造、交易的集中地，其繁忙喧嚣几乎和现代的大都会不相上下。尽管有波斯与之竞争，君士坦丁堡在丝织、纺织业上仍然领导着白人的世界，其次是阿耳戈斯、科林斯、底比斯。纺织业组织化程度高，大量使用奴工，其他行业则多为自由业者。君士坦丁堡和萨洛尼卡的普通大众具有阶级意识，并酿成多次失败的变乱。他们的雇主则形成了一个相当大的中产阶级，进取、慈悲、勤奋、多智和极度保守。主要的工业及其工人、工匠、经理、商人、律师、财务管理人都组织有渊源于古代的器乐吹奏者和艺术家的同业公会。同业公会对其行业有独占权，对采购、价格、制造方法、买卖条件都有严格的规定，政府监察员则监督同业公会的活动和财务，有时以法律形式定最高工资。然而小型工业由工人从事，由私人投资。这种安排为拜占庭的工业带来秩序、繁荣和持续不衰，但也限制了创造和发明，并倾向于东方式的停滞和生活方式。

商业在政府维护和管理码头与港口，订定船只抵押、保险条例，打击海盗等努力下，在欧洲最稳定货币的支持下，受到鼓舞而发展。拜占庭政府对所有的商业活动都实行普遍的控制——禁止某些货物输出，垄断谷物、丝织品贸易，征进出口税、买卖税。拜占庭政府最初允许外国商人——亚美尼亚人、叙利亚人、埃及人、亚马非人、比萨人、威尼斯人、热那亚人、犹太人、俄罗斯人、加泰罗尼亚人——进行他们大部分的生意，并允许这些商人在君士坦丁堡城中或附近建立他们半独立的经销处，拜占庭政府因此几乎失去爱琴海和黑海的商业霸权。法律允许抽息，但法定利率在12%、10%、8%或更低的限度以内。银行家云集此地，13世纪以前的基督教世界，支票和最广泛的信用制度也许是由君士坦丁堡而非意大利的放贷者发展起来的。

拜占庭的文艺复兴

9 和 10 世纪，由于人们的勤劳和技能及富豪的增多，文学与艺术有显著的复兴迹象。虽然帝国自始至终都称为罗马帝国，但是几乎所有的拉丁成分，除了罗马法外，都已荡然无存。自赫勒克留以来，在东拜占庭，希腊语已成为政治、文学、宗教仪式及日常生活的语言。此时的教育完全用希腊语。几乎每一个自由的男子，许多妇女，甚至许多奴隶都接受教育。君士坦丁堡大学，像一般的大学一样，在赫勒克留时代的危机中停滞不前。863 年，才由恺撒·巴达斯加以恢复，而且它在语言学、哲学、神学、天文学、数学、生物学、音乐、文学方面，都享有很高的声誉，即使是异教的莱巴尼乌斯（Libanius）和无神论者卢奇安都曾在此学习。合格的学生大多免缴学费，教师由政府支薪。公私立图书馆不但很多，而且保存了众多已为混乱的西方所遗忘的古典杰作。

希腊遗产的广为传播，既有启迪作用，也有限制作用。它使思想敏锐而广阔，诱使其脱离说教式的雄辩和神学争论的陈词滥调，但它的繁复阻碍了创造性。无知者较博学者更有独创力。拜占庭文学主要为有修养和有闲暇的绅士、淑女创作，洗练而又优雅，精巧而又雕琢，模仿希腊却非真正的希腊文学，只学到了外表，而未能吸收其精髓。虽然这一时期教会相当主动而又颇能容忍年轻人的一些习惯，不过仍是不出正统范围，倒是那些反对崇拜偶像者比教士们更虔诚。

这是另一个亚历山大式的文艺学术时代。学者们分析语言、韵律，写作摘要、大纲、通史，编辑字典、百科全书和选集。917 年，君士坦丁·塞法拉斯编纂了《希腊诗集》。976 年，苏伊达斯编纂了百科全书字典。塞奥凡尼斯及执事利奥写了极有价值的当代史。埃及的保罗编纂医学百科全书，综合了伊斯兰教的理论和实践，引用盖仑和奥里巴希乌斯的遗著，并以近于现代的词汇，讨论胸部癌症、痔疮的手术治疗、膀胱结石及睾丸的割治。

这个时代的拜占庭，杰出的科学家是默默无闻的贫穷的教师，萨洛尼卡的利奥，在君士坦丁堡籍籍无名，直到一位伊斯兰教国王邀请他到巴格达，才开始受到注意。利奥的一个学生，在作战时被俘，成为伊斯兰高官的奴隶，这个高官对于他的几何知识颇为赞赏。此事为马蒙得知，允许他参加宫廷几何学讨论会。马蒙对他的表现有深刻的印象，极好奇地听了关于他老师的情形后，决定立刻把利奥请到巴格达，提供给他优裕的生活。利奥就此事向拜占庭的一位官员提出请求，这位官员又请示皇帝狄奥费罗斯，皇帝立刻以教授的职位留住利奥。利奥精通多种学问，他教授数学、天文学、占星术、医学和哲学并写作相关著作。马蒙向他提出一些几何和天文学问题，得到极其满意的答案，因向狄奥费罗斯表示，愿以永久的和平及2000磅黄金为代价暂时借用利奥。狄奥费罗斯拒绝了，并任命利奥为萨洛尼卡大主教，以避开马蒙。

利奥、佛提乌斯和色拉斯是这一时代主要的学术领袖。当时最博学的佛提乌斯仅用六天时间即从俗人晋升为主教，并成了宗教史上有名的人物。迈克尔·色拉斯身为平民，出入宫廷，是许多国王和皇后的顾问；也是学问渊博、温和而又正派的伏尔泰式的人物，每次宫廷革命或神学争论之后，皆能安然无恙。他不使自己因嗜好书本而麻木了对人生的爱。他在君士坦丁堡大学教授哲学，获得"哲学家之王"（Prince of Philosophers）的头衔。他曾入修道院，又觉修道院生活太过平静，于是重返尘世。他于1071至1078年间担任首相，以闲暇写作政治学、科学、医学、文法、神学、法学、音乐和历史著作。他的《编年史》（Chronographia）以公正、生动、华丽的笔法记述一个世纪（976—1078年）以来的阴谋和丑闻（他描写君士坦丁九世"对色拉斯言听计从"）。下面的一个例子是他记述的1055年使狄奥多拉恢复王位的叛乱的情形：

每一个"混在群众里的士兵"都武装起来了：有的拿把小斧，

有的持战斧，有的拿弓，有的持矛，有的携带重石，全部乱糟糟地……跑向狄奥多拉的住宅……但是她躲入一座小教堂，对这些叫喊充耳不闻。群众于是放弃鼓噪，以武力胁迫她。有些人抽出刀剑，逼向狄奥多拉做出欲刺她的模样。人们粗鲁地把她从教堂里揪出来，给她穿上华丽的袍子，置于马上，然后簇拥着她到圣索菲亚大教堂去。所有的人，无论贵贱，都前来行臣礼，尊她为女皇。

色拉斯的私人信函几乎像西塞罗的作品一样迷人和富于启示，他的演说、诗和小文集传诵一时，他那恶毒的幽默和致命的机智在当时的知识界是令人兴奋的刺激。当时西方的阿尔琴、拉巴尼和吉尔伯特等神学家，与色拉斯、佛提乌斯和塞奥凡尼斯等人相比，只不过是从"野蛮之境"来到"心灵之国"的怯弱的移民。

拜占庭文艺复兴最辉煌的一个领域是它的艺术。从726到842年，破除偶像运动禁止雕刻的或画的圣像，也使艺术家从单调的宗教题材中解放出来，能够观察、描绘和刻画俗世的人生。皇室、贵族赞助人、历史事件、森林中的动物、田野中的树和植物及日常生活的琐事，都成了取代诸神的题材。巴希尔一世在宫中建了一座新教堂，当时有人记载说："装饰了上千种的珍珠、金、银、丝、镶嵌和大理石制品。"最近在圣索菲亚教堂发现的装饰品，大部分是9世纪的产物。教堂中心的圆顶是975年地震以后重建的，又在虹弧上安置一座巨型基督的镶嵌像，附属的镶嵌则建于1028年。庞大的教堂像一个有生命的有机体，它的各部分在死亡和复活中延续着生命。838年装置的青铜门以精致闻名，后又从君士坦丁堡定制与此相似的铜门，装在蒙特卡西诺修道院、亚马非大教堂和罗马城外的圣保罗教堂。其中最后一扇，是1070年君士坦丁堡所制的，至今犹存，可为拜占庭艺术的见证。

圣宫（Sacred Palace）是由逐渐变多的厅房、接待室、教堂、浴室、亭阁、花园、列柱围绕中庭庭院所构成，几乎每一位皇帝都加筑一些。狄奥费罗斯加筑一座皇座殿（Triconchos），殿的三边是壳状半圆形——一种从叙利亚传入的设计，为圣宫带来一些东方情调。殿的北边为珍珠宫，南边为数间日光室（Heliaka）和有金顶的绿色大理石列柱，及金底上有男女采集水果场景镶嵌画的精致的卡米拉斯（Kamilas）厅。这里的镶嵌在结构上浑然一体，壁上绿色的镶嵌树，衬以金色镶嵌的天空，但仍不足以与和谐宫（Hall of Harmony）相媲美。谐和宫的大理石镶嵌，有花丛中绿地的效果。狄奥费罗斯将马格那拉宫布置得华丽异常：接见客厅有金质筱悬树悬于皇座之上，金制的鸟儿栖息于树枝和皇座上，金色的怪兽卧于皇座的两侧，金狮则在座底。当外使觐见，装有机关的怪兽和狮子会站起，摆动尾巴并发出吼声，鸟儿则开始发出机械的歌唱。所有这些荒唐的东西都是巴格达的哈伦·阿尔·拉希德（Harun al Rashid）宫的翻版。

来自"各省"和商业的税收美化了君士坦丁堡，但是各地仍然有足够的资金对省会进行较小规模的修饰。修道院再度富裕起来：10世纪，有圣山的拉瓦拉和伊唯隆；11世纪，有福基斯的圣路加教堂，巧斯的莫尼，埃莱夫西斯附近的德菲尼女修院，院中古雅的镶嵌可说是拜占庭中期风格的最佳代表作。乔治亚、亚美尼亚和小亚细亚也加入了这一运动，成为拜占庭艺术的前哨。安提阿的公共建筑博得穆斯林的赞扬。耶路撒冷的圣墓教堂（the Holy Sepulcher）在赫勒克留胜利以后迅速重建。埃及被阿拉伯人征服前后，埃及基督徒兴建圆顶式的教堂，规模虽属平常，但是在装饰上，运用法老式、托勒密式、罗马式、拜占庭式和伊斯兰教埃及式在金属、象牙、木材和织物等方面的技巧，使这些教堂成了毫不逊色的文明遗产。由于破除偶像运动的迫害，成千的僧侣从叙利亚、小亚细亚和君士坦丁堡逃到意大利南部，接受教皇的庇护，拜占庭式的建筑和装饰经过这些逃难者和东方商人的传播，在巴里、奥特朗托、贝内芬托、那不勒斯和罗马盛行起来。拉韦纳在艺术上仍为希腊式，以7世纪圣阿波利纳里斯的镶嵌为代表，萨洛尼卡仍是拜占庭式，以与西班牙埃尔·格列柯（El Greco）所塑的圣者像一般忧郁、憔悴的使徒像镶嵌装饰圣索菲亚教堂。

拜占庭的文艺复兴在所有这些地区和城市，就如在首都一般，以全世界赞不绝口的技巧创作镶嵌、绘画、陶器、珐琅、玻璃、木器、象牙、青铜、铁、宝石、纺织、染色、装饰的杰作。拜占庭的艺术家制造表面下饰有金叶、小鸟、人物的蓝色玻璃杯，瓶颈有珐琅图案和花卉的玻璃容器，以及拜占庭皇帝曾送给他国君王的各式精美的玻璃器物。比这些更值钱的礼物，是展示拜占庭纺织艺术的名贵袍子、围巾、长袍和法衣。例如梅斯教堂所藏的"查里大帝的斗篷"和在亚琛查里墓中发现的精致丝织品。希腊皇帝一半的威仪，主教令人敬畏的大半，教会仪式中基督、圣母以及殉道者一些华丽的衣着，反映了艺匠们的数百年来技艺的发展及海陆富裕的日子。拜占庭金匠和宝石加工业，兴盛至13世纪，威尼斯圣马可教堂宝库中的战利品满满都是这些成品。这个时代有圣路加的写实镶嵌，圣索菲亚教堂的光辉耶稣头像和1935年从伊士坦布尔马其顿皇宫废墟中发现的40平方米的巨大镶嵌。当破除偶像运动趋于沉寂，或在运动所不及的地区，教堂以绘在木头上的、有时框在珐琅或珠宝框中的圣像增进虔诚之感。9世纪格列高利·纳齐安岑布道书（现存巴黎国立图书馆）中的《以西结的异象》（*Vision of Ezekiel*），时约1000年的梵蒂冈"蒙诺罗格斯"（Menologus）手稿中的四帧插图，900年巴黎《旧约·诗篇》中大卫的画像，都是插画史上举世无双的杰作。这些画没有透视，没有明暗造型，却有着丰富而又美丽的色彩，生动的想象，人体与动物解剖的新知识，野兽与飞禽、植物与花卉在圣徒与神祇，泉水、拱廊和回廊之间愉快地欢闹着，小鸟啄着果子，熊在欢舞，雌雄鹿角相抵向；还有一只豹子，举起一只不敬的脚，画着一个表示虔诚的缩写字。

拜占庭的陶工很早即通晓珐琅的艺术——在赤陶或金属的坯上加一层金属氧化物，经过烧制，与坯融合，不仅能产生一种光泽，而且有保护作用。这一艺术从东方传到古希腊，公元前3世纪一度销声匿迹，后又于 3 世纪再度出现。拜占庭中期有极多的珐琅器物——人像、奖牌、圣像、十字架、圣骨箱、杯子、圣餐杯、书籍封面、马具和其他用具上的装饰。早在 6 世纪，拜占庭就从萨珊时代的波斯得知景泰蓝珐琅器的制法：将彩色涂料倾在用金属丝或金属条箝住的表面，景泰蓝和金属坯焊合，构成装饰的图案。拜占庭景泰蓝著名的杰作乃作于约 948 年，现存林堡（Limburg）的君士坦丁七世圣骨箱，从它精细、谨慎的技巧及奢华的修饰上，可以看出拜占庭的特色。

没有什么艺术比拜占庭艺术更富于宗教性。787 年的一次宗教会议立下这样的律条："由画家制作，由教士规定题材并监督制作过程。"因此拜占庭艺术的严肃，主题的狭隘，方法与格式的单调，以写实、幽默和日常生活为题材者，均极罕见。刻意雕琢和灿烂华丽无与伦比，但从没有达到成熟的哥特式艺术的多变性和通俗性。但是我们不得不惊异于它的成就和影响。整个基督教世界，从基辅到加的斯，都承认拜占庭的领导地位并模仿它。拜占庭的叙利亚式艺术带有波斯建筑、镶嵌风格和伊斯兰教艺术的装饰动机。威尼斯也向君士坦丁堡学习，圣马可教堂模仿君士坦丁堡的使徒堂。拜占庭建筑出现于法国，远至北部的亚琛。西方各地的插画手稿都受到拜占庭的影响，保加人采取了拜占庭的信仰和装饰艺术，乌拉底米尔（Vladimir）大帝改信希腊正教，也打开了拜占庭艺术进入俄国的通道。

5 至 12 世纪，拜占庭文明在行政、外交、财政、礼节、文化和艺术方面，领导着整个基督教的欧洲。也许过去还不曾有一个社会被如此辉煌地装潢过，不曾有一种宗教如此的多彩多姿。拜占庭像其他的文明一样，植根于农奴或奴隶之上，庙宇和王宫的金银、大理石，以工人在地上或地下挥汗如雨为代价。它也像当时的其他文化，是残酷的。跪拜在圣母像前的人可以在莫里斯的面前屠杀莫里斯的子女。它也有浅薄之处，在贵族化的高尚文雅之中混杂着极多世俗的迷信、盲目狂热和无知无识。669 年，东方省的军队要求帝国同时拥有三位一体（Trinity）的三位皇帝，而文化中有一半是在维护这种蒙昧。由于与这种蒙昧相违的科学和哲学无从发展，希腊文明在1000年中对世界人类的知识没有额外的贡献。拜占庭的文学作品没有一件能够激起人类的想象或经得起时间的考验。在文化遗产的重压和神学的桎梏之下，垂死的希腊已失去了耶稣基督的基督教，中古的希腊心灵无法再拥有成熟的、现实的人生观和世界观。

拜占庭文明令人惊异的遗迹保存了这么久，是何种潜在的资源或内在的活力使它从波斯及叙利亚的胜利，到丧失叙利亚、埃及、西西里、西班牙于穆斯林的困境中残存下来？也许正是依赖圣迹和奇迹而弱化了防御力的同一宗教信仰，给予一个有长久耐力的民族以秩序和纪律，并为皇帝和国家罩上一层神圣的气氛。官僚体系在所有战争和革命动乱中带来持续和稳定，保持内部的和平和经济的规律发展，征收赋税，使帝国能够再度扩张达到查士丁尼时期那样广阔的版图。虽然伊斯兰教君王比拜占庭皇帝拥有更大的地盘，他们的国家财政不如后者，而且伊斯兰教政治的松懈，交通和行政系统的不良，使伊斯兰教阿巴斯王朝陷于分裂达三个世纪，而拜占庭帝国延续达千年之久。

拜占庭文明发挥了三项重要的作用。它屏障欧洲，对抗波斯和东方的伊斯兰教千年之久。它忠诚地珍爱并充分地传播了古希腊留下的文学、科学和哲学重抄本，直到1204年被十字军侵占。为逃避战乱，僧侣们把希腊抄本带到了意大利南部，并在那儿恢复了希腊文学的知识。希腊文教授为了躲避穆斯林和十字军，离开君士坦丁堡，有时移居意大利，成为古典希腊文学的媒介，如此意大利年复一年地重新发掘着希腊，直到人们开始在知识自由的泉源中醉饱为止。最后使保加人、斯拉夫人从野蛮进入基督教文明，并把斯拉夫身心难以估量的力量带进欧洲的生活和命运之中的，也是拜占庭。

巴尔干诸民族（558—1057）

在君士坦丁堡北方百余英里，就是轻文好战民族的动乱渊薮。匈奴人的浪潮尚未退去，一支和匈奴有血缘关系的柔然人从土耳其斯坦至俄罗斯南部（558年），奴役成群的斯拉夫人，又侵袭日耳曼达易北河（562年），迫使伦巴底人进入意大利（568年），又蹂躏整个巴尔干，几乎把所有拉丁语民族都赶出了巴尔干，柔然人的势力一度从波罗的海延伸到黑海。626年，他们包围并几乎攻下了君士坦丁堡。他们的失败使他们走上了衰落的命运。805年，他们被查里曼征服，又逐渐被保加人和斯拉夫人融合。

保加人原是匈奴人、乌克兰人和土耳其人的混血后代，曾是匈奴帝国在俄罗斯的一部分。阿提拉死后，保加人一个分支在现今喀山附近的伏尔加河流域建立老保加利亚王国。他们的都城保加因内河贸易而繁荣，直到13世纪被鞑靼人摧毁为止。5世纪，另一分支向西南迁移到顿河河谷。679年，其中一部乌提格人越过多瑙河，在摩西亚建立第二个保加利亚王国。他们奴役那里的斯拉夫人，采用斯拉夫人的语言和制度，最终被斯拉夫人同化。这个新王国在克伦汗（Khan Krum）时期达到极盛（802年）。克伦汗具有野蛮人的勇敢和文明人的狡诈，他侵入东罗马的马其顿省，夺得1100磅黄金，焚毁萨迪卡，即现在的保加利亚首都索菲亚。

811年，尼塞福鲁斯皇帝烧毁克伦汗之都皮利斯卡（Pliska），但是克伦汗以陷阱在山隘摧毁一支希腊军队，杀死尼塞福鲁斯，以其头颅为饮酒器。813年，他包围君士坦丁堡，焚烧四郊，又蹂躏色雷斯。当他正准备另一次进攻时，因血管破裂而死。其子欧姆塔（Omurtag）与希腊言和，希腊割让一半的色雷斯。该王国在泊雷斯汗（Khan Boris）时期信奉基督教，泊雷斯汗本人在长期的统治以后，进入修道院。4年后废长子乌拉底米尔，以幼子西米恩（Simeon）继承王位。他活到907年，是第一个被封为圣徒的保加利亚人。西米恩是一代枭雄，他扩张至塞尔维亚和亚得里亚海，自称为"全保加人和希腊人之主"，并不断与拜占庭发生战争。但是他想翻译希腊文学以教化其百姓，以希腊艺术美化其多瑙河畔的都城。时人描写都城普雷斯拉夫（Preslav）为"悦目的奇景"，到处是装饰富丽的"高大的王宫与教堂"，是 13 世纪巴尔干最大的城市，如今仍有若干废墟遗存。西米恩死后，保加利亚因内部混战而衰弱。931 年，塞尔维亚恢复独立。972 年，约翰·色米色斯再度征服保加利亚东部。1014 年，巴希尔二世征服保加利亚西部，于是保加利亚又成为拜占庭帝国一个省（1018—1186 年）。

　　正当此时，饱受侵袭的帝国又遭马札儿人骚扰（934—942 年）。马札儿人像保加人一样，可能是乌克（Ugri）或伊格（Igurs）人分出的一支，他们在中国的西陲游牧，在漫长的岁月中，也混合匈奴和土耳其人的血统，他们的语言与芬兰人（Finns）和萨摩耶人（Samoyeds）相近。9 世纪，他们从乌拉－里海草原，迁移至顿河、第聂伯河和黑海之间的地区。他们夏天耕种，冬天打鱼，一年四季捕捉、贩卖斯拉夫人到希腊为奴。大约在乌克兰居住了约 60 年以后，他们又向西移动。欧洲不久即进入最衰弱的时期，君士坦丁堡以西竟没有一个坚强的政府存在，没有一支可以抵抗敌人的统一军队。889 年，马札儿人征服比萨拉比亚和摩达维亚。895 年，他们在首领阿帕得（Arpad）的领导下，开始了对匈牙利的长期征服。899 年，他们越过阿尔卑斯山拥入意大利，焚毁帕维亚及其全部的 42 座教堂，屠杀居民，蹂躏该半岛达一年之久。他们征服潘诺尼亚，侵入巴伐利亚（900—907 年），蹂躏卡伦西亚（901 年），占领摩拉维亚（906 年），抢劫撒克逊、色林吉亚、士瓦比亚（913 年）、南日耳曼和阿尔萨斯（917 年），在多瑙河支流莱西击败日耳曼人（924 年）。整个欧洲都在战栗和祈祷。由于这些入侵者是异教徒，所有基督教国家似乎都走入了穷途末路。933 年，马札儿人在哥达（Gotha）被击败，他们前进的步伐因而受阻。943 年，他们再度入侵意大利。955 年，他们抢劫勃艮第；同年，日耳曼联军在奥托一世（Otto I）和领导下，在接近奥格斯堡的莱西费得或莱西山谷赢得决定性的胜利。欧洲在这恐怖的 100 多年（841—955 年）中，北拒诺曼底人，南拒穆斯林，东拒马札儿人，至此终于在残破的废墟中喘了一口气。

975 年，马札儿人接受基督教，这使欧洲相对安全些。吉萨王恐怕匈牙利落入再度扩张的拜占庭帝国之手，选择了罗马公教以争取西方的和平，并使其子斯蒂芬与亨利二世之女吉色拉缔结婚姻。巴伐利亚公爵斯蒂芬一世成了匈牙利的守护神和最伟大的国王。他依日耳曼式封建制度统治马札儿人。他为了加强这个新社会的宗教基础，使自己于 1000 年由教皇西尔维斯特二世加冕为匈牙利王。圣本笃派教士群集于此，建立修道院和村庄，并引进西方的农业和工业技术。在一个世纪的争战之后，匈牙利终于由野蛮步入文明，而当吉色拉王后送一个十字架给日耳曼的朋友时，这个十字架已经是金饰艺术的杰作了。

据我们所知，斯拉夫人最早的地区在俄罗斯基辅、摩里夫（Mohilev）和布斯特－利托斯克（Brest-Litovsk）之间的一个沼泽区。他们属于印欧民族，语言与日耳曼语和波斯语有亲缘。他们周期性地被游牧民族征服，时常承受着压迫、贫穷、奴役之苦，在无休无止的艰危之中，逐渐变得坚忍和强大起来，而妇女的多产，克服了连年战争、饥荒、疾病引起的高死亡率。他们住在洞穴或泥屋之中，以打猎、畜牧、打鱼、养蜂及出售蜂蜜、蜂蜡、兽皮为生，后又逐渐定居下来，以农耕为生。他们甚至进入危险的沼泽和森林狩猎，被其他民族俘虏，无情地卖掉，而他们也遵行当时的风俗，以人易货。由于住在寒冷而又潮湿的地带，他们以烈酒取暖。他们喜欢基督教而不喜欢伊斯兰教，因为后者禁止饮酒。酗酒、肮脏、残忍、掳掠是他们显著的劣根性。他们节俭、机警，富有徘徊在善恶之间的想象力。他们本性善良、好客、好交际，也喜欢比赛、跳舞、音乐和歌唱。酋长多妻，穷人则一夫一妻，妇女不论买卖或抢夺而来，婚后都异常忠实和顺从。父系家庭以氏族、部落的形式松懈地组织起来。在早期的牧畜时代，氏族内的财产共有。但是随着农业的发展——由于能力、努力程度的不同，在不同的土地上造成不同的产量——渐变为私有或家有财产制。由于频繁的迁移和部落纷争，斯拉夫发展出不同的语言：西部有波兰语、温德语（Wendish）、捷克语、斯洛伐克语，南部有斯洛文尼亚语（Slovene）、塞尔维亚－克罗地亚语（Serbo-Croat）和保加利亚语，东部有大俄罗斯语、白俄罗斯语、小俄罗斯（立陶宛和乌克兰）语。几乎所有这些语言，彼此都有相通之处。语言和风俗的泛斯拉夫特质，加上空间、资源形态，及由于艰苦的生存环境、严格的淘汰、简朴的饮食形成的活力，构成了斯拉夫民族扩张的力量。

当日耳曼部族向南、向西迁入意大利和高卢之时，在日耳曼北部、中部留下一块人口压力不大的区域，斯拉夫人在入侵的匈奴的驱逐下向西扩张，越过维斯图拉河，进抵易北河，填补了这一地带。在这里，他们的后裔成为后来的温德人、波兰人、捷克人、乌拉克人和斯洛伐克人。到 6 世纪末，斯拉夫移民潮拥入希腊乡村，城市纷纷关起了城门，拒之门外，但是强大的斯拉夫血液还是注入了希腊血统。约 640 年，两支和斯拉夫有血缘关系的部落——西比人和克罗地亚人——成了潘诺尼亚和伊利里亚的新居民。塞尔维亚人接受了希腊正教，克罗地亚人信奉罗马公教，宗教的分歧阻碍了种族和语言的统一，削弱了他们对抗邻邦的力量，塞尔维亚在独立与臣服于拜占庭或保加利亚人之间摇摆不定。989 年，保加利亚皇帝萨穆尔在击败并俘虏塞尔维亚的约翰·乌拉底米尔之后，将女儿寇沙拉（Kossara）许配给他，允许他回到他的都城热塔（Zita）为侯王，这就是作于 13 世纪的塞尔维亚最古老的小说《乌拉底米尔和寇沙拉》（*Vladimir and Kossara*）的主要情节。古代达尔马提亚地区滨海城市——札拉、斯巴拉脱、拉古萨——仍然保持它们的拉丁语言和文化，而塞尔维亚的其余地区都斯拉夫化了。1042 年，佛斯拉夫（Voislav）王为塞尔维亚赢得了自由，但是到 12 世纪，它又承认了拜占庭的宗主权。

8 世纪末，当斯拉夫这一惊人的移民过程完成之时，整个中欧、巴尔干诸国和俄罗斯都成了斯拉夫人的天下，他们不断侵扰着君士坦丁堡、希腊和日耳曼的边陲。

俄罗斯的诞生（509—1054）

斯拉夫人是最后享受到俄罗斯肥美的土壤、广阔的草原和许多可通航河流的民族，他们常陷入瘴气弥漫的沼泽、难以进入的森林、夏热冬寒的气候和缺少抵御敌人的天然屏障的忧虑中。早在公元前 7 世纪，希腊人即已在它最宜人的海岸地区——黑海西北边缘——建立了许多城镇——欧比亚、塔那斯、狄欧多西亚、潘吉卡斐等，并和内陆的塞西亚人发生通商和战争的关系。这些土著民族，祖先可能是伊朗人，他们从波斯和希腊汲取文明成果，公元前 600 年，甚至产生了一位哲学家阿纳卡西斯（Anacharsis），他曾到雅典和梭伦进行辩论。

公元前 2 世纪，另一个伊朗部族萨尔马提亚人（Sarmatians）征服并取代了塞西亚人，希腊的殖民地在此动乱后衰落。2 世纪，哥特人从西边进入，建立了东哥特王国。约 375 年，该王国又被匈奴人推翻，此后数个世纪，俄罗斯南部平原再也见不到任何文明的痕迹，只有一连串的游牧民族——保加人、柔然人、斯拉夫人、卡扎尔人、马札儿人、帕特兹纳克人、库曼人和蒙古人。卡扎尔人是土耳其人的一支，于 7 世纪时穿越高加索进入南俄罗斯，在第聂伯河和里海之间建立起秩序井然的统治，并在窝瓦河河口，接近现在阿斯特拉堪（Astrakhan）建立都城伊第尔（Itil）。夹在伊斯兰教和基督教两大帝国之间，他们的国王和上层阶级却信奉犹太教，也许这是因为他们宁可使两边同时感到不快，也不愿任何一边构成他们的威胁。他们给予人民充分的信仰自由。所成立的七个法庭中有两个属于穆斯林，两个属于基督徒，两个属于犹太教徒，还有一个属于异教徒。从后五个法庭均可向伊斯兰教法庭提出上诉，因为当时认为伊斯兰教法庭的司法工作做得最好。由于这种开明政策的激励，各种不同信仰的商人云集在卡扎尔人的城镇。波罗的海和里海之间的广大地区，贸易蓬勃发展。8 世纪时，伊第尔是世界大型的商业城市之一。9 世纪，卡扎尔人的王国遭受土耳其游牧民族侵略，政府无力保护商路免于盗贼的攻击。10 世纪，卡扎尔王国终于陷入种族纷争。

6 世纪，一支斯拉夫移民部族从喀尔巴阡山（Carpathian Mountains）迁入俄罗斯中部及南部的多种族聚居地。他们定居在第聂伯河和顿河河谷，有小部分到达北方的伊耳曼湖（Lake Ilmen）。经过几个世纪，他们人口增长，年复一年理清森林，疏浚沼泽，驱逐野兽，创建了乌克兰。在人口增加的过程中，他们遍布整个平原。以后我们所知斯拉夫人的历史是一部远征史——他们进入高加索、土耳其斯坦、乌拉尔山区及西伯利亚，其殖民活动一直持续到今天，每一年，斯拉夫人都会注入新的血液。

9 世纪初，斯拉夫世界受到来自西北方的出人意料的攻击。斯堪的纳维亚的维京人（Vikings）把他们攻击苏格兰、冰岛、爱尔兰、英格兰、日耳曼、法兰西和西班牙的人马和精力拨出一两百人结伴进入北俄罗斯，抢劫波罗的海人、芬兰人和斯拉夫人的居住地，然后载着战利品扬长而去。这些瓦里亚基人（Varangians）为了保护劫掠来的财物，沿途建立起碉堡，后来逐渐定居下来，成为居于农民之上，由武装商人组成的斯堪的纳维亚少数统治阶层。有些市镇雇请他们维护社会秩序和安宁，很明显，这些保护人把他们的薪水来源变成了镇民的进贡，而自己反成了雇主。9 世纪中期，他们统治诺夫哥罗，并将权力南伸至基辅。他们将自己控制的道路和居住地组成一个松懈的商业性和政治性帝国，称为罗斯（Ros）。横越陆地的大河，通过运河及短距离陆上拉纤，把波罗的海和黑海联结在一起，并引导瓦里亚基人向南扩张贸易和势力。不久，这些无畏的商人战士已在君士坦丁堡售货或工作。相反地，当贸易在第聂伯河、沃尔克霍夫（Volkhov）河和西德维纳（Dvina）河渐次发展时，从巴格达和拜占庭来的伊斯兰教商人以香料、酒、丝、宝石交易兽皮、琥珀、蜂蜜、蜂蜡和奴隶，因此在这些河的沿岸，甚至在斯堪的纳维亚半岛，都可发现大量伊斯兰教和拜占庭的钱币。当穆斯林控制了东地中海，妨碍欧洲的货物由法国和意大利进入东地中海及爱琴海沿岸港口时，马赛、热那亚、比萨在 9 世纪和 10 世纪都衰落了；而俄罗斯的市镇，如诺夫哥罗、斯摩林斯克、车尼哥夫、基辅和罗斯托夫（Rostov），却因与斯堪的纳维亚、斯拉夫、伊斯兰世界和拜占庭的贸易而繁荣起来。

俄罗斯《古史编年》（*The Ancient Chronicle*）中"三亲王"（three princes）的故事，讲述斯堪的纳维亚人渗入的代表诺夫哥罗及其附近的芬兰人和斯拉夫人，将北欧的霸主赶走之后，内部纷争不断，以致 862 年，他们又请瓦里亚基人给他们派来一位统治者或将军。据故事记载，来了三位兄弟——罗立克（Rurik）、西纽斯（Sineus）和吐鲁伏（Truvor）——建立了俄罗斯。尽管后人对此事有所怀疑，但这个故事可能是真的，或者是斯堪的纳维亚人为征服诺夫哥罗掩饰之词。这部编年史进一步说，罗立克派他的两名助手阿斯寇德（Askold）和笛耳（Dir）去征服君士坦丁堡。这些维京人半途征服基辅，宣布脱离罗立克和卡扎尔人独立。860 年，基辅已经有力量派出 200 艘船的舰队攻打君士坦丁堡，虽然进攻失败，基辅仍是俄罗斯的商业和政治中心。基辅控制广大的内陆，而它最早的几位统治者阿斯寇德、欧列格（Oleg）、伊果（Igor），比在诺夫哥罗的罗立克更有资格被称为俄罗斯国家的建立者。欧列格、伊果和能干的公主奥格（Olga）及其勇武的儿子西维托斯拉夫（Sviatoslav）扩张基辅王国，直到几乎包括东部所有的斯拉夫部族及波罗兹克（Polotsk）、斯摩林斯克、车尼哥夫和罗斯托夫等城市。860 年至 1043 年，这个新生的王国曾六度企图攻下君士坦丁堡。俄罗斯对博斯普鲁斯海峡的野心由来已久，他们渴望能安全地到达地中海。

第五位基辅大公（Grand Duke of Kiev）乌拉底米尔称其新国家为"罗斯"，他于 989 年信仰基督教。乌拉底米尔娶拜占庭皇帝巴希尔二世之妹为妻，此后至 1917 年，无论宗教、字母、货币、艺术，俄罗斯都是拜占庭的模式。希腊教士为乌拉底米尔解说王权及其神圣的来源，及这套理论在增进社会秩序和王朝稳固上的功用。在乌拉底米尔之子雅罗斯拉夫（Yaroslav）时代，基辅王国达于极盛。它的权威在从拉多加湖（Lake Ladoga）和波罗的海到里海、高加索和黑海的广大地区获得承认并取得赋税。这些斯堪的纳维亚的入侵者为斯拉夫融合，斯拉夫血统和语言仍遍布各地。社会组织全然是贵族式的，国王将行政和军事信托给一位地位较高的贵族（boyars）和一位地位较低的贵族（dietski），以下依次为商人、城市居民、半奴隶性质的农人及奴隶。有一部法典叫《俄人权利》（*Russkaya Pravda*），允许私自报仇、公平决斗和根据数人证词判决疑犯无罪，但是设立由十二名市民组成的陪审团。乌拉底米尔在基辅设立了一所男童学校，雅罗斯拉夫在诺夫哥罗也建了一所。基辅是窝瓦河、杜味拿河和第聂伯河下游船只集中地，对所有经过的货物抽取通行税，于是基辅很快即有力量按照拜占庭的式样兴建了四百座教堂和一座与圣索菲亚一样大的大教堂。他们请来希腊的艺术家以镶嵌、壁画和其他拜占庭的装饰来美化这些建筑。希腊音乐也传了进来，为俄罗斯赞美歌的成功做了准备。慢慢地，俄罗斯逐渐在它的土地上建起国王的王宫，泥屋之上有了圆顶阁楼，并依赖其人民的力量，在依然蛮荒的大海中培养出一些小小的文明之岛。

第二章 | 西方的没落

（566—1066）

当伊斯兰教节节进展，拜占庭正从命运的打击中复兴时，欧洲则试图冲出它的"黑暗时代"（Dark Ages）。黑暗时代是一个不精确的名词，任何人都可以按他的偏见去定义。我们将把它定义为 524 年波伊提乌之死到 1079 年阿贝拉德（Abélard）出生之间的一段时期。在这段时期，拜占庭尽管失去了很多领土和声望，其文明仍然兴盛。6 世纪的西欧，却处于征服、分裂、再度野蛮化的混乱中。古典文化多残存下来，大部分静静地隐藏在少数修道院和家族中。不过，社会秩序的实质和心理的基础所受到的扰乱，需要几个世纪才能恢复。对文学和艺术的爱好、文化的统一与持续、心灵沟通的相互充实，在战争的扰攘、交通的危险、贫瘠的经济、方言的兴起及拉丁文消失于东方、希腊文消失于西方的情况下没落了。9 世纪和 10 世纪，穆斯林控制了地中海，诺曼底人、马札儿人、阿拉伯人对欧洲海岸及城市的攻击，加速了欧洲生活与防卫的地方性及思想与语言的原始性。日耳曼和东欧是移民的大旋涡，斯堪的纳维亚半岛是海盗的渊薮，不列颠被盎格鲁人、撒克逊人、朱特人、丹人占据，高卢被法兰克人、诺曼底人、勃艮第人及哥特人占据，西班牙为西哥特人和摩尔人分据，意大利因哥特人和拜占庭之间的长期战争而四分五裂，曾为半个世界带来秩序的地方，如今经受着政治、经济及道德上的崩溃，这样的情形将延续达五百年。

　　然而，在这漫漫长夜之中，查理、阿尔弗雷德和奥托一世，也曾为法兰西、英格兰、日耳曼带来短暂的秩序和激励。埃里金纳（Eriugena）重振了哲学，阿尔琴及其他学者恢复了教育，吉尔伯特将伊斯兰教的科学输入基督教世界，利奥九世和格列高利七世重建并强化了教会，建筑上发展出罗马式……欧洲从 11 世纪起开始慢慢步入中古欧洲最伟大的 12 世纪和 13 世纪。

意大利（568—1095）

·伦巴底人

　　查士丁尼大帝死后三年，拜占庭在意大利北部的统治因伦巴底人的入侵而终止。

　　保罗执事（Paul the Deacon）和许多执事一样，以为伦巴底人是因他们的长胡子而得名。伦巴底人自认为他们的老家在斯堪的纳维亚半岛，而且他们的子孙但丁也这样称呼他们。我们发现，他们 1 世纪时在易北河下游，6 世纪时在多瑙河。552 年，纳西斯利用他们在意大利作战，胜利后，将他们遣回潘诺尼亚，可是他们念念不忘北意大利的富饶可爱。568 年，因在东北两面受到柔然人的压迫，13 万伦巴底男女、儿童，千辛万苦地越过阿尔卑斯山，进入伦巴底区——青葱的波（Po）河平原。一年以前曾遭解职的纳西斯，可能试图阻止他们。拜占庭忙于应付柔然人和波斯人，意大利本身也因与哥特人的战争精疲力竭，此时既没有战争的胃口，也没有钱付给代他们作战的英雄豪杰。573 年，伦巴底人占领维罗纳、米兰、佛罗伦萨，并以帕维亚为首都。601 年，占据帕度亚；603 年，占领格里摩那（Cremona）和曼图亚；640 年，夺取热那亚。他们最有势力的国王利乌特普朗德（Liutprand）占领意大利东部的拉韦纳，中部的斯巴拉脱，南部的本尼凡托，并企图将全意大利统一，全部纳入其统治之下。教皇格列高利三世为了不使教皇沦为伦巴底人的主教，号召尚未屈服的威尼斯人为拜占庭夺回拉韦纳。利乌特普朗德只得以给予意大利中部和北部自哥特人的狄奥多里克大帝以来最好的统治自我安慰。他像狄奥多里克一样，目不识丁。

伦巴底人发展出一种进步的文明，国王由贵族会议选举并须听取后者的谏议，通常由所有到达兵役年龄的自由男子组成的公民大会提出立法。643 年，罗塞里王（King Rathari）颁行一套原始却进步的法典：它允许以金钱赔偿谋杀，保护穷人，讥笑巫术信仰，给予天主教、阿里乌斯派及其他宗教信仰的自由。通过通婚，将日耳曼入侵者的血统吸收到意大利的血统中，使他们开始说拉丁语。伦巴底人在这里到处留下他们蓝眼、金发的特征，并在意大利语中留下一些条顿语的单字。征服平息、法治恢复之后，波河一带原有的商业又重新振作，到伦巴底统治的末期，北意大利的城市已经富强，为他们在中古艺术和战争上的高峰做好了准备。文学的进展在此时仍是步履蹒跚，只有一本有意义的书，即约 784 年出现的保罗执事所著的《伦巴底史》（*History of the Lombards*），该书枯燥无趣，编排欠佳，毫无哲学趣味。但是伦巴底区却因建筑和财政留名后世。建筑领域仍保留了若干古罗马的组织和技术，科木师傅团（Magistri Comacini）带头调和了伦巴底式建筑，这一形式成熟后即为罗马式。

利乌特普朗德之后三十年间，伦巴底和教皇发生战争。751 年，艾斯托夫（Aistulf）王占据拉韦纳，终止了拜占庭总督的管辖。因罗马公国（Ducatus Romanus）在法律上曾属此辖区，艾斯托夫即宣布罗马为其大王国的一部分。教皇斯蒂芬二世向君士坦丁·科普罗尼姆斯（Constantine Copronymus）求援，这位希腊皇帝反将这一消息通知艾斯托夫，斯蒂芬不得已向法兰克王"矮子"丕平求助。丕平越过阿尔卑斯山，击败艾斯托夫，以伦巴底为法兰克之领地，并将意大利中部完全赠给教皇管辖。教皇仍承认东拜占庭皇帝之正式宗主权，但

是拜占庭在意大利北部的权威告终。伦巴底的藩属狄西德里乌斯王
(King Desiderius) 企图恢复独立并征服伦巴底区，教皇哈德良一世
召请查理横扫帕维亚，将狄西德里乌斯送进修道院，消灭了伦巴底王
国，使该地成为法兰克的一个省（774年）。

·意大利的诺曼底人

意大利从此迈入一千年的分裂和外族统治时期，我们不打算逐一
描述细节。1036年，诺曼底人开始从拜占庭手中夺取南意大利。诺
曼底的诸侯，像现在的法国人一样，习惯于将土地平分给家庭的分
支，这一习惯在中古的诺曼底则造成小土地制。不安于贫困及喜好冒
险和抢掠，一些贪婪的诺曼底人受雇于南意大利互相争夺的公爵，他
们勇敢地为本尼凡托、沙莱诺、那不勒斯、卡普阿而战，作为报酬得
到阿佛沙镇。其他年轻的诺曼底人，听说打一两场仗即可获得土地，
纷纷从诺曼底到意大利来，不久他们便有足够的人来为自己打天下。
1053年，最勇敢的罗伯特·吉斯卡尔（Robert Guiscard）在南意大利
建立了诺曼底王国。他在传闻中是这样一位人物：比他的任何士兵都
高大，意志与臂膀均十分坚强，身材优美，有棕色的头发和胡子，衣
着华丽，贪婪而又慷慨，有时残酷，却很勇敢。

吉斯卡尔拥有武力与诡计，目无法纪。1054年，他占领卡拉布里亚
(Calabria)，几乎是从教皇利奥九世尸体手中接收了本尼凡托。1059
年他与尼古拉二世缔盟，命后者称臣纳贡，并从其手中夺得卡拉布里
亚、阿普里亚和西西里的统辖权。1071年，他命其弟罗杰（Roger）
征讨西西里，自己进攻巴里人，并把拜占庭势力逐出阿普里亚。他为
亚得里亚海所阻，因而大怒，梦想越海攻取君士坦丁堡，使自己成为
欧洲最强大的君王。他临时成立舰队，1081年，败拜占庭海军于杜
拉佐。拜占庭向威尼斯求救，威尼斯起而应援，因为它不愿稍损其在
亚得里亚海的霸权。1082年，战术精良的威尼斯大划船败吉斯卡尔
的舰队于杜拉佐附近。但是第二年，吉斯卡尔又以恺撒般的精力，把

军队运送到杜拉佐，打败了拜占庭皇帝阿列克塞一世的军队，取道伊庇鲁斯、塞萨利，几乎进抵萨洛尼卡。然后，就在他的美梦快要实现的时候，他接到教皇格列高利七世绝望的请求，请他帮助对抗亨利四世。1084 年，他把军队留在塞萨利，匆忙赶回意大利，另组一支由诺曼底人、意大利人及阿拉伯人构成的军队拯救教皇。从日耳曼人手中夺回罗马，敉平反抗他的民变，并允许被激怒的士兵肆意焚掠城市，其破坏程度，连 451 年的汪达尔人的大破坏也不及。此时，吉斯卡尔之子博希芒德（Bohemond）回来领罪，称他在希腊的军队已被阿列克塞摧毁。这位老海盗组建第三支舰队，于 1084 年败威尼底（Veneti）海军于科孚海外，占据了爱尔尼亚的塞法罗尼亚岛，结果他 70 岁（1085 年）时因病或中毒死于该岛。他是第一个，也是最伟大的意大利强盗首领（condottieri）。

·威尼斯（451—1095）

此时，半岛的北端诞生了一个新的国家，注定在意大利大部分地区都处于无政府状态而衰落之时繁荣强大起来。5 世纪和 6 世纪蛮族入侵，尤其是 568 年伦巴底人南侵时，阿奎利亚、帕度亚、柏卢诺、费尔特雷和其他城镇的人民，多逃往亚得里亚海顶端的皮亚韦和阿第及河中小岛上，加入那儿的渔民以保性命。危险过去以后，有一些避难者仍留在该处，建立了赫拉克利亚、美拉摩哥、格拉德、里度等村镇，并将里弗阿托改为里亚尔托，作为他们联合政府的所在地。一支威尼底部族早在恺撒之前就占据了意大利东北部。13 世纪，因避难者而形成的一个城市，即以威尼西亚（Venezia）命名。

起初这里生活非常艰苦。清水难觅，贵重如酒。他们被迫以鱼、盐与大陆交换小麦和其他物品，如此威尼斯人变成了以航海和经商为业的民族。渐渐地，中欧和北欧与近东的贸易都从威尼斯的港口经过。这个新邦联为免于日耳曼人和伦巴底人的攻击，承认拜占庭为宗主。虽然如此，他们在浅水的岛屿上，从陆地、海上进攻都难以接近，再加上威尼斯人勤奋、坚忍以及从各地贸易累积起的财富，使这样一个小国家立国千载竟而不败。

威尼斯最初由 12 位保民官（tribunes）——显然每位代表一个主要岛屿——处理政事，直到 697 年，当这些聚落觉得需要一个统一的权威时，他们推举出一位总督（Doge）。总督为终身制，或者只能以革命迫其退位。总督巴多耳（Agnello Badoer）非常巧妙地抵挡法兰克人的攻击，其子孙 942 年以前一直被选为总督。欧塞罗二世（Orseolo II）时，威尼斯报复达尔马提亚海盗的袭击，猛扑其巢穴，吞并达尔马提亚，建立起对亚得里亚海的控制权。998 年，威尼斯开始在每年耶稣升天节庆祝这一次海上的胜利。庆祝以斯波萨利西亚（sposalizia）仪式为主：总督从一艘装饰华丽的划船上，将一枚奉献的指环扔到海中，并以拉丁语喊道："海洋，我们与你为婚，以我们真诚与永恒的主权为记。"拜占庭很乐意接受威尼斯这样一个独立的联盟，为表酬谢，给予它在君士坦丁堡等地的商业特惠，使威尼斯的贸易达到黑海，甚至远及伊斯兰世界的港口。

1033 年，商业贵族终止了总督的世袭权利，再度回到以公民大会选举的方式，迫使总督与元老院共同统治。此时，威尼斯已被称为"黄金的威尼斯"，其居民以奢华的衣着、普遍的识字程度及对公共事务的热心和自豪著称。他们是一个贪得无厌的民族，精明敏锐，勇而好斗，虔诚而寡廉鲜耻。他们把信基督教的奴隶卖给穆斯林，以获利的一部分为圣徒建筑庙堂。在里亚尔托的店铺中，有承袭罗马时代意大利工业技术的能工巧匠。除了河中船夫偶尔发出的简短的吆喝声，沿运河两岸平静地从事着繁忙的地方贸易，而码头上远行的划船，装载着欧洲和东方的货物，这一切构成如画般的景色。由资本家出资的商业航行，通常可获得 20% 的利润。贫富之间的差距，因富者日富、贫者日贫而加大。他们对迟钝毫无怜悯，敏捷者赢得赛跑，强大者赢得战争。穷人流落街头，无安身立命之所，富人华厦巨宅，在拉丁世界，以最富丽的教堂宁神靖民。总督宫初建于 814 年，焚毁于 976 年，在文艺复兴和摩尔人混合装饰式样的建筑以前，曾多次改建。

828 年，威尼斯商人从亚历山大港某个教堂偷得据称是圣马可的遗骨。威尼斯人尊这位使徒为他们的守护神，荼毒半个世界，以便为他的遗骨建立庙堂。兴建于 830 年的第一座圣马可教堂，976 年时遭受严重的火灾，于是欧塞罗二世另建一座新的更大的庙堂。拜占庭的艺术家被召集去，他们以君士坦丁堡、查士丁尼的圣徒堂为蓝本——一个十字形上有五个圆顶。工程持续近一个世纪，如今所见的主要结构，实际上完成于 1071 年，1095 年实行奉献仪式。圣马可的遗骨在 976 年的大火中遗失，进而威胁到教堂的神圣性，于是在奉献仪式时，所有的参拜者都祈祷遗骨之失而复得。据善良的威尼斯人所重视的一个传统说法，有一根梁柱因他们的祈祷跌落地上，露出了福音传播者的遗骨。这座建筑不断受损，不断修复，几乎不到十年就有一些改变或装饰，如今我们所知的这座圣马可教堂，不属于某一时期的建筑，而是千年来不断增建与装修的结果。12 世纪时在砖墙上加大理石面，各色石柱从十几个城市运来。12 世纪和 13 世纪时，拜占庭的艺术家归化威尼斯，为教堂制作镶嵌。1204 年，从被征服的君士坦丁堡弄来四匹青铜马，安放于大门前。14 世纪，哥特式建筑艺术家又添上一些尖顶、花式窗格和圣堂屏风。17 世纪，文艺复兴时代的画家又在几乎一半的镶嵌上画上无关紧要的壁画。经过几百年时间的改变，这座奇特的建筑仍保持它的特色和统一的风格——不脱拜占庭和阿拉伯式样，华丽而又奇异：外部有显眼的拱门、扶墙、尖塔、梁柱、堂皇的正门、尖顶、镶以色彩缤纷的大理石、镂刻的飞檐和庄严的球状圆顶；内部则有彩绘的列柱，雕刻或绘画的三角壁，阴沉的壁画，5000 平方英尺的镶嵌，地板嵌有碧玉、斑岩、玛瑙和其他玉石，而祭坛后面的金色壁雕，976 年在君士坦丁堡用贵重金属及景泰蓝珐琅制成，上镶 2400 颗珠宝，1105 年始立于主坛之后。圣马可教堂像圣索菲亚教堂一样，拜占庭大事装饰的热情，于此皆超过了它本身应有的规模。上帝得到大理石和珠宝作为供奉，人则从基督上百的史诗中，从天地的创造直至毁灭中得到戒惧、教诲、鼓舞和安慰。圣马可教堂是拉丁民族胜于东方艺术的最高和富于特色的表现。

·意大利的文明（566—1095）

当意大利的东部和南部在文化上仍属拜占庭之时，半岛的其他地区，开始从罗马的遗产中发育出新的文明，包括新的语言、宗教和艺术。即使在外敌入侵、混乱不安和贫穷困乏之中，罗马的文化遗产也未完全丧失。意大利语原是古代人们说的一种粗俗的拉丁语，后来慢慢变成所有语言中音调最优美的一种。意大利的基督教是富于浪漫气息、多彩多姿的异端，一种充满地方色彩和守护圣徒的可爱的多神教，一种充满传奇与奇迹的神话。意大利的艺术认为哥特式艺术是野蛮的，它自己则执着于长方形的形式（basilican style），最后，到了文艺复兴时期，又回到奥古斯丁的形式（Augustan forms）。封建制度在意大利从未盛行，城市从未失去在乡村之上的优越地位。令意大利走上富裕之路的是工业和商业，而非农业。

从未作为商业城市存在的罗马，继续趋向没落。它的元老院毁于哥特人的战争，它古代的市政组织，到了 700 年以后，成了空洞的工具和反叛者的理想之地。各色人等杂居在污秽的贫民区里，以放纵情欲和教皇的周济缓和痛苦，只有不时以反抗外来的统治者或不喜欢的教皇的叛乱，来发泄政治上的情绪。旧贵族家族把时间耗费在控制教皇或和教皇一起控制罗马之上。由于执政官、保民官、元老以棍棒和斧头破坏了法律，社会秩序仅靠宗教会议的谕令维持，各处成千的僧侣、主教，很少不是愚蠢无知的，也不都是独身或纯洁的。教会指责在公共浴室里的滥交，公共浴室里的大厅和水池都废弃了，异教的洁身技术也没落了。引水管因战争或疏于照管而毁坏，人们只得喝台伯河的河水。令人拥有血腥记忆的大剧场及竞技场，也不再使用了，大会堂在 7 世纪时变成了牧场，朱庇特神殿布满泥泞，古老的神庙和公共建筑被肢解，作为修建基督教堂和宫殿的材料。罗马在罗马人手中比在汪达尔和哥特人手中受到更多的蹂躏。恺撒时代的罗马已灰飞烟灭，而利奥十世的罗马尚未诞生。

旧有的图书馆被损坏或摧毁，几乎所有的学术活动都局限于教会之内。科学让位于迷信，只有医学因依附于修道院，而保存了盖仑医师的传统。9 世纪，可能是沙莱诺的圣本笃派修道院附设的一间平民医学校，填补了古代与中古医学之间的鸿沟，一如希腊化的南意大利填补了希腊与中古文化之间的鸿沟。沙莱诺成为医疗保健之地有千余年的历史，据当地的人说，这所希波克拉底学院（Collegium Hippocraticum）拥有十位医学导师，其中包括一个希腊人、一个阿拉伯人、一个犹太人。约 1060 年，有一位叫作"非洲人"君士坦丁（Constantine the African）的罗马市民——他曾在非洲和巴格达的伊斯兰教学校研究医学，后将不少伊斯兰教医学知识带到蒙特卡西诺（他在此成为僧侣）及附近的沙莱诺，他对希腊、阿拉伯医学及其他著作的翻译，促成了意大利的科学复兴。在他死时（约 1087 年），沙莱诺学校成为基督教西方医学知识的最高学府。

这时期最出色的艺术成就是罗马式建筑式样的建立。意大利的建筑家继承罗马坚实悠久之传统，加厚了长方形教堂墙壁的厚度，以翼廊穿过教堂的中部，再以塔楼或附加支柱为拱壁，以列柱支持拱门，拱门支撑屋顶。典型的罗马式拱门是朴实的半圆形，高贵庄严，适于跨越空间更甚于负荷重量。早期罗马式的走廊及后期罗马式的教堂本堂和走廊，都用拱形的圆顶。外部通常用平板而没有敷涂料的砖块。内部饰以适度的镶嵌、壁画和雕刻，避免了拜占庭式的繁复装饰。罗马式是罗马的，它寻求稳定与力量，而非哥特式的崇高与优雅，其目的在于使心灵趋于恬淡谦逊，而非将心灵提升至滔天的激越。

意大利此时产生了两件罗马式建筑的杰作：米兰的圣安布罗西教堂（Church of Sant Ambrogio）和比萨的大教堂。将一位皇帝拒之门外的圣安布罗西教堂，于 789 年由圣本笃教团重建，结果又遭损坏。1046 年至 1071 年，基多（Guido）大主教把它完全改建，由长方形的柱廊改成拱形的圆顶教堂。本堂和走廊的屋顶原有木材，现改由复合方柱伸出的圆拱支撑，成为砖石结构之拱形顶。拱形圆顶形成的穹棱，用肋拱加强，这是欧洲最古老的肋拱形圆顶。

圣安布罗西教堂简朴的正面，与比萨大教堂繁复的正面似乎相差极远，但基本原理并无两样。1063 年，比萨在巴勒莫附近赢得对阿拉伯人舰队的一次决定性胜利，此后该市为了纪念胜利，以一部分战利品为资金，延请建筑家布希多（Buschetto）和里纳尔多（Rinaldo）建立一座令全意大利羡慕的圣母堂。整座大厦几乎皆以大理石砌成。1606 年，又加上青铜门，使拱廊四根柱子以过度的重复跨过正面。在内部，众多的柱子把教堂分成本堂和双廊，在袖廊和本堂的交会处耸立起一个不大悦目的椭圆形圆顶。这是意大利第一座伟大的教堂，而且是中古给人印象最深刻的杰作之一。

基督教的西班牙（711—1095）

这时期基督教西班牙的历史，主要是以驱逐摩尔人为目的的长期的十字军东征。摩尔人富有又强盛，他们据有最富庶的地区，并有最好的政府组织，而基督徒既贫且弱，耕地贫瘠，山脉阻挡了他们和欧洲其他地区的联系，使他们分裂成许多小王国，助长了狭隘的排他主义，也形成了兄弟阋墙的斗争局面。在这个热情洋溢的半岛上，基督徒被基督徒杀害的人数，远比被摩尔人杀害的多。

711 年，伊斯兰教势力侵入以后，把未能征服的哥特人、苏维人、基督教化了的柏柏人和伊比利亚的凯尔特人赶入了西班牙西北的坎塔布连山区。718 年，摩尔人追击他们，被哥特人佩拉尤的一小支军队在寇瓦东加击败，后佩拉尤自立为阿斯图里亚斯国王，建立了西班牙君主政治。摩尔人在图尔溃退后，使阿尔丰沙一世得以将阿斯图里亚斯的疆域扩大到加利西亚、卢西塔尼亚以及维兹卡亚。其孙阿尔丰沙二世吞并了莱昂省，并以奥维多为首都。

在他统治期间，西班牙历史上发生了一件关键性的大事。一位牧羊人声称，在星星的指引下，他在山中发现了一口大理石棺，许多人都相信那是"基督的兄弟"使徒雅各的遗物。于是人们在那里建了一个小教堂，后改建为孔波斯特拉大教堂（Santiago de Compostela），成了基督徒朝圣的圣地，仅次于耶路撒冷和罗马。圣雅各的圣骨成了鼓舞民心和捐募资金对抗摩尔人的无价之宝。圣雅各被奉为西班牙的守护神，而圣地亚哥之名也传遍了三大洲。信仰创造历史，尤其是信仰犯下错误的时候，人因为这些错误而死得更为高尚。

在阿斯图里亚斯东方，比利牛斯山之南，是那瓦拉（Navarre）。当地居民大部分是巴斯克人——可能是西班牙凯尔特人和非洲柏柏尔人的混血后裔。由于位于山区，他们成功地抵挡住穆斯林、法兰克人、西班牙人的势力，得以保持独立。905 年，桑科一世（Sancho I）建那瓦拉王国，以旁普罗纳（Pamplona）为首都。桑科因吞并莱昂、卡斯提尔和阿拉贡而赢得大帝之称号，基督教的西班牙因此一度接近统一。但是桑科临终时，将国土分给四个儿子，使一生的事业功亏一篑。阿拉贡王国即是在此分割时期出现。它迫使南方的伊斯兰教后退，并于 1076 年与北方的那瓦拉王国和平地合并。到 1095 年，阿拉贡已占有西班牙中北部一大片土地。788 年，西班牙东北靠近巴塞罗那的加泰罗尼亚被查理征服，由法国的伯爵以半独立的"西班牙边界地带"的方式加以统治，其语言混合了西班牙卡斯提尔语和法国普罗旺斯地方语言。西北的莱昂，到"胖子"桑科（Sancho the Fat）时步入历史舞台，这位胖子必须由侍者搀扶才能行走。贵族迫其退位以后，他到哥多华去，那里著名的犹太医生和政治家哈什迪治好了他的肥胖症。这位有如堂吉诃德（Don Quixote）一般柔弱的桑科返回莱昂，并于 959 年夺回王位。西班牙中部的卡斯提尔由其城堡得名，它面对伊斯兰教的西班牙，生活在长期的备战中。930 年，卡斯提尔的武士决定不再服从莱昂或阿斯图里亚斯国王的命令，并以布哥斯为首都，建立了独立国家。斐南多一世（Fernando I）将莱昂和加利西亚并入卡斯提尔，迫使托莱多及塞维利亚的酋长每年进贡。但是，他像桑科大帝一样，死时将国土分予三个儿子，从而抵消了他的努力，他的这些儿子延续了基督教西班牙王国之间互相毁灭的战争传统。

农产品匮乏和政治分裂，使基督教的西班牙在文化上与南方的伊斯兰教对手和北方的法兰克人相比远远落后。甚至在每一个小王国之内，统一也都是断断续续的，贵族们除了战争时期几乎无视国王的存在，他们在封建领地内自行管理他们的农奴和家奴。教会各阶层的教士构成第二种贵族，主教也拥有自己的土地、农奴和家奴，在战争中领导自己的军队，通常也不理睬教皇，其管理西班牙的基督教，俨然独立于教会。1020 年，各地贵族和主教在莱昂参加协商会议，如同莱昂王国的议会一般制定法律。这次议会给予城市自治特许状，这在中古欧洲尚属首次。类似的特许状也颁给西班牙其他的城市，这可能是为了换取他们对抗摩尔人的热忱和所需的金钱，于是在西班牙君主统治之下出现的封建制度中，出现了有限的城市民主。

迪亚兹（Rodrigo Diaz）的事业反映出 11 世纪基督教西班牙的英勇、骑士精神和混乱。他约 1040 年生于布哥斯附近的比瓦尔。成年以后他成为一位军事冒险家，哪里付钱就到哪里打仗，三十岁时就以大胆的战术闻名整个卡斯提尔。他既为摩尔人打基督徒，也为基督徒打摩尔人，因此不被人们信任。1081 年，他奉卡斯提尔王阿尔丰沙六世之命到塞维利亚征收贡礼，回来时被控吞没了部分贡品，因而被逐出卡斯提尔。他变成了一名流寇，组织一小支雇佣兵部队，随时受雇于基督教或伊斯兰教统治者。他为萨拉戈萨酋长服务八年之久，牺牲阿拉贡，扩大摩尔人的势力。1089 年，他率领一支大部分士兵为穆斯林的 7000 人的军队攻占巴伦西亚，每月向后者索取 1 万第纳尔的贡金。1090 年，他俘获巴塞罗那伯爵，得到 8 万第纳尔的赎金。远征回程途中巴伦西亚拒绝他进入，他便包围该城达一年之久，1094 年该城投降时，他撕毁了所有投降条件，烧死仍活着的首席法官，把居民的财产分给他的部下，若非他的士兵发出一阵抗议的呼声，几乎把这位法官的妻子和女儿也都烧死了。迪亚兹这些行为不过是依当时的风俗行之。他以能力和公正统治巴伦西亚，以弥补他的罪行，并以此地作为对抗摩尔人的堡垒。1099 年他死后，他的妻子杰敏娜（Jimena）统治该城三年。一个仰慕他的后辈，在传奇中把他描写成一位具有使西班牙重归基督教的神圣而又热忱的武士，他的遗骨在布哥斯受到圣徒一般的尊敬。

分裂的基督教西班牙之所以能够逐渐达到统一的目标，是因为伊斯兰教的西班牙最后也陷入更深的分裂和无政府状态。1036 年，哥多华伊斯兰教王国的衰亡，为卡斯提尔王阿尔丰沙六世带来绝好的机会。1085 年，他在塞维利亚王的协助下占领托莱多，并以此为首都。他以伊斯兰教的方式对待被征服的穆斯林，并鼓励将摩尔人的文化吸收进基督教的西班牙。

法兰西（614—1060）

·加洛林王朝的出现

当克洛泰勒二世（Clotaire II）为法兰克国王时，墨洛温王朝似乎还算安定。这个家族从来没有一个朝代统治过如此庞大而又统一的王国。不过克洛泰勒的腾达得力于奥斯特拉西亚和勃艮第贵族的帮助，他以渐增的独立和更大的领地酬谢他们，并从他们之中选出"长者"丕平一世（Pepin I the Elder）为自己的宫廷总管。这位总管原是皇家事务总监和皇家地产监督，他的行政职权在梅罗文加诸王专注于淫乐和权谋之时逐渐增强，他一步一步地控制了宫廷、军队和财政。有一段时期，克洛泰勒之子达戈伯特（Dagobert）国王曾遏止过总管和大公的权力。据编年史学家佛瑞德加（Fredegar）记载："他公平地对待贫富，只进很少的食物和睡眠，只想大家对他留下一个满心欢喜和钦慕的印象。"但是又说："他有三名王妃和许多嫔妃"，是"一个情欲的奴隶"。后来他那些疏忽职守的继承人——游手国王（rois fainéants）——又使权力落入总管之手。687 年，丕平二世在泰斯特里（Testry）之战中击败了他的对手，把总管的头衔改为首相，统治除亚奎丹以外所有的高卢地区，他的私生子查理·马特（Charles Martel）名义上是宫廷总管兼阿斯特拉西亚公爵，在克洛泰勒四世之下统治整个高卢。他勇敢地击退了弗里斯人和撒克逊人对高卢的入侵，并在图尔打败穆斯林，挽救了基督教的欧洲。他协助博尼费斯和其他教士改变日耳曼的信仰。但由于严重的财政压力，他又没收教会的土地，出售主教职位给将军们，在修道院驻扎军队。

751 年，其子丕平三世任希尔德里克三世的宫廷总管，遣使请求教皇撒迦利亚（Pope Zacharias）废黜墨洛温傀儡王，自立为王以名实相符。撒迦利亚由于需要法兰克人支持他对抗伦巴底人的野心，委婉拒绝了他。丕平于是在斯瓦松（Soissons）召集了一次贵族和高级教士的会议。751 年，他无异议地被选为法兰克国王，最后一任无作为的国王被削发送进修道院。754 年，教皇斯蒂芬二世到巴黎城外的圣但尼修道院（Abbey of St.Denis）为丕平涂油，后者称"神惠之王"（rex Dei gratia）。墨洛温王朝告终，加洛林王朝（Carolingian）由此开始。

"矮子"丕平三世是一位有耐心、有远见的君主，虔诚而务实，爱好和平，但在战争中决不屈服，品德也在高卢几个世纪以来任何统治者之上。查理曼所有的成就都奠基在丕平时代，在他们统治的 63 年（751—814 年）中，高卢终于转变成日后的法兰西。丕平深知没有宗教协助统治上会很困难，他恢复了教会的财产和特权，将圣物带给法兰西，从伦巴底诸王手中将教皇解救出来，并于 756 年，以"丕平献赠"（Donation of Pepin）的名义，给教皇广泛的世俗权力。他对教皇给他"罗马最高贵族"（Patricius Romanus）的头衔，及谕令法兰克人此后不得选其子孙以外的人为国王作为回报颇感满意。他卒于 786 年，死前将法兰克王国传给其子卡洛曼二世（Carloman II）及后来成为查理大帝的查理。

· 查理大帝

这位中古最伟大的国王于742年出生在一个不知名的地方。他是日耳曼血统，说日耳曼语，并有日耳曼民族的特色——身体强健，精神勇敢，种族骄傲，其粗率淳朴，距离那一时代法国都市的温文尔雅有数百年之遥。他读书甚少，但所读皆属好书。晚年始尝试学习写字，并不十分成功，但他能读古条顿语、书面拉丁语，并懂希腊文。

771年，卡洛曼二世卒，查理在29岁时成为唯一的国王。两年后，教皇哈德良二世向他紧急求援，请求协助抵挡侵入教皇国的伦巴底王狄西德里乌斯。查理包围并攻下帕维亚，僭取伦巴底王位，确定丕平的捐赠，并承担教会世俗权力保护者的角色。他返回首都亚琛后，最初一连53场战役，几乎都由他亲自领导。他计划征服并基督教化巴伐利亚、撒克逊，击败滋扰的柔然人，使意大利免于阿拉伯人的攻击，加强法兰西的防御，抵制西班牙摩尔人的扩张，以完成他的帝国梦想。撒克逊东边地区仍为异教徒所据，他们焚毁一座基督教堂，并不断侵入高卢。这些理由足以使查理打了18场战役（772—804年），使双方都为无法结束的暴力付出了代价。他让被俘的撒克逊人在受洗和死亡之间作一个选择，结果有4500名进行反抗的撒克逊人在一天之内被杀。随后他到泰昂维（Thionville）庆祝基督的诞辰。

777年，在帕得邦（Paderborn）的巴塞罗那伊斯兰教总督阿拉比（lbn al-Arabi），要求基督教君王支援他对抗哥多华的伊斯兰教统治者。查理率军越过比利牛斯山，包围并攻下了基督教的旁普罗纳（Pamplona）城，几乎进至萨拉戈萨。查理知道自己孤立无援的军队不足以和哥多华一拼，又有消息传来，说被征服的撒克逊人发生疯狂的叛乱，并向科隆进军，他于是率领精锐，以狭长的纵队阵形，经比利牛斯山道赶回。778年，在那瓦拉的伦西瓦列（Roncesvalles）的一条山道上，一队巴斯克人突然袭击法兰克军队，几乎把他们全部杀死。可敬的罗兰（Hruodland）也死于此劫，他就是 300 年后法国最著名的诗篇《罗兰之歌》（*Chanson de Roland*）所歌咏的英雄。795 年，查理派另一支军队越过比利牛斯山。西班牙边界——东北的一处长条形地带，变成法兰西亚（Francia）的一部分，巴塞罗那投降。806 年，那瓦拉及阿斯图里亚斯承认法兰克的主权。785 年，查理征服撒克逊人。789 年，他逐退逼近的斯拉夫人。790 到 805 年，他击溃柔然人，然后在统治的第三十四个年头他 63 岁时安然引退。

事实上，他喜欢行政胜于作战，在部落与教会冲突已达数百年的西欧，他以武力达成某种政治与宗教的结合。此时从维斯杜拉河到大西洋，波罗的海到比利牛斯山，及几乎整个意大利和巴尔干的大部分，皆在他统治之下。一个人如何能独自统治如此庞大和复杂的王国？他身心都足够坚强，以承担上千种危险和危机，甚至儿子刺杀他的阴谋。他有丕平三世的智慧和谨慎以及查理·马特的无情。他扩张他们的权力，以良好的军事组织和宗教仪式保卫、支持这一切。他高瞻远瞩，十分清楚自己的策略和目的。他能领导军队，说服议会，又知顺应贵族，控制教士和管理妻妾。

他给为他卖命的士兵更优厚的待遇，借以激励士气。每一个应召从军的自由人，必须对地方当局报告他所有的装备，而每一个贵族对他领导的队伍都负有维护的责任。国家的结构建立在这一支有组织的武力之上，由君权神授的神圣性、皇帝仪容的光彩华丽及对君王服从的传统等有利的心理因素加以支持。国王四周聚集着一批管理行政的贵族和教士——宫廷中总管或执事（seneschal）、首席法官（count palatine）、宫廷法官（palsgraves）和上百位学者、侍从、事务员。公众参与政事的观念由每半年召开一次的有财产、能武装的人参加的大会推动，他们在沃姆斯、瓦朗谢讷、亚琛、日内瓦、帕得邦等地通常露天召开这一会议。在大会中，国王对其中一小群贵族或教士提出立法计划，让他们进行考虑，提出建议，国王再将法律条文系统化，然后提交大会通过。大会很少有不同意的时候。兰斯的大主教辛克玛（Hincmar）曾对参与某次大会的查理有亲切的描写："他向显要们致意，与很少见面的人交谈，对长者表示亲切，和年轻人一起嬉戏作乐。"大会时每一省的主教和行政官，都要向国王报告地方上的重要事情。辛克玛说："国王希望知道国内有没有人民得不到休养生息，及造成的原因。"有时国王的代表召集有声望的市民，要他们去调查谁应加征赋税，公共秩序的情况，及有无犯罪或犯法的事情，这些人还须发誓所言非虚。9 世纪，在法兰克，一些地方事务，如土地所有、罪犯的罪责等问题，常由这些发过誓的调查员（Jurata）做决定，这种调查员制度经过诺曼底人和英格兰人的发展，形成了现代的陪审制度。

帝国划分为若干郡（counties），每一个郡精神上的事务由主教或大主教掌管，尘世的俗务由国王的伴臣（comes）或伯爵掌理。地方地主会议每年在地方省会召开两或三次，通过地方政令，并作为地方之上诉上法庭。危险的边疆各郡都没有特殊的总督（graf），例如瓦朗谢纳的罗兰就是布列塔尼边区的总督。所有地方行政都听命于国王的密使（missi dominici），查理派出密使传达他对地方官员的要求，考核他们的行为、司法、财政，防止贿赂、敲诈、徇私和横征暴敛，接受诉讼，补救错失，保障"教会、穷人、患者、鳏寡及所有的百姓"，使他们免于不法或暴虐的侵害，并向他报告各地的情况。这种密使制度（capitulare missorum）是为人民而立的大宪章（Magna Carta），比英国为贵族而立的《大宪章》早四百年。此种法规的意义，我们可以从伊斯特里亚（Istria）伯爵的例子略窥一二：他被密使指控不公并有勒索行为，国王迫其吐出赃款，赔偿每一个受害者，并公开承认罪行，保证不再重犯。除了战争行为之外，查理是我们所知自哥特人狄奥多里克以来欧洲最正直、最开明的君主。

查理法律留下的 65 条法规，是中古法律最为有趣的部分。它们并非有组织的系统，而是以前许多"野蛮的"法律为适应新的情况和需要而被扩大和应用，有些部分还不如伦巴底利乌特普朗德国王的法律来得开明：它仍然保留了杀人赔偿法、神裁法（ordeal）、决斗裁判法（trial by combat）及残害处罚，重归异教信仰或斋戒期吃肉须判死刑——虽则教士可以酌情减轻刑罚。这些法规并不全是法律，有些是供词，有些是查理询问官员的问话，有些是道德的告诫。其中有一条说："每一个人都必须尽其全力侍奉上帝，并实践他的训诫，因为皇上无法照管每一个人的人格修养。"还有一些条文企图对性与婚姻关系增加更多的规定。人们虽然不致完全遵从这些告诫，从这些条文可以看出，他们有心努力从野蛮走向文明。

除了政府和道德，在农业、工业、财政、教育及宗教领域，查理都为之立下法律。查理统治时期，正是阿拉伯人控制的地中海、法国南部和意大利经济陷入低潮的时候。历史学家伊本·哈尔敦说："基督徒已无法再在海上行舟。"西欧、非洲与地中海东部整个商业关系都因之紊乱，只有犹太人把这个在罗马时代经济统一，而现在分裂为两个敌对部分的世界联结在一起。这也是查理努力保护犹太人的原因。斯拉夫和拜占庭统治下的欧洲及北方的条顿人区，仍有贸易活动。英吉利海峡和北海虽有活跃的商业，但在查理去世以前，这个地区的贸易已为挪威的海盗扰乱。北方的维京人和南方的穆斯林几乎封闭了法兰西的海港，使它变成一个内陆的农业国家。由于商业中产阶级的衰落，以致没有人能对抗农业贵族。法兰西封建制度因查理的土地赐予及伊斯兰教的胜利而加强。

查理努力保护自由农民，使他们不致日益普遍地变成农奴，但是贵族和环境的力量，使他的努力遭到挫败。甚至因为加洛林王朝与非基督教民族战争的结局，奴隶制度竟还有复兴的迹象。国王自己的地产是皇家收入的主要来源，因没收、赠礼、遗产归还、土地收回而周期性地增加。为了管理这些土地，他颁布了异常详尽的《庄园法》（*capitulare de villis*），从这里也可看出他对国家收入和支出细心考察的情形。所有森林、荒地、道路、港口、地下矿产都归国有。他对残存的商业加以鼓励，对市集加以保护，度量衡和物价也有定准，关税适度，禁止投机，修补道路、桥梁，在美因茨建造横跨莱茵河的桥，保持水运畅通，并计划修运河以联结莱茵河和多瑙河，使黑海与北海相通。货币保持稳定，但因法兰西缺少黄金及商业衰退，不得不以银镑代替君士坦丁的金币。

查理对生活的每一方面都倾注了精力。他抽贵族和教士的税作为经费，建立济贫制度，以致使行乞成为一种罪恶。他对当时文盲的普遍感到震惊，那时除教士以外几乎没有人读书，也惊于低级教士缺乏教育，他召请外国学者以恢复法兰西的学校。执事保罗来自蒙特卡西诺，阿尔琴来自约克（782 年），执教于查理在亚琛王宫中所设的学校。阿尔琴是撒克逊人，生于约克附近，在爱格伯（Egbert）主教在当地设立的教会学校受教育。8 世纪，不列颠和爱尔兰在文化上是领先法兰西的。当穆尔西亚的国王欧法命他出使法兰西时，查理请求他留下。阿尔琴正欲离开英格兰，因为丹人"使得该地荒凉，修道院也声名狼藉"，于是便同意留下。他先到英格兰及其他地方访师寻书，不久这所宫廷学校就成为活跃的研究、校订、抄写手稿以及普及全国教育改革的中心。学生包括查理、他的妻子留特格得、他的儿子们、女儿吉色拉、他的秘书爱因哈得、一位修女及其他许多人。查理是所有人中最用功的一个，他勤于求知正如他勤于国事。他读修辞学、辩证法、天文学，他非常努力地学写作。爱因哈得说："他经常在枕头下放一块石板，以便在闲暇时习字，但因他开始得太晚，成绩不佳。"他发狂地学习拉丁文，但在宫廷中仍说日耳曼语。他编辑了一部日耳曼文法书，并收集日耳曼诗歌的早期杰作。

796 年，阿尔琴在宫廷学校任教八年以后，要求退隐较幽静的环境中，查理勉强让他接受了图尔修道院院长一职。在修道院里，他鼓励僧侣们将圣哲罗姆所译的拉丁语《圣经》、拉丁教父的著作及拉丁古典书籍进行更好、更精确的缮写，于是其他修道院也都仿效。现在许多最好的古典书籍，就是来自 9 世纪这些修道院的抄书室。事实上，卡图卢斯、狄巴拉斯和普罗佩提乌斯之外所有拉丁诗歌，及瓦罗、塔西佗、阿普列乌斯之外几乎所有拉丁散文，都是由加洛林王朝的僧侣保存下来的。许多加洛林王朝的手稿都由僧侣精心装饰。后来日耳曼皇帝加冕所用"维也纳"福音书，即来自这个启示性的宫廷学校。

787 年，查理对所有法兰西亚主教和修道院长发布《文学研究之训令》，此举颇富历史意义。他指责教士们"言语粗鲁"、"谈吐无文"，他劝每一座教堂和修道院都设立学校，以便教育教士和俗人读写。789 年，他更命令学校的校长"注意对自由人和农奴的孩子不可有差别待遇，务必使他们能共同学习文法、音乐和算术"。805 年的法规，包括关于建设医学教育的内容，不过也有为人诟病的医药迷信。由当时遍布法兰西和日耳曼西部的教堂与修道院学校，可以看出查理的努力并没有白费。奥尔良主教狄奥多夫（Theodulf）在他所辖的每一个教区设立学校，他欢迎所有的儿童到学校去，禁止兼任教师的教士收取任何费用，这是历史上免费公众教育的第一个例子。9 世纪，重要的学校多附属于修道院，如图尔、奥塞尔、帕维亚、圣加尔、福达、根特及其他各地的学校，都在这一时期出现。查理为了满足教师的需要，从爱尔兰、不列颠和意大利聘请学者。从这些学校毕业的学生，则进入欧洲的大学继续学习。

我们不可高估这个时代的学术素质，这种学术复兴，可以说是儿童的觉醒，不及当时存在于君士坦丁堡、巴格达、哥多华等地的文化成熟。它并没有产生任何伟大的作家。阿尔琴那些堂皇的文章，枯燥得令人窒息，只有他的书信和一些诗句可以证明他不是一个夸夸其谈的学究，而是一个懂得调和快乐与虔诚的人。在这个短暂的文艺复兴时期有许多人写诗，在不成熟的作品里面，狄奥多夫的诗是较令人愉快的，不过这一段时期不朽的文学作品只有爱因哈得为查理所写的简短传记。他仿照苏埃托尼乌斯（Suetonius）《罗马皇帝列传》（*Life of the Caesars*）的写法，甚至从中攫取句子用到查理身上。但是对于自称"一个野蛮人，对罗马语所知不多"的作者而言，这应该可以原

谅。虽然如此，他是一个颇有才气的人，因为查理不但要他掌管皇家
事务和国库，做自己亲密的朋友，而且任命他监督或设计这个颇富创
造性的时代很多的建筑。

皇宫建在英格尔海姆（Ingelheim）和尼杰梅根（Nijmegen）及查
理喜爱的首都亚琛。这些不知名的建筑者，模仿拉韦纳的圣维塔莱教
堂，而圣维塔莱教堂又仿自拜占庭和叙利亚，一座东方式的大教堂耸
立于西方。这座八角形建筑的上方有一座圆形的屋顶，其内部则由环
状的双层列柱分隔，"装饰以金、银、灯、栅栏和实心的铜门，及来
自罗马和拉韦纳的圆柱和香炉"。圆顶上饰有著名的镶嵌。

查理对教会极为慷慨，同时他也成了教会的主人，利用其教义
和人员作为治理和教育的工具。他有很多信札是关于宗教的。他引用
《圣经》的句子责备腐败的官员或凡念未断的教士，言辞的热烈不容
我们怀疑他的虔诚只是一种政治姿态。他周济外地穷困的基督徒，他
与伊斯兰教统治者交涉时坚持须善待基督徒臣民。主教在他的议会、
大会及行政工作中扮演重要的角色，尽管他尊敬他们，但只把他们视
作上帝之下的他的代理人。他在教义或道德问题上也毫不犹豫地支配
他们。他在教皇维护偶像崇拜的时候指责偶像崇拜，他要求每一位牧
师将其教区洗礼方式作一次书面描述，他给教皇的指令和他送给后者
的礼物同样多，他镇压修道院中的犯上事件，并严格监视女修院，以
防止修女有"不贞、酗酒及贪婪"之事。他在811年颁布的一项法规
中诘问教士，当"我们看到"一些教士"利用各种方法，处心积虑地
去增加他们的财物，为了这个目的，时而以永生之火为威胁，时而以
永恒的至福为应许，借上帝或圣徒之名去剥削无知小民的财物，使他
们合法的继承人受到无穷的损失"，宣誓放弃俗世的利益还有什么意
义？虽然如此，他允许教会有自己的法庭，规定土地收成之1/10归
教会，让教士掌管婚姻和遗嘱之事，而他自己更将2/3的田庄遗赠给
王国内的主教。不过他也要求主教们不时以实质的礼物帮助政府解决
开支的问题。

这种政教密切合作，产生了政治史上最光辉的一个设计：查理帝国转化为神圣罗马帝国（Holy Roman Empire），后者包含着帝国与罗马教皇双方所有的尊荣、神圣和稳定。教皇早已不满在疆域上附属于一个既不能保障他们，也不能为他们带来安全的拜占庭，他们目睹君士坦丁堡的教会越来越臣服于皇帝，也担心本身的自由。我们不知道是谁想出或安排了由教皇封查理为罗马皇帝的计划，阿尔琴、狄奥多夫和其他亲近他的人曾有讨论此事的可能性，也许是他们的创意，也可能是教皇的顾问们的灵感。这种方式有一个很大的困难：希腊的帝王早已拥有罗马皇帝的头衔及这个头衔下所有传统的权力，而教会并没有被认可的权力能出让或转移这个头衔。把这个头衔转移给拜占庭的敌手，可能会导致东方基督教和西方基督教之间的激烈战争，而使毁于战争的欧洲落入雄心勃勃的伊斯兰教之手。797 年，爱琳夺取了希腊人的王位，这对上述计划颇有帮助，有人认为如今既无希腊皇帝，任何人皆可问鼎。假如这个大胆的计划能够实现，西方必会再出现一位罗马皇帝，拉丁的基督教世界将趋于强大，团结起来对抗分裂的拜占庭和虎视眈眈的阿拉伯人，野蛮化了的欧洲将可凭借帝国之名的神奇和威力，回到黑暗时代以前，继承并基督教化古代世界的文明和文化。

795 年 10 月 26 日，利奥三世被选为教皇。罗马民众并不爱戴他，他们指控他行为失检。799 年 4 月 25 日，罗马民众攻击他，虐待他，将他囚禁在修道院内。他乘机逃脱，寻求查理的保护。这位皇帝仁慈地收留了他，派军护送他回罗马。第二年，他命令教皇和指控教皇的人当他面一辩曲直。800 年 11 月 24 日，查理进入罗马。12 月1 日，法兰克人和罗马人组成的大会同意，假如教皇愿以庄严的宣誓否认他做过的被指责之事，则取消对他的控告。他依命而行，于是问题解决，可以好好庆祝一个盛大的圣诞节了。圣诞节那天，查理身穿罗马贵族式的斗篷和草鞋，跪在圣彼得教堂神坛前祈祷，利奥三世突然将珠冠加在他头上。或许是事先安排好的，会众依照古代罗马加冕仪式三呼道："奥古斯都查理（Charles the Augustus），承上帝之命，致和平的罗马人的大帝万岁！"皇帝的头上被涂以圣油，教皇尊称他为皇上和奥古斯都，并向他行476年以来一直为东方皇帝所保留的臣属礼。

如果我们相信爱因哈得所言，那么查理曾告诉他，假如他知道教皇有意为他加冕，他就不会进教堂了。也许查理了解计划的梗概，但他仍对加冕的仓促和环境表示遗憾。他对从教皇手中得到皇冠，因而使供方和受方的相对尊严和威力在数个世纪之中引发争议，也许并不高兴，他或许已料到他和拜占庭之间将会发生许多分歧。现在查理常常遣使或写信至君士坦丁堡，希望能弥补双方的裂痕。有很长一段时间，他没有使用他的新头衔。802年，他向爱琳求婚，以使他们的名号合法化。但是爱琳的失权粉碎了这个美妙的计划。为了使拜占庭不致以武力相向，他和哈伦·阿尔·拉希德达成了一项协定，拉希德送他几头大象和一些象征开放耶路撒冷圣地的钥匙，以达成谅解。拜占庭则鼓励哥多华伊斯兰教总督取消对巴格达的效忠以为报复。最后，812年，希腊皇帝终于承认查理为共同皇帝（co-emperor），以报答查理承认威尼斯和意大利南部属于拜占庭。

查理的加冕影响达千年之久。教皇与主教的声势，因世俗的权威源自教会的授予而增强，教皇格列高利七世和英诺森三世也因800年的加冕，得以在罗马建立一个较有力的教会。查理使自己成为上帝在尘世的代理人，从而加强了他对抗诸侯和其他不满分子的力量，并进一步推进了国王神权的理论。它加深了希腊与拉丁基督教的分裂。希腊教会当然没有兴趣听从一个和查理皇帝联合并对抗拜占庭的罗马教会。事实上，查理（正如教皇所希望的）继续以亚琛而非罗马为首都，显示政治权威从地中海转到欧洲北部，从拉丁民族转入条顿民族之手。更重要的是，加冕一事在事实上，不仅在理论上，建立了神圣罗马帝国。查理和他的顾问们都以为他的新权威是旧有皇帝权力的复活，要到奥托一世时这种政治制度的显著特质才会被认识，而且到

1155 年，"红胡子"腓特烈（Frederick Barbarossa）将"圣"（sacrum）字加在头衔之前时，它才变得"神圣"。神圣罗马帝国是对心灵与公民自由的一个威胁，尽管如此，最值得珍惜的是它代表一种高贵的观念，一个英勇地将世界从野蛮、动乱、无知带回到安全与和平，秩序与文明的梦想。

现在皇帝在各种场合受到繁文缛节的束缚。他必须穿绣袍，扣金扣，蹬珠鞋，戴黄金和珠宝制成的王冠，任访客匍匐在他脚上或膝上亲吻。这一套查理学自拜占庭，拜占庭又是从泰西封学来的。不过据爱因哈得说，查理平时所穿的衣服和法兰克人普通的袍子并无两样——亚麻布的衬衫和裤子，外套一件羊毛的上衣，有时缀以丝边，长统袜用带子扎在腿上，脚蹬皮鞋，冬天再加一件貂皮或獭皮紧身外套，身边通常佩着一把剑。他身高 6 英尺 4 英寸，金黄色的头发，富于活力的眼睛，有力的鼻子，有髭但无须，一副"庄严高贵的"仪容。他饮食有度，痛恨酗酒，尽管不辞风霜与辛劳，却保持着健康。他常打猎、骑马或进行类似剧烈的运动。他是一位游泳好手，喜欢在亚琛的温泉中洗浴。他很少娱乐，喜欢在用餐时听音乐或读书。他像每一个伟人一样珍视时间，他在早上穿衣着鞋时接见觐见者和听案。

在他的庄严和宁静背后藏着热情和精力，他以超人的睿智把它们用在他的目标上。他主要的精力并没有耗在无休止的战役上，他一直热心于科学、法律、文学和神学，他会为任何一块土地，任何一门知识未能被开拓或征服而愤怒。在某些方面，他表现得十分机智，他嘲笑迷信，禁止预言和占卜。但是他又相信许多神奇的怪事，夸大立法对善良和智慧的重要性。这种单纯的心思有好的一面，在他的思想和言谈中有一种政治家少有的率直和真诚。

当政策需要时，他颇为狠心，尤其在推广基督教方面，他更是残酷。不过他也是大慈大悲、对朋友热情、爱好广泛的人。他为他的儿子、女儿、哈德良教皇之死而悲泣，狄奥多夫在《在查理曼统治时期》（*Ad Carolum Regem*）一诗中，把查理的家居生活描写成一幅悦目的图画。处理政务之余，查理则和他的孩子们在一起，儿子查理为他脱去外衣，路易为他取下配剑，他的六个女儿环绕着他，为他拿来面包、酒、苹果、鲜花。主教前来赞赏国王的食物，阿尔琴在旁边和他讨论信件，身材矮小的爱因哈得跑前奔后，忙得像蚂蚁，搬运大本大本的书籍。他非常喜欢他的女儿们，甚至劝她们不要出嫁，说他无法忍受没有她们。她们只能用未经许可的恋情安慰自己，因此生下了好几个私生子。查理对这些事一笑置之，因为他自己也循前人之例，有四位继室和五位情妇或妃嫔。他丰富的精力使得他对异性的妩媚极为敏感，他的后妃们宁愿做他的姬妾，也不愿为其他男人独宠。他的后妃为他生了 18 个孩子，其中 8 个是合法的。宫廷教士和罗马教会，对这位基督教国王穆斯林式的道德也只能视若无睹。

　　他现在领导的帝国远超过拜占庭，在西方世界中，只有伊斯兰教的阿巴斯王朝超过它。但帝国或知识扩张的领域，每一方面都引起新的问题。西欧曾企图将日耳曼纳入自己的文明中以保护自己，但是现在日耳曼又因抵挡北欧人和斯拉夫人而应受到保护。800 年，维京人曾在日德兰半岛建立王国，并侵扰弗里斯（Frisia）沿海。查理急忙从罗马赶回，组建舰队，并在海岸、河畔建立堡垒及前哨据点。810年，日德兰王侵入弗里斯，但被击退。此后不久，依照圣加尔僧侣的编年事记，查理从他在纳尔邦的皇宫看见里昂湾（Gulf of Lyons）有丹麦海盗的船只，大感震惊。

　　或许查理像戴克里先一样预料到他过分庞大的帝国，必须同时在许多地方进行迅速而有效的防御，于是在 806 年，他将国土分给三个儿子——丕平、路易和查理。但是 810 年丕平死去，811 年查理去世，只剩下路易一人。路易对宗教异常虔诚，似乎不适于统治一个组织松散而叛变频繁的世界。然而 813 年，在一个庄严隆重的典礼中，路易从国王变为皇帝，老王祝福道："赞美你，我主上帝，由于你的恩典，使我能亲见我的儿子坐上我的王座！"4 个月之后的冬天，在亚琛，查理发高烧并转成胸膜炎。他想只进流食定能医好自己，但 7 天后，在他统治的第 47 年，72 岁时，他溘然长逝（814 年）。他身穿皇袍，被葬于亚琛的大教堂。人们称他为查理大帝。1165 年，关于他私生活不检点的所有记忆都被时间冲淡时，他热心侍奉过的教会，将他列入被祝福的一群之中。

·加洛林王朝的没落

加洛林时代的文艺复兴是黑暗时代几个英雄式的插曲之一。假如不是查理的继承者陷入纷争，没有封建诸侯的无政府状态，政教之间不断的斗争和这些愚昧争执所引起的诺曼底人、马札儿人、阿拉伯人的入侵，黑暗时代或许早在阿贝拉德以前 300 年即告结束。单凭一个人的一生，是无法建立一个新文明的。这个短暂的文艺复兴过分局限于教会，大众并没有参与其中，贵族也极少参加，他们中很少有人愿意学习、读书。帝国的崩溃，查理本人也应承担部分责任。他给主教太大的权力，一旦松开他强有力的控制，教会就比皇帝强大，而皇帝为了军事和行政的缘故，被迫使各地的法院和贵族享有的独立达到危险的程度。他使帝国的财政依赖于这些粗俗贵族的廉正和忠心，及自己土地和矿产的有限收入。他未能像拜占庭皇帝一样建立一个只对中央权力负责，或通过各层人员推行政事的官僚体制。他死后 30 年间，控制各郡的"皇帝的密使"制度瓦解，地方诸侯得以逃避中央的控制。查理的统治是天才创造的丰功伟绩，他在一个经济衰退的地区和萧条时期表现出了政治上的进步。

时人给查理的继承人取的绰号，"虔诚者"路易（Louis the Pious）、"秃子"查理（Charles the Bald）、"结巴"路易（Louis the Stammerer）、"胖子"查理（Charles the Fat）、"单纯者"查理（Charles the Simple），讲述了绰号主人的故事。"虔诚者"路易和他父亲一样高大英俊，态度谦和、高雅而又亲切，并像恺撒一样宽厚仁慈。由教士抚养长大的他，喜欢查理适度奉行的那些道德训诫。他只有一位妻子，没有姬妾。他把父亲的情妇和姐妹们的情夫赶出宫廷，而当他的姐妹们提出抗议时，他便将她们幽禁在女修道院里。他要教士们保证依循圣本笃派清规戒律的生活。他防止不公和剥削，并主持正义。人们惊异地发现，他常站在贫弱者一边。

他感到被法兰克人的习俗拘束着，便把帝国分成数个王国，由他的儿子分治：丕平、罗塞（Lothaire）和"日耳曼人"路易（Louis the German 即路德维希，Ludwig）。路易的第二任妻子朱蒂丝（Judith）为他生了第四个儿子，即"秃子"查理，路易几乎像祖父一般宠爱这个孩子。他废止817年的分治方案，希望他也能分得帝国的一部分，其他三个儿子起而反对，于是爆发了长达8年的反对父王的内战。贵族和教士大部分支持叛乱，有些貌似忠诚的贵族，在罗斯菲尔德（Rothfeld）的一次危机中背弃了路易，因此这个地方被称为"谎地"。833年，路易命令他剩余的支持者各自逃生，自己则向他的儿子们投降。他们监禁朱蒂丝并剃光她的头发，幽禁小查理在修道院，命令父王退位，并予以公开惩罚。在斯瓦松的教堂里，路易在30位主教的围绕之下，被迫在他的儿子和继承人罗塞面前，赤裸着上身卧倒在一块毛布之上，大声诵读一篇忏悔的自白书。他穿着悔罪者所穿的灰色衣服，被幽禁在修道院达一年之久。这以后，在加洛林王室的分裂之中，有一个统一的主教团统治着法兰西。

罗塞对路易的处置令群情激愤。许多贵族及部分高级教士响应朱蒂丝废黜罗塞的呼吁，三个儿子之间也发生了争执。834年，丕平和路德维希释放了他们的父亲，恢复他的王位，并将朱蒂丝和查理送回他的怀抱。路易没有报复，原谅了一切。838年丕平死后，重新划分国土，路德维希不满，侵入撒克逊。这位老皇帝再度披甲上阵，逐退入侵者。840年，他在班师回朝途中病逝于英格尔海姆附近。他留下遗嘱宽恕路德维希，并要求继任皇帝的罗塞保护朱蒂丝和查理。

罗塞企图将查理和路德维希降为藩属，841年，查理和路德维希在丰特内（Fonteney）击败罗塞，并在斯特拉斯堡宣誓彼此效忠，这项宣誓是法兰西现存最古老的著名文献。然而，843年，他俩又与罗塞订立《凡尔登条约》(*Treaty of Verdun*)，将查理的帝国分为相当于近代的意大利、日耳曼和法兰西三个部分。路德维希获得莱茵河与易北河之间的土地，查理获得法兰西的大部分和西班牙边区，罗塞获得意大利、莱茵河之东和斯海尔德河、苏因河、罗讷河之西的土地，这个构成复杂的地区，从荷兰一直延伸到东南普罗旺斯。这块土地在种族构成和语言上都十分复杂，因而不可避免地成了法兰西和日耳曼之间的战场，在血腥的胜败消长中不断地更换着主人。

在这一场代价极大的内战中，西欧的政府、人力、财富、士气都削弱了，斯堪的纳维亚的扩张部族狂潮一般地侵袭着法兰西，他们重新开始并完成 400 年前日耳曼移民未完成的破坏和恐怖。当瑞典人渗入俄罗斯，挪威人踏上爱尔兰，丹麦人征伐英格兰，我们称之为瓦里亚基人的混合血统的斯堪的纳维亚人正劫掠法兰西的沿海和沿河城市。"虔诚者"路易死后，这种侵略变成了大规模的远征，上百艘船只组成的舰队满载水手和战士。9 世纪和 10 世纪，法兰西共遭受瓦里亚基人 47 次攻击。840 年，北欧人劫掠鲁昂，揭开了一个世纪对诺曼底进攻的序幕。843 年，他们攻进南特，把主教杀死在祭坛之上。844 年，他们溯加龙河而上至图卢兹。845 年，他们沿塞纳河进入巴黎，收到 7000 磅银子的贡金后放过了这个城市。846 年，当阿拉伯人正在攻打罗马时，北欧人征服了弗里斯群岛，焚烧多德雷赫特 (Dordrecht)，劫掠里摩日。847 年，他们包围波尔多，但被击退。848 年，他们再度进攻，攻下该地之后，劫掠财富，屠杀居民，并放火焚烧，将其夷为平地。在以后的几年中，博韦、贝叶、圣罗、莫城、埃甫勒、图尔都遭到同样的命运。从图尔于 853、856、862、872、886、903 和 919 年连续遭到劫掠，不难想象这一恐怖时期的大致情形。巴黎于 856 年遭劫，861 年再度沦陷，865 年被焚。855 年，奥尔良和沙特尔的主教组织军队逐退入侵者。但是，856 年，丹麦海盗又洗劫奥尔良。859 年，一支北欧舰队经直布罗陀海峡进入地中海，抢掠罗讷河沿岸城市，直至北方的瓦伦斯 (Valence)。他们又越过热那亚海湾，抢劫比萨和意大利的其他城市。他们一路遭到各地贵族的阻挠，入侵者摧毁没有保护的教堂和修道院的财产，焚烧图书室，有时甚至杀害教士和僧侣。在这些黑暗的日子里，人们祈祷着："带领我们摆脱北欧人的狂暴！"810 年，阿拉伯人似与北欧人共谋取得科西嘉和撒丁，820 年蹂躏法兰西的里维耶拉（Riviera），842 年抢掠阿尔勒，直到 972 年，一直占据法兰西大部分的地中海海岸。

在这 50 年的破坏中，那些国王、公侯有何作为？这些自身受到侵害的贵族既不愿协助其他地区，对联合行动的呼吁反应也很冷淡。国王们忙于领土或王位之争，有时甚至鼓励瓦里亚基人攻击自己敌人的海岸。859 年，兰斯的大主教辛克玛直接指责"秃子"查理疏于对法兰西的防卫。继承查理的都是一些更差的弱者——"结巴"路易二世、路易三世、卡洛曼和"胖子"查理。机缘凑巧，帝国又统一于"胖子"查理之手，垂死的帝国似乎又获得了重生的机会。但是，880年，北欧人攻占并烧毁奈美根（Nijmegen），将古特勒（Courtrai）和根特变成诺曼底人的要塞。881 年，他们焚掠列日、科隆、波昂和亚琛。882 年，他们占领特里尔，杀死领导抵抗的大主教。同年，占领兰斯，迫使辛克玛逃亡并死在路上。883 年，他们侵占亚眠，从卡洛曼王那里得到 1.2 万磅银子之后退去。885 年，占领鲁昂，驾着 700艘船带着 3 万人航行到巴黎。该城总督奥得伯爵和主教高兹兰领导了一次英勇的抵抗。巴黎被困达 13 个月之久，并遭受十余次突袭，最后"胖子"查理不但未派兵来援，反而给北欧人 700 磅银子，允许他们在塞纳河上航行，并在勃艮第过冬，而让他们在勃艮第大肆掠夺了一次。888 年，查理退位，旋即逝世。奥得被选为法兰西国王。巴黎的战略地位已被证明，并成了政府所在地。

奥得的继承人"单纯者"查理竭力保卫塞纳河和苏因河，但是无力阻止瓦里亚基人对法兰西其他地区的蹂躏。911 年，他将已为北欧人占领的鲁昂、利索（Lisieux）和埃甫勒割让给北欧首领罗洛（Rollo），北欧人同意对国王行封建臣属礼，但是行礼时，当着国王的面嬉笑不止。罗洛答应受洗，他的部众也跟着受洗，并逐渐开始经营农业，进入文明的生活。如此，诺曼底变成了北欧人在法兰西的征服地。

这位单纯的国王终于为巴黎找到一个解决的办法。现在诺曼底人（进入诺曼底的瓦里亚基人）要防止其他的入侵者进入塞纳河了。但是瓦里亚基人仍侵扰其他各地。911 年根特被劫掠，919 年昂热被劫掠，923 年轮到亚奎丹和奥弗涅，924 年是阿图瓦和博韦。几乎同时，917 年，蹂躏日耳曼南部的马札儿人进入勃艮第，毫无阻碍地来往于法兰西之境，937 年抢掠并焚毁兰斯和森斯，951 年如潮水般席卷亚奎丹，954 年焚烧坎布雷、拉恩和兰斯四郊，并从容地劫掠了勃艮第。法兰西的社会秩序在北欧人和匈奴人的不断摧残之下，濒于完全的崩溃。909 年，在特洛斯勒举行的宗教会议大声疾呼：

> 城市人口减少，修道院被摧毁或焚烧，乡村罕有人迹……有如初民般过着没有法律的生活……现在每个人各行其是，藐视法律的人道和神圣……强者欺凌弱者，世界充满压迫穷人，掠夺教会财产的暴力……人类互相吞食犹如海中的鱼。

加洛林王朝最后的几位国王——路易四世、罗塞四世、路易五世，都是心地善良的人，但是他们的血液里都缺少坚强的意志以为悲惨的世界建立秩序。987 年，路易五世去世，他身后无嗣，贵族和高级教士乃在加洛林家族之外寻找新的领袖。他们在纽斯特里亚一位侯爵的子孙中找到了一个名字颇富深意的人——"强者"罗伯特（Robert the Strong），保卫巴黎的奥得是他的儿子，他的孙子"伟人"休（Hugh the Great），曾通过交易或战争得到诺曼底、塞纳河、卢瓦尔河之间几乎全部的土地，他比国王更有财势。休之子休·卡佩（Hugh Capet）继承了他的财富和权力及获得财富和权力的才能。曾受学者吉尔伯特教导的大主教亚德贝罗（Adalbero）则推荐他为法兰西的国王。987年，人们一致推举他为国王，卡佩王朝（Capetian Dynasty）于此开始，这个王朝由直系或旁系统治法兰西直到法国大革命为止。

·文学与艺术

也许我们过分夸张了北欧人和马札儿人的侵袭所造成的损害。为节省篇幅的缘故，我们没有完整地描绘这一画卷，这一时期无疑也有安全与和平的间歇时刻。在恐怖的9世纪里，修道院仍然不断被建立起来，修道院同时也是忙碌的工业中心。鲁昂虽历经劫难，却因和不列颠的贸易而强大起来，科隆和美因茨控制着莱茵河的贸易，佛兰德斯地区是繁荣的工业中心，根特、伊普尔、里尔、杜埃、阿拉斯、图尔纳、迪南、坎布雷、列日和瓦朗谢讷的商业都有所发展。

修道院图书室中的古籍在劫掠中遭受到悲剧性的损失，依照查理的命令开办学校的教堂也多遭摧毁。但是福达、洛尔什、赖赫劳、美因茨、特里尔、科隆、列日、拉恩、兰斯、科尔比、弗勒里、圣丹尼斯、图尔、波比奥、蒙特卡西诺、圣加尔等地图书馆的收藏，却保存在修道院或教堂中。圣加尔的本笃教团修道院，以学者、学校和书籍闻名于世。在这里，"结巴"洛克·巴布露斯（"Notker" Balbulus）写出极出色的赞美诗和《圣哥尔僧侣编年史》（*Chronicle of the Monk of St. Gall*），"厚唇"洛克勒布（Notker Labeo）将波伊提乌、亚里士多德的著作和其他古典作品翻译成日耳曼文。这些译作和日耳曼早期的散文，促进了这种新语言在形式和结构上的定型。

甚至在屡经浩劫的法兰西，修道院的学校照亮了这个黑暗的时代。900年，奥塞尔的雷米（Remy of Auxerre）在巴黎创立了一所公共学校。10世纪，奥塞尔、科尔比、兰斯和列日也纷纷设立学校。约1006年，佛伯特主教（Fulbert）在沙特尔开设了一所学校，后来成为阿贝拉德以前法兰西最负盛名的学校，学生称他为"可敬的苏格拉底"（venerabilis Socrates），学校中教授科学、医学、古典文学及神学、《圣经》和祈祷文。佛伯特是具有高度热忱、圣者一般的耐心和无限仁慈的人。11 世纪末，在他的学校里有索尔兹伯里的约翰、康科斯的威廉，图尔的贝伦加尔和吉尔伯特。同时，在现在的拉恩，当年查理所建的宫廷学校在"秃子"查理的鼓励和保护之下，也达到了它声誉的高峰。

845 年，查理为宫廷学校延请爱尔兰和英格兰学者。其中有一位中古时期最富创意、最大胆的学者，他的存在甚至使我们怀疑把"黑暗时代"一词加在 9 世纪身上是否恰当。他的名字可以说明他的出身——约翰·埃里金纳，即爱尔兰出生的爱尔兰人约翰，以下我们将称他为埃里金纳。他虽然不是教士，却是一个学问渊博的人，一位希腊文专家，一位柏拉图和古典作品的爱慕者和一个才智出众的人。有一个故事说他和"秃子"查理一起进餐，查理问："一个傻子和一个爱尔兰人之间相距几何？"约翰答道："一张桌子。"查理很欣赏他，去听他讲课，也可能是喜欢他的异端论调。他讨论圣餐的书将圣餐解释为一种象征，以暗示基督的真身化为饼和酒是值得怀疑的。当日耳曼僧侣哥特沙尔克（Gottschalk）宣扬绝对的宿命论，并否认人的自由意志时，辛克玛大主教要求埃里金纳就此进行答辩。结果他于约 851 年写成《神圣的宿命论》（*De Divina Praedestinatione*）一书，以对哲学极度的赞扬为开场白："为诚挚地探求万事万物的成因，每一种达成完美学说的方法，都必须以希腊人称为哲学的科学和训练为基础。"实际上，该书否认了宿命论：神与人的意志都是自由的，神并不知有恶，如果他知道，他就将是恶的成因了。他的答辩比哥特沙尔克更离经叛道，因而遭到 855 年和 859 年召开的两次宗教会议的指责。哥特沙尔克终生被幽禁于修道院，但是埃里金纳受到了查理的保护。

824 年，拜占庭皇帝"结巴"迈克尔送给"虔诚者"路易一部希腊文抄本《天阶》（*The Celestial Hierarchy*），基督教正统相信此书是由"最高法院法官"狄奥尼修斯所写。路易将抄本转交圣德尼修道院，可是没有一个人能够翻译希腊文。埃里金纳在国王的请求下，承担了这项工作。翻译深深影响了埃里金纳，在非正式的基督教神学中重建了新柏拉图派神造宇宙的理论——经过日益不完美的各阶段，又经过不同的阶段逐渐回归于神。

这成为他的杰作《论自然的划分》（*De Divisione Naturae*）一书的中心思想。在阿贝拉德之前两百年，在许多荒诞无稽的学说之中，这是一次对神学的大胆挑战和对理性的启示，也是一次对基督教和希腊哲学调和的企图。他接受《圣经》的权威。因为它的意义往往暧昧不明，因而必须合理地解释，通常用象征或寓言来理解。他说："权威有时来自理性，但理性绝不来自权威。所有的权威如不能以真理证明，似乎都是不堪一击的。但是真理由于本身的力量，无须任何权威来加强它。""我们不应坚持教父的意见……除非我们不善推理，宁可不听理性，而听权威的人的论辩，则可借教父之说加强我们的论证。"这是理性时代在信仰时代的怀抱中蠢蠢欲动。

埃里金纳界定自然为"一切存在与不存在的事物的通名"，也就是所有的物体、过程、原则、成因和思想。他将自然划分为四类：一、创造者而不是被创造者，即神；二、被创造者同时也是创造者，即初因、原则、原形、柏拉图理念、神理，万象世界由其运作而成；三、被创造者而不是创造者，即上述的万象世界；四、既不是创造者也不是被创造者，即作为万物终极目的的神。"神是万物的本真，因为它创造万物也成于万物之中。"时间没有创造，否则便意味着神有变异了。"我们听说神造万物时，我们应了解神即在万物之中，即作为万物的本质而存在。""神本身无法以理解力加以领悟，它所创造的任何东西的潜在本质无法理解。我们仅能理解附带的性质，而不能理解本质。"即康德所说的现象（phenomena），而非本体（noumena）。事物可察觉的性质并不含于事物的本身，而是由我们知觉的形式所产生。"当我们听说神希望、爱、选择、看、听……时，我们只应想到神难以言喻的本质和力量，被与我们同性质的意义加以表示"，"以免真诚的基督徒闭口不言造物主，也不敢说有关神的事以教诲单纯的灵魂"。

我们只有为了某一类似的目的，才可说神是男性或女性，其实神两者都不是。如果我们以天父为万物创造的本质，而神子是万物被造和被治所依据的神智，圣灵是创造的生命或活力，我们可以视神为三位一体。天堂和地狱都不是处所，而是心灵的状态，地狱是罪恶的痛苦，天堂是美德的快乐，神感（the perception of divinity）的狂喜则对心灵纯洁的人显示在万物之中。伊甸园便是这一心灵状态，而非人间的一个地方。万物皆不朽，动物和人一样也有灵魂，最后回归于上帝或它们所来自的创造神，全部历史既是一种创造的外射之流，也是一种终将万物引回上帝之中的不可抗拒的内向之流。

虽然在启蒙时代还有比这更糟的哲学，但是教会还是有理由怀疑它含有异端的成分。865 年，教皇尼古拉一世这样要求"秃子"查理：如果他不把埃里金纳送到罗马受审，就应把他从宫廷学校中除名，"以使他不能再将毒药给予寻求面包的人"。我们不知此事如何了结。马姆斯伯里的威廉说："约翰到英格兰和我们的修道院来，据报告说，被他所教的孩童以铁笔刺伤，结果死去。"也许这仅是一个学童的美梦。哲学家如吉尔伯特、阿贝拉德和吉伯，都受到埃里金纳潜移默化的影响，但他大部分的学说都在黑暗与扰攘不安的时代被遗忘了。13 世纪，他的书重新被发现以后，受到 1225 年塞斯宗教会议（Council of Sens）的指责，教皇霍诺留三世命令将该书悉数送交罗马焚毁。

在这一动乱的时代里，法兰西的艺术可为一大特色。不管查理如何建筑，法兰西人继续依照古罗马的长方形式样建筑教堂。约 996 年，瓦尔皮阿诺的威廉，意大利的僧侣建筑家，成为费康的诺曼底大修道院工程的主持人。他带来许多伦巴底式和罗马式的建筑设计，显然是他的学生们设计建造了伟大的罗马式尤米耶戈斯（Jumiges）修道院教堂。1042 年，另一位意大利人朗佛兰克（Lanfranc）进入贝克（Bec）的诺曼底修道院，很快即使该地成为活跃的学术中心。学生从四面八方聚集到这里，不得不建新的房舍。朗佛兰克也许在一些专家的帮助下设计了这些建筑。他的建筑如今几乎片瓦不存，但是卡昂

（Caen）的奥姆修道院作为典型的罗马式建筑，证明了由朗佛兰克及其学生领导的这一建筑式样在诺曼底的发展轨迹。

11 世纪，法兰西和佛兰德斯各地都有新建的教堂，艺术家们以壁画、镶嵌、雕像装饰它们。查理曾命令教堂内部必须有绘画，以为信仰的训示。亚琛和英格尔海姆的皇宫都装饰着壁画，无疑它们是许多教堂仿效的对象。亚琛壁画最后的残片毁于 1944 年，但是奥塞尔的圣日尔门（St.Germain）教堂还保存有类似的壁画，大小不同，而样式和结构毫厘不爽。"秃子"查理统治时期，僧侣们在图尔抄写绘制了一部《圣经》，送给国王，现在是巴黎国立图书馆第一号拉丁文抄本。更精美的是同一时期图尔的僧侣抄写的《罗塞福音书》（Lothaire）。9 世纪，兰斯的僧侣编辑了著名的《乌特勒支诗篇》（Utrecht Psalter）——108 张羊皮纸上抄写着赞美诗和《使徒信条》，并有绘着各式各样的动物、工具、职业活动的精美插画。在这些生动的图画中，一种活泼的写实主义改变了从前纤细画艺术（miniature art）死板陈旧的造型。

·公国的兴起

休·卡佩统治下的法国，此时已经以独立国家的姿态出现，不再承认神圣罗马帝国的宗主地位。查理的一统西欧也再未出现，此后仅在拿破仑及希特勒时代有过短暂的统一。不过休·卡佩时代的法国并不是今日的法国，亚奎丹和勃艮第实际上是独立的公国，而洛林隶属日耳曼已有 7 个世纪之久。当时的法国，种族和语言构成都很混杂，东北部似乎更像佛兰德斯王国，具有很大一部分日耳曼血统；诺曼底是北欧人；布列塔尼是凯尔特人，由不列颠的逃亡者统治；普罗旺斯在种族和语言上仍像是罗马帝国的高卢省；比利牛斯山附近是哥特人；理论上由法王统治的加泰罗尼亚是哥泰罗尼亚（Gothalonia）。卢瓦尔河将法国分成在文化和语言上互异的两个区域，法国君主的任务即在于统一这种差异，并建立多民族国家。这项工作费时 800 年之久。

为使王位继承有规则可循，休·卡佩统治的第一年即加冕其子罗伯为"伴国王"（co-king）。"虔诚者"罗伯（Robert the Pious）被认为是一位"平庸的国王"，也许是因他极力避免战争之故。和日耳曼皇帝亨利二世因疆界发生争执，他安排一次会面，双方交换礼物，达成了和平协议。就像路易九世、亨利四世及路易十六一样，他对贫病者极为慈蔼，尽可能地保护他们免受无耻欺凌。他因娶表亲贝莎（Bertha）为妻而触怒了教会（998 年），受到开除教籍的惩罚及视贝莎为巫婆而使其遭人耻笑。最后他终于和她分手，此后一直郁郁寡欢。他去世时，据说"处于极大的哀痛和悲伤"。他的诸子间爆发了王位继承战争，长子亨利一世赢得胜利，但主要是靠诺曼底公爵的帮助。当这一长期的冲突（1031—1039 年）结束时，王室在财力和人力上均已枯竭，已不能阻止强大而又自主的贵族去割据法国了。

约 1000 年，由于大地主们逐渐扩张土地，法国分为 7 个由公爵或伯爵统治的公国：亚奎丹、图卢兹、勃艮第、安茹、香槟、佛兰德斯及诺曼底。这些公爵或伯爵几乎都是酋长或将军的子嗣，由于文治武功而获得墨洛温或加洛林王朝赐予的封地。国王在动员军队保护边疆方面得依赖这些大地主，888 年以后，他已无权在全国立法或收税。公爵及伯爵们通过法律、征税、作战、审判、惩处，成为其领地之内的君主，对国王只是形式上的效忠，服有限的兵役。国王在立法、审判及财政上的权力只限于京畿，即后来所称的"法兰西的岛屿"（Ile de France）——包括苏因及自奥尔良至博韦和沙特尔至兰斯的塞纳河中游区域。

在所有独立的公国中，诺曼底的威信及权力发展最迅速。在北欧人征服后的一个世纪中，也许是因为接近海洋和处于英国与巴黎之间，它成了法国最富有创业及冒险精神的省份。这些瓦里亚基人此时已是热心的基督徒，拥有庞大的修道院和教会学校，而他们的年轻人又不顾一切地建立了许多新的王国。维京人的子孙成了强大的统治者，对道德的要求不太苛刻，也不过分踌躇、顾忌，却能够稳定地管理高卢、法兰克和瓦里亚基人这一骚动的人群。1026年，当罗伯一世倾心于法莱斯（Falaise）一个制革者的女儿哈莉特时，他尚未成为诺曼底的公爵，依照丹麦人古老的习俗，她成了他所宠爱的情妇，不久替他生了一个儿子，就是时人所谓"私生子"威廉（William the Bastard），也是我们所说的"征服者"威廉或威廉大帝（William the Conqueror）。1035年，罗伯因其罪而颓唐，离开诺曼底到耶路撒冷做忏悔的朝圣。在出发以前，他召见主要的贵族和高级教士，对他们说：

> 根据我的信仰，我不会让你们群龙无首。我有一个私生子，他将会长大，侍奉上帝，我对他的品德寄予很高的希望。我请求你们奉他为君。他虽是非婚配所生，但这对你们并无妨碍。他会善于作战……或维护公理。我以其为继承人，并自此时起，让他拥有整个诺曼底公国。

罗伯死于途中，贵族一度控制了他的儿子，但不久威廉就开始以他自己的名义发布命令。有人发动叛乱企图推翻他，被他以铁腕镇服。他是个有手腕、勇气和远大计划的人，是他朋友的神明，敌人的恶魔。他富有幽默感，调侃自己的出身，且不时直署其名为"私生子"威廉。但当他围攻阿朗松（Alencon）时，城里的人将兽皮挂于墙上，暗示他祖父不光彩的职业，他将俘虏砍去手、脚，挖去眼睛，然后用弩炮将这些残肢投进城去。诺曼底人敬服他的勇猛和铁腕，因而昌盛起来。威廉缓和贵族对农民的剥削，而以封地安抚这些贵族。他统治并管理教士，以礼物绥抚他们。他极虔诚地尽宗教义务，以对婚姻的空前忠贞来羞辱其父。他爱上了佛兰德斯伯爵鲍尔温（Baldwin）之女美丽的玛蒂尔达（Matilda）。除了她已分居的丈夫之外，他对她的两个孩子及私生活并不在意。她无礼地打发走威廉，说她"宁愿做个遮面的修女，也不愿嫁给私生子"。他坚忍不屈，终于赢得了她的芳心。他不顾教士的指责，娶她为妻。面对这桩婚姻带来的责难，他免去了玛吉尔（Malger）主教及朗佛兰克修道院长的职位，并在盛怒之下焚毁了贝克修道院的一部分。朗佛兰克说服教皇尼古拉二世（Nicholas Ⅱ）承认这桩婚姻，威廉就在康尼建了著名的诺曼底奥姆修道院作为补偿。由于这桩婚事，威廉与佛兰德斯伯爵联合起来。1048 年，他已和法王签了协议。他的侧翼有了这样的保护和支持之后，在他 39 岁时，他开始征服英格兰。

第三章 | **诺曼的崛起**
（566—1066）

英格兰（577—1066）

·阿尔弗雷德大王与丹麦人

自迪奥哈姆一役（577 年）之后，盎格鲁－撒克逊－朱特族人（Anglo-Saxon-Jute）仅遭到轻微的抵抗，便一举征服了英格兰。入侵者随即瓜分整个国家。朱特人在肯特建立了一个王国。盎格鲁族成立三个王国，麦西亚（Mercia）、诺森伯兰（Northumberland）、东盎格利亚（East Anglia）；撒克逊人则在威塞克斯（Wessex）、埃塞克斯（Essex）、萨塞克斯（Sussex）建立了三个王国，即西、东及南撒克逊王国。这七个小王国及其他更小的王国，谱写了"英格兰的历史"，直到西撒克逊的爱格伯王（Egbert）以武力或权谋把大部分小王国统一起来（829 年）。

但是这块盎格鲁新领土在这位撒克逊国王统治之前已遭受过丹人的侵略，他们多次掠夺这个海岛，并以野蛮不化的异教威吓这里初生的基督教。《盎格鲁－撒克逊编年史》（*Anglo-Saxon Chronicle*）记载："787 年，三艘船来到西撒克逊海岸……屠杀当地人民。这是寻觅盎格鲁人领土的丹麦人所派出的第一批船只。"793 年，另一支丹麦远征军袭击诺森伯兰，劫掠林迪斯凡（Lindisfarne）著名的修道院并杀死僧侣。794 年，丹麦人侵入维尔（Wear），劫掠由饱学的学者比德于半世纪前拓垦的韦尔茅斯和加罗两地。838 年，东盎格利亚及肯特受袭；839 年，由 350 艘船组成的海盗舰队泊靠泰晤士河岸边，水手们劫掠了坎特伯雷和伦敦。867 年，诺森伯兰被丹麦和瑞典的军队征服，数以千计的英格兰人被杀，修道院横遭洗劫，图书馆也被破坏。约克及邻近地区，那里的学院为查理大帝培养了阿尔琴，这时也蒙兵火而至凋敝，文教不兴。迄于 871 年，泰晤士以北的英格兰大部分地区都被占据。同年，一支丹麦军队在古特伦（Guthrum）的率领之下南下，侵略西撒克逊的都邑里丁（Reading）。艾思尔莱王（Ethelred）与其弟阿尔弗雷德迎战丹麦人于阿什敦（Ashdown），获得胜利，但是第二回合战于默顿（Merton），艾思尔莱王受致命伤，英格兰军队败下阵来。

阿尔弗雷德于 22 岁登上西撒克逊王国的王位（871 年）。阿塞形容当时的阿尔弗雷德为"illiteratus"，意为"白丁"或"不谙拉丁文的人"。他患有癫痫，曾在他的婚宴上发作，但是他也被描写成一个精力充沛的狩猎者，英俊而又潇洒，智慧与武艺都远在其兄之上。登基一个月后，他亲率小股军队在威尔顿（Wilton）与丹人交锋，一战而溃，为了保全王位，竟出钱向敌军购买和平。但 878 年埃塔敦（Ethandun）（今爱丁堡）一役，他获得了决定性的胜利。约一半丹麦军队跨越海峡去攻打衰微的法兰西，其余依照韦德摩尔（Wedmore）和约，将自行约束于英格兰东北部，即后来被称为丹麦法（Danelaw）施行地的地方。

据不太可靠的阿塞记述，阿尔弗雷德大王"为了掠夺战利品"，率兵直奔东盎格利亚征服该地，同时，大概是为了统一英格兰以对抗丹人，自立为东盎格利亚、麦西亚以及西撒克逊的国王。接着，他致力于复兴及统治之道，俨然是小查理大帝。他重组陆军，成立海军，给他的三个王国制定通用的法律，改革法制，给予贫民法律保障，兴建或修建各城镇，并"以木材和石头建筑王室的厅堂"，以容纳日益增多的公职人员之用。他将岁入的1/8用于救济贫民，另外1/8用于教育。他在首府里丁设立一所宫廷学校，给教堂及修道院的教育和宗教事业大量补助。他哀伤地回忆自己童年时"教堂矗立，充满宝藏与书籍……曾几何时即被丹人掳夺烧毁"，而眼前，"英格兰人的文教颓败不堪，以至于难得有人看得懂以英文写的礼仪……也不会翻译拉丁文"。他从海外延请学者——从威尔士请来阿塞主教，从法兰西请来埃里金纳，及其他许多学者——来到国内教导他的百姓和他自己。他抱憾过去无暇读书，如今像僧侣一样埋首于宗教及学术研究。他仍然感到阅读是件难事，但是"他夜以继日地命令手下念给他听"。他几乎在所有欧洲人之先发现本土语言的重要性，他命人将某些基础的典籍译成英文，他个人也苦心孤诣地翻译波伊提乌的《哲学的慰藉》（*Consolation of Philosophy*）、格列高利的《牧场管理》（*Pastoral Care*）、奥罗西乌斯的《世界历史》（*Universal History*）及比德的《英格兰教会史》（*Ecclesiastical History of England*）。一如查理大帝，他收集民歌并教给他的小孩，加入宫廷中吟游诗人的行列来唱这些歌。

894 年，一支丹麦人再次攻击肯特，丹麦法施行地地区的丹人前去增援，而威尔士人——尚未被盎格鲁-撒克逊人征服的凯尔特义士——也与丹人签订了盟约。阿尔弗雷德大王的儿子爱德华直捣敌军巢穴并摧毁了它，阿尔弗雷德的新海军也驱散了丹麦舰队（899年）。两年后国王驾崩，享寿仅 52 岁，在位二十八年。由于他统治的疆土不大，我们不能拿他跟查理那样的巨人相比，但他内在的道德修养——他的虔诚、谦逊、耿直、克己节制、耐心、礼貌、为人民献身以及促进教育的热忱——他给他的国家提供了一个很好的典范和激励，被欣然接受了，但又很快就被遗忘掉。伏尔泰对他佩服得几乎五体投地："我想世界上没有一个人比阿尔弗雷德大帝更值得后代尊敬。"

10 世纪末，瓦里亚基人又对英格兰展开攻击。991 年，一支挪威的维京人军队在奥拉夫·特赖格维森（Olaf Tryggvesson）的统率下侵袭英格兰海岸，劫掠了伊普斯维奇（Ipswich），并在莫尔登（Maldon）击溃英军。不听贵族忠告而被称为"无谏"（the Redeless）的国王艾思尔莱连续以1万磅、1.6万磅、2.4万磅、3.6万磅及4.8万磅从英格兰首次全面课税所得来的银子向丹麦人买和，致使英人再也无法抗击下去。艾思尔莱为了寻求国外支援，与诺曼底签订同盟，娶了诺曼底公爵理查一世（Norman Duke Richard I）的女儿爱玛（Emma），这门亲事也衍生出不少故事。相信或者是佯称英格兰的丹麦人阴谋杀害他以及议会成员，艾思尔莱暗中下令对英格兰境内所有的丹麦人展开一场大规模的屠杀（1002年）。这道命令被执行得有多彻底，不得而知，大抵所有适役年龄的丹麦男子都被杀死，某些女子也不得幸免，丹麦王斯恩（Sweyn）的胞妹即是其中之一。斯恩誓死报仇，于1003年袭击英格兰，1013年更倾全力再度进攻。贵族们背弃了艾思尔莱，他逃到诺曼底，于是斯恩成了英格兰的主人和国王。1014年斯恩逝世后，艾思尔莱意图复辟，岂料又遭贵族摒弃，贵族们与斯恩的儿子克努特（Cnut）媾和（1015年）。艾思尔莱死于被围困的伦敦。其子埃德蒙（Edmund），绰号"刚毅者"（Ironside），勇敢应战，但于阿桑顿（Assandun）为克努特大败（1016年）。克努特被全英格兰人拥立为王，丹麦人征服英格兰至此告成。

·盎格鲁—撒克逊的文明

丹麦人的征服只是政治性的。盎格鲁—撒克逊的制度、语言及习俗，6个世纪以来已经根深蒂固，今天如果撇开这些文化遗产，我们便无法了解英国的政府、民族性及语言文字。在战争与战争、骚乱与骚乱之间的平静日子里，有着农耕及交易的复兴、文学的复苏、法律与社会秩序的逐渐形成。

有个错误的看法，认为盎格鲁—撒克逊的英格兰是生活在民主的乡村社区中的自由农民的天堂，历史对于这一点并未提供证据。盎格鲁—撒克逊的领导阶层将土地占为己有，7世纪少数家族拥有英格兰 2/3 的土地，到了 11 世纪，大部分的城镇都被列为某贵族、主教或国王的财产。丹人侵犯期间，许多农民以产权换取保护，到 1000 年，他们中大多数都以产品或劳力支付租金。每个郡内虽有自由市民自治公会（tun-moots）及自由居民自治公会（folk-moots）或百人会议所（Hundred-moots）作为公民大会和法庭，但只有土地所有人才准参加。8 世纪后，这些集会式微，开会次数减少，大都被庄园领主的法庭所取代。英格兰政府的核心在于国家贤达会议（national Witenagemot）——一个由贵族、主教及皇家高级教士所组成的小型会议。未经这个初期议会（Parliament）的同意，没有任何国王能够登基或执政，也不能在他自己的财产上添加寸土，没有议会的许可，他也不能制定法律、课征税收、开庭审判、宣战或媾和。针对这一贵族政治而兴起的君主政体，源自国王与教会的一种非正式联合。诺曼底人征服前后的英格兰，大众教育、社会秩序、国家的统一以及政治上的管理都操纵在教士的手里。格拉斯顿堡（Glastonbury）修道院院长圣唐斯登（St.Dunstan）在埃德蒙及埃德雷德（Edred）治下任首席顾问。他反对贵族，护卫中下层阶级的人民，激烈抨击帝王及公侯，被埃德维格（Edwig）放逐，又被埃德加（Edgar）王召回执政，还替"殉道者"爱德华（Edward the Martyr）保住了王位。他在格拉斯顿堡建立圣彼得教堂，致力于振兴教育与艺术。去世时（988 年）他任坎特伯雷大主教，被后人尊为贝克特（Thomas à Becket）之前最伟大的英国圣徒。

在这个离心离德的政府里，国家法律的发展甚为缓慢，旧时的日耳曼法律，因环境和时间变迁几经修正，仍然适用。根据数人的证词对嫌犯判定无罪的判决法（compurgation），凶手以金钱向被害人家属赎罪的办法（wergild），及神裁法都流传了下来，唯以格斗为审判的方法不知是否还保留着。盎格利亚法律中赎杀人罪的罚款有以下几个等级：杀死一位国王为 3 万斯林萨斯（thrimsas）；杀死一位主教为

1.5 万斯林萨斯；杀死一位贵族或教士为 2000 斯林萨斯；杀死一位底层的自由民或自由农夫为 266 斯林萨斯。撒克逊法律规定，伤人造成一个 1 英寸长的伤口时，须偿 1 或 2 个先令，割去他人一只耳朵，则须付 30 先令，而在当时 1 先令足可买到 1 只绵羊。艾思尔伯特的法律规定，诱奸他人之妇者，除向其丈夫偿付罚金外，还要给被戴绿帽者买个妻子。反抗法庭命令，被贬为放逐者（out-law）的人，其财物没收给国王，任何人可以杀死他而不受惩处。在某些情况下，以金钱抵杀人罪的办法行不通，罪犯会被处以更严厉的刑罚——例如充当奴役、鞭笞、断其手脚、去其上唇或耳、鼻等，吊死、斩首、焚身、以石击毙、溺毙或投入万丈深渊等极刑。

经济一如法律，也是原始的，比罗马统治下的不列颠还落后。清理和排水的工作虽已做得不少，但是 9 世纪的英格兰大半土地仍为原始森林、荒地或沼泽，野兽——熊、野猪和狼——仍然出没于丛林之中。农田仅用农奴或奴隶耕作。由于欠债或犯罪，男人会沦为奴隶，丈夫或父亲必要时可将妻子儿女出卖为奴，而奴隶的所有儿女，即便是与自由民所生，也是奴隶。主人可以随意杀害奴隶，他也可以使女奴怀孕然后出售。奴隶无权兴讼，假使遭人杀死，抵罪的罚金也归其主人所有，如果逃亡又被捉回，可被鞭笞至死。布里斯托尔的商业主要是奴隶的买卖。几乎所有的人口都在农村，所谓的城镇只是小村，而城市也不过是小镇而已。许多英国城镇的名字今天似乎还保留着盎格鲁－撒克逊时代的字尾，例如城镇（tun）、家庭（ham）、房屋（wick）、乡村（thorp）、城市（burh）。伦敦、埃克塞特、约克、切斯特、布里斯托尔、格洛斯特、牛津、诺维奇、乌斯特、温切斯特在当时都是小地方，但在阿尔弗雷德大王之后迅速发展起来。601 年梅里特斯主教到伦敦布道，他发现这个罗马帝国时代的大都邑，如今竟只有"少数且不信基督教的百姓"。8 世纪，伦敦再度发展为控制泰晤士河的战略要冲，并于克努特在位时跃升为首都。

工业仅供应地方市场，纺织和刺绣业的技术大有改进，并将产品输往欧洲大陆。运输却困难又危险，对外贸易仍不多见。以牛为交易的媒介直到 8 世纪仍很盛行，但这个世纪数位国王都发行了先令及英镑的银币。10 世纪的英格兰，4 先令可买一头母牛，6 先令可买一头公牛。工资相对偏低。贫民住茅屋，以蔬菜果腹，面包及肉类在小康之家或主日宴席上才享受得到。富人竞相粉饰他们粗陋的城堡，饰以各色幔帐。他们穿毛衣暖身，外套也都用多彩的刺绣镶边，个个珠光宝气，极尽奢华。

习俗及道德方面不及英国历史后期某些时代高尚，举凡粗暴、鲁莽、残酷、说谎、叛逆、盗窃及其他不易根绝而层出不穷的事件，我们均有耳闻。1066 年，包括某些伪装的在内，诺曼底海盗对败在他们手下的这些人的道德及文化水准之低，竟也惊愕不已。潮湿的气候致使盎格鲁—撒克逊人耽于暴饮暴食，在他们的观念中——某些集会或节日，必定是与麦酒餐会（ale feast）密不可分的。圣博尼费斯夸张而生动地描写 8 世纪的英国人，谓"不论基督徒或异教徒，都拒绝娶合法的妻子，而继续其放纵色欲的淫乱生活，就像一群嘶叫的马和驴子"。756 年他写信给艾思尔巴尔德国王：

> 你对合法婚姻的藐视，若是为了表彰贞节，自是值得赞美，但是你沉迷于奢华，甚至与修女私通，那就可耻至极了……我们听说全麦西亚的贵族几乎都效法你的榜样，遗弃他们合法的妻子，与淫妇及修女厮混……这项警告：假使盎格鲁的国家……再如此藐视合法婚姻，允许人民自由通奸的话，一个下流、轻蔑上帝的民族，必定从这些结合中衍生出来，终究要以他们的堕落行为毁掉整个国家。

盎格鲁—撒克逊统治下最初几个世纪，丈夫可以任意与妻子离异，另结新欢。673 年赫特福德宗教会议（Synod of Hertford）废弃了这一习俗之后，教会的影响终于逐渐加强了婚姻的稳固。尽管有时候不免被迫沦为奴隶，但当时的妇女都受到高度的敬重。她们接受书本教育，也不因此而减低她们对男人的吸引力和影响。君主们耐心地向倨傲的女人求爱，也向妻子们请教有关民众政策的机宜。阿尔弗雷德大王的女儿艾思尔佛列做了摄政及女皇，为麦西亚建立了一个有效率的公正无私的政府。她建筑城市，筹划出征，从丹人手中夺回德贝、列斯特及约克等城。历史学家曼兹柏立的威廉记载："自从她在第一次分娩中经历了难产之苦，她便拒绝丈夫的求欢，声称身为国王之女，不应耽于逸乐，否则会导致不良的后果。"就在这个时期（约 1040 年），麦西亚公爵利奥夫利克（Leofric）的妻子戈吉法（Godgifa）夫人，也名戈迪瓦（Godiva），在一个传说中扮演了突出的角色，赢得后人敬仰，在考文垂立有她的雕像。据说，利奥夫利克同意：如果她愿意裸体骑马过市，他即减免镇民的重税。这个故事的下文举世皆知。

教育也跟其他方面一样，受到了盎格鲁—撒克逊征服者（Anglo-Saxon Conquest）的不良影响，直到改变信仰之后，才逐渐振兴起来。本笃主教于约 660 年在韦尔茅斯设立一所修道学校，学者比德即是其毕业生之一。大主教爱格伯在约克设立一所教会学校及图书馆（735年），使这里成为英国中等教育的中心。这些教育机构及其他学校，使英格兰在 8 世纪后半叶，居于阿尔卑斯山以北欧洲文化教育的领导地位。

修道院教育者孜孜不倦地工作，终于培育出当时最伟大的教育家——"可敬的"比德（Venerable Bede），他以极为谦逊、简洁的口吻概括自己的生平：

> 比德，基督的仆人，是使徒彼得和保罗在韦尔茅斯和加罗两地修道院的教士。由于我生于该修道院所辖的地区之内，7 岁时，亲族将我送交最为人崇敬的院长本笃教养，从那时起，我的一生就在该修道院度过，我将全副精神投入《圣经》的研读，遵

守寺院的规定，并按时在教堂吟唱，我也在学习、教导与写作中获得乐趣……19岁时被任命为执事，30岁担任教士……彼时起直到生命第59个年头，我致力于《圣经》的研究及以下各种著作……

这些记述均以拉丁文写成，包括《圣经》注译、传道集、世界史年表、文法、数学、科学以及神学论述，此外还有《英语国家教会史》（*Historia Ecclesiastica Gentis Anglorum*）。这本书与多数修道院历史著作截然不同，绝非枯燥无味的编年史。尽管最后的记载充满神迹，只有7岁的幼童才会天真地相信，然而这是一本清晰易懂、引人入胜的历史书，经常有流利的笔锋出现，叙述"盎格鲁—撒克逊征服"一节即为例证。比德颇具学术良心，为撰写编年史煞费苦心，他的记载大体上都很正确，他注明史料的出处，搜寻第一手的证据，并征引适当的文献。他曾说："我不希望子孙们读到欺人之谈。"——所谓子孙，想必指他门下的600名学生。他在完成上述自传四年后逝世。中世纪所有的虔诚信念与恻隐之心都在这最后的几行字之间：

> 我祈求您，慈悲的耶稣！您已赐予我仁慈，使我能吸取您的知识的精华，同时您也将再施舍德惠，让我有一天能接近您，这智慧的泉源，然后永远站立在您的面前。

比德发现英格兰使用五种语言——英语、不列颠语（凯尔特语）、爱尔兰语、苏格兰语及拉丁语。英语是盎格鲁人的语言，与撒克逊语大同小异，可被法兰克人、挪威人及丹麦人理解。这五种民族使用多种德语，故英语脱胎于德语。早在7世纪之时就有相当可观的盎格鲁—撒克逊文学。当基督教义改写成拉丁文（代替盎格鲁—撒克逊手稿所使用的古代瓦里亚基字母），当丹麦人侵略时毁坏了许多图书馆，当诺曼底人的征服使得英语淹没在法语之中，大部分文学作品散失了，因此我们只能从断简残篇中寻觅它们。此外，盎格鲁—撒克逊的许多诗歌都是异教的，由"流浪的乐师"代代相传，或者经由那些言行放荡，僧侣、神父不得而闻的吟游诗人流传下来。大概一位8世纪的僧侣写下现存最早的盎格鲁—撒克逊片断文章之一——以诗歌演绎《创世记》，而非出于灵感的创作。穿插在这首诗之间的，是以德语叙述"堕落"（the Fall）的一段译文。这首诗之所以显得生动，主要是因为撒旦被刻画成一个大胆而又热情的叛徒，也许弥尔顿从这里找到灵感塑造其路西法（Lucifer）。盎格鲁—撒克逊的某些诗歌属于挽歌，《流浪者》（*The Wanderer*）追述昔日华厦中的快乐时光，如今领主已死，"坚实的大地变成了空虚"，"悲伤的冠冕也在回忆往日的赏心乐事"，即使是但丁也没有超过此种观念的表述。这些古诗通常都快乐地歌咏战争。《马尔登战役之歌》（*Lay of the Battle of Maldon*）充满了英格兰人战败时的英雄气概，老战士布赖特沃尔德（Byrhtwold）挺立在他被弑的领主身旁，鼓舞着被击败的撒克逊人，他的话预示了马洛里的出现：

> 我们的力量衰微的时候，思想应当更加严厉，心灵应当更为敏锐，精神也应当更为充沛。我们的王子就躺在此地，敌人把他斩斫致死！悲凄和哀伤将永远留在这离开战场的人身上！我已老矣！但我并不愿离开；我想躺在我的领主身旁，陪伴我所珍爱的人至永远。

最长、最高贵的盎格鲁—撒克逊诗歌《贝奥武夫》（*Beowulf*），于7或8世纪撰写于英格兰，1000年之前即保存在一部手抄本中，这一手抄本如今是大英博物馆的藏品。这首诗有3183行，显然是完整之作。除了反复的头韵（alliteration）外，全诗全无押韵，以西撒克逊的方言写成，如今的人难以理解。故事几近儿戏：瑞典南部吉兹（Geats，似为哥特）人的王子贝奥武夫，跨海解救被名叫格伦德尔

（Grendel）的龙所困的丹麦国王罗斯加（Hrothgar），他力克格伦德尔以及龙母，回到吉特兰（Geatland），此后他执政 50 年，公正而又廉明。第三条龙是火龙，它出现了，掳掠吉兹人的国土，贝奥武夫迎头痛击，但身受重伤，同伴威格拉夫（Wiglaf）趋前助阵，两人将龙击毙。贝奥武夫伤重死去，遗体置于火葬堆上焚化。故事本身并非如此天真幼稚。中世纪文学中的龙，代表欧洲城镇附近森林中经常出没的野兽，居民受到惊吓，生出幻想而将实际的野兽掩饰起来，实在情有可原。另一方面，这种幻想也给那些击败野兽、保家卫国的英雄编出传奇故事。

　　这首诗的部分段落很不谐调地被加上基督教的色彩，仿佛是某些热心的编者有意传播这一杰作，而把虔诚的文句穿插在诗歌中，但是语气及情节是异教的。起初，丹麦国王悉尔德（Scyld）以瓦里亚基海盗维京人的方式出葬，被置于无人的船上，在海上随波逐流之时，作者写道："谁也无法说清此一重担究竟由何人承受。"但那绝非乐天的异教口吻。诗篇充溢着阴郁的语调，甚至罗斯加国王的大殿里宴席上的气氛亦如此。我们通过字里行间的轻唱与叹息，可体会到流浪乐师的竖琴所流露出的哀叹：

> 贝奥武夫在墙边的座位上坐下来……
> 诉说他的创伤，痛得要死。
> 他明知他的时日已尽……
> 勇敢善战的武士们策马环绕着坟堆，
> 他们全身心表现出哀伤，悼挽他们的国王，
> 歌颂这个人，
> 夸赞他的英雄生涯，
> 并使出浑身的力气称颂他的丰功伟绩……
> 他们说世界上所有国王之中，以他最为温和仁慈，
> 最爱他的人民，极力表扬他们……

　　当这位领主必须抛下躯体远去的时候，

　　子民应极力称颂那友善的领主，

　　并热烈地爱他。

　　《贝奥武夫》可算是英国现存最古老的诗歌，凯德蒙（Caedmon）则是英国最早的诗人。我们只能从比德的著作去认识他。《教会史》记载：惠特比（Whitby）的修道院里，有一位修士不善歌唱，因此每轮到他时，他就逃到隐蔽的地方躲起来。一天晚上，他在马厩里睡着了，冥冥中似有一位天使出现在眼前，对他说："凯德蒙，唱个曲子让我听听！"修士坚称不会，天使一再命令，只得勉强一试，竟然成功了，他自己甚觉讶异。清晨醒来，他记起那首曲子，并唱了出来。从此他不但能唱诵诗歌，还把《创世记》、《出埃及记》以及四福音化为诗句，据比德说，"以优美悦耳而又动人心弦的歌喉唱出"。除了比德以拉丁文译出少数几行外，其余已荡然无存。一年之后，诺森伯兰王国宫廷中一位吟游诗人基涅武甫（Cynewulf）试着以诗韵文化各个宗教性的叙述——基督、安德烈斯（Andreas）、朱莉安娜（Juliana），但是这些著作虽与《贝奥武夫》同时，在修辞及技巧上却大为逊色。

　　由于智慧的成熟远较幻想的绽开为迟，在各种文学中，散文的兴起都在诗歌之后。人们谈论散文谈了几百年，却不知其然，直到有余暇去把它琢磨成艺术为止。阿尔弗雷德是英国散文文学的鼻祖，他的译文及序言流畅而又恳挚，由于他的编纂与增补，温切斯特教堂所保存的"主教手卷"（Bishop's Roll）变成了《盎格鲁—撒克逊编年史》中最为生动有力的一部分，也是英国散文中最丰富的早期作品。《阿尔弗雷德传》（*Life of Alfred*）也许大部分由其老师阿塞撰写，也许是后来编写（约974年）的。无论如何，这是个较早的例子，说明英国人处于不用拉丁文而用英文整理历史或神学著作的准备阶段，当时欧洲大陆的国家则以为用这种"粗鄙"的文字来书写神圣之作，实为令人脸红之事。

处于诗文与战争之中，人们仍有闲情心思为形象之物赋予意义，并将日常事物加以美化。阿尔弗雷德在阿塞尔内（Athelney）设立一所艺术学校，召集各地技术精湛的僧侣前去修习，并且据阿塞说，"在持续的战事中不断教导铸金工人及其他各种工匠"。圣唐斯登身兼圣徒和政治家，犹不满足，他参与金属制品及金饰的琢造，成绩斐然。他又是个音乐家，曾为格拉斯顿堡的大教堂制造一架管风琴。木制、金属制、景泰蓝、珐琅等艺术品陆续出现，宝石锉工与雕刻家快手，在拉斯威尔（Ruthwell）和布卡斯特（Bewcastle）竖立起有雕刻并镶着珠宝的十字形石碑，著名的卡德瓦罗王（King Cadwallo）的骑马铜像也立在卢德加特（Ludgate）附近。妇女以"最细致的线编织床巾、缀锦及刺绣，温切斯特的僧侣以灿烂的颜色装饰10世纪的祝福仪式会场。温切斯特及约克635年之前即以石头建造教堂；本笃依伦巴底的建筑式样于674年在韦尔茅斯建立教堂，从而把伦巴底建筑式样带到了英格兰；950年，坎特伯雷也重建自罗马时代留传下来的大教堂。据比德的记载，本笃的教堂以来自意大利的绘画为装饰，"使得所有前往朝拜的人，即使目不识丁，也能瞻仰基督及圣徒们的风采……或者见到最后的审判的情景陈诸眼前，也许能记取教训而严于律己"。一般说来，7世纪的不列颠有丰富的建筑。盎格鲁—撒克逊的征服业已完成，丹麦人的侵袭尚未开始，以往以木材为材料的建筑师也得以有充分的资源，改用石材建筑圣堂。值得一提的是本笃自高卢聘来建筑师、玻璃师以及铁匠；威尔弗雷德（Wilfrid）主教从意大利带来雕刻师及画家，以装饰在赫克珊（Hexham）的教堂；装饰华美的林迪斯凡的《福音书》，是一些出于隐居或传教热诚而移居到位于诺森伯兰海岸之外的这个荒岛上的爱尔兰教士的作品。丹麦人的入侵，结束了这短暂的文艺复兴，一直到克努特崛起，英国的建筑艺术才又继续迈向巅峰。

·征服与征服之间的过渡时期

克努特不仅是一个征服者，同时也是一位政治家，他早期执政的残酷为人诟病。他驱逐"刚毅者"埃德蒙的遗孤，并谋害其兄以防止盎格鲁-撒克逊的复兴。一方面，当他发觉艾思尔莱王的遗孀及儿子们仍在鲁昂活着时，便又以向艾玛求婚（1071 年），来解决许多难题。当时她 33 岁，他仅 23 岁。艾玛同意婚事，克努特既喜获娇妻，又与艾玛之兄诺曼底公爵缔盟，一举两得，王位益加稳固。自此以后，其政权即为英格兰的一大福祉。他管束那些破坏英国统一及其精神的贵族，防御敌军入侵，带给英国 12 年的和平。他接受基督教，建立了许多教堂，在阿桑顿盖了一座圣殿，纪念曾在当地作战的盎格鲁-撒克逊人及丹人，他自己也亲自到埃德蒙的坟墓祭拜。他答应遵守现有的法律与制度，但是坚持两项例外：其一是为贵族败坏的郡政府组织，须由他指定人选；其二是以一位平凡的教士来代替大主教当国王的首席顾问。他培养一批行政人员并推行社会服务，使政府能在各种情况下持续运行。在他统治初期的混乱时期过了以后，他任命的人几乎全是英国人。他勤于理政，不断到各地巡视，指导司法的管理和法律的执行。他以丹麦人入主，而作为一个英国人死去。他是英格兰国王，也是丹麦国王，1028 年，又兼挪威国王，他在温切斯特统治着这三个国家。

丹麦人的入侵和在诺曼底人的征服累积而成的种族不断混合发展，最后产生了英国民族。凯尔特人与高卢人，盎格鲁人、撒克逊人及朱特人，丹人以及诺曼底人互通婚姻，或以其他方式将各血统混合，把默默无闻、畏缩保守的罗马时代的不列颠人转化为伊丽莎白时代的喧扰海寇，也转化为以后各世纪中的世界征服者。丹人一如德国人及瓦里亚基人，把对海洋的神秘之爱，勇于接受挑战，以及到远方经商的意愿带到了英格兰。就文化而言，丹麦人的入侵是一种灾害：建筑艺术停滞不前，装饰艺术自 750 年到 950 年之间逐渐衰败，阿尔弗雷德大帝极力推动的文化教育事业也受到遏阻，正如在高卢境内，瓦里亚基人的入侵抵消了查理大帝的功业。

如果克努特能活得更久些，他也许能够把人民遗留下来的破坏多恢复一点。可是人们疲于战争或劳役，无以为之。克努特卒于1035年，年仅40岁。挪威人立即摆脱了丹人的束缚，克努特的皇储哈塔克努特（Harthacnut）尽全力抵御挪威的入侵。克努特另一个儿子"光脚"哈罗德（Harald Harefoot）执政5年后逝世，哈塔克努特继位，2年后去世（1042年）。他死前谕令艾思尔莱王与艾玛仅存的儿子，这位盎格鲁—撒克逊的异父兄弟为王位继承人。

"忏悔者"爱德华（Edward the Confessor）像任何丹人一样，乃异邦之人。他10岁时被父亲带到诺曼底，在宫廷中度过30个寒暑，由诺曼底贵族及教士们教养，经受诚笃虔敬的训练。他把法国的语言、风俗及朋友带到英国。这些朋友都在英国政治和宗教界担任要职，领取皇家津贴，在英国建筑诺曼底式的城堡，对英国的语言及风俗习惯表示轻蔑，并在征服者威廉一世前一代就展开了对诺曼底的征服。

在左右这位温和而又坚韧的国王方面，只有一位英国人堪与这些诺曼底人匹敌。葛德文伯爵（Earl Godwin）是西撒克逊的总督，也是克努特、哈罗德、哈塔克努特座下的首席顾问，财富、智慧皆盛，善于持久的外交策略，兼富说服力和领导才能，为英国史上最出色的俗人政治家。他丰富的施政经验，使他具有凌驾于国王之上的优势。其女艾蒂丝（Edith）嫁给爱德华，原可使葛德文成为未来君王的祖父，可惜爱德华膝下无子。在葛德文之子托斯提格迎娶佛兰德斯伯爵之女朱蒂丝时，其侄斯恩便成了丹麦执政者，葛德文伯爵以此裙带关系建立三国联盟，成为北欧的强人，地位远在其君主之上。爱德华的诺曼底友人从中挑拨，引起嫉妒，葛德文被革去了职务。他逃到佛兰德斯，其子哈罗德则到爱尔兰纠集一批部队，声讨爱德华（1051年）。英国贵族怨恨诺曼底权贵的恣肆，迎葛德文回国，并誓为其后盾。哈罗德进犯英格兰，击败皇家军队，掠劫西南岸，并与其父会师，溯泰晤士河而上。伦敦的老百姓欢迎他们，诺曼底的官吏及教士们落荒而逃。英国贵族及主教所组成的国会（Witenagemot）像欢迎英雄一样热烈欢迎这支队伍，葛德文重获被没收的私产及政治权力（1052 年）。一年后，命运的大起大落夺去了葛德文的性命，他心力交瘁而死。

哈罗德被封为西撒克逊伯爵，大致继承了其父的势力。当时他31 岁，高大、英俊、强壮、勇武，敢于冒险，打起仗来残酷无情，平时宽宏大量。他在旋风式的狂野战斗中征服了威尔士，把威尔士酋长格鲁法德（Gruffydd）的首级献给既喜又惊的国王（1063 年）。在他勇猛生涯中较为平和的一段日子里，他倾国库之资来建筑沃尔瑟姆（Waltham）的修道院（1060 年），并资助教堂附设的学院。全英格兰的人都对这位浪漫的青年报以愉快的微笑。

爱德华在位期间最伟大的建筑事件是威斯敏斯特教堂（Westminster Abbey）的动工（1055 年）。他居留鲁昂时即已熟悉诺曼底的建筑风格，为了使这座教堂成为英国智慧人物死后安息之所，他谕令将它设计为诺曼底的罗马式建筑，与 5 年前在尤米耶戈斯开始兴建的修道院一样堂皇。这又是在威廉之前展开诺曼底征服的另一个例子。以威斯敏斯特教堂为开端建筑艺术开始带给英国全欧洲最优美的罗马式建筑。

多事之秋的 1066 年，爱德华被送往威斯敏斯特教堂长眠。元月6 日，国会选举哈罗德为国王。当诺曼底公爵威廉拥兵称帝的消息传来时，哈罗德几乎还未加冕。威廉声称，爱德华为酬谢 30 年在诺曼底受保护之恩，曾于 1051 年答应将英国的王位让给他。显然这件事属实，但是爱德华或许后悔了，又或者忘记了这个承诺，而在死前将王位传给了哈罗德。无论如何，这一许诺未经议会同意而属无效。然而威廉又说哈罗德到鲁昂访问他时（日期现已不详），曾经接受了骑士称号，成为威廉的手下，依封建法律有顺从的义务，并且自己也曾答应承认并支持他继承爱德华的王位。哈罗德承认这个许诺。但他个人的宣誓并不能约束全国，人民的代表拥立他为王，因此他决意维护此一拥立。威廉向教皇亚历山大二世控诉，教皇咨询了希尔德布兰德（Hildebrand），判哈罗德为篡位者，将他及其拥护者逐出教会，并宣布威廉为英国王位的合法申请者。他祝福威廉预谋的起义，并送他一面圣旗和一枚戒指，戒指的钻石中装有圣彼得的头发。希尔德布兰德乐于为教皇开一个夺王位和废黜国王的先例。10 年后，他又将这个先例沿用到日耳曼的亨利四世身上。1213 年，约翰王又是一例。贝克修道院院长朗法兰克与威廉联合昭告诺曼底人民——事实上是所有国家——齐来参加这声讨被逐出教会的国王的神圣战事。

　　哈罗德年轻时耀武扬威所造成的罪恶，在正值壮年之际报应在他身上。他当政时未将被议会驱逐在外的兄弟托斯提格召回，托斯提格这时与威廉联合，在北部组建一支队伍，以英国王位为交换，说服了挪威王哈罗德·哈德拉达（Harald Hardrada）派兵支援。1060 年 9 月，威廉舰队 1400 艘船驶离诺曼底时，托斯提格及哈德拉达正侵袭诺森伯兰，最后约克地区降服，哈德拉达就地自立为英王。哈罗德以所余军最后在斯坦福桥（Stamford Bridge）击败北方敌军（9 月 25 日），托斯提格、哈德拉达均死于此役。哈罗德带领残余队伍南下，欲力抗威廉的大军。幕僚劝他稍事休息，另觅时机，但是威廉已在南部大肆掳掠，哈罗德迫切想保卫那过去被他蹂躏而现在为他钟爱的国土。两军在哈斯丁附近的森拉克（Senlac）相遇（10 月 14 日），苦战了 9 个小时。哈罗德的眼睛为箭所伤，流血倒地，身体即被诺曼底骑士肢解：有割其头者，有截其肢者，内脏四散于地。英国军队见主帅倒地，望风而逃。其状之惨，使后来受命捡拾故王尸体的僧侣们无法辨认，直到他们把哈罗德的情妇"天鹅颈"艾蒂丝（Edith Swansneck）带到现场，才把四散的尸骸辨认出来，葬在他亲手建的沃尔瑟姆教堂。1066 年圣诞节，威廉一世被加冕为英国国王。

威尔士（325—1066）

　　威尔士曾于 78 年被弗朗提努斯（Frontinus）和阿格里科（Agricol）纳入罗马版图之中，后来罗马人离开不列颠，威尔士恢复自由，又受到自己君王的专横统治。5 世纪，西威尔士为爱尔兰移民所据，此后成千的不列颠人摆脱盎格鲁—撒克逊征服者的统治，逃难到威尔士。盎格鲁—撒克逊人到威尔士边界而止，称那些未就范的百姓为"异邦人"（Wealhas）。爱尔兰人与不列颠人民在威尔士发现与自己同为凯尔特族的人们，于是三族混而为一，称为库姆德（Cymri），意为"同胞"，这个名称后来成了他们的国名，而库姆鲁（Cymru）则成了他们领土的称呼。不列颠人、康瓦尔人、康沃尔人、爱尔兰人及北苏格兰的盖耳人，像大部分的凯尔特人一样，社会秩序几乎全部建立在家族及部落之上，因此他们反对邦国统治，对异族人极不信任。他们以好客的精神平衡部族精神，以勇猛的精神平衡混乱无序，以音乐、歌曲及忠诚的友情弥补艰苦的生活与不良的气候，以想象情感弥补贫穷匮乏，使每一位少女都成为公主，每一个男人都成为国王。

　　吟游诗人仅次于国王。除诗人身份外，他们同时也是人民的占卜家、历史学家和皇室的顾问。其中有两位名垂不朽：塔里森（Taliesin）、安奈林（Aneurin），他们生活在 6 世纪。他们创作的几百个故事越过英吉利海峡，传到法国的布列塔尼，经雕琢而成为高雅的文学形式。吟游诗人组成诗人教士阶级（poetic clerical caste），除非经过该族的严格训练，否则任何人不得加入其组织。准备入会的候选人称"玛比诺"（mabinog），他研习的材料称作"玛比诺吉昂"（mabinogion），《威尔士民间故事集》（*Mabinogion*）即指他们的故事中流传下来的部分。就它们的形式而言，应不早于 14 世纪，但可能在基督教传入威尔士之前就有所闻了。它们有着原始的单纯，具有异教信仰的灵魂之说，充满怪异的野兽和神奇的事件，虽有浓厚的放逐、衰败及死亡等忧郁气氛，却又掺杂着温和的韵味，与古代冰岛的三部文学集《艾达》（*Eddas*）、《挪威英勇故事》（*Norse Sagas*）及《尼伯龙根之歌》中的情欲及暴力描绘，大相径庭。在威尔士山脉的孤独寂寥之中，产生了忠于国家、忠于女性以及稍后忠于玛利亚和耶稣的浪漫文学，对此后的骑士精神以及有关亚瑟王和那些誓死"铲除异教，崇奉基督"的武士们的神奇故事产生影响。

基督教于6世纪传入威尔士，很快在各修道院及大教堂设立起学校。曾为阿尔弗雷德大帝秘书及传记撰述人的阿塞主教，即来自彭布罗克郡（Pembrokeshire）的圣大卫大教堂。诺曼底海盗倾力来犯，这些教堂建筑首当其冲，直到罗德里大帝（Rhodri the Great）才把他们打退，并建立巩固的王朝。"善者"希威尔王（King Hywel the Good）统一了全威尔士，制定了统一的法律。格鲁法德也同样成功，当他把距英格兰最近的国家麦西亚打败时，未来的英王哈罗德以自卫为借口发动战争，征服了威尔士，使之成为不列颠的一部分（1063年）。

爱尔兰文明（461—1066）

从圣帕特里克（St.Patrick）逝世之时到11世纪，爱尔兰分为七个王国：三个在阿尔斯特（Ulster），其余四个则在康诺特（Connaught）、伦斯特（Leinster）、蒙斯特（Munster）、米斯（Meath），这些王国之间时常燃起烽火，只为争取较大的生存空间。但从3世纪后，便有爱尔兰人侵袭并定居于不列颠西海沿岸。编写年代记的历史学家称这些入侵者为苏格兰人——凯尔特人对流浪民族的称呼，这一时期的苏格兰人指爱尔兰人。战事是地方性的。590年，妇女也须参战。804年，僧侣教士也被征调与战士并肩作战。一套类似欧陆的"野蛮"法典，由训练有素的律师和法官管理。这些法官曾在当时的法律学校执教，并以盖尔文（Gaelic）发表论文。与苏格兰一样，爱尔兰未曾被罗马征服过，因此错过了罗马法律的恩赐及有序的政府组织，它自己的法律效力不大，不能以公正消解仇恨，也不能将暴乱绳之以法。政府仍停留在部族阶段，偶尔几次获得暂时的一统，并有幸保有完整的版图。

社会和经济以家庭为单位，几个家庭合为家族（sept），家族又组成宗族（clan），宗族之上则为部落（tribe），所有的部落成员均被视为源自同一祖先。10世纪，许多家庭在部落名之前冠以"Ui"或"O"（子孙）以为家名，是以"奥尼尔"（O'Neill）为家名的人自称是916年爱尔兰王尼阿尔·格伦杜布（Niall Glundubh）的后裔；也有许多人利用父名，譬如加上"Mac"（儿子）成为家名。7世纪，土地一般为家族或宗族共有，私有财产仅限于家庭日常用品。到10世纪，私有财产的范围逐渐放宽，不久后便有少数贵族拥有大片土地，也有为数很多的自由农民，少数的佃农及更少数的奴隶。物质和政治方面，爱尔兰人在基督教传入以后三个世纪里较英格兰退步；在文化方面，他们则是当时比利牛斯山及阿尔卑斯山以北所有民族中最为进步的。

这种不平衡有诸多原因：5世纪遭日耳曼民族侵袭时，高卢及不列颠的学者纷纷逃往爱尔兰，高卢及不列颠之间的商业逐渐繁荣，9世纪以前未曾遭受外患等。僧侣、教士及修女兴建各级学校。520年在克伦纳德（Clonard）创设的一所学校拥有3000名学生（假使那些爱国历史学家是可信的话）。此外，克朗玛克诺伊斯（Clonmacnois）、克隆非特（Clonfert）及班哥（Bangor）都设立学校，其中几所提供12年的课程，可一直修到哲学博士学位，包括《圣经》研究，神学，拉丁及希腊古典文学，高卢语文法及文学、数学、天文、史学、音乐、医学、法律等。贫困的学者由公款资助，因为多数学生都准备取得教士资格，而爱尔兰极力赞助以促进这一行业的发展。这些学校在西欧其他国家久废希腊文之后仍继续教授希腊文。阿尔琴毕业于克朗玛克诺伊斯的学校，埃里金纳在爱尔兰习得希腊文，使他成为法兰西"秃子"查理国王宫廷中罕见的奇才。

　　这一时期的文学及心态倾向于传奇与浪漫，偶尔也有人转向科学研究，天文学家敦加尔（Dungal）及讲授地圆学说的几何学家佛吉尔（Fergil）即是著名的例子。约825年，地理学家迪库伊尔（Dicuil）报道了爱尔兰僧侣于795年发现冰岛（Iceland）的事，他并且证明爱尔兰夏季有夜半见阳光的现象，认为人可以利用足够的光线把衬衫上的跳蚤抓出来。当时有许多文法学家，大概是因为爱尔兰韵律学是当时最难的。诗人也为数很多，社会地位很高，常身兼教师、律师、诗人及历史学家数职，他们聚集在以某位杰出诗人为中心的吟唱诗人团里（bardic school），从比基督教更早的德鲁伊教（Druid）教士手中继承了许多势力和特权。这种吟唱诗人团从6世纪到17世纪都很盛行，未曾中断，大多得到教会及邦国的特许而拥有土地。10世纪诞生了四位举国皆知的诗人：弗兰·麦克隆尼亚（Flann Maclonain）、肯内斯·奥哈提甘（Kenneth O'Hartigan）、埃奥柴德·弗莱恩（Eochaid O'Flainn）及被波鲁王（King Brian Boru）封为桂冠诗人的麦克·利雅格（Mac Liag）。

　　这时代的英雄故事（sagas）已有文学的形式。多数题材都早于帕特里克的时代，口口相传，混入带韵的散文及民谣诗歌中。今日所见的手抄本是11世纪后的作品，到了这一时期的诗人手中才将其化为文学。有一系列英雄故事追怀爱尔兰人民的神仙祖先，其中名为"菲尼安"（Fenian）或"奥西亚尼克"（Ossianic）的包含动人的章节叙述传奇英雄芬恩·麦克库姆海尔（Finn MacCumhail）及其后裔的冒险事迹，这些诗篇多数被认为出自芬恩的儿子——奥西亚尼克，据说这人活了300岁，到圣帕特里克的时代，他赐给这圣徒一颗异教的心之后才去世。另有一部"英雄"（Heroic）史诗，以爱尔兰老国王库科莱恩（Cuchulain）为主角，叙述他在百次精彩场合中遭遇到的战争与爱情。最佳冒险故事叙述芬恩·麦克库姆海尔王首席吟唱诗人菲利姆（Felim）之女戴尔德蕾（Deirdre）的事迹。她出生之时，一位德鲁伊教教士预言，她将给阿尔斯特带来悲伤，于是人民大叫："把她杀了！"但是康纳尔（Conor）王庇护她、教养她，并打算娶她为妻。日复一日，她出落得很可爱了。一天早晨她看到英俊的劳伊塞（Naoise）正跟别的年轻人玩球，她捡起那误丢的球并交给他，"他愉快地在我手上一按"，当下就触发她已成熟的情感。她马上请求她的婢女："小丫头啊！假使你还希望我活下去，就请带个信给他，告诉他今夜来跟我偷偷面谈。"劳伊塞果然来了，美貌当前，一饮而醉。隔天晚上，他与两个兄弟阿因勒（Ainnle）及阿尔丹（Ardan）带着戴尔德蕾离开皇宫，越过海洋到达苏格兰。苏格兰王爱上了她，劳伊塞的兄弟把她藏在高地。不久，康纳尔派人送来信件，表示假使他们愿意返回埃林（Erin），他将既往不咎。尽管戴尔德蕾认为那是阴谋诡计，劳伊塞眷念故土及幼时嬉戏的地方，终于同意。返回爱尔兰后，他们遭到康纳尔军队的突袭，三兄弟英勇奋战，不支死去，戴尔德蕾也悲戚过度而发狂，扑倒在地，吸吮已死去的恋人的血水，并且唱出一首怪异的挽歌：

当苏格兰的贵族们欢宴的那一天……
劳伊塞偷偷地吻了敦特罗涅（Duntrone）领主的女儿。
他送给她一只活泼的牝鹿，
它来自森林，脚上挂着（半人半羊的）牧神像，
他从身着披肩战袍（Inverness）的队伍回来之后，
就到它那儿面访。
但当我听到这回事时，
心里非常嫉妒，
我驾着小舟在海面上，任之漂泊；
不管是死是活，
他们游泳跟在我后头，
那是从来不说谎的阿因勒及阿尔丹兄弟，足以屈服一百个人的兄弟，

他们把我引回陆上。

劳伊塞对我保证真心不渝，

他在他的武器面前一连发誓三次，

决不再使我忧戚，

直到他离我而去，重回敢死之队！

啊！假使它今晚听到：

劳伊塞已经葬身黄土，

它一定会痛哭失声，

而我，要陪它大哭七次！

《悲伤的戴尔德蕾》（"Deirdre of the Sorrows"）最古老的版本有着清晰有力的结局——"附近有块大石头，她的头撞向那石头，头颅破裂而死。"

在爱尔兰，诗与音乐密切关联，如同在中世纪各地一样。少女纺织或挤牛奶时唱着歌，男人耕田或出战时亦然，传教者弹奏竖琴以吸引听众。最普遍的乐器是竖琴，通常有 30 根弦，以指尖拨弹。提姆潘是八弦的提琴，以拨子或琴弓来演奏。风笛悬在肩上，用嘴吹出乐声。吉拉尔达斯·康布伦西斯（Giraldus Cambrensis）说爱尔兰的竖琴手是他所听到的最好的——这是出自热爱音乐的威尔士人口中的称赞。

这一时期爱尔兰最好的艺术品，并非由 354 片铜、银、金、琥珀、水晶、珐琅及玻璃做成的"阿尔达格"（Ardagh）高脚杯（约 1000 年），而是《凯尔经》（*Book of Kells*）——写在羊皮纸上的四福音书，9 世纪时由住在米斯王国凯尔或爱奥那岛（Iona）的爱尔兰僧侣写成，现在珍藏于都柏林的三一学院（Trinity College）。通过僧侣们跨越国界相互交流，拜占庭及伊斯兰的优美风格传到爱尔兰，并一度臻于完美之境。如同伊斯兰教艺术的缩影，人或动物形象扮演无足轻重的角色，连名字起首字母的一半都不如。这种艺术的精神出于单

一、平凡的装饰动机，于蓝色或金色的背景中，将其以夸大的幽默感画出来，直到使人眼花缭乱。基督教的手抄本，以《凯尔经》为最出色，威尔士的杰拉尔德（Gerald）总是嫉妒爱尔兰，仍不住称赞这乃是天使化身所写的作品。

日耳曼民族的侵袭，使爱尔兰以外的拉丁欧洲陷于落后达数世纪之久，爱尔兰幸免于难，所以有此黄金时代。同样，正如9世纪和10世纪的英格兰、法兰西由阿尔弗雷德大帝及查理大帝推动的一切进展都被毁灭，爱尔兰的黄金时代也因诺曼人的入侵而告终。也许是仍信奉异教的丹麦及挪威听说爱尔兰修道院有丰富的金银珠宝，而国家政治分裂，不足以抵抗外侮，795年尝试性地攻击爱尔兰，虽未造成重大损害，却暴露了爱尔兰不设防的真相。823年，敌军大举来犯，劫掠科克及克伦两地，毁坏班哥及莫维尔的修道院，屠杀教士。此后每年都有外敌侵扰，有几次他们被挡退，但很快又卷土重来，抢劫各修道院。诺曼人在沿海地区定居下来，建立都柏林、利麦立克（Li-merick）及沃特福德，并要求北半岛的人民纳贡。其国王索尔格斯特（Thorgest）以圣帕特里克的亚尔马（Armagh）为都邑，并在克朗玛克诺伊斯的圣基尔兰（St.Kieran）教会圣坛上为妻子加冕。爱尔兰诸王独自抵御外侮，同时彼此大动干戈。米斯王国的国王玛拉基（Malachi）掳获索尔格斯特并将其溺毙（845年）。851年，挪威王子"白面"奥拉夫（Olaf the White）建立了都柏林王国——直到12世纪都为诺曼人所据。一个学术、艺术兴盛的时代竟为无情的战争所取代，基督教与异教军队烧毁修道院，破坏古老的抄本，致使几世纪以来累积的艺术品四散分离。一位爱尔兰老历史学家说："吟唱诗人、哲学家、音乐家等再也不能于这里从事以往的工作了。"

终于，一位强者崛起，把诸小王国统一成爱尔兰国家。布里安·波南哈（Brian Borumha），或名波鲁（Boru），是蒙斯特国王玛洪（Mahon）之弟，也是达尔加斯（Dalgas）宗族的首领。两兄弟在蒂珀雷里（Tipperary）附近与丹麦军交战，大败之，没给敌人留下任何活口，接着占领利麦立克，把每一个诺曼人都处死。可是有两位小国国王——德斯蒙德（Desmond）的莫洛伊（Molloy）及胡·卡贝里（Hy Carbery）的多诺万（Donovan）——唯恐这两兄弟也会吞并其版图，竟联合移民此地的丹人绑架玛洪，将他杀死（976 年）。布里安继位为王，又击溃丹麦人，击毙莫洛伊。他为了统一全爱尔兰不择手段，与都柏林的丹人缔盟，靠他们的援助一举推翻米斯的国王，此后他被公认为全爱尔兰王（1013 年）。经过 40 年战乱，和平重新获得，他重建教堂及修道院，整修桥梁、道路，设立学校和学院，奠定秩序，遏止犯罪。他有一位爱好想象的后代，曾以故事描绘"国王的和平"（King's Peace）所给予的安全感。这故事别处也常见，叙述一位面目姣好、珠宝环身的少女，在国内各地旅行而不受任何伤害的故事。同时，居住在爱尔兰的诺曼人另举大军，向这位老迈的国王进逼，1014 年 4 月 23 日星期五（耶稣受难日），后者在都柏林附近的克隆塔夫（Clontarf）迎敌并获胜。然而其子慕罗格（Murrogh）被杀死在战场上，布里安后来也在营帐中遭人暗杀。

久历忧患的爱尔兰获得暂时的和平，11 世纪，艺术文学得以复苏。《伦斯特经》（*Book of Leinster*）及《圣诗集》（*Book of Hymns*）在插图装饰方面，其璀璨绚烂足以媲美《凯尔经》。修道院学校历史学家及学者人才辈出。但爱尔兰人分裂不合的精神丝毫没有缓和，国家又被割裂成许多小王国，互相攻伐，损耗了国力。1172 年，来自威尔士和英格兰的少数探险者发觉，征服进而统治这一"学者和圣徒之岛"是轻而易举的事。

苏格兰（325—1066）

5 世纪末，一支盖尔苏格兰（Gaelic Scotti）人从爱尔兰北部移民到苏格兰西南部，以他们自己的族名命名特韦德（Tweed）河以北的美丽半岛。另外三个民族的人也起而争夺这古老的加里东

（Caledonia）——属凯尔特人的皮克特人的一支在福斯湾（Firth of Forth）崛起；盎格鲁—撒克逊人入侵不列颠，逃难的不列颠人便在德文特河与克莱德河河口之间的地带定居下来；安格耳人则居于泰因河（Tyne）及福斯湾之间。苏格兰国家依赖这些民族得以形成：英语为其语言，基督教为其宗教，爱尔兰人的炽烈性情，英格兰人的现实精神，凯尔特人的敏锐以及富于想象，皆融入其中。

　　一如爱尔兰人，苏格兰人不愿放弃家族的组织，而以国家代替宗族，其阶级斗争频繁，只有他们对家族的忠心及对外侮的坚忍抵抗或许可以匹敌。罗马未能征服他们。相反，哈德良在索耳威河（Solway）及泰因河之间建立的城墙（120 年），安东尼乌斯·庇护在上述城墙以北 60 里的福斯湾及克莱德河之间筑起的城墙（140 年），及塞维鲁（208 年）或者狄奥多西（368 年）的战役，并不能阻止饥饿的皮克特人间歇性的侵扰。617 年，撒克逊人在诺森伯兰的国王埃德温的率领下攻占皮克特人山间要塞，取名为爱丁堡。844 年，肯内斯·麦克·阿尔平（Kenneth Mac Alpin）以国王的名义统一了皮克特人及苏格兰人。954 年，族人又占领爱丁堡，并定为首都。1018 年，马尔肯二世占领特韦德河以北的洛锡安（Lothian）地区，并入皮克特人及苏格兰人的领域中。凯尔特似乎稳取霸权了，但是丹麦人侵略英格兰，数千英人逃往苏格兰南部，把大量的盎格鲁—撒克逊成分注入苏格兰人血统中。

　　邓肯一世（Duncan I）把皮克特人、苏格兰人、凯尔特人、不列颠以及盎格鲁—撒克逊人这五个民族统一成一个苏格兰王国。他在达拉谟（Durham）与英格兰作战失败后，给他的将军麦克白（Macbeth）以可乘之机，后者僭位称王，理由是其妻格鲁奥克（Gruoch）是肯内斯三世的孙女。他谋害了邓肯（1040 年），在位 17 年后，终为邓肯之子马尔肯三世谋杀。844 年到 1057 年之间，苏格兰共有 17 位君主，其中 12 位被谋杀。那是充满挣扎、痛苦，为食物及水源、自由及权势拔剑相向的暴力时代。在那阴郁的年代里，苏格兰根本来不及享受文明的精华，及至苏格兰文学展开，已是三个世纪之后了。诺曼人占领奥克尼群岛（Orkney）、法罗群岛（Faroes）、设得兰群岛（Shetlands）以及赫布里底群岛（Hebrides），苏格兰则在向西方世界扩展其权力的剽悍的维京人的强力威胁下苟延残喘。

诺曼人（800—1066）

·国王的英勇故事

诺曼人显然属条顿民族，其祖先越过丹麦向北，渡过斯加基拉克（Skaggerak）海及卡特加特（Kattegat）海峡到达瑞典及挪威，取代了凯尔特人，而之前凯尔特人曾经取代与拉普兰人及爱斯基摩人同种的蒙古人。早期一位首领丹·米基拉蒂（Dan Mikillati）取下了丹麦这个地名——丹的边界或省份。据塔西佗记述，当时称雄全半岛的古老的斯维奥涅（Suiones）族人是瑞典这个名字的源头，也造就许多名叫斯温的国王。挪威意即"北方通路"。老普林尼为瑞典取名斯堪（Skane），拉丁文为斯堪的亚（Scandia），从而衍生出斯堪的纳维亚，这一名称涵盖了现在同血缘、同文、同种的三个国家。这三个国家妇女生殖力强，男人好幻想，人口的大量繁殖超过土地的供应能力，年轻人及不满现状的人出海到沿岸寻觅食物、奴隶、妻子或黄金，饥饿之甚使他们不顾法律及疆界的囿限。挪威人拥入苏格兰、爱尔兰、冰岛及格陵兰，瑞典人拥入俄罗斯，丹人则直趋英格兰及法兰西。

戈姆（Gorm）王统一丹麦，其子"蓝齿"哈罗德（Harald Bluetooth）接受基督教。斯温征服英格兰，使丹麦立于欧洲强国之林达一代之久。奥拉夫·斯科特康南（Olaf Skottkonung）将全国基督教化，并以乌普萨拉（Uppsala）为首邑。800年时的挪威已是31个省份的联合体，这些省份以高山、河流、峡湾为界，由武士首领统治着。约850年，其中一位首领哈夫丹（Halfdan）从其首府特隆赫姆（Trondheim）出兵，征服了大多数省份，一跃成为挪威的第一位国王。其子哈罗德·哈尔法格（Harald Haarfager）遭反抗分子挑战，他求婚的对象吉达（Gyda）拒绝成亲，除非他征服了全挪威，于是他发誓绝不梳理头发，直到完成大业。他终于在 10 年内达到目的，娶了吉达及其他 9 个女人为妻，他修剪头发并获得"美发者"（the Fair-haired）的雅号。其子"善者"哈康（Haakon）治理挪威27 年。一位维京武士抱怨道："承平太久了，我恐怕都要老死在床上哩！"另一位哈康（Haakon）王——"伟大的伯爵"——统治全挪威30 年，但老年时触怒了自由农民（bonders），因为他娶他们的女儿为妾，过一两个星期就送回。自由农民迎立奥拉夫·特赖格维森（Olaf Tryggvesson）为王。

哈康之子奥拉夫是"美发者"哈罗德的孙子，斯诺里（Snorri，爱尔兰历史学家）形容他："非常活泼的人，愉快、善交朋友、慷慨、讲究衣着、身体健壮，是男人中最英俊者，较所有的诺曼男人体能、技术为佳"。当船夫划动船桨时他能够跳过船桨入水，能够同时耍三把尖刀，一次掷出两支矛，并且"用任何一只手都能把东西砍得一样平均"。他好争执、冒险。在不列颠群岛时，他改奉基督，成为凶狠的拥护者。他当挪威王时（995 年），毁灭所有异教寺庙，建筑基督教堂，自己却继续畜养妻妾。自由农民极力反对新教，要求奥拉夫在雷神（Thor）之前依照古礼献祭。他同意了，却又主张把雷神最喜欢的牺礼——农民领袖——献给雷神。结果农民都归附了基督教，只有名叫兰德（Rand）的农民坚持异教信仰，奥拉夫下令拘捕他，强迫他口吞毒蛇，又令人在蛇尾点火，于是毒蛇在他胃里及身上蠕动，致他死去。奥拉夫计划与瑞典皇后希格里德（Sigrid）结婚，她接受了，但拒绝放弃异教信仰，奥拉夫以手套打她的脸，喝道："我为什么一定要娶你这异教的黄脸婆为妻？"希格里德回答："你的死期不远了。"两年后，瑞典和丹麦国王及挪威的艾利克伯爵联合讨伐奥拉夫，他在鲁根岛（Rügen）附近的海战中被击败，全副武装跃入海中，消失不见。挪威被征服者瓜分。

另一位被称为"圣者"的奥拉夫再度统一挪威（1016年），他恢复秩序，推行合理的审判制度，使全岛改信基督教。斯诺里说："他是很善良和气的人，寡于言词，喜好施舍，却又贪财"，并喜欢蓄妾。一个留恋异教的农民被他割去舌头，另一位则被挖掉眼睛，农民们暗中联合丹麦及英格兰王克努特，出动50艘战舰来犯，把奥拉夫逐出挪威（1028年）。奥拉夫班师回国，欲夺回王位，双方战于斯蒂克勒斯塔德（Stiklestad）。奥拉夫遭挫败，重伤而死（1030年）。其后裔在当地建立教堂，追念他为挪威的护国圣徒。其子"善者"马格努斯（Magnus）收复挪威，并妥善地制定法律，设立政府。其孙"严厉者"哈罗德（Harald the Stern）统治挪威，刚猛正直，直到诺曼底的威廉征服英格兰。

860年，一支来自挪威或丹麦的队伍再度发现冰岛，见到其地多雾，峡湾遍布，与他们的国土所差无几，并未感到不悦。挪威人在哈罗德·哈尔法格的独裁统治（他于874年移民至此）下愤懑不平。四个省份各有集会（*thing*），930年有了议会（*allthing*），是代议政体最早的机构之一，也使冰岛成为当时世界上唯一的拥有自由共和政体的国家。可是促进移民及成立议会的自由独立精神却限制政府和法律的效用，拥有土地的权势者成为法律的化身。不久，曾使挪威国王感到头痛的封建诸侯又在冰岛出现了。1000年，议会正式接受基督教。国王"圣者"奥拉夫听说冰岛人仍吃马肉或杀死婴儿取其肉来吃，深感耻辱。或许由于冰岛的冬夜既长又冷，那里孕育出的神话及英雄故事等文学，水平和数量均较诺曼人故乡为丰富。

冰岛被发现16年后，一位挪威船长乌尔夫森（Gunnbjörn Ulfsson）发现格陵兰岛。约985年，托瓦尔德（Thorwald）及其子"红"艾利克在那里建立挪威殖民地。986年，布哲内·赫休尔夫森（Bjerne Herjulfsson）发现拉布拉多（Labrador）。1000年，"红"艾利克的儿子莱夫（Leif）登陆美洲大陆！我们不清楚确切地点是在拉布拉多、纽芬兰还是科德角（Cape Cod）。莱夫在文兰岛（Vinland）过冬，然后回到格陵兰。1002 年，其弟与另外 30 个人在文兰岛住了一年。早在 1395 年之前，从史诺利·斯特鲁孙（Snorri Sturluson）所著《奥拉夫传奇》（*Saga of Olaf Tryggvesson*）一书的增补篇章中，我们就得知 985 年至 1012 年先后有五支诺曼探险队到达美洲大陆。1477 年哥伦布航行到冰岛，并研究关于这新世界的种种传说。

·维京文明

诺曼人的社会秩序建立于家庭条规、经济合作及正当的信仰之上。《贝奥武夫》中有一段话："思想纯正者绝不被隔离于家庭关系之外。"弃儿被随便弃置，任其死去，但只要收容下来，这个小孩就会受到合法的训练与爱护。没有姓氏，儿子只加上父名，例如奥拉夫·哈拉尔德森（Olaf Haraldsson）、马格努斯·奥拉夫森（Magnus Olafsson）、哈康·马格努森（Haakon Magnusson）等。基督教传入之前，斯堪的纳维亚人为孩子取名时，用水浇其头，表示家庭收容他。

教育富实用性：女孩学习家庭日常技艺，包括酿酒等；男孩学习游泳、滑雪、雕刻木头及金属、角力、划船、滑冰、玩曲棍球、狩猎、箭术及用剑或矛战斗。跳高是普遍的运动，某些全副武装的挪威人可以跃过相当于自己身高的高度，或泅水几英里，有些人甚至跑得比马还快。许多儿童被教导读书写字，或被训练成医师和法律人才。男人和女人都爱放声歌唱，有些人弹奏乐器，通常是竖琴。我们从《老艾达》（*Elder Edda*）中读到这样的记载：贡纳尔（Gunnar）王能用脚趾弹奏竖琴，并以之挑逗毒蛇。

多妻制一直为富人奉行，直至 13 世纪。婚姻常由父母做主，大多以买卖的方式达成。自由妇女则可否决这种安排，但如果她违背父母的意愿自行结婚，则其夫将被视为罪犯，亲戚可合法地把他处死。男人可以随意与妻子离异，但除非他能提出合情的理由，否则女方家庭可以谋害他而不被视为不义。男女任何一方可以因对方打扮像异性而提出离婚——例如妻子穿着马裤，或丈夫穿露胸的衬衫。男人可以将妻子的奸夫逮住杀害，却不会引起血仇。女人勤于工作，但她们都仍然十分讨人喜欢，以致男人因她们相互厮杀。在公共场合威风八面的男人，回到家里也变得畏缩起来。一般说来，女人的地位在异教时代要比基督教时代为高，她是强壮的男人之母而非罪恶之母，她先是有 1/3，而婚后 20 年有一半的家庭财产权。她在事业策划上为他提供意见，并自在地周旋于家里的男客之间。

劳动颇受尊重，各阶层都享有这份光荣。捕鱼是普遍的行业，狩猎则为必需，而非为了运动。意志与体力开拓了瑞典的森林，并把挪威冰冻的山坡变为可耕之地。大地主不多见，斯堪的纳维亚以普遍的自由农民均分了大片耕地著称。不成文的保障法减免了不少灾难：一家房屋烧毁了，邻居都得帮助重建；如果牛病死或是"蒙上帝恩召"，邻居也须以自己的牛补足其损失的半数。几乎每位诺曼人都是巧匠，他们尤其精于竹艺。他们运用 8 世纪传入的冶铁工艺技术是落于人后的，但接着就制造出多种坚固美观的工具、武器及铜器装饰品、金银装饰物等。盾、加纹的剑、戒指、夹子及铃铛等，都是美丽与骄傲的代表。他们所造的船只或战舰并不比古代为大，但较为坚固，平底的稳定度高，船桨尖细，可以用来撞刺敌人，船的深度为 4 到 6 英尺，长度为 60 到 180 英尺，装有平行的帆或全为木桨———一边有 10、16 或 60 把。这些结构简单的船只载着诺曼的探险家、商人、海盗及武士顺着俄罗斯的河流而下行至里海及黑海，或越过大西洋到冰岛和拉布拉多。

维京人分为伯爵（jarls）、农场主（bondi）及奴隶（thralls）几个阶层，并如柏拉图所著《理想国》中的监护人，他们严厉地教导孩子们，认为个人的阶级出身是神的意旨，只有不诚信之人才敢加以改变。帝王是从荣耀的血统中选出来的，地方官员则选自伯爵的阶层，人民坦诚地接受这种君主及贵族的体制，把它当作战争与农业社会的必然产物。与它相伴而生的是出色的民主制度，地主在地方性的家长会议（hus-thing）中充当立法和司法的角色，村里集会（mot）、省份会议（thing）及议会（allthing）等场合亦然。那是法治的政府，而非仅管理大众的政府。暴力已不复出现，公正是唯一的规则。血仇染红了英勇诗篇，但在那血污的维京时代，凶手以金钱向死者赎罪取代了私下的复仇。只有水手不受法律约束，他们信奉要么胜利要么失败。重罚为的是恢复秩序与和平。与大自然战斗日久，人类也变得越坚定、无情，奸夫奸妇被处以绞刑，或用马拖死，纵火者被绑在火刑柱上烧死，弑杀尊长者被吊在同样被吊着的活狼旁边，反叛政府者五马分尸，或以野马拖曳至死。这些野蛮的法律并未取代报复行为，相反，却使之普遍化。终于海盗也归顺于法律之下，变为航海商人，以技巧代替武力。欧洲的许多海洋法都源于诺曼，于汉撒同盟时流传开来。"善者"马格努斯王统治时，挪威的法律刻在一种羊皮纸上，这种羊皮纸因其颜色而被称为"灰鹅"，它保存至今天，内容包括维持势力版图、巡查市场港口和救济贫病等敕令。

宗教帮助法律及家庭把野人感化为良民，条顿民族潘提翁诸神，对诺曼人来说并非神话故事，而是真实地畏惧、崇拜的神灵，并以千万种神迹与人类密切相关。在先民原始的惊奇畏怖的心灵中，大自然的力量及化身都是与个人攸关的神明。势力越来越强的神明甚至造成以人为牺牲品的赎罪方式。那是一座拥挤的奉祠殿（Valhalla）：12 位男神及 12 位女神，若干巨人（Jotuns），命运之神（Norns），信使及神的使仆（Valkyries），少数巫婆、小精灵以及侏儒。这些是被放大了的凡人，也有生死、饥饿、睡眠、疾病、热情、哀伤。他们比人强的是体格、寿命及力量。众神之父奥丁（Odin）在恺撒的时代住在亚述海附近，他建筑众神的花园阿斯加德（Asgard），供家庭及手下憩息。他渴望拥有土地，征服了瓦里亚基。他并非不可侵犯或万能的，灾难之神洛基（Loki）骂他，像悍妇一般尖刻，奥丁也不理睬他。他在地球上流浪，寻求智慧，并在智慧之泉以一眼换取一饮，于是他发明字母，教导子民写字、作诗、学习艺术及法律。眼见生命将尽，他召集瑞典人和哥特人，在自己身上造成九处伤口而死亡，接着返回阿斯加德去过神的生活。

在冰岛，雷神比奥丁还大，他掌管雷电、战争、劳动及法律。乌云是他皱起的额头，雷是他的声音，闪电是他的槌子在空中挥舞。诺曼诗人也许像雷神那样多疑，常开雷神玩笑，就像希腊人对待赫拉克勒斯，他们让雷神接受各种考验与苦役。他毕竟很受爱戴，因为几乎有 1/5 的冰岛人僭用他的名字——例如托洛尔夫（Thorolf）、托瓦尔德（Thorwald）、托尔斯坦（Thorstein）等。

奥丁的儿子巴尔德（Baldur）的传奇很多，但供奉的人不多。他"形体突出，个性温和，聪明，口才流利"，冠于诸神。有一次他做噩梦得知大限已到，将此事告诉诸神，女神弗里加（Frigga）令所有的矿物、动物及植物发誓绝不伤害他，这样他的圣体可避免任何东西的伤害，诸神为他庆祝，向他投掷石头、标枪、斧头、剑等，他都一一挡开，分毫无损。但是弗里加忘了要求一种叫槲寄生的灌木宣誓，因为它太小了，也从不伤人。诸神中最淘气的洛基在这灌木上剪了一小枝，说服一位盲眼的神灵把它投向巴尔德，灌木枝穿入他的身体，致他死去。其妻内普（Nep）悲伤过度也死去，与巴尔德及装饰得漂漂亮亮的坐骑在柴堆上火化了。

法尔库里耶斯（Valkyries）有定夺各个灵魂死期的大权，死得卑鄙的人被丢到管理亡魂的女神赫尔（Hel）领地内，死在战场的被法尔库里耶斯带到"入选者的厅堂"——奉祠殿，在那儿他们受到好战的奥丁的宠爱，恢复体力及美貌，白天仍在战场比武，晚间则享受麦酒。较晚时期的诺曼神话则说后来专门作战、制造破坏的巨人向诸神宣战，他们展开恶斗并同归于尽。在这"诸神衰微"的时代，整个宇宙崩溃，不仅太阳、行星及星球，连奉祠殿的武士及神仙都归于毁灭，只有希望之神（Hope）幸免——因此很久以后一个新的地球形成，新的天堂，较合理的司法，及一位比雷神及奥丁还伟大的神也将出现。或许这寓言象征基督教的获胜及两位奥拉夫君王为基督教进行的奋战，或者意味着维京诗人开始怀疑他们的神而将其埋葬？

那是一部伟大的神话，吸引力仅次于希腊神话，它传到我们手上，最早是以被错误地命名为《埃达》的奇异诗篇。1643 年，一位主教在哥本哈根的皇家图书馆发现包括一些古冰岛诗集在内的手抄本，他犯了双重错误，称它们为"智者"赛门德（Saemund）所著的《埃达》，其人是一位冰岛学者教士。目前研究者一致认为这些作品写于挪威、冰岛及格陵兰，由一些不详的作者在不详的日期写就，成书时间在 8 世纪到 12 世纪之间。赛门德也许曾收集这些作品，但并非由他亲自创作。书名也不是《埃达》，但是日子一久，错误甚至剽窃都会站得住脚，最后只得折中称之为《诗体埃达》（*Poetic Edda*）或《老埃达》（*Elder Edda*）。在这里，我们首次发现西古尔德（Sigurd）及其他英雄、女杰或平民，在《沃苏格萨格》（*Volsungasaga*）及《尼伯龙根之歌》可见到更清晰的模样。《诗体埃达》中最震撼人心的一首诗是《沃鲁斯帕》（*Voluspa*），其中叙述女预言家沃尔瓦（*Völva*）以阴郁而庄严的意象描写世界的创造、眼前的灾难及最终的复活。另一首《帝王的抒情歌》（*The High One's Lay*）风格则大不相同，其中奥丁在经历所有状况及各种人之后，制定其智慧的准则，不太像个神：

　　我到过许多地方，去得太早，或者说是太晚，啤酒还没准备好，不然就是被饮尽了……最好的醉酒就是每个人事后都有其理由……少女的话不能太相信，妇人的话亦然，因为她们心怀狡诈……这就是我追求那小心翼翼的少女时所获得的经验，从她那儿我什么也没得到……一天到头，晚时才值得称颂，一把试过的剑亦然，一位被烧成灰的妇女才值得称颂……一个人常从对别人所说的话中受到惩罚……舌头是头脑的毒药，对于坏人，即使是三句话，也不值得与他一争，因为坏人动武时好人总要让步……垂涎别人财产、妻子的应该及早行动。我们应有适当的聪明，但不能太过……而且不要让任何人事先知道他的命运，如此才能远离烦恼……智者的心很少欢愉……一个人的家尽管很小，却最美好……最美好的莫过于炉边和见到阳光。

《老艾达》大致先口口相传，到 12 世纪才形诸文字。维京时代的字母称为"鲁纳斯"（runes），一如北日耳曼及盎格鲁—撒克逊英格兰。这 24 个字母组成一套字母群，由希腊文、拉丁文的草书体衍生出来。当时的文学本可使用文字，但是吟游诗人完成作品后，加以诵记，把这些关于条顿神灵及英雄年代（Heroic Age）的诗歌口耳相传。斯图鲁松及旁人保存诗歌中的片断以及诗人的名字，其中最著名的是西格瓦特·索达森（Sigvat Thordasson），他是圣奥拉夫的宫廷诗人和顾问。另一位是耶吉尔·斯卡拉格里姆森（Egil Skallagrimsson），是当时冰岛的名人——武士、男爵及热情的诗人，老年时幼子溺水身亡，他哀伤过度，几乎自杀，经女儿劝慰，转向写诗后才断了这个念头。他所作《丧子》（*Sonartorrek*）激烈指责置人于死地的天神，因为不能找到奥丁决斗，他深以为憾，接着他想到天神不仅赋予他悲伤，也赐给他诗才，口吻就缓和下来了，谅解不究，决意再活下去，并在国家议会里恢复自己的地位。

这一时期的斯堪的纳维亚文学无疑过分夸大维京社会的暴力，就像新闻与历史以不寻常的情节吸引读者，却错过了正常的人性与生活。无论如何，早期斯堪的纳维亚环境艰苦，只有心志最坚韧的人才能在生存竞争中活下来，古老的血仇报复习俗及海上无法无天的抢劫恶习，又造就出尼采式的狂妄勇气。一个维京人问另一个道："告诉我你的信心何在。"回答是："我只相信自己的力量。"戈尔德·哈拉尔德（Gold Harald）想取得挪威的王位，打算动用武力，朋友哈康劝他："先考虑你凭什么去做，因为只有勇猛坚定的人才能达到这一目的，这人须不拘泥于善或恶，才能完成计谋之事。"某些人好战，几乎到了不知疼痛的地步，有些人狂乱奔赴战场。另外，不穿盔甲即奔入战场的武士发出咆哮，状近野兽，他愤怒地刺穿敌人的盔甲，战斗过去了，他疲累不堪，倒地不起。只有勇者才能进入奉祠殿，为集体牺牲的人死后才能被赦免罪恶。

"峡湾中的男人"在如此艰难的磨炼中成长，因此他们能够出海到俄罗斯、波美拉尼亚（Pomerania）、弗里斯群岛、诺曼底、英格兰、爱尔兰、冰岛、格陵兰、意大利及西西里占领各王国，这些冒险不是像穆斯林及马札儿人那样大举出兵，侵占领土，而是少数人任性出击。他们认为懦弱是罪恶，而力量是善良，渴于占领土地，拥有女人、财富及权力，并享受地球上一切神圣的权利。他们以海盗起家，却以政治家收场。罗洛赐予诺曼底安定的秩序，"征服者"威廉之于英格兰，罗杰二世之于西西里亦然，他们仿佛是强力的荷尔蒙，与那些呆板的农民的血统混合。历史很少毁灭不该灭亡的东西，焚烧莠草，能造成更肥沃的土壤，以利播种。

日耳曼（566—1106）

·权力的组成

5 个世纪之前源自日耳曼的野蛮侵略，把罗马帝国分割成西欧的许多小国，而诺曼人的侵扰为其尾声，那么，留在日耳曼境内的那些日耳曼人命运如何？

哥特人、汪达尔人、勃艮第人、法兰克人、伦巴底人等民族的迁徙，一时使日耳曼变得地广人稀。斯拉夫温德人从波罗的海诸国迁来补充真空状态。6 世纪之前的易北河，成为种族的——正如现在是政治的——疆界，隔开了斯拉夫与西方的世界。易北河及萨勒（Saale）河之西为余下的日耳曼部落，撒克逊人在中北部，东法兰克人沿莱茵河下游居住，色林吉亚人居于上述两者之间，巴伐利亚人在多瑙河中游沿岸，土瓦比亚人在多瑙河及莱茵河上游的沿岸之间，并沿着东如拉（Jura）山及北面的阿尔卑斯山分布。当时并无日耳曼帝国，只有日耳曼人部落，查理曾统一它们并加以管束，但瓦解的加洛林王朝废除这些管制，直到俾斯麦（Bismarck）之前，部落意识及地方意识每每与中央势力抗衡，造就了受敌军、阿尔卑斯山及海洋围困的人民。

《凡尔登条约》使日耳曼人路易或路德维希——查理之孙——成为日耳曼的第一位君主。《默森条约》（*The Treaty of Merson*）为他增加了额外的领土，并把其版图确定在莱茵河与易北河之间，加上洛林省的一部分以及美因茨、沃姆斯和施派尔的各主教辖区。路易是出色的政治家，有三个儿子，他死时（876年）领土三分，并历经十余年的战乱，其间莱茵河流域的大城邑悉遭诺曼人侵略，路易之子卡洛曼的私生子阿诺夫被推举为东法兰西亚（East Francia）的君王（887年），挡退了敌军。他的继承人"稚者"路易（Louis the Child）年幼无能，时马札儿人掠夺巴伐利亚（900年）、卡伦西亚（901年）、撒克逊（906年）、色林吉亚（908年）及阿勒曼尼亚（909年），他均未能退敌。中央政府保不住地方省份，地方还得自组军队，公爵分封采邑给参与军事的门客，这才把军队组织起来，如此一来，使公爵独立于王权之外，形成封建诸侯割据的日耳曼国家。路易死后，贵族及宗教要人顺利取得拥立新王的权力，把王位授予法兰西亚公爵康拉德一世（Conrad I），他曾奋力与撒克逊的公爵亨利斗争过，却机智地推荐亨利为其继承人。亨利一世热爱狩猎，被称为"猎禽者"（the Fowler），他把斯拉夫温德人驱逐到奥得河，针对马札儿人加强防御，于933年将其击溃，他耐心地为儿子的未来成就做准备工作。

奥托一世大帝是日耳曼的查理大帝。他继位时年24岁，但早已有国王的胸怀与能力。由于意识到仪式及象征的价值，他说服了洛林、弗兰科尼亚、斯瓦比亚及巴伐利亚等公爵跟随他到亚琛，参加由希尔德伯特大主教主持的加冕典礼。后来诸公爵见他日渐坐大，起而反抗，劝诱其弟亨利参与一个废除他的阴谋。奥托识破阴谋，进行镇压，并宽恕了弟弟。其弟再反，又得到饶恕。这位精明的国王分封领地给朋友、亲戚，并安抚各公爵。他之后的国王并未学到他的果断与技巧。中世纪的日耳曼多数时间都陷于封建诸侯与皇室的纷争。在这场角逐中，高级教士站在国王的一边，成为其管理上的一大助力，他们从旁辅佐，有时甚至成为将军。国王任命大主教至主教的方式，与任命其他公职人员相同，日耳曼教会成为国家机构，只是松散地隶属于教皇。奥托以基督教为团结的力量，把日耳曼部落统一成富强的国家。

在教皇的催促之下，奥托出兵攻打温德人，企图以武力强迫他们信奉基督。他强令丹麦国王及波兰、波希米亚的公爵承认他为他们的封建宗主。他颇热衷于神圣罗马帝国的王位，当时意大利罗塞国王的遗孀阿德莱德（Adelaide）正好请求他助她脱离新王贝伦加尔二世（Berengar II）的掌控，他欣然接受，把政治与爱情巧妙地结合起来，入侵意大利，娶了阿德莱德，但允许其作为日耳曼君主的小领主而保留王位。罗马贵族拒绝承认日耳曼人为其国王君临意大利，由此展开一场争执，几乎持续了三个世纪之久。他的儿子鲁道尔夫（Ludolf）及女婿康拉德叛变，奥托班师回朝，以免为了罗马王座而失去本国王位。马札儿人再度入侵日耳曼（954 年），鲁道尔夫及康拉德接应并为向导。奥托敉平叛变，饶恕鲁道尔夫，重组军队，在奥格斯堡附近的莱希河（Lechfeld）与马札儿人对阵，取得决定性的胜利（955 年），日耳曼得以赢得长期的安全与和平。奥托转而致力于内政——恢复秩序，扫除罪犯，一度使日耳曼归于一统，成为当时最繁荣的国家。

称帝的机会又来临了。教皇约翰十二世向他求援以对抗贝伦加尔（959 年）。奥托领大军攻打意大利，顺利地进入罗马城。他于 962 年被约翰十二世加冕为西罗马帝国皇帝（Roman Emperor of the West）。之后教皇后悔自己这一举动，就抱怨奥托没兑现收复拉韦纳总督辖区给教皇的诺言。奥托采取最后的手段，率军直驱罗马，在那里召集意大利主教会议，指使他们废黜约翰，推举一位世俗教皇，名利奥八世。教皇的领地仅限于罗马的公爵辖区及萨宾人的地区，意大利中北部其余地区被神圣罗马帝国吞并，成为日耳曼君王的属地。从这些事件来看，日耳曼君主认为意大利是其所继承国家的一部分，而教皇则下结论：除非教皇加冕，否则任何人都不能算是西方的罗马皇帝。

为防止动乱，奥托于死前事先安排教皇约翰十三世为儿子奥托二世加冕（967 年），并为他娶拜占庭皇帝罗曼那斯二世的女儿希尔法诺（Theophano）为妻（972 年）。奥托一世梦想的两大帝国的联姻短暂地实现了。接着，历尽沧桑的奥托溘然长逝（973 年），日耳曼人追认他为最伟大的国王。奥托二世致力于把南意大利并入版图，惜壮志未酬英年早逝。奥托三世时年 3 岁，由母亲希尔法诺及祖母阿德莱德垂帘听政达八个月。希尔法诺前后辅政达 18 年，影响所及，把拜占庭的高尚风气带入日耳曼宫廷，促成了文学、艺术的复兴。奥托三世 16 岁起独立执政（996 年）。受到吉尔伯特及其他教士的影响，他欲以罗马为首都，把基督教地区统一入改革后的罗马帝国，由皇帝及教皇联合执政。罗马及伦巴底的贵族、平民将这一计划曲解为由日耳曼、拜占庭联合统治意大利的阴谋，因而起来反抗奥托。奥托平定叛乱，将首脑人物克雷森提乌斯（Crescentius）处决。999 年，他任命吉尔伯特为教皇，但是他短短 22 年的生命和吉尔伯特 4 年的教皇职位，不足以实现愿景。奥托可算一位圣徒，但他的本性使他爱上了克雷森提乌斯的遗孀斯蒂法尼亚（Stephania），她同意委身为情妇。她也是毒蝎般的女人，年轻的国王沉迷于她的气质，末了为此痛心疾首，在维泰博去世，年仅 22 岁。

撒克逊族最后一位日耳曼国王亨利二世，一心谋求国王权力在日耳曼及意大利的恢复，因为两个男孩的执政已使公爵坐大，邻国势力增强。第一位法兰克族或撒利族系的国王康拉德二世平定了意大利，为日耳曼增加了勃艮第或阿尔勒王国。出于广开财源的考虑，他以极高的价钱将主教辖区出售，这笔钱数目之巨连他自己都感良心不安。他发誓绝不再打圣职的主意，而且"几乎实践了他的诺言"。其子亨利三世继续把帝国推向极盛。1043 年在康士坦丁赦免日（Day of Indulgence），他赦免所有伤害过他的人，告示子民他放弃报复与仇恨。10 年间，他以他的宣道及个人榜样——或许是权势——减少公爵之间的血仇报复，与当时的"神圣休战"（Truce of God）相辅相成，这为中欧带来短暂的黄金时代。他提倡文化教育，兴建学校，完成施派尔、美因茨及沃姆斯等地教堂的建设，但他并非是一心追求永远和平的圣徒，他与匈牙利交战，直到后者以他为封建宗主。他免除三位争夺教皇职位的申请人的资格，任命后来的两位主教。欧洲的其他势力无一能与他抗衡。最后，他把权威推至极致，以致引来高级教士和公爵的敌对，但叛乱未起他就死了，把敌视的教皇辖权及纷乱的疆域留给亨利四世。

亨利 4 岁被立为国王，6 岁时父亲逝世，其母及两位主教摄政至 1065 年。15 岁时被宣布成年，他继承了一国之君的权力。一旦大权在握，年少的君王便昏狂起来。他相信专制独裁，并设法独掌大权，不久便与乘他不备瓜分国土的大贵族对峙并交战起来。撒克逊人反对课税，并拒绝为国王收复失土。15 年来（1072—1088 年），他断断续续与他们作战。1075 年平定诸乱时，他镇压所有的武装力量，包括最骄横的贵族及善战的主教，强迫他们弃甲赤足从他军队行列中走过去，把降服法案放在他脚旁。同年，教皇格列高利七世发表"平信徒授衣礼"（lay investiture）的反抗书，反对由俗人任命主教或院长。亨利挟一个世纪来的先例，从未怀疑他任命圣职的权利。他与格列高利鏖战达 10 年之久，运用外交和武力，在中世纪历史上最激烈的政教冲突中殚精竭虑，直至死亡。日耳曼的贵族乘机壮大自己，撒克逊人也再度起来反抗。亨利之子参与了叛变。1098 年，美因茨地方议会推举亨利五世为王，儿子便将父亲拘禁起来，强迫他放弃王位（1105年）。父亲逃亡，死于列日，享年 57 岁（1106 年），其时他正组织军队而未果。教皇帕斯加尔二世（Paschal Ⅱ）无法准许被逐出教会的国王以教礼埋葬，但是列日的居民反对教皇，而给亨利四世举行隆重的葬礼，遗体在当地教堂安葬。

·日耳曼文明

妇女在 5 个世纪中艰苦地开垦荒地、生儿育女，得以征服日耳曼的环境，发展其文明。森林广大无垠，野兽出没，阻断了交通与统一；森林中无名英雄或许是过度地砍伐着树木。在撒克逊，为征服生生不息的森林及滋生疫疠的沼泽所做的奋斗达千年之久，到 13 世纪才成功。一代接着一代，刚强、热心的农民把猛禽野兽逐走，以锄和犁开垦土地，栽种果树，放牧羊群，照顾葡萄果园，用爱心、祈祷、花草、音乐及啤酒来抚慰自己孤单的生活。矿工发掘盐、铁、铜、铅、银等矿。采邑、修道院及家庭的手工艺将罗马风格与日耳曼的技巧结合在一块。商业比以往兴盛，经各河流遍布于北海与波罗的海。战争取得胜利，野蛮仍存在于法律及血流之中，然而其间的差距已由 5 世纪的部落纷争至 10 世纪的奥托文艺复兴的历史进程中消弭。从 955 年到 1075 年之间，日耳曼是全欧洲最富庶的国家，只有接受日耳曼君主统治的北意大利才能与之相比。古老的罗马城镇，如特里尔、美因茨及科隆繁荣依旧，新城市在施派尔、马德堡及沃姆斯等地主教的治理下陆续兴起，约 1050 年，便已有纽伦堡。

这一时期的教会也是日耳曼兼管教育的机构。福达、泰根塞、赖赫劳、甘德斯海姆、希得斯罕及洛尔施等地，都成立了相当于学院的修道学校。拉巴努斯（Rabanus Maurus）在图尔受业于阿尔琴，后成为福达大修道院的院长，他在那里设立学校，以培养学者及拥有 22 个分支机构闻名全欧。他把课程范围扩大，使之包括许多学科，并破除视自然现象为神秘力量的迷信。福达的图书馆成为欧洲最大的图书馆之一。从那里，我们方知苏埃托尼乌斯、塔西佗及阿米阿努斯·马塞利努斯等人。通常人们把光辉的赞美诗《恳祈造物圣神降临歌》（*Veni Creator Spiritus*）归为拉巴努斯的作品，这首圣歌是在教皇、主教或国王授任之时唱的。圣布鲁诺曾是洛林公爵、科隆大主教及奥托大帝的大臣，他在宫廷里设立学校，培养行政人才，从拜占庭及意大利延请学者，购买书籍，他自己则教授希腊文和哲学。

其时日耳曼语言尚未产生文学，几乎所有文章都由教士用拉丁文写成。当时最伟大的日耳曼诗人是赖赫劳的士瓦比亚僧侣瓦拉弗里德·斯特拉博（Walafrid Strabo），他一度担任"秃子"查理的家庭教师，他从路易的妻子——美丽而有野心的朱蒂丝——那儿获得启发性的赞助。回到赖赫劳当院长时，他献身于宗教、文学及园艺。在他那可爱的诗《花园的照料》（De Cultura Hortorum）里，他把自己悉心照料的一花一草详尽地加以描述。

那时的日耳曼文学，能与他抗衡的是一位修女。赫洛斯维塔（Hroswitha）是当时以高尚教养、优雅风采而享有盛誉的日耳曼妇女中的一位。她生于约 935 年，入甘德斯海姆（Gandersheim）的圣本笃修道院受教育，其受教育程度必定比我们预期的为高，因为她熟悉罗马异教诗人的作品，并能流利地书写拉丁文，以六音步诗行叙述某些圣徒的行迹及写作有关奥托大帝的小史诗。但使她成名的作品则是仿效泰伦斯的 6 部拉丁散文喜剧。她说明她的用意："用天堂惠赐她的小才气，在奉献的热情鞭策下，说出赞美上帝的微薄心声。"她叹惜拉丁喜剧中往往有异教猥亵成分，想要以基督教作品取代之，但是她的剧作也渐渐侧重于描写渎神的爱情，掩饰不了肉体情欲的一股暖流。在她最优秀的短剧《亚伯拉罕》中，一位信奉基督的隐士离开其隐居的地方，去照顾失怙的侄女，后者受诱惑与人私奔，随即被遗弃，沦落为妓女。亚伯拉罕追寻她，乔装打扮进入她的房间，当她吻他时才发现真相，她羞愧地退开了。在温和而富有诗韵的对话中，他劝她放弃罪恶的生活，返回家里。我们不知这些剧情是否上演过。现代戏剧并非由这类泰伦斯式格调发展而来，而是由基督教的仪式与神迹，加上流浪汉丑角的笑料发展而成。

教会除发展诗文、戏剧及史料编纂以外，也为艺术带来素材和灵感。日耳曼僧侣一方面受到拜占庭及加洛林王朝的榜样的启示，又获得日耳曼王子的大力资助，创作出上百部优异的手抄本。993—1022

年的希得斯罕主教贝伦瓦尔德（Bernewald），几乎是他那个时代的文化集大成者：他是画家、书法家、金属工匠、细镶嵌师，也是行政人员兼圣徒。他把渊源、技巧各异的艺术家延揽来，使他所在的城市成为艺术中心。由那些艺术家帮助，加上自己动手，他做出珠宝十字架，金银烛台镂刻动物及花朵的图案，又做出一套饰以珠宝的圣餐杯，上面有希腊三女神（Three Graces）的裸体形象。艺术家为他的教堂制作的著名铜门，是中世纪历史上第一扇金属门，整体铸造而非由平镶板嵌入木头格子而成。国内建筑尚未出现文艺复兴时期表现出日耳曼城市之美的风格来，但是教堂建筑物由木头改为石工，从伦巴底学到罗马风格，教堂东面半圆形凸出部分、唱诗班席位、十字架式教堂的左右翼部及塔等，均仿效罗马，由此开启希得斯罕、洛尔施、沃姆斯、美因茨、特里尔、施派尔及科隆等地教堂的兴建。外国批评家不满意这种莱茵罗马风格的木制平天花板及过分的外部装饰，然而这些建筑物表现出日耳曼民族的坚实感和努力提高文明水平的时代精神。

第四章 | 争斗中的基督教

（529—1085）

圣本笃（480—547）

529 年是雅典哲学学派的终结之日，也是拉丁基督教区最著名的修道院蒙特卡西诺修道院（Monte Cassino）的开创之时。它的创始人圣本笃（Benedict of Nursia）生于斯波莱托（Spoleto），出生于式微的罗马贵族家庭，被送到罗马受教育，却因放纵肉欲而沾染了恶名。另有一说，他追求爱情，因此沉沦了。15 岁时，他逃往离萨伯卡（Subiaco）五英里路的萨宾山中，在峭壁下的岩洞中筑一间小屋，在那儿度过几年孤独的苦行生活。教皇格列高利一世的《对话录》（*The Dialogues*），记载了圣本笃勇敢地迫使自己忘却女人的事：

> 邪念把伊人映现在他的脑际，这个记忆强烈地在上帝的仆人灵魂里燃烧起欲望……几为逸乐所淹没，他又想摆脱杂乱的心思。突然间，由于神的恩惠帮助，他恢复清醒，看到许多荆棘及荨麻在身旁丛生着，他脱掉衣服，扑进棘刺丛中滚了很久，起来时全身皮开肉绽。由于肉体的伤，他医好了灵魂的创伤。

他在那里住了几年，坚定不移的精神博得佳评，被附近一所修道院的僧侣恳切地请去当院长。他警告他们，他的条规严苛无比。但他们坚持聘他，于是他跟僧侣们去了。几个月的严格管教，使僧侣无法忍受，偷偷在他的酒里放了毒药。于是他又恢复孤独的生活，有心的年轻人前来住在他附近，请求指点，为人父的携带子女前来求教。到 520 年，已有 12 座修道院在其洞穴附近建立起来，每座各有 12 位僧侣。当这些人中还有许多人以其教条为苦时，他已带领最热心的随从到达蒙特卡西诺，那里是海拔 1715 英尺的高山，于其上可俯瞰古城卡西姆。它位于卡普阿（Capua）西北方 40 英里处。他毁坏了一座异教庙宇，建立了一所修道院（约 529 年），并制定《圣本笃清规》（*Benedictine Rule*），影响了西方大部分的修道院。

意大利与法兰西的僧侣们误学东方孤独的苦行方法，西欧的气候及活跃精神使这一摄养之术难以实行，许多人因此半途而废。本笃并不反对隐士，也不责备苦行主义，但他认为最好把苦行改为群体而非单独的方式，而且其中不应有好胜的表现或对抗比赛，每一个步骤都要有院长的控制，并能够马上停止对身心的伤害。

在西方，加入修道院生活的人无须宣誓。本笃感到这些渴望如此生活的人应从初学者做起，从经验中学习他应该恪守的规则，只有在这项考验之后，他才能宣誓；接着，如果他还坚持这样做，则还得以文字保证："永久居留，革新行为，绝对服从。"签名并监誓后，在隆重的典礼中，由发誓者自己拿着誓言，放在圣坛上面。因此，僧侣未经院长许可，不得擅离修道院。院长由僧侣推选，僧侣有重要事情面临决断，他也提供意见，但最后决定权在他，僧侣只有静默、谦卑地服从。他们必要时才能讲话，不得大声说笑，走路时两眼看着地面。他们不得拥有任何私人物品，"没有书、书桌、笔……什么也没有——所有的东西都得公用"。过去的荣华富贵或为奴之身都得忘掉。院长——

……对修道院内的人一视同仁……一个生而自由的人，除非有其他合理的原因，不得比出身低微的人更受偏爱。因为不分贵贱，在基督的名下我们都是一体的……上帝不偏袒任何人。

对请求帮助的人，修道院尽其所能，施舍或接待。"所有的客人将被视同基督而受到款待。"

每个僧侣都要工作，或在田间、修道院的商店中，或在厨房、院子里，或抄写……未到中午不准进食，在封斋期（Lent）则未到日落不准进食。从9月中旬到复活节，一天只有一餐，夏季白天较长，有两餐。可以喝酒，但不准吃四足动物的肉。工作和睡眠常被祈祷打断。本笃受东方圣贤影响，把白天分为几个"教规时间"（canonical hours），即依教规而定的祈祷时间。僧侣于清晨2时起床赴礼拜堂，背诵或吟唱"宵祷"（nocturns），包括《圣经》读物、祷词及圣诗。黎明时他们齐集作早课（matin）或清晨赞课（laud），6点整作一时课（prime）——9点作三时课（tierce）——正午作六时课（sext），下午3点作九时课（none），日落时作晚课（vesper）——就寝时再作终课（compline）——完成。就寝时间为傍晚，僧侣们几乎不用照明，他们和衣而睡，很少沐浴。

针对以上各特定规条，本笃又添了一些训诫，以为完美基督徒的准则：

一、首先要全心全意全力敬爱上帝。

二、爱邻如己。

三、不杀人、不犯奸淫、不偷、不贪、不作假证……

八、尊敬所有的人……

十一、珍惜身体……

十三、爱好斋戒。

十四、救济贫穷。

十五、送衣服给无衣者。

十六、探问病人……

三十、不伤害别人，却又能忍受自身的伤……

三十一、爱自己的敌人……

五十三、不要多嘴……

六十一、不要乞求被称为圣徒……却要做个圣徒……

七十二、意见不合，太阳下山前要取得一致。从不因未蒙上帝恩宠而沮丧。

在充满战争、纷乱与怀疑、迷失的时代里，圣本笃修道院是使人平复的避难处，它收容无处栖身的潦倒农民、渴望静心休息的学生及厌倦世事和纷争的人，对他们说："放弃你的骄矜、自由，在这里寻求安全、和平吧！"正因为如此，成百座类似圣本笃修道院在全欧洲兴起。它们各自独立，听命于教皇。本笃的规条及仪式，成为中世纪人类最经得起时间考验的创举之一。蒙特卡西诺本身就是那永恒的象征。伦巴底野蛮民族于589年攻掠该修道院，待他们离去后僧侣又重新返回。阿拉伯人于884年毁掉它，僧侣又重建起来。1349年它遭地震侵袭，僧侣再次重建。1799年它遭法兰西军队劫掠。第二次世界大战时它被炮火夷为平地。1948年，本笃会僧侣又亲自重建这座修道院，真可谓"把它打倒，它又起来了"。

格列高利大教皇（540？—604）

当圣本笃及其僧侣平静地在蒙特卡西诺工作与祈祷时，哥特战争像一支行将熄灭的火把，在意大利境内来回挥动，混乱和贫穷跟随其后，城市经济陷入恐慌，政治机构化为灰烬。在罗马，除了远道而来的义勇军队支持着的皇室总督苟延残喘外，无一世俗势力留存下来。世俗势力陆续崩溃，而教会组织幸能保全，这在皇帝看来几乎算是国家也得救了。554 年，查士丁尼公布一道命令，要求"适当而又能够管理地方政府的人，由主教及各省份的要人推选出任省总督"。但是当伦巴底人入侵把北意大利又变为野蛮之地，而其投入阿里乌斯教派旗下并威胁到意大利教会整个组织及领导系统时，查士丁尼犹尸骨未寒！危机召唤出一个扭转乾坤的人，历史再一次证明智慧人物的影响力。

格列高利于本笃逝世三年前诞生于罗马，他出身于古老的元老世家，在凯里山（Caelian Hill）一处富丽堂皇的宫廷里度过年轻时代。父亲死后，他继承一笔很大的财产，在政界扶摇直上，33 岁即任罗马行政官及市长。可是他无意继续政治生涯，在任期届满，同时有感于意大利岌岌可危，世界末日就在眼前。他把大部分家产用于兴建七座修道院，其余用于救济贫民，把自己的名与位一并抛开，将宫殿改为圣安德烈修道院，自己当其第一位僧侣，投入极端的苦行，大多时候以粗劣的蔬菜水果为生，经常斋戒不食。复活节前的星期六来临时照例不准进食，过了这天，似乎斋戒再持续一天就会把他饿死了，然而他时常回想到修道院的 3 年生活，认为那是平生最快乐的时光。

他告别这段平静的日子后，被教皇本笃一世延聘为"第七任教会执事"（seventh deacon）。579 年，他被教皇佩拉纠二世任命为驻君士坦丁堡宫廷大使，在外交圈的阴谋诡计及皇宫的奢华生活中，他于习惯、饮食和祈祷各方面都保持着僧侣的本色。不过他在世故、狡诈方面也获得某些有利的经验。586 年，他被召回罗马，任圣安德烈修道院院长。590 年，一场可怕的黑死病埋葬了罗马大量人口，佩拉纠也牺牲了，城市的宗教界与人民马上选举格列高利继位。格列高利不愿离开修道院，写信给希腊皇帝，请他拒绝认可这一选举。城市的行政官把信拦截下来，格列高利准备出走之际，被人拦住并架往圣彼得修道院，被迫接受教皇的任命。又有传闻说是另一位格列高利主持典礼。

他时年 50 岁，秃顶、大头、黑皮肤、鹰钩鼻，胡子稀疏，呈黄褐色，感情强烈而言词优雅，志趣崇高而情感单纯。苦行禁欲及繁重的责任毁坏了他的身体，他患有消化不良、慢性热病及痛风。在教皇宫廷里，他仍像在修道院一样，穿着僧侣的粗劣衣服，吃最简单的菜，与协助他的教士、僧侣共聚一处。他经常沉浸于对宗教和国家问题的思索，他言行中流露出父爱。一个流浪的游吟诗人出现在宫廷的大门外，带着风琴和猴子，格列高利请他进入，给他食物和饮料。教会的岁入并不用来增建新教堂，而是用于慈善事业，赠给基督教区各宗教机构，并且用来赎回战俘。按月发放部分玉米、酒、干酪、蔬菜、油、鱼、肉、衣物及金钱给罗马的贫户，每天都有人将煮熟的食物送给病人或虚弱无助的人。他的信件严厉训斥怠职的圣职人员及政治权贵，是苦难中人民的最佳慰藉，对于开垦教会土地的农民、向往成为修女的女奴、担心犯罪的贵族妇女等都是这样的安慰。他认为神父即是牧人，是照顾羊群的牧者，而教皇有权制定其《主教准则手册》(*Liber Pastoralis Curae*)，这一手册后来成为基督教的古典著作。他虽然经常生病，未老先衰，仍致力于教会管理、教皇政治、农业经营、军事战略、神学论文、神秘的快乐，并孜孜不倦地探讨人生千万种问题。他以谦恭的教条荡涤圣职带来的骄傲，在现存他的书信集里，他自称为"上帝的众仆之仆"(servus servorum Dei)，世界上最伟大的教皇都曾以此自许。

他的教会管理表现为经济手腕及严格的革新，他竭力扑灭教士的圣职买卖及纳妾的风气，恢复拉丁修道院的纪律，并加强它们与世俗教士与教皇的关系，修改弥撒规则，并促成"格列高利式颂赞"(Gregorian chant)的发展。他查核教皇地产的拓垦，贷款给佃农，不取利息，却又迅速地征敛岁入，巧妙地降低改奉基督的犹太人的租金，告诫采邑男爵世界末日即将来临，而从惊恐的男爵那儿收回土地和遗产，交给教会。

同时，在政治斗争方面他遭遇到当时最能干的统治者，他大半都获胜了，有时受挫，但最后教皇的势力与声望及"圣彼得世袭财产"

(Patrimony of Peter)——意大利中部的教皇国——均大大增强。他正式承认东帝国皇帝的主权，但在实际行动上却往往忽略。这一时斯巴拉脱公爵与拉韦纳的皇室总督交战，并威胁罗马，格列高利未经总督或皇帝同意，就与公爵签定和约。伦巴底人围困罗马时，格列高利也组军联防。

他痛惜花在世俗事务上的每寸光阴，他向会众致歉，因为他不能就他所忧心的世俗问题做安慰宣道。而几年平静的时光允许他愉快地转向向全欧洲推广福音工作，他同化了伦巴底的反叛主教，在非洲恢复了正统的天主教义，接受阿里乌斯教派的西班牙改奉基督，并赢得英格兰40位僧侣。他任圣安德烈修道院院长时，看到一些英格兰俘虏在罗马的奴隶市场被出售，爱国心强的比德说格列高利见到他们，大为震惊：

> 白色的皮肤、悦目的容貌和那极为漂亮的头发，他注视了一会儿，问他们来自何处。人们回答，他们来自不列颠，那儿的居民才有这样的容貌。他又问那岛上的居民是否为基督徒，有人回答他们是异教徒。接着这位仁者叫道："哎呀！多么令人同情！黑暗的国家竟有如此美貌的人民，而这些外表美好的人，内心竟缺乏内在之美。"然后他又询问那民族的名称，有人说他们叫盎格鲁人，他马上说："这样叫真对，因为他们有天使般的脸庞，这些人如与天使共同住在天堂，将是很合适的。"

这个故事太美妙了，几乎难以置信。接下去又记述了格列高利请求教皇佩拉纠二世并获得许可，带领一些传教士起程赴英格兰。出发时，一只蝗虫恰巧掉在他正在读的那页《圣经》上面，他大叫："飞蝗（locusta）！不正意味着'loco sta'——按兵不动吗？"于是放弃此行。不久之后，他被迫出任教皇，但他仍不忘英格兰。596年，他派遣一支队伍前去，由圣安德烈修道院副院长奥古斯丁率领。到高卢时，他们听法兰克人讲述了撒克逊人的野蛮故事，因而瞻顾不前。他们听说，"所谓的天使（指盎格鲁人）是嗜杀甚于吃食的野兽，渴望人血，尤其最爱基督徒的血。"奥古斯丁回到罗马报告详情，格列高利斥责并鼓励他，再度派他前往，最终在两年之间，和平地达成了罗马经九十年征讨才达成的短暂成就。

格列高利既不像奥古斯丁是哲学家和神学家，也不像杰出的圣哲罗姆是风格特殊的大师，然而他的文章深刻地表现并影响了中世纪的心灵，所以把他与奥古斯丁和圣哲罗姆相提并论时，后两者便显得古典了。他留下许多通俗的神学书籍，其中充满荒谬之言，我们不禁要问：到底这位伟大的人物是否相信他所写的？或者只是因为易于被单纯及有罪的心灵接受，所以才这样写？他为圣本笃写的传记是其中最引人入胜的一部——一首迷人的赞美诗，真挚、平实而不带传奇色彩。他那八百封书信是最佳的文学遗产。在这些书信中，这位多面的人物以数百个章句来表露他自己，无意间把他及时代的心态都揭露无遗。他的《对话录》也为人喜爱，因为它如同历史著作一样，把意大利诸圣徒遭遇的神奇的所见所闻、预言及神迹等都记录下来。读者可了解到祈祷能搬动大石，圣徒隐遁无形，十字架记号把毒物化解，食物供应突然又增加，及病人复原、死人复活等怪异的事。遗骸的力量在《对话录》中反复出现，但没有什么会比捆绑彼得与保罗的那条铁链更神奇了。格列高利以敬谨的态度爱惜这些故事，他把其中一部分辑成集子赠送友人。有一次他送给一位眼疾患者，并写信给他："让这些东西不断地医治你的眼睛，许多神迹都是由这一赠予引起的。"

他对神学深入的钻研产生了一部 6 卷的关于《约伯记》的评论，他把字里行间的情节当作精确的历史事实，又在其间找出类比或象征意义，最后在《约伯记》中发现完整的奥古斯丁神学。《圣经》在各个方面都是上帝的箴言，它本身就是智慧与美学的完整系统，任何人都不该浪费时间去读异教的古典著作。然而，有些地方意义含混，或以通俗或生动的语言表达，须由训练有素的心灵加以阐述，身为神圣传统监督人的教会，是最适当的阐释者。个人理性是薄弱而又分化的工具，不足以追求超自然的实体，"当智力想要突破其限制去理解能力之外的事物时，它把所理解的事物也丢开了"。上帝是超越我们的理解的，我们只能说他不是什么，而不能说他是什么。"几乎任何说到上帝的事物都是无价值的，正因为他是不能诠释的。"所以格列高利不正式证明上帝的存在，但是他认为我们可以体察自己的灵魂去揣摩上帝：它难道不是生活的力量与肉体的向导？格列高利说："我们时代有许多人已体验到灵魂脱离躯壳。"人的悲剧是原罪把他的本性腐化了，驱使他陷于邪恶；根本的精神畸形，是由父母经两性生育传给子女。于是人罪上加罪，应永遭天谴。地狱不只是个名词，它是世界形成之时就有的无底深渊；它是永不熄灭之火，是有形的物质，能麻痹灵魂和肉体；它是永恒的，但决不毁灭被谴者，也不降低对痛苦的敏感性。在每一刻，人都要承受痛苦及随之而来的对痛苦的恐慌，目击自己所爱的人遭天谴时所受的折磨，会得释放的绝望感，或者被准予祈求毁灭等诸痛苦。格列高利接着以缓和的语气阐述奥古斯丁关于炼狱的义理：死者于炼狱中可完成赎罪。如同奥古斯丁一样，格列高利对被他的训诫震慑的人加以安慰，提醒他们想想上帝的赐恩、圣徒的代祷、基督牺牲所得的果实，及所有悔悟者都可得到的圣礼的神奇的拯救。

格列高利的神学观或多或少反映出他的健康状况及时代的纷扰。599 年，他记道："11 个月内，我几乎无法离开床，我受尽痛风和苦思焦虑的折磨……以致天天都想借死亡求得解脱。"600 年，又写道："两年来我被禁锢在卧榻上，全身作痛。即使节日来临，我也几乎无法起身 3 个小时来庆祝弥撒。天天都濒于绝境，也天天从死亡中被拉回来。"601 年，写道："我能离开卧榻的时候已是很久很久以前了，我真想死去。"结果，死亡于 604 年降临。

他左右着 6 世纪末，就如查士丁尼左右着 6 世纪初一样，就对宗教的影响而言，这个时期只有东方的摩诃未能超越他。他并非饱学之士，也不是深沉的神学家，但由于他秉性单纯，他对人民的影响，比他谦卑地追随着的奥古斯丁还深刻。在心灵上他是个彻头彻尾的中世纪人。他治理着分崩离析的帝国，同时思想集中于对人性腐败的思考上，及关于无所不在的恶魔诱惑，即将来临的世界末日等问题上。他使劲传扬几个世纪以来障蔽人心的恐怖宗教，承认世俗传说中的神迹、遗骸、雕像及律法的神奇效力，他生活在充满天使、魔鬼、妖巫及鬼魅的世界里。宇宙间秩序井然的想法已离他而去，对他而言，那是个科学成为不可能的世界，只有畏惧的信心存着。这以后的 7 个世纪将接受这种神学观，经院学者将会竭力赋予它理性的形式，它也是但丁《神曲》的悲剧背景。

这个迷信又轻信的人，因过度虔诚而破坏了健康，在意志与行动上则是个古老的罗马人，矢志以行，赏罚分明，谨慎而又实际，热爱纪律与法规。他为修道院制定规章，一如圣本笃创设清规，他奠定了教皇的世俗势力，使之从皇室的支配下解放出来，并运用智慧和整体制度来管理教皇辖区，使人民在乱世中能以之为避难的磐石。他的继承者出于感激，追封他为圣人。后世崇拜他，称他为格列高利大教皇。

教皇政治（604—867）

格列高利早期的继承者发觉他德行之高，几乎再难企及。他们大部分都接受总督或皇帝的统治，有时他们企图反抗，但力不能敌，反受尽屈辱。皇帝赫拉克留急于统一国家，想把东方一性论——主张基督只有一性，与正统的西方——主张有两性——融和起来。他颁布"终结基督一性说争论诏书"（638 年），根据一神论的教义，提出基督只有一个意旨的主张。教皇霍诺留一世表示同意，又补充说，一个或两个意旨的问题是"微不足道的事情，我把它交给文法家去处理"。但是西方的神学家斥责他的妥协。当皇帝君士坦斯二世颁布诏令、偏袒一神论时，遭到教皇马丁一世的反对。君士坦斯命令拉韦纳总督将马丁绑赴君士坦丁堡，他拒绝就范，于是被放逐到克里米亚，最后死在那里（655 年）。第六届全基督教会议（The Sixth Ecumenical Council）于 680 年在君士坦丁堡召开，会议否认一神论，判定霍诺留教皇"赞助邪说"（post mortem）的罪名。东正教（the Eastern Church）同意这项决定，于是东西方暂时取得神学上的一致，相安无事。

　　但是教皇屡次受到东方皇帝的羞辱。穆斯林在亚洲、非洲及西班牙逐渐扩张势力，控制了地中海，君士坦丁堡或拉韦纳无力保护意大利的教皇地产以抵抗伦巴底人侵袭，这使拜占庭日益衰弱。种种原因使教皇疏远衰微中的帝国，转向崛起的法兰克人求援。教皇斯蒂芬二世（Stephen Ⅱ）担心伦巴底人占领罗马后，会把教皇辖区缩小为主教区并受伦巴底国王统治，便向皇帝君士坦丁五世求援，未果。教皇改变计划，转而投靠法兰克人，引起许多政治后果。"矮子"丕平继位，打败了伦巴底人，以"丕平赠礼"扩张教皇权力，即把意大利中部捐献出来，教皇的世俗势力由此奠定。教皇的明智外交，在利奥三世为查理曼加冕时达至巅峰。此后在西方除非经教皇任命，任何人不得称国王。曾被蹂躏过的格列高利一世主教辖区，成为全欧势力最大的主教辖区之一。查理死后（814 年），教会受法兰克统治的历史完全颠覆，法兰西的教士逐步使自己的影响力超过国王。这样，查理帝国一旦崩溃，教会的权威及影响力就开始上升。

　　起初，从法兰西和日耳曼国王的衰微及相互争斗中渔利的是主教的职位。在日耳曼，大主教与国王联合，享有非常多的财富，主教及神父只有封建的小势力，以唇舌为教皇服务。主教们恼怒大主教独裁，愤恨不平，于是才有"伪造教令集"（False Decretals）的出现，其最初的目标在于确定主教的权力，拥有代表地方向教皇申诉的职权，斗争的结果则加强了教皇的权力。我们不知道这些命令的日期与出处，那也许是 842 年在梅斯编辑而成的，作者是自称伊西多鲁斯·墨卡托尔（Isidorus Mercator）的法兰西教士。那是一本编纂得十分出色的文集，除了许多由会议或教皇制定的可信的法令外，尚有从克莱门特一世（Clement I）到梅尔基阿德斯（Melchiades）等教皇的法令及信件。这些文件规定：根据最古老的教会传统及其实际运用，未经教皇同意，不得开革任何主教，不得召开教会会议，也不得给大问题遽下定论。早期的教皇，都曾征引这些证据，宣告其绝对普世权威的地位，声称自己为基督在世上的代理人（vicars）。教皇西尔维斯特一世是经常被援引的例子，指他受"君士坦丁赠礼"（Donation of Constantine），接受了整个西欧的世俗和宗教权力，故"丕平赠礼"只是对夺取的财产防止其再度发生而已，教皇于查理加冕典礼上否认拜占庭的宗主权，即是对很久以前得自于东帝国创始人的权力的重申。可惜许多不可信的文献摘引了圣哲罗姆翻译的《圣经》，而圣哲罗姆是梅尔基阿德斯死后 26 年才出生的。这份伪造的文件理应通不过当时学问家的鉴定，可是 9 世纪和 10 世纪的学术研究正处于最低潮。早期的罗马主教以这些法令为由提出申请的做法，也为后来遭到批评的教皇所沿用。8 个世纪以来，教皇以这些文献为真实可靠，借它们来支持自己的策略。1440 年，洛伦佐·瓦拉（Lorenzo Valla）明确地揭露"伪造教令集"为伪作，各派都同意这些文献为伪作。

事有凑巧，"伪造教令集"出现于教皇史上最具威权的人物被推举出来前不久。尼古拉一世接受了教会传统及法规方面的彻底教育，并曾辅佐数位教皇。他与两位格列高利（一世及七世）一样都具有坚强的意志，在成就方面又胜过他们。他提出如下的原则，后来为基督徒普遍接受——上帝的儿子设立教会，以彼得为首；罗马的主教们直接承袭彼得一脉，继承其权力——尼古拉进一步得出结论：教皇是神在地球上的代表，享有对全体基督徒——无论君臣的宗主权，至少在信仰及道德方面是如此。尼古拉雄辩地阐述这单纯的理论，拉丁教区中没有人敢反对。国王和大主教都只能期望他不要过于认真。

他们失望了。洛林国王罗塞二世打算废掉皇后杜特贝加（Theutberga），与情妇瓦尔德拉达结婚，王国主要高级教士准许他离婚（862 年）。杜特贝加向尼古拉申诉，他派遣使节到梅斯查明真相。

罗塞贿赂使节，请他确认离婚的事，特里尔及科隆的大主教向教皇反映这一决定。尼古拉发觉其中有诈，将大主教逐出教会，命令罗塞放弃情妇，接回皇后。罗塞拒绝，并领兵直趋罗马。尼古拉守在圣彼得修道院，斋戒祈祷48小时。罗塞意志瓦解，屈服于教皇的命令。

兰斯的大主教辛克玛，是拉丁欧洲仅次于教皇的最伟大的教士。他把主教拉特拉德革除，拉特拉德向尼古拉申诉（863年）。查明这个案件之后，尼古拉恢复了拉特拉德的教职。正当辛克玛犹豫不定时，教皇先发制人，宣布禁止令——停止其省份内所有的教会活动。辛克玛愤恨地屈服了。尼古拉写信给国王或高级圣职人员，均以至高权威自居，只有君士坦丁堡的佛提乌斯敢反对他。以后发生的案例，几乎都显示教皇站在正义的一边，他的卫护道德几近严苛，在人心堕落的时代里无异于一盏明灯、一座城堡。他死时，人们一致认为教皇权限已较先前大为扩张。

希腊教会（566—898）

东正教的教皇们不允许罗马主教的过度管辖权，原因很简单：他们长期附属于希腊皇帝，后者要到871年才不再有凌驾于罗马及教皇之上的大权。教皇们偶尔也批评、不服从甚至责备皇帝，但是皇帝有权召开教士会议，以王国法律管理教会，向宗教界发表他们对神学的意见和方针，也有权任命或废除教皇。在东方基督教区，能限制皇帝宗教独裁的只有僧侣们的权势、教皇的唇舌、皇帝加冕时在教皇面前的宣誓，叫他不得介绍新奇的东西到教会。

君士坦丁堡——实际上是希腊东方（Greek East）——修道院及女修院林立，数目远多于西方。修道的热诚确也感染了拜占庭的国王，他们在奢华的宫廷中生活得像禁欲苦行者，天天望弥撒，饮食有度，勤于忏悔，正如勤于犯罪一样。虔诚的皇帝及行将就木的富人的馈赠或遗赠，促成了修道院的扩充与增加。地位显赫的男女权贵，受到死亡征兆的惊吓，纷纷投靠修道院，随他们而来的是一笔不必纳税的雄厚资产。其他人则把财产捐给修道院，修道院付他们年金。许多修道院声称拥有某些可敬的圣徒的遗骸，人民信任僧侣控制遗骸的神奇力量，并且提出捐款襄助，期望以他们的投资坐收大笔利润。少数僧侣懒惰、纵欲、搞派系倾轧并贪财，从而辱没了他们的信仰，大多数僧侣则能修身养性、安享和平。总之，他们普遍受尊敬，待遇优渥，甚至有任何国王都不敢忽视的政治影响力。君士坦丁堡斯图迪昂（Studion）修道院院长狄奥多尔就是修道院威望和虔敬的风范。年幼时母亲把他送到教会彻底接受基督教的作风。在母亲病势沉重，临终之际，他颂赞她即将来临的蒙主恩召和荣耀。他为僧侣们制定工作、祈祷及操守的规则，并启迪他们心智的发展，堪与西方的圣本笃媲美。他护卫偶像崇拜，在利奥皇帝面前大胆地反对世俗势力逾越权限干涉教会事务，他因为不肯妥协四次被逐，在流放期间他仍继续反抗"反对偶像崇拜者"，直至去世。

语言、仪式及教义之间的差异，几个世纪以来使拉丁与希腊的基督教派相距越来越远，就像生物种类因时空的差异而更趋不同。希腊的仪式、法衣、器皿及装饰等，都比西方更为复杂、华丽和精致。希腊的十字架两臂等长；希腊人站着祈祷，拉丁人则跪着；希腊人以浸没的方式受洗，拉丁人则以抛洒的方式；拉丁神父不可结婚，希腊则可以；拉丁神父须修面，希腊神父则蓄有冥想式的胡子；拉丁教士专修政治学，希腊专攻神学。东方教派承袭希腊人热爱界定"无限"（the infinite）的传统，故常兴起异端邪说。以圣保罗为名的保罗教派，其教义以叙利亚境内巴尔德萨内斯一派所奉诺斯替教邪说，或正向西方推广的摩尼教观点为基础，约在660年于亚美尼亚兴起，它扬弃了《旧约》、圣礼、偶像崇拜和十字架的象征意义。这些教派及其学说很快传遍近东，进入巴尔干、意大利和法兰西。

一神论之争受国王操纵更甚于人民，使希腊教派从拉丁教派分裂出来的"和圣子"（filioque）也不是人民的过错。《尼西亚信经》曾提

及"圣灵来自圣父"（ex patre procedit），这说法通行了 250 年，但 589
年在托莱多召开的教会会议把它修改为"来自圣父和圣子"（ex patre
filioque prodecit）。这种修改在高卢被接受，被查理急切地引用。希腊
神学家声明圣灵并非来自圣子，而是通过圣子而生的。一段时间教皇
耐心地平息争论，直到 11 世纪，"和圣子"才正式进入拉丁教义中。

此外又有"意旨"之争。不堪"反对偶像崇拜论"者压迫而出
逃的僧侣中，有一位叫依格纳提乌斯（Ignatius），是皇帝迈克尔一世
之子。840 年，女皇狄奥多拉召回这位僧侣，立他为教皇。他是虔敬
勇敢的人，指出当时与妻子离异而与寡媳同居的大臣恺撒·巴达斯犯
下罪过。当他继续乱伦时，依格纳提乌斯将其革除教籍。恺撒·巴达
斯反过来驱逐他，并推举当时最有成就的学者佛提乌斯接替他（858
年）。佛提乌斯是哲学、演说、科学及语言学的大师，在君士坦丁堡
大学演讲时吸引了一群专心的学生，他开放他的图书馆和居所供他们
研读。升任教皇前不久，他正好完成一部百科全书，共 280 章，每章
介绍、批评一本重要的书，摘辑广泛，使许多古典文学作品由此保存
下来。他深厚的文化修养，使他获得平民狂热的崇拜，他们不了解，
为何他能与克里特岛的王侯保持那么好的关系。他突然由俗人升任教
皇，触怒了君士坦丁堡的教士，而依格纳提乌斯拒绝离职，并向罗马
主教告状。尼古拉派遣使节到君士坦丁堡进行调查，致函皇帝迈克尔
三世和佛提乌斯，说明任何基督教区内教会重要事务，非经教皇同意
不得作决定。皇帝召开教会会议，批准佛提乌斯的任职，教皇使节也
予认可。当使节们回到罗马，教皇斥责他们越权，他命令皇帝请依格
纳提乌斯复职，未被采纳，又开除佛提乌斯的教职。巴达斯恐吓要派
出军队废黜他，教皇雄辩滔滔地答复他，极端轻蔑地指责皇帝向斯拉
夫人和阿拉伯人投降：

> 我们没有侵略克里特，我们没有掳掠西西里，我们没有征服
> 希腊，我们没有焚烧君士坦丁堡附近的教会，然而当这些异教徒

恣肆地占领、焚烧、摧毁"你的领土"时，我们，天主教徒，看
到你的军队的惊惶无措，大受惊吓。你简直放走巴拉巴，杀死了
基督！

　　佛提乌斯与皇帝召开另一次会议，废黜教皇（867年），指斥罗
马教会的"邪说"——包括圣灵出自圣父及圣子的争论，神父剃须以
及教士的强制守身。佛提乌斯说："由于这些规矩，我们发现西方有
这么多的孩子不知道他们的父亲是谁。"

　　当希腊信差把这些笑料带到罗马时，整个形势由于巴西勒一世的
即位而突然改变（867年）。巴西勒谋害恺撒·巴达斯，并幕后主使
谋杀迈克尔三世。佛提乌斯揭发新皇是个杀人犯，拒绝行圣餐礼。巴
西勒召开教会会议，废黜、污辱并驱逐佛提乌斯，重立依格纳提乌
斯，但后者不久就死了。巴西勒又召回佛提乌斯，在会议上恢复其教
皇之位，（时尼古拉已死）教皇约翰八世予以批准。东西方的分裂乃
因主角的去世而暂时搁置下来。

基督教征服欧洲（529—1054）

　　这几个世纪间宗教史上最富纪念意义的重大事件，并不是希腊与
拉丁教会之间的争执，而是伊斯兰教的兴起，在东西两个方向基督教
挑战。基督教几乎已无力集中精力以制伏异教帝国及异端邪说，当它
辖区中最热烈、坚定的省份突然被蔑视基督教神学、伦理的信仰轻而
易举夺取。教皇仍坐镇安提阿、耶路撒冷及亚历山大港，但这些地方
的基督荣耀已不复存在，遗留下来的基督教义已具邪说和国家主义色
彩。亚美尼亚、叙利亚和埃及已建立自己的教会阶级，不受君士坦丁
堡或罗马的干涉。希腊被保住了，仍是基督教区，在这里僧侣势力强
过哲学家。961年，在亚陀斯（Athos）山建立的神圣的拉弗拉（Holy
Lavra）修道院，堂皇富丽可与潘提翁媲美，此修道院后来成为基督

教教堂。非洲在9世纪还有许多基督徒，后来因为不堪穆斯林的统治，迅速消失了。711年，西班牙大部分为穆斯林所据。基督教在亚洲、非洲受挫，转向北面，展开对欧洲的征服。

意大利奋勇地勉强摆脱了阿拉伯人，又被希腊和拉丁两派基督教分成两半。蒙特卡西诺几乎就在两派的分界线上。在狄西戴里乌斯主教的领导下，这个修道院的名声达到了最高峰。他从君士坦丁堡带回两扇华丽的铜门，另外还带回工艺师，他们以细镶嵌、珐琅及金属、象牙、木制的艺术品来装饰室内。这里几乎成为一所大学，有文法、古典及基督教文学、神学、医药及法律等课程。僧侣模仿拜占庭，整理出非常好的以绘画装饰的手抄本，并以极漂亮的书法抄写异教罗马的古典著作，其中有些是孤本。罗马教会在教皇博尼费斯四世及其继承者治理下，不再听任异教寺庙继续分化，而把它们给基督徒使用，让他们来照管。潘提翁献给圣母玛利亚及所有的殉道者（609年），门神庙成为圣狄奥尼索斯的教堂，农神庙成为救世主教堂。利奥四世重修并装饰圣彼得修道院，借助教皇权力的增大以及朝圣者的增多，渐渐使以古老的梵蒂冈山命名的教会建筑群周围，聚居了说着不同语言的人们。

法兰西此时是拉丁教会最富有的领土。墨洛温王朝的国王们以为享尽多妻、嗜杀的美好生活之后还可以买到天堂，于是把土地、岁收大量赠与主教。这里与其他地方一样，教会从悔罪的大人物及忠诚的女继承人手中接受赠与的财物。希尔佩里克（Chilperic）曾禁止这种私相授受，到贡特拉姆（Gunthram）就废止了禁令。这是历史上许多笑话中的一个：高卢的教士几乎全自高卢–罗马（Gallo-Roman）的人民中延揽，改宗的法兰克人跪在他们打败过的人之前，把他们在战役中夺取的东西诚敬地奉献出来。教士是高卢最能干、最有教养、操行最好的人，他们几乎独揽全部文化教育的职位，虽然一小部分人频传丑闻，大多数都诚心工作，向因领主、国王发起的战争而遭受迫害与压榨的人民灌输教育和道德。主教是他们教区中世俗与宗教的权威。他们的裁判所是诉讼双方最常去的地方,尽管争诉的并非教会之事。主教处处保护孤儿、寡妇、穷人及奴隶,许多教区都设有医院。一座这类的"上帝的客栈"(*hôtel-Dieu*)于 651 年在巴黎设立。6 世纪后半期,巴黎主教圣日耳门致力于筹募救济金,并倾其所有解放奴隶,因此闻名全欧洲。美因茨的主教西多尼乌斯在莱茵河筑堤;南特的主教菲力克斯(Felix)疏浚卢瓦尔河的河道;卡奥尔的主教提提尔(Didier)修建沟渠。里昂的大主教圣阿古巴(St.Agobard)是宗教的典范、迷信的仇敌。他非难决斗及神断的审判法,也反对偶像崇拜和关于暴风雨的神奇解释,也指斥施行巫术所牵涉的谬误,他是"他那个时代最聪明的人"。出身贵胄的兰斯教区大主教辛克玛主持过许多次教会会议,写下了 66 本书,曾担任"秃子"查理的国务大臣,也几乎在法兰西建立起神权政治。

　　每到一个国家,基督教都吸收该国的气质。在爱尔兰,它变得神秘、善感、个人主义化、热情,接受了凯尔特人的神仙故事、诗情、粗野而深挚的想象力,神父则继承了德鲁伊教的神奇力量及吟游诗人的神话,甚至部落的组织方式导致教会离心松散的结构——几乎每个地方都有各自独立的主教。僧侣数目多,势力庞大,均在主教与神父之上,他们组成不超过 12 人的小组,在岛上组建半孤立的自治修道院,以教皇为领袖,但不受其他外力的控制。早期的僧侣住在分隔开的小室中,修行禁欲,只有祈祷时才聚拢。较晚的一代——爱尔兰圣徒第二僧团(Second Order of Irish Saints)——舍弃这种埃及式的传统,一起研读、学习希腊文,抄写书籍,为教士或俗人建立学校。6 世纪和 7 世纪,爱尔兰学校出身的一批无畏的知名圣徒陆续抵达苏格兰、英格兰、高卢、日耳曼及意大利,振兴并教化了沉沦的基督教。一个法兰克人于约 850 年写道:"几乎全爱尔兰岛的哲学家都成群结队来到我们的海岸。"日耳曼人侵略高卢和不列颠时,曾把学者赶往爱尔兰,现在浪潮回向了,债务也得以反偿。爱尔兰传教士投入胜利的异教徒盎格鲁人、撒克逊人、挪威人及英格兰的丹麦人之中,也置身于高卢与日耳曼半野蛮的文盲基督徒中。一手握着《圣经》，另一手握着古典抄本，凯尔特人一度似乎想通过基督教收复他们的失土。在黑暗时代里，爱尔兰精神散发出强烈的光芒。

这些传教士以圣哥伦巴（St.Columba）最伟大，从他的一位继承者在爱奥纳岛的亚当南（Adamnan）为他写的传记（约679年），我们对他的事迹得以知之甚详。哥伦巴于521年生于顿加耳（Donegal），具有皇家血统，像佛陀一样，是位可以为王的圣徒。在莫维尔的学校求学时，他即表现出非凡的宗教热诚，校长称他为"教会的支柱"（Columbkille）。25岁起他创设了许多教堂和修道院，其中最著名的在德莱、杜罗和克耳斯。他是圣徒，也是斗士，"骨骼粗壮，声音洪亮"。他个性急躁，很容易与人争吵，他甚至与戴尔穆伊德（Diarmuid）国王交战。在一场战役中，就有5000人阵亡。哥伦巴虽然获胜，却逃离了爱尔兰（563年），决心感化像在库尔德雷夫纳（Cooldrevna）阵亡的那么多人，使他们改奉基督教。他在苏格兰西海岸外的爱奥那岛上建立了那个世纪最著名的修道院之一，从那里他和弟子把福音传到赫布里底群岛、苏格兰及北英格兰。在使几千位异教徒改信基督教并阐释了300本"圣书"（noble books）之后，在一次圣坛祈祷中他溘然长逝，享年78岁。

在灵性与名字上都能与他匹敌的是圣哥伦班（St.Columban）。他于约543年诞生在伦斯特，早年生活不可考，22岁时在法兰西孚日山区的林野中创立修道院。在卢克瑟（Luxeuil），他训示弟子说：

> 你们必须天天斋戒，天天祈祷，天天工作，天天读书。一个僧侣要在上帝的统理下，在同修的团体中生活，他才能从一个人那里学到谦逊，从另一个人那里学到耐心，从第三个人那里学到沉默，从第四个人那里学到和蔼……他必须疲倦已极时就寝，才会马上入睡。

他的处罚非常严厉，通常是鞭打：开始唱圣诗时咳嗽，做弥撒前忘了修指甲，礼拜时发笑，圣餐礼时牙齿碰到杯子，罚打6下；餐前不做感恩祈祷，打12下；祈祷时迟到，打50下；参加辩论，打100下；与妇女有说有笑，打200下。尽管教导严苛，他的弟子并不少，卢克瑟有60位僧侣，许多是富家子弟。他们以面包、蔬菜、清水为生，清理林木、耕田、栽种及收割、斋戒及祈祷。哥伦班建立"无尽称颂"（*laus perennis*）的制度，夜以继日，僧侣一个接一个，不间断向耶稣、玛利亚及圣徒们连祷。上千座像卢克瑟这样的修道院，是中世纪的一股渗透力。

构成管教方式的严厉作风，无法与其他观点妥协。哥伦班禁止争论，自己却不理睬主教的威权而经常与之争吵，他也反抗世俗公职人员的干涉而与之口角，甚至与教皇争论，因为爱尔兰人的复活节根据早期教会的计算法定日期，而该法已于343年被教会弃置不用。他后来又跟高卢教士发生冲突，高卢教士向格列高利大教皇申诉，哥伦班竟驳斥教皇的训令，说道："爱尔兰人是比你们罗马人高明的天文学家。"他请格列高利接受爱尔兰人的计算法，不然就"让西方教会蔑视你，以你为异端"。这位反叛的爱尔兰人，由于揭发布伦希尔德皇后的邪恶面目而被驱逐出高卢（609年）。哥伦班被强行拉到开往爱尔兰的船上，船又被逐回法兰西，哥伦班越过禁土，向巴伐利亚的异教徒宣道。他本人并不像他的统治与事业表现得那么可怕，因为据说松鼠自在地停在他肩膀上，在他的修士服里进进出出而安然无恙。他把一位爱尔兰同胞留下来创立康士坦斯湖（Lake Constance）上的圣加尔修道院，自己则历尽艰险越过圣哥达隘路（St.Gotthard Pass），于613年在伦巴底建立波比奥（Bobbio）修道院，两年后在那儿逝世于简陋孤独的小室中。

杜尔杜良提及208年基督教徒在不列颠，比德则说圣阿尔本（St.Alban）死于戴克里先的迫害，不列颠的主教参加萨迪卡的宗教会议（347年）。奥塞尔的主教哲马诺斯（Germanus）于429年赴不列颠镇压佩拉纠派的异端邪说。马姆斯伯里的威廉称主教后来再度莅临时，让不列颠改奉基督者向撒克逊军队喊叫"哈利路亚！"，从而击败了他们。自这次胜利以后，不列颠的基督教因盎格鲁—撒克逊的入侵枯萎乃至死亡，寂寂无闻，直到 6 世纪末哥伦巴的弟子进入诺森伯兰郡，而奥古斯丁与七位僧侣自罗马抵达英格兰。无疑，教皇格列高利已经知道异教的肯特王艾塞尔伯特娶了信奉基督教的墨洛温王朝的公主贝莎。艾塞尔伯特有礼貌地听奥古斯丁说教，但从不信服。他任奥古斯丁自由布道，供给他和其他在坎特伯雷的僧侣食物及住处。最后（599 年）皇后促使国王接受新信仰，而臣属纷纷仿效。601 年，格列高利送白毛皮主教服给奥古斯丁，使之成为坎特伯雷诸多出色的大主教中的第一位。格列高利对英格兰逡巡的异教信仰很是宽容，他准许古老的异教寺庙基督教化，改为教堂，并允许宰牛祭神的习俗改变为"宰牛以补益身体来称赞上帝"。因此英国人只是把称颂上帝时即吃牛肉的习俗，改为每吃牛肉即称颂上帝罢了。

另一位意大利传教士包里诺斯（Paulinus）把基督教传到诺森伯兰郡（627 年）。诺森伯兰郡国王奥斯瓦尔德邀请爱奥纳岛的僧侣来为人民宣道，为了支持他们传教，他把东海岸外的林迪斯法尔内岛给了他们，圣爱登（St.Aidan）在那里创建一座修道院（634 年），它以传教热诚及优美的手抄本享有盛名。在此地以及梅尔罗斯修道院（Melrose Abbey），圣卡斯伯特（St.Cuthbert）遗留下耐心、虔敬、幽默、善意等美德，使其为后世所怀念。这些人高尚的道德，及他们在战乱迭起中所享有的安全和平，使许多人加入这些今天仍屹立于英格兰的修道院和女修院。尽管僧侣们偶尔不免堕落俗人之道，他们大多在田野间山林里辛苦工作，树立了劳动的尊严。同在法兰西和日耳曼一样，他们向沼泽、森林发动挑战，带动文明的进步，同时也向文盲、暴力、淫欲、酗酒及贪婪发起挑战。比德认为太多英国人进入修道院，太多修道院由贵族建立起来，使修道院财产免除税捐，同时教会免税的土地占了大部分的英国领土。他警告：所剩的军人太少，不足以保卫英格兰免受侵害。果然，不久是丹麦人，接着是诺曼底人，证实了这位僧侣俗世的智慧。

当英格兰南部的本笃派僧侣遵循罗马的仪式与历法，接触到北部爱尔兰僧侣及其历法、礼拜仪式而与之冲突时，寂静的修道院因而扰攘起来。圣威尔弗列在惠特比的宗教会议上巧妙地解决这一问题——复活节的正确日期——迁就罗马方面的意见。爱尔兰教士勉强地顺从了这一决定。不列颠团结而富裕的教会，变成一支经济和政治势力，并于教化人民、治理国家的职责上扮演最重要的角色。

基督教作为爱尔兰和英格兰僧侣的礼物传到日耳曼。690 年，在爱尔兰受教育的诺森伯兰郡僧侣威尔布罗与 12 位助手冒险越过北海，他在乌特勒支取得主教席位，辛苦工作 40 年，教化弗里斯人。但这些低地人民（Lowlanders）从威尔布罗身上看到他的保护者小丕平（Pepin the Young）的影响，怕他们改宗以后要臣属于法兰克人，何况他们不愿听到他们没受洗礼的祖先都沦入地狱。一位弗里斯国王正在受洗的时候听到这事，说他宁可与他的祖先们共享永恒，然后走开了。

一个比威尔布罗能干的人于 716 年重复先业。温夫利特（Winfrid）是英格兰贵族、本笃派僧侣，他从教皇格列高利二世那里赢得“博尼费斯”的雅号，一位虔诚的后人称他为“日耳曼的使徒”。在海斯（Hesse）的夫里兹拉（Fritzlar），他发现人们奉一棵榆树为神的家，他把它砍掉，人民见他没死，大吃一惊，纷纷前来要求受洗。大修道院陆续在赖赫劳（724 年）、福达（777 年）及洛尔什（763 年）建立起来。748 年，博尼费斯被任命为美因茨的大主教，他任命主教，组织日耳曼教会，使之成为道德、经济及政治秩序的强力发动机。他在海斯和色林吉亚完成任务，打算以身殉教来光大其事业，于是放弃了大主教之位，到达弗里斯，决心完成威尔布罗的工作。他在那儿苦心经营一年，受异教徒攻击并被杀。一代之后，查理以火与剑将基督教带给撒克逊人，顽固的弗里斯人知道是屈服的时候了，而罗马基督教征服"罗马的征服者"终于告成。

　　改变欧洲信仰的最后胜利表现为斯拉夫人改奉基督。861 年，摩拉维亚亲王洛斯蒂斯拉夫（Rostislav）发现拉丁基督教传入其领土，但忽略了以通行语言仪式，于是向拜占庭商请传教士以当地语言布道、做弥撒，皇帝则派给他两位修士。梅梭狄乌斯（Methodius）和西里尔（Cyril）均在萨洛尼卡长大，谙熟斯拉夫语。他们备受当地人欢迎，但他们发现斯拉夫人尚无字母可以把语言形诸文字。少数会写作的斯拉夫人以希腊和拉丁字母拼写其口语，于是西里尔发明斯拉夫字母及其拼写规则，运用希腊字母赋以 9 世纪前希腊文用法的音质——"B"读作"V"，"H"读作"I"（英语"E"），"chi"读作苏格兰语"ch"。他又把希腊字母中没有的发音设计出原始的斯拉夫字母。西里尔利用这套字母把希腊文《旧约》（*Septuagint*）及希腊仪式范本译成斯拉夫文，开创了一种新的语言及文学。

　　希腊与拉丁基督教派之间在进行一场竞争，看哪一派能掳获斯拉夫的人心。教皇尼古拉一世邀请西里尔和梅梭狄乌斯到罗马，然而西里尔宣誓之后一病不起（869 年），梅梭狄乌斯回到摩拉维亚，教皇任命他为大主教。教皇约翰八世允许使用斯拉夫仪式，斯蒂芬五世则禁止这样做。摩拉维亚、波希米亚及斯拉夫（今捷克）和较晚的匈牙利、波兰归属拉丁教会，采用其礼仪，而保加利亚、塞尔维亚及俄罗斯接受斯拉夫仪式和文字，向希腊教会献出忠心，从拜占庭学习文化。

　　政治上的考虑影响宗教的发展。日耳曼人的基督教化，原来是打算要把他们稳稳地并入法兰克人的版图之中。"蓝齿"哈罗德强迫丹麦接受基督教（974 年），作为奥托二世求和的交换条件；保加利亚的波里斯向教皇谄媚，接着向希腊教会（864 年）请求庇护以抵抗日益扩张的日耳曼；乌拉底米尔一世将俄罗斯基督教化（988 年），以换取希腊皇帝巴西勒二世之妹安娜为妻子，并赢得她的部分嫁奁——克里米亚。俄罗斯教会承认君士坦丁堡为其宗主足足用了两个世纪，它 13 世纪时宣布独立，并于东帝国（the Eastern Empire）衰落之后（1453 年）成为希腊正教世界的支配力量。

在基督教征服欧洲的战役之中，光荣得胜的军人是僧侣，战场上的护士是修女。僧侣帮助农民或垦荒者将荒野开垦并利用起来，清理森林和矮树林，排干沼泽，架桥、开路。他们组建工业中心、学校、慈善机构，抄写书籍，设立图书馆，将道德秩序、勇气、舒适等赐予由于传统的习俗、仪式或家庭中的彻底改变而感到迷茫的人们。阿尼安的本笃与众僧侣一起辛苦工作、挖掘、收割。兰斯附近有位僧侣叫狄奥多夫，22 年未曾间断犁田的工作，他死后人们把他的犁保留下来，以示崇敬。

充分发挥非凡的德行、忠诚、精力之余，僧侣与修女偶尔也会暴露天性，几乎每个世纪都需要宗教界的改革来把僧侣带回超凡的高峰。某些僧侣会拥有瞬间即逝的虔诚或舍己忘我精神，但当此种狂喜境界消逝之后，即无法适应修道院的纪律。有些献身于修道生活的人，在七八岁，甚至在摇篮里就被双亲送到修道院，并由父母代为宣誓献身修道生涯，这些誓言被视为不可撤销，直到 1179 年教皇下令本人 14 岁自由决定是否取消。817 年，"虔诚者"路易震惊于法兰西修道院纪律松弛，在亚琛召开一次全国院长及僧侣大会，授权阿尼安的本笃把境内所有修道院都依照努西亚的《圣本笃清规》加以改革。这位新的本笃发奋工作，死于 821 年。战争破坏了法兰克帝国，诺曼底人、马札儿人及阿拉伯人的侵袭，毁坏了数百座修道院，僧侣流离失所，沦落俗世，萧条过后返回修道院的人，把世俗气息也带回来。封建领主占领修道院，私自任命院长，强取其收益。至 900 年，西方的修道院像所有拉丁欧洲的机构一样，陷入其在中世纪历史上的最低潮。克鲁尼的圣奥多（St.Odo）说，某些世俗或教团的教士"全不把耶稣看在眼里，而在他的圣堂内与人通奸，甚至在他的客栈内，而这些客栈是虔敬的教徒诚心奉献建成的，教区内的慈善事业赖其维持，这些败类情欲泛滥，致使圣母找不到放置婴孩耶稣的地方"。修道院的改革运动就是从克鲁尼开始的。

约 910 年，12 位僧侣在勃艮第山上建立一座修道院，几乎就坐落在德法边界上。927 年，奥多院长修改修道院，加强道德修养，体力训练则较前放宽：不许苦行，可以沐浴，食谱丰富，准许饮啤酒及其他酒，但以往有关贫穷、服从、贞洁的誓言则不断被强调。类似的机构也在法兰西成立，但以往这些修道院并无规章，或并未真正臣属于当地的主教或领土。与克鲁尼联合的新的本笃派修道院由院长（priors）统理，听命于克鲁尼的院长（abbots），也听命于教皇。在克鲁尼的主教梅尔（Mayeul，954—994 年）、欧地罗（Odilo，994—1049 年）和修（Hugh，1049—1109 年）的治理下，修道院联合的运动从法兰西传到日耳曼、波兰、匈牙利、意大利及西班牙。许多老修道院加入"克鲁尼组织"（Cluniac Congregation）。至 1100 年，约有 2000 座小修道院承认克鲁尼是其根源和领导者。这种权力的形成，不受国家干涉或主教指示，它为教皇增加了一个有力的武器，可以使之控制世俗的教会阶级，同时也使僧侣们进行的大胆改革成为可能。混乱、懒惰、奢侈、不道德以及圣职买卖等均须受到极严格的处分。意大利也出现奇怪的一幕：法兰西僧侣奥多被邀请到意大利改革蒙特卡西诺修道院。

教皇的末路（867—1049）

宗教改革终于传到罗马。城市的民众一向难以驯服，甚至皇家如兀鹰利爪般支配着数千兵团时也是如此。教长们（pontiffs）只拥有衰弱的国民军，办公场所的堂皇及法令的严苛，使他们成为贵族和公民愤恨的对象。罗马人太骄横，国王无法说动；也太熟稔了，教皇威吓不了。他们见到所谓"基督的代理人"（vicars of Christ）也不过跟他们一样，容易受到疾病、过错、罪恶、挫败的支配。他们认为教皇并非安定秩序的堡垒，也非永生的宝塔，而是一个代理人，把欧洲的金钱拿到罗马发展救济。以教会的传统，非经罗马教士、贵族及人民同意，不得选举教皇，而斯巴拉脱、本尼凡托、那不勒斯及托斯卡纳的领导者和罗马贵族各成派系。城市中势力最大的那一派图谋选举并支配教皇，他们于 10 世纪把教皇的实际地位降到历史上最低水平。

878 年，斯巴拉脱的朗伯特（Lambert）公爵领军进入罗马，逮捕教皇约翰八世，恐吓要饿死他，强迫他支持卡洛曼取得王位。897年，教皇斯蒂芬六世把教皇福尔摩塞（Formosus）的尸体掘出来，为它穿上紫袍，在教会会议中控告他违反教会法律。尸体被判极刑，鞭尸并将其肢解后，丢入台伯河中。同年，一场政治革命推翻斯蒂芬，他锒铛入狱，被处以绞刑。数年之间政权由失德的地位显赫的妇女操纵。教皇的职位上演了一系列的贿赂丑闻，谋杀教皇的狄奥菲勒（Theophylact）家族，任意拥立或罢免教皇达半个世纪。狄奥菲勒的女儿玛洛齐娅（Marozia）操纵选举，立情夫为教皇塞尔吉乌斯三世。他的妻子狄奥多拉操纵教皇约翰十世的选举，约翰曾被指控为狄奥多拉的奸夫，惜证据不足。他确实是优秀的世俗领袖，916 年将阿拉伯人驱逐出罗马便得力于他筹组联盟。玛洛齐娅享用过一连串的情夫之后，与托斯卡纳公爵基多结婚，两人阴谋推翻约翰，当着约翰的面把他的哥哥杀掉。教皇被监禁起来，几个月以后死亡，死因不明。931年，玛洛齐娅又拥立传闻中她与塞尔吉乌斯三世所生的私生子为教皇约翰十一世。932 年，玛洛齐娅之子阿尔贝利（Alberic）把约翰拘禁在圣安杰罗（St.Angelo）要塞中，但允许他在狱中履行教皇的精神职责。阿尔贝利统治罗马，俨然"罗马共和"的专制领袖，为时 22 年。临终之际他把权力授予儿子奥克塔维安（Octavian），并强迫教士和人民许诺在教皇阿加佩图斯二世（Agapetus II）死后立他的儿子为教皇。后来人们照做了：955 年玛洛齐娅之孙成为约翰十二世，他以在拉特兰宫廷中的放荡淫乱而闻名于世。

为约翰十二世加冕的日耳曼皇帝奥托一世，于 962 年首先获悉教皇职位的败坏腐化。963 年，借助外高卢的教士，奥托回到罗马，召约翰至教会会议接受审判。红衣主教控告约翰任命主教时收受贿赂，使一名 10 岁的男孩成为主教；与其父的姬妾私通，并与其父遗孀及其侄女乱伦，把教皇的公所弄成妓院。约翰拒绝出庭应讯而出去打猎。会议废黜他，一致选举奥托的候选人——一位俗人为教皇利奥八世。奥托回到日耳曼后，约翰逮捕罗马皇室党的领导人，将其分尸，并强迫教会会议恢复他的教皇职务（964 年）。约翰死时（964 年），罗马人选举本笃五世继教皇之位，而冷落了利奥，奥托又从日耳曼赶来，罢免本笃，复立利奥。利奥于是公开承认奥托及其继承人有权否认未来的教皇选举。罗马天主教会认为利奥八世对抗教皇（antipope），因此不承认他的行动和训令。利奥死后，奥托把持约翰十三世的选举。本笃六世被罗马贵族博尼法齐奥·弗朗哥内（Bonifazio Francone）拘禁起来并绞死，弗朗哥内自立为教皇，一个月后，他卷走大量的金银财宝，逃到君士坦丁堡。9 年后他又回到罗马，杀死教皇约翰十四世，夺取教皇公所，此后竟安详地死在床上（985 年）。"罗马共和"马上又抬头，大权独揽，以克雷森提乌斯为执政官。奥托三世带兵突袭罗马，势如破竹，同来的日耳曼高级教职人员调查团推举奥托的神父为教皇格列高利五世以平息纷乱。这位年轻的皇帝敉平"罗马共和"，饶恕克雷森提乌斯，然后返回日耳曼。克雷森提乌斯马上又重建共和，罢免格列高利（997 年）。格列高利将他逐出教会，但是克雷森提乌斯一笑置之，又布置约翰十六世的选举。奥托又回来，免掉约翰之职，把他的眼睛挖出，割掉他的舌鼻，把他绑在驴背上，脸朝驴尾，绕行罗马街头示众。克雷森提乌斯及 12 位共和领导者被斩首，尸体悬于圣安杰罗城的城垛上（998 年）。格列高利恢复教皇职位，后来大概中毒死亡（999 年）。奥托让一位极英明的继承人承袭教皇之位。

吉尔伯特生于奥弗涅奥里雅克附近的贫贱人家（约 940 年），早年进入当地的修道院，院长建议他到西班牙学习数学。970 年，巴塞罗那的博雷尔（Borel）伯爵带他到罗马。教皇约翰十三世见其学识丰富，大为赏识，便把他推荐给奥托一世。吉尔伯特在意大利执教一年，当时或稍后几年，奥托二世是他的学生。接着他又到兰斯的教会学校学习逻辑，不久即成为该校的校长。他教授的课程繁多，包括关于古典诗人的课程。他写得一手好拉丁文，文笔优美。每到一个地方，他必收集书籍，并倾囊誊抄其他图书馆的手抄本，我们今日能读到西塞罗的演讲集，或许要归功于他。他领导基督教世界研习数学，介绍早期的阿拉伯算术形式，写作有关盘算及天体观测仪的文章，发表几何学论文，还发明了一种机械钟及蒸汽驱动的风琴。他的科学成就非常之多，以至他死后人们认为他拥有神力。

亚德贝罗去世后，吉尔伯特企图接任兰斯大主教，但是修·卡佩任命式微的加洛林王朝的私生子阿诺夫为大主教，阿诺夫却背叛修谋反，教会会议不顾教皇反对将他废黜，推选吉尔伯特为大主教（991年）。4年后，教皇使节怂恿莫伊森（Moisson）的宗教会议阴谋推翻吉尔伯特，这位受尽屈辱的学者逃往日耳曼奥托三世的宫廷，在那里他备受尊崇，并把改革罗马帝国、以罗马为首都的策略灌输给年轻的皇帝。奥托任命他为拉韦纳的大主教。他于999年升任教皇。吉尔伯特自称西尔维斯特二世，似乎想要成为第二个统一世界的君士坦丁的西尔维斯特。如果他和奥托能多活十年的话，他们的梦想也许可以实现，因为奥托是拜占庭公主之子，而吉尔伯特可能会成为一位哲学家国王。但教皇在上任第四年逝世，罗马人谣传他是被毒害奥托的斯蒂法尼亚毒毙。

他们的热望及环绕他们的扰攘政治，反映出基督徒很少有人真正把世界将于1000年灭亡的看法放在心上。10世纪初，某次教会会议宣称历史的最后一个世纪已经开始。会议结束时，少数人相信这一预言并准备接受最后的审判（Last Judgment），大多数人则我行我素，工作、玩乐、犯罪、祈祷，设法活得更久。1000年时并没有证据显示惊恐、慌张或对教会有利的转机。

吉尔伯特死后，教皇职位又再度腐化，图斯库鲁姆（Tusculum）

的伯爵与日耳曼皇帝联盟，收买主教、出卖教皇职位，明目张胆，毫不掩饰。由他们任命的本笃八世是精力充沛，聪敏明智的人，但本笃九世——他 12 岁时被推举为教皇——行为却极为无耻、放纵，以致人民起而反抗，把他逐出罗马。图斯库鲁姆的人帮助他，他才夺回教皇之位，但他已感厌倦，故将它卖给格列高利六世，价格是 1000（或 2000）磅金子。格列高利不辱教皇之位，操守正直，倒使罗马人感到惊讶。事实上，他收买教皇之位动机纯正，真心想有一番作为，并欲把教皇一职从各领主手中解放出来。图斯库鲁姆的宗族不允许革新的来临，又推选本笃九世为教皇，第三个派系同时立西尔维斯特三世。意大利教会组织向国王亨利三世陈情，请他制止这些可耻的事，他驾临苏特里召集会议，将西尔维斯特逮捕入狱。他不但接受本笃辞职，还以私自收买教皇职务的罪名将格列高利革职。亨利说服与会者，只有一位由皇帝保护的外国教皇才能制止教会的继续腐化。巴姆伯格（Bamberg）的主教被推选为教皇克莱门特二世，但他于一年后死亡。达玛沙斯二世也感染由排水不畅的罗马四周的平原传来的疟疾死亡。最后，教皇职位庆幸得人，利奥九世以他的勇气、学识、专一及在罗马城很久以来难得一见的宗教热诚来面对问题。

教会的革新（1049—1054）

这一时期教会被三个内在问题困扰：教皇及主教职位的买卖，世俗教士的结婚或蓄妾，僧侣间零星发生的淫乱行为。

以世俗的方式买卖教会职务是发生在教会中的与政治腐败相关的现象。善良的信徒是圣职买卖的来源之一。诺根特的盖伯特的母亲急于把他奉献给教会，于是付给教会当局一笔钱，在他十一岁时将他立为教堂司祭。1099 年，在罗马召开的教会会议慨叹类似的事情层出不穷。由于英格兰、日耳曼、法兰西及意大利的主教不仅可以主持教会之事，而且可以主持俗务，并拥有封建采邑、乡村甚至城市以供其岁入，因此许多野心家便以巨款、世俗权势来收买这些职位，贪婪的统治者也置操守于不顾，收受贿赂。在纳邦，一个 10 岁的男孩被立为大主教，代价是 10 万罗马金币。法兰西的菲利普一世以轻松的口吻安慰争取主教之位失败的人说："让我从你的对手处取得利益，然后你设法使他出卖职位，以后我们就可以考虑满足你的要求。"法兰西的国王遵循查理建立的传统，任命森斯、兰斯、里昂、图尔及布尔热等地的主教，其余各地的主教则由公爵或伯爵任命。许多主教辖区在 11 世纪时成为贵族家庭的世袭财产。日耳曼有一位封建贵族把持并移交八个主教辖区。一位日耳曼红衣主教断言，圣职及其俸禄的买家曾把教堂的大理石，甚至屋顶上的瓦卖掉，以抵偿他们购买圣职的成本。这些人都是俗人，生活奢侈，轻启战端，准许主教在宫廷中公开行贿，给予自己的亲戚各种教会职位，崇拜金钱而且忠贞不贰。教皇英诺森三世批评纳邦的一位大主教，说他的心已经掉在钱袋里了。职位买卖变得如此频繁，以致现实的人们都以之为常态，但是改革者却高叫术士西蒙（Simon Magus）已把教会掳去了。

对于教士而言，道德问题总离不开结婚与蓄妾。9 世纪和 10 世纪，神父结婚在英格兰、高卢及北意大利是很平常的事。教皇哈德尼二世（Hadrian II）就曾结过婚。维罗纳的主教罗色纽斯（Ratherius）报告说：实际上他教区中所有的神父都已结婚。11 世纪初，世俗教士中独身的已经是微乎其微。认为教士结婚不道德实则是一种错误看法，虽然它违背了教会的规条与理想，却合乎时代的习俗与道德标准。在米兰，公众对已婚的神父比未婚的评价更高，因为后者有蓄妾的嫌疑。姘居——一般未婚男人与未婚女子同居生活——也被大众舆论宽宥。虽然大多数的欧洲教士都过着高洁的道德生活，我们也知道中世纪前后许多神父、主教忠心耿耿，把生命献给人民。然而，也有些例外的丑闻。742 年，博尼费斯主教向教皇撒迦利亚抱怨主教之职都被"贪婪的凡人及淫乱的教士把持着"，某些执事有"四五个情妇"。"可敬的"比德在同一世纪指责英格兰"某些主教笑闹、嘲弄、瞎说故事、狂欢、酗酒以及……过着淫逸的生活"。11 世纪末，类似的指责愈多。拉尔斐·格拉贝（Ralph Glaber）描写这个时期教士与俗人共度失德的生活。意大利僧侣彼得·达米安（Peter Daemian）把一本《不吉利的书》（*Liber Gomorrhianus*）献给教皇，该书作者的圣洁，可能使他夸大地描写教士团体的堕落行为，其中一章名为"论违反自然之道的多端罪恶"。达米安极力呼吁禁止担任教职人员结婚。

教会很久以来即反对教士结婚，理由是一个已婚的神父会有意无意把忠心转向妻子儿女，更甚于对教会的热诚，因此他易受诱惑而去搜刮金钱财物，也会尽力把他的职位或俸禄传给后代，世袭的教士阶级在欧洲兴起，联合起来的有产教士阶级经济力量之大，就非教皇所能控制了。神父应该全心奉献自己给上帝、教会及同胞。他的道德标准要比一般人高，他因之树立起使人民信服及尊敬的依归。许多教会会议都要求教士独身。1018 年，在帕维亚召开的一次会议谕令所有神父的后代永远为奴，取消其继承遗产的资格。但是教士结婚之风依然盛行。

利奥九世发现，由于教士将教会财物留给后代，采邑领主侵占教会田产，及朝圣者到罗马来祈祷、请愿、供奉却遭到侵夺等，使彼得教堂变穷了。他组织朝圣者的保护队伍，拿回被分割的教会财产，投身消灭买卖圣职及教士结婚的艰巨工作中。他把教廷内部的管理问题移交给精明而忠诚的僧侣之后，于 1049 年离开罗马，决定亲自调查欧洲各大城市教士的道德状况及教会的功能。他以威严的举止和简朴的生活，使人们对教会高级人员的尊敬程度大大提高。他所到之处，罪恶藏匿无踪。曾经劫掠教会、反抗国王的戈弗雷（Godfrey of Lorraine）在教皇开除其教籍时，全身发抖，甘心情愿地在凡尔登他以前曾破坏过的教会圣坛前接受鞭笞，并修理该教堂，亲自动手参与工作。利奥在科隆掌控了权力，日耳曼教士团体以有一位日耳曼教皇为荣，非常拥护、爱戴他。然而他又到法国，在兰斯主持裁判所，调查世俗及宗教界的道德情况、买卖教职、掠夺教会财产、修道院规条的废弛及异端邪说的兴起。在场的主教都遵命坦白说出自己的罪过，一个接一个，大主教也都控诉自己。利奥严厉指责他们，将一些人革职，宽恕了另外几位，开除四人的教籍，命令其余的人到罗马，由公众制裁。他命令教士遗弃妻妾，停止武装暴动。兰斯的会议更进一步规定主教和院长由教士团体和人民选举，禁止贩卖圣职，不许教士在主持圣餐礼、探望病患、埋葬死者时收受报酬。美因茨的一次会议（1049 年），在利奥的督促下，颁布与上述类似的日耳曼教会改革方案。1050 年，利奥回到意大利，主持维尔塞利（Vercelli）的会议，审判图尔的贝伦加尔的异端邪说。

利奥长期在北部热心奔波，使教皇之位恢复原有的权威，日耳曼皇帝重新成为日耳曼教会的统治者，法兰西和西班牙的主教承认教皇的权威，并率先开创了扫荡教士唯利是图、放纵情欲等败德行为的风气。1051 年和 1052 年，他进一步在日耳曼和法兰西推行改革。他在沃姆斯主持一场盛大的宗教集会，在曼图亚主持另一场。最后他回抵罗马，以武力保护教皇辖区。皇帝亨利三世曾赐他本尼凡托的公爵领地，卡普阿的潘德尔夫公爵（Duke Pandulf）拒绝承认这一赠与。罗伯特·吉斯卡（Robert Guiscard）的一群诺曼底人提供帮助，于是他得以占领了公爵领地。利奥要求一支日耳曼军队助他驱逐潘德尔夫，但他只接受 700 人，加上一些未经训练的意大利人，在他们引领下直趋诺曼底人部队。对方骑兵共 3000 人，都是善战的海盗。诺曼底人吞没了利奥的队伍，逮捕他，却跪在他面前，求他饶恕他们杀死了他的 500 人。他们带他到本尼凡托，软禁他 9 个月，其间他备受礼遇。利奥很悲痛，后悔动用武力，只穿忏悔服，睡在垫着毛毡的石头上，整天几乎都在祈祷。诺曼底人看他一副奄奄一息的样子，把他放了。他回到罗马，万众欢腾。他赦免所有被开除教籍的人，命令手下在圣彼得修道院放置一具棺材，在旁边坐了一整天，最后死在圣坛上。跛子、聋子及麻风病人闻讯从意大利各地赶来，瞻仰他的遗容。

东方的大分裂（1054）

在圣利奥的任期之内，希腊与拉丁的基督教派正式分裂。当西欧正处于9和10世纪的黑暗、悲惨与文化教育凋敝之时，东帝国在马其顿诸君主的统治下，恢复了部分被阿拉伯人占领的土地，再度确立在意大利南部的领导地位，一时使文学和艺术大放异彩。希腊教会从复兴的拜占庭的势力中吸收勇气与骄傲，占领俄罗斯、保加利亚及塞尔维亚，比以前更激烈地反对一个腐败贫穷的教皇职位得以僭称基督教世界的教职独裁者。在这个时代的希腊人心目中，当代西方的日耳曼人、法兰克人及盎格鲁—撒克逊人简直是粗鄙的野蛮人，是一群由腐败的主教所领导的文盲和暴徒。教皇反对拜占庭皇帝身兼法兰克国王，没收拉韦纳总督的辖区，为罗马皇帝加冕，带兵进入希腊的意大利。这些恼人的政治事件，而非教义上的分歧，加深了基督教东西方的裂痕。

1043年，迈克尔·索鲁拉利乌斯（Michael Cerularius）被任命为君士坦丁堡教皇。他出身高贵，学养丰富，聪敏过人，意志坚决，虽然身为僧侣，却崛起于政治圈。他曾经是帝国的高级传教士，如果还须听命于罗马，他就不接受教皇的职位。1053年，他散发的希腊僧侣所著的拉丁文论文，批评罗马教会违背使徒榜样及教会的传统强制教士独身，在圣餐礼上使用没发酵的面包，把"和圣子"加入《尼西亚信经》。同年，索鲁拉利乌斯把君士坦丁堡所有遵循拉丁仪式的教堂统统关闭，把遵行旧规的神父一律开除会籍。利奥以教皇的身份，差人送信给索鲁拉利乌斯，说他必须承认教皇的威权，并且斥责反对他的教会为"异端的结合，分裂派的秘密聚会，魔鬼的会堂"。然后利奥又派遣使节到君士坦丁堡，与皇帝和教皇商讨致使东西教派分裂的差异所在。皇帝亲切地接见使节，但索鲁拉利乌斯指斥他们不够资格处理这个问题。利奥死于1054年4月，此后教皇之位暂空一年，无人接掌。7月，使节们亲自干涉此事，暗中在圣索菲亚教堂的圣坛上放置教皇的一纸敕书，内中宣布罢免索鲁拉利乌斯。迈克尔召开代表所有东方基督徒的会议，揭发希腊受到罗马教会污蔑的诸多冤情，包括剃胡子一事。会议指责使节的敕书及"所有以他们的主意或祈祷帮助拟定敕书的人"。两派于是正式决裂。

格列高利七世希尔德布兰德（1073—1085）

基督教内部的不安与衰微，使利奥九世的教皇职位无法与教会史上最强的教皇之一相提并论，可说是极大的不幸。

希尔德布兰德是日耳曼名字，暗示了日耳曼血统。格列高利那一代人则将它解释为"Hellbrand"（精纯的火焰）。他生于托斯卡纳沼泽地中的索瓦诺（Sovano）小村一户穷苦人家，在罗马阿芬蒂纳（Aventine）山上的圣玛利亚修道院受教育，并加入本笃派。当教皇格列高利六世于1046年被废黜并驱逐到日耳曼时，希尔德布兰德在旁陪伴，以为司祭。在科隆的那一年，他对日耳曼加深了认识，这对他后来与亨利四世争斗很有帮助。回到罗马后不久，他就被利奥九世任命为枢机副执事，并被任命为教皇辖区的执政及驻法兰西使节。我们知道25岁便能晋升这样快，完全是他在政治、外交上特具能力而声名大噪之故。教皇维克托二世（Victor II）及斯蒂芬九世（Stephen IX）均对他委以重任。1059年尼古拉二世成为教皇，主要是借希尔德布兰德的影响力达成。这位被倚重的僧侣当时还不是神父，被任命为教廷大臣。

在希尔德布兰德的催促下，尼古拉与拉特兰会议共同发出敕令，把教皇的选举转交给红衣主教团（College of Cardinals）。希尔德布兰德企图借此使教皇职权不受罗马贵族及日耳曼皇帝的控制。这位年轻的教会政治家已制定一项影响深远的政策，为了使教皇的权力不受日耳曼支配，他对诺曼底人虚张声势入侵南意大利视若无睹，任他们剥夺、没收，赞许他们的野心，但要求以军事保护作为交换。1073年，在 25 年间侍奉了 8 位教皇之后，他被升为教皇。他坚辞不就，宁可在幕后参政，但是红衣主教、教士和人民高呼："圣彼得要希尔德布兰德当教皇！"于是他被任命为神父，并成为教皇，以格列高利为神圣名号。

他身材矮小，相貌平庸，但目光如炬，神采奕奕，意志坚定，相信真理，也十分自信。有四个目标在鼓舞着他：完成利奥的教士道德革新；制止俗人任命教职；把全欧洲统一于一个教会及一个共同之下，由教皇统领；领导基督教军队到东方把圣地（Holy Land）自土耳其人手中夺回。1074 年初，他写信给勃艮第和萨伏依（Savoy）的伯爵，也写信给皇帝亨利四世，请求他们募集资金，组建军队为十字军，由他率领。伯爵们不为所动，亨利自己的王位岌岌可危，根本无心顾及十字军。

1059 年的拉特兰会议在尼古拉二世及希尔德布兰德的主持下，把有妻妾的神父逐出教会，并禁止基督徒参加有妻妾的神父所主持的弥撒。伦巴底许多主教不愿拆散教士的家庭，因而拒绝传达这些训令；托斯卡纳较知名的教士们也护卫婚姻，以为合乎道德仪礼。训令于是无法贯彻。生活在"罪恶"之中的教职人员不能主持有效的圣餐礼的规定，遭到异端宣教者的激烈反对，教皇向会众的诉愿因而被驳回。当希尔德布兰德成为格列高利七世之时（1073 年），他挺身攻击，态度坚决，毫不妥协。1074 年的宗教会议重申 1059 年的训令，格列高利将训令发给欧洲各主教，严格规定他们要向教众宣布并强力执行，并且要避免俗众对某些不关心百姓的神父表示服从。反应仍然很强烈，许多神父宣称他们宁可放弃教职也不愿舍弃妻子；有人则抗议训令的要求不合理，违反人性，并预言训令如果强制执行，必有秘密滥交的现象发生。君士坦斯主教奥托公开赞许并保护他的已婚教士，格列高利开除其教籍，并解除其手下对他的服从。1075 年，格列高利进一步命令斯瓦比亚及卡伦西亚的公爵及其他亲王，在必要时可以使用武力阻止抗命的教士继续执行神父的职务。几位日耳曼亲王接受命令，于是许多不愿遗弃妻子的神父的教区被没收。格列高利尚未尝到胜利的果实就要死去，但是乌尔班二世、帕斯加尔二世和卡利克斯特二世（Calixtus II）继续执行他的训令。1215 年，英诺森三世所主持的拉特兰会议发表最后的宣判，教士结婚的现象才逐渐消失。

俗人任命教职的问题似乎比教士结婚的问题简单。正如国王和教皇同意的，假设是基督建立教会，显然主教和院长应由教会人士选举，而不应由俗人选举。国王不但任命主教（如在日耳曼），还授予他们主教权杖及戒指（神圣的精神权力象征），是一大丑闻。可是对国王，反面的结论也是确凿有据的，如大多数日耳曼主教和院长所做的，他们承认国王既然赋予他们土地、岁收及世俗的责任，则根据封建法规，这些高级教士——至少是主教——应将他们的任命和俗世的忠诚还给国王，像他们顺从于君士坦丁和查理大帝的统治一样，这是非常公平合理的。他们一旦解除臣服和忠贞的义务，掌握在主教和修道院手中的日耳曼半壁江山便可脱离政府的控制，并可免除纳贡和惯常的劳役。日耳曼主教及许多日耳曼血统或其授命的伦巴底主教，怀疑格列高利正打算废黜他们的教会自治权而使他们彻底归属罗马教廷。格列高利允许主教继续对国王尽封建义务，但不愿意他们把皇室给予的土地让渡出去，依照教会法律的规定，教会财产是不可分割的。格列高利抱怨俗人任命教职，致使日耳曼和法兰西主教辖下出现买卖圣职、卑鄙及失德的行为。他认为主教须在教皇的威权下加以控制，否则西方教会就要重蹈东方教会的覆辙，变成国家的附属物。

在这历史性的冲突背后，存在一个教皇与帝国竞争的问题：谁来统一欧洲，治理欧洲？日耳曼皇帝认为他们既然是维持社会秩序的必要角色，他们的权力就是神圣的。圣保罗不是说过"凡掌权的都是神所命"吗？教皇本身不也承认他们是罗马帝国的继承人吗？他们代表部分的自由，正如格列高利代表全体的一致与秩序。他们在宗教改革（The Reformation）之前很久，就暗暗不满大量黄金和公帑从日耳曼流到意大利。他们也从教皇的政策中看出拉丁罗马试图恢复对意大利斥为蛮荒之地的条顿北方的控制权。他们同意教会在精神事务上具有至高无上的权力，但也强调政府在世俗事务上的无上权威。对格列高利来说，这简直是混乱的二元论，他认为精神事务必须支配世俗的问题，就像太阳支配月亮，原理相同；政府必须听命于教会——人之城听命于上帝之城——所有关于教义、教育、道德、公理、教会组织等方面的问题均须如此处理。法兰西的国王和神圣罗马帝国的皇帝不也承认精神是世俗权力的源泉与主宰，因而接受大主教及教皇的涂油或任命吗？教会是神圣的机构，应具普世权威；教皇是上帝的代言人，有权利及义务废黜不良的国王，并认可或否定人民在某些情况下选举的统治者。格列高利在给梅斯主教赫曼的一封书信中激动地问道：“谁不知道国王和亲王们都是出自那些背离上帝，全身充满骄傲、暴力、背信，事实上是所有的罪恶……荒淫放纵，蛮横无道，却还宣称为人民统治者的人？”眼看欧洲陷于政治分裂、动乱及战争，格列高利认为逃避这悲惨景况的唯一出路就是政府放弃一部分权力，承认教皇为他们的封建宗主，世界的或至少是全欧洲的“基督教共和”（Christian Republic）的神圣领导者。

迈向这个目标的第一步是把教皇权力从日耳曼皇帝的掌握中解放出来，第二步则是把所有的主教都集中于教皇的权威之下。至少主教的选举应由教区的教士团体和人民，在一位由教皇或大主教指定的主教的协助之下完成，选举也须经大主教或教皇认可才能成立。格列高利首先写信给查伦斯（Châlons）的主教，警告将把法兰西国王菲利普·奥古斯都逐出教会，因为他出售主教职位。1074 年，他又送一封公开信训诫法兰西教区的主教，要他们当面揭发国王的罪行，假使菲利普拒绝革新，就把全法国的宗教仪式都停掉。俗人任命教职的事仍层出不穷，但法兰西的主教们已能提高警觉，把问题留给日耳曼解决。

1075 年 2 月，由格列高利主持，意大利的主教在罗马召开宗教会议，会议发布训令，反对买卖圣职、教士结婚及俗人任命教职。格列高利出其不意，以出售圣职为由，将亨利四世五位咨政主教一齐逐出教会，暂时取消帕维亚和都灵两地的主教职位，罢黜皮亚琴察的主教，命令巴姆伯格的主教赫曼到罗马澄清所遭到的买卖圣职的指控，当赫曼企图向教皇的裁判所行贿时，他被格列高利革职。格列高利客气地请亨利提名一位适当的继承者以填补巴姆伯格主教的空缺，亨利不但提名宫廷的罗马宗教会人物，且未经教皇同意就授予他主教戒指和权杖——这程序固然合乎当时的习俗，却公然违反会议的训令。亨利似乎有意显示他对格列高利命令的反叛，几乎当着教皇的面任命了米兰、费尔莫、斯巴拉脱等地的主教，并且留下被逐出教会的咨政人员以为己用。

　　1075 年 12 月，格列高利发出一封告诫信给亨利，并叮嘱送信人口头转告亨利，如果他继续漠视罗马宗教会议的训令，教皇一定把他废黜。亨利召开在沃姆斯的日耳曼主教会议（1076 年 1 月 24 日），24 人到场，一些人拒不赴会。罗马红衣主教休在会场控诉格列高利淫佚、残暴、玩弄巫术，其教皇职位是以贿赂及暴力取得。他提醒主教们几个世纪的传统习俗，是要求选举教皇须事先征得日耳曼皇帝同意，而格列高利并未这样做。皇帝最近平定了撒克逊人的叛乱，勇气大增，正拟废黜教皇，与会的主教都签名表示赞成，皮亚琴察的伦巴底主教会议也同意这一行动。于是亨利将这一命令送给格列高利，在该命令上附笔："经上帝任命而非篡位的国王亨利，致假教皇且虚伪的僧侣希尔德布兰德。"这封信送到格列高利手上时，他正在罗马的宗教会议（1076 年 2 月 21 日）上，在场的 110 位主教均来自意大利及高卢，他们想要把信差杀死，但格列高利庇护他。会议把所有在沃姆斯训令上签字的主教统统逐出教会，教皇开出三条判决给国王：逐出教门、革职、解除臣下对亨利的效忠宣誓（1076 年 2 月 22 日）。亨利说服乌特勒支的主教，联手把格列高利——"伪证的僧侣"——逐出教会的讲坛。全欧洲都因教皇废黜皇帝而受震惊，更因皇帝废黜教皇及主教诅咒教皇而惊恐。宗教情绪比民族感情更为高涨，人民支持教皇，迅速地把国王摒弃了。撒克逊人再度叛乱，当亨利召集主教、贵族到沃姆斯及美因茨参加会议时，丝毫未引起注意，相反，日耳曼贵族见时机对他们有利，再次趁机扩张封建势力以对抗国王，于是他们在特里博集会（1076 年 10 月 16 日），同意将皇帝驱逐出教，并宣称如果他于 1077 年 2 月 22 日之前未从教皇手中取得赦罪文状，则他们将推选另一个人继承王位。贵族与教皇使节安排于 1077 年 2 月 2 日在奥格斯堡召开会议，由教皇主持，以解决教会与皇室之间的问题。

亨利退隐施派尔，极为狼狈，他确信教皇将召开的会议一定会确认他的被废，于是派遣信差到罗马，想回去那里并请求赦罪。格列高利答复说他将赴奥格斯堡，无法在罗马接见亨利。动身北上后，教皇在曼图亚受到朋友及支持者托斯卡纳的女伯爵玛蒂尔达的热情款待。听说亨利已到意大利，教皇怕这位国王会在反对教皇的伦巴底人中募集军队，就避到玛蒂尔达在加诺萨的城堡里去，该城堡坐落在靠近雷吉奥·埃米利亚（Reggio Emilia）的亚平宁高山上。1077 年 1 月 25 日，意大利罕有的严冬，格列高利从这里向日耳曼亲王报告：

> 亨利亲自到加诺萨来……只带几个随从……他出现在城堡门口，赤脚，只穿一件褴褛的毛衣，怯懦地恳求我们给予赦罪与宽恕。就这样一连三天，在旁的人大受感动，开始同情他，流着眼泪祈祷，代他恳求……最后我们撤销对他的废黜，再度引他回到圣母教会（Holy Mother Church）的怀抱中。

格列高利迟疑这么久并非心肠冷酷，因他未请示日耳曼亲王就已答应决不与亨利妥协；他也知道假使亨利被宽恕后又起而反抗，第二次的废黜效力就会减低，贵族的支持力量也会锐减。但是另一方面，基督教世界的信徒会为基督的代言人拒绝赦免一个谦卑的悔罪者而感到不可理解。这件事对格列高利来说是精神上的胜利，对拿回王位的亨利来说则是外交手腕的成功。格列高利回到罗马，此后两年一直致力于教会立法，目的在于强化教士的独身。日耳曼亲王们宣布斯瓦比亚的鲁道夫为日耳曼国王（1077 年），看来亨利的策略是失败了，不过他已脱离教皇的控制，又获得不迷信贵族的人民的同情，于是一支新的军队很快组建起来保卫他。这以后的两年间，内战使日耳曼惨遭破坏。格列高利犹疑不定，最后决定支持鲁道夫，第二次将亨利逐出教会，禁止基督徒帮助他，并把赦罪文书给予所有投到鲁道夫麾下的人民（1080 年 3 月）。

亨利镇定应变，一如往常，他在美因茨召集支持他的贵族及主教开会，废黜格列高利。在布里克森（Brixen）召开的由来自日耳曼及北意大利的主教参加的会议确认这一废黜，宣布拉韦纳主教吉尔伯特为教皇，授权给亨利执行此一决定。两军在撒克逊的萨勒河畔（1080 年 10 月 15 日）遭遇，亨利被击溃，鲁道夫也受创而死。当贵族争论由何人继鲁道夫之位时，亨利进入意大利，他穿过伦巴底，未遭抵抗，在途中又添一支军队，把罗马团团围住。格列高利向罗伯特·吉斯卡求援，但他鞭长莫及；教皇又向在他帮助下征服英格兰的威廉一世求救，但威廉无意使亨利在这场大规模的争斗中落败。罗马的人民奋勇保卫教皇，但亨利已占领大部分罗马，包括圣彼得修道院，格列高利便逃到圣安杰罗的城堡。在拉特兰宫廷召开的宗教会议，遵从亨利的嘱咐，把格列高利罢黜并逐出教会，立吉尔伯特为教皇克莱门特三世（1084 年 3 月 24 日）。一周之后，克莱门特加冕亨利为王，统治罗马为时一年。

1085 年，罗伯特·吉斯卡放弃对拜占庭的战役，带领 3.6 万大军直逼罗马，亨利无力抵挡，逃到日耳曼，罗伯特进入首府，释放格列高利，劫掠罗马，使半座城市陷于瘫痪，把格列高利带到卡西诺山，罗马市民恨透了诺曼底人，因为这些人竟使他们所支持的教皇无法安然坐镇。克莱门特回到罗马当教皇，格列高利继续召开另一次会议，再度将亨利革出教门，接着已感心力交瘁，说道："我热爱正义，痛恨邪恶；是以我将死于流亡之所。"他年仅62岁，但迭经变故，身心俱疲，已无力继续支持，而又栽倒在昔时他在加诺萨赦罪的人手中，使他无意再活下去。1085年3月25日，他逝世于萨莱诺。

或许他过于热爱正义，过于激烈地痛恨邪恶。在敌人的立场观察正义的成分，一个哲学家还会保持缄默，但一个充满行动的人就无法抑制内心的不平了。一个世纪之后，英诺森三世实现格列高利梦想的一大部分——基督的代言人之下的一统世界。但他是以较温和的手段，较明智的外交赢得的，然而正因为格列高利的挫败，才使英诺森的成功变为可能。希尔德布兰德所获得的，已比他真正达到的为高，他把教皇职位推到最高点，其巅峰历十年而不衰退。他对教士结婚的现象，不妥协地展开攻伐已获成功，并为后来的继承者预备了一个坚固的教士团体，其忠耿之心，大大地强化教会。他对圣职买卖及俗人任命教职的攻击，赢得一场迟来的胜利，最后他的观点也胜出了，教会的主教们也将成为教皇的忠仆。他派遣教皇使节的目的，是扩张教皇的势力，使之及于基督教区的每一个地方。由他开始，目前教皇选举无须由皇室支配，使教会产生一连串的强者。格列高利去世后十年，乌尔班二世带领十字军，会聚了基督教义、封建制度、骑士精神及帝国主义等特点，世界上的国王和贵族无不承认他是欧洲的领袖。

第一位宣称信奉基督教的罗马皇帝君士坦丁大帝。

君士坦丁大帝的受洗。君士坦丁大帝将其成功归因于皈依基督教信仰和基督教上帝的支持。

长方形教堂是早期的基督教徒建造教堂时普遍采用的布局类型。

圣哲罗姆（右）是早期西方教会中学识最渊博的教父，曾任教皇达马苏（左）的秘书。

圣哲罗姆博学多才，对古典著作及《圣经》和基督教传统有过人的理解，曾将希伯来文《旧约》和希腊文《新约》译成拉丁文。

古代基督教会最伟大的思想家圣奥古斯丁，其著名作品是《忏悔录》和《上帝之城》。

萨顿胡（Sutton Hoo）船葬中的头盔。根据现场得到的钱币等物推断，萨顿胡船葬很可能是东英吉利亚国王雷德沃尔德（Raedwald）的衣冠冢。

拜占庭皇帝查士丁尼一世，以重组帝国政府行政体系以及支持编纂《查士丁尼法典》闻名。

拜占庭女皇狄奥多拉，查士丁尼一世之妻，可能是拜占庭历史上最具权力的女人。

圣维塔莱教堂里的镶嵌画《荣耀基督》。圣维塔莱教堂是拉韦纳拜占庭艺术的杰作，在查士丁尼皇帝统治时期建成。

圣索菲亚教堂内部。圣索菲亚教堂是根据拜占庭帝国皇帝查士丁尼一世的御旨建造，完成于 537 年。

圣索菲亚教堂里的镶嵌画《荣耀基督》。

先知穆罕默德升天。632 年 3 月穆罕默德亲率众人按照伊斯兰教仪式前往麦加朝觐，632 年 6 月在麦地那逝世。

哥多华大清真寺建于伍麦叶王朝统治者阿布杜勒·拉赫曼一世时代，后经扩建成为伊斯兰世界最大的神圣建筑物之一，13世纪改为基督教大教堂。

i

imaginist

想象另一种可能

理
想
国
imaginist

文明的故事

THE STORY OF CIVILIZATION

信仰的时代（下）

The Age of Faith

〔美〕威尔·杜兰特 著
by Will Durant

台湾幼狮文化 译

4

上海三联书店

第五章 ┃ **封建制度与骑士精神**
（600—1200）

封建的渊源

查士丁尼死后 6 个世纪，种种客观形势不平常地交集、会合，逐渐促成西欧世界经济生活的根本转变。前述某些条件会聚起来，为封建制度的来临准备着。日耳曼人入侵之际，意大利和高卢的城市不再安全，贵族们迁居他们的乡间庄园，佃农、"附庸"家庭及侍从武官则散居在他们四周。修道院的僧侣们耕作并从事手工艺品生产，修道院则强化了向乡间半独立经济单位发展的离心运动。道路被战争破坏，因贫穷而年久失修，深受劫匪威胁，已不再能维持基本的交通与交易。商业凋敝、工业没落的结果是财政收入的锐减，贫弱的政府已不再能够保护人民生命和财产及贸易的安全。商业的阻隔使庄园不得不寻求经济上的自给自足。许多以前从城市购买的加工制品——从 3 世纪以来——已由大农庄生产。5 世纪，西多尼乌斯·阿波利拿的信件告诉我们，由于广袤的土地由半奴隶化的佃农耕作，乡下领主因此坐享奢侈生活；他们已经是封建贵族，拥有自己的司法机构和军队，与后来那些以识字为主要特征的贵族不同。

3 至 6 世纪为封建主义铺平了道路的各方面因素，在 6 至 9 世纪促成了它的建立。墨洛温王朝和加洛林王朝的国王们将土地赐予将军和官员，以为报偿。9世纪，由于加洛林王朝国王们孱弱，他们的这些采邑变为世袭的和半独立的。8至10世纪，萨拉森人、挪威人和马札儿人的入侵，重复并加深了6个世纪以前日耳曼人入侵的恶果：中央护卫力量衰落，地方贵族或主教则组建地方秩序和防御，继续拥有自己的武装和法庭。自从入侵者经常骑马而至，能负担得起马匹的防卫者一直备受青睐。骑兵变得比步兵更加重要，正如早期罗马，一个骑士（equites）阶层——"马背上的人"——在贵族和平民间崛起，在法国、诺曼人的英格兰及基督教的西班牙，在公爵、贵族与农民之间，形成了一个马上的骑士阶层。人民并不怨恨他们的壮大。处于恐怖的气氛中，当攻击随时都会不期而至，人们渴求军事组织的保护。因此他们尽可能将住宅建得离贵族的城堡或设防的修道院很近。他们欣然向领主或公爵效忠，为其服务——领主是他们法律上的保护者，而公爵则可以领导他们。要理解他们的这种屈从，必须先想象他们的恐惧。无助的自由民，向某些强有力的人奉献他们的土地和劳动，以换取保护和支持。在这样一些"付托"（commendation）的案例中，通常领主颁发给"他的子民"一份小册子，以确认拥有"临时让与"（precarium）的权利，这种契约可由捐赠人随时予以撤销。这种不稳定的土地使用和占有权成为农奴依附土地的常见形式。封建主义即是对上一阶层的人的经济隶属和军事效忠，以换取经济组织和军事保护的制度。

封建主义是不能被严格地定义的，因为它因时间和地点不同而不同，或许有上百种变化形式。封建主义起源于意大利和日耳曼；然而，其最具典型性的发展却是在法国。在不列颠，它或许发源于盎格鲁—撒克逊征服者使不列颠人成为农奴，但在很大程度上，它仍是来自诺曼底的高卢舶来品。它从未在意大利北部或基督教的西班牙发展成熟。在西罗马帝国，大地主也从未形成军事或司法独立，更不具备西方封建主义必不可少的效忠的等级制度。绝大部分欧洲农民仍未封建化：巴尔干半岛、东意大利、西班牙的牧羊人和牧场工人；西日耳曼和南法兰西的葡萄种植者；瑞典和挪威强健的农民；易北河彼岸的条顿拓荒者；喀尔巴阡、阿尔卑斯、亚平宁和比利牛斯的山地居民。不能设想自然条件和气候条件如此丰富多变的大陆，会有一致的经济模式。甚至在封建主义范围之内，契约和身份的状况也因不同国家、不同庄园、不同时间各异。

封建的组织

·奴隶

社会由自由民、农奴和奴隶构成。自由民包括贵族、教士、职业军人、专业从业人员、大部分商人和工匠，及拥有自己的土地、对封建领主甚少承担或不承担义务或以租金向领主租借土地的农民。11世纪，这些自耕农约占英国农业人口的4%，在西日耳曼、北意大利和南法兰西则为数更多，总的说来，他们大概占西欧全部农民人口的1/4。

农奴的增加使奴隶数量锐减。在12世纪的英国，奴隶通常仅限于做家务；在法兰西的卢瓦尔河北部，奴隶的数量是微不足道的；在日耳曼，10世纪时，奴隶数量呈上升趋势，当时捕获异教徒斯拉夫人供日耳曼庄园役使，或者贩卖至阿拉伯、拜占庭地区，并不会受到良心的谴责；在黑海、西亚或北非沿岸，穆斯林和希腊人常为奴隶贩子诱捕，在伊斯兰教或基督教地区被卖为农场工人、仆役、太监、姬妾或妓女。奴隶贸易在意大利尤其猖獗，它看起来就像是对萨拉森人入侵的一种公平合理的报复。

即使最正直的道德家也会承认，贯穿已知整个历史的某一风俗注定要出现，并将永远地延续下去。诚然，教皇格列高利一世曾释放他的两名奴隶，并说出一番关于所有人生而自由的绝妙言词，但是在教皇领地内，他继续奴役着数以百计的奴隶，并签署禁止奴隶成为教士或与自由的基督徒结婚的法律。教会谴责将基督徒俘虏卖给穆斯林，却准许奴役穆斯林及尚未皈依基督教的欧洲人。数以千计被掳获的斯拉夫人和萨拉森人沦为奴隶，被分配给各个修道院。直至 11 世纪，教会和教皇领地仍在役使奴隶。教会法规有时以奴隶的数目而非金钱来评估教堂领地的财富；正如世俗法律一样，它也将奴隶归为动产；它禁止教会的奴隶立遗嘱，并颁布教令：他们拥有的任何私人财产或储蓄，在他们死后，皆归教会所有。纳博讷的大主教在 1149 年所立的遗嘱里，将他的萨拉森人奴隶遗赠给贝济耶的主教。圣托马斯·阿奎那将奴隶制度说成是亚当原罪的一个结果，是经济的权宜之计。在这个世界上，某些人必须辛苦劳作，以便其他人能有空闲来保卫他们。这类观点存在于亚里士多德的传统及时代精神之中。教会的准则是，除非卖得一个理想的价格，否则它的财产不得转移，这对它的奴隶和农奴颇为不利。事实证明，作为教会财产的奴隶，要比作为世俗财产的奴隶更难获得自由。话虽如此，当基督教迅速扩张之际，通过禁止奴役基督徒，教会客观上遏制了奴隶买卖。

奴隶制度的衰落不应归功于道德进步，而应归功于经济变迁。在直接加诸肉体的强制劳动状态下进行生产，较在利欲刺激下进行生产获益更少、也更费力。奴役持续着，"奴仆"（servus）这个词既指奴隶，也指农奴，但它很快就演变成"农奴"（serf），正如"佃农"（villein）演变成"封建农奴"（villain）、"斯拉夫人"（Slav）演变成"奴隶"（slave）。为中世纪世界生产面包的不是奴隶，而是农奴。

·农奴

最具代表性的形式是，农奴耕种领主或贵族所有土地的一小块，后者给予他终其一生的特别是军事上的保护，只要他每年以产品、劳役或金钱的形式缴纳租金。农奴的主人有权凭自己的意愿驱逐农奴。农奴死后，他的土地可否由孩子来继承，要经领主同意，视其意愿而定。在法兰西，农奴可以与土地分开出售。有时，他（包括他的劳动）也被主人分开出售，卖给不同的人。在法兰西，农奴可以交出土地和全部所有给封建诸侯，以解除封建契约。在英格兰，农奴无权离开其耕种的土地。

农奴对其土地的主人须承担的封建义务异常繁重，某些史实必须提及，即便只是为了记得他们：（1）每年以金钱缴付三项税：（a）通过贵族向政府缴纳小额人头税；（b）少量地租（cens）；（c）主人每年一次或经常征收的任意费用（taille，即租税）。（2）每年缴付领主收入——收成和牲畜——的1/10。（3）须为领主提供许多天的无偿劳动（corvee）；这是古老的经济传统，像开垦森林、排干沼泽、挖掘沟渠、修筑堤坝等苦差事，都由全体农民完成，以为对团体或国王的义务。有些领主规定全年大部分时候每星期都要服三天徭役，在耕种或收获时节则每星期服徭役四或五天，有特殊需要时也要求服徭役，这些额外的劳役日则不付报酬，只提供饭食。这类徭役义务，仅限于每户人家的男丁。（4）农奴只能以领主的磨房、烤炉、酒桶或压榨机磨面粉、烤面包、酿啤酒、榨葡萄，每使用一次都须付一小笔费用。（5）在领主领地内捕鱼、打猎或放牧，均须付费。（6）发生诉讼时，农奴须在庄园的法庭里接受判决，并依案情轻重支付费用。（7）战时，农奴须随时应召，在领主的军队里服役。（8）如果领主被俘，农奴则须捐资筹集赎金。（9）当领主的儿子受封为骑士时，农奴还须献上丰盛的礼物。（10）农奴须为自己在市场和集市上出售的所有产品向领主纳税。（11）只有当领主售卖他的啤酒或葡萄酒两周之后，农奴才能售卖自己的啤酒或葡萄酒。（12）在许多情况下，农奴每年都必须向领主购买其指定的葡萄酒，"章程"（customal）（一份庄园法律的汇编）规定，倘若他未按时购买，"那么领主将在他的屋顶上倾倒4加仑的葡萄酒，如果葡萄酒向下流，佃户就必须为它埋单，如果酒往上流，他才不必付款"。（13）如果农奴送一个儿子接受较高的教育或奉献给教会，他必须为庄园因此失去一个劳力而付一笔罚金。（14）一旦农奴或自己的子女与不属于本庄园的人结婚，他就要缴纳一笔税金，并须征得领主的同意，因为领主将因此失去他们某些或全部后代；在许多领地，只要是结婚，便必须经领主准许并向其付费。(15) 领主可以享有对农奴新娘的"初夜权"（right of the first night），但农奴都被允许向领主支付一笔费用，来"赎回"他的新娘；这一规定在巴伐利亚延续至 18 世纪。在英格兰的某些庄园，农民的女儿有未婚发生性行为的，则领主对该农民课以罚金；在西班牙某些庄园，农民的妻子被判犯通奸罪的，她部分或全部财产将被没收，归领主所有。(16) 如果农民身后没有子嗣，依据无继承人财产充公（escheat）的法规，其房屋和土地归领主所有。如果农奴的继承人是女儿，则她只有与本庄园的人结婚才能保有这些遗物。无论如何，一位农奴死后，作为某种遗产税，领主有权从其财产中拿走一头牲畜，或某件家具、衣物。有时，教区教士也收取类似的葬祭费（mortuarium）；在法兰西，这些因死亡而产生的税费，仅在农奴死后无合法继承人的情况下才强制征收。(17) 在某些庄园——特别是教会的庄园，每年农奴须向为庄园提供武装保护的沃格特（Vogt）缴税并纳继承税。此外，每年农民还须向教会缴纳什一税或贡献收成的 1/10。

我们不可能通过如此名目繁多的支出——要知道，所有这些税费并非以家庭为单位征收——将一个农奴负担的全部义务计算出来。中世纪晚期，在日耳曼，它占到了农奴收成的 2/3。几个世纪以来，农奴须承担的税金和税项大抵保持着原来的水平。理论上或法律上农奴应承担的许多义务，及加诸农奴的许多限制，常因领主的宽容、颇具成效的反抗、时间的延宕而宽减或取消。或许，一般情形下，中世纪农奴的不幸被夸大了。他们被强制征收的税费，很大程度上都为向领主缴纳的货币地租，向社团缴纳的会费，及维护公共设施和公共建设工程的费用取代了。也许税费在其收入中所占比例，较今天为低。12 世纪，一般农民至少和近代国家的小佃农（sharecroppers）处境相当。领主并不以剥削者自居，他们勤勉地经营着庄园，很少坐享其成。至 13 世纪，农民一直敬重领主，对其抱有钦敬，有时几乎是仰慕之情。如果领主既无子嗣，又是鳏夫，他们就会派出代表，敦促领主再娶，以免庄园不能顺利地移交给继承人，而在继承权争夺中被剥蚀殆尽。正如历史上大部分的经济和政治体系，毫无疑问，封建主义也是迎合地域、时代和人性需求的一种制度。

农民的棚屋用脆弱的木头搭建，通常覆盖着茅草和草根，偶见铺着木瓦的。1250年以前，据我们所知，并没有消防设施，因此一旦着火，农舍便被焚烧殆尽。农舍往往只有一个房间，最多两间；一个烧木头的壁炉，一个烤炉，一个揉面槽，桌子和若干条长凳，碗橱和餐具，器具和铁制柴架，大锅和锅钩架，靠近壁炉的土地上，有一张用羽毛或茅草铺成的大床垫，农奴及其妻儿，还有留宿的客人，横七竖八地睡在上面，相偎着取暖。猪和鸡鸭在屋内飞来跑去。只要条件允许，主妇尽量让屋内保持清洁，但是忙碌的农民认为清洁费时费力。有故事描述说，撒旦如何难以忍受农民的气味而拒绝让他们下地狱。农舍附近是马和牛的厩棚，或许还有蜂房和鸡舍。厩棚旁是一个粪堆，是全体动物或家庭成员共同营造的。环顾四周，则摆放着农用和手工业用工具。

农民身着布或皮的罩衫，皮或毛的短外套，下面是裤子，腰间系带，穿有跟的鞋或靴子，他应当是健壮有力的。他是田间冲决阻力、征服困难的强大而坚忍的杰出人物，而非为生活压垮而备感疲惫和沮丧的人。同样的，就像每一个人一样，他内心深处也有隐秘的，说到底是有些不近情理的倨傲。他的妻子和他一样从早到晚忙个不停。她还要为他生儿育女，孩子是庄园的财富，所以她生个不停。不过，我们也从方济各修士佩拉纠的记载中读到，一些农民怎样"以家贫为借口，经常不与妻子同房，以避免增添新的家庭成员，因为他们担心养不起那么多孩子"。

农夫的食物简单而丰盛，而且有益健康——乳制品、蛋、蔬菜和肉，但是高雅的历史学家却为他不得不吃黑面包——也就是说全粒谷物——而深感悲痛。他分享乡村的社会生活，却毫无文化素养。他不识字。一个能读会写的农奴，对于文盲领主而言，是一种冒犯。除耕作外，他几乎一无所知，即便是耕作，他也不很精通。他们待人接物既粗鲁又真诚，或许有些粗鄙。在欧洲历史的这一动荡时期，他不得不像驯顺的动物那样讨生活，而且他确实撑了过去。贫穷使他贪婪，恐惧使他残酷，压迫使他暴烈，被视为低贱的人则使他变得粗野。他们是教会主要的支持者，但是在他身上，迷信多过信仰。佩拉纠指责农民缴纳什一税时有意欺瞒教会，在圣日和斋戒期不守清规。戈蒂埃·科因西（Gautier de Coincy）抱怨农奴"敬畏上帝不比敬畏一只绵羊来得更多，甚至不为神圣教会的法规奉献一颗纽扣"。他有严肃的时刻，也有开粗俗玩笑的一面，但是在田间和家中，他是少言寡语、表情严肃的，劳作和杂务使他精疲力竭，以致他再也没有精力浪费在讲话和做梦上。他尽管迷信，却是一个不折不扣的现实主义者，他了解老天爷的残酷无情和死亡的必然降临。一个季节的干旱就能使他和家人陷入饥馑。970 至 1100 年之间的 60 次饥荒，使法兰西饿殍遍野。没有一位英格兰农民会忘记 1086 年和 1125 年在"可爱的英格兰"（Merrie England）爆发的大饥荒。12 世纪，特里尔主教目睹饥肠辘辘的农民杀死并分食自家的马，而大感震惊。洪水、瘟疫和地震相继加入这场表演，每一次都以悲剧告终。

·农村社区

围绕着领主的别墅，50 至 500 位农民——包括农奴、半自耕农或自耕农——建起他们的村落。他们并非住在分散的农舍里，出于安全的考虑，他们聚居在社区的围墙内。通常村庄是一座或更多庄园的一部分。大部分官员皆由领主任命，而且只对其负责。但是，农民也推选出一位村长或执事，作为他们与领主的中间人，上传下达或居中斡旋，并协调他们的农事。他们定期聚集在市场上以货易货，从而完成剩余产品交换，这一交换维持了庄园经济的自给自足。村中的农户生产自己所需的蔬菜和肉，以及纺毛线或织亚麻布，制成所需的大部分衣物。村中的铁匠生产铁制工具，皮匠制作皮革制品，木匠盖农舍、打家具，车匠造手推车。漂洗工、染工、泥瓦工、鞍工、补鞋匠、制皂师傅等住在村里，或临时被招呼前来提供服务。屠户和面包师傅则与农民和家庭主妇在肉类和面包生意中展开竞争。

封建经济几乎全部是农业。一般说来，11世纪，法兰西和英格兰庄园的耕地每年都分为三块：一块种小麦或裸麦，一块种大麦或燕麦，另一块休耕。每一块再分为一英亩或半英亩的带状耕地，以田垄隔开。村中的官吏为每一个农民分配数量不等的带状耕地，要求他按照社区制订的计划轮作。至于整个田地的耕、耙、播、耘直至收割，则由所有人共同承担。一个人的带状耕地散布在三块或更多块田地间，这种分散或许是不得已而为之，旨在公平分配不同产出的土地。共耕则可能是原始社会公有制——其迹已渺，难于追考——的残余。除这些带状耕地外，每一个缴清了封建税费的农民，都享有伐木、放牧及在庄园的森林、公共土地或"绿地"收集干草的权利。而且，通常在农舍四周他还拥有足够的土地，来开辟园圃和种花。

封建时代基督教世界的农业科学是不能与科卢梅拉（Columella）笔下的罗马人，或伊斯兰教的美索不达米亚及西班牙相提并论的。田间的谷茬和无用的植株被焚化，以为土壤施肥及铲除害虫和杂草；泥灰土或其他含泥灰土的土壤提供了天然的肥料；那时没有任何人工肥料，运输成本也限制了牲畜粪肥的使用；鲁昂大主教曾下令清除厩舍的粪便，但他并未将其运至附近德维尔他的田中去，而是命人倾入塞纳河中。农民集资购买犁或耙以共同使用。直至11世纪，牛都是役畜。它不需要吃得很好，在年老体衰的时候，它还是比马更有价值的食用肉。但约1000年，制造马具的工匠发明了结实的项圈。这样，马负重前行的时候就不会被窒息，如此装备起来，马就能像牛一样一日耕地三或四次。而在湿润温暖的天气里，犁地的速度又是至关重要的。因此，11世纪，作为役畜，马日益取代了牛，与此同时，它也丧失了专为旅行、打猎和作战服务的高贵地位。水磨早为东方的穆斯林熟知，在 12 世纪末，终于传入了西欧。

通过安息日和圣日——这些天里做"奴隶的工作"是一种罪过——教会使农民从繁重的劳作中觅得片刻喘息。农民们说："我们的牛知道什么时候是礼拜日，到了那一天它就不工作。"这些日子里，一做完弥撒，农民便载歌载舞，在发自内心的纵声大笑中，将布道和劳作带来的忧烦统统抛到九霄云外去。淡啤酒或麦芽酒价廉味美，讲起话来无拘无束内容粗俗，甚至是猥亵或渎神的，又大谈特谈关于女性的荤话，其间还夹杂着令人肃然起敬的关于圣徒的传说。

野蛮粗暴的对抗竞技——足球、曲棍球、摔跤、链球或投掷重物——在个人或村庄之间进行。斗鸡和斗牛风行。当两个蒙着眼睛的男人，在圈起来的圆形场地上，争着用棍棒击杀一只鹅或一头猪时，狂欢达至高潮。有时，在某个晚上，农民相互拜访，玩室内游戏并喝上几杯。通常他们留宿在主人家中，因为街上没有路灯，漆黑一片，而蜡烛很贵，所以天一黑，他们就早早上床睡觉。在漫长的冬夜，家中所有人都让家畜进到农舍里面来，对它们散发出来的热量心存感激。

所以，欧洲的农民供养他们自己和他们的主人，他们的士兵、教士和国王，是靠劳役和无声的勇气，而非正常的动机所产生的进取精神和技巧。他们排干沼泽，修筑堤坝，清理森林和沟渠，开辟道路，建造房屋，垦荒拓耕，并在人类与丛林之战中取得胜利。近代欧洲是他们的杰作。今天，从这些整齐划一的树篱和井然有序的田地，我们寻觅不到这几个世纪那令身心备受摧残的艰辛和苦难，正是这些艰辛和苦难，降服了倔强而慷慨的大自然，将其资源变为我们生活的经济基础。妇女也作为战士加入了那场战争，她们无怨无悔地繁衍后代，以之征服大地。修道士一度和其他人一样勇敢，在旷野中建造他们的修道院，作为向蛮荒进军的前哨，使经济由混乱走向稳定，在渺无人烟的地方建立村庄。中世纪初期，欧洲大部分土地还是未开垦和无人烟的森林和荒野；然而到了中世纪末期，欧洲大陆上，文明已经取得了胜利。换言之，我们也可以说：这是信仰时代最伟大的战役，最崇高的胜利，最重要的成就。

·领主

在封建时代的欧洲，人的管理者是领主（baron，封建土地所有者）。其职能有三：为他的土地及其居民提供军事保护；组织当地的农业、工业及商业；战时为其封建君主或国王效忠。几个世纪以来，饱经迁徙、侵扰、劫掠和战争，在经济倒退到原初状态、支离破碎的情形下，社会只有依靠地方独立和粮食兵源的自给自足，方能延续下来。这些能够组织防御和耕作的人，理所当然地成为土地的主人。占有和经营土地，成为财富和权力的源泉。一个属于拥有土地的贵族的时代就此起步，它将一直延续到工业革命前，方告终结。

封建制度的基本原则是彼此间的效忠：农奴或家臣对领主，领主对宗主或上一级领主，宗主对国王承担经济、军事义务；反之，国王对宗主，宗主对领主，领主对家臣和农奴亦然。作为对其农奴的服务的回报，领主赋予他们终身的土地使用和占有权——距所有权仅一步之遥。他也允许他们只要缴纳适当的费用，就可以使用他的烤炉、压榨机、磨粉机，利用他的水源、森林和田地。他将劳动费用降低为一小笔钱，并将其他陈年旧账一笔勾销。领主不欺掠农奴——他通常会关照后者——在其贫病无依或年老体衰之时。节日期间，他会向穷人敞开大门，并以食物款待所有的来客。他组织维护桥梁、道路、沟渠，保障贸易。他兴建市场，作为庄园剩余产品交换之城所，更为其经营提供人手，为其交易提供货币。他为育种引入优良种畜，并允许他的农奴以他精挑细选的种畜，来为他们的畜群配种。他可以毆打农奴——在某种场合或某种情形下，也可能杀死农奴——而不受任何惩罚。不过，他的经济意识往往制约着他的暴行。在领地内，他既行使司法权力，也行使军事权力，从庄园法庭征收的罚金中牟取利益。不过，这个法庭虽常受听命于领主的执吏的胁迫，但它主要还是由农奴自己控制。而且，在这里进行的粗鲁的审判，其判决结果并非残酷不近人情，这一点，从在司法会议上，农民以赔偿来取代劳役的提议总是被欣然接受，便可略窥端倪。任何农奴都可以在庄园的法庭上说说心里话，只要他乐意并敢于这么做，而以零散和漫不经心的方式，这些特别法庭帮助农奴获得解放，从而促成了农奴制的终结。

一位封建领主可能拥有一座以上的庄园和若干地产。在这种情况下，他指定一位"家宰"（seneschal，即总管）监督他的"产业"（domain）——也就是说，他为每一庄园任命一位管家或执事，他自己则带着家眷轮流在各庄园居住，以消费当地的产品。他可能在每一处领地都拥有一座城堡。由于领地的城堡或别墅往往沿用旧有建筑，如罗马军团筑有围墙的兵营（又作 castrum、castellum）、罗马贵族设有防御工事的别墅、日耳曼人首领的要塞（burg）或堡垒，其舒适性远逊安全性。城堡最外围的防御设施是一条既宽且深的护城壕或护城河。护城河里侧，土石壁立并向内倾斜，是为护堤；护堤里侧，围墙上方，规则地嵌着正方形的凹口，是为垛堞；垛堞相连，形成连绵起伏的围栏，即女墙。分布着防滑钉的可开闭式吊桥横跨护城河，通向一扇铁门或一道铁闸门，后者扼守着开在城堡围墙上的厚实大门。围墙内有厩舍、厨房、仓库、附属建筑、面包房、洗衣房、礼拜堂及仆人们居住的下房，通常这些建筑都是用木头建造的。

战争期间，庄园的佃农带着他们的牲畜和家私涌入城堡内，围墙里拥挤不堪。在城堡中央耸立着主塔楼（donjon），那是主人的居所。通常它是一座巨大的横截面呈正方形的塔，同样是木质结构。自 12 世纪起，它改用石头建造，横截面采用圆形，以利防守。主塔楼的最底一层用做仓库和地牢，以上则住着领主和他的家人。11 世纪和 12 世纪，这些主塔楼改进为堡垒（castle）及英格兰、日耳曼和法兰西的古堡（chateaux），它的这些坚不可摧的石头，是领主用以对抗他的佃农和国王的力量的军事基础。

主塔楼内部幽暗、逼仄。窗户又少又小，很少装玻璃，那时通常是用粗帆布、油纸、百叶窗或栅格来挡雨避光。人工照明使用蜡烛或火炬。大多数时候，主塔楼每三层只有一个房间。楼层间则用梯子和地板、天花板上的活门，或旋梯来连接。第二层是主要的礼堂和会所，充当领主的法院，也是其大部分家庭成员共用的餐室、起居室和卧室。在大厅一端，是凸起的平台或坛台，领主及其家人和宾客就在这上面用餐，其余的人在侧廊里，坐在可拆装的餐桌前的长凳上吃饭。就寝时，把床垫放在侧廊的地板或低矮的木制床架上。所有的家庭成员和仆人都睡在这个房间里，以屏风或帘幕等隔开，以保护隐私。四壁用石灰水刷白或绘画、着色，上面装饰着旗帜、武器和盔甲，并张挂幔帐或织锦使房间不致透风。地板铺以地砖或石子，覆以灯芯草和树枝。房间的中央设有一种取暖装置，以壁炉中燃烧的木头为热源。直至中世纪晚期还没有烟囱。此时，烟雾是由房顶上的天窗或"天窗的灯笼式屋顶"（louver）排出室外的。平台后面有一扇门，通向"阳光室"（solar），领主和他的家人在这里打发闲暇时间和享受阳光。这里的家具比别处舒适得多，铺着一张地毯，有一个壁炉以及一张奢华的床。

庄园的领主身着束腰外衣，通常用饰以某些几何图案或花草纹样的彩色丝绸制成；一条斗篷遮住他的双肩，宽大得足以罩住脑袋；内穿短衬裤，外着齐膝短裤；长袜向上裹至大腿；脚蹬鞋尖向上翘曲，状似船首的尖头鞋；腰带上系着的带鞘的剑摇来摆去；他的颈间通常挂着十字架之类的佩饰。第一次十字军东征时，为了辨识出戴盔披甲的骑士的身份，欧洲贵族采借穆斯林的习俗，在他们自己的衣服、侍从的号衣、旗帜、盔甲和装备上绘刻徽记或盾形纹章。此后，纹章发展为一种深奥难解的暗语，只有传令官或纹章官和骑士能懂。

尽管穿得如此讲究，领主却不是寄生虫。他鸡鸣即起，爬上他的塔楼去望风，看看是否存在威胁或隐患；匆匆吃过早餐后，他可能会去做弥撒；上午9点吃"午餐"；然后，监督、指导庄园各项工作，并身体力行，积极从事一些劳作；为执事、管家、马夫及其他仆人布置当天的工作；接待旅客和来宾；下午 5 点，他和他的家人与宾客共进"晚餐"；他通常在晚上 9 点上床睡觉。只在某些日子里，这一日程会被打破，如打猎的时候，或举行马上比武大会的时候，偶尔也会为战争扰乱。领主经常设宴款待宾客，慷慨地回赠宾客礼物。

他的妻子差不多和他一样忙碌。她生育和抚养很多子女。她指挥着一大群仆人（偶尔会赏他们一记耳光），照看面包房、厨房和洗衣房，监督、管理黄油和乳酪的制作、啤酒的酿造、为冬天预备的肉类的腌制，及编织、缝纫、纺纱、织布和刺绣等主要家庭手工业，从而制作出这个家庭大部分的衣物。一旦她的丈夫上了战场，她就得接手庄园的军事管理和经济管理事务，在他作战的时候，她还须提供他所需的资金。如果丈夫被俘，她不得不勒索、压榨农奴或变卖自己的衣物和珠宝，以筹集一笔赎金，将他赎回。如果她的丈夫死去而没有留下任何子嗣，她则会继承丈夫的领主权及其所有，成为庄园的统治者，"爵士夫人"（dame）。不过，她会被要求立即再婚，以使庄园获得军事保护和为宗主提供服务，宗主要求她在少数有能力承担他们的义务的人间选择结婚对象。在城堡中，私下里她可能是一位剽悍的亚马逊女战士或一个泼妇，与她的丈夫大打出手。闲暇时，她健壮的身体上裹着以毛皮镶边的丝制长袍，戴着美丽的头饰，穿着可爱的鞋子，珠宝熠熠生光——这一身迷倒众生的行头，足以使抒情诗人坠入爱河或心醉神迷，不由得要把她当作自己的缪斯来热爱。

她的子女接受一种与在大学里截然不同的教育。领主的儿子很少被送到公立学校读书，大多数情况下，并没有人费力耗神，去教他们读书写字。读写是办事员或抄写员的事情，一点微薄的薪水就可以雇到他们。大多数封建时代的骑士都蔑视知识。贝特朗·盖克兰（Bertrand du Guesclin）是骑士精神最负盛誉的代表人物之一，他接受过全部战争艺术的训练，并学习过无惧无畏地应付各种恶劣天气，却从未在读书写字上浪费过半点心神。只有在意大利和拜占庭，贵族们才秉持着一种文学的传统。骑士家庭的男孩约 7 岁，就被送进另一个贵族家庭，作为侍从，为其服务，而非送到学校求学。在纳邦，他学习服从、纪律、礼仪、着装、骑士荣誉的准则及马上格斗和作战技能。也许，地方上的教士会额外给予他一些写字和计算方面的训练。女孩们被传授近百种实用或精妙的技艺，不是从书本上或在学校里，而是在家中边看边学。她们照料宾客以及征战或比武归来的骑士，她们为他卸下盔甲，放好洗澡水或浴具，摆好干净的亚麻布、衣物和香水，并以恰到好处的谦恭和训练有素的优雅，在餐桌旁静候。她们学习读书写字，在这一点上，她们至少比男孩们强。她们是抒情诗人、叙事诗人和吟游诗人主要的听众，是当时的浪漫传奇和诗歌的知音。

　　贵族的家庭成员也经常包括一些封臣或臣属。封臣是从领主那里得到一些实际的利益或特权——通常是某块土地，连同所属农奴，以为他提供军事服务、个人陪护或政治支持的人。在这种情况下，土地的使用权归于封臣，领主则保留所有权。封臣太骄傲，太强壮，不可能当农奴，但是他的力量又太有限，不足以保证自身在军事上的安全，因此只得向领主表示"敬意"或"臣服"：不戴帽子，不佩武器，跪在领主面前，将双手置于领主手中，当众宣布他是领主的人（homme）或仆人（man）——同时保留他自由人的身份，在圣物或圣经面前宣誓，对领主永远效忠。领主将他扶起，亲吻他，授予他封地，并交给他麦秆、棍子、长矛或手套，以为封授的象征。从此以后，领主须给予他保护、友谊、忠诚及经济和法律援助。中世纪的一位律师说，他决不能侮辱封臣，或诱奸封臣的妻子或女儿。如果他这么做，封臣可以"向他扔手套"来表示对他的蔑视或向他挑战，也就是说，作为解除或放弃效忠的标志——但是不必归还他的封地。

　　封臣也可以"分封"部分土地给一个较低的封臣，后者与前者的关系，后者向前者承担的义务，一如封臣之于他的领主。一个人可以从若干领主那里获得封地，只须向他们"个别臣服"（simple homage）和提供有限的服务。不过，对一位"君主"领主，他必须做出"君主臣服"的誓言——无论战时或和平时期，都须向其无条件效忠并提供服务。领主本人，无论他的地位有多高，都可能是另一位领主的封臣，只要他在后者的封地上拥有财产或承担义务，他甚至可能因为拥有从后者那里获得的土地，而成为另一位领主的封臣的封臣。而所有的领主，都是国王的封臣。在这些错综复杂的关系中，最主要的联结点是军事而非经济因素。一个人向一位领主提供或承担军事服务和个人陪护，而财产不过是他的酬劳而已。在理论上，封建制度是以道德互惠为核心的宏伟体系，它将处于扰攘动荡的社会中的人，以相互的义务、保护和忠诚的错综复杂的关系网，与另一个人密不可分地联结起来。

· 封建教会

某些时候，庄园领主本人就是主教或修道院院长。虽然许多僧侣都辛勤地用自己的双手劳作，很多修道院和大教堂都能分享教区的什一税，但是要供养庞大的教会机构，在所难免亟须他人的协助。而这些协助的主要来源，即是国王和贵族向教会捐赠的土地，贡献的封建税收。当这些馈赠积累起来，教会便一跃成为欧洲最大的地主或土地拥有者，及最大的封建宗主。福达的教会拥有 1500 座小庄院，圣加尔的教会则拥有 2000 名农奴，而图尔的阿尔琴是 2 万名农奴的领主。大主教、主教和修道院院长由国王授予圣职，像其他封臣一样向他宣誓效忠，他们拥有公爵和伯爵等头衔，铸造钱币，主持主教或修道院法庭，也承担着军事服务和农业经营的封建任务。在日耳曼和法兰西，经常可以看到主教或修道院院长披坚执锐，冲锋陷阵。1257年，康沃尔的理查为英格兰没有如此"尚武和勇猛的主教"而悲叹。深深地羁縻在这种封建制度的网中，教会把自己变成了经济、政治和军事——当然，同时也是宗教——机构。教会的世俗或物质财富，其封建领地或封建权力和义务，对于虔敬的基督徒来说，不啻是一个丑闻，这也成为异教徒的口实，成为皇帝和教皇激烈争执的源头。封建制度使教会封建化了。

·国王

12 世纪的教会，它彼此保护、服务和效忠的封建和等级结构，是为利益驱动所支持的、为封建宗主教皇所确认的世俗的封建政治体制，也要求由所有封臣的领主，所有世俗领主的宗主——一位国王——来加以确认。从理论上说，国王是上帝的封臣，并受神权管辖，在某种意义上，即是上帝允许并由此认可他的统治。实际上，无论如何，国王是通过选举、世袭或战争，才爬到这个宝座上来的。诸如查理曼、奥托一世、"征服者"威廉、"奥古斯都"菲利普、路易九世、腓特烈二世及"美男子"路易，他们皆凭借其性格或军队的力量，来扩大他们世袭的权力。不过，一般说来，封建欧洲的国王，与其说是人民的统治者，倒不如说是封臣的代表。他们是由大贵族和教会选举或确立的。他们直接的权力只限于自己的封建领地或庄园。在王国的其他地方，农奴和封臣向保护他们的领主而很少向国王宣誓效忠，因为他微不足道且遥不可及的军事力量，无法达到并守卫其国土上散布在各处的所有村落。在封建制度之下，国家只是国王的产业而已。

在高卢，这种各自为政、割据一方的局面最为严重，这是加洛林王朝的王子王孙瓜分帝国、从而削弱了其自身的结果，同时主教们迫使他们屈从于教会利益也加强了这一趋势。此外，挪威人的侵扰使大部分法兰西支离破碎，处于分崩离析的状态，也是原因之一。在这个完美的封建制度中，国王是贵族之首或同等者之第一（primus inter pares），他只不过比亲王、公爵、侯爵和伯爵站得高那么一点点。但是，实际上，国王正像这些"同等者之一员"或"贵族"一样，只是一位封建贵族罢了。国王被限于靠自己领地的收入维持生计，不得不在各处皇家庄园间迁徙。无论在战时还是在和平年代，皆依赖于封臣的军事援助和外交斡旋，而这些封臣绝少履行应尽的义务，即一年中超过 40 天，全副武装前来卫戍他，倒把一年中一半的时间用于密谋推翻他。为了赢得或换取支持，国王把一处又一处的产业赠予强权人物。10 世纪和 11 世纪，留给法兰西国王的领地实在太小了，以致无力制约他的封臣领主。当这些领主将产业变成世袭，建立他们自己的治安机构和法庭，铸造他们自己的钱币时，国王根本没有力量预先阻止。除非是在首都向国王申诉的案件，否则，国王不能干涉这些封臣在他们自己的领土上行使司法权，也不能向他们的领地派遣自己的官员或税吏，他不能阻止他们单独签署条约或擅自发动战争。理论上，法兰西国王拥有所有向他称臣的领主的土地；然而，实际上，他不过是一位大地主，而且未必是最大的那位，他的财产从来都不能与教会抗衡。

不过，正如国王无力保护封建制度下的全部领土，封建领主也无力维持他们这些领主之间的秩序，或是为日益拓展的商品经济提供一个统一的政府；如此，反而削弱了贵族的力量，巩固了国王的权势。对军事竞赛的热衷，使封建欧洲的贵族们投身于个人战争和全民战争。十字军东征、百年战争（Hundred Years' War）、玫瑰战争（Wars of the Roses），最终是宗教战争，榨干了他们的血汗。他们中的一些人耗尽家财，又没有法律保护，走投无路，落草为寇，沦为肆意掠夺和杀人的强盗贵族。商业和工业的成长，在原有的封建关系或契约外，造就了一个新兴和富有的阶层。商人憎恶封建税收和贩运货物时途经封建领地所冒的风险，同时，他们要求以中央政府的统一法律取代私人或地方法律。国王于是联合这些新兴的阶级和蒸蒸日上的城镇，他们为维护和扩张国王的权威提供经费或资助，所有遭受领主压迫和损害的人，都迫切期待国王的援助和保护。教会领主通常是国王的封臣，对他忠心耿耿。尽管经常与皇室发生摩擦，教皇也觉得与君主做交易，远比与分散的、半非法的贵族做交易来得容易。

因为得到这些不同势力的支持，法兰西和英格兰的国王们使他们的权力传承世袭化，而非通过选举。临死之前，他们会预先为某个儿子或某位兄弟行加冕礼。而要在世袭君主政体和封建无政府状态中二者择其一，人们则更乐于接受前者。交通的进步和货币流通的增长，使正常、稳定的税收成为可能。皇家税收的增长，为更庞大的皇家军队提供了资金。新兴的律师或法理学家通过复活罗马法，加强中央集权的影响、巩固君主的权威。约1250年，法理学家们宣称，皇室的权力被及其国土上的所有人民，从此以后，法兰西人民向他们的国王，而非他们的领主宣誓效忠。13世纪末，"美男子"菲利普已经强大到不但征服了他的贵族，也征服了他的教皇。

法兰西国王通过取消贵族的私人铸币、审判和战争的权力，代之以皇家法院的头衔和特权，来缓和这种变化在封建领主中间引起的不满或怨愤。较大的封臣组成皇家法院（curia regis）或国王法庭，他们成为朝臣，而非当权者。原来在贵族的城堡里进行的宗教仪式，现在变成在国王的剧场里、餐桌上、寝室中举办的隆重典礼。贵族的子女被送进宫廷，为国王和王后服务，成为侍从或荣誉女官，同时在这里学习宫廷礼仪。王室宫殿于是成为培养法兰西贵族的学校。最高规格的典礼便是法兰西国王在兰斯、日耳曼皇帝在亚琛或法兰克福的加冕仪式。这片国土上所有的达官贵人，穿着令人望而生畏的礼服，带着令人肃然起敬的车马扈从，荟萃一堂。教会竭尽全力，将其仪式的全部神秘和威严发挥到极致，来隆重庆祝新统治者的登基。他的权威由此成为神的权威，这一点无人能否认，除了厚颜无耻的渎神者。封建领主纷纷涌入宫廷，教会将君权神授赠与国王，而后者将破坏其在欧洲的领导地位和权威。

封建法规

在封建政治体制中，民法的法官和执行者通常是目不识丁的文盲，因为这个原因，习俗在很大程度上与法律等同起来。当诉讼或处罚遭遇疑难时，社区最年长的成员便会被征询：他们年轻时，关于这个问题，习俗是怎样说的？因此社区本身便是法律最主要的来源。领主或国王可以下达命令，然而这些不是法律。而且，如果他们提出超出习俗许可范围的无理要求，会遭到普遍的抵制，并被挫败。南法兰西有一个承自罗马人的成文法，北法兰西封建程度更甚，保留了大部分法兰克人的法律。到13世纪，这些法律统统被写入成文法，它们甚至比以前更顽固、更难改变，同时增加了上百种法律预设，以对应现实中可能出现的情况。

封建法律对财产法的规定，是复杂而且非同寻常的。它承认三种占有土地的方式：（1）保有绝对所有权，即无条件所有权的土地；（2）封地——拥有使用权，但是没有所有权，以贵族服务为条件让与领主的土地；（3）使用和占有——以封建税费为条件，将使用权让与农奴或佃户。就封建制度的理论而言，只有国王才对土地享有完全或绝对的所有权。即便是地位最高的贵族，他也只是一名佃户，其占有土地，是以服务为前提的。领主占有的土地也不完全属于个人，他的每个儿子对代代相传的土地都有继承的权利，他完全可以阻止其出售。一般情况下，整个产业是遗赠给长子的。这种长子继承制的习俗——在罗马人或野蛮人的法律中是没有的，在封建制度下，是明智和可取的，因为它将产业的军事保护和经济管理，交给一个或许是头脑最成熟的继承者。年纪较轻的儿子被鼓励到领地之外从事冒险事业或在其他土地上创建新的产业。尽管对所有权有所限制，封建法律比任何法律都更尊重所有权；对侵犯财产权的行为进行惩处时，也比任何法律都严厉。一部日耳曼法典中规定，如果有人剥掉护渠的柳树林中某株柳树的树皮，"他的小腹会被撕开，而他的肠子会被掏出来，缠绕在他给柳树造成的伤口上"。迟至1454年，威斯特伐里亚某项法令规定，非法搬动邻居界碑的人，将被泥土掩埋在地下，只留头部在外面。而这块土地，由一个以前从未耕过田的人，牵着一头牛犁过，"而埋在土里的人可以尽其所能来拯救自己"。

封建法律的程序在很大程度上因袭了野蛮人的法典，致力于以公开的处罚取代私下的复仇。教堂、集市场所、"避难的城镇"，都被赋予避难权。因为这种限制，复仇会被拖延，直至相关法律被制定并颁布出来，以为补救。庄园法庭审理佃农之间或佃农与领主之间的诉讼；领主与封臣之间或领主之间的争执，则由"贵族同等者"（peers of the barony）组成的陪审团裁决——"贵族同等者"至少须拥有与原告相当的身份，相当的领地，或在某些贵族的礼堂中拥有一席之地；主教或修道院法庭审理涉及神职人员的诉讼；最高申诉由世袭贵族组成的皇家法院听取，有时由国王亲自主持。在庄园法庭内，审判期间，原告和被告均被拘禁起来，直至宣读判决。在所有法庭中，一旦原告败诉，他就要被处以在他胜诉的情形下，应加诸被告的同等惩罚。而行贿受贿，在所有法庭中都相当普遍。

神断法继续存在，贯穿封建时代始终。约1215年，在坎布雷，一些异教徒经历了铁烙测试。他们被绑在火刑柱上，忍受灼痛。不过，据说，有一个人表示悔过，幸得宽免，而他的双手立即复原了，找不到一点烧过的痕迹。12世纪哲学的发展，及稍后对罗马法的再研究，引起了人们对这些"上帝的试炼"（ordeals of God）的憎恶。1216年，教皇英诺森三世在第四次拉特兰会议上，承诺将其全部废止。亨利三世把这一禁令写入英格兰的法律（1219年），腓特烈二世把它纳入《那不勒斯法典》（1231年）。在日耳曼，这种古老的测试延续至14世纪。1498年，萨伏那洛拉在佛罗伦萨被处以火刑，受尽了折磨。16世纪，在女巫检验中，它一度死灰复燃。

封建主义鼓励采用格斗来进行古老的日耳曼式检验，一方面作为验证的方式，另一方面借以取代私下的复仇。盎格鲁—撒克逊人废止这一测试后，诺曼人又在不列颠将其恢复，此后，它一直保留在英国的法令全书中，直至19世纪。1127年，一位名叫盖伊的骑士，被另一位名叫赫尔曼的骑士控告参与暗杀佛兰德斯的"好心"查理（Charles the Good）。当盖伊否认罪行后，赫尔曼便向他发出进行司法决斗的挑战。他们足足打了好几个小时，直到双方都从马上跌下来，武器也脱手了。他们由斗剑改为摔跤，而赫尔曼将盖伊的睾丸从身体上撕扯下来，最终证明他的控告是公正的。盖伊就此断了气。或许是对这种残暴的行为感到羞耻，封建习惯法对挑战的权利作出重重限制。原告欲赢得这一权利，必须拿出相当的证据；被告如果能提供案发时不在现场的证据，便可以拒绝决斗；农奴不能挑战自由人，麻风病人也不能挑战健康人，而私生子不能挑战有合法出身的人；一般而言，一个人只可以向同一社会地位或等级的人挑战。

一些社区的法律赋予法庭禁止任何司法决斗的权力。女人、神职人员和身体残障之人可免于接受挑战，不过，他们可以挑选"斗士"（champions）——受过专门训练的职业决斗家——来代表他们。早在10世纪，即便是强壮的男人，也雇用斗士作为替身。既然上帝会依照指控公正与否来决定结果，那么，斗士的身份似乎就是无关紧要的问题了。奥托一世不得不以斗士决斗的方式，来证明他的女儿是否是清白之躯，及解决某些产业的继承争议。而在13世纪，卡斯提亚的国王阿方索十世也求助于这种决斗，以决定是否把罗马法引进他的王国。人们经常给外交使节配备斗士，以便在外交争端允许通过决斗来裁决时，能派上用场。直到1821年，这种斗士还出席英国国王的加冕典礼。中世纪，斗士应该把他的铁手套掷到地上，然后大声宣布，他已经准备好与任何敢于挑战即将加冕的新君神权的人，拼死一战。

以斗士来决斗，使人怀疑格斗测试的公正性。上升中的资产阶级在社团法规中宣布其为非法。13世纪，在欧洲南部，它被罗马法取代。教会再三谴责它，而英诺森三世将相关禁令绝对化（1215年），规定所有人无一例外均须遵守。腓特烈二世把它摒除在那不勒斯领土以外，路易九世在直接服从他统治的所有地区将它废止（1206年），"美男子"菲利普也禁止它在法兰西任何地方出现（1303年）。这种决斗，更多地源自私人复仇的古老传统，而非司法格斗。

封建刑罚严厉，以至野蛮。罚款名目繁多，不可胜数。监禁与其说是一种惩罚，莫若说是为审讯而关犯人的禁闭。不过，它本身也确乎能成为一种酷刑，当单人牢房里充斥着虫、鼠或蛇的时候。男人和女人可能会被判戴颈手枷（pillory）或足手枷（stocks）示众，成为公众嘲笑及腐烂食物或石头的靶子。浸水椅（ducking stool）用于未成年人犯罪及规劝长舌妇和泼妇，被宣告有罪的人捆在椅子上，而椅子固定在一根长长的杠杆的一端，行刑时，连人带椅浸入河流或池塘中。被宣告有罪的壮汉会被判做船奴（galley slaves）服苦役：半裸着身子，吃很少的食物，他们被锁链锁在长椅上，被迫——反抗会招致严厉的笞刑——划动船桨，直至精疲力竭。用鞭子或棍子施行笞刑是一种普遍的处罚。身体上——有时是脸上，被烙上字母，以昭示其有罪。作伪证和有亵渎言行的，会被惩罚用热铁条刺穿舌头。毁伤身体是常见的，手或脚、耳朵或鼻子被切掉，眼睛被挖出来。为遏制犯罪，"征服者"威廉颁布法令说："没有人会因为任何罪行而被杀死或绞死，我们宁愿他的双眼被剜出，他的手脚、睾丸被砍掉，以便他身体残余的任何部分，都成为其一切罪行和邪恶的活生生的印记。"酷刑以至虐待折磨，在封建时代很少采用，罗马法和教会法规于 13 世纪使其复活。偷窃或谋杀有时被判流放或充军，更常见的则是斩首或绞死。女杀人犯会被活埋。基督教宣扬仁慈，然而，教会法庭颁布法令，为类似的罪行规定了与世俗法庭相同的处罚。圣热纳维耶芙（St. Geneviève）的修道院法庭以偷窃罪为名，活埋了七名妇女。或许，在一个未开化的时代，以野蛮的惩罚来恐吓目无法纪的人是必要的。然而，这种残暴的行径却持续至 18 世纪。并且，最恶劣的酷刑并非由领主用来对付杀人犯，而是由基督教僧侣施诸虔诚的异教徒。

封建战争

封建制度是作为一个精疲力竭的农业社会的军事组织而兴起的，它的优势在于军事，而非经济。封臣和领主应该为战争训练自己，随时准备放下犁头，拿起刀剑。

封建军队是基于封建效忠关系而组成的封建等级组织，并按照贵族等级严格划分。亲王、公爵、侯爵、伯爵和大主教担任将军；男爵、领主、主教和修道院院长担任将领；骑士或爵士（chevalier）组成骑兵；侍从则是男爵或骑士的随员；"带武器的人"（men-at-arms）——乡镇或村庄的民兵——充作步兵作战。封建军队后面，正如我们在十字军中看到的，许多"无赖"（varlets）徒步跟随着，他们既无指挥官，也无纪律可言。他们劫掠被征服者，并用战斧或棍棒杀死倒下来的和受伤的敌人，使他们从痛苦中解脱。不过，从本质上说，封建军队是由那些骑在马背上的人会聚而成的。由于缺乏机动性，步兵自阿德里堡（378 年）一役以来，失去了优势地位，直至 14 世纪以前，一直未能恢复这种地位。骑兵是作战主力，骑兵（cavalry）和重骑兵（cavalier）、骑士以及游侠（caballero）皆因马而得名。

封建武士使用长矛和剑（或弓矢）。骑士的自负延及他的剑，而他赋予它一个满怀爱意的名字。毫无疑问，是叙事诗人们赋予查理曼的剑"乔伊尤斯"（Joyeuse）、罗兰的剑"迪朗达尔"（Durandel）及亚瑟王的剑"艾克思凯里伯"（Excalibur）这样的美誉。弓有很多形制：它可能是一张简易的短弓，射击时当胸拉开；或者一张长弓，射击时从眼睛和耳朵处瞄准；又或一张十字弓（弩），射击时其上的弓弦沿木臂上的沟形矢道拉紧，然后突然松手；有时则是扣动机括，借以射出铁制或石制的发射物。十字弓历史久远；长弓第一次发挥显著作用，则是经爱德华一世（1272—1307 年）之手，他将其用于该国与威尔士的战争。在英格兰，箭术是军事训练的重要内容，也是体育竞技的主要项目。弓的发展，肇端了封建主义的军事崩溃。骑士蔑视徒步作战，不过，弓箭手却能杀死他的马，从而陷他于不利的局面。对封建军事力量的最后致命一击，将在 14 世纪随着火枪和火炮的应用而到来，后者能从一个安全的距离射击，杀死戴盔披甲的骑士，并摧毁城堡。

骑乘着战马，封建武士便得以负荷身着铠甲的自身的重量。12世纪，全副装备的骑士，从颈到膝，覆盖着锁子甲———一种链甲制成的外衣，带有遮蔽双臂的袖子，头部则罩着严严实实的铁罩，只留口鼻和眼睛在外面，他的腿和脚则藏在胫甲当中。在格斗中，他更戴上铁盔，其上的鼻罩——一片突出的铁片——保护着鼻子。金属甲片制成的遮护用的盔和甲出现于 14 世纪，以为防御长弓或十字弓之用，并一直沿用至 17 世纪。此后，几乎所有的盔甲都被弃置不用，以追求灵活机动的优势。作为防护物，骑士将木头、皮革、铁圈制成的中央装饰着镀金铁纽的小圆盾系在颈上，并用暗带捆缚在他的左手上。中世纪的骑士可谓一座移动的堡垒。

要塞在封建战争中是首要且常见的有力防御形式。在战场上战败的军队，可在庄园的围墙之内找到庇护所，并可以主塔楼为阵地，进行最后的抵抗。围攻术在中世纪已然衰落。对于尊贵的骑士来说，摧毁敌人的围墙所需的复杂的组织或调遣相关装备，最终证明代价太过高昂或任务太过艰巨。不过，运用开掘坑道的士兵以及坑道工兵的艺术却成就斐然。因财力有限，海军也被削减了。巨型战舰沿袭古代形制——在甲板上设战塔以为防御，并由自由民或船奴划桨推进。在船上，正如在人身上一样，没有作战用途的地方，都被装饰得富丽堂皇。在用以保护船身木材免受水和空气侵蚀的沥青涂层上，中世纪的造船工人和画匠和着蜡，绘上明艳绚烂的颜色——白、朱红、深蓝。他们将船首和围栏涂成金色，并在船首和船尾雕刻出人、兽和神祇的形象。船帆绘以鲜艳的色彩，有时是紫色，有时是金色。一位君主或诸侯的船往往醒目地装饰着他的盾徽。

封建战争与古代和近代战争的不同之处在于更高的频率及更少的伤亡和代价。每一位贵族都声称有权利以私人战争来对抗与他之间不存在封建关系的任何人，而每一位国王在任何时候都可以大大方方地对另一位统治者的土地进行光荣抢掠。当国王或领主奔赴战场，其所有的封臣和自他以下至第七等级，均须发誓追随并为他作战 40 天。12 世纪，今天法兰西境内的某些地区，几乎无一日不处在战争之中。成为一名优秀的武士，是一位骑士事业的顶峰。他应该欣然或坚毅地承受挑战，抑或给予他人沉重的打击。他的终极抱负是作为一名武士死于"荣誉的战场"，而非在床上作为懦夫死去。拉蒂斯邦的贝特霍尔德（Berthold of Ratisbon）抱怨，"仅有那么少的大领主活到他们本该有的年纪寿终正寝"。不过，贝特霍尔德本人是一位僧侣。

这种竞技并不是很危险。描述布雷姆勒（Bremule）之役（1119年）时，奥德里克·维塔利斯（Ordericus Vitalis）报告说："参加战斗的 900 名骑士中，只有 3 名被杀死。"在坦什布赖（Tinchebrai）——在那里，英格兰的亨利一世打败了所有的诺曼人——之役（1106 年）中，400 名骑士被俘，但亨利的骑士却没有一个被杀死。在布汶（1214年），中世纪最血腥和决定性的战役之一，参战的 500 名骑士中，有170 名丢掉了他们的性命。盔甲和要塞具有防御优势；一个披挂全副盔甲的人较难被杀死，除非趁他倒在地上，割断他的咽喉；而这样做是骑士精神所不取的。此外，俘虏一名骑士并为此接受赎金，比杀死他而引致世仇报复要来得聪明。一次战役中，佛罗依撒（Froissart）为所发生的屠杀深感遗憾，因为"像这么多好俘虏，本可以带来 40万法郎的"。骑士的准则和互惠的精明都忠告礼遇俘虏及索要赎金须适度。通常，一名俘虏以荣誉担保，于指定的日期内带着他的赎金返回，即可获释，而违背这样一个誓约的骑士极为鲜见。农民受封建战争的伤害最甚。在法兰西、日耳曼和意大利，每一支军队都搜掠敌方封臣和农奴的土地，洗劫他们的屋舍，并夺取或捕杀不在防御围墙内的所有家畜。在这样的一场战争之后，许多农民才得以拾回他们的犁进行耕作，而许多人因缺粮以至饿死。

国王和王子或亲王努力维持战争间歇的国内和平。诺曼公爵在诺曼底、英格兰和西西里，成功地维持了这种和平；佛兰德斯伯爵在他的领土内，巴塞罗那伯爵在加泰罗尼亚也是如此，而亨利三世在日耳曼维持和平达一代之久。除此之外，教会在限制战争方面走在了前列。989 至 1050 年，在法兰西召开的历次教会会议颁布了"宗门和平律"（Pax Dei），或"神命和平"（Peace of God），允诺将所有在战争中对平民使用暴力的人逐出教会。法兰西教会在各个重镇组织和平运动，并说服很多贵族不但放弃私人战争，更加入宣布其为非法的行列。在一首著名的赞美诗中，沙特尔的富尔贝特（Fulbert of Chartres）为这种不寻常的和平而向上帝做感恩祷告。这一运动博得一般民众的热烈喝彩，而一些善良的人预言，不到五年，和平计划将被所有的基督徒接受。自 1027 年始，法兰西教会会议便宣告"神命休战"（Treuga Dei），这或许是借鉴了关于朝圣期间禁止战争的穆斯林禁律：在四旬斋期间，庄稼收割或葡萄收获期（8 月 15 日—11 月 11 日），指定的圣日，及每一星期的数天——通常是星期三晚上到下星期一早上，禁止所有的暴力行为。它的最终形式是这种"神命休战"，允许一年有 80 天，可以用于私人战争或封建战争。

这些呼吁诉请和严厉谴责起了作用。教会的协作、君主日益增长的权势、城镇和资产阶级的兴起及十字军东征对军事力量的吸纳，使私人战争渐渐终止。12 世纪，"神命休战"在西欧成为民法，也成为教会法规，即法律的一部分。第二次拉特兰会议（1139 年）禁止使用军事武器对抗人类。1190 年，莱希斯贝格的格霍赫（Gerhoh of Reichersburg）提议，教皇应该禁止基督徒之间的所有战争，而基督教统治者之间的所有纷争，应该交付教皇公断。国王们觉得这有点过分。当私人战争减少，他们更频繁地发动国际战争。13 世纪，教皇们自己以人质的身份参与了王室的权力游戏，将战争作为一种政策的工具来运用。

骑士制度

源于从军或入伍的古老日耳曼习俗，混合了来自波斯、叙利亚和西班牙等地的萨拉森人的影响及基督教关于献身和立约的理念，造就了骑士制度不完美却高雅的特征。

骑士是出身贵族家庭——拥有头衔和土地的家庭——而已正式

被骑士团体接纳的人。并非所有"出身高贵"的人（因家族或祖先而获得高贵身份的人）均有资格加入骑士团体或获封头衔。长子以外诸子，除非具有皇族血统，通常仅限于继承除贵重财产之外的一份财产，只能成为骑士团体的附属成员。这些人留做侍从，除非他们开辟新的土地和拥有自己的头衔。

想成为骑士的年轻人，须忍受漫长和艰苦的训练。七八岁时，他就要进入骑士团体当一名侍童，12或14岁时，改充侍从，为某位领主服务。他在餐桌旁、寝室里、庄园中、马上枪术比赛上或战斗时侍候领主。他以危险的训练和运动来强固他的身心，他通过模仿和考验来学习使用封建战争的兵戈。当他的学习生涯结束后，他由一种类似基督教圣礼的仪式，被接纳进骑士团体。作为精神净化的象征，候选人先要沐浴，或许这也是一种身体方面的检验。因此，他又被称为巴斯爵士（Knight of the Bath），以区别于圣剑骑士（knights of the sword）。所谓"圣剑骑士"，是在某些战场上获封、以其英勇而及时奖掖的骑士。他穿着白色长衫、红袍和黑外套，这三种颜色依次象征着他道德的纯洁，他为荣誉或上帝可能流的鲜血，及他必须准备好义无反顾地迎接的死亡。这一整天他要斋戒。整个晚上，他都在教堂里祈祷，向神父忏悔他的罪过，参加弥撒，领受圣餐，聆听关于一位骑士的道德、宗教、社会和军事义务的训诫，并庄严地承诺去践行它们。然后，他颈上悬挂着一柄剑，走向圣坛。神父解下剑祝福一番，重又挂回到他的颈上。候选者转向坐着的领主，恳求其授予骑士身份，并面对一个严肃的问题："你出于何种目的，渴望加入这一团体？如果为了富有，为了获得安逸和拥有荣誉，而不去做荣耀骑士的事，那你不配成为其成员，并且，你之于骑士团体，正有如买卖圣职者之于高级圣职。"候选者都准备有可靠的答案。然后，骑士或女士替他穿戴骑士盛装，包括锁子甲、胸甲或腹甲、臂章、金属护手、剑和踢马刺。领主站起来，授予他骑士爵位——用剑面在颈或肩上击三下，而有时是一个耳光，表明他能无怨无悔地接受最后的公开侮辱的象征。最后，以惯用语句授予他骑士封号："以上帝、圣迈克尔和圣乔治之名，我封你为骑士。"新骑士接过一支长矛、一顶头盔和一匹马。他戴好头盔，跃上马，挥舞着长矛和剑，策马驰出教堂，向观礼者分发礼物，并设宴款待朋友。

他现在有权在马上比武大会中，冒着生命危险一试身手，而这种马上比武大会将训练他，使他在技巧、耐力和勇气方面都进一步得到提升。自10世纪起，马上比武大会在法兰西盛极一时，并使扰乱封建生活的部分激情和精力在此获得升华。为庆祝一位骑士的正式获封、某位君主的来访或王族血统的联姻，国王或大领主下令召集马上比武大会，派出传令官前往传。提出参赛请求的骑士，来到一座指定的城镇，在他们房间的窗口悬挂他们的纹章，并在城堡、修道院和其他公共场所张贴他们的盾徽。观者查看那些物品，并可自由就候选参赛者的过失提出控告。大会官员听取案情，取消有罪骑士的参赛资格。这在当时称为"家声之污"或"盾徽之污"。当令人兴奋的集会到来，马贩子装备骑士，杂货商为骑士和他的马披上盛装，放债者则替失败者赎身，占卜的、卖艺的、滑稽伶人、抒情诗人和叙事诗人、漫游学者、放荡妇人及上流社会的女士，都置身其间。整个场面，简直就是一个充斥着歌声和舞蹈、幽会和争吵及就赛事进行的疯狂赌博的绚丽多彩的节日。

一场马上比武大会可能会持续差不多一周，也可能只有一天。1285年的一场马上比武大会中，星期天是集结和庆典；星期一和星期二是马上枪术比武；星期三休息一天；星期四观看马上比武，马上比武大会即因它而得名。竞技场或战场借用城镇的广场，或安排在郊外的露天场地，部分由看台和包厢环绕着，穿戴着中世纪灿烂炫目衣饰的富有贵族，坐在那里观看斗殴；平民则站在场地四周。看台装饰着织锦、帐幔、三角锦旗和盾徽。音乐家以乐声拉开马上比武大会的序幕，并以装饰乐句来欢庆竞技中最精彩的时刻。比赛幕间，贵族领主和女士在站着的人群间抛散硬币，众人高喊着"赏钱！"（Largesse）或

"诺尔！"（Noel），迎接它们从天而降。

　　在第一场竞赛之前，参赛的骑士身着色彩鲜明的服饰，踏着庄严雄伟的步伐，行进至竞技场，后面跟着他们骑马的侍从，有时也由女士们牵着系马的金银链子，引领他们入场，他们正是为这些小姐的荣耀而战。通常，每位骑士都执盾，戴盔，或手握长矛，在长矛上系着取自他心仪的女士衣饰的一条围巾、面纱、斗篷、手链或缎带。

　　马上枪术比赛或长矛比武，是骑士选手一对一的格斗。他们策马"全速"（at full tilt）对冲，并向对方掷出他们的铁制长矛。如果一方选手落马，按照规则，另一方也须下马。接着，战斗以徒步的方式继续进行，直到任何一方宣布弃权，或因疲劳、负伤、死亡而丧失战斗力，抑或直到裁判官或国王叫停。然后，胜利者来到裁判官面前，郑重地从他们或某位可爱的女士手中接过奖品。这种格斗一天可能举行好几场。当马上比武开始，节日的高潮也便来临。参加比武的骑士自行分为敌我两队，并进行一场真正的战役，虽然通常使用钝兵器。在诺斯（Neuss）举行的一场马上比武大会中，约有 60 位骑士丢掉了性命。在这样的马上比武大会中，也一如战争，战败者被俘虏，并被索要赎金，俘虏的战马和甲胄都归胜利者所有。骑士之好财犹胜好战。讽刺寓言诗讲述一位骑士抗议教会宣布马上比武大会有罪，因为该项判决一旦生效，将会断绝他唯一的经济来源。当所有的竞赛结束后，生还者和贵族观众参加彻夜的宴饮、唱歌和跳舞。得胜的骑士享有亲吻最可爱的女人的特权，并聆听为纪念他们的胜利而作的诗歌和歌曲。理论上，骑士必须成为英雄、绅士和圣徒。迫切想要驯服未开化心灵的教会，为骑士制度披上宗教仪式和誓约的外衣。骑士发誓讲真话，保卫教会，保护穷人，尽己所能维护和平，并追击异教徒。对他的君主领主，他应付出比对父母的孝心更强固的忠诚；对所有的妇女，他应是一位守护者，拯救她们的贞洁；对所有的骑士，他应是一位兄弟，彼此礼让和互相帮助。战时，他或许与其他骑士对抗；但如果他俘虏了他们中的任何一位，他都必须待他们如自己的客人。因此，在克雷西（Crecy）和普瓦蒂埃被俘的法国骑士直到被赎回，都自由而舒适地生活在英国俘获者的庄园里，与他们的主人分享宴饮和体育运动。封建制度推崇骑士的贵族荣誉和贵族义务——军事上的英勇和封建式的忠诚，及慷慨无私地为所有骑士、妇女，所有贫者、病人服务的誓言，把它高置于平民的良知之上。因此，在基督教强调女性的美德一千年之后，"刚毅"又恢复了它所谓罗马人的阳刚之气这一意义。尽管笼罩着宗教的光环，骑士制度还是展现了日耳曼、异教徒和阿拉伯观念对基督教的胜利。一个向四面八方发动攻击的欧洲，又一次呼唤着尚武的美德。

　　以上所说，当然只是骑士制度的理论。很少有骑士践行它，一如很少有基督徒达到基督徒式无私忘我的极难企及的高度。然而，作为林莽和野兽之子的人之本性，玷污了一个又一个的理想。今天在马上比武大会中或战场上英勇奋战的英雄，明天也可能就是一个背信弃义的杀人犯。他可能骄傲地展示他的荣誉，一如炫耀他的羽饰，而同时，就像朗斯洛（Lancelot）、特里斯坦（Tristram）和真实地存在过的骑士一样，以通奸破坏了和睦的家庭。他可能空谈保护弱者，同时挥舞宝剑，杀死手无寸铁的农民。他蔑视以血汗为他建造豪迈城堡的体力劳动者，对曾发誓要体贴并保护的妻子，他经常呼来喝去，有时还会拳脚相加。他可能在早上听过了弥撒，下午就去抢劫教堂，晚上则喝得烂醉如泥，丑态百出。因而，生活在骑士中间的吉尔达斯，描写过 6 世纪——有些诗人将亚瑟王和"圆桌骑士的伟大领袖"（the great order of the Table Round）也归于这一时期——的不列颠骑士。他提到了忠诚和公正，然而，在佛罗依撒的书中，却充斥着背叛和暴力。其时，日耳曼诗人歌颂骑士，而日耳曼骑士却做着斗殴、纵火和拦路抢劫无辜旅行者的勾当。萨拉森人也为十字军的粗鲁和残酷震惊，甚至伟大的博厄蒙德（Bohemund）为表示他对希腊皇帝的轻蔑，而送给后者一船剁下来的鼻子和手指。这种人虽是例外，人数却也很多。当然，期待战士成为圣徒，实属荒谬。这些粗鲁的骑士，把摩尔人逐至格拉纳达，把斯拉夫人逐出奥得河，把马札儿人逐出意大利和日耳曼。他们把挪威人驯化为诺曼人，同时，剑之所指，把法兰西文明带到了英格兰。

两种影响缓和了骑士的野蛮作风——女人和基督教。教会在一定程度上，成功地把封建的好勇斗狠引向十字军东征。或许，崇拜童贞圣母玛利亚之风日盛，也使它获益匪浅。女性的美德再一次被推向崇高的地位，以遏制精力旺盛的男人的嗜血激情。然而，也许活生生的女人——她们诉诸感官，正与诉诸灵魂一般充满诱惑——在把武士转化为绅士的过程中，更具影响力。教会再三明令禁止马上比武，骑士们快活地置之不理。女人出席马上比武大会，而且没有被忽视。教会对于女人在马上比武大会以及诗歌中扮演的角色，颇感不悦；于是，在贵族妇女的道德与教会的伦理之间，起了冲突；而在封建世界里，女人和诗人赢得了胜利。

浪漫爱情或罗曼蒂克之爱——将对象理想化的爱情——可能每个时代都有，其程度大约同渴望与实现之间阻滞的程度一致。直至我们这个时代，它都很少导致婚姻。而一旦我们发现，骑士制度鼎盛时期，爱情与婚姻在很大程度上是相互分离的，则我们必须了解，这种情形比我们这个时代来得更正常。封建时代，妇女与男人的财产结婚，并与其他男人的魅力谈情说爱。诗人不名一文，只得与出身下层的女人结婚，却爱着与自己地位悬殊的女人，他们把最美的诗歌献给永难企及的夫人们。爱与被爱通常地位悬殊，以至最富于激情的诗歌也只被认为是一种漂亮的恭维而已，同时，彬彬有礼的领主会犒赏为他的妻子创作情诗的诗人。因此，在抒情诗人佩尔·维达尔（Peire Vidal）把情诗献给子爵夫人以示爱——甚至试图引诱她——之后，沃克斯的子爵（viscount of Vaux）仍待他以殷勤和关爱，虽然通常说来这样滥施友善，实在不应该。抒情诗人争辩说，婚姻是财产最大值和诱惑最小值的结合，几乎不能产生或维系浪漫爱情。甚至，虔敬如但丁，也似乎从未想过向妻子献上情诗，或发觉将情诗献给另一

位单身或已婚妇女有何不妥。骑士同意诗人的见解，即骑士之爱应该
献给其他女人——通常是另一位骑士的妻子，而非自己的妻子。不
过，我们不能总是怀疑骑士对婚姻的忠诚，他们中大多数人漠视"宫
廷爱情"（courtly love），适时地把自己交托给他们的伴侣，而以战争
慰藉自己。有些骑士对主动献上浪漫爱情的女人十分冷淡。在《罗兰
之歌》中，罗兰死时几乎没有想一想已订婚的新娘欧德（Aude），而
后者惊悉噩耗，竟哀毁以至夭亡。也不是每个女人都浪漫。不过，从
12 世纪起，一个女人在丈夫以外应该有个情人，无论柏拉图式还是
拜伦式，这对于大多数妇女而言，已是习俗或惯例。如果我们相信中
世纪的浪漫故事，那么，当一位女士将她的颜色指定给骑士为服色，
骑士就会承诺尊敬她或为她服务。她可以驱使他涉险犯难去建功立
业，以考验他或疏远他。如果他服务得很出色，她应该以拥抱或更好
的报偿犒赏他。这就是他所要求的"奖赏"（*guerdon*）。他将所有的武
功献给她。在格斗的紧要关头和死神的气息弥漫之际，他所呼告、祈
求的，正是她的名字。于此，封建制度又一次成为基督教的对手，而
非基督教的一部分。根据教义，女人在爱情上受到极大限制，而今她
们宣告她们的自由并制定自己的道德法典。对女人肉体的崇拜，与对
童贞圣母的爱慕正相匹敌。爱情宣称其是价值的一个独立原则，并提
出服务的理想和行为的规范，甚至在借用宗教的语汇和形式时，它仍
令人反感地弃宗教于不顾。

爱情和婚姻的分离是如此复杂难解，以至引起了道德和礼仪方
面的许多问题。而且，正如在奥维德的时代一样，作家们以诡辩家的
精密来处理这些问题。约 1174 至 1182 年，安德烈亚斯·卡佩拉努斯
（Andreas Capellanus）撰写了《论爱情及其对策》（*Treatise on Love and
Its Cure*），其中，在论述其他问题的同时，他为"宫廷爱情"制定了
法典和原则。安德烈亚斯将这种爱情局限于贵族阶层。他老实不客气
地以为，它是一位骑士对另一位骑士的妻子不正当的激情，不过，他
也尊重它与众不同的特点，诸如男人对女人的效忠、臣服和服务等。

这本书是中世纪"宫廷爱情"存在最主要的证据，在该书中，贵族阶层的妇女回应质询，并宣布对"宫廷爱情"的裁决。

在安德烈亚斯的时代，据他记载，这一领域的领袖是公主、女诗人玛丽（Marie），即香槟公爵夫人（Countess of Champagne）。上一代则是她的母亲埃莉诺，即亚奎丹公爵夫人，曾经的法兰西王后，后来的英格兰王后。据《论爱情及其对策》记载，母女二人有时作为法官，共同主持普瓦蒂埃的爱情法庭（court of love）。安德烈亚斯相当了解玛丽，当过她的神父，显然，他写作该书，是为了将她关于爱情的理论和判断公之于众。他说："爱情，教每一个人温文尔雅。"在玛丽的监护下，我们确信，普瓦蒂埃粗鲁的贵族们，组成了高雅妇人和庄重绅士荟萃的社会。

抒情诗人的诗歌屡次提及由贵族阶层的妇女扶植的这种爱情法庭——纳博讷的子爵夫人（Viscountess of Narbonne）、佛兰德斯的伯爵夫人（Countess of Flanders），及其他人——在皮埃尔弗（Pierrefeu）、阿维尼翁和法兰西其他地方。据说，10 位、14 位、60 位妇人，坐着审理大部分由女人，有时由男人提交的案子。怀疑得以澄清，情人间的争吵归于平息，违反法典者受到惩罚。因此（据安德烈亚斯称），香槟的玛丽（Marie of Champagne）于 1174 年 4 月 27 日，就有关质询作出解答——"已婚之人能否存在真爱？"她的回答是肯定的，理由是"情人不计回报地奉献一切，不为现实动机驱策；已婚之人把满足对方的愿望当作一种义务，强迫自己去完成"。

所有的法庭，我们快活的安德烈亚斯说，就 31 条"爱情法则"（Laws of Love）达成共识。它们是：（1）婚姻不能作为拒绝爱情的借口……（3）没有人能同时真正地爱两个人。（4）爱情从不停留；它不是增加，就是减少。（5）勉强付出的关爱，得到了也毫无趣味……（11）那些只为结婚去爱的女人，爱她们是不合宜的……（14）轻易拥有使爱情变得可憎，得之不易使爱情……弥足珍贵……（19）爱情一旦开始衰退，就会迅速枯萎，并且很少去而复返……（21）在嫉妒的影响下，爱情总是增长……（23）成为爱情受害者的人，不思茶饭，难以成眠……（26）爱情为爱不顾一切。

这些爱情法庭，如果它们确实存在，那么，就是贵族阶层的妇女所玩的一种室内游戏。终日忙碌的贵族们不曾去关注它们，而多情善感的骑士们制定他们自己的规章。不过，毫无疑问，正是日益增长的财富和游手好闲，炮制出充斥抒情诗篇和早于文艺复兴时期作品的浪漫故事和爱情仪式。"1283年6月，"佛罗伦萨历史学家维拉尼（Villani）写道：

> 在圣约翰日，当佛罗伦萨的城市快乐、安静而祥和……一个社会团体组织起来，人数达千余，这些人都披着白色的衣服，自称"爱情的奴仆"（Servants of Love）。他们安排一系列的竞技、狂欢，并与女士们翩翩起舞；小号吹响，乐声沸腾，贵族和资产阶级应召前来，他们在正午和夜晚举办庆祝宴会。这一爱情法庭持续近两个月，这是在托斯卡纳举办得最出色和最著名的一次。

骑士制度始于10世纪，极盛于13世纪；此后，它备受百年战争暴行的摧残，又在玫瑰战争中因分裂英国贵族的极端憎恨而衰颓；最后，于16世纪，在宗教战争的神学纷争中终结。然而，它为中世纪和近代欧洲的社会、教育、风俗、文学、艺术和语汇留下了鲜明的印记。骑士等级——嘉德（Garter）勋位、巴斯（Bath）勋位和金羊毛（Golden Fleece）勋位——在不列颠、法兰西、日耳曼、意大利、西班牙，最终增至234种之多；而如伊顿（Eton）、哈罗（Harrow）和温切斯特等学校，在最有效的心智、意志和人格的训练中，将骑士理想与"自由主义"教育结合起来，此在教育学历史上，是举足轻重的一页。正如骑士在贵族或国王的宫廷中习得礼仪和殷勤，他也把宫廷中的某些事物输送给比他低的那些社会阶层。所谓现代教养就是由中世纪骑士精神演化而来。欧洲文学，从《罗兰之歌》到《堂吉诃德》，通过表现骑士式的人物和骑士主题，日益繁荣起来。在 18 世纪和 19 世纪的文学浪漫主义运动中，骑士精神的重新发现是激动人心的重要事件之一。尽管就文学而言，它太过泛滥，也太过荒诞，即便它事实上与理想相去甚远，骑士制度仍保存了人类精神的主要成就之一，保存了较其他艺术更加灿烂辉煌的一种关乎生活的艺术。

以此观之，封建时代的图景，并非仅是奴役、文盲、剥削和暴力构成的一帧画面，事实上，它也是这样一幅长卷：开朗、健壮的农民将荒野变为良田；男人致力于语言、爱情和战争的事业，多才多艺而精力充沛；骑士发誓献身于荣誉并投身于服务、寻求冒险和声名而非舒适和安全，而且藐视危险、死亡和地狱；在农民的农舍之中，农妇坚忍地劳作和养育后代；贵族妇女则将圣母般的温柔，诗意的自由，以及优雅包容，集于一身——或许封建主义比基督教更能提高妇女的地位。封建主义的伟大使命，就是在长期的分裂导致侵袭和灾祸之后，为欧洲重建政治和经济秩序。它成功了。它腐朽没落之际，正是近代文明在它的废墟和它的遗产之上兴起之时。

黑暗时代并不是学者能以轻蔑的态度来看待的一个历史时期。他不再会指责那个时期人们的无知和迷信、政治的分裂、经济和文化的贫穷。相反，他会为下列事实大感惊异：欧洲不断从哥特人、匈奴人、汪达尔人、穆斯林、马札儿人和挪威人接踵的打击下复原、重生，并在历尽了动荡和灾难后，保存了如此丰富的古代文学和技艺。对将秩序强加于这一混乱局面的查理曼、阿尔弗雷德、奥拉夫和奥托诸王，对在那个时代里如此坚忍地复兴道德和文学的圣本笃、格列高利、博尼费斯、哥伦巴、阿尔琴和布鲁诺等人，对建造大教堂的教长和工匠，及在一场又一场战争或恐怖的间隙，犹歌唱不已的无名诗人，他只能钦敬不已。国家和教会不得不从头开始，就像罗慕路斯和努玛在一千年前所做的那样，从丛林中开辟出城市，从野蛮中建立起文明。凡此种种，所需的勇气或精神，远较兴建沙特尔、亚眠、兰斯，或冷却但丁复仇的怒火，使之转化为从容优雅的诗篇，更为宏大。

第一章至第五章历史大事年表

875—877	神圣罗马帝国皇帝"秃子"查理
886	挪威人包围巴黎
886—912	东罗马帝国皇帝"智者"利奥六世
887	盎格鲁—撒克逊编年史
888	法兰西王奥得
893—927	保加皇帝西米恩
899—943	马札儿人蹂躏欧洲
905	圣哥一世建立那瓦拉王国
910	克吕尼修道院设立
911	日耳曼王康拉德一世；诺曼底公爵罗洛
912—950	君士坦丁七世
约917	希腊文选
919—936	日耳曼王"捕鸟者"亨利一世
925—988	圣邓斯坦
928—935	波希米亚王温斯拉斯一世
934—960	挪威善王哈康
936—973	日耳曼王奥托一世
950	中古爱尔兰文学的高峰
955	奥托击败马札儿人
961	阿陀斯山之圣拉那女修道院
962	西罗马帝国皇帝奥托一世
963	奥托迫教皇约翰十二世退位
963—969	东罗马帝国皇帝尼斯福鲁斯·福克斯
965—995	挪威王"大伯爵"哈康
968	戏剧家罗斯威塔
973—983	日耳曼王奥托二世
975—1035	那瓦拉王之大圣哥
976	休得斯之《词典》
976—1014	摩斯特王布鲁玛
976—1026	东罗马帝国皇帝巴希尔二世
976—1071	威尼斯的圣马可教堂
980—1015	基辅王乌拉底米尔一世
983—1002	日耳曼王奥托三世
987—996	休·卡佩建立法兰西之卡佩王朝
989	俄罗斯信奉基督教
992—1025	波兰第一位国王波斯拉夫一世
994	克吕尼修院改革运动
997—1038	匈牙利王圣斯蒂芬

999—1003	教皇西尔维斯特二世
1000	埃里克森在"文兰"
1002—1024	日耳曼王亨利二世
1007—1028	沙特尔主教福尔伯特
1009—1200	日耳曼罗马式建筑
1013	丹麦王斯温服英格兰
1014	布鲁玛败挪威人于克朗塔福
1015—1030	挪威王圣欧拉夫
1016—1035	英格兰王克努特
1018—1080	史学家色拉斯
1022—1087	翻译家非洲的君士坦丁
1024—1039	日耳曼王康德拉二世
1028—1050	佐伊与狄奥多拉统治东罗马帝国
1033—1109	圣安瑟伦
1034—1040	苏格兰王邓肯一世
1035—1047	挪威善王玛格努斯
1039—1056	日耳曼王亨利三世
1040—1052	苏格兰篡位者马克伯斯
1040—1099	罗德里格·迪亚兹·埃尔·希德
1043—1066	英格兰王"忏悔者"爱德华
1046—1071	米兰之圣安布罗西教堂
1048	瑞米耶日修道院
1049—1054	教皇利奥九世
1052	政治家葛德文伯爵卒
1054	希腊基督教与罗马基督教分裂
1055—1056	东罗马帝国女皇狄奥多拉
1056—1106	日耳曼王亨利四世
1057—1059	东罗马帝国皇帝康伦斯
1057—1072	奥斯提亚主教达明
1058	苏格兰马尔肯三世迫马克伯斯退位
1059—1061	教皇尼古拉二世；红衣主教团成立
1060	阿普利亚公爵盖斯卡得
1061—1091	挪威人征服西西里
1063	哈罗德王征服威尔士
1063	比萨大教堂
1066	英格兰王哈罗德；哈斯丁之役；诺曼底人征服英格兰
1073—1085	教皇格列高利七世
1075	反尘世册封权诏令；亨利四世被逐出教

第六章 │ 十字军东征
（1095—1291）

缘起

　　十字军是中古戏剧上最高潮的一幕，也是欧洲及近东历史上最重要的事件。基督教和伊斯兰教这两大宗教在争执了数个世纪之后，诉诸人类的最后仲裁——战争。在持续近 200 年的旨在解救人类灵魂及获取商业利益的战争中，中古式的发展，基督教世界及商业的扩张，宗教信仰的狂热，封建势力及武士精神，这些全部达至顶点。

　　十字军东征的第一个直接原因是塞尔柱土耳其人的崛起。世界格局自行调整，近东由穆斯林控制。埃及的法蒂玛王朝温和地统治着巴勒斯坦，除了少数情况外，基督徒各派皆享有崇拜的自由。开罗暴君阿勒哈基姆（al-Hakim）于 1010 年摧毁圣墓教堂，但是穆斯林自行助其重建。1047 年，游历者、穆斯林纳西尔·库斯鲁描述它："……是最宽敞的建筑，能容纳 8000 人，以最高超的技术建成，教堂内部到处装饰着拜占庭花缎及耀眼的黄金……他们还描绘出骑驴的耶稣——是如此的平和安详。"这只是耶路撒冷众多基督教堂中的一座。朝圣的基督徒可以自由地进入圣地。前往巴勒斯坦朝圣早已成为虔诚与赎罪的象征。在欧洲各地都可以看到身佩交叉成十字架状的"棕榈叶"

教徒，这一记号表明此人已完成朝圣，这样的人就可以称为"朝圣者"。皮尔斯·普洛曼（Piers Plowman）总结说："从今往后，他们就可以为所欲为了。"但是，至1070年，土耳其人从法蒂玛王朝手中夺取耶路撒冷后，朝圣归来者开始带回有关基督徒被压迫和土耳其人亵渎神明的消息。有一个未经证实的古老故事，讲述游客"隐士"彼得受耶路撒冷主教圣西蒙之托，将一封详述基督徒被迫害情形并恳请援助的信，转交教皇乌尔班二世（1088年）。

十字军东征的第二个直接原因是拜占庭帝国的急剧衰落。七个世纪以来，拜占庭帝国据守欧亚两大洲的交通要冲，抵挡来自亚洲的武力侵袭和游牧部落入侵的步伐。此时，其内部的纷争，异端的出现，及1054年分裂后受到西方世界的孤立，使它衰弱到再难以完成上述历史任务。当保加人、帕特兹纳克人、库曼人及俄罗斯人进攻欧洲大门时，土耳其趁机瓜分了拜占庭的亚细亚各行省。1071年，拜占庭军队在曼日克特几乎被消灭干净，塞尔柱土耳其占据了埃德萨、安条克、塔尔苏斯，甚至尼西亚，他们隔着博斯普鲁斯海峡窥探君士坦丁堡，虎视眈眈。阿列克赛一世（1081—1118年）虽曾以屈辱的和平条款为代价收回了部分小亚细亚，但是他此时已无军事实力来抵抗另一次进攻。如果君士坦丁堡失陷，整个东欧就等于向土耳其敞开了大门，而图尔的胜利（732年）也将前功尽弃。阿列克赛大帝暂时压下信仰的骄傲，派代表向教皇乌尔班二世及皮亚琴察会议求助，要求拉丁欧洲助其驱退土耳其人。他争辩说：与异教徒在亚细亚作战，比等他们通过巴尔干蜂拥至西方各都会更明智些。

十字军东征的第三个直接原因是意大利诸城——比萨、热那亚、威尼斯、阿马尔菲——一心要扩张他们日益兴盛的商业势力。当诺曼底人从穆斯林手中夺占西西里、基督教军队在西班牙削弱伊斯兰教的统治时，西地中海便开放给基督徒从事贸易。意大利诸城因成为国内与阿尔卑斯山北方产品的输出港口而日益富庶、强大，并计划结束穆斯林在东地中海的势力，开辟近东市场以贩卖西欧货物。我们不清楚这些意大利商人与教皇究竟亲密到何种程度。

乌尔班本人做出了最后的决定，而以后历任教皇的想法也与他一致。吉尔伯特与西尔维斯特二世一样，呼吁所有基督徒起而拯救耶路撒冷。格列高利七世在其与亨利四世的拉锯战中喊道："我宁愿为拯救圣地牺牲生命而不愿统治世界。"当乌尔班在1095年3月主持皮亚琴察会议时，争吵仍然十分激烈。他支持阿列克赛使节的请求，但主张将事情暂时搁置下来，直到一个更广泛的、更具代表性的会议确实考虑与穆斯林一战时，再付诸行动。他知道得太清楚了，这样一次涉远犯险的行动很难取得胜利。他无疑已预见到失败将会严重损害基督教及教会的声威，但或许他对将世袭贵族和好斗的诺曼底海盗导向这一圣战，以解救欧洲和拜占庭免于伊斯兰教的侵袭仍抱有期望。他梦想使东正教再度服从教皇的统治，并幻想在教皇神权政治治下能出现一个强大而统一的基督教世界，而罗马正是这个世界的首都。这一观念，的确是政治才能发挥至极致时可能产生的状态。

1095年3月至10月，他到北意大利及法兰西南部寻找堪当此任的领袖人才，并保证给予支持。他在奥弗涅的克莱蒙召开历史性的会议。正值寒冷的11月，从100个社区选出的几千名战士还是在旷野中扎下营来，因为人数众多，没有房屋能装得下他们。当他们的同胞、法兰西人乌尔班站在高台上，用法语发表中世纪史上最具影响力的演说时，他们的情绪激昂起来：

> 法兰克人啊！神所拣选并喜爱的子民们！……从耶路撒冷及君士坦丁堡境内，传来令人悲愤的消息：一个受诅咒的、与神隔绝的民族，正在蹂躏基督徒的土地，以战火和掠夺毁灭当地的居民。他们将一部分俘房带回自己的国家，以酷刑将其余的人杀害。这些不洁净的人亵渎祭坛，并捣毁它。如今，希腊人的王国已惨遭瓜分，被夺去了大片的领土，其面积之大，两个月也不能穿越。

神赐给你们的军队无比的荣耀、无畏的精神及无边的力量，足以挫败任何敢于抗拒你们的人。那么，向种种恶行复仇并收复失土，若非由你们这些特蒙神恩的人来肩负，还能由谁肩负呢？愿你们的先祖查理曼大帝以及其他君主光荣宏伟的业绩能激励你们，愿陷于不洁之人手中的我们的救主的圣墓，及那不幸遭到玷污的圣地唤醒你们……愿你们无人为财产所羁绊，无人为家务所系累。因为如今你们所居之地，四面都为大海和山岭环绕，它是如此狭窄，而无法容纳你们众多的人口，土地的出产也几乎不敷耕种者之需，最终你们只能自相残杀和吞食，发动战争而使其中许多人死于阋墙之争。

因此，愿仇恨远离你们，愿你们停止纷争，起程远赴圣墓，自邪恶之民手中夺回那片土地，使它归属你们。耶路撒冷是一片沃土，远胜世界上其他地方，正是人间天堂。那庄严神圣的城市就坐落在大地的中央，正在乞求你们的援助。欣然踏上征途吧，你们的罪将被赦免，你们定将在天国获得不朽的荣耀。

人群中爆发出兴奋的呼喊："上帝所愿！"乌尔班抓住这句话，要他们以此为战斗口号。他吩咐，凡参加十字军者，须佩戴十字于额上或胸前。马姆斯伯里（Malmesbury）的威廉说："一些贵族立刻跪在教皇面前，把自己和财产奉献给上帝。"几千名平民也一样宣誓效忠，僧侣与隐士也离开他们的隐修之地，成为基督超越了神学意义的士兵。精力旺盛的教皇又前往其他城市——图尔、波尔多、图卢兹、蒙彼利埃、尼姆……鼓动十字军东征达九个月之久。两年后他回到罗马，受到这个城市的热烈欢呼。既然未遇到强烈的反对，他便擅权，将十字军战士从各种各样的约束中解放出来，使东征不致受阻。战争期间，他又释放农奴和家臣，使其摆脱效忠主人的义务，加入东征。他赋予所有十字军战士一项特权，即犯罪者将由宗教法庭审判，而非由领主的采邑法庭审判。他还向他们保证，在他们离家之时，主教们将保护他们的财产。他下令终止基督徒之间的一切战争，虽然他的命令并不一定奏效。在封建效忠之上，他建立了一个新的关于顺从的原则。现在，欧洲呈现出前所未有的一统局面。至少在理论上，乌尔班把自己变成了欧洲诸王公认的领导者。整个基督教世界空前地群策群力起来，狂热地迎接圣战。

第一次十字军东征（1095—1099）

这些非同寻常的诱因，使群众纷纷投效十字军旗下。所有因犯罪被处以刑罚的人，都因大赦被赦免，因为他们将会死于战争。农奴获得允许，离开束缚他们的土地；市民被免除赋税；债务人对可以延期缴付利息感到欣喜；犯人获释，死刑改为在巴勒斯坦终身服役，这也是教皇权威大胆扩张的一个成果。数千名流民加入神圣的徒步行军。厌倦了毫无指望的贫苦生活的人，打算从事冒险事业的冒险家，期望在东方开拓自己领地的小儿子，为货物寻求新市场的商人，因农奴应征入伍离开土地、而无人为其耕作的武士们，唯恐别人嘲笑自己懦弱无能的胆小怕羞的人，都加入胸怀宗教热忱的人中间，去夺回基督降生及受死的圣地。

人们的动机是如此不同，以致几乎无法将这些乌合之众改编成有作战能力的军事组织。很多时候，女人和孩子坚持跟随、陪伴丈夫或父亲，他们这样做不无道理，因为妓女们很快就应召前来为战士们服务。乌尔班将出发的日期定在1096年8月，但急躁的农民们，即第一批新兵，却不能等待。有一支12万人的队伍（其中仅有8位骑士），由"隐士"彼得及圣阿瓦尔（Gautier sans-Avoir）率领，于3月由法兰西出发。另外一支，也许有5000人，在神父戈特沙尔克（Gottschalk）的指挥下由日耳曼出发。第三支在莱宁根的伯爵埃米科（Emico）的带领下由莱茵河西部地区出发。主要就是这些乌合之众，去攻打日耳曼及波希米亚的犹太人，他们无视当地教士与老百姓的吁求，有一段时间干脆沦为禽兽，以虔诚之名来放纵血腥的欲望。新兵们仅有极少的一点经费和少得可怜的食物，缺乏经验的领袖却只给他们有限的给养来维持体力。许多人低估了他们与耶路撒冷的距离。他们沿莱茵河和多瑙河前进，每到一地，就不耐烦地问：这不是耶路撒冷吗？当随身携带的钱财告罄时，他们开始挨饿，只好洗劫沿途的庄稼地和房舍。他们一路激起人们强烈的反抗。一些城市关起城门来抵挡他们，其余的人则祝他们一路平安，快快离去。终于，他们身无分文地接近了君士坦丁堡。此时，饥饿、瘟疫、麻风病、热病及战争已经夺去了大部分人的生命。他们受到阿列克赛的欢迎，却仍未能饱餐一顿，于是攻入郊区，洗劫教堂、民居和宫殿。为了不让这些蝗虫进入都城，阿列克赛提供他们船只，送他们越过博斯普鲁斯海峡，并发给他们生活必需品，嘱咐他们就地等候即将到来的装备精良的部队。也许是饥饿或不耐烦，十字军对这些告诫未予理睬，径自开往尼西亚。一支训练有素的由精锐的弓箭手组成的土耳其军队由城中出击，差不多全歼了第一次十字军东征的首支部队。阿瓦尔死于此役。"隐士"彼得嫌恶他那支难以驾驭的队伍，在君士坦丁堡一役之前即离队折返，结果平平安安地活到 1115 年。

此时，佩戴十字军标记的封建领主，正在领地内组织自己的军队，但是国王并未参与其中。因为当乌尔班煽动十字军东征时，法兰西的菲利普一世、英格兰的威廉二世、日耳曼的亨利四世都早已被教皇处以破门律，逐出了教会。许多伯爵和公爵响应教皇的号召，不过他们几乎都是法兰西人或法兰克人。第一次十字军主要由法兰西人组成。在比利时，布永的领主戈弗雷公爵（Duke Godfrey），兼具僧侣与士兵的品格——战争和治理人民方面都堪称英明神武，对宗教却异常狂热。塔兰托的博厄蒙德（Bohemund of Taranto）伯爵是罗贝尔·吉斯卡尔之子，继承了其父全部的勇敢与韬略，他梦想为自己及其诺曼底军队在从前属于拜占庭的近东的领土上建立一个王国。同他一道前去的是他的侄子奥特维尔的坦克雷德（Tancred of

Hauteville），后者命中注定要成为塔索（Tasso）的《被解放的耶路撒冷》（*Jerusalem Delivered*）中的英雄：英俊、无惧无畏、慷慨豪爽、热爱荣誉和财富，被公认的理想的基督教骑士。图卢兹的伯爵雷蒙曾在西班牙痛击穆斯林，如今他年事已高，将自己和巨额财富献给更大的战争，然而，傲慢的性情妨害了他的高贵，贪得无厌则玷辱了他的虔诚。

这些军队分头前往君士坦丁堡。博厄蒙德建议戈弗雷攫取该城，被戈弗雷婉拒，后者表示自己此番前来不过是为了打击异教徒。然而博厄蒙德等人攻下该城的念头并未打消。这些血性的、半野蛮的西方骑士，鄙视聪明而有教养的东方绅士，认为他们不过是些玩物丧志的异教徒而已。他们带着惊讶和艳羡，虎视眈眈地盯着藏在拜占庭都城的教堂中、宫殿里和市场上的财物，认为它们理当归勇者所有。阿列克赛可能早就察觉他的这些救世主心存觊觎之意，也已见识过了先前的那些游民（他们的失败使他饱受西方的责难），这使他格外谨慎，也许有些心口不一。他向西方求援以对付土耳其人，但还未与聚集于城门外的欧洲联军达成协议。他也无法确信这些战士是否像期待得到耶路撒冷那样渴望着君士坦丁堡，也不敢肯定他们从土耳其人手中夺回原属拜占庭的土地后，会将其归还给他的帝国。最后，一方面他为十字军提供给养、津贴、运输工具和武力支援，并给领袖们可观的贿赂；另一方面他要贵族发誓效忠于他，以他为至高无上的封建君主。贵族们为金钱诱惑，纷纷宣誓。

1097年初，各自为政的、共约3万人的军队越过了海峡。幸运的是，穆斯林比基督徒更加四分五裂。不但西班牙的伊斯兰教势力耗散殆尽，北非的伊斯兰教势力也因宗派斗争而日益削弱。然而，在东方，埃及的法蒂玛哈里发王朝占据了南叙利亚，而他们的敌人，塞尔柱土耳其人则占据了北叙利亚及大部分小亚细亚。亚美尼亚起来反抗塞尔柱征服者，并与"法兰克人"结盟，欧洲的军队便趁机围攻尼西亚。土耳其驻军献城投降（1097年6月19日），因为阿列克赛保证他们的生命不受威胁。这个希腊人皇帝于城堡之上高举帝国的旗帜，保护该城免遭洗劫，他以贵重的礼物安抚十字军领袖，但基督徒士兵却抱怨他与土耳其人结盟。经过一个星期的休整，十字军向安条克进军。他们在多里列（Dorylaeum）附近遭遇奇利杰·阿尔斯兰（Qilij Arslan）率领的土耳其军队，浴血奋战并夺取胜利（1097 年 7月 1日），然后穿越小亚细亚。除了缺水和食物，以及西方人无法适应的酷热，这一路他们并未遇见其他敌人或障碍。在 500 英里的行军中，很多男人、女人、马和狗死于极度的饥渴。穿越托罗斯山脉时，一些贵族与主力分开，各自征战——雷蒙、博厄蒙德和戈弗雷征服了亚美尼亚，坦克雷德和鲍德温（Baldwin，戈弗雷的兄弟）征服了埃德萨。鲍德温更在那里以谋略和卑鄙的手段建立了第一个东方拉丁公国（1098 年）。十字军士众抱怨这种种延误，于是贵族们归队，继续向安条克进军。

写作《法兰克人的丰功伟绩》（*Gesta Francorum*）的编年史学家，把安条克描绘成一座"美丽非凡的、尊贵的和令人喜悦的城市"。十字军围城的八个月间，它一直顽强抵抗。许多十字军战士死于冰冷的冬雨或饥馁，有些则幸运地发现了"甘甜的祖克拉草（zucra）"，咀嚼它来抵抗饥饿。这是法兰克人第一次尝到糖的滋味，并学习如何栽培药草来榨糖。妓女提供的甜食则很危险。一位和蔼可亲的执事长与他的叙利亚情妇在果园中幽会时，被一个土耳其人杀死。1098年 5月，传来消息，说穆斯林大军在卡伯加（Karbogha，摩苏尔王子）的率领下向这里逼近，安条克恰在大军到达前几天失守（1098年 6月 3日）。许多十字军战士害怕抵挡不了卡伯加的进攻，便取道奥龙特斯河乘船逃走。阿列克赛带领一部分希腊军队赶来，却被逃军误导，以为基督徒已被击败，便中途折返保卫小亚细亚——他将为这件事受尽责备。为了使十字军恢复士气，来自马赛的彼得·巴托罗缪（Peter Bartholomew）神父伴称发现了刺入基督肋下的矛，基督徒赴战之际，将这支矛高高举起，以为神圣的旗帜。在教皇代表阿代马尔（Adhemar）的呼唤下，三名白袍骑士纵马从山上奔出，阿代马尔称他们是殉道者圣莫里斯、圣狄奥多尔和圣乔治，于是十字军军心大振，在博厄蒙德的指挥下取得了决定性的胜利。其后，巴托罗缪被控有意欺骗，判以火灼来分辨真伪。他从焚烧的柴火中间穿过去，似乎毫发未伤，然而却在第二天死于灼伤或极度紧张。圣矛则被从旗帜上取下来。

博厄蒙德众望所归，成为安条克亲王。表面上他的领地臣属阿列克赛的采邑，事实上，他是独立的统治者。十字军的首领们认为，阿列克赛既不来援助他们，曾经的誓约也即不复存在。他们花了六个月的时间休养生息，重整残破的军队，然后拔营向耶路撒冷进发。经过三年的作战，十字军的人数已经减至 12 万。终于，1099 年 6 月 7 日，他们疲惫而欢欣地来到耶路撒冷的城墙下，但是颇具讽刺性的是：他们要讨伐的土耳其人已在一年之前被法蒂玛王朝驱逐出去。哈里发保证给前往耶路撒冷朝圣与巡礼的基督徒安全，以为媾和的条件，但是博厄蒙德和戈弗雷要求对方无条件投降。法蒂玛 1000 人的卫戍部队抵抗整整四十天，7 月 15 日，戈弗雷和坦克雷德才率军攻破城墙。历尽苦难，十字军崇高的目的终于要达成了。然后，据目击者阿吉勒斯（Agiles）的雷蒙神父描述：

> 让人惊骇的事到处可见，许多穆斯林被砍头……其他的人被箭射杀，或被迫从高耸的城堡上往下跳。有些人被折磨数天后用烈火烧死。街上到处都是成堆的头、手和脚，有一个人在人和马的尸堆中策马前行。

耶路撒冷的拉丁王国（1099—1143）

布永的戈弗雷最终以少见的诚实正直赢得了人们的赞誉，被推选为"圣墓护卫者"（Defender of the Holy Sepulcher），统治耶路撒冷及其四周。拜占庭在此地的统治早于 465 年前结束，因此不必向阿列克赛称臣。于是耶路撒冷的拉丁王国立即变成一个独立自主的国家。希腊正教教堂被取缔，教长逃往塞浦路斯，新王国各教区采用拉丁礼拜仪式，并接受意大利大主教和教皇的统治。

　　主权的代价是自我防卫能力。这次伟大的解放后两个星期，埃及军队来到阿什凯隆（Ascalon），打算再次解放这座信仰混乱的圣城。戈弗雷击败他们，但是一年之后，他就死了（1100 年）。他的兄弟鲍德温一世（Baldwin I）能力虽差，却取得了更高的国王的称号。此后，在安茹伯爵（Count of Anjou）的统治下，新王国囊括了大部分巴勒斯坦和叙利亚，然而穆斯林仍据有阿勒颇、大马士革和埃墨萨。王国分成四个封建公国，分别以耶路撒冷、安条克、埃德萨和特里波利斯为中心。这四个城市几乎都自成独立的领地，好猜忌的公侯挑起战争、聚敛钱财、僭取王权。国王由贵族们推选，并受听命于教皇的神职阶层操控。国王的势力又因为割让某些港口而进一步削弱。如雅法、提尔、阿卡、贝鲁特、阿什凯隆等港口，被割让给威尼斯、比萨或热那亚，以为取得海军援助和海上运输补给的代价。王国的组织和法律则由耶路撒冷巡回审判加以解释——这是封建政府最合理和无情的法典之一。贵族们僭取土地，使从前的土地所有者，无论基督徒或穆斯林，沦为农奴，并强加给他们封建义务，其严厉程度为同时期之欧洲所不及。当地的基督徒则怀念伊斯兰教统治时期，认为那才是他们的黄金时代。

　　年轻的王国有很多弱点或痼疾，却获得了新兴的武装僧团的倾力支持。早在 1048 年，阿马尔菲的商人获得穆斯林的许可，在耶路撒冷建立了一所医院，以收容贫病的朝圣者。约 1120 年，雷蒙·杜·皮伊（Raymond du Puy）将该机构改组为宗教团体，其成员须宣誓谨守贞节、贫穷、服从，并承担巴勒斯坦基督徒的军事保护。这些"医院骑士"又称"圣约翰医院骑士"，成为基督教世界最高贵的慈善团体之一。1119 年，帕扬（Hugh de Payens）及其他八位十字军骑士，郑重宣誓服从戒律及献身基督教军事服务。他们从鲍德温二世（Baldwin II）那里得到所罗门圣殿附近的处所以为安身之地，被称为"圣殿骑士"。圣贝尔纳为他们订立严格的规则，不过这些规则并未被长期遵行。他又称赞他们为"最精通战争艺术的人"，叮嘱他们"尽量不要梳洗"，尽可能地剪短头发。在圣贝尔纳写给圣殿骑士的话中，有一段颇与穆罕默德暗合："基督徒在圣战中杀死异教徒，必定可得奖赏；若他以身殉职，则更是如此。基督徒对于杀死异教徒倍感自豪，因为这是荣耀基督的行为。"人们欲赢得战争，必须学会良心无愧地杀人。"医院骑士"一般身着左袖有白色十字标记的黑色长袍；"圣殿骑士"则身着白袍，披着有红色十字标记的披风。他们虔诚地仇视对方。"医院骑士"和"圣殿骑士"从保护、看顾朝圣者，发展为主动攻击萨拉森人的要塞。1180 年，"圣殿骑士"的数目仅为 300，"医院骑士"不过 600，然而他们却在十字军圣战中扮演着重要的角色，作为战士，他们赢得了很高的声誉。这两个团体都汲汲于聚敛，从教会和政府、富人和穷人那里获取财物。至 13 世纪，两个团队在欧洲的财产已经十分可观，包括修道院、村庄和城镇在内，还在叙利亚修建了使基督徒和萨拉森人都感到震惊的巨大城堡或要塞。他们中的每个人都曾宣誓献身穷困，如今却在战争的苦痛中享受着集体的奢华。1190 年，巴勒斯坦的日耳曼人得到本土少数日耳曼人相助，组建了"条顿骑士团"，并在阿卡附近创办了一所医院。

大部分十字军战士在解放耶路撒冷之后回到了欧洲，给当地饱受战火摧残而衰弱到了极点的政府留下少得可怜的人力。许多朝圣者来到这里，但是很少有人留下来参战。北部的希腊正欲伺机收回安条克、埃德萨及其他城市，极力申明这些地方概属拜占庭所有；东方的萨拉森人则被伊斯兰世界的呼吁和基督徒的攻击唤醒并团结起来。穆斯林难民从耶路撒冷归来，详细描述圣城陷于基督徒之手的种种血腥细节。民众蜂拥至巴格达清真寺，要求穆斯林军队由不洁的异教徒手中拯救耶路撒冷和神圣的"岩石圆顶"（Dome of the Rock）。哈里发无力应许他们的请求，奴隶出身的年轻的摩苏尔王子赞吉（Zangi）却慨然承担。1144 年，他的一小支军队自基督徒手中夺回他们的东方前哨阿鲁赫（al-Ruah）。几个月之后，他又为伊斯兰世界收复了埃德萨。赞吉随即被暗杀，他的儿子努尔丁承袭王位。努尔丁拥有与他的父亲一般的勇气，而且更具才能。这些事件震撼了欧洲，引发了第二次十字军东征。

第二次十字军东征（1146—1148）

圣贝尔纳请求罗马教皇尤金三世（Eugenius Ⅲ）再次号召信徒参军，但尤金正陷入与罗马异教徒的冲突而无暇他顾，于是便要圣贝尔纳自行便宜行事。这是个明智的建议，因为圣徒往往比教皇更具号召力。当他离开他在克莱尔沃（Clairvaux）寺院的单人小室，煽动法兰西人参加十字军东征时，隐藏于信仰内部的怀疑论即告平息，而关于第一次十字军东征的描述传布开的恐惧也湮没无闻了。圣贝尔纳径自觐见国王路易七世（Louis Ⅶ），游说他接受十字标志。他在国王的陪同下，在维泽莱（Vezelay）发表演说（1146 年）。演讲完毕，民众纷纷报名加入，以至预先准备的十字标记不敷分配，圣贝尔纳将圣袍撕成小片以补不足。他写信给教皇说："城市和古堡空空如也，剩下的男人不足女人的 1/7，到处是独守空房的妇人。"赢得了法兰西的支持后，他便前往日耳曼。他以炽热的话语，劝诱皇帝康拉德三世（Conrad Ⅲ）接受东征，以为统一教皇党和霍恩施陶芬王朝各派别的手段，从而使王国免于分崩离析。许多贵族追随康拉德，年轻的士瓦比亚的腓特烈也置身其中，他后来成为大名鼎鼎的"红胡子"腓特烈，并死于第三次十字军东征。

1147 年复活节，康拉德率日耳曼人出征。直到圣灵降临节，路易和法兰西人仍谨慎地跟随着日耳曼人，小心翼翼地与其保持着一定距离，因为他们尚未确定日耳曼人或土耳其人哪个才是他们最痛恨的敌人，而日耳曼人对土耳其人和希腊人也抱着同样的疑虑。沿途的拜占庭城镇惨遭洗劫，很多城镇闻风紧闭城门，只从城墙上用篮子缒下少许粮食以为接济。东罗马帝国皇帝曼纽尔·科姆努斯（Manuel Comnenus），委婉地建议贵族在塞斯托斯横渡赫勒海峡，而非穿越君士坦丁堡，但被康拉德和路易拒绝。在路易的顾问中，有一派怂恿他为法兰西攫取君士坦丁堡，但被他制止，不过，希腊人似乎已知晓他所面对的诱惑。希腊人一面震慑于西方骑士的高大身材和精良装备，一面对其女性随从颇为好奇。惯于惹是生非的埃莉诺陪伴着路易，而抒情诗人则簇拥着王后，佛兰德斯和图卢兹的伯爵都有伯爵夫人随侍，法兰西的辎重车上装着大大小小的箱子和盒子，里面满是服装和化妆品，以便使女士们能抗拒气候、战争和时间带来的损伤，时刻保持着美艳动人。曼纽尔催促着两支大军渡过博斯普鲁斯海峡，并供给希腊人贬值的钱币以与十字军交易。亚洲粮食匮乏，而希腊人索价高昂，在救世主与被救者之间爆发了多次冲突。"红胡子"腓特烈感到懊恼和悲痛，因为他的剑在与异教徒厮杀之前不得不沾满基督徒的鲜血。

康拉德未听从曼纽尔的忠告，坚持要循着第一次十字军东征的路线前进。虽然有希腊人当向导，或许也正因为希腊人向导的缘故，日耳曼人陷入一连串的饥馑，并受困于穆斯林的陷阱，这些原因导致的人员伤亡令军中士气低迷。第一次十字军曾于多里列击败奇利杰·阿尔斯兰，如今康拉德在此地遭遇伊斯兰军队主力，一战而溃，基督徒生还者十不足一。跟在后面的法兰西军队，接到日耳曼人获胜的假消息，鲁莽地向前推进，结果陷入饥饿，并遭到伊斯兰军队的突袭，人员折损过半，损失惨重。到了阿塔利亚，路易与希腊舰队统帅商议，请求后者将他的军队从海上运至基督教的塔尔苏斯或安条克，然而船长索要的费用高得惊人。路易和几位贵族、埃莉诺以及少数女士，坐船驶往安条克，把大军留在阿塔利亚。穆斯林军队随即踏平了这座城市，留在城中的法兰西人被屠杀殆尽（1148 年）。

路易抵达了耶路撒冷，随行的只有女士而没有军队。康拉德从拉蒂斯邦出发的大军也所剩无几。这些残兵败将和已在城中的士兵被临时纠集起来，组成一支军队，分别由康拉德、路易和鲍德温三世率领，向大马士革推进。围城之际，贵族间又起了争论：陷城之后，谁将是大马士革的统治者？穆斯林的密探此时潜入基督军队内部，向某几位将领行贿，要他们提出裹足不前或撤退的建议。当有消息传来，说阿勒颇和摩苏尔的王公贵族正带领大军前来解救大马士革之围，撤退的主张占据了上风。基督教军队四分五裂，向安条克、阿卡或耶路撒冷四散逃逸。康拉德战败并生了病，灰溜溜地重返日耳曼。埃莉诺以及大部分法兰西骑士回到了法兰西。路易则继续在巴勒斯坦逗留一年，到各圣地朝圣。

第二次十字军东征的惨败使欧洲深深震惊。人们开始质问为什么全能的神允许他的护卫者遭受如此的屈辱。批评家抨击圣贝尔纳，说他是一个鲁莽的空想家，让人们白白送死。各地大胆的怀疑论者纷纷质疑基督教信仰的最基本原则。圣贝尔纳辩解说，神意乃人所不能揣测，这一灾难一定是对基督徒罪过的惩罚。但这以后，类似阿伯拉尔所传布的哲学怀疑论甚至出现在民众中间。对十字军东征的热忱，迅速地消退了。信仰时代准备以火和剑来保卫自身，以对抗蛮族信仰或一切无神论的侵袭。

萨拉丁

同一时期，一种奇异的新文明在信仰基督教的叙利亚和巴勒斯坦发展起来。自 1099 年起在这里定居的欧洲人，逐渐接纳了近东的罩巾和宽袍，以适应当地的气候，抵挡阳光和风沙。他们和这个王国的穆斯林熟悉起来以后，彼此的陌生感和敌意都消失了。穆斯林商人自由进出基督徒的住所，贩卖他们的陶器。穆斯林和犹太教徒医生甚至是基督徒病人的首选。穆斯林在清真寺做礼拜，是基督教神职人员承认并许可的行为，而在基督教的安条克和特里波利斯，伊斯兰教学校可以公开、自由地讲授《古兰经》。旅行者和商人持有的安全通行证在基督教国家和伊斯兰教国家之间通用。只有少数基督徒妇女随十字军东来，因此许多基督徒移民娶叙利亚女人做妻子。不久，他们的混血后代就在当地人口中占了很大比例。阿拉伯语变成平民的日常用语。基督徒王侯联合哈里发，共同抵抗基督教的竞争对手，而在外交和战争方面，哈里发有时也寻求多神论者的帮助。基督徒和穆斯林的私谊也与日俱增。伊本·祖伯尔（Ibn Jubair）于 1183 年至基督教的叙利亚游历，描述了他的穆斯林伙伴身处的繁荣景象，及被法兰克人盛情款待的情形。他悲哀地看到阿卡"拥挤着猪猡和杂种"，散发着一股腐烂的欧洲人的气味。不过，高等文明泽被之处的异教徒逐渐被驯化，他对此仍抱有一线希望。

在第二次十字军东征后四十年的和平中，当伊斯兰教敌人日益团结的时候，耶路撒冷的拉丁王国却因内部纷争持续地分裂着。努尔丁将势力范围由阿勒颇扩展至大马士革（1164 年），他死后，萨拉丁统一了埃及和伊斯兰教的叙利亚（1175 年）。热那亚、威尼斯和比萨的商人的激烈竞争使东方港口极度混乱。骑士们为耶路撒冷的王权争吵不休。当吕西尼昂的居伊（Guy of Lusignan）设计夺取王位（1186 年）后，愤怒和不满在贵族中弥漫开来。他的兄弟杰弗里（Geoffrey）说："如果居伊是一位国王，那么我就称得上神了。"查狄伦的雷吉纳尔德（Reginald of Chatillon）在约旦河对岸，靠近阿拉伯边境的卡拉克的一座巨大的城堡中自封为王，并再三亵渎拉丁王国和萨拉丁订立的休战协定。他扬言要入侵阿拉伯，使麦加的克尔白变为齑粉。他的一小队骑士冒险家驶过红海，在霍拉（el-Haura）登陆，向麦地那行进。他们遭到埃及特遣部队出其不意的袭击，除少数人与雷吉纳尔德一起逃脱外，多数皆被砍杀。余下一些俘虏被押至麦加，在一年一度的朝圣献祭中，代替山羊做了牺牲（1183 年）。

萨拉丁以前一直满足于对巴勒斯坦的小规模劫掠，如今，他一反常态，抛开虔诚，重整当年为他夺取大马士革的大军，与拉丁王国的军队在著名的以斯德伦（Esdraelon）平原战得难解难分（1183 年）。几个月后，他攻打在卡拉克的雷吉纳尔德，但未能攻入后者的大本营。1185 年，他与拉丁王国签署四年停战协定。然而，1186 年，雷吉纳尔德厌倦了和平，拦路打劫穆斯林商队，掳得丰厚的战利品和俘虏，包括萨拉丁的妹妹在内。雷吉纳尔德说："既然他们信仰穆罕默德，那么就让穆罕默德来救他们吧。"穆罕默德没来，但是萨拉丁来了，处在狂怒之中的他宣告发动圣战来对抗基督徒，并发誓要亲手杀死雷吉纳尔德。

1187 年 7 月 4 日，在太巴列附近的希廷（Hittin），十字军打响决定性的一役。萨拉丁熟悉当地的地形，抢先控制了所有的水井。全副武装的基督徒，在仲夏的高温中穿越平原，气喘吁吁、口干舌燥地投入战斗。萨拉森人利用风势点燃灌木丛，火势蔓延，浓烟滚滚，十字军受困其中。在一片混乱中，法兰克步兵与骑兵分散开来，结果全部被杀死。骑士们绝望地对抗着敌军、浓烟和饥渴，最终精疲力竭地倒下，被俘或死于屠戮。显然，萨拉丁下令对"圣殿骑士"和"医院骑士"不得手下留情。他命人将国王居伊和公爵雷吉纳尔德带到面前。他给国王酒喝，以为宽恕的象征。他让雷吉纳尔德自己选择，倘若后者承认穆罕默德是神的先知，则可免于一死。但是雷吉纳尔德拒绝了，萨拉丁下令将他赐死。胜利者的战利品包括"真十字架"（True Cross），它本来由一位神父背负着，以为征伐的象征。萨拉丁把它送给了巴格达的哈里发。萨拉丁看到再无敌人能阻挠自己，便攻取阿卡。在那里，他释放了 4000 名穆斯林囚犯，以这个繁荣港口的财富犒赏将士。短短几个月间，全巴勒斯坦几乎都落入了他的手中。

当他逼近耶路撒冷时，公民领袖走出来要求和平。他告诉他们："我相信耶路撒冷是神的居所，正如你们相信的一样。我并不愿意围困或攻打它。"他提议在圣灵降临节前维持和平，在此期间，耶路撒冷可以修筑工事，可以在城周 15 英里的范围内正常耕作，并慨然允诺提供金钱和食物以补不足。休战结束，若人们觉得有望拯救该城，便可进行防卫并光荣地抵抗他；若希望渺茫，则他们必须和平地放下武器，而他保证基督徒居民生命和财产的安全。代表们拒绝了这个建议，答复说他们绝不放弃这救世主为人类舍身的圣城。围城只有 12 天。耶路撒冷投降后，萨拉丁规定每个男人的赎金是 10 枚金币，女人 5 枚，儿童 1 枚。7000 名最穷的人以 3 万金币获释，这笔钱原是英格兰的亨利二世送给"医院骑士"的。一位基督徒编年史家说，对于这些条件，人们以"感激和悲叹的心情"来接受。或许某些有学识的基督徒会将 1187 年的事件与 1099 年的事件进行比较。萨拉丁的兄弟阿迪勒（al-Adil）请求从尚未赎身的囚犯中挑选 1000 人，赐给自己做奴隶。这一要求获准后，他释放了他们。巴利安（Balian），抵抗穆斯林的基督徒领袖，请求赐予自己类似的恩惠，也获准许，于是又释放另外 1000 人。基督教教长照样提出请求，同样获准，又有囚犯被释放。萨拉丁说："我弟弟做了善事，教长和巴利安也做了他们的善事，现在轮到我了。"他释放了所有付不起赎金的老人。然而，尚有 1.5 万人未被赎出，他们沦为了奴隶。被赎的人包括在希廷战役中死去或被俘的贵族的妻女，她们的眼泪使萨拉丁心软，他释放了所有被囚禁的丈夫和父亲，包括国王居伊。并且，正如巴利安的随从埃尔努勒（Ernoul）描述的那样："他自掏腰包，抚恤孤女寡母，她们因而称颂神的美名，并四处宣扬萨拉丁的仁慈和荣耀。"

获释的国王和贵族发誓永不拿起武器对抗萨拉丁。他们平安抵达基督教的特里波利斯和安条克，在"教会裁决他们的重罪被赦免"后，计划向萨拉丁复仇。苏丹允许犹太人在耶路撒冷居留，也给予基督徒进入该城的权利，但他们必须先解除武装。他允许他们朝圣，并保护他们的安全。"岩石圆顶"（麦加的克尔白）一度被改为基督教教堂，现在人们在其中喷洒玫瑰水来涤除基督徒的污秽，顶上的金十字架则在穆斯林的欢呼声和基督徒的呻吟声中被推落。萨拉丁率领疲惫厌战的军队围攻提尔城，却发现该城固若金汤，几乎不可能

攻取，于是遣散大部分军队。他 50 岁那年为病所困，退隐大马士革
（1188 年）。

第三次十字军东征（1189—1192）

提尔、安条克和特里波利斯的幸存使基督徒抱有些许的希望。
意大利的舰队控制着地中海，随时准备输送新的十字军战士以赚取
酬劳。提尔的大主教威廉回到欧洲，在意大利、法兰西和日耳曼
向信众描述耶路撒冷陷落的情形。在美因茨，他的慷慨陈词感动
了"红胡子"腓特烈，这位年已 67 岁的帝王，差点当场就要领军出
征（1189 年）。基督教世界称赞他是第二位摩西，认为他将开辟一条
通向"应许之地"（Promised Land）的光明大道。十字军在加利波利
（Gallipoli）越过达达尼尔海峡，踏上新的征程。然而，它重蹈覆辙，
重演了第一次十字军东征的错误和悲剧。土耳其军队阻断十字军的道
路和粮草，几百名士兵被活活饿死。腓特烈则很不光彩地溺死在西里
西亚萨勒夫（Salef）的一条小河里（1190 年）。他的军队只有一小部
分幸存下来，加入了围攻阿卡的行列。

理查一世刚刚在 31 岁之时被加冕为英格兰国王，他决心插手对
穆斯林的战争。因为担心法兰西人趁他不在的时候侵占英格兰在法兰
西的领土，他坚持要"奥古斯都"菲利普与他同行。年仅 23 岁的法
兰西国王答应了他。在维泽莱举行的激动人心的神圣仪式上，两位年
轻的君主从提尔的威廉手中接过十字架。理查的诺曼底人军队（只有
很少的英格兰人参加了十字军东征）从马赛坐船起航，菲利普的军队
从热那亚出发，两军在西西里会合（1190 年）。在那里，两位国王争
吵或寻欢作乐，蹉跎了半年。西西里国王坦克雷德得罪了理查，后者
便以迅雷不及掩耳的速度攻下了墨西拿，以为报复，据说他花费的时
间"比神父做晨祷的工夫还要短"。收到 4 万盎司的黄金后，他归还
了该城。如此这般之后，他将他的军队由海路输送到巴勒斯坦。其中

有几艘船中途在塞浦路斯沿岸触礁失事，船上的人被希腊长官关押起来。理查为此短暂停留，征服了塞浦路斯，并把它送给流亡的耶路撒冷国王吕西尼昂的居伊。1191年6月，理查抵达阿卡，其时距维泽莱誓师已有一年。菲利普先他到达，基督徒围攻阿卡已有数月，数千名士兵为此丢掉了性命。理查抵达后几个星期，萨拉森人便献城投降了。胜利者提出的条件都被接受：20万金币，1600名精挑细选的俘虏，"真十字架"重归原位。萨拉丁认可了协议。除那1600名俘虏外，阿卡其余的穆斯林获准携带能带走的全部财物离开。"奥古斯都"菲利普发起烧来，留下1.05万人的大军，先行回到法兰西。于是，理查成为了第三次十字军东征唯一的领袖。

接下来爆发了一场令人困惑的独特的战斗，突袭与争斗、恭维与礼让交替出现。英格兰国王和库尔德人的苏丹各自发扬了他们文明和信念的最佳品格。二者均非君子：萨拉丁出于军事目的，会避免大开杀戒浪费精力；浪漫的理查也允许自己偶尔放下绅士的彬彬有礼。当被围困的阿卡城的领袖们贯彻协议规定的投降条件稍稍迟缓了一些，理查就在城下屠戮2500名穆斯林囚犯，以为敦促。萨拉丁得知后，马上下令：今后在与英格兰国王交战中俘虏的士兵全部处死。不过，当有人建议理查将自己的姐妹琼（Joan）嫁给萨拉丁的兄弟阿迪勒，以结束这次东征时，他改变了心意。然而，教会公开指责这是背叛行为，使这一计划流产。

理查知道萨拉丁绝不会善罢甘休，于是重整军队，准备沿着海岸向南行军60英里去援助雅法，该城如今又落在基督徒手中，被穆斯林军队围困着。很多贵族都拒绝与他同去，宁愿留在阿卡，阴谋篡夺耶路撒冷的王位，他们确信理查会得到它。日耳曼人的军队返回了日耳曼，而法兰西人的军队一再违反命令，使英格兰国王的军事计划落空。普通士兵也都不打算继续战斗。理查的十字军的基督教编年史家说，漫长的围城之后，基督徒胜利者沉溺于慵懒和享乐，不愿离开这座富庶和安逸的城市，换句话说，他们舍不得上等的美酒和最娇艳的少女。许多人在密友的陪伴下沉浸于放纵取乐，变得放荡不羁，直到整座城市都为他们的浮华所玷污。他们的饕餮和放荡，令智者羞赧不已。

理查曾下令只有洗衣妇可以随军，因为她们不太可能犯罪。不过这道命令带给他更多困扰。他以卓越的领导才能和指挥技巧、足以鼓舞士气的身先士卒、冲锋陷阵，来弥补他的军队的弱点。在这些方面，他胜过萨拉丁，也胜过十字军其他的基督徒领袖。

他的军队在艾尔苏夫（Arsuf）与萨拉丁的士兵遭遇，取得一次小胜（1191 年）。萨拉丁提议再战，理查却率军退守雅法城内，于是萨拉丁建议和谈。在谈判期间，提尔蒙费拉的侯爵康拉德，私下与萨拉丁勾通，表示愿意做他的盟军，为穆斯林夺回阿卡，只要萨拉丁同意以西顿和贝鲁特回报他。然而，萨拉丁还是授权他的兄弟与理查签订和约，将他们据有的所有沿海城市和半个耶路撒冷交给基督徒。理查欣喜若狂，郑重地封穆斯林大使之子为骑士（1192 年）。不久，理查听说萨拉丁在东方面临叛乱，便撕毁和约，围攻并占领达鲁姆，更把军队开到离耶路撒冷不足 12 英里处。因为冬天来临，萨拉丁已遣散军队，现在只得将其召回，重新武装。就在这时，基督徒阵营爆发了争执，而侦察兵回报说，通向耶路撒冷沿途的井水皆被下毒，军队将没有饮用水。于是，首领们开会商讨对策，投票的结果是放弃耶路撒冷，进军 250 英里外的开罗。理查在病痛、烦闷和消沉中退至阿卡，打算就此返回英格兰。

但是，当听说萨拉丁攻打雅法，并在两天之内夺取该城后，理查的傲气被唤醒了。他立刻集合所有能召集到的士兵，驾船驶抵雅法。到达港口时，他喊道："落后者死！"纵身跃入及腰的海水中，挥舞着他那柄著名的丹麦利斧，一路击杀所有抵抗他的人。他径自率军入城，在萨拉丁得到消息之前，横扫了穆斯林军队（1192 年）。苏丹召唤主力前来救援，奉命蜂拥而至的士兵，人数远远超过理查的 3000 将士，然而理查奋不顾身，勇猛使他所向披靡。萨拉丁见理查徒步作战，遭人送他一匹战马，说："如此英勇的战士徒步作战是耻辱的。"萨拉丁的士兵不久便不耐烦起来，他们责备苏丹宽宥了雅法的驻军，以致后者又能参战。最后，如果基督教的记载可信的话，理查在萨拉森人的防线前疾驰而过，所到之处，长矛都停下来，没有人敢攻击他。

然而第二天，形势突变。萨拉丁的援军到了，而理查又生病了，再加上没有阿卡和提尔的骑士的支援，他只得再度求和。他发烧之际，喊着要水果、冷饮，萨拉丁便送他梨、桃和冰镇饮料，还派私人医生前来照顾。1192年9月2日，两位大英雄签下为期三年的停战协定，分割了巴勒斯坦：理查占据从阿卡到雅法等他已经征服的海岸城市；穆斯林和基督徒可以自由进出双方领地，朝圣者在耶路撒冷受到保护，但圣城仍留在穆斯林手中（或许意大利商人的主要兴趣是控制港口，说服了理查放弃圣城而回据沿海地区）。人们以盛宴、竞技来庆祝和平。理查的编年史家说："唯有神才能了解双方的人民有多么快乐。"人们暂时停止彼此仇恨。理查登上即将返航英格兰的战船，给萨拉丁发去最后的战书，发誓三年后回来拿走耶路撒冷。萨拉丁答复说，如果他一定要失去土地，那么他很欣慰是被理查夺去，而不是其他什么人。

萨拉丁的温和、耐心和公正，压倒了理查的光芒、勇气和战争艺术，伊斯兰教领袖的精诚合作，战胜了封建领主的阋墙和不忠，而萨拉森人的短程补给线，后来被证实远比基督徒的制海更有优势。基督徒的美德和缺点在穆斯林苏丹身上，反而比在基督徒国王身上，表现得更为突出。萨拉丁的宗教热忱固然导致他进行极端的宗教迫害，其与"圣殿骑士"和"医院骑士"的鏖战也达到令人深感痛苦和荒谬的地步，不过，通常他能善待弱者，对战败者也很仁慈，更比他的敌人讲信义，这使基督教编年史家不由得追问：为什么如此荒谬的信仰，竟能培育出这样的好人？他善待仆从，倾听所有诉求，"视金钱如粪土"，他的私库中只有一枚第纳尔。临死前不久他告诫儿子扎希尔的一番话，是任何基督教哲学家都难望项背的：

> 吾儿，我将你交托给至高的神……依他的旨意而行，因为那指向和平之路。远离杀戮……因为凡血所被之处将永不得安息。尽力赢取民心，并看护人民的繁荣，使他们安享快乐，这才是神和我指示你的。也要得大臣、贵族、酋长的心。如果我称得上伟大，那是因为我以仁慈和温厚得到了人们的心。

他死于 1193 年，享年 55 岁。

第四次十字军东征（1202—1204）

第三次十字军东征解放了阿卡，而耶路撒冷依旧沦陷。考虑到欧洲最伟大的国王都参与了讨伐，这实在是令人沮丧的小得可怜的战果。"红胡子"腓特烈溺死，"奥古斯都"菲利普逃逸，理查昙花一现的战绩，基督教骑士在圣地肆无忌惮的阴谋，"圣殿骑士"与"医院骑士"交恶，英法战争复燃，凡此种种，几将欧洲的傲气完全粉碎，更进一步动摇了基督教神学那令人坚信不疑的地位。不过，萨拉丁的英年早逝及他的帝国的瓦解，又给予人们新的希望。英诺森三世就任罗马教皇之初，即呼吁再一次行动。一位天真的神父，富尔克·讷伊利（Fulk de Neuilly），积极游说平民和国王进行第四次十字军东征，其结果令人很失望：腓特烈二世时年仅四岁，"奥古斯都"菲利普认为一生参加一次十字军东征足矣，理查一世早已忘记自己对萨拉丁的临别赠言，将富尔克的劝说一笑置之。他说："你劝我摒弃我的三个女儿——骄傲、贪婪、纵欲，我将她们赐给最相配的人——我的骄傲给'圣殿骑士'，我的贪婪给西多的僧侣，我的纵欲给高级教士。"然而，英诺森一意孤行，他说，凭借意大利对地中海的控制，他们对埃及的战争有取胜的把握，接下来则可向耶路撒冷进军，而富饶的埃及也能成为他们的根据地。经过多次讨价还价，威尼斯终于应允，索价白银 8.5 万马克以为报偿，他们则供应 4500 位骑士及马匹，9000 名侍从和 2 万名步兵，并九个月的补给，另提供 50 艘战船，条件是一半的战利品归威尼斯所有。威尼斯人原本并没有要攻击埃及的念头，他们每年向埃及输出木材、铁和武器，从埃及输入奴隶，他们从这些贸易中总能获利数百万。他们不希望有战争来妨害与埃及的贸易，也不愿和比萨、热那亚分享这笔生意。他们一面与十字军领袖谈判，一面与埃及苏丹订立密约，保证不侵犯埃及的领土（1201 年）。当时的编年史家埃尔努断言，威尼斯人得到了一大笔贿赂以使十字军离开巴勒斯坦，踏上归途。

1202 年夏，十字军会聚威尼斯。其时群贤毕至，包括蒙费拉的侯爵博尼费斯（Marquis Boniface of Montferrat）、布卢瓦的伯爵路易（Count Louis of Blois）、佛兰德斯的伯爵鲍德温（Count Baldwin of Flanders），及著名的阿尔比派（Albigen Sian）教徒西蒙·蒙福尔（Simon de Montfort）。在众多显贵中，还有香槟地区元帅若弗鲁瓦·维尔阿杜安（Geoffroi de Villehardouin），他不但在十字军的外交和征战中扮演重要的角色，还将十字军极具争议的历史写进他堂皇的回忆录中，该回忆录对法兰西散文的兴起产生了重要影响。如从前一样，法兰西贡献了大部分的十字军战士，每位战士都遵照命令随身带来一笔与自己的财产相称的款项，就这样募集了 8.5 万马克，以偿付威尼斯的服务。尽管如此，仍有 3.4 万马克无处筹措。于是，当时的威尼斯总督，"拥有一颗伟大心灵"的德高年劭的恩里科·丹多洛（Enrico Dandolo）——时年 94 岁，几乎是个盲人——提议，倘若十字军战士为威尼斯夺得扎拉，那么拖欠的债务可以一笔勾销。扎拉当时是仅次于威尼斯的亚得里亚海的重要港口，998 年时一度为威尼斯征服，此后爆发了多次起义，均被敉平。不过，彼时它已归属匈牙利，是该国唯一的出海口。扎拉的财富和力量与日俱增，威尼斯深恐它在亚得里亚海贸易中成为自己强劲的竞争对手。英诺森三世指斥这一提议是一个恶毒的主意，威胁说要将所有参与其事的人处以破门律。不幸的是，最伟大和最强有力的教皇的声音也敌不过金币叮当作响。联合舰队攻打扎拉，历时五日，方将其征服。接下来，胜利者坐地分赃。然后，十字军派使者觐见教皇，请求赦免他们的罪过。教皇宽宥了他们，但要求返还赃物。他们对教皇的宽恕表示感谢，却拒绝交出战利品。威尼斯人毫不在意被逐出教会，照样按他们的计划行事，他们的下一个目标则是征服君士坦丁堡。

拜占庭皇室其实对十字军知之甚少。他们只提供了些许帮助，却获利颇丰。他们收复了大部分小亚细亚，冷眼旁观伊斯兰国家与西方在争夺巴勒斯坦的过程中两败俱伤。皇帝曼纽尔在君士坦丁堡逮捕了数千名威尼斯人，也曾一度禁止威尼斯人在那里从事贸易（1171年）。安格洛斯王朝的伊萨克二世毫不犹豫地与萨拉森人结盟。1195年，伊萨克为兄弟阿列克赛三世所废，成为阶下囚，并被弄瞎了双眼。伊萨克之子——另一个阿列克赛——逃往日耳曼，1202年至威尼斯，请求威尼斯参议院和十字军战士解救父亲并恢复其王位，作为交换，他许诺将倾拜占庭之力提供物资，帮助他们进攻伊斯兰国家。丹多洛和法兰西贵族与这年轻人讨价还价，最后说服他交给十字军20万马克白银作为担保，并装备一支1万人的军队，供他们在巴勒斯坦驱策，以使希腊正教服从罗马教皇的统治。英诺森三世鄙视这一狡猾的贿赂手段，禁止十字军攻打拜占庭，警告违者以破门出教论处。一些贵族拒绝加入这次远征，一部分军队认为自己已被豁免十字军的义务，起程返乡。然而，征服欧洲最富有的城市是难以抗拒的诱惑。于是，1202年10月1日，由480艘船只组成的超级舰队在一片欢欣鼓舞中起航，在这个辉煌时刻，在船上的战堡中，教士齐声高歌《造物者圣神，请降临》（*Veni Creator Spiritus*）。

经历了各种耽搁或延误之后，舰队终于在1203年6月24日抵达君士坦丁堡城下。维尔阿杜安写道：

　　你可以确信，那些从未见过君士坦丁堡的人现在都惊讶地睁大了眼睛，因为他们不相信世界上会有如此富庶的城市。他们看见这座城市被巍峨的城墙和庄严的塔楼环绕着，庄严的宫殿和巍峨的教堂多得难以计数、难以置信，它的长度和宽度也是举世无双。看到此情此景，我们中没有一个人敢于不肃然起敬，没有一个人不战栗颤抖。这些还不算是奇迹。有史以来，还没有任何人像我们一样肩负着征服它的伟业，这才是最大的奇迹。

　　最后通牒送至阿列克赛三世手中：他必须将王国交还双目失明的哥哥，或者交给小阿列克赛，小阿列克赛已经在舰队的陪同下到来。

　　阿列克赛三世拒绝这一要求，于是，十字军登陆了。他们在城下遭遇到的抵抗是那么的微不足道。年迈的丹多洛第一个上岸。阿列克赛三世逃到色雷斯。希腊贵族将安格洛斯王朝的伊萨克从地牢里解救出来，簇拥着他重登宝座，然后以他的名义通知拉丁将领，说他正等着儿子归来。伊萨克答应遵守儿子的承诺后，丹多洛和贵族拥入城中。年轻的阿列克赛四世被拥立为辅政皇，与父亲共同执政。可是不久，希腊人就得知他的胜利将使他们付出巨大的代价，便转而怨恨和蔑视他，与他对抗。人们意识到，为了喂饱他的救世主，他只能提高税率，甚至对他们课以重税。权贵则忌惮外国贵族及其势力。教会愤怒地拒绝向罗马称臣的提议。与此同时，拉丁士兵惊骇地发现，穆斯林居然还在这座基督教城市的清真寺内举行礼拜仪式，于是纵火焚烧了清真寺，并屠杀穆斯林朝圣者。熊熊大火一直烧了八天，蔓延三英里，使君士坦丁堡一大片城区化为残垣断壁。一位有着皇族血统的王子率领民众起来反抗，杀死阿列克赛四世，再度囚禁安格洛斯王朝的伊萨克，并自立为杜卡斯王朝的阿列克赛五世。他开始组织军队，以将拉丁人驱逐出他们在加拉塔的营地。然而，希腊人在坚固城墙的保护下承平日久，不再能保住他们罗马帝国的美名，在长达一个月的围攻后，他们投降了。阿列克赛五世逃走，大获全胜的拉丁人横扫这座都城，所到之处有如蝗虫过境，洗劫一空（1204 年）。

　　他们一直没有得到许诺给他们的报酬，所以现在——在复活节周——他们蹂躏这座富庶的城市，比之于汪达尔人和哥特人摧残罗马，有过之而无不及。所幸希腊人枉死的并不太多，只有约 2000 人。可悲的是，城中各处盗劫横行。贵族占据宫殿，抢走并瓜分他们发现的所有珍宝，士兵则闯入民居、教堂、商店，将看中的物件全部搬走。教堂里积聚了 1000 年的金银珠宝被掳掠一空，连圣物也被拿走，这些圣物后来在西欧售得了高价。圣索菲亚教堂遭受的破坏比 1453 年土耳其人加诸它的更为惨重：伟大的圣坛被砸碎，其上的金银皆被瓜分。威尼斯人熟悉这座城市——从前这里欢迎他们前来经商，因而知道最大的金库所在，他们以卓绝的技术将其搬空；雕像、织物、奴隶及珠宝美玉，各有所获。俯瞰这座希腊城市的四匹青铜马，如今行进在圣马可广场（Piazza di San Marco）上。举世闻名的圣马可宝库（Treasury of St.Mark）充斥着艺术品和珍宝，它们十之八九都来自这些手段非凡的窃贼。在抢劫风潮中，图书馆也未能幸免，许多珍贵的手稿被毁或从此遗失。又有两场更大的火灾把图书馆、博物馆、教堂和民居一并烧毁。索福克勒斯和欧里庇得斯的作品原本完好无缺地保存在那里，而如今只有一小部分残存下来。成千上万的艺术杰作被窃走、损伤或毁灭。

　　当抢劫风潮平息，拉丁贵族推举佛兰德斯的鲍德温为君士坦丁堡拉丁王国的领袖（1204 年），并将法语定为官方语言。拜占庭帝国的土地被划分成一块块的封建采邑，每一采邑均由一位拉丁贵族统辖。威尼斯在制控商路上表现得极为积极，将哈德里安堡、伊庇鲁斯、阿卡纳尼亚、伊奥尼亚诸岛、部分伯罗奔尼撒、埃维亚岛、爱琴海诸岛、加利波利以及八分之三的君士坦丁堡纳入自己的势力范围。热那亚人则被夺去了拜占庭"工厂"及前哨。丹多洛穿上皇帝的厚底靴趼足前行，自封为"威尼斯总督、四分之一和八分之一罗马帝国皇帝"。事业达至巅峰后不久，他便死去了。大部分希腊教士都被拉丁人取代，他们中有些人被遣往修道团体。英诺森三世继续抨击背信弃义的进攻，不过他也优雅地接受了希腊和拉丁教会的破镜重圆。大部分十字军战士带着战利品返回家乡，另有一些人在新领地上定居下来，只有少数人到了巴勒斯坦，但两手空空，一无所获。或许十字军认为，君士坦丁堡在他们的手中，比过去在拜占庭手中，更能对抗土耳其人的侵掠。拉丁和希腊两个民族世代的纷争至此吞没了希腊世界的活力。拜占庭帝国从此一蹶不振。然而，拉丁人之占据君士坦丁堡，不过是为两个世纪后土耳其人攫取该城做好了准备。

十字军的崩溃（1212—1291）

第四次东征的丑闻，及十年前第三次东征的失败，使基督教无力应付即将到来的亚里士多德理论的复活和阿威罗伊精妙的理性主义。神为什么允许他的护卫者在如此神圣的战争中落败，而使威尼斯人的恶行得逞？思想家竭力回答这个问题，并进行辩解。在怀疑论甚嚣尘上之际，天真的心灵领悟到只有清白无辜的人才可以收复基督的领地。1212年，一位日耳曼青年，历史学家含糊地称他为尼古拉斯，宣称神指示他带领孩童前往圣地。教士以及俗人都谴责他，但是这个想法迅速地在那个年代传播开来，波及之广更甚于情绪化的狂热。父母极力劝阻自己的孩子，但是仍有几千名12岁左右的男孩（有些女孩穿着男装）溜出家门，追随尼古拉斯而去。他们或许为摆脱家庭专制，走向自由而深感欣喜。有3万名孩童——他们中绝大部分是从科隆出发的，沿莱茵河顺流而下，翻越了阿尔卑斯山。许多孩子死于饥饿，还有一些走散或迷了路，被狼吃掉。小偷则混在队伍中，窃取他们的衣物和食物。幸存者抵达热那亚，粗俗的意大利人嘲笑他们。没有船只愿意载着他们去巴勒斯坦。他们向英诺森三世求助时，教皇温和地劝他们回家。一些孩子再次翻越阿尔卑斯山，垂头丧气地走回家去。也有许多孩子留在了热那亚，学习在商界谋生之道。

同一年，在法兰西，12 岁的牧童斯蒂芬求见"奥古斯都"菲利普，说在牧羊的时候，基督向他示现，嘱他率领童子十字军到巴勒斯坦。国王命令他回到羊群中去。尽管如此，仍有 2 万名孩童跟着斯蒂芬，穿越法兰西，到达马赛。在那里，斯蒂芬向他们保证说海洋将会分开，他们可以穿着鞋前往圣地巴勒斯坦。奇迹并未发生，不过倒有两位船主愿意免费送他们到目的地。他们挤在 7 艘船上，唱着胜利赞美诗驶向大海。有 2 艘船在撒丁岛失事，船上的人全部罹难。其余的孩子则被带到突尼斯或埃及，被卖为奴隶。后来，腓特烈二世下令绞死了船主。

三年后，英诺森三世在第四次拉特兰会议上，再次呼吁欧洲收复基督的领地，重提被威尼斯人破坏的计划——攻打埃及。1217 年，第五次十字军东征从日耳曼、奥地利出发，匈牙利人也由国王安德鲁率领，由匈牙利起程。他们平安抵达达米埃塔——尼罗河最东边的出海口。该城被围困达一年之久，然后陷落，埃及和叙利亚的新苏丹马立克·卡米勒请求和谈，表示愿意交出大部分耶路撒冷，释放基督徒囚犯，并归还"真十字架"。十字军要求一大笔赔款，卡米勒拒绝了，战争重新开始，然而局势恶化，因为预期的援军没有到来。最终双方签署了为期八年的休战协定，协定规定将"真十字架"还给十字军，达米埃塔仍归穆斯林所有，而基督教徒全部军队必须立即撤离埃及的领土。

十字军将他们的失败归咎于腓特烈二世，日耳曼和意大利的年轻皇帝。他曾于 1215 年以十字军战士的身份宣誓，承诺参与对达米埃塔的围攻。然而，其时意大利政治局势日益复杂和动荡不安，或许是缺乏信心的缘故，他推迟了行动。1228 年——彼时他已因为他的延误被处破门出教——他发起了第六次十字军东征。他抵达巴勒斯坦，但当地虔诚的基督徒非但不给予帮助，更远远避开这个教会的叛徒。他派密使觐见卡米勒，后者当时正在那不勒斯统率着穆斯林军队。卡米勒礼貌地回复了他，不过腓特烈通晓阿拉伯的语言文字、文学、科学和哲学，给苏丹大使法赫尔丁留下了至为深刻的印象。两位统治者友好会晤，相互称赞并交换意见。令人难以置信的是，基督徒和穆斯林签署了一项协议（1229 年），卡米勒在协议中割让阿卡、雅法、西顿、拿撒勒、伯利恒及几乎全部耶路撒冷——只保留包括伊斯兰教圣所"岩石圆顶"在内的一小片地方——给基督徒，基督徒朝圣者更被赋予进入圣所范围、在所罗门圣殿祈祷的权利，同时，穆斯林在伯利恒也享有同样的权利，双方因犯也被释放，发誓维持十年零十个月的和平。被逐出教会的皇帝居然成功地做到了一个世纪以来基督教世界都未能做到的梦寐以求的事情。两种文化暂时和平共处，彼此理解和尊重，并发现对方原来可以成为朋友。圣地的基督徒欣喜若狂，罗马教皇格列高利九世却指责该协约乃是对基督教世界的侮辱，拒绝认可它。腓特烈离开后，巴勒斯坦的基督徒贵族控制了耶路撒冷，联合亚细亚的基督教势力及大马士革的穆斯林统治者，对抗埃及的苏丹（1244 年）。后者向阿尔瓜利密土耳其人（Khwarazmian Turks）求救，土耳其人攻下了耶路撒冷，大肆抢掠并屠戮众多当地居民。两个月后，拜巴尔在加沙击败基督徒军队，耶路撒冷再度落入穆斯林手中（1244 年 10 月）。

当英诺森四世再次呼吁组织十字军征讨腓烈特二世，并允诺凡是参与对抗皇帝的人，在意大利都可享有与在圣地服役的人一样的特权以及赦免权，法国国王圣路易九世发起了第七次十字军东征。耶路撒冷沦陷后不久，他就高举十字架振臂高呼，同时劝说他的贵族与他一起行动。对那些不愿参与的人，他在圣诞节时赐予他们织绣着十字架的贵重的袍子。他煞费苦心地在英诺森与腓特烈之间斡旋，以使他们和解，如此则欧洲将联合起来支持十字军东征。英诺森不但拒绝，还差遣一位托钵僧侣乔瓦尼·德尔卡尔皮内去面见大可汗（Great Khan），提议蒙古人与自己联合，共同打击土耳其人。可汗则提出基督教世界臣服于蒙古势力的建议。最终，1248 年，路易和他的法兰西骑士出发了，尤安维尔随行，他后来在他著名的编年史书中记载了国王的丰功伟绩。远征军抵达达米埃塔，不久就攻取了它。但是，尼罗河一年一度的泛滥刚好在十字军到来时开始——他们忘记在军事计划中写下这一条。他们被洪水围困，滞留达米埃塔半年之久。然而，他们对这次远征不能说深恶痛悔，因为尤安维尔写道："贵族整天沉湎于宴饮……平民则结交荡妇。"当军队再度开拔时，它已因饥饿、疾病、开小差耗竭殆尽，也因缺乏训练而变得虚弱无比。曼苏拉一役，尽管奋勇作战，他们还是输了，士兵四散逃逸。约1万名基督徒成为俘虏，包括路易本人在内，据说他当时因罹患恶痢而不省人事（1250年）。一位阿拉伯医生治愈了他。在一个月的痛苦囚禁之后，他终于获释，不过马上就面临着归还达米埃塔和缴纳50万利维尔赎金的局面。路易接受了这样偌大的一笔赎金，苏丹随即体贴地减免1/5，并相信国王定会在日后将剩下的数目补足。路易带领残兵败将抵达阿卡，在那里停留了四年之久，徒劳地呼吁欧洲停止内战，前来参加他新的征伐事业。他又派出一位僧侣鲁布鲁奎斯的威廉，向蒙古可汗提出结盟的建议，而他得到的答复正与英诺森曾得到的相同。1254年，他返回法兰西。

在东方的日子里，他敉平了当地的纷争，然而他离开后，摩擦又起。1256至1260年，威尼斯和热那亚为争夺叙利亚诸港口进行了一系列内战，几乎每一派系都被卷入战争，这使巴勒斯坦的基督教军事力量来源近乎枯竭。拜巴尔，这位奴隶出身的埃及苏丹，总算找到了机会，于是沿着海岸进军，将基督教城市——从恺撒里亚（1265年）、萨法德（1266年）、雅法（1267年）到安条克（1268年）——一个接一个地握在手中。被俘的基督徒不是被屠戮就是沦为奴隶。安条克更惨遭洗劫和战火，陷于万劫不复之境。年迈的路易昏昏欲睡的心灵被新的热情唤醒，他第二次举起了十字架（1267年）。他的三个儿子效法他，但是法兰西贵族反对他堂吉诃德式的狂想，拒绝参加，甚至无限爱戴他的尤安维尔也不愿有第八次十字军东征。政治上英明神武、战争上迟钝愚蠢的国王，带着他莽撞的军队在突尼斯登陆，希望能说服当地要人改信基督教，以便自己能从西边攻打埃及。他刚踏上非洲的土地，"就被胃出血击倒"。他在弥留之际吐出的最后一个词是："耶路撒冷……"（1270 年）一年后，英格兰的爱德华王子勇敢地率领小股无能的军队在阿卡登陆，转瞬又匆匆归国，去接受英格兰的王冠。

当基督徒冒险家在叙利亚抢劫了一支穆斯林商队，并绞死 19 名穆斯林商人，进而劫掠当地的伊斯兰城镇，十字军最后一幕悲剧达到了高潮。哈里利苏丹索要赔偿未果，挥军攻打阿卡——基督徒在巴勒斯坦最强大的前哨。该城被围攻 43 天。陷城后，苏丹纵容部下大肆屠杀，并使 6 万人沦为囚犯（1291 年）。提尔、西顿、海法和贝鲁特相继沦陷。耶路撒冷的拉丁国王，在相当长的一段时期内，徒有君王之名而无其实。两个世纪以来，冒险家和狂热分子断断续续作着徒劳无益的努力，冀图恢复"伟大的宣道"（Great Debate），但是整个欧洲知道，十字军已经走到了尽头。

十字军东征的结果

无论十字军的动机为何，是寻求宗教理想，抑或追逐世俗利益，他们嘴上所说和心中所想，都没有达成目的，在这个意义上，十字军是失败的。两个世纪的你争我夺之后，耶路撒冷最终落入凶残的马穆鲁克人手中，朝圣的基督徒越来越少，也越来越胆战心惊。伊斯兰统治者对宗教的多元化，一度表现得十分宽容，然而因为一再受到攻击，他们如今已变得不再宽容。为意大利贸易夺取的巴勒斯坦和叙利亚诸港口，现在全都失去了。伊斯兰教文明已被证实比基督教文明更优雅和从容，无论教育还是战争，都远胜后者。以一个共同的目标来平息欧洲的战火，给予它和平，教皇所取得的这一辉煌成就，被国家主义的野心及教皇十字军与皇帝的敌对葬送殆尽。

封建主义异常艰难地从十字军东征的失败中恢复。个人主义冒险和狭隘英雄主义，使十字军莽撞、盲目，不懂得该如何调整策略，以应付东方的气候和远程作战。在长途通信及补给方面，它的表现恶劣、无能。它倾其所有，耗尽心力，征服基督教的拜占庭而非伊斯兰教的耶路撒冷。为了给远征东方的军队筹措经费，许多骑士变卖或抵押财产给领主、放债者、教会或国王。作为代价，他们放弃对领地内许多城镇的权利。他们还卖给农民大量的免税券。成千上万的农奴因为十字军的特权离开了土地，成千上万的人再没有返回他们的家园。当封建财富和武装转向东方，法兰西君主的力量和财富都增长起来，这是十字军东征最主要的结果之一。与此同时，东西帝国都大大削弱了：西方的皇帝因为他们在圣地的败绩及与教皇的冲突——因为发起十字军东征，教皇的权威日益增长——而丧失了威望，东罗马帝国虽于 1261 年重建，然其权势、声望皆不复往昔。不过，十字军东征也有其成就，如果没有他们，土耳其人将早在 1453 年前便攻下君士坦丁堡。伊斯兰教的力量也被十字军东征削弱，倘非如此，当蒙古人入侵的洪流汹汹而至，它不会那么轻易地溃败。

一些军事团体落得异常悲惨的命运。"医院骑士"逃脱了阿卡的屠城惨剧，前往塞浦路斯。1310 年，他们从穆斯林手中夺得罗得岛，由此改名"罗得骑士"，他们统治该岛直至 1522 年。被土耳其人逐出该岛后，他们迁往马耳他，改名"马耳他骑士"。在 1799 年被解散之前，该组织一直在那里存续着。"条顿骑士"在阿卡沦陷后，将指挥部迁到普鲁士的马林堡（Marienburg），该城是他们从斯拉夫人手中夺得的，如今归属日耳曼。"圣殿骑士"被驱逐出亚细亚，在法兰西重新集结、组织起来。他们在欧洲各地拥有巨额资产，现在安定下来，靠着这些积蓄舒适度日。他们拥有免税的特权，便以比伦巴底人或犹太人还低的低息放贷，获利颇丰。他们和"医院骑士"不同，不设医院，不建学校，也不救济穷人。终于，他们的聚敛，拥兵自重，不服从皇权，使法兰西国王"美男子"菲利普四世感到异常嫉妒、恐惧和愤怒。1310 年 10 月 12 日，没有任何预兆，他突然下令逮捕法兰西境内所有"圣殿骑士",并查封他们的全部财产。菲利普罗织罪名:沉溺于同性恋,因与穆斯林长期交往而丧失基督教信仰,否认基督,唾弃十字架,崇拜偶像,与穆斯林暗中勾结,一而再再而三地背叛基督教义。在国王的授意下,宫廷高级教士和僧侣组成审判团,审理这一案件。因为犯人们一致否认王室的指控,他们便以严刑逼供来使他们认罪服法。有些人被缚住手腕,猛然吊起又猛然放下,有些人被赤足放在火中,有些人被一小片一小片地拔去指甲,有些人每天都被扳掉一只牙齿,有些人生殖器被悬以重物,有些人则被慢慢饿死。许多犯人遭受到上述几种酷刑的折磨,因而再度提审时,大多数都已经奄奄一息。有一个人被拖出来示众,他的骨头从烤熟的双脚脱落到地上。多数人承认了国王的全部指控,某些人被告知,如果认罪,国王会给予他生命和自由。有些人死于狱中,有些人自杀,更有 59 名犯人被绑在火刑柱上烧死(1310 年),因为他们死不改悔。该教团的主席,杜·莫莱(Du Molay),不堪酷刑折磨,一度表示认罪,当被带到火刑柱旁,他又收回了供认。审判团建议再审,菲利普却指责这是毫无意义的拖延,下令立即将他烧死,并亲临现场观赏行刑。法兰西境内"圣殿骑士"的所有财产皆被没收充公。教皇克莱门特五世抗议这种行为,不过,法兰西的神职人员支持国王,而教皇实际上只是阿维尼翁的囚徒,最终他放弃了反抗,并遵照菲利普的命令,解散了"圣殿骑士团"(1312 年)。爱德华二世也需要钱,于是便没收英格兰境内"圣殿骑士"的财产。从这些不义之财中,菲利普和爱德华拿出一份献给教会,另一份赏给亲信,后者的意图本在于获得庞大的领地,因而他们支持国王抵制旧有的封建大贵族。

或许正是与东方穆斯林的接触,使欧洲人恢复了古罗马的风俗习惯——刮胡子。上千个阿拉伯词汇进入欧洲语言,东方的浪漫故事也传入欧洲,并在流传过程中,被赋予了本地的风貌。十字军对萨拉森人的釉彩玻璃留下了深刻的印象,或许正是他们从东方带回了有关技术以及行业秘密,帮助研制出后来装饰着新兴的哥特教堂的彩色

玻璃。东方的指南针、火药、印刷术，在十字军东征结束前早已闻名
于世，它们也许是借着十字军的回潮传布到了欧洲。十字军战士显然
多半目不识丁，因为他们几乎没有带回任何阿拉伯的诗歌、科学或哲
学，伊斯兰教在这些领域对西方的影响，更多是通过西班牙和西西里
而非战争。直到夺下君士坦丁堡，西方才对希腊文化强有力的影响有
所认识。科林斯的佛莱米什大主教（Flemish Archbishop of Corinth），
穆尔贝克的威廉（William of Moerbeke），将直接译自原文的亚里士多
德著作献给阿奎那。十字军发现，持另一种信仰的人也能与他们一样
文明、开化、富于人性和可以信赖，非如此则不能使他们产生疑问，
进而促成 13 世纪和 14 世纪正统信仰的衰落。历史学家如提尔的大主
教威廉，他们提及伊斯兰教文明时那种尊敬甚或惊叹的口吻，一定使
第一次十字军粗野无礼的战士大为震惊。罗马教廷的威望，因第一次
十字军东征大获提升，不过也随着此后历次东征而逐渐降低。教会以
信仰将各种各样的人团结在自己周围，高贵的贵族、骄傲的骑士，甚
至皇帝、国王等，这一创举使罗马教皇的地位获得空前的抬升。教皇
特使赴各个国家和各个教区为十字军筹集资金、招募士兵，他们的权
力超过甚至取代了当地的统治者。信徒们几乎是通过他们，直接向教
皇纳贡。筹募之风盛极一时，不久就成了惯例，用于十字军以外各种
目的。教皇获得征收税金的权力，令国王颇为不满，因为本应属于国
库或地方府库的金钱，如今源源不断地流进了罗马。向在巴勒斯坦服
役满 40 天的人散发赎罪券，已堂而皇之地成为合理合法的军事手段。
类似的赎罪券，发给为十字军提供经费的人，尚属情有可原。然而，
它后来竟也发给为教皇提供活动经费的人，甚至为教皇提供军费，以
便他能在欧洲与腓特烈、曼弗雷德或康拉德作战的人，这成为欧洲诸
王非常愤怒的一个原因，也成为讽刺家的主要题材。1241 年，格列
高利九世谕令在匈牙利的教皇使节，折款偿付按规定未获得的十字军
战士的誓言，并将这笔款项用于他与腓特烈二世的殊死战争。

　　普罗旺斯的吟游诗人抨击教会滥发同样的赎罪券给十字军，以使

其将注意力从巴勒斯坦移开，转攻法兰西的阿尔比派。马修·帕里斯
（Matthew Paris）说："虔诚的信徒看到，流基督徒的血或流异端的血，
一样能得完全赦免的应许，因而大感受伤。"许多地主为了支援东征，
将财产变卖或抵押给教会和修道院，以获取现金。一些修道院以这种
手段获致大量的财产，当十字军的失败削弱了教会的信望，它们的财
富就成为皇室妒忌、民众憎恨和批评指责的目标。一些人将路易九世
在 1250 年遭遇的大灾难，归咎于同时发生的英诺森四世与腓特烈二
世的战争。大胆的怀疑论者解释说，十字军的失败即反驳了教皇乃是
上帝在尘世的使者或代理人的说辞。

紧接着基督教信仰的衰落，十字军东征第二个主要的影响是通
过学习伊斯兰国家的工业和商业，刺激、活跃了欧洲的世俗生活。战
争的确能带来一种好处——它教会人们地理知识。因十字军东征而兴
旺发达的意大利商人，学会了绘制地中海地图，而与骑士同行的基督
教编年史学家，对亚细亚有了新的地理概念——它是如此的庞大和复
杂。他们将这种新的认识传达给欧洲，引起了探险和游历的热潮。甚
至出现了旅行指南，以指导朝圣者往来圣地。基督教医生从犹太人和
伊斯兰国家习得不少精妙的医术，外科手术因为十字军东征而获致巨
大的进步。

十字标志所向，贸易随之扩展，或许，十字标志乃是受贸易指
引。骑士失去巴勒斯坦，但是意大利商队不仅从伊斯兰国家，也从拜
占庭手中，取得了地中海的制控权。威尼斯、热那亚、比萨、阿马尔
菲、马赛、巴塞罗那，早已和东方伊斯兰世界、博斯普鲁斯海峡、黑
海等地有贸易往来，此时它因十字军东征而大大扩展开来。威尼斯人
征服君士坦丁堡，运送朝圣者和战士到巴勒斯坦，输出物资给东方的
基督徒和其他人等，并输入东方物产——这一切都推动了商业和海上
交通的发展，其繁盛兴旺，为罗马帝国全盛期以来仅见。丝绸、糖、
香料——胡椒、生姜、丁香、肉桂——这些 11 世纪时罕见的奢侈品，
如今大量流入欧洲。植物、五谷、树木，本来已由伊斯兰教的西班牙

传至欧洲，目前大量地从东方移植到西方——玉蜀黍、稻米、芝麻、豆类、柠檬、瓜类、桃子、杏子、樱桃、椰枣……冬葱和青葱等，都从阿什凯隆等港口，由东方源源不断运抵西方。这些植物的欧洲命名也脱胎于这段历史。杏早为西方人熟知，最初他们称它为"大马士革的李子"。锦缎、细棉布、绸子、天鹅绒、地毯、染料、香粉、香水和珠宝，都来自伊斯兰国家，装饰着封建贵族或中产阶级的住宅及身体。镀着金属的玻璃镜取代了抛光铜镜或铁镜。欧洲从东方学到的技艺，还包括精炼制糖和"威尼斯"玻璃。

东方新市场使意大利和佛兰德斯的工业迅速发展，由此促进了城市和中产阶级的成长。较高级的银行及其经营理念、手段，由拜占庭和伊斯兰国家介绍到欧洲，新的存款方式与工具也出现了，周转资金同时增长起来，更多新观念诞生，从业者也更多。十字军脱胎于封建农业社会，从日耳曼的野蛮气质及其宗教热忱获得灵感。它结束时的景观是工业兴起，商业扩张，肇端着经济革命。它是文艺复兴的先驱，也是文艺复兴的财力支持者。

第七章 | 经济革命

（1066—1300）

商业的复兴

每一种文明皆植根于工商业，并深受其繁荣的滋养。9—10世纪，伊斯兰教势力攫取地中海东端和南端港口，垄断该地区贸易，穆斯林、维京人和马札儿人的袭扰，查理曼继任者治下政治的混乱失序，凡此种种，陷欧洲于黑暗，它的经济和精神生活都降至最低点。延至12世纪，在这黑暗中方才现出一线曙光。12世纪，农业获得封建保护并重新组织，挪威海盗归顺为农民或商人，匈奴人被击退和驯化，意大利人重掌地中海贸易，十字军重启黎凡特（Levant）的大门，西方文明与伊斯兰教、拜占庭等先进文明重获交流、沟通，凡此种种，直接促成了欧洲的复兴，并为12世纪的文化繁荣及13世纪的中世纪全盛提供了物质条件。究其原因，正如拉丁俗谚所说，吃饱才有哲学，有钱方能艺术。社会就像一个个体，同样适用这一原则。

经济复兴的第一步是克服国内贸易的障碍。目光短浅的政府巧立名目，对运输和贩售课以重税——进入港口，通过桥梁，使用街道、河流或运河，在市场或集市上售货等，都要缴税。封建贵族对途经其领地的货物强行征收通行税，就像国家做的那样。当然，有些主人热情好客，以武装护送和给予诸多便利的方式，为商人提供真正的保护和服务。然而，政府和领主都要抽税的结果是各地出现了无数税卡：莱茵河 62 处，卢瓦尔河 74 处，易北河 35 处，多瑙河 77 处……在莱茵河上，商人要为他的货物缴付高达 60% 的税金。此外，封建战争，野蛮的士兵，强盗式贵族，河匪和海盗等，使商人和旅人的路途，无论陆路或海路，都变成一场真正的战争历险。"神命休战与和平"在一定时间内为商旅提供了相对安全的环境，由此惠及陆上贸易。国王权力增长的结果是盗匪的活动受到抑制，度量衡被统一，征税获得限制和调整，有大的集市时，某些道路和市场还免征税金。

　　集市是中世纪贸易的生命。小贩自然是带着少量货物挨家挨户上门兜售，工匠在铺子里等候顾客惠顾，市场开市的日子，卖家和买家会集在城镇中，领主庇护在他们城堡附近的市场，教堂向他们敞开庭院，国王则让他们暂居于都城的公共会堂或商铺中。不过，大宗贸易和国际贸易相对固定地集中在定期举行的地域性集市上进行：英格兰的伦敦和斯陶尔布里奇（Stourbridge），法兰西的巴黎、里昂、兰斯和香槟地区，佛兰德斯的里尔、伊普雷、杜埃及布鲁日，日耳曼的科隆、法兰克福、莱比锡、吕贝克，瑞士的日内瓦，俄罗斯的诺夫哥罗德……这些集市中最有名和最受欢迎的包括：香槟区，每年 1 月在拉格尼（Lagny），封斋期在奥布河畔巴尔（Bar-sur-Aube），5 月和 9 月在普罗旺斯，9 月和 11 月在特鲁瓦举行之市集。这 6 次每次均持续 6 至 7 周，因此一年中，它们依次为提供国际贸易的市场，四季物产都在此交易。由于其地理位置适中，吸引了法兰西、苏格兰东南部低地和莱茵河谷地等地区的物产和商人，在此与普罗旺斯、西班牙、意大利、非洲和东方等地的物产和商人交易。总之，它们构成了 12 世纪法兰西财富和权势的主要来源。早在 5 世纪，它们即在特鲁瓦一地兴起，而当菲利普四世将香槟地区从其文明的贵族手中收回，对集市敛征税金并进行管制，使其变得贫穷，则它们走向了衰落。12 世纪，它们为海上贸易和港口贸易所取代。

造船和航海自罗马帝国以来逐步改良。几百座沿海城市都有不错的灯塔。其中许多城市——如君士坦丁堡、威尼斯、热那亚、马赛和巴塞罗那——也都有宽阔的码头。船只通常较小，船身有一半覆盖着甲板或干脆没有甲板，而载重相当于 30 吨。如此的小巧轻便，使它们得以溯流深入内陆。因此，如纳博讷、波尔多、南特、鲁昂、布鲁日和不莱梅等城镇，与海虽有相当距离，也能有远洋船只到达，并发展成为欣欣向荣的港口。一些地中海航船要更大，能载重 600 吨和容纳 1500 名乘客；威尼斯曾献给路易九世一艘长达 108 英尺、由110 人驾驶的船。当时，古代巨舰仍为常见的类型，拥有高高翘起的装饰性船尾，一或二支桅杆和风帆，低矮的船身，内中有两或三间桨舱——每一间总容量可达 200 间。大部分桨手都是无偿征召来的人，船奴在中世纪很少见。逆风作 Z 字形行船的技艺，据我们所知，在 6世纪即已出现，在 12 世纪前稳步改进，其时船只——大多数意大利船只——皆在古老的横帆之外，另装配了纵向的帆索。不过主要的动力仍由桨提供。约 1200 年，基督教航海领域，即已出现罗盘的身影，不过其起源尚有待考订。西西里岛的水手将磁针安放在活动的枢轴上，从而使其得以运用于动荡起伏的水面上。即便如此，又过了另一个世纪，水手（挪威人除外）才敢于驾船航行至看不见大陆的海域，及取直线横越远海。从 11 月 11 日至次年 2 月 22 日，极少有船只在大洋航行，因为这被汉撒同盟禁止，而地中海和黑海大部分航运都在此期间暂行停止。当时，海上行程的缓慢，与古代差不多。从马赛到阿卡，须费时十五日。为健康着想，航海不是一件好事。此外，海盗袭扰和船只失事频仍，而最强健的胃也不能免翻江倒海之苦。佛罗依撒叙述埃尔韦·莱昂爵士（Sir Herve de Leon）如何在南安普敦和阿夫勒尔间的海面上经受了 15 天的颠簸，而"备受折磨，以致他后来再也没有恢复健康"。乘海船出行，发生损失时，所获赔偿甚少，相应费用也很低廉。14 世纪，横渡海峡只需花 6 便士。而与此相应的低廉的货运和长途旅行费用，使水上运输占尽优势或先机，从而于

13世纪大大改写了欧洲的政治地图。

　　基督徒从萨拉森人手中重新夺回撒丁岛（1022年）、西西里岛（1090年）和科西嘉岛（1091年），为欧洲航运打开了墨西拿海峡和中地中海的大门；而第一次十字军东征的胜利，收复了该海除南部港口外全部地区。现在是如此的畅通无阻，窒碍全无，商业驱使欧洲成为贸易之路的一个日益扩张的网络，使其不但与亚洲的基督教国家，更与伊斯兰教的非洲和亚洲，甚至与印度和远东建立联系。从中国或印度来的货物，经土耳其斯坦、波斯和叙利亚，抵达叙利亚或巴勒斯坦的港口；或经蒙古抵达里海和伏尔加地区；或用船运至波斯湾，溯底格里斯河或幼发拉底河而上，并翻山越岭、横穿荒漠，送达黑海或里海，抑或地中海地区；或取道红海，由运河或沙漠商队，输至开罗和亚历山大。从非洲贸易——13世纪时大多由基督教国家进行——的穆斯林港口，扩张至小亚细亚和拜占庭，至塞浦路斯、罗得岛和克里特岛，至萨洛尼卡、比雷埃夫斯、科林斯和帕特拉斯，至西西里岛、意大利、法兰西和西班牙。君士坦丁堡则将其奢侈产品汇入货物的洪流，并供应多瑙河和第聂伯河地区至中欧、俄罗斯和波罗的海国家的商贸。威尼斯、比萨和热那亚则夺取拜占庭以西的贸易，并像野蛮人那样，为基督教制海权奋战不已。

　　在战略上，地处隔地中海遥遥相望的东方和西方间要冲，三面皆拥有朝向该海的港口，又有扼守阿尔卑斯山关隘的北部城市，因此，就其地理位置而言，意大利注定要从欧洲与拜占庭、巴勒斯坦和伊斯兰国家的贸易中获利最丰。亚得里亚沿海矗立着威尼斯、拉韦纳、里米尼、安科纳、巴里、布林迪西、塔兰托；南方则有克罗托内；沿西海岸，雷焦、萨莱诺、阿马尔菲、那不勒斯、奥斯蒂亚、比萨和卢卡支撑着繁荣的商业，而佛罗伦萨于幕后操纵着金融业；阿尔诺河和波河将部分内陆贸易带给帕多瓦、费拉拉、克雷莫纳、皮亚琴察和帕维亚；罗马则将欧洲的虔诚带来的什一税和税费，搜刮、聚敛至它的圣殿；锡耶纳和博洛尼亚处于庞大的内陆交通的十字路口；米兰、科莫、布雷西亚、维罗纳和威尼斯，坐拥使阿尔卑斯山让路的来自莱茵河和多瑙河的贸易果实。热那亚控制着第勒尼安（Tyrrhenian）海，一如威尼斯统治着亚得里亚海。它的商船队计有 2 万人操控 200 艘船；从它的通商口岸，能到达从科西嘉至特拉布宗的许多地区。像威尼斯和比萨一样，热那亚也与穆斯林自由贸易：威尼斯与埃及，比萨与突尼斯，热那亚与摩尔人的非洲和西班牙。十字军东征期间，它们中很多都贩卖武器给萨拉森人。强而有力的教皇，例如英诺森三世，谴责与穆斯林的一切交易，然而黄金总比信仰和鲜血来得更坚实，所谓"渎神的贸易"也就继续着。

热那亚与威尼斯的战争削弱了其自身，而法兰西南部和西班牙西部港口插手地中海贸易，欲分一杯羹。在穆斯林统治期间停滞不前的马赛，此时一度夺回其古老的优势地位。然而附近的蒙彼利埃，受其通晓数种语言的人口及高卢人、穆斯林和犹太人文化的激励，于 12 世纪，作为法兰西的一个南部门户，起而与马赛竞争。巴塞罗那则得益于它从穆斯林手中再次被夺回的残存的古老犹太商人家庭，在那里和在为比利牛斯山围闭的巴伦西亚基督教西班牙，建立起了与地中海世界的联系。加的斯、波尔多、拉罗谢尔和南特等港口，均派遣其船只沿大西洋海岸至鲁昂、伦敦和布鲁日；热那亚于 13 世纪，威尼斯于 1317 年，派遣船只经直布罗陀前往所有这些大西洋港口；约 1300 年，翻越阿尔卑斯山的贸易已告没落，而大西洋商业开始将大西洋国家推至领导地位，这一地位后由哥伦布加以证实。

法兰西因其河流而积聚了财富，河流便是其统一商贸的涓涓纽带。罗讷河、加龙河、卢瓦尔河、索恩河、塞纳河、瓦兹河和摩泽尔河，使它的商业正如它的土地一般丰饶多产。不列颠也无法与它竞争。海峡五口（Cinque Ports）欢迎外国船只和货物的到来。伦敦的泰晤士河在 12 世纪时即已沿河遍布连绵不断的码头，从这里输出布匹、羊毛和罐头，以换取阿拉伯来的香料、中国来的丝绸、俄罗斯来的毛皮和法兰西来的酒。一直十分繁忙——比任何其他北方港口都更繁忙——的是布鲁日，它是商业都会和农业、工业都很富庶的佛兰德斯财富的出口。这里，正如在威尼斯和热那亚，是欧洲商贸东西向和南北向中轴的交汇点。它位于与英格兰遥遥相对的北海沿岸附近，它进口英格兰羊毛，以便由佛兰德斯和法兰西的织机制成纺织品；它足够内陆，因而能够提供安全的海港，吸引了热那亚、威尼斯和法兰西西部的船队。它还允许这些船队沿 100 条路线再分散其货物，运往下一级港口。当海运更安全、更廉价，陆路商贸便衰落，而布鲁日继香槟市集之后，成为欧洲贸易的北部中心。默兹、斯海尔德和莱茵诸河上繁荣的内河运输，为布鲁日带来日耳曼西部、法兰西东部的货物，以便从这里出口至俄罗斯、斯堪的纳维亚、英格兰和西班牙。其他城镇也因为河上贸易滋养而茁壮成长：斯海尔德河上的瓦朗谢讷、康布雷、图尔奈、根特和安特卫普，及默兹河上的迪南、列日和马斯特里赫特（Maestricht）。

布鲁日是汉撒同盟主要的西方成员。为增进国际合作以对抗外部竞争，为替背井离乡的商人安排融洽的组织，保护他们免受海盗、路匪、通货变动、不守信用的债务人、税吏和封建领地通行税的戕害。12 世纪，欧洲北部的商业城镇创设了各种各样的联盟，日耳曼人称之为协会（union）或同业公会（guild）。伦敦、布鲁日、伊普尔、特鲁瓦及其他 20 座城市，建立了"伦敦同盟"（London Hanse）。作为日耳曼战争和与斯堪的纳维亚贸易的前哨建于 1158 年的吕贝克，加入了与汉堡（1210 年）和布鲁日（1252 年）同盟类似的同盟。逐渐地，其他城市也加入进来——但泽、不莱梅、诺夫哥罗德、多尔帕特、马格德堡、托伦、柏林、维斯比、斯德哥尔摩、贝尔根和伦敦。在 14 世纪其鼎盛期，这一同盟囊括了 52 个城镇。它的势力扼守着所有大河——莱茵、威悉、易北、奥得和维斯图拉诸河——的河口，这些河流将中欧的货物输往北海或波罗的海，它控制着欧洲北部自鲁昂至诺夫哥罗德的贸易。很长一段时期，它垄断了波罗的海的沙丁渔业和大陆与英格兰的贸易。它还建立同业法庭，以解决其成员之间的纠纷，保护其成员对抗来自外界的诉讼，而且不时作为一个独立的力量发动战争。它为它的成员城市和人民制定调节商业运转，甚至道德操行的法律；它保护他的商人免受专断的法律、税金和罚金的迫害；它强迫成员联合抵制它讨厌的城市；它对违约拖欠、欺诈牟利或买卖赃赃的行为实施惩罚；它在每一个成员城市设立一所"工厂"（factory）或商栈，将其成员置于它自己的日耳曼法律管辖之下，无论他们身在何方，严禁他们与外国人结婚。

汉撒同盟在长达一个世纪的时间里，充当了文明的媒介。它肃清波罗的海和北海的海盗，疏浚和修整航道，绘制洋流和潮汐图，开辟河道，建造灯塔、海港，开凿运河，制定和整理海事法规，大致将欧洲北部商贸的混乱代以秩序。通过将商人阶层组织成强而有力的协会，它保护资产阶级反抗贵族，并促进城市从封建桎梏中解放出来。它为被军队蹂躏、破坏的货物向法兰西国王请愿，并强迫英格兰国王为被英国人溺死的同盟商人的灵魂而举行的弥撒付钱。它将日耳曼的商业、语言和文化向东传播，散布至普鲁士、立窝尼亚和爱沙尼亚，并建立加里宁格勒、利堡、梅梅尔和里加等大城市。它控制其成员莛进的货物的价格和品质，并建立起一种正直或诚实品质的美誉，英格兰人赋予他们的"Easterlings"（Men from the East，来自东方之人）这一称号，英格兰人用为"sterling worth"（货真价实），并在这一意义上，将其与银（silver）、英镑（pound）等词连用，取意殊可信赖或真实可信。

然而，在成为防卫者的同时，该同盟也终于成为了压迫者。它专横跋扈地限制其成员的独立自主，以联合抵制或暴力来强迫城市成为它的成员，不择手段地攻击竞争对手，甚而雇用海盗损害竞争对手的贸易。它组建自己的军队，在许多国家内部，它俨然国中之国。它竭尽所能压迫和镇压为其供货的工匠阶层，所有的劳动者及许多其他阶层的人，视它为有史以来从事贸易管制的所有垄断者中最强大的一个，进而畏惧和憎恶它。当英格兰工人在 1381 年起来反抗时，他们追赶所有的汉撒同盟成员，甚至一直追入教堂圣殿，并杀死所有不能用纯正的英格兰口音说"面包和奶酪"（bread and cheese）的人。

约 1160 年，该同盟攫取哥特兰的瑞典岛屿，并开发维斯比，以为波罗的海贸易的基地和堡垒。一个十年又一个十年过去了，它势力扩张，控制了丹麦、波兰、挪威、瑞典、芬兰和俄罗斯的商业和政治。不莱梅的亚当报告说，13 世纪在俄罗斯，汉撒同盟商人"多如粪土……而为了一张貂皮进行艰苦卓绝的奋斗，就如它乃永恒的救赎一般"。他们在沃尔霍夫的诺夫哥罗德稳固了地位，生活在那儿，俨然是一支武装起来的商人卫戍部队，用圣彼得教堂做货栈，在它的圣坛四周堆放酒桶，恶犬似的看守着这些贮藏，同时履行一切表面形式，以示在宗教上虔诚。

该同盟仍不满足，转而欲控制莱茵河的贸易。已建立自己同盟的科隆，被迫沦为其附属成员。但是，再往南，该同盟的势力为莱茵同盟（Rhenish League）阻遏，后者由科隆、美因茨、施派尔、沃姆斯、斯特拉斯堡和巴塞尔创立于 1254 年。而更往南，奥格斯堡、乌尔姆和纽伦堡把持着由意大利北上的贸易。雷根斯堡和维也纳位于多瑙河大动脉的西缘，大动脉将内陆日耳曼的产品，经由萨洛尼卡输至爱琴海，或是经黑海运抵君士坦丁堡、俄罗斯、伊斯兰国家和东方。如此，欧洲贸易绕了一圈，回到起点，而中世纪的贸易网也得以完成。

沿着这些路线运送他们的货物，这些商人究竟是怎样的人？他们来自许多不同的民族和国家，不过，他们绝大多数是叙利亚人、犹太人、亚美尼亚人或希腊人。他们极少是我们今日所知的那种生意人，在他们自己的城市中，安全而一动不动地坐在桌子后面。通常，他们带着货物来来往往，经常走很远的路，到聚集着大量产品的地方去，以便以便宜的价格购得所需的商品，然后回转他们货物匮乏之地，以高昂的价格转手出售。一般情况下，他们都采取觅买、觅售的方式——即批发，法兰西人称之为"批发贸易"（en gros）。英格兰人把批发贸易译成批发商（grosser），并取杂货商（grocer）这个词的第一种形式，来称呼批发香料的人。商人是冒险家、探险者和沙漠商队的骑士，以匕首和贿赂来武装自己，时刻准备应付路匪、海盗等成千上万的考验或磨难。

法律的多变性和司法的多样性可能是他们所受最糟糕的折磨，而商业和航海的国际法日益进步的阐释，是他们首要的成就之一。假如一位商人取道陆路，则他在途经的每一封建领地，都须受一个新法庭及可能不同的法律的管辖；假如他的货物不慎倾覆在路上，当地的领主有权将它们据为己有；假如他的船只搁浅，依照"难船法"（Law of Wreck），它们就归搁浅海岸所属地主所有。一位布勒通的领主炫耀，属他所有的一块危礁，是他冠冕上最昂贵的石头。几个世纪以来，商人就与这些陋习斗争。12世纪，他们开始确信其终将废止。与此同时，国际犹太贸易商已积累起他们自己使用的一部商法典，这些规章成为11世纪商业习惯法的基石。通过领主或国王为保护从外国来的商人或访问者而刊行的法令、条例，这个商人法（ius mercatorum）年复一年地成长起来。特别法庭被建立起来，执行商业习惯法。而值得注意的是，对类似拷打、决斗或折磨等取证或审判的旧形式，这些法庭均已弃置不用。

早在6世纪西哥特人的法律中，在只涉及本族人的纠纷中，外国商人就被赋予接受从他们自己国家来的代表的裁决的权利。如此，肇端了领事制度，按照这种制度，从事贸易的国家有权要求海外"领事"（consuls），即法律顾问，来保护并帮助它们的国民。热那亚于1180年在阿卡设立这样一个领事馆；12世纪，法兰西诸城纷纷照样办理。国家间——甚至基督教国家与伊斯兰国家间——就这样的领事权达成协议，这是中世纪对国际法最杰出的贡献之一。

相当部分的海事法规由古代传承而来。它在罗得岛文明开化的商人中间，从未停止过使用。最古老的海事法典之一为1167年的《罗得法典》（Code des Rhodiens）。《奥列伦岛法》（Lois d'Oleron）于12世纪末，由波尔多之外一个管辖酒类贸易的岛屿发行，并为法兰西、佛兰德斯和英格兰所采用。汉撒同盟为其成员出版了一部关于海事条例的详细法典：乘客和货物安全防范，救援者和被救援者的义务，船长和全体工作人员的职责和报酬，及一艘商船可以或应该成为一艘军舰的条件。这些法典规定的处罚是严厉的，但很显然，就建立航海纪律和安全性的传统和习惯而言，严厉乃是必需的。中世纪训练人遵守纪律，达十个世纪之久。

工业的进展

工业的发展随着商业的扩张而稳步前进。更广阔的市场刺激了生产，而上升的生产又滋养了贸易。

运输进步最小。大多数中世纪大路都是充斥着污泥、尘埃的林荫小道。也没有用来排干路面积水的路拱或涵洞，坑洞和水洼到处都是，浅滩很多，而桥梁很少。重物驮在骡群或马群背上，而不是用难以躲避坑洞的大车装载。四轮马车大而笨拙，靠箍铁的车轮前行，而且没有弹性；它们尽管华丽，却是如此的不舒服，以致大多数男人和女人首选乘马出行——无论男女，一律跨骑。

直到 12 世纪，道路养护仍依靠邻近产业的所有者，而他们对为什么由他们出钱修理主要供匆匆过客使用的道路很感疑惑。13 世纪，腓特烈二世下令对西西里岛和意大利南部的道路进行整修。大约同时，第一条"皇家大路"（royal highway）也在法兰西修筑——在泥土或沙子的松散路基上铺上方形石块。同一个世纪，城市也开始修筑主要街道。佛罗伦萨、巴黎、伦敦和佛兰德斯的城镇，建造了出色的桥梁。

12 世纪，教会组织宗教性质的兄弟会维修或建筑桥梁，并给予分担工作的人特赦。这种宗教兄弟会（frères pontifs）建造了阿维尼翁的桥，这座桥至今仍保留着他们亲手造的四个桥拱。有些清修教团——其中最突出的是西多会——辛勤工作，以使道路和桥梁维持其功能。1176 至 1209 年，国王、僧侣和市民捐资或出劳力修建伦敦桥（London Bridge）。其上有房屋数栋和一座小礼拜堂，下有 20 个石拱以为支撑，使其横跨泰晤士河上。13 世纪初期，第一座著名的吊桥飞跨在阿尔卑斯山圣哥特塔尔德隘口的峡谷之上。

既然道路难行，水路大受欢迎，而且在货物运输中扮演了最主要的角色。一条船可载约 500 只牲畜，而费用又十分低廉。从塔古斯河到伏尔加河，这些欧洲河流是它主要的运输干线，而这些河流的流向和出口所在，决定了人口的分布、城镇的成长以及国家的军事方针。虽然那时人们还不知道水闸为何物，不过河渠实在多得难以数计。

无论乘船或取道陆路，旅行都是充满艰辛且冗长缓慢的。有一位主教花了 29 天，才从坎特伯雷抵达罗马。有供替换用的强壮马匹的信差，一天可走 100 英里，但是私人信差佣金高昂，而邮政（12 世纪时在意大利重建）通常严格限于政府事务。信息的传递，一如人在旅途一般缓慢。"红胡子"腓特烈在西里西亚去世的消息，经过四个月才传至日耳曼。

对大自然能量的开发取得了某些进展。《末日审判书》（*The Domesday Book*）记载，1086 年在英格兰共有约 500 座水力磨坊。1169 年的一幅绘画显示，通过一连串越来越小的齿轮，一只从容不迫地转动着的水车车轮，瞬间被提升至很快的速度。凭借这种加速度，水车车轮成为工业的一个基本工具。1245 年，水力驱动的锯木机出现于日耳曼。杜埃（1313 年）的一座水磨用来制造有刃的工具。1105 年首次在欧洲西部被报道的风车，在基督徒发现其在伊斯兰国家的广泛用途后，就迅速地传播开来。13 世纪，仅伊普尔一地即拥有风车120 座。

改良的工具和扩张的需求，引发了采矿的狂潮。商业呼唤一个可靠的黄金货币制度，而人们日益增长的购买力要求满足对珠宝的喜爱，这导致意大利、法兰西、英格兰、匈牙利，尤其是日耳曼，复兴河中淘金和山中采金。约 1175 年，在厄尔士山脉（Erz Gebirge）发现了铜、银和金的富有矿脉，弗赖堡、戈斯拉尔和安娜贝格成了中世纪"淘金潮"的中心。而由约阿希姆斯塔尔（Joachimsthal）的小镇的名字，衍化出"joachimsthaler"这一单词，意即"该币由那里开采的原料铸成"，此后更不可避免地缩写为日耳曼单词"塔勒"（thaler）和英语单词"元"（dollar）。

日耳曼成为欧洲贵金属的主要供应者，而其矿业塑造了政治势力的基础——其商业则形成政治势力的架构。铁在哈茨山脉和威斯特伐利亚，在苏格兰东南部低地，在英格兰、法兰西、西班牙和西西里，并再次在古厄尔巴岛开采。德比郡产铅矿，德文郡、康沃尔和波希米亚产锡，西班牙产汞和银，意大利产硫黄和铝，而萨尔茨堡则因丰硕的盐贮藏得名。罗马统治下的英格兰一度利用过，而显然在撒克逊时期却遭弃置的煤，在 12 世纪再度被开采。1237 年，埃莉诺王后放弃诺丁汉城堡，即因其下之城镇烧煤吹送来浓烟。而 1301 年伦敦禁止用煤，因为煤烟正逐渐毒害整个城市——一个现代悲剧的中世纪实例。然而，在 13 世纪末，煤在纽卡斯尔和达勒姆，及英格兰、比利时和法兰西仍被大量、积极地开采。

矿床的所有权是法律上的一个大的混乱。当封建土地使用和占有制度仍然强大时，领主主张他的土地上的全部开采权，并与其农奴开采这些贮藏。教会对其产业也有类似的权利主张，并用农奴或雇矿工挖掘他们土地上的贵重贮藏。"红胡子"腓特烈颁布法令，声称君王是国土内所有矿石的唯一所有者，而这些矿石只能由政府控制下的商行经营。这种通常在罗马皇帝治下才存在的"王权"的重申，后来变为中世纪日耳曼的法律。在英格兰，君主主张自己拥有所有银和金的矿藏；较劣等的金属则可由地主开采，但以他缴付国王"使用费"为前提。

熔炼借助木炭，须在仍旧原始的熔炉中燃烧大量的木头。尽管如此，迪南的铜匠制造出了精良的黄铜器皿；列日、纽伦堡、米兰、巴塞罗那和托莱多的铁场工人，生产出出色的武器和工具；塞维利亚则以钢铁驰名。约 13 世纪末，铸铁开始取代锻铁。以前所有铁制品几乎都是锤敲出来的——"敲击"（smiting），铁匠的撒克逊名字就起源于此。铸钟是一项重要的工业，因为大教堂和城镇的钟楼与其他钟楼在钟的重量、响亮程度和音质方面进行竞争。铜匠制造钟形罩（couvre-feus），一般家庭在晚钟响起时将其盖在炉火上。撒克逊人以青铜铸造闻名，英格兰则以锡镴（pewter）——一种混合了铜、铋、锑和锡的合金——制品闻名。锻铁用来制作雅致的窗栏，教堂唱诗班席位庄严的铁栅及结实的铰链，后者在门上起加固和装饰作用，有各种各样的形式。金匠和银匠为数众多，因为金或银的器皿不仅可以用来展示或伪装自己的富有，而且，借此也可以规避流通紧缩之难，在危急时还可将财产兑换食物或货品。

13 世纪，在佛兰德斯和意大利，纺织工业呈现出大规模、半资本主义结构的特点，在其中，成千的工人生产货物供应一般市场，而赚取利润——为他们几乎见不到面的投资者。在佛罗伦萨，羊毛商会（Wool Guild）拥有大工厂。在那里，洗涤工、漂洗工、拣毛工、纺纱工、织布工、监工和办事员在一个屋顶下工作，使用着那些他们没有所有权或处置权的原料、工具和织布机。批发布匹的商人组建工厂，提供设备，保护劳工和资本，确定工资和价格，安排分配和销售，冒着企业的风险，忍受失败造成的损失，并收获成功带来的利润。其他雇主则选择把原料外包给个别工人或家庭，用后者自己的设备，在家中将原料转化为成品，然后把成品交给商人，换取工资或报酬。如此，在意大利、佛兰德斯和法兰西，成千上万的男女，被带入了工业圈。

亚眠、博韦、里尔、拉昂、圣昆廷、普罗旺斯、兰斯、特鲁瓦、康布雷、图尔奈、列日、卢万——尤其是根特、布鲁日、伊普尔和杜埃——成为这种雇用工业的中心，它们还以艺术才能和反抗斗争著称。上等细麻布因拉昂得名，细薄布则因康布雷得名，而匀列菱形花纹之麻布或棉布则得名自伊普尔。在根特，有 2300 名织工在织布机前工作，13 世纪在普罗旺斯则有 3200 名。很多意大利城市都拥有自己的纺织工业。12 世纪，在佛罗伦萨，羊毛商会擅长染色羊毛产品的生产。13 世纪初期，布商公会（Cloth Guild）投身于大规模、大范围的进口羊毛和输出成品织物生意。约 1306 年，佛罗伦萨有 300 家纺织工厂，至约 1336 年，已拥有 3 万名纺织工人。热那亚生产质地精良的天鹅绒和金线花饰丝绸。13 世纪末，维也纳进口佛兰德斯织工，不久就有了它自己繁荣的纺织工业。英格兰几乎垄断了欧洲北部的羊毛生产，它将大部分产品输至佛兰德斯。许多种毛纺布料因诺福克（Norfolk）的沃斯特德（Worstead）的城镇而得名。西班牙也生产上等羊毛，它的"美利奴绵羊"（merino sheep）是其国民收入的一个主要来源。

8 世纪，阿拉伯人已将丝绸文化和制造技术带入西班牙。9 世纪，又将其输入西西里岛；而巴伦西亚、卡塔赫纳、塞维利亚、里斯本和巴勒莫在基督教化后，也还延续着这一技艺。1147 年，罗塞二世从科林斯和底比斯进口希腊和犹太丝织工人至巴勒莫，并将他们安顿在一座王宫中。通过这些人及其子孙，养蚕遍布意大利。卢卡组织了资本主义标准的丝绸制造业，佛罗伦萨、米兰、热那亚、摩德纳、博洛尼亚和威尼斯起而与之竞争。这种技艺更越过阿尔卑斯山，而在苏黎世、巴黎和科隆等地，培养出熟练的从业者。

上百种其他技艺完善了中世纪工业的领域。陶工在陶制器皿湿润的表面上撒上铅末，并以文火进行烘烤，以使其表面光滑似镜，倘若他们希望得到绿色釉，而非黄色釉，那么就在铅末中掺入铜末或青铜末。13 世纪，在蒸蒸日上的城市中，建筑变得更加靡费，因担心火灾的发生，瓦便取代了茅草铺的屋顶。1212 年，伦敦还曾强制更换。当时，建筑业必定相当有水平，因为欧洲现存的一些最坚固的建筑，便诞生于这一时期。工业玻璃用于制作镜子、窗户和器皿，不过规模还相当小。大教堂拥有最精良的玻璃制品，但许多房屋没有一块玻璃。至少从 11 世纪起，欧洲西部就有了玻璃吹制这一行当。或许，在罗马帝国治下其全盛期以来，这一技艺在意大利就从未中止过。

直至12世纪，纸还是从阿拉伯或西班牙进口。然而，1190年，日耳曼拉芬斯堡（Ravensburg）开设了一家造纸厂。13世纪，欧洲已开始利用亚麻造纸。皮革是国际商贸最主要的项目之一，而制革法也很普及。手套商、马具商、钱包制造商、皮鞋匠和补鞋匠，出色得令人嫉妒。毛皮由北部和东部购入，供皇室、贵族和资产阶级穿着。葡萄酒和啤酒为人们提供热量，而许多城镇因酿造的地方性垄断而获利。日耳曼人在这一古老的技艺方面领先于世界，14世纪即拥有500家酿酒厂的汉堡，将其繁荣主要归功于那里的麦酒或淡色啤酒。

除纺织品外，工业仍停留在手工业时代。为当地市场服务的工人——面包师、皮匠、铁匠、木匠等——可以控制或处置他们自己的设备和产品，并保持个体的自由。大多数工业仍然在工人的家中，或在与他们的住所毗连的店铺中进行，而且大部分家庭都为他们自己做许多如今委托商店或工厂做的工作——烘焙面包、纺织衣物、修补鞋子。在这种家庭工业中，进步是缓慢的；工具是简单的，而机器甚少；竞争和获利的动机尚未刺激人从事发明，或以机械的力量来取代人的技能。然而，这或许是历史上工业组织最健康的形式。它的生产力低，它的满足程度却可能相对的高。工人留在家庭附近，他决定工作时间，也（或多或少）决定他的工作报酬。他以技能为傲，这塑造了他的性格和信心。他是工匠，却也是艺术家。当看到一个完整的产品在自己的手中成形，他也会有艺术家式的满足感。

货币

商业和工业的扩展彻底改革了金融。商业不可能靠着以货易货进步，它需要一种价值稳定、使用便利的交易媒介，及形成投资基金的捷径。

在欧洲大陆实行封建制度的情形下，大领主和高级教士僭行铸币权，而欧洲经济深受流通混乱之苦。伪币制造者和硬币剪取者（coin clippers）加剧了这种混乱。国王颁布命令，有这种行为的贵族将被肢解或阉割，抑或活活煮熟；但正是国王们自己再三使流通恶化。在蛮族入侵后，黄金变得匮乏；而在穆斯林征服东方后，它更从西欧的造币中消失了。8—13世纪，历次造币皆用银或更劣等的金属。

在拜占庭帝国，黄金用于铸币仍贯穿了中世纪。当西方和东方之间的联系增长，在西方称为拜占特的拜占庭金币，作为基督教世界最受敬重的货币，开始在整个欧洲流通。1228年，看到一种稳定的黄金货币给近东带来有益影响的腓特烈二世，在意大利铸造了欧洲西部第一种金币。他称之为"奥古斯塔勒斯"（augustales），显示出要与奥古斯都的钱币和威望相竞争的愿望。它们的确无愧这一美名，因为虽是一种模仿，它们却有着高贵的设计，并达到了中世纪钱币艺术的最高水准。1252年，热那亚和佛罗伦萨都发行了金币，而佛罗伦萨的弗罗林——与1磅银子等价——更美丽且有生命力，被整个欧洲接受。约1284年，除英格兰外欧洲所有主要国家，都拥有了一种可信赖的黄金货币。

约13世纪末，法兰西的国王们收购或取消了几乎所有的领主铸币权。法兰西的货币体系直到1789年依旧保持着查理曼建立的票面额，尽管已经几乎没有什么价值可言：银的利维尔（Liver）或镑；苏（*sou*）或1/20利维尔；德尼耶（denier）或1/12苏。这一体系由诺曼人入侵带至英格兰。因此在这里，1磅银子也被分为20份——每份1先令（shilling），1先令则分成12份——每份1便士（pence）。英语从德语的镑（pfund）、先令（schilling）和芬尼（pfennig）借取来了"镑""先令""便士"这些词汇，其符号却取自拉丁语。直至1343年，英格兰还没有一种黄金货币，由亨利二世确立的银币，保持着欧洲最稳定的地位。在日耳曼，银马克铸造于10世纪，价值相当于法兰西或英格兰镑的一半。

尽管如此，中世纪的流通仍为价值波动所苦，银对黄金不稳定的兑换比率，国王和城市——有时是贵族和神职人员——的权势，可随时召回所有钱币，以改铸为名收取费用，并发行成色更低的劣等新币。因为铸币的欺诈，因为黄金的增长比货物的增长更为迅速，因为以贬值货币来弥补国债这种捷径，从中世纪至近代，一种毫无规律的通货膨胀影响了整个欧洲的货币流通。1789 年，在法兰西，利维尔的价值仅相当于查理曼治下的 1.2%。从一些典型的价格，我们可以判断货币贬值的状况：1268 年，在拉韦纳，一打鸡蛋值"1 便士"；1328 年，在伦敦，一头猪值 4 先令，一头牛值 15 先令；13 世纪，在法兰西，3 法郎能买一只绵羊，6 法郎能买一头猪。

支撑和推进商业和工业的钱来自何处？最大的个体供应者是教会。它有一个无可比拟的筹措资金的组织，而且，总是拥有充足且灵活的流动资金，它是基督教世界中最大的财主。此外，许多个人将私人资金存放在教会或修道院，以求从其获得保护。教会从其财产中拿出钱，贷款或借给有困难的人或机构。贷款的主要对象是欲改良其农事的村民。在扶植自由农民阶层方面，教会起着地产银行的作用，同时也扮演着慈善机构的角色。早在 1070 年，它们就借钱给邻近的领主，作为交换，它们得以分享领主产业的收益。通过这种抵押贷款，修道院成为中世纪第一个类似银行的组织。法兰西圣安德烈的修道院经营着如此兴旺的银行生意，以至雇用犹太放债人来管理它的金融业务。"圣殿骑士"依照自己的兴趣，向国王和亲王、领主和骑士、教会和高级教士放债。他们的抵押贷款生意可能是 13 世纪时世界上最大的。

但是，出自教会团体的这些贷款通常用于消费或政治用途，很少投入工业或贸易当中。当个人或家庭将资金托付或委托给一位商人，来从事某项特定的事务或事业，并收取分享的利润时，商业信用（贷款）便诞生了。这种不参加具体经营的（silent）或"不参与经营的"（sleeping）合股方式，是古罗马的一个发明，可能由基督教西方重新从拜占庭东方引入。这种坐享利益而又不直接抵触教会关于禁止取息的禁令的手段如此有效，很快就流行开来。而"公司"（company）或家庭投资变成一种"合伙"（societas），其中几个人——不一定是亲属——集资从事一组或一系列非单一项目的商业冒险。约 10 世纪末，这类金融组织出现在热那亚和威尼斯，12 世纪更是发展到顶峰，而且成为意大利商贸迅速成长的主因。这些投资团体经常同时购买数艘商船或数项风险投资的"股份"（partes），以分散其风险。在 14 世纪的热那亚，这种股份是可转移的，于是股份公司应运而生。

金融资本最大的单项来源是职业金融家。他起初在古代是货币兑换商（money-changer），并且已发展成为放债人（money-lender），用自己和他人的金钱投资企业或商业，或贷款给教会、修道院、贵族或国王。犹太人作为放债人的角色被夸大了，他们在西班牙，一度在不列颠拥有势力，在日耳曼则势单力薄，在意大利和法兰西则被基督徒金融家超越。英格兰国王们的首要债主是威廉·凯德（William Cade）；在 13 世纪的法兰西和佛兰德斯，首要的债主则是阿拉斯的卢沙尔（Louchard）和克雷斯潘（Crespin）两个家族；"布列塔尼人"威廉（William the Breton）描述当时的阿拉斯"充斥着高利贷者"。另一个北部金融中心是布鲁日的交易所（bourse）或金融市场。一个更有权势的基督徒放债人集团，兴起于法兰西南部的一个城镇卡奥尔（Cahors）。马修·帕里斯写道：

> 在这个时期（1235 年），令人憎恶的卡奥尔人瘟疫般席卷而来，以致全英格兰，尤其是在高级教士们中间，几乎没有人不陷入他们的网中，被牢牢黏住。国王欠他们一笔数也数不清的债。他们以维持生命的必需品来要挟穷人，以贸易来包裹、掩盖他们罪恶的高利贷营生。

教皇一度将其在英格兰的财务委托给卡奥尔银行家打理，然而他们的残酷无情使英格兰人不快，以致他们中有一人在牛津被谋杀。伦敦主教罗杰宣布将他们逐出教会，而亨利三世把他们逐出英格兰。林肯主教罗伯特·格罗斯泰特（Robert Grosseteste）临终之际悲悼"我们的教皇阁下的商人和交易者"敲诈勒索行径，认为他们"比犹太人更可怕"。

意大利人在 13 世纪将银行业发展到空前的水平。大银行业家族兴起，为日益扩大的意大利贸易提供力量源泉：锡耶纳的布昂希格诺里（Buonsignori）和加莱拉尼（Gallerani），佛罗伦萨的弗雷斯科巴尔迪（Frescobaldi）、巴尔迪（Bardi）和佩鲁齐（Peruzzi），威尼斯的皮萨尼（Pisani）和蒂耶波利（Tiepoli）等家族。它们将业务扩展至阿尔卑斯山另一边，并将巨额款项贷给英格兰和法兰西向来贫困的国王们，及贵族、主教、修道院院长和城镇。教皇和国王雇用他们征收国税，管理铸币和财政，献策纳计。他们觅购羊毛、香料、珠宝和丝绸，还拥有欧洲全境的船只和旅馆。13 世纪中叶，这些伦巴底人——北方人这样称呼所有意大利银行家——是世界上最活跃和最强大的金融家。因为他们的强取豪夺，他们在国内和海外都遭人憎恨，而因为他们的财富，他们也为人羡慕。每一代都发生着借贷行为，但都谴责放贷的人。他们日益兴旺的生意，对犹太国际银行业是一个沉重的打击。伦巴底人中最强大的是佛罗伦萨银行业公司，1260 至 1347 年间，有文献记载的这类公司竟达 80 家。他们为教皇的政治和军事活动提供资金，并收获丰厚的报偿。作为教皇御用银行家，这一特殊地位在交易中提供了一个有效的掩护，掩盖了他们与教会关于取息问题的看法很难协调一致这一事实。举例来说，1308 年，佩鲁齐家族分派了 40% 的红利。然而，这些意大利公司，几乎以他们使商业和工业焕发生机这一服务，补赎了其贪婪的罪行。当潮汐退去，他们留下了一些属于他们的词汇——credito（贷方），debito（借方），cassa（钱箱，money box；现金，cash），banca rott（倒闭，bank broken；破产，bankruptcy）等——几乎出现在所有欧洲语言中。

正如这些词汇暗示的，威尼斯、佛罗伦萨和热那亚的大金融公司，在13世纪或以前，就已发展出几乎所有近代银行的功能。他们接收存款，并开办经常账户——在当事人间存在一个未结清的成组的金钱交易业务。早在1171年，威尼斯银行（Bank of Venice）仅靠簿记运作来达成其客户之间的账目交易。他们放贷，而作为抵押，他们接收珠宝、贵重甲胄、政府公债，或收税权，抑或管理公共税收的权力。他们接收转往其他国家的保税货物。通过他们的国际关系，他们能发行信用证，凭借信用证，在某个国家的一笔存款，可以转交到在另一个国家的存款人，或他的授权人手中——一项长久以来归功于犹太人、穆斯林和"圣殿骑士"的发明。反之，他们签发汇票：作为货物或贷款的偿付，一位商人给其债权人一张期票（promissory note），承诺在既定时间内，在某大市集上或国际银行里，付款给后者。这些期票在市集上或银行里抵兑，只有最终的收支差额才用现金结付。于是，成百宗交易都可以方便地达成，而免去了搬运或兑换大笔款项和负担钱币重量的麻烦。而当银行业中心成为票据交换所，银行家也就免除长途跋涉赶赴市集之苦。遍布欧洲和黎凡特地区的商人，可以在意大利的银行里取出账本，处理账目，并借银行间的簿记理清、安排收支。结果是，金钱的效用和流通增长了十倍。这种"信用制度"（credit system）——因相互信任而成为可能——并非经济革命最不重要或光荣的一面。

13世纪，保险业也迈出了第一步。商人同业公会给予其成员保险，以对抗火灾、船难，及其他灾祸或伤害，甚至还包括犯罪引起的诉讼——无论其成员是否有罪。许多修道院提供一种终身年金：它们承诺为捐赠人提供饮食，有时还包括衣物和寄宿，以使其安享余年，这些是一笔一定额度的预付金的报偿。早在12世纪，一家布鲁日银行已提供货物保险。1310年，显然也是在那里，成立了一家特许的保险公司。1318年，佛罗伦萨的巴尔迪家族也已受理陆路布匹分派风险的保险。

最早的政府公债，于1157年由威尼斯发行。战争的需求使共和国匦须从市民那里强制贷款，一个特别部门（Camera Degli Impresidi）也建立起来，专门接收贷款，并向认购者发放利息证书（interest-bearing certificate），以为偿还的国家担保。1206 年之后，这些政府公债变为可转让的（negotiable）和可转移的（transferable），它们可以买卖，或用作贷款抵押。1250 年，类似的市府债券在科莫作为金属通货的等价物被接纳。因为纸币是一个关于兑现的政府允诺，这些可转让的金币流通券便标志着欧洲钞票的肇端。

银行家、教皇和君主的复杂交易，需要一个细致、谨慎的簿记系统。档案和账簿充塞着关于租金、税金、收讫、支出、存款和债务的记录。于 7 世纪在欧洲西部失传，却在君士坦丁堡得以存续的帝国时代记账方法，被阿拉伯人采用，十字军东征期间在意大利恢复。1340 年，一个充分发展了的复式簿记的系统，出现在热那亚的公共账目中。1278 至 1340 年，热那亚人记录的逸失，使这一进步或者说这一成就，变成了悬而未决的历史公案。

利息

银行业发展最大的障碍是教会有关取息的教条。它有三个来源：亚里士多德"关于利息乃钱生钱的非自然繁殖"的谴责，耶稣对利息的谴责，及教会的神职人员在罗马抵制商业主义和高利贷的发放。罗马法早将利息合法化，而"可敬的人"（honorable men），如布鲁图，也铁石心肠地索要费用。安布罗斯曾公开抨击"一个人可以随心所欲地处置他自己的所有"的学说：

> "我的"，你是这么说的？什么是你的？当你从你母亲的子宫降生于世，你带了哪些财富来？使你着迷的，总是超过能满足你的（你之所欲，总是超出你之所需），是靠暴力取得的。难道是上帝不公平，没有平等地分配我们生活用的财物，所以你就应当

富足，而别人就活该穷困吗？或者毋宁说，上帝愿意赐予你他的
仁慈的标记，而却给你的同胞以忍耐的美德？那么，承受了上帝
的恩典的你，就以为独自把持本来是供许多人生活的财物，并非
不讲道义？你紧抓不放的是无食者的面包，你锁起来的是无衣者
的衣物，你藏起来的钱是穷人的活命钱。

其他教会神父的主张，已极其接近共有主义。"万物备于世间，"
亚历山大的克莱门特说，"应由全民共享。但出于不义，某人说这是
他的，另一人说那是他的，因此众人间便生出分歧。"哲罗姆视一切
利益为不义。奥古斯丁以所有"生意"（business）为一种邪恶，因为
它"阻碍人寻求真正的安宁，而那其实是上帝"。教皇利奥一世曾拒
斥这些极端学说，然而教会的状态是照旧不同情商业，怀疑一切投机
和获利，敌视所有"垄断"（engrossing）、"囤积居奇"（forestalling）
和"高利贷"（usury）——其中最后一个词在中世纪意味着无论收取
哪种利息。安布罗斯说"高利贷是任何加在资本上的东西"，而格拉
提安将这一生硬的定义收入教会的法规。

尼西亚（325 年）、奥尔良（538 年）、马孔（Macon，585 年）和
克利基（626 年）等教会会议禁止神职人员借钱牟利。789 年查理曼
的法典，及 9 世纪的教会会议，将禁令扩展，也适用于俗人。12 世
纪罗马法的复兴，助长了伊尔内里乌斯和博洛尼亚的"法典编纂者"
（glossator）防卫利润的气焰，而且他们也能援引《查士丁尼法典》
有利于己方的内容。但第三次拉特兰教会会议（1179 年）重申禁令，
并宣称"经证明确系高利贷者的，不再允许领受圣餐，若他们未赎罪
便死去，也不准以基督徒的方式埋葬；同时，没有教士会接受他们的
施舍"。英诺森三世一定抱着较仁慈的看法，因为在 1206 年，他慎重
考虑过在某些特定的情况下，妆奁"应当交托给某些商人"，以便其
收入可以"来自诚实正直的获利"（by honest gain）。然而，格列高利
九世退回到放高利贷所获得的任何利益或带来的任何收入，都是因为

有人借贷这样一种观念；而且，这一观念保留在罗马教会的法规中，直至 1917 年。

教会的财富在于土地，而非贸易。它和封建贵族一样蔑视商人，在它看来，土地和劳动（包括经营）似乎是财富和价值唯一真正的创造者。它对商人阶层日益增长的势力和富有愤愤不已，这一阶层对封建土地所有者或教会并不十分友善。几个世纪以来，教会一直把所有的放债人当成犹太人，而且觉得谴责放债人对贫困教会机构提出的苛刻条件实属正当。大体说来，教会在控制牟利动机方面取得的成就，是基督教道德的一种英雄主义行为，这与监禁和奴役债务人——这使希腊、罗马蒙羞——的生活和法律是一个有益的对照。

很长一段时期以来，政府的立法支持教会的立场，而世俗法庭强制执行关于取息的禁令。但事实证明，商业需求比对监狱或地狱的恐惧更强大。贸易和工业的扩张要求由积极、活跃的企业来使用闲置资本；处于战争或其他紧急事件中的国家，发现借贷比收税更容易；同业公会贷出和贷入都计算利息；扩展其产业或投效十字军的土地所有者都欢迎放债人；教会自身和修道院都求助于伦巴底人、卡奥尔人或犹太人，以度过危机或费用上涨、需求上升等难关。

人的智慧从法律中发现了许多漏洞。借债人常将土地贱卖给债权人，把使用权留给自己当利息，稍晚时再买回土地。或者土地所有者把一些或全部年租或岁收卖给贷款者。举例来说，甲以 100 美元把一块年租为 1000 美元的土地卖给乙，则结果就是乙以 10% 的利息借 100 美元给甲。许多修道院即通过购买这种"租费"（rent charge）——此风在日耳曼最盛，在那里意为"利息"的单词 Zins，便来自中世纪的拉丁语单词 census（租金）——来投资。城镇通过与贷款者签订契约，允许后者分享他们的岁收来借钱。

个人和公共机构——包括修道院——借钱给人，作为报偿，它们得到秘密的礼物或空头售卖（fictitious sale）。1163 年，教皇亚历山大三世抱怨"许多神职人员"（主要是修道士）"当他们躲避一般的高利贷，就像在躲避一件明显是备受责难的事，同时却还是借钱给水深火热中的穷人，而以后者的财产为抵押，并由此获得超出本金的源源不断的果实"。有些借款人以己身做担保，以偿付因延迟还债而与日俱增的"损害"（damages）。还债日期定得早，赔偿这种隐蔽的利息是无可避免的事情。在这种情况下，卡奥尔人以相当于每年 60% 的利息，贷款给某些修道院。许多金融公司公开放贷取息，并按照"法律只适用于个人"的学说，要求豁免权。意大利的城市并未找借口逃避偿付政府公债利息。1208 年，英诺森三世评论说，假如遵照教会法规，将所有高利贷者摒弃在教会的大门外，则所有的教堂也都得关门。

教会很不情愿地调整自己以适应现实。约 1250 年，托马斯·阿奎那勇敢地宣布一项关于利息的新教会学说：营利事业的投资者，若实际分担风险或损失，可合法地分享利润，而损失的意思被认为包括超出约定日期延迟还债。布纳芬杜拉和教皇英诺森四世接受这一原则，进而宣布付款给放债人，以偿付资金运用造成的暂时性损失为合法。15 世纪，一些圣典学者（canonist）承认国家有权发行有息公债。1425 年，教皇马丁五世使租费的买卖合法化。1400 年以后，大多数欧洲国家都撤销了它们抵制利息的法律。而教会禁令形同虚文，无人理睬。教会企图通过鼓励费尔特雷的圣贝尔纳和其他神职人员自 1251 年起创立"爱之丘陵"（montes pietatis），来找出解决之道。在那里处于困境的可信赖之人，通过存放一些物品作为抵押，就可借到无息贷款。但是典当商的先驱只触及了问题的一小部分，商业和工业需求依旧，而资本家兴起，以应时需。

职业放债人要求高利率，不全因为他们是丧尽天良的恶魔，而是因为他们冒着损失和掉脑袋的高风险。他们无法总是依靠法律，通过诉讼来执行合约；他们囤积的财富常被国王或皇帝征用；他们随时可能被流放或驱逐，并总是处于糟糕的境遇中。许多贷款永无偿还之期。许多借款人在破产的情况下死去，有些则加入十字军，免去了偿付利息的义务，而且一去不回。倘若借款人拖欠，债权人弥补损失的唯一办法是提高其他贷款的利率。良性贷款不得不用来填补恶性贷款的深渊，正如买进商品的价格必须包含卖出前商品的折损成本。12 世纪的法兰西和英格兰，利率在 $33\frac{1}{3}$% 和 $43\frac{1}{3}$% 之间，偶尔升至 86%。在繁荣的意大利，利率则降至 12.5% 和 20% 之间。约 1240 年，腓特烈二世试图把利率降到 10%，但不久又以高得多的利率付给基督徒放债人。晚至 1409 年，那不勒斯的政府才立法规定利率的法定最高限额为 40%。随着贷款安全性的提高及贷款者之间的竞争加剧，利率下降。逐渐地，经过上千次的试验和错误，人们学会使用进步的新的金融工具，而货币时代（Age of Money）已在信仰时代中肇端，渐露端倪。

同业公会

古罗马曾有无数工匠、商人和承包商的协会、政治会社、秘密社团、宗教兄弟会。这些协会中是否有些残存下来，成为中世纪同业公会的前身？

格列高利一世有两封信，提到那不勒斯的一个肥皂制造商社团和奥特朗托的一个面包师社团。在伦巴底国王罗塔里斯（Rotharis）的法典中，我们读到"科木师傅团"的事迹——显然是来自科莫的大泥瓦匠，他们彼此称呼对方"collegante"——同一组织的同事。运输工人联合会在 7 世纪的罗马和 10 世纪的沃姆斯曾被提及。古代的同业公会继续存在于拜占庭帝国。在拉韦纳，我们发现了许多关于经济协会（scholae）的资料——6 世纪的面包师协会，9 世纪的公证人和商人协会，10 世纪的渔夫协会，11 世纪的食品商协会。我们听说 9 世纪在威尼斯有工匠协会（artisan ministeria）、11 世纪在罗马有园丁协会（gardeners' schola）。毫无疑问，大多数西方古代同业公会，在蛮族入侵、接踵而来的农村化（reruralization）和贫困的情形下，濒临绝境，然而它们中有些似乎在伦巴底存续下来。商业和工业在 11 世纪复兴时，使同业公会获得新生。

因而，这些同业公会在古罗马制度保存得最好的意大利，最为强大。12 世纪，在佛罗伦萨，我们找到公证人、呢绒商、羊毛商人、银行家、医师和药剂师、绸布商或丝绸商、皮货商、制革工人、军械制造商、旅店老板等的"arti"，意即技艺协会。这些同业公会显然是模仿君士坦丁堡的各种同业公会而建立起来的。

在阿尔卑斯山以北所遭受的破坏可能比在意大利更彻底。然而，我们发觉他们出现于达戈贝尔特一世的法律（630 年）、查理曼的法典（779 年、789 年）和大主教辛克玛的法令（852 年）中。11 世纪，同业公会重现于法兰西和佛兰德斯，并迅速发展成慈善会（charite）、兄弟会（frairie）或联合会（compagnie）。在日耳曼，同业公会（汉萨）起源于古老的 Markgenossenschaften——旨在互助，举行宗教仪式和假日狂欢的地方协会。约 12 世纪，这些协会大多数已变成贸易或技艺协会。到 13 世纪，它们势力如此强大，与市政委员会（municipal councils）角逐政治和经济的权威地位。汉撒同盟就是这样的一个同业公会。英格兰同业公会首先出现于国王伊内的法律中，其谈及互相帮助偿付加在他们身上的血钱。盎格鲁—撒克逊单词"gild"意为"捐款入公共基金"，而后来引申为"经管该基金的团体"。有关英格兰贸易同业公会的最早的文献日期为 1093 年。约 13 世纪，在英格兰，几乎每座重要城镇都有一个或更多的同业公会，同时，一种地方性的"同业公会集体主义"（guild socialism）在英格兰和日耳曼盛行起来。

几乎 11 世纪所有的同业公会都是商人公会：它们只包括独立商人和熟练技工，排斥所有依赖他人的人。它们也是贸易的管制机构。它们通常以高度保护关税或其他借口，说服它们的城镇将与其竞争的货物拒之门外，这种舶来货一旦获准进城，也由深具影响力的同业公会决定其价格并出售。在许多情况下，商人公会从自治市

(commune）或国王那里获得地方或全国的专卖权。巴黎公司（Paris Company）的"水路商品转运权"（Transit of Merchandise by Water）几乎独占整条塞纳河。依照城市法令（city ordinance），或在经济压力下，同业公会通常强迫工匠只为公会工作，或须取得其许可，方能工作，而且它的产品只能由公会出售，或通过公会出售。

较大的同业公会成为强有力的公司。它们经营各种货物，觅进原料，制定防止损失的措施，组织它们所属市镇的食品供应和排水事宜，修筑街道，建造马路和码头，疏浚海港，维护大路治安，监督指导市场，制定工资、工作时间和工作条件、学徒条款、生产和销售办法、原料和成品的价格。每年有四五次，它们确定"公平价格"，依照它们的判断，给予各有关行业公平的刺激和奖励。它们对其贸易范围和区域内一切买进或卖出货物进行称重、检验、计算，而且尽可能避免劣等或不诚实的货物流入市场。它们联合起来对抗强盗、封建领主和通行税、难以驾驭的工人、横征暴敛的政府。它们在政治上取得领导地位，控制着许多市政委员会，有力地支持自治市政府，同时与贵族、主教和国王进行斗争，而它们自身也演进为商人和金融家的强势寡头集团。

通常，每一同业公会都有自己的同业会所或会馆，这种同业会所或会馆在中世纪后期的建筑方面异常华丽。它的人员结构复杂，有主持会议的参事、书记、司库、法庭监守、警官等。它有自己的法庭，用以审判其成员，同时要求成员间的争端须通过公会法庭，方能诉诸国家法规。又规定会员有义务帮助贫病或不幸的会员，拯救或赎出遭受攻击或监禁的伙伴。它监管会员的道德、举止和衣着，对不穿袜子参加聚会的人做了处罚的规定。莱斯特商人同业公会（Leicester Merchants' Guild）的两名会员在波士顿市集（Boston Fair）上互殴，他们的伙伴罚他们缴出一大桶啤酒，由会员一起喝光。每一个同业公会都有一年一度的节日，以纪念他们的守护圣徒，在简短的开幕式或祷告后，择定一个雨露丰美、有利健康的日子。会员们筹资和装饰城里的教堂或大教堂，准备并演出神迹剧（miracle play），此乃近代戏剧的前身。在当地的游行队列中，公会的显要人物穿着华丽的制服，打着代表他们的贸易的华美壮观的条形旗帜浩浩荡荡前进。同业公会也替其会员保火险、水险、窃盗险、监禁险、残疾险和老年险。它设立医院、救济院、孤儿院和学校，还替死者付丧葬费和拯救灵魂离开炼狱的弥撒费。其富有会员也很少会在遗书中不提及公会。

一般说来，工匠被这些商人同业公会拒之门外，却要受公会的经济规章和政治权势的控制。12世纪，各行各业的工匠开始在每一城镇成立他们自己的工艺同业公会（craft guild）。我们发现，1099年，在伦敦、林肯和牛津有织工同业公会，而不久这些地方又出现了漂布匠、制革匠、屠夫、金匠等同业公会。13世纪，它们以"arti""Zunfte""métiers""companies""mysteries"为名称，在全欧兴起；威尼斯有58个，热那亚有33个，佛罗伦萨有21个，科隆有26个，巴黎有100个。约1254年，路易九世的商务大臣，"商人首长"（provost of merchants）埃提埃内·布瓦洛（Etienne Boileau），发行了一部官方的《贸易书》（*Livre des Métiers*），为巴黎101个同业公会制定了规则和法律。书中所列工种之多、分工之细令人吃惊：如，单皮革工业一项就细分成剥皮者、制革者、鞋匠、缰绳制造者、马鞍制造者、精美皮件制造者；木工则分成大箱制造者、橱柜制造者、制船者、制轮者、箍桶匠、编结者。每一公会都谨慎地守护自己行业的技术秘密，防备外人进入工作场所内，并经常因此对簿公堂。

时势所趋，工艺同业公会采取了一种宗教形式，各奉一位守护圣徒，并以争取垄断地位为目标。通常，一个人除非属于某个公会，否则不能学习该行业的技艺或以该行当为营生。公会领导人每年在该行业的全体会议中选出，但通常根据年资和财富。公会法规决定——只要商人同业公会、市府法令和经济法许可——会员的工作条件、所领工资、索取价格等。公会法规限制各地区雇主的人数和每一个雇主所收徒弟的多寡；禁止工业界雇用雇主妻子以外的女人或男人在下午六点后工作；处罚索价不公、交易欺诈和以劣充好的会员。在许多情况下，公会很得意地在它的产品上覆上"注册商标"或"同业会所记号"（guild hallmark），以保证品质。布鲁日的布商公会驱逐一名会员出城，因为他伪造布鲁日的同业会所记号，盖在劣等的货物上。雇主之间的产量竞争或价格竞争都受到压制，以防最聪明的或最顽劣的人牺牲别人独富，但是雇主之间和城镇之间的产品品质竞争却备受鼓励。工艺同业公会像商人同业公会一般，设立医院和学校，提供各种保险，救助贫困会员，赠嫁奁给会员的女儿，埋葬死者，照顾寡妇，奉献人力和资金建造大教堂和礼拜堂，并将他们工艺操作和徽章标识绘在大教堂的玻璃上。

雇主间的兄弟之情并未免去工艺同业公会中会员身份与权势鲜明的阶级划分。处于最底层的是学徒，他们的年龄在10至12岁之间，由父母与雇主订立为期3至12年不等的契约，让他与雇主同住，帮助雇主店里和家中的事务。所得的报偿是衣、食、住，并学习该行业的技术。在他工作的晚后几年，可得到工资和工具。修业期满时可得到一笔款项供自己另行开业。假如他中途逃跑，将被追回送还雇主并受处分；若再度逃跑，则终身被拒于该行业之外。完成服务期限后，他变成了"流动工"（journeyman），在各雇主之间做日工。两三年的职工生涯过后，假如有足够的资本开店，可去接受同业公会董事会的技术能力测验。通过测验后，则成为雇主。中古后期，有时公会要求应试者上交一件"杰作"（masterpiece），即其手艺中较满意的样品。

毕业的工匠或雇主拥有自己的工具，通常依照顾客的订单生产货物，这些顾客有时自己提供材料，而且可以随时入店观看工作情形。在这种制度下，中间人并未控制货品制造者和使用者之间的渠道。工匠的活动范围受其供应的市场的限制，通常是在所住的城镇内。但是他并不受一般行业市场的起伏，或远方投资者，抑或购买者情绪的影响；他也不懂繁荣和不景气交错更迭的经济循环规律。他的工作时间很长——每天8—13小时，但时间由其自主选择，以精明而从容不迫的方式工作，并享受许多宗教假日。食物讲求营养，购买坚固家具，穿着简便而耐久的衣服。他读书不多，因此免受大量令人神迷智昏的无用读物之苦，然而他活跃地加入到他的团体唱歌和跳舞，观看或演出戏剧及参加庆典的行列。

经过整个 13 世纪，工艺同业公会的数目和权势不断增长，给寡头政治作风的商人同业公会带来类似民主的制衡。然而，工艺同业公会反过来又成为工人中的贵族阶级。他们有意只给雇主的儿子雇主资格；他们付雇工低廉的工资，雇工于 14 世纪一再揭竿而起，削弱了他们的势力；他们甚至高筑藩篱，阻挠新人入会或进入城镇。在运输困难，市场因限于地方购买者而变得狭窄，资本的累积尚未充足，也不具有流动性。在能支持大规模企业的情况下，它们是工业时代的卓越组织。当数额庞大又富于流动性的资金出现时，这些同业公会——无论商人的或工艺的——便失去了对市场和工作条件的控制力。在英国，工业革命借着经济转变的缓慢打击摧毁了它们；而法国大革命则突然、意想不到地解散了它们。

自治市

12 世纪和 13 世纪的经济革命，像 18 世纪和 20 世纪的经济革命一样，引起了社会和政府的改革。新阶级在经济和政治上赢得了新的势力，也给予中世纪城市刚健英武、好狠斗勇的独立精神，这一点在文艺复兴时期达到高峰。

遗传和环境这两个对立的因素，影响了欧洲的城市和同业公会。它们是罗马自治市的苗裔，还是经济变迁的洪流造就的新的堆积物？许多罗马城市在数世纪的混乱、贫困和衰颓后，仍延续着。但在意大利和法兰西南部，少数城市保留了古罗马制度，存续古老的罗马法的城市就更少了。阿尔卑斯山之北，蛮族的法律已取代罗马传统，有些日耳曼部落或乡村的政治习俗甚至渗入了古老的自治市。大部分的北阿尔卑斯城市仍归属封建领地，直接被封建领主的意志或其委派的人统治着。对于条顿征服者而言，自治市的制度是外来的，而封建组织是当地固有的。意大利以外，中世纪城市因新的商业中心、阶级和势力的形成而兴起。

封建城镇通常坐落于高地和道路交会处，或沿着攸关生命的水路，或在边境。在封建城堡或设防的修道院围墙四周，城镇人民或市民缓慢地发展起小型工业和商贸。当挪威人和马札儿人的侵扰已告平息，这种围墙外的活动迅速扩展，店铺增加，商人、工匠等从暂时逗留变为城镇的固定居民。但战火一起，不安定又降临。于是，居于围墙外的人，着手建筑第二道围墙，比封建城堡的护城壕更阔大，用以保护自身、商铺和财富。封建领主或教皇仍拥有和统治这一扩建了的城镇，作为其领地的一部分。但是，逐渐增长的人口日趋商业化、世俗化，封建税费和控制、束缚令他们烦恼焦虑，他们计划赢得自治市的自由。

出于旧的政治传统和新的行政的需要，一个由市民和官吏团组成的会议开始成形。渐渐地，这"自治团体"（commune）政治组织规划城市的种种事宜，顺理成章，也就成为地理上的组织。到 11 世纪末，商界领袖开始要求封建领主给予城市自由特许状。他们以狡猾的手段使领主之间不和——贵族与主教敌对，骑士反对贵族，国王敌视他们每一位。市民运用各种不同的方法，以期达成城市的自由：他们郑重宣誓拒绝并抵制向贵族或主教缴纳税金；他们交给领主少许的款项或年金，以取得特许状；在皇室领地内，他们借着金钱或在战争中服役而取得自治权；有时候他们清楚地宣布独立自治，发动暴力革命。图尔为赢得自由，战斗过 12 次。领主们因贫困或负债，特别是在筹备加入十字军东征时，贩卖自治特许状给其封建领地内的各个城市。许多英格兰城市都是以此从理查一世那里取得地方自治权。一些领主，特别是在佛兰德斯，给予城市不完全的自由，因为那些城市的商业发展使领主的收入增长。修道院院长和主教抵制得最久，因为他们的圣职誓言使他们不能减少修道院或主教辖区的收入——仰赖它，许多教会活动才有资金支持。所以，城镇与它们的教会领袖的斗争最激烈、最漫长。

西班牙国王赞助自治团体，以遏制讨厌的贵族阶级势力的发展，皇室的特许状多，给得又慷慨。莱昂于1020年从卡斯提亚国王手中取得特许状，布尔戈斯于1073年，纳赫拉于1076年，托莱多于1085年取得。接着，孔波斯特拉、加的斯、巴伦西亚、巴塞罗那也取得了特许状。帝国与教皇为了叙爵和教会与国家之间的其他冲突而发动战争，彼此消耗，两败俱伤；日耳曼的封建制度和意大利城市的繁荣却得益于此。意大利北部获得空前绝后的政治力量，阿尔卑斯山的水流注入伦巴底和托斯卡纳的大河中，便利商业并滋润平原，使阿尔卑斯山以北的欧洲和西亚商业会聚于意大利北部。在那里，产生富有的资产阶级，他们的财富用来修复古城，兴建新城，赞助文学、艺术，骄傲地摆脱封建束缚。来自乡村城堡的贵族们在反自治市运动上打了一场败仗，于是屈服下来，定居城市，效忠自治市。伦巴底几个世纪以来，真正掌权的统治者是主教，而今在他们长期忽视其权威的教皇的协助下，被削弱了。我们得知，在1080年，有所谓的执政官管辖卢卡，1084年比萨也有了，1098年在阿雷佐，1099年在热那亚，1105年在帕维亚，1138年在佛罗伦萨，先后设立了执政官。意大利北部城市的自治持续到15世纪，承认正统的帝国主权，并以其名义撰写国家文件。然而，事实上，它们仍是自由的。古代的城邦旧制，及其全部的混乱和激励作用，又告复苏。

在法兰西，城市获得解放，经历了漫长而时常是血腥暴力的斗争。在勒芒（1069年）、坎布雷（1076年）、兰斯（1139年）等地，居于统治地位的主教挟破门律或武力之威，成功地镇压了市民组织的自治团体。在努瓦永，其主教自动授予城镇特许状（1108年）。圣昆廷于1080年争取到了自由，博韦于1099年，马赛于1100年，亚眠于1113年相继胜利。1115年，在莱昂，市民趁腐败的主教不在之际建立自治组织。等他回来时，则贿赂他保护此组织。一年后，他说服国王路易六世压制这一组织。以后的事，从僧侣吉贝尔的有关记载，我们可以看出自治革命的激烈：

> 复活节周第五天……全城嚣声鼎沸，人们呼叫"自治团体！"……市民佩带刀剑、战斧、弓、手斧、木棍、长矛，大批拥入主教官中……贵族们从四面八方协助主教……而主教借着少数助手以石头、箭矢抵抗……他自己躲入桶里……恳求他们，并答应不再做主教，将赐予他们无数财富，然后引退，离开这片国土。但他们心肠冷硬如铁，继续取笑他。一名叫贝尔纳的，举起战斧，残忍地砍穿这一位虽是罪人，却也是圣者的脑袋。他倾倒在扶着他的人手中，尚未落地就死了，而且，在眼下鼻梁上凹处又挨了一拳。他们处决了他，把双腿砍掉，身上还加上许多伤痕。蒂博看中主教手指上一枚戒指，拿不下来，于是砍掉其手指。

大教堂被纵火焚毁，倾圮在地。抢劫者想一箭双雕，接着焚烧贵族的住宅。一支王室军队猛烈攻城，会合贵族和教士大肆屠杀民众。自治团体被镇压，14年后才得以恢复，市民们虔敬地重建起被毁坏的大教堂。

这场斗争持续了一个世纪之久。维泽莱的人民于1106年杀死修道院院长阿诺（Arnaud），建立起一个自治组织。奥尔良于1137年揭竿而起，但失败了。路易七世于1146年给予森斯特许状，但3年后，因当地修道院院长的再三请愿又撤回，这座城市建在这位修道院院长的领地上。人们杀死修道院院长及其侄子，但没能再组建自治组织。图尔奈的主教打了6年（1190—1196年）仗，才把自治组织推翻。教皇将所有市民处以破门律。1194年，复活节的星期日，鲁昂的人民劫掠大教堂教士的住宅。1207年，教皇下令停止该城一切教权。1235

年，在兰斯城内，运来重建大教堂的石头，被人民夺取，用作反抗高卢最高教会领袖的武器。主教和教士逃逸，两年后才回来。那时，教皇已说服路易七世撤销自治团体。法兰西许多城市直到大革命时，才真正建立起自由，但法兰西北部的大部分城市皆于 1080 至 1200 年间获得自由，在自由的激励下，它们迈入最伟大的时代，修建哥特大教堂是自治团体的成果。

在英格兰，国王给予城市有限的自治权，借此赢得它们的支持，以对抗贵族。"征服者"威廉赐予伦敦这种特许状。亨利二世也赐特许状给下列诸城——林肯、达勒姆、卡莱尔、布里斯托尔、牛津、索尔兹伯里和南安普敦。1201 年，剑桥从约翰国王手中取得自治权。佛兰德斯宫廷给予根特、布鲁日、杜埃、图尔奈、里尔等城市以实际的让步，但拒绝完全的自治权；来登、哈勒姆、鹿特丹、代夫特（Delft）和其他荷兰城市，也于 13 世纪获得地方自治权。在日耳曼，解放运动早已开始，而且大部分是和平解决。几个世纪以来，以帝王的封侯身份统治这些城市的主教，也让科隆、特里尔、梅斯、美因茨、施派尔、施特拉斯堡、沃姆斯等城市自选其地方官员，并制定自己的法律。

12 世纪末，自治革命已在欧洲西部取得胜利。城市虽然很少完全自由，但至少已摆脱其封建领主，停止或减少封建税收，并大大限制了教会的特权。佛兰德斯的城市禁止新建修道院和遗赠土地给教会，它们限制教士受主教法庭审判，驳斥教会对小学的控制。从商的资产阶级已控制了整个城市和经济生活，几乎在所有的自治市，商人同业公会都被承认为自治团体。有些地方，自治组织和商人同业公会是同一组织。通常这二者是分开的，但自治组织很少反对商人同业公会的利益。伦敦市长由城市商人同业公会选出，千年以来，第一次出现这种情况——拥有金钱者远比拥有土地者更有权势，贵族和教士受到新兴财阀的威胁。商人资产阶级甚至较古代更会利用其财富、力量和才能，而在政治上取得优势。在大多数城市，他们将贫者排斥于议会和公职之外，压迫劳工和农民，垄断商业利益，向社区课以重税，耗费大半的收入用于内争或外战以争取市场，摧毁竞争者，极力压制工艺协会，不给予他们罢工的权利，甚至放逐或处死反抗的工人。他们又规定价格和薪金，只顾其自身利益，严重地损害了工人阶级。法国大革命中，封建贵族失败，胜利的成果主要是由商人阶级享有。

无论如何，自治市是人类自由的再次肯定，意义深远。市区钟楼钟声一响，市民们聚集起来，选出市府官员。城市自组队伍来保卫全城，曾在莱尼亚诺一地击败日耳曼皇帝训练有素的军队（1176 年）。义勇军有时也会成为战场上的敌人，耗竭双方之力。虽然不久行政会议的成员仅限于少数商业贵族，但市政大会（municipal assemblies）是自提比略以来第一个代议政府。应该是他们，而非《大宪章》，开今日民主政治的先河。封建遗俗或部落法律——根据几个人的证词，对嫌疑犯作无罪判决、决斗裁判、神裁判法——被依法而有条理的详考证据的审判方式取代。法律的延误减少了，法律契约代替封建身份和效忠，整个商业法为欧洲生活塑造了新的秩序。

这种新的民主政治立刻跃入国家所有式的管理经济。自治市自铸货币，管理、监督公共事业，修筑道路、桥梁、运河，铺设街道，使食物供给系统化，禁止垄断、层层盘剥，使买方和卖方直接在市场和市集交易，详察度量衡制度，检验货品，惩罚生产劣质产品，控制进出口贸易，存粮以应饥年之虞，关键时刻以合理价格售粮，对基本食品和啤酒进行价格管制。当价格太低而妨碍优良产品的生产时，则允许某些批发价通过竞争而提高水平，但另外设立管制面包和麦酒的法庭，使此类必需品的零售价能随小麦或大麦的价格变动，定期出版合理价格表。它们认为每一种货品必有一"公道价格"，相当于材料和人力的总和。这一理论忽略了供需之间的关系和币值的变动。有些自治市——如巴塞尔或热那亚，盐是专卖的；其他地方如纽伦堡，自制啤酒，或存储五谷在市府仓库。货物的流通因城市保护关税而遭遇阻碍。有时，要求过往商人在过境之前先拍卖其货物，这些规定常被狡猾的市民破坏。"黑市"很多，很猖獗。这许多限制法规往往害多于利，不久即告终止。

　　大体而言，中世纪自治市的工作，的确得归功于那些商人的技艺和勇气，由于他们的领导，欧洲在 12 世纪和 13 世纪得享繁荣——罗马衰亡后的第一个繁荣局面。尽管疫病、饥荒、战争频仍，欧洲的人口在自治制度下迅速增长，为千年来所未见。欧洲人口于 2 世纪开始减少，9 世纪时达至最低点，从 11 世纪到黑死病流行（1349 年），人口因为商业和工业的复兴而增长，在摩泽尔河和莱茵河之间的地区，人口可能增加了 10 倍。法兰西人口达到 2000 万人——几乎不比 18 世纪少。经济革命导致人们从乡村迁入城市，正如近代出现的情形一样。君士坦丁堡有 80 万人，哥多华和巴勒莫各有 50 万。但在 1100年，只有少数阿尔卑斯山北部城市人口达到 3000 人。1200 年，巴黎人口已达 10 万，杜埃、里尔、伊普尔、根特、布鲁日各约 5 万人，伦敦 2 万人。1300 年，巴黎有 15 万人，威尼斯、米兰、佛罗伦萨各 10 万人，锡耶纳、摩德纳达 3 万人，吕贝克、纽伦堡和科隆各 2 万人，法兰克福、巴塞尔、汉堡、诺维奇、约克各 1 万人。当然，这些统计数字只是估计。

　　人口剧增是经济发展的原因和结果：人口增长得益于生命和财产获得较好的保障，通过工业，天然资源得以尽其用。更因财富和贸易的兴盛，食品、货物流通广阔。相对地，人口增长意味着商业和工业市场扩展，也开拓了文学、戏剧、音乐和艺术诸领域。自治市之间的竞争心理使它们将财富投入建设教堂、市政厅、钟塔、喷泉、学校和大学。随着贸易路线延长，文明跨越高山海洋而得以交流，从伊斯兰国家和拜占庭传入意大利和西班牙，进而越过阿尔卑斯山进入日耳曼、法兰西、佛兰德斯和英格兰。"黑暗时代"已成过去，整个欧洲开始复苏，以生龙活虎的姿态崛起于人间。

　　但我们也不宜将中世纪的城市理想化。它风景如画，山上矗立城堡高墙，教堂和城堡、公共广场四周环绕着草屋、瓦舍、商店。但其街道大多狭窄，曲折小巷（起防卫和隐蔽的作用）中人和动物穿梭来去，夹杂蹄声、语声和屐声，没有机器来骚扰他们的肌肉和神经。许多城市住家周围有花园、鸡笼、猪栏、牛舍、粪堆。伦敦一地算较苛求，下令"凡养猪者，让他养在自己家中"；其余地方，猪则可以自由穿行于户外的垃圾堆中。有时，倾盆大雨使河水猛涨，转眼在田野上和城市中泛滥，于是人们划着船进入威斯敏斯特。雨后街道泥泞数日，男人穿长靴，贵妇则坐在马车或椅子上颠簸绕过小坑洞前行。13世纪，一些城市以圆石铺大道，但大部分城市均未铺路。修道院和城堡都有良好的排水系统，茅舍小屋则无。到处可见长满青草或沙石遍布的广场，那里总有一个抽水机供人饮用，还有水槽供过路家禽解渴。

阿尔卑斯山北麓的房子大多是木结构的，只有最有钱的贵族和商人以砖或石造屋。火警频仍，火灾常不可遏止地横扫全城。1188年，鲁昂、博韦、阿拉斯、特鲁瓦、普罗旺斯、普瓦蒂埃和穆瓦萨克等皆曾毁于大火，鲁昂在1200年和1225年间遭逢火灾达六次之多。瓦顶于14世纪才流行，救火队自水源地传递水桶以灭火，英勇无比但没有效率。看守者带有长钩，以破坏正被烧着而威胁到其他建筑的房子。因为人们都想靠近城堡而居以策安全，楼房应运而生，有高达六层的。楼上风景迷人，但令人担忧地悬于街道之上。城镇曾下令限制建筑物的高度。

尽管有这些困难，中世纪的城市生活仍然很有趣。市场拥挤，喧闹嘈杂，衣着货物琳琅满目，小贩高声叫卖，工匠推销手艺。巡回演出者在广场演出神迹剧或神秘剧；又有宗教游行经过，跟着高傲的商人和魁梧的工人、华丽的花车、庄严的祭袍和激昂的歌声前行；一些壮丽的教堂堪称伟大的建筑；一些漂亮姑娘倚靠在阳台边上；城镇钟楼召唤市民集会或武装。太阳下山，晚钟鸣响，催促众人赶快回家，街道没有路灯，只有窗边的烛光照明，偶尔有圣殿门前点着油灯。夜间市民行走，常令其仆人擎炬或执灯笼，佩带武器走于前方，因为警察人数极少。聪明的市民早早休息，避开漫长而尚未文明化的夜晚，他知道晨曦一至，鸡鸣不已，百业待举。

农业革命

商业和工业的成长，货币经济的扩展及城镇对劳动力需求的增长，改变了农业体系。城镇急于募到"新手"，宣布凡是在城镇居住366天以上而没有被认领为农奴者，视为自动还其自由，享受自治市的法律和权利的保护。佛罗伦萨于1106年欢迎周边乡间的农人进城而成为自由人，博洛尼亚和其他城市付款给封建领主，以换得农奴进城工作。大量的农奴逃走或应邀去开发易北河以东的新天地，此后，他们自然而然成为自由人。

留在庄园的人抵制长久实行的封建税捐，他们向城市的同业公会看齐，也组织农村协会，宣誓联合行动，拒缴封建税金。他们偷走或毁坏记录他们奴隶身份和义务的证状，焚烧顽固领主的城堡，并以离开领地为要挟，提出种种要求。1100年，圣米歇尔·德·博韦的农奴宣布：从此以后，他们将和任何他们喜欢的女人结婚，并把他们的女儿嫁给任何喜欢她们的男人。1102年，圣阿努尔·德·克雷普的农奴拒绝缴纳传统的借地继承税或死亡税给修道院院长，也拒缴女儿外嫁领地外的罚款。类似的反抗蔓延至十几个城镇，从佛兰德斯到西班牙，封建领主发现越来越难以从农奴的工作中获利，平息日益沸腾的抵抗须花费大笔金钱，领地商店内的农奴劳工较城镇生产同一货物的劳工身价更昂贵，却更无能。

为了使农夫留在耕地上，使其劳动产生效益，庄园领主将古老的封建税换成缴纳金钱，凡是有储蓄可以付款者，便还其自由之身，将领地租给自由农换取金钱，雇用自由劳工在其领地中的工场工作。渐渐地，欧洲西部效法伊斯兰国家和拜占庭东方，11世纪至13世纪，由副产品的形式转变为付现金。封建领主为取得商业产品，愿收金钱代替产品，以便花钱购物。参加十字军东征，他们需要金钱而不是食物产品，政府索求的税捐是金钱而非产品，领主屈服于这些变迁，出售产品以换取现金。这种货币经济的转变对封建领主影响很大，他们所收的折偿金和租金具有中世纪惯例的固定性，不能随时依金钱价值的下降而迅速提高。许多贵族被迫出售土地——通常售与新兴的资产阶级。早在1250年，有些贵族即死于无地或缺粮。14世纪早期，法兰西国王"美男子"菲利普解放其领地内的农奴。1315年，其子路易十世命令所有农奴在"公平和适当的条件下"恢复自由。渐渐地，12世纪至16世纪，易北河以西各国在不同时期，耕者有其田，即自耕农取代了农奴制度。封建农场分裂成许多小地产，农人于13世纪所达到的自由和繁盛程度，真是少见。领主法庭失去审判农人的权力，乡村团体选出自己的官吏，这些官吏宣誓只效忠于国王，而非听命于当地领主。整个欧洲西部的解放要到1789年才完成，许多封建领主仍坚持其在法律上的古老特权，在14世纪试图将其恢复。但是，只要商业和工业不断成长，要求自由和流动性劳力的运动便不可遏止。

农奴的解放，加之农业市场的极度扩展，促成耕作方法、工具和产品的改良。人口的增长、财富的剧增、新的金融和贸易媒介，也使农村经济更为广阔和丰厚。新工业需要经济作物——甘蔗、大茴香、小茴香、大麻、亚麻、植物油、染料。人口众多的城市附近新兴了养牛场、奶酪场、园艺市场。台伯河、阿尔诺河、波河、古阿达尔河、塔古斯河、埃布罗河、罗讷河、吉伦特河、加龙河、卢瓦尔河、塞纳河、摩泽尔河、默兹河、莱茵河和多瑙河等河谷的葡萄园酿造出的酒，沿河流、陆地或海洋运送到欧洲各地的农场，使辛劳的人们得以享用，连英格兰也在11至16世纪酿酒。为了满足那些斋戒日多、肉价高的饥饿城市，成群的船只驶向波罗的海和北海，带回青鱼和其他种类的鱼。雅茅斯靠青鱼贸易而维持生计，吕贝克的商人承认他们的生计是靠把青鱼形象雕刻在教堂的座椅上，老实的荷兰人承认壮观的阿姆斯特丹是靠青鱼建立起来的。

农业技术逐步改进。基督徒从西班牙、西西里岛和东方的阿拉伯人那里获益匪浅。本笃会和西多会的僧侣将古罗马和新意大利的耕种、饲养、土壤维护等技巧带回阿尔卑斯山北部诸国。在新农场里，带状耕作法已废弃不用，每位农夫自创新法，自立计划。在佛兰德斯，许多泥沼变为田园，13 世纪的农夫采用三种作物轮种制，每种作物每块土地一年只栽植一次，但每三年以饲料和豆类植物补充养分。强壮的公牛群用铁犁将土壤耕得更深，但大部分的犁仍是木制的（1300 年）。只有少数地区懂得使用肥料。由于长期干旱，养牛很难。但在 13 世纪，已有了第一次品种杂交和适应水土的尝试。奶酪场停滞。13 世纪，一般母牛产奶不多，每周生产不到一磅的奶油。

当领主们在战场上厮杀之际，欧洲的农民从事更伟大、更英勇、但不为人们歌颂的战争，那就是人与自然搏斗。11 世纪至 13 世纪，海洋曾 35 次冲越界线，越过苏格兰低地，在一度是陆地的地方造成新湾流和海湾，一个世纪便淹死 10 万人。11 世纪至 14 世纪，这些地区的农民，在王子和修道院院长的领导下，从斯堪的纳维亚和日耳曼运来大块石头，建筑所谓的"金色围墙"（Golden Wall）。成千亩土地从海中获得。13 世纪，苏格兰低地运河纵横网布。1179 年至 1257 年，意大利人开辟了著名的大运河（Naviglio Grande），沟通了马奏列湖和波河，灌溉了 86485 万英亩土地。在易北河和奥得河之间，来自佛兰德斯、弗里西亚群岛、撒克逊和莱茵河西部地区的坚忍移民，变沼泽为良田。法兰西茂盛的森林渐被清除，改为农场，使法兰西在几个世纪的政治动乱中得以存续。也许，欧洲七百年来所有的文明成果，即植基于这一连串清除、排水、灌溉、垦殖等英勇行为之中，而非战争或贸易上的胜利。

阶级战争

中世纪早期，西欧只有两个阶级：日耳曼征服者与土著被征服者。后来，英格兰、法兰西、日耳曼、意大利北部的贵族们都是征服者的后裔，他们即使在角逐沙场之际，仍不忘彼此的血缘关系。到 11 世纪，则有三个阶级：打仗的贵族，祈祷的教士，工作的农夫。他们之间的划分是如此传统，大部分人都认为是神的安排。大部分农夫和大多数贵族的想法一致，认为一个人应耐心地生存在他所属的阶级中。

12 世纪的经济革命又带来一个阶级——资产阶级——包括面包商、商人、城里的工匠头儿，这还没有包括所有行业。在法兰西，"阶级"称为"社会阶级"（états）或"身份"（states）——资产阶级称为"第三社会阶级"（tiers état）。资产阶级控制城市事务，获准进入英格兰议会、日耳曼议会、西班牙议会和三级会议——很少召开的法兰西议会，但他们在 18 世纪以前，对国家政策的影响很小。贵族继续统治和管理国家，虽然他们在城市的力量极小。他们住在乡间（意大利除外），嘲讽城市的居民和商业，排斥同阶级人士与资产阶级结婚，并肯定出身高尚的贵族政治，是唯一可以代替商业的财阀政治或神话的神权政治，抑或武力的专制政治。尽管如此，来自商业和工业的财富开始与来自土地的财富展开竞争。到 18 世纪，终于超越了后者。

有钱的商人既不满贵族阶级的妄自尊大，又轻视、剥削工匠阶级。他们居住在豪华住宅里，购买精致家具，吃的是外来的食物，穿的是昂贵的衣物。他们的妻子穿戴丝绸皮裘、天鹅绒、珠宝。法兰西皇后，纳瓦拉的珍妮（Jeanne of Navarre）发现，在布鲁日迎接她的600 位资产阶级夫人穿着和她一样奢华，不由愠怒。贵族们埋怨并要求颁布禁奢令，以遏止这种侮慢的尊卑不分的炫耀。这一法令定期通过，但国王需要资产阶级的支持和金钱，这些条文只是偶尔生效。

城市人口的迅速增长有利于都市不动产的拥有者——资产阶级，随之而来的失业局面，使他们易于控制劳工阶级。仆人、学徒、雇工等无产者未受教育，也无政治势力，有时穷困程度更甚于农奴。在英格兰，13 世纪的日工每天只赚约 2 便士——其购买力大约等于 1948年的 2 美元。一位木匠每日收入 4.125 便士，泥瓦匠 3.125 便士，建筑师 12 便士，外加车马费和偶尔的礼物。商品价格相对低廉。在英格兰，1300 年，1 磅牛肉售价 1 便士，1 只家禽 1 便士，25 磅的麦子售 5 先令。人们日出而作，日落而息——周末或节日提早收工。一年约有 30 个节日，但在英格兰，只有 6 天让人们休息停工。工作时间比 18 世纪或 19 世纪的英国长些，薪金也高些。

13 世纪，这种阶级摩擦演变为阶级战争。每一代都可以看到农人的革命、反抗，特别是在法兰西。1251 年，法兰西和佛兰德斯被压迫的农人起来反抗他们世俗和教会的领主。自称"牧者"（Pastoureux），组成一支革命十字军，在一位非法传教士"饥饿之主"（Master of Hungry）的领导下，从佛兰德斯经亚眠，行军到巴黎。沿途不满的农民和无产者继续加入，人数超过 10 万。他们挥舞宗教旗帜，宣称效忠国王路易九世——当时他正在埃及，是穆斯林的阶下囚。但他们不友善地携带着武器：木棍、刀匕、斧头、铍铲、利剑。他们指责政府腐败，有钱人对贫者暴虐、教士和僧侣贪婪虚伪。众人皆为他们的指责而欢呼。他们自认有传教、赦免人的罪、主持婚礼的权利，还杀了一些反抗的教士。到了奥尔良，他们屠杀许多教会人士和大学生。但在那里和波尔多，警察制伏了他们。他们的领袖被捕，被处以极刑。残存的不能战斗的队伍被追捕，如丧家之犬，陷入各种悲惨境地。一部分人逃到英格兰，又掀起较小规模的农民叛乱，后来又被压服。

法兰西工业城市的工匠组织一再发动罢工，以武力反抗商人阶级在政治、经济上的垄断和独裁。博韦市长和一些银行家被 1500 个暴民虐待（1233 年）；鲁昂纺织工人反抗布商，并杀死阻止他们行动的市长（1281 年）；巴黎的"美男子"菲利普国王，因为工人组织阴谋反叛而下令将其解散（1295 年、1307 年）。尽管如此，工艺同业公会赢得参加自治市会议和担任公职的权利，先后在马赛（1213 年）、阿维尼翁、阿尔勒（1225 年）、亚眠、蒙彼利埃、尼姆等地赢得这一权利。有时，教会人士会站在反叛者那边，给予他们种种"口号"。13 世纪的一位主教说："任何财富都是来自偷窃，每个富人都是小偷，或小偷的后代。"类似的反叛瓦解了佛兰德斯的秩序。尽管对罢工、反抗的领袖皆处以死刑或放逐，但迪南的铜匠仍于1255年起义，图尔奈的纺织工人于1281年，根特于1274年、埃诺于1292年发动起义。伊普尔、杜埃、根特、里尔和布鲁日等地工人于1302年联合起事，在库特赖击败一支法兰西军队，赢得进入自治会议和政府中的代表权，随即废止了专制商人加诸工匠的压迫性法规。赢得权利后一段时间，纺织工人准备制订——甚至是降低——漂布工人的待遇。

1191年，商人同业公会控制了伦敦。不久，他们提出条件：只要约翰国王答应镇压纺织工会，他们愿意每年付固定款项，约翰应允（1200年）。1194年，有位叫威廉·菲佐伯特（William Fitzobert）的人，绰号"长胡子"，向伦敦贫困者宣传革命的必要。成千的人热切地听他演说，有两位资产阶级人士找机会谋杀他。他逃进教堂，后来被浓烟逼出来，切腹自杀。他的跟随者将之奉为受难圣徒，把沾过他血迹之土视为圣物。罗宾汉专门抢劫领主和教士而善待穷人的传奇之所以风行一时，因为其表现了12世纪英格兰的阶级意识。

最严重的冲突发生在意大利。首先，工人联合商人同业公会共同从事一连串流血叛乱，以对抗贵族。13世纪末，这一斗争终于成功，有一段时间工业集团的人们参与佛罗伦萨政府管理。不久，大商人和企业家获准进入城市议会，他们制定严刑峻法压迫雇工。于是，在14世纪，斗争进入第二阶段——有钱的工商巨子与工厂工人之间的战争不时爆发。目睹这些情形，圣方济各向大家传播贫穷的福音，并提醒那些"暴发户"：基督耶稣从来没有私产。

自治市和同业公会一样，在14世纪步向衰微，因为城市经济已演变成国家经济和市场。在这种情况下，它们的法规和垄断阻碍发明、工业和商业的进展。更因它们内部纷争、残忍地剥削四周乡村、狭窄的城市中心主义、政策和钱币的冲突，在佛兰德斯和意大利，它们之间时有小规模冲突。它们不能联合，组成自主邦盟来对抗逐渐成长的皇室势力。1300年后，好几个法兰西自治市要求国王统领它们。

尽管如此，13 世纪的经济革命为近代欧洲奠下基础，它终于击溃封建制度，这一制度曾是农业的组织者和保护者，但已成为商业发展的障碍物。经济革命也使不流动的财富变成世界性经济的流动财源，提供机器以推展商业和工业，使欧洲人的生活舒适，知识水平提高，实力渐增。它带来繁荣，而且在两个世纪内兴建了成百座大教堂，从这些建筑，我们不难想象其殷实的财富和惊人的技能。其生产满足扩张中的市场的需要，使国家经济体系渐至形成，奠定了近代国家成长的基础。甚至它所带来的阶级战争也可以成为人们心智和力量的刺激物。当风暴过后，欧洲经济和政治结构已完全改观，商业和工业的浪潮已扫除阻碍人类发展的障碍，带着人们前进，从大教堂的零星光辉，进至文艺复兴深远、阔大的辉煌之中。

第八章 | 欧洲的复原
（1095—1300）

拜占庭

科姆努斯王朝的阿列克赛一世领导东罗马帝国，成功击退土耳其人与诺曼底人，并从第一次十字军东征的威胁中巧妙脱身。此后，拜占庭式阴谋结束了其漫长的统治生涯。他的长女安娜是勤奋好学的典范，是粗疏的哲学家、有才华的诗人、精明的政治家和善于杜撰的历史学家。她本已与皇帝迈克尔七世之子订婚，不过她并不甘心，觉得自己出身高贵、容貌美丽、足智多谋，堪当帝国大任。她嫉妒她的兄弟约翰·科姆努斯（John Comnenus）的出生和继承王位，便阴谋行刺他。事情败露后，她幸运地获得赦免，退隐至女修道院。在那里，她以散文撰写父亲的编年史，题为《阿列克赛德》（Alexiad）。约翰的个人品德、统治才能，及其对异教徒、穆斯林、基督徒敌人的屡战屡胜，使欧洲深感震惊。有一段时间，他似乎就要重振帝国威名，恢复帝国版图，然而却被自己箭囊中一支喂过毒药的箭镞刺破了皮肤，就这样匆匆结束了生命，带走了梦想。

其子曼纽尔（Manuel Comnenus）是战神马尔斯的化身，热爱并献身于战争，每战必身先士卒，甘为先锋，且乐于接受一对一的单打独斗；除生命中最后一役外，他做到了每战必胜。这个在战场上如此坚忍克己的人，在宫廷中却是个享乐主义者，整日华服美食，并耽溺于与侄女的不伦之恋。在他的纵容和庇护下，文学与学术研究再度繁荣起来。宫廷里的女士激励作家，同时，自己降尊纡贵地写作诗歌。佐纳拉斯（Zonaras）开始撰写巨著《史纲》（*Epitome of History*）。曼纽尔在金角顶端临海处，兴建了一座名为布拉切尔纳耶（Blachernae）的新宫殿。杜伊尔的奥多姆认为它是"世界上最美丽的建筑。它的柱子与墙壁一半以上都覆着金子，镶嵌着珠宝——即使是在暗夜里，它们也都还熠熠闪光"。12 世纪的君士坦丁堡即预演了意大利文艺复兴的辉煌。

威严壮丽的都城，年迈的帝国为阻挡灭亡的脚步而发动的许多次战争，皆须横征暴敛来维持。奢侈品的享受者把负担转嫁给必需品的生产者。农民越来越穷，直至沦为农奴。城市手工业者住在散发着恶臭的贫民窟里，它的黑暗和肮脏，堪称罪恶的渊薮。在反抗的洪流中，自发的共产主义式运动曾激起无产者的斗志，不过这一点却被周而复始的时间冲淡，以致被轻易地遗忘了。与此同时，十字军占领巴勒斯坦后，叙利亚诸港口向拉丁商人开放，于是君士坦丁堡 1/3 的海上贸易立即被意大利的新兴城市瓜分殆尽。基督徒和穆斯林都想据有这个贮藏着 1000 年的财富的宝库。一位虔诚的穆斯林在曼纽尔统治全盛时期造访该城，他祈祷说："愿神以宽厚与仁慈赐君士坦丁堡给穆斯林作为都城！"威尼斯则邀请欧洲的骑士前来参与其掠夺博斯普鲁斯王后的勾当。

第四次十字军建立的君士坦丁堡拉丁王国存续了五十七年（1204—1261 年）。可惜它并未在人民的种族、信仰、风俗习惯中扎下根来——遭到被迫屈从于罗马的希腊教会的憎恨。因为分裂成各自为政的诸多封建公国而削弱了国力，加之缺乏组织与调控工业和商业经济的必要经验。外临拜占庭军队攻击，内有阴谋反叛——无法从充满敌意的人民那里获取足够税收以应付军事防卫支出。只是因为拜占庭的报复行动不够团结，武力又嫌不足，这个新王国才得以延续下来。

征服者在希腊的处境最好。法兰克、威尼斯及其他意大利贵族，急于将这个历史悠久的土地瓜分为封建领地，抢占险要，建造风格别具的城堡，英明地统治或怠惰或勤勉的人民。拉丁教会的高级教士取代了被放逐的东正教主教，西方来的僧侣在古老的山顶上建起修道院，它们后来成为中世纪艺术的纪念碑和宝库。一位骄傲的法兰克人号称"雅典的公爵"（Duke of Athens），莎士比亚错误地将这个头衔归于忒修斯，当时还没有培根的归纳法，这样的错误也属情理之中。使他们建立了这些小王国的尚武精神，也使他们毁于阅墙之争。互为竞争对手的集团在摩里亚的山丘间和维奥蒂亚的平原上自相残杀。当由军事冒险家组成的"大加泰罗尼亚军团"（Grand Catalan Company）从加泰罗尼亚入侵希腊（1311 年）时，法兰克骑士之花在刻菲索斯（Cephisus）河附近的一场战役中被杀，无助的希腊人变成西班牙海盗的玩物。

君士坦丁堡陷落两年后，阿列克赛三世的女婿狄奥多·拉斯卡里斯（Theodore Lascaris）在尼西亚建立拜占庭流亡政府。整个安纳托利亚，包括普鲁萨、士麦那、艾菲索斯等在内的富庶城市，都欢迎他的统治，而他公正、贤明的治理给这些地区带来了新的繁荣，赋予希腊文学以新生，给予希腊爱国志士新的希望。在更东边的特拉布宗，曼纽尔之子阿列克赛·科姆努斯（Alexius Comnenus）建立了另一个拜占庭王国；第三个王国是由迈克尔·安格洛斯（Michael Angelus）在伊庇鲁斯建立。拉斯卡里斯的女婿或养子及继承者约翰（John Vatatzes），把伊庇鲁斯的一部分并入尼西亚王国，从法兰克人手中再获得萨洛尼卡（1246 年），若不是因获悉教皇英诺森四世邀约正前进的蒙古人前来攻击他（1248 年），而返回小亚细亚，他或许会再取回君士坦丁堡。蒙古人拒绝教皇的计划，以一种讥讽的托辞表示他们不愿意激起"基督徒间的彼此仇恨"。约翰的长期统治时期是历史上最值得称赞的王朝之一。虽然为恢复拜占庭的统一而进行的战争，所费浩繁，他仍极力减低赋税，鼓励农业，兴建学校、图书馆、教堂、寺院、医院、老弱贫民收容所等。在他统治下，文学与艺术兴盛，尼西亚变成 13 世纪最富裕、最优美的城市之一。

其子狄奥多·拉斯卡里斯二世是一位多病的学者，博学而失之昏庸，在短期统治之后即去世。迈克尔·帕莱奥洛古（Michael Paleologus）是位心怀不平的贵族领袖，篡夺了王位。假如我们相信历史学家的记载，那么迈克尔具有各种缺点——"自私、伪善……天生是个骗子，自负、残忍，且贪婪"。但是他是个聪明的战略家和成功的外交家。借着一场战争巩固了其在伊庇鲁斯的权势。借与热那亚联盟，而赢得热诚的帮助以抵抗君士坦丁堡的威尼斯人与法兰克人。他命其将领戈普鲁斯从西面佯装攻打首都，戈普鲁斯仅率 1000 名士兵进攻该城，发觉此城疏于防守，于是不费吹灰之力将城攻取下来。国王鲍德温二世带着随从逃跑，城中之拉丁教士也在惊惶中随其逃亡。迈克尔几乎不相信这消息，越过博斯普鲁斯海峡，被立为帝（1261 年）。这个被世界认定已败亡的拜占庭帝国又死而复活了，希腊正教恢复其独立的地位；而腐败但实力雄厚的拜占庭帝国，仍残存于世达两百余年之久，它成为古代文学的宝库与中西交流的媒介，而且是抵挡穆斯林入侵的一个脆弱又珍贵的堡垒。

亚美尼亚人（1060—1300）

1080 年左右，许多亚美尼亚家族，因为厌恶塞尔柱人的统治，离开他们的故土，越过托罗斯（Taurus）山脉，在西里西亚建立小亚美尼亚王国。当土耳其人、库尔德人及蒙古人统治亚美尼亚本土时，这新兴的国家维持其独立达 300 年之久。在利奥二世 34 年的统治时期，曾击退由阿勒颇与大马士革来犯的穆斯林，占领伊索里亚，建都于西斯，与十字军联盟，采用欧洲的法律，鼓励工商业发展，赋予威尼斯与热那亚商人特权，兴建孤儿院、医院、学校，提高人民生活水平，使之达于空前的繁荣境地，赢得"卓越超群"（Magnificent）的美名，而且是整个中世纪历史中最聪明和仁慈的君主之一。其女婿或养子赫图姆一世（Hethum I），发觉基督徒不可靠，转而与蒙古人联盟，并欣喜于塞尔柱人被逐出亚美尼亚（1240 年）。但是蒙古人攻打小亚美尼亚，使之成为废墟（约 1303 年）。1335 年，亚美尼亚被马穆鲁克人征服，国家被封建诸侯瓜分。在整个混乱过程中，亚美尼亚人一直在建筑方面表现出一种富有创造力的技巧，在纤画方面也拥有极大的成就，并且在天主教的信仰和组织上，固守绝对独立的形式，抵挡了任何君士坦丁堡或罗马统治的企图。

俄罗斯与蒙古人（1054—1315）

11 世纪，南俄罗斯被半野蛮的部落所占领——如库曼人、保加利亚人、哈扎尔人、波罗夫特斯人、帕特兹纳克等欧洲俄国的剩余部分被分为 64 个公国——比较大的是基辅、瓦尔胡尼亚、诺夫哥罗德、苏兹达尔、斯摩棱斯克、里阿赞、切尔尼戈夫及佩雷雅斯拉夫。大部分的公国承认基辅的宗主权。当基辅的大亲王雅罗斯拉夫去世时（1054 年），按照各公国的重要性，依序分配给他的儿子们，长子接受基辅；而按照一种独特的轮流制度（rota system），当任何一个亲王去世时，每一个活着的亲王都可由一个较小的行省，升至较大的行省。13 世纪，有几个公国更分裂为"属国"（appanages），即各亲王封派给其子的土地。经过一段时期，这些封地变成世袭，且形成修正的封建制度的基础。然而，在此时期，俄罗斯各城镇繁忙之手工业与兴盛的贸易，尤甚于以后的数世纪。

虽然亲王之权出于世袭，但仍受公民大会（popular veche）及贵族所组成的元老院（boyarskaya duma）限制。行政与法律事宜大部分由教士管辖。教士及少数的贵族、商人及放贷者几乎垄断学术。借着手头所有拜占庭读本或范文，他们丰富了俄罗斯文学与法律，宗教与艺术。经过他们的努力，《俄人权利》（*Russkaya Pravda*），在雅罗斯拉夫统治时，有系统地整理出来，并接受校订而成定本法典。俄罗斯教会对宗教、教士、婚姻、道德及遗嘱有充分的管辖权，对奴隶及其广大辖区内之其他人员有不受限制的权限。这一努力使俄罗斯奴隶的法律地位稍见提高，但奴隶贩卖仍然继续，并在 12 世纪达到高潮。

东方这种部落和亲王林立的无政府状态正好与西方封建的无政府状态相似。1054 至 1224 年，俄罗斯有 83 次内战、46 次外侵，16 次战争由俄罗斯诸国攻打非俄罗斯民族，293 位亲王争夺 64 个公国的王位。1113 年，战争导致基辅人民穷困、负债累累、遭受剥削以及失业，引起革命性的叛乱；愤怒的老百姓攻打并劫掠雇主及放高利贷者的住屋，短暂地占据政府的办公处。市政会议邀请佩雷雅斯拉夫的莫诺马赫（Monomakh of Pereyaslav）亲王做基辅的大亲王。他勉强地来到基辅，所扮演的角色正像公元前 594 年雅典的梭伦。他降低贷款的利率，制止无力偿债的债务人自卖为奴，限制雇主对被雇者的权力。由于这些及其他措施（这些措施，富人认为是没收他们的财产，而穷人认为不够解决他们的问题）防止了革命并重建了和平。他努力终止亲王之间的宿仇和战争，重予俄罗斯政治上的统一。但这个任务对于他十二年的统治来说太艰巨了。

在他死后，亲王与阶级的纷争又恢复了。同时，由于外族继续占领下德涅斯特、第聂伯河、顿河，在君士坦丁堡、黑海、叙利亚海港的意大利商业的兴起把以前由伊斯兰国家及拜占庭溯俄罗斯各河流到波罗的海诸国的大部分贸易转到地中海水道，基辅的财富衰落，其军事的手段与尚武的精神式微。早在 1096 年，基辅的蛮族邻邦即开始掠夺其海岸地带与郊区，抢劫寺院，俘虏的农民被贩为奴。基辅变成危险地区，老百姓纷纷逃走，人力大为衰减。1169 年，安德烈·博戈留布斯基（Andrey Bogolyubski）大肆劫掠基辅，奴役成千的居民，因此有三个世纪之久的"俄罗斯城市之母"几乎在历史上消没了。1204 年，威尼斯人和法兰克人夺取君士坦丁堡并控制其贸易；加之

1229 至 1240 年，蒙古人的入侵，使基辅完全成为废墟。

12 世纪后半期，俄罗斯的领导权由乌克兰之"小俄罗斯人"（Little Russians）转到在莫斯科附近及沿伏尔加河上游地区的粗野强悍的"大俄罗斯人"（Great Russians）。莫斯科于 1156 年建立。彼时仍是个小乡村，是一处保护苏兹达利亚的边陲堡垒，地处弗拉基米尔及苏兹达尔到基辅的路线上。安德烈·博戈留布斯基努力奋斗，想使苏兹达利亚公国变成整个俄罗斯地位最高之国；但是当他攻打诺夫哥罗德（Novgorod），想使其像基辅一样变成其势力范围时，遭到暗杀而死。

诺夫哥罗德城位于俄罗斯西北方，在沃尔克霍夫河两岸，靠近该河在伊尔门湖的出口处。因为沃尔克霍夫河在北边注入拉多加湖，其他河流则由伊尔门湖往南或往西流，而波罗的海距离拉多加湖在安全上既非太近，在贸易上又非太远，因此诺夫哥罗德城发展成一个兴盛的内陆与对外的商业城，变成汉撒同盟的东方枢纽，经过第聂伯河与基辅及拜占庭贸易，经由伏尔加河与伊斯兰国家贸易。几乎垄断俄罗斯皮毛的生意，因为其控制由西边的普斯科夫到北边的北极地区且东边直达乌拉尔河。1196 年，诺夫哥罗德的权贵富豪支配公民大会，而公民大会可借着选举亲王而统治整个公国，此城邦是个自由的共和国家，称其自身为"大哉吾王诺夫哥罗德"（My Lord Novgorod the Great）。假如一位亲王的表现令人不满意，市民（burgesses）可以"向他致敬，并向他指出离开城镇"之路；假如他反抗，则他们可将其投于狱中。当基辅的大亲王（Grand Prince of Kiev）斯维亚托波尔克（Sviatopolk）想强迫他们接受其子为亲王时（1015 年），诺夫哥罗德人说："假如他多长一个头的话，就把他送来。"但是，此共和国并非民主国，工人和小商人在政府中并无发言权，只有借着一而再的抗暴影响其政策。

诺夫哥罗德在亚历山大·涅夫斯基亲王（Prince Alexander Nevsky）的统治下达到极盛。教皇格列高利九世急于把俄罗斯由希腊正教变成拉丁基督教，因此发动十字军征讨诺夫哥罗德。一支瑞典人的军队出现在涅瓦河。亚历山大在靠近今日列宁格勒（Leningrad）之处将其击败（1240 年），并由该河赢得其姓氏。他的胜利使他无法见容一个共和国，终被放逐。但是，当日耳曼人继之而兴十字军攻克普斯柯夫，进军至离诺夫哥罗德 17 英里之处时，惊慌的议会要求亚历山大回来。他回来了，再度占领普斯科夫，在佩普西（Peipus）湖结冰的湖面上打败"立窝尼亚武士"（Livonian Knights）。在他最后几年，他很屈辱地带领其人民生活在蒙古人的统治下。

　　蒙古人以势如破竹的武力攻入俄罗斯。他们由土耳其斯坦经高加索进入俄罗斯，击溃乔治亚军队，掠夺克里米亚。库曼人数世纪来都是基辅的敌人，也不得不向基辅求救，说道："今日他们夺去我们的土地，明天他们就拿去你们的土地。"有些俄罗斯亲王了解这种情形，率领好几个师的军队参加库曼人的保卫战。蒙古人派遣公使建议与俄罗斯联盟抵抗库曼人，俄罗斯人杀了公使。在靠近亚速（Azov）海的卡尔卡（Kalka）河沙滩之战役中，蒙古人打败俄罗斯与库曼人的联军，用诡计俘虏数名俄罗斯将领。

　　蒙古人回到蒙古，忙于和宋朝作战，此时俄罗斯的亲王又恢复了兄弟阋墙的局面。1237 年，蒙古人在成吉思汗之侄孙拔都（Batu）之率领下又转回俄罗斯。他们有 50 万大军，几乎全部骑马。他们来到里海北端，击杀伏尔加河的保加利亚人，毁灭他们的首都保加。拔都派人送信给里阿赞的亲王："假如你要和平，把你财产的 1/10 送给我们。"亲王回答："待我们死后，你可以得到全部。"里阿赞向各公国求救，遭拒绝。他勇敢作战，输掉全部的财产。所向无敌的蒙古人掠夺、毁掉里阿赞所有的城市，横扫苏兹达尔，打垮其军队，焚毁莫斯科，围攻弗拉基米尔。贵族们把头发剃掉，像僧人一样躲在教堂里，当教堂与整个城市被焚时，他们也死于火中。苏兹达尔、罗斯托夫及公国附近大部分乡镇皆夷成平地（1238 年）。蒙古人向前进到诺夫哥罗德，由于浓密的森林与涨水的河流，他们撤回，劫掠切尔尼戈夫、佩雷雅斯拉夫两地，并到达基辅。他们派遣公使要求投降；基辅人杀了公使。蒙古人越过第聂伯河，胜过微弱的抵抗，掠夺城市，并且杀了成千的人。当六年后乔瓦尼·皮阿诺·卡皮尼看到基辅时，他描写基辅是个有两百户人家的城镇，附近地带都是头盖骨。俄罗斯中上层阶级从不敢武装农民或城市的老百姓。当蒙古人来犯时，人民无法自卫，任由征服者屠杀或奴役。

蒙古人进军中欧，战争时败时胜，由俄罗斯返回四处蹂躏，在伏尔加河支流建立萨莱，当作一个独立社区，即著名的金帐汗国（Golden Horde）的首都。俄罗斯的亲王们可以拥有他们的土地，但须每年朝贡——并且不时也需要长途跋涉至金帐汗国之"可汗"处，或甚至远抵蒙古的哈拉和林的大汗处拜访以示尊崇。这些贡品是由亲王以残酷方式所征得的人头税，凡无法付税者则被贩为奴。亲王们向蒙古君王称臣，因为如此可保障他们免于社会的抗暴。他们联合蒙古人攻打其他的民族，甚至攻打俄罗斯各公国。许多俄罗斯人与蒙古人通婚，蒙古人的相貌及性格特质渗入俄罗斯的种族之中。许多俄罗斯人采用蒙古人说话与穿衣的方式。俄罗斯变成亚洲强权的附庸，几乎与欧洲文明国家断绝关系。可汗的专制主义与拜占庭帝王的专制主义相结合即产生了以后莫斯科维（Muscovy）的"全俄罗斯之独裁君主"（Autocrat of All the Russias）。

蒙古酋长知道他们无法仅由武力使俄罗斯屈服，于是与俄罗斯教会和谈，保护他们的财产及职员，豁免税收，亵渎神者处死刑。或由于感恩或出于强迫，教会建议俄罗斯人向蒙古君王称臣，并且公开地替他们祈祷平安。为了在惊恐中寻获平安，成千的俄罗斯人变成僧侣；许多礼物都捐赠给宗教团体，于是俄罗斯教会变成当时普遍性的贫困中一个相当富有的团体。屈服精神扩散于人们中间，替数世纪之久的专制政治开启一条通路。然而俄罗斯在蒙古旋风之下屈服，正像一座巨大的战壕屹立着，保卫大部分欧洲免于亚洲的征服。所有人性的残暴都发泄于斯拉夫民族——斯拉夫俄罗斯人、波希米亚人、摩拉维亚人、波兰人及马札儿人身上。西欧在颤抖，但几乎没有遭到侵袭，也许欧洲其余的国家能走向政治与思想之自由、富庶、奢华与艺术，即因为有两个世纪之久俄罗斯一直处于被攻击、称臣、萧条及贫穷之中。

巴尔干的变迁

在外面看来，巴尔干诸国是由政治紊乱与权谋诈术、诡谲多变与商业欺诈、战争、暗杀与集体屠杀所构成的庞然大物，但对土著保加利亚人、罗马尼亚人、匈牙利人或南斯拉夫人而言，他们的国家是一个千年奋斗的产物，由四周列强中争取独立，维持一个独特而多彩多姿的文化，并表现出其在建筑、服饰、诗歌、音乐及歌唱等方面不可遏抑的民族特性。

一度在克鲁姆汗与西梅翁（Simeon）统治下国势强盛的保加利亚臣服于拜占庭达 168 年之久。1186 年，保加利亚人和瓦拉几亚人（Vlach）的不满情绪在约翰和彼得·阿森两兄弟身上表现出来。他们既精明又勇敢，正是他们的国人及当时的情势所需要的个性。他们号召托诺弗的人们至圣德米特里教堂，说服他们这圣者已离开希腊的萨洛尼卡，而以托诺弗为家，在其旗帜下，保加利亚会再获自由。他们成功了，并且友善地把帝国划分为二，约翰统治托诺弗，彼得统治普雷斯拉尔夫（Preslav）。在他们的家族中及保加利亚的历史上，最伟大的君主，为约翰·阿森二世（John Asen Ⅱ）。他不仅吞并色雷斯、马其顿、伊庇鲁斯及阿尔巴尼亚，而且大公无私地进行统治，甚至其希腊臣民也爱戴他。他以忠顺及设立修道院取悦教皇；以开明的法律与政治上的保护支持商业、文学及艺术，他使托诺弗成为欧洲修饰得最华丽的都市之一。在文明与教化方面提高保加利亚至与当时大部分的国家相当。他的继承者并未承袭他的智慧。蒙古的入侵使这个国家混乱、衰弱，14 世纪时，它先向塞尔维亚，继向土耳其臣服。

1159 年，斯蒂芬·内马尼亚（Stephen Nemanya）酋长统治数个塞尔维亚部族及地区，建立塞尔维亚王国，其王朝统治两百年。其子萨瓦（Sava）任大主教，也是政治家，为国家效力，成为最受人尊敬的圣人之一。国家仍然贫穷，甚至皇宫都是木头造的。有一个繁荣的海港拉古萨（Ragusa）。但仍是一个独立的城邦，1221 年时变成威尼斯人的保护国。在这几个世纪之间，源于拜占庭的塞尔维亚艺术发展成一种独特而杰出的风格。位于涅勒兹的圣潘泰莱蒙修道院教堂（约 1164 年），其壁画显示出拜占庭绘画中一种不寻常的戏剧性的写实主义，并且预先运用一度被认为是一个世纪后的杜乔与乔托首创的绘画方法。在这些或其他 12 世纪和 13 世纪的塞尔维亚壁画中出现的皇家的画像，其风格与以往任何拜占庭时期的作品大相径庭。中世纪的塞尔维亚人正迈向一个高度文明的阶段，此时异端邪说及宗教迫害摧残国家的统一，使他们无法抵挡土耳其人的进犯。波斯尼亚在中世纪巴恩王库林（Kulin）统治下达于全盛时期，其后也因宗教纷争而致衰微。于 1254 年臣服于匈牙利。

斯蒂芬一世去世（1038 年）之后，由于信奉异教的马札儿人反抗信奉罗马公教的国王，以及亨利三世努力想把匈牙利与日耳曼合并，整个匈牙利变得动荡不安。安德鲁一世击败亨利。当皇帝亨利四世重申合并的意愿时，国王盖佐一世破坏了这一企图，将匈牙利送给教皇格列高利七世，并再次以教皇的封地名义收回（1076 年）。12 世纪，与王权对峙者把大块土地给贵族们以获得支持，如此孕育了封建制度。1222 年，贵族们的势力已够强大，迫使安德鲁二世签下《金印诏书》（Golden Bull），非常像 1215 年英国约翰国王所签的《大宪章》。《金印诏书》否认封建采邑的继承权，但允许每年召开议会一次，贵族未经"享王权的伯爵"（count palatine）的审问，不得拘禁，并且不可向贵族或教会的田产征税。这项由其金盒或金玺而得名的皇家敕令，构成了匈牙利贵族自由特许状达 7 个世纪之久，使匈牙利的君主专制衰弱，而此时蒙古人正准备向欧洲发动一次造成历史上极大灾难的大攻击。

我们可以由此断定蒙古势力所及的范围，1235 年蒙古大汗窝阔台（Ogadai）派遣三支军队——攻打高丽、宋朝与欧洲，第三支军队由拔都率领 30 万大军，在 1237 年渡过伏尔加河，这 30 万大军不是未经训练的乌合之众，而是经过严格训练，接受精明领导，不仅有强大的攻城武器，并有从宋朝人那里学得的新式火器。在三年之内这些兵士们所向披靡，使几乎整个南俄罗斯变成废墟。拔都自信满满，将士兵们分为两部分：一支向波兰进军，占领克拉科夫和卢布林（Lublin），横渡奥得河，在利格尼茨（Liegnitz）打败日耳曼人；另外一支军队在拔都的率领下越过喀尔巴阡山，入侵匈牙利，在莫赫（Mohi）遇见匈牙利与奥地利的联军，其势如排山倒海以致中世纪的编年史夸张地估计基督徒死亡达 10 万人，腓特烈二世视匈牙利的死伤数目"几乎为整个王国的军队"。另一项极具无情讽刺性的历史是：战败者与胜利者是同一血源：匈牙利的没落贵族是三个世纪前劫掠他们的蒙古马札儿人的后裔。拔都占领佩斯及埃斯泰尔戈姆，此时一队蒙古人渡过多瑙河，将匈牙利国王贝拉四世追逐至亚得里亚海边，并且沿途大肆焚毁。腓特烈二世呼吁欧洲各国联合起来抵御此来自亚洲的威胁；英诺森四世请求蒙古人信服基督教并寻求和平，但全属徒然，最后使基督教及欧洲获救的是窝阔台之死，而拔都返回哈拉和林参加新可汗的选举。在历史上从未有如此大规模——从太平洋到亚得里亚海、波罗的海——的蹂躏。

贝洛四世回到已成废墟的佩斯，以日耳曼人民再殖民于此，渡过多瑙河将首都迁至布达（1247 年），渐渐恢复其国家被破坏的经济。新生的贵族又再组织大牧场与农场，而卑屈的牧人与农人在此为国家生产食粮。日耳曼矿工则由厄尔士山往南移，从川索凡尼亚炼取丰富的矿。生活与态度仍然粗鲁，工具仍属原始，房子为枝条编成的茅舍。在种族与语言的混乱中，越过阶级与教条的敌对分歧，人们追寻他们每日的粮食与收益，并且恢复经济的连续性，文明由此而产生。

边缘国家

由于在无限的宇宙之中，每一点都可视为中心，因此在文明与国家的历史剧中，每个国家像每个灵魂一样，根据其自身的角色及性格来阐释整出历史剧或生活戏剧。在巴尔干半岛的北部有另外一群民族的大混杂——波希米亚人、波兰人、立陶宛人、立窝尼亚人、芬兰人；每个民族都带着鼓舞人的自负，而认为整个世界均系于其自己之民族史。

中世纪早期，与马札儿人、匈奴人有点血缘关系的芬兰人，居住在伏尔加河与奥卡河上游地带。8世纪末，他们迁徙至严寒而风景秀丽的地方，外人称其地为芬兰，芬兰人则称之为索密（Suomi），即沼泽之地。他们掠劫斯堪的纳维亚海岸，招致瑞典国王埃里克九世（Eric IX）在1157年征服他们。埃里克在乌普萨拉留给他们一位主教当作文明的种子；芬兰人杀死主教亨利，然后以他为他们的守护神。带着静默、英勇的精神，清除森林，排干沼泽，在他们"一万个湖泊"间凿成沟渠，搜集皮革，以御风雪。

在芬兰湾南端，同样艰巨的基本工作是由一些与芬兰人血缘相近的种族——普鲁士人、爱沙尼亚人、利夫人、立窝尼亚人、立陶宛人及拉脱维亚人或列托人合力完成。他们狩猎、捕鱼、养蜂、耕地，文学与艺术则留给他们精力较差的后代去发展。12世纪，日耳曼人凭借武力将基督教与文明带来以前，所有的种族除爱沙尼亚人外，均保持异教的信仰。立窝尼亚人发觉日耳曼人利用基督教作为渗透和统治的工具，于是杀死传教士，跳进德维纳河以洗去受基督教浸礼的污点，又回去信奉他们本地的神。英诺森三世号召一支十字军攻击他们。主教阿尔贝特率领23艘军舰进入德维纳河；以里加为其首都，使立窝尼亚附属日耳曼人的统治（1201年）。两个武装教士团体沃尼亚武士与条顿武士，为日耳曼人完成对波罗的海诸国的征讨，替他们自己收聚了大批的产业，使当地人皈依基督教，并将其贬抑为农奴。由此胜利的鼓舞，条顿武士前进至俄罗斯，期望至少为日耳曼及拉丁基督教赢得俄罗斯西部的省份，但他们在佩普西湖被击溃（1242 年）。

沿波罗的海诸国，出现众多的斯拉夫人。有群人自称为"Polanie"（古波兰人，意为"田野中之人"），耕种沃尔特河与奥得河山谷。另外一群人是马诸尔人（Mazurs），居住在维斯图拉河附近。第三群人是"Pomorzanie"（意为"在海边"），波美拉尼亚因此得名。963 年，波兰亲王梅什科一世（Mieszko I）为了避免被日耳曼人征服，把波兰交托与教皇的保护。因此，波兰不理睬东方半拜占庭式的斯拉夫王国，决定与西欧及罗马基督教共甘苦。梅什科之子波莱斯瓦夫一世（Boleslav I）征服波美拉尼亚，并吞布雷斯劳（Breslau）和克拉科夫，自己登上波兰第一任国王的宝座。波莱斯瓦夫三世（Boleslav III）划分国土给四个儿子，君权于是转弱。贵族将其领土分成封建的公国，波兰局势不稳，时而自由，时而附属于日耳曼或波希米亚。1241 年，蒙古大军攻入波兰，占领首都克拉科夫，将其夷为平地。当此亚洲洪流退却时，一股由日耳曼来的移民扫荡西波兰，留下日耳曼语言、法律及血统的大融合。1246 年，波莱斯瓦夫五世欢迎在日耳曼逃避屠杀的犹太人，并鼓励他们发展商业和财政。1310 年，波希米亚瓦茨拉斯二世（Wenceslas II）当选为波兰的国王，于是两国合并，归于一个王权之下。

波希米亚与摩拉维亚在 5 世纪和 6 世纪被斯拉夫人殖民。623 年，一位斯拉夫酋长萨莫使波希米亚人免于阿瓦尔人的统治，并建立一个君主国家，658 年随其死亡而终结。查理曼大帝于 805 年入侵波希米亚，波希米亚和摩拉维亚一度是加洛林帝国的一部分，但其时间已不可考。894 年，普热米斯尔家族曾在其王朝下统治这两个地方，但马札儿人统治摩拉维亚有半世纪之久（907—957 年）。928 年，亨利一世使波希米亚附属于日耳曼。公爵瓦茨拉斯一世（Wenceslas I）虽然对该地仅是间歇性的统治，却给波希米亚带来繁荣。他的母亲圣卢德米拉使他完全的基督教化，当他成为国君时并未终止其基督教的信仰。他供给贫穷者衣食，保护孤儿和寡妇，款待陌生人，替奴隶赎身。身为国王，他无懈可击，他的兄弟企图暗杀他，瓦茨拉斯用手击倒他，并予宽宥。但此次阴谋的共犯却在 935 年 9 月 25 日国王去弥撒的路上刺杀国王。此后每一年的这一天被定为波希米亚守护神瓦茨拉斯节。好战的公爵们继位，以他们设在布拉格的战略城堡与首都为据点，波莱斯瓦夫一世、波莱斯瓦夫二世及布拉蒂斯拉夫一世（Bratislav I）征服摩拉维亚、西里西亚及波兰；但亨利三世强迫布拉蒂斯拉夫由波兰撤军，并再向日耳曼朝贡。奥托卡尔一世（Ottokar I）解放波希米亚，并成为其第一任国王。奥托卡尔二世（Ottokar II）降服奥地利、施蒂里亚及卡林西亚。为了发展工业及中产阶级以与反叛之贵族相抗衡，奥托卡尔二世鼓励日耳曼人移入，直至几乎所有波希米亚及摩拉维亚各城镇都成了日耳曼人的天下。库特纳·霍拉（Kutna Hora）的银矿变成波希米亚繁荣的根基，成为许多入侵者的目标。1274 年，日耳曼向奥托卡尔二世宣战，他的贵族拒绝给予支持，他放弃所掠取的土地，仅保存其王位而成为一个日耳曼的封地。但是，当哈布斯堡王朝的国王鲁道夫干涉波希米亚的内政时，奥托卡尔招募一支新军，在杜尔恩克鲁特（Durnkrut）攻击日耳曼人。此次又遭到贵族们的背弃，他冲入敌人密集的队伍，作困兽之斗而后阵亡。

瓦茨拉斯二世重申其臣属的地位，而获和平，并努力地恢复秩序与繁荣。他死后，普热米斯尔王朝结束其 500 年的统治。波希米亚人、摩拉维亚人和波兰人是曾经遍布于东日耳曼到易北河一带的斯拉夫移民中的残存者，而他们现在臣属于日耳曼人权下。

日耳曼

封建时代有关平信徒授衣礼的历史性争斗的胜利者是日耳曼的贵

族——公爵、领主、主教、住持等，他们在亨利四世失败后控制了衰弱的君权，并发展成一种离心的封建制度，使日耳曼在 13 世纪时无法成为欧洲的领导国家。

亨利五世在推翻其父后，继续其父与男爵和教皇之争。当帕斯夏二世拒绝加冕他，除非他放弃一般世俗册封权时，他反而监禁教皇和红衣主教。在他死后，贵族们推翻世袭的君主专制政权，结束了法兰克尼亚王朝，并任命撒克逊的罗塞三世为王。十三年后，士瓦比亚的康拉德三世开始日耳曼历史上最强大的霍恩施陶芬王朝。

巴伐利亚的亨利公爵拒绝选帝侯的选举，并获得其叔父韦尔夫的支持。其后，引起教皇党及保皇党之争，此争斗在 12 与 13 世纪曾有许多种形式并因各种争端而起。保皇党（*Ghibelline*）是魏布林根（Waiblingen）的另一种拼法，原为"霍恩施陶芬家族所拥有的一个乡村"，这一家族由士瓦本一山上城堡及乡村而得其名——High Staufen。霍恩施陶芬军队围攻在巴伐利亚城及魏恩斯贝格城堡中的谋叛者，据一个古老的传说，两敌分别对其军喊"嘿，韦尔夫！"及"嘿，魏布林！"确立交战双方的名称。另一有趣的传说则谓，当胜利的士瓦本人接受城市的投降时，附一条件，即仅赦免妇女，并允许她们带着任何她们所能携带的东西离开，于是这些强壮的家庭主妇背负他们的丈夫而行。1142 年，当康拉德继续十字军东征时，双方才停战。但康拉德失败，羞辱地回国。霍恩施陶芬王室在其第一位杰出的人物登基时，似乎即被盖上了羞辱的印记。

当"和平之主"（Lord of Peace）腓特烈一世就位时，年方三十。他相貌平庸——个子矮小，皮肤白皙，发色呈黄，并带红色胡子，因此在意大利赢得了"红胡子"之名。他头脑清楚，意志坚强，一生为国效劳。虽然曾遭多次败绩，但他把日耳曼又带至基督教世界的领导地位。由于其血脉中流有霍恩施陶芬和魏恩斯贝格两个家族的血液，他宣布"国家的和平"（Landfriedor），安抚敌人，平息朋友，坚决镇压家族仇恨、混乱及罪恶。当时的人描述他和蔼可亲，随时带着迷人的微笑；但他是"恶人的克星"，其刑法使日耳曼的文明向前迈进。一般人称赞他私生活很检点，然而，因为同血缘之故，他废了第一任妻子，再娶勃艮第伯爵的女继承人，因为这个新婚夫人，又赢得一个王国。

他急欲获得教皇的加冕，答应帮助教皇尤金三世抵抗罗马人的反抗与诺曼人的麻烦以换取帝王的涂膏式（imperial ointment）。这个倨傲年轻的国王到达离罗马很近的内皮，遇到新教皇阿德里安四世，他忽略一般的礼仪——通常世俗的统治者要手持教皇的马缰与马镫帮助他下马。阿德里安没有受到帮助就下马，于是拒绝给予腓特烈"和平之吻"及帝国之冠，除非他遵守传统礼仪。教皇的随从与国王争论这一点达两天之久。国家的命运即系于外交礼节，腓特烈屈服了。教皇退去，再骑马进入。腓特烈手扶教皇的马鞍和马镫，伺后即提及神圣罗马帝国，并希望整个世界视国王与教皇一样是上帝的代理人。

他的帝王称号使他也变成伦巴底的国王。自从亨利四世以来，没有一位日耳曼的统治者能实在地享有此头衔。腓特烈以国王的名义派遣官吏至意大利北部的每个城市。有些城市接受，有些拒绝这些外来的统治者，腓特烈爱好秩序胜过自由，或许急于控制日耳曼与东方贸易的意大利路线，于 1158 年开始征服这些爱好自由胜过秩序的叛乱城镇。他在隆卡利亚（Roncaglia）的宫中召集博学的法律学者，他们曾在博洛尼亚重振罗马的法律；他很高兴能从他们那里获知根据该法律，国王对其帝国内各部分皆享有绝对的权力，拥有所有的财产，并且任何时候都可修改或废除私人权利，只要他认为这对国家有益。教皇亚历山大三世因恐惧世俗权利侵入教皇国，便引证丕平与查理曼的捐赠，否认这些主张，当腓特烈坚持这些主张时，即被处破门律（1160 年）。教皇党和保皇党的叫嚣声传到意大利，分别表示他们是教皇和国王的支持者。腓特烈围攻顽强的米兰两年之久，终于攻陷，并将其焚毁（1162 年）。维罗纳、维琴察、帕多瓦、特雷维索、费拉拉、曼图亚、布雷西亚、贝加莫、克雷莫纳、皮亚琴察、帕尔马、摩德纳、博洛尼亚、米兰被日耳曼的残酷激怒，又被日耳曼官吏的勒索困扰，于是组成伦巴底联盟。1176年，联军在莱尼亚诺击溃腓特烈的日耳曼军队，并强迫他同意6年的停战。一年后，国王与教皇和好如初，在康斯坦斯，腓特烈签了一份条约（1183年），将自治权归还给意大利各个城市，而城市承认帝国的正式宗主权，并且豪爽地同意在腓特烈及其随从访问伦巴底时供给食物。

腓特烈在意大利遭到败绩，而在其他各处皆获胜。他成功地在波兰、波希米亚及匈牙利维护其帝王之权。他也向日耳曼教士以行动而非言语重申亨利四世所定的所有权利，赢得教士的支持，甚至支持其反抗教皇。日耳曼欣喜于意大利对他的青睐，沐浴于自己光耀显赫的权势中，并以其加冕、婚礼、庆典的华丽壮观而自豪。1189年，老国王率领10万大军开始第三次十字军东征，可能是希望借此而联合东西方，以恢复古罗马帝国原有的版图。一年后，他溺毙于西里西亚。

他和查理曼一样醉心于罗马传统，殚精竭虑地恢复过去的荣耀。赞成君主专制者深觉哀恸，认为他的失败导致混乱的局势；拥护民主政治者则庆幸于其失败，认为是发展自由的进程。他的看法是正确的，日耳曼与意大利沉溺于放纵的混乱，唯有坚强的帝王权威才能结束封建割据和自治市混乱的局面。秩序必须先铺路，理性的自由才能成长，在以后日耳曼衰弱时，各种有关腓特烈一世的传说出现。13世纪人们对其孙所存的幻想，正是当年"红胡子"的影像；他并没有真的死去，只不过睡在图林根的屈夫霍伊泽（Kyffhauser）山。人们可以看见他的长胡子于遮盖他的大理石中长出，终有一天他会醒过来，一耸肩抖落肩上的泥土，恢复日耳曼的秩序与强盛。当俾斯麦策划一个联合的日耳曼时，一个倨傲的民族在俾斯麦身上看到"红胡子"胜利地由坟墓中起来。

亨利六世几乎实现了他父亲的梦想。1194年，在热那亚与比萨的帮助下，他从诺曼人手中夺得南意大利及西西里。除教皇国外，整个意大利都臣服于他；普罗旺斯、多菲内、勃艮第、阿尔萨斯、洛林、瑞士、荷兰、日耳曼、奥地利、波希米亚、摩拉维亚和波兰皆被联合起来，受亨利统治；英格兰自认为其属国；统治非洲的阿尔摩哈德摩尔人（Almohad Moors）向他朝贡；安条克、西里西亚及塞浦路斯都要求并入帝国。亨利欲染指法兰西与西班牙，并计划征服拜占庭。当他的第一支分遣部队乘船向东方进军时，年方三十五岁的亨利却不幸在西西里患了痢疾。

对于其征服地气候的无情报复，他没有丝毫准备。他唯一的儿子年仅三岁，觊觎帝位者为争夺王位而战，导致了十年的混乱。当腓特烈二世成年时，帝国与教皇国之争又开始了。战场在意大利，由于一位日耳曼诺曼君王入主意国，而自当时意大利实际情况看来，确较有利。随着腓特烈二世之死（1250 年），又引起另一代的骚动——德国诗人及戏剧家席勒（Schiller）称其为"无主恐怖的时代"。在这个时代中选帝侯们出售日耳曼的王位给任何一个弱者，他可以任凭选帝侯们自由地强固他们独立的势力。待混乱局面平定时，霍恩施陶芬王朝即告结束。1273 年，哈布斯堡王朝皇帝鲁道夫定都维也纳，开始一个新王朝。为了赢得帝王之冠，鲁道夫在 1279 年签订一份宣言，承认王权完全臣服于教皇的权势之下，并且放弃在南意大利与西西里的所有权。鲁道夫并未变成皇帝，但其勇气、热忱及精力恢复了日耳曼的秩序与繁荣，稳固地建立王朝，统治奥地利和匈牙利直到 1918 年。

亨利七世做最后努力，统一日耳曼和意大利。得到日耳曼贵族些微的支持及少数瓦隆骑士的追随，他越过阿尔卑斯山（1310 年），受到许多伦巴底城市的欢迎，那里的人们厌倦阶级战争与城市间的争斗，并且急于推翻教会的政治势力。但丁以一篇文章《论君主》（On Monarchy）向入侵者致敬，大胆地宣告俗世政权脱离神权得以自由，并向亨利请求使意大利摆脱教皇的控制。但佛罗伦萨的教皇党占了上风，混乱的城市撤回他们的支持，亨利四面楚歌，最后死于疟疾。意大利当时以此回报她缠扰不休的情人。

由于南部天然的地形、种族及语言的障碍，日耳曼人只好折回，在东方找到出路与补偿。日耳曼人和荷兰人的移民、征服和殖民政策使他们从斯拉夫民族手中夺回 3/5 的日耳曼领土。日耳曼人生养众多，沿多瑙河而扩展至匈牙利和罗马尼亚境内。日耳曼商人在奥得河的法兰克福、布雷斯劳、布拉格、克拉科夫、但泽、里加、多尔帕特、雷瓦尔，组织集会和市场，在北海和波罗的海至阿尔卑斯山及黑海各处建立商业中心。战争是残酷的，结果却导致边界经济生活与文化生活的大跃进。

其时，由于国王专心于意大利的事务，再度需要以授予土地或权力的方式获得领主与骑士的支持；加上教皇的反对与伦巴底的抗暴导致日耳曼王权的衰弱，贵族们得以任意垄断乡村土地并将农民贬为农奴。13 世纪，封建制度得势于日耳曼，此时的法兰西封建制度却屈服于王权。早期帝王所认为是抑制贵族势力的主教们，现在变成第二贵族，像世俗领主一样有钱有势及独立自主。1263 年以前，七位贵族——美因茨、特里尔、科隆的大主教、撒克逊及巴伐利亚的公爵、享王权的伯爵及勃兰登堡的侯爵——被各封建采邑授予选举国王之权。这些选帝侯妨害统治者的权力，僭越帝王的特权，攫夺王室的土地。他们可以充当中央政府并统一全国，但他们并未执行，即使在选举时他们也各行其是。事实上仍无日耳曼国家的存在，仅有撒克逊人、士瓦本人、巴伐利亚人、法兰克人……还没有议会，仅有诸领地间的会议（Landtage）。联邦议会（Diet of the Commonwealth）成立于 1247 年，在国家无正规统治者期间显得衰弱无力，仅在 1338 年时有卓越的表现。一群由国王任命的农奴或自由民所组织的官吏，构成一个松懈的官僚体制，维持政府的持续性。没有一个都城能形成国家效忠与利益的中心，也没有一种法律制度能统治全境。虽然"红胡子"腓特烈努力想把罗马法律加诸全日耳曼，但各个地区仍保持其习惯与法典。1225 年，撒克逊人的法律系统整理成《撒克逊法典》（*Sachsenspiegel*）。1275 年，士瓦本人的法律及习俗被编纂成《士瓦本法典》（*Schwabenspiegel*）。这些法典维护人们选举国王及农民保有自由及土地的古老权利。《撒克逊法典》中说，农奴和奴隶制度是违反自然和上帝的意旨，并将其起源归咎于暴力与诈欺。但是农奴制仍旧盛行。

霍恩施陶芬时代是俾斯麦以前日耳曼最伟大的时代。人们的举止仍然粗鲁，法律混乱，他们的道德伦理是半基督教、半异教的，他们以基督教信仰为名掠夺土地。如在城市间相比较，他们的财富与舒适无法与佛兰德斯或意大利相比。但他们的农民勤劳而且多产，他们的商人有冒险与商业精神，他们的贵族是欧洲最有修养的权势者，他们的国王是西方世界的世俗主宰，其统治范围由莱茵河至维斯图拉河，从罗讷河至巴尔干半岛，从波罗的海至多瑙河，从北海至西西里。上百个城市因繁荣的商业生活而成形，其中许多有自治特许状。它们的财富激增，艺术方面也有长足的进展，在文艺复兴以前，他们的艺术成就是日耳曼引以为傲、引以为荣的。

斯堪的纳维亚

经过一个世纪快乐而不显赫的日子，丹麦由于瓦尔德马一世（Waldemar I）的统治，又进入世界史中。在大臣、朗德地区的大主教艾卜萨隆（Absalon）的帮助下，他组织一个坚强的政府，肃清海盗，保护和鼓励贸易，使丹麦致富。1167 年，艾卜萨隆建造哥本哈根成为"市场港口"。瓦尔德马二世征服荷尔斯泰因堡、汉堡及易北河东北的日耳曼，对日耳曼的侵略还以颜色。"为了圣母玛利亚的光荣"，他参加三次十字军东征以抵抗波罗的海的斯拉夫民族，占领爱沙尼亚东北部，并建立雷瓦尔。在一次战役中，他在军营内被攻击，却免于一死，据说一方面是由于他的勇武，一方面是由于及时由天降下一面带有一个白色十字架的红旗，这块"丹之布"（Dannebrog 或 Dane's Cloth）以后即变成丹麦人战争的军旗。1223 年，他成为什未林亨利伯爵（Count Henry of Schwerin）的阶下囚。两年半后，将全部在日耳曼及斯拉夫所征服的土地除吕根（Rugen）岛外归还日耳曼，才获释放。其后，将其辉煌的余生献于内部改革及丹麦法典的编纂。至其去世时，丹麦领土已扩张两倍，包括瑞典南部，并且人口等于瑞典（30万人）和挪威（20万人）的总和。瓦尔德马二世死后，王权减弱。1282年，贵族们由埃里克·格利平（Eric Glipping）国王获得特许状，承认他们的会议"丹尼霍夫"（Danehof）是国家会议。

必须有伟大小说家神奇的想象力，我们方能洞悉早期斯堪的纳维亚半岛的成就——日复一日，一步一步，英勇地克服这个艰难危险的半岛。生活仍然是原始的：狩猎及捕鱼与农业一样是维持生活的主要来源，广大的森林必须清理，野兽必须驯服，海港必须建造，人们必须振作起来与大自然对抗。西多会的僧侣们在此一个世纪的争战中扮演重要角色，伐木、耕地、教农民改进农业法。伯吉尔伯爵（Earl Birger）是这场与自然相搏斗的战争中的许多英雄之一，他从1248年至1266年为瑞典首相，取消农奴制，创立法治，建造斯德哥尔摩（1255年），开创福尔孔（Folkung）王朝（1250—1365年），以其子瓦尔德马为王。贝尔根渐富庶，变成挪威贸易的出口。在哥特兰岛上的维斯比，也变成瑞典与汉撒同盟的接触中心。兴建最好的教堂，修道院与学校也大为增加，诗人们闲散地弹着他们的抒情短歌。远在北极雾中的冰岛在13世纪时变成斯堪的纳维亚世界中最活跃的文学中心。

英格兰

· "征服者"威廉

"征服者"威廉以武力、法律、虔敬、精明及诈欺的巧妙配合统治英格兰。他由一名备受威胁的咨议院（Witan）议员提升到王位，宣誓要遵守现存之英格兰法律。在西方及北方的一些乡绅们企图趁他不在诺曼底时叛变（1067年），他立刻回来，像一把复仇之火焰燃遍大地，破坏宅园、谷仓、收成及牛群，直至19世纪时英格兰北部才完全复原。他将王国中最好的土地分给他的诺曼随从作为田产，并鼓励他们建造城堡作为营寨抵抗敌对的人民。于野史中出现、正史上却默默无闻的罗宾汉（Robin Hood），可能是盎格鲁－撒克逊人，出没无常以游击方式对抗诺曼底征服者达一个世纪之久。他盘踞舍伍德（Sherwood）森林中，不承认诺曼底法律，抢劫领主，以济农奴，并崇拜圣者。国王保留着一片广袤的土地为王土；一块30英里长的土地被皇家征用为狩猎预定地；该地区所有的房子、教堂及学校全被夷为平地以利马与猎犬通行；任何人在此猎杀牡鹿都将失去双眼。

英格兰的新贵族于此产生，偶尔他们的子孙仍然采用法兰西的名字。先前已渐式微的封建制度笼罩大地，将大部分被征服的人民贬抑为农奴。所有的土地属于国王，凡能表示未抵抗征服的英格兰人，皆允许向国家再买回他们的土地。威廉为了表列其战利品，1085年派遣代理人记录每块土地的所有权、耕种情况及土地之物。古代编年史上记载："他如此详尽地委托他们，以致在他的文书中，没有一寸土地……甚至一头公牛、一头母牛或一只猪，不被记载上的。"结果成了一本英格兰的《末日审判书》，如此不祥的命名作为所有不动产争论之最后"判决"或审判。为了确保军方的支持及限制他的大封臣的势力，威廉在索尔兹伯里召集英格兰所有重要的地主——计6万人——令每人宣誓效忠国王。这一做法避免成为法兰西分裂的个人主义色彩的封建制度。

征服之后，总期望有一个强而有力的政府出现。威廉任命或罢黜骑士和伯爵、主教和大主教及修道院院长。他毫不犹豫地监禁大地主，维护他对教会任命之权，以对抗权势上旗鼓相当并曾迫使亨利四世前往加诺萨向其请罪的格列高利七世。为了防止火灾，他规定在晚上鸣钟熄灯安睡的时刻就必须遮盖或熄灭壁炉火焰。因此，在冬天，英格兰人晚上8点就寝。为了负担扩展中的政府及战争所需费用，他对所有的买卖、进出口商品，及桥梁和道路的使用皆课以重税，并恢复"忏悔者"爱德华所取消的一种税"丹人税"（Danegeld）。当获悉一些英格兰人为了逃避他的魔掌，把金钱置放在修道院拱形圆屋顶内，他派人搜查所有的修道院，将所有这些财宝都移入自己的宝库。他的臣相们欣然接受贿赂，并诚实地将贿金记录于公众登记簿。

诺曼教士分享这次胜利。他们从卡昂找到能干与柔顺的朗佛兰克，令其为坎特伯雷的大主教及国王的首要阁员。他发现盎格鲁—撒克逊教士耽溺于狩猎、掷骰子及结婚，便以诺曼神父、主教及修道院院长代替他们的职位，又拟定一种新的修道院法《坎特伯雷习俗》（*Customs of Canterbury*），提高英格兰教士的心智与道德水准。也许由于朗佛兰克的建议，威廉宣布教会法庭与世俗法庭分开，命令所有属灵的问题必服从于教会的教规，保证国家执行由教会法庭所裁决的惩罚，而为了维持教会，向人们征收什一税。但威廉要求在英格兰凡是教皇的敕令或信件必须得到国王的同意才有效，凡教皇的使节得到国王的同意才可进入英格兰。英格兰的主教们所组成的国家会议，曾是咨议院的一部分，后变成一个单独分开的团体，其法令唯有获得国王批准后才生效。

像大多数伟人一样，威廉发觉统治一个国家比管束他的家庭容易。他生命中最后的十一年，因与皇后玛蒂尔达的争吵而显得暗淡。他的儿子罗伯特要求全权统治诺曼底，遭到拒绝后，随即叛变。威廉无意击败他，最后答应把公国遗留给罗伯特才解决这一纷争。国王身材如此肥硕，几乎无法上马。他和法兰西菲利普一世在边界作战。当他停留在鲁昂，因为肥胖而几乎无法移动时，据传法兰西国王菲利普一世讥笑说英格兰国王正在"待产"，在他的感恩礼拜时，一定有许多蜡烛。威廉宣誓他真的要点燃许多蜡烛。他命令他的军队烧毁曼特斯及其所有的邻近地区，毁掉所有的收成。果然是言行一致。威廉快乐地骑过废墟，却被他的马颠摔下来碰上马鞍的铁鞍头。他立刻被送至靠近鲁昂的圣杰维斯修道院。他大大地忏悔其罪恶，立下遗嘱，悔罪地将他的财产分配给穷人与教会，提供钱财以重建曼特斯。除了亨利外，他所有的儿子不顾其临死的父亲却为继承而战；他的大臣及仆人携带战利品逃走。一个质朴的家臣将他的尸体携至卡昂的男子修道院（1087年）。替他定做的棺材太小，无法容纳其尸首。当侍从试着强将庞大的尸体装入窄狭的空间时，尸体裂开，发出的恶臭弥漫教堂。

诺曼征服之成果是无限的。新的人种与阶级将加诸于丹麦人身上，他们曾代替盎格鲁—撒克逊人，而盎格鲁—撒克逊人曾征服罗马不列颠人（Roman Briton），而罗马不列颠人曾统治凯尔特人……需要几世纪之后，盎格鲁—撒克逊与凯尔特的种族成分才会在英格兰血统与语言中显示出来。诺曼人与丹麦人是同一血缘的，但自从罗洛（Rollo）主政后，他们变成法兰西人。由于他们的光临，英格兰官方的习俗与语言法国化有三个世纪之久。封建制度带着它的饰物、骑士精神、纹章学（heraldry）及词汇由法兰西而传入英格兰。与威廉一起来的犹太放利者刺激了英格兰的贸易与工业。英格兰由于和欧洲大陆有密切联系，在文学与艺术方面吸收许多新观念，诺曼式建筑在不列颠达到最辉煌的成就。新权贵带来新作风、蓬勃朝气及较完美的农业组织，诺曼领主与主教改进国家的行政。政府行使中央集权。虽然是专制政治，但国家统一了。生命与财产越来越获保障，英格兰进入长期的内部和平。她不再轻易遭受敌人的攻击。

·贝克特

在英格兰有一句谚语：两个强国之间必插入一个弱国，但也可有无数的中等国家在其间。在"征服者"死后，他的长子罗伯特接收诺曼底，成为一个单独的王国；次子威廉·鲁弗斯（William Rufus）被封为英格兰国王，向其涂膏者兼阁员的朗佛兰克承诺好自为之。但他像暴君一样统治至1093年，因患病，再度承诺端正行为，复原后，又像暴君一样统治直到打猎时被人枪杀而死。继承朗佛兰克为坎特伯雷大主教的安塞姆，品行高洁，曾耐心地对抗他，结果被他遣回法兰西。

"征服者"的第三个儿子亨利一世重访安塞姆。这个主教哲学家要求终止皇家选举主教之权,亨利拒绝。经过一场冗长而乏味的争吵后,双方同意英格兰主教及修道院长由教会团体或僧侣们在国王面前选举,并且为了他们封地的财产和权利必向国王效忠。亨利喜爱钱财,憎恨浪费。他征收重税,却谨慎公正地统治。他维持英格兰的秩序与和平,仅于1106年在坦什布赖打了一仗。他使诺曼底重新归于英格兰统治之下。他命令贵族们"在与他们属下的妻子、儿子与女儿们交往时一定要约束自己",自己却有许多情妇所生的私生子女。但他温文而有智慧,娶了苏格兰和诺曼底人征服之前英格兰国王之后裔莫德为妻,因此将古老的皇家血统注入新的皇族之中。

晚年时,亨利使男爵与主教们宣誓对其女儿玛蒂尔达和她的幼子——未来的亨利二世——效忠。但国王一死,"征服者"之孙,布卢瓦的斯蒂芬攫夺王位,英格兰发生最恐怖残酷的内战。内战中,英格兰人遭受死亡与重税的威胁达十四年之久。其时亨利二世长成,娶阿基坦的埃莉诺,并联合其公国,入侵英格兰,强迫斯蒂芬承认他是王位继承者。斯蒂芬死后,他成为国王(1154年),如此结束了诺曼王朝,开始金雀花王朝。安茹的杰弗里,是亨利二世之父,在他的帽子上绘有金雀花的嫩枝。亨利脾气暴躁,野心大,智慧高,半趋向无神论。名义上统治一个从苏格兰到比利牛斯山、包括半个法兰西的帝国,却明显发现自己无助地处于一个封建社会之中,其中大领主有佣兵保卫及城堡防守,整个国家分裂成许多封侯的领地。年轻的国王以无比的精力聚集金钱和兵力,攻打这些大领主,使他们一一就范。他摧毁封建城堡,建立秩序、安全、公正及和平,并巧妙地以极少数的钱财和武力使受威尔士海盗征服和蹂躏的爱尔兰回到英格兰的统治下。但这位被列为英史上最伟大国王之一的刚强非凡的人,却遇到了和自己一样意志坚强的托马斯·贝克特(Thomas Becket),并在宗教上遭到比任何国家都要强大的势力的对抗而终告挫败。

　　贝克特1118年生于伦敦一个诺曼中产阶级家庭。他早熟的心智引起坎特伯雷大主教西奥博尔德的注意，后者送他到博洛尼亚和欧塞尔两地研习世俗法律和教会法典。回到英格兰后，他即参与教职，不久晋升坎特伯雷副主教。但是他像当时大多数的教士一样，与其说是个教士，毋宁说是个行政人才，在行政及外交方面深具兴趣与专才。由于其特出的表现，37岁时即被举为国务大臣。有一段时期他和亨利合作无间，这位英俊的大臣与国王推心置腹，共游同乐，甚至分享国王的财富与权力，他对贫者仁慈对朋友热诚。战争中，他亲率700名骑士进行一对一的格斗，并策划战役。出使巴黎时，他的8辆马车、40匹马及200名侍从的豪华装备使法兰西人大为吃惊，他们想如此风光的一位大臣，该当有何等富有的一位国王。

　　1162年，他被任命为坎特伯雷大主教。似乎受了某种魔法，他以后突然彻底地改变其作风。他放弃雄伟的皇宫、鲜艳的衣饰、出身高贵的朋友，提请辞去国务大臣之职。他身着粗布衣服，穿毛布内衣，靠蔬菜、五谷及水为生，每晚替13个乞丐洗脚，而且变为所有教会权利、特权及宗教财产坚毅的拥护者。这些权利之中有一条是教士可免于世俗法庭的审判。亨利渴望其统治权能及于所有的阶级，愤怒地发现教士们所犯之罪常常不受教会法庭的处罚。他召集英格兰主教及骑士们在克拉伦登（Clarendon）集会，说服他们签订《克拉伦登律令》（Constitutions of Clarendon），终止许多神职人员的豁免权，但贝克特拒绝在文件上盖大主教的印章。亨利颁布新法，在皇家法庭传唤这个抱病的大主教前来受审。贝克特前来，无声地反抗他自己的主教们，他们联合起来宣布他犯了对宗主国王不服从之罪。法庭下令收押他，他宣称要上诉教皇，而后穿着无人敢动的大主教衣袍，未受伤害地离开法庭。那天晚上，他在其伦敦住所给许多穷人提供食物。当夜即化装潜逃，绕道而至英吉利海峡，乘一叶轻舟越过波涛汹涌的海峡，在法兰西的圣奥梅尔（St.Omer）修道院内找到栖身之处。他向教皇亚历山大三世提出辞去大主教之职。教皇维护他的立场，再授予他大主教的职权，但有段时期却派他住在庞提格尼（Pontigny）大修道院内当一名普通的西多会僧侣。

亨利把所有贝克特的亲戚，不分年龄性别，全逐出英格兰。当亨利到诺曼底时，贝克特离开他的住所，在维泽莱的讲坛上宣布凡拥护《克拉伦登律令》的英格兰教士皆处以破门律（1166 年）。亨利则威胁要没收在英格兰、诺曼底、安茹及阿基坦各地修道院的财产。假如庞提格尼修道院长继续收留贝克特，则连其修道院的财产一并没收。受惊的修道院长求贝克特离开，于是这个带病的叛徒有段时期住在桑斯一所肮脏的客栈里，靠接济为生。由于法王路易七世的催促，亚历山大三世命令亨利恢复其大主教之职，否则即面临停止英格兰境内所有教权的危机。亨利屈服了。他到阿夫朗什（Avranches），遇到贝克特，答应治疗他所有的疾病。当胜利的大主教上马回到英格兰时（1169 年），亨利还手扶大主教的马镫。贝克特回到坎特伯雷，仍然重申要将反对他的主教处以破门律。有些主教到诺曼底找亨利，并夸张贝克特的行为以激怒他。"什么！"亨利叫道，"一个吃我面包的人……竟敢侮辱国王及整个王国，我所养的这些懒惰的仆人竟没一人能替我说句公道话？"四个听到此话的骑士，显然未得到国王的允许即回英格兰。1170 年 12 月 30 日，他们发现大主教在坎特伯雷大教堂的圣坛上，用剑杀死了他。

所有的基督教世界愤怒地对抗亨利，很自然地对其处以最严重的破门律，亨利自己隐遁于寝宫，与外界隔绝，并拒绝进食达三天之久。他下令逮捕凶手，派密使至教皇处宣告他的无罪，并答应履行亚历山大所要求的对凶手的任何惩罚。他废除《克拉伦登律令》，并恢复在其国土内所有教会的权利及财产。此时人们封贝克特为圣人（1172 年），成千的人向其圣地进香。最后，亨利也以一个悔罪的进香客至坎特伯雷，最后 3 英里时，他赤着的脚流着血走在坚硬的路上，趴在他已去世的敌人之墓前，求僧侣们鞭打他。在他的王国内，一般骂詈及日益增加的纷扰，击碎他坚强的意志。他的妻子埃莉诺被行为不检的国王摈弃并监禁，与其子联合起来，图谋推翻他。他的长子亨利在 1173 年和 1183 年在封地发动叛乱反对他，死于叛乱之中。1189 年，他的儿子理查（Richard）及约翰（John），不耐烦等候他的死亡，联合法兰西的"奥古斯都"菲利普攻打他们的父亲。他被逐出勒芒，指责上帝夺走其出生与恋爱之地，最后死于希农。他以最后一口气诅咒他的叛逆子，以及给他权力、光荣、财富、女人、敌人、鲁莽、奸诈和失败的一生。

他并没有完全失败。他在贝克特活着时所拒绝成就的事，虽于后者死后屈服，然而在此激烈的争辩中，亨利赢得了后世的赞美：在他之后的历代王朝，世俗法庭的管辖权已伸张及于神职人员及国王所有的臣民。他使英格兰的法律挣脱封建和教会的束缚而不断地发展，成为自罗马帝国以来最高的法律成就之一。正如其曾祖父"征服者"，他使叛逆与目无法纪的贵族归入秩序与纪律，而巩固、统一了英格兰政府。在这方面他太成功了：中央政府变得极其强大，几濒于不受牵制、为所欲为的专制政治；在秩序与自由的历史性轮回中，下一回是属于贵族政治与自由的。

·大宪章

"狮心"理查一世（Richard I the Lion-Hearted）未经争斗即继承其父的王位。冒险、冲动、暴躁的埃莉诺之子，步其母后尘，而与沉着、精明的亨利不同。他 1157 年诞生于牛津，被母亲派至阿基坦管辖她的领地。于此，他接受普罗旺斯的怀疑文化，抒情诗人的艳体诗，之后即毫无英格兰人的味道。他喜欢冒险和歌唱甚于政治和行政。在其一生 42 年的岁月中，曾有过上百次的风流韵事。且恭维当时的诗人，模仿他们的行为，并给予赞助和鼓励。他统治的最初五个月，致力于聚集资金供十字军东征之用，他把亨利二世留下的全部财产均耗于此；他罢免成千的官员，仔细考虑后又使他们复职；他把自由特许状售给付得出代价的城市，为了 15 万马克承认苏格兰的独立，不是因为他不爱惜钱，而是因为他喜欢冒险。继位半年之后，他远至巴勒斯坦。他既不关心他人的权利，也不关心自身的安危，他尽量地收税，将收入耗费于奢靡、欢宴及炫耀。但是他在 12 世纪的最后 10 年，却以虚张声势与英勇精神仓促地度过，以致他的诗人同伴把他列于亚历山大、亚瑟王及查理曼之上。

他攻击但又喜爱萨拉丁，失败后，发誓要征服他，在返回家园的途中被奥地利的利奥波德公爵（Duke Leopold）俘虏，因为他曾在亚洲触怒利奥波德。1193 年初，利奥波德将理查交给亨利六世，亨利六世对亨利二世和理查一直怀恨在心，不顾欧洲共同承认的不得监禁十字军的法律规定，将这位英格兰国王囚禁在位于多瑙河畔的迪恩施泰因（Durnstein）的城堡中，向英格兰要求 15 万马克的赎金，这是英格兰王室年收入的两倍。其时，理查的兄弟约翰想夺王位，遭遇抵抗，他逃到法兰西，并伙同"奥古斯都"菲利普攻打英格兰。菲利普违反和平的保证，攻打并抢夺英国人在法兰西的财产，向亨利六世大行贿赂，使他继续监禁理查。理查在舒适的监禁生活中感到烦躁，于是写下了最优美动人的诗歌，请求他的国家为其赎身。在这段混乱时期，埃莉诺代理政事，并得到最高司法官休伯特·沃尔特（Hubert Walter）和坎特伯雷大主教贤明的辅佐，成功地统治王朝，但是他们发觉还是很难筹足赎金。理查终于获释（1194 年），立刻赶回英格兰，征课赋税，招募兵力，率领军队越过英吉利海峡攻打菲利普，为自己和不列颠雪耻复仇。他收回被菲利普占领的所有土地，接受和约，免菲利普一死。其间他曾和利摩日的子爵（Viscount of Limoges）阿代马尔发生争吵，起因是后者在其领土内发现一处金矿。阿代马尔愿意送一部分给理查，但理查要全部，于是围攻他。一支箭从阿代马尔的城堡中射出，击中国王，"狮心"理查为了一个金矿而了其一生，死时年方 42 岁。

他的兄弟约翰在反对与质疑声中继承他，大主教沃尔特使他在加冕时宣誓其王位的取得是基于国家（贵族及高僧们）的选举与上帝的恩赐。但是，约翰对他的父亲、兄弟和妻子皆不守信，不会因为这再次的誓言而受牵制。像亨利二世和理查一世一样，他也没有虔诚的宗教信仰。据说成年后他就不再领圣餐，甚至在加冕时也拒领。僧侣们控告他的无神论观念。当他捉到一只牡鹿时，他说："这动物养得多胖啊！但是我敢打赌，它从未听过弥撒。"——僧侣们愤恨这是暗指他们的肥胖。他是个有高度智慧而肆无忌惮的人，是最佳的行政人才。英国的编年史家霍林斯赫德（Holinshed）谓其"不是教会的好朋友"，僧院的编年史家对他也带诽谤。他并不常有过失，但其暴躁的脾气、过人的机智、恶意中伤的幽默、自负的专制作风，及为保英格兰大陆抵抗"奥古斯都"菲利普而不得不采取的强行征税手段，常使他和人们疏远。

1199 年，约翰取得教皇英诺森三世的准许，以同血统为由，与格洛斯特的伊莎贝尔姚离，随即迎娶昂古莱姆的伊莎贝拉，虽然她已许配给吕西尼昂的伯爵。两国的贵族皆动怒，伯爵向菲利普申诉。同时，安茹、都兰、普瓦图、曼恩的男爵向菲利普抗议约翰压迫他们的行省。追溯当初割让诺曼底给罗洛，根据封建效忠的原则，法兰西各领主，甚至包括英格兰所属的省份，皆承认法兰西国王是他们的封建宗主。而按照封建法，约翰身为诺曼底公爵是法兰西国王的臣属。菲利普召集所有封侯至巴黎，约翰拒绝，法兰西封建法庭宣判没收其在法兰西的财产，并把诺曼底、安茹及普瓦图赏给布列塔尼的伯爵，即亨利二世的孙子阿瑟。阿瑟宣称有权继承英格兰王位，举兵在米拉博（Mirabeau）围困女王埃莉诺。她虽已 80 岁高龄，仍带兵攻打这个无法无天的儿子。约翰救助她，俘虏阿瑟，下令赐死。菲利普进兵诺曼底，约翰正在鲁昂忙于度蜜月，无法亲率军队，兵败，约翰逃至英格兰。诺曼底、曼恩、安茹及都兰由法兰西统属。

教皇英诺森三世因与菲利普不和，尽其所能帮助约翰，其后约翰却与英诺森争吵。休伯特·沃尔特一死（1205 年），国王即游说坎特伯雷较年长的僧侣选举诺维奇的主教约翰·格雷（John de Gray）填补空缺。一群较年轻的僧侣则选他们的修道院副院长雷金纳德为大主教。两个敌对的候选人赶至罗马求教皇认可，二人均为英诺森所拒，重新任命一位过去 25 年都住在巴黎、而现在大学担任神学教授的英格兰主教斯蒂芬·兰顿（Stephen Langton）担任此职。约翰抗议兰顿并没有充分准备而担任英格兰大主教之职，而此职是牵涉政治和教会两种功能的运作。英诺森不顾约翰的抗议，在意大利的维泰博（Viterbo）封兰顿为坎特伯雷的大主教（1207 年）。约翰公然反抗兰顿踏上英格兰的土地，威胁要火烧反抗坎特伯雷僧侣们的修道院，并以"上帝的牙齿"发誓，假如教皇在英境停止教权，他要将所有天主教神职人员驱逐出境，另将其中某些人的眼睛挖出、鼻子割掉。终止教权令终于宣布（1208 年）。除了浸礼与临终的涂膏式外，在英境内所有的宗教活动皆被终止，教堂也被教士关闭，教堂的钟声沉寂了，死者被埋于未经教会祝圣之地。约翰没收所有主教与修道院的财产，分给平民信徒。英诺森将国王处以破门律，但约翰不在乎此判决，仍在爱尔兰、苏格兰与威尔士从事战争。人们在教权终止之下颤抖，贵族们却对掠夺教会的财产一事表示默许，因为这暂时移转了皇室对他们财富的觊觎。

　　约翰以其表面的胜利而自豪，却因其过度的行为触怒了许多人。他置其第二任夫人于不顾，与放荡的情妇们生下私生子；拘禁犹太人以榨取他们的钱财；虐待被囚的主教致死；向贵族课税并加以侮慢，使贵族疏远；严格地执行不受欢迎的森林法。1213 年，英诺森使出最后的手段：他下一诏书革除英格兰国王之职，解除约翰臣民对其效忠的宣誓，并宣布国王的财产今后变成合法的掠夺品，谁能将其由一位犯渎神罪者手中夺回，便算是谁的。"奥古斯都"菲利普接受这邀请，征召一支精良的军队，向英吉利海峡推进。约翰准备抵抗侵略，但发现贵族们不愿支持他与有物质及精神武装的教皇作战。他猛烈地抵抗，既见大势不可为，于是和教皇的使节潘德尔夫达成协议：假如英诺森撤回破门律、终止教权及罢黜等命令，并且化敌为友，约翰保证归还所有没收的教会财产，并以封建封臣的姿态，以其王权与王国向教皇称臣。双方皆同意，约翰把整个英格兰交给教皇。五天后，又从教皇那里收回英格兰，作为教皇的封地，永远朝贡，永远效忠（1213 年）。

约翰进军普瓦图，攻打菲利普，命令英格兰的男爵们带着武器和兵士跟随他，他们拒绝。菲利普在布汶的胜利使约翰丧失日耳曼与其他联盟，过去他曾向他们寻求帮助以抵抗日益扩张的法兰西。返英后，贵族们憎恨其为了残酷的战争而滥行征税，违反先例和法律，及拿英格兰交换英诺森宽宥与支持的行径。为了强行此项命令，约翰向他们要求免役税——付钱以代替当兵。他们却派代表向他要求恢复亨利一世保护贵族与限制王权的法律。由于得不到满意的结果，贵族们在斯坦福召集武力。当约翰在牛津闲游时，他们派遣密使至伦敦，赢得自治市与法庭的支持。在泰晤士河畔，靠近温莎的兰尼米德，驻扎的贵族军队与少数国王的支持者对峙。在那里，约翰第二次大投降，并签署英国历史上最有名的文件《大宪章》：

> 恭承神恩，英格兰国王……约翰，致意诸大主教、主教、僧侣、伯爵、男爵……与全体忠诚之国民。当知吾人……为吾人与子孙采纳此宪章之建议：
>
> 一、英国教会应不受拘束，享有全部之权利与自由而不可侵犯……
>
> 二、吾人为本身及吾子孙，业以下列全部自由权利，颁赐吾国全体自由人……
>
> ……
>
> 十二、非经全国同意，不得征收免役税及国王津贴……
>
> ……
>
> 十四、……须获得全国之同意，关于其他津贴或免役税之厘定，应以敕令个别通知大主教、主教、僧侣、伯爵及较大之男

爵……及各地方长官……

　　十五、此后除赎身金，长子受封为武士或长女出嫁，可以征收合理之津贴外，任何人不得向自由人征收津贴……

　　……

　　十七、民事法庭不得设于宫廷，而应设于指定处所……

　　三十六、此后申请……之调查令状，不得收受费用，并应随请随发，不得拒绝（任何人未经审判，不得长期拘禁）……

　　……

　　三十九、任何自由人民，除经其同辈之合法判决，或经国家法律之判决外，不得加以逮捕、监禁或没收其财产，或摈使不受法律保护，或将其流放，或以任何方式加以伤害……

　　四十、国王不得向任何人出卖、否认或耽延其权利与司法保障。

　　四十一、一切商人……均得经由陆上水上安全进出英格兰，或在英格兰居留旅行……免缴一切非法通行税……

　　六十、上述各项习惯及自由……所有国民，无分僧俗，均应遵守……

　　……

　　王朝第 17 年 6 月 15 日，在证人前御笔亲署于兰尼米德草地。

　　《大宪章》以奠定了今日英语世界享受各种自由的基础而闻名。它确实是有限制的。它主要确定贵族与神职人员的权利，而非所有人民的权利；并没有任何设计以执行表示虔敬的第六十条。宪章的签订，与其说是民主政治的胜利，不如说是封建制度的得势。但它明定及保障基本权利，确立了人身保护令及陪审团审判制度，给予初期的议会控制钱袋的权力，以抗拒专制政治，它使专制的君主政体转变为立宪的君主政体。

　　然而约翰并未想到他自己因为放弃专制的权力而留名青史。他被迫签约，翌日复图谋取消《大宪章》，便诉诸教皇。英诺森三世现在的政策是，需要英格兰的支持以对抗法兰西，所以宣布《大宪章》无效，以保护这位受屈辱的封臣，并禁止约翰遵行或贵族们执行《大宪章》中的条文。男爵们漠视这一命令。英诺森将他们及包括伦敦在内五个港口区的市民处以破门律，但这位曾经领导拟成《大宪章》的兰顿大主教却拒绝发布此项敕令。在英格兰的教皇使节将兰顿停职，公布此敕令，征召并率领佛兰德斯和法兰西境内的佣兵，以炮火、刀剑掠夺、杀戮蹂躏英格兰的贵族。贵族们没有可靠的群众支持，他们并不动员自己封地的人力、财力以抵御之，而是邀请法兰西国王之子路易进攻英格兰，以保护他们，并以英格兰王位作为对他的报酬。假如此计划成功，英格兰即变成法兰西的一部分。教皇使节阻止路易越过英吉利海峡，但他坚持，他及所有随从被处破门律。当路易抵英时，受到男爵们的尊崇与效忠。在商业区伦敦之外的每处地方，约翰皆获胜，他毫不留情。不久，在他正精力旺盛、连战皆捷之际，不幸罹患痢疾，非常痛苦地走向一座寺院，死于纽瓦克（Newark），年方49岁。

一位教皇使节加冕约翰六岁的儿子为王，即亨利三世。以彭布罗克伯爵为首组成一个摄政团，贵族们因此一人之擢升而受激励，便转而归顺亨利，把路易遣送回法兰西。亨利长大后，成为一位艺术家国王和美的鉴赏家，威斯敏斯特教堂的建造原出于他的构想，也由他提供财源。他认为《大宪章》是分离的力量，试图废止，但失败了。他向贵族征税，几乎引起革命，时常起誓这一次的征税是最后一次。教皇们也需要金钱，在国王的同意之下，从英格兰教区抽什一税以支持教皇抵抗腓特烈二世之战。对这些征税的记忆导致威克利夫和亨利八世的革命。

爱德华一世不像他父亲一样有学识，却更像国王。他野心大、意志强、沉着应战、政策精明、富于谋略，然而行事有节制，并且谨慎小心，有远大的目标，在其统治之下造就了英格兰历史上最成功的王朝。他重新编组军队，训练大批使用长弓的弓箭手，并建立国民自卫团，下令每位壮丁保有武器，并学习如何使用——不经意地替民主政治建立了军事基础。如此增强武力后，他征服威尔士，赢得又丧失苏格兰，拒绝约翰所承诺给教皇的贡金，并取消教皇对英格兰的宗主权。但是他统治期间最伟大的事件是议会的发展。也许并不是有意如此，爱德华变成英国最伟大成就——在政府与个人方面，调和了自由与法律——的中心人物。

·法律的发展

从诺曼征服到爱德华二世，英格兰的法律和政府制度形成，一直维持到 19 世纪。诺曼封建法加诸于盎格鲁—撒克逊地方法，使英格兰法律最先变成国家法，即不再是埃塞克斯或麦西亚的法律或丹麦人的法律，而是"国家的法律与习俗"（"the law and custom of the realm"）。我们几乎无法了解当兰纳尔夫·格兰维尔（Ranulf de Glanville）用上述引号中一语时，暗示着何种法律革命。在亨利二世的激励下及他的最高司法官格兰维尔（Glanville）的指导下，英格兰法律与法庭荣获有效、迅速及公平（仍有贿赂腐败的现象）的美名，以至敌对的西班牙国王把他们的争讼案件呈给英格兰皇家法庭处理。《法律论丛》（*Treatise on Laws*）的作者，可能是格兰维尔，一般传说是如此。无论如何，这是英国法律最古老的教本。半个世纪后，亨利·德·布雷克顿（Henry de Bracton）完成了他 5 大卷的名著《英国之法律与习惯》（*On the Laws and Customs of England*），这是第一部有系统的法律汇编。

国王在金钱与军队方面的需求不断地增加，迫使盎格鲁—撒克逊国家会议扩张为英格兰议会。亨利三世急于筹募比贵族们所批准的更多的金钱，于是从每个郡中召集两位骑士加入男爵与主教的行列之中，参加 1254 年的大会议（Great Council）。以阿尔比派信徒闻名于世的十字军之子西蒙·蒙福尔，1264 年率领贵族们反抗亨利三世时，为赢得中产阶级的拥护，要求不仅每一郡有两名骑士，而且每一镇或城市有两名居于领导地位的市民加入男爵之行列中，参加全国大会。城市越来越繁荣，商人赚取大量金钱，假如他们愿意发言也愿意出钱，则值得与这些人商量。爱德华一世取法蒙福尔。他因同时与苏格兰、威尔士及法兰西作战，不得不向各阶层的人寻求援助与财源。1295年，他召集英格兰历史上第一次完全议会——"模范国会"（Model Parliament）。他在召集令状中指出："凡涉及全体的事务，应经全体人同意，并且……共同的危险必以大家同意的措施应付之。"爱德华从"每个市、镇及居领导地位的城市"邀请两位市民参加在威斯敏斯特举行的大会议。这些人从各地区较有势力的人中选出。在一个仅有少数人识字的社会里，无人梦想过普选权。在"模范国会"中，"平民"并未立刻拥有和贵族相等的权力。当时，也没有每年定期召开的议会，随意召开的议会，成为法律的唯一来源。约1295年，原则上通过凡由议会通过的法规没有一条可被废除，除非由议会本身通过废止。1297年更进一步同意，未得议会的同意不可征税。

教士们不情愿地出席扩大的议会。他们分开坐，除非在他们地方会议中，否则拒绝同意国家的支出案。教会法庭继续审判所有牵涉教会法的案件，大部分案件牵涉教会里的神职人员。神职人员被控重罪者可以由世俗法庭审判，但凡被控犯罪而罪行并非弑君或叛国者可以由"僧侣的特典"（benefit of clergy）而转与教会法庭处罚。更有甚者，世俗法庭的大部分法官都是教士，因为接受法律教育的主要限于神职人员。在爱德华一世统治下，世俗法庭变得更为世俗。当教士们拒绝同意国家的支出案时，爱德华一世辩称凡受国家保护的，应分摊其负担，指示他的法庭不受理教会人士为原告但实际上为被告的案件。在1279年的会议中，爱德华借着《永代让渡法》（Statute of Mortmain），禁止把土地授予教会团体，除非经过帝王的同意。如此，更进一步地对教会采取报复措施。

尽管如此分割的司法权，英格兰法律在威廉一世、亨利二世、约翰及爱德华一世的统治下迅速发展。这是一部彻底的封建法，压抑农奴；自由民侵犯农奴常被处以罚金。法律允许女人拥有、继承并遗留财产，订契约、控诉或被控，赋予妻子分得其夫所有财产1/3的权利；但她出嫁时所携带的所有动产，或别人赠送的动产，则全属于其夫所有。法律上，所有的土地属于国王，全为他的封建采邑。在正常情形下，封建领主的所有田产遗留给长子，如此不仅可保持财产的完整性，并且可保障封建宗主作为封臣的纳税与作战责任不致分裂。在自由农中没有这种长子继承制。

在上述封建法典中，契约法仍未臻理想。量度巡回裁判（Assize of Measures）统一度量衡与钱币，并由国家监督其使用。英格兰开明的商业立法始于《商人法》（*Statute of Merchants*）和《商人特许状》（*Merchant's Charter*），这也是爱德华一世富于创造性的统治下的另外两项成就。

法律程序的改进较为缓慢。为执行法律，每一个监狱设一个"看守者"，每一个镇设一个警察，每一个郡设一个郡长或行政司法长官。所有人只要一发现违法犯纪者，应激起"喧嚷声"并参加追捕罪犯。准允保释。英格兰法律的长处即在审讯嫌疑犯或见证人时不使用严刑逼供。当爱德华二世被法兰西菲利普四世说服去拘捕英格兰圣殿骑士时，他找不出证据判他们有罪。因此教皇克莱门特五世，无疑受菲利普的怂恿，写信给爱德华："我们听说你禁用拷问，认为这与贵国的法律相抵触。但没有一国的法律可以凌驾于教会法之上。因此我命令你立刻把那些人送去拷问。"爱德华听命，但一直到"血腥玛丽"（Bloody Mary）统治以前，英格兰的法律程序一直未再使用拷问。

诺曼底人带给英格兰古老的法兰克司法审讯制度，即由宣誓过的地方公民团体参与当地的财政与司法事务，"陪审团"是由克拉伦登的巡回审判（Assize of Clarendon）发展而成，允许诉讼当事人不必把案情的真相诉诸斗殴裁判，而可提至"国家"（the country），即陪审团。陪审团是在法庭之前，由执行官（sheriff）所指定4位骑士、从当地居民之中挑选12位骑士所组成的，即为大巡回裁判（grand assize）或主要法庭（major sitting）；而审判普通案件的小巡回裁判（petty assize）或次要法庭（minor session），由执行吏从邻近地区选出12个自由民。13世纪末，陪审团判决在英格兰普遍地取代古老蛮族法律的试验法。

·英格兰景色

14世纪初，英格兰90%为农村，有100个代之为乡村的城镇，及一夸称有4万人口——4倍于英格兰其他城镇——的都市伦敦，但论财富与市容则不如巴黎、布鲁日、威尼斯或米兰，更遑论君士坦丁堡、巴勒莫或罗马了。屋子皆为木制，有二三层楼高，人字层顶，通常较高层楼比下面的一层要突出。市政法禁止从窗口倾倒厨房、卧房或浴室的垃圾，但高楼的房客常图一己之便而犯禁。禁止倾倒粪便在排水沟内，但可倾倒小便。市府会议尽其所能改进卫生——下令市民们清扫屋前的道路，疏忽则罚款，并雇用"清道夫"（rakers）收集垃圾和污物，用车载至泰晤士河的粪船上。许多市民豢养马、牛、猪及家禽，但这尚无大碍，因为有许多空地，几乎每家都有花园。到处矗立着石头的建筑物如圣殿教堂（Temple Church）、威斯敏斯特及"征服者"威廉建造用来防卫都城及拘禁名犯的伦敦塔（Tower of London）。伦敦人颇以他们的城市自豪，不久佛罗依撒会说："他们比其他英格兰人更有分量，因为在财富与人力方面，他们都是最强大的。"僧侣沃尔辛格哈姆的托马斯（Thomas of Walsingham）描写他们是"所有人之中最骄傲、自负、贪婪的，不相信古代习俗，不相信上帝"。

数世纪以来，诺曼人、盎格鲁—撒克逊人、丹麦人和凯尔特人在血统、语言与生活方式等方面融合，产生了英格兰人种及其语言和民族性。当诺曼底在英格兰势力衰退时，不列颠的诺曼家族已忘记诺曼底，学习去爱他们的新国土。凯尔特人的神秘与诗人特质仍存在，尤以低阶层为甚，却已被诺曼人的勇敢与淳朴所调和。在国与国、阶级与阶级的争斗中，在饥荒与瘟疫袭击下的不列颠人，仍能造成一个亨廷登的亨利（Henry of Huntingdon）所称的"快乐的英格兰"，精力充沛，到处是粗俗的戏谑，喧闹的竞技赛，深厚的友情交流，及对歌舞、吟诗和品酒的热爱。由其健旺的生殖力而产生乔叟笔下朝圣者纵情的淫荡行为，及伊丽莎白时代有学养的虚张声势者大胆夸张的言词。

爱尔兰—苏格兰—威尔士（1066—1318）

1154 年，亨利二世成为英格兰国王，英格兰人尼古拉斯·布雷克斯皮尔（Nicholas Breakspear）成为教皇阿德里安四世。一年后，亨利派索尔兹伯里的约翰带不明朗的信息至罗马：爱尔兰正处于政治混乱，文学凋敝，道德沦丧，宗教独立与腐败之情况中，难道教皇不允许亨利占有这个的岛屿，而恢复其社会秩序与对教皇的服从？假如我们相信吉拉尔德斯·康布伦西斯的话，教皇同意了，下敕书把爱尔兰给予亨利，但亨利必须恢复有秩序的政府，使爱尔兰教士们与罗马合作，并使爱尔兰每一户人家每年付给彼得教堂 1 便士。其时，亨利无暇善用这一特许权而采取行动，但仍表示接受这些条件。

1166 年，列斯特的国王德莫特·麦克默罗（Dermot MacMurrough）被布雷夫尼的国王蒂尔南·奥罗克（Tiernan O'Rourke）击败。德莫特曾诱奸蒂尔南之妻，战败后，被臣民逐出国境，带着其漂亮的女儿伊娃逃至英格兰和法兰西，并从亨利二世处得到一封信，保证善待任何帮助德莫特恢复伦斯特王位的臣民。在布里斯托尔（Bristol），伦斯特由威尔士的彭布罗克伯爵——有名的"强弓手"（Strongbow）——理查德·菲茨·吉尔伯特（Richard Fitz Gilbert）处获得军事支援的保证，伦斯特答应他和伊娃的婚约并继承其王国。1169 年，理查德率领一批威尔士人攻入爱尔兰，借伦斯特教士之助，恢复了德莫特的王位。德莫特死后（1171年），他继承王位。其时，爱尔兰国王罗里·奥康纳（Rory O'Connor）率领军队抵抗威尔士入侵者，在都柏林（Dublin）将其包围。被困者英勇地突围而出，缺乏训练、装备不良的爱尔兰人落荒而逃。彭布罗克受到亨利二世之召，越过威尔士，觐见国王，同意割让都柏林与其他爱尔兰港口，伦斯特的其余地区则成为英格兰的封地。亨利率领4万人在沃特福德附近登陆（1171年），赢得爱尔兰教士的支持，除康诺特与阿尔斯特外，获得全部爱尔兰的效忠。威尔士未经一战即成为诺曼英格兰的征服地。爱尔兰主教会议宣布他们完全向教皇屈服，并宣布日后爱尔兰教会的宗教仪式遵照英格兰与罗马教会的仪式。在封建效忠与每年向英格兰国王朝贡的条件下，大部分爱尔兰国王得以保有他们的王位。

亨利以商业手法与高度技巧达到其目的，但误以为其所留下的武力可以维持秩序与和平。他所任用的官员为了战利品而互相争战，而他们的随从及军队也几乎毫无顾忌地掠夺城镇。征服者尽其所能使爱尔兰人沦为农奴。1315年，一些爱尔兰的首领把爱尔兰献给苏格兰，苏格兰的罗伯特·布鲁斯正于班诺克本击败英格兰军。布鲁斯的兄弟爱德华率领6000人登陆爱尔兰。教皇约翰二十二世宣布将所有帮助苏格兰的人处以破门律；但几乎所有爱尔兰人皆响应爱德华的召唤，在1316年他们封他为王。两年后他在邓多克附近被击败而死，抗暴团体在穷困与绝望中瓦解。

一位14世纪的不列颠人雷纳夫·希格登（Ranulf Higden）说道："苏格兰人性情开朗，十分坚强与野蛮；但与英格兰人混合后，他们改变很大。他们对敌人残酷，对奴役、束缚最为憎恶，人假如死在床上，他们认为是懒惰，假如死在战场上则对其大为尊敬。"

爱尔兰仍保持爱尔兰作风，却丧失自由；苏格兰已经英格兰化，但保持自由。盎格鲁人、撒克逊人及诺曼人在苏格兰东南部的低地繁衍，并以封建方式组织农业生活。马尔科姆三世（Malcolm Ⅲ）是一位经常入侵英格兰的武士，但他的王后玛格丽特是一位盎格鲁－撒克逊公主，她使苏格兰宫廷改用英语，带进说英语的教士，并以英格兰方式抚养她的儿子。她的儿子中最小却最强的一位是戴维一世，运用教会作为其统治的工具，在凯尔索、德赖堡、梅尔罗斯及霍利鲁德建立说英语的寺院，为得教会的支持征收什一税（第一次在苏格兰征收），并豪爽地将税收给予主教及修道院院长，以至人们误认他是圣者。在戴维一世的统治下，苏格兰除了高地（High Land）外，变成英格兰的一部分。

但它仍然是相当独立的。英格兰移民变成爱国的苏格兰人；斯图尔特家族与布鲁斯家族即为其中之二。戴维一世入侵并攻陷诺森伯兰，到马尔科姆四世时又丧失该地。"雄狮"威廉想收复之，却变成亨利二世的俘虏，最后因保证苏格兰王权永远臣服英格兰国王才获释。15年后，他以金钱帮助理查一世的第三次十字军东征而解除他的誓约，但英格兰国王继续对苏格兰保有封建宗主权。亚历山大三世从挪威手中收回赫布里底群岛，和英格兰保持友好关系，带给苏格兰一个繁盛与和平的黄金时代。

亚历山大死后，戴维一世的后裔罗伯特·布鲁斯与约翰·巴利奥尔（John Balliol）争夺继承权。英格兰的爱德华一世抓住机会，由于他的支持，巴利奥尔成为国王，但承认英格兰为宗主（1292年）。然而，当爱德华命令巴利奥尔举兵为英格兰在法兰西作战时，苏格兰的贵族与主教反抗，并力促巴利奥尔与法兰西联盟攻打英格兰（1295年）。爱德华在邓巴击败苏格兰人（1296年），接受贵族的投降，废黜巴利奥尔，任命三位英格兰人替他统治苏格兰，而后返回英格兰。

许多苏格兰贵族在英格兰拥有土地，也因此誓言效忠。但年老的盖尔苏格兰人强烈不满投降之举。他们之中，有一位爵士威廉·华莱士（Sir William Wallace）组织"苏格兰的平民兵"，击败英格兰卫戍部队，以巴利奥尔的摄政王的身份统治苏格兰一年之久。爱德华折回，在福尔柯克击败华莱士（1298年）。1305年，他俘虏华莱士。

一年后，另一位防御者被迫作战。布鲁斯的曾孙罗伯特·布鲁斯在 1286 年要求取得王位。与爱德华一世在苏格兰的主要代表约翰·康恩（John Comyn）发生龃龉，将其杀死。因此布鲁斯开始叛乱，封自己为王。只有一小部分贵族支持他，教皇为其罪而将其处以破门律。爱德华再一次向北进军，但死于途中（1307 年）。爱德华二世的无能恰使罗伯特·布鲁斯得利。苏格兰的贵族及教士齐集于这个被放逐者的旗帜下，他的增援部队由其兄弟爱德华及爵士詹姆斯·道格拉斯爵士勇敢地率领，攻下爱丁堡，入侵诺森伯兰，并夺下达勒姆。1314 年，爱德华二世率领军队进入苏格兰，在班诺克本与苏格兰人相遇。罗伯特·布鲁斯令他的兵士，在他所处位置前挖陷阱，许多前来攻击的英格兰人掉入泥沼中，英格兰军几乎全军覆没。1328 年，爱德华三世的摄政团卷入与法兰西之战，签订《北安普敦条约》（*Treaty of Northampton*），使苏格兰再次获得自由。

此时，在威尔士也掀起同样的争斗，却产生不同的结局。威廉一世宣布对威尔士的宗主权，并视之为打败仗的哈罗德领土的一部分。他无暇将其并入征服地中，但他在东部边境设立三个伯爵的采邑，并鼓励贵族向威尔士扩张领土。南威尔士其时被诺曼海盗侵占，他们将"菲兹"（Fitz [fils, son]，"儿子"之意）加在一些威尔士人名字的字首。1094 年，卡杜根·阿普·布莱顿（Cadwgan ap Bledyn）征服这些诺曼人。1165 年，威尔士人在科文击败英格兰人。亨利二世因忙于贝克特事件，承认南威尔士在其开明国王里斯·阿普·格鲁菲兹（Rhys ap Gruffydd）统治之下独立（1171 年）。卢埃林大帝以其战事与政治上的才能，将其统治几乎扩展至全国。他的儿子们争吵扰乱国家，但他的曾孙卢埃林·阿普·格鲁菲兹（Llywelyn ap Gruffydd）恢复统一，与亨利三世言和，为他自己赢得"威尔士亲王"（Prince of Wales）的称号。爱德华一世有意将威尔士和苏格兰并入英格兰，率领大军与舰队攻打威尔士（1282 年）。卢埃林死于和一小股边界武力偶然会战之中，他的兄弟戴维被爱德华俘虏，砍下的头与卢埃林的头被从伦敦塔上悬吊下来，任其风吹雨打日晒。威尔士变成英格兰的一部分（1284 年）。1301 年，爱德华把威尔士亲王的头衔加给英格兰王位的继承者。

经过这些擢升与贬抑，威尔士保存他们自己的语言和习俗，以其不屈服的勇气耕种他们崎岖的土地，并以传奇、诗词、音乐及歌唱排遣他们的日子。那时，他们的游吟诗人已写成了《威尔士小说集》，以威尔士人特有的神秘、优美、柔和的气质充实文学领域。游吟诗人与吟游诗人每年聚集于全国性的诗人年会（eisteddfod），此年会可追溯至 1176 年，还举行演说、诗词、唱歌、乐器演奏等竞赛。威尔士人作战勇敢，但不能持久；他们很快即急于回家，亲自保卫他们的妻子、家园；在他们的俗谚中有一句是他们的希望："太阳的每一束光线皆是刺穿好战者的匕首。"

德国莱茵河西部地区（1066—1315）

挤在莱茵河下游及其许多出口处的国家是中古时期最富庶的。莱茵河的南方是佛兰德斯郡，流经今日比利时至斯海尔德河。形式上，它是法兰西国王的封地。事实上它由开明的伯爵们统治着，仅受引以为豪的城镇自治所牵制。靠近莱茵河的居民是有低地日耳曼人血统的佛兰德斯人，操日耳曼方言。在利斯河西部的是瓦隆人，即带凯尔特血统的日耳曼人与法兰西人的混血——说的是法兰西方言。商业与工业使佛兰德斯东北部之根特、奥登阿德、库特赖、伊普尔、卡塞尔及华隆，西南部的布鲁日、里尔及杜埃富庶繁荣，但也有困扰：在这些城市里人口比阿尔卑斯山北部欧洲任何一个城市还要密集。1300 年，城市控制伯爵们；较大城市的司法官组成郡最高法庭，并自行与外国城市及政府协商。通常伯爵们与城市合作，鼓励生产与贸易，维持稳定的货币，早在 1100 年——比英格兰早 2 个世纪——建立起所有城市统一的度量衡。

阶级战争终于毁灭城市与伯爵的自由。当大众阶级数目增加，他们的愤恨与力量随之而增，伯爵袒护他们以对抗傲慢的中产阶级商人，他们向法兰西"奥古斯都"菲利普寻求支援，后者答应他们的请求，而希望有效地使佛兰德斯接受法兰西的统治。英格兰因急于使其主要的羊毛市场免于法兰西国王的控制，于是同佛兰德斯的伯爵们、布拉班特的公爵埃诺（Hainault）及日耳曼的奥托四世联盟。菲利普在布汶击败他们（1214 年），降服伯爵，在他们的寡头政权下保护商人。1297 年，居伊·丹皮埃尔（Guy de Dampierre）伯爵再度联合佛兰德斯与英格兰；"美男子"菲利普进攻佛兰德斯，监禁居伊，强迫他把领地割让给法兰西。当法兰西军队进军占领布鲁日时，老百姓起而反抗，击败军队，屠杀富有的商人，占领城镇。菲利普派遣一支大军复仇雪耻；城里的工人临时编组成军，在古特赖之役（Battle of Courtrai）击溃法兰西武士与佣兵（1302 年）。年迈的居伊·丹皮埃尔获释归国。

荷兰在 3 至 9 世纪是法兰克王国的一部分。843 年的《凡尔登条约》使其成为缓冲国洛林最北部的一部分。9 至 10 世纪，荷兰被划分为封建采邑，以易于抵抗挪威人的侵袭。日耳曼人清除并殖民莱茵河北边的浓密森林区，他们称呼荷兰为"Holtland"，意为"森林地"。大部分的人为农奴，专心一意地在一块不时须围堤否则即有遭流失之虞的土地上挣扎谋生；一半的荷兰土地系围海造田而成的。城市也已出现，虽没有佛兰德斯的富庶与骚乱，却健全地建立起稳定的工业与秩序井然的贸易。多德雷赫特是最繁荣的城市；乌得勒支是学术的中心；哈勒姆是荷兰伯爵之所在地；代尔夫特曾一度变成首都，直到 1250 年，海牙（Hague）成为首都。伯爵们以前曾利用海牙为一打猎之集合地，因此其名"Graven Haag"，即伯爵的住所，其后改为"den Haag"。1204 年，一个封建领主在阿姆斯特尔河口建了一座城堡，阿姆斯特丹才初露头角，因其为须得海（Zuider Zee）河上的隐避场所，并有遍布各地的运河，而招徕商业。1297 年，此城变为一个自由港，在这里货物可以自由装载与运送而不须缴纳关税。

自此，小荷兰（little Holland）在经济世界中扮演一个重要角色。与别处一样，商业孕育了文化。13世纪，我们发现一个荷兰诗人马兰特（Maerlant），有力地讽刺教士的奢侈生活。在修道院里，荷兰的艺术，无论雕刻、陶器、绘画，还是灯饰，均有其特有的惊人的表现。

荷兰的南方是布拉班特公国，包括安特卫普、布鲁塞尔和卢万。列日由它的主教独立统治，他们允许它有大部分自治权。再往南是埃诺、那慕尔、林堡、卢森堡诸郡及洛林公国，另有特里尔、南锡、梅斯及其他数个公国，名义上属于日耳曼帝王，但大部分归那里的伯爵统治。这些区域中每一区在政治及战争方面均有段惊心动魄的历史。它们的西部及南部是勃艮第，即位于今法兰西中部偏东。它时常变动疆界，使其领土不甚明确，因此在其史册上，尽是记载一些政治变异的情形。888年，鲁道夫一世使其成为独立的王国；1032年，鲁道夫三世把它遗赠给日耳曼；但在那一年，其领土的一部分与法兰西联合成一个公国。勃艮第的公爵如其早期的国王一样，以智慧统治国家，大部分时间珍惜和平。他们的伟大时代在13世纪才来临。

瑞士曾是赫尔维蒂人、雷提亚人、勒庞第人等不同种族杂居的地方，混合着凯尔特人、条顿人及意大利人的血统。3世纪，阿勒曼尼人占领并使平原的北部日耳曼化。加洛林王朝崩溃后，这块地被划分成封建采邑，附属于神圣罗马帝国。但要奴役这些山地居民并非易事。瑞士承担一些封建税，立刻解放自己免于奴役。各村落以民主集会方式选举自己的官员，并以阿勒曼尼人及勃艮第人古代的日耳曼法统治他们。为了共同的防护，居住在邻近卢塞恩湖的农民自行组成"森林州"，诸如乌里、尼瓦尔登及施维茨，这些以后即成为国家的名字。沿阿尔卑斯山狭路而成长的市镇——日内瓦、康斯坦茨、弗里堡、伯尔尼及巴塞尔，其坚强的公民选举他们自己的官员，执行他们自己的法律。而其封建领主并不反对此举，只要求他们缴纳基本的封建税（feudal tax）。

哈布斯堡的伯爵们，自1173年起即占有北部地区，却不遵守此地法则，严格地征收封建税而招致施维茨人的怨恨。1291 年，3 个森林州组成"永远联盟"（Everlasting League），并宣誓彼此互助以抵抗外来侵略或内部纷争，调解所有的差异，凡不是此山谷的居民或其职位是买来的法官皆不予承认。卢塞恩、苏黎世及康斯坦茨不久也加入联盟。1315 年，哈布斯堡公爵派遣两支军队攻入瑞士，强制执行所有的封建税。在摩尔嘉屯隘口，施维茨与乌里的步兵配以戟，击败奥地利骑兵。奥地利军队撤回。3 州重申他们彼此支持的誓约，并创立瑞士联盟。它仍然不是一个独立的国家，自由的市民承认某些封建的义务及神圣罗马帝国的宗主权。但封建贵族和帝国的帝王已学会尊重瑞士各州与城镇的武力与自由。摩尔嘉屯的胜利开启了历史上最稳定最明智的民主政治。

法兰西（1060—1328）

· "奥古斯都"菲利普

"奥古斯都"菲利普二世即位时（1180 年），法兰西是一个弱小而常被侵扰的国家，几乎看不出有任何辉煌前途。英格兰占有诺曼底、布列塔尼、安茹、都兰、阿基坦——此领域 3 倍于法兰西国王直接统辖的面积。大部分勃艮第忠于日耳曼。繁荣的佛兰德斯事实上是独立的公国。里昂、萨伏伊及尚贝里诸郡也是如此。位于法兰西东南部，盛产酒油、水果并为骚人墨客荟萃之所的普罗旺斯及阿尔勒、阿维尼翁、亚琛及马赛诸城市情形亦同。以维埃纳为中心的多菲内（Dauphiné）被遗赠给日耳曼，成为勃艮第的一部分，其后由皇太子多菲（Dauphin）独立统治。

法兰西被划分为若干个公爵国、郡、领地、执事区及州官助手辖区，而按其与国王臣属关系的深浅分别由公爵、伯爵、领主、管家及州官助手统治。这个松弛的集团，在 9 世纪时即被称为"弗朗西亚"，以不同的程度及许多的限制而臣属于法兰西国王。首都巴黎在 1180

年时是一个充满木造建筑物和泥泞街道的城市，它的罗马名字"卢特提亚"（Lutetia）意即泥泞的城市。"奥古斯都"菲利普震惊于塞纳河两岸通衢大道的气味，下令巴黎所有街道皆须铺以坚硬的石块。

"奥古斯都"菲利普是三位强有力的统治者之一，使法兰西在知识、道德与政治方面，高居欧洲的领导地位。但在他之前还有强人。菲利普一世在历史上为自己留下一席之地。他在四十岁时废后，并说服安茹之福尔克伯爵将伯爵夫人伯特拉德让给他。一位神父替这对通奸的人主持婚礼，正值教皇乌尔班二世至法兰西号召第一次十字军东征，遂将其处以破门律。菲利普不予理会达 12 年之久，最后将伯特拉德遣回而蒙赦罪。但不久之后，他又反悔，再接回他的王后。她与他一同旅游至安茹，教导两位丈夫如何亲睦，似乎使尽其魅力服侍他们。

45 岁时，菲利普身体日益肥胖，只好把国家的主要事务交给儿子路易六世，即有名的"胖子"路易（Louis the Fat）。他应有一个更好的名字，因为 24 年来，他打击路上抢劫行旅者的土匪男爵，终获胜利；组织一支英勇的军队巩固了君主政体；尽其所能保护佃农、技工及自治市；明智地选出修道院长为他的首相及朋友。圣丹尼斯修道院院长阿博特·苏格尔（Suger）是 12 世纪的黎塞留（Richelieu），以智慧、公正与远见处理法兰西的事务；他奖励并改良农业；设计并建造出最早且最佳的哥特式杰作之一；他详细清晰地载明其职事与工作。他是"胖子"路易留给其子最有价值的遗产，阿博特·苏格尔为路易七世效劳至死。

亚奎丹的艾丽诺说她嫁给一个国王，但发现他是个僧侣。路易七世就是这样的一个人，他尽责地处理国家大事，但他的美德却毁了他。对艾丽诺来说，他的献身于政务是忽视了婚姻；对她奸情的容忍，尤为侮慢的明证，结果宣告仳离，她带着亚奎丹公国嫁给英格兰的亨利二世。路易从现实生活中醒觉过来，转而更为虔诚，留给他儿子建造强大法兰西的任务。

"奥古斯都"菲利普二世，跟其后的菲利普一样，是一位位极人君的中产贵族：一位有着实际头脑而为情操软化了的大师，一位学术资助者，一个精明细心而审慎掠取的人，有着对教会慷慨而不让宗教阻挠其政令的适度虔诚，以及沉着坚忍的个性。像这样一位朴实而又庄严、随和而不随流、冷酷而又明智的人物，实乃法国处于亨利二世时代的英格兰与"红胡子"腓特烈时代的日耳曼之间，法兰西岌岌可危之时所不可或缺的君主。

他的婚姻困扰欧洲。原配夫人伊萨贝拉于 1189 年去世。四年后他娶丹麦公主英格伯格（Ingeborg）。这些婚姻都是政治性的，带来更多的财富而不是爱情。英格伯格并非菲利普所爱，婚后一日即忽视她，婚后一年内他即说服法兰西主教们批准他废后。教皇西莱斯廷三世拒绝认可此告示。1196 年，他公然蔑视教皇而娶美兰的埃格尼斯为妻。西莱斯廷处他以破门律，但菲利普仍不屈服，他在偶尔情绪温和时说道："我宁愿丧失我领土的一半，而不愿与埃格尼斯分离。"英诺森三世命令他迎回英格伯格。菲利普拒绝，至高无上的教皇宣布终止菲利普领土内的教权。菲利普一怒之下令所有服从此教权终止令的主教们去职。他悲悼道："快乐的萨拉丁啊！你不受教皇的约束。"他并且威胁要变成穆斯林。4 年后，人民因恐惧地狱之刑，开始报怨。菲利普只好放弃其心爱的埃格尼斯（1202 年），但仍把英格伯格拘禁在艾塔姆佩斯，直到 1213 年，才召回她与他同床共寝。

在这些欢乐与忧患中，菲利普再从英格兰手中征服诺曼底（1204年），并在两年后吞并不列塔尼、安茹、曼因、杜莱内及普瓦都，直接统治它们。他现在足以控制王国内所有的公爵、伯爵、领主、执事及州官助手监管地方政府。他的王国变成一个强国，而不仅是沿塞纳河的一块狭长土地。英格兰的约翰虽被夺去土地，但并不因此屈服，他说服日耳曼的奥托一世、布伦及佛兰德斯的伯爵联合起来攻打日渐扩张的法兰西。约翰由亚奎丹（仍属英格兰），其他人由东北边两面夹攻。菲利普并未割裂他的军队以抵抗这些分散的攻击，他率领军队主力攻击约翰的联军，在靠近里尔的布汶击败他们（1214 年）。此役决定了许多问题。罢黜奥托，腓特烈二世获得日耳曼王位，结束了日耳曼的霸业，并加速了神圣罗马帝国的衰亡。它使佛兰德斯的伯爵屈服于法兰西、亚眠、杜埃、里尔及圣昆廷，归于法兰西统治之下，事实上法兰西东北部已伸展至莱茵河。它使约翰无助地抵抗他的男爵们，并被迫签订《大宪章》。它削弱了英格兰和日耳曼专制君主的权力，增强了封建势力，加强了法兰西的专制君主权，而削弱封建势力，并有助于那些在战争与和平时支持菲利普的法兰西自治市与中产阶级的成长。

由于国土扩展了三倍，菲利普专心贤明地治理国家。一半的时间他与教会冲突，他从地位逐渐高升的律师阶级挑选人取代教士参加会议，处理行政事务。他给许多城市自治特许状，给商人特权以鼓励贸易，对犹太人则时而保护，时而掠夺，并将封建服役折成免役金而使国库充裕，国家收入每天由 600 增至 1200 利维尔。在其统治下，圣母院的正面已建好，卢浮宫如一个堡垒驻守塞纳河。菲利普去世时（1223 年），今天的法国已经诞生。

·圣路易

他的儿子路易八世统治期间太短，成效不显著；历史上记载他，主要因为他娶了一个为人所钦佩的妻子，卡斯提尔的布朗希（Blanche），并生下一子，其子成功地同时兼为圣人和国王。路易八世死时，路易九世才 12 岁，38 岁的布朗希是亨利二世与亚奎丹之埃丽诺的孙女，卡斯提尔的阿方索九世之女，行为举止颇具皇家风范，容貌秀丽、娇媚，充满活力，极具德行与才艺。身为妻子与寡妇，其德行上之毫无瑕疵，身为 11 个孩子的母亲，其对子女的挚爱，都留给人们深刻的印象。法兰西不仅尊称她为"慈后布朗希"，同样也称她为"良母布朗希"。她解放许多皇家庄园的农奴，慷慨解囊用于慈善事业，并送嫁妆给因贫穷而不敢谈恋爱的女孩。她资助修建沙特尔教堂（Chartres Cathedral）。由于她的影响，教堂内所用都是彩色玻璃，显得玛利亚不只是个童女，更为王后。然而，她溺爱她的儿子路易，以狭窄的度量对待自己的儿媳。她努力不懈地以基督教的美德训练路易，并告诉他她宁愿看他死而不愿他犯一大罪。她自己很少因情绪而牺牲国家政策，但曾加入残酷征讨阿尔比派的十字军以扩张法兰西南部的势力。路易正在成长时，她统治王国达9年之久，成为法兰西历史上最理想的治理典范。在她摄政的初期，男爵们起而反叛，想从这女人手中夺回他们在菲利普二世时丧失的权力。她以智慧与坚忍的政策征服他们，又能干地抵抗英格兰，在公平的条件下签订停战协定。当路易九世长大成人并处理政务时，他继承了一个强大、繁荣而和平的国家。

他是一位俊美少年，比大部分的骑士高一个头，轮廓清晰，皮肤洁白，漂亮的金发；文质彬彬，喜爱华丽的家具与鲜艳的衣服；不爱念书，却爱打猎与猎鹰、娱乐与体育运动；还没成为一个圣人，因为一个僧侣向布朗希控告他调情；布朗希为他娶妻，使他安定下来，成为对妻子忠诚及对儿女尽责的楷模；他有11个孩子，他很关心他们的教育。渐渐地，他放弃奢华宴乐，生活越来越朴实，自己忙于政务、慈善事业及宗教事务。他认为君主专制是国家统一与持续的工具，并借以保护弱者与贫者以对抗有优越感及有财富的少数。

他尊重贵族的权利，鼓励他们尽其对农奴、封臣与宗主的义务，却不能忍受对新的王权封建式的侵犯。他坚决干涉贵族对臣仆的不公平，在好几个案件里他严厉地惩罚男爵不经过正当审判便处决臣仆。当恩古尔兰德·库西（Enguerrand de Coucy）吊死三名杀死他庄园里野兔的佛兰德斯学者时，路易把他关在卢浮宫内，威胁要吊死他，最后释放了他，但要他建三座教堂，每天为遭难者做弥撒；并将这三位年轻的学者狩猎的林地，捐给圣尼古拉修道院。他还剥夺恩古尔兰德对其庄园的管辖权与狩猎权。他在巴勒斯坦服役三年。他付给国王1.25万镑的罚金。路易禁止封建报仇与私下的械斗，并力斥司法决斗。当以证据审判代替争斗审判时，男爵法庭渐渐地被由国王州官助手在每一个地方组成的王室法庭取代，由男爵法官至中央皇室法庭的上诉权得以确立。13 世纪的法兰西也和英格兰一样的封建法被普通法取代。自从罗马人东来的日子，法兰西从未享有如此的安定与繁荣；在这时期法兰西的财富足以完成许许多多的哥特式建筑，并使建筑达到最完满的境界。

他相信并证实一个政府在其外交关系上公正与宽大并不致丧失其声誉与权力。他尽可能长久地避免战争。但当有侵略的威胁时，即有效率地组织军队，计划战役。在欧洲以其精力和策略而赢得胜利，获致光荣的和平，而且使对方不再有报复的意图。当法兰西奠定了稳固的基础后，他采取和解政策，与敌对的一方妥协，但拒绝姑息不公平的要求。他将先祖们掠夺的土地归还给英格兰和西班牙。咨政们大为惋惜，此举却使和平得以持续。当路易参加十字军东征而长期不在国内时，法兰西仍可免遭袭击。沙特尔的威廉说道："人们敬畏他，因为他们知道他是公正的。"1243 至 1270 年，法兰西没有对任何一个基督教敌人发动战争。当其邻国彼此攻打时，路易还处心积虑地从中斡旋，而蔑视其议会的建议，他的议会认为应煽动这样的争斗以削弱潜在的敌人。外国君王也将其间的争论提呈由他裁决。

他并不是毫无缺点之人。他偶尔脾气暴躁，也许是因为健康不良。他的单纯有时近乎无知或轻信，如在埃及和突尼斯设想不周的十字军征伐及拙劣的战役，除他自己得以保全外，丧掉了许多生命。虽然他诚实地对待穆斯林敌人，却无法以同样的宽大了解来对待他的基督徒敌人。在信仰上的天真坚信使他产生宗教的偏执，而促成法兰西宗教裁判所的成立。这使他对征讨阿尔比派的十字军阵亡者的自然怜悯之情得以平复。他的财富也因没收异教徒的财物而大为增加，对法兰西的犹太人，他也无法以惯有的善良来对待他们。

总而言之，他的高尚表现还是十分接近基督教的理想的。尤安维尔说："在我的一生之中，从未听到他说任何人的坏话。"当穆斯林掳掠者误接 10 万利维尔的赎金而不足他原先因获释所承诺的数额时，路易于平安地还以自由后，将所差赎金足数送还穆斯林，而得罪咨政们。在第一次十字军东征动身之前，他吩咐手下的官吏"记录并审理控诉我们及我们先祖的冤情案件，并有关我们州官助手、修道院长、林务官、警官或其属僚判断不公或行勒索的说辞"。尤安维尔说："通常，在弥撒之后，他便走至温森斯森林，倚树而坐，并要我们坐在他四周。任何人只要有理，都可来告诉他，而不会受到拦阻，也不需要引见者。他会亲自解决一些案子，并把其他的案件交给坐在他附近的咨政们，他给每位陈情者上诉国王的权利。他建立并捐助医院、救济院、修道院、招待所、盲人院及赎身妓女的住所。命令每一个省的行政代理找出年迈的穷人，以公款供养他们。不论他走到何处，每天总给 120 个穷人饭吃，并选其中 3 人和他一同进餐，他亲自服侍他们，替他们洗脚。像英格兰的亨利三世一样，侍候麻风病患，并亲手喂他们吃饭。当诺曼底遭饥荒时，他花一大笔钱购买食物送给贫乏的人。他每天都周济病人、穷人、寡妇、分娩的妇女、妓女、残疾的工人，以致几乎无法计算其布施。"这些慈善之举并不因公开行事而减损其善质。他替贫苦的盲人洗脚；这些受惠者并不知道服侍他们的就是国王。这种刻苦己身的苦行精神，并不为人所知，直到死后，才显露出来。

1242 年的战役，他在辛通格（Sintonge）的沼泽区感染上疟疾，导致恶性贫血，1244 年时濒临死亡。也许这些经历使他越来越接近宗教。果真在这次病愈后，他立誓要发动十字军。他以禁欲的自我苦修削弱了自己。当他参加第一次十字军东征时，年方 38 岁，已经驼背，秃顶，除了他纯一的信仰与善良的意念，使他显出一种优雅的气质外，年轻时的俊美已不复存在。他身着粗毛布衣，外披僧侣的棕色长袍，并以小铁链鞭笞自己。他喜爱新成立的方济各修会及多明我修会，毫不吝惜地向其捐赠，最后自己也无法自拔地成为方济各修会的僧侣。每天望两次弥撒，按时于上午 9 时、中午 12 时、下午 3

时、黄昏 6 时、晚间 9 时背诵祷告文，就寝前念 50 遍《圣母颂》(*Ave Marias*)，午夜起身参加神父在教堂举行的晨祷。他在耶稣降临节与封斋期戒绝房事。大部分的臣民嘲笑他虔敬的行为，并称他为"路易弟兄"。一个大胆的妇人告诉他："要另外一个人代替你当国王也许会好些，因为你只是方济各修会与多明我修会的王……你竟是法兰西的国王，真是一件不合情理的事。他们不驱逐你真是个大奇迹。"路易回答："你说得对……我不配做国王，假如这能使我主喜悦，另外一人可以代替我的位置，他会更知道如何治理王国。"

当时的一些迷信，他也很热衷。圣丹尼斯修院宣称拥有一枚"真十字架"上的钉子。一日，在人们的庆祝展览之后，这枚钉子遗失了，引起一阵大骚动，直至钉子找到，国王才放心，他说："我宁愿我王国内最好的城市被吞没。"1236 年，君士坦丁堡的鲍尔温二世为了拯救他多难的国家需要经费，以 2000 利维尔的价格，将耶稣在受难时戴的荆棘冠冕出售给路易。五年后，路易从同一个拍卖者手中买到一碎块"真十字架"。也许这些交易意在以金钱帮助苦难的基督教国家。路易任命蒙特勒伊的彼得建筑圣堂，以保存这些遗物。

路易虽然十分虔敬，却不是教士们的傀儡。他承认他们有人性中的缺点，并以好的榜样及公开责备以激励、警诫他们。他限制教会法庭的权力，主张法律的权威凌驾所有的公民之上，僧、俗皆无例外。1268 年，他颁布《国事诏令》(*Pragmatic Sanction*)，限制教皇的宗教任命权及其在法兰西的征税权："我们决定任何人不可以任何方式征收应由罗马法庭征收的税款……除非是基于正当的理由，或以宗教名义，或因迫切急需……而经我们明确而自发的同意，或经教会的同意。"一般认为路易九世的确颁布过这个诏书，但它可能是菲利普四世的律师们策划出来作为对抗博尼费斯的武器。

尽管路易有修道士的倾向，他仍然是国王，并保持王权的至高无上。弗拉·萨利姆贝内 (Fra Salimbene) 描述他"纤瘦修长，有天使般的脸颊，充满慈悲的面容"。他遵奉朝圣者的习惯及手持朝圣者手杖，步行开始他的第一次十字军东征（1248 年）。辞别了年已 60 岁高龄的母后布朗希，由她全权代理政务，当他们分别时，她哭泣道："最可爱的孩儿，柔顺的孩儿，我将再也看不见你了。"他在埃及被掳，需要一笔赎金，布朗希煞费苦心才募集付清。当他吃了败仗，受尽屈辱，回到法兰西（1252 年）时，发现母亲已去世。1270 年，他因病衰弱，却再度出征，这回是到突尼斯。这次的计划并非不切实际，只因它的失败才被认为如此。路易允许他的兄弟安茹的查理率领一支法兰西军队进入意大利，不仅是为了抑制那里的日耳曼势力，也希望西西里成为法兰西进攻突尼斯的基地。到达突尼斯后不久，这位伟大的十字军战士，看来比实际年龄更苍老，死于痢疾。27 年后，教会封他为圣徒。世世代代皆追念其王朝为法兰西的黄金时代，并惊叹难以测度的上帝为何不再将像他那样的人赐给他们。他是个基督徒国王。

· "美男子"菲利普

法兰西因领导十字军而国力增强。"奥古斯都"菲利普和路易九世的长期统治带给法兰西持续性与稳定性，而英格兰却遇到粗心的理查一世、鲁莽的约翰及无能的亨利三世，深受其苦，此时日耳曼人因帝王与教皇之争而四分五裂。1300 年以前的法兰西是欧洲最强的国家。

菲利普四世因其优美的风度与英俊的容貌而有"美男子"之誉。他的目标是远大的：将所有阶级——贵族及教士，城市人与农奴——均置于直接法律与国王的控制之下；使法兰西在工商业而非农业的基础上成长起来，扩张法兰西的边界至大西洋、比利牛斯山、地中海、阿尔卑斯山及莱茵河。他的副官及咨政，不是选自过去服侍法兰西国王达 4 个世纪之久的教会人士及男爵，而是从一些灌输他罗马法的帝国观念的律师阶级中选出。皮埃尔·弗洛特（Pierre Flotte）和纪尧姆·诺加雷（Guillaume de Nogaret）是两位不顾道德与先例而聪明绝顶的人。在他们的指导下，菲利普重建法兰西的法律制度，以国家法代替封建法，以精明的外交手腕克敌，最后破除教皇的势力，使教皇变成法兰西的俘虏。他企图使吉耶纳（Guyenne）封地脱离英格兰，但发现爱德华一世太过强大。他以联姻的办法赢得香槟、布里耶及那瓦拉等地，又以金钱买得沙特尔、弗朗彻—科姆特、莱昂纳斯和部分的洛林。

他时常需要钱，所以耗费一大半时间和才智设想如何征税和捐募款项。他允许男爵们将对国王的军事义务折成免役金。他一次又一次地贬低币值，并强调以金块或纯净的货币偿付税款。他驱逐犹太人和伦巴底人，并消灭圣殿骑士，没收他们的财产。禁止从国内输出珍贵的金属。对外销、内销及售卖皆课以重税，并规定法兰西私人财产每一利维尔皆收一分战争税。最后，他未征得教皇的同意而向拥有1/4法兰西土地的教会财产征税，结果造成博尼费斯八世的故世。当老教皇因努力失败而去世时，由于菲利普的爪牙以金钱选举一个法兰西人为克莱门特五世，教皇迁移至阿维尼翁。从来没有任何俗人能打败教会而赢得这样大的胜利。

圣殿骑士的大师受火烙之刑时，预言菲利普将在一年之内步其后尘。情形果真如此。不仅菲利普，而且克莱门特也在1314年死去，这个得胜的国王死时年方46岁。法兰西人们赞扬他不屈不挠及勇敢的精神，并拥护他对抗博尼费斯。但他死后，他们诅咒他为历史上最贪婪的君王。法兰西几乎因他的胜利而崩溃。他的贬低币值扰乱国家的经济，抬高租金及物价使人民穷困，税收阻碍工业发展，伦巴底人和犹太人被驱逐出境削弱了商业的来源并毁灭了大市集。在圣人路易统治下与日俱增的繁荣景象在每一条法律及外交技巧的操纵下跌落。

菲利普的三个儿子登上王位，在他死后14年之间，皆相继去世，而无一人留下子嗣以继承其权力。查理四世留下女儿，但古老的《舍拉法典》禁止她们继承王位。与皇室血缘最近的男性继承人是"美男子"菲利普的甥儿，华洛亚家系的菲利普（Philip of Valois）。他的继位结束了卡佩王朝的直系血亲，开始了华洛亚王朝的统治。

对这一时期的法兰西作迅疾一览，可发现其在经济、法律、教育、文学及艺术方面均有显著的进步。由于都市工业的成长，人们离开农场，农奴制度迅速消溃。1314 年，巴黎约有 20 万居民，法兰西约有 2200 万人。布吕内托·拉蒂尼正逃离政治动乱的佛罗伦萨，惊讶于路易九世统治下的法兰西：街上是一片祥和与安宁，城市中繁忙的手工业与商业，环绕都城四周使人心旷神怡的乡间，肥沃的田野与果实累累的葡萄园。

商业与专业阶级的兴起，几乎在财富上与贵族抗衡，于是极力推派代表出席菲利普四世在 1302 年为其与博尼费斯的冲突事件争取道义和财务上支持而于巴黎所召开的"三阶级会议"（States General）。这种"三阶级"或"三社会阶级"——贵族、僧侣和平民——组成的会议，仅在紧急状况下才召开，并由辅佐国王作为国家顾问的律师们巧妙地安排。在路易九世时成型的巴黎议会（Parlement of Paris）并非一个具有代表性的会议，而是由国王任命大约 94 位律师及教士组成的集团，一年集会一次或两次充当最高法庭。其法令建立成整套的国家法律，以罗马法而非法兰克法典为基础，以古典法律传统全力支持。

菲利普四世时代知识上的勃兴，保存在他的支持者皮埃尔·杜伯伊斯（Pierre Dubois）的政治论文集中。皮埃尔·杜伯伊斯身为律师，代表库坦塞斯（Coutances）出席 1302 年的三阶级会议。在《法兰西人民向国王控诉教皇博尼费斯》（*An Appeal of the People of France to the King against Pope Boniface*）一文及一篇《论圣地之收复》（*On the Recovery of the Holy Land*）的论文中，杜伯伊斯提出许多建议，这些建议显示出明显的界限，划分了法国的法律和宗教思想。杜伯伊斯认为教会不应受捐助，不应再从国家接受财政支援；法兰西教会应与罗马分开；教皇权应与所有世俗权力分开；国家的权力至高无上。菲利普应成为一个统一的欧洲的皇帝，以君士坦丁堡为其首都；应设立国际法庭以判决国与国之间的纠纷；应宣布经济制裁，以对抗任何对立的基督教国家；应在罗马设立东方研究学校，女人应与男人一样，有受教育的机会和政治权利。

这是一个拥有普罗旺斯吟游诗人、北部叙事诗人、《罗兰之歌》、《武功颂》(*Chansons de Geste*)、《奥卡生与尼古雷》(*Aucassin et Nicolette*)、《玫瑰传奇》(*Roman de la Rose*) 及最有名的法国历史学家维拉德侯因和尤安维尔的时代。著名的大学设于巴黎、奥尔良、昂热、图卢兹、蒙彼利埃。这一时期从罗塞林与阿伯拉尔开始，至"经院哲学"全盛期时达于高潮。这是个哥特狂热的时代——圣丹尼斯、沙特尔、圣母院、亚眠与兰斯等宏伟的教堂均为哥特式建筑，哥特式雕刻也在此时达到最崇高完美的境界。法兰西人以他们的国家，他们的首都及他们的文化而自豪。国家统一的爱国心理代替了封建时代的地方主义。正如《罗兰之歌》中所说，人们已经爱恋地提到"可爱的法兰西"。犹如意大利一样，这正是法兰西基督教文明的巅峰期。

西班牙（1096—1285）

西班牙诸王兄弟阋墙所造成的混乱，使他们很快地又被基督徒征服。教皇把十字军之名与特权赐予愿意帮助驱逐在西班牙的摩尔人的基督徒，一些圣殿骑士从法兰西前来相助。三个西班牙的武装教士团体——卡拉特拉瓦武士、圣地亚哥武士及阿尔坎塔拉武士——在12世纪成立。1118年，阿拉贡的阿方索一世占据萨拉戈萨。1195年，基督徒败于阿拉卡斯（Alarcas）。但1212年，他们几乎在托洛沙扫除阿尔摩哈德的主力军。这是一次决定性的胜利，摩尔人的抵抗已告崩溃，哥多华（1236年）、巴伦西亚（1238年）、塞维利亚（1248年）、加的斯（1250年）相继失陷。自此之后，基督徒再征服之举停止两个世纪之久，而诸王之间的战争再起。

当卡斯提尔的阿方索八世在阿拉卡斯被击败时，原先答应帮助他的莱昂及那瓦拉国王入侵他的王国，阿方索不得不和异教徒谈和，以保护自己抵抗基督徒的背信。费尔南多三世再联合莱昂与卡斯提尔，把罗马天主教的边界推至格拉纳达，定都塞维利亚，清真寺成为他的大教堂，摩尔人的宫殿成为他的居所。教会认为他是个私生子，但在他死后却封他为圣人。他的儿子阿方索十世是一位饱学而优柔寡断的国王。"智者"阿方索在塞维利亚发现摩尔人的学术而被其吸引，不顾那些有信仰偏见的人的反对而聘用阿拉伯、犹太及基督教学者把伊斯兰教的著作翻译成拉丁文，以便教化欧洲。他建立天文学校，其有关天体及其运作的《阿方索表》（*Alfonsine Tables*）成为基督教天文学家的准则。他组织一个历史学家团体，以他的名义撰写西班牙史及世界通史。他曾作约 450 首诗，一些用卡斯提尔文，一些用加利西亚葡萄牙文。许多首诗皆谱以乐曲，并保存至今，成为中古歌曲中内容最丰富的不朽著作之一。他对文学的热爱由其所著或委托他人所写有关西洋棋、象棋、骰子、宝石、音乐、航海、炼金术及哲学等书籍中流露出来。他下令将《圣经》直接由希伯来语译成卡斯提尔语。卡斯提尔语因而显为卓著，而统治了西班牙的文学生命。实际上，他是西班牙与葡萄牙文学、西班牙史料编纂、西班牙科学术语的奠基者。但因图谋神圣罗马帝国的王位而玷污了他辉煌的一生。他为这一企图花费大量西班牙钱财，而以提高税收及贬低币值补充他的国库。最后因支持他的儿子而被废黜，两年后，因体弱而死。

阿拉贡因为其王后佩特罗尼拉嫁给巴塞罗那的拉蒙·贝伦格尔伯爵而声名大噪。阿拉贡因此而获得加泰罗尼亚，包括西班牙最大的海港。佩德罗二世严格执行法律，以保护海港、市场及公路的安全，而带给新王国繁荣兴盛。他的宫廷设于巴塞罗那，是西班牙游侠与吟游诗人寻欢作乐和编织恋情的中心，他还把阿拉贡以封建领地呈献给英诺森三世而使他的灵魂得救，并确保他的头衔。佩德罗死于沙场时，他的儿子詹姆斯一世年方 5 岁。阿拉贡的贵族们抓住这一机会重新恢复他们封地的独立。但詹姆斯 10 岁时，即掌握政权，不久便使贵族们听其指挥。他 20 岁时，从摩尔人手中占据商业重地巴利阿利群岛，再从他们手中获得巴伦西亚及亚利坎塔。1265 年，他以一种统一西班牙骑士的姿态从摩尔人手中夺得穆尔西亚，并把它献给卡斯提尔的国王。他比"智者"阿方索更智慧，成为那一世纪中西班牙最强而有力的君主，堪与腓特烈二世和路易九世匹敌。他敏锐的才智与肆无忌惮的勇敢精神颇似腓特，但放荡的德行、数度的仳离、残酷的战争及偶发的暴行使他无法与圣路易相比。他图谋侵占法兰西南部，但耐心的路易虽然曾在蒙彼利埃降服于他，终将他打败。年迈时，詹姆斯计划征服西西里作为战略基地和商业港口，并使西地中海成为西班牙的领海，但其梦想到他儿子时才得以实现。佩德罗三世娶西西里国王，即腓特烈之子曼弗雷德的女儿为妻，而当安茹的查理以教皇的祝福而攫取西西里岛时，他觉得有权拥有此岛，因此废弃教皇对阿拉贡的宗主权，接受破门律的处分，为了西西里岛而远航迎战。

　　正如英格兰与法兰西的情形一样，西班牙在这段时期，也可目睹封建制度的兴衰。起初贵族们几乎轻视中央的权势，他们和教士均豁免纳税，而城市和贸易的税则越来越重。但最后，他们屈服于国王，国王有自己的军队，有市镇的收入与民兵的支持，并被赋予复苏的罗马法中的威望，罗马法假设专制君主政治是为政府统治的公理。开始没有西班牙法律，每一个小国，甚至每一个阶级皆有其法典。一种新的卡斯提尔法律体系，由斐迪南三世开始，至阿方索十世完成，其中有名的《七部法》（*Laws of the Seven Parts*），是法律史上最完整与重要的法典之一。《七部法》以西班牙西哥特人的法律为基础，但重新改编以与《查士丁尼法典》一致。对那个时代而言，显然是太先进了，因此被忽视达 70 年之久。1338 年，它们变成卡斯提尔的真正法律。1492 年，成为全西班牙的法律。一部类似的法典，也借着詹姆斯一世而引入阿拉贡。1283 年，阿拉贡颁布一部有影响力的商业与海洋法，并在巴伦西亚，后来在巴塞罗那和马约卡岛设立海洋领事法庭。

　　西班牙在发展自由城市与代议制度方面领导中古世界。国王为寻求城市的支持以对抗贵族，颁给许多城市自治政府特许状。市政独立在西班牙变成一种狂热。小城镇向大城镇或贵族、教会、国王争自由，当他们成功时，他们把自己的绞架高置于市集处，视为自由的象征。巴塞罗那在1258年时被一个由200人组成的会议统治着，其中大部分代表工业或商业团体。有一段时期，这些城镇自主到一个地步，甚至独立与摩尔人作战或彼此攻击。但他们也为共同行动或安全而组成兄弟联盟。1295年，当贵族们欲压制自治市时，34个城镇组成卡斯提尔兄弟联盟，宣誓共同防御，并招募一支联合军队。兄弟联盟征服贵族，监督和控制国王的官员，并通过法律以保证各城镇共同遵守，入盟城镇有时多至百个。

很久以来，西班牙国王习惯偶尔召开贵族与教士会议。1137年的聚会，第一次被称为"代表会议"。1188年在莱昂的会议，有城镇的商人参加——这可能是基督教欧洲最早的代议性政治机构。在这个历史性的议会中，国王答应未得议会许可不发动战争或进行和谈，也不颁布任何命令。卡斯提尔的第一次议会在1250年，由贵族、僧侣及中产阶级参加——比爱德华一世的"模范议会"早45年。议会并未直接立法，但它向国王陈述"请愿"事项。而其握有财政权力，常说服他同意所请事项。1283年，一项由加泰罗尼亚议会所通过、阿拉贡国王所认可的法令，规定自此以后凡未经公民同意不得颁布任何国家法律；另一条款要求国王每年召集议会。这些法令比英国议会类似的文告早25年以上。更有甚者，议会从每一个社会阶级任命人员参加一个协会（*Junta*），以便在议会会议休会期间监视法律的执行与基金的管理。

西班牙政府的问题由于隔离的高山而日益复杂，这些高山阻挡普通法的广泛执行。崎岖不平的山坡地，干燥的高原及战争定期性的摧残，阻碍农业的发展，并使西班牙成为牛羊群的大牧场。好的羊群供给城内成千织布机的原料，西班牙以其羊毛的品质而维持其古老的美名。国内贸易因运输的困难、分歧的度量衡制度及币制而受阻。但国外贸易却在巴塞罗那、塔拉戈纳、巴伦西亚、塞维利亚及加的斯等港口得以发展。到处都是加泰罗尼亚商人。1282 年，卡斯提尔商人在布鲁日有一席之地，而仅有汉撒同盟与之匹敌。商人与制造商成为国王主要的财政支持。城市大众阶级组成同业公会，但由国王严格控制，劳工阶级因没有政治上的代表而遭受经济上的剥削。

在基督教西班牙，大部分工人是犹太人或穆斯林。犹太人在阿拉贡与卡斯提尔繁荣兴盛，他们在知识领域中极其活跃，而且有许多人是富商；但后来他们受到日渐增多的限制。穆斯林有信仰的自由，相当程度的自治；他们也有许多富商巨贾，有些甚至进入皇室宫廷。他们的手工匠大大地影响西班牙的建筑、木制品及金属制品，使其带有伊斯兰风格，即将摩尔人的格式与主题运用到基督教的艺术上。阿方索六世以一种宽大的意味，称自己为"两个信仰的皇帝"。但通常穆斯林必着明显的装束，住在每一城市单独的区域，并负担重税。他们在工商方面的技能使他们致富，而终于激起居多数种族的嫉妒。1247年，詹姆斯一世下令驱逐他们离开阿拉贡，10 万多名穆斯林带着他们的技术离开，从此以后阿拉贡的工业衰落了。

西班牙文明因为吸收部分的伊斯兰文化及受战胜宿敌的刺激，又因工业与财富、礼仪与鉴赏力的长进激起西班牙人的心智生活。13世纪，西班牙已成立了六所大学。阿拉贡的阿方索二世是西班牙第一位吟游诗人，不久有成百的吟游诗人。他们不仅写诗，还把教会的仪式发展成为世俗戏剧，而替威加（Lope de Vega）和卡尔德隆开启一条胜利之路。西班牙的国家史诗（Cid）也属于这段时期。比这些更好的是音乐、歌曲、舞蹈，这些都是人们在家中或在街道上，自内心所抒发出来的，而渐渐变成王室、宫廷内的华饰与盛观。第一次有记录的现代式斗牛在 1107 年为了庆祝一次婚宴而在亚威拉（Avila）举行。1300 年，斗牛已成为西班牙城市普通的运动。在此时前来帮助攻打摩尔人的法兰西武士带来武士制度的观念与比武竞赛。尊重女人是男人的独有财产，成为荣誉的特征，正如男人以其勇气与正直而自豪一样。荣誉的决斗成为西班牙生活的一部分。欧洲与非闪米特血统、东方与西方文化、叙利亚与波斯主题附加于哥特式艺术、罗马人的冷酷与东方人的情感等，糅合而形成西班牙人的性格，使西班牙文明在13世纪构成欧洲景致中独特而生动的一面。

葡萄牙（1095）

1095年，西班牙的一位十字军骑士，勃艮第的亨利伯爵，博得卡斯提尔与阿方索六世的欢心，国王把女儿特蕾莎许配给他，她的嫁妆中包括一块封地，即莱昂的一个郡，名曰葡萄牙。原来罗马人称其为"Portus Cale"，而今人称之为"Oporto"（"港口"之意）。这块土地是31年前由穆斯林从西班牙手中赢得，蒙德戈（Mondego）河以南仍由摩尔人统治。亨利伯爵因为不是个国王而不称心。从结婚起，他与其妻即图谋使他们的领地成为一个独立的国家。亨利去世时（1112年），特蕾莎继续努力争取独立。她教导贵族与封臣们以国家的自由为急务，鼓励她的城市自卫并研习战术。她不停地亲自率领士兵们作战，而在战争期间她四周仍环绕着音乐家、诗人与恋人。她被击败，被俘房，而后被释放，恢复其领地。她为自己不合宜的恋情而浪费赀财，终遭罢黜，与其恋人过流浪的生活，最后死于穷困中（1130年）。

由于她的鼓舞与准备，其子阿方索一世恩里克斯（Henriques）终遂其愿。卡斯提尔的阿方索七世答应他只要他能征服杜罗河下游摩尔人的任何土地，即承认他是征服地的最高统治者。阿方索·恩里克斯以其父的莽撞无畏及其母的执拗与自由精神攻打摩尔人，在奥里格击败他们（1139年），宣布自己是葡萄牙国王。教阶组织说服两位国王把问题呈报教皇英诺森二世，教皇原决定拥护卡斯提尔。阿方索·恩里克斯把新王国献给教皇为其封地，而改变了这项决定。亚历山大三世接受其请，只要每年向罗马主教座堂进贡，即承认他是葡萄牙的国王。阿方索·恩里克斯重新点燃战火攻击摩尔人，占领桑塔伦（Santarem）及里斯本，并扩张势力至塔古斯河。在阿方索三世（1248—1279 年）的统治之下，葡萄牙已达到今天的领土范围，里斯本居于塔古斯河河口，在战略上成为葡萄牙的重要港口及首都（1263 年）。

　　阿方索三世的余年为与其子迪尼兹（Diniz）的内战所苦，迪尼兹惊奇他的父亲可以活得那么久。迪尼兹自 1279 年起步入漫长而仁慈的统治，至 1325 年止。由于联姻而达成与莱昂及卡斯提尔的和平相处，与另一位继承者的王位之争则因贤明的迪尼兹王后伊莎贝拉的调停而避免。迪尼兹弃绝战争的荣耀而致力于国家经济与文化的发展。他建立农业学校，教导人们改良耕种方法，种植树木以阻止土壤流失，辅助商业，建造船只与城市，组成葡萄牙海军，与英格兰签订商业条约，所以他的臣民爱戴地称其为"工作者国王"（*Re Lavrador*）。他是一位勤勉的治理者和公正的审判官。他支持诗人与学者，自己写出当时最好的诗。借着他，葡萄牙文不再是加利西亚方言而变成文学的语言。在其所写的牧歌中，赋予民间的歌谣以文学的形式。在他的宫廷里鼓励吟游诗人唱出爱情的快乐与痛苦。迪尼兹较喜爱他的私生子，而不喜爱他唯一合法的儿子。当这个儿子叛变，举兵欲推翻他的父亲时，不住在国王快乐宫殿里的伊萨贝拉骑行于两个敌对势力之间，欲成为他们暴力相向的第一个牺牲者，而使他的丈夫与儿子抱愧蒙羞，终于和好（1323 年）。

第九章 ┃ 文艺复兴以前的意大利
（1057—1308）

诺曼底人的西西里（1090—1194）

诺曼底人卓越的表现，使他们能适应从苏格兰到西西里各地差别很大的环境，并以无比的精力，唤醒了那些沉睡的地区与民族，在短短的数世纪内，完全为其臣属及同化，乃至从历史上消失。

这一动荡的世纪内，他们继拜占庭帝国统治南意大利，继北非穆斯林后统治西西里岛。1060年，一名叫罗杰·吉斯卡尔的人率领一小股海贼，开始侵入该岛，1091年，将其完全征服。1085年，意大利接受罗杰作为他们的统治者。到他死时（1101年），两西西里——该岛与南意大利——已成为欧洲政治上的一个强国。因其控制着墨西拿海峡及西西里岛与北非之间宽仅五十英里的海峡，诺曼底人有绝对的商业和军事优势。而阿马尔菲、萨莱诺及巴勒莫等地也成为所有地中海港口——包括突尼斯及西班牙的伊斯兰教中心的——贸易枢纽。至此，西西里成为罗马教皇的采邑，其辉煌灿烂的基督教堂代替了清真寺。而在南意大利，罗马天主教神父也取代了希腊正教的高僧。

罗杰二世以巴勒莫为都城，将其在意大利的统治扩展到那不勒斯和卡普阿一带，并于1130年改其伯爵头衔而称王。他具有其叔父罗伯特·吉斯卡尔（Robert Guiscard）所有的野心、勇气、机智与敏锐。因其思想的机敏与行动的勤奋，他的穆斯林传记家伊德里西称他睡眠时的所为仍较他人清醒时的成就为多。教皇唯恐他侵犯教皇国，日耳曼皇帝反对他吞并艾卜卢兹，拜占庭梦想重新夺回南意大利，非洲的穆斯林渴望再次占取西西里，因此都与他为敌。他与他们争战，有时同时应付几个国家。因而新获突尼斯、斯法克斯、波希尼亚及的黎波里等地，使其王国更为广阔。他利用在西西里聪颖的穆斯林、希腊人及犹太人组织一个较当时任何欧洲国家更健全的文官制度及行政体系。他允许封建的农业组织在西西里存在，但以一个皇家法庭来节制那些男爵，而其法律对每个阶级均能适用。他自希腊带来了丝织品织工，使西西里的经济更为富裕；加之他充分保护生命、行旅及财产，使商业更为繁荣。他允许穆斯林、犹太人及信奉希腊正教者有宗教自由且文化自治，使各种人才各展所长，从事各行各业。而他自己喜爱伊斯兰教的道德律，身穿伊斯兰教服装，同时像拉丁国王那样住在一座东方式的宫殿中。他的王国在 30 年内"是欧洲最富裕、最文明的国家"。而他是当时最开明的统治者。若没有他，腓特烈二世将不会那样伟大。

伊德里西所著的《罗杰王志》（*King Roger's Book*）一书中，提到西西里的繁荣景况。勤奋的农民在肥沃的土地上生产五谷，以供城市之需。他们住在茅舍中，常受一些狡猾者的剥削利用，但他们的生活因具有多彩多姿的宗教色彩而尊贵，因充满了节日与歌唱而生辉。农历年的每个节日各有其应时应景的舞蹈与赞美歌。葡萄成熟的时节，有祭酒神节，这与古代的祭农神节及现代的狂欢节前后呼应。即使是最贫穷的人家也一样唱着恋歌与民谣，或具放纵和讽刺意味，或为纯情婉转的抒情诗。在圣马可镇内，"因处处栽植紫罗兰，而使香气四溢"，墨西拿、卡塔尼亚及叙拉古等地再度像迦太基时代、希腊时代及罗马时代那样繁荣起来。对于伊德里西来说，巴勒莫似乎是世界上最好的城市。他说："它使每一个人都对其侧目，它的建筑物是那样美，以致旅游者蜂拥而至，为其美妙的建筑、精致的做工、高尚的艺术格调所吸引。中央大道的景象包括塔形的宫殿、宏伟的旅舍、教堂、浴室、大商店……旅行者都说，没有一个城市的建筑像巴勒莫那样伟大，也没有一处的景色能像它华丽的花园那样精致。"1184年，穆斯林旅行者伊本·朱巴尔看到巴勒莫时，惊呼道："好一个伟大的城市！……王宫环绕着它，就像一个胸部高耸的仕女颈项上所挂着的一串项链。"访客会因在巴勒莫听到许多如此不同的语言而大吃一惊，也会惊讶于不同宗教信仰和不同种族的人能和平相处混杂在一起、天主堂和犹太教会堂及清真寺相近邻、衣着入时的公民、熙来攘往的街道、宁静的花园及舒适的家居。

在那些住家和宫殿中，充满了东方的艺术。巴勒莫的织布机能纺出金色的高品质的丝、布；象牙雕工能用象牙做出刻有精致而新奇花样的小箱；镶嵌细工能在地板上、墙上、天花板上镶出东方式的花纹图案；希腊、伊斯兰教的建筑师和艺术家盖起教堂、修道院及王宫，其设计与装饰均非沿袭诺曼底式的建筑，而是受几千年来拜占庭或阿拉伯建筑的影响。1143年，希腊艺术家得到罗杰的海军大将乔治的资助，建筑一所修女院，以敬奉圣母玛利亚，而现在却以其建立者马托拉纳命名之。因为经常被翻修，其12世纪原有的成分已所剩无几了。最典型的是在圆顶内铭刻着一些阿拉伯文的希腊基督教圣诗，地面由光亮多彩的大理石铺成，八根黑斑岩的廊柱构成三个凸出部分，其柱头有优美的雕刻，墙壁、拱侧及拱顶闪烁着金色的镂嵌细工，著名的"宇宙之王"（Universal King）的画在圣所的圆顶阁。罗杰二世在1133年所建筑的宫廷教堂卡佩拉·帕拉蒂纳则更为精致，每样东西都非常细致：大理石地面上简单的图案，精美纤细的廊柱及形形色色的柱头，282种镶嵌细工布满于各个诱人的场所，而祭坛上神圣的基督像是世界最权威的镶嵌细工作品之一，最甚者，莫过于一大片有蜂巢图案的天花板，其上雕刻、镀金或绘成象、羚羊、瞪羚及摩诃末梦中天堂里的"天使"等东方式的图案。在所有中世纪及现代的艺术中，没有一个皇家教堂能和这颗诺曼底西西里之明珠相比。

罗杰死于 1154 年，享年 59 岁。其子威廉一世有"坏蛋"的称号，这可能是因为其一生都是由他的敌人记述，也可能是因为他沉迷在东方式的淫乐中。在他统治期间，突尼斯的穆斯林起而反抗基督徒，结束了诺曼底人在非洲的权势。威廉二世也过着和"坏蛋"大致相同的生活。为了避免名称上的混淆，较友善的传记家称呼他为"好人"。他为替自己的行为不检求得宽恕，在 1176 年以金钱资助修道院和蒙雷莱大教堂——巴勒莫城外五里的皇家峰（Mount Royal）。其外表为一些不协调的廊柱及交错的圆柱，回廊是一件庄严的力与美的艺术作品。内部的镶嵌细工是著名的，但略嫌粗糙。其柱顶有写实的雕刻，如挪亚的酒醉沉睡图，养猪人照管着一头猪及一个倒立的卖艺人。

罗杰二世死后 40 年，其王朝不光荣地结束。威廉二世没有子嗣，而选罗杰二世的私生子坦克列德为王（1189 年）。同时，日耳曼皇帝亨利六世娶了威廉二世的姑姑康斯坦丝，希望在其统治下，统一整个意大利。他争取两西西里的王位，与比萨及热那亚结盟，后二者的贸易因诺曼底人控制了中地中海而凋零。1194 年，亨利六世未曾遇到有力的抵抗，就到达了巴勒莫，说服守军为他打开城门，而在那里加冕为两西西里国王。亨利六世死后（1197 年），王位留给其三岁的儿子腓特烈，后者成为 13 世纪诸王中最具威势也最开明的君王。

教皇国

在诺曼底意大利的北部有一个叫本尼凡托的城邦，由伦巴底的公爵统治。再往北是教皇世俗权力直接统治的领土——圣彼得世袭财产——包括阿纳尼、提瓦尔及罗马，再往北则是佩鲁贾。

罗马是拉丁基督教的中心，却称不上典范。在基督教世界中，所有的城市都尊敬宗教，但有时也视其为既得的利益。在十字军东征中，意大利仅扮演一个较不重要的角色。威尼斯仅参加占领君士坦丁堡的第四次十字军东征，意大利各城邦主要想得到机会在近东设立港口、市场，并与之贸易。腓特烈二世尽量延缓发动十字军，而且他参与战役，很少是为了宗教信仰的目的。在罗马有一些虔诚的慈善人士帮助朝圣者维护圣地，然而他们的声音为政治的喧声所掩盖。

除了是教皇所在地外，罗马曾有一段时期是一个穷困的城市。诺曼底人在 1084 年的劫掠，使其遭受摧残与忽视达六个世纪之久。其人口从过去 100 万人降到约 4 万人。罗马一度不是商业或工业中心。当北意大利各城市进行着经济革命时，教皇国仍滞留在简单的农业时代。在奥勒里亚城内，市场、葡萄园、养牛的牧场与住家、废墟混杂在一起。贫穷阶级半赖手工艺，半赖教会的救济维生；中产阶级由商人、律师、教师、银行家、学生及当地或来往的僧侣组成；上流社会则为高僧及有土地的贵族。将产业置于乡下、而人居于城里的罗马旧俗仍然很流行。长期以来，这些罗马贵族已失去足以团结他们以御外侮的爱国心，而分裂成若干集团，各由几个有钱有势的大家族领导，例如弗朗吉帕尼、奥尔西尼、科隆纳、皮尔勒奥尼、卡埃塔尼、塞维利、科尔西、孔蒂、安尼巴尔迪（Annibaldi）等。每个家族在罗马的住所都建有城堡，并武装其家丁，因此经常引起街头械斗，有时甚至引起内战。教皇只有精神武器略为罗马人所敬畏，不能维持城内的秩序。他们经常受到侮辱，甚至遭到暴力。为了和平或安全，有些教皇逃至阿纳尼或维特尔波或佩鲁费，甚至到里昂，最后到阿维尼翁。

教皇们曾梦想一个神权政治，其间神道由教会解释，并作为法律。现在、他们发现自己被夹在皇帝的独裁政治、贵族的寡头政治与公民的民主政治之间。古罗马的会堂与朱庇特神殿等遗迹，使罗马人对其古代的共和政体仍保持鲜明的记忆，并周期性地试图恢复旧有的自治与制度。元老院已不存在，但领导阶层的贵族仍自称元老，仍然选出或任命执政官，虽然并未享有任何权力。一些古老的手抄本，保存着几乎被遗忘的罗马法典。12 世纪，受到北意大利自由城市兴起的刺激，罗马人开始要求回复到俗世的自治政府。1143 年，他们选出由 56 人组成的元老院，其后数年，每年都选新的元老。

时代的趋势，需要一种呼声，可在布雷西亚的阿诺德的作品中发现。据称，其曾在法兰西拜阿贝拉德为师。以僧侣的身份回到布雷西亚，刻苦修行，圣贝尔纳称他是"不饮不食"的人。在本质上，他接受正统教义，但否认教士在有罪的情况下所行圣礼的效力。他坚持教士拥有财产是不道德的，要求高僧应恢复到使徒时代的贫困，并建议教会应将其所有的物质产业与政治权力交给国家。在 1139 年的拉特兰会议中，教皇英诺森二世谴责他，并令其不得再言；但教皇尤金三世赦免他，只要他到罗马各教堂朝拜。这是一个仁慈的错误，目睹旧共和时代的遗墟，又点燃阿诺德的想象力；站在废墟当中，他呼吁罗马人起而拒绝教士的统治，恢复罗马共和政体（1145 年）。人们为其热诚所蛊惑，选出执政官与保民官作为实际的统治者，并成立一骑兵团为新防卫民兵的领袖。阿诺德的门徒因这一光荣革命的轻而易举而如醉如狂，他们不只废弃教皇的世俗权力，而且否认神圣罗马帝国的日耳曼皇帝在意大利的权威。他们辩称，罗马共和国不应只统治意大利，而应如过去，统治世界。他们重建朱庇特神殿并设防，夺取圣彼得大教堂，改装成城堡，又占有梵蒂冈，向朝圣者征税。教皇尤金三世逃到维特尔波及比萨（1146 年）；圣贝尔纳在明谷谴责罗马居民，并提醒他们，罗马的生存依赖教皇的存在。此后 10 年，罗马自治市统治着罗马皇帝与教皇的城市。

教皇尤金三世鼓起勇气，于 1148 年回到罗马。有一段时期，他将自己局限于在精神领域扩大影响，广布善泽，赢得群众的爱戴。其第二个继承者哈德良四世，因一个红衣主教在一次群众暴动中被杀，而对其都城下了一道停止教权令（1155 年）。唯恐发生一次贵族不能承受的革命，元老院废止共和，向教皇投降。阿诺德在被处以破门律后，藏在罗马四周的平原。当"红胡子"腓特烈进罗马时，哈德良要求他逮捕叛徒。阿诺德被逮捕，皇帝将他移送给罗马教皇国的地方行政长官，并判处绞刑（1155 年）。其尸体被焚，灰烬投入台伯河。依照当时人的说法，这是"怕人民将他的骨灰收集起来，作为殉道者的骨灰纪念他"。他死后，其思想仍存，并在伦巴底的巴达利亚及韦尔多派、法兰西的阿尔比派、帕多瓦的马西琉斯派及16世纪宗教改革派的领袖身上复现。而元老院一直存续到1216年，而后教皇英诺森三世成功地以一两个与教皇意气相投的元老代替整个元老院。教皇俗世的权力一直延续到1870年。

在各个时期，教皇国包括兼有斯巴拉脱及帕鲁查的安布利亚、安科纳在亚得里亚海的边境地区及包括有里米尼、埃摩拉、拉韦纳、博洛尼亚及费拉拉等城市的罗马统治地区。在这段时期内，拉韦纳持续萧条，而费拉拉在伊特王朝精明的领导下，成为最卓越的城市。博洛尼亚在其大学培植出的大律师们领导下，过着一种雄武的自治生活。博洛尼亚是最早选举一个"波代斯塔"（podesta，官吏）管理自治市内政及一个"卡皮塔诺"（caiptano，人民的首长）领导其外交关系的城市之一。波代斯塔意即"有权力者"，其人选须具备几项特殊的条件：贵族，外乡人，36岁以上，在自治市中没有任何财产，没有任何亲戚在选举人当中，不得与前一任波代斯塔来自同一家族或同一地方。这些为确保选出公正的统治者的特殊规定，在意大利许多自治市都很盛行。而卡皮塔诺并非由自治市会议选举，而是由商人公会所控制的民众行会选举。他并不代表穷人阶级，而是代表商人阶级。在以后几个世纪中，随着中产阶级的兴起，其财富与权力凌驾于贵族阶级之上，卡皮塔诺的权力扩张，而波代斯塔的权力则变小。

胜利的威尼斯（1096—1311）

在费拉拉城和波河的北面，是维内托地区。其以威尼斯、特拉维索、帕多瓦、维琴察及维罗纳等城市而自豪。

威尼斯的力量即在这一时期成长。它与拜占庭的同盟，使它得以进入爱琴海与黑海的港口。12世纪，据说威尼斯人在君士坦丁堡已超过 10 万人，并因其蛮横与嚣张，而占该城一隅。后因受到善嫉的热那亚人的煽动，希腊皇帝曼纽尔突然反对在其都城的威尼斯人，大肆逮捕，并下令悉数没收其财产（1171 年）。威尼斯向他宣战，其人民夜以继日地建造舰队，并于 1171 年由总督维塔莱·米基耶利二世（Vitale Michieli II）率领 130 艘船舰，攻击进入海峡的第一个战略目标——尤比亚岛。但其军队在尤比亚海岸病倒，据说是因希腊人在他们的饮水中下毒所致。其死亡数以千计，以致其战舰因缺人手而不能作战。总督率其舰队回到威尼斯，又遇到正流行的黑死病，居民大部分丧生。在一次集会中，总督因这个不幸而受责，被刺身亡（1172 年）。

大商人因害怕这一失败会导致其商业帝国的崩溃，决定在会中取得选举总督及制定公共政策之权；此外，设立一个由甄选会员所组成的会议，更适合商讨和处理国事，并能牵制人民的冲动与总督的专制。于是，他们说服共和国最高的三位法官任命一个委员会，以草拟新的基本法。其报告建议，城邦六个区中的一区选出两位领袖，他们每人再选出 40 位能干的人，共计 480 人。再由这 480 人组成"大会议"（the Maggior Consiglio），作为该邦的立法机构，然后"大会议"在其会员中选出 60 位为元老，分别处理商务、财政和外交。而"全民会议"（arrengo）只有在批准或拒绝战争与和平时集会。而由六个区中选出的 6 人枢密院，仅在元首悬缺期间代行国家政令。总督的任何治理行动须得到枢密院的认可方为合法。第一个"大会议"依照这一程序，由其与会人员中选出 34 名，这些人再在其中选出 11 名，然后这 11 名在圣马可教堂公开选出总督（1173 年）。人民为丧失了他们自己选定国家元首的权利，而发出抗议的呼声，但新总督在群众中散发钱币，平定了这一骚动。1192 年选举恩里科·丹多洛时，"大会议"要求总督在他的就职誓言中，宣誓服从国家所有的法律。至此，商人寡头政治达到高潮。

当时年已 84 岁的丹多洛称得上威尼斯历史上最强而有力的领导

者之一。由于其马基雅维利式的外交手腕及个人的英雄主义，威尼斯在1204年攻下君士坦丁堡并掠夺之，一雪1171年的仇恨。从此，威尼斯成为东地中海及黑海一带最强大的国家，并使欧洲的商业领导权由拜占庭转移到意大利。1261年，热那亚人协助希腊人夺回君士坦丁堡，并取得该处的商业优势。但三年之后，威尼斯的舰队在西西里附近，击败了热那亚人，以致希腊皇帝被迫恢复威尼斯人在其都城的有利地位。

这个得胜的寡头政府，将基本法作了另一次变革，使其表面的胜利达到了极点。1297年，总督皮埃特罗·格拉德尼戈（Pietro Gradenigo）通过"大会议"提出一个建议方案，规定只有自1293年以来曾参加"大会议"的公民及其男性后裔才有资格参加"大会议"。这种"闭关会议"的规定排除了绝大多数的人民于政治之外，因而建立起闭锁式的社会阶级制度。在这些贵族中，保持着一本记载他们婚姻与出生的《金皮书》（*Libro d'oro*），以确保其血统的纯正与权力的独占。这些商人寡头自封为天生的贵族。当人民计划策动革命、以反对这一基本法时，他们的领袖被允许进入大会议厅，但立即遭绞杀（1300年）。

我们必须承认，这个率直而无情的寡头集团统治得甚好。他们较中世纪意大利的任何一个社区，都能维持更好的治安，更精明地引导公共政策，法律也更加稳定有效。关于医师和药剂师的法律，威尼斯实行与佛罗伦萨相同的例律几达半世纪之久。1301年，法律禁止在住宅区设有对人体健康有害的工业，将产生有害气体的工业排除在威尼斯之外。航海法的规定严格而细密。所有的进出口均受国家监督控制。其外交报告大多提及贸易问题，较少提及政治问题，经济统计首次被纳入政府体系中。

在威尼斯，农业微不足道，手工艺却高度地发展。由于西地中海政治的骚动，威尼斯从东地中海古老的城市进口大量的艺术品和手工艺品。威尼斯人制造的铁器、黄铜、玻璃、金履衣和丝驰名三大洲。其最大的工业可能是制造游艇、商船及战舰。一些具有高耸的船首、彩色的帆、多至 180 支桨、如画般的船只往来于威尼斯、君士坦丁堡、提尔港、亚历山大港、里斯本、伦敦及一些在主要贸易带上的港口城市之间。波河流域的货物运至威尼斯换船转运；莱茵河城市的产品越过阿尔卑斯山运到威尼斯，再由其码头分散到地中海世界；雷阿度成为欧洲最繁忙的通衢大道，挤满了各地来的商人、水手和银行家。整个北方的财富不能与其一城的富饶相比，后者所有的活动都带动着商业与财富，派遣一艘船到亚历山大港，返程时必带回原投资 10 倍的利润——如果不遇到敌人、海盗及暴风雨的话。13 世纪，威尼斯是欧洲最富裕的城市，只有马可·波罗所描写的那些中国城市方能与之相较。

财富的增加导致信仰的低落。在政治上，威尼斯人充分利用宗教，以游行和天堂来安抚那些没有投票权的人民，但统治阶级却不允基督教或破门律的惩处干涉到其工商业或战争。他们有一句名谚："我们是威尼斯人，然后我们才是基督徒。"教士绝不能参与政事。威尼斯商人贩卖武器与奴隶，有时甚至将军事情报卖给与基督徒作战的穆斯林。随着这种唯利是图的作风而产生的，是某种程度的自由主义。穆斯林能很安全地抵达威尼斯，而犹太人——特别是在斯皮纳伦加岛吉乌德卡（Giudecca）城的犹太人——能很平安地在他们的会堂内礼拜。

但丁谴责威尼斯人"放浪形骸"，但我们不应相信一个对一切都加以诅咒的人所做的非难。更有意义的是去了解在威尼斯法律中，对逼迫子女卖淫的父母的严厉刑罚和贿选的事实。威尼斯给我们的印象，即一个无情显赫的贵族阶层无视大众的贫困，而民众则用毫无掩饰的爱情欢悦来排遣其疾苦。早在 1094 年，即听说有狂欢节，1228 年第一次提及面具，1296 年元老院规定封斋期的前一日为公定假日。在这种场合，男男女女各自炫耀其最华丽的服饰。有钱的贵妇人戴着镶有珠宝的头饰或头巾及金线织的裹头巾。她们的眼睛透过金银色的网状面纱闪烁着，颈上挂有珍珠项链，手上戴着丝质或羊皮的手套，脚上着草鞋或绣有金红色的皮鞋、木制鞋，甚至软木鞋，她们身上穿的是上等亚麻、丝或织锦做成的长礼服，其上饰以珠宝，领口剪裁很低，在当时引起争议。她们戴着假发，施以脂粉，并节食束腰，以保持苗条的身段。她们在任何时候均毫无顾忌地在公众场合抛头露面，在宴会中，或乘坐游船嬉闹中，露出娇羞迷人之态。

这一时期，威尼斯人对文化事业尚无特别兴趣。他们有一座很好的公共图书馆，却很少利用。他们举世无匹的财富并没有对学问有任何贡献，也未留下不朽的诗歌。13世纪，他们确有许多学校，我们也听说有许多私人的或国家的奖学金授予贫苦的学生，但到了14世纪，却有若干威尼斯法官目不识丁。当时，音乐甚受尊崇，艺术则尚未像以后那样大发光彩。不过，财富给威尼斯带来世界各处的艺术，其鉴赏力也不断提高，从而奠定了以后的基础。古罗马各方面的技术也再度出现，尤以玻璃的技术为甚。

我们不能将当时的威尼斯描绘得像19世纪瓦格纳和尼采所描写的那么可爱。他们的房屋仍是木造的，街道还是土路。只有圣马可广场在1172年铺上砖块，1256年鸽子出现在该广场上。一些美丽的虹桥开始横跨在运河上，横卧于"大运河"（Grand Canal）上的摇桨船（traghetti）已载运了许多旅客。当时运河的岸边可能比现在更少恶臭。但街道或河道的积垢却不能遮盖这个几个世纪来从沼泽与礁湖中兴起的城市的富丽堂皇的气质，也不能抹杀这个民族由荒芜与孤立中崛起，而以其船只跨越各海洋，并聚敛了半个世界的财富与美物的奇妙事实。

在威尼斯与阿尔卑斯山之间，是特雷维索城及其疆界。这里的人民姿意享受人生，以致有"玛卡·阿莫罗撒"（Marca amorosa）或"吉奥伊奥撒"（gioiosa）之名。据说，1214年，该城庆祝"爱之堡"的节日，他们立起一座木造城堡，悬挂起毛毯、花圈及其他悬挂物。美丽的特雷维索妇女配备香水、水果及鲜花，占据该城堡；从威尼斯来的青年骑士与从帕多瓦来的纨绔子弟竞相围绕着仕女们，并以类似武器之物轰击她们。据说，当日威尼斯人以鲜花和钞票赢得了该仗。不管怎样，那木堡及其美丽的防卫者终会被攻陷。

从曼图亚至热那亚

维内托以西，伦巴底几个著名的城市统治着波河和阿尔卑斯山之间广大的平原。这些城市有：曼图亚、克雷莫纳、布雷西亚、柏尔加摩、科木、米兰和帕维亚。在波河南岸，即现在艾米利亚一带，是摩德纳、雷焦、帕尔马和皮亚琴察。热爱意大利的人当不会介意这一长串单调乏味的说明。在伦巴底和法兰西之间是环绕着韦塞利及都灵两城的皮得蒙省。其南，则为环绕着热那亚湾及城市的利古里亚。这一区域的财富得波河所赐，该河由西至东，横跨了整个半岛，带来了商业，注入运河，灌溉了田野。工业和贸易的成长带给这些城市财富与骄傲，使之得以忽视其名义上的宗主日耳曼皇帝，并征服了其内地的半封建地主。

通常，在这些意大利城镇的中心，立有一座教堂，借着虔敬的事宜，激起人们心中的盼望，使生活更加充实愉快。靠近教堂，有一座浸礼堂，孩童进入即代表已成为一个享有特权及负有责任的基督教公民，并有一座钟楼，召唤人们前往礼拜、集会或武装。在其附近的广场，农民和工匠陈列他们的产品，演员、卖艺人和吟游诗人各显身手。报信者大声诵其告示，市民们在主日弥撒后，三五成群地交谈，青年和武士们则从事各种运动或竞技。这个广场的四周，环绕着市政厅、商店及住宅等，形成一道砖制的防卫物。许多蜿蜒迂回及上升的街道由此中心通向四处。那些街道非常狭窄，若有手拉车或骑马者经过，步行的人必须避入街旁的门槛里，或将身子平贴于墙边。随着财富的与日俱增，灰泥的房子盖上了红瓦。只有中央广场及很少的街道铺上砖头。因为时常发生战争，所以城的四周是一有塔楼及城垛的城墙，而人若不愿当僧侣，则必须知道如何作战。

这些城市中最大的是热那亚和米兰。热爱热那亚的人，称其为"人类的骄傲"（la superba），这完全是一个适合工商发展与享乐的地方，它建立在一个临海的小丘上，能够吸引商业，也能分享里维耶拉温暖的气候，里维耶拉东至赖帕罗，西达圣利摩。在罗马时代，热那亚已经是一个繁荣热闹的港口，它的居民大多是商人、制造业者、银行家、造船者、水手、军人和政客。热那亚的工程师利用古罗马的一条沟渠从利久立安的阿尔卑斯山将清水引到热那亚来，并且建筑一道大防波堤伸到海湾外，使其在风暴或战争时，仍是安全的大港口。就像同时代的威尼斯人一样，热那亚人对文学和艺术不太重视，他们专注于征服其竞争者和开发新财源。热那亚的银行几乎就是政府，它贷款给该市，其条件为代该市征税，这样它得以控制政府。每一个掌握政权的政党必须宣誓向银行效忠。热那亚人不只利欲熏心，也很勇敢。他们和比萨合作，将阿拉伯人逐出西地中海（1015—1113 年），随后断断续续地与比萨作战，直到梅洛里亚海战击败其对手为止。在最后一次冲突中，比萨征召了自二十岁到六十岁的每一个人。而热那亚征召了十八岁到七十岁之间的人。由此，我们可以推断那个时代的精神与激情。萨利姆贝内教士写道："比萨人与热那亚人之间，及比萨人与卢卡人之间的相互嫌恶如同人对狡猾的蛇那般厌恶。"在科西嘉海岸外的那次战役中，人们作肉搏战，短兵相接，直到半数以上的战士阵亡为止。"从热那亚及比萨所发出的哭号，是自有该城市以来至今所未闻的。"在得悉比萨的灾难后，卢卡和佛罗伦萨的善心人认为那是绝佳的时机——派遣一支远征队攻占这个不幸的城市，但教皇马丁四世命他们住手。同时热那亚人向东推进，与威尼斯人竞争，在他们之间造成了前所未有的深仇大恨。1255 年，他们竞相争夺阿卡城，医院骑士与热那亚站同一阵线，圣殿骑士则支持威尼斯，在该役中有两万人阵亡。这破坏了基督徒在叙利亚的团结，同时也可能决定了十字军失败的噩运。热那亚与威尼斯的竞争持续到 1379 年，那一年热那亚人在基奥贾（Chioggia）惨遭败北，遭到一百年前被他们打败的比萨人的同一命运。

在伦巴底的各个城市中，米兰最富、最有势。它曾经是罗马帝国的首都，对其古老与传统颇为自豪。他们的执政官公然反抗皇帝，主教也公然反抗教皇，人民则信仰或庇护异端，直接向基督教挑战。13世纪，它有20万居民，1.3万栋房屋，1000家客栈。米兰热爱自由却不愿予人以自由，派军队在路上巡逻，强迫商队不论欲往何方，必须先到米兰。他们摧毁了科木、罗地，也试图征服比萨、克雷莫纳及帕维亚，他们从未停歇，直到控制整个波河流域的商业。1154年，在康斯坦士的帝国会议中，有两个罗地公民向"红胡子"腓特烈请求保护他们的城市，皇帝警告米兰休想打罗地城的主意，但米兰蔑视并拒绝皇帝的谕令。腓特烈极欲强迫伦巴底向其效忠服从，便抓住这一机会摧毁米兰（1162年）。五年后，其遗民在邻城的帮助下将其重建。所有伦巴底人为其复兴而欢呼，认为这一重建是意大利决心不接受日耳曼皇帝统治的象征，腓特烈屈服了。但在他去世以前，他让其子亨利六世娶西西里的罗杰二世的女儿康斯坦丝。伦巴底联盟发现亨利的儿子是一位更恐怖的腓特烈。

腓特烈二世（1194—1250）

·被处以破门律的十字军

康斯坦丝在30岁时嫁给亨利，42岁生下其独子。因为害怕人们怀疑她的怀孕和婴孩的合法性，她在伊耶西市场立起一座帐篷，在众目睽睽下产下一个男孩，以后成为中世纪极盛时期最显赫的人物。在他的血脉中，混杂着意大利诺曼底王朝和日耳曼霍恩施陶芬王室的血液。

当他4岁时，在巴勒莫被加冕为西西里王（1198年）。其父前一年已死，其母在一年后而亡。她在遗嘱中恳求教皇英诺森三世负起对其子监护、教育及政治庇护之责，而酬之以一笔可观的金钱和西西里的摄政权，并重申其对西西里的宗主权。教皇欣然接受，并利用其职位结束了腓特烈的父亲所刚达成的西西里与日耳曼的结合。教皇有理由惧怕一个环绕着教皇国，并且实际上拘禁并支配着教皇国的帝国。英诺森三世教育腓特烈，却支持奥托四世取得日耳曼的宝座。腓特烈在不受重视中成长，有时甚至缺衣少食，巴勒莫一些具有怜悯心的公民常带些食物给这位无人照管的皇室遗孤。他可以在那些人种混杂的首都街道市场上自由游荡，随心所欲地结交朋友。他并没有接受系统的教育，但是以其敏锐的心智，从其所见所闻中学习，以致后人对其知识的精深博大深感惊讶。就是在那段时期，他学习了阿拉伯文、希腊文及犹太人的典故。他渐渐熟悉各种不同的种族、服饰、风俗、信仰，但是他从未完全失去自幼养成的忍耐习惯。他曾涉猎许多史籍，喜爱马和狩猎，成为一位善骑者和剑击家。他短小而强壮，有一张俊美而慈祥的面貌，蓄着长而卷的红发，精明、笃实、自负。12岁时，他解除了英诺森的摄政而接管政事。14岁时成年。十五岁娶阿拉贡的康斯坦丝，准备重新获取帝国的王位。

命运支持他，但他需要付出代价，奥托四世违反了尊重教皇国主权的协定。英诺森将他处以破门律，并令帝国的贵族和主教们选年轻受他监护的腓特烈为皇帝，认为他"少年老成"，英诺森虽然如此突然地转向腓特烈，却未违背保护教皇国的目的。他支持腓特烈的条件是，要求腓特烈承认西西里继续向教皇纳贡效忠（1212年），防卫教皇国的不可侵犯，并使两西西里——诺曼底人的南意大利与西西里岛——永远与帝国分离；要腓特烈住在日耳曼作皇帝，将西西里留给其尚在襁褓中的儿子亨利做西西里王，而由一位英诺森所指定的人摄政。尤有甚者，腓特烈必须限制自己，以维持在其领域内所有教士的权力，惩罚异端论者，并拿起十字架成为十字军。由于教皇资助其旅费和扈从，腓特烈进入了仍然由奥托的军队所占领的日耳曼。但奥托在布汶被"奥古斯都"菲利普打败，其抵御崩溃，腓特烈便于亚琛，在一次隆重的典礼中，被加冕为日耳曼皇帝（1215 年）。在那里重申他的承诺，发动十字军。在早期得胜的狂热中，他赢得了许多亲王的推崇。有一段时期，他对日耳曼正像神所遣派的大卫王，从萨拉丁的继承者手中解救了大卫王的耶路撒冷。

但随即受到了拦阻。奥托的兄弟亨利，举兵罢黜腓特烈，新的教皇洪诺留三世，同意这位年轻皇帝保留其帝位。腓特烈制服了亨利，但同时被卷入帝国的政治之中。很明显，他久已渴念故国意大利，在他的性格中具有南欧人的血性和热情，而日耳曼人令他厌烦。在他 56 年的生命中，仅有 8 年留在日耳曼。他把大量的封建势力授予男爵们，并颁给一些城市自治特许状，并将日耳曼的政事付托给科隆的恩杰尔伯特大主教和能干的条顿武士领袖萨尔扎的赫曼。腓特烈看似疏忽怠慢，但日耳曼仍在其统治的 35 年中，安享繁荣与和平。男爵和主教对此很感满意。为博他欢心，他们加冕他七岁的儿子亨利为"罗马王"（King of the Romans），即皇位的继承人（1220 年）。同时，腓特烈自命为亨利的西西里摄政，后者仍留在日耳曼。这违反了英诺森的计划，但英诺森此时已去世。而洪诺留只有屈服，甚至在罗马替腓特烈加冕，因为他急欲腓特烈立即着手解救在埃及的十字军。但意大利南部的贵族与在两西西里的穆斯林掀起了一场革命，腓特烈辩称必须在冒险久离之前先恢复意大利国土的秩序。此时（1222 年），其妻去世。洪诺留希望激励他实现誓言，便说服他娶失守的耶路撒冷王国的女继承人伊萨贝拉，腓特烈应允（1225 年），并把耶路撒冷王的称号加到西西里王和神圣罗马帝国皇帝身上。与伦巴底诸城市的纷争再次阻缓了他。1227 年，严酷的格列高利九世升登教皇宝座。腓特烈正热切地准备建立一支强大舰队，在布林迪西招募了 4 万十字军。然而在其军队中流行了可怕的黑死病，死亡数以千计，而逃亡者更多，皇帝本人及其首席将领图林根的路易也受感染，但腓特烈仍下令出航。路易病逝，而腓特烈病情恶化。他的医生们和高僧们建议他返回意大利。他接受建议，在波朱奥利（Pozzuoli）求医。教皇格列高利已经不耐烦了，拒绝听腓特烈密使的解释，而向世界宣布处这位皇帝以破门律。

　　7个月后，仍未获赦，腓特烈航行到巴勒斯坦（1228年），获悉他到达叙利亚，格列高利解除了腓特烈及其子亨利的臣属们的效忠誓约，并开始协商罢黜皇帝的事。腓特烈认为这些行动不啻是宣战，命在意大利的摄政侵入教皇国，而格列高利也派遣一支军队侵入西西里岛以为报复。僧侣间谣传腓特烈已死，不久西西里大部和南意大利将会落在教皇手中。教皇的两位圣方济各修会的代表紧随腓特烈之后到达阿卡，禁止基督徒各阶层中的任何人服从这位被处以破门律者。而穆斯林统帅卡米勒惊异于发现一个懂阿拉伯文并欣赏阿拉伯文学、科学、哲学的欧洲统治者，故与腓特烈缔结颇为有利的和约，促成腓特烈进入耶路撒冷成为不流血的征服者。没有一位教士愿为他加冕成为耶路撒冷王，他只好在圣墓教堂自己为自己加冕。恺撒里亚的主教下令停止耶路撒冷和阿卡的教权，称该城市和神殿因腓特烈的到来而被亵渎。一些圣殿骑士，获悉腓特烈计划参观约旦河附近著名的基督受浸遗址，于是秘密致书卡米勒，建议这是苏丹俘虏这位皇帝的机会。这位穆斯林统帅送了一封信给腓特烈。为解除对耶路撒冷停止教权的禁令，皇帝在第三天离开前往阿卡。在那里，当他走向他的船时，基督徒用恶言辱骂他。

　　到达布林迪西后，腓特烈组织了一支临时的军队，而且挥军重占那些曾经向教皇投降的城市。教皇的军队溃逃，各城市则开城门投降。只有索拉（Sora）抵抗，并且在围攻时屹立不屈。它终于被占领并付之一炬。到了教皇国的国境，腓特烈停下来，并致教皇一项恳求议和的和约。教皇同意了，签订了一项《圣日耳曼条约》（Treaty of San Germano）。破门律之惩罚撤销了，腓特烈暂时获致和平。

·世界奇观

　　腓特烈转而注意行政，在阿普利亚的福查的官殿中，处理王国的各种问题。1231 年，他访问日耳曼，以一道"支持诸亲王律令"来确认他与其子对贵族们的宗主权与特权。他愿意维持日耳曼的封建制度，倘若此举能使他和平地在意大利施展抱负。可能他已了解，布汶之役已结束了日耳曼在欧洲的霸权，而 13 世纪将是属于法兰西与意大利的世纪，因此对日耳曼的叛变与其子的自杀，未予以重视。

他运用专制的手腕，在西西里人种复杂的环境中，缔造了秩序与繁华，令人追忆起罗杰二世统治时代的辉煌。山区叛变的阿拉伯人被掳，移送到意大利，加以训练成雇佣兵，后来成为腓特烈军队中最可靠的士兵。当教皇看到基督教的皇帝率领着穆斯林攻打教皇国时，其愤怒是不难想象的。在法律上，巴勒莫仍旧是两西西里的首都，但其实际上的首都是福查。腓特烈热爱意大利甚于大多数的意大利人，而对于当意大利存在时，上帝还能为巴勒斯坦那么费心，实感惊异。他称其南部的王国为他眼中的苹果，是"洪水激流中的避风港，荆棘荒野中的乐园"。1223 年，他开始在福查建立排列散漫的城堡宫殿。一个宫殿城市很快建立起来，环绕着他自己的宫殿而为其侍从们所居住。他邀请意大利境内的贵族担任其宫廷随侍，随政府职能的扩大进而治理政事。皮埃罗·德勒·维格涅（Piero delle Vigne），毕业于博洛尼亚法律学校，腓特烈任命他为国务大臣（*logothete*），爱之如手足，甚至视同己出。在福查，也如 70 年后的巴黎一样，律师代替了教士掌理政务，在这最接近圣彼得教堂的国家，政府的世俗化终告完成。

腓特烈在动乱的时代长大，又学习东方的观念，他从未梦想国家的秩序不凭借君主的武力而得以维持。他确实相信，没有一个强而有力的中央政权，人们将因犯罪、无知和战争而毁灭自己以致渐形贫困。正像"红胡子"腓特烈，他认为社会的秩序较人民的自由更具价值，并认为有能力维持秩序的统治者得尽享一切的荣华。他容许政府中有某种程度的公意代表存在：在两西西里的 5 个地点，一年集会两次，以处理当地问题、控诉及刑案等。在这些会议中，他不仅召集该地区的贵族与高僧，也包括每一大城选出的四个代表，及每一镇选出的两位代表。除此之外，腓特烈是一个专制的君主，他接受罗马市民法的基本原则且视其为合理——公民已将立法权力交给皇帝专有。1231 年，主要通过维格涅的法律知识与主张，他在梅尔菲为两西西里颁布了一部法典，《梅尔菲宪法》（*Liber Augustalis*），那是自查士丁尼以来第一次有系统编纂成的法律体系，也是法学史上最完整的法典之一。从某些方面看来，这是一部保守的法典，接受封建制度中所有的阶级差异，维持地主对农奴的权利。但就另外许多方面而言，它是一部进步的法典，剥夺了贵族的立法、司法及铸币的权力，而将这些权力集中在国家手中；废止格斗裁判与神权裁判，设立国家检察官，对以往若无公民提出控诉即不予惩罚的犯罪行为，加以追查。他还谴责诉讼上的迟延，建议法官删减律师们冗长的辩护内容，并要求除假日外，国家法庭应每日开庭。

正如大多数中世纪的统治者，腓特烈很谨慎地管制国家经济。各种劳务和货品，都设定一个公道的价格；盐、铁、钢、大麻、焦油、染色布、丝等的制造，则由国家经营，并由阿拉伯阉人工头和女奴工在纺织工厂操作；国家拥有并经营屠宰场、公共浴室；设立标准农场，鼓励种植棉花及甘蔗；在野兽出没处垦荒辟林，筑路造桥，凿井以供饮水。对外贸易大部分由国家管理，并由国有的船只载运货物，这种船只水手几达三百人。内地通行税减至最低，而国家主要税收则来自进出口税。一如所有其他的政府，这个政府也是总有需钱之处，因此还有许多其他税收。无论如何，腓特烈时代有一种健全而公正的货币制度。

为了使这个强大统一的国家更加庄严神圣，而不须依赖敌视他的基督教，腓特烈力图恢复罗马皇帝所有的威严与光荣。在他精致的硬币上，没有印上任何基督教字样或表征，只刻着"罗马帝国恺撒奥古斯丁"，反面是罗马鹰，周围环绕着他的名字弗雷德里克斯（Fridericus）；并告谕人们，皇帝就某个意义来说是上帝的儿子，他的法律就是神圣正义的法典，而且被指为是卢斯蒂提亚——几乎像是新三位一体中的第三个身位。急欲使自己在历史上和艺廊中置身于古罗马皇帝之列，腓特烈委托一个雕刻家为他雕刻石像。在沃尔特诺（Volturno）的一个桥头和在卡普阿的城门上，以古典的风格装饰着腓特烈及其侍从们的浮雕。但除了一个美女头像外，这些作品到今日都已不复存在。这一文艺复兴以前为复苏古典艺术所作的努力归于失败，被哥特式浪潮冲毁。

尽管他极力制造神性的气氛，将一切工业归国有，腓特烈发现在福查的宫内，还是能够享受各阶层的生活乐趣。有一支大部分由萨拉森人所组成的奴隶军队供他差遣，支配整个官制。由于他第二任妻子已死，他在 1235 年再婚，但英格兰的伊萨贝拉不能够了解他的心情与德行，当腓特烈和其他女人有染并生下一子时，她隐身而退。他的敌人指控他蓄妾，教皇格列高利九世指控他鸡奸。腓特烈解释，这些黑白仕女或少年是因他们精于歌唱、舞蹈技艺或其他皇室宫廷中传统的技艺表演而被征用。此外他还有一个巡回动物园，他常带着一些豹、山猫、狮子、猿、熊等旅行，这些动物由一些萨拉森奴隶用链子牵着。腓特烈甚好狩猎和以鹰猎鸟，搜集珍奇的鸟类，他还曾为其子曼弗雷德写了一篇令人钦佩而且很科学的有关训练鸷鹰捕猎术的文章。

除了狩猎外，他也很喜欢有涵养而高雅的谈话，喜欢心灵的交流甚于长枪比武。他是那个时期最有修养、最擅长辞令的，以其机智和应答的敏捷闻名，这位腓特烈就是自己的伏尔泰。他能说 9 种语言，写 7 种文字，用阿拉伯文和卡米勒通信，称卡米勒为仅次于其子的最亲密朋友。又用希腊文和他的女婿——希腊皇帝约翰·瓦塔泽斯（John Vatatzes）——通信，用拉丁文和西方世界通信。他的一些同伴，特别是皮埃罗·德勒·维格涅，将罗马古典文学翻成拉丁文形式，他们热切地探寻并效法古典文学的精神，几乎预示着文艺复兴的人文主义的来临。腓特烈自己是诗人，他用意大利文写成的诗得到但丁的赞赏。普罗旺斯及伊斯兰教的情诗传入腓特烈的宫廷，这些诗都是由在那里工作的年轻贵族带来的。正像一些巴格达的统治者，腓特烈在处理公务之余或狩猎出征之后，也喜欢让一些漂亮的女人环绕着他，并让诗人歌颂他的丰功伟业及他身边的这群莺燕。

腓特烈步向暮年时，对科学与哲学更为重视，他尤其受到西西里伊斯兰教文化的鼓舞，自己曾博览许多阿拉伯文的重要著作，将伊斯兰教及犹太教的科学家和哲学家带到他的宫廷，酬以巨款，要他们将希腊和伊斯兰教的科学古籍翻译成拉丁文。他非常喜好数学，说服埃及苏丹将一个非常著名的数学家哈尼菲送给他，他与当时基督教世界最伟大的数学家莱昂纳多·菲布奥纳西也甚为亲密。他略受当时迷信的影响，研究占星术与炼金术，并诱使博学的迈克尔·司各特到宫中，向他求教玄学、化学、冶金学和哲学。他的好奇心是广泛的，提出科学和哲学的问题，向宫中的学者质疑问难，也向远在埃及、阿拉伯、叙利亚、伊拉克的学者发问求教。他拥有一个动物园，与其说是为了娱乐，不如说为了研究。他将饲养家禽、鸽子、马、骆驼及狗的经验组织整理起来。在他的法律中，所规定的禁止狩猎期就是以经谨慎小心地观察动物交尾期及饲育期所作的记录为根据。据说，阿普利亚的动物曾因此向他致谢。其立法中包括一项很开明的有关行医开业、动手术、卖药品的管制。他赞成解剖尸体，穆斯林医生对他解剖学的知识甚为惊异。从他要求一些穆斯林博学宿儒为他解决亚里士多德与阿弗洛迪西亚斯的亚历山大对世界永恒看法的矛盾之处，可以看出他哲学知识的广博。迈克尔·司各特说："幸运的皇帝啊！我的确相信如果一个人可以因他的博学而免于一死，那这个人就是你。"

唯恐他四周学者的学问随着他们的离世而消失，腓特烈于1224年在那不勒斯设立一所大学，那是中世纪大学不受教会约束的罕有的一个实例。他聘请科学和艺术领域的学者任教，酬以高薪，并设立奖学金以使清寒而优秀的学生得以就学。他禁止在其统治下的两西西里的青年到别处受更高等的教育，并希望那不勒斯能很快地成立一所法律学校，与博洛尼亚竞争，以训练公共行政的人才。

腓特烈是否为一个无神论者？他在年轻时非常虔诚，可能一直到他发起十字军时还是保持基督教的基本信念。以后似乎是因和伊斯兰教领袖及思想家亲密的交往而使其基督教信仰中断。他被伊斯兰教的知识所吸引，认为那比当时的基督教思想和知识高出甚多。在弗留利（Friuli）的日耳曼联邦议会（1232 年）中，他很亲切地接待一个伊斯兰教的代表团，其后，又当着主教和亲王们之面，参加这些穆斯林的宴席，庆祝伊斯兰教节日。马太巴利斯报道称："他的对手们说，他对摩诃末法律的遵守与信仰甚于对耶稣基督的法律和信仰……他对穆斯林比对基督徒更为友善。"曾有一则被格列高利九世相信的谣言指控他说："三个魔法师如此狡猾地诱使当代人跟从他们，以便能获得世界的统治权。这三人是摩西、耶稣和摩诃末。"整个欧洲对这一亵渎上帝之言议论纷纷。腓特烈否认这一指控，但在他临终垂危之际这一指控更助长舆论对他的谴责。毫无疑问，他是个自由思想者，对世界的创造、个人永生、童女生子及其他基督教信仰的教义发生怀疑。在弃绝神裁判法时，他问道："一个人怎能相信炙红烙铁之热，未有充分的理由，而能变为冷却，或因良心的麻木，而使水拒绝吞浸被控者？"在他整个统治期间，他建立了一所基督教教堂。

在一定限度内，他给予其王国内各种不同信仰崇拜的自由。希腊正教徒、天主教徒、穆斯林、犹太教徒都被允许平安无事地举行其宗教礼拜，但（有一个例外）异教徒不能在大学里任教，也不能任官职。穆斯林和犹太人必须穿着他们的服装，以便与基督徒有所区别。而伊斯兰教统治者在他们的统治地向基督徒与犹太人征收的人头税，在此也向穆斯林和犹太人征收，以代替服兵役。依照腓特烈的法律，由基督教改宗为犹太教或伊斯兰教将受严厉的惩罚。但 1235 年，当福查的犹太人被控在仪式中谋杀（在逾越节时杀死一个基督徒小孩，并取他的血），腓特烈竟袒护他们，谴责这种故事为一个残忍的传说。

在他理性的统治中，最反常之事是对异端的迫害。腓特烈不允许有思想、言论自由，即便对大学里的教授们也是如此。思想、言论自由只是他及其友人的特权。就像大部分的统治者，他承认宗教对社会秩序的必要性，而不让其被他的臣仆破坏。此外，压制异端能使他更易于与教皇维持暂时的和平。当 13 世纪一些其他的君主迟疑不决是否与宗教裁判所合作时，腓特烈却给予全力的支持，也只有在这一点上，教皇与其最大的敌人能达成一致。

·帝国与教皇的对抗

当腓特烈在福查的统治不断发展时，其长远的目标越来越明显，即在整个意大利确立其统治，统一意大利与日耳曼，恢复旧日的罗马帝国，可能再度使罗马成为西方世界的政教首都。1226 年，他邀请意大利的贵族和各城邦在克雷莫纳召开联邦议会。他接着邀请了斯帕拉托公国和教皇国，并且使他的军队通过教皇的领土而表明了他的意图。教皇禁止斯帕拉托的贵族们前往参加会议。伦巴底各城市怀疑腓特烈要将帝国对他们名义上的统治变为实际上的统治，也拒绝派遣代表，而组织第二个伦巴底联盟，包括米兰、都灵、布雷西亚、曼图亚、博洛尼亚、维琴察、维罗纳、帕多瓦及特拉维索，成立 25 年的攻守同盟。帝国会议未能召开。

1234 年，腓特烈的儿子亨利起而反抗其父，与伦巴底联盟联合。腓特烈自己由南意大利仅带足够的现金到沃姆斯去，未带任何军队，当听到他来到的消息，或收到他的金子后，叛军便瓦解崩溃。亨利被系囹圄达 7 年之久，当他被移到另一地方监禁时，他骑着马坠崖而死。腓特烈前往美因茨，并在那里主持联邦议会，说服许多与会贵族参加他的行列，以恢复帝国在伦巴底的权力。由于得到这一助力，他在科特努奥瓦击败伦巴底联盟的军队（1237 年），除了米兰和布雷西亚外，所有的城市都投降了。教皇格列高利九世出面调停，但腓特烈统一的梦想无法与意大利人对自由的热爱相调和。

这时，格列高利虽已年届 90 岁且多病，但仍决定与伦巴底联盟共患难，而将整个教皇的世俗权力作为这次战争的赌注。他对伦巴底各城市并无偏好，也像腓特烈一样，认为他们的自由将导致混乱与不和，他也知道他们护庇公开反对教会的财富与世俗权力的异端分子。而在此刻，被围困的米兰城中，异端分子正亵渎祭坛，推倒十字架。但如果腓特烈征服了这些城市，教皇国将被一个在基督教及教会的敌人统治下的帝国吞噬。1238 年，格列高利说服威尼斯与热那亚加入联盟，以对腓特烈作战。在一篇强有力的通谕中，教皇指控皇帝是无神论者、亵渎神、专制及企图摧毁教会权威。1239 年，教皇将皇帝处以破门律，命令每一位罗马天主教高僧宣布他的不法，并解除其臣民对皇帝效忠的誓言。腓特烈在致欧洲各国国王的一封传阅信函中，驳斥其为无神论者的指控，并控告教皇企图摧毁帝国，而诱使所有国王向教皇国屈从。于是，帝国与教皇国最后一次斗争开始。

欧洲的国王们同情腓特烈，却甚少给予协助。日耳曼和意大利的贵族站在他那边，希望能使城邦恢复对封建地主的服从。在城市中，中下阶级大致站在教皇那边，旧日耳曼的保皇党和教皇党再度复现，甚至在罗马也有这种分裂，在那里有许多腓特烈的支持者。当他以恺撒第二的姿态，率一小股军队向罗马进发，沿途各城市一一开启城门投降。格列高利预知将被掳，领着一列哀伤的教士通过都城。老教皇的勇气与赢弱感动了罗马人的心，许多人拿起武器来保护他。为了避免正面的冲突，腓特烈绕过罗马，在福查过冬。

他说服日耳曼亲王们加冕他的儿子康拉德为罗马王（1237 年），令他那能干但残忍的女婿罗曼诺（Ezzelino da Romano）统治维琴察、帕多瓦、特拉维索，而将其他归服的城市交给他最宠爱的儿子恩齐奥。恩齐奥“论面貌、体格，均是我们心目中的偶像”，俊美倨傲，欢愉，作战勇敢，诗文也有成就。1240 年春，皇帝夺下拉韦纳和法恩扎（Faenza）两城；1241 年，摧毁了本尼凡托，后者或为教皇国军队的集中地。他的舰队拦截了一支热那亚舰队，该舰队正护送一群法兰西、西班牙、意大利的大主教、主教、高僧和传教士到罗马。腓特烈将他们监禁在阿普利亚作为谈判的人质。他很快释放了法兰西人，但仍长期地拘留其余的人。他们有些死于狱中，而使惯于认为神职人员不可侵犯的欧洲震惊。其后有许多人相信腓特烈就是许多年前弗洛拉的术士约阿希姆所预言的"敌基督者"（Antichrist）。腓特烈提出，如果格列高利愿缔定和平条约，他就释放那些教士。但年老的教皇仍然坚持立场至死（1241 年）。

英诺森四世容易妥协。在圣路易的怂恿下，他同意了和平的条件（1244 年），但伦巴底各城拒绝批准该协定，并提醒英诺森，格列高利曾保证教皇国不单独媾和。英诺森秘密地离开罗马，逃到里昂。腓特烈再度燃起战火，至此似乎没有一支武力能阻止他征服兼并教皇国及在罗马确立其统治权。英诺森召集教会的高僧到里昂开会，会议重申将皇帝处以破门律，并称他对其宗主教皇是不道德、不虔敬、不忠诚的臣属（1245 年）。在教皇的怂恿下，一群日耳曼贵族和主教选出亨利·拉斯佩来与皇帝对抗。亨利·拉斯佩死后，他们再选荷兰的威廉继承他。对所有支持腓特烈的人一律处以破门律，而对腓特烈效忠地区的教权一律停止；并以一支十字军征讨他和恩齐奥，而那些曾举十字标志解放巴勒斯坦的人，只要参加对抗这位不虔敬的皇帝，便能享受十字军的所有特权。

在一片怨恨与复仇声中，腓特烈索性采取破釜沉舟的政策，他发出一道《改革宣言》（"Reform Manifesto"），谴责教士"为世界所奴役，恣意放肆，不断地搜括财富，而其虔敬之心却逐渐消失"。在两西西里，他没收教会的财产来支持其战争。当阿普利亚某个市镇阴谋俘虏他时，他将叛党的领袖们弄瞎，切断手足，然后予以杀害。因收到其子康拉德的求援，他向日耳曼进发，在都灵得悉帕尔马城已推翻他的卫戍部队，恩齐奥陷于危险当中，而整个北意大利，甚至西西里，均已叛变。他逐城地平定叛乱，而从每一个城市带走人质，这些城市再叛变时，则将这些人质乱刀砍死。在犯人中若发现有教皇的信差，则砍掉他的手足。

在围攻帕尔马城期间，腓特烈对毫无进展颇不耐烦，便和恩齐奥及 50 名武士到附近的沼泽地带猎捕水鸟。当他们离开时，帕尔马的男男女女奋不顾身地突围而出，倾覆了群龙无首、毫无秩序的军队，并且掳获皇帝的财宝、嫔妃及巡回动物园。腓特烈加重征税，募集新军，重新奋斗。当他得悉自己所亲信的国务大臣皮埃罗·德勒·维格涅正阴谋背叛，腓特烈将他逮捕并弄瞎了他。皮埃罗用头撞击监狱的墙，至死方休（1249 年）。同一年，消息传来，说恩齐奥在拉·福萨尔塔（La Fossalta）一役中为博洛尼亚人所掳。大约同时，腓特烈的医生企图毒杀他，在短短时间内，接连而至的这些打击，使腓特烈元气顿丧。他退隐到阿普利亚，不再参加战争。1250 年，他的将军们赢得几场胜仗，整个情势似乎又有转变。圣路易在埃及被穆斯林所执，向教皇英诺森四世提出停战要求，以便使腓特烈能援助十字军。虽然希望复现，身体却已衰退了。"痢疾"，这个屡挫中古诸王锐气的司报应者，使这位高傲的皇帝病倒了。他要求赦罪，终获宽恕。这位自由思想者穿上僧侣的长袍，于 1250 年 12 月 13 日死于弗奥伦提诺。人们私下窃论，谓其灵魂被魔鬼带着，经过意大利北部埃特纳火山（Etna）坑，进入地狱。

他的影响力并不显著，其所建立的帝国很快崩溃了，紧跟着而来的是较他来时更大的混乱。他努力达成的统一消失了，日耳曼也分裂了。而意大利的城市追求自由与创造力，因为混乱，最后造成一个一个公爵及佣兵队长的专政，这些人几乎不知道何为自由，承袭了腓特烈败坏的德行、学术上的自由风气及对文学艺术的奖励。文艺复兴时代专制君主们刚健狂妄的才智表现，正是腓特烈个性与思想的反映，却没有他所具有的优雅与风度。在腓特烈的思想和宫廷里，古籍代替了《圣经》，理性代替了信仰，自然代替了上帝。在经过一段正统学说之后，它影响了文艺复兴时代的人文主义者和哲学家。腓特烈是文艺复兴时代前一世纪的"文艺复兴者"（Man of Renaissance）。马基雅维利的《君主论》（*Prince*）中，虽然一再提及恺撒·博尔贾（Caesar

Borgia），但实际上是腓特烈预先促成其思想体系的成形。在尼采的心目中有俾斯麦和拿破仑，但他承认腓特烈的影响力，他称腓特烈为"据我的评断，欧洲第一等的人才"。其后代为其德行所震惊，为其心智所迷惑，不明底蕴地赞赏他伟大的帝国异象，一再引用马太巴利斯的话"世界上最奇妙的改造者及不世出的奇才"来形容他。

意大利的瓦解

腓特烈的遗嘱中，将其帝国传给其子康拉德四世，并任命其私生子辅佐治理意大利。而反对曼弗雷德的革命在意大利到处发生，那不勒斯、斯帕拉托、安科纳、佛罗伦萨等则向教皇的使节屈服，英诺森四世喊着说："让天地同欢！"战胜的教皇返回意大利，使那不勒斯成为其军事总部，将两西西里并入教皇国，而且计划对北意大利城镇取得较不直接的宗主权。但这些城市在和教皇同唱《赞美天主歌》（*Te Deum*）时，便决心像对抗皇帝一样地来对抗主教，以维护其独立。同时，埃泽利诺与乌贝托·帕拉维奇诺占据一些对康拉德效忠的城市。他们都不尊敬宗教，在他们的统治下，异端流行。当时整个北意大利有落入教会手中的危险。突然，年轻的康拉德率领一支新兴的日耳曼军队，翻越阿尔卑斯山而来，再度征服那些离心的城市，并以凯旋的姿态进入两西西里。康拉德死后（1254 年 5 月），曼弗雷德挑起帝国的军事重任，并在福查附近打败教皇的军队（12 月 2 日）。当战败的消息传来时，教皇英诺森正卧病在榻，在绝望中去世（12 月 7 日），口中仍念念有词："主啊，由于他的不义，你使人类趋于败坏。"

之后又是一个极为混乱的局面。教皇亚历山大四世组织一支十字军对抗埃泽利诺，这位专制君王受伤并被俘，他拒绝医师和教士的探视，拒绝进食，结果死于自我绝食，至死不悔悟，不向教士忏悔求赦罪（1259 年）。其兄弟阿尔贝里戈，像他一样残暴罪恶，也一起被俘，并被迫目睹其家族刑讯。基督徒和无神论者一样，变得极为野蛮，除了那位欢愉动人的私生子曼弗雷德。由于在蒙塔佩托（Montaperto）再次击败教皇的军队（1260 年），他又做了 6 年的南意大利霸主。他有空暇狩猎、歌唱、写诗，并像但丁所说，"能弹弦乐器，举世无伦比"。教皇乌尔班四世对能在意大利找到一个钳制曼弗雷德的人已不存希望了，认为教皇国必须依赖法兰西的保护，故诉诸路易九世，请他接受两西西里为其领地。路易拒绝，但允其弟安茹的查理自乌尔班处取得"那不勒斯及西西里王国"（1264 年）。查理率领 3 万法军通过意大利，击败寡不敌众的曼弗雷德军队。曼弗雷德跃入敌军之中，较其父死得更光彩一些。翌年，康拉德年仅 15 岁的儿子康拉丁从日耳曼向查理挑战，但在塔格利亚科佐被击败，并于 1268 年在那不勒斯广场中，在众目之下被斩首。4 年后，长期被拘禁的恩齐奥也去世。至此，霍恩施陶芬王朝很凄惨地完结了。神圣罗马帝国也成为象征性的阴魂，欧洲的领导权落到法兰西手中。

查理在那不勒斯定都，在两西西里王国建立起法兰西式的贵族和文官制度，安置军队、僧侣及教士，进行无礼专制的统治与征税，使该地区渴望再出现一个腓特烈式的人物，并使教皇克莱门特四世对教皇国的获胜懊悔不已。1282 年复活节，当查理正准备率领其舰队征服君士坦丁堡时，巴勒莫人民因法兰西军人娶西西里女郎，其无耻亲密状，令他们无法克制积压于内心的愤恨，故揭竿而起，杀尽城中每一个法兰西人。他们对法兰西人所累积的仇恨之深，可以从他们野蛮的行为中看出。其他城市响应巴勒莫的领导，在西西里的 3000 名法兰西人被集体屠杀，这就是有名的"西西里晚祷惨案"（Sicilian Vespers）。之所以如此命名，是因为其发生在晚间祈祷的时刻。在该岛上的法兰西教士也未获恕宥。教堂和修道院被原本虔敬的西西里人侵入，僧侣、教士同遭斩杀，并未因其是神职人员而幸免。安茹的查理发誓，要作"千年"的复仇，并誓称将毁西西里为"一片枯萎、贫瘠、无人居的荒岩"。教皇马丁四世将那些叛徒处以破门律，并宣布组织十字军征讨西西里。由于无法防卫自己，西西里人将该岛献给阿

拉贡的佩德罗三世，佩德罗带着一支军队和舰队而来，建立了阿拉
贡王朝，统治西西里（1282 年）。查理殚精竭虑欲重新夺回该岛，但
其舰队被歼灭。他在福查力竭抑郁而亡（1285 年）。其继承人经过 17
年的努力奋斗，仍徒劳无功，最后只能满足于那不勒斯王国。

罗马以北的意大利城市操纵、利用帝国来反对教皇国，以维持
自由。在米兰，德拉·托雷（Delia Torre）家族贤明地统治达 20 年。
1277 年，奥托·维斯孔蒂所领导的一贵族联盟取得政权，米兰被有
能的寡头政府统治达 170 年之久。托斯卡纳——包括亚勒索、佛罗
伦萨、锡耶纳、比萨及卢卡——曾由女伯爵玛蒂尔达遗赠给教皇国
（1107 年），但此种理论上的归教皇国所有，并不干涉该城市自治或
自觅君王的权利。

正如托斯卡纳的许多城镇，锡耶纳也有一段值得骄傲的历史，
可追溯到伊特鲁里亚人的时代。该镇在野蛮人入侵时被毁，但在 8
世纪，因为成为罗马与佛罗伦萨之间朝圣及贸易路线的中站，而恢
复其繁荣。我们听说 1192 年该处即有商人同业公会存在，然后有
工匠同业合会，再有银行家。1209 年成立的"布昂西格诺里之家
（Buonsignori）"成为欧洲居领导地位的商业及财政机构之一。其分支
机构遍布四处，它贷巨款给商人、城市、国王和教皇。佛罗伦萨和锡
耶纳争夺联结两城镇的弗朗塞萨（Francesa）通道的控制权。1207 年
至 1270 年，它们间歇性地交战，相互消耗对方。当佛罗伦萨支持教
皇对抗日耳曼帝国时，锡耶纳则支持皇帝反对教皇。曼弗雷德在蒙塔
佩托的胜利（1260 年）主要归功于锡耶纳战胜佛罗伦萨。锡耶纳人虽
然对抗教皇，他们仍将其胜利归诸其守护神圣母玛利亚。他们以锡耶
纳作为圣母的封地，在其钱币上刻着西维塔斯·菲尔吉尼斯（*Civitas
Firginis*）的字样，并将该市的锁钥放在他们尊奉圣母的大教堂内圣母
脚边，每年圣母升天日他们总是以庄严而轰动的仪式来庆祝。在节日
来临的前夕，18 岁至 70 岁的市民，每人手持一支点燃的蜡烛，排成
队伍，按着各自教区的顺序，跟随在神父和市长的后面，向其教区中

的首要教堂进发，并重申他们对圣母忠诚的誓言。就在当天，还有另一支队伍来到。被征服或臣属的城市、村落及僧院的代表们携带着礼物，也向教堂进发，并向锡耶纳自治市及其女皇重申效忠誓约。在该市的广场上，举办一个盛大的市集。从数以百计城市而来的货物在此地出售。卖艺者、歌唱者及其他音乐家也在此地表演。而供人赌博的摊子里人数之多，仅次于圣母玛利亚圣坛前的人数。

1260 至 1360 年是锡耶纳市的极盛时期。在这个世纪中，它建立了大教堂、极大的公共广场及可爱的钟楼。1266 年，尼科洛·皮萨诺（Niccolo Pisano）为教区内首要教堂雕刻了一华丽的喷泉。1311 年，杜西欧（Duccio di Buoninsegna）则用几幅构成文艺复兴早期作品的画来装饰锡耶纳的教堂。但这一骄傲城市的建设远超过其财政负担能力，蒙塔佩托大捷给锡耶纳带来致命的影响。战败的教皇对该镇下了一道停止教权令，禁止货物进入该镇，或向该镇偿债，引起许多锡耶纳的银行倒闭。1270 年，安茹的查理将此备受折磨的城市并入教皇联盟。从此，锡耶纳一直被其北方残忍的敌对者控制。

佛罗伦萨的崛起（1095—1308）

佛罗伦萨是因该地的花而得名。公元前 2 世纪，成为亚诺河上的一个贸易站，亚诺河在该处与慕格诺里（Mugnone）河交会。该贸易站在蛮族入侵时被毁，并于 8 世纪再度恢复，其时它成为连接法兰西与罗马的弗朗塞萨大道的交会路口。由于接近地中海，其海上贸易更为发达。佛罗伦萨拥有庞大的商船团，其从亚洲带来丝与染料，从英格兰和西班牙带来羊毛，并将织好的布销往半个世界。由于一种高度保密的技术，佛罗伦萨的染工能将丝或羊毛染成极美的颜色，连颇精此道的东方人都不及。最大的毛纺同业公会德拉拉娜（Arte della Lana）和卡利玛拉（Arte de'Calimala）因其是陈列商品的中心而得名，该中心为一"邪恶之巷"（Wicked Lane），以往是娼妓出没的场所。他们进口原料，将其加工制成成品而获厚利。这种工作大部分都是在小型工厂内完成的，有些是在城市或乡村的家庭里。商人供给原料，并按件计酬地收购成品，家庭工业——特别是妇女——的竞争使工厂工资偏低，织工不能采取联合行动要求提高工资，或要求改善工作环境，他们也被禁止离境。为维持更高的纪律，雇主说服主教发出主教书简，每年在讲坛宣读4次，以教会的制裁甚至破门律的惩罚，来威胁那些一再浪费羊毛的工人。

这些工业与贸易需要资本的投入，因此银行家很快与商人争夺对佛罗伦萨人生活的控制权。由于逾期不偿付而扣押抵押品，这些银行家取得大宗的地产。对抵押给他们的教会财产行财务上的控制，使他们成为教皇不可或缺者。13世纪，他们几乎垄断了教皇在意大利的财务。在对抗神圣罗马帝国皇帝的斗争中，佛罗伦萨之所以与教皇订有广泛的同盟，部分是因为这种财务上的联结，部分是唯恐帝国或贵族侵犯其城市及商务的自由，因此银行家成为佛罗伦萨教皇党的主要支持者。他们贷款14.8万利维尔给教皇乌尔班四世，以支持安茹的查理侵入意大利。当查理占领那不勒斯时，允许佛罗伦萨的银行家在新王国铸币课税，垄断甲胄、丝、蜡、油、谷物等贸易，及武器和其他军需品的供应，作为偿债的担保。如果我们相信但丁所言，这些佛罗伦萨的银行家不是文雅的市场操纵者，而是卑劣贪婪的金钱掠夺者。他们借着采取抵押品赎取权的取消，聚敛财富，并对其贷出的款项索取极不合理的利息，就像但丁《神曲》中贝雅特丽齐（Beatrice）的父亲佛尔哥·波尔提纳里（Folco Portinari）。他们将此种行为施展到很广大的区域。约1277年，我们发现佛罗伦萨的两家银行布鲁内莱斯基家族及美第奇家族（the Medici）控制尼姆市的财政。佛罗伦萨的"弗兰泽西之家（Franzesi）"在财务上支援菲利普四世的战争和阴谋，并在他的统治下，意大利银行家控制法兰西财政直到17世纪。英格兰的爱德华一世于1295年向佛罗伦萨的弗雷斯科巴尔迪借20万金币。这一贷款是具冒险性的，使佛罗伦萨的经济生活受遥远与显然无关的事件影响。由于许多政治性投资和政府的拖债，再加上博尼费斯八世的崩溃及教皇国移到阿维尼翁（1307 年），意大利一连串的银行倒闭，普遍性的萧条加剧了阶级斗争。

佛罗伦萨的尘俗生活分成三个阶级：一为小市民（popolo minuto），包括店铺老板和工匠；二为"肥仔"（popolo grasso），包括雇主和商人；三为贵族。工匠组成小同业公会（arti minori），而在政治上大多被充斥于大同业公会（arti maggiori）的雇主、商人、金融家等操纵。为了争取对政府的控制，有一段时期这些小市民和"肥仔"联合组织市民党对抗贵族，贵族们要求在城市中课征古代的封建税，最先支持皇帝，后来支持教皇来反对城市的自由。这些市民组织一个民兵团，凡居住在城里的壮丁都必须服役学习战技。由于这种充分的准备，他们得以攻占贵族们在乡下的城堡，强迫贵族迁到城内居住，遵行市民法。由于保有在乡下的田赋地租，这些贵族仍然很富有，并在城内建立宫殿式的城堡，拥有党徒，彼此在街上械斗，竞相观看哪一集团能推翻佛罗伦萨有限的民主制度，以建立贵族政体。1247 年，乌贝尔蒂集团率领保皇党革命，为在佛罗伦萨建立一个亲腓特烈的政府，市民党很英勇地抵抗，但仍为一支日耳曼武士的分遣部队所摧毁，至此，佛罗伦萨的民主崩溃瓦解。其领导者教皇党人逃离城市，其家园被夷为平地，作为对 100 年前他们摧毁封建城堡的报复。自此以后，每次阶级及集团之间的战争结束后，胜利者总是将战败者的领袖驱逐出境，并没收或摧毁其产业。得到一支日耳曼军队的支持，保皇党贵族统治该市 3 年。但当腓特烈死后，中下阶级的教皇党夺取了政权（1250 年），并任命一个人民的卡皮塔诺，来钳制波代斯塔，就如同古代保民官得以牵制罗马执政官一样。被驱逐出境的教皇党成员又被召回来，而获胜的小资产阶级发动对比萨与锡耶纳的战争，争取对由佛罗伦萨到大海及到罗马的商业控制权，借此巩固其内部的功业。这些更有钱的商人变成一个新贵族阶级，并企图使政权永久由其掌握。

佛罗伦萨在蒙塔佩托被曼弗雷德击败，造成第二次教皇党领袖的逃散。其后 6 年，佛罗伦萨被曼弗雷德的代表统治。1268 年，帝国崩溃，教皇党人再度取得权力，但名义上臣服于安茹的查理。为了控制查理所任命的波代斯塔，他们成立一个"十二长老"（anziani）的组织，以向此官员"进谏"，并设立一个"百人会议"，"未经其同意，任何重要措施或经费的支出均不得进行"。利用查理专注于西西里晚祷惨案，小资产阶级在 1282 年顺利完成了一次政体的改变，由较大的同业公会中选出 6 个工头，组织"技术院"（Priory of the Arts），成为市政府中实际的统治机构。经过种种的变动，波代斯塔仍然存在，但权力逐渐被夺去，而商人及银行家的地位变得最高。

被击败的旧贵族在英俊傲慢的科尔索·多纳蒂（Corso Donati）的领导下，重新组织起来，为一不可解的原因，命名为"黑党"（Neri）。而由切基（Cerchi）家族领导的银行家及商人等新贵，则称"白党"（Bianchi）。由于不希望从摇摇欲坠的帝国获得援助，那些旧贵族转向教皇求援，以摆脱胜利的小资产阶级。多纳蒂经由他在罗马的代办计划与博尼费斯八世合作，夺取佛罗伦萨的控制权。但托斯卡纳集团渗入教皇国，除非博尼费斯能在托斯卡纳市政府中获得决定性的声势，否则没有希望恢复该地的秩序。一个佛罗伦萨的律师获悉这些谈判，于是控诉多纳蒂在罗马的三个代表背叛佛罗伦萨。"技术院"将这三人予以判刑（1300 年 4 月），教皇因此威胁要将控诉者处以破门律。多纳蒂集团的一群武装贵族攻击同业公会中的某些官员，而"技术院"（但丁也是其成员）蔑视教皇放逐了几位贵族（1300 年 6 月），博尼费斯要求华洛亚的查理进军意大利，以抑制佛罗伦萨，并自阿拉贡手中重新夺回西西里。

查理在 1301 年 11 月到达佛罗伦萨，并宣布他来只是要建立秩序与和平。但不久之后，科尔索·多纳蒂带着一支武装部队进入该市，掠夺那些放逐他的"技术院"官员的家，打开监狱，不仅释放了他的朋友，也放走其他想跑的人。因此引发了暴动，贵族与罪犯一起抢劫、绑架、杀人，仓库被打开，女继承人被迫嫁给即刻追求她的人，父亲被迫签字给予丰厚的嫁妆。最后科尔索赶走"技术院"的官员和波代斯塔，而由"黑党"重新选一个新的"技术院"，该院一切举措听命于"黑党"领袖，科尔索成为佛罗伦萨英勇的独裁者达七年之久。被免职务的"技术院"官员和波代斯塔被审，判刑，而遭放逐。但丁也不能免，同遭放逐（1302 年）。395 个"白党"党人被判死刑，但其中大多数人被允许流亡到国外。瓦洛王朝的查理很光彩地接受这些事实以及 2.4 万弗罗林的赔款，离开往南部去了。1304年，毫无拘束的"黑党"放火烧毁其敌人的家园，共有 1400 栋房舍被毁，使佛罗伦萨的中心地区尽成灰烬。后来"黑党"分裂成几个新党，各集团以暴力相争，而科尔索·多纳蒂在其中一次冲突中被刺身亡（1308 年）。

在教皇与皇帝、教皇党与保皇党、黑党与白党的冲突中，意大利因勤奋工作的农夫而能维持不坠。意大利的田野是被艺术与工业所耕耘，部分用来生产供食用之物，部分用来美化视野。小丘、峭壁及山脉均按其地形耕成梯田，开辟成葡萄园、水果园及坚果园，或种橄榄树，而都用墙将它圈起来，以免侵蚀，并保存可贵的雨水。在城市里，100 多种工业吸引了绝大多数的人，而使人们没有太多的时间去争辩、投票、打架、斗剑。商人与银行家也并非全是残酷无情的人，也因为他们追求利润的狂热，方使城市繁荣成长。科尔索·多纳蒂、圭多·卡瓦尔坎蒂（Guido Cavalcanti）、肯·格兰德·德拉·斯卡拉（Can Grande della Scala）等贵族，虽常诉诸刀剑以取利，但也是相当有文学修养的人。在这个精神昂扬的社会里，女人自由活动着。对她们而言，爱情既非抒情诗人的那种口头吟唱，也非流汗农人那种痛苦模样，更非武士向小气女神的献殷勤，而是一种豪爽而又热烈的放浪，迅速地导致尽情的放纵与仓促的母爱。在此种激动纷扰之中，到处可见教师们以极大的耐心，用尽办法教化顽抗的青年；妓女们缓和了男人的各种幻想；诗人将其未能如愿的欲望升华而成诗文；艺术家饥渴般地寻求完美；神父操纵政治，并抚慰孤寡贫困者；哲学家苦心研究，希望从纷乱中寻出真理。在这个社会中，有一股冲击力，一种刺激与竞争，使人们的才智更敏锐，言词更犀利，促成他们潜能的发挥，而诱使他们不惜自身的毁灭，为文艺复兴清除道路，铺设台阶。历经种种痛苦与流血，方使伟大的"再生"运动降临。

第三部

基督教巅峰的文明

《威尔顿的双联画》将忠于自然细节的写实主义同矫揉造作的富丽堂皇糅合在一起，是哥特式绘画的典型代表。

第一章 | **罗马天主教**
（1095—1294）

大众的信仰

就许多方面而言，宗教是人类最有趣的行为方式之一，因为它是人类生命的最终诠释，也是对抗死亡的唯一利器。在中世纪历史上，没有一样东西比宗教更普遍、更万能。生活于舒适与富裕中的人们，很难体会在混乱与贫困中孕育出的中古信仰。但当我们思索中世纪基督徒、穆斯林及犹太人的迷信、天敌、偶像崇拜及轻信时，也该像思索他们所遭遇的困苦、贫穷与悲痛一样地寄予同情。成千的男女从这"淫欲罪恶的世界"逃避至修道院和修女院，这并非说明他们的怯懦，而是暗指中古生活极端的混乱、不安与暴戾。显然地，唯有凭借人类超自然制裁的道德律，才能控制人类野蛮的行动。而最重要的，世界需要一种教义，它能使人产生盼望以平衡其苦难，给予人慰藉以缓和其伤恸，以如诗般的信仰来补偿平凡乏味的辛劳，以永恒的观念消除人生短暂之叹，赋予一出宇宙性的戏剧，否则这只是一幕幕生灵、生物及万物相继跌落于无可避免的灭亡中，毫无意义且令人难以忍受的戏剧。

基督教为了迎合这些需要，找出了一套博大而庄严的观念：天地的创造与人类的罪性；童女圣母与受难的神；不死的灵魂注定面临"最后的审判"，或被咒跌入万劫不复的地狱，或透过教会的圣礼，领受救世主代死的恩典，而蒙拯救，承受永福。就在这包罗万象的远景中，大部分的基督徒受到鼓舞，并寻得了他们的意义。中世纪信仰最大的恩赐，即予人以信心，让他们相信正义终必伸张，而恶虽一时得逞，终将为善的取胜所净化。

"最后的审判"是基督徒信仰的中心，在最后审判之前，必有基督第二次降临和世界末日来到。这一信念虽会令使徒们失望，1000年之期已过，历经四十世代的恐惧与盼望，犹然存在，它变得不如往昔生动与普遍，却未见消失。1271年，罗杰·培根曾说道："'智慧人'认为世界的末日近了。每一次大传染病或灾难发生，每一回的地震或彗星出现，或其他异常事件，都被视为世界末日的先兆，但即使这世界继续下去，死者的灵魂与肉体仍将立刻复活，以面临他们的'最后的审判'。"早期基督教理论，"所有死者的审判将延迟至世界末日来临之时"，现已被"每个人死后，立即接受审判"之说取代。

人们对天堂的憧憬是含糊的，对地狱的恐惧则是真切的。中古基督教可能比历史上任何其他宗教具有更温和的教义，但天主教犹如早期的基督新教，其神学理论与证道词中，多强调地狱的恐怖。依照威廉·布斯将军所著有关其救世军的宣教法："没有比恐怖的事物更能震撼人心者，人们必须有地狱之火闪耀于其面前，否则不为所动。"对这个时代而言，基督并非"柔和温驯的耶稣"，而是对每种重大过犯严厉的报复者，几乎所有教会都显示一些代表"审判者"耶稣的象征物，许多教会有"最后的审判"的图书，这些书中对被诅咒之人所受痛苦的描绘，更甚于对得救者享天福的描绘。据说圣美多迪乌以宫廷壁上的一幅地狱图而改变了保加利亚王鲍里斯的信仰。许多术士声称见过地狱的景象，并对其地理位置和恐惧情状刻意描述。12世纪，一名叫滕达勒（Tundale）的僧人，极尽详细之能事地加以描绘，他说：在地狱的中央，恶魔被红热的铁链捆绑在焙器（铁格架）上，他因剧痛而尖号嘶吼不已，他双手未被捆绑，伸出抓住被定罪者，他的牙齿像嚼葡萄似的将他们嚼碎；一口气将他们咽至他燃烧的喉咙，小恶魔，用铁钩将被咒者的身体轮流投入火及冰水中，或将他们的舌头钩住悬挂起来，或用锯刀将他们切成薄片，或将他们置于铁砧上，敲打成扁片状，或烹煮之，或用一块布将他们滤过。并于水中混入硫黄，发出可厌的恶臭，以增添被诅咒者的苦楚，但火不发光，使可怖的黑暗遮掩住无以数计各种不同的苦刑。教会本身并未正式指出地狱的位置，或对地狱正式加以描述，但对像奥利金等人怀疑地狱中物质火的真实性感到不悦，阿奎那坚持"那折磨被定罪者的火是具体有形的"，并指出地狱位于"地球最底下的部分"。

在中世纪一般人的想象中，或对像格列高利一世那类人而言，魔鬼并不是虚构的，而是活生生的有血肉的实体，漫游各处，施展诱惑，制造所有的罪恶。通常用少许的圣水或十字的记号即能将之驱走，留下一股燃烧硫黄的恶臭。他是女人的钦慕者，利用她们的微笑与妩媚为饵来引诱其受害者，并且有时也赢得她们的垂青——假如妇女本身的话可信。一个在图卢兹的女人承认，她经常和撒旦同寝。她在53岁时，曾因此生下一个狼头蛇尾的怪物。魔鬼有一大批小鬼，盘旋在每一个灵魂四围，诱使其趋向罪恶之渊。他们"梦魇般"地与无忧无虑或孤独寂寞或圣洁的女人在一起。有一名叫理查尔姆（Richalm）的教士形容他们："充斥在整个世界，整个大气层不过是厚厚的一堆魔鬼，经常在各处守候我们……我们之中若有任何人还能活着，那实在是奇异的。如果不是上帝的恩典，我们没有一个人能逃脱。"几乎每一个人，包括哲学家，都相信有许多魔鬼存在，但有一种幽默感尚能中和这种邪说，即大多数壮汉认为这些小鬼仅是胡闹的恶作剧者，而非恐怖之物。他们相信，这些小鬼会闯进我们的对话中，可闻而不可见，他们会在人们的衣服上穿上小洞，并向行人投掷秽物。一个疲倦的小鬼会坐在莴苣头上，一不小心而被修女吃下去。

更足以令人警惕的是"被召的人多，选上的人少"之说（《马太福音》22∶14）。不论是伊斯兰教或基督教正统派神学家均认为，大多数的人类将进入地狱。大多数基督教神学家按字面解释基督所言："信而受浸的必然得救，不信的必被定罪。"圣奥古斯丁勉强地下一结论说，婴孩在受浸之前去世将进入地狱。圣安塞姆认为，未受浸的婴儿（因亚当与夏娃的犯罪而有原罪）被定罪之说，并不比奴隶生而为奴隶之说（他认为这种说法是合理的）更不合理。教会为了缓和这一理论，则称未受浸的婴儿并不是进入地狱，而只是到地狱的边缘，其仅受不得进入天堂的痛苦。大多数的基督徒相信，所有的穆斯林将被打入地狱，一如大多数穆斯林（穆罕默德除外）相信大多数的基督徒将进入地狱一样。他们普遍相信"异教徒"将受到诅咒。第四次拉特兰会议（1215 年）宣布，在公教之外，无人能得救。西班牙的教士哲学家吕里希望，"上帝眷爱他的子民，而使几乎所有人类得救，因为，如果被定罪的多于得救的，基督的怜悯将缺乏大爱"。教皇格列高利九世斥之为邪说异端。没有一个卓越的教士容许自己相信，得救者将超过被定罪者之数目。日耳曼雷根斯堡的贝特霍尔德计算被定罪者与得救者的比例为 10 万比 1。阿奎那认为，"即便如此，上帝的仁慈仍然存在，因为他从那些堕落者中拯救了一些人"。很多人认为，火山口是地狱之门，其隆隆之声是被定罪者呻吟的微弱回音。格列高利一世辩称，埃特纳火山的喷火口日益扩大，为的是要容纳大批注定该被定罪的众生灵。而在那地狱里，则永不会有缓刑或逃脱的可能。贝特霍尔德说："如果我们数算海边的细沙，或自亚当以来所有人类及野兽身上的毛发，而以每粒沙或每一根毛发比作一年的苦刑，则其所代表的时间跨度，只不过是受难者整个悲惨历程中开始的一刹那而已。人死前的一刹那即为其在永恒中决定性的一刻，如果在那最后的一刹那发现自己仍有罪未忏悔，则恐惧感将沉重地压在人的灵魂上"。

这种种恐怖情形因炼狱之说（doctrine of purgatory）多少予以缓和。为死者祈祷的习惯与教会之存在同样久远。马塞斯说，行悔罪之礼以帮助死者的习俗可以追溯至 250 年。奥古斯丁论及可能有一处所，人可因生前的罪被赦（但非完全被赎）而免除其刑罚。格列高利一世赞同这一看法，并表示灵魂在炼狱中所受的痛苦能由于死者尚在人间的朋友的祈祷而得以缩减缓和。此说法直到约 1070 年，通过彼得·达米安激动有力的辩才，才使大众普遍相信并接受。12 世纪，这种说法因某种传说的散布而更被采信，该传说称圣帕特里克为使一些怀疑者相信，允许在爱尔兰挖一洞穴，许多僧侣进入坑内。据称，有一些回来者很模糊地描述炼狱与地狱。爱尔兰武士欧文（Owen）宣称他曾在 1153 年，经由该穴进入地狱，并认为他的地狱之行有惊人的成就。游客自远方来参观该穴，不惜花费重金。1497 年，教皇亚历山大六世不得不以欺诈罪，而下令封闭该地。

在中世纪基督教世界中，接受基督教教义的人民比例如何？我们听说有许多持异端邪说者，但他们大多数都承认基督教信条中的基本教义。1017 年，奥尔良有两个人，论家世与学问都属极为杰出的人，他们否认上帝创造世界、三位一体、天堂与地狱等说法，认为这些"只是一派胡言"。12 世纪，英格兰索尔兹伯里的约翰称，他会听到许多人谈论"除信仰外，还有别的可掌握"之说。在同一世纪，维拉尼说在佛罗伦萨有一些享乐主义者，他们以上帝和圣徒为笑柄，而"随从肉体的情欲"度日。吉拉尔德斯·康布伦西斯提到，一不知名的教士，因草率主持弥撒仪式而遭谴责，该教士反问他的非难者，是否真正地相信化体论（即指圣餐中的饼和酒源自耶稣的肉和血）、道成肉身说、童女生子说及死而复活说——并认为这些都是狡猾的古人用来置人们于恐惧及束缚之中，而伪君子继续援用的谬论。同一个威尔士的杰拉尔德引述图尔奈的西蒙的话，有一天西蒙喊着说："全能的上帝啊！迷信的基督教派及这种崛起的捏造言论要持续多久呢？"据说这个西蒙曾在一次演说中，用率直的论据证实三位一体的学说，在受到听众的喝彩后，极为得意洋洋，吹嘘他能用更有力的论据反驳这教义。不过，据说他随即全身麻痹并成白痴。约 1200 年，伦敦阿尔加特（Aldgate）圣三位一体修道院副院长彼得曾写道："有些人相信上帝并不存在，而世界是由机运所支配……也有许多人既不相信天使与恶魔，也不相信死后有生命，不相信任何其他属灵的或肉眼所不能见的事物。"博韦的文森特为有许多人"讥讽有关圣徒的故事和所见的异象为粗俗的无稽之谈及不实的捏造之言"而忧伤，他又说："如果这些故事不为那些不信地狱存在者相信的话，我们实在无须惊讶。"

有关地狱之说常使许多人觉得刺梗于喉。一些单纯的人常问："如果上帝能预见撒旦的罪恶与堕落，那又何以要创造出魔鬼？"怀疑论者辩称，上帝不至于那样残酷，用无限的痛苦来惩罚有限的罪过。对此，神学家答称，顶撞神就是一项极大的罪过，故其将永远有罪。1247 年，图卢兹有一个织布工仍不相信，他说："如果我能抓到这位创造了成千上万的人而只拯救其一、诅咒其余人的上帝，那我就要以叛徒的罪名，拔他的牙，扯掉他的爪，并在他脸上唾口水。"其他怀疑论者更欢愉地说道："地狱之火一定及时地将人类的灵魂与躯体灼烧得更无知觉，因此那些习惯地狱的人，在那里一如其他地方般的舒适。"法国田园诗《尼科莱特》（*Aucassin et Nicolette*）里，有一个关于地狱的古老笑话称，在地狱里比在天堂有更有趣的同伴。传教士抱怨道，大多数的人都将地狱之说延迟到临终时再去想它，深信在他们的生命中有再大的罪恶，只要三个字（"我赦你"）"就能拯救我"。

显然地，当时有许多不信神的村落。但这些无神论者的村落并未遗留下什么纪念物，而中世纪所传下来的文学作品大多是由教会人士写成，或大部分经教会的选择存留下来的。我们能发现一些"流浪的学者"写些不敬的诗歌，粗鄙的市民许下极其亵渎神的誓言，人们在教堂里睡觉打鼾，甚至跳舞、嫖妓，而且在星期日比其他日子更盛行淫荡、贪食、杀人、越货等事。这些事（据一位修道士说）正说明人们缺乏真正的信仰。类似的事例在上百个国家及上千年历史记录中均能找出，我们能发现其着实不在少数。它们能警告我们不要对中世纪的虔敬过分的夸张。但在学者的印象中，中世纪仍是一个弥漫着宗教信仰与世俗气氛的时代。每一个欧洲国家都将基督教置于其保护之下，并以法律规定服从教会。几乎每一个国王都以大批的礼物赠送教会，几乎历史上的每一个事件都以宗教的立场来解释。《旧约》中每一个事件都预示《新约》里所发生之事。大主教奥古斯丁说，大卫看到拔示巴沐浴，就预示基督看到其教会从污秽的世界中洁净自己。每一个自然的事件就是一种超自然的征兆，门德的大主教纪尧姆·杜兰德说："教堂的每一部分都有其宗教的意义。门就是基督，我们经过他而进入天堂，柱石是主教与教会中的博学宿儒，他们支撑着这教会，神父穿戴圣袍的圣器收藏室就是圣母玛利亚的子宫，于此基督穿上了血肉之躯。"在这种气氛下，每一种野兽都有其神学上的意义。一本典型的中世纪动物寓言集中写道："当一头母狮生下小狮时，母狮先引它至死，然后观察它三天，待第三天雄狮回来时，在它脸上吹气，带给它生命。全能的天父也是这样使他的儿子，我们的主耶稣基督，由死复活过来。"

　　成千上万的有关超自然的事件、异能及神医故事最受人们欢迎，而大部分故事是捏造的。一个英国顽童，企图从巢中偷出几只雏鸽，结果他的手很神奇地粘在他所倚靠的石头上，经过村民三天的祈祷，他才被释放。一个小孩将面包施给圣婴雕像，圣婴感谢他，并邀请他到乐园。三天后，该小孩死去。某一个淫荡的神父向一个妇女求欢，由于不能得到她的同意，在弥撒之后，他将圣体（圣餐中的饼）放在他嘴里，希望如果他能那样亲吻她，则她就会因圣餐的力量而屈服在他的欲望之下……但当他满足地离开教堂回去时，他觉得自己似乎长得出奇巨大，以致他的头撞上了天花板。他将圣饼埋在教堂的一角，其后向另一个神父忏悔；他们将该圣饼掘出，结果发现它变成血迹斑斑被钉在十字架的人之形状。一个妇人将一块圣体含在她嘴里由教堂走回家，放在蜂巢中，以减少蜜蜂的死亡率。那些蜜蜂在它们最甜蜜的蜂巢外，以神奇的技艺为它们最亲爱的客人建造一座小小的教堂。教皇格列高利一世在他的著作中，写满了这类的故事。也许人们，或其中较有知识者，对这类故事持怀疑态度。在许多中世纪的传奇中，有一个感人且为人所相信的故事，即当人们所爱戴的教皇利奥九世从法兰西和日耳曼改革回到意大利时，阿尼耶内（Aniene）河就像红海一样，分开让他通过。

基督教的力量在于给人们一种信仰，而非提供知识；是一种艺术，而非科学；是一种美感，而非真理。而人们喜欢这样。人们在现实中无法获知问题的答案，而觉得从信仰上得到的答案，即教会以静默的权威性所给予的答案更谨慎，如果它曾承认其虚妄，则他们将丧失对它的信心。可能他们不信任知识，将其视为长满了智慧的禁树上的苦果，是诱使人类脱离单纯无虑的乐园生活的海市蜃楼。因此，中世纪大部分的人将自己臣服于信仰，相信上帝与教会，一如现代人相信科学与国家一样，菲利浦·奥古斯都在一次午夜的暴风雨中，对其水手说："你们不会死亡，因为这个时候，有数以千计的僧侣正起床，他们很快地就要为我们祈祷。"人们相信他们的命运是操纵在比任何人类知识所能给予的更伟大的力量之手中。在基督教国家，一如在伊斯兰国家，他们寻求上帝及其拯救。那是一个对上帝如痴如狂的时代。

圣礼

除了信仰的决断外，教会的最大力量在于主持圣礼——一种象征授圣恩的仪式。圣奥古斯丁说："除非以一些有形的象征或仪式使其教徒联合成某种互动团体，否则没有一种宗教能将其徒众聚集在一起。"4世纪，圣礼几乎行于任何一种神圣的事情中，如浸礼画十字、祷告。5世纪，奥古斯丁将圣礼应用至复活节的庆典上。7世纪，塞维利亚的伊西多尔则将其限于在浸体、坚信礼及圣餐中。12世纪，圣礼终于固定施行于7种场合，即浸礼、坚信礼、告解式、圣餐式、婚娶、授职及临终涂膏式中。至于一些授圣恩的简单仪式，如洒圣水、画十字等，则为类似圣礼的仪式。

　　最主要的圣礼是行浸礼。它有两种作用：除去原罪罪污，并由此将一新生儿正式接纳进入基督教会。在这一仪式中，父母通常给这孩子取一个圣徒的名字，作为其守护者、楷模和保护者。这就是他的"教名"。直到约9世纪，早期完全浸在水中的基督教浸礼方式才逐渐改变为在身上洒水，以不会对健康有所危害。任何教士或在某种紧急情况下的普通基督徒，都可施洗。在临终前行浸礼的旧俗现已改变为在婴孩时代即行浸礼。某些集会中，特别是在意大利，他们为这一圣礼而建造一所特别的小教堂，即浸礼所。

　　东正教则在浸礼后随即行坚信礼和圣餐礼。罗马公教则将行坚信礼的年纪逐渐延至7岁，为的是使孩童能学习基督教信仰的基本教义。坚信礼仅由主教施行，以"按手"的方式，祈祷圣灵降临在接受坚信礼者身上，并用圣膏涂抹在其前额，轻轻地拍打其面颊，坚定这个年轻基督徒的信仰，并要其宣誓行使与承诺所有基督徒的权利与义务。

　　更重要的是告解式。如果教会的教义是将罪恶感注入人们心中，那么定期向神父承认自己的罪过或行忏悔礼或可洗清自己的灵魂。根据福音书的记载，基督赦免人的罪，并将同样的"捆绑与释放"的权柄赐给使徒们。教会说，这种权柄已经由使徒的相承袭而传给早期的主教，即由彼得传给教皇。12世纪，这种"钥匙权"（Power of the keys）由主教扩展到神父手中。4世纪，这种早期基督教公开忏悔的方式改为秘密忏悔，以使尊贵显要的人物不致受窘。但在一些异端教派中，公开忏悔仍然保持，而对于像塞萨洛尼基的集体残害或对贝克特的谋杀等重大罪行，仍强制公开忏悔。第四次拉特兰会议（1215年）规定一年一度的忏悔与圣餐交接为神圣义务，凡忽略这一义务者，均不得参加教会的活动及举行基督徒的葬礼。为了鼓励与保护告解者，对每次秘密认罪均予以"加封"，没有一个教士泄露人所作的忏悔。自8世纪以来即公布"告解"办法，规定每一种罪的正规悔罪方式——祈祷、齐戒、朝圣、救济或其他虔敬、慈善行为。

　　诚如莱布尼茨所称，告解式"这种奇妙的制度"有甚多好的效果。它能使忏悔者从萦系于内心并压迫其神经的悔恨痛苦的忧思中求得解脱。它使神父借着忠告警戒的方式，改进其教民身心和健康。它使罪人因有悔改而重燃希望并获得鼓舞，如同持怀疑论的伏尔泰说："它能遏止犯罪。"歌德说："秘密忏悔不应自人类中被取消。"但也有一些不良的后果。有时，这一制度被政治企图利用，有时神父拒绝宽赦那些与皇帝站在一边反对教皇的人。有时它也被作为调查的途径，如米兰大教堂圣博罗梅奥命令神父们，向忏悔者询问他们所知悉的异端论者或可疑人物的名字。还有一些心灵麻木的人，误认宽赦就是得到再犯罪的许可。当信仰的狂热平静下来，成千上万的赎罪惩罚诱使忏悔者说谎，而若为教会所认可的目的作巨额的奉献时，教会通常允许神父以较轻的惩罚代之。由这些"折偿方式"渐渐演变成为赎罪券的发售。

　　赎罪券并非犯罪的许可证，而是由教会授予、宽免全部或部分因人世间的罪过所应受的惩罚。忏悔中的赦免是除去因犯罪应受诅咒下地狱的罪刑，而非免除其因罪而在"现世"所应受的炼狱的惩罚。只有极小部分的基督徒在世间完全偿付了其罪价，其未能偿付的部分则须在炼狱中予以补偿。教会宣称有权将因基督受难赴死及圣人超脱罪恶的美德所赢得的丰富恩典，转移给任何行所规定的虔敬及慈善事业的基督徒悔罪者，而免除其所受的惩罚。赎罪券的发给可追溯至 9 世纪，在 11 世纪曾发给到圣地来的朝拜进香客。首次完全的赦罪，是教皇乌尔班二世在 1095 年颁给那些参加第一次十字军东征的人。由此渐成一种习惯，即赎罪券可因重复地做某种祈祷、参加特殊的宗教礼拜、造桥、修路、建教堂、盖医院、清除林地、排干沼泽、向十字军捐献、捐款给教会机构、教会的大禧年或支持基督教战争等缘故而发给。这种制度有许多好处，却也为人类的贪婪开了方便之门。教会委托一些教士，通常是苦行僧，担任财政官（quaestiarii），负责颁发赎罪券给献礼物悔罪及祈祷的人来募集基金。这些代求者，在英文中称为"卖赦罪券者"(Pardoner)。他们大肆聚敛财富，使许多基督徒愤慨不已。他们展示或真或假的圣徒遗物，以激励信徒捐献，而自己从其中扣留应得或不应得的部分。教会曾努力消除这一污行。第四次拉特兰会议命令主教警告信徒不要被假的遗物或伪造的证件所骗，并停止修道院院长颁发赎罪券之权。对主教颁发赎罪券之权也加以限制。又呼吁所有的神职人员不要过于热衷此道。1261年，美因茨会议谴责许多财政官是邪恶的说谎者，他们陈列了许多随意取来的人骨或兽骨，冒充是圣徒的遗骨，在进行赎罪交易时，要求最多的钱、最少的祈祷。1311年在维埃纳及1317年在拉韦纳的教会会议，也发出同样的谴责，但这一污行仍然继续着。

除了浸礼之外，最主要的仪式是圣餐式或称"神圣的交接"。教会引用基督在"最后的晚餐"中所讲的话：指着饼说"这是我的身体"，指着酒说"这是我的血"。弥撒最主要的特质就是将这种圣饼和酒借神父神奇的力量"变质"成基督的身体与血。而弥撒最初的目的，即让信徒借着吃这种成圣的饼与喝成圣的酒，而能分享到三位一体之神的"第二身位"的"身体、血、灵魂与神性"。由于喝这种化体的酒有将基督的血泼掉之险，在12世纪形成一个习惯，仅取食圣饼。一些保守人士主张，必须采取两种方式与神交流，以确保他们能同时得到神的血与身体。但神学家解释，基督的血是随着身体一起在圣饼中，而他的身体也随着血一起存在酒中。有数以千计的神奇传说，说圣饼能驱魔、治病、避火，也能使说谎者窒息以查出其伪证。每个基督徒每年至少接受一次神人交流的圣餐礼。年轻的基督徒第一次的圣餐礼通常都在庄严隆重且愉快的仪式下举行。

至于"实在存在论"(Real Presence)则发展得较慢。它第一次正式形成是在787年的尼西亚会议。855年，一个法兰西圣本笃僧侣，名叫雷特拉姆努斯(Ratramnus)，认为那种化体的饼只是基督属灵的肉与血，而不是身体的肉与血。约1045年，图尔的副主教贝伦加尔对化体之说的真实性产生怀疑，为此，他被处破门律。拜克(Bec)的修院院长兰弗朗克写了封回信给他（1063 年），述说正统的学说：

> 我们相信这属地之物，借着不可名状、不可理解的属天能力运作，转化成主身体的本质，而其外观及某些其他的特质则保留下来，使人们不致因感觉到是有血有肉之物而震惊，且使信徒收到更完全的信心效果。但同时，主的身体是在天上……不受侵犯，完整而丝毫未受玷污、损害。

此一说法在 1215 年为拉特兰会议宣布为教会主要的教理。1560 年，特伦托会议（Council of Trent）更认为，化体圣饼的每一微粒，不论它是如何残破，都包含耶稣基督整个身体、血和灵魂。

教会将婚娶看作一种圣礼和一种神圣的誓言，而大大提高了婚姻关系的神圣性与恒久性。在授圣职的圣礼中，主教将一些属灵的权柄赐给新神父，这些权柄是传自使徒们的，也可能是神自己在基督里所赐予的。最后一种圣礼——临终涂膏——神父聆听垂死基督徒的忏悔，豁免其罪，救其脱离地狱之刑，并在他肢体上涂膏，使其罪过得以洗净，而在"最后审判"之前得以复活。其遗族为他举行基督教的葬礼，而非异教徒的火葬，因为教会坚持身体也要从死里复活。他们以尸衣将死者包裹，放一个钱币在其棺材中，作为给卡戎（Charon，希腊神话中，在冥河上渡亡灵往冥府的船夫）的渡资；并在庄严铺张的仪式下，伴送他到坟墓。也可雇请送丧者来哭泣哀悼，亲属必须着黑色丧服一年。但没有人敢说，如此长久的悲伤、一颗悔罪的心及一个主持圣礼的神父，就能保证离世者得以进天堂。

祈祷

在每一种宗教中，仪式像教条一样重要。它不仅指导、培育人的信仰，而且常使人油然而生信仰；它将信徒带入可得慰藉的与神交流中，也能用戏剧、诗歌或艺术使人们的感官与灵魂舒畅。它使人们分享同样的仪式、同样的诗歌、同样的祈祷，甚至同样的心思意念，而将许多个人结合成一个彼此交流的团体。

基督教最古老的祈祷文是《天主经》(*Pater Noster*) 及《使徒信经》(*Credo*)，到了12世纪末才产生了柔和而为人口诵不绝的《圣母经》，并有如诗般的赞美或祈求的祈祷文。有些中世纪的祈祷文，近乎魔力的咒文，只是为了引出神迹来，有些则流于缠扰不休的复述语。严重地犯了基督"徒然重复"的禁令。随着十字军将东方的习俗带来，修道士与修女，及以后的俗人，逐渐采用《玫瑰经》(*Rosary*)。正如多米尼克教派僧人普遍使用《玫瑰经》，圣方济各修会的僧侣则采用《苦路经》(*Via Crucis, or Way or Station of Cross*)。依此，礼拜者在14张画像的每一张前，或在表现基督受难各阶段的画面前背诵祈祷文。神父、修道士、修女及一些平信徒歌唱或背诵"日课经之定时课"(*canonical hours*)，即由本尼狄克特等所编排成的祈祷文、经文、赞美诗、圣歌等，以后这些被阿尔昆(Alcuin)及格列高利七世编成"日课经书"。每天早晚，约每隔三个小时，从许许多多的小教堂和民舍炉边，不约而同地发出祈祷文的声音萦绕着天际。宗教音乐进到家里，流入人们的耳中，必定使人们感觉欢愉。奥德里克·维塔利斯说："这种神圣礼拜的歌声是甜蜜的，慰藉了信徒的心灵，并使他们愉快。"

教会正式的祈祷文常对"父神"而发，少数是向圣灵申述；但人们的祈祷大部分还是向耶稣、玛利亚及圣徒而发。全能的神是可畏的，在大多数人的观念中，它一直带着由耶和华而来的严厉气势，一个卑微的罪人如何敢向那样可畏而遥远的宝座祈祷呢？耶稣比较易接近，但也是神，人们在完全忽视其所说的"八福"(Beatitudes)之下，不太敢面对面与其交谈。因此向一个列圣名册承认已在天堂的圣徒祈祷似乎更明智些，而要求圣徒在基督前代求。于是由这些已死而犹存在天的圣徒，又激起了古代如诗般颇为盛行的多神论，使基督教的礼拜中，充满一种令人振奋的心灵交流，一种天地间兄弟般的亲切感，弥补了信仰中晦暗阴沉的成分。每一个国家、城市、大寺院、教堂、同业公会、个人及生命难关，均有其守护神。正如信奉异教的罗马也各有其神灵，英格兰有圣乔治，法兰西有圣丹尼斯、圣巴托罗缪。对每一临危或生病的人来说，他们在天上也有一位朋友。例如在黑死病流行时，圣塞巴斯蒂昂和圣罗克就很有威力。而圣阿波利亚的下腭被刽子手打破，因此他能治愈牙痛。圣布莱塞能治愈喉痛，圣高乃依能保护母牛，圣加尔保护鸡，圣安东尼保护猪，圣梅达德是常为法兰西求雨的神，如果他不能降雨的话，那些没有耐心的礼拜者常会将他的雕像投入水中，这也可能是一种暗示魔法。

教会排定一种教会历法，每天敬奉一位圣徒，但一年的时间无法容纳截至 10 世纪为止已册封的 2.5 万名圣徒。人们如此熟悉圣徒历，以至连历书上也以他们的名字予以划分农历年。在法兰西，圣乔治节是播种的日子。在英格兰，圣瓦伦廷节表示冬天的结束；据说，在那一个快乐的日子，鸟儿在林中热情地交尾，青年将花放在他们所爱女孩的窗台。有许多圣徒受册封，常是因死后受到当地人们不断地崇拜，有时甚至不顾教会的反对。这些圣徒的塑像被树立在教堂、公共广场、建筑物或道路上，很自然地受到人们的崇拜，因此引起有些哲学家和破除迷信者的反感。都灵的主教克劳狄乌斯抱怨道，许多人"崇拜圣徒的塑像，他们并没有离弃偶像，只是把它换了个名字而已"。在这件事上，至少可以说是人们的意愿与需要创造了崇拜的方式。

有这么多的圣徒，必定也有许多圣迹——他们的骨头、头发、衣服及他们用过的任何东西。每一个祭坛都放一件以上这种纪念物。圣彼得教堂夸称存有圣彼得和圣保罗的遗体，使得罗马成为欧洲朝圣的主要目标。圣奥梅尔一个教堂宣称它存有数小块真十字架、曾用以扎基督的枪、基督的摇篮、墓石、由天而降的吗哪（吗哪为以色列人出埃及，在旷野中，神从天上降给他们的粮食，状似芫荽子，颜色是白的，滋味如同掺蜜的薄饼）、亚伦发芽的杖、圣彼得曾在其上主持弥撒的祭坛，及贝克特的头发、头巾、粗毛布衬衣、用来削发的刀，还有上帝手指曾在其上写出十诫的原制石版。亚眠的教堂在一个银杯里珍藏施洗圣约翰的头。圣丹尼斯修道院藏有荆棘冠冕和法官丢尼修的遗体。在法兰西有3个散离的教堂均宣称有抹大拉的玛利亚完整的尸骸；有5个教堂发誓他们保有真正的基督受割礼的遗物。埃克塞特大教堂展示天使用来照亮耶稣坟墓的残烛，及上帝在那里向摩西说话的数丛荆棘。威斯敏斯特教堂存有些许基督的血和一块印有基督脚印的大理石。达勒姆的一个僧院陈列着圣劳伦斯的一个关节、焚烧他的煤块、用以盛放施洗约翰的头呈献给希律王的大盘子、圣母的衣服、一块滴有她乳汁的石头。1204年以前，君士坦丁堡的教堂藏有很多圣徒遗物。他们藏有扎基督的矛（其上仍沾有他的血渍）、鞭打基督的笞鞭、数块珍藏于精金中真十字架的碎片、在"最后晚餐"中蘸给犹大的小块饼、几根基督的胡须、施洗约翰的左手臂……当君士坦丁堡被劫掠时，有很多圣徒遗物被窃，有一些是被买去，然后被带到西方沿各教堂叫卖，以出价最高者成交。人们都相信这些遗物具有一种超自然的能力，而且有成万个有关遗物神迹的故事被传说。男男女女均期望寻得一块圣徒遗物，即便是最微小的一块或部分遗物，戴在身上作为有魔力的护符，如从圣徒的衣袍抽出的一根线、圣骨匣上的灰尘、一盏神殿至圣所中的灯滴下的一滴油。僧院为搜集这些圣徒遗物以便展示给慷慨的信徒，曾彼此发生争辩。因为，如果拥有有名的遗物将会为僧院或教堂带来一大笔财富。当贝克特的灵骨"移"到坎特伯雷大教堂的一间礼拜堂时（1220年），从参加盛会的礼拜者中收到了约合今日30万美元的钱款。如此一个有利可图的行业，招引了许多从业者，成千块伪造的圣徒遗物被出售给教会和个人。修士们在需要金钱时，则往往被诱使去"发现"新的圣徒遗物。结果发展到将已死的圣徒的尸体予以肢解，使几个不同地方能分享其权能与庇护。

　　当一般人都认为真正的圣徒遗物具有神奇的效能时，教区的神职人员和僧院的修士们却不赞同，而且时常谴责这种过度的庶物崇拜行为。有一些教士为了寻得静僻处所祈祷，而怨恨那些引起神迹的遗物。格拉蒙特（Grammont）的隐修院院长，恳求圣徒的遗体不要再行神迹，因为它吸引来太多嘈杂的群众，他威胁道："否则我们将把你们的骨头丢到河里去。"事实上是民众，而不是教会，首先制造并散布这类遗物显神的传奇，而教会常警告民众不要相信这种故事。386年，一道可能是教会要求发出的敕令，禁止"随身携带或出卖"殉道者的遗体。圣奥古斯丁抱怨"一些徒有僧侣装束的伪君子，买卖殉道者的肢体，何况那些不一定真是殉道者"。到查士丁尼时，重申386年的敕令。约1119年，诺根特修道院院长吉尔伯特写了一篇《论圣徒遗物》（*On the Relics of Saints*）的论文，呼吁停止这种寻求圣徒遗物的风潮。他说："有许多遗物是属于籍籍无名的圣徒的，而一些修道院院长为大批送入的礼物所诱，允许这些不实的神迹的捏造……而那些村姑愚妇却将有关其织布机守护神的不实故事，以讹传讹，一再传讲……如果一个男人胆敢驳斥她们，她们会以卷线杆攻击他……"他特别提到，神职人员很少愿意或有勇气提出抗议。他自己也承认，当一些专门售卖遗物的人提出"一块称为'我们的主'用其牙齿咬过的饼"给狂热的信徒时，他保持缄默，因为"如果我和疯子争辩，那我自己也会被人指责为疯子"。他观察到好几个教堂都有施洗约翰完整的头颅，惊讶于圣约翰的头是否如希腊神话中的九头怪蛇一样，斩一生二，永不减少。教皇亚历山大三世（1179年）禁止僧侣们携带着圣徒的遗物去收敛奉献金，1215年的拉特兰会议禁止在圣坛之外展示圣徒遗物。第二次里昂会议（Council of Lyons）也谴责上述行为将遗物和塑像的价值贬低。

　　一般来说，教会本身并不太鼓励迷信，这些迷信通常出自人们的想象或地中海世界的传说。对于相信显神迹之物、护符、驱邪符、咒文等，伊斯兰教和基督教是一样的。古代对阳物的崇拜仪式一直流传到中世纪，但逐渐被教会所取消。崇拜上帝为"万主之主"。"万王之王"乃是承袭闪米特及罗马人亲近、尊奉及称呼神的方式。在祭坛或教士前焚香使人忆及古老的献燔祭牲。施洒圣水实乃古代驱邪的仪式。宗教游行与赎罪祭乃是相沿远古的仪式。僧侣的法袍和教皇的头衔"大祭司"（pontifex maximus）则是古罗马异教的遗物。教会发现农村的信徒们，仍然对某些喷泉、水井、树木和石头表示尊崇，也认为与其严厉地破除这些情感上的习惯，还不如保留它并利用它来得明智些。故在普鲁雷特（Plouaret）一史前时期用石架成的纪念物（一般相信是坟墓）被敬奉为七圣徒的教堂（the chapel of the Seven Saints），而对橡树的崇拜则被净化为悬挂基督教圣徒像在树上。异教的节日颇受人们欢迎，可能也是人们所需要的，借此宣泄一下道德的羁绊，故以基督教节日的方式再度出现。异教徒祈祷作物长成仪式转变为基督教的礼拜仪式。人们继续在施洗约翰节前夕点燃仲夏之火，而庆祝基督复活仍用古条顿人的春之女神之名伊奥斯雷特（Eostre）。基督教圣徒历取代了古罗马历；人们所喜爱崇敬的古代诸神在基督教圣徒之名下而复存，巴塞斯阿尔佩斯的迪·维多利亚变成圣维克托伊勒（St.Victoire），而卡斯托耳（Castor）及波卢克斯（Pollux）也再生为圣科斯马斯及圣达米安。

　　这种随时调整的宽容精神最佳的成效即在于将对异教的女神之母（mother-goddess）的崇拜升华为对玛利亚的崇拜。这也是由人们起首的。431年，亚历山大的大主教西里尔在艾菲索斯一次著名的布道中，将许多艾菲索斯异教徒用来称颂其"伟大的女神"阿尔忒弥斯、狄安娜的词语用之于玛利亚。在那年，艾菲索斯会议不顾聂斯脱利的抗议，封玛利亚"圣母"的头衔。渐渐地，阿斯塔特、自然女神、阿尔忒弥斯、狄安娜及伊希斯等女神最优美温柔的品质一起被用之以称颂玛利亚。6世纪，教会定下圣母升天节，并且指定为8月13日，也就是古代的伊希斯及阿尔忒弥斯节日。玛利亚变成君士坦丁堡和皇室的守护神，在每次大的游行队伍前总是持着她的像，而在希腊正教王国内每个家庭和教堂都悬挂其像。可能是十字军东征归来，带给西方一种对圣母更动人、更多姿多彩的崇拜。

教会本身并不鼓励这种对圣母玛利亚的特殊拜礼。教父们曾高举玛利亚为夏娃的解毒剂，但他们普遍敌视女人为"软弱的器皿"，是大多数诱人入罪的根源。僧侣们远避女人，传道者以冗长的讲词攻击女人的美色与缺点，凡此几乎不可能造成对玛利亚热忱而普遍性的崇敬。是群众创造出中世纪精神最美丽的花朵，使玛利亚成为历史上最受爱戴的人。正在复元中的欧洲，其人民无法接受那样严厉而将大部分受造的生灵贬入地狱的一位神，于是人们自己用基督母亲的怜悯心肠来缓和神学家所说的恐怖事物。他们通过圣母而接近耶稣，耶稣对他们来说一直是高高在上而过分公义的，而圣母则从不拒绝人，而她的"儿子"也不会拒绝她。海斯特巴赫的恺撒里乌斯说，撒旦用一大笔财富说服一个青年否认基督，却不能说服他否认圣母；当这青年悔悟时，圣母说服基督宽恕他。这个僧侣又说到一位西多会的庶务修士（lay brother，庶务修士即指穿僧侣、修女制服，且发誓修道，但仍从事手艺，不负担僧侣、修女职务的），曾有人听到他向基督祈祷说："主啊！假如你不把我从这试探中释放出来，我要向你的母亲控诉你。"人们大部分是向圣母祈祷，因此一般人能想象耶稣一副嫉妒的样子。有一个动人的传说称，有个人高诵《圣母经》，耶稣向他显现，并且温和地谴责他说："对于你如此地向我母亲致敬，她非常感谢你，但你也不应忘了向我致敬才是。"就像耶和华的严厉需要基督来和缓，基督的公义也需要玛利亚的慈悲来调和。事实上，圣母——在宗教信仰上最古老的人物——变成新三位一体中的第三位。每一个人都得分享她的爱及对她的颂扬，就连阿伯拉尔之类的叛徒也向她顶礼膜拜，讽刺家如鲁特布夫（Rutebeuf），及四处云游喧闹无度的怀疑论者，也都不敢说一句对她不敬的话。武士们在她面前宣誓，城市将他们的钥匙献给她，而新兴的小资产阶级则视她为母性和家庭的神圣象征，同业公会中的粗人——甚至亵渎神明的战地英雄——也夹杂在村姑与丧子之妇人中间，到她跟前祈祷并献上礼物。中世纪最感人的诗章是一篇以至诚宣告圣母的荣耀并企求她援助的连祷文。各地都竖立她的雕像，甚至在街角，在十字路口，在田野。12 世纪和 13 世纪，这一历史上最高尚最伟大的宗教情操产生之时，不分贫富、贵贱、僧俗、艺术家或工匠，均倾其所有、尽其所能地在千百个教堂内荣耀她，几乎所有的教堂都供奉她的名，或在其侧设立圣母小教堂（Lady Chapel）以奉祀她，成为教堂中最华丽的表现。

一个新的宗教产生了。可能罗马天主教就是因吸收了它而能续存。一部《玛利亚福音》（*Gospel of Mary*）形成了，非正统的，也不足以采信，却是无法形容的优美。在人们中间产生了些传奇，僧侣们将其记载下来。《圣人传》（*Golden Legend*）一书中说道，一个寡妇如何响应国家的号召而将其独生子献给国家。她的儿子被敌人掳获，该寡母每天向圣母祈祷，请求释还其子。几星期过去仍毫无音讯，这个妇人就从圣母像手中将雕刻的圣婴偷去，并藏在家中。因此圣母就去打开监狱，释放那青年，并叮嘱他说："孩子，告诉你母亲，我既已将她的儿子归还给她，她就应将我的儿子归还给我。"约 1230 年，法兰西一个修道院院长戈蒂埃·科因西将有关玛利亚的传说集合成为一篇极可观、长达 3 万行的诗章。从中，我们得知"童女"玛利亚让一位有病的教士，自她的乳房吮吸奶汁，而治愈了他的病；有一个强盗，每次打劫之前总是向她祈祷，当他被捕获并上绞刑时，圣母用看不见的双手支持着他，直到人们发觉她对他的保护而将他释放；此外，有一个修女离开修女院，过着一种罪恶的生活，几年之后，怀着破碎悔恨的心回来，发现过去她每天向其祷告的圣母玛利亚，一直代替她看守圣器，以致没有人注意到她的离去。教会方面并不承认这些故事，却使圣母生活事迹成为重大的节日——天使报喜节（Annunciation），圣母往见会（Visitation），圣烛节（Candlemas），圣母升天日（Assumption）。最后经过几世代的平信徒及圣方济各修会僧侣们的争取，教会终于允许信徒，并在 1854 年，命令信徒相信"无原罪始胎说"（Immaculate Conception）——认为圣母玛利亚未受到原罪的玷污，这种原罪在基督教神学理论上，是自亚当与夏娃以来，任何男女所生的小孩均必染有的。

对玛利亚的崇拜，使天主教由一种恐怖的宗教——可能是黑暗时代所需要的——转变成为一种慈爱怜悯的宗教。半数天主教礼拜的美质及大部分天主教艺术和诗歌的华丽，均产生于这种对女人的挚爱与温柔，甚或其身体的动人与优雅的庄严信念。夏娃的女儿们进入了庙堂，并改变了庙堂的精神。有几分是因为新的天主教封建主义被磨洗得更具侠义精神，而女人的地位在这男人所缔造的世界中稍见提高。由此，中古及文艺复兴时代的雕刻与绘画，赋予艺术一种希腊人所少有的深度与柔和。因此，我们更能原谅一个创造玛利亚及其教堂的宗教和时代。

仪式

在艺术、赞美诗和祈祷文中，教会很明智地增加了对圣母的崇拜。但在其实践和仪式中，它仍强调信仰中较庄严和神圣的一面。依照古老的习惯，并可能是基于健康的理由，它规定定期的斋戒。每个星期五为斋日，斋期40天内不食肉、蛋或乳酪，而且必须到午后3时方准进食；在那段期间内，不能结婚、欢宴、打猎，法院不开庭，不得性交。这些是最完美的要求，事实上很少能完全被遵守或执行。但有助于增强人的意志与克制人类过度的食欲和性欲。

教会的礼拜仪式是古代的另一种遗产，而后再转变成高尚感人的宗教戏剧、音乐及艺术的形式。《旧约》的《诗篇》、耶路撒冷圣殿的祈祷文和讲词、《新约》的经文及领圣体，构成了最早基督教礼拜中的内容。教会分裂成东西两派而导致仪式的不同，而早期教会不能将其权威扩展到中意大利之外，即使在拉丁教会中也造成典礼上的分歧。一种在米兰所确立的仪式，广传于西班牙、高卢、爱尔兰、北英格兰各地，直到664年方为罗马式的仪式所取代。8世纪末，教皇哈德良一世曾修改《礼仪书》（*Sacramentary*）中的崇拜仪式，并将其送给查理曼大帝，这种修改的工作可能是从格列高利一世已经开始。中古文学名著《神职的理性解析》(*Rationale Divinorum Officiorum*) 是一本有关罗马崇拜仪式的书籍，由圭劳梅·杜兰德所著（1286 年）。该书是《圣经》之后第一本广泛流行的书籍，由此我们可以判断其为一般人广泛接受。

基督教礼拜的中心和高潮就是弥撒。在最早的 4 个世纪中，它被称为圣餐或感恩，纪念"最后的晚餐"仍然是这种仪式中的主体。12 世纪，它增加了一系列复杂的祈祷和颂歌，随着不同的时日、不同的季节及每个弥撒的不同宗旨而有变化，并且为了神父的方便，均记载在《弥撒经书》(*Book of the Mass*) 中。在希腊的礼拜仪式中（有时在拉丁教会也是如此），男女在会中是分开的。没有椅子，所有的人都站着，或在最神圣的时刻跪下，老年人与病人则例外。僧侣及教士们在整个冗长的礼拜仪式中必须一直站着，因而在唱诗班的席次上钉有托架，以便身体能略为支靠。这些托架就成为一种木刻雕工最好的技术表现。司祭的神父穿着一件宽松的外袍，罩上大白衣、祭披、手带和佩带——那是一件多彩的袍子，带有许多象征性的饰物，最显著的象征物是"I"、"H"、"S"三个字母，代表"Iesos""Huios""Soter"，即"耶稣""神之子""救主"之意。弥撒祭礼始于祭坛脚下谦恭的"进台咏"(Introit)："我要走向神的祭坛。"小沙弥接道："走向那位赐欢乐给我们少年的神。"神父登上祭坛，并亲吻贮藏圣体的祭坛。接着吟诵《天主矜怜歌》(*Kyrie Eleison*) ——这是拉丁祭礼中唯一的希腊残迹，并朗诵《荣福颂》(*Gloria*) 及《使徒信经》。他将少许圣饼和一圣餐杯酒祝圣，成为基督的身体与血，口中念道"这是我的身体"及"这是我的血"。然后将这些化体物——神之子——当作赎罪祭牲献给神，以纪念十字架上的牺牲，并代替古代活生生的祭牲。随即转向礼拜会众嘱咐他们举起其心向着神："请举起我们的心 (sursum corda)。"小沙弥代表会众回答："我们都举起心来向着主。"接着神父背《三圣诵》、《天主羔羊颂》、《天主经》。自己分享这些已献祭的饼与酒，并向领圣体者分发圣餐。再经祷告后，他宣布"离去，散会"（Ite, missa est），可能弥撒一词即由此而来。在以后的仪式中，则接着有神父的祝福会众，并念另一段福音书——通常是《约翰福音》中新柏拉图式的序言。正常情形下，除了主教司祭时，或12世纪之后有一位乞丐教团的僧侣来布道外，通常没有讲道。

最初，所有的弥撒是口唱的，而会众也唱和。4世纪以来，礼拜者中开口唱诗者逐渐减少，而由"教会歌咏班"唱诗回答司祭神父的赞美诗和有关弥撒的音乐。教会在各种不同的礼拜仪式中所唱的圣诗是最动人的中世纪情感和艺术产物。就我们所知，拉丁圣诗史，始于普瓦蒂埃主教奚拉里，当他从被放逐地叙利亚回到高卢时，带回来一些希腊东方的圣诗，译成拉丁文，再加上一些自己所作的圣诗。而这些圣诗都已失传了。米兰主教安布罗斯重新开始，他所存留下来的18首华丽的圣诗，带着一种受压抑的狂热，打动了奥古斯丁的心弦。关于信心和感恩的高尚圣诗，《赞美天主歌》可能是4世纪末罗马尼亚主教尼切塔斯（Nicetas）所写的，而早先认为是安布罗斯所写的。在以后几个世纪中，因受伊斯兰教及法兰西南部普罗旺斯情诗的影响，拉丁圣诗在感触和形式上又带有一种新的柔美风味。有些圣诗（就像一些阿拉伯诗一样），近乎声调铿锵的劣诗，由于过分偏重押韵而不够厚重，但中世纪所产生的较佳圣歌，诗辞简洁洗练，押韵规则悦耳，文思高雅柔和，被列入最伟大的抒情诗中。

约1130年，一位我们只知道叫圣维克托的亚当的布列塔尼青年，来到巴黎郊外著名的圣维克托修道院。在那里，他安静地度过余下的60年，吸取了著名的神秘主义者雨果及理查德的精神，以圣诗谦恭、优美、有力地表现出来，而且大部分在意义上相互衔接而为做弥撒时所用。在他之后，一名圣方济各修会的僧侣托蒂（Todi）的雅各波内（Jacopone）写成一首中世纪最佳的抒情诗《圣母玛利亚七苦纪念歌》（*The Stabat Mater*）。雅各波内是佩鲁贾附近一位很成功的律师，他的妻子以善良可爱著称，但在一个节日中因讲台倒塌而被压死。雅各波内因忧伤过度而疯狂，像一个粗野的流浪者，漫游在翁布里亚的马路上，大声呼出自己的罪孽与忧苦；用焦油及羽毛玷污自己的身子，匍匐着前行，并加入成为圣方济各修会的会士，写出当时最为优美敬虔的诗章：

> 十字架前立慈颜，
> 慈颜睹儿泪涟涟，
> 眼见爱子将钉死，
> 心情沉重若垂铅，
> 为子哀伤难自禁，
> 肝肠寸断如刀鏊，
>
> 慈亲痛心何其深，
> 独子之母众感戴！
> 悲泣哀吊身战栗，
> 因见爱子受苦刑，
>
> 伤心如此救主母，
> 谁能见了不难过？
> 目睹慈母哭爱子，
> 有谁不愿分其苦？
>
> 敬祈吾母爱之泉，
> 令我感汝苦心田，
> 让我与汝同悲泣；
> 让我之心燃爱焰，
> 爱吾救主神基督，

让我如此悦其颜，

恳乞圣母如我请：
植主悲伤于我心，
圣子蒙难我不知，
让我同您受苦辛！

让我与您同垂泪，
终生与您同哀吊，
十字架前同侍立，
一同哀吊尽余年！

让十字架守护我；
基督之爱拯救我，
救主之慈怀念我，
当我肉身消灭时，
让我灵魂在天堂，
光中与主面对面！

在中世纪的基督教圣诗中，只有两首能与此颉颃。一首是阿奎那为天主教圣餐节（Corpus Christi）所作的《耶稣圣体赞美歌》（*Pange Lingua*）。另一首是恐怖的《愤怒之日》（*Dies Irae*），那是约 1250 年塞拉诺（Celano）的托马斯所写的，而一直在"临终弥撒"时被唱。在那首圣歌中，将"最后审判"的恐怖描述得象但丁所想象的地狱一样黑暗。

除了那些包括祈祷、圣诗及弥撒等动人的仪式外，教会还为节日增加了一些庄严华美的典礼游行。在北方的国家，"耶稣圣诞节"取用了异教的条顿人在冬至时庆祝太阳战胜黑夜所用的欢愉仪式；在日耳曼、北法兰西、英格兰、北欧家庭中所燃烧的圣诞柴，礼物所挂放的圣诞树和大喝大食直到第 12 日的午夜等习惯皆由此而来。还有一些无以计数的节日或假日，如主显节（Epiphany）、基督割礼节（Circumcision）、圣枝主日（Palm Sunday）、复活节（Easter）、耶稣升天节（Ascension）、五旬节等。这些节日及所有的星期日是中世纪人们生活中值得兴奋的事件。因为在复活节，人们忏悔其所能忆及的罪过，然后沐浴、剃发、刮胡子，穿上最好但最不舒服的衣服，在圣餐礼中接受上帝，而且比以往更深切地感觉到这出重大的基督教戏剧，而自己是戏剧中的一角。许多城市，在圣周（Holy Week）的最后三天，教堂里上演着宗教剧，演出耶稣受难的事件，在剧中有对白和简单的吟唱。而在宗教历上一些其他的节日，也演出此类"神迹剧"。约 1240 年，靠近列日的一座修女院院长朱丽安娜向村中的神父说，有一个超自然的异象向她力言，需要以庄严的庆祝来尊荣圣餐礼中化体的基督身体。1262 年，教皇乌尔班四世正式批准这一庆礼，并且委托阿奎那为此写《日课经》（*Office*），以作为庆礼中专用的圣歌和祈祷文。接受这一任务后，哲学家果然不负所托。1311 年，基督圣体节终于确定，在五旬节以后的第一个星期二，其庆祝过程是整个基督教年历中最令人印象深刻的。这些庆典吸引了无数的群众，使许多参加者深觉荣耀，并为中世纪的俗世戏剧开创一条道路，也有助于同业公会举行盛会，比武大会武士授勋及国王的加冕，以宗教的兴奋和高尚的景象来填补天性上并非倾向秩序与和平的人类偶有的闲暇时间。教会透过信仰来感化人，其所用的方式，并非基于理论的争辩，而是借着戏剧、音乐、绘画、雕刻、建筑、故事及诗词而诉诸人们的感官。我们必须承认，这种诉诸人们普遍情感的方式——无论其对善或对恶而言——都比诉诸易变及个别的知识道理更加成功。由此，教会创造了中世纪的艺术。

朝圣的目的地，更是盛况空前。中世纪的男男女女到圣地朝圣，为的是去还愿，或寻求神奇的治疗，或得到一张赎罪券。13 世纪末，几乎有 1 万个由教会承认的朝圣地点。最勇敢的朝圣者行至遥远的巴勒斯坦，或赤足，或仅穿外衣，通常背负着神父所赐予的十字架、杖、钱袋。1054 年，康布雷主教莱德伯特（Liedbert）率领 3000 名朝圣者到耶路撒冷。1064 年，科隆和美因茨的大主教及施派尔、班贝格及乌得勒克的主教领着 1 万名基督徒前往耶路撒冷；其中 3000 人在半途倒毙，只有 2000 人平安地返抵故里，其他的朝圣者或越过比利牛斯山，或冒险渡过大西洋，去参观在西班牙孔波斯特拉著名的使徒雅各的遗骸。在英格兰，朝圣者则探寻达勒姆的圣库思伯特（St. Cuthbert）的坟冢，在威斯敏斯特教堂"忏悔者"爱德华的墓穴，或在贝里的圣埃德蒙的墓穴，及在格拉斯顿伯里推测是亚利马太城的约瑟所建立的教堂，而最重要的是在坎特伯雷城的贝克特之墓。在法兰西，朝圣者被吸引到图尔的圣马丁墓地、沙特尔及维莱的圣母院。意大利则在阿西斯有圣方济各教堂及尸骸，在洛雷托（Loreto）有"圣屋"，虔诚的信徒相信这是玛利亚与耶稣在拿撒勒时居住的屋子。当土耳其人将最后一支十字军从巴勒斯坦逐出时，天使将这一处茅屋从空中携带到达尔马提亚（1291 年），然后越过亚得里亚海到安科纳森林，而该村落因此得名。

最后，所有基督教王国内条条道路均能通罗马，使朝圣者能参观彼得和保罗的坟墓，探访城内各个教堂以获得赎罪券，庆祝基督教历史上千禧年狂欢的年节。1299 年，博尼费斯八世宣布赦免 1300 人，并发给那年欲前来膜拜圣彼得墓地者赎罪券。据估计，在那一年中，入罗马城门的外乡人没有一天少于 20 万人，他们谦恭地带着祭物，将奉献的财物放在圣彼得墓前，两个神父手中拿着耙子，日夜忙着搜集钱币。向导指南中告诉朝圣者经由何路旅游，或在途中或目的地可参观的地点，我们可以稍许想象那些风尘仆仆的朝圣者终于看到这"永恒之城"时心中的亢奋，不禁唱出欢愉和颂扬之《香客赞》——

　　哦，高贵的罗马，世界的皇后，

众城之冠！

哦，烈士的玫瑰血般的红宝石，

处女一般纯洁的白百合；

年复一年，我们向您敬礼，向您祝福；

世世代代，我们向您欢呼，向您致敬！

　　除了各种不同的宗教活动外，教会也提供社会服务。教诲人们劳工神圣，僧侣们以身作则，亲自参加工业和农业。教会认可劳工组成同业公会，并组成宗教同业公会从事慈善工作。每一个教堂都是一个避难所，有权庇护被追捕者，使他们得以有喘息的机会，直等到追击者的愤怒消减，而能诉诸法律途径为止。若把一个人从庇护地拉出来则犯了亵渎圣地之罪，将被处以破门律。教会或教堂不只是村镇的宗教中心，也是社交活动的中心。有时，在教会所辖的区域内，或甚至教堂本身，得教士们的允许，会被用来贮藏谷物、干草、酒或磨玉米及酿啤酒。大多数的居民都在那里受浸，而大多数人也埋葬在那里。星期日，老年人聚集在那里闲聊或讨论，而青年男女在那里相会。乞丐群集于此，而教会则在该处施舍赈济。村中所知道的艺术品都被搬到教堂来美化"上帝之殿"，数以千计的贫户因那殿的荣耀而欢乐，那殿是他们用自己的钱财和双手建造的。他们认为教堂是他们自己的，也是他们共同的精神之家。在教堂的钟楼上，钟声每天定时报时，呼吁信徒前来礼拜或祈祷。那钟声是如此的悦耳，除了圣诗之外，再也无其他能与之相比。它敲入每一个人的心扉，用弥撒的短歌重新点燃人们心中逐渐冷淡的信仰。从诺夫哥罗德到加的斯，从耶路撒冷到赫布里底群岛，教堂的尖阁和尖顶高耸入云，因为人不能活着而没有希望，而且他们不愿死去。

教规

随着这种复杂而多彩的宗教仪式，教会发展出一种更为复杂的教会法，规范教会的行为和决策，统治着比当时任何帝国都广大而充满分歧的地区。宗教法就是教会"统治的法律"，是由古老宗教习惯、圣经的文句、教父们的见解、罗马或蛮族的法律、教会会议的谕令及教皇的意见和决定慢慢累积而成的。《查士丁尼法典》中的部分被用来管理教士们的行为，其他部分则依照教会对婚姻、离婚及遗嘱的观念加以改写。在西方，这种宗教法的搜集是在 6 世纪和 8 世纪。在东方，则由拜占庭皇帝定期进行。罗马教会法律的中世纪定本是格拉提安在约 1148 年完成的。

格拉提安是博洛尼亚的僧侣，曾在该地的大学跟从伊尔内里乌斯（Irnerius）学习，因此他所汇编的法典中，显示其对罗马法律和中世纪哲学有广博的认识。他称他的书为《整理法律汇编》（*Concordia Discordantium Canonum*），以后的世代称该书是他的教令。书中将 1139 年以前有关教会的教义、仪式、组织、行政、教会财产的维持、宗教法庭的审判程序、判例、教士生活的规范、婚约、遗产等的法律、习惯、宗教会议或教皇的谕令均依先后顺序加以编排整理。其所采用的说明方法得自阿伯拉尔的《是与非》（*Sic et Non*）一书，对格拉提安之后"经院学派"的方法也颇有影响：它以一个权威性的命题开始，然后引述一些与其相反的陈述和先例，再寻求以解决此间的矛盾，并加注一些评论。虽然该书并没有被中世纪教会接受而成为最后的权威法典，但它是当时不可缺少的神圣法典。格列高利九世（1234 年）、博尼费斯八世（1294 年）及克莱门特五世（1313 年）为之加了补充，到 1582 年与格拉提安的《汇编》一齐出版，成为整套《教会法典》。

的确，宗教法的范畴远较当代任何世俗法广泛。它不仅包括教会的组织、教条、运作，也包括在与基督教领土内之非基督徒交往的法则、调查及压制异端的程序、十字军的组织，有关婚姻、合法性、寡妇所应得财产、通奸、离婚、遗嘱、埋葬、寡妇及孤儿、宣誓、伪证伪誓、亵渎、买卖圣职、毁谤、放高利贷及公道价格等法条，学校及大学等法规，"神命休战"及其他限制战争缔造和平的方法，主教和教皇法庭的审理，破门律、咒逐（anathema）及停止教权的使用，教会刑罚的执行，世俗法庭与宗教法庭间的关系，国家与教会的关系。教会运用庞大的整套立法来约束所有的基督徒，并且教会保有用各种肉体上或精神上的刑罚来惩罚任何违反法规的人的权利，但没有一个宗教法庭作"血的审判"，即判处死刑。

在宗教裁判所（Inquisition）成立以前，通常教会依靠精神上的恐惧感来行使职权。任何神父都能处人以轻微的破门律，即不允许一个基督徒参加教会仪式和圣典。对于一个信徒而言，假如死前未获完全的赦免，则这种惩罚意味着打入永远的地狱中。而重大的破门律则必须由教士会议或高僧来宣判，而且仅限于自己辖区内的人民。这种惩罚是断绝受罚者与基督教社会一切合法的、精神的联系，在法律上他不能提起控诉或继承或从事任何有效的行为，但可以被控告，并且没有一个基督徒愿与他共食、谈话，否则将受轻微的破门律的惩罚。当法兰西国王罗伯特因娶其表妹而被处破门律时（998 年），他所有的朝臣和仆从均弃绝他，有两名留下来的仆人则将他饭后的残羹剩饭丢到火里，以免为其玷污。某些严重的案子中，除破门律外，还加上咒逐——以法律上的用语切实详尽地诅咒。而最后的手段是教皇能对基督教王国内任何地区颁布停止教权令。即停止全部或大部分的宗教活动。当一个人觉得有圣礼的需要，或惧怕带着未得赦免的罪去世时，这些被处以破门律者迟早会被逼得和教会和解。这种停止教权令，曾在 998 年对法兰西、1102 年对日耳曼、1208 年对英格兰、1155 年对罗马行使过。

11 世纪以后，由于过度的行使破门律和停止教权令，削弱了其效果。教皇为了政治目的而时常运用停止教权令，如英诺森二世以此威胁比萨加入托斯卡纳联盟。至于大规模的被处以破门律——如向教会缴纳什一税作不实的陈报——被行得甚滥，以致基督教社会中大部分地区立刻或毫不知情地被革出教门。而许多知道的人则不予重视，甚至一笑置之。13世纪和14世纪，米兰、博洛尼亚及佛罗伦萨三次受到这种集体被处破门律。米兰对第三次的谕令不予以理会达22年之久。1311年，主教纪尧姆·勒·麦尔（Guillaume le Maire）曾说："有时，我亲眼看到在一个教区内，三四百个被处破门律者，甚或可达700个，他们轻视钥匙权，用一些渎神的秽言漫骂教会和他们的神父。""奥古斯都"菲利普和"美男子"菲利普对处他们以破门律的谕令并未放在心上。

这种时常的漠视态度，正说明了宗教法对欧洲平信徒权威减低的开始。基督教第一个1000年中，教会将如此广大区域的人类生活置于其统治下，而世俗的权势却瓦解。但13世纪和14世纪，当世俗政权逐渐增强，人类事务逐渐再度受到世俗法的统治，而脱离了宗教法的拘束。教会在教士任命上仍保有权力，而在其他方面，例如教育、婚姻、伦理、经济及战争方面，其权威则逐渐下降。国家在教会缔造的社会秩序的保护下，逐渐成长，直至强大，遂挣脱宗教的束缚，开始了漫长的世俗化历程，于今则达到世俗化的巅峰。但圣典学者的工作，就像大多数创造性的活动一样仍未消失。它替教会准备并训练出最伟大的政治家，也将罗马法律传送到现代世界，它确立寡妇和儿童的合法权益，并在西欧世俗法内树立寡妇自先夫处得到遗产的原则，也有助于经院哲学形式与语汇的形成。宗教法是中世纪心智活动方面最主要的成就之一。

教士

中世纪将所有的人分成两类：生活于宗教法规之下的，生活于"现世之中"的。僧侣是属宗教的，修女也是。有些僧侣又是神父，而构成了所谓的"戒律教士"（regular clergy），即遵循修院清规的教士。所有其他教士则称为"入世教士"（secular clergy），因其生活于"俗世"中。教士的等级可由其头上的削发辨识，教士均着一色长袍，除红、绿二色外任何颜色均可，袍子自头至脚开扣。教士，"clergy"，不仅指教会中守门、朗诵、驱魔及小沙弥等低阶层神职人员，也包括所有大学学生、教师及所有在学时曾剃度为僧，以后成为医生、律师、艺术家、作家、会计师或文职官员的那些人；后来缩小范围指牧师（clerical）、教师（cherk）及一般教士，他们并非肩负重大的圣职，可以结婚，并可从事任何高尚的职业，也没有义务继续剃发。

三种主要的圣职——副辅祭、辅祭、神父——是不可废黜的，并且在 11 世纪后通常不能结婚。根据记载，教皇格列高利七世之后，在拉丁教会的祭司阶层中，结婚或蓄妾的例子是有的，但这种情形越来越少。僧人、神父及修女的守身，在 1215 年后出现一个遗传学上的问题，因为这么多有才干的人拒绝婚姻关系，以致欧洲遭受某种生物学上的损失。但我们不知道，优越的才能究竟能遗传到何种程度。很少有理论能证明在平信徒中间，因僧人和神父的不婚而造成两性之间人数的不平衡。由于商业或其他性质的游历、战争及十字军东征、家族之间的私斗及其他各种危险，男性的死亡率高于女性，于是有极多的女子沦为老处女或产生杂交乱婚的情形。教会欢迎贤惠而虔诚的女子进入修女院，但僧人和神父人数的总和仍远超过修女。贵族中未出嫁的女儿，常携金钱进入修女院中。至于其他阶层的妇女，只得从事纺织业，或终身投靠亲戚，做个忍气吞声的老姑婆，或在恐惧与羞惭中委身于尊贵的男子，以满足他们的需要。教区内的神父必须使自己满足于精神上的喜乐。通常教区与一个庄园或村庄的范围一致，而教区神父通常由庄园领主会同主教来任命。极少数的神父受过很高的教育，因为大学教育费昂贵，书籍又少。如果他能读日课经书和弥撒经书，主持圣礼，组织教区内的人参加礼拜与从事慈善事业，那就够资格了。大多数情形下，他只是教区长雇用的代理人，负责该教区内的宗教事务，而赚取"圣俸"收入的 1/4。在这种情形下，教区长可能持有四五份的圣俸，而教区神父过着一种卑下清贫的生活。只有靠为人施洗、证婚、主持葬礼及替死者做弥撒所得的"祭坛费"（altar fees）来贴补其收入。有时，在阶级战争中，他站在贫穷者一边，正如英国教士保尔（John Ball）。论德行，他不能与现代的神父相比，后者由于宗教竞争而表现出最佳的行为。但大体上，仍能存忍耐，凭天良与慈心从事其工作。他探望病人，安慰鳏寡，教育青年，不断念诵日课经书，而将道德和文明带给粗野而精力充沛的民众。就连他们最严苛的批评者，也说许多教区神父是"地上的盐"。有一个自由思想家莱基（Lecky）说："没有什么人能表现出一种更单纯、更脱俗的热心，毫不计较个人的利害，献身于尘世间最艰苦的工作，而以大无畏的英雄精神面对各样艰难、痛苦与死亡。"

神父与主教构成了整个神职体系。主教由神父中选出，协调数个教区及神父，而成为一个主教区（diocese）。最初依照理论来说，他是由神父与人民选出；但格列高利七世以前，通常是由国王或男爵指定。1215 年以后，由主教座堂会议会同教皇所选出。他不但要处理教会事务，也处理许多俗世事务。其主教法庭不但审理所有涉及神职人员的案件，也审理一些民事案件。他有权任免神父，但在这个时期，他对其辖区内僧院院长及僧院中的僧侣们的权威却消失了，因为教皇害怕主教的权力过高，而将清修的教团直接置于教皇的管辖之下。他的收入，部分来自各教区，大部分来自附属于其座堂的田产。有时候他给教区的钱多于从教区收来的钱。主教候选人，通常同意缴纳一种税金——先是付给国王，以后付给教皇，作为提名的代价。作为一个世俗的统治者，他有时也逃不过人性的弱点，而任命自己的亲戚到有利的岗位上。教皇亚历山大三世抱怨："上帝使主教无儿子，魔鬼却给了他侄子。"许多主教过着奢侈豪华的生活，而成为封建地主、但仍有许多耗尽一生，献身于属灵和行政上的工作。在利奥九世改革主教团后，欧洲的主教成为中世纪历史上心智和道德最佳的人才。

在各省主教之上是大主教（archbishop）或总主教（metropolitan）。他能单独召集或主持全省的宗教会议。有一些大主教，由于其个性与财富，几乎统治辖区内一切的生活。在日耳曼、汉堡、不莱梅、科隆、特里尔、美因茨、马格德堡及萨尔茨堡的大主教都是有权势的封建地主，有些被皇帝选来治理帝国，或充任大使，或为皇家顾问，法兰西兰斯的大主教、诺曼底鲁恩的大主教及英格兰坎特伯雷的大主教即扮演着这样的角色。某些地区的大主教，如托莱多、里昂、纳邦、兰斯、科隆、坎特伯雷等地，在其辖区内居首位，对其辖区内所有的神职人员行使一种不可抗辩的权威。

主教集会定期地构成了教会的代议政府。在以后几个世纪中，这种会议要求教皇有更高的权力，但在这个教皇至上的时代，西欧社会中没有人怀疑罗马主教在教会和属灵之事上的至高权威。10世纪的丑行被利奥九世和格列高利七世的美德补偿。在12世纪的动荡与斗争中，教皇的权势逐渐增长，直至英诺森三世，宣称其权势已伸张至全地。国王与皇帝为这位身着白色衣袍的上帝众仆之仆执镫，并吻其足。至此，教皇的权势已经达到最高点，于是最有才智的人进入严谨的神学和法律学校，以备在教会神职体系中谋得一官半职。而那些晋升至最高位者，均属智勇双全的人，不会为治理一州的工作所惊骇。教皇个人的死亡并不影响历代教皇及其会议所形成的政策目标，格列高利七世未完成的，英诺森三世予以完成。而英诺森三世与格列高利九世对抗环绕教皇国的帝国之争，由英诺森四世和亚历山大四世取得最后的胜利。

理论上，教皇的权威来自继承基督所授予使徒们的权力。就此意义而论，教会的统治是一种神权政治——上帝在尘世的代理人以宗教统治人。就另一种意义而言，教会是一种民主政治。在基督教王国内，除了身心有残疾者、被宣判有罪者、被处以破门律者及奴隶外，每个人都有资格成为神父和教皇。正如每一种制度，富有的人有较优的机会充实自己，以备晋升高位。但事业对所有人开放，其成败主要决定于其才能而非家世，数以百计的主教和多位教皇都来自穷人阶级。这种新鲜血液从各个阶层不断注入教会组织中，更有助于提高神职人员的才智，而且是"多年来承认人类生而平等唯一的实际表现"。伏尔泰在《欧洲礼仪与规范》（*Essay on the Manners and Morals*）一书中："罗马教会之所以得势，即在于其能凭功绩用人，而其他政府则凭出身用人。"希特勒在《我的奋斗》（*Mein Kampf*, N.Y., 1939, p.643）中也说："这就是使此一古老的组织，充满着令人难以置信的活力之根据。这庞大的教会显要集团不断地自最低层级的民众中补充自己，不仅保持与一般民众感情世界本能的联结，且确保自身无比的精力与活动力，这种精力与活动力，以这种形式，唯有在广大的群众中能永远存在。"

1059 年，就我们所知只有住在罗马附近的红衣主教有权力选举教皇。由于教皇在许多国家任命，使这些红衣主教从 7 人逐渐增加到 70 人，组成"红衣主教团"（Sacred College）。这些人戴红色帽子，着紫色衣袍以示区别，他们构成神职体系中一个新的阶级，地位仅次于教皇本人。

教皇、主教，再佐以大批教士与神职人员构成"罗马教廷"或行政与司法庭，教皇统治着一个精神帝国，于 13 世纪达到鼎盛。教皇可以单独召集主教会议，而会议中的立法，除非教皇认可，不具效力。他有权解释、修改、扩充教会的宗教法，也能废弃其规定。他是主教法庭一审终结后上诉的最后法庭。他可以单独赦免某些重大的罪过，发出大部分的赎罪券，或册封圣徒。1059 年以后，所有的主教必须宣誓服从他，并且其所管辖的事务必须受教皇所派代表的监督。撒丁及西西里等岛，英格兰、匈牙利、西班牙等国家均承认教皇是他们的封建领主，并向他纳贡。通过主教、神父及僧侣，教皇的耳目遍及各处。逐渐地，罗马的统治借着惊人的话语能力，巧妙地再度在欧洲恢复起来。

教皇权至上（1085—1294）

教会和国家之间关于册封权问题的争端，并没有随格列高利七世的去世和帝国的明显胜利而平息，历经数任教皇，继续了 30 年之久。在《沃姆斯和约》（*The Concordat of Worms*）中，教皇卡利克斯特二世和皇帝亨利五世达成协议。亨利向教会屈服承认"以戒指及杖册封"，并且同意所有主教和僧院院长的选举皆"遵照宗教法而行"，即由有权势的教士或僧侣们来做——"且不受所有干涉"，也不贩卖圣职。卡利克斯特承认在日耳曼境内，选举握有王室土地的主教和僧院院长时，必须在国王面前举行。在有纠纷的选举中，国王须在咨询该行省主教们之后方能在争执者之中做决定。主教或僧院院长从国王那里获得土地，必须对其承担附庸向领主所当尽的所有义务税捐。英格兰与法兰西也签订了相似的协定。双方均宣称获得胜利。教会在迈向自治的努力上有重大的进展，但是封建关系使国王对欧洲的主教选举仍有主要的决定权。

1130 年，在教皇选举问题上，红衣主教团分裂成两个集团：一部分选英诺森二世，另一部分选阿纳克勒图斯二世（Anacletus II）。阿纳克勒图斯虽出身皮埃莱昂尼（Pierleoni）的贵族家庭，但有一位犹太籍而皈依基督教的祖父。他的对手称他为"犹太大祭司"（Judaeo-pontifex）。而圣贝尔纳，虽在其他场合对犹太人友善，却写信给皇帝罗塞二世："真是使基督蒙羞，叫一个犹太人的后裔来占据圣彼得的宝座。"——他忘了圣彼得的原籍。大部分的神父支持英诺森，有谣言称阿纳克勒图斯乱伦、劫掠基督教教堂，使其犹太朋友致富，这类谣言一时成为欧洲百姓茶余饭后的消遣。但罗马的人民支持他，直到他逝世（1138 年）。可能是阿纳克勒图斯的故事引起 14 世纪"犹太教皇"的传奇。

哈德良四世是另一个"向所有有才干者开放"的例子。他出生在英格兰一个卑微的家庭，曾到修道院乞食，尼古拉·布雷克斯皮尔亲

自以僧院院长、红衣主教及教皇所该具备的全部才能来抚育他。他把
爱尔兰赐给英格兰的亨利二世，强迫"红胡子"腓特烈吻其足，而且
几乎诱使这位伟大的皇帝承认教皇有权废黜皇位。哈德良去世，大多
数红衣主教选亚历山大三世，一小部分选维克托四世。"红胡子"腓
特烈想要恢复一度曾被日耳曼皇帝所拥有、超越教皇权之上的权力，
邀请两人到他面前来呈请确认其权力，亚历山大拒绝，维克托同意。
在帕维亚宗教会议，腓特烈承认维克托为教皇。亚历山大对腓特烈处
以破门律，使臣民不服从皇帝，并且协助在伦巴底暴动。在莱尼亚诺
一地，伦巴底联盟的胜利挫了腓特烈的锐气。他和亚历山大在威尼
斯言和，而且再度吻教皇的脚。同一位教皇强迫英格兰的亨利二世赤
足前往贝克特大主教的墓地，并在该处接受坎特伯雷的宗教法规的制
裁。这是亚历山大的长期奋斗和完全胜利，而为另一位极伟大的教皇
打开了一条坦途。

英诺森三世于1161年生于罗马附近的阿纳尼。身为塞尼（Segni）
伯爵的子嗣，他具备贵族出身与受良好教养的种种优越条件。他曾在
巴黎研习哲学和神学，在博洛尼亚研习宗教法和世俗法律。返回罗马
后，因其精通外交与学理，加之家族的权势，他在教会的职阶上晋升
得很快：30岁即为红衣辅祭；37岁时，虽不曾为神父，却被一致通过
选为教皇（1198年）。前一日被任命，次日他即任圣职。他很幸运，
因为控制南意大利和西西里的皇帝亨利六世已在1197年去世，而传
帝位给三岁童稚的腓特烈二世。英诺森牢牢地抓住这个机会：罢黜在
罗马的日耳曼行政长官，从斯波莱托和佩鲁贾逐出日耳曼的封侯，接
受托斯卡纳的归顺，重建在教皇国中的教皇统治地位，亨利的遗孀承
认其为西西里的大封主，并同意他作为她儿子的监护人。10个月之
内，英诺森成为意大利的主人。

英诺森可能是当时最聪明睿智的人。在其早先30年中，曾写了
四部神学的作品，既富有学术性且思想深刻，但在他的政治声望之下
他的文才显得黯然失色。他所发表的教皇文告思路清晰合理，措辞贴

切尖刻，使他成为一个才华横溢的"阿奎那"或思想正确的"阿伯拉尔"。虽然他身材矮小，但从其敏锐的眼神和严厉的黧黑面目，表现出威仪的神态。他有幽默感，善于歌唱、作诗；他也有和善温柔的一面，仁慈、有耐心、容忍他人。但是在学理上和道德上他绝不容许教会的伦理或教义有所偏差。基督徒信仰和盼望的世界，就是被他指定为要保护的帝国。像任何其他的国王，当用言语不足以保其疆土时，他也会诉诸刀剑。虽生于富贵之中，他过着一种恬淡朴实的生活。在一个贪污腐化的时代里，他仍保持方正清廉，当他就任圣职之后，禁止教廷的官员们对劳务收取费用。他愿意以世界的财富充实彼得的座堂，但是他以合理诚实的手段来处理教皇的基金，他是一个伟大的外交家，有分寸地参与那宗或与道德无涉的著名交易。他成为罗马的皇帝，斯多葛式的而非基督式的，而且从不怀疑其统治世界的权利。

由于在罗马人鲜明的记忆中有如此多强而有力的教皇，自然地，英诺森将其政策建立于教皇职位神圣不可侵犯及其任务崇高的信念上。他小心维护教皇典仪的庄严壮丽，从不在公众面前降低其至高的尊严。他真挚地相信自己是权力的继承人，这个权力在当时一般人承认是"上帝之子"赐给使徒和教会的。他几乎不承认有任何权威能与其抗衡。他说："主所留给彼得来统治的，非仅整个教会，而是整个世界。"他并不要求在属地或纯粹尘俗的事务上有至高的权力（教皇国例外，但坚持若有精神权力与世俗权力抵触的，精神权力应优于世俗权力。他有格列高利七世的理想——所有的政府应组成一个世界国家，其中教皇为首，在所有涉及公义、道德与信仰的事情上，拥有至高无上的权力。有一段时期，他几乎实现了梦想。

1204 年，由于十字军征服了君士坦丁堡，达成了英诺森计划中的一部分：希腊正教归顺于罗马公教。于是，英诺森愉快地说道："基督无缝的外衣。"他使塞尔维亚，甚至远方的亚美尼亚，归于"罗马主教座堂"的统辖之下。渐渐地，他获得控制教会神职人员的任命权，并使强大的主教团体成为教皇的工具和仆役。经过一连串的重大冲突，他使欧洲的统治者史无前例地承认他的统治权。他的政策在意大利少有成效：多次尝试中止意大利的城邦战争，但失败了。在罗马，他的政敌使其陷入不安，他只好暂离都城。挪威的斯韦莱王（King Sverre）不顾破门律和停止教权的惩治，成功地抗拒了他。法兰西的菲利普二世不理其所下的与英格兰议和的命令，但屈服于教皇的坚持而迎回其弃妇。莱昂的阿方索九世被说服放弃贝伦加里亚，因为她在禁止通婚的近亲家族内。葡萄牙、阿拉贡、匈牙利和保加利亚都承认自己为教皇的封建领地，年年向其进贡。当英王约翰拒绝英诺森任命兰顿为坎特伯雷大主教时，教皇以停止教权的禁令与精明的外交迫使英格兰成为教皇采邑的一部分。英诺森在日耳曼扩张其权势的方法，是先支持奥托四世抗拒士瓦本的菲利普，再支持菲利普反抗奥托，其后支持奥托和腓特烈二世作对，然后支持腓特烈抵抗奥托，每一次均为教皇国强取租地作为支援的代价，也为教皇国解除了四面受困的威胁。他提醒诸位皇帝，是一位教皇把王权从希腊人手中"转移"到法兰克人手中，查理曼由于教皇的涂膏与加冕而成为皇帝，教皇有权赐予，也有权收回。一个到罗马的拜占庭游客描述英诺森"并非彼得的继任人，倒似君士坦丁的继位者"。

他打消所有世俗领主想未经教皇同意而向教士征税的念头，并以教皇的基金来供应贫困的神父，努力改善教士的教育。他清楚说明"教会"是基督教教士全体，而非指基督徒全体，借以提高教士的社会地位。为惩罚主教和僧侣们从教区收取什一税捐，他牺牲了教区的神父；为改革修道僧放纵的生活行为，他曾下令定期监督和视察僧院和女修道院；他又立法令教士和俗人，主教与神父，教皇与主教等之间的复杂关系恢复原有秩序。他使教皇的教廷发展成为有效率的议事、行政和司法庭，后来成为当时最有能力的统治团体，其所用方法与术语，有助于外交艺术与技术的形成。英诺森本人对所作的决定，都能从理论上和先例中找到法律上的支持。在他所主持的而由红衣主教所组成的高等教会法庭中，常有许多律师及博学宿儒前往参与"宗教会议"（Consistory），并从他对于世俗法和宗教法规的讨论与决策中获益。有些人称他为"法律之父"（Pateriuris），其他的人善意幽默地称他"所罗门三世"。

身为立法者与教皇，他最后的胜利是 1215 年主持的第四届拉特兰会议，该会议在罗马的圣若望的拉特兰大教堂举行。1500 名僧院院长、主教、大主教与其他高级教士，来自联盟的基督教世界中各个主要国家，参加第 12 届全基督教教会会议。教皇的开场白是勇敢地承认罪过与接受挑战："民众腐化主要根源于教士，由此产生基督教世界中各种的罪恶，信心丧失，宗教被败坏……正义遭践踏，异端猖獗，助长了教会的分裂，不信的势力日趋强大，而伊斯兰教也大行其道。"至此，教会集体的力量与智慧完全由一人来辖制。他的意见成为会议中的指令。大会允许其重订教会的基本教义。至此，化体论首次被正式阐释。大会接受其命令，要求所有在基督教的土地上之非基督徒必须佩戴用以区别的标志。大会热烈地响应其征讨阿尔比异端教派的号召，但大会也附从他承认教会的缺点。大会谴责欺人的圣迹等琐事，严厉地责难"轻率而无限制的赎罪券，许多高级教士……毫无顾忌地滥发，于是教会之钥被污蔑，告诫后的满足感也消失了"。他试图对僧院生活作长远的改革，又指责教士的酗酒、不道德、秘密结婚，并通过极严厉的措施加以限制，但是他指责阿尔比异端关于所有性交均有罪的主张。就其出席的人数、规模及效果而言，第四届拉特兰会议是尼西亚会议以来教会最重要的一次会议。

从其事业的巅峰，英诺森很快地跌落下来，以致英年早逝。他毫不松懈地鞭策自己致力于行政与职权的扩张，55 岁之龄即已精疲力竭。"我没有空闲，"他忧伤地说，"去默想超现世的事物，我现在呼吸渐促，必须全心为别人而活，忘怀我自己。"可能在临终时，当他回顾一生所作所为，他能较在激烈争斗中更客观地评判其得失。他所组成的用以重占巴勒斯坦的十字军失败了。铲除法兰西南部的阿尔比异端教派在他死后才实现。他赢得同时代人的钦慕，但像格列高利一世或利奥九世一样，并未赢得他们的爱戴。有些教会人士抱怨他太像国王，不像神父。圣鲁特加迪斯（St.Lutgardis）认为他难逃地狱之刑；而教会本身，虽然对其过人天分引以为荣，并感谢其劳苦功高，却未将他列入圣人的名册中，这项荣誉，教会曾赐予一些地位不甚重要，却更完美无缺的人。

但是我们也不能抹杀他的功绩，他曾把教会带至鼎盛的阶段，几乎实现了教会所梦想的道德性世界国家（a moral world-state）。他是当时最有才能的政治家，凭其远见、赤诚、百折不回的精神及无比的精力追求其目标。他去世时（1216 年），教会无论在组织、威望及权势上都达到巅峰状态。

洪诺留三世未被重视，他因为过于柔弱，无法强而有力地进行帝国与教皇之战。格列高利九世，虽年届 80 岁始登教皇位，却以一种近乎狂热的固执从事争战，成功地攻打腓特烈二世，致使文艺复兴延迟百年。他还组织了宗教裁判所。他是一个绝对真挚而作英雄式献身的人，全力护卫其所认为人类最珍贵的财富——因基督而生的信心。他不是一个刚硬无情的人，当其任红衣主教时，曾保护并智慧地引导可能偏向异端的圣方济各。英诺森四世摧毁了腓特烈二世，而且批准宗教裁判所使用酷刑。他是哲学的赞助人，协助各大学，并成立法律学校。亚历山大四世是一个恬静、和蔼、仁慈而公义的人，"以其主张免除暴政之自由而震惊世界"。他反对前几任教皇的好战作风，喜欢虔敬行为甚于政治，一位圣方济各修会的编年史家说："他因终日思虑基督徒之间可怕而日益增多的争斗，终至心碎而死。"克莱门特四世时，又恢复了战争，打败曼弗雷德，倾覆霍恩施陶芬王朝和神圣罗马帝国。君士坦丁堡再陷希腊手中，使希腊正教与罗马公教之间的和解问题受到威胁。但是格列高利十世获得迈克尔·巴利奥略（Michael Palaeologus）的感激，因为他不支持安茹的查理征服拜占庭的野心，复位的希腊皇帝使东方教会归顺罗马，而教皇权再度变得至高无上。

教会的财政

教会实际上是欧洲的共主,掌理半个大陆民众的奉祀、伦理、教育、婚姻、战争、圣战、死亡及遗嘱,主动参与尘俗的事务,兴建中古历史上费资最巨的建筑,只有凭借剥削上百种税收,方能维持其职能。

收入的主要来源为什一税。自查理曼以来,在拉丁基督教世界中,国家法律规定,所有教会以外的土地,必须以其总生产或全部所得的1/10,上缴当地教会,金钱或实物不拘。10世纪以后,每个教区必须把其什一税之一部分提交主教教区。在封建思潮的影响下,教区的什一税像其他任何财产或收入一样,可以让渡、抵押、遗赠或出售,到12世纪,已经织成一个财务网,当地教会与神父成为什一税的稽征人。在英国课征什一税时,人们期望神父"因收取什一税而遭天谴"。我们听说不时有缴纳什一税者起而暴动的事件发生:1280年,据弗拉·萨利姆贝内(Fra Salimbene)说,在雷焦艾米利亚的公民,公然反对破门律和停止教权的惩处,而相互约定"无人向教士缴纳什一税……也不与他们同席共食……也不供应他们任何饮食"——一项相反的破门律,而主教被迫妥协。

教会的基本收入来自其自有土地。这些土地或出于信徒的馈赠或遗赠,或由购买或借债者抵押而得,或由僧侣或其他教会团体对荒废土地的利用而来。在封建制度中,一般期望每一个地主或佃户在死时留下一些土地给教会。没有这样做则被怀疑是异端,可能被拒绝埋葬在神圣的土地上。因为只有少数平信徒会写字,通常召请神父起草遗嘱。1170年,教皇亚历山大三世下令除非有神父在场,否则所立遗嘱均被视为无效;任何凡俗的公证人,若非在这种情况下起草遗嘱,将被处破门律;而教会对于遗嘱的认证,有独特的管辖权。捐赠或遗赠给教会,被以为是减轻炼狱痛苦的最可靠方法。许多对教会的遗赠,特别是在1000年以前,都用 *adventante mundi vespero*——"因为这世界之末日将近"——几个字开头，就我们所知，有些物主恳求将财产给予教会，作为其伤残保险费用：教会对捐赠者提供年金，而且照顾其疾患与晚年，并且在其死后取得财产的留置权。有时由于"人情关系"，一些僧院给予他们的施主一份由僧侣祈祷或善行所赚得的功德或炼狱减免。十字军不但以极低的价格把土地卖给教会以筹集现款，而且以其财产作为担保向教会团体贷款，而在很多情形下因倒债而被没收。有些人死时没有继承人而将全部产业给了教会；托斯卡纳的女伯爵玛蒂尔达曾企图把 1/4 的意大利遗赠给教会。

教会的财产是不可剥夺的，而且 1200 年以前在正常的情形下，豁免俗世税捐，所以其财富极大地增加。一个大教堂、僧院或女修道院拥有数千座庄园，包括十余个城镇甚至一两个大城市的情形并不罕见。朗格雷斯（Langres）主教拥有整个郡；图尔的圣马丁修道院统治了 2 万农奴；博洛尼亚主教拥有 2000 座庄园；洛尔什修道院也是如此；西班牙拉斯·胡尔加斯（Las Huelgas）修道院拥有 64 个镇区。约 1200 年，教会在卡斯提亚拥有 1/4 的土地；在英格兰有 1/5；在日耳曼有 1/3；在立窝尼亚有一半。然而这些仅是不确切的估计。这样的累积引起各国政府的嫉妒而使教会成为众矢之的。查理·马特没收教会的财产以资助其战争。"虔诚者"路易立法反对剥夺立遗嘱人子嗣的继承权而赠予教会的遗产。日耳曼的亨利二世剥夺许多僧院的土地，说他们宣誓守贫；一些英格兰的永代让渡法规限制立契约将产业让与教会团体。爱德华一世从英格兰教会征收其财产的 1/10（1291年），而在 1294 年征其税收的一半。在法兰西，对教会财产的课税，始于菲利普二世，圣路易维续，至菲利普四世乃告确立。工业和商业发展之后，货币增殖，物价上涨，僧院和主教区的所得，由于大部分来自封建捐税，以往根据低物价水准所定，而今又难再提升，因此不但无法供其挥霍，而且不足以维持生活。约 1270 年，大部分的法兰西教堂和僧院都债台高筑，他们从银行家手中以高利贷款应付国王的榨取，造成 13 世纪末，法兰西建筑衰退。

由于教皇向主教区征收他们财产及税收的捐税，起先为资助十字军，后来为支付教皇座堂日益增加的费用，使主教区更加穷困。当教皇辖区扩大及其功能益趋复杂时，开辟新的财源成为必要。英诺森三世在 1199 年指示所有主教每年送其收益的 1/40 给"彼得座堂"（"See of Peter"）。所有在教皇直接保护下的僧院、女修道院及教会均被课税。新选出的主教必须缴纳"一种教会职禄献金"（annate）——理论上是第一年收入的全部，实际上为一半——给教皇作为其批准任命的费用；领受大主教披肩，被要求缴纳更大的金额；并要求所有基督教家庭每年缴纳 1 便士给罗马主教座堂作为向教廷的献金（Peter's Pence）。通常，诉讼费也送给教廷。教皇要求享有权力，以使某些案子不受宗教法拘束。如，为了某些政治目的，而允准近亲通婚；对于这种特例，通常都需要收法律程序费。教皇从那些领受赎罪券和到罗马朝圣者的手中，收到一笔相当可观的金钱。据估计，1250 年教廷的总收入比当时所有欧洲君主们的岁入总和还要多。1252 年，教皇从英格兰收到 3 倍于英格兰皇室的钱款。

教会的财富与其职权的大小成正比，其财富也是当时异端邪说产生的主要原因。布雷西亚的阿诺德宣称，任何教士或僧人，死时如果还拥有财产，他一定会下地狱。鲍格米勒派、韦尔多派、巴塔里亚派及清洁派则领头谴责基督的门徒拥有财产。13 世纪，一本很畅销的讽刺作品《银马克福音》（*Gospel According to Marks of Silver*）在开头便说道："在那些日子，教皇对罗马人说："当'人子'降临为我们的王时，他首先会说：'朋友！你为何到这里来？如果他什么都没给你，那你就将他丢到外面黑暗之处去。'"在当时各种文学作品——寓言集、英雄颂、《玫瑰传奇》及流浪学者、抒情诗人、但丁的著作，甚至僧院的编年史家的诗文中，我们都能发现对教会的贪婪或财富的控诉。英格兰僧侣马修·帕里斯谴责英格兰和罗马高级教士唯利是图的行为，称他们"靠着基督的遗产而过奢华的生活"。罗马的休伯特是多米尼克教派的领导人物，写道："赦罪者以贿金贿赂教会法庭的高僧。"另一个神父佩德罗·康托尔（Petrus Cantor）说有一些神父出售弥撒曲或晚祷诗，坎特伯雷的大主教贝克特斥责教皇法庭进行交易，并引亨利二世所言，夸称已收买整个红衣主教团。在历史上，每一个政府都被控诉贪污腐败，这些控诉，部分是事实，而部分是因某些骇人听闻的案子而夸大其词，有时却引发了革命的怒吼。那些用他们来之不易的积蓄建筑圣母堂的教区居民，也会愤而抗议教会聚敛的习性，有时甚至会杀害一个怙恶不悛的神父。

教会本身也批评教士们的蓄财行为，并且极力希望能控制教会全体人员贪得无厌及奢侈的习性。成百的神职人员，上自圣彼得·达米安、圣贝尔纳、圣方济各及维特里（Vitry）的红衣主教，下至一般普通僧侣，都努力缓和这些天然的恶习。主要是从这些教会改革家的著作，我们才知道那些人类的恶习积病。有十余个的教团以身作则来倡导改革。教皇亚历山大三世及1179年的拉特兰会议定罪那种借施浸、临终涂膏或主持婚礼而索取费用的行为。格列高利十世1274年在里昂召开的全基督教教会会议，明确地采取措施以改革教会。在这一时期，教皇本身也表现出不好奢华，而致力于令人精疲力竭地工作以赚取生活所需。这正是精神事业的悲剧，无组织则凋萎；有组织又因其物质上的需要而败坏。

第二章 | 早期的宗教裁判所
（1000—1300）

阿尔比异端

12 世纪末，反神职主义（Anticlericalism）汇成一股洪流。信仰时代，存在着一种逃避、憎恶有组织、有神职体系的基督教的宗教神秘主义和情绪。可能随着十字军的归来，东方神秘主义的新浪潮开始流入西方：从波斯由小亚细亚和巴尔干半岛传来摩尼教的二元论和玛兹达教的共有主义；从伊斯兰教传来对偶像的唾弃、晦涩难解的宿命论和对教士的厌恶。十字军的失败，使人对基督教会的起源与支持是否出于上帝暗自怀疑。圣保罗派信徒受拜占庭帝国的逼迫，被逐西迁，由巴尔干半岛，带给意大利和普罗旺斯对偶像、圣礼及教士的蔑视态度；他们将宇宙划分成上帝所创的精神世界和撒旦所创造的物质世界，并认定撒旦即《旧约》中的耶和华。鲍格米勒（爱上帝者）派承其衣钵，正式成立并定名于保加利亚，流传于波斯尼亚一带。13世纪，他们屡遭战火的洗礼，仍然不屈不挠地奋力抵抗，却最终于1463 年屈服于伊斯兰教，而非屈服于基督教。

约 1000 年，在图卢兹和奥尔良两地出现一个教派，从根本上否定神迹的真实性、浸礼令人重生的效能、圣餐中基督同在的说辞，及向圣人祷告的功效。有一段时期，他们并不受重视，继而被定罪。1023 年，其中的 13 个教徒惨死在火刑柱上。类似的异端也在各地蔓延，并导致了康布雷及列日（1025 年）、戈斯拉尔（1052 年）、苏瓦松（1114 年）、科隆（1146 年）等地的叛乱事件。依据雷根斯堡的贝特霍尔德的推算，13 世纪共有 150 个教派存在。其中有些团体只不过是在没有教士的聚会中，互相以方言朗诵《圣经》，自行解释疑窦丛生的经文，基本上并不乖离。其他如意大利的谦抑派（Humiliati）、低地国家（Lowland）的贝吉安女修会（Béguines）、培进会（Beghards），大体上都与正统的主张吻合，所不同的一点在于它坚持教士应该清贫度日。主张此说的圣方济各修会，几乎也被视为异端。

　　瓦尔多教派不幸，难逃异端的劫数。约 1170 年，里昂富贾彼得·瓦尔多与数位学者合作，将《圣经》翻译成法兰西南部的方言。悉心研究译著的结果是，确认基督徒应模仿使徒诸贤的生活方式——个人无私产。除了部分财产给予其夫人外，其余的均分赠给贫苦无依的穷人，以传播安贫乐道的福音。他召集了一小群自命为"里昂的贫民"（poor men of Lyons）的人，让他们着类似僧侣的服饰，赤足或穿拖鞋，过着淳朴的生活，并互通有无地奉献出个人的所得。起初教士们并不介意，尚允许他们在教堂内诵经唱诗。但当彼得因过度地实践福音书中所言，而侵犯到别人的领域时，里昂大主教严厉地提醒他，唯有主教才有传道的权利。彼得于是在 1179 年前往罗马，恳求亚历山大三世准予其传道。亚历山大首肯彼得在当地教士的同意与监督下，得以继续传播福音。然而，彼得未征得当地教士的同意，便恢复他的传教事业。他的门徒皆是《圣经》的虔诚信仰者，对《圣经》中大部分的教义更是服膺于心。渐渐地，这种运动现出一种反教士的倾向，拒绝所有的教士职位，否认罪恶多端的教士们主持圣礼的效力，公认每位虔诚的信徒依本身禀赋赦免罪恶的权利。部分人士反对赎罪券、炼狱、化体论及向圣人祷告；有一团体认为"凡物必须公用"，另一些人更明白指出教会即是《启示录》中的"大淫妇"

(scarlet woman）。至 1184 年，此教派终被定罪。其中一部分，称为"贫苦的公教"（Poor Catholics），在 1206 年为教会所招抚；但是，绝大多数的人仍信守不渝，此派由法兰西而传入西班牙和日耳曼。可能为了限制他们的蔓延，1229 年，图卢兹会议明谕一般平信徒不应拥有《圣经》，除了拉丁文的《诗篇》及《定时祈祷诗文》外。这两卷书的其他方言译本因未经教会审查合格一概不准阅读。教会对异端采取高压手段，上千名瓦尔多派教徒殉道于火柱上。1217 年，瓦尔多死于波希米亚。

12 世纪中期，西欧的各城被许多异端教派败坏。1190 年，一位主教称，"都市里充满着蛊惑众人的假先知"。单就米兰一地而言，新的宗派即有 17 种之多。其中最引人侧目的莫过于命名源于米兰贫民窟巴塔里亚（Pataria）的巴塔里亚教派（Patarines）。这一运动原是抗议富者而发，后来转变为反教士主义的一股力量，极力谴责教士买卖圣职、聚敛财富、结婚及私下纳妾的罪状。他们的主张可以一位倡议者的言论为代表："教士的财富应该没收，财产则应公开拍卖；倘若他们抵抗，则任人抢掠教士的房宇，并将教士及其私生子逐出所居住的都市。"类似这种反教士的举动，先后发生于维特尔波、奥维埃托、维罗纳、费拉拉、帕尔马、皮亚琴察、里米尼等地。有时，这派人士控制人民的集会，占据市政府，并以公共事业的名义课征教士税收。教皇英诺森三世无奈，只得谕令伦巴底的特使，迫令市政官员宣誓不得委派异端人士。1237 年，米兰的暴动"出言亵渎，恶言相向"，数座教堂受到"无以名状的猥亵"。

最具影响力的异端包括源于希腊文"纯洁"的清洁派（Cathari）；源自巴尔干的保加利亚教派（Bulgari）；源于法兰西阿尔比的阿尔比派。蒙彼利埃、纳邦及马赛等市由于经常与穆斯林和犹太人接触，外加来自波斯尼亚、保加利亚及意大利等异端中心地的商人不绝于途，变为法兰西异端的中枢。以朗格多克和普罗旺斯为主要据点，再伴随着商贾的足迹，逐渐流传至图卢兹、奥尔良、苏瓦松、阿拉斯及兰斯。法兰西中古文明已臻巅峰状态。主要的宗教表现得优雅大方，和睦相处，妇女装饰得十分华丽，道德规范已趋松弛，抒情诗人到处散播浪漫的气氛，所以与腓特烈统治下的意大利一样，文艺复兴的花朵已含苞待放了。1200 年，法兰西南部的诸侯，除了理论上仍臣属于国王外，实际上已全然独立。区内图卢兹的伯爵是最大的领主，其所拥有的领地多于王畿的面积。清洁派的教义及仪式，一方面返璞归真地追求早期基督徒的信仰和方式，另一方面是受到西哥特人统治下法兰西南方阿里乌斯派的影响，同时综合摩尼教及其他东方思想而成的。他们有着黑袍的神父及主教称之为"完成者"（perfecti），于接受圣职时须宣誓离开父母、配偶、儿女，一生致力于"上帝及其福音……不接触女性，不杀生，除鱼类与菜蔬外，其他肉类、鸡蛋，或牛乳类食物均戒绝"。这些内容得自宗教裁判官萨切乔尼（Sacchoni）的报告，因清洁派本身所有的文献均已失散或遭毁；有关其教义与仪式，我们只得通过其敌对者的报告间接了解。一般"信徒"日后也须如此宣誓；然而他们仍可以食荤和结婚成家，但是为求得"圆满"的生活，必须脱离公教教会，而且向任何"完成者"致以问候时，也得虔诚地跪拜三次。

依照摩尼教的理论，清洁派将宇宙划分成善良（Good）、上帝（God）、灵（Spirit）、天堂（Heaven）、邪恶（Evil）、撒旦（Satan）、物质（Matter）及物质世界（material universe）。目光所能及的世界是撒旦所创的，并非上帝的杰作。所有的物质皆属邪恶，包括耶稣殉难的十字架、圣餐上的圣饼。耶稣提到饼时，只是用比喻的方式说道："这是我的身体。"所有肉体都属物质，凡与它接触过的即是不洁净的；一切性交均为罪恶；亚当和夏娃所犯下的罪状即是交媾。据反对阿尔比派的人士所描述，此派弃绝圣礼、弥撒、偶像崇拜、三位一体说及童女生子说；基督是一位天使，但与神原非为一。据说他们反对私产，赞成共享。伦理上以基督的"登山宝训"为依归。对敌人应该友爱，对贫病者应加体恤，不起誓，保持和睦。武力总是缺乏道德的根据，甚至使用武力对付异教徒，也是不可容忍的事；极刑即为死刑；每个人均应确认，上帝虽不使用卑鄙的手段，终将胜过恶魔。此派的神学理论否认地狱与炼狱的存在；每个灵魂都将得救，其间只不过须经过多次灵魂净化而已。一个人清净无垢地逝世，才得登上天堂。因此，在离开世间之前，必须接受清洁派神父最后的"慰灵复手礼"（consolamentum），涤除灵魂上一切罪污。清洁派教徒于病入膏肓时，方接受此礼。圣礼后而告痊愈的教徒，很容易再感染上新的不洁，此生再也不能获得洗礼。因此，行礼后而告病愈是莫大的不幸。为避免这个悲剧的产生，有人控诉说：阿尔比派神父常说服康复的教徒，以绝食了此残生而入天堂。有时，甚至征得病人的同意，直截了当将病人窒息而死。

若是清洁派不主动抨击教会，教会人士可能不加理睬，任其自生自灭。此派教徒否认教会是基督的教会；圣彼得未曾驾临罗马，更没有创设教皇统治；教皇是皇帝的继承者，而非基督使徒的衣钵者。基督在没有枕头的地方休息，教皇却生活在皇宫中；基督一文不名，而基督教的高级教士则腰缠万贯。清洁派教徒认为这些养尊处优的大主教及主教、属世的神父、肥胖愚钝的修道士，尽是昔日法利赛人的再生。罗马教会简直是巴比伦大淫妇，教士团体乃撒旦的会众，教皇则是反对基督之人。他们谴责十字军的鼓动者为刽子手，其中许多人更取笑赎罪券及圣徒遗物。据称，一群教徒造了一座丑恶、独眼、残废的圣玛利亚雕像，并佯装行了许多奇迹，取信于民后，才表露出其为捏造之事。当时的抒情诗人不满教会的伦理观念，对于新教派也未全然苟同。然而，清洁派的许多观点常出现于他们所著的许多诗歌中。著名的抒情诗人，除了两位之外，都被认为是偏袒阿尔比派的。这些抒情诗人对朝圣、忏悔、圣水及十字架都极尽讽刺之能事，将教堂称为"贼窟"（dens of thieves），教士为"叛徒、骗子、伪君子"。

法兰西南部的天主教教士和民间团体，曾经宽宏大量地容忍清洁派的存在，人民得以依其心愿，自由选择新旧宗教的信仰。天主教与清洁派的神学家曾数次公开辩论，其中一次发生在1204年的卡尔卡松，双方在罗马教皇特使与阿拉贡国王佩德罗二世御前公然辩论。1167年，来自多个国家各支派的清洁派教士聚首一堂，讨论并制定清洁派的教义、戒律及行政措施，休会期间并未受到任何干扰。然而，当时的贵族蓄意打击朗格多克的教会，因为教会富贵无比，土地绵延千里；而贵族们反显得捉襟见肘，因此铤而走险，开始掠夺教会的财产。1171年，贝济耶子爵罗杰二世洗劫一座修道院，并将主教下狱，同时派遣一位异教徒随时就近监视。当阿莱特（Allet）的僧侣推选一位不合子爵心意的僧院院长时，他立刻焚毁修道院，监禁修道院长。修道院长逝世后，称心快意的子爵将其尸体移置讲坛，要求僧侣们推举一位合意的继承人。弗瓦（Foix）伯爵雷蒙·罗杰驱逐帕美修道院的院长和僧侣；听任马匹进食圣坛上的燕麦；其属下甚至以耶稣受难像的手足充作杵来捣辗五谷，又以耶稣雕像为鹄的，一较射术的高下。图卢兹伯爵雷蒙六世夷平数座教堂，迫害穆瓦萨克（Moissac）的僧侣，终被处以破门律（1196年）。然而，被处破门律对法国南部的贵族而言，简直是无关痛痒的芝麻琐事，他们更加毫无顾忌地皈依清洁教派。

1198年，英诺森三世继任教皇时，认为邪说的蔓延，危及天主教和国家的生存。他对教会组织赋予崇高的希望，同时认为教会是对抗人类暴乱、社会不安及皇室不法的主要堡垒。现在教会的根基正面临挑衅，财产遭受劫掠，尊严扫地，被蓄意曲解与讽刺，虽然其中有部分事实存在，他也不可能无动于衷。国家难免有贪官污吏等冗员及其他弊端，但仅因此而否认它的存在价值，是拙不可及的愚行。长期的社会秩序如何能建立于禁止婚嫁与劝导自杀的础石上？任何经济如何能于崇尚贫穷与放弃私产的刺激因素下繁荣呢？若是婚姻制度付诸阙如，两性之间及子女的抚养关系，如何能避免倾轧的危险？教皇认为清洁派教义原为极无意义之论，只因一般民众的无知，致使其产生极坏的影响。正当十字军远征巴勒斯坦的异教徒时，阿尔比派却在基督教世界中心倍加成长，试想十字军们心中的感觉如何？

英诺森三世接任教皇两个月后，谕令加斯科尼（Gascony）地区奥士（Auch）的大主教：

> 圣彼得的扁舟屡遭暴风雨的吹袭而在海上颠簸不止。但是最令人惋惜的……乃是我们面临着史无前例的逆境，可恶的异端传教士，百般地诱惑着愚昧无知的人民的灵魂。凭借他们所制定的迷信，故意曲解《圣经》的本意，图谋破坏天主教会的团结统一。由于……加斯科尼及其邻近地区的邪说方兴未艾，我们期望你及其他主教能全力抗拒这股逆流……我们严令你竭尽所能，扑灭一切异端，并将所有邪说的信徒逐出你的管区……必要时，呼吁贵族与人民揭竿而起，阻遏异端的流传。

奥士的大主教，生性宽大，对人对己均是如此；对于教皇的谕令，阳奉阴违。教皇派遣特使强制执行谕旨，而纳邦的大主教和贝济耶主教皆抗命，拒绝与其会晤。其时六位贵妇在弗瓦伯爵妹妹的领导下，公然于贵族环立的典礼中，皈依清洁派。教皇只得改派精明能干的西多会会长阿尔诺德为特使，调查法兰西全境，同时委以赦免协助清剿清洁派教徒的法兰西国王和贵族的权力。教皇同意以其他按兵不动的贵族的土地，转让给"奥古斯都"菲利普作为他攻击阿尔比异端的交换条件。"奥古斯都"菲利普刚从诺曼底凯旋归来，兵疲马困，需要时间休养生息，而加以婉拒。图卢兹的雷蒙六世只答应设法说服异端，不愿干戈相对。教皇愤而处其破门律，他被迫应允，待教皇赦免他后，再度拒绝。一位受罗马教皇特使命令负责扫荡清洁派教徒的骑士称："我们怎能下得了手？他们曾经与我们一起生活，有些又是我们的亲戚，何况他们的生活并无不当之处。"来自西班牙的圣多米尼克（St.Dominic）以身作则，以圣洁的生活说服民众，令人心悦诚服地皈依天主教。本来以这种方式和教士的革新可能轻而易举地化解这个问题。不幸，罗马教皇特使皮埃尔·卡斯特劳（Pierre de

Castelnau）被杀，凶手骑士投奔雷蒙。教皇十年怀柔的耐心尽付诸东流，一改而采高压政策。首先将雷蒙及其同路人处以破门律，终止他们领有土地的权利，转让给任何有能力占有的基督徒。更招募各国基督徒组成十字军，共同讨伐阿尔比派教徒及其保护者。"奥古斯都"菲利普允许属下的男爵应征，其他来自日耳曼和意大利的军队也不绝于途。这些军队比照巴勒斯坦十字军，享受免罪的权利。雷蒙为求宽赦，不惜当众忏悔（祖胸露背于圣吉列斯教堂中受惩），在接受教皇的赦罪后，又参与 1209 年的圣战。

朗格多克的居民，不论贵族或庶民，全都识穿北方贵族和士兵打着宗教的旗帜、骨子里却热衷于攫取他们的土地的诡计。因此，他们同心协力抗拒北方的南侵，甚至正统基督徒也不例外。十字军迫近贝济耶时，通告交出天主教主教列出的异端教徒，避免战争的浩劫。城中将领们答以宁愿死守，无意交出异端教徒。十字军攀登城堡，攻占贝济耶，不分皂白地屠杀 20 万男丁、妇人及小孩；甚至躲藏在教堂里的也没能幸免。20 年后，一名西多会的僧侣海斯特巴赫的恺撒里乌斯写道：当人民问及罗马教皇特使阿尔诺德是否赦免天主教徒时，他回答道："全部杀死他们，上帝知道他自己的子民。"这或许是他担心有些俘虏可能暂时伪称天主教徒所致。贝济耶被夷为平地，十字军在雷蒙的率领下，继续指向雷蒙的侄儿罗杰伯爵的最后据点卡尔卡松。城堡终被攻破，罗杰死于痢疾。

此役中表现最英勇的是孟福尔（Simon de Montfort）。他 1170 年诞生于法兰西，是巴黎附近孟福尔侯爵的长子；由于他母亲的英格兰血统，终于继承列斯特（Leicester）伯爵的封地。如同当时的许多人士，他也会虚张声势地寓虔敬于战争之中，天天弥撒，仁心昭彰，而远征巴勒斯坦时却又功名显赫。在罗马天主教特使的唆使下，他率领一支 4500 人的小队伍，转战各地，攻无不克，并给予人民宣誓信仰罗马天主教或为其异端信仰而殉道的机会。其间上千的人宣誓成为天主教徒，然而成百的人甘愿殉道。四年的征伐，除图卢兹外，几乎征服雷蒙伯爵所有的领地。1215 年，图卢兹也慑于雄威，开门投降；蒙彼利埃高级教士会议，罢黜雷蒙伯爵，并将其头衔和大部分的领地转封给孟福尔。

教皇英诺森三世对此深不以为然。对十字军任意夺取无辜人士的财产，海盗般地掠劫与杀戮，他感到十分震惊。他体恤雷蒙的苦楚，赠给养老金，并且在教会的监督下，以其固有领地的一隅转交其子继承。等雷蒙七世成年，收复图卢兹城。孟福尔不幸于率兵攻城中阵亡（1218 年）。教皇适于此时驾崩，十字军告终。阿尔比派教徒在新任图卢兹伯爵宽宏大量的统治下，再度复苏过来。

1223 年，法兰西路易八世提议，只要教皇洪诺留三世同意他占有雷蒙的领地，他愿肃清雷蒙七世领地内所有的异端邪说，并罢黜雷蒙七世的官禄。我们不知教皇如何回复。但是，另一支十字军再告风起云涌，路易突然逝世于蒙特蓬西尔（Montpensier），功败垂成。雷蒙眼见卡斯提亚的布朗歇代理路易九世摄政，便乘机提议以其女儿珍嫁予路易的兄弟阿尔丰斯（Alphonse），并且同意雷蒙逝世时，他所辖领地由女儿珍及女婿继承。布朗歇正苦于应付叛离的贵族，因此欣然接受雷蒙的和议。教皇格列高利九世也因雷蒙保证镇压所有异端而予以批准。1229 年，终于在巴黎签订和约，30 年来阿尔比派所带来的倾轧与战争，得以告一段落。正统教派获得胜利，容忍的作风也告终止。纳邦会议禁止平民保有《圣经》的任何部分。法兰西南部封建制度蔚然成风，城邦自由为之没落，抒情诗人浪漫时代也烟消云散。雷蒙驾崩，领地当然由珍及布朗歇继承；他们于 1271 年逝世，图卢兹广大的土地自然地并入路易九世法兰西王国的领土。法兰西中部于地中海拥有自由商港，法兰西统一更迈进了一大步。

宗教裁判所的背景

《旧约》中已简略地制定处理异教徒的法则——审慎的考察；若

有三位值得重视的证人证实他们"侍奉敬拜别神",则将他们逐出城外,并"用石头将他们打死"。

根据《约翰福音》的记载,耶稣对此传统仍信守不渝:"人若不常在我里面,就像枝子丢在外面枯干;人拾起来,扔在火里烧了。"中古时代犹太人的社会,理论上仍依循《圣经》中对待异教徒的规定,实际上甚少付诸实行。迈蒙尼德却毫无保留地遵行了。

希腊法律明文规定,对拒绝崇拜希腊万神殿诸神者应处极刑,希腊哲人苏格拉底因而丧生。古罗马时期,神祉与国家的关系密不可分,持异端邪说者和亵渎神者一概被视为叛国行为,因而可以判处死刑。若遇原告缺席,罗马法官即就此案件,传讯嫌疑犯,调查底细。中古时代宗教裁判所的命名及形式即源于此。定都拜占庭的东罗马帝国的君主,援引罗马法律,判定摩尼教及其他异端者死刑。西方黑暗时代,基督教唯我独尊,对异端教派却稍为宽纵,利奥九世只以破门律的惩处来对待他们。及至12世纪异端为患之际,许多教士提议除了处破门律外,国家须加强管制或流放异地。12世纪,博洛尼亚恢复罗马法律的相关规定,不仅敦促宗教裁判所的成立,还明确其条款和程序;教会法中有关"异端邪说"的规定,全盘抄袭自《查士丁尼法典》第5篇《异端邪说篇》。13世纪,教会承袭了其最大的敌人腓特烈二世的法律,规定持异端邪说者必须被处死。

一般的基督徒——甚至许多异端教派,都认为教会是上帝之子所创。基于这种假设,凡攻击天主教信仰者即是触犯了神本身,顽固违抗的异端教派可被视为魔鬼的爪牙,受差遣来破坏基督的工作。因此,任何袒护异端的政府或人民,等于为魔鬼效命。教会自认是欧洲政府道德和政治上不可或缺的一环,异端之于教会犹如叛逆之于国家;只因它是严重破坏社会秩序的根源。教皇英诺森三世说:"叛国者世俗法没收其财产,判以死刑……背逆信仰耶稣者,我们更是要处以破门律,并没收其财产;因为触犯圣旨之罪远重于破坏国家主权之罪。"在如英诺森等教会政治家的心目中,持异端者比穆斯林及犹太人更危险；后者或居于基督教世界之外，或受严格管束地生活于基督教域内。外来的敌人，交战时方可见及；而持异端者则是内部的奸逆，正当天主教与伊斯兰教干戈相向时，破坏内部的团结。神学家认为若是每个人可以根据自己所得的启示解释《圣经》，而自成一派，那么维系欧洲伦理的宗教将支离破碎，引导野蛮人进入文明社会的凝聚力将为之减低。

除了法兰西南部及意大利北部以外，一般民众可谓最狂热的迫害家。"早在教会迫害异端信徒之前，暴民私刑已大行其道。"信奉正宗者眼见罗马教会宽容异端教徒的态度，深不以为然。有时甚至"由庇护的神父手中强夺异端信徒"。法兰西北方一位神父在呈给英诺森三世的信简中透露："本城内人民虔诚的结果，不仅要将公然承认是异端教徒的解送焚火场，甚至嫌疑犯也不能免。"1114 年，苏瓦松主教拘捕数位异端信徒，人们"唯恐教士过分慈悲"，趁他外出之际，潜入监狱，押解异端信徒至焚火场处决。1144 年，列日的暴民坚持焚毙数位阿达尔贝罗主教一直企图说服改入正统教派的异端信徒。当皮埃尔·布鲁斯（Pierre de Bruys）说"神父们佯做圣体时，他们说谎"，并在耶稣受难日焚烧成堆的十字架时，立刻激起人民的愤怒，当场将其杀死。

当政者深恐无法获得教会的援手，维持一个统一的信仰，迫不得已也采取迫害异端信徒的措施。而且，他们怀疑那些异端邪说可能是政治上激进者的托词。另外因为政治、宗教新说突起，教会和国家的财产备受威胁。朗格多克之外各地的贵族阶级，不惜任何代价要求根绝异端的蔓延与存在。1194 年，日耳曼的亨利六世命令没收异端信徒的财产，并予以严厉的处罚。奥托四世（1210 年）、法王路易八世（1226 年）、佛罗伦萨（1227 年）及米兰（1228 年）先后发布类似的律令。其中以 1220 至 1239 年腓特烈二世颁布的条文最为苛刻。教会所谴责的异端信徒即送交当地有关机关焚死。即使改变信仰，仍要受终生监禁。而且，其所有财产充公，后代不得继承。其子孙若非公开抨击其他异端信徒，以赎父母之罪，则不得享受任何高官厚禄。异端信徒的居所应该夷平，不得重建。仁慈的路易九世在法兰西境内颁布类似的法律。国王与人民谁先迫害异教徒，仍无法明确区分。1022年，法王罗伯特在奥尔良焚毙13位异端信徒，这是385年世俗处死异教徒普里西利安以来所知道的第一桩判处异端死刑的案件。尽管列日主教瓦佐（Wazo）认定破门律是对待异端信徒最严厉的手段，日耳曼的亨利三世仍然一意孤行，于1051年在戈斯拉尔绞死数位摩尼教徒或清洁派教徒。1183年，佛兰德斯的菲利普伯爵与兰斯大主教携手合作，"焚毙许多贵族、教士、骑士、农民、少女、妇女及寡妇，同时瓜分他们遗留下的财产"。

13世纪以前，查讯异端的权力集于主教身上。他们简直不像审讯者，只听任传闻或流言的指认。由于厌弃酷刑，他们又恢复神裁判法，显然他们相信神将运用神迹来保护无辜者。圣贝尔纳赞同此权宜之计，在兰斯的主教会议（1157年）中，制定审判异端的规程，此议由于未得教皇英诺森三世的首肯而作罢。鉴于主教查办异端不力，1185年教皇卢希乌斯三世命令主教们每年至少深入教区访问一次，缉察所有的可疑人物，判处拒绝宣誓绝对效忠教会者为有罪（清洁派教徒拒不发誓），并将这批顽抗之徒交予地方的有关机关。教皇授权特使罢黜清除异端不力的主教。1215年，教皇英诺森三世呼吁所有世俗政权公开发誓，自其境内根除所有被教会列为"该处罚"的异端信徒，以免他们自己被控袒护异端。任何忽视这项义务的诸侯将遭罢黜，教皇同时要求该诸侯的臣民，终止对他的效忠。"该处罚"仅指驱逐出境及没收财物而已。

1227年，格列高利九世登上教皇的宝座，发现人民、国家及主教的举发，仍然吓阻不了异端的滋生。巴尔干全境、意大利及法兰西的绝大部分，都因异端的存在而骚扰不息，继英诺森辉煌时代之后的似乎是分崩离析的教会。正如这位耆宿教皇所说的，教会同时与腓特烈和异端抗衡，他是为自身的生存在挣扎，不得不采取战时的措施与道德规范。横跨比萨至阿雷佐管区的主教菲利普·帕拉隆（Filippo Paternon）突然皈依清洁教派，教皇大为惊骇，指派一个以一名多米尼克教派僧人为首的审讯委员会，坐镇佛罗伦萨审判异端（1227年）。虽然其时，审讯者仍隶属于地方主教，然而已是教皇审讯之肇端。1231年，教皇格列高利采行1224年腓特烈所制定的法律，教会和国家均同意异端是叛国的滔天大罪，应予处死。宗教裁判所才正式成立，归教皇统辖。

宗教裁判官

1227年起，格列高利及以后的教皇，所派遣的宗教裁判官逐渐增多。他非常宠信这批新托钵僧团（mendicant orders），一方面是他们朴素的生活和宗教的热诚，正足以弥补教会奢华的丑行，另一方面教皇深深体会到主教的不可信赖。但宗教裁判官若要严厉惩罚异端教徒，仍然要先征求地方主教的同意。因此，雇用许多多米尼克教派的僧侣，从事此项工作，他们因此都被冠予"上帝的猎狗"（The hunting dogs of the Lord）的绰号。他们大都是严守清规、铁面无私的人。自认为并非公正不偏的法曹，而仅是肃清耶稣之敌的斗士。其中像贝纳德·圭一类的人称得上谨慎与耿直；而似多米尼克僧侣罗伯特等一类有虐待狂者也非绝无仅有。罗伯特原为巴塔里亚教派异端信徒，后来皈依正宗。他曾于1239年的某天，送180位犯人上火刑柱，其中包括一名主教，罪名是给予异端信徒过分的自由。格列高利剥夺罗伯特的职权，并判以无期徒刑。

宗教裁判官的管辖范围仅局限于基督徒，犹太人和穆斯林若不再改奉其他宗教，并不加干涉。多米尼克教派的僧侣特别致力于改变犹太人的信仰，然而，他们所采行的方法，仅止于和平的方式，绝不诉诸暴力。1256年，数名犹太教徒被控在礼拜仪式中谋杀，多米尼克教士和圣方济各教士们，冒着自身生命的危险，从暴民中将他们解救出来。宗教裁判所的宗旨和权限，由尼古拉三世的谕旨中充分显现无遗（1280 年）：

> 我们借此诅咒并处所有异端信徒以破门律，包括清洁派、巴塔里亚教派信徒、里昂的贫者（瓦尔多派的别名）……及其一切有名目的异端。被教会定罪后，则将他们交予世俗审判官惩罚……任何被捕者，若及时忏悔，并愿苦行赎罪，则将他们终生监禁……所有庇护、助长异端信徒的人，应处以破门律。倘若被处破门律逾时一年又一天，更应加以放逐……涉有异端嫌疑者，若无法举证表明他们的清白，也要处以破门律，一年内无法恢复身份者，推定他们是异端信徒。他们不得上诉……为他们行基督教葬礼者，同受破门律的处分，待他赎罪后方得终止处分，非待他亲手掘开他们的棺木，任其曝尸野外，无法获得宽恕……禁止平信徒讨论天主教的信仰，违者处破门律。任何知悉异端信徒者，或晓得他们的秘密集会者，或认识违反正统信仰者，应该设法通风报信，让所告解的神父或其他人得悉，以传达于主教或宗教裁判官，否则将被处破门律。异端信徒或所有隐藏、支持或援助异端信徒者及其第二代子嗣，不得充任圣职……其后我们永久剥夺他们的圣俸。

异端裁判的程序始于押解所有异端信徒，有时所有嫌疑者也一起出庭，或者巡回裁判官召集全区的成人，预先调查案情。在起初为期约 30 天的"恩典时期"（time of grace）中，异端信徒若能俯首认罪，并且诚意忏悔，改邪归正，则只予短暂的监禁或从事慈善工作后，随即释放。若此时不认罪，便转交宗教裁判法庭。一般而言，地方官吏从主教或宗教裁判官所呈的候选名单中，挑选 12 人组织宗教裁判法庭，其他尚有两名公证人及数位"仆从"。被告若能把握这个机会招供，则其处罚将依情予以减轻；若仍矢口否认，则予以监禁。被告不出庭或死亡，裁判仍旧进行。控诉需要两位见证人。认罪的异端信徒可以出庭指证其他被告；妻子及儿女只准作不利于丈夫及父亲的反证。所有被告必须过目当地所有的原告名单，但严禁指明某一个被告的原告是何人，借以防范个别的对抗，导致被告的朋友残杀原告。李（Lea）说道："事实上许多证人即因少许嫌疑而横遭杀害。"通常均要求被告列出他的仇人，以便防止仇人故作伪证。诬告要接受严厉的惩罚。1300 年以前，被告不准有法律上的应援。1254 年，教皇谕令宗教裁判官，证物不仅要提交主教，并应送交当地士绅，共同票决。有时聘请专家审查证据。宗教裁判官的判决必须凭借明确的证据或自白书，否则宁纵毋枉。

罗马法律纵容严刑迫供；主教法庭却未援引，至少宗教裁判法庭创设的前 20 年未曾采用。教皇英诺森四世授权（1252 年）法庭的法官，可以用酷刑迫使证据确凿的罪犯俯首认罪，后来的教皇们则持异议而作罢。教皇认为酷刑是一种万不得已的手段，仅可用一次，并以"不损害手足及生命为原则"。宗教裁判官引申"应用一次为限"为每次审问施刑一次；有时暂停体罚，重行审问，如此，又得再度体罚的机会。有时以严刑强迫证人出庭作证，或威迫异端信徒指认其他的异端信徒。酷刑包括鞭打、烙印、拷问台（将犯人仰天绑缚，而拉脱四肢关节的刑具），或者独自将犯人囚禁在不见天日而窄狭的地窖里。可能令被告的双足置于灼热的木炭上烤烙；可能把犯人捆绑在三角架上，以绞盘拉拽其手足。有时利用饮食来折磨犯人的身体，削弱其意志，令他感到若不屈服，只有走向死亡一途。严刑迫供的证词不受宗教裁判法庭的重视，3 小时后，仍要犯人证实其在严刑下所作的供词，若他抗拒，则再施酷刑。1286 年，卡尔卡松地区的官吏致书法王菲利普四世及教皇尼古拉四世，抗议宗教裁判官让·加兰德（Jean Galand）所使用的酷刑。部分接受拷问台刑罚的犯人，手足竟告残废；有些经不起严刑迫供，而告死亡。菲利普痛斥此项暴行，教皇克莱门特五世（1312 年）也呼吁减缓酷刑，可惜未被重视。

错过两次改过自新机会而被证明有罪的犯人，及虽然改邪归正、而后来仍然崇拜异端的人，就是不被处死，也难逃无期徒刑的厄运。终身囚禁的罪刑或可因享受有限度的行动、拜访及娱乐的自由而减轻苦楚，或可因禁食或锁链而增加苦楚。顽抗的犯人，其财产可能被没收，其中一部分落入地方官吏的私囊，其余则变成教会的财产，意大利境内 1/3 归告发者，法兰西则全部属于国王所有。财迷心窍的人和国家滥行诬告，甚至对已逝世的也不放过，照例予以审判；已立遗嘱的死者可能因异端而被控，使无辜的继承者丧失本来可以继承的财产。上述的实例，虽然教皇振臂疾呼，仍然无法阻止它的泛滥。罗德兹（Rodez）地区的主教，自诩在其管区的某一件异端案件中，即获得 10 万银币。

宗教裁判官定期在一个可怖的典礼中公布罪犯和刑罚。悔罪苦修者站在教堂中间的台阶上，聆听他们的悔过书后，加以认证，并且发表弃绝异端声明。主持仪式的宗教裁判官立即赦免他们免遭破门律之惩，并且酌情给予各种不同的判决。被"放给"或者交付地方官吏的犯人，则可留待他日改变信仰；凡悔改者，即便是在火刑柱下才悔改，也被判处终身监禁；执迷不悟者则当众烧死。西班牙将审讯和行刑的整个过程，称为"信仰的行为"（auto-da-fé），因为它可以坚固人们对正统教派的信守，并重申教会的信仰。教会从不宣判死刑，因为它有句格言——"教会远离血腥"（The church shrinks from blood）；教士不得杀人。因此，在将已被定罪的犯人，委交地方官吏予以"适当的处分"时，也警告地方官吏避免"所有流血及危及生命的可能"。教皇格列高利九世以后，教会和国家一致赞同上述警告不应只是表面文章，但被定罪的犯人，可以用不流血的方式被处死刑——在火刑柱上烧死。

正式为宗教裁判所判决死刑的人数比一般历史学者想象的少。热心的宗教裁判官贝纳德·考克斯（Bernard Cux），死后留下他所承办的成堆案件的记录，但是从未有将犯人交由地方官吏加以处罚的。历任十七年宗教裁判官的贝纳德·圭，判处了930位异端信徒，其中只处死45位。1310年图卢兹的审判中，判决20人赴圣地朝圣，65人终身囚禁，只有18名死刑。1312年的一次审判中，51名需要步上朝圣的旅途，86名接受时间长短不一的监禁，仅有5名犯人委由世俗的官吏处罚。所以说异端裁判最悲惨的一页，是在暗无天日的地窖中，而不是在火光灼灼的火桩上。

结局

中古时期的异端裁判达成了它所预期的目标。铲除了法兰西的清洁教派，瓦尔多教派硕果仅存的死硬派也散处四方，正统派恢复在意大利南部的势力，西方基督教的分裂因而延缓了3世纪之久。法兰西虽然将欧洲文化领导者的头衔拱手让与意大利；但是法兰西王室并吞朗格多克后，势力为之一振，终于制服了博尼费斯八世主政下的教皇权，并且限制了克莱门特五世时代的教皇权。

1300年以前，西班牙的宗教裁判所仍然发挥不了作用。1232年，阿拉贡王詹姆士一世的告解神父，佩纳福特的雷蒙（属多米尼克教派）说服詹姆士一世，正式承认宗教裁判所的地位。为了抑制人们过分热衷异端裁判，1233年颁布法律，明文规定国家是异端信徒财产没收时的主要受益者。然而，其后几个世纪中，这项措施对君主们成为极诱人的刺激，因为君主们发现裁判异端与他们的私囊是密不可分的。

意大利北部异端教徒仍然滋生不息。正统教派仍居多数，他们并不热衷异端的清除工作。维琴察的埃泽利诺、米兰及克雷莫纳的帕拉维奇诺，依恃他们超然独立的地位，秘密或公然地采取保护异端的举动。僧人鲁吉埃里（Ruggieri）在佛罗伦萨组织一个正统派贵族的武装教士团体，支持异端裁判。巴塔里亚信徒与其血战到底，终被击败（1245年）。其后，佛罗伦萨的异端销声匿迹。1252年，维罗纳的宗教裁判官皮耶罗（Fra Piero）被异端教徒刺杀于米兰，他被册封为"殉道者"彼得（Peter Martyr）。教皇曾经组成十字军攻击埃泽利诺和帕拉维奇诺两位贵族，二者终于在 1259 年和 1268 年，相继被制服。表面上教会赢得了整个意大利。

异端裁判从未在英格兰生根。亨利二世与贝克特相处不睦时，因急欲证实自己属正统教派，不惜在牛津鞭笞并以烙印对付 29 位异端教徒（1166 年）。威克里夫以前的英格兰，异端并不盛行。日耳曼境内异端裁判曾盛极一时，随后趋于没落。1212 年，斯特拉斯堡的主教亨利一日内曾将 80 位异端教徒焚毙于火桩上。其中大都属于瓦尔多教派，他们的领导者约翰神父宣布他们不相信赎罪券、炼狱及僧侣守身之说，而坚称教士不应拥有财产。1227 年，教皇格列高利九世指派马尔堡（Marburg）的康拉德为日耳曼境内宗教裁判所的首席裁判官，不但授权其铲除异端，并委以改革教士的重任，因为教皇认为教士的腐败生活，是信仰式微的根本因素。康拉德不惜以极其残酷的手段，厉行教皇交给他的两个任务。他对于所有被控诉的异端教徒只给予一个简单的选择：俯首认罪而接受惩罚，或者矢口否认而遭焚毙在火柱上。当他以同样的精力，积极改革教会，不论正统或异端信徒都群起反对。最后，他被罹难者朋友所暗算（1233 年），而宗教裁判庭由日耳曼主教们接掌，改采较为合情合理的程序审判罪犯。但是波希米亚和日耳曼境内仍然残存着许多异端或神秘的宗派，为胡斯（Huss）及马丁·路德的来临铺下一条坦途。

我们对异端裁判下评语时，必须先了解一个对野蛮的行为已司空见惯的时代背景。今日阵亡于沙场的人数及未经正当法律程序而丧生的无辜生命，远较恺撒大帝至拿破仑期间捐躯战场及被迫害而死的人为多，生于这样一个时代的我们或许因而得以更确切地了解当时的情形。坚强的信仰很自然地具有排他性；唯有信仰的绝对性不复存在时，容忍才可能出现，所以信仰的绝对性乃是致命伤。柏拉图于其《法律篇》中不允许容忍的存在。16 世纪的宗教改革家们也采取绝对的排外性。然而某些非难异端裁判的人，竟袒护现代国家实行类似的措施。包括酷刑在内的宗教裁判官所采行的方法，目前许多政府将其纳入法典中仍然加以沿用；或许今日对于嫌疑犯的暗施酷刑，模仿自异端裁判者更胜于罗马法典。较之 1227 年至 1492 年欧洲对异端的迫害，则公元初 3 个世纪中罗马人对待基督徒的迫害，可谓温和而人道了。作为一位历史学者及基督徒不妨稍留余地，视异端裁判犹如现时许多迫害事件及战祸一样，皆是人类历史上最黑暗的污痕，凶猛及丑恶的程度，非其他猛兽所可比拟。

第三章 | **修道僧与托钵僧**
（1095—1300）

清修生活

教会之所以维持而不坠，并不是宗教裁判所严刑迫供的功劳，而是有赖于新清修团体的崛起（他们依据异端教派所指出的，以教士应该安贫为原则而成立）。在那些黯淡的时光中，这一团体的坚毅忍耐，不啻给旧有的清修团体和入世教士树立了一个纯洁而真诚的榜样。

修道院曾经盛极一时，社会秩序最险恶的 10 世纪，是它的鼎盛时期，以后伴随着入世教团的成长和社会经济的繁荣，渐趋于没落。单就法兰西境内而言，1100 年计有 543 座修道院，1250 年减少至 287 座。修道院数量的锐减，可能是每座修道院平均人数增加所致。事实上修道僧百名以上的修道院寥寥无几。"虔诚的教徒或家计沉重的父母，将他们 7 岁或 7 岁以上的子女'奉献'给上帝的风气"，在 13 世纪仍然十分流行。阿奎那便是如此开始他的清修生涯的。本笃会认为父母代子女所许献身的愿，具有永久性，不可撤回。圣贝尔纳及其他新的教士组织则认为献身修道的孩童，待其成年时可以重返红尘，而不会遭受斥责。一般而言，成年的修道僧，只要有教皇的特准，可以无罪地撕毁以前的誓言。

1098 年以前的大部分西欧修道院，不同程度地取法《本笃清规》，大概都规定有一年见习修行的期限，其间可以自由申请退出。海斯特巴赫修道院的僧侣恺撒里乌斯透露，一位武士"懦怯地恳求退出修道僧的生活；他害怕（教士）衣服里的臭虫，因为他们毛织的衣服隐藏着无数的臭虫"。修道僧一天要祈祷约 4 小时；饮食相当简单，通常以素食为主；其余的时间分配于劳动、阅读书刊、教书、医疗工作、慈善事业及休息。恺撒里乌斯描述他所主持的修道院，1197 年饥荒时，如何每天分赠 1500 份救济品，并且"一直供养前来乞食的贫民，直至有收成时"。在同一灾变中，威斯特伐里亚的一座锡托修道院宰杀全部饲养的牛羊家畜，典当一切书籍和圣器以供给贫民。僧侣们凭借着他们本身的劳力和农奴们的协助，胼手胝足地建筑修道院、教堂及总主教堂，耕种广大的庄园，开垦沼泽森林成为可栽植之地。此外，掌握百般手艺，酿制醇酒及各种麦酒。据一位经常苛责教会的学者表示："民间常罪责中世纪的修道僧为贪婪、浪费、奢侈、放荡之徒，然而从修道僧们所保存的契据及财产清单，并由其管理上的细心、智慧与诚实无欺来看，民间传说多有不实。教士维持中古时期经济的繁荣，证明他们确是一群具有智慧的地主和农业学家。"怀疑派学者勒南也曾说："基督教最完美而有成效的工作是清修教士组织所做的事。"表面上修道院吸引了不少才华横溢的人士，令其修身养性、独善其身，实际上修道院训练出成百上千个德智双全的人，然后使他们回到俗世，充当主教、教皇及国王的顾问和行政人员。

经年累月地，社会中渐增的财富流入各地修道院，更有人慷慨解囊，资助偶尔也过奢华生活的僧侣。圣里奎埃尔（St.Riquier）并不是最富庶的修道院，竟拥有 117 个属地、2500 栋屋宇，每年由佃农手中获取 1 万只小鸡，1 万只乌鸡，7.05 万枚鸡蛋……及一笔甚可观的租金。其他更富裕的修道院有卡西诺山、克吕尼、福尔达（Fulda）、圣加尔、圣丹尼斯等。圣丹尼斯修道院院长阿博特·苏格尔、克吕尼修道院院长"尊贵者"彼得，甚至圣埃德蒙修道院院长，贝里（Bury）

的萨姆松皆是握有政治、社会权力及庞大财富的人。阿博特·苏格尔院长于供养成群的僧侣及兴建规模宏大的教堂后，尚有充分的财力资助十字军东征半数的财物。圣贝尔纳曾记载道："若非亲眼所见，我决不敢相信一位修道院院长的坐骑竟在 60 匹马之上。"这可能指的是阿博特·苏格尔。阿博特·苏格尔是一院之长，在民众之前必须衣冠华丽，令他们心服；实际上他仍在陋室中过着十分严肃朴实的生活，于其职分内仍然遵行其教团的清规。"尊贵者"彼得是位非常善良的人，虽然努力不懈，仍然无法扭转克吕尼的修道僧——一度是宗教改革的先驱——因财物公有，身无私物，而沉溺于闲懒的生活。

财富累积的结果是随之而下的道德。而且，随着财富的俱增，人类的本性暴露无遗。大部分僧侣仍能恪遵规章，但是少数人难免贪恋于俗世与肉欲。通常，修道院院长都是由君王或领主选自惯于享受的阶层人士。这样的院长自然不守清规，只顾狩猎、饲鹰捕鸟、马上比武竞赛及玩弄政治；上梁不正下梁歪，其下的僧侣们也耳濡目染地染上恶习。吉拉尔德斯·康布伦西斯画了一幅伊维斯罕（Evesham）修道院院长的行乐图："由于他的贪婪淫欲，无人感到安全。"从 18 岁起，其左右的人即已推测出他的下场：免不了被罢黜——后来果然如此。当时这些属世成分极重的院长都是脑满肠肥、握有实权的巨富，自然成了公众讽刺及文学中抨击的对象。中世纪文学中，最刻薄无情且令人难以置信的讽刺作品莫过于沃尔特·麦普（Walter Map）对一名修道院院长的描述。许多修道院竟以醇酒美食驰名远近。我们不应嫉妒僧侣们有稍许的佳肴；我们应该了解他们对素食是如何的厌倦，而多么向往肉类；我们也应该同情他们在弥撒进行中偶尔聊天、争吵及瞌睡。

僧侣宣誓守身时，未免低估人类性本能的力量及其因俗世的实例与景象而一再被挑动的可能。海斯特巴赫的恺撒里乌斯告诉我们一则中古时期流传甚广的逸闻：某天，一个修道院院长偕同一位年轻僧侣轻骑而出。途中，年轻僧侣平生初见妇女，便问："她们是什么？"

院长答道："她们是魔鬼。"年轻僧侣却说："我想她们是我生平所见最美丽的东西。"苦行僧彼得·达米安在行将结束他神圣而艰涩的一生时，说道：

> 已届暮年的我，可以毫不避讳地凝视眼神呆滞、形容憔悴而皱纹满面的老妪，但一触及面貌姣好、装扮入时的妇女，仍得避之唯恐不及，犹如孩童远远地避火。唉呀！我这可怜的心啊！——对于阅读百遍的《圣经》奥理没能牢记，而对于只过目一次的形象，竟不能忘。

对于有些僧侣而言，德行不啻其灵魂在妇女与基督之间的一种争斗。他们非难妇女，无非是隔绝她们诱惑的一种方法；有时欲望油然而生，令他们虔诚的梦想为之动摇。在某些修道院，奥维德仍是一个受欢迎的人物，翻阅过他所写关于情的艺术的僧侣，不在少数。某些大教堂的雕像，家具的雕刻，甚至弥撒经书上的图画均描绘着恋情纵欲的僧侣和修女——猪身上套着类似僧侣的衣服，长袍覆盖着勃起的阳物，修女与魔鬼打情骂俏。兰斯"最后审判的正门"（the Portal of the Judgment）上，刻着一幅魔鬼将罪人拖拽至地狱的浮雕，而介于两人之间却站立着一位主教。可能入世教士嫉妒戒律教士的缘故，中古时代的教士们仍然任这些讽刺画留存着。教会本身对其内部的败类更是攻击得体无完肤，历代品德高尚的教会改革家，都致力于挽回颓势，使僧侣、修道院院长等重返耶稣基督的理想生活。

圣贝尔纳

11 世纪，与净化教皇职权及第一次十字军东征热潮同时而来的，还有主张自我改革的运动。这一运动遍及整个基督教世界，大大地改善了入世教士的腐化，并且创设新教团，严格地践行奥古斯丁及圣本笃制定的清规。1039 年前的某一天，圣约翰·古阿尔贝图斯（St.John Gualbertus）在意大利"阴凉的幽谷"创设瓦洛姆布罗萨（Vallombrosa）教团，并于此创立了庶务修士组织，这是日后乞丐教士组织的滥觞。1059 年，罗马宗教会议主张劝诫教士——同担教堂劳务、同享其收入的教士们——犹如使徒一般地共同生活在公社中，财产由大家共有。有些教士裹足不前，继续作为"入世教士"。许多人士即刻附和，采纳圣奥古斯丁的修院清规，形成半清修团体（semimonastic communities），即众人所称的奥古斯丁或奥斯丁派的教士。1084 年，科隆的圣布鲁诺辞去兰斯大主教的职位，在阿尔卑斯山格勒诺布尔（Grenoble）附近幽深无人烟的沙特尔乌塞（Chartreuse）兴建一座修道院，创立加尔都西教士组织（Carthusian Order）；其他嫌弃世俗倾轧及教士生活不够严谨的虔诚教士，也在其他隐避的地方，成立类似加尔都西派的组织。每位僧侣在其各自的斗室中工作及饮食起居，以面包和牛奶维持生活，穿着马鬃编织而成的衣裳，几乎永不出声地默默修行着。一星期中只聚会三次来望弥撒、晚祷及子夜祷告；星期日及其他节日才得以聚会交谈及共同进食。在所有教士组织中，加尔都西派最为严格。在以后的 8 个世纪中，只有其教士仍遵行原旨并忠诚地遵行乞丐教士组织的章程。

原本是圣本笃会蒙勒斯梅派（Molesmes）长老的罗伯特，厌倦于各派的改革工作，在第戎附近荒凉的锡托另起炉灶。正如在加尔都西的命名为加尔都西教团，在锡托取名为西多会僧侣（Cistercian monks）。锡托的第三位院长，多塞特郡的斯蒂芬·哈丁（Stephen Harding），重组并扩大修道院的组织，开设分机构，起草"爱的诗篇"（Charter of Love），协调锡托与各个分会的工作。完全遵照《圣笃清规》行事：绝对安贫是先决的条件，所有肉类食物一概戒绝，经纶满腹不是他们所期望的，创作诗歌也在禁止之列，避免其他宗教一切贵重华丽的教袍、器皿及建筑。每位身体健康的僧侣应一律从事园艺和工厂的工作，可以让他们自给自足地独立生活在尘世之外，同时不致给僧侣们遗下擅离岗位的口实。以农耕的体力和技巧而言，西多会压倒其他戒律或入世教士团体而居马首。在蛮荒未辟的地方，他们设立新的组织核心，化沼泽、森林为宜于垦殖的农田，领导东部日耳曼的开发工作，功劳卓著，同时又肩负起被"征服者"威廉蹂躏的北英格兰的重建工作。他们文明开发的丰功伟业，得力于庶务修士之处甚多。庶务修士是一群宣誓守身、沉默寡言、学问浅薄的人，他们如同农民或奴仆般地辛勤工作，借以获取生活必需的食物、衣着及栖息之地。

这样严肃而简陋的生活，着实吓退了不少新入会的生手，因此进展十分缓慢，若不是圣贝尔纳来注入新血，可能这一尚停滞在孩提时期的组织，即先告夭折。1091 年，圣贝尔纳诞生在第戎的一个骑士家庭，生性害羞，喜好孤独，然而却是一位虔诚的青年教徒。他对尘世感到惶恐与不适，决定投入戒律教士的行列。为了在孤独中仍有伙伴，他极力向其亲友游说，随同他加入西多会。这些亲友的母亲及适婚年龄的女孩们，深恐他打动她们的儿子或爱人的心，对他的大放厥词极为恐惧。然而，他战胜了她们的眼泪与魅力。当他正式被西多会（1113 年）接纳时，他已说服了 29 位候补者，其中数位是他的兄弟，一位叔父及他的几个朋友。以后，又说服了他的母亲和妹妹，双双入会成为修女，他的父亲亦成为修道院僧侣。他的主要说词是"除非你苦行赎罪，否则你将永远燃烧着……只飘来阵阵青烟与臭味"。不久，圣贝尔纳的虔诚与充沛的精力得到斯蒂芬·哈丁的赏识，提拔他当院长，率领其他 12 位僧侣，另创锡托的新分会。圣贝尔纳选定锡托外90 英里处，森林环抱的"明谷"（Bright Valley）成立明谷（Clairvaux）分派。那是一块全无人烟的处女地，所以他们的第一件工作，即是以他们的双手兴建他们的首座"修道院"——在一栋木头建筑下，有一间教堂、一间餐厅及一间要攀登楼梯的寝室；床铺是铺满树叶的箱子，窗户仅及人头一般大，大地即是地板。日常以蔬菜为主食，偶尔佐以鱼肉；白面包和调味品均付之阙如，仅有少许的酒酿。这些僧侣一心向往天堂，他们的饮食就像追求长生不老的哲人一样简陋。僧侣们自行准备食物，彼此轮流当厨。根据圣贝尔纳制定的章程，明文修道僧不得购置财产；他们只能持有他人所赠献的东西；他仅希望拥有僧侣双手及简单工具所能耕种的土地。在寂静的明谷，圣贝尔纳及其日渐增加的伙伴沉默而满足地工作着，不受世事变幻的影响。他们铲除森林，辟地耕种，适时收获，自行打制家具；没有风琴的伴奏，他们仍然依循着教规，每天聚会唱歌吟诗。圣提尔里的威廉说道："我越仔细观察，越发现他们道道地地是耶稣忠实的信徒……虽然不及天使的忠诚，但远在常人之上。"有关这个和平、安详而自给自足的基督教团体的消息逐渐传开，圣贝尔纳离开人间前，明谷已有700位修道僧居住其间。由本区中派至它处当院长、主教或顾问的，大都愿意再回到本区，可以想象那里的生活一定相当快乐。圣贝尔纳本人给予教会无上的尊严，虽然在教会的训令下远游各地，但他十分渴望重返他在明谷所建的老家："我的眼睛可以任令我的孩子们来蒙盖，在明谷我的身躯可以随意与贫民并肩躺着。"

　　他才智中等，却具有坚强无比的信念、孔武有力的体魄及执着的性格。他不重视科学和哲学，在他的心目中，人的头脑不过是宇宙中的一粟，无法了解宇宙的奥妙，也无法从中加以衡量。夜郎自大的哲学家开怀高论宇宙的本质、起源和命运，颇令他惊讶不已。阿伯拉尔主张信仰应该理性化使他深为震惊，他攻击理性主义大逆不道。与其追究宇宙的奥妙，莫如不予置疑并心存感谢地行在天启的神迹中。《圣经》毫无疑问的是上帝的言论集，否则人生将如一片黑暗而变幻无常的沙漠地。愈是传扬童稚般单纯的信念，他愈自信所信的即是"道"（"Way"）。当一位僧侣战战兢兢地说，对神父禀赋足以将圣餐变成基督身体与血的能力感到怀疑时，圣贝尔纳并未当面斥责，反而命他接受圣礼，"去与我所信仰的主交流"。我们确信圣贝尔纳的信心，解开这位教士的迷津，而拯救了他的灵魂。贝尔纳对异端倡议者如阿伯拉尔及布雷西亚的阿诺德等人，可谓恨之入骨，非要查个水落石出不可，因为这班人削弱了教会的根基。圣贝尔纳认为，教会不论其有多少缺点，总是基督传达意旨的媒介。他以圣母般柔细的情怀来爱教会，圣母也是他热诚敬拜的对象。他曾经为了一位行将绞刑的小偷，向香槟地区的伯爵乞求，并承诺使他受到比瞬息一死更重的刑罚。各地君王和教皇都是他传道的对象，但主要是居住在明谷的农民和牧人。对他们的过错，他都宽恕，并且以身作则，以他坚强的信仰和温暖的爱心潜移默化，赢得他们由衷的爱慕。虔诚使他极尽一切禁欲之能事，屡次的禁食使他在锡托的上司命其必须进食；38 年间，他都一直居住在明谷狭窄的斗室中，以稻草为床铺，没有坐椅，唯一可供歇脚的不过是墙上的缺口而已。对他而言，世界上的安乐与财富，均不足与基督的思想和应许相比。他曾经写出数篇真诚而感人肺腑的赞美诗：

> 思念耶稣真甜美，
> 使我心里好欢喜，
> 有他同在真甜美，
> 胜过蜂蜜无伦比。

> 比那甜歌更优美，
> 比那爱语更亲切，
> 比那灵思更惬意，
> 耶稣基督神之子。

> 忏悔者的希望，耶稣基督。
> 你对祈求的人，何其仁慈！
> 你对寻找的人，何其和悦！
> 你对寻见的人，又将如何？

　　他虽然极有演说天才，但除了追求灵性上的美感外，一切都置之度外。面临景色宜人的瑞士湖泊，他合起眼睛，借以避免为其所惑。在他所主持的修道院中，唯一的装饰品只有钉在十字架上的耶稣神像，其他空无一物。他痛诋克吕尼的不惜巨资，锐意建造、装修修道院。他说："教堂的墙壁富丽堂皇，而其穷苦信徒却衣食不周。围砌教堂的基石，都包上精金，而其子民反而无以御寒。以贫民的银钱，来悦富者的眼目。"他大胆指责圣丹尼斯修道院缺乏虔诚单纯的信徒，反而充斥桀骜不驯的武装骑士，并称其为"要塞堡垒、魔鬼的学校、贼窟"。阿博特·苏格尔深为此番非难言词所动，改革教堂和僧侣的习惯，赢得了圣贝尔纳的赞扬。

　　由明谷开始的修院革新及因圣贝尔纳子弟擢升主教及大主教职而导致教阶组织的改善，不过是圣贝尔纳影响的一部分。事实上，这位惊世骇俗、仅以面包为食的僧人，影响了半个世纪中各个阶层的人士。法兰西国王的胞弟亨利慕名而来，当天即被说服，成为一名修道僧而在明谷洗濯碗碟。凭借他的证道——讲词动人易感，近乎诗句——他打动了所有听道的人；以他情辞恳切的函件，影响了宗教会议教士、主教、教皇及君王。通过个人的私交，他决定了教会及国家的政策。院长以上的职位他一概加以拒绝，但他拥有左右教皇人选的潜力，他的威望更是教皇们望尘莫及的。通常在教会的召唤下，他即肩负外交重任，暂时离开他的斗室，前后不下 12 次。1130 年，当对立的集团各自拥护阿纳克勒图斯二世及英诺森二世为教皇时，圣贝尔纳支持英诺森；当阿纳克勒图斯夺取罗马时，圣贝尔纳便潜进意大利，以其人格及犀利的言辞激励伦巴底一带的人民，群起拥护英诺森。这些群众陶醉在他能言善辩的口才及神圣不可侵犯的人格下，纷纷前来吻他的脚足，并撕碎他穿的衣服，拿回家当作圣物，供后世子孙留念。在米兰，许多病患到他面前来，癫痫、麻痹及其他疾病的信徒竟宣称由于他的触摸而告痊愈。当他功德圆满返还明谷时，农民由田园里特地赶来探望，牧羊人也闻风而下山，请求他的祝福，然后才精神昂扬、心满意足地返回他们的岗位工作。

1153 年圣贝尔纳逝世时，锡托修道院已由 1134 年（斯蒂芬·哈丁逝世之年）的 30 所增加至 343 所。许多信徒深受他的圣洁及能力感召，皈依新的教士团体，到 1300 年，已有 6 万名修道僧散布于 693 所修道院中。12 世纪，还有许多其他的教士团体成立。约 1100 年，艾卜里索尔（Arbrissol）的罗伯特在安茹创立了丰特夫劳尔特（Fontevrault）教团。1120 年，圣诺伯特放弃继承一笔庞大遗产的机会，在拉昂附近的普列蒙特（Prémontré）创设普列蒙特戒律教士团体。1131 年，圣吉尔伯特模仿丰特夫劳尔特的遗风，筹组塞姆普林哈姆（Sempringham）的英格兰戒律教士组织。约 1150 年，一些巴勒斯坦隐士遵行圣巴西勒的隐士清规，而遍及巴勒斯坦全境；等穆斯林占据"圣地"耶路撒冷时，这批"加尔默罗"（Carmelites）戒律教士即迁到塞浦路斯、西西里、法兰西和英格兰。1198 年，英诺森三世正式批准天主圣三会（order of Trinitarian）的清规，并使其致力于从穆斯林手下释放被俘的基督徒。这些新出现的教士团体，不仅扭转了教会的颓风，还提高了内部的素质与风气。

圣贝尔纳所激起的修道僧改革的高潮，于 12 世纪中期逐渐衰退。新成立的教团仍然虔诚地遵守严格的清规，但在这个充满活力的时代里忍受如此严苛生活的人，实不多见。不久，西多会——甚至在圣贝尔纳主持的明谷——接受为数可观的礼物，财产也逐渐增多。世人"微量"的捐赠，僧侣们也得以在三餐中加添肉类及足够的美酒。他们委托庶物修士从事所有的手工艺。圣贝尔纳逝世后的第四年，他们即购入伊斯兰教奴隶代劳。他们发展大规模的盈利事业，制造利润优厚的贸易商品。由于他们的产品享有免除路税的特权，自然引起同业合会的反感。十字军的失败，降低了人们宗教信仰的热忱，皈依者日渐减少，各教士团体的士气大为低落。但使徒们无私产而试行共产式生活的古老理想仍未消失；有关一个真正的基督徒必须摒弃一切功名利禄，成为一个恬淡平和的人的信念，仍萦回于人们的脑际。13 世纪初，意大利翁布里亚丘陵地一带出现了一位生活简朴、纯洁、虔诚而又仁爱的人，他使这些古老的理想再度付诸实现，令一般群众怀疑是否基督再世。

圣方济各

有关圣方济各的记载，部分是正史，部分是逸闻，由于这些逸闻多属中世纪文学佳构，故其中某些下文也引用到，并预先以记号示之。《圣方济各之花》（*Little Flowers of St.Francis*）及《至善的楷模》（*Mirror of Perfection*）二文中多半为逸闻，引自这些作品时，均会如此加以注释。

乔瓦尼·贝纳多内（Giovanni de Bernadone）1182 年诞生于阿西西。他的父亲塞尔·皮埃特罗（Ser Pietro）是一位经常与普罗旺斯进行贸易的富贾。皮埃特罗在那里爱上了一位法兰西女郎皮卡，并迎回阿西西为妻。当他再度由普罗旺斯返回故里时，发现皮卡为他生了一个儿子，为表示他对皮卡的爱意，将小孩的名字起为方济各（Francesco，即 Francis）。小孩在意大利最风光明媚的地区长大，对翁布里亚地区的山水也无法忘怀，并自他的父母那里学习了意大利文和法文，自教区神父那里学得了拉丁文。此外，他并未受过正式的教育，即辅佐他父亲的事业。皮埃特罗对他入不敷出、挥霍无度的表现十分失望。他是城中最富有的青年，又最为慷慨大方，一群酒肉朋友终日与他为伍，吃喝玩乐，哼着抒情诗人的歌曲。方济各经常是一身五彩缤纷的游吟诗人装束。他原是一个俊美的少年，有乌黑的双目和头发、一张温和可亲的面孔、悦耳的声音。他早期的传记作家断言他除了与两位妇女有一面之缘外，与异性概无任何关系存在，但这实在是冤屈了方济各。可能在启蒙时期，他已由父亲口中得悉不少有关法兰西南部阿尔比派和瓦尔多派的异端思想，及他们所传有关安贫乐道亦新亦旧的福音。

1202 年，他参加阿西西攻打佩鲁贾的军队时，不幸被掳，在沉思默想中度过了囚牢的一年。1204 年，毅然加入教皇英诺森三世所号召的自愿军，进抵斯波莱托，当他发烧静卧于床席时，觉得有声音向他说："你为何背弃神，而服侍神的仆人，背弃王而服侍王的家臣？""主啊，你要我做什么事呢？"有声音回答说："回到你的老家，在那里你会得到指示。"于是他脱离戎马生涯，回至阿西西。此后，他对他父亲的事业益感乏味，而宗教热忱相对提高。阿西西附近有一所贫困的教堂，名为圣达米安小教堂。1207 年 2 月，方济各在此教堂祷告时，感觉到基督自圣坛上对他说话，并悦纳他将生命、灵魂献上作为祭物。从那时起，他觉得自己的生命焕然一新，便将身上携带的金钱，悉数捐献给教堂的神父，然后才回家。某天，他遇上一位麻风病人，下意识地，他即掉头而去；然而，良心上的自我谴责，使他感到不忠于基督，所以再度回头，倾囊资助麻风病人，并且亲吻其手掌。方济各告诉我们这种举动正表明他属灵生活的开始。以后他屡次拜访麻风病人的居所，带给他们无数的赈济品。

这次经历以后不久，他有数日在教堂内外度过，而且显然很少进食。当他再回至阿西西时，显得瘦削憔悴，面无血色，衣衫褴褛，神智颓丧不清，广场上正在游玩的儿童惊叫道："疯子！疯子！"他父亲找着他，视其为蠢材，拖回家去，锁于密室中。他的慈母暗地将他释放后，他随即逃回教堂。愤怒的父亲又将他追回，责骂他使全家成为众人的笑柄，并谴责他赚回的钱少得可怜，简直无法与双亲哺育他所花费的相比，最后命他离开该城。方济各曾变卖私产资助教会，他将变卖所得交其父亲点收。现在他自认为属于基督所有，他的父亲再也无权指使他。他谦卑地接受主教法庭的传讯，出现在圣母玛利亚教堂广场。据乔托的记述，在众人围观之下，主教接纳了方济各并命他放弃所有的财产。方济各退到主教庭一个小室中，不久，即赤裸裸地出现在众人之前，将一捆衣物及剩余的银钱交予主教说："此刻以前我称皮埃特罗·贝纳多内为我的父亲，但是，现在我要侍奉神。因此，我将身上所留的金钱，身上穿着的衣服，及其他所有得自他的东西，全部退还给他。此后，除了'我们在天上的父'外，不愿再提其他字句。"贝纳多内拿走他的衣服，主教则以自己的斗篷覆盖战栗不停的方济各。随后，方济各至圣达米安教堂，自制一套隐士的道袍，沿门托钵度日，并以双手修复这座残破不坚的小教堂。有些镇民也前来协助，他们一面工作一面歌唱。

1209 年 2 月，弥撒时当他听到神父念及耶稣训诫使徒的一段话，突然深有所感。经上说：

> 随走随传，说"天国近了"，医治病人，叫死人复活，叫长大麻风的洁净，把鬼赶出来，你们白白地得来，也要白白地舍去。腰袋里不要带金银铜钱，行路不要带口袋，不要带两件褂子，也不要带鞋和拐杖。

在方济各心中，这简直是耶稣本人对他的耳提面命，所以他决心严格切实地奉行这些话——传扬天堂，弃绝任何财物。他要回到 1200 年前耶稣在地上的行迹，并模仿这神圣的典范，再造他的生活。

所以，是年春天，不顾一切冷嘲热讽，他毅然站在阿西西与邻近村镇的广场上，公然传播耶稣救世及安贫乐道的福音。不齿世人的寡廉鲜耻、一味追求财富，并震惊于某些教士奢侈浮华的生活，他视金钱为魔鬼，为万恶之源，命其门徒弃之如粪土，呼吁善男信女变卖所有，分给穷人。少数的人，带着惊异钦羡的表情，聆听他说话，绝大多数人都认为他是基督傻子，不予理会。阿西西有位心地善良的主教坦然说道："你所主张一无所有的生活方式，对我似乎十分困难而不易实行。"方济各回答："阁下，如果我们拥有财产，就需要以膀臂去保卫它。"他感动了部分人士，12 位信徒自愿依从他的教义，践行他的生活方式。他也表示由衷的欢迎，并以上述所引耶稣的训诫，作为对他们的托付及日常生活的清规。他们身着褐色袍子，以树干自己搭建小屋。一反旧日修道僧孤立隔绝的作风，方济各与他们身无分文打着赤足四处传播福音。有时他们数月不回，而随便借宿于马厩、麻风病院或教堂屋檐下。当他们归来时，方济各必定为他们洗濯双足，并奉上食物充饥。

他们彼此问安，并以古东方的问候语"主赐你平安"向路上所遇见的人问候。当时尚未有方济各会之名，他们互称"小兄弟"（Friars Minor，Minorites）。"Friars"意即弟兄们，而非指神父；"Minor"则指其为基督最卑微的仆人，永远臣服在至高的权柄之下。即使对最低阶层的神父，他们仍持守其属下的地位，与任何神父相遇时，必定亲吻其手。首批组成这个教团的人中，鲜少被授予圣职的，方济各本人也不过是辅祭而已。在他们自己的小群体中，彼此服侍，一起工作；闲懒者毫无置足的余地。学术研究也非他们所提倡的，因为方济各体察到世俗的一般知识，不过是教导人们如何收敛财富、追求权力，此外一无是处。他感叹道："凡为求知欲所牵引的弟兄们，当大灾难的日子来临将发现自己两手空空，一无所有。"他指责历史学家本身并无多大作为，而仅因记载他人的丰功伟业而享功名。早在歌德之前，方济各已倡言无法学以致用的知识不仅无益，而且有害，他说道："人们只要具备工作所需的知识即可。"所有的弟兄均不准私据书本，甚至《诗篇》也不例外。传道时他们不仅以演讲的方式进行，而且辅以歌曲，方济各说，他们甚至模仿游吟诗人，而成为上帝的乐团。

有时小兄弟会修士遭受冷嘲热讽，并被打得遍体鳞伤，身上的罗衫也几乎被剥得一干二净，方济各嘱咐他们切勿还手。好几次，他们视权势与财富如同浮云的超人态度，使这班恶棍大为惊愕，自动归还劫取的衣物，而要求传教士弟兄会士赦免。以下有关《圣方济各之花》一书中一个典型的事例，我们不知是正史还是逸闻，但它确实描绘出这位圣者在各种事情上表现的忘我敬虔态度：

某一个寒风刺骨的冬天，方济各正冒着严寒离开佩鲁贾，他说道："利奥弟兄啊，即使小兄弟会修士在神圣与训诲的事上树立了楷模，可是千万要记得真正的乐趣并不在其中。"方济各向前行走片刻时，又表示："啊！利奥弟兄，纵然小兄弟会修士能令盲者看见，佝偻者直立，把鬼赶出，令聋者听见，瘸子行走……在坟墓里已四天的死人复活，切记：真正的乐趣仍然不在其中。"再行走一段时间，他又大声喊道："哦！利奥弟兄，小兄弟会修士若能懂得万人的方言及各种的知识和所有的经文，不仅能够预卜未来，而且洞悉灵魂及良心的奥秘，切记：其中也找不到真正的乐趣。"……又走了一段路后，他又喊道："哦！利奥弟兄，即使小兄弟会修士极擅传讲，能说动普天下之人皈依上帝，切记：其中仍无真正的乐趣。"如此说了又说，继续了两英里路程，利奥弟兄问道："教父啊，请你奉神的名告诉我，究竟真正的乐趣何在呢？"方济各答道："当我们带着被雨水湿透，被严寒冻僵，被泥沼污秽，受尽饥饿折磨的身子来到天使圣玛利亚教堂叩敲大门后，门丁恼怒地前来问道：'你们是谁？'我们说：'我们是你的两位穷弟兄。'而他回道：'你们说谎，你们是两名骗子，诈欺天下，窃取人的赈济品，滚开！'拒绝为我们开门，迫令我们整夜饥寒地在风雪中挨过。此刻，若是我们仍耐心地承受这种残酷的对待，既无怨言，也不忧伤，心中谦卑而宽厚地相信，是神使这位门丁如此奚落我们——哦！利奥弟兄，切记：真正的乐趣乃在其中！假如我们仍继续不断地叩门，门丁出来愤怒地赶走我们，并凌辱、殴打我们的面颊说道：'滚蛋，你们这些可恶的窃贼！'——若是我们满怀爱意，欢喜耐心地忍受，切记，哦！利奥弟兄：这就是真正的乐趣。假如我们因饥寒交迫，再度叩门，并泪流满面地苦求门丁秉着上帝的恩爱，开门让我们进入教堂之内，而他……带着多节的大木棒，抓住我们的袍子，将我们猛推于地上，在雪中翻滚并以那重重的木棒伤了我们身体里每根骨头；倘若我们仍体恤耶稣基督临死前的痛苦，而为爱它的缘故，耐心并欣悦地忍受一切的苦楚。切记，利奥弟兄，这才是真正的快乐。"

早年无拘无束的放荡生活给他留下无比的内疚，假如《圣方济各之花》中所记为实的话，我们可以知道，他有时也怀疑上帝是否会宽恕他昔日的罪恶。有一个感人的故事说：在此教团草创时期，有次教堂中欠缺每日朗诵的祈祷文时，方济各临时写成一篇忏悔的祈祷文，并要利奥弟兄跟着他反复朗诵这些控告方济各之罪的词句。利奥弟兄本想随着重述一遍，但发现自己说的竟是："神的怜悯慈爱无限量。"又有一次当方济各患四日热而渐愈时，竟然强以赤裸的身子出现于阿西西市场区的民众前，命令一位小兄弟会修士当众以整盘的灰投撒在他的脸上，并对群众说道："你们相信我是一位圣洁的人，但是我对上帝和你们坦白承认，在我这次病中，我曾吃肉并喝肉汤。"此举也令庶民折服，由衷钦佩他的圣洁高风。人们流传着一位年轻的小兄弟会修士，曾经目睹基督和圣母与方济各彼此交谈及许多有关于他的奇迹，他们带着病人及被鬼附身的人到他跟前来，请求他予以治疗。他的博爱慈善使他成了传奇人物。每当目睹较他更贫困的穷人出现，他一定毫不犹豫地将自己褴褛的衣裳转赠他们。所以他的门徒们觉得要使他一直有衣在身是很难的。《至善的楷模》可能也只是一本传奇，有如下的故事流传着：

曾有一次，当他自锡耶纳回来时，途遇一位贫民，他即刻对一个同行的弟兄说道："我们应该将这外套还给它的所有人。因为我们这外套只是暂时借来的，当我们瞥见较我们更加寒酸的穷人时……我们若不将它转给此刻更迫切需要它的人，则我们将被算为窃贼。"

他的仁心惠及各处。《至善的楷模》可能已显露他日后写《太阳赞美歌》（*Canticle of the Sun*）的端倪：

> 早晨旭阳上升时，每个人应该称颂为我们缔造太阳的上帝……当黑暗降临时，每个人又得赞扬赐予我们光明的上帝；否则我们如同盲人一般不见天日；上帝以太阳及火照明了我们的眼睛。

他爱惜火种，绝不轻易吹熄星星之火的蜡烛，因火本身可能不愿被熄灭。对任何生物他都有怜悯之心，他希望向皇帝（当时的皇帝腓特烈二世，为猎鸟专家）恳祈，"为上帝及我的仁心，请皇帝制定一种特殊法令，禁止残杀、捕捉或者伤害人们的益友百灵鸟；同样地，所有城镇的镇长或郡主或城堡、村庄的领主都得明令属区下所有百姓，每年圣诞节时都应撒播五谷于郊外，让人们的益友百灵鸟及其他鸟类食用"。他曾经说服一位青年，将提往市场售卖的一些斑鸠转让与他，并为它们砌筑巢穴，"让你们可以绵衍不绝地繁殖下去"。后来，果然不出所料，斑鸠活泼地与僧侣们为伍，有时还分享僧侣们桌上的食物。一时有许多的传闻以此为主题虚夸地叙述这类事情，其中之一描述方济各如何向停于加诺拉和贝瓦格纳路口的小鸟说教，"那些栖于树上的鸟群也飞下来聆听他的话，寂然无声，直至方济各结束他的讲词"——

> 我可爱的小鸟们，你们应该感谢上帝，你们的创造主，无论置身何地，都要赞美，因他倍增你们美好的霓裳，又赐予你们自由飞翔的能力；你们不须播种，不必收成，上帝自然喂养你们，并创造河流及源泉供你们饮用，山野让你们休憩，高树使你们构筑归巢，你们不须纺线编织，上帝自然赋予你们及你们子孙以羽毛……所以我的小鸟们应该牢记，不要忘恩负义，而应该赞颂他。

通过詹姆斯与玛塞奥两位小兄弟会修士的证实，我们得知小鸟均十分恭敬地听从方济各，并且一直到他祝福它们后，才姗姗展翼离去。

新教团的成立需要教皇的核准，1210 年，方济各率同 12 位弟兄前往罗马，条陈他们的清规，请求教皇英诺森三世批准。教皇仁慈地垂询他们，希望等待他日证明清规能够切实实行时，方才正式予以承认。他说："我亲爱的孩子们，你们的生活未免过于严肃。我可以看出你们一股伟大的热忱……但是我不得不从长计议，你们的生活方式可能远非常人所可承受。"方济各一再坚持，教皇终于让步——这是力量向信仰让步。他们正式取得僧职纳入教会神职系统中，并由阿西西附近苏巴希奥（Subasio）山的圣本笃会手中，接收天使圣玛利亚教堂。这一座不及十英尺长的建筑物即是日后所谓"波尔蒂恩古拉"（Portiuncula），即"小屋"（Little Portion）之意。环绕小屋，他们自行搭建许多茅屋，构成了圣方济各第一修会的初期修道院。

出乎意料，新会员如同雨后春笋般地申请加入，更令圣方济各兴奋的莫过于年方 18 岁的富家女子克拉拉（Clara dei Sciffi）竟要求他的批准，另外成立一个专为妇女而设的圣方济各第二修会（1212年）。她离家出走后，即宣誓践行安贫、贞洁及服从三大戒律，成为圣达米安教堂附近圣方济各修女院的院长。1221 年，圣方济各第三修会在平信徒间又告成立，他们并不完全受方济各清规的约束，但生活在"尘世"中，仍尽力地遵守，并不时以劳力和赈济事业帮助第一和第二修会。

伴随方济各修会的日益壮大，1211 年时已将其福音传入翁布里亚，随后又逐渐传入意大利中部的其他省份。他们并未另立新说，只是传扬少许的神学理论，更不苛求听众实践他们本人身体力行的安贫、贞洁及服从的戒律。他们说道："敬畏上帝，颂扬及感谢他……忏悔……因为你们业已了解，我们死期已指日可待……远避恶事，持守善道。"这类的言词在意大利并不新鲜，可是却不似他们那般诚恳，人们闻道而来聆听，尤其翁布里亚某一村庄得悉圣方济各前来传道，集体带着花、旗帜，唱着歌，夹道欢迎。得悉锡耶纳城市发生内乱，他前往传道，使双方前来，从中斡旋，得以暂时平息一场纷争。就在他周游意大利、传播福音的旅程中，不幸罹致疟疾而告早逝。

生前，鉴于意大利境内传道的成功，加之对伊斯兰教教义的隔阂，他毅然决然想前往叙利亚，说服这些穆斯林及其国王皈依基督教。1212 年，他乘坐的船驶离意大利港口，但遭到暴风的吹袭，飘至达尔马提亚海岸，被迫折回意大利。传说圣方济各使巴比伦的邦主皈依基督教。另一个可能也是虚构的故事中述道，同年，他远涉西班牙，欲劝摩尔人改奉基督教，不幸当他抵达目的地时，感染重症，其门徒只得将他护送回到阿西西。另外尚有一待考的流传，描写他的埃及之行；他丝毫未损地通过达米埃塔地区正与十字军交锋的伊斯兰教军队，直接向其君王提议，倘若他能无害地通过火堆，则伊斯兰教军队全体皈依天主教，提议被婉拒，可是圣方济各被安全护送回到基督教军营区。惊闻十字军攻掠达尔马提亚后，竟然惨无人道地屠杀城内的穆斯林，圣方济各悲伤、厌恶地返回意大利。据说，他除感染全身发冷的疟疾之外，在埃及还罹患眼疾，使他在余生中几乎成为一个盲人。

圣方济各周游各地时，其门徒的人数遽增，但不都能守其清规。昧于他的威名，部分新人未于事前慎加考虑即仓皇加入，事后有些人方才后悔，而多数则抱怨清规过分苛刻。鉴于众口铄金的形势，圣方济各被迫让步。毫无疑问地，他所组成的团体，迅速地扩及翁布里亚全境，分散成数个修院。庞大的机构，自然需要讲究行政技巧，而非只专注于神秘事理所能应付的，这实非始料所及。据说，某次有一个僧侣议论他人的短处，圣方济各毫不留情地处罚他吞食一团驴粪，以禁止他再口出秽言。这个僧侣毫无异议地遵从，但是其他僧侣为这一处罚比为该僧侣的过错，更为惊讶。1220 年，圣方济各自请解职，要求其门徒另选贤能主持，随后，视自己为一名普通僧侣，然而翌年，不满于原定清规（1210 年）的日益松弛，他另外起草一条新规章，即著名的《圣约》（*Testament*）——以恢复绝将遵守安贫誓言为宗旨，禁止僧侣们从波尔蒂恩古拉的茅屋，搬至市民为他们所筑较有益的健康地区。他将这一团体的清规呈递给洪诺留三世，后者转交给高级主教委员会审查，他们对方济各致以无比的敬意，同时对清规做大幅度的放宽。英诺森三世以前所作的预测，得到证实。

圣方济各勉强而谦卑地顺服下来，其后他过着几乎与世隔绝、终日沉思冥想、禁欲祈祷的生活。由于他坚贞的信仰和强烈的想象力，他眼前常出现耶稣基督或圣母玛利亚，或十二使徒的幻影。1224 年，他率领三位门徒离开阿西西，翻山越岭前往基乌希附近维尔纳山上的隐居所。蛰居在人迹罕至、简陋无比的茅屋中，其间有深谷与世隔绝，除了利奥弟兄外，其余人概不接见。而利奥弟兄，一日也仅能入访两次，而且不得他的答应，仍不得入内。1224 年 9 月 14 日"光荣十字圣架庆日"（The Feast of the Exaltation of the Holy Cross），圣方济各经过长久的斋戒和彻夜守望的祈祷，突然觉得自己看见了天使长由天而降，身边带着钉在十字架上的耶稣基督塑像。待异象消失时，他感觉无以名状的隐痛，发现手掌内外、足掌上下及身躯上均起了肉瘤，其所在部位及颜色，均类似耶稣被钉十字架时四肢的钉痕及肋旁的枪伤。这种肿瘤，可能是在缺乏现代医学治疗的情况下，恶性疟疾所促成紫色皮下出血的现象。

圣方济各返回隐居所后，即刻赶抵阿西西。出现圣痕后一年，视力逐渐衰退。正当他拜访圣克拉拉所主持的修女院时，终告失明。圣克拉拉予以治疗，以恢复他的视力，并挽留他在圣达米安的修女院住一个月。1224 年的一天，可能因复明而欢乐，他在那里，以意大利诗式散文写成《太阳赞美歌》的诗篇：

　　无上，万能，至善的主。

颂赞，荣耀，尊贵及一切祝福，皆归于你；
至高的主，一切皆归于你，
无人够格称你名。

赞美你，我主，赞美你的一切造物，
尤其是弟兄太阳，
赐给我们白日和光明。

他诚挚热烈，光辉四射；
至高无上的主，他可与你相并提。

赞美你，我主，赞美姐妹月和星；
你在天堂造了她们，澄明，稀有而又美丽。

赞美你，我主，赞美弟兄风和气，
赞美云，赞美雨，以及一切气候，
你由他们赐给万物以粮食。
赞美你，我主，赞美姐妹水，
她极为有益，谦卑，稀贵而又纯洁。

赞美你，我主，赞美弟兄火，
你以他照亮黑夜，
而他热诚，欢悦，坚定而又强健。

赞美你，我主，赞美我们的姐妹地母，
她抚养我们，并使我们茁壮成长，
她生产种种水果，各色花卉，以及香草和药物。

　　赞美你，我主，赞美那些为了你的爱而宽恕他人和忍受病苦的人。

　　祝福那些默然忍受的人，
　　因为你，至高的主，将赐他们以荣耀。

　　1225 年，累提（Rieti）的医生鉴于涂"男童的尿"无助于圣方济各的视力改善，改以炽热的铁棒擦额而过。据说，圣方济各求助于"弟兄火：你远较万物漂亮；此刻敬请善待我；你可知道我一直是如何地热爱着你"。日后，他表示当时丝毫不感到痛楚。他的视力因而得以恢复少许，于是他继续踏上传教的旅途。跋山涉水的辛劳，拖倒了他，疟疾和浮肿令他寸步难行，终于被送回阿西西。

　　人们不顾圣方济各反抗，将他移置在主教寓所的床铺上。在他的恳求下，医生以实情相告，说他的时间不多了。出乎众人意外地，他竟然唱起歌来。又在《太阳赞美歌》的诗篇上加上一节：

　　赞美主，赞美我们的肉体姐妹死神，无人能逃过她的掌握。
　　哎呀！那带着重罪而死的人何等悲哀；
　　祝福那些寻得你圣旨的人，
　　第二次的死将不能加害他们。

　　据说，在此残年中，他对禁欲表示后悔，认为这"残害他的身躯"。他乘主教公出时，说服僧侣们，将他转送至波尔蒂恩古拉，随后口授遗言，令人笔录下来，谦逊而带命令的口吻，嘱咐他的门徒，要安于"贫苦、荒凉的教会"，不要接受违反安贫誓言的屋宇；教团中任何持异端或不忠的僧侣，均应提交主教；不得任意改变清规。

　　1226 年 10 月 3 日，他唱诗时气绝而死，享年 45 岁。两年后，教会追封他为圣人。在那充满活力的时代，尚有另外两位影响时代的领袖人物：英诺森三世和腓特烈二世，前者使教会臻于巅峰状态，但教会百年内即告败落；后者重振帝国声威于极致，而帝国十年内也告式微。圣方济各虽过分强调安贫及无知的美德，但不可否认，他将基督的灵带回教会中，而恢复了基督教的生机。今日只有学者才知道教皇英诺森三世及腓特烈二世皇帝，但是圣人的事迹深刻留在千百万人心中。

圣方济各溘然长逝时，这一教团的会员约5000人，遍布于匈牙利、日耳曼、英格兰、法兰西及西班牙各地。它为教会保全了意大利北部的广大地区，使其从异端的势力中回归天主教安贫与无知的福音，仅为少数人所接受。大体而言，欧洲仍然被笼罩在追求财富与私欲，蔑视科学、哲学及理性的氛围之下。同时，圣方济各在极不情愿的情形下所同意修正的清规，于1230年终于再度放宽尺度，因为人们无法长期忍受那种缩短了圣方济各生命的禁欲生活。清规放宽后，约1280年，小兄弟会修士已达20万人，分住于8000座修道院。他们变成了伟大的传道家，而入世教士也模仿他们，到处传道，在此之前，传道是主教们的专利。他们中间，产生了许多圣人，如锡耶纳的圣贝尔纳、帕多瓦的圣安东尼，并有科学家罗杰·培根，哲学家邓斯·司各特，杰出教师有哈勒斯的亚历山大。有些荣任宗教裁判法庭的官员，少数高升至主教、大主教、教皇的职位；更有许多冒着生命危险，离乡背井，远赴异域散播福音。虔诚的教徒踊跃乐捐，部分领袖人物类似埃利亚弟兄，逐渐沉溺于奢侈的生活，不顾圣方济各禁建华丽教堂的规定，在阿西西的山岭上兴建富丽堂皇的教堂以纪念圣方济各。在意大利的艺术中，契马布埃（Cimabue）和乔托的绘画，是首批表现有关圣方济各深广影响及其生平轶趣的艺术作品。

许多小兄弟会修士仍然一本圣方济各初衷，坚决反对放宽清规。这些"属灵派"（Spirituals）或"狂热派"（Zealots）隐居于亚平宁山的隐居所或修女院中，而其他大部分方济各僧侣则生活在宽畅的修道院中。属灵派力言耶稣基督及他的使徒们全无财产可言；圣波拿文都拉同意他们的说词，教皇尼古拉三世于 1279 年正式批准。但是 1323 年教皇约翰二十二世却持异见。因此，坚持此说的属灵派者，此后即被视为异端而遭压制。圣方济各逝世百年后，他最忠诚的信徒，居然被宗教裁判所焚毙于火刑柱上。

圣多米尼克

多米尼克的名字与宗教裁判所常被相提并论，这是不公平的。其实他既非始作俑者，对他恐怖的作风，更不必负担丝毫的责任。他本身的工作，就是以身则则，传播福音，使人皈依神。他的饮食生活较圣方济各更为严谨，却尊崇圣方济各为更圣洁的圣人，他同样也得到圣方济各的敬仰。他们所从事的任务基本上是类似的：各组教团，与世隔绝，不求自我解救，而致力于信徒与非信徒中的布道工作。他们皆由异端论者手中学得最犀利的武器——崇尚安贫及进行传道。他们的奋斗不懈，挽救了教会的颓势。

古兹曼（Guzman）的多米尼克 1170 年诞生于卡斯提亚境内的卡拉鲁加（Calaruega）。自幼即由一位神父的叔父抚养长大。他与当时成千的善男信女一样，都是典型的虔诚基督徒。据说，帕伦西亚（Palencia）遭饥荒时，他不惜变卖一切，甚至典当心爱的典籍，资助贫困无依的穷人。日后，他成为奥斯玛大教堂奥古斯丁会教士的戒律教士。1201 年，随同主教前往当时阿尔比派中心图卢兹传教，该地的领主也是阿尔比派信徒。传说多米尼克一夜间，竟然使该领主回心转意。在主教的鼓舞与异端论者的影响之下，他过着一种赤贫的生活，赤足而行，以平和的方式，将人们带回教会。在蒙彼利埃，他遇见三位衣服华丽、生活奢侈的教皇特使——阿诺德、劳乌尔及卡斯特劳的彼得。他觉得这即是他们所以无法成功地遏止异端的原因，所以毫不讳言地引用一位希伯来先知的话来申斥他们："异端之所以获得共鸣，并非假借权力、声势，也非因其从仆如云，或拥有华丽的小马队，而是以其赤诚的传道精神，使徒们的卑微态度、严谨圣洁的生活达成的。"面红耳赤的特使们随即遣散随从人员，并且脱下他们脚上的鞋子。

1205 年至 1216 年，多米尼克一直待在朗格多克，热心地进行传道工作。唯一提及他有关身体迫害的记载说：他曾在火焚异端信徒时，从烈焰中，抢救了一位异端信徒的生命。其逝世后，许多他的教友仍引以为荣地夸奖道，他并非异端的迫害者而是异端的说服者。他所聚集的一批传教士，干劲十足，教皇洪诺留三世（1216 年）不得不承认"传教士弟兄"（Friars Preachers）为一个新教团，并且核准多米尼克所草拟的清规。以罗马为大本营，召训一批新僧侣，教授他们，并以一种几近狂热的精神鼓励他们，并差派他们至欧洲各地传播福音，甚至远抵东方的基辅及其他陌生之地，欲使所有基督教世界及异教世界皈依基督教。1220 年，在博洛尼亚第一次多米尼克教团总会中，多米尼克劝服其门徒，全体一致绝对履行安贫的清规。翌年，他在此去世。

多明我派僧侣也和方济各僧侣一样，过着四海为家、沿门托钵的生活。1240 年，马修·帕里斯在英格兰记载：

> 他们节衣缩食，身上既无金银财宝等贵重物品，更无私物可言，走遍各城镇、乡间传播福音……大概 7 人一组、10 人一团地聚集在一块儿度日……毫不顾虑来日的生活，也不为了未来而积存任何财物……将人们奉献予他们的残余物品，毫不迟疑地转赠给一般的贫民。怀着福音，流浪天涯，和衣睡卧席上，并以石头为枕。

对异端的裁判，他们表现得十分积极。教皇授以崇高的职位，并委以外交上的重任。他们也进入大学，接受教育，所以才有大阿尔伯图斯与阿奎那两位经院学派的伟大哲学家的出现，就是他们把亚里士多德转变为基督徒，而挽救了教会。方济各派、加尔默罗会、奥斯丁弟兄派（Austin Friars）及多明我派等在每日崇拜仪式中，使僧侣与世俗百姓相交，革命性地改变修道士的生涯，使 13 世纪的教会不仅拥有前所未有的权力，实质上也升华至前所未有的理想境界。

我们以这么多篇幅来介绍僧院的历史，并非要证实道德家的夸张之词或讽刺家的讽刺言论。事实上，我们可以提出许多修道僧的恶行，其所以引人注意，正因为他们的与众不同，而我们中间谁又如此品德高洁，可以要求别人无瑕无疵呢？僧侣们终身履行安贫、贞洁、虔诚的誓约，不求闻达，远避流言蜚语，也不愿作历史的陈述，因为不制造新闻才是美德。这倒困扰了读者及史家。我们听说，早在 1249 年，方济各僧侣曾经拥有"富丽堂皇的屋宇"。善于言过其词而常不被采信的罗杰·培根，在 1271 年上谕教皇道，"新教团每况愈下，无法维持其原本高尚的品德"。但是较之坦白而又身临其境的弗拉·萨利姆贝内所写的《编年史》，以上的议论则不免是隔靴搔痒。于此，一位方济各僧侣带着我们窥探幕后真相，并进入该教团日常生活中。其间瑕疵的行为、彼此间的妒忌与争执，在所难免。可是一般而言，他们的生活仍然充满着谦逊、淳朴、友爱与和平的气氛。即使偶尔也有妇女穿插在他们的生活中，也无非是给他们狭窄而寂寞的生活平添些许雅致与柔美。以下即是弗拉·萨利姆贝内坦白陈述的一例：

　　在博洛尼亚修道院中，有一位名为圭多的弟兄。习惯上他于睡觉时总发出雷般的鼾声，惊动四邻，无法入眠，因而被安顿于一茅棚中。虽然如此，他宏大而响亮的鼾声，仍然响彻整座修道院。在无法忍耐的情况下，所有神父和贤明的会士聚会一堂……大家认为他的母亲明知儿子有此毛病，仍不顾一切，欺瞒教团，而将她的儿子送来，所以判决他应当被遣返给其母亲照料。然而，他并未立刻被遣回，这是天主所作的……因为尼古拉弟兄心想，这孩子被逐出，是因其先天的缺陷，而非其自身所犯的过失，特别召圭多在每日黎明时刻的弥撒中，来帮助他，弥撒结束时，命此一孩童屈膝于祭坛之前，以待接受祝福。尼古拉弟兄以手轻触他的脸颊及鼻额，祈求上帝赐予他健康的身体。奇迹终于发生，此小孩突然完全康愈，不再发生鼾声，惊扰会友。此后，如同冬眠鼠般安详而宁静地入睡。

修女

远溯圣保罗时代，基督教团体中的寡妇及其他单身或离婚的仕女们，习惯于将其部分或全部的时间及财产奉献于慈善事业上。4世纪，有些妇女也和修道僧一样，远离红尘，过着孤独或团体的宗教生活，宣誓持守安贫、贞洁、服从的誓约。约530年，圣本尼狄克的孪生妹妹沙拉斯蒂卡（Scholastica）遵循兄长的宗旨及清规，于卡西诺山附近修建女修道院。此后，本笃的修道院遍及欧洲各地，其修女人数与修道僧不相上下。西多会于1125年建立其第一座女修道院，其最著名的一座波特·罗雅尔（Port Royal）于1204年成立。到1300年，欧洲已有七百座西多会的女修道院。早期宗教团体的女修道士大都出自上等之家，女修道院时常成为被男人遗弃的妇女们的收容所。458年，马约里安皇帝谕令属下，为人父母者不得将无力抚养的女儿转送女修道院。尽管教会方面只允许自愿的捐献，禁止任何的馈赠，但进入本笃修女院，通常需要备一份嫁妆。因此，类似乔叟笔下的女修道院院长，可能是一位家世很好而担重任的妇人，经营一片广大的土地，作为其修女院收入的来源。当时修女不叫"姐妹"，而称为"夫人"（Madame）。

圣方济各从根本上改变了女修道院及修道院的典章制度。1212年，圣克拉拉前来会晤，表达她愿意效法圣方济各壮举，亦为女性开创一团体时，他忽视教会的规章，竟然以他辅祭的地位，接受她的宣誓，正式收编于方济各教团中，并且委任她筹组克拉那苦修令（Poor Clares）。教皇英诺森三世体谅这个有违教规的行动，事后加以追认，她的授权才合法化（1216年）。圣克拉拉纠集一批妇女，安贫乐道地生活着，从事纺织、照顾病患及其他慈善事业。有关她的民间传说，如同描写圣方济各般地加以推崇。据说，曾经有一位教皇：

> 前赴她所主持的女修道院，聆听其讲论神圣及天堂的事……圣克拉拉摆设餐桌，并放上数块饼，请求教皇为它们加上祝福……圣克拉拉恭敬地跪于地上，恳请他能应允……教皇回答道："克拉拉修女，你是最忠心耿耿的信徒，我认为应该由你来祈福，在饼上划上你所奉献一生的基督至圣的十字记号。"克拉拉说："令人敬慕的教父啊，请原谅我，在下是一名卑贱微不足道的女子，若竟敢在教皇面前如此祝祷，该受严厉的指责。"教皇答曰："这不能算你僭越职分，而是服从的美德，我命令你因神之名的缘故，为这饼祝祷。"圣克拉拉是真实顺服的女子，于是遵旨而行，在饼上画十字祝祷。说来奇妙！立刻饼上竟出现漂亮的十字记号图案。教皇目击此一神迹，分享一些饼，自行离去，临行前感谢神并为她祈福。

1253年克拉拉逝世后，瞬即被追封为圣人。方济各僧侣在各地也组织类似的团体，名为"克拉里西"（Clarissi），或称为克拉那苦修令。其他诸如多米尼克、奥古斯丁、加尔默罗等乞丐教士团体，也先后成立修女的"第二修会"（Second Order of Nuns）。到1300年，欧洲教士与修女的人数已不相上下。日耳曼境内的女修道院成为激烈神秘主义的庇护所，而法兰西和英格兰则变为出世，或被弃、失意、伤恸的贵族仕女们的居留所。13世纪英格兰修女的一般心境，可由《隐士清规》（*The Rule of the Anchorites*）中一览无遗。这可能是普雷（Poore）主教为多塞特郡的塔兰特修女院撰写的。文中多处提及罪恶及地狱，认定女性的躯体有罪并加以谴责，因而显得晦暗无趣味；但以其诚挚的语气，弥补了这些缺点，被列为英国最古老而上乘的散文范本之一。

欲搜集10世纪以来女修道院败德犯奸的事迹，真是信手可得。有些修女之所以至修道院并非出于己意，自然感觉到修身养性学做圣者，是一件痛苦不堪的事。坎特伯雷大主教狄奥多拉和约克主教埃格伯特（Egbert）一致认为，修道院院长、神父及主教，不得以威迫利诱等不法手段，劝诱人成为修女。沙特尔主教伊沃（Ivo）指出，圣法拉（St.Fara）女修道院公然有卖春的行为。阿伯拉尔也对当时法兰西某些女修道院作同样地描绘。教皇英诺森三世形容圣阿加塔（St. Agatha）女修道院为妓院，其伤风败俗的事迹，污染了整个邻近乡村。鲁恩主教里高德（Rigaud）对属下教区的宗教团体，作了一篇大体言之颇为有利的报告；但其中，提到一座由33位修女及3位庶务修女所组成的女修道院，其中竟有八位涉嫌与人有染，或确有通奸罪名，而"女修道院院长则几乎夜夜烂醉如泥"。博尼费斯八世企图改善修女院的风纪，重申戒律，隔绝红尘；可惜禁者自禁，谕令未被遵行。林肯主教区的一个女修道院，当主教带着教皇的谕令前来时，修女们反以它投掷主教的头，并且公然宣誓抗命。这种与世隔绝的规定大概并非她们当初的誓约。乔叟在《故事集》（*Tales*）中称道：教会禁止修女朝拜圣地，所以女修道院院长饱食终日，无所事事。

倘若历史能够仔细地记载女修道院正反两面的事迹，我们深信她们的丑行，实际上不及优良行为的千分之一。有些清规严酷到违反人性，所以触犯禁令自然是意料中的事。加尔都西派和西多会的修女必须遵守沉默的规定，除非万不得已，绝不轻易启齿——这是一项女性极不易遵行的规定。通常修女要亲自洒扫、烹饪、洗濯和缝纫；为修道僧和贫民裁剪衣裳，为圣坛编结亚麻，为神父缝制祭袍。她们又以灵巧的玉指，配合着坚忍无比的灵性，将半个世界的历史，刺画在布帷上。此外，抄写及装饰古籍手稿，收养孩童，施以启蒙教育，教授卫生常识及家务技巧，提供数百年来女子唯一接受较良好教育的机会。许多修女还服务于医院，她们在子夜及黎明前夕，都要起身祷告，背诵日课经。在为数不少的斋戒日中，又得挨至晚餐时刻，才得以进食。

我们不难想象偶尔触犯规定极端苛刻的戒律，是在所难免的。回顾 19 世纪基督教社会中的英雄、君王及所有的圣者，我们发现，没有多少人，其人格的完美能与这一时期的修女相较。她们恬静虔诚的生活和甘心乐意的服务精神，确实令以后数代的人们受惠无穷。假如我们将全人类历史上的罪过置于天平上，这些妇女的美德，将更具重量，而足以补偿人类所有的罪愆。

神秘主义者

许多这一类妇女，可以称为圣人，因为她们感觉上帝之于她们，较诸本人手足更亲更近。中世纪的文字、图画、雕像、仪文、灯光的颜色及数量的交相作用，刺激了人们的想象力，使人很容易产生幻觉。坚信的圣徒感到自己能挣脱天然的束缚而趋于超自然的事物。人类的心灵，就其所禀赋的神秘力量而言，似乎是一种超自然且非属地之物，与存在于世界万象及其背后的"世界心灵"是同质的，是"世界心灵"的模糊影像及一小部分。因此心灵运用到极致时，可以触及上帝的脚及宝座。在神秘主义者极力达到的谦卑心灵中，点燃着希望之火花，期望灵魂脱去罪担，借祷告之助力，靠着恩典而升至"至福的境地"，并享受上帝的同在。这种境界无法凭借感官、理性、科学或哲学来达到，因彼等均受时间、数量及空间的限制，绝不能触及宇宙的核心及能力或达成宇宙的和谐一致。神秘主义者主张净化人类的灵魂，使之成为灵感的内在器官，并且涤除其自私个体与虚幻群体的所有污点，扩展其能力及爱心至于极限，然后以明亮而非肉体所属的眼光，来透视宇宙、永远及神圣的问题，此时，灵魂犹如历经长期的放逐，再次与以降世和上帝隔绝之刑惩罚人类的上帝相结合，达成天人合一的境界。基督不是曾应许清心的人必得见神吗？

因此，神秘主义者，曾出现在每一个时代，每一种宗教以及每一个地方。尽管有大希腊理性主义的遗留，希腊正教中仍充斥着许许多多神秘主义者。西方神秘主义可谓滥觞于圣奥古斯丁。他所著的《忏悔录》促使灵魂自受造的万物身上回归于神；向来能与神长期交谈的人寥寥无几。继之，政治家圣安塞姆首先发表，提倡神秘主义，圣贝尔纳更加以系统化，坚决主张神秘之途径，用以对抗罗塞林及阿伯拉尔的理性主义。当香槟的威廉不见容于阿伯拉尔的逻辑，而被驱逐离开巴黎时，即在近郊创立圣维克托（St.Victor）的奥古斯丁修道院，作为研究神学的所在地；而传其衣钵者雨果以及理查德，更不顾新兴哲学大胆的挑战，仍然将宗教建立于与神同在的神秘经历上，而摒弃理性方式。雨果认为每一个创造的阶段，均有超自然的神圣表征；理查德弃绝推理及学术，喜爱用"心"，而不喜爱帕斯加尔式的"头脑"，并以所知的逻辑，描述灵魂奥妙的升华至与上帝合一的境界。

由于意大利人酷爱神秘，神秘主义瞬即蔓延意大利全境。卡拉布里亚的一位贵族名为约阿希姆，殷切地向往巴勒斯坦。旅途中眼见人民生活的痛苦，便遣散一切随从人员，独自做个卑微的朝圣者，继续前往。传说他在大博山（Tabor）的古井，度过4旬的斋期。复活节当天，一道大光出现，神的光充满他的身上，使他顿悟《圣经》的内涵及贯通过去和未来的一切。待他返回卡拉布里亚后，马上变为西多会的修道僧和神父。由于他渴望苦行的生活，于是隐居山林。慕名而来的信徒日益增多，遂形成一个新的弗洛拉教团，其守贫及祈祷的清规，得到西莱斯廷三世的核准，而告正式确立。1200 年，他呈献他的许多著作给教皇英诺森三世过目，虽然他自己说道，写作的动机是受到上帝的激励，但是他自己仍然认为应该送呈教皇审查才对。两年后他即撒手西归。

他的著作以广被正统教派人士所乐于采用的奥古斯丁理论为基

础，即以《旧约》时代的事迹来豫表自基督降生至神国在地上建立的基督教史实。约阿希姆将人类的历史划分为三个阶段：第一阶段是在"圣父"的统治下，至耶稣基督的降生；第二阶段是"圣子"统治时期，根据《启示录》的算法，持续至 1260 年；第三阶段在"圣灵"统治下，在此以前，先有一连串的灾难、战争、贫困、教会腐化等发生，圣灵统治阶段的开始即因清修教团崛兴，涤除教会的诟弊，实现了和平、公义而快乐的世界性理想国。

成千的信徒及部分教会的高级人员均相信约阿希姆的主张，是出于神的默示，并殷切地期待 1260 年基督的第二次降临。属灵派的方济各僧侣自信是一个崭新的教会团体，摘取约阿希姆的教义后，更是毫无顾忌地放手做。等他们被排挤出教会后，仍然继续出版刊物传播福音。1254 年出现一本以约阿希姆著作为蓝本编纂而成的《永恒的福音》（*The Everlasting Gospel*）。其中严厉谴责教皇的买卖圣职，招致第二阶段的结束，同时认为第三阶段乃是博爱的世纪，圣礼及神父自然不再需要。该书被教会定罪，而且疑似作者的方济各僧杰拉尔多·达·波尔戈（Gherardo da Borgo）因而被判终身监禁。该书仍然颇受欢迎，暗地流传。从圣方济各到将约阿希姆安置于乐园中的但丁为止，法兰西和意大利的神秘主义者及异端派的思想，均深受其影响。

可能是兴奋地期待天堂的来到，1259 年在佩鲁贾一带掀起忏悔的狂潮，并影响及北意大利。成千的忏悔者，不分年龄、阶级，身着缠腰布，杂乱无章地聚集成一队伍前进，并且以皮鞭自我鞭打，痛哭流涕，乞求上帝宽赦他们。小偷和放高利贷者也加入他们的行列，奉还不当得利；杀人凶犯也受感染，跪在被害者家属面前，自请接受杀戮之罪；大赦监狱的犯人，放逐者得以返回故土，一切敌意都告冰释。此风披靡日耳曼全境，甚至传入波希米亚；当时一种新兴的神秘主义信仰，似乎有压倒教会、席卷全欧之势。可惜好景不长，人类的劣根性再度暴露：新的仇恨形成，罪恶、谋杀等情事复现，"自我谴责"

的一股热潮又隐没于灵魂的深处。

神秘主义之火在佛兰德斯不断地燃烧。一名列日的神父"口吃者"兰伯特·勒·贝吉（Lambert le Bégue）于1184年在默兹河河滨建筑一幢房子，专供未曾宣誓遵守修院清规，而自愿编织羊毛、制作缎带、维持小型的半共产生活方式的妇女居住之用。另外尚构筑类似的"上帝之屋"（houses of God），提供男士起居之用。这些男士自称为"贝格哈德"（Beghard），妇女们则称为"贝吉安"（Beguine）。这些社团，也和瓦尔多教派一样地非难教会拥有财产，他们自愿过着一种贫困的生活。另外一个类似的宗派，"精神自由的弟兄们"（Brethren of the Free Spirit），自1262年创立于奥格斯堡后，即沿着莱茵河一带的都市发展下去。这些运动一致主张神秘的灵感启示，他们摆脱教会的控制，甚至不受国家或道德律的束缚。国家和教会联合钳制他们。他们不得不化明为暗，屡次易名，有助于16世纪宗教改革时期的"再洗礼派"（"Anabaptist"）及其他激进宗派的崛起与兴盛。

西方世界以日耳曼为神秘主义的温床。宾根（Bingen）的希尔德加德（Hildegarde）素有"莱茵河女先知"（Sibyl of the Rhine）之称，在漫长的82年生命中，除了8年外，一直是贝尔纳派的修女，而于晚年升任鲁伯特斯贝格（Rupertsberg）的女修道院院长。她确实是一位天赋异禀的女士，兼有实际及幻想、虔诚而激进的特点，更是一位不同凡响的诗人、科学家、医师及圣人。在她与教皇及国王往来的信件中，惯用一种由神禀赋的权威语气及雄健锋利的拉丁散文体。她出版数部有关异象的书籍，并宣称是与上帝合著；她毫不保留地谴责教会拥有财产及腐败不堪的情形，令一般教士闻之愤慨不已。她怀着永远的盼望说道：

> 上帝公义的时刻终将来临……上帝的最后审判即将完成；丧失虔敬本质的帝国及教皇国，必将一同瓦解……继之而起的是面

目焕然一新的国家……异教徒、犹太教徒及其他属世的人、不信耶稣的人都将皈依他；新世界中洋溢着朝气及和平，天使们将满怀着信心，重返人间。

　　一个世纪后，图林根的伊丽莎白以其苦行圣洁的一生唤醒了匈牙利人。她原是安德鲁国王（King Andrew）的女儿，13 岁时与日耳曼亲王结婚，14 岁时即成母亲，不幸 20 岁时变成寡妇，并为其先夫的弟弟所劫掠，在一文不名的情况下被逐出皇宫。然而她极为虔敬，流浪天涯，仍不忘救济贫困的百姓，不但收容麻风病妇，更为她们洗净伤口。她有属天的异象，但并未将其公之于世，也不声言自己有超自然的异能。马尔堡宗教裁判所的裁判官康拉德毫不留情地维护正统信仰，令其折服，自从他们两人会面后，她即大为其所吸引，甘愿为其奴仆。只要他认为她有丝毫差错，便会无情地责打她，她却甘之如饴，并且更自我砥砺，严格要求自己过着苦行的生活。因此，她于 24 岁时即告去世。她圣洁高尚的品德备受推崇，当其出殡之日，疯狂的信徒不顾一切地割下她的头发、耳朵及乳头，充当圣人的遗物。另一位伊丽莎白于 12 岁时（1141 年）开始居住于宾根附近索瑙（Schonau）的贝尔纳女修道院，直到 1165 年逝世，从未离开此地。先天身体的虚弱再加后天极端的苦修，在神志恍惚中，她仿佛从所有反教士体系的已死圣人中得到属天的启示。她的护卫天使告诉她说：“上帝的葡萄树业已枯萎，教会的头病入膏肓，而其肢体皆告死亡……大地诸王啊！你们不平之鸣已上达于我。”

　　神秘主义的浪潮在 13 世纪末，于日耳曼境内大为升高。约 1260 年诞生的明斯特·艾克哈特（Meister Eckhart），他的主张于 1326 年如日中天，却于 1327 年接受判决而告死亡。他的两位高足苏索（Suso）和陶勒尔（Tauler）秉承他的遗志，继续传播其神秘的泛神论，成为日后宗教革命有力的基石。

　　对于神秘主义者，教会通常宽宏大量地忍耐着；对离谱太甚的邪说，或有些主张混乱恐怖的个人主义的宗派，则严格加以取缔。教会承认神秘主义所谓人可以直接与上帝亲近的说辞。此外，也乐意接受任何对教会缺点的善意指正。甚至某些高僧也同情批评者的主张，承认教会实际上弊病丛丛，期望自己也能抛弃干预世俗政治的污名，在教会权力的保护及虔诚教徒的喂养下，安享平静而安全的教士生涯。中世纪屡受邪说异端的威胁，人心所以仍得以维持而不坠，以这些宽容忍耐的教士居功最伟。当我们阅及12世纪和13世纪的神秘主义时，我们可以了解正统信仰对传染性的迷信常有一种隔离的作用。就某方面而言，教会就是信仰——正如国家就是武力——其由混乱中建立秩序，借以维持人类心志的健全。

可悲的教皇

1271年，格列高利十世登基时，教会权力再度达到鼎盛。他是一位道地基督徒的教皇；心平气和，并不好大喜功，但寻求公义。为了要集众力夺回巴勒斯坦，他说服了威尼斯、热那亚及博洛尼亚偃旗息鼓；一方面确认哈布斯堡皇族的鲁道夫为皇帝，同时安抚其他未登王座的权贵；另一方面调停了教皇党和保皇党在佛罗伦萨及锡耶纳的纠纷，他对教皇党支持者说："保皇党人士是你们的仇敌，可是他们一样也是人、公民和基督徒。"1274年，他召集教会高级教士举行里昂会议。结果有1570名教会领袖出席，每个较大的邦国也派遣一位代表参加；希腊皇帝指派希腊教会领袖与会，重新申明隶属"罗马教廷"的关系。拉丁及希腊教会人士得以聚首一堂，齐声高唱赞歌。他要求主教们纠举教会的弊端以待改革，主教们也表现得出奇的坦白真诚，并通过改革的必要手段。整个欧洲团结一致，形成一股巨大的力量，对抗穆斯林。可惜在回罗马途中，格列高利教皇不幸病故（1276年）。后继者忙于应付意大利境内的事务，无法完成他的计划。

不过，1294年，博尼费斯八世刚被推举为教皇时，教皇国仍然不愧为欧洲力量最坚强、组织最严密、行政最迅速、财源最充裕的政府。教会势力达到巅峰状况时，权力不幸落入博尼费斯八世手中，他对教会的热爱及对目标的真挚，完全被其不够完美的品德、个人的狂傲及不够明智的权力运用所淹没。他也不是一无是处的人：极为好学，论其在法学上所受的训练及学识的广博，堪与英诺森三世一较长短；他创立罗马大学，不仅重建梵蒂冈图书馆，并且加以扩展，任命乔托及阿诺尔福·迪·坎比奥（Arnolfo di Cambio），并且资助兴修令人赞叹的奥尔维耶托（Orvieto）大教堂的正面。

为了追求权力，他处心积虑地说服了品德高尚、才能较逊的西莱斯廷五世，辞去就任方才 5 个月的教皇职务，这在教会史上并无先例，显出博尼费斯一开始所怀的恶意。为了防止复辟的阴谋，他下令将 80 岁高龄的西莱斯廷拘禁在罗马。西莱斯廷逃亡，但被捕回；他再次逃离罗马，流亡阿普利亚数周，随后抵达亚得里亚海滨，计划跨海潜逃至达尔马提亚，不幸所乘轮渡搁浅，他又漂回意大利，被人捉住送到博尼费斯跟前。教皇将他拘禁于费伦蒂诺（Ferentino）的斗室中，10 个月后即逝世于此（1296 年）。

历经一连串外交上的挫折及代价不赀的胜利后，这位新上任的教皇脾气更加乖张。首先，他阻止阿拉贡的腓特烈接受西西里的宝座，待腓特烈不接受他的劝阻后，将腓特烈处以破门律，1296 年停止该岛教权。这一非难均不被腓特烈与人民重视，最后，教皇也被迫承认既成的事实，追认腓特烈王位的合法性。他为了筹组十字军，命令威尼斯与热那亚签约休战，然而，两国拒绝教皇从中斡旋，烽火继续 3 年之久。佛罗伦萨秩序喧嚷不安，他束手无策，于是停止该地教权，并且授权瓦卢瓦的查理开入意大利，剿平叛乱（1300 年）。查理一事无成，徒然招来佛罗伦萨市民对他和教皇的怨恨。为寻求教皇国本身的和平，博尼费斯也想插足调解望族科隆纳的家庭纷争，但皮埃特罗和雅格布两位红衣主教都婉拒他的好意，他愤而罢黜他们，并处以破门律（1297 年）。两位叛逆权贵，在罗马各教堂门上张贴宣言，并将宣言置放在圣彼得教堂的祭坛上，为将教皇此举诉诸公决。博尼费斯再申破门律令，这一惩处并延及另五名叛逆者，下令没收他们的财产，并且派遣教皇军队侵入科隆纳的封地，攻克城堡，夷平帕莱斯特里纳。叛军被困而告投降，教皇赦免他们后，他们又揭竿而起，再度被这位勇士教皇平定，残部遁离教皇国，图谋东山再起。

正当意大利多事之秋时，博尼费斯在法兰西又面临重大的难题。菲利普四世决心统一封疆，占领加斯科尼的英格兰领地。爱德华一世于1294年向他宣战。为了弥补浩繁的军费，两位国王不约而同地宣布，开始稽征教会财产及教士的税捐。以往教皇只允许他们为了十字军东征而向教会课税，从未核准国王为了纯粹俗世的战争而向教会抽税。法兰西境内的教士虽然也同意为国防而纳税，以求间接保障自己的财产，但深恐国家课税的权力在不受节制的情况下，可能过分扩张，危及教会的安全。菲利普已采取行动削减教士在法兰西境内的地位，领主法庭、皇家法庭、行政机关及国王的咨询机构再也见不到他们的踪迹。西多会鉴于局势的恶化，终于拒绝菲利普因对抗英格兰而要求的第五笔税收，其领导者转向教皇告急。在教皇与日耳曼及罗马帝国对立时，法兰西曾是教会主要的长期支持者，面临这个棘手的问题，博尼费斯也不得不小心翼翼地商求对策。但他又觉得国家在未得教皇的特许下，向教会征收税捐，将严重损害教会的经济力量及自由活动的能力。1296年2月，他发表了教会史上著名训令中的一件。一般人就以它起首的《教俗敕谕》（Clericislaicos）加以命名，令文中开宗明义却非常不智地承认道：

据说，平信徒对教士相当敌视；根据我们的体验，目前这种控诉属实……经过教会会议决定后，基于罗马教皇的权利，我们在此明文告谕，凡是任何教士未征得教皇同意，而向平信徒缴纳个人所得税或财产税者，将遭到破门律的严重处分……同时我们也明确地表示，凡是蓄意要求此类税收，或觊觎教会或教士财产的权贵……将被处以破门律。

　　菲利普的观点则是，法兰西境内教会拥有庞大的财产，应该分担国家的支出。对于教皇公之于世的律令，他采取相应措施，禁止金银财宝及食物的输出，驱逐所有在法兰西境内居留的外国商贾或使臣。此举不仅斩断教皇主要的财源，并且将法兰西划出，不再是十字军东征募款的范围。随后博尼费斯于《不能命名的爱》(Ineffabilis Amor，1296年9月）的文告中表示让步，首肯教士得基于国防上的需要，自动捐输，至于是否有此需要的决定权，则握于国王手中，由他斟酌实际情形。菲利普也取消报复的措施，并征得爱德华的同意，博尼费斯得以私人的身份，而非以教皇的职位，调解他们彼此间的纠葛。博尼费斯在排难解纷中，尽力袒护菲利普，在英格兰不介意时，也就相安无事地过着和平的生活。

　　从英、法两国教会的收入减少后，一方面为了弥补这笔财源，一方面又因为储备战费，以便收复西西里为教皇国的封邑，并且伸张教皇国的势力到托斯卡纳，博尼费斯宣布1300年为禧年。这项策划可谓功德圆满。罗马呈现空前的拥挤，车水马龙。其时，交通规则显然首次被执行，以管制人民的行动。由于教皇博尼费斯及其助理人员事前的妥善安排，得以公定的合理价格，大量供应食物。对于这笔庞大而未指定特殊用途的款项，完全取决于教皇的分配。纵然得失参半，而目前仍是他的巅峰时期。

　　然而，这时被放逐的科隆纳家族，提供菲利普国王有关教皇贪婪、偏袒、私持异论邪说的传闻。教皇派驻法兰西的特使贝尔纳·塞瑟特（Bernard Saisset）与菲利普国王的侍从之间起了纠纷，被控以叛逆的罪名，被捕下狱，在皇家法庭受审，判其有罪，交纳邦的大主教予以监禁（1301年）。博尼费斯对这种即决裁判大表震惊，立即要求菲利普国王释放特使，同时训令法兰西境内的教士们，中止教会对国家的纳贡。1301年12月，在告谕所有教徒的文告《听着吾子》(*Auscula Fili*) 中，教皇要求菲利普国王谦逊地听从他。基督在尘世的代理人，是世俗国王在属灵领域上的驾驭者，并且抗议世俗法庭任意审判教士的恶例及任意挪移教会的财产，供作非宗教性的活动事宜。他还表示要召集法兰西境内的主教及修道院院长，共商对策，"借以保全教会的自由，改革国家及废置国王的权力"。当教皇的特使呈递这项文告给菲利普时，阿图瓦 (Artois) 伯爵随手夺取文告，并将其掷入火中。而另一份要教士们公之于世的副本，也遭查禁的厄运。双方更因两份捏造文件的流传，剑拔弩张。其中一份伪出教皇之手，甚至要求菲利普国王在一般事务的处置上，也应以教皇的意旨为是；另一份菲利普国王致博尼费斯的伪造文件中，说道："你这愚不可及的人，国王在一般事务的处置上，乃是至高无上的。"虽然这两份文件全属赝品，但是一般人总是信以为真。

1302 年 2 月，另一张教皇的文告，在国王及民众的众目睽睽下，在巴黎公开予以烧毁。预测到教皇会宣布召开宗教会议，为了先声夺人，菲利普国王迅速地于 4 月在巴黎召开三阶层会议。在这次法国史上具有划时代意义的聚会中，三阶层的人分别致书罗马教皇，异口同声地赞同国王及其在宗教事务以外的权力。约有 45 位高级教士，不顾菲利普国王禁止及没收财产的威胁，毅然出席 1302 年 10 月在罗马召集的宗教会议。发布文告，明白强调教皇的权力，认为仅有一个真正的教会，舍此别无拯救；基督的身体及头只有一个，而不是两个；头是基督，而基督的代表则是罗马教皇。世上存有两把剑或说两种权力——属灵之剑和世俗之剑；前者属教会所有；后者属国王所有，但是为了教会，在教士的意旨及默许下使用。属灵的权力凌越世俗的权力，有关后者的最高目标，必要时前者可加以指导；倘若后者用之失当，自然也由前者来加以纠正。文告最后做结论道："我们明白地宣告，为了全世界的得救，所有世界上的人类，都应该臣服于教皇之下。"

菲利普国王也不甘示弱地连续召开两次阶级会议（1303 年 3 月、6 月），草拟一份正式控诉书，指责博尼费斯为暴君、男巫、凶手、奸夫、不信之徒及盗用公款、贩卖圣职、偶像崇拜。要求召开宗教大会予以革职，并且指派其首席法律顾问诺加雷的威廉前往罗马，通知教皇国国王召集宗教大会。博尼费斯当时正在阿纳尼（Anagni）的行宫，宣称宗教大会只能由教皇召集，正准备将国王处以破门律，并停止法兰西境内的教权。诺加雷的威廉和西亚拉·科隆纳（Sciarra Colonna）先发制人，乘教皇未签署之前，率领 2000 名外国雇佣兵，直捣行宫，呈递菲利普国王的谕旨，劝告教皇光荣引退（1303 年 9 月 7 日）。博尼费斯立即拒绝。一个"相当可信"的传说提到，西亚拉曾经掴打教皇的面颊，若不是威廉从中制止，可能愤而杀害教皇。72 岁高龄的教皇纵使身体虚弱，处此危局，仍然不甘屈服。他被软禁在宫中 3 天，而雇佣兵则乘机洗劫行宫财物。阿纳尼的人民，配合奥尔西尼的 400 骑兵，才迫使雇佣兵慑服，释放教皇。显然 3 天中士卒断绝了教皇的饮食，因为教皇伫立市场时，曾乞求道："若是有任何心地善良的女士，能够慷慨解囊，施舍酒与饼，上帝及我必将祝福她。"奥尔西尼的一行人护送教皇返抵罗马及教皇国。不幸他于此罹致高烧，不数日即告疾逝（1303 年 10 月 11 日）。

本尼狄克特十一世随即继立，他首先将诺加雷、西亚拉及其他 13 位被目击闯入阿纳尼行宫者处以破门律。一个月后本尼狄克特死于佩鲁贾，显然是遭受意大利保皇党的毒害。菲利普同意支持波尔多的大主教贝特朗·戈特（Bertrand de Got）登上教皇的宝座，却要以接受某些安抚措施为前提：赦免曾经攻击博尼费斯而被处以破门律的有关人士；五年内，允许国王向法兰西境内的教士，每年征收 1/10 的所得税；恢复科隆纳家族的职位及财产；定罪已故的博尼费斯。我们无法确知贝特朗接受了何许条件，但是他被选为教皇则是事实，并且改号克莱门特五世。红衣主教们警告他，若继续置身罗马，则生命危在旦夕。经过一番犹豫，待菲利普给予明确的表示后，克莱门特才毅然迁抵罗讷河东岸，来到地处法兰西东南陲外的阿维尼翁（1309 年）。于是开始了 68 年的教皇"被俘于巴比伦的时期"（Babylonian Captivity）。

教廷虽然免除了日耳曼人的威胁，却在无意中屈服于法兰西了。

克莱门特不惜违反心中脆弱的意志，甘愿充任贪婪的国王的御用工具，他赦免国王的罪行，恢复科隆纳家庭的职位与财产，撤销1296年2月份的文告，纵容圣堂武士的掠夺行为。甚至在1310年同意在阿维尼翁附近的格罗索（Groseau）召开宗教会议，审判已故的博尼费斯。初次审判由教皇及其所任命的委员共同主持，6位教士出庭作证，指出博尼费斯在就任教皇前一年曾经说道，所有有关上帝的规定，全是人类自行制定的，其用意在于使一般民众因慑于地狱之刑而循规蹈矩，随意相信三位一体、童女生子、上帝成为人、饼可转变为耶稣的身躯或尚有来世的说法，是"愚不可及"的事。"因此我所相信所持定的均与有教养的人一样，而一般庶民则大不相同。我们是谈吐力求与庶民打成一片，但是思维、信仰方面，则要超群。"在以后的第二次审判中，这6位教士中的3位，仍然坚持他们的指控属实。圣杰米诺（San Gemino）的圣吉勒斯（St.Giles）大修道院副院长也述及博尼费斯正像红衣主教盖耶塔尼（Gaetani）一样否认灵魂及身体复活的说辞；其他数位教士也作同样的见证。另一位教士也引述博尼费斯对祝圣的圣饼所说的一句话："只不过是面饼而已。"先前他的管家也谴责他在性行为违反戒律；其他的人士则非难他曾企图以魔法与"黑暗的权势"交往。

在正式审判前，克莱门特说服菲利普国王，将审判博尼费斯是否有罪的问题，留待即将在维埃纳召开的全体基督徒大会加以决定。1311年大会开幕时，3位红衣主教出庭为已故教皇的忠贞和道德作证。另两位骑士不惜以生命为赌注，接受任何怀疑教皇有罪者的挑战。可是始终无人出面挑战，全体基督教大会宣告此案审查终了。

回顾

对博尼费斯不利的举证无论真实与否，充分显示怀疑主义的一股逆流，已将"信仰时代"冲至尾声。博尼费斯八世在阿纳尼所承受的身体及政治的打击，在一定意义上，象征着"近代"的产生；民族主义战胜了超民族主义，国家凌越了教会，刀剑力量取代了文字的魔力。教皇因为先与霍恩施陶芬的倾轧，再受挫于十字军的失利，权力一落千丈。英、法两国因罗马帝国的崩溃而乘机崛起，其中法兰西在教会的协助下，夺取了朗格多克后，国力更加充沛。在教会与菲利普国王的纠葛中，一般人民袒护菲利普，或许是人民厌弃教皇滥用宗教裁判所及十字军征讨阿尔比异端的结果。据说诺加雷的某些祖先，即被宗教裁判官判处有罪，而断送于火刑柱上。可惜博尼费斯历经多次的冲突，尚未体察出滥用教皇权力的弊端。新兴的工商人士，对宗教的热忱远逊于一般农民；而一般人的生活和思维，随着时代的演进，也渐渐世俗化，平信徒也获得了其原有的权利与地位。经过七十年的时光，国家已脱颖而出，反而将教会融化在国家之中。

　　环顾拉丁基督教的历史，最引起我们注目的是在不同的民族中，宗教信仰相当一致，同时罗马教会庞大的组织与权力，为斯拉夫及拜占庭以外的西欧带来了后世所未见的精神和道德上的统一。历史上从未有其他的组织，给如此众多的人如此深远而长久的影响。罗马共和国及帝国也曾经统治过广阔的区域，但从庞培到阿拉里克，为时不过 480 年；蒙古帝国及大不列颠帝国也只维持 200 年光景；但是罗马公教由查理曼大帝逝世时（814 年），至博尼费斯八世病故时（1303 年），统治欧洲达 489 年之久。论组织与行政效率，它远逊于罗马帝国，甚至它的成员赶不上恺撒大帝时代统治地方省市者的能力与学识；但教会上承一个野蛮骚乱的世代，而要由其中寻觅出一条恢复秩序及文明教化的艰辛道路。虽然如此，教士们乃是当时最卓越的训诲者，并且西欧教会势力鼎盛的 5 个世纪中，教士们又是唯一传道、授业、解惑的人士。教会法庭是当时最公正不偏的场所。罗马教廷有时难免贪污腐化，然而仍不愧是斡旋国际纷争及限制战祸的一个世界裁判所，这个裁判所虽说意大利色彩太浓，但平心而论，意大利人是当时训练最佳的人士，何况只要是拉丁基督教范畴内的教徒，不论阶级及国别，皆有荣任这个国际裁判所委员的机会。

人类的集体权力政治与阴谋奸诈，如影随形，难以隔离。在欧洲国家及国王之上，存有排难解纷的一个权力，毋宁说是一件好事。假如有世界帝国存在的话，最适当的人选莫过于彼得宝座上的罗马教皇，唯有他能高瞻远瞩，并由整个时代背景来顾全大局。除了受人尊敬为"上帝在尘世的代理人"的教皇外，还有什么人的决意，更能无异议地被西欧人民接受，更容易付诸实行呢？1248年，路易九世参加十字军东征的行列时，英格兰的亨利三世乘机要挟法兰西，并且准备渡海进犯，教皇英诺森四世以停止教权警告亨利王，亨利未轻举妄动。怀疑主义者休谟也指出，教会的权力是掣肘君主暴虐及不讲道义的最佳工具。若是教会只运用它对属灵及道德上的影响力，而不过问世俗政治，它可能实现格列高利七世的崇高理想——其道德力量凌越国家的物质力量。当乌尔班二世联合基督徒，全力抵御土耳其人时，格列高利的梦想几乎付诸实现。当英诺森三世、格列高利九世、亚历山大四世及博尼费斯八世等假借十字军的美名，攻击阿尔比异端教派信徒、腓特烈二世及科隆纳家族时，这种崇高的理想，终于在教皇沾满基督徒鲜血的双手中，完全粉碎。

教会在当时仍然采取宽宏大量的政策，只要它的生存不受严重的威胁，对各种不同的主张，甚或异端邪说，仍然加以宽容。我们可以发现，12世纪和13世纪哲学家的思想仍出人意料地自由，纵然是基督教创设或主持的大学中，教授也享有充分自由的思想。教会所要求的，只是这种自由的风气仅限于学术界的讨论，而不容形成一种煽动一般人民背弃教义或教会的革命行动。一位最常批评教会的人士指出："教会包含所有的人，也兼容并蓄地包含着由最迷信至完全持有不可知论的各色各样的人种，所以它纵容各种不同的思潮存在，其中有些只保留外观的一致，实际上的内涵已大相径庭。"

总而言之，中古拉丁基督教会是一个复杂的组织，它不顾其教皇及信徒所禀赋的劣根性，尽其所能地在破毁的旧文明和堕落的社会中，重建道德观念和社会秩序，并且散播高尚而足以安慰人心的信仰。6 世纪的欧洲，饱受迁徙不定的蛮族的蹂躏，语言和信仰上混乱不一，到处充斥着为数众多而不一致的不成文法，显得杂乱无章。教会制定了道德的准则，支持超自然的制裁论调，吓阻了非法分子为非作歹的念头；又提供男女修道院，古籍得以流传下来。此外，以主教组成的法庭来评定人民的是非，以学校和大学来启迪人们的智慧，以道德的责任和和平的使命来规范国王的行为；以诗歌、戏剧来润饰信徒们平淡无奇的严肃生活，给他们灵感，创造出历史上最伟大的艺术品。为了在天资不等的人类中，建立起一个平等的理想国，而兴办慈善事业及接待远客，略微发挥济弱抑强的作用，教会无疑是中古欧洲历史上最强有力的一股文明力量。

第四章 | 基督教的道德与礼仪
（700—1300）

基督教伦理观

渔猎时代的人必须是贪婪而急切地寻找食物，狼吞虎咽地加以吃食——因为当食物到手时，他不知道何时可能再获得。当时的人必须是性感的；时常杂交，因为死亡率高迫使其须有高的生育率；女子随时有为人之母的可能，男子的主要任务则在交媾。此外，男子必须孔武有力，准备随时随地为了争夺食物及伙伴而战。邪情恶欲一度被视为美德，是生存所不可或缺的。

及至人们发现个人及种族求生存最好的方法，乃是社会组织时，便扩张原来的渔猎小团体而成为秩序井然的社会组织。为维护社会的续存，必须抑制渔猎时代人类所表现的天性。就伦理观点而言，文明是人类原始天性与道德规范互相制衡互相牵引的结果。人性若是没有道德规范的节制，文明将告泯灭；但是过于强调人性的节制，人生则无生气可言。伦理道德即是以其规范力来保护文明，但也不减弱人类的生命力。

人类暴力、紊乱及贪婪的本性必须设法抑制，但某些天性，主要如社会性，却率先为文明提供了生物性的基础。存在于禽兽间及人类间的亲情，带着其教育性及互助性的本能，缔造家庭中自然的社会秩序。综合爱与专横的父母权威，将维护生存的社会行为法则传递给原具个人主义天性的孩子。由酋长、诸侯、城市或国家所统御的有组织力量限制并大大地凌驾于无组织的个人力量之上。爱好赞同的天性，使人们屈服于团体意志之下。习惯与模仿的天性，支配了青年的行为方式，使其常被人类由尝试错误中求取之经验所束缚。法律明文规定惩治之刑，吓阻了人类本性的放肆。良心又无时无刻提醒许多禁忌，使青年驯服下来。

教会认为源于自然或世俗的伦理道德，不足以节制在丛林中能保持生命、在社会中却破坏秩序的人性冲动。同时那些人性的冲动十分强劲，人类的权威不可能随时随地以恐怖的警察力量起到吓阻的作用。因此，与人性极不协调的道德律，必须来自一种超自然的源头，方易为人所遵循；而且其必须带有神圣的制裁力及足以慑人的威望，不假武力，而使人于独处的时候，隐僻的地方，一样对其存有敬意。即使是对伦理道德和社会秩序，极具影响力的父母威权，倘非借宗教信念教诲子女，仍无法与人类原始的本能抗衡。宗教本身欲发生维系社会的功用，必须与人类顽抗的天性相对，而且其非属人为不确定的训令，而是神自己无可抗辩的至高无上的诫命。在人性本恶的情况下，单凭褒扬或处罚遵行或违反戒律的行为是不够的，还需要辅以善有善报的天堂，及恶有恶报的地狱。而这些戒律来自上帝，而非摩西制定的。

有关这种与文明背道而驰的人类原始天性的生物理论，以基督教神学中的原罪之说为代表，而与印度教因果报应之说有异曲同工的妙用，用以说明何以因果有时不相称：祖先的罪恶，有时由其子孙代为承受。在基督教的理论系统上，所有人类已因亚当与夏娃的罪，而受到玷污。教会默认格拉提安在其《查士丁尼法典》中所说的："任何男女交合而生的人，均生而带有原罪，受罪恶与死亡的辖制，本是可怒之子。"只有借神的恩典及耶稣基督的赎罪受死，才能由万恶和受诅咒中将他拯救出来（仅有殉难的耶稣基督能够将人由暴乱、贪婪、欲望的罪恶中救赎回来，并使个人及社会免于毁灭）。由于这一教义的传扬，及当时许多天然的灾难，人既无法了解，只能解释为对人类罪恶的惩罚，因此许多中世纪的基督徒，自然而有一种生而不洁、堕落及罪恶的感觉，1200 年以前的文学作品都带有这种色彩。直到宗教改革时，人们内心的罪恶感，及深恐坠入地狱的诚心方告消失，清教徒兴起后，旧日的恐惧感再度浮现出来。

格列高利一世及以后的神学家共认七件滔天大罪——骄傲、贪婪、猜忌、愤怒、好色、贪食及懒惰。七种相对的美德：四种为毕达哥拉斯及柏拉图等所推崇的"天然的"或非基督徒的德行——智慧、勇气、公义及节制，及其他三种神学的德行——信心、盼望及爱心。虽然基督教接受非基督徒的德行，但内涵并不完全一致，它重视信心过于知识，重视忍耐过于勇气，重视爱及怜恤过于公义，重视戒绝及纯洁过于节制。它极端推崇谦卑，而以骄傲（亚里士多德认为理想人所应特别具有的操行）为七恶之首。基督教的神学也偶尔论及人的权利，可是绝大多数时候强调人的义务——对自己的、对同伴的、对教会的及对上帝的义务。教会传讲"柔和谦卑的耶稣"时，并不担心会使当时的男子因此而变为柔弱；相反地，中古拉丁教会的男性，比起现代受惠的子孙更具有大丈夫气概，因为他们必须应付更多艰巨的任务。

婚前的道德观

中古时代的伦理道德究竟反映多少神学理论，我们无从得悉，仅由下列描绘中加以揣摩。

在基督徒生活中，第一件有关伦理道德的事是受浸：孩童因此而很郑重地加入基督教社会及教会中，此后，即恪遵此社会制定的法律。每位孩童都取得一个"教名"（Christian name）——通常都取自基督教先贤的名字。至于个人的姓则较为复杂，其中有些可以追溯至数代之前的血亲、职业、地区、体型或个性，甚至部分取材自宗教仪式：Cicely Wilkinsdoughter（取自血亲），James Smith（取自职业）；Margart Ferrywoman、Matthew Paris（以上两者取自地区名），Agnes Redhead、John Merriman（以上两者源于体型及个性），Robert Litany（源于宗教仪式），Robert Benedicite、Robert Benedict（以上两者来自基督教先贤的姓氏）。

夭折率纵然相当高，可是人数有增无减。因人数日众，彼此就得自行规范，互相砥砺，自然每个人的举止，显得更是彬彬有礼。各人由亲属或游伴处习得成百种乡间或城市的技艺，其知识与邪恶也随之渐长。13世纪塞拉诺（Celano）的托马斯叙述道："天真无邪的幼童们，自从牙牙学语时，即开始学习作奸犯科的伎俩，往后的岁月里，更加堕落，甚至仅拥有基督徒的美名而已。"但我们必须知道，道德家常是最糟的史学家。在宗教信仰时代，12岁的男童即可以就业，法律上规定16岁便告成年。

对青年男女之性的道德伦理观念，基督教采取三缄其口的政策。通常，一个青年在其具有仰事俯畜能力以前即已具生殖能力；而性教育只会加增其婚前节欲生活的苦楚，基督教认为婚前的节操，有益于婚后夫妻和谐的生活、社会的秩序及大众的健康。事实上，中古时期的青年，在16岁时已有充足的性经验。一度为基督教所诟弊的鸡奸，在十字军东征，东方思潮西流及男女修道院分立等环境的冲激下，再度流行起来。1177年，明谷修道院的院长亨利批评法兰西说："古代的所多玛城又从灰堆中矗立起来。""美男子"菲利普指责圣堂武士间盛行同性恋。基督教《赎罪书》（*Penitentials*）中所列举的滔天大罪，包括人类与各种家禽间不正常的性行为。这种伤风败德的陋行若是被发现，则所有相关的人禽，都要遭受死刑的处罚。英国议会中尚存有不少人与狗、羊、牛、猪及鹅等共同被焚的案件。乱伦的罪行亦不乏其数。

婚前的性行为及婚后的不轨行为很普遍；人欲横流，宗教的戒律或俗世的法律均无法加以吓阻；部分女士直觉地认为，7天一次的礼拜，足以涤除肌肤之亲的罪恶。纵然强暴要受严厉的处分，事实上，仍然十分普遍，毫无敛迹的现象。骑士们便是为了可以和侍女们一亲芳泽，才委身服侍贵妇或淑女，他们由和侍女们一次握手或一个吻而得慰藉；有些侍女也要等到行过这种礼仪后，才能安然入睡。拉·图尔·朗德里（La Tour Landry）的骑士对年轻贵族间的流行随意做爱颇感悲痛；如果他的话可信，就有某些人在教堂中做爱，不，是在圣坛上做爱；他还说"两位皇后，于封斋期间复活节前的星期四……在神圣礼拜仪式当中，公然寻求邪恶的乐趣"。马姆斯伯里的威廉描述诺曼底的贵族是："食色皆是放纵"，而又彼此交换情妇，以免忠诚影响家庭情趣。私生子在基督教各地随处可见，是成千故事的题材。许多中古英勇冒险故事中的圣哲英雄都是私生子——库丘莱恩、亚瑟、高文、罗兰、"征服者"威廉以及佛罗伦萨《编年史》（*Chronicles*）一书中的许多骑士。

卖娼业也配合时代而发展。据博尼费斯主教说，某些朝圣的女人沿途卖娼赚旅费。军队一批过去又过来一批，和敌人一样危险。亚琛的阿尔伯特说："十字军当中杂有女扮男装的一群妇女；他们无分男女一起出门远游，甘愿冒着可怖的杂交的危险"。阿拉伯历史学家埃玛德－艾丁（Emad-Eddin）曾谓，在阿卡围攻一役（1189年）中，"300名漂亮的法兰西妇人……来安慰法兰西士兵……因为若他们没有女人，就不肯打战"；因此，伊斯兰教军队亦要求给予类似的鼓舞。据尤安维尔（Joinville）说，圣路易国王第一次组十字军时，其男爵"在皇家军营附近设妓女户"。大学生特别是巴黎学生，模仿并角逐声色，遂有女人在各大学设置青楼。

某些城市——例如图卢兹、阿维尼翁、蒙彼利埃、纽伦堡——在市政府监督下卖淫得以合法化，理由是未设青楼妓院，良家妇女上街就不安全。圣奥古斯丁写道："若无娼妓，世界必因人欲横流而扰乱不安。"托马斯·阿奎那同意这种看法。12世纪的伦敦，在靠近伦敦塔边也有一排妓院；最初经温切斯特主教特许经营，其后受到国会的核可。1161年，英格兰国会通过法案禁止妓院经营者收容患有"危险的烧身恶疾"的妇人——这是已知最早防止性病蔓延的规定。1254年，路易九世下令将全国娼妓逐离法兰西；该诏令遂予执行，可是不久暗娼反而代替了以前的公娼；中产阶级绅士抱怨几乎无法保护其妻子与女儿的德行，免其受士兵及学生的引诱；到了最后，大家都批评该诏令，导致其被废止（1256年）。新诏令规定了妓女在巴黎合法居住及营业的地区，并规定其服饰，而由一位警察总监负责加以督察，该总监俗称"妓女、乞丐及浪子之王"（"roi des ribauds"）。路易九世临死前，嘱其子重订逐妓令；菲利普遵嘱，其执行结果亦复如前；该法被列为正式的成文法，但终未执行。在罗马，据曼德城（Mende）主教杜朗德二世（Bishop Durand II）的说法，在梵蒂冈附近有许多妓院，教皇的法警为了报酬，而容许其存在。教会对这些妓女显示人道的精神：备有救济院，以收容从良妇女，从良妓女乐捐亦由教会负责散发给贫民。

婚姻

在信仰时代，青春甚短，人们通常早婚。7岁小孩可以订立婚约，有时这种婚约旨在方便财产的转移或保障。格雷丝·德·塞勒比（Grace de Saleby）四岁即许配给一位大贵族，因他可以维护其财产；不久其夫逝世，她在6岁又许配给另一个贵族；11岁又许配予另一个人。这种婚姻，在成年（一般假定女子12岁成年，男子14岁成年）以前随时可取消，教会体认，若双方达到相当年纪，父母或监护人的同意就无必要。教会禁止15岁以下的女孩结婚，却允许很多例外，因为在这方面，财产权的维护压倒了瞬息即逝的爱情，婚姻只是财政上的一件附随事件。新郎呈献礼物和金钱给女方父母，给新娘"晨

礼"（morning gift），并保证她对他的田产有继承权。在英格兰，这种
继承权即是寡妇对于丈夫所承继土地的 1/3 上终生享有产权。新娘母
家应赠礼给男方家族，并给新娘一笔嫁妆，包括衣物、亚麻布、家庭
用具、家具，有时也包括财产在内。婚约就是抵押或担保的交换；婚
姻本身就是一种担保；配偶就是说"我愿意"（I will）的人。

男女双方以口头保证互订鸳盟，虽无其他法律或教会的仪式，也
被国家和教会接受为有效的婚姻。教会借此以保护妇人免受始乱终弃
之苦，教会宁可接受这类结合，而不愿见男女任意做爱或姘居。但是
12 世纪以后，教会否认未经教会准许的婚姻的有效性；特伦托会议
（1563 年）后，又规定必须有一位神父在场才有效。世俗法律接受教
会对婚姻的规范；布雷克顿（Bracton）也力言宗教仪式对有效婚姻
的重要性。教会将婚礼提高为一种圣礼，并使之成为男人、女人与上
帝之间的圣约。教会慢慢地对于婚姻各阶段的发展，从房事义务以至
将死的配偶的最后遗嘱，皆加以干涉管辖。教会法开列"婚姻障碍"
（impediments to matrimony）条款的细目。任何一方皆须免除以前婚
姻的束缚，也无须守贞洁誓约。教会禁止与未受浸者结婚，但基督徒
与犹太人结婚的很多。奴隶之间结婚，奴隶与自由人之间的婚姻，正
统基督徒与异端信徒之间的婚姻，甚至虔诚基督徒与被处以破门律者
间的婚姻，均被视为有效。双方不得在四等血亲范围，即指四代内
不应有同一祖先；这点教会拒采罗马法，而接受原始异族通婚制，以
免人种因近亲交配而致低落；或许教会反对狭窄的近亲结婚所造成的
财富集中。在农村，这类近亲结婚在所难免，而教会也不得不睁一
只眼闭一只眼，正如其对于其他现实与法律之间所存在的种种差距
一样。

结婚仪式完毕后尚有结婚游行——喧闹的乐声及夺人眼目的丝
绸——从教堂游行至新郎的家里。当天整日至半夜均举行盛宴，直至
这些典礼完成后婚姻始行生效。教会不许节育，阿奎那把它列为仅次
于杀人的罪行；但有许多方法——机械的、化学的或魔法的——用以

达到节育的目的，主要是依赖性交中断（*coitus interruptus*）的方法。有人贩售堕胎、不育、性无能或促进性欲的药品。莫鲁斯·拉巴努斯（Rabanus Maurus）忏悔法则规定，"将丈夫的精液与食物混合一起吃，以求取其更多的爱情"者，应忏悔三年。杀婴案不多。6世纪以后，基督教慈善机构在许多城市成立弃婴医院。8世纪，鲁恩一个会议请求私生小孩的妇人将他们放在教堂门前，由其收养；这种孤儿被抚育长大后即成为教会田产上的农奴。查理曼大帝时代，法律规定，弃儿应为其救助抚育者的奴隶。约1190年，一名蒙彼利埃的僧侣创设圣灵博爱会（Fraternity of the Holy Ghost），旨在保护和教育孤儿。

对奸淫罪的处罚极为严厉。如《撒克逊法律》（*Saxon Law*）规定，不忠的妻子至少应处以割鼻及割耳之刑，并授权丈夫杀她。然而，淫乱情事仍极为普遍；中产阶级最少，贵族阶级最多。封建领主诱奸女奴只受极轻的罚金：被强奸女仆未经其同意者，罚款仅三先令。弗里曼（Freeman）曾说，11世纪是"道德堕落的时代"，他惊奇于"征服者"威廉婚姻生活的忠诚，因为威廉之父就甚为不同。博学睿智的赖特（Thomas Wright）曾说："中古社会极为不道德，而且淫乱异常。"

教会容许因奸淫、背教或极端家庭暴力，而宣告分居，称为"divortium"，但这不是废止婚姻的意思。违反教会有关婚姻障碍法条的，教会才准许婚姻废止。婚姻障碍条款似乎不太可能故意增加很多，以便有钱负担废止婚姻费用的人找到离婚的理由。教会利用这些障碍条款有弹性地审理例外事件，这类离婚往往能使无子的国王得到子嗣，或有利于国家政策或和平。日耳曼法容许因通奸而离婚，有时夫妻双方也可自愿离婚。各国国王乐采其祖先的法律，而不喜欢教会的严格教令；而封建贵族或贵妇，恢复采行古代法典，有时未经教会容许即行离异。英诺森三世拒准法兰西皇帝"奥古斯都"菲利普离婚以后，教会在权力和良心两个方面才日益坚强，能坚决执行其教令。

女人

教士的理论大体上敌视妇人，某些教会法律使妇人更加柔顺服从，但是基督教有许多原则和习惯改善了她们的地位。在神父与神学家眼中，这几个世纪中的女人仍然是克里索斯托所谓"必要的邪恶、自然的诱惑、必要的灾害、家庭中的祸患、致命的引诱、虚饰的祸胎"的那种女人。她仍是使人类失去伊甸园的夏娃的化身，仍是撒旦引人下地狱的最佳工具。托马斯·阿奎那通常极为仁慈，但是以僧侣的立场说话时，也在某些方面贬低女人比奴隶还不如：

> 由于女人天生心智及体力均极脆弱，要受男人的役使……男人是女人的终始，犹如神是万物的终始一样……根据自然法，女人天生即要受人控制，奴隶则不然……小孩爱父亲应比爱母亲更甚。

教会法赋予丈夫保护妻子的责任，也赋予妻子服从丈夫的义务。男人是按照上帝的形象而造的，女人则不然。教会法学家辩称："据此，很明显地妻子应服从丈夫，几乎就是他的奴仆。"这种论调是众人希望的说法，显得掷地有声。然而，教会仍然执行一夫一妻制，坚持两性道德标准应该划一，而且在崇拜圣母玛利亚时特别尊重女人，并护卫女人继承财产的权利。

世俗法比教会法更加敌视女人。这两种法律均许可丈夫打妻子。13世纪时《博韦法律及习惯》（*Laws and Customs of Beauvais*）要求男人打妻子"须有理由"，这已经是很开明的一步。世俗法规定，法院不得采纳女人的证词，因为她们太软弱，又规定侵犯女人权益的罚金只有侵犯男人的一半；并不准任何妇人，甚至身份地位最高者在英格兰国会或法兰西阶级会议中，代表其阶级。结婚使丈夫有全权使用其妻子结婚时就拥有的财产。而且妇人无法成为有照医生。

妇人经济生活与男人一样丰富。她学习并从事家庭中奇妙而不为人所歌颂的各类技艺：烤面包、布丁及饼，腌肉，制造肥皂、蜡烛、乳脂及干酪，酿酒及从香草中炼药，编织羊毛，制亚麻布，并替全家做衣服、窗帘及帷幔、床单及缀锦，装饰家庭并保持家中男人可以接受的干净程度，抚育小孩。在村舍外，她刻苦耐劳地参与农作：播种、耕作及收割，养鸡，挤牛奶，剪羊毛，协助修理、粉刷及建筑。在城里，不管在家中或工场里，她替纺织同业公会担负多数编织的工作。在英格兰，一群"丝娘"（silkwomen）首先发明纺线、搓线及编织生丝的技艺。英格兰多数同业公会中女工与男工一样多，主要因为允许技工雇用其妻子和女儿，并报名参加同业公会。不少制造女性用品的同业公会，完全雇用女性。13 世纪末法兰西这类同业公会共有 15 个之多。不过，在包括两性的同业公会里面，女人很少成为主管，虽然同工，报酬却较男人为少。中产阶级妇人服饰华丽，炫耀其丈夫的财富，并在宗教盛典及城中社交活动中相当的活跃。封建时代贵族社会的仕女们，因为分担丈夫的责任，并以优雅庄严的神态接受骑士及抒情诗人浮夸而多情的表白，具有一种前所未有的特殊地位。

虽然神学与法律有种种歧视，但中世纪的女人可以其魅力而补其能力的不足。这个时代的文学充满了女人辖制男人的故事。有许多方面女人较为优越。贵族阶级女人研习文学艺术及各种高尚文雅事物，其目不识丁的丈夫则工作与作战。她可以有 18 世纪莎隆尼维尔的优雅举止，而且像女英雄理查森（Richardson）一样喜作晕倒状；同时她在行动与言词的自由生动方面又足与男人相比，在爱情方面往往大方地采取主动。在各阶层活动中，她行动完全自由，很少需要女伴作陪；她会挤在展览会场内，并主宰各类佳节盛宴；她参加朝圣旅行及十字军，不但是男人的一种慰藉，而且经常全副戎装担任兵士。胆小僧侣以她的卑贱来自我安慰，但是骑士们为争得她的恩宠而斗武，诗人则自认为是她的奴隶。男人口中以她为从仆，而梦中却以其为女神。他们向圣母玛利亚祈祷，但是以有阿基坦的埃莉诺而志得意满。

　　埃莉诺不过是中古时期伟大的妇人之一而已——加拉·普拉西狄亚、狄奥多拉、伊琳娜、安娜·科蒙内娜、托斯卡纳女伯爵玛蒂尔达、英格兰女皇马蒂达尔、那尔瓦的布朗歇、卡斯提尔的布朗歇、埃洛伊兹等都是可资后人效仿的榜样。埃莉诺的祖父是一位亲王与诗人，即阿基坦的威廉十世，是抒情诗人的拥护者和领袖。他波尔多的王宫是法兰西南部才子、佳人、侠士荟萃之所。在皇宫里，埃莉诺被培养成生活及学问都配合其身份的皇后。她吸收那个自由且阳光普照的地方的所有文化与特征：富有活力的身体及动作的优雅诗化，个性及情欲上的激动热情，心智、举止及言语间的自由开放，抒情的幻想及活跃的精神，对爱情、战争及各种逸乐的热衷，甚至喜欢死亡。当她十五岁时（1137 年），法兰西国王提议联姻，急于将阿基坦公国及波尔多并入法兰西及其税收范围。她并不知道路易七世是个冷静、虔诚，而且只知国事的人。嫁给他时，她是欢乐、可爱而娇纵的；他并未被她的奢华放纵所迷惑，而且对于跟到巴黎献颂诗以答谢她的支持的诗人，根本不加理睬。

　　由于渴望过生动浪漫的生活，她决心在第二次十字军东征时（1147 年）随其夫至巴勒斯坦。她和她的侍女着男装军服，轻蔑地将纺纱工作交给留在国内的骑士们，在军队的掩护下骑马而出，鲜明旗帜在空中飞扬，并有抒情诗人尾随其后。1152 年，疑心法兰西国王会休弃她，她诉请离婚，理由是他们的关系是在近亲范围内——教会讥笑这种借口，但是准许离婚；埃莉诺返回波尔多，恢复阿基坦国原有的头衔。一群追逐者向她展开攻势；她选择英格兰王储、金雀花王朝的亨利为夫。两年后，他成为英格兰国王亨利二世，而埃莉诺复为皇后（1154 年）——就像她自己说的："天谴我又成为英格兰皇后。"

　　她给英格兰带来南方的风味；在伦敦她仍是法兰西北方叙事诗人及南方抒情诗人的最高裁判者、支持者及偶像。如今她已年纪较长，能守忠贞，亨利未再发现她有丑事。但是风水已经转了：亨利比她年轻 11 岁，在脾气与热情方面与她相仿。不久他就在宫中广施爱情，而埃莉诺从前轻视一位嫉妒的丈夫，现在自己却反要因嫉妒而激怒。当亨利废其后位时，她逃离英格兰，要寻求阿基坦国的庇护；但他把她追回来拘禁。在 16 年内，她辛苦过着被禁的生活，可是她的意志力并未因而崩溃。抒情诗人鼓动欧洲各地反对英王；其子听她的命令，阴谋推翻其父，然而均告失败。及至"狮子"理查嗣位，释放其母，并在他参加十字军攻击萨拉丁时，任其母为英格兰摄政。其子约翰为英王时，她退隐至法兰西一所修道院，"由于心灵的悔憾与痛苦"而逝世于该地，亨年 82 岁。她曾是"恶妻、坏母亲及不良的皇后"，但是谁会认为她是属于软弱臣服的女性呢？

公共道德

中世纪的人特别喜欢伪造文书。著作伪经，也许只是希望这些伪经被视为美丽的故事；伪造教令作为教会政治上的武器；忠心耿耿的僧侣伪造特许状，以取得国王对修道院的协助。根据教廷的说法，坎特伯雷大主教郎佛兰克伪造特许状以证明其辖区的历史悠久。许多校长也伪造特许状，假称剑桥的某些学院由来已久。而神棍（pious frauds）也篡改经文，虚构千件启示性的奇迹。教育、商业、战争、宗教、政府及法律等方面，可说是贿赂泛滥成灾。学童贿赂考官；政客花钱取得一官半职，并向朋友募集必要的款项；有了贿赂，证人随意起誓赌咒；诉讼当事人赠礼给陪审员及法官。1289 年，英王爱德华一世被迫把多数枉法贪污的法官解职。法律规定每次开庭须庄重起誓；人们面对经文或圣人遗物起誓；有时他们被要求宣誓遵守即将起誓的誓言；但是伪证的情形太平常，有时必须以格斗胜负来决定曲直，希望上帝会把更大的骗子找出来。

纵使有千件同业公会及市政府的法令刑章，中古技工仍然使用劣质货、不足的升斗尺度及容易使人上当的赝品来欺骗顾客。某些面包师在揉面板上做一门瓣，在顾客的眼前公然偷取小部分的面团；已经成交的好布，暗中竟为廉价布所取代；劣质皮经过修饰后竟像是好皮；干草或羊毛袋中加上石头以增加其重量；诺维奇肉罐头商被控以"购进劣肉，制造损害人体的香肠及布丁"。雷根斯堡的贝特霍尔德（约1220年）述说各种行业欺骗的不同方式，及市场商人欺骗乡下人的伎俩。作家和讲道家抨击财富的追求，但是有一句日耳曼中世纪谚语说："有钱可驾驭万物。"某些中世纪道德家断定，人的好利实强于人的好色。封建制度下，讲求侠士之誉常常是事实，但是很明显地，13世纪与历史上任何时代一样，讲求物质主义。上述这些奸计取材自相当广大的空间与时间，虽然这种例子实在不少，但是可以假定它们只是特例。它们只能证明一种结论的正确性，即信仰时代与怀疑时代一样，人类本性并没有较好，而且不论是什么时代，法律与道德面对天生并非守法公民的人类的固有个人主义，当然只勉强维持社会秩序而已。

多数国家视严重盗窃为该处死之罪，教会按例将强盗处以破门律。即使如此，偷窃抢劫案件，小自街上扒窃大至莱茵河上进行盗窃的男爵，可说层出不穷。饥饿的雇佣兵、逃亡的罪犯及毁家的骑士，均使道路不清；夜间市街到处可见争吵、抢劫、强奸及谋杀。13世纪，英格兰验尸官记录显示："有部分的杀人案在今日会被视为丑事"。因谋杀致死者较意外死亡者多两倍，然犯罪者很少有被抓到的。教会耐心压制封建战争，但是其成功的措施，却是将人力及好战个性转用于十字军东征，就某方面说，这是争夺领土及商业的帝国主义战争。一旦进入战争，基督徒并不比异教及其他时代的战士对败军更仁慈，对承诺和条约也不会更加信守。

显然，中世纪与历史上的任何文明相比，残酷与兽行只有更平常。野蛮人虽成为基督徒，却不会立刻改变其野蛮的本质。贵族贵妇拳打其仆人，并互相扑打。刑法虽是严刑峻法，却没能压制兽行和罪恶。轮架、滚油釜、火刑柱、活烧、剥皮、野兽分尸等，常被用作处刑方式。盎格鲁—撒克逊法律规定，1名女奴被控偷窃，则对80名女奴皆课以罚款，并应取三把柴来将她活活烧死。13世纪末的意大利中部大战中，根据当时意大利僧侣萨利姆贝内的记载，"俘虏被野蛮残忍地加以处置，惩罚的严厉几乎令人难以置信"——

> 他们在某些人头上绑以绳子和杠杆，用力勒紧，使其眼珠从眼眶中突出落在双颊；他们把某些人高高吊在空中，仅将左手或右手拇指绑上，支持其全身的体重；对另外一些人，他们以更邪恶更可怖的严刑加以处置，使我简直羞于描述；其他人……他们会把他们的手绑在后面使其坐着，然后在他们的脚下放一盆正燃着的煤……或把他们的手脚绑在烤肉叉上（就像交给屠夫的羊一样），整天吊着，食水两缺；或用一根粗木磨损其外脚胫，直至露出骨头来，这光是用眼睛看就觉得可悲酸楚了。

中古人能勇敢忍受各种苦楚。各阶层的男女诚恳热情；他们的佳节即是饮酒盛宴、赌博、跳舞及性的放纵；他们言语随便自由，发誓赌咒的情形很普遍，完全不分场合。尤安维尔说，法兰西人一开口很少有不提到魔鬼的。酒店到处林立，某些极为现代化，供应醇酒美人。教会试图在星期天关闭酒店，但效果甚微。不时的酩酊大醉是各阶级的特权。吕贝克一位访客发现有些贵妇戴面纱在酒窖中痛饮。在科隆一地，有一个喝酒会，虽然提倡痛饮，但是该会严格规定，会员行动和言辞应保持温文尔雅。

中古人与其他时代的人一样，是欲望与浪漫、谦逊与自负、残忍与温柔、虔诚与贪婪等人性的综合体。纵情饮酒诅咒的男女，往往也是仁慈且常做善事的人。12世纪和13世纪，慈善事业再次达到高峰。个人、同业公会、政府及教会共同救助贫寒不幸者。施舍极为普遍踊跃。希望上天堂者留下遗产进行慈善事业，富人替贫穷女孩办嫁妆，每天供给数十名穷人饮食，遇到佳节则供应几百人之多。许多贵人门前，每星期供应任何需要者饮食三次。几乎每位贵妇均觉得纵然道德上无此必要，在社交上却有必要参与慈善工作。13世纪，罗杰·培根主张拨公款救济穷人、病人及老年人，但是实际上仍由教会负担主要的慈善工作，因为教会是遍及欧陆的慈善救济单位。格列高利一世、查理曼大帝及其他皇帝均规定，各教区征收之什一税的1/4应用以救济贫苦老弱，事实上有时也确是这样做。但是，世俗首长及高级教士没收教区收入的结果，使12世纪教区行政受到破坏，其工作较之从前更依赖主教、僧侣、修女及教皇。除了少数不良分子外，修女皆努力办教育、看护及从事慈善事业。她们日渐广泛的服务，是中古及现代史中最光明和最感人的部分。靠赠礼、施舍及教会收入维持的修道院，供应穷人饮食，照顾病人，并替囚犯缴纳赎金。成千僧侣教育年轻人，照顾孤儿或在区院中服务。克吕尼大修道院广泛施舍救济品，以赎其富有之过。教皇尽其能力救助罗马的贫民，并以自己的方式继续进行自古即有的帝国救济。

纵有这些慈善事业，乞讨的情形仍日益盛行。医院及救济院试图供给全部申请者食宿；不久，院门就挤满了瘸腿者、老弱、盲人、褴褛流浪汉等，"辗转于救济院间，悄悄搜寻一些面包和肉块"。

中古服饰

中古欧洲人是何种人？我们无法分其种族，除了黑奴外，他们都是"白种人"。但是令人困扰的是这些人有种种不同，难以分类。拜占庭及大希腊的希腊人、南意大利的半希腊意大利人、西西里的希腊-摩尔-犹太人、意大利的罗马人、翁布里亚人、托斯卡纳人、伦巴底人、热那亚人、威尼斯人——这些人是大不相同，他们的衣服、头饰及言语立即暴露了他们的出身。西班牙的柏柏尔人、阿拉伯人、犹太人及基督徒；法兰西的盖斯康人（Gascons）、普罗旺斯人、勃艮第人、巴黎人、诺曼人；苏格兰低地的佛兰德斯人、华隆人及荷兰人；英格兰的凯尔特人、盎格鲁人、撒克逊人、丹人及诺曼人；威尔士、爱尔兰及斯科特的凯尔特人；挪威人、瑞典人及丹麦人；几百支日耳曼人；芬兰人、马札儿人及保加利亚人；波兰、波希米亚、波罗的海各国、巴尔干半岛及俄罗斯的斯拉夫人。以上这些人的血统、血型、鼻子、胡子及服饰真是林林总总，杂乱无章，欲描述此种分歧的详细情形实为一桩难事。

经过千年的移民和征服，除了意大利中部及南部与西班牙以外，日耳曼人在西欧上层阶级是较占优势的。金发碧眼型特受钦羡，圣贝尔纳在整篇证道词中，引用《雅歌》中"我虽然黑，却是秀美"这句话试图缓和这种偏爱。理想的骑士应该是高大、金发及蓄胡；史诗及爱情故事中的理想妇人是瘦削高雅，碧眼而有金色长发。9世纪的法兰克人，上层阶级盛行把后面的头发加以剪短，只在头顶上留一些头发，取代了原来的长发型；到了12世纪，欧洲绅士便不再蓄胡了。不过，男性农夫继续留又长又不干净的胡子，而且有时蓄发太多必须以发带束起。在英格兰，各阶级的人都留长发，13世纪的公子哥都染了发，烫至曲卷，然后扎以丝带。已婚贵妇用金线网扎紧其头发，而富贵人家少女则是秀发垂肩，有时一束卷发娴雅地从双肩落到胸前。

中古西欧人服饰多而诱人，堪称空前绝后，男人在衣着的华丽及颜色方面还要超过妇人。5世纪，罗马人宽松的外袍为高卢人的裤子及束腰所取代；北方天气较冷及从事军事训练，与南方的暖和与安乐所穿的衣着不同，必须着较为紧厚的服装，而且强权自阿尔卑斯山向北转移，也促成了衣着的革命。一般人着紧身裤及上衣或罩衫，均为皮料或厚布料做成；皮带上悬以小刀、钱袋、钥匙，有时悬上工人的工具；在肩上披以斗篷或披风；头戴羊毛毡或皮制的头盖或小帽；腿着长袜，脚上是长筒皮靴，脚趾处往上卷曲免得绊脚。到中世纪末，长筒袜延长至股间，演进为不舒服的裤子。几乎所有的衣服皆为羊毛制成，农夫与猎人有些着皮革衣服，这些衣服大多是在家中编织缝制的——但是富人有自己的专业裁缝师，在英格兰称为"剪裁者"（scissors）。古代偶有使用的扣子，在 13 世纪以前均避免使用，其后则作为无作用的装饰品，因而有俗语谓"一个扣子都不值"（not worth a button）。12 世纪，紧身日耳曼服装，不分男女皆外加束腰长袍。

富人在主要服装上面加上几百种的花样款式，以求美化。衣服边缘和颈线均饰以毛皮。只要天气适宜，丝、缎或丝绒就代替了亚麻布或羊毛。他们头戴丝绒帽，彩色布鞋按脚的形状紧紧穿在脚上。最好的毛皮来自俄罗斯，最上选的是貂皮，取自白貂，有些贵族甚至质押土地为妻子购买貂皮。富人着上佳白麻布内裤；着有色长袜，常为毛料，有时为丝料；着白麻布衬衫，带有炫耀的领子与袖子；其上为短袖外袍，而最外面，在冷天或下雨的天气里，则披上斗篷或披风——披风上的罩帽可以拉上包住整个头。有些帽子是平四方顶的，这种方顶帽到了中世纪后期很受律师和医生的喜爱。不管天气好坏，花花公子都戴手套，而且（僧侣奥德里克·维塔利斯埋怨称）"其斗篷及长袍浪费的长到拖地"。

珠宝不但从人们的身上，而且由其衣帽、鞋等穿戴上展示出来。某些衣服用珍珠缀绣神圣或凡俗的文字；某些衣服则绣以金边或银边，有些人着金色衣服。国王须着特别精制的衣服以示其显贵。"忏悔者"爱德华穿一件长袍，上面由其多才多艺妻子埃奇塔绣以光辉灿烂的金丝；而勃艮第的"秃头"查理（Charles the Bold of Burgundy）着龙袍，其上满缀宝石，价值达 20 万杜卡特。除穷人外，大家都戴戒指，而且各种人均戴刻有私人印章的图章戒指，这种图章盖印被视为是其私人之签名。

衣服是一个人身份及财富的表征。各层阶级均抗议下层阶级模仿其服饰，而禁奢令试图依据每人的财富及阶级规定其置装费用，但是虽通过却无实际效力——法兰西 1294 年和 1306 年的立法就是如此。大贵族的家臣或门下骑士，正式执行其职务时，穿着大贵族赐予的袍服，并染上自己喜爱或特殊的颜色，这种袍服称为家臣制服

(livery)，因为贵族每年发给他们两次。不过，上佳的中世纪衣服通常能穿一生，有些还以遗嘱慎重地传给子孙。

富贵人家女人着长的亚麻宽松内衣，其上为饰以毛皮的毛袍直拖到地，称为"佩里森"(pelisson)；上身着短装，为一种宽松便装，但是对于希望身材苗条的贵妇，在集会时则是紧紧地以缎带扎上。她们也戴饰以珠宝的腰带、丝皮包及小羚羊皮手套。她们的头上常常戴花，或以缀珠带束发。某些妇人戴上高顶圆锥形帽，其上插以牛角，这引起教士们的注意，无疑也使她们的丈夫忧虑；有时，未带角的妇人就要受到难以忍受的嘲笑。到中世纪末，高跟鞋极为流行。卫道家颇有怨言，称妇人常借故把衣袍提高一或两英寸，显露其玉足及精美的鞋子。不过，女人的腿的展露是既隐秘而又珍贵的。但丁抨击佛罗伦萨的妇人公开穿着袒胸露肩的衣服，"露出前胸及双峰"。骑士比武大会中，妇人的衣着是教士津津乐道的话题，红衣主教要规定女人袍服的长度。当教士下令着面罩对道德极为必要时，妇人"就用最好的细棉布和真丝，加上金丝，来织成面罩，使她们看来比以前好看十倍，更使观者痴痴若狂"。普罗万僧侣居伊(Guyot)埋怨称，妇人脸上脂粉用的太多，使教堂圣像缺少着色的粉。他警告她们，若是戴上假发，或为了皮肤美容而将豆子混合马奶捣成糊状药膏，敷在脸上，这样会增加她们在炼狱监禁的时间。约 1220 年，雷根斯堡的贝特霍尔德，滔滔不绝地痛骂妇人，终是无效：

> 女人，你心中满了慈悲，你比男人更愿意上教堂礼拜……而你们当中许多人都会得救，假如不是受了这种陷阱的害……为了博得男人的激赏，你全心讲求你的衣服……你们很多人所花的工钱就等于布钱；衣服上有护肩，又必须有荷叶边装饰，且衣布边均须打褶。在你那特别的纽扣上头显示你的骄傲还不够，还要使她的双脚送入地狱受特殊的苦头……你忙着你的面罩；这边弄弄，那边搞搞；上面还要饰以金线，耗尽一切心思。为了一张面罩你

至少要做六个月的苦工，那真是有罪的大难产——而男人赞赏你衣服的话不过如此："天呀！多么漂亮！曾经看过这样漂亮的衣服吗？"（而你说）"哦，贝特霍尔德兄弟，我们如此，是为了丈夫的缘故，这样他可以少注视别的女人。"不，相信我吧！若是你的丈夫真是个好人，他宁可注意你的恳诚的言谈，而不会去看外表的装饰……男人应该打消她们这种虚荣，并坚决地反对它；首先好言劝告；假如她们坚持故我……那么从头上撕起，即使有三至十根头发随之撕落亦可，然后付之一炬！这样做要不了三到四次，很快她就不敢了。

有时候，也有妇人会听这类教训，而将面罩和装饰掷入火中。幸亏这类忏悔少而短暂。

家庭

中世纪的住家并不很舒适。窗户很少，光线也不佳；木窗板紧闭了窗子，隔绝了光线与寒意。家中有一个或多个壁炉维持温暖；通风气流来自壁间成百个裂缝，使高背椅子成为奢侈之物。冬天通常在室内也要戴暖帽，穿毛皮衣。家具很少，但都是精制品。椅子很少，大多没有靠背，有时精工雕制，其上刻以徽章，并镶有宝石。多数座位是刻入石壁而成，或屋内在凹室木柜上附设。13世纪以前地毯很少见。意大利与西班牙有；而当卡斯提尔的埃莉诺于1254年进入英格兰，成为爱德华一世的新娘时，其仆从依据西班牙习惯在威斯敏斯特教堂铺上地毯——这个习惯就传入英格兰了。一般地板是铺以灯心草或稻草，房中发出恶臭，教区神父拒绝登门拜访。墙上有时悬挂着绣帷，一面作为装饰，一面是遮蔽通风口，或借以将房中大厅隔成几个小房间。在意大利和普罗旺斯的家族，仍能记起罗马人的奢侈豪华，较北方更为舒服和卫生。13世纪，日耳曼中产阶级家庭曾从井中用水管引水至厨房。

中世纪，清洁与神圣一样被看重。早期的基督教攻击罗马人的沐浴是性道德败坏的源泉，他们对肉体的谴责有害于卫生的改进。现代人使用手巾这件事，当时根本不知。干净不如赚钱重要，干净程度也随收入多少而不同。封建领主及富有的中产阶级在大木桶中洗澡，其次数尚称合理。12 世纪，财富的散布使保持身体干净的人增多。13世纪，日耳曼、法兰西、英格兰许多城市都有公共澡堂。一位学者推算，1292 年，巴黎人洗澡的次数较之 12 世纪为多。教会不喜欢公共沐浴，认为会导致不道德；某些公共沐浴的情形，证实教会的顾虑不无道理。某些市镇还供应公共矿泉浴。

修道院、封建城堡及富裕家庭置有厕所，粪便冲入污水沟，但是大多数家庭通过户外厕所来解决，而多数情形是 12 家共用 1 个户外厕所。爱德华一世时，用管子排污的设备传入英格兰，这是一种卫生上的改革。13 世纪，巴黎人家的便盂可以随便由窗口往街上倒，顶多喊道"当心水"即算了事。公共厕所是奢侈品。1255 年，圣吉米格纳诺（San Gimignano）有几个，但当时佛罗伦萨仍旧没有。人们在庭院中、梯道上、阳台上，甚至在卢浮宫方便。1531 年发生瘟疫以后，诏令巴黎地主在每个住家均设厕所，但是这项命令事实上形同一纸空文，并未被大家遵守。

上层阶级和中产阶级饭前饭后都要洗手，因为多数的食物要用手吃。每天只有两顿正餐，一顿是 10 点，一顿在下午 4 点；但是任何一餐可能长达几个小时。在大屋之中，进餐要利用吹号角来通知每个人。餐桌板可能是放在木架上的简陋木板，也可能是高贵木料做成精工雕制的大桌。餐桌四边是凳子或长条椅——法语为"bancs"，宴会（banquet）一词即根源于此。某些法兰西家庭设有精巧的机器，可将整桌饭菜自地下室或上层楼，提高或降低到地面上来，而在进餐完毕后又可使桌子消失不见。仆人必携几缸水给每个用膳者，供他们在里面洗手，而餐巾在擦干手后立予收回。13 世纪中，餐食皆不用餐巾，但是食者可在桌布上擦手。男女成对而坐，即绅士与淑女成对相伴；经常每对男女饮食同一杯盘。每人有一把汤匙。13世纪时已有叉子，但是几乎不曾使用；食者使用自己的小刀。茶杯、茶碟及食盘通常是木制的。但是封建贵族和富有的中产阶级另拥有陶制或白镴的碟盘，有些人在宴会中排出银器，甚至在不同的场合发现有排出金器的。有使用玻璃盘子的，也有使用船形庞大银器，内装各种香料以及主人的刀匙。每对客人得到一大片平底圆而厚的面包，作为盛肉盘；食者用手从传过来的浅盘里取下肉与面包放在"盛肉盘"上。当餐食完毕以后，食客已将这种"盛肉盘"吃尽，或倒给围绕身旁的猫狗吃，或送给贫苦的邻人。盛宴完毕前还要进小食、甜食及最后一道酒。

食物很丰盛，种类繁多，烹调菜式皆佳，只是缺乏冷冻设备，肉类容易腐坏，因此须借重香料来保存或掩饰。某些香料自东方进口；但是进口香料很昂贵，另有多种香料在菜园里栽培——香菜、芥末、鼠尾草、香薄荷、大茴香、大蒜、莳萝等。烹饪书很多，内容很复杂。厨师是一名要人，代表该家族的尊严及荣誉。他有闪亮的设备：铜釜、铜壶、平底锅等，他以提供色香味俱全的菜为荣。兽肉、家禽及蛋类都很便宜，虽则一般穷人仍觉昂贵而无奈地成为素食者。农民盛食家中烘制的大麦、燕麦及黑麦等粗谷面包；都市市民较喜欢由面包师烤制的白面包，作为阶级分别的标记。当时并无马铃薯、咖啡或茶；但是几乎今日欧洲食用的各种肉类及蔬菜——包括鳗、青蛙及蜗牛——中世纪的人们都已经食用。至查理曼大帝时代，欧洲几乎皆能培植亚洲的水果、核桃；不过，13世纪，阿尔卑斯山及比利牛斯山以北，仍然很少见到柑橘。最平常的肉类是猪肉。猪吃街上的弃物，人类又吃猪肉。大家普遍相信吃猪肉会引起麻风病，但是喜爱猪肉的情形照旧不改，中世纪相当受欢迎的是大香肠及黑色布丁。显达的主人有时把整条烤野猪移至桌上，在张口垂涎的客人面前分割，这是几与松鸡、鹌鹑、鸹、孔雀及鹤一样深受喜欢的美味。鱼是主要的土产食品；青鱼是军人、船夫及穷人的主要补助品。乳酪产品较今日用得少，但是当时布里（Brie）的干乳酪已经很出名。人们根本不知有沙拉，糖果也很少。糖仍是进口品，尚未取代蜂蜜作为甜味剂。点心总是限于水果和干果。馅饼很多；欢乐的面包师把饼及小面包尽其想象做出各种最有趣的形状来。人们饭后并不抽烟，但是男女都在饭后以喝酒替代。

由于未烧开的水并不那么安全，各阶级均以啤酒或酒来代替。杜林克华特（Drinkwater）和布瓦洛（Boileau）是很不平常的名字，表示个人特别的嗜好。苹果酒或梨酒酿自苹果与梨，农夫可以很便宜地买得一醉。酒店到处林立，麦酒相当便宜。啤酒是穷人的日常饮料，甚至早上也喝。阿尔卑斯山以北的修道院及医院，通常准许每人每天喝一加仑的麦酒或啤酒。许多修道院、城堡及富有家庭自己有酿酒房，因为在北方国家，啤酒是仅次于面包的生活必需品。各国富庶人家及拉丁欧洲各阶层人民，较喜欢葡萄酒。法兰西制造很多驰名的葡萄酒，并在千条民谣中歌颂酒的好处。在葡萄的收获季节，农夫比平常更加努力工作，好的修道院院长即赏给他们"品德假"（moral holiday）。在黑森林（the Black Forest）中的圣彼得修道院的习惯记录（customal）里，有微妙的句子如下：

> 当农夫已经卸下了葡萄美酒，他们被带到修道院去吃丰盛的肉类并饮美酒。在那儿要放一个大桶，内盛醇酒……每人都要饮酒……假如他们酩酊大醉，殴打地窖管理人或厨子，他们也不会被罚款；而且他们可以一直痛饮到两个人无法强把第三者推到车上为止。

在宴会完毕后，主人经常提供由变戏法者、杂技演员、戏子、游吟队伍或小丑表演的余兴节目。某些领主家中蓄有这类表演者；某些富人蓄有说笑者，他可以无惧及无虑责备，表现出令人愉快粗鄙及下流的幽默。假如食者愿意提供自己的余兴节目，他们可以说故事、倾听或演奏音乐、跳舞、调戏、玩双陆棋、西洋棋或做室内游戏；就是男女贵族也玩"没收押物"（forfeits）及"瞎子的黄牛皮"（blind man's buff）的游戏。此时尚不知玩牌。1256 年和 1291 年的法兰西法律，禁止制造或玩骰子，虽然如此，用骰子赌博的情形很普遍，卫道家称在这种游戏中，财物和灵魂均已失去了。赌博并非永远受法律的禁止，锡耶纳城即在公共广场中供给赌博摊位。巴黎一次会议（1213 年）及法王一项诏令（1254 年）均禁止下棋，但没有人理会这些禁令。棋戏成为贵族阶级的消遣，并因而有了"皇家财政大臣"（the royal exchequer）这个名词，即棋桌或棋盘上，可以计算国家的收入。但丁年轻时，一位穆斯林棋士同时与佛罗伦萨的最佳棋手玩 3 盘棋，令该城人士张口结舌；他虽注意一个棋盘，却能把另外两盘棋记在脑中；他竟赢了两盘棋，逼和了一盘。棋在法兰西称为"dames"，在英格兰称为"draughts"。

传教士抨击舞蹈，但是除了献身宗教者外，几乎每个人都跳舞。圣阿奎那本质较为温和，允许人们结婚时、有朋友自外国归来时及庆祝国家凯旋时可以跳舞；这位诚心的圣者进而说，跳舞如果保持庄敬，是很有益健康的运动。大阿尔伯图斯显示类似的开明思想，但是中世纪的卫道家都谴责舞蹈是魔鬼发明的。教会不赞成人们跳舞，视为引发不道德行为的刺激物。中世纪年轻的花花公子的行为正好证实教会的疑心很有道理。法兰西人与日耳曼人特别喜欢跳舞，并发明了许多土风舞，用以庆祝农民年节及庆祝凯旋，或在消沉苦恼时用以鼓励国民精神。在《卡米娜·布拉纳》（*Carmina Burana*）中的一首诗，描述一群女孩在田野中歌舞，那是春天最大的乐事。当晋封骑士时，邻近的所有骑士胄甲整装，在马上或徒步操演，民众就围绕着他们随着军乐起舞。跳舞会成为流行病：1237 年，一群日耳曼小孩自爱尔福特至阿特恩斯塔特一路跳舞，许多人在半途中死亡；某些幸存者在圣维图斯一舞中竟然终生为病魔所苦，或遭受其他的精神病之害。

跳舞通常是白天在户外举行。晚上，房间灯火不很明亮——利用有灯芯及油料的立灯或挂灯，或羊的脂油做成的灯芯草蜡炬。由于油脂和油料均极昂贵，日落后，大家很少做工作或读书。天黑不久，客人纷纷离去，家人都休息去了。卧房总是不够使用，通常可以看到在厅中或接待室里，也摆有睡床。穷人在稻草床上睡得很甜，富人虽有香喷喷的枕头及羽毛床垫，却是辗转难以成眠。贵族的床上吊上蚊帐或帐幕，而且要靠椅子方能爬上去。几个人，不分男女老幼，可能睡在同一房间里。在英格兰和法兰西，人人都是脱光了衣服睡觉。

社交与运动

中古一般仪态不佳的情形，因某些优雅的封建礼貌而稍有改善。人们见面互相握手，以此表示不准备抽剑格斗，就是和平的保证。各种头衔举不胜举，共有几百级的名位。经由一种可贵的传统，每位贵族人员都按照其头衔及其教名或其社会阶级之名称呼。他们已为上流社会立下各种情况皆可适用的礼仪规范——在家里，在舞会中，在街上，在比武大会及在法庭中，淑女应学走路、鞠躬、骑马、玩乐，能高贵地将猎鹰携带在腕上……所有这些及男人的类似规矩构成了整个宫廷的礼仪和规矩。13世纪，已印行了许多礼仪指导。

旅行时，每个人都希望同一阶级的人给予殷勤接待。为给穷人慈善，为从富人那里取得赏金或赠礼，修女院或修道院会在半路上供给他们食住。早在8世纪，僧侣们就已在阿尔卑斯山孔道上设置接待所。某些修道院置有大接待所，足以容纳三百名路客，并安置其马匹。不过，多数的旅客投宿路旁旅舍；那里费用很低，如果一个人很重视自己的荷包，也可放心，女仆的费用也很合理。有了这种享受，许多人就愿冒旅行的危险——商人、银行家、教士、外交家、朝圣者、学者、僧侣、观光客、流浪汉等。中世纪的公路，不管有多差劲，总是活跃着好奇及充满希望的人们，他们认为到别的地方去会更幸福。

阶级分别很尖锐，但高阶级与低阶级也不时混在一起，例如国王召开其附庸的公开集会，并分食物给群众时；贵族骑士举行军事演习时；某些王子或公主，国王或皇后，盛装进入市区时，群众齐集大道观赏盛礼时；当着公众面前举行比武大会时，格斗裁判曲直时。各种公开仪式和盛典成为中古生活的重要部分，教会游行、政治游行、同业公会庆典等，使街道上充满旗帜、游行车、圣人蜡像、肥硕商人、昂然而行的骑士及军乐队。旅行哑剧演员在村中或城市广场表演短剧；吟游诗人弹奏演唱浪漫的故事；艺人表演翻筋斗、变戏法，男女艺人在大而危险的深坑上的紧绳上横行跳舞；或是两名蒙面的男人手执木棒彼此击打；或是马戏团到达镇上，展示奇珍异兽和畸形怪人，并使两条野兽互相格斗至死。

在贵族阶级中，狩猎与长矛格斗都是高贵的运动。狩猎的法律使狩猎季节很短，而禁止非法猎取的法律，却使这项运动只限于贵族阶级人士。欧洲森林里仍然住着野兽，它们尚未承认人类在占据地球之战中已经获胜。中古巴黎曾数度被野狼侵犯。猎人一面从事维持人类尚未确定的优势地位；一面增加食物的供应。重要的是，锻炼身体和精神，以适应危险、战斗及流血，这样为将来不能避免的战事做准备，同时使打猎成为盛典。大象牙打猎号角——有时用黄金刻镂而成——集合了淑女、绅士和猎狗：妇人优雅地侧坐在腾跃的马上；男人衣着鲜艳，带着各种武器——弓箭、小斧、标枪和刀；灰猎犬、牡鹿猎犬、血猎犬、野猪猎犬均用皮带拉在手上。假如追逐狩猎竟穿过了农田，不管对农田有无损害，贵族、其附庸及其客人都可以任意践踏其上而过；而只有不虑后果的农夫才敢怒骂埋怨。法兰西贵族立下了狩猎制度，称之为"chasse"，成为复杂的典礼和社交礼仪。

淑女觉察力敏锐，参加最贵族化的运动——猎鹰狩猎。几乎各大户人家中都另建鸟舍，蓄养各种鸟类，其中猎鹰特别受到珍视。猎鹰被训以随时停在贵族或贵妇的腕上，某些开心的妇人竟在听弥撒时也保持这种姿势。腓特烈二世写了一本论猎鹰狩猎的书，全书共589

页，后来传入欧洲。不同种类的猎鹰被训练高飞攫取不同的鸟类，并杀伤它们，而后又回到猎人的腕间；在腕间，它们受了一块肉的吸引及报偿，愿意使双脚自投罗网，被皮带束着直到有新的猎物在望为止。受过良好训练的猎鹰几乎就是献给贵族或帝王的最佳礼品。勃艮第公爵把12只白鹰送给俘虏者苏丹巴雅泽特（Bajazet）以赎回其子。法兰西大驯鹰人是王国最高及报酬最丰的职位。

还有许多运动使人耐暑、耐寒，并使年轻人的热情和精力消耗在重要的技能上。几乎每个小孩都会游泳；而在北方，人人都会滑冰。赛马很受欢迎，特别是在意大利。各阶层人士均学箭术，但只有工人阶级才有时间钓鱼。当时已有各种运动，包括滚球、曲棍球、掷环游戏、摔跤、拳击、网球、足球……网球发展于法兰西；网球之名称显然来自"tenez"（意为开球"play"）这个词，球员宣告开球时就是说这个词。这项运动在法兰西和英格兰极受欢迎，有时在戏院或野外一群观众面前公开赛球。早在2世纪，爱尔兰人就打曲棍球。12世纪，拜占庭一位历史学家生动地描述一种类似长曲棍球，用扎绳球拍击打的马球赛。一位对其感到恐惧的中古纪事家说，足球"是一种令人讨厌的运动，在运动当中，年轻人不是把球掷向空中，而是在地面上把球踢打滚动，不用手而用脚去运动"。显然这项运动由中国传入意大利再传入英格兰，而在13世纪的英格兰，受到热烈的欢迎，竟致爱德华二世不得不禁止它，认为会破坏国家的和平（1314年）。

当时的生活较之以后，更加注重社交。团体活动刺激了修道院、修女院、大学、乡村及同业公会。在星期天或宗教假期，尤其热闹欢乐：农民、商人及贵族穿着他们最华丽的衣服，做最长的祈祷，饮最多的酒。五朔节（May Day）时，英格兰竖起了"五月柱"（Maypoles），点燃营火，并围在火堆旁跳舞。圣诞节时，许多城镇和庄园别墅指定一位"饮宴娱乐事务总管"（Lord of Misrule）安排群众的消遣和庆典诸事。哑剧演员戴着面具和假胡子，穿着可笑的服装，游行表演街头戏剧或变戏法，或唱圣诞颂；民房及教堂饰满冬青树和常春藤，"与时令中任何绿树"。农作季节、国家或地方性的胜利，圣人或同业公会均有特殊节庆；很少有人在这种场合还不饮至尽兴的。欢乐中的英格兰制有"苏格兰麦酒"，也有麦酒消耗得很快但并不是免费供应的募款义卖市场。13 世纪，教会抨击这些节庆，但到了 15 世纪就接受了。

某些佳节是将教会庆典改编，成为包括单纯的幽默以至丑事的讽刺在内的喧闹性模仿。有很多年，博韦、桑斯及其他法兰西城镇在 1 月 14 日庆祝"驴子节"（Festival of the Ass）：一名漂亮的女孩骑在驴身上，显然象征玛利亚逃至埃及；驴子被牵至教堂，并使之屈膝跪拜，让它靠近祭坛，去听弥撒及歌颂它的圣诗；最后，牧师和会众学驴叫三声，向那个从希律手下救出圣母及把耶稣载至耶路撒冷的动物表示敬意。法兰西有十几个城市每年定期举行庆祝仪式——经常在割礼节或称愚人节为之。在那天，低级教士可以主持教会和宗教礼仪，报复常年受神父和主教的统治；他们穿上女人的衣服，或将道袍反穿；他们选出一人担任愚人主教；他们反复朗诵粗俗戏谑的赞美诗，在圣坛上吃香肠，在下面玩骰子，在香炉中烧旧鞋，并做喧闹的讲道。13 世纪和 14 世纪，英格兰、日耳曼及法兰西许多城镇都选出一位小男孩做主教（boys' bishop），他在幽默的模仿宗教典礼中，领导大家礼拜。当地教士对这种普受欢迎的小丑行为感到好笑。教会对此始终置之不理，但是当不尊敬不礼貌的行动逐渐变本加厉后，教会被迫加以谴责，16 世纪，这一仪式终于消失了。不过，英格兰的艾德雷斯东（Addlestone）、萨里（Surrey）诸城每年仍旧选出一位小男孩做主教。

一般说来，教会对信仰时代健康的幽默极为宽容。教会知道人们经常需要休道德假，即对于文明社会，很多不自然的道德限制经常有必要做暂时的释放。某些极端派清教徒如圣约翰·克里索斯托也许会高喊："基督已经上十字架了，你们还敢笑！"——但是大家仍然享受"饼与酒"，烧酒吃进口中热辣辣的。圣贝尔纳怀疑快乐与美丽，但是 13 世纪多数教士是诚心享受生命的人，他们以无愧的良心饮酒食肉，对别人的玩笑并不觉得是一种冒犯。毕竟信仰时代不如我们所想的那样严肃；反之，那个时代充满了生机，热血欢腾，温柔情致，受地球的恩赐而感到单纯的快乐。在一本中世纪字汇书的背面，有位期望甚殷的学者为我们写下了一个愿望：

> 我但愿随时都是 4 月与 5 月，每个月各种水果累累满枝头，而且每天人们到处可以见到鸢尾花、紫罗兰及玫瑰，望森林繁茂，绿草如茵，每位恋人都有自己的甜心，而他们都诚心诚意地相爱，每个人都分享他的愉悦和欢乐的心灵。

道德与宗教

中古欧洲一般人是否相信宗教促进道德呢？

我们一般的印象是，中世纪与其他文明时代比较，道德理论与其实践之间有更大的差距。中古基督教世界有不少淫乱、暴乱、酗酒、残酷、粗野、渎神、贪婪、抢劫、虚伪及欺诈的行为。若与自涅尔瓦至奥勒留的罗马帝国相比，中世纪基督教各国在道德上有开倒车的情形；但是涅尔瓦时代的罗马帝国许多地区已享有数世纪的文明，而中世纪的多数时间却是基督教道德与完全不顾宗教伦理的暴力野蛮间的斗争，虽则这个宗教的神学理论已被漫不经心地加以接受。

要从当时的卫道家口中听到攻击中古基督徒的话是再容易不过的事。圣方济各痛心 13 世纪成为"特别充满了恶毒及不法的时代"。教皇英诺森三世、圣波拿文都拉、博韦的文森特及但丁认为那个"奇异的世纪"（wonderful century）的道德是令人失望的粗俗卑野；格罗斯泰斯特主教是当代最贤明的主教，也告许教皇："天主教人民全都是与魔鬼结合在一起的。"罗杰·培根以其特有的夸张口吻判断其时代是：

> 从来没有见过这样的无知……此时远比过去为更多的罪恶所辖制……无尽的腐化……好色……贪食……我们却已受浸并接受耶稣的启示……只是人们并不能真的去信仰或尊敬它，否则他们不会允许自己如此去腐化……因此，许多智慧人相信敌基督已临近了，世界末日已经来到。

当然，这种文章是言过其辞，对于改革者有必要如此，而且可以适合于任何时代。

显然，利用恐惧入地狱以提高道德程度的方法，还不如今日或当时利用畏惧舆论及法律的方法来得有效；但是公共舆论，即是由基督教而形成的，且就某种程度说法律也是如此。或许，五百年的入侵、战争及毁灭所形成的道德混乱，如无基督教伦理从中调和，还要变得更坏，也未可知。本章所举的例子或许是不经意的一个偏见，它们顶多只是片断的描述而已；因为当时统计资料既缺少又不可靠，而历史又常把一般人的情形漏而未载。中古基督教各国，应有成千上万善良而朴实的人，诸如弗拉·萨利姆贝内的母亲，他形容她为"谦逊的淑女，虔诚、不时斋戒，而且很高兴救助穷人"，但是这类女人留名青史者有多少呢？

在信仰时代，学术上的道德自然趋于衰退；赞扬圣哲及求圣的热情，与有时不择手段的虔诚敬神，竟取代了做学问的真诚（对事实的公正态度）及对真理的追求；擅改原文和伪造文书的所谓神棍好像是可以宽恕的小罪过。人民的德行受害于追求死后之福，但更受害于国家的不统一；但是建筑许多教堂及某些高贵的城镇大楼的男女必有一些爱国精神，不管那是多么的狭隘。如与古代坦诚的世俗主义（secularism）或今日无耻的集体残忍比较，也许文明所必要的那种伪善，在中世纪是日有增加。

固然有这些及其他的罪债存在，也有许多美誉来加以抵消。基督教英雄式的操持坚定，终能坚拒野蛮行为的泛滥横行。它努力减少战争和家族世仇，并减少格斗裁判曲直法或神裁判法。它设法延长休战与和平时间，并疏导封建时代的暴力和好斗成性，使之转为敬业忠诚及骑士精神。它压制力士互相格斗的表演，谴责奴役罪犯，禁止基督徒之间的奴役，赎回无数的俘虏，并鼓励——远超过实践——解放农奴。它教导人们重新尊重生命及工作。它阻止杀婴、减少堕胎，并减轻罗马及蛮族法律的刑罚。它坚持反对性道德的双重标准。它广泛地扩张慈善事业的范围及工作。面对种种令人困惑的宇宙奥秘，它给予人们平静的心灵，虽然因而付出打击科学及哲学的代价。最后，它教人们，若没有一种更高的忠诚从中制衡，爱国主义不过是集体贪婪及犯罪的工具。在欧洲互相竞争的城市及小国中，它建立并维持一种道德法。在其指导下，并必要地牺牲了某些自由，欧洲在一个世纪内，得到了它所祈求及奋斗的国际道德律——这一种法律会使国家从原始法典中超脱，并使人类的精力用于寻求和平的战役和胜利。

第五章 │ 艺术的复苏
（1095—1300）

美学的觉醒

何以西欧在 12 世纪和 13 世纪会达到一个与伯里克利时代的雅典及奥古斯都时代的罗马不相上下的艺术高峰？

古斯堪的纳维亚人及阿拉伯人的侵袭已经被击败，马札儿人也被驯服。十字军激发了创造的热潮，并由拜占庭及东方的穆斯林带回无数的观念及艺术的形式。地中海的重开和基督徒前往大西洋贸易，法德沿海及北方海域的贸易组织与安全，工业及商业的拓展，产生了自君士坦丁以来所未有的财富。新兴阶级使艺术得以滋长，每个富裕的地方决心建造比从前更好的教堂。修道院院长、主教及教皇因为征收什一税、接受商人的赠礼及贵族国王的捐助而资金骤增。反偶像崇拜者已被击败，艺术不再被烙以拜偶像之名；教会曾经惧怕艺术，现在也发现其实是传扬信念及理想的有利媒介。而且艺术就像向上伸展、向天祈祷的尖塔一样，能激励提升人的灵魂。信奉圣母玛利亚的新宗教，也很自然地由人们心中对于圣母的爱与信，转而表现在宏伟的教堂上，使成千的儿女能够立即聚集向她致敬，并祈求帮助。所有这些及许多其他的影响，汇为一股前所未有的艺术洪流，淹没了半个大陆。

在东方帝国，旧的技术从未失传；尤其是东方的希腊和意大利、拜占庭的艺术家和艺术题材，糅进复苏后的西方生活之中。查理曼引进拜占庭因反对偶像崇拜而逃亡的希腊艺术家并为其所用，因此亚琛艺术结合了拜占庭的纤细与神秘而融入日耳曼的踏实与乡土味中。克吕尼修道院的僧侣艺术家，在 10 世纪迎接西欧建筑与装饰的新纪元，开始模仿拜占庭的模式。修道院艺术派在卡西诺山，因修道院院长德西德里乌斯而发展，由希腊教师依循拜占庭方式教授。当洪诺留三世（1218 年）希望装饰圣保罗教堂时，他派人到威尼斯寻访镶嵌细工师，那些受召者也都沉湎于拜占庭的传统之中。一群群拜占庭的艺术家可以在许多西方的城市中找到：杜乔（Duccio）、契马布埃和早期乔托（Giotto）的画，即是受了拜占庭绘画的影响而取得成功的。拜占庭或东方精神——扇形棕榈，莨苕叶，奖牌内的动物——以纺织品、象牙和金泥写本传到西方，并且表现在罗马的装饰中达数百年之久。叙利亚人，安纳托利亚人及波斯人的建筑形式——拱形，圆顶，侧塔式的正面，对称的圆柱，镶边拱门下两三个为一组的窗户——再度出现于西方的建筑物中。历史并未使其跃进，也未使其有所缺失。

正如生命的发展需要变化及传统，社会的发展需要尝试的创造及确立的习俗，同样的，西欧艺术的发展不仅包含了传统艺术与形式的延续和拜占庭与伊斯兰教的先例，同时艺术家一再表现着由学派到自然，由观念到作品，由过去到现在，由形式的模仿到表现自我。过去拜占庭艺术中晦暗、沉静的性质，和阿拉伯脆弱而有阴柔之美的装饰，不再能代表有活力的、雄壮的、具有双重生命力及粗犷性的西方。约13 世纪，由黑暗时代兴起的国家，对乔托的高贵优美的妇女，比对拜占庭时代镶嵌精细而生硬的女人更为喜爱；同时嘲笑闪米特人对心象的恐惧，他们只不过是把装饰变为兰斯大教堂中微笑的天使及亚眠教堂的圣母像。在哥特式艺术中，对生命的喜悦超过了对死亡的恐惧。

修道士们就像他们保存古典文学一样，维持并传播罗马、希腊和东方的技艺。为了寻求自足，僧侣们训练自身装饰的及实用的手艺。大修道院的教堂需要祭坛、高坛用具、圣坛杯和圣饼盒、圣骨箱和神龛、弥撒书、大烛台，或者镶嵌细工、壁画和圣像，以感受和激发虔敬，这些东西多半由僧侣们亲手塑造。确实，在许多情形下，修道院也是由他们设计并建筑的，像今天的卡西诺山隐修院就是由圣本笃会僧侣所兴建的。多数修道院有宽敞的工厂。在沙特尔，蒂龙的贝尔纳告诉我们发现一个教院中聚集了"铁、木工匠，雕刻师和金匠，画家，石匠……及其他各方面的巧工"。中世纪的金泥写本几乎全部出自僧侣之手，最精致的纺织品是由修士和修女制成的，早期罗马式大教堂的建筑师也是僧侣。11世纪和12世纪初期，克吕尼的僧院为西欧提供了大部分的建筑师、画家和雕刻师。13世纪，圣丹尼斯修道院是各种艺术兴盛的中心。甚至西多会的僧院，虽在警觉的贝尔纳时期，对装饰采取封闭态度，不久也屈服于形式的诱惑和色调的刺激，而开始修建装饰得像克吕尼或圣丹尼斯修道院一样。像英国大教堂中通常都有隐居的修士和担任圣职者，一直到13世纪末支配了英国教会的建筑。

然而，一个修道院不论作为学校或精神的庇护所都是卓越的，因为它是避世的，而变成一个传统的储存所而不是生活实验的天地，因此修道院被诅咒；它适合被保存下来，而不宜再去修建。直等到较富裕的普通人滋育世俗艺术家而产生广泛要求后，中世纪的生活便在不陈腐的形式中找到了丰富的表现，使哥特式艺术到达了完美的境界。12世纪被解放并具有专门技术的人，聚集在行会中，由僧侣教师及其手中取得这种艺术而建造了伟大的教堂，意大利最早，法国最多，英国最少。

生命的美化

有位修道士，写了一篇关于中世纪艺术及技巧的最完整并具有启发性的摘要。西奥菲勒斯约 1190 年在帕得博恩附近的一所修道院中写道：

> 西奥菲勒斯，一个谦卑的僧侣……将对那些喜欢用手从事实际工作，愉快地默想新事物的人说：把所有心智的怠惰、精神的散漫……抛开，（在这里这些人将发现）所有希腊拥有的关于颜色的变化与混合；托斯卡纳人对搪瓷的知识……所有阿拉伯人的必需作品有可伸缩性、可融性或雕镂过；所有意大利饰以金质的花瓶与雕刻的宝石和象牙；所有法国所珍视的各种名贵的窗户；所有那些被颂扬的金、银、铜、铁器或木石巧艺。

在这一段里，我们可以看出信仰时代的另一面——男人和女人，不少修士和修女，寻求表现冲动，在对比、谐和与形式中取得快感，并渴望将实用和美结合起来。中世纪的景象，不论如何为宗教所充溢，主要的仍是一幅男人和女人工作的图画。他们艺术最初及最基本的目的，在于装饰他们的作品、身体及家。数以千计的木匠，用小刀、钻子、凿子和亮光材料雕刻桌子、椅子、凳子、柜子、箱子、橱子、栏杆壁板、床、厨房、餐具橱、圣像、祭坛雕饰物……以难以置信的各种不同的形式与题材，表现或多或少的解脱，并且常在带有恶作剧的诙谐中察觉神圣与世俗是没有界限的。在免戒室（Misericord）的壁上，我们可以找到吝啬者、贪食者、饶舌者的体态，及带有人头的奇怪的野兽和鸟类。威尼斯的木刻匠，间或制作较作品本身更美、耗资更多的画框。法国人在 12 世纪时开始那种非凡的木刻，到 16 世纪时已成为一种主要的艺术。

铁匠、铜匠与木匠各竞其技。铁被锻炼成精致的窗栏、天井和大门，也将许多如花的大铰链装饰在大门上（如巴黎圣母院）；用于大教堂唱诗班席位的栅，其强如铁，其精如丝。铁或青铜、黄铜被熔铸成美丽的花瓶、高脚杯、大锅、大水罐、枝状烛台、香炉、小箱子和灯；青铜板覆于许多大教堂的门上。持械者喜欢在刀、鞘、盔甲、护胸甲和盾牌上加上一些装饰，"红胡子"腓特烈赠送给亚琛大教堂的宏伟的青铜吊灯架，证实了德国铜匠的大能；格洛斯特（Gloucester）那个伟大的青铜烛台（现保存于维多利亚和艾伯特博物馆），同样可以证明英国铜匠的技艺。在门闩、锁和钥匙上表现了中世纪的人喜欢用最简单的东西制作艺术品，甚至风标也被精心地装以饰物，这些饰物的精巧只有用放大镜才能看见。

贵金属与石制艺术品制作，在一般的贫民中兴盛了。墨洛温王朝的国王们拥有金碟，而查理曼在亚琛搜集了许多金匠的作品。教会可原谅的看法是：如果金银使贵族和银行家的桌子生辉，它也该被用来服务万王之王的教会。有些祭坛有雕过的银子，有些有镂过的金子，譬如在米兰圣安布罗斯的教堂及皮斯托亚和巴塞尔的大教堂，金质的圣体盒、展现给崇拜者的金质的圣体匣、装着圣酒的金质圣餐杯，及保存着神圣遗迹的金质圣骨箱是很平常的。在西班牙，金匠制成许多光耀的神龛，用以在街上行进时负载圣体；在巴黎，金匠勃纳尔（Bonnard）用了1544盎司的银子及60盎司的金子做成了一个神龛，以存放圣吉纳维夫（St.Genevieve）的骨灰。由西奥菲勒斯所著书的第79章，我们可以获知金匠对于艺术的追求，在书中我们可以发现，每一个中世纪的金匠都被希望成为切利尼（Cellini）———一个熔炼、雕刻、上瓷、嵌宝石和镶嵌工匠。13世纪，巴黎曾有金匠和珠宝的强大同业公会；而巴黎的珠玉切割师早已因制作人造宝石而享盛名。有钱人在信笺或信封上盖火漆所用的印信，都经过仔细的设计和刻制。每个主教都有一个有权威的指环；而每一位绅士，手上都至少带有一个指环以为炫耀。当时，那些供给人类这些奢侈品的人很少失业。

宝石上的小浮雕（Cameos）在富人之中很流行。英国的亨利三世有一块价值200镑的大凸雕宝石；鲍德温二世由君士坦丁堡购得一块更具有纪念性的凸雕宝石，置于巴黎的圣堂中。象牙在中世纪被精心地雕刻成梳子、盒子、手柄、饮杯、圣像、书皮、两三片相接的雕刻画、教会公会的权杖和主教的权杖、装遗骸的箱匣、神龛……令人惊异而几近完美的是聚集于卢浮宫的描绘耶稣钉死十字架而后升天的雕刻。在该世纪末，浪漫和诙谐逐渐侵蚀了虔敬，而且有时候一些优美景色的细致雕刻，也出现在为那些不可能始终保持虔敬的女士所设计的镜盒和梳妆箱上。

象牙是用来镶嵌的许多材料中的一种，意大利人称之为"intarsia"，法国人称之为"marquer"。木头本身也可以嵌于其他木材之中：将图案凿刻在一块木头上，将另一块木材压黏后加入图案之中。较深奥的中世纪艺术之一是黑金镶嵌品（niello）——用银、铜、硫黄和铅合成的黑软混合物，镶在一块切割的金属表面；等硬化之后加以磋磨，直到混合物中的银子发亮。从这种技艺中，15世纪时菲尼格拉（Finiguerra）发展了铜版雕刻。

当回国的十字军将欧洲由黑暗时代惊醒时，陶艺也因工业陶器再度成熟。8世纪，景泰瓷由拜占庭进入西方。12世纪，维多利亚及艾伯特博物馆的瓷片，给搪瓷一个良好的范例，即在图案中线条之间的空白地方挖空，置以铜底，并将凹陷部分填上瓷浆。法国的利摩日（中西部），自3世纪开始，已制成了珐琅器，12世纪时成为西方瓷器和景泰瓷的中心。13世纪，摩尔的陶工在基督教的西班牙，用一罐不透明的釉或瓷覆在陶土器皿上带来彩色。15世纪，意大利商人由西班牙马霍卡（Majorcan）的贸易船购进这种陶器，称它为彩陶（majolica），为了谐音的缘故而将"R"改为"L"。

玻璃艺术在古罗马即已近乎完美，由埃及、拜占庭而回归到威尼斯。早在1024年，有12名玻璃工匠，因其制品变化多端，政府将其置于保护之下，并给玻璃制造者"绅士"之衔。1278年，玻璃工匠还被迁往穆拉诺岛的特别区，一方面为了安全，另一方面为了保密。此外，通过严格的法律，禁止威尼斯的玻璃工出国，或泄漏他们艺术的奥秘技巧。威尼斯人领导了西方世界的玻璃艺术及工业达四个世纪之久。在玻璃上涂以瓷釉和镀金有了高度的发展；穆拉诺推出玻璃镶嵌的花色、念珠、小瓶、杯子、餐具；玻璃镜子在 13 世纪开始取代了可擦亮的铁镜。法国、英国和德国在这一时期也制作玻璃，但几乎全为工业之用，大教堂的染色玻璃是个辉煌的例外。

在艺术史上，妇女所得的声誉常较应得者为少。对身体及家庭的装饰，是艺术史中很珍贵的部分。妇女在服装设计、室内装饰、刺绣、帷幔、缀锦的作品，比我们在一般艺术里所得到的愉悦，更多更好。她们熟练地编造的纤细丝织品，在触觉和视觉上都很受欢迎，并在信仰时代备受珍视；这些丝织品被用来遮盖祭坛、神体、圣杯、教士和具有高尚地位的男女，因常被裹于薄软的纸内，因而有"棉纸"之名。13 世纪，法、英超过君士坦丁堡而成为艺术刺绣的主要生产者。1258 年，在巴黎有刺绣者同业公会，而马修·帕里斯在 1246 年诉说教皇英诺森四世如何被穿着刺绣金袍访问罗马的英国教长震惊，并命令这些刺绣工作者为他制作长袍和十字裾。这种教袍因为珠宝、金钱和小瓷徽章的装饰而非常沉重，使穿这种长袍的教士难于举步。中世纪最有名的刺绣是"查理曼的法衣"；它被认为是达尔马提亚的产品，但也可能是 12 世纪拜占庭的作品，现在是梵蒂冈宝藏中最珍贵的物品之一。

在法国和英国，刺绣悬挂品及缀锦代替了图画的地位，特别是在公共建筑物中。它们只有在节日才全部展出，然后被悬挂在教堂的穹翼下，街上和游行车上。通常是由封建城堡中的"侍女"或宫女，在堡主的监视之下混合羊毛及丝所织成的，也有许多是由修女或修士们织的。为了使它从远距离也可以看见，必须牺牲线条的优雅、轮廓的明晰及阴影和色泽的光辉与恒久。它们是为了纪念历史事件或著名的传奇故事，或以风景、花、海的图案变化来表达主题。缀锦早在 10 世纪的法国即被重视，但现存最古老的完整的样品却不早于 14 世纪。意大利的佛罗伦萨，西班牙的钦奇拉，法国的波蒂阿、阿拉斯及里尔领导了西方缀锦与毛毡的艺术。世界有名的巴约（Bayeux）缀锦并不是严格意义上的缀锦，因为其设计更加注重刺绣而不是编织的部分，

"巴约缀锦"的名称，由长期保存它的巴约大教堂而来，传统将之归因于"征服者"威廉之后马蒂达及其诺曼底宫中的妇女们所发展而来；但较保守的说法宁认为它有一个难以追溯的起源及属于较后期的产品，他们反对编年史家认为源于诺曼底征服者的说法。

在一条 49.5 厘米宽、70 米长的棕色亚麻布上，60 幅图表现着准备进攻的景象，斯堪的纳维亚船只以高而饰有花纹的船只通过海峡，黑斯廷斯（Hastings）疯狂的战役，哈罗德的被刺身亡，盎格鲁—撒克逊军队的溃败等。1803 年，拿破仑曾利用它作为宣传，激发法国人侵略英国。

美术

·镶嵌画

信仰时代的绘画艺术有四种主要形式：镶嵌画、彩饰画、壁画和彩色玻璃。

镶嵌工艺在两千年的过程中，吸收了许多的技巧。为了制作他们所喜爱的金底，镶嵌师们用金叶包裹玻璃管，以玻璃薄片盖住叶子，防止金子失去光泽；然后，为了避免表面太炫目，而将镀金的管子放在凹凸不平的表面，光线在管内由不同的角度反射，给整体一种活生生的感觉。可能是 11 世纪拜占庭的艺术家，他们在威尼斯附近托切洛小岛上一个古老教堂的东部半圆面和西边墙壁上，创作了一些中世纪最感人的镶嵌。圣马可镶嵌画的方法和风格流传达 7 个世纪之久。1071 年，塞尔沃（Doge Domenico Selvo）任命一个室内镶嵌工，据推测是用拜占庭的艺术家；直到 1153 年，镶嵌工仍然在拜占庭的影响之下；1450 年以前，意大利艺术家并未超越圣马可的镶嵌装饰。12 世纪，亚森欣岛中央圆屋顶建筑物的镶嵌才是艺术的高峰，可与约瑟夫的圆顶连廊相媲美。大理石镶嵌的走道在人类的历史中持续了 700 年之久。

在意大利的另一端，希腊与阿拉伯工匠合力制作出诺曼底西西里的镶嵌巨构，如在卡佩拉帕拉蒂纳和巴勒莫玛特拉纳，蒙雷阿莱的修道院，及切法卢的大教堂（1148 年）。13 世纪，教皇的争权战争可能阻碍了罗马艺术的发展；然而在那个时期也有辉煌的镶嵌画，如圣母玛利亚大教堂，特拉斯特维勒莱圣母玛利亚大教堂，圣拉特兰圣约翰大教堂及圣保罗教堂外面的墙壁。意大利人安德鲁·塔菲（Andrea Tafi）为佛罗伦萨的浸礼设计了一幅镶嵌图，但并未超越希腊人在威尼斯或西西里的作品。阿博特·苏格尔在圣丹尼斯修道院（1150 年）有宏伟的镶嵌地板，部分保存于克吕尼博物馆，而威斯敏斯特教堂的通道是镶嵌图浓淡适度的令人激赏的混合。但镶嵌艺术从未在阿尔卑斯山以北兴盛过，染色玻璃的光艳远胜于它。随着杜乔、契马布埃和乔托的出现，壁画将镶嵌艺术排挤出意大利之外。

·彩饰画

以流质的金银和有色的墨水绘于写本上的彩饰画及装饰，仍然是人们喜爱的一种艺术，适合于修道院的恬静与敬虔。同中世纪时期许多的活动一样，彩饰画 13 世纪在西方达到了最高峰；从未再有如此精细、富有创意和丰富的彩饰画。11 世纪，呆板的图形与线条及强烈的绿色和红色，渐渐被以蓝色或金色为底较优雅柔美的形式及更浓的色彩所代替。而圣母征服了彩饰画，就像她攻占了教堂一样。

在黑暗时代，许多书籍都被摧毁；那些被保存下来的便备受珍视，可以说那些书的内容与艺术，构成了一丝文化的命脉。诗篇集、福音书、圣礼书、弥撒书、每日祈祷书，这些被视为神圣启示以及传达工具的崇拜用书，对其过分地装饰也并不为过；一个人也许耗费一天的时间在一个字首上，花一个星期在书的扉页上。哈特柯（Hartker）是圣高尔（St.Gall）教堂的修士，在 986 年誓言要将他在尘世的余生留存在四面墙壁之内；于是他留在教堂的密室内直到 15 年之后死亡。在那里他以图画及彩饰装饰《圣高尔唱和诗歌集》，而使之生辉。

现在透视法及立体轮廓不可与加洛林王朝的繁盛相比。彩饰画家寻求色调的深度、光彩及表现手法，而不是三度空间的幻象。他的题材经常取自《圣经》、伪经或圣徒的传奇，但有时草本或动物要以图解说明，而他很乐于绘出真正的或想象的植物或动物。甚至在宗教书籍中，东方也比西方的限制少，画家也可以在他们的小天地中比较自由地发挥。兽身人首，人身兽头，或将猴子装扮成教士，一只猴子以医生的庄严态度检查一瓶尿，音乐家以摩擦猴子的下巴骨来开演奏会——这些都是为《圣母祈祷书》增色的题材。其他内容，神圣的及亵渎的，以猎狩、比武或战争的景象使人思及生命。一本 13 世纪的诗篇集的图画中，即包括一座意大利银行的内部装饰画。俗世，从对来世的恐惧中复醒，而侵入宗教本身的领域。

英国修道院在这一安详的艺术方面是多产的。东盎格鲁学校（East Anglian）制作了著名的诗篇集：一集存于布鲁塞尔图书馆，另一集《奥姆斯比》（*Ormsby*）在牛津，第三集《圣奥默》在大英博物馆，但当代最精致的图饰书籍在法国。为路易九世绘成的诗篇集创始了一种新的风格，明显地取材于大教堂的染色玻璃。苏格兰东南部的低地在此趋势中也有贡献，列日和根特在彩饰画中达到了亚眠及兰斯雕刻中所特有的热情与流畅的优雅。西班牙在 13 世纪制作的最伟大的杰作，是在一本对圣母玛利亚的赞美诗集《睿智国王之颂歌》（*The Canticles of the Wise King*），其中的 1226 幅彩饰画使人联想到加之于中世纪书本上的勤劳与忠心。当然，这些书是书法也是绘画艺术，有时候是同一个艺术家复制或组织写作书的内容，并绘上彩饰。在一些手稿中，我们实在难以决定装饰或内容何者看起来更美。

·壁画

很难说彩饰画在题材和设计上对壁画、窗饰、圣像、陶绘、浮雕和染色玻璃的影响，及这一切对图饰书籍的影响。在这些艺术中，有题材与风格的自由交流，一种不断的交互作用；有时，同一个艺术家兼持这些创作方式。当我们把一种艺术与另一种艺术断然地加以区分，或是将艺术与它们当代的生活分开时，对于艺术本身或艺术家而言，都是不妥当的，现实比我们的编年史更为完整，而历史学家们常为了方便起见，将合流的文化加以区分。我们必须试着不要将艺术家从培育、教导及供给他们传统及主题的文化情结中剥离。

中世纪，就像信仰时代的任何时期一样，沮丧的个人主义表现为不恭的亵渎，即使是天才也将自我融合于作品及其时代潮流之中。教会、国家、社会，同业公会是代表持续的实体；他们代表艺术家，而个人仅是群体的口舌。当大教堂成形时，它的表面及精神将代表所有的肉体及精神。13 世纪以前，历史吞噬了几乎所有致力于中世纪建筑的人的名字；而战争、革命及时间的阻碍又破坏了他们的成果。是否壁画家使用的方法当受责备呢？他们用古老的壁画法及使色彩晦暗的蛋彩画法——将色彩涂于刚用灰泥漆过的墙壁上，或用具有某种黏性物质的色彩涂在干墙上。无论是渗透或黏合，两种方式都是希望能保持永久。然而，随着岁月的流转，它们仍会剥落，所以 14 世纪以前的壁画留存下来的很少。西奥菲勒斯曾描述他准备油质颜料的经过（1190 年），但这种技巧在文艺复兴以前一直都未得到发展。

古罗马人的绘画传统很明显地被蛮族的入侵，及后来的贫穷消灭。意大利的壁画复苏时，它起先并非仿自古代，而是半来自希腊，半来自东方拜占庭的方法。早在 13 世纪，我们发现希腊画家在意大利工作——塞奥凡尼斯在威尼斯，阿波罗尼乌斯在佛罗伦萨，梅洛姆斯（Melormus）在锡耶纳……这一时期在意大利最早的签名板画记有希腊人的名字。这种人怀持着拜占庭的题材与风格——宗教神秘的象征性图案，不要求代表自然的态度与景象。

逐渐地，当 13 世纪的意大利增加了财富与审美需求，并给艺术较高的报酬时，吸引了较好的天才为其所用。意大利的画家们，皮亚诺在比萨，拉波在皮斯托亚，圭多在锡耶纳，皮埃特洛·卡瓦利尼在阿西斯及罗马，开始放弃了梦幻的拜占庭风格，而在他们的画中注入了意大利的色彩和热情。在锡耶纳的圣多明尼克教堂中，乔托（1271年）绘了一幅童女玛利亚的画像，她"纯洁甜美的脸庞"使同时代拜占庭的脆弱及无生命的艺术形式瞠乎其后。

1个世纪之后，杜乔以其高贵的圣母像，带给锡耶纳一种市民共感的狂热。富有而热忱的市民们决议邀请各地最伟大的艺术家们为圣母创作一幅巨大感人的画像。他们很高兴地选择了镇民杜乔，答应给他金子、食物及时间，并观察他每一个阶段的工作。3年之后，即1311年，当画完成时，杜乔加上了一行动人的签字："神之圣母，予锡耶纳和平及杜乔生命，因其如此画汝。"——一长列的主教、教士、僧侣、官员及该城半数的人，护送这幅长14英尺、宽7英尺的画到大教堂去，中间夹杂着喇叭及钟的叮当声，这作品的风格仍是半拜占庭式的，目的在于宗教的表现而非实际的刻画：圣母的鼻子过分长而直，眼睛也太幽暗。但环绕着圣母的几个人物形象，优美而具有个性。绘于祭台及尖阁上的圣母及基督的生活景象，则有着新鲜生动的魅力。总而言之，这是当时最伟大的绘画。此画主要部分现存于锡耶纳大教堂的剧院厅或博物馆。

同时，在佛罗伦萨，契马布埃开创了绘画者的另一个王朝，支配意大利的艺术达3个世纪之久。生于贵族之家，契马布埃放弃学习法律而从事艺术，无疑令他的家人非常沮丧。他极其骄傲，他的任何作品，一旦为自己或别人发现了瑕疵，便立刻弃之如敝屣。和杜乔一样，他在意大利的拜占庭学校学习，将自负与精力倾注于艺术之中，而有革命性的成果。与最伟大的艺术大师杜乔相比，他更完全地摒弃拜占庭风格，而显示了一条新的道路。他软化了前人的硬线条，赋肉体以精神，用颜色加于肌肉，给神及圣者添加了凡人的温柔纤弱，并用亮红、粉红及蓝色画帷幕，他的绘画拥有一种在他之前中世纪意大利所没有的生命及光彩。在佛罗伦萨的圣玛利亚·诺维拉（Santa Maria Novella）礼拜堂中的"圣母圣子及天使们"的画，很可能是杜乔的作品。而在阿西斯的圣方济各教堂中的一幅"四天使中的圣母与圣子"，历来有争议，不过基本可以归为契马布埃所作。这幅巨大的壁画，一般记为1296年作，在19世纪时修复，是意大利绘画的杰作。圣方济各画像非常大胆地逼真——一个因见到基督受吓而憔悴者，而四个天使肇端了文艺复兴的以女性之美结合于宗教题材中。

契马布埃晚年被任命为比萨大教堂的首席画师。据说在那里，他为教堂东面镶嵌了一幅"圣母与圣约翰间的荣耀的基督"的画。瓦萨里（Vasari）曾说过一个很美的故事：契马布埃有一次发现一个名叫乔托的10岁牧童，用煤块在石板上画一只羊，便收他为学生，把他带到佛罗伦萨去。的确，乔托在契马布埃的工作室里工作，并在契马布埃死后占用了他老师的房子，开始了艺术史上最伟大的画家的历程。

·彩色玻璃

意大利在壁画和镶嵌画上较北方早了1个世纪，在建筑和彩色玻璃上却晚了1个世纪。玻璃彩色艺术在古代便早已为人所知，但主要地表现在玻璃镶嵌上。图尔的格列高利以各种不同颜色的玻璃装在圣马丁教堂的窗户上；在同一世纪，"倡缄默者"保罗（Paul the Silentiary）注意到君士坦丁堡圣索菲亚教堂的光线，经过有色玻璃的过滤而光耀夺目。在这些例子中，就目前我们所知，尚没有以玻璃作画的尝试。约980年，兰斯大主教阿达尔贝托以"包涵历史"的窗扉装饰他的大教堂。1052年，圣贝尼格纳斯的编年史描述一个"非常古老的绘图窗户"，代表圣帕斯卡西乌斯存于第戎的一个教堂中。在这里有叙述历史的玻璃，但明显地，它的色彩是绘在玻璃的表面，而不是融合在玻璃内的。当哥特式的建筑减少墙壁的压力，而让出空间配上较大的窗户时，充足的光线由此得以进入教堂；而每一个刺激都指向去发现一种能更持久地着色玻璃的方法。

彩色融合玻璃大概是珐琅玻璃艺术的分枝。1190年，西奥菲勒斯描述这种新技艺：一个"漫画"或图案放在桌上，把它分割成小块，每一块以符号标明所欲涂绘的颜色。为了配合图画的小块，有些玻璃被切掉，很少超过 1 英寸长或宽的，每一片玻璃上带有一种包含粉状玻璃，混以不同的金属氧化物颜料——以钴制蓝色，以铜制红或绿色，以锰制紫色……然后烧彩色玻璃以融合氧化玻璃珐琅，将冷却的碎片放在图案上，并用薄铅条把它们焊接在一起。在看这种镶嵌玻璃的窗户时，眼睛并不会注意铅条，但它使各部分连接，而成为有连续彩色的表面。艺术家最有兴趣的是色彩，并致力于色调的配合；他寻求的不是写实，不是透视，而是赋予他的图画以最古怪的色调——绿色的骆驼，粉红色的狮子，蓝面的骑士。然而他达到了他所想要的效果，一幅灿烂而持久的图画，柔和而富于色彩的光线得以射入教堂，他同时也得到了崇拜者的赞扬。

窗扉——甚至是大"玫瑰"——在多数情况下分别成长方形、奖牌形状、圆形、菱形或方形，因此一扇窗户可以表现一个传记或题材的几个景象，《旧约》先知们被绘于新约圣徒们的对面；而《新约》由福音书扩展而来，其栩栩如生的神话和中世纪的心灵非常亲近。关于圣者的故事，较《圣经》中的插曲更常出现在窗扉上，因此圣尤斯塔斯（St.Eustace）的冒险被表现在沙特尔教堂的窗子上，也出现于森斯、欧塞尔、勒芒及图尔等地。异教历史上的事情很少有绘于彩色玻璃上的。

在法国出现半世纪之内，彩色玻璃在沙特尔即至完美。该教堂的窗户成为桑斯、拉昂、布热、鲁恩等地的典范与目标。这种艺术来到英国，而激发了坎特伯雷及林肯地方的创作。法、英间的一个条约规定路易七世的玻璃画家，应被准许前往英国。13 世纪，单块玻璃的组成部分被扩大，而使色彩丧失了早期作品的令人悸动的微妙。玻璃的纯灰色画——以纯灰色为底的红或蓝的窗饰细线条——被代替，直到该世纪末，其色泽与大教堂相调和；其本身有更复杂的图案，在图画中扮演更重要的角色。虽然这种窗饰后来变成一种可爱的艺术，玻璃画家的技术却没落了。彩色玻璃的光辉曾随着哥特式的大教堂而来，当哥特式的光荣消退时，对色彩的着迷也渐渐消失了。

·雕刻

许多罗马的雕刻，曾被战胜者野蛮地作为掠夺品摧毁，或被新生基督教当作亵渎的偶像崇拜而摧毁，有些被保存下来，尤其在法国，刺激了驯服的野蛮人的想象力及基督教文化的展现。雕刻，像其他艺术一样，东罗马帝国保存了古老的模式和技艺，包含亚洲的习俗与神秘主义，并曾将由罗马传来的种子再度分散到西方去。希腊的雕刻家在狄奥法诺嫁给奥托二世（972年）之后到了德国；他们还到了威尼斯、拉韦纳、罗马、那不勒斯、西西里，或许也到了巴塞罗那和马赛。由这些人及穆斯林艺术家，腓特烈二世时的雕刻师们可能曾学到了他们的手艺。当蛮族社会变得富有时可以培育美质，当教会逐渐富有时便开始了雕刻，像其他艺术一样，为它的教条及仪式服务。如此，那些主要艺术终于在埃及和亚洲，在希腊及罗马得以发展。

如同壁画、镶嵌画和染色玻璃，雕刻并未被视为独立的艺术，而被视为整体艺术的一个阶段，称之为崇拜的装饰。雕刻家主要是以塑像和浮雕美化神殿；其次是制作圣像或肖像。除此之外，若有多余的时间或额外的报酬，雕刻家可能雕刻凡人的容貌或装饰凡俗的事务。在教堂的雕刻中，较受喜爱的材料是某些能持久的物质，如石头、大理石、雪花石膏、青铜。但教堂也钟爱木材，这种雕像在虔敬壮观的游行中，可以让基督徒不觉痛苦的负荷。崇拜者由肖像而感受圣者的存在，雕像的目的很顺利地就达成了。

任何对中世纪雕刻的研究，都应以一种忏悔的行为开始。在英国，极大部分的雕刻被毁于过分热心的清教徒——有时是被议院的行动所毁；而在法国，则被大革命所摧毁。在英国，反偶像崇拜者反对基督教堂的异教装饰；在法国，革命者攻击雕像和被憎恨的贵族的坟墓。途经这些国家，我们会发现无头的或断鼻的塑像，敲碎的精美石棺，打碎的浮雕，粉碎的飞檐及柱头；由累积的憎恨而生的反对教会，或对封建专政的狂暴，最后以破坏发泄出来。时间及自然因素磨损了艺术品的表面，融化了石头，涂抹了碑铭，对人类的作品进行着从未休止过的冷战；而人们自己，在上千的活动中，在竞争性的毁灭中寻求胜利。我们只有在废墟中去了解中世纪的雕刻。

当我们在博物馆看到散乱的肢体时，很容易感伤。它原本不是要我们独立地去看，它是一个神学主题及整体建筑的一部分，而分开来看似乎是粗陋与笨拙的，可能很巧妙地适合于用石头所表现的内容。大教堂的塑像是整个组织中的重要部分；为了适合塑像的位置，由延长的部分转而连接教堂线条升高的垂直部分：腿与主柱融为一体，手臂被压在身体上；有时圣者被拉细和伸展通过大门侧柱，较不寻常的水平效果被加强了。门上的图画就像沙特尔教堂上的一样，可能会变胖变平，有时人或兽被捏成柱头，就像是希腊神困窘在山形墙内。哥特式雕刻及建筑物装饰，被融合在独特的统一中。

雕刻术的从属地位对于结构设计和目标而言，特别展示了12世纪的艺术。13世纪本身就证明了许多雕刻家对古典传统的抗辩，他们现在已大胆地离开了虔敬的形式主义，而进入写实主义、幽默诙谐、讽刺和领略了俗世生命滋味的领域中。12世纪，沙特尔教堂的肖像显得阴沉幽暗而呆板；而兰斯的人像，则已能浸浴于自然的风格中，显得生动活泼了。它们具有独特性，在作品的姿态上也越发优雅。在沙特尔和兰斯大教堂有许许多多的人像，就像在法国的乡村中我们仍可看见许多留着大胡子的农夫一样；牧羊人在亚眠的西面门户烤火取暖的地方，可能就是在今天的诺曼底或加斯佩。历史上没有任何雕塑可与古怪多幻想而又真实的哥特式大教堂的浮雕匹敌。在鲁恩，拥挤在四叶饰的建筑里，我们发现有一个猪头人身正在沉思的哲学家；一位半人半鹅的医生在检查一小瓶尿；有位半人半公鸡的音乐老师，正在对一个半人半马的怪物教授风琴；一个被法师变成狗的人，他的脚上仍穿着原来的靴子。有许多好笑的小的人像，卑微地蹲伏在沙特尔、亚眠、兰斯教堂的雕刻下。在斯特拉斯堡大教堂的柱头上，叙述了一只狐狸的葬礼的故事，一头野猪和一只山羊抬着它的棺材，狼举着十字架，野兔拿着小蜡烛照亮通往墓地的路，一只熊洒着圣水，牡鹿唱着弥撒曲，驴子照着顶在猫头上的书，单调地唱着葬歌。在贝弗利大教堂（Beverley Minster）里，一只狐狸戴着僧帽，就像一位僧侣从讲坛走向虔敬的鹅群，向它们宣讲福音。

在其他许多事物中，大教堂就是以石头做成的动物展览；几乎全部的动物都是人所熟知的，而许多仅属于中世纪的幻想，在这宽容无际的空间里取得一席之地。在拉昂，16只雄壮的公牛被雕塑在教堂的塔顶下，据说这雕像代表着16只强壮的野兽，历经千辛万苦将石头由采石场运往山顶的教堂。根据一则诚恳的稗史记载，一天，有只背负着石头上山的公牛力竭而倒了下来，背负的石头掉在斜坡上，这时，一只神奇的公牛出现了，解开缰绳，推动倒下的那只牛所拉的四轮车到山顶上去，然后不可思议地消失在空中。我们欣然看完了这虚构杜撰的故物之后，再回到有关性与罪的故事上去。

大教堂中也有一个地方作为植物园。除了圣母、天使和圣者以外，还有什么比法国、英国或德国乡间的植物，水果和花朵更能增润天堂的华美呢？在罗马式的建筑物中（800—1200年），古罗马以花为饰的构想一直持续着——莨苕的叶与藤；在哥特式的建筑中并未采纳这种构想，却崇尚以天然的植物装饰雕刻在支架、柱头、拱侧、拱内侧的穹隆、檐板、圆柱、讲坛、诗班席位、门柱及栏杆上……这些形式并非传统的。它们经常随着各地区的喜好而有各种不同的独特性，并赋予它们生命；有时它们是各种拼凑的植物，哥特式想象力的另一种变幻，却仍有着自然之感的新奇。树木、水果、羊齿植物、金凤花、车前草、水田芥、百屈菜、玫瑰、草莓、蓟和山艾、香菜和菊苣、包心菜和芹菜——这些都是大教堂中永不衰竭的新鲜生命；春之陶醉存在于雕刻师的心中，促使他们拿起凿子雕刻石头。不仅只是春天，一年中所有的季节都表现在他们的雕刻作品中，所有播种、收获以及采摘葡萄的辛劳和慰藉都有。在整个雕刻历史中，这类作品没有一个比兰斯大教堂的"葡萄酒柱头"更精美的了。

但这种植物和花，鸟与兽的世界，是附属于中世纪雕刻的主题——人类的生命与死亡的。在沙特尔、拉昂、里昂、欧塞尔及布尔茹瓦，有些最初的浮雕述说《创世记》的故事。在拉昂大教堂中，浮雕描述上帝用手指数算还有多少天能完成他的工作；在下一幕情景，我们看见他倦于创造宇宙的辛劳，倚着手杖坐下休息，然后睡着了；这是任何一般人都能了解的上帝。有些教堂的浮雕表明一年中的月份，每个月份都有其特殊的工作和欢乐。有些表现了各个行业的人：农夫们在田里或在榨酒的机器旁边；有些人在牧马，牛群在犁过的田畦里，或正拉着送货车；有些人在修剪羊毛或挤牛奶；有磨坊主人、木匠、挑夫、商人、艺术家、学者，甚至有一个或两个哲学家。雕刻师用实例描述一些抽象的观念：多纳图斯（Donatus）代表文法，西塞罗代表演说术，亚里士多德代表逻辑，托勒密代表天文学。哲学端坐其上，头与云彩齐高，一本书在她的右边，左边是一根权杖；她是科学之后。成对的人像为拟人化的信仰及偶像崇拜，希望和失望，布施与贪婪，贞洁与淫荡，和平与争执；拉昂教堂的正门显示了邪恶与美德的争斗；巴黎圣母院的西正面，有个优雅的蒙着眼睛的人像，象征犹太教的会堂，而面对她的另一个更可爱的女人，有威仪的容貌，穿着辉煌的斗篷——教会像是基督的新娘。基督本人的出现有时是柔弱的，有时是恐怖的；由圣母将他从十字架上抱下来，由坟墓中复活，而旁边有狮子将呼吸给小狮子而得来生命的象征，或严厉地审判活人和死人。各处的教堂都有"最后的审判"的雕塑和绘画；人们永远不可能忘记它；这里也是一样，只可能仰赖一个调解人为他的罪取得宽恕。因此在雕塑里就像在连祷文中一样，玛利亚占据领导的地位，无限慈悲的圣母，她不会让她的儿子严厉地说出那些有关被召的人多，选上的人少等一类令人生畏的话。

在这些哥特式的雕塑中有一种深切的情感，生命的变化与活力，对所有种类的动物和植物世界的同情，脆弱、温柔和优美，石头的奇迹所揭露的不是肉体而是灵魂，当希腊雕像身体上的杰出失去了某些传统的诱惑力时，这些雕刻感动和满足了我们。除了中世纪信仰的生动的雕像，万神庙山形墙的笨拙的众神便显得阴冷而死板了。哥特式的雕塑并不是很完美的，其中没有一样东西可与万神庙墙上的横饰带，或普拉克西特列斯的英俊的众神及具有美感的女神，甚至罗马和平祭坛的元老或女监护官相配；而且无疑地，这些美丽柔顺的阿佛洛狄忒一度曾代表爱情和健康生命的欢乐。然而我们固有教条的偏见，想到她的可爱处，忘记了她的恐怖处，一次又一次地带我们回到那些大教堂，而将我们的欣赏尺度限于亚眠教堂的善神（*Beau Dieu*）、兰斯大教堂微笑的天使及沙特尔大教堂的圣母的画像上。

当中世纪雕刻师的技术增进时，他们渴望雕刻艺术能从建筑术中脱离而独立，于是产生了能愉悦国王、大主教、贵族及中产阶级的充满俗世情趣的作品。在英国，珀贝克（Purbeck）半岛的"大理石业者"，在13世纪时利用在多塞特郡海角采出的最上等的质料，制作现成的柱身、柱头，他们因在富裕死者精美的石棺上雕刻横卧的雕像，而赢得很高的声誉。约1292年，威廉·乔拉尔（William Torel），一个伦敦金匠，以青铜铸造亨利三世及其儿媳妇，卡斯提亚王国的埃莉诺，在威斯敏斯特教堂大理石坟墓的人像，这些人像与同时代的任何青铜作品一样的卓越。这一时期，著名的雕刻学校集中在列日、希尔德斯海姆及诺姆堡。约1240年，一些不知名的大师在布仑斯维克大教堂，做出了一些简单而强劲的——穿着极庄严的服装的"狮子"亨利及其皇后的肖像。法国在罗马式（12世纪）及哥特式（13世纪）的雕塑方面，居于欧洲的领导地位；但它的雕刻大多数与教堂合为一体，并且也只有在教堂中才被最精细地研究。

在意大利，雕塑和建筑并没有很密切的关系，会社及同业公会就像在法国一样。13世纪，意大利开始有了独特的艺术家，他们的个性支配了作品，并且保持了他们的声誉。尼可洛（Niccoló Pisano）接受各种不同的影响，并将之融为一种独有的综合风格。约1225年，尼可洛出生于阿普利亚，在腓特烈二世的政权下享受刺激鼓舞的风气；在那里他学习了残余的及复兴的古典艺术。移居比萨时，他继承了罗马式的传统，而且耳闻那时正在法国达于顶峰的哥特式的风格。当他为比萨的浸礼所雕刻讲坛时，采用了哈德良时期雕刻精美的石棺的模式。他被古典形式坚定却优美的线条深深地感动；虽然他的讲坛有罗马式及哥特式的圆拱，但其中大部分的人像都是天生的罗马人的容貌和穿着；在凸出的长方形图画中，圣母的脸及长袍都像是罗马女监护官的样子；角落里一个裸体的运动员显露了古希腊的精神。因为妒忌这个杰作，锡耶纳（1265 年）雇用了尼可洛及其子乔瓦尼·皮亚诺和学生阿诺尔福·迪·康比奥为教堂雕刻了一个更为精美的讲坛。他们成功了。站在有着哥特式美丽柱头的圆柱上，这白色大理石的讲坛，以耶稣被钉十字架的复杂的长方形图画，重复表现了比萨作品的主题，这里哥特式的影响胜过了古典的；但是在圆柱上的女性肖像里，原始美在愉快健康的坦率描绘中找到了表达。像是要强调他的古典情操，尼可洛凿刻博洛尼亚的修道者圣多米尼克的坟墓时，用一种异教风格的刚健的形式，使其充满了生命的欢乐。1271 年，他联合其子及阿诺尔福，雕刻大理石的洗礼池，至今仍屹立于佩鲁贾的公共广场上。尼可洛在 7 年之后逝世。终其一生，他为多那泰罗（Donatello）开辟了一条坦途，并为文艺复兴的古典雕塑带来了重生。

　　其子皮亚诺在影响上与他匹敌，在专门的技术方面也凌驾于他之上。1271 年，比萨的人民委任皮亚诺为那时与热那亚人争夺西地中海沿岸地区而牺牲生命的人修建墓地。为了墓地、公墓、神圣之野的修建，圣土从髑髅地山上被带下来；环绕着一片长方形的草地，艺术家建起了混合哥特式与罗马式风格的优美的圆拱；雕刻的杰作也被带进来装饰回廊，直到第二次世界大战损坏了其中半数的圆拱，成为一个被人忽略的废墟。墓地、公墓仅残存了一个皮亚诺的纪念碑，被重新修建。当比萨人被热那亚人打败时（1284 年），他们不再有能力供给皮亚诺。他便到锡耶纳去，帮忙设计和制作大教堂正面的雕刻。

1290 年，他为奥尔维耶托大教堂古怪的正面凿刻了一些浮雕。由那儿他从北方回到皮斯托亚，为圣安德烈教堂雕刻了一个讲坛，没有他父亲在比萨所雕刻的刚健，却更为自然和优雅；这的确是意大利哥特式雕刻中最可爱的作品。

在这著名的三位雕刻师中的第三位是阿诺尔福·迪·康比奥，在教皇的庇护下继续着哥特式的风格。与其他两位一样，他也与法国发生关系，在奥尔维耶托，他参与了教堂正面雕刻的工作，并为卡迪纳尔·布雷制作了一个雕刻精美的石棺。1296 年，与敏锐的多才多艺的艺术家们一起，他设计并开始制作佛罗伦萨的三个光荣的成就：圣玛利亚·菲奥雷大教堂，圣十字教堂及帕拉佐·维奇奥教堂。

但是以阿诺尔福及这些作品，我们从雕刻而到建筑。所有的艺术都已回复到生命和健康上；古老的技术不仅重新被使用，而且以一种粗犷鲁莽的新生力，孕育了新的冒险和技术。各种艺术被空前绝后地结合在一起。每一件事情都已为将在完美的合作下结合，而达于巅峰的中世纪艺术做好了准备。

第六章 ｜ 哥特式建筑的兴起
（1095—1300）

大教堂

何以西欧在 11 世纪和 12 世纪修建了这么多教堂？当时的欧洲有何需要修建那么大的教堂？

人口很少，但他们有信仰；他们很贫穷，却肯施予。在圣日或圣堂，崇拜者如此众多，圣丹尼斯的阿博特·苏格尔曾说，"妇女们被迫奔向祭坛而以男人们的头颅为通道"，大修道院的院长筹钱修建教堂，而稍许的浪费是可以被谅解的。在有些城镇，如佛罗伦萨、比萨、沙特尔、约克，在特殊的场合集合全部的民众到一个大厦里去，是很让人愉快的。在一般的修道院，僧侣教堂必须供给僧侣、修女及俗人膳宿。遗迹必须放在特别的神龛中加以特别保护，要有秘祷的小房间及主要典礼时必需的宽敞的圣殿。侧旁祭坛在僧院及大教堂也是需要的，因为教士们每天都要做弥撒；分隔的祭坛或小礼拜堂供给每个受尊宠的圣者，以便听取诉愿，若整个教堂并不是崇拜圣母的话，也需要一个"妇女礼拜堂"。

建筑的费用大多是由主教辖区累积的资金而来，主教也从国王、贵族、会社、同业公会组织、教区及个人处劝募捐赠。会社被卷入整个的竞争之中,而大教堂变成了他们显示财富及权力的舞台。特权授予那些奉献的人,遗迹被运至教区附近以刺激奉献,而慷慨可能是被偶然的奇迹激励的。建筑经费的竞争是很激烈的,主教们反对在其教区内募集的款项用于别区的事业上。然而,在某些情况下,主教们由其他方面,甚至由外地,汇寄资金给一项计划,如在沙特尔。虽然有些呼吁几近压迫,教会在动员公共资金上的影响力方面,可与现代的战争相比。大教堂所属的教士团体用尽了他们自己的资金,并几乎使法国教会因为对哥特式的狂爱而破产。人们在奉献时并没有被剥削的感觉;在个别奉献时他们不会吝惜一个钱币;因着那钱币,换来的是他们集体的成就和骄傲,他们用来崇拜的房子、社区集会的地方、为小孩教育的学校、行会的艺术及技艺学校,及一本石制的《圣经》,从中他们可以陷入对雕像和图画的沉思,及他们信仰的故事里。人者之屋即上帝之殿。

是谁设计这些大教堂?如果说建筑是一门有关设计、美化及架构的艺术的话,对哥特式而言,我们必须否认过去认为僧侣或修道士是建筑师的说法。他们的作用是陈述需要,构思整体计划,选择地点和筹集资金。在 1050 年以前,通常是僧侣们,尤其是克吕尼修道院的僧侣们,去设计、监督及计划;但对 1050 年以后的大教堂来说,我们发现必须雇用职业的建筑师,除了极少数的例外,他们既非修道士亦非僧侣。1563 年以前,并没有建筑师这种头衔;通常称为"监工"(master builder),有时称为"石头匠"(master mason),这些名称显示了建筑师的起源。建筑师开始成为一位艺术家,亲身参与他所指导的工作。在 13 世纪,当财富足以支持更宏伟的大厦及专门化时,监工们不再分担实际的工作,而只提出设计图和估价,接受合同,设计地基及绘图,取得材料,雇用及付薪给艺术家及工匠,并自始至终监督工程。1050 年后,我们知道很多这一类建筑师的名字——仅在中世纪的西班牙就有 137 位。他们有些将名字刻在建筑物上,有些著述关于他们技艺的书籍。维拉尔德·德洪奈科特(Villard de Honnecourt)

留下了一本建筑的草图与笔记，那是他为了工作需要，从拉昂、兰斯到洛桑及匈牙利承揽工作中所写的。

艺术家们从事较精细的工作——雕刻人像及浮雕，粉刷窗户、墙壁，装饰祭坛或诗班席位——与工匠并没有严格意义上的区分；艺术家是工匠之工匠，而每一项努力均往艺术迈进。许多的工程都是由行会出面订立合同，来分配给属于他们的艺术家及工匠。非技术性的劳工由农奴或雇用的移民工人所提供；当时间紧迫时，政府征调男人——甚至于有技术的工匠——来完成任务。工作的时间，在冬天是由日出到日落，夏天是由日出前一会儿到日落前一会儿，中午有一顿丰富的午餐。英国的建筑家，在1275年，一天可获12便士，并包括旅行的费用和偶然的赠礼。

大教堂的平面图仍主要是罗马式的长方形会堂：一个纵向的中堂，尾端有神殿和半圆形室，升起并介于两条通道之间，到一个由墙和柱支撑的屋顶。从一个复杂却吸引人的演进，这种简单的长方形会堂先演变成罗马式，而后变为哥特式的大教堂。中堂和通道被一个袖廊——横向的中堂——贯穿，在平面图形成一个拉丁十字样的形状。占地面积因为竞争或虔敬而扩大，巴黎圣母院占地6.3万平方英尺、沙特尔或兰斯大教堂占地6.6万平方英尺、亚眠大教堂7万平方英尺、科隆大教堂9万平方英尺、圣彼得大教堂10万平方英尺。基督教堂几乎总是朝向于——其头或半圆室指向——东边的耶路撒冷。

因此，将正门开在西正面，使其特殊装饰能在落日余晖中相映成趣。在大教堂中，每个大门都是依"退凹层次"的方法所建造的拱门：最里面的拱上叠上一块较大的拱，使其相叠而突出，然后这块拱的上面再叠上一块更大的拱，一直叠到有8块这种伸展出头的层次之后，整个便形成像一只展开的介壳一般的形状了。这种相似的"层次从属"或部分渐变，使中堂拱门或窗户侧柱显得更美。整个拱门的每一层次或石块都可以加上雕塑或其他雕刻装饰，这样的大门，尤其是西正面的大门，便构成石制基督教训里的很多章节。

西正面的庄严，由于两侧建有高塔而加深。这种高塔与青史同存。在罗马式和哥特式建筑中，这些塔不仅用来安置大钟，而且用来支持西正面的侧压力和翼廊的纵压力。在诺曼底和英国，1/3 的塔有许多窗口，或在基部洞开，当作"灯笼"之用，使自然光线能照进教堂中央。因为哥特式的建筑师偏爱垂直线，他们就特意在每一座塔上竖立一个塔尖；当财源、技术或风气不济时，有些塔尖便掉落了，如在博韦、圣母院、亚眠及兰斯大教堂就没有塔尖，沙特尔大教堂的 3 个中只有 2 个，拉昂则 5 个中只有 1 个塔尖。法国北部的塔尖林立，同样，意大利各城市则布满了钟塔或钟楼。意大利的钟塔通常是和教堂本身分开的，如比萨的斜塔，或佛罗伦萨的乔托的钟塔。这种钟塔也许多少受了伊斯兰教尖塔的影响，然后又把这种样式传到巴勒斯坦和叙利亚，逐渐成为北方城镇的民间钟塔。

教堂内部，如果中央通道两侧的柱廊向平顶穹隆弯曲会合以支持拱门的话，则这种甬道看来像是翻覆的船体内壳，这也是中堂取名的由来。尤其在英国，雕刻或打铸得很美观的大理石或铁制栏杆横跨中堂，以保护内殿，避免在礼拜时被俗人闯进去，但这种栏杆有时破坏了教堂中央甬道长度的整体印象。内殿是唱诗班的席位，这些通常都是艺术作品；两个讲坛，有时由拉丁字拼成读经台；主持教士们的席位及主祭坛，后面一般都悬有一块装饰过的幕或屏风。在内殿四周，沿着甬道进入半圆形正殿，建有一排回廊，是为了让礼拜的行列能绕着整座大厦而设计的。在祭坛下，好像是为了要纪念罗马墓窖的陵寝，有些教堂建有地下墓，以保存守护圣徒的遗体或杰出要人的遗骸。

罗马式和哥特式建筑的中心问题，在于如何支持屋顶。早期罗马式教堂的屋顶是木头造的，通常是用经过干燥处理后的橡木。这种木材如果保持适当的通风及避免潮湿，可无限期地使用，温切斯特大教堂的南面袖廊还保存有其 11 世纪时的木造天花板。这种构造的缺点是易遭火灾，一经燃烧，便不易施救。到 12 世纪初，所有的主要教堂都有石造的天花板。这种屋顶的重量决定了中世纪欧洲建筑的样式。大部分的重量必须由中堂两侧的柱子来支撑。因此，这些柱子必须加以强化或增加，必须组合数支柱子成为一组簇柱，或代之以厚重的石墩。这种柱子、簇柱或石墩的顶上都加上一块柱冠，也许又加上一块拱基，以便有较大的空间承受来自上面的重量。每一个石墩或簇柱的地方都建起了一堵石拱：一个横拱跨过中堂通到对面的石墩；另一个横拱则跨过甬道通到壁上的石墩；一对纵拱则各通到前邻及后邻的石墩；一对斜拱则各跨过中堂而连接两个对角线上的石墩；也许另一斜拱又各跨过甬道而连接两个对角线上的石墩。通常，每一个拱在石墩上的拱基或柱冠上，都有它本身的支持点。但是，每一个拱一定要在一条连绵的线上相继不断地连到地面，以形成一组簇柱或石墩的一部分。这样构成的垂直效果，是罗马式和哥特式建筑的最佳特色之一。中堂或甬道上的石墩的每一四边形的角构成一个"间格"，各个拱就由这种"间格"以优美而向内弯曲的线条造起，以形成拱形圆屋顶的一个段落。外观上看，这种平顶上覆有木造的山形屋顶，而这种屋顶又藏在并保护在石板或石瓦之后。

拱形圆屋顶（穹隆）是中古时代建筑中最完美的成就。拱的原则可以有比木造天花板或楣梁还要大的空间来伸展。因此，中堂可以加宽，以与较长的长度相调和；加宽的中堂需要比例上有较大的高度来衬托；可以提高拱由石墩或墙壁向上向内弯曲的高度；更加延长的直接柱子又可以加强整个大教堂令人惊骇的垂直线条。如果穹隆的棱线——石拱会合的基线——用砖"肋"或石"肋"装饰边缘，则穹隆会变得更加调和。然后，这些肋材又在结构与格局上引起了重大的改良：石匠们开始在建穹隆时，首先在一个容易移动的"中心"或木架上一次竖起一个肋材；他们用轻质石材一次一个地填在一对肋材之间的三角形中；这种薄的石制腹板构成一个凹面，然后由这个凹面将大部分的重量转移到肋材上去；这些坚固的肋材是用来将向下的压力引到各个特殊点的，即中堂的各个石墩或墙。这种有穹棱及肋材的穹隆，是中古时代建筑极盛时期的主要特色。

支持上部结构的问题，是用建造一个比甬道要高的中堂来解决的。甬道的平顶加上对面的墙壁，便当作中堂穹隆的撑墙而用了；如果甬道本身当作圆形屋顶，则其肋形拱会把其向内的一半重量转移到中堂支持物的最弱点上，以与中堂穹隆向外的压力抗衡。同时，高出甬道屋顶的中堂部分就构成了高窗，这些直通的窗口可以照亮中堂。甬道本身通常被分成两层，最上层便作为楼座，第二层是所谓的三间的唱诗班席位，这是因为面对中堂的拱形空间被两根柱子划分为"三个门"之故。在东方的教堂内，妇女只准在这种地方礼拜，而将中堂留给男人用。

经过几十年甚或百年之久，大教堂一座座相继而起，克服万有引力以礼赞上帝。大教堂落成之后，便在隆重的典礼中奉献给上帝，参加这种盛典的来宾包括高僧、要人、香客与观光客，及除了无神论者之外的全体村民。以后，仍要花费许多年的时间来完成外部、内部，及增设成千上万的各种装潢。几个世纪之后，人们可以在教堂的大门上、窗户上、柱冠上及墙壁上，读出雕出来或画出来的历史与信仰的传奇——上帝开天辟地、人类堕落、最后审判等故事，先知们与族长们的生活，圣徒的苦难与奇迹，动物世界的道德寓言，神学家的教条，甚至一些哲学家的抽象概念；所有这些都在基督教义巨大的石头百科全书里。如果善良有德的基督徒死后，他可以事先要求死后葬在这些墙壁附近，因为魔鬼不愿意在那儿徘徊。一代代的人曾走进这些大教堂去祈祷，一代代的人曾排着队伍由教堂走入坟墓。灰色的大教堂以岩石般的寂静看着他们进来，看着他们经过，直到有一天世界末日来临了，教条本身毁灭了，这些圣墙就会输给无所不蚀的时间，或者被铲平，而另建奉祀新神的新庙堂。

欧陆罗马式建筑（1066—1200）

如果我们依然按前述大教堂结构的骨架去衡量整个拉丁基督教

地区的建筑，那么我们对于 12 世纪和 13 世纪的各种西方建筑就会判断错误。拜占庭式的建筑仍影响着威尼斯的教堂建筑；圣马可曾添加了一些新的装潢、尖塔与战利品，但间或掺有君士坦丁堡及巴格达的样式。希腊的十字形屋上带有三角穹隆的拜占庭式圆顶，这种圆顶也许是经由威尼斯、热那亚或马赛进入法国，而在圣艾蒂安及佩里格的圣弗龙特教堂，及卡奥尔与昂古莱姆大教堂表现出来。1172 年，当威尼斯决定扩建其总督行宫时，便采用了各种样式的混合体——罗马式、伦巴底式、拜占庭式、阿拉伯式——而结合为一件杰作，维拉杜安在 1202 年还认为非常富丽堂皇，而且仍然残存着这个水上城市的主要荣耀。

任何一种建筑样式的定义都难免有例外，人类的作品与自然的作品一样，总是不满一般的法则，而在每种法则之前表现其个性。我们可以接受圆拱，厚墙与厚墩，窄窗，附加的拱壁或没有拱壁，及突出的水平线条等罗马式建筑的特色，同时我们也可以宽宏大量地接纳各种稍有不同的建筑物。

在比萨大教堂建立约一个世纪之后，该城委托狄奥提萨尔维（Diotisalvi）建筑一个横卧大教堂前广场的浸礼池（1152 年）。他采用环形的设计图，用大理石嵌面，用呆板的连环拱廊破坏其外观，用柱廊来环围池边，上面再盖上一个圆顶，除了圆锥形屋顶以外，可以说还很完美。在比萨的邦纳诺（Bonnano）与因斯布鲁克（Innsbruck）的威廉大教堂之后，建立了斜塔，充作钟塔之用（1174 年）。这是依照大教堂正面的样式而建的——一系列添加的罗马式骑楼，在第八层安置大钟。该钟塔的基础有 10 英尺之深，但是建好 3 层之后，钟塔便向南面下沉，建筑师们便企图把其他的几层往北面建，以抵销向南的倾斜。该塔离地 179 英尺高的地方现在已离垂直线偏失了 16 英尺半——1828 至 1910 年之间偏差度增加了 1 英尺。

移民到法国、德国与英国的意大利僧侣陆续带来了罗马样式。也许由于他们的关系，大部分的法国修道院是罗马式的，所以在法国，罗马式建筑有"僧院式建筑"的别称。克吕尼的圣本笃会便建有一座壮丽的大修道院（1089—1131 年），共有四条翼廊、七座塔，及像是要惹起圣贝尔纳怒火的一排动物雕塑：

> 在僧侣们的眼中，这些回廊上可笑的恶魔意欲何为？这些不洁的猴子意有何指？这些打斗的战士、这些狩猎场面？……这些半人半兽的动物在这儿干啥？……我们可以由这儿看到一首多身及一身多首的怪物。这儿我们观察到有蛇头的四脚兽，兽头的鱼，还有前半身马后半身山羊的动物。

克吕尼的大修道院在法国大革命中被毁于农民的暴动，但是该建筑的影响已扩及于其所附属的 2000 所修道院。法国南部仍有许多罗马式的教堂；罗马的传统像当地的法律一样，深深地影响了艺术，而且长久以来便抗拒着北下的"化外之民"的哥特式文化。法国当时很少出产大理石，所以大教堂都饰以大量的雕塑，以弥补其缺乏灿烂的外表。法国南部的教堂是以雕塑的表现主义来骇人听闻的——决心表达感情，而非抄袭景色。所以，1150 年的穆瓦萨克大修道院正面上的圣彼得像的脸部是扭曲的，两腿像蜘蛛脚一般，其目的并非是要强调结构线条，以加深或惊吓人们的想象。这些雕塑匠刻意扭曲人像，可以从马赛克柱冠上的精细花饰的写实主义上显示出来。这些法国罗马式的建筑物正面之中的最上乘者，应推在阿尔勒的圣特洛菲梅斯（St.Trophimes）冠以动物与圣徒的西正门。

西班牙在圣地亚哥教堂中建了一座华丽的罗马式神龛，其波尔蒂科·德拉·格洛丽亚门廊具有欧洲最佳的罗马式雕塑。迅速成为葡萄牙大学城的科英布拉在 12 世纪时建了一座漂亮的罗马式大教堂。但罗马式建筑达于最高峰的，是在更北的移民区。巴黎及其附近的五省摒弃了它，诺曼底却欢迎它；其粗犷的气势颇合近代维京人的胃口。早在 1048 年，鲁恩（Rouen）附近尤米耶弋斯的圣本笃会僧侣便建了一座大修道院，它因比任何自君士坦丁之后在西欧所建的大厦还要大而出名；即使在中世纪也仍以其面积为傲。法国大革命时，该修道院被极端分子毁掉了一半，但是留下来的正面与钟塔仍保留其醒目而刚健的设计。这的确形成诺曼底人的罗马式建筑，即其给人的印象是其体积与结构而非其装饰。

1066 年，"征服者"威廉为娶佛兰德斯的马蒂达而赎罪，在康城（Caen）兴建圣艾蒂安教堂，名为"男人修道院"（Abbaye aux Hommes）。也许马蒂达也因相同的动机，在同地资助一座三位一体的教堂，取名为圣母修道院（Abbaye aux Dames）。约 1135 年，"男人修道院"重修时，中堂的每个凹面的每一边，都用一个额外的柱子加以分割，并连接在一个横拱上。这样，普通的"四格"穹隆便成为"六格"穹隆。后来证明，这种形状是 12 世纪所流行的。

罗马式建筑由法国传入佛兰德斯，在图尔奈建了一个华丽的大教堂（1066 年）；然后又由佛兰德斯、法国、意大利传入德国。美因茨的大教堂是在 1009 年开始建造的，特里尔在 1016 年，施派尔在 1030 年，这些教堂在 1300 年以前都重建过，仍然采用圆形样式。科隆也在这时期建了以其内部出名的圣玛利亚·伊姆·卡皮托尔（St.Maria Im Kapitol）教堂及以其钟塔著名的圣玛丽教堂。这两座建筑都在第二次世界大战中被摧毁了。沃姆斯大教堂于 1171 年建造，于 19 世纪重修，它一直是莱茵河流域罗马式建筑的纪念物。这些教堂的每一端均有一个半圆的正殿，而不太重视正面的雕塑；其外表以柱廊为装饰，钟塔用形状很悦目的角楼做拱壁。它们具有迷人而安适的美，与莱茵河诱人的美景相当协调。

英国的诺曼底式建筑（1066—1200）

"忏悔者"爱德华于 1042 年登基时，从他年轻时住过的诺曼底带来了许多朋友与观念。威斯敏斯特大教堂就是他在位时开始修建的诺曼底教堂，这种教堂有圆拱和厚墙。其结构被隐藏在 1245 年的哥特式大修道院之下，但它曾引发了一次建筑革命。诺曼底的主教迅速地带来了撒克逊或丹麦的代替物，奠定了诺曼底式在英国的胜利。"征服者"威廉及其继承者，在主教们身上大量花费从那些不满外人征服的英国人那里没收而来的财富，教堂便成为心理安抚的工具。不久英国的诺曼底主教的财富便能够和英国的诺曼底贵族的财富匹敌了；大教堂与城堡就像这块被征服的领土的拥护者一样，不断地增加。马姆斯伯里的威廉写道："几乎所有的人都在彼此竞相营造华丽的诺曼底式建筑物，因为贵族们觉得过去能奢华地生活的岁月已逝矣！"在英国，从未见有如此的建筑华厦的狂热。

英国的诺曼底式建筑是罗马式格调的变形。模仿法国的典型，在厚石墩上用圆拱与厚壁支持屋顶——虽然屋顶通常是木造的；穹隆如果是石造的，则墙壁便有数英尺之厚。这些建筑大部分是修道院，而且建在偏僻的地方，而非城市之中。很少用雕塑来装饰外部，因恐受潮湿气候的影响，甚至柱子的柱冠都雕塑得很简单、很粗陋。在雕塑方面，英国绝对不能与欧陆一较高下。但是很少钟塔能在结构上比得上英国，这种结构支配诺曼底城堡，或保护诺曼底教堂的正面——或覆盖袖廊的交叉线。在英国，几乎没有一座宗教建筑是纯罗马式的。大部分 13 世纪的大教堂曾经是哥特式的升拱与穹隆，现在只留有基本的诺曼底形状而已。1067 年的一场大火烧毁了坎特伯雷的大教堂；郎佛兰克在 1070 年至 1077 年依他从前在康城所建的"男人修道院"的轮廓重建；但是郎弗兰克的大教堂除了贝克特倒塌的地方还留有几块石头之外，其他都荡然无存了。1096 至 1110 年，两位修道院副院长埃纳尔夫与康拉德建了一座新的诗歌班席位与地下墓；它们仍保存圆拱，不过将张力引到由外拱壁所支撑的各个点上去。这样便过渡到哥特式建筑了。

约克大教堂（York Minister）是在 1075 年依诺曼底式设计建造的，但在 1291 年被改为一座哥特式大厦。原来是诺曼底式（1075 年）

的林肯大教堂在 1185 年大地震之后，重建为哥特式建筑；但是两座大钟塔与西正面雕刻很华丽的柱冠仍残留有诺曼底教堂的遗迹，显示出这种古代样式的技术与能力。温切斯特的袖廊与地下墓仍留有 1081 至 1103 年的诺曼底大教堂的遗迹。这是沃尔克林（Walkelin）主教为了安置向圣斯威辛陵墓朝圣的川流不息的香客而建的。沃尔克林向他的表兄弟"征服者"威廉恳求颁赐木材以搭盖巨大中堂的屋顶，威廉恩准他三天之内，搬运在赫姆佩吉（Hempage）森林所能砍伐到的木材。沃尔克林的信徒们便在 72 小时之内砍尽并搬走了整个森林的木材。当这座大教堂完工时，几乎所有英国的主持及主教都来参加它的献堂盛典；我们很容易地可以想象这所巨大华厦所引起的竞争刺激。

如果我们注意到圣阿尔班的修道院是在 1075 年开始建造，艾里大教堂在 1081 年、罗切斯特大教堂在 1083 年、伍斯特大教堂在 1084 年、老圣保罗在 1087 年、格洛斯特大教堂在 1089 年、达勒姆大教堂在 1093 年、诺维奇教堂在 1096 年、奇切斯特教堂在 1100 年、蒂克斯伯里教堂在 1103 年、埃克塞特教堂在 1112 年、彼得格勒教堂在 1116 年、洛姆齐修道院在 1120 年、喷泉修道院在 1140 年、威尔士的圣戴维在 1176 年建造，我们就可以明白何以时至今日，仍然可以见到模仿诺曼底式的建筑物。这些教堂不仅是名字而已，它们都是艺术杰作。如果我们在几小时之内，便一整列地走马观花般地参观过去，实在应感到汗颜不已。这些教堂除了一座之外，全是后来以哥特式的风格改建或装饰的。达勒姆大教堂仍然是诺曼底式的，是欧洲仅存的最具罗马式的结构。

达勒姆是一个约有 2 万人口的小采矿镇。在维尔河的一个河湾处，屹立着一座石岬；在这个具有战略性的高地上，耸立着这个庞大的大教堂，"一半是神的教堂，一半是抵抗斯科特人的城堡"。从林迪斯凡岛来的僧侣们，为了逃避丹麦的入侵者，于 955 年在该地建筑了一座石造的教堂。1093 年，其第二任诺曼底主教——圣卡里莱夫的威廉——破坏了这座建筑物，并且以令人难以置信的勇气与神秘的财富修建了现今的这座华厦。建筑的工作一直进行到1195年，所以这座大教堂代表了一百年的企望与劳作。巍然的中堂是诺曼底式的，有由圆拱组成的双倍拱廊，这些圆拱放在未经雕塑的柱冠与坚固的石墩上。达勒姆大教堂的穹隆在英国兴起了两种重要的改革：穹棱装上肋材，有助于将压力局限于一部分；横拱是尖的，而斜拱是圆的。如果横拱是圆的话，其拱顶就不能达到斜拱的高度了，而穹隆的顶点就会成为令人不安的不平衡线了。如果把横拱的拱冠升高至另一点，则横拱就可以到达所需的高度。这种结构上的考虑，显然创造了哥特式的最特殊的特色，但并不具有美学的意义。

1175年，普齐（Pudsey）主教在达勒姆大教堂的西端加造了一条动人的走廊，不知是什么原因，这条走廊命名为加利利。该处建有圣彼得之墓，有圆形拱，但其修长的石柱则近似哥特式的形状。13世纪初，唱诗班席的穹隆崩塌了；为了重修它，建筑师们用隐藏在唱诗班席后的飞扶柱支持中堂的柱廊。1240至1270年加建了一座九坛堂以保留圣库思伯特的遗体；这座小庙堂的拱是尖的，由此可以看出已完全过渡到哥特式了。

哥特式建筑的发展

哥特式建筑也许可以界定为结构张力的局限与均衡，强调垂直线，加肋材的穹隆与尖形等。这是应宗教的需要与艺术的热忱，以解决机械问题而进化得来的。因深恐火的肆虐，而有石制或砖制的穹隆。笨重的平顶必须有厚墙与厚墩，一般的向下压力限制了窗户的空间，有厚墙必定有窄窗，而且内部由于北方的天气而显得太过于幽暗。加肋材的穹隆减轻了平顶的重量，所以才可能有修长的柱子，并且也局限了张力。压力的集中与均衡，使整个建筑物表现得很稳固而无笨重感。用拱壁支持，才可能在较薄的墙上开设较长的窗户；这种窗户为当时已有的彩色玻璃艺术提供了更美好的使用领域，窗户上方的石框也引起了穿戳设计艺术或花饰窗格艺术。穹隆的拱变成尖的，使不等长的拱可以在同高度上到达拱冠。其他的拱，由于窗形变尖后，才能与穹隆的拱相调和。钟塔与塔尖及尖拱都强调垂直线，而产生了哥特式的飞扬与轻快的风格。所有的这些特色共同使哥特式大教堂达到了最高成就并表现了人类的灵魂。

发展中的哥特式建筑比过去的任何建筑更能解决轻体裁与稳重感的调和问题。哥特式的根本特色在于它功能性的肋材：由中堂的每一个凹面架起的横的和斜的拱肋接合在一起，形成一个轻而优美的网架，上面再安放轻质的石制穹隆。中堂的每一个凹面成为一个结构单位，以承受重量及由石墩上架起的拱所产生的推力，并且由甬道上相对的凹面所产生的相反压力，与每一横拱向内升起而达于墙上的外拱壁所支撑。

拱壁是一种古老的技术。哥特式以前的许多教堂，都有由外加在特殊张力点上的石造栋梁。然而，飞扶柱将推力或张力经由空隙传达到基层支撑物及地面上。有些诺曼底式大教堂在诗班席位里使用半拱以支持中堂的拱。但这种内拱壁连接中堂墙壁的点太低了，使高窗没有力量，高窗上的中堂压力最强。为了在这种高度上应用支持力，就必须把拱壁从其隐藏的地方移开，而让它由坚实的地面上架起，并且在甬道屋顶上跨过，以直接支撑高窗的墙。据悉，最早使用这种外飞扶柱的，是约 1150 年建造的努瓦永大教堂。12 世纪末，就成为颇受人喜爱的设计了。但它有严重的缺点：有时它给人一种结构草图的印象，一种因疏忽而未拆除的鹰架，或一个设计者所建的建筑物因塌陷后经过修补的感觉。米什莱（Michelet）形容道："这座大教堂带着拐杖。"文艺复兴时代一定会排斥这种飞扶柱，认为有碍观瞻，而另寻其他办法，如圣彼得大教堂的圆顶。但哥特式建筑师另有其不同的想法：喜欢暴露它的轮廓及艺术的手法；启发人们对拱壁的喜爱，也许还会拼命地增建而超过了需要量；调和它们，这样它们可以支撑在两点或更多的点上，或互为支撑；用尖塔来美化其坚固的石墩；有时，像在兰斯的教堂一样，证实至少有一位天使能够站立在尖塔的尖端上。

张力的均衡对于哥特式建筑远比尖拱还要重要，但这种均衡成为一种内涵优美的外露与可见的形迹。尖拱是一种非常古老的形状。在土耳其的迪阿贝克尔的一个不知确实年代的罗马式柱廊上，便出现了这种尖拱。最早记载的范例是561年叙利亚的夸什尔·伊本·瓦尔丹（Qasr-Ibn-Wardan）。这种形式是7世纪时在耶路撒冷的圆顶及阿克萨清真寺发现的。861年在埃及的一个河川水位计（Nilometer），879年在开罗的伊本·图伦清真寺也出现同样的形式。11世纪后半期第一次在西欧出现之前，波斯人、阿拉伯人、古埃及人、摩尔人之间已经常使用这种尖拱了。这种尖拱可能是由伊斯兰教时代的西班牙传入法国南部的，或经由从东方朝圣回来的香客带回来的，或者可能是同时在西方出现，以解决建筑设计上的机械问题。然而我们应该注意，将不等长的拱连接到等长的拱冠的问题，可以不必垫高较短的拱便能获得解决，即由石墩或墙壁上，提高向内起造的点。这也可获得一种美学的效果，如同强调垂直线一般。这种设计也广泛地被采用，但很少用来取代尖拱，而是时常被用来做一种辅助性的装饰物。这种尖拱进一步解决了另一个问题：甬道既然比中堂要窄，甬道凹面的长度要比宽度大，而且其横拱的拱冠也远不及斜拱的拱冠，除非横拱也是尖的，或者将之垫高而使其向内的动作与斜拱调和一致。同样地，尖拱可以解决用不等长拱冠的拱将半圆形正殿的回廊加盖圆形顶的艰巨工程，在半圆形正殿的地方，外墙比内墙长，而且每一凹面形成一个梯形，其穹隆绝对不能没有尖拱的设计。这种以优美作为第一选择的设计，经常出现在须用来解决这些问题的许多建筑物中，而圆拱仍然被用来造窗户与柱冠。尖拱的垂直升高及对和谐形状的企求，使其最终被广泛地接受。九十年来，圆拱与尖拱之争——由达勒姆（1104年）罗马式大教堂尖拱的出现，到沙特尔大教堂（1194年）最后的建筑——在法国哥特式建筑上构成了建筑风格的转变时期。

将尖拱运用到窗户上，产生了新的问题、新的解决办法及新的魅力。压力方面经由肋状物从圆顶到窗间壁，及由窗间壁到特殊点由拱壁支撑，不再需要厚墙，每一个支撑点到另一个支点间的空间相对负荷着小的压力；墙壁变薄了，甚至被除去。如此大的开口不可能只用一扇门窗玻璃，空间因此被划分成两个或更多的呈尖拱状的窗户，置于石制的圆拱之上。实际上，外部的墙，就像中堂一样，变成一连串的圆拱——拱廊。石砖造的四尖型"盾形物"杂置于成对的尖形窗的上顶与围绕的石拱尖端之间，形成了一个难看的空白，极须加以装饰。约1170年，法国的建筑师针对此饰以镀金的花纹窗饰；他们戳穿盾形物留下石条或圆的、尖的以及瓣状的作为装饰图案的竖框，且在隙缝和窗户上填装彩色玻璃。13世纪，雕刻师们将石头凿掉得越来越多，并将雕刻成尖的或其他样式的小石条嵌入开口。这种条形窗饰转变成比以往更复杂的样式，哥特式建筑的风格及时期，就是以主要的线条而定名的，如尖顶型、几何型、曲线型、垂直型及波状型。类似的过程应用到大门上的墙面，产生了伟大的"玫瑰窗扉"，它呈辐射状的窗饰产生了一种特有的美感，始于1230年的圣母院，而在兰斯及圣礼拜堂（Sainte Chapelle）臻于完美，在哥特式教堂中，只有圆屋顶连接的高耸入云的尖顶凌驾于"玫瑰"之上。

石头窗饰包含从墙壁到哥特式教堂的其他部分——拱壁尖顶，大门之上的山形墙，圆拱的下端及拱侧，诗班席位的拱廊，圣堂的屏风，讲坛及其后面墙上的雕刻装饰。由于哥特式的雕刻师沉醉于艺术之中，常将信仰及喜好付诸刻刀之上。墙面、飞檐及钟楼上簇拥了使徒、魔鬼、圣者、得救的以及被罚的人；将幻想雕刻在柱头、壁上突出的支柱、壁带、楣石及细格、侧柱上，并且近乎戏谑地将石头雕刻为他们发明的像笕嘴一样古怪或恐怖的动物，从墙上冲去污染的雨水，或通过拱壁，将脏水引导到地上。从来没有任何地方结合过这种财富、技术、虔敬及丰富的幽默感，而在哥特式的教堂中提供了如此装饰的盛况。不可否认地，装饰有时太过浪费了，窗饰过多而显得脆弱，雕塑及柱头上一定曾经被画装饰得过分俗丽，而这些画如今已被时间洗刷殆尽。但这些都是充溢着强劲生命力的象征，其中任何错误都是可以被原谅的。漫步在这些石头的丛林和花园中，我们想到哥特式的艺术，其指向天的线条及尖塔是一种恋世的艺术。我们了解精神世界，然而中世纪的工匠，自负其本身的技艺，陶醉于其力量之中，讥笑神学及哲学，而一直享饮生命的丰富及充盈，直到致命之杯的最后一滴为止。

法国的哥特式建筑（1133—1300）

何以哥特式建筑革命在法国肇端并达于高峰？哥特式的风格并不是无中生有的，而是数百种的传统汇合为一的潮流：罗马式的长方形会堂、圆拱、圆顶和高窗；拜占庭装饰的题材；亚美尼亚人、叙利亚人、波斯人、埃及人及阿拉伯人的尖形拱、穹棱圆顶和成束的方柱；摩尔人的圆形与错综图饰；伦巴底人肋骨状的圆顶和塔面；日耳曼人特兴的幽默与怪异……但何以这些影响潮流会汇集在法国？意大利，就财富及传统而言，是西欧最受欢迎的国家，应该领导哥特式的滋长，但它成了自身古典传统的俘虏。除意大利外，法国是12世纪最富裕的，并且是西方最进步的国家，尤其是它操纵并以财力支援十字军，并从他们所产生的文化刺激中受益；它在教育、文学和哲学方面领导欧洲，其工匠被认为是拜占庭方面最好的。在"奥古斯都"菲利普时代，皇家的权力凌驾于分裂的封侯之上，使法国的富裕、权力及法国智慧的生活汇集在国王自己的领域之内。沿着塞纳河、瓦兹河、马恩河和埃纳河，有利的商业在进行着，产生的财富转用于巴黎、圣丹尼、曼特斯、努瓦永、苏瓦松、拉昂、亚眠、兰斯的教堂建筑上。金钱的滋育为艺术的生长准备了沃土。

转变风格的第一个杰作是巴黎近郊圣丹尼宏伟的大教堂。它是法国历史上最完美、最成功的作品之一。阿博特·苏格尔（1081—1151年）是圣本笃会的住持及法国的摄政，是一个具有高雅嗜好的人。他的生活很简朴，认为喜爱美的事务并集中起来装饰教堂，并非罪过。"若古代的律法"，他在回答圣贝尔纳的批评时说，"规定金质杯应用于祭酒，并用以承接羊羔……我们应奉献多少黄金、宝石以及稀有物质以制造盛装主血的容器？"因此他很骄傲地展示他为教堂所搜集的金、银、珠宝、珐琅、镶嵌画和彩色玻璃，及华贵的祭袍与容器的美丽与价值。1133年，他聚集了各地的艺术家与工匠修建并装饰法国的守护神圣丹尼斯的新居，并为法国的国王们修建坟墓。他说服国王路易七世及朝廷奉献必需的资金，"照着我们的样子"，他说，"他们从手上取下戒指"，以支持其耗资巨大的设计。我们描述他早起去监督，由砍树取材到彩色玻璃的安装，题材由他选择，献辞也由他撰写。当他在1144年奉献大厦时，有20个主教祭司、国王、两位皇后，数百名的骑士参加观礼。阿博特·苏格尔可能觉得他已赢得一顶较任何国王更光荣的皇冠。

阿博特·苏格尔的教堂只有部分保留在今天的大厦之内：西正面，两个凹陷的本堂，回廊的小礼拜堂和地窖；内部的大部分是由皮埃尔·蒙特罗在1231至1281年改造的。地窖是罗马式的；西正面混合了圆拱与尖拱；而雕刻多数来自阿博特·苏格尔时代，包括了100个雕像，许多个别来看也极佳。在整个中世纪的艺术潮流中，均以"审判者基督"的最好的观念之一为中心。

在阿博特·苏格尔死后12年，莫里斯·苏利主教改良其指示以示崇敬，而巴黎的圣母院兴建于塞纳的小岛上。其建造年代间接地显示了工作的庞大：诗班席位及袖廊建于1163至1182年，本堂建于1182至1196年，最西翼及塔建于1218至1223年；大教堂完成于1235年。在最初的设计，袖廊的拱庙是罗马式的，但竣工时整个建筑是采用哥特式的。哥特式大教堂的西面通常不是水平的，因为到达塔顶的塔尖从未被立。或许是这个原因，建筑物的正面有坚定简单的庄严感，使能干的学者们将其列为"人类最高贵的建筑学概念"。

巴黎圣母院的玫瑰窗户，在条纹窗饰和色彩上都是杰作。雕刻，虽然被时间和革命损毁，仍代表了该艺术从君士坦丁到兰斯大教堂建筑之间的最高成就。在正门上的拱与楣间，"最后的审判"雕刻的比后来所提出来的这个无所不在的主题更为安详：基督是一个恬静、威严的形象，在其右侧的天使体现了哥特式雕刻的优点。更好的还是北面门上的"圣母石柱"（The Virgin of the Pillar）：在处理上这里有一种新的细致，涂饰的表面、自然的帏帐；一种新的安逸、优雅的立姿，将重量集中于一足，而使身体从僵硬垂直中解脱出来。在这个可爱的形象上，哥特式雕刻几乎从建筑中宣告独立，而且从其内容来看，即为一项杰作，而能巍然睥睨。在巴黎圣母院，变迁结束了，哥特式的时代继之而来。

沙特尔的故事彰显了中世纪的景象与风格。它是巴黎西南方 55 英里的一个小镇，位于皇畿旁边，是博塞（Beauce）平原的市集，"法国的谷仓"。但据说圣母曾亲自访问过此地，虔诚的跛者、盲者、病患或有缺陷者视此为朝圣的目的地，在这里有些人被治愈或得到安慰，沙特尔于是变成了圣地。再者，其主教富尔贝尔是位集善良、智慧、信心于一身的人，使沙特尔在 11 世纪成为一个高等教育的圣地及早期经院哲学家的母校。当富尔贝尔的建于 9 世纪的大教堂于 1020 年被烧毁时，他立即加以重建，并见证其完成，其又在 1134 年毁于大火。狄奥多里克主教使修建大教堂就像一次真正的十字军东征一样，激发了对这项工作财政上及物质上的极大的热忱。1144 年，根据诺曼底海蒙（Haimon）主教亲眼见证的报告：

> 国王们，王子们，世上有权力的人们，满有荣耀与财富的人，具有高贵身份的男人和女人们，将马勒束于其骄傲的、肥胖的颈部，而屈就马车，模仿野兽的式样，他们拖着大量的酒、玉米、油、石灰、石头、栋梁及其他用以维持生命或修建教堂的必

需品……此外，当他们拖曳马车时，我们可以看到一个奇迹，虽然有时近千个男女在牵引拖索……然而他们很寂静地向前迈进，听不见任何声音或怨言……当他们在路上休息时，也听不到其他话语，只有对罪行的忏悔、恳求与纯洁的祈祷……教士们传播和平，憎恨被安抚了，不和被驱逐了，债务被宽容了，团结恢复了。

狄奥多里克主教的教堂几乎不曾完成（1180 年）。1194 年，当大火吞噬了中堂，使圆顶及墙壁倾倒于地，而剩下的，如同受伤的生还者，只有隐秘的地窖和西正面及它的两个塔及塔尖。该镇中的所有房屋，在那次可怕的大火中都被摧毁了，在今天的大教堂中，我们仍可看见被烧毁的痕迹。沮丧的民众有一段时间丧失了对圣母的信心，并意欲放弃该镇。但不屈不挠的教堂使节梅利奥尔（Melior）告诉他们，这次的大灾难是上帝用来惩罚他们的罪愆的，并命令他们重新修建教堂和他们的家。教区内的僧侣们奉献了他们几乎全部的所得达 3 年之久。信心再度被点燃，群众聚集在一起，像在 1144 年一样，协助雇工拖车及安装石块，甚至由欧洲的各个大教堂捐献而来。1224 年前，辛劳与希望完成了这座大教堂，使沙特尔再度成为朝圣的目的地。

一个不知名的建筑师计划以塔为顶，不仅在西正面的侧翼，而且用于袖廊及东侧的平圆室上。只有两个正面的塔得以建造。老钟塔（Le Clocher Vieux）在正面的南方尾端，至塔顶高 351 英尺；很简单且无华饰，赢得了职业建筑师的喜爱。它北方的伴侣——新钟塔（Le Clocher Neuf）——曾两次因火而丧失了木质塔尖，塔尖被让·勒·泰克西耶（Jean le Texier）用石块以灿烂的哥特式的复杂和精致的装饰重建过。弗格森认为它是"欧洲大陆设计最美丽的尖塔"，但一般认为如此装饰的塔尖破坏了朴素正面的和谐。

沙特尔教堂的盛名在于它的雕刻和玻璃。在这个圣母殿中存留有 1 万个雕刻或描画的人物——男人、女人、儿童、圣人、魔鬼、天使及三位一体神；在回廊一处即有 2000 个塑像；加添的塑像依柱而立于内部；参观者爬了 312 个阶梯到达屋顶，会惊讶地看到经过仔细雕刻、如人身般大小的形象，除了精力充沛的好奇者，没有人会注意到他们。越过中间的回廊，是光辉的基督，并不是像后面正面上的一样，严厉地审判死者，而是在一群快乐的群众中安详庄严地坐着，他的手伸出去，像是赐福给前来崇拜的人。附于大门圆拱凹入柱式上的是 19 位先知、国王和皇后，细长而僵硬，正适合他们的位置，就像实际上是教堂的柱子一样。许多都是粗陋和未完成的，或许是受损或破旧了。但有些面孔有着哲学的深度，亲切的休憩或女性的优雅，那些要到兰斯大教堂时方臻于完美。

沙特尔教堂的袖廊正面和门廊是欧洲最好的。每一个正面都有三个回廊，被有美丽雕刻的柱子和侧柱侧置并分开，而且几乎都罩满了塑像，每个塑像都非常独立，有些是以沙特尔的人物命名的。南方的门廊将 783 个形象围绕着基督，将其拥立于审判席上。在这里，沙特尔的圣母（Notre Dame de Chartres）是附属于其子的。但在另方面而言，像在大阿尔伯图斯一样，她象征一切的科学和哲学，她所司掌的，在这个正门上，呈现了 7 种人文艺术——毕达哥拉斯是音乐，亚里士多德是辩证，西塞罗是修辞，欧几里得是几何，尼科马库斯是代数，普里西安是文法，托勒密是天文。圣路易在其 1259 年的宪章文句中，促使北面的门廊得以完成，“由于其对沙特尔圣母教堂（Our Lady of Chartres）的特殊热爱并为拯救其灵魂及其祖先的灵魂”。1793 年，法国革命议会以绝对多数，击败了借哲学及共和国之名的摧毁沙特尔教堂塑像的提议。北面的袖廊是属于圣母的，并以恭敬的心情来叙说她的故事。这里的塑像环成一圈，像完全成熟的雕刻；帷帐就像任何希腊的雕刻一样优美和自然；“娇羞”塑像表现了法国女子的最佳风度，而此处娇羞赋予美双重的魅力；在整个雕刻历史中没有比它更精美的了。“这些塑像，”亨利·亚当斯说，“是法国艺术的艾基坛大理石。"

当我们进入沙特尔大教堂时，会混杂着四种印象：中堂与圆顶的简单线条，在体积或美感上都几乎不能与亚眠或温切斯特的中堂相比；装饰的诗班席位的屏风，始于1514年，出于让·勒·泰克西耶之手；在南面袖廊一根柱子上平静的基督像；及映满着柔和的色彩的无与伦比的彩色玻璃。这里，在174个窗子中有3884个传奇或历史人物的肖像，从补鞋匠到国王。中世纪的法国历经了前所未有的丰富色彩的发展——暗红色、淡蓝色、翠绿色、橘黄色、黄色、棕色、白色，所有这些都是沙特尔的光荣。我们不必企望这些窗户有写实的人像画；这些肖像是笨拙的，有时是荒谬的。亚当的头，在逐出伊甸园的大奖牌上，痛苦地歪斜着，有双重魅力的夏娃几乎不能移转崇拜者的好色之心。很显然，在艺术家看来，当图画的色彩融入观者的视线时，那些图画便叙述了故事，而在它们的混合中，汇成了大教堂的气氛。在设计上非常突出的，是"回头浪子"这扇窗扉；以色彩及线条著称的，是象征性的耶西之树（Tree of Jesse）这扇窗户。但是更胜于它的，是"美丽窗户上的圣母玛利亚"，传说坚信这扇可爱的窗子曾免于1194年的火灾。

站在袖廊及中堂的交叉口，我们可以看见沙特尔教堂的主要玫瑰。在正面，中央那朵玫瑰伸展达44英尺，几乎像中堂一样宽，有人称它是历史上最精妙的玻璃作品。满布于北面袖廊的是"法国玫瑰"，是由路易九世及卡斯提亚的布朗希捐赠，奉献给圣母的；教堂另一边面对着的是"德勒玫瑰"（Rose of Dreux）。在南面袖廊正面，由布朗希的敌人，德勒的皮埃尔·莫尔莱尔（Pierre Mauclerc）所赠，并将圣母之子面对着布朗希的圣母。35个较小的以及12个更小的小玫瑰，组成了沙特尔教堂的环形玻璃组。

我们已将沙特尔大教堂视为典型成熟的哥特式作品，便不须在兰斯、亚眠和博韦大教堂作类似的逗留，然而谁会仓促地穿过兰斯教堂的西正面呢？若最初的塔尖仍耸立塔顶，那么正面将会是人类最高贵的作品。令人惊异的是历经六代完成的建筑，其风格和各部分的统一与调和。由辛克玛于841年完成的这个大教堂在1210年被焚。在焚毁后一年，新的教堂开始奠基，由罗伯特·库西（Robert de Coucy）和让·奥拜斯勒（Jean d'Orbais）设计以配合法国国王的加冕。经过四十年的建造，经费耗尽，工作被迫停顿（1251年），而这个伟大的教堂直到1427年才完成。1480年的大火摧毁了塔尖；大教堂的资金在重建主要部分时已经用罄，使塔尖未能重建。第一次世界大战时，炮弹粉碎了几个拱壁，并在屋顶及穹隆处造成了大缝隙；外屋顶被毁于大火，许多塑像也被破坏了。其他的塑像或被疯狂者弄得残缺，或被年代所侵蚀。

兰斯大教堂的雕刻，像它的正面一样，显示了哥特式艺术的巅峰。有些比较原始粗陋，而那些在中央走道的雕刻却是无法超越的；在走廊、尖塔及内部各处，我们可以看到几乎有伯里克利时代的雕像般完美的肖像。有些，如在中央回廊柱子上的圣母像，或许过于优美，使哥特式的力量显得脆弱了。但在同一走廊左边的"斋戒圣母像"及右边的"造访圣母像"，其想象及技巧皆极具成就，非文字能形容。较著名的但并非十分完美的，是教堂正面报喜团的"微笑的天使"，那些愉悦的面孔，与北面走廊的圣保罗是多么不同啊！圣保罗是石刻中最有力的肖像之一。

亚眠大教堂的雕刻，在优雅和完美方面超过了兰斯大教堂，但在观念的庄严及启示的深度上则不及后者。在这里西面的门廊上是著名的善神，模仿兰斯教堂生动的塑像，显得有点形式化和了无生气。这里也有圣佛明（St.Firmin）的塑像，不是受惊的苦行者，而是一位坚定、冷静的人，他从未怀疑过正义将会胜利。另外，也有一尊圣母以一种年轻母亲所特有的温柔抱着耶稣的雕刻。在南面大门上，金光闪闪的圣母微笑地看着圣子戏球。她有一些被美化了，但是因为太亲切了，以致不适于罗斯金（Ruskin）所称的"巴卡第的女侍"。看到哥特式的雕刻家们经过一世纪的为神学服务后，发现了男人的活力与女人的美，并将生活的欢乐雕刻在教堂的正面上，是一件愉快的事。教会也学会了享受尘世生活，对此视而不见，但认为在主要的正面上刻一个最后的审判是明智的。

亚眠大教堂建于 1220 至 1288 年，由罗贝尔·卢萨科斯（Robert de Luzarches）、托马·科蒙特（Thomas de Cormont）及其子雷诺（Regnault）等一系列的建筑师所修建，塔到 1402 年时才算完成。它的内部是哥特式建筑的本堂中最成功的，它升起到穹隆处有 140 英尺高，而看起来像是把教堂向上拉，而不是承担着一个重量。由地面到圆顶连续的柱身，结合了中堂三层的拱廊，成为一个庄严的整体。东面半圆形小屋的屋顶，是和谐的设计胜过不规则的一项成功。当第一眼看到这个高出的窗扉及袖廊和正面的玫瑰时，不禁会心跳停止。但中堂就它的高度而言，似乎显得太狭窄了，就屋顶来说，墙壁也太不坚实。这种升高的石块，使一种不安全的成分混进了敬畏之中。

在博韦大教堂，这种哥特式拱形圆顶建筑物的野心太大了，而注定了失败的命运。亚眠教堂的宏伟，引起了博韦民众的妒嫉。1227 年，他们开始建造，并誓言修建他们自己的圆顶，要高过亚眠大教堂 13 英尺。他们将诗班席位放在所许诺的高度，但在尚未加顶时便崩倒了。1272 年，新的一代再建造的诗班席位仍像以前一样高，而 1284 年又再度倒塌。于是他们又重新建造，这次离地面是 157 英尺；然后他们的经费用罄了。两个世纪之久，这教堂都没有袖廊和中堂。1500 年，当法国终于自百年战争（The Hundred Year War）恢复时，庞大的袖廊开始动工了。1552 年，高过罗马圣彼得教堂塔尖的一个天窗塔建于袖廊上，高达 500 英尺。1573 年，这个塔崩溃了，袖廊及诗班席位的大部分也随之崩塌。勇敢的博韦居民终于妥协了：他们重修诗班席位于危险的高度上，但不再加一个中堂。博韦大教堂因此只有全顶而无身体；外面的两个袖廊正面及半圆室被拱壁吞噬，内在的深陷的诗班席位因华丽的彩色玻璃而泛红。若能结合博韦大教堂的诗班席位，亚眠大教堂的中堂，兰斯大教堂的正面及沙特尔大教堂的塔尖的话，那人们便将会有一座完美的哥特式大教堂了。

人们若回顾 13 世纪，会惊讶是什么财富和信仰，在世上造成了如此的荣耀。因为没有人会知道法国在那个世纪成就了什么——除了它的大学、诗人们、哲学家和十字军以外——除非亲自站在这一长串著名的哥特式建筑物之前：圣母院、沙特尔、兰斯、亚眠和博韦大教堂；布尔茹瓦宽广的中堂，四个甬道，著名的玻璃，及在天秤座上雕刻可爱的天使；坐落在远离诺曼底海岸一个高耸在小岛岩石上的圣米歇尔修道院和该修道院的奇迹；康斯坦斯高贵的塔尖；鲁恩华丽的自由圣像（Portail des libraires）和在巴黎圣堂的"珠宝箱"。值得缅怀的是，在世代更替中，人们，只要他们愿意，便能修建像他们曾经一度在法国所建造的那些。

英国的哥特式建筑（1175—1280）

哥特式建筑由沙特尔和法兰西小岛掠过法国各省，并越过边界传到英国、瑞典、西班牙，最后到达意大利。法国建筑师及工匠接受外国的雇用，在各处，这新的艺术被称为"生于法国的作品"。英国欢迎它，因为英国在 12 世纪时是半个法国；海峡对包括半个法国在内的两边的不列颠王国来说只是一条河，而鲁恩地区为文化中心。与其说英国的哥特式来自法兰西岛，毋宁说是来自诺曼底，并保存了哥特式的宏伟。建筑由罗马式演变到哥特式，在英国和法国几乎是同时的。约在同一时期，当圣丹尼斯（1140 年）用尖拱时，尖拱也同时出现在达勒姆和格洛斯特大教堂，出现在喷泉修道院及马姆斯伯里大教堂。亨利三世崇拜法国的每一样东西，羡慕圣路易统治下建筑上的荣耀，而对人民课以重税去重建威斯敏斯特教堂，付款给艺术家学院——建筑家、雕刻家、画家、彩画家、金匠——这些人由他聚集在宫廷附近，以实施其计划。

英国的哥特式建筑经过三个时期而没落——早期英国时期

（1175—1280 年）、装饰时期（1280—1380 年）及垂直式时期（1380—1450 年），在此我们仅止于第一个时期。早期英国窗户及拱长而尖的式样，给这种风格另一种名称——尖顶式（Lancet）。正面及门廊较法国更为简单，林肯及罗切斯特有一些雕刻，威尔士更多。但这些都是很特殊的，在质或量上，都不能与沙特尔、亚眠或兰斯大教堂的雕刻相比。塔是宽大而非高耸的，但索尔兹伯里、诺维奇和利奇菲尔德的尖阁，却表现出当英国的建筑师愿意选择优雅和高度，而非庄严与宽敞时所能做的形式，内部的高超同样地不能引诱英国的建筑师。有时他们也曾尝试，像在威斯敏斯特教堂及索尔兹伯里，但他们较常将拱形圆顶压得较低，如在格洛斯特和埃克塞特。英国大教堂巨大的长度，使教堂欲达到成比例的高度的这项努力气馁：温切斯特长 556 英尺，伊里（Elx）长 517 英尺，坎特伯雷长 514 英尺，威斯敏斯特长 511 英尺，亚眠长 435 英尺，兰斯长 430 英尺，就是米兰也不过 475 英尺。但温切斯特内部高度只有 78 英尺，坎特伯雷 80 英尺，林肯 82 英尺，威斯敏斯特 103 英尺，而亚眠高达 140 英尺。

英国哥特式教堂的东端保留着盎格鲁－撒克逊风格的方圆形，未采用流行的法国多角形或半圆形。在许多个案中，东端扩展成一妇女礼拜堂，为了表示对圣母的特别崇拜；但在英国，对圣母玛利亚的崇拜从未像在法国一样热烈，在英国，全体修女们的聚会场所及主教的公馆，是附属于教堂的，并构成大教堂的密室，通常都用墙围绕着。在英格兰和苏格兰的哥特式修道院——像在喷泉、德莱堡、梅尔罗斯、廷特恩，伸展的宿舍、膳厅、修道院和回廊，形成一道围墙，作为一个艺术整体给人留下深刻的印象。

哥特式建筑的主要原则——压力的平衡及引导，以减少笨拙庞大的支撑物——似乎从未被英国完全接受。古罗马式的厚墙，在英国的哥特式建筑中只稍微地改变了一下，即使那时，像在索尔兹伯里，设计也并不需要使它适应罗马式建筑的地基。英国的建筑师，像意大利的建筑师一样，排拒拱柱。他们在各处采用它，但并不是很热心；他们认为建筑物的支撑，应包括在运导物本身之内，而不是在多余物之列。也许他们是正确的，虽然他们的大教堂缺少法国杰作所具有的女性的优雅，却拥有一种坚定的男性的力量，使其超越美观，达于崇高的境地。

坎特伯雷的贝克特大主教被谋杀四年之后，大教堂的诗班席位便焚毁了（1174年）。城里的居民倚着残墙，以悲愤迷惘的心情打自己的头，因为上帝已应许了对教堂的大灾难。教士们将重建诗班席位的工作重托给桑斯的威廉——一名法国建筑师，他曾因为自己的家乡修建一所大教堂而赢得声名。1175至1178年，威廉在坎特伯雷工作，一个架子落下来使他残废，于是工作由英国人威廉继续承担，他是个身材瘦小的人，杰维斯僧侣说他，"在各种工匠技术上是敏锐而正确的"。约1096年，许多罗马式大教堂仍存在着。在一般的哥特式革新中，圆拱仍然残存，但古旧木质的诗班天花板被石质的肋骨状的拱形圆屋顶取代，柱子被加长到优美的高度，柱头被精美地雕刻过，窗户也装着灿烂的彩色玻璃。聚集在大教堂的密室，俯视这古怪有趣而又可爱的小镇，从坎特伯雷大教堂能看到今天世界上最壮观的景色之一。

威廉的作品，被无数的高级教士和朝圣者看过，而将哥特式的建筑扩展到了不列颠。1177年，彼得格勒的大教堂，其西面袖廊即以一光辉的哥特式回廊为正面。1189年，雨果·拉西（Hugh de Lacy）主教修建了温切斯特大教堂美观的祭坛后部。1186年，地震将林肯大教堂夷为平地。6年之后，主教杰弗里的哥特式设计开始重建，卓越的格罗塞特斯特在约1240年将它修建完成。林肯大教堂耸立在小山冈上，俯视着典型的美丽的英国乡村。宏伟的壮丽很少与细部的纤美如此一致。林肯教堂有三座宏伟的塔，宽阔的正面有着雕刻的回廊及复杂的拱廊，有堂皇的中堂，虽然很宽大，却看似轻巧，有优雅的柱身和雕刻的窗间壁，刻有玫瑰的窗扉，教士们聚会场所的棕榈似的圆穹及回廊的华丽的圆拱——这些都使林肯大教堂成为人类的光荣，即使那儿没有"天使诗班"。1239年，一座古旧的诺曼底高式塔倾塌，并压倒了修主教的诗班席位；新的诗班席位以初期的装饰形式建于1256 至 1280 年，华而不实，但甚精美。传说这一建造出于天使们之手，因为没有一双人类的手可能达到如此完美的地步；但也或许这名字系源于雕刻于诗班席位拱侧上的微笑的天使音乐家们。在诗班席位的南面正门，英国的雕刻师几乎媲美了兰斯和亚眠的雕刻师。那里有四个塑像，虽被不同程度地毁坏，仍可承担这种比较。伟大的科学家奥斯勒爵士（Sir William Osier）认为，这个天使诗班是所有人类艺术作品中最美好的。

1220 年，波尔主教雇用埃利亚斯·德勒姆（Elias de Derham）设计并修建索尔兹伯里大教堂。它以罕有的短短 25 年的时间完成，是地地道道的早期英国式教堂，打破了英国教堂混合几种形式的惯例。设计的统一，面积与线条的调和，袖廊塔及尖顶的单纯的宏伟，圣母堂圆穹的优美，及全体教士集合处的可爱的窗扉，弥补了中堂矮塌的笨重及圆顶压迫的浅陋。伊里大教堂仍有木质的天花板，但不会令人不悦；木头有一种温暖且有生气的特质，是石头建筑物所没有的。伊里的精美的诺曼底式中堂中，哥特式建筑家增加了一条美丽的西面门廊，一个用波白克大理石为材料的漂亮的群柱教堂。而在 14 世纪，"装饰的哥特式"体现在一个圣母堂、诗班席位和在袖廊交会上有一个华丽的灯笼塔"艾里八角形"。威尔士大教堂是英国哥特式建筑最早期的样式之一，它的中堂设计得并不太好。但由乔斯林（Jocelyn）主教增建的西正面"差一点儿便成为英国最美丽的建筑"。在正面的壁龛中有 340 个塑像，其中 106 个失踪了，是受了清教主义、破坏主义及时间之害。那些遗留下来的，构成了不列颠人像雕刻的最大的宝藏。

早期英国哥特式建筑的最高成就是威斯敏斯特教堂。亨利三世曾以"忏悔者"爱德华为其守护神，觉得以爱德华（1050 年）所建造的诺曼底式教堂来存放爱德华的骨骸是不相称的，于是命令他的建筑师们以一座法国风格的哥特式大厦来替代。为了这个目的，他以税收集资 75 万英镑，工作开始于 1245 年，直到 1272 年亨利驾崩。威斯敏斯特教堂的设计因袭兰斯和亚眠大教堂，大教堂甚至允许大陆式多角形的东台。北面门廊雕刻，描绘了最后审判的图案，是受亚眠西正面那些塑像的影响。袖廊拱厢的拱侧是著名的天使的浮雕；南面袖廊的一个天使，因温柔亲切的面孔被人喜爱，可媲美兰斯大教堂的有翼的天使。在全体教士集会堂的门廊上有两个塑像，代表"天使报佳音"，并表现出圣母妩媚的谦逊的祈祷姿态，甚至更好的，是在寺内早期的王陵，其中最好的，则是亨利三世自己的——一个理想化的美貌及适度改造过的刚勇、矮小的国王。许多统治者的罪恶，在这个光辉的坟冢中被遗忘了，而半数被躺在此至高无上的坟冢石块下的英国天才救赎。

日耳曼哥特式建筑（1200—1300）

佛兰德斯在早期由法国输入哥特式的建筑。圣古图尔教堂傲立于布鲁塞尔的小山丘上，始建于 1220 年，它主要的光荣成就是其彩色玻璃。根特的圣贝文教堂（St.Bavon）在 1274 年修建了一个哥特式的诗班席位；在梅克林的圣隆柏教堂，可由其庞大的塔顶眺望乡间，该塔没有完成，但仍十分华丽。佛兰德斯人对纺织的兴趣高过神学，他们特殊的建筑物是属于市民的，而它最早期哥特式的成就是在伊普尔、布鲁日和根特的布商同业工会厅（1200—1304 年）。伊普尔的布商同业工会厅是最宏伟的：三层拱廊的长 450 英尺的正面，连同列于角隅的尖阁及堂皇的中央塔，在第一次世界大战时被毁。布鲁日的布商同业工会厅（1284 英尺）仍然以其宏伟的、世界著名的钟楼俯视着广场。这些精美的建筑，及那些在根特的建筑（1325 英尺），显示了佛兰德斯同业工会的繁荣与骄傲，并成为现在这些宁静而愉快的乡镇的吸引力之一。

当哥特式建筑东向扩展到荷兰和德国时，遭到了不断的抗拒。一般而言，哥特式建筑的优雅，与条顿民族的心境及意念的坚定力量并不符合，与罗马式则比较接近，而德国直到13世纪时仍固守着它。班贝格大教堂是个转变：窗户很小，呈圆拱状，并且没有拱柱；但其圆穹呈肋骨状和尖状。在德国哥特式建筑的外观，我们发现了一个雕刻方面的显著进步；最初是模仿法国，不久即形成一种具有光辉的自然主义与力量的风格。的确，班贝格会堂中的人像，较兰斯同样的人像更令人满意。在诗班席位的伊丽莎白和圣母像，绝非法国类似的题材的复制品；伊丽莎白有着穿着官服的罗马元老的样子，而圣母是具有自然的实体与活力的女人，正如德国人一向喜爱的。

几乎每个从这时期留存下来的德国大教堂都拥有杰出的雕像。最好的是在诺姆堡大教堂之中。在西面诗班席位上，是一连串的12个塑像，以无情的现实主义描绘地方上的显要，暗示了艺术家们仅被付给很微薄的酬金；似乎是在赎罪，尤塔的塑像，这位侯爵之妻，是沉郁的德国人观念中的理想女性。诗班席位屏风上的一条横饰带表现着犹大拿钱去背叛耶稣；那些形象大胆地组合在一起，但无损于他们的独立性；犹大略受同情地被雕塑表征出来，而法利赛人是些孔武有力的人物，这是13世纪德国雕刻的不朽之作。

1248年，霍赫斯塔登的康拉德，科隆大主教为这最著名又最少德国风味的大教堂奠基。工程在腓特烈二世死后的混乱中缓慢地进行；这大教堂直到1322年仍未献堂，其中许多建于14世纪；高雅的尖塔，复杂的卷叶浮雕和网状的装饰窗格，取材于15世纪的设计，建成于1880年。模仿亚眠大教堂，科隆亦步亦趋地仿效法国的风格与方法。正面的线条太直太呆板了，但高细的中堂柱子、闪亮的窗扉以及诗班席位方柱上的14个塑像，形成了吸引人的室内景致，近乎奇迹地免于第二次世界大战的浩劫。

斯特拉斯堡的大教堂比较令人满意。像在科隆一样，那儿接近法国，而形成了一种法国风格，使斯特拉斯堡教堂看来不再像是外来的。外观有法国式的优美，内部则具有德国式的力量。大教堂是由大理石房屋图画般地拼凑渐进而成的。大教堂的正面用塑像来装饰，但被一面大而华丽的饰以玫瑰的窗扉胜过，在正面一个角落上的单塔，给整个结构一种受创感。但尊严与装饰的结合在这里非常成功，我们逐渐了解歌德对此正面形容为"冻结的音乐"，虽然我们应该用比较温和的句子。"像我这样长大的人，"歌德写道，"以轻蔑的态度来看哥特式的建筑，我蔑视它；但当我入内后即大吃一惊，并感觉到美的诱惑力。"这里的彩色玻璃是非常古老的，可能比法国的还要老些。在南面袖廊入口处的雕像的精致也是罕有的。门上拱与楣之间有个"圣母之死"的深刻浮雕；使徒们集合在她的床边，被不适当地个别表现出来；但基督像则是构想很好并且很技巧地雕刻过的。沿着门口，耸立着两个杰出的塑像：一个代表教会，一个健美的德国皇后；另一个是蒙着眼但很美丽的细长优美的塑像，代表犹太教的会堂。除去这绷带，犹太教的会堂将会赢得争论。1793 年的法国革命会议，命令摧毁大教堂的塑像，改为"理性神殿"。一个自然主义者，我们仅知其名为贺曼，将教会和会堂的塑像藏于植物园中，而使其幸免于难，并用一块题有法文"自由、平等、博爱"的木板遮在门上拱与楣之间所雕刻的"圣母浮雕"上，使其免于被毁。

意大利哥特式建筑（1200—1300）

中世纪的意大利人称哥特式建筑为"lo Stile Tedesco"，文艺复兴时的意大利人也对其起源有误解，而为它发明了"哥特式建筑"之名，因为只有阿尔卑斯山北方的野蛮人才能发展如此奢华的艺术。装饰的丰富与风格的过分大胆，与意大利人的古典及传统的嗜好冲突。若说意大利终于采用了哥特式建筑，那是一种近乎蔑视的不情愿；而只有将其转变为适合它的需要及心境之后，才能产生出不仅是米兰大教堂奇特的光辉，而且具有奥尔维耶托、锡耶纳、阿西斯及佛罗伦萨的奇异的拜占庭-罗马式风格的哥特式建筑。意大利的土地与废墟同样富含大理石，据此，可以用各种色彩的石板作祭坛的表面；但怎能雕刻一个大理石的正面，使之嵌入北方石灰石的复杂的门廊里？那里并不需要酷寒和阴霾的北方用来引入光与热的大窗户，而较喜欢小窗户，使大教堂成为抵御太阳照射的阴凉神殿；意大利人认为厚墙，甚至铁吊带，这并不比建于支柱上的拱壁难看，不需要尖塔或尖拱作为支持之用，而以它作为装饰，并不十分适于哥特式风格的建筑逻辑。

在北方，1300 年以前，那种风格已经几乎是教会的了；少数的例外是在像伊普尔、布鲁日和根特这几个商业城市。北部及中部意大利，较斯科特东南部低地，在制造业和贸易方面还要富裕，平民建筑师在哥特式建筑的发展上扮演了一个重要的角色。城镇会堂、城墙、大门和塔，封建城堡及商业的大厦均采取了哥特式的形式或装饰。佩鲁贾于 1281 年开始修建市民大厦，锡耶纳的公众大厦于 1289 年动工，博洛尼亚的市民大厦建于 1290 年，佛罗伦萨的唯一优美的大厦维奇奥建于 1298 年——全是托斯卡纳式的哥特式建筑。

1228 年，阿西斯的埃利亚修士，为便利他的众多的圣方济各修道士及来方济各坟墓朝圣的群众，命令建造一座宽敞的修道院及圣方济各教堂——意大利的第一个哥特式教堂。这项任务交给了一位德国建筑师，意大利人名其为雅各布·阿莱勒曼尼亚（Lacopo Alemannia）。或许是因为这个理由，哥特式在意大利被认为是"德国风格"。雅各布修建了一座罗马式穿棱风格的低教堂（Lower Church），又基于此而建造了一个带有花格窗饰和肋状穹隆及尖状穹隆的高教堂（Upper Church）。

锡耶纳仍然是个中世纪的城市。一个有政府建筑物的公共广场，露天摊贩，小规模并不显眼的毗邻的商店。由此中心，12 条巷子沿阴暗、危险的道路延伸，相隔不到 10 英尺，中间充满了黑暗、古老的住宅，挤满了亲切而善变的人民。对他们来说，水是一种稀有的奢侈品，比酒更危险。在一列住宅之后的小山上，耸立着大都会教堂（La Metropolitana）——该城的大教堂——带着令人不愉快的大理石黑白条纹，动工于 1229 年，竣工于 1348 年。1380 年，由皮萨诺留下来的设计，加上了一个新的、华丽的正面，全部是红色、黑色或白色的大理石，有三面罗马式的大门，被饰以华丽雕刻的侧柱侧分，而卷花浮雕图案的山形墙矗于其上；一个宽敞的有玫瑰纹饰的窗扉可以透射落日余晖；沿着正面的拱廊及柱廊呈现出一列雕像；柱廊及尖塔的白色大理石使角隅显得柔和；在一面高的山形墙上，一幅巨大的镶嵌画绘着圣母升天的景象。意大利的建筑师对明亮及多彩的表面感兴趣；不像法国人喜欢凹入的大门柱式及雕刻精巧的正面的光线阴影的巧妙变化。这里没有拱壁；诗班席位冠之以拜占庭式的圆顶，而重量由厚墙及由一组大理石柱子耸立于一个圆的及尖的肋骨状的圆穹之上来支撑。托斯卡纳的哥特式建筑主要仍是罗马式的，其世界迥异于亚眠及科隆大教堂的神奇。其中有尼可洛及皮亚诺制作的白色大理石讲坛，多纳泰罗 1457 年的铜施洗者，平图里乔（Pinturicchio）的壁画，佩鲁齐（Baldassare Peruzzi）的祭坛，尼禄（Bartolomeo Neroni）的雕刻富丽的诗班席位，意大利的教堂因几百年来层出不穷的意大利天才而生辉。

当锡耶纳的大教堂和钟楼正在修建时，由博尔塞纳村（Bolsena）传出一个奇迹。一位僧侣曾怀疑化体论，后来因为看到血在圣体上而相信。为了纪念这个奇迹，教皇乌尔班四世不仅在 1264 年制定了圣餐节（The Feast of Corpus Christi），而且下令在邻近奥尔维耶托的地方建造一座大教堂。由阿诺尔福·迪·坎比奥和洛伦佐·麦塔尼（Lorenzo Maetani）设计，雇用了 40 位来自锡耶纳和佛罗伦萨的建筑师、雕刻家及画家，历时 40 年（1290—1330 年）完成。教堂的正面因袭锡耶纳的风格，但技巧更精美，比例及对称也更佳。它是一个大理石的庞大图画，其中每一个部分的本身都是呕心沥血的杰作。大门之间宽广的半露方柱上考究的浮雕，令人难以置信的精致，又一次告诉我们创造的故事、基督的生活、赎罪和最后的审判。这些浮雕之一的"造访"，已经具有文艺复兴时期雕刻的完美。精美雕刻的柱廊等分三层巍峨的正面，并保护一些先知、使徒、神父及圣者。一扇玫瑰纹饰的窗扉，或许是奥尔卡纳（Orcagna）的作品，置于整个复杂的配合之中。其上是令人目眩的镶嵌（后来移去），描绘"圣母的加冕"。那奇特的纹饰的内部，是一个简单的方形拱廊，置于一个低的木质屋顶之下。光线很弱，使人难以对这些由弗拉·安杰利科（Fra Angelico）、贝诺佐·戈佐利（Benozzo Gozzoli）及卢卡·西格诺雷利（Luca Signorelli）所做的壁画置评。

在富裕的佛罗伦萨，13 世纪时横扫意大利的建筑的狂热造成了伟大的奇观。1294 年，阿诺尔福·迪·坎比奥开始修建圣十字教堂。他保留了传统长方形会堂的设计，没有袖廊和平滑的木质天花板，但他采用了尖拱窗户、中堂拱廊及大理石的正面。教堂之美存在于建筑物上的，也存在于内部丰富的雕刻及壁画上，显示了意大利艺术所有成熟的技巧。这一时代的骄傲精神——文艺复兴来临的另一表现——可在 1294 年的诏书中看出，在诏书里西格诺里亚（Signoria）命令阿诺尔福建造一座大教堂：

> 鉴于高贵者都极谨慎地从事其工作，并以极端的聪明才智，使行动的智慧与高尚能表现于作品中，兹任命阿诺尔福，我们的最佳建筑师，重建圣玛利亚大教堂设计模型及图样，必要极壮丽，极辉煌，使人类的勤勉及能力，永远无法创造或进行任何更为宏伟或美丽的建筑；并遵照我们最聪明之子民于公开议会所宣称，或秘密集会所商议者，即凡无意配合此一全体人民高贵灵魂所共同愿望者，不得参与此项工作。

毫无疑问，这耗费庞大的公告被依照实行，它刺激了公开的捐赠。该城的同业公会也加入负担这项计划的经费。不久，当其他的同业公会财政吃紧，羊毛公会支付了几乎全部的费用，一年捐助高达 5.15 万金里拉。阿诺尔福还想加大建筑规模。石头圆拱屋顶要 150 英尺高，与博韦大教堂的相当；中堂 260 英尺长，55 英尺宽；重量由厚墙、铁杆等支撑物来支撑，而尖的中堂圆拱以 90 英尺的高度而著名。阿诺尔福死于 1301 年。其计划有过不少改变，在乔托、皮萨诺、布鲁内莱斯基（Brunelleschi）及其他人的负责下继续施工；而这丑陋的一堆建筑物重新命令为圣玛利亚·德拉·菲奥雷教堂（Santa Maria del Fiore），直到 1436 年才得以献堂。这是一个庞大而古怪的建筑，前后耗时 6 个世纪之久，占地 8.4 万平方英尺，但仍不够容纳萨伏那洛拉的听众。

西班牙哥特式建筑（1091—1300）

11 世纪，法国的僧侣将罗马式建筑带到西班牙；12 世纪，他们也将哥特式建筑带过比利牛斯山。在一个风景如画的小镇阿维拉（Avila），圣萨尔瓦多大教堂（San Salvador）开始有了转变，有着圆拱、哥特式的正门，及在教堂东边，矗达圆顶上呈尖拱状肋骨的优雅的柱子。在萨拉曼卡（Salamanca），虔敬保存了这个 12 世纪古老的、过渡的大教堂，大教堂之侧是一座建于 16 世纪的教堂，二者在西班牙共同形成了最堂皇的建筑的整体。在塔拉戈纳，财政的困难使得主教座堂的建筑从 1089 年开建至 1375 年才告完成，较古老基础的简单的坚实性，形成了哥特式及摩尔式装饰的恰当的背景；而回廊——哥特式圆穹下的罗马式廊柱是属于中世纪艺术最完美的成就。塔拉戈纳无疑是西班牙式的；布尔戈斯（Burgos）、托莱多及莱昂，法国的成分逐渐增多。卡斯提亚的布朗歇与法国路易八世的婚姻扩展了由移民的传教士开始的交流之路。而她的侄子，卡斯提亚的费尔南多三世，1221 年为布尔戈斯大教堂奠基；教堂的构造由一位不知名的法国建筑师设计，一个德国科隆人胡安·科隆尼亚（Juan de Colonia）建造塔（1442 年），勃艮第人费利佩·博尔戈尼奥（Felipé de Borgona）在袖廊交会处重造了一个大天窗，最后由他的学生，西班牙人胡安·瓦列乔，完成了大厦（1567 年）。华丽装饰的塔尖，支撑建筑物的敞开的塔，以及雕饰的拱廊，给圣玛利亚那·梅厄教堂的西正面带来庄严和华丽，令人难以忘怀。最初所有这些石头正面都是彩色的，但色泽早已消退。

同一个费尔南多三世提供基金给华丽的托莱多大教堂。很少内地城市有比这风景更美的地方——依傍着塔古斯河湾，并被群山环掩。从它今日的贫穷，没有人会想到西哥特的国王们，摩尔人的王侯们及以后莱昂及卡斯提亚的基督教统治者们曾经以此地为首都。开始于 1227 年，大教堂分批建造，到 1493 年才算完成。只有一座塔是依照原定的计划：它一半是仿照塞维利亚的"吉拉尔达"风格，而同样优雅。另一座塔在 17 世纪冠以圆顶，由托莱多最著名的公民多明戈·提奥托科普利·埃尔·格列柯（Domingo Teotocópuli El Greco）设计，其内部有 395 英尺长、178 英尺宽，它有高大方柱的错综的条翼廊、华美的礼拜堂、圣者的石像、铁栅及 750 个有彩色玻璃的窗户。所有西班牙人特有的精力，所有西班牙人虔敬的忧郁及热情，所有西班牙人态度的优雅，及带有伊斯兰教装饰的眼光，在此庞大的教堂中被具化呈现。

西班牙有句俗谚："托莱多有我们最奢华的大教堂，奥维埃多（Oviedo）有最庄严的，萨拉曼卡有最雄伟的，而莱昂有最美丽的大教堂。"莱昂大教堂由曼里克主教（Manrique）构想于 1205 年。资金由求赦免的小笔捐献而来，完成于 1303 年。它采取了法国哥特式的设计，是一个以窗子为主的大教堂；其彩色玻璃在该种艺术的杰作中评价很高，据说，其地板因袭兰斯大教堂，西正面仿自沙特尔，而南面正门仿自布尔戈斯大教堂。结果成为一个法国大教堂的动人的拼凑——带有精致的塔及尖顶。

更多的教堂被兴建，以庆祝基督教在西班牙的再征服——1174年在萨莫拉，1188 年在图德拉，1203 年在莱里达，1229 年在帕尔马，1262 年在瓦伦西亚，1298 年在巴塞罗那，但是除了莱昂大教堂，这一时期的西班牙大教堂并非典型的哥特式建筑。他们避免大的窗户和拱柱，将其重量置于厚重的墙壁和方柱上，代替由底到屋顶的尖肋状建筑，方柱本身举起，几乎与圆穹等高。而这些大柱子，挺立在宽敞的大穴中如同一个石巨人，赋予西班牙大教堂的内部不易了解的庄严，而以恐怖慑服了心灵，当时北方的哥特式建筑都充满光线。西班牙的哥特式建筑，大门和窗户常保持罗马式的圆拱。在哥特式装饰之中，由不同层数和图案的彩砖的修饰，保存了一点摩尔人的成分；而拜占庭的影响仍体现于圆顶和半圆顶，连同缓和的三角穹隆，立于一个多角形的基础之上。由于这些要素的融合，西班牙大教堂发展了一种独一无二的风格。

中世纪建筑中小有成就的是乡村的城堡与堡垒，及市镇的门墙。阿维拉的墙仍然屹立，证明了中世纪的轮廓感；而这种像托莱多的普埃尔托·索尔（Puerto del Sol）之门，典型地结合了美与实用。由对罗马城堡的记忆，或由观察伊斯兰教的堡垒，十字军在近东建筑了像在卡拉克（Kerak）一样强大的堡垒，在体积和形式上都超越了任何在那个尚武时代的堡垒。匈牙利为防御蒙古人的入侵，在13世纪建筑了庞大的城堡。艺术西传，在意大利留下了像在沃尔泰拉（Volterra）的堡垒塔这样的军事艺术的杰作，在法国则是13世纪库西和皮埃尔丰的城堡，及由理查德·克尔·莱昂（Richard Coeur de Lión）在从巴勒斯坦返国后（1197年）所建造的著名的坚固城堡（Chateau Gaillard）。西班牙的城堡并非幻想的虚构之物，而是强有力的石造物，用以阻挡摩尔人，因而有了"卡斯提亚"之名。当卡斯提亚的阿方索六世从穆斯林手中夺取了塞哥维亚，他在那里依照托莱多的宫殿，建造了一座城堡。在意大利，城堡因成为贵族们在郊外的避难所而兴起，托斯卡纳及伦巴底的市镇仍然到处林立。仅在圣吉米纳尔一地，在第二次世界大战以前即有13座。早在10世纪，在夏特奥敦（Chateaudun），法国开始建筑堡垒，而在文艺复兴时期形成了其艺术的高贵的特征，建筑石头城堡的技术随着诺曼底人所爱戴的"忏悔者"爱德华传入英国，而为"征服者"威廉进攻及防御的方法带得更进一步，在他的铁腕下，伦敦塔，温莎城堡及达勒姆城堡有了它们最初的形式。从法国，城堡建筑再度移往德国，在德国它变成目无法纪的男爵们、争战的国王们及得胜的圣者们的嗜好。1257 年所建的怪异的康涅斯堡（Schloss of Konigsberg），就好像是一个堡垒，在那里，条顿骑士们可以统治心怀仇恨的百姓。

结论

哥特式建筑代表了中世纪的最高成就。那些敢在几根石制的支柱上悬置穹隆的人，表明了他们的科学技能较任何中世纪的哲学家更为精确和有效。圣母院的线条及谐和是比但丁的《神曲》更伟大的诗歌，哥特式与古典式建筑的比较不能笼统而言，而必须详细叙述。在中世纪的欧洲，没有一个城市能与雅典或罗马的建筑作品相比，也没有任何哥特式圣庙有万神庙的纯美；然而也没有任何我们所知道的古典建筑有兰斯大教堂的复杂的壮丽，或亚眠大教堂的圆拱屋顶那样提升激励人。这种限制与静止的古典格调，表现了希腊人所鼓吹的理性与节制。法国哥特式的浪漫的狂情、布尔戈斯或托莱多阴沉的巨大，不经意地表现了中世纪心灵的脆弱与渴盼及宗教信仰的恐怖、迷惘与神秘。古典的建筑与哲学是稳定的科学，环绕万神庙柱子的轩缘是阿波罗神殿的劝诫"凡事皆因有度"（meden agan），它抑制了人的狂喜，企图稳定，并几乎迫使人们的思想回到生活与尘世上。北方的精神堪称为哥特式的，它继承了胜利的野蛮人的无止境的胆识，不满足地经过一个胜利又一个胜利，最后，有了飞形扶壁及高耸的拱，包围了天空。但这也是一种基督教的精神，呼吁上苍，祈求那因野蛮而失去的和平。由这许多相反的动机，产生了在整个艺术史中形式超越实质的最伟大的成功。

为什么哥特式建筑会没落？部分因为每一种风格，就像感情一样，会因完全的表达而枯竭，导致改变。哥特式的发展成为英国的垂直型，法国的火焰型，使这种形式除了夸张与没落外别无他途。十字军的崩溃，宗教信仰的衰落，财富从教会向国家集中，破坏了哥特式时代的精神。路易九世之后对僧侣的课税，使大教堂的财政虚空，会社曾参与其光荣，而花费使它丧失了自主、财富与骄傲。黑死病与百年战争耗尽了法国和英国。不仅使 14 世纪的新建筑减少了，也使多数在 12 世纪和 13 世纪开始建造的大教堂无法完成。直到人文主义者再发现了古典文化及在意大利古典建筑的复活——在该处建筑从未死亡——才以一种新的丰盛取代了哥特式建筑。从 16 世纪到 19 世纪，文艺复兴时期建筑的形式甚至经过了巴罗克和洛可可时期霸占了西欧。19 世纪初期的浪漫主义运动，在理想化的想象中再建了中世纪，而使哥特式的建筑回复了。古典与哥特式的冲突仍然可见于我们的教堂和学校、市集与首都，同时另一个较哥特式更为大胆的建筑，浮现于天空之中。

中世纪的人认为真理已经展现给他了，因此他由疯狂的追求中求得赦免，在寻求中的鲁莽的精力，那时也转变为对美的创造；而在贫穷、瘟疫、饥荒和战争中，人们利用时间和精神，使小到字母，大至教堂的各种东西显得美丽。眼见中世纪的原稿会令人凝神屏息，站在圣母院前会使人谦卑，感受到温切斯特中堂的宽广景象，我们会忘了信仰时代的迷信与污秽，小的战争及大的罪恶，并会惊讶中世纪祖先们的耐心、鉴赏力和热诚。我们感谢那些千百万被遗忘的人，他们用对艺术的誓言，赎回了血腥的历史。

第七章 | 中世纪音乐
（326—1300）

教会音乐

　　我们对教堂的看法是不公平的。实际上，它并不是今天游客所进入的寒冷而又空洞的坟墓。它曾经有过作用。崇拜者发现它不仅是一件艺术作品，而且是圣母及圣子予人安慰、令人振奋的显现。它接纳每天许多次站在诗班席位上及在祷告时吟唱颂歌的僧侣或教士，倾听集会时不断地祷告，寻求神的怜悯和帮助。其中堂和甬道引领崇拜者走到圣母的塑像及神的圣体与圣血前。教堂广大的空间共鸣着弥撒时庄严的音乐，而音乐就像教堂大厦本身一样重要，而且比光辉的玻璃或石头更为深邃感人。许多坚忍的灵魂和对教条怀疑，都被音乐融化，而屈膝于这一无法表达的神秘之前。

　　明显地，中世纪音乐的演进与建筑风格的发展是同时的。如早期的教堂在 7 世纪时由古代的圆顶或长方形的形式，进入简单的男性化的罗马式，而在 13 世纪时达到哥特式的繁复、高耸及华丽装饰。同样地，基督教音乐直到教皇格列高利一世时仍是希腊和近东的单音乐曲，7 世纪时进为格列高利的或单旋律的圣歌，在 13 世纪兴盛，进入多音的进取式，与哥特式大教堂的风格相调和。

　　蛮族入侵及近东东方文化的复醒，联合突破了希腊将字母置于字上的音乐符号的传统。但希腊的四个"调式"——多利安、弗里吉亚、吕底亚、米斯奥利地安——仍保留着，并将八行诗（octoechos）分成音组中的八韵——沉思、抑制、严肃、庄重、欢愉、高兴、活泼或狂喜。希腊语在西方的圣乐中，于后持续了3个世纪之久，并仍存留于东方及罗马教会所用的《天主矜怜歌》之中。拜占庭音乐在圣巴西勒下有了它的风格，而与希腊及叙利亚的圣歌相辉映，在罗马努斯（约495年）及塞尔吉乌斯（约620年）的赞美诗中达到高峰，并对俄罗斯产生了极大的影响。

　　有些早期的基督徒反对将音乐用于宗教之中，但不久即发现宗教无音乐，则在与教条竞争时不能生存，因教条触及人类唱歌的感性。教士们学唱弥撒，并因袭了希伯来主领者的旋律。教会中的执事和侍僧们被教以应唱的圣歌，有些人在朗诵学校接受技术的训练，该校在教皇西莱斯廷一世时变为合唱学校，这些受过训练的歌唱者形成了大合唱团体。圣索菲亚合唱团即拥有25个歌诗者和111个诵经者，大部分是男孩。会众的歌唱由东方传向西方。在交互轮唱的赞美诗中，男人与女人轮流应答歌唱，在唱"哈利路亚"时便合唱。他们所唱的赞美诗，想必是在天堂中天使及圣者们赞美上帝之歌的回响或模仿。圣安布罗斯不管使徒的劝诫，认为妇女应在教堂中保持沉默，在他的教区中仍采用应答歌唱。"赞美诗对任何年龄的人都是美妙的，并适合二性，"这个聪明的管理者说，"当所有的人都提高嗓门唱一首歌曲时，他们产生了统一的伟大的结合。"奥古斯丁听到米兰教会唱安布罗斯的赞美诗时感动得流泪，证实了圣巴西勒的格言，即屈服于音乐愉悦的听者，将会被导引至宗教的感情和虔敬。

　　在中世纪有一个被普遍接受的传统，而现在经过长期的怀疑之后，被普遍地接受，是由于格列高利一世及其助手们改革罗马天主教音乐的决心，而产生了"格列高利圣歌"，这圣歌作为教堂中正式的音乐达6个世纪之久。希腊和拜占庭的曲调，结合希伯来人神殿或犹太人会堂的旋律，而形成这种罗马式简易的诗歌。不论有多少人参与，他们都唱相同的音符，虽然妇女与小孩常常较男人唱高一个音阶。这是适合平常音域的简单的音乐，间或也有一个较复杂的装饰音（melisma）——一个音符或一段悦耳无词的乐句修饰，是一种自由而连续的韵律，并没有划分节拍。

在 11 世纪以前，格列高利圣歌所用的唯一音乐符号，由自希腊主音符号而来的小记号组成，将它放在要唱的字上。这些"纽姆乐谱"（neumes，气和停顿）表示音的高低，但并不表示高低的程度或音的长短。这些事情必须由口头的传授，及由记忆庞大的礼拜诗歌而习得，没有乐器伴奏。不顾这些限制——或许因为这些限制——格列高利圣歌变成基督教仪式中最令人感动的特色。古代的圣歌继续了希腊、叙利亚、希伯来、阿拉伯等今天只有东方人的耳朵才能欣赏的单音的传统。即使如此，在罗马天主教堂中复活节前所唱的圣歌，以直率奇异的力量直入人心，这是悦耳但不感动心灵的复杂的音乐所没有的。

格列高利圣歌传遍西欧就像散播教义。米兰拒绝了它，就像拒绝教皇的权威一样。而西班牙长期保存着那在伊斯兰教统治下的基督徒所作的"莫扎拉比克"（Mozarabic）的圣歌，而现在部分的托莱多教堂仍采用它。查理曼像统治者一样喜欢统一，在高卢以格列高利圣歌代替了法国天主教的圣歌，并在梅斯和苏瓦松成立罗马教会音乐学校。德国人因为由气候关系所生成的喉咙，他们所需要的歌曲，与意大利人所需要的十分不同，对圣诗中较微妙的曲调便感觉困难。教会执事约翰表示："他们粗哑的声音，吼时如同雷鸣，不能演唱柔美的变调，因为他们喝了太多的酒，致使喉咙变沙哑了。"

或许德国人反对从 8 世纪以来即以"回旋"及"模进"修饰格列高利圣歌的花音（fioritura）。回旋或回音最初为装饰音的字的组合，使它易于记忆。随后开始有一些字和音乐添加到格列高利圣歌中，如有时祭司的歌唱，不仅是"上主可怜我们"，更有"上主，可怜我们！"

教会准许这种修饰，却从不准许它在正式的礼拜仪式中使用。无聊的祭司以创作或歌唱这种歌曲自娱，直到有许多这样的歌曲，以"附加句"（tropes）为名出版，以便教唱或保存受喜爱的歌曲。教会的乐剧的音乐即由这种回旋曲产生出来的。"模进"即是以回旋设计的，以配合弥撒时的"哈利路亚"。在长的旋律中，将字的最后一个母音延长的习惯发展成为颂乐（iubilus）或欢乐之歌。8 世纪，各种不同的教材都是为这些附加的曲调而写的。回旋与模进组成为一高度发展的艺术，逐渐改变了格列高利圣歌，使其成为一种华丽的形式，与当初的精神及"平直"的意图不同。只有 5 个"模进"曾被教会承认用在礼拜仪式之中，即："赞美逾越节的牺牲品"，维颇（Wipo）所作；"圣神降临"，据说是教皇英诺森三世所作；"赞美、锡安"，托马斯·阿奎那所作；"站立的圣母"，托帝·亚可波内所作；"愤怒之日"，托马斯（Thomas of Celans）所作。这种进展在 12 世纪结束了格列高利圣歌的纯洁性与超越性，而当时西方的建筑也由罗马式转变到哥特式。

倍增的复杂结构，较从前简单的圣歌更需要有较好的音符表示法以便传播。10 世纪，克吕尼的奥托（Odo）院长及圣加尔的修道僧诺特克尔·巴尔比鲁斯（Notker Balbulus），恢复了以字母表示音符的希腊设计。11 世纪，一位匿名作家叙述了如何使用拉丁文的前 7 个字母来代表音阶中的第一个八度音程，相对较后的拉丁文字母代表第二个八度音程和以希腊字母充当第三组。约 1040 年，阿雷佐的圭多（Guido），庞泊沙（Pomposa）的一个修道僧，采用了"施洗"约翰赞美诗每一个半行的第一个音节，作为现在一个音阶中前六个音名的奇怪的称呼。这种"阶名唱法"以 ut（do）、re、mi、fa、sol、la 表示音调，变成了西方年轻人不能改变的传统的一部分。

更重要的是圭多音乐谱表的扩大运用。约 1000 年，用一条红线以表示现在的 F 调。然后第二条线，黄色或绿色，加上去表示 C 调。或在他前不久的某人，增加这些线为四条音度线，后来的音乐教师又加上了第五线。用这种新的谱表及 do、re、mi。圭多写道，他唱诗班的孩子们在几天之内便能学到以前需要花好几个星期才能学到的东西。这是一个简单却划时代的进步，让圭多赢得了"音乐发明者"的荣衔，在阿雷佐的公共广场上便可看到他光荣的塑像。这一发明的结果是革命性的。歌唱者不必再记忆整个的音乐崇拜仪式，音乐也可以较迅速地谱成、传播和保存；演唱者现在可以当面读乐谱并立即试唱；作曲家也不用拘泥于传统的曲调，以免歌唱者拒绝记忆他的作品，而放手做种种的尝试。最重要的是，他现在可以写作多音音乐，在多音音乐中可由两个或更多的声音同时演唱或演奏出不同但很和谐的旋律。我们仍感激中世纪祖先们的另一个使现代音乐成为可能的发明。现在音调可以用放在五线谱上或五线谱之间的小点来表示，但这种记号并不暗示一个音符要延长多久。用来衡量并表示每个音符长度的方式，对音乐发展是不可或缺的——两个或更多的独立旋律同时且和谐进行的音乐。可能有些知识已经由阿拉伯的金迪、法拉比、阿维森那的论文及曾经讨论过节拍音乐及有量记谱法的伊斯兰教的西班牙渗入。在 11 世纪的某一时期——科隆的弗朗哥，一位僧侣数学家，写了一篇论文《旋律测量法》（*Ars Cantus Mensurabilis*），其中搜集了早期的理论和实践的建议，而定下了我们现在表示音度的基本规则。一个方头的杆（virga），以前当作纽姆用的，被用来代表长音符；另一个纽姆，即点（punctum）被扩大为菱形表示短音符。这些记号不久即改变了，加上了尾巴。经过数百次的尝试和错误，才发展为我们现在简单的有量记谱法。

这些重大的发展给复音音乐开辟了坦途。这种音乐在弗朗哥以前曾经被写过，但是非常简陋。9 世纪末，我们发现一种叫作"奥尔干宁"（Organizing）——以数音同时唱出和声的音乐练习。以后很少再听到类似的唱法，直到 10 世纪末叶，我们发现奥尔干农（Organum）和交响乐（Symphonia）的名称用于两个音以上的曲子中。奥尔干农是礼拜用的曲子，其中一个古老的音调由次中音唱出，同时有另一个声音配上和谐的旋律。奥尔干农的另一种形式，"康都"，使次中音成为一个新的或通俗的调子，同时引出另一个和谐的旋律。11世纪，作曲家们又进了一步，其大胆就像哥特式建筑中的平衡：他们写作和音，在和声中新引出的声音，不仅只随次中音的旋律升降，而且另外自成一套和音，这些和音不一定随着次中音固定的旋律而平行变化。这种独立的调子几乎是次中音的叛徒，当次中音音调下降时，它反而升高。这种由对比造成的和谐，及许多瞬间的不和谐造成的和谐，成为作曲家的爱好，几乎成为一项定律。因此，约1100年，科顿（John Cotton）写道："若主要的旋律升高时，则附属部分必须下降。"最后，到经文歌（motet）时，有3、4、5甚至6个单独调子的复杂交织，其歧异而又和谐的旁调，贯穿并融合成一张混合交织的和声之网，其精细与优美正如哥特式圆顶集中的圆拱。13世纪，复音音乐的古老艺术建立了现代音乐结构的基础。

在那个令人振奋的世纪中，对音乐的热心与对建筑和哲学的兴趣可相匹敌。教会对复音音乐表示怀疑，而且不相信音乐的宗教效果——音乐是一种诱饵，并引人入宗教。索尔兹伯里的约翰主教和哲学家，要求停止这种复杂作曲；经尧姆主教自责这种经文歌为"无组织的音乐"；罗杰·培根，这位科学的叛徒，对庄严的格列高利圣歌的消失表示悲痛。里昂地方的议会，1274年公开谴责新的音乐；教皇约翰二十二世（1324年）发表命令指责反行复音或复音音乐，其理由为革新的作曲家"剁碎了曲调……以致这种音调不停地到处干扰，使耳朵沉迷而不得安静，并且扰乱人专一奉献，而不能唤起奉献"。但革命仍然继续着。在教会的一个堡垒——巴黎的圣母院——合唱团大师列昂尼努斯（Leoninus），约1180年，谱成了当时最优美的和声的重唱；其继承者佩罗提努斯（Perotinus），却因谱出三四个声部的曲子而感觉罪恶。复音音乐像哥特式建筑一样，由法国传到英国和西班牙。吉拉尔德斯·康布伦西斯报道冰岛及他故乡威尔士的复音音乐，就是今天我们也一样会说：

在他们的歌曲中，并不是齐一地唱出那些曲调……而是多重地——以多种方法及多种音符唱出；所以在众多的歌唱者里，正如那些人习惯地聚集在一起，我们听见了许多歌声，看见了许多歌唱的人，而这许多分歧不同的部分，最后混成一个和谐而有组织的曲调。

最后教会向必然的时代精神妥协，接受了复音音乐，使其成为信仰的有力仆从，并等待文艺复兴的胜利。

民俗音乐

韵律的冲击在数以百计的世俗音乐和舞蹈中表现出来。教会害怕这种本能失去控制是有理由的，因为当它成为歌唱的源泉时，它会很自然地与爱结合，而成为宗教最大的对手。中世纪的心灵眷恋尘俗，当教士不在时，便倾向于自由，有时为猥亵，其内容使僧侣们震惊，并引致议会发布无用的训令。浪漫的学者们，为其情妇或酒创作或谱成音乐，及对神圣仪式的笑谑诗；流传的手稿，包括有"醉汉弥撒"（Missa de potatoribus）及"作威作福者的祈祷书"（Officium ribaldorum），欢乐的句子所谱的假装正经的音乐。情歌也像今天一样普遍，有些柔美得如同少女的祈祷；有些带着轻微伴奏的诱惑的对话。当然也有战歌，意图用声音的一致来锤炼团结，或以催眠曲来麻痹对光荣的追求。有些音乐是由匿名的天才谱成的民谣，由人民偷占过来——或许可说是流传下来。其他的流行音乐则是由教堂礼拜中学来的复音音乐艺术职业技巧性的产品。在英国，一种受欢迎而复杂的形式是"roundel"（反复重唱的民歌），即一个声音开始唱出一个曲调，当第一个声音唱到了某一预合点时，第二个声音开始唱出一个相同或和谐的曲调，第三音在第二音继续唱着时唱出谐音，这样下去，直到6个音轮唱成为一生动和谐的遁走曲。

最早的反复重唱的民歌是著名的"夏天到了"（"Sumer is i-cumen in"），可能是约 1240 年时由一位博学教士编写的。它的六部复杂性显示了复音音乐早已为人所熟悉。其歌词仍与那世纪的精神长存，在那个世纪所有的文化进入盛期：

> 夏天到了，
> 布谷鸟高声地唱着！
> 种子发芽，草儿飘摇，
> 森林里正盛开着花儿：
> 布谷鸟唱着！
> 牝羊接着小羊叫，
> 小牛叫着母牛和；
> 牛儿跳着，羊儿滚着；
> 布谷鸟愉快地唱着！
>
> 咕咕，咕咕，
> 布谷鸟儿好好地唱吧；
> 继续唱呀，不要停止，绝不要现在停止；
> 布谷鸟正唱着，唱咕咕
> 唱咕咕，布谷鸟正唱着！

像这样的歌曲必适合乐师或吟游诗人的口味，他们由一个城市到另一个城市，由一个宫廷到另一个宫廷，甚至从一个地方到另一个地方四处流浪。我们听说来自君士坦丁堡的乐师在法国歌唱，在西班牙有从英国来的吟游诗人在唱歌。乐师们的表演成为任何正式宴会通常都有的一部分。英国爱德华一世为女儿玛格丽特的婚礼，即雇用了 426 个歌手。这种乐师团体常常唱歌曲的一部分，有时也唱较复杂的歌曲。通常那些歌曲——歌词和音乐——是由法国的抒情诗人、意大

利的唱游诗人、德国的吟游诗人谱成。大部分 13 世纪以前中世纪的
诗都是为歌唱而写的。"一首没有音乐的诗，"抒情诗人福尔盖曾说，
"是没有水的磨坊。"在所有的 2600 首游吟诗词中，264 首配有音乐，
通常是以纽姆及连接线表现在四到五线的乐谱上。爱尔兰和威尔士的
游吟诗人还能边弹边唱。

在阿方索十世所保存的颂圣歌选的手稿中，有几个插图显示穿着
阿拉伯服装，并弹奏阿拉伯乐器的音乐家。许多歌曲在形式上都是阿
拉伯式的，可能音乐，连同早期唱游歌曲的主题及诗的形式，均是由
伊斯兰教的歌曲及旋律而来，经基督教的西班牙传入法国南部。参加
十字军东征回来的人，可能曾由东方带回了阿拉伯音乐的形式。值得
注意的是，乐师们约 1100 年出现，恰与第一次十字军东征同时。

令人惊异的是中世纪乐器的繁多，敲击乐器——钟、铙钹、小
手鼓、三角叉、及鼓；弦乐器——七弦琴、维忽拉、竖琴、弦琴式乐
器、吉他、六弦琴、中提琴、一弦琴，吉格琴；管乐器——风笛、竖
笛、箫、洋管、尖音喇叭、小箫、喇叭、号角、风琴，这些是由成
百的乐器中选出来的一部分，而适合用手或手指、脚或曲弓演奏的任
何乐器都有。其中一些传自希腊，一些从形式与名称上看是来自伊斯
兰教的，像六弦琴、维忽拉和吉他。这些乐器许多都是中世纪工匠
们在铁、象牙及木质上所表现的艺术的珍品。乐师们常用的乐器是
六弦琴，一种短提琴，是用射手的曲弓来演奏的。在 8 世纪以前，大
多数的大风琴是用水压的；但在 4 世纪，哲罗姆描绘出一种气压的风
琴。比德写过一种风琴有"铜管中充满了来自风箱的空气，而奏出一
种庄严而优美的旋律"。圣邓斯坦制造了一把用风发音的竖琴，将它
置于墙的裂缝而演奏时，却以使用巫术而被控告。约 950 年，温切斯
特大教堂装设了一架风琴，有 26 个风箱、42 个风箱吹管及 400 个管
子。琴键非常巨大，因此风琴师必须带上厚棉絮的手套去敲击以保护
手指。米兰有一架风琴有着银质的风管，威尼斯有一架金质风管的
风琴。

在这一堆的中世纪的乐器前，所有中世纪的地狱般阴郁的概念消失了。留下的是一幅民众的景象图，他们至少像我们一样快乐，充满了活跃和对生活的渴慕，他们对世界末日的恐惧，不比今天我们怀疑文明是否会在尚未完成之前即被摧毁所受的压迫更大。

第八章 | 知识的传播
（1000—1300）

各国方言的兴起

基督教会多少维持着罗马帝国所缔造的西欧政治上的大一统，其宗教仪式、传道的讲词及教会学校，也保存了现今已丧失的一项罗马遗产——拉丁文——一种为意大利、西班牙、法国、英国、斯堪的纳维亚、低地国、德国、波兰、匈牙利及西巴尔干等地识字的人民所能了解的国际文字。这些国家中受过教育的人，在他们通信、商业记载、外交、法律、行政、科学、哲学及13世纪以前几乎所有的文学作品都使用拉丁文。他们操用拉丁语，有如活的语文，为使变异中的生活实质或新的观念得以表达，几乎天天都有新的字或词语产生；他们用拉丁文写情书，从最简易的情书到埃洛伊兹与阿伯拉尔的古典诗体书信。一书问世，不仅可在一个国家之内流行，也可在全欧洲流行。因为不需翻译，在国与国间流传，其流传的迅速及其畅行无阻，为今日所不及。大学生可以转学他校，无须有语言困难的顾虑。学者可用同一种语言在博洛尼亚、萨拉曼卡、巴黎、牛津、乌普萨拉及科隆等地讲学。他们随心所欲地把新的字汇注入到拉丁文里，有时候实在令人惊异，如英国《大宪章》载明："一个自由的人不得遭受无故且不经审讯而拘禁。"

这些任意创立的新字，很使我们感到裹足不前，可是却保持了拉丁文的灵活不死。许多现代英语的字词，例如"instance"、"substantive"、"essence"、"entity"等是从注入于拉丁文的新字中流传下来的。

罗马帝国的崩溃导致国际交往的减少。黑暗时代的内部贫穷、交通道路的损毁，加上商业的衰落，使各地方不同的语言迅速发展。在拉丁文的全盛时期，由于地理与使用人发音腔调的不同，拉丁文的使用在各地也难免有所迥异。这种古老的语言在其发源地也一直在变。文学的没落，采用了平民所使用的字汇和词句结构，而与诗人与演说家所使用的不同。日耳曼人、高卢人、希腊人及亚洲人侵入意大利半岛，带来多种不同的语音。发音及口舌上的自然简化，使拉丁文精确的词形变化和语尾也随之蜕变。晚期的拉丁文中，H 不再发音；V 的原来发音像是英文的 W，却变得与英文的 V 音一样；在 S 之前的 N 也不发音，如"mensa"（台桌之意）读起音来却成了"mesa"。字尾是子音字母时，读来含糊或者漏读（如 Portus 为 Porto、Porte；rex 为 re、roi；coelum 为 cielo、ciel）。"格"的字尾由介系词取代；动词时态能变化的字尾也由助动词取代。原来的叙述代名词中的 ille 和 illa 变成了定冠词 il、el、lo、le、la，而拉丁文的 unus（单一）简化而成不定冠词 un。名词、代名词及形容词的字尾变化也没有了，因而一个名词很难分辨出属于述语之前的主词，或属于述语之后的受词。鉴于 2000 多年来，拉丁文不断变化的过程，可以推想到拉丁文是意大利、法国及西班牙等地活的文学语言。如果没有罗马帝国开国者罗慕路斯演讲词所用的拉丁文蜕变成为以后罗马政治家西塞罗演说词使用的拉丁文，并逐代不断演变，就不可能有英国诗圣乔叟时代传下来、而为我们今日使用的这种拉丁文了。

西班牙早在公元前 200 年就已使用拉丁语，可是因受方言影响的关系，在西塞罗时代以前，与罗马使用的颇有不同，西塞罗对于这种科尔杜巴人（Corduba，西班牙土著）芜杂的拉丁语大感讶异。通行于西班牙的拉丁文子音字母，深受伊比利半岛土语的影响，发音转为柔软，如 T 变成 D、P 变成 B、K 变成 G，totum 一字变成 todo、operam 变成 obra、ecclesia 变成 iglesia。法文也使拉丁文子音字母发音柔软，只是拼写时完全不变，讲话当中，则经常漏读，如 tout、oeuvre、église、est。842 年，在斯特拉斯堡登基的日耳曼的路易及"秃头"查理，是以德、法两种语言宣誓就位的。前三行显示出法文与德文的发展是如何缓慢：

> Pro Deo amur et pro Christian poblo et nostro commun salvament，dist di in avant，in quant Deus savir et podir me dunat.
>
> In Gedes minna ind in these Christianes folches ind unser bedhero gealtnissi，fon thesemo dage frammordes，so fram so mir Got gewizci indi mdch furgibit.

其意为："为了上帝的爱，也为了基督的信徒与我们共同的救世主，愿上帝自此日起，赐我以智慧与力量。"当时十分拉丁语化的法语，还称为罗马语，直至 10 世纪始正其名为法国天主教语。原来被称为罗马语的法语分为两种，一种通用于法国南部；一种通用于法国北部。通常只要读出"Yes"一字就可辨别这两种方言的不同。法国南部是带着从拉丁文的 hoc 来的 oc 音；法国北部却带着拉丁文 hoc 和 ille 并合一起的 oil 音。法国东南部的这种方言称为普罗旺斯语，而成为当地抒情诗人笔下使用的芜杂的拉丁文，以后却几乎被征讨阿尔比派的十字军摧毁。

意大利不如西班牙或法国，方言的形成极其缓慢。拉丁文是它本土使用的语文，使用拉丁文的教士，在意大利为数极众。拉丁文化的保存及学校的存在，使所使用的语言，不易随着残破的传统而自由演变。迟至 1230 年，在帕多瓦的圣安东尼教士，仍以拉丁文对一般民众讲道。然而，早在 1189 年，外来访帕多瓦的高级教士，其演讲的传道词，就得依赖当地的主教释译成地方通用的语言。13 世纪初，意大利文还没有成为一种语言。当地仅有 14 种方言，它们的差异，只是市场中不断讹用古代拉丁文而形成的，虽然彼此均能理解，却各自敝帚自珍。有时，在同一城市的不同区域内，就有许多不同的方言，如在博洛尼亚即如此。但丁之前的先辈，便创造了一种新的语言与文学。这位带有愉悦幻想的诗人，认为托斯卡纳一带的抒情派诗人，所以使用托斯卡纳方言来表达他们的情爱，可能是因为他们所钟情的仕女不懂拉丁文。因而约 1300 年，他着手写作《神曲》时，究竟应使用拉丁文或托斯卡纳语，颇费周章，终于他作了明确的抉择，采用了方言。

拉丁文分裂成罗马系语言时（Romance language），古老的日耳曼语言也分裂成中古日耳曼语、弗利然语、荷兰语、佛兰德斯语、英格兰语、丹麦语、瑞典语、挪威语及冰岛语。所谓"古老的日耳曼语"，只是用一种简便的名词，用以涵括 1050 年以前日耳曼各部落或地方性小邦使用的许多方言。如佛兰德斯语、荷兰语、西巴伐利亚语、东巴伐利亚语、阿勒曼尼亚语、巴伐利亚语、弗朗哥尼亚语、图林根语、撒克逊语、西里西亚语等。部分因为基督教的传入，注入了许多新的词汇，古老的日耳曼语演变成中古时代的日耳曼语。来自冰岛、英格兰、法兰西与意大利的僧侣，致力于创造新词，以能翻译拉丁文，他们间或将适当的拉丁字整个搬进日耳曼语中，如 Kaiser、Prinz、Legende，这还算是合法的剽窃。不幸的是，受到将动词置于句尾的拉丁文句子结构的影响，日耳曼人一向简易的造句法，变得生硬、前后倒置，委实令人讶异。13 世纪的伟大诗人所使用的中古高地德文，可能是最美好的日耳曼文，这些伟大的诗人如瓦尔德·霍格怀德（Walter von der Vogelweide）、哈特曼·奥厄（Hartmann von Aue）、斯特拉斯堡的戈特夫里德（Gottfried）及沃尔夫拉姆·埃申巴赫（Wolfram von Eschenbach）等。以后除了海涅及歌德的诗文外，再也发觉不到如此简明、柔美、直接和明确的日耳曼文或德文了。

5 世纪，条顿方言也随着盎格鲁–撒克逊–朱特人侵入英格兰，而奠下了英国语言的基础——其文字绝大多数简短而有意趣。法文在诺曼底人居住区大为盛行。1066 至 1362 年的贵族政治和宫廷都使用法文，虽则拉丁文当时仍然主宰着宗教界与教育界，官方文书礼仪上仍使用拉丁文。成千的法文文字注入英文里，来势之盛，远超过服饰、烹饪与法律的传入。英国法律中的术语，多半为法语。足足有300 年之久，法国与英国文学可说不分二致，迟至乔叟（1340—1400年）时代，其英文书信中的精神与文字，一半是属于法文的。英国在百年战争期间丧失了在法国的占领地之后，开始发挥其自我性，英文中的盎格鲁—撒克逊方言也就占尽上风。受法文支配的时期一过，英文的内容也大为充实起来，在日耳曼语系的基础上注入了法文及拉丁文，英文足以加倍地表达许多不同的概念。它也足以分辨同义字之间的不同，与字句上的些微差异。因此，凡是能了解文字史的人，他必然是熟悉整个历史的人。

书籍的世界

当时，如何将这些繁杂不同的方言书写成文呢？早在 476 年罗马帝国覆亡后，那些成为征服者的蛮族，便采用了拉丁文字母，用横写的草书体将字母连在一起，而不再采用原来为了便于镂载在木、石之类的坚硬物体上所使用的那种笔画都是直线的直书体。数百年之久，教会专门采用大写的书体刊载弥撒文及当代的书籍，以便于供人阅读。查理曼时代，抄录人员摹誊了古典的书体，保存了拉丁文学。他们也采用了小写的书法体，以节省昂贵的羊皮纸，他们所创造的小写字母的书体，在中古时代的书籍里普受采用，长达四百余年。12 世纪时的哥特式建筑，正流行藻丽彩饰，而当时的文字体似乎迎合此一情势，也讲究文饰华丽、讲究细线与钩回的书法体，这种哥特式的书法，在文艺复兴以前，在欧洲大为盛行。中古时代的原稿，极少句读标点。这种句读的符号，曾初用于早期的希腊文里，蛮族崛兴，一度未予使用，终于在 13 世纪时重新出现，直至 15 世纪印刷术发明后，才普遍采用。溯自 1147 年，莱茵河一带的修道院，用木刻印刷刊印每个字的第一个字母或印制衣织品的款样，印刷术始具雏形。各种不同的速记法也在使用，可是均远逊于西塞罗的奴仆创造的速记符号。

文书是用翎羽或芦苇的笔管沾上黑色或其他颜色的墨水，写在羊皮纸、纸草（产自埃及）、皮纸或普通的纸上。产自埃及的纸草，自从穆斯林征占埃及后，欧洲便不再普遍采用。用羊皮制成的"皮纸"费用昂贵，仅见用于奢华的原稿。"羊皮纸"系利用较粗糙的羊皮制成，是中古时代通用的文书用具。直至 12 世纪，纸依然是从伊斯兰教国家输入的昂贵舶来品。1190 年，在日耳曼和法兰西开始建立了造纸工厂。13 世纪时，欧洲也开始利用亚麻来造纸。

在无数的羊皮纸原稿上，刮削掉原文，而另写上其他的文字。许多古老的作品或因此佚亡，或因误置原文，或因遭兵变、劫掠、火灾或蛀蚀而湮灭。匈奴人劫掠了巴伐利亚的修道院藏书，北欧人及萨拉森人分别在法兰西和意大利抢劫了书库珍藏。1204 年，君士坦丁堡惨遭劫掠，希腊古籍沦佚无数，教会很早就不鼓励阅览异教徒的古籍，几乎每一个世纪里都有同样可怖的措施，如格列高利一世、塞维利亚的伊西多尔、彼得·达米安等人的严令禁阅。亚历山大大主教狄奥菲鲁斯将所能查获的异教典籍，一概销毁。根据德米特里乌斯（Demetrius Chalcondylas）所载，希腊教士曾奏请希腊历代帝王焚毁希腊爱情派诗人，包括大诗人萨福（Sappho）及阿那克里翁（Anacreon）的所有作品。所幸在同一时期，也有许多僧侣教士嗜读这些异教徒古籍，而使之得以珍存。在许多场合里，为了免遭非难，他们解释异教徒的诗篇具有基督教的情操。透过温和的讽喻，他们将奥维德的恋爱艺术转化为道德的诗章韵句。古典文学的丰富遗产，可说是由修道院的抄写僧侣保存下来的。整日抄录而疲惫不堪的僧侣，被教导说只要逐行誊抄，上帝必定宽赦他们的罪恶。据奥德里克·维塔利斯说，一个僧侣仅仅抄录一字就不会被打入地狱。这些私人或职业性的僧侣抄写家，是为富人、书商或修道院而工作，他们的工作繁巨而令人厌倦，曾在他们所抄录的末页上抒发了他们奇妙的要求，竟如此写道："全部终于抄完了，看在上帝的分上，给我痛饮一杯吧。"有这么一位抄写家还以为酬报不应只是如此，在末页的题记上，信手拈来："看在这枝秃笔的分上，该酬我一名美女啊。"

中古时代的教会，对书籍的刊行并没有实施一定的检查，要是发现有异端邪说及具影响力的书籍，如阿伯拉尔的三位一体论，则由教会的最高层会议宣布无效。当时书籍刊行极少，鲜有书刊构成对正统宗教的威胁。甚或连《圣经》在修道院之外也很少销行，因为抄写一部，需耗时达一年之久；一个教区的神父，也得费尽一年的收入，始得购获一部。于是难得有一位教士拥有一套《圣经》的抄本。而《新约》或《旧约》的散本，销行较广。巨帙精装的迟至 12 世纪始见问世。这种巨型书籍只能置放于桌上供人阅读，通常置备于修道院的图书《圣经》，用线链固定在桌子上，以便于妥善保管。当韦尔多派和阿尔比派开始刊行《圣经》的注释译本时，教会颇为震惊。1227 年，教会在纳邦召开的最高会议，申令严禁世俗人士拥有《圣经》的任何部分。但一般而言，14 世纪以前，教会尚未反对世俗的人们阅读《圣经》。同时也不鼓励他们阅读，因为教会不认为世俗的人能诠释《圣经》的奥秘。

书的大小及其页数，是由所采用的"皮纸"的大小决定的，每册均可对折而成为一份"对开本"。5 世纪之后，书册的外形不再如往昔的卷轴一样。许多政府档案仍写于卷轴上。这种"管状卷轴"通行于 1131 至 1833 年间的英国。这些档案的保管者称为"卷轴官"（Master of the Rolls）。皮纸裁成矩形，以制成 4 对折、8 对折、12 对折或 16 对折的对开本。有些 16 对折开本上，在偏小的范围里，以精巧的手工写满了洋洋长篇的作品，便于装入衣袋或成简便的袖珍型手册。封面都装以羊皮纸，或是布料、皮革、木板。皮革制的封面上的花饰是用烫热的金属模，在皮革封面上烙出了没有颜色的图案纹饰。

寓居威尼斯的阿拉伯人，将烫金的技术传入欧洲。木质的封面，装饰以珐琅或雕琢的象牙，或嵌饰些金、银、宝玉之类。圣哲罗姆抨斥罗马人说"你们的书册都镶嵌上宝石，却让耶稣赤裸地死去"。

甚至简便的书籍也算是奢侈品，一本普通的书所需的费用，相当于1949年160美元至200美元的币值。12世纪古典恢复派的一名领袖贝尔纳（Bernard of Chartres）遗下图书馆一座，全部藏书仅有24册。意大利比法兰西富庶，而其著名的法学家老阿科西乌斯（Accursius），藏书总共仅63册。我们得知，一部巨册《圣经》，售价10塔伦特；一部弥撒本可换上一座葡萄园；5世纪一名文法学家普里西安所著的两本书，索价一栋房子及其附近空地。书价极其昂贵，迟至12世纪，才兴起书商与书商之间的贸易。当时的大学区，多聘用并组织抄写人员，为教师和学生誊抄书籍，并将抄本出售给有需求的人。要是有人刻意著书，必得付出相当代价，或是买通国王、地主或贵族为他题词，为他宣褒扬奖。除非口碑载道，他无法为其新著做广告。除非被学校采用为教材，或为他所能召集的听众所笔录，否则新书也无法刊行问世。因此，威尔士的学者杰拉尔德在1200年自爱尔兰回来后，才能在牛津的一次集会里宣读了他所著的《地理学志》（Topography）。

由于书价的高昂，加之学校的基金短绌，造成了相当数目的文盲，这似乎为古希腊与罗马所引以为耻。1100年以前的阿尔卑斯山以北地区，识字的人几乎仅限于"与教会有关的人士"，包括教士、会计员、抄写员、政府官员及从事专门职业的人。12世纪，商人必定要识字，因为他们要记载复杂的账目。在普通的家庭里，书籍算是很宝贵的物品。通常是由一个人高声朗读给好几人听，因此许多以后的标点符号规则，就是当时为了便于口语诵读而创设下来的。书籍就在家族之间、修道院之间、国与国之间审慎地相互交换并流传。

图书馆的规模虽小，但为数甚多。圣本笃谕令圣本笃会的所有修道院皆须设立一所图书馆。加尔都西教派与西多会的修道院，无视圣贝尔纳的奚落嫌恶，全力搜藏图书。许多地方的天主教堂，如在托莱多、巴塞罗纳、班贝格、希尔德斯海姆等地，均拥有藏书甚多的图书馆。1300 年，坎特伯雷教区藏书高达 5000 册，这可算是绝无仅有的特例，因为大部分的图书馆，藏书不上 100 册。克吕尼图书馆，是相当好的一个，仅 570 册。西西里国王曼弗雷德，将其颇具价值的藏书呈献给教皇，而成为梵蒂冈教廷希腊文图书的藏书中心。教廷的图书馆，初创于教皇达马苏时代，其所收藏的宝贵原稿和文献档案，在 13 世纪的动乱中，大部分散失殆尽。现有的梵蒂冈图书馆建于 15 世纪。大学——或应该称作学堂——的图书馆，均建于 12 世纪。圣路易在巴黎创设了圣沙佩勒（Sainte Chapelle）图书馆，有 100 所修道院为他提供了抄本，使该馆藏书大为充实。许多像巴黎圣母院、圣热尔曼·普雷斯（St.Germain des Près）及巴黎神学院的图书馆，只对优秀的学生开放，并在相当的担保下，书籍才准予外借。

各地都建立私人的图书馆，甚至在 10 世纪的黑暗时代里，我们也可以发觉到像吉尔伯特一样，纯以藏书的狂热搜罗图书典籍的人。其他一些教会人士，如索尔兹伯里教区的约翰，也藏有私人书籍。少数贵族在他们的城堡里，也拥有小型图书馆。腓特烈一世与腓特烈二世均有藏书。西班牙比耶纳维莱纳的大地主亨利，拥有一座大型图书馆，后因与恶人通奸，公开将它焚毁以表赎罪之心。约 1200 年，莫莱（Morley）的丹尼尔，从西班牙将大量的宝贵图书传入英国。12 世纪，西班牙藏书之丰，在欧洲首屈一指，学者纷纷前往托莱多、科尔多瓦及塞维利亚等地。同时，一股求知的洪流也越过比利牛斯山，注入茅塞未开的北欧，引发了知识生活的革命。

翻译人才

中古时代的欧洲，一定程度上是靠着共同的语言维系在一起。但仍分为拉丁语系和希腊语系两大地区，彼此敌对，也互不了解。拉丁文化遗产，除了法律之外，在希腊语系的东方荡然无存；在西方，除了西西里一地之外，希腊文化遗产也丧失殆尽。倒是在基督教领域之外的穆斯林所占领的耶路撒冷、亚历山大港、开罗、突尼斯、西西里及西班牙等地，保留了一些希腊文明。至于遥远而广袤的印度、中国及日本，虽有辉煌灿烂的文学、哲学及艺术，而在13世纪以前，基督徒却对他们几乎茫然无知。

犹太人从事沟通这些不同文化的部分工作，他们像沃腴的地下伏流，在他们之间流通。由于越来越多的犹太人自伊斯兰教世界移入基督教国家，而将阿拉伯文遗忘，犹太学者深以为应将阿拉伯的文学作品（其中有许多是犹太人所创作的）移译为希伯来文——为这个流落各地的民族所普遍熟悉的唯一语言。居住在纳邦的约瑟夫·基姆希翻译了犹太哲学家巴希耶（Bahya）的著作《心灵本务指南》（*Guide to the Duties of Heart*），约瑟夫的子孙大多才华出众。更重要的翻译者是犹大的后裔。他也如基姆希从伊斯兰教的西班牙迁徙到法国南部，他以充沛的精力把一些犹裔阿拉伯人，如萨阿迪亚·高恩（Saadia Gaon）、伊本加比罗、耶胡达·哈列维的作品翻译为希伯来文。其子撒母耳将迈蒙尼德的《迷途指南》一书译毕之后，更为鼓舞了犹太世界。撒母耳之子摩西将阿拉伯文作品欧几里得的《原本》（*Elements*）、阿维森那的《宗教法规》（*Canon*）、拉齐注释的迈蒙尼德的三部著作以及阿威罗伊的短篇著作《亚里士多德评论》全部翻译完成。撒母耳之孙雅各不仅是颇为有名的天文学家，还将许多阿拉伯文的论说译成希伯来文和拉丁文。撒母耳的女儿嫁给了一名声誉更大的学者，名叫雅各·阿纳托利（Jacob Anatoli），他于约1194年出生在马赛。应腓特烈二世敕聘，前往那不勒斯大学任教，在那儿他译完了阿威罗伊的全套著作，深刻地影响到犹太的哲学。而另一名医生哲学家希姆·托布（Shem Tob），在马赛（1264年）翻译了拉齐的作品，同样深深地影响到犹太的医学界。

许多原自阿拉伯文翻过来的希伯来文译作，又被翻译成拉丁文，如阿拉伯的作品《保健》(*Aid to Health*)，希伯来译本在帕多瓦又被翻成拉丁文。早在 13 世纪，就有犹太人把《旧约全书》直接译成拉丁文，辞藻典雅。这种迂回的文化传播路线，《彼得派寓言》(*The Fables of Bidpai*)一书可为明证，该书相传出自梵文原本，经伊朗文译本、阿拉伯文译本、希伯来文译本、拉丁文译本，译成西班牙文，而最终译为英文。

将伊斯兰教思想注入西方基督教世界的主要途径，是将阿拉伯文翻成拉丁文的移译工作。约 1060 年，非洲人君士坦丁将拉齐的医学作品、阿拉伯人伊萨克·尤达约斯(Isaac Judaeus)的医学作品、希波克拉底所著的《格言》的侯奈因的阿拉伯文译本及盖仑的《评论》书翻译成拉丁文。摩尔人被征服之后，在托莱多有一位开明而宽大的大主教雷蒙德组织了一个翻译团(约 1130 年)，在多明戈·贡迪萨尔维(Dominico Gundisalvi)的领导下移译阿拉伯科学与哲学的论著，参与翻译的人员中，大部分是熟谙阿拉伯文、希伯来文、西班牙文及拉丁文的犹太人。在这个翻译群体中，最忙碌的人应是那位改变信仰的犹太人——西班牙的约翰(或塞尔维亚的约翰)。他原有一个阿拉伯名伊本·多德(Ibn Daud)，后来受到当时学院派的影响而改为阿维德斯(Avendeath)，他将阿维森那、加托利、法拉比、花拉子密等无数阿拉伯人及犹太人的各种不同论著全力翻译，他更将印度—阿拉伯数字介绍到西方来。影响更为深远的，是他翻译伪亚里士多德的哲学与神秘主义的作品，这一著作流行颇广，现存的伪原稿多达两百件。有些译作由阿拉伯文直接译成拉丁文。另一位翻译家贡迪萨尔维，先翻成卡斯提亚语后，再译成拉丁文。在此情形下，两位学者将伊本·盖比鲁博的《生命泉》翻译成《生命之源泉》，此书使"阿维斯勃朗"(Avicebron)成为中古学院派中最著名的哲学家之一。

少数几个附属王国也促进了阿拉伯文译成拉丁文的工作。巴斯的学者阿德拉德在托莱多、塔尔苏斯等地学会阿拉伯文之后，在 1120 年将欧几里得的阿拉伯文著作首先译成拉丁文；1126 年因翻译了花拉子密的天文表，而将阿拉伯人的三角学介绍到西方。1141年，克吕尼修道院长"尊贵者"彼得在一名阿拉伯人和三个基督教学者的协助下，将《古兰经》翻成了拉丁文。1144年，借切斯特的罗伯特翻译之功，阿拉伯人的炼金术和化学传入拉丁世界。一年之后，意大利人柏拉图翻译了犹太数学家亚伯拉罕·本·希雅（Abraham Ben Hiyya）的划时代论著。

克雷莫纳的杰拉尔德是当时最伟大的翻译家。他在1165年抵达托莱多，以熟稔阿拉伯文学、科学及哲学而闻名，他决心将其精髓译成拉丁文，在他有生之年的最后九个寒暑，从事这项工作。先前，他得到一名本地基督徒及一名犹太人的协助，学会了阿拉伯文。他独力完成了71部译作，委实令人难以置信。他为西方世界将阿拉伯文的版本翻成拉丁文译本的书籍计有：亚里士多德的《后事析论》（*Posterior Analytics*）、《天地说》（*On the Heavens and the Earth*）、《新生与堕落论》（*On Generation and Corruption*）、《气象学》（*Meteorology*）等；亚弗洛迪西城的亚历山大的几篇评论；欧几里得的《原本与资料》（*Elements and Data*）；阿基米德的《圆弧测量学》（*On the Measurement of the Circle*）；阿波罗尼的《锥线论》；迦林的11部著作；希腊天文学的几部著作；4套希腊及阿拉伯文的物理学著作；11本阿拉伯医学典籍，其中包括拉齐和阿维森那的巨著；法拉比的《三段论法》（*On the Syllogism*）；金迪（al-Kindi）的3部论著；2本伊萨克·伊斯拉耶利的著作；有关阿拉伯数学及天文学的14本书籍；3套天文测图；还有7本阿拉伯地形占卜法及占星学的典籍。他引介了某一个文化，而使另一个文化充实发展起来，论其功绩，历史上几乎无人可以企及。仅侯奈因·伊本·伊萨克及阿尔马蒙主持下的"智慧之宫"的成就，尚可与杰拉尔德的功业相媲美，"智慧之宫"在9世纪，将希腊的科学和哲学注入阿拉伯的学术里。

除了西班牙，在西西里岛上建立的诺曼底王国也作了传播文化的工作。1091年诺曼底人征服了这个岛屿之后，其统治者立即聘雇翻译家，将当时在首府巴勒莫流行的许多阿拉伯文及希腊文的数学及天文学的著作翻译成拉丁文。腓特烈二世就在福贾执行这项工作，部分目的是为了将 13 世纪初的那种最奇妙、最生动的知识引入他的宫廷来。迈克尔·斯科特原籍苏格兰，他的名字是以其原籍地名而取的，1217 年时他居于托莱多，1220 年转往博洛尼亚，1224 至 1227 年间转到罗马，此后寓居福贾或那不勒斯。他的第一部重要译作是《球面几何学》（Spherics），这也是一部对埃及天文学家托勒密的评著。斯科特领会到亚里士多德思想的范畴与自由，致力于将其阿拉伯文译本译为拉丁文，如《动物史》，还有传说是他翻译的《玄学》、《物理学》、《灵魂学》、《天堂论》及《伦理学》。斯科特所翻的有关亚里士多德的译本，影响了大阿尔伯图斯及罗杰·培根两人，而刺激了 13 世纪的科学发展。原籍安茹的查理，在意大利南部继续成为这种王室赞助的翻译工作的接棒人。犹太科学家萨莱诺的摩西（Moses）也前来效力。可能就在查理的资助下，拉齐的医学巨著被犹太学者法拉杰·本·萨利姆（Faraj ben Salim）翻译成拉丁文。

至此，上述的一切希腊科学及哲学的拉丁文译著，完全是由阿拉伯译本翻译过来的，而与原文有所出入。它们虽非罗杰·培根所指摘的毫不确实，但很显然的，它们需要更为直接的翻译。这些早期的译本中，如亚里士多德的论著，在 1128 年以前，由我们今日所知悉的一个"威尼斯的录事员"詹姆斯译的。1154 年，巴勒莫的"酋长"尤金（Eugene）翻译了托勒密的《光学》；1160 年，他与人将一部希腊文著作直接翻成拉丁文。同一时代里，亚里斯普斯（Aristippus）将第欧根尼的《哲学家生活》及柏拉图的两种著作译成拉丁文。十字军攻克君士坦丁堡后，翻译工作未如预料那样地进展，只知翻译了亚里士多德的《形而上学》的部分章节，接着中断了相当长的一段时期。到约 1160 年，科林斯的大主教，穆尔贝克的威廉，在助手协助下，直接根据希腊原文从事一系列的翻译工作，其译作之丰及其重要性，在文化传播的功臣中，仅次于克雷莫纳的杰拉尔德。穆尔贝克的威廉在他的一位圣多米尼克教派的朋友托马斯·阿奎那的要求下，移译了亚里士多德的许多作品，如《动物史》、《动物世代论》、《政治学》、《修辞学》；同时完成并修正了《形而上学》、《气象学》及《灵魂学》等的早期直接译本。他为圣托马斯翻译了评论亚里士多德与柏拉图的希腊文本。他也增订了希波克拉底的《症状预测学》、加伦的《食物论》及亚历山大的希罗和阿基米德物理学上的许多著作。先前人们误以为罗伯特·格罗塞特斯特所翻译的亚里士多德的《伦理学》，实际也是他的译作。上述这些译作，提供了圣托马斯的巨著《神学大全》（*Summa Theologica*）的题材。1280 年以前，亚里士多德的思想大概已完全传进了西方世界。

拉丁欧洲的翻译工作所产生的影响是革命性的。伊斯兰教与希腊原文的传入，深深地刺激了复苏中的学术界；促使文法与语言的新发展；扩展了学校里的课程范围；促使 12 世纪和 13 世纪时大学惊人成长。由于翻译家无法寻获相对的拉丁文词汇，许多阿拉伯文的字词就被引用而成为欧洲语言的字词，这简直是一件大事。而更重要的是，经过翻译的作品，代数学、零的符号、小数的规律传入基督教的西方；借着精通希腊文、拉丁文、阿拉伯文及犹太文的专家的翻译，医药的理论与实用，都进步神速。希腊及阿拉伯天文学的传入，使神学的内涵大为扩展，重新调整了神的观念，并且引起了随哥白尼而来的重大变革。由于罗杰·培根屡次提及阿威罗伊、阿维森那与阿尔法拉比乌斯（Alfarabius）诸人，我们得以衡量这种新的影响与刺激的力量。培根说："哲学是由阿拉伯人介绍给我们的。"同时，我们也知道托马斯·阿奎那根据阿拉伯人对亚里士多德的解释而写成他的几篇有关神学的书籍，借以抑制消除基督教的威胁。穆斯林经叙利亚由希腊得来的学识，现在又回报给欧洲了。而由于这种学识曾造成了阿拉伯的科学与哲学的黄金时代，促使欧洲人开始用心思索与探寻，也促使了学院派哲学讲座的设立，更促使了 14 世纪的中古制度的崩溃，终于导致了文艺复兴时代的近代哲学的诞生。

学校

从上一代到下一代文化的传递，是由家庭、教会及学校承担的。在中古时代，由于道德教育受到重视，以致知识的启迪被牺牲了。在英国的中上阶级，孩子 7 岁左右，就把他们送到别人家里去教养一段日子，这在当时不足为奇。它的目的一方面在于加强家族之间的友谊，另一方面在于调和父母对子女的溺爱。随着侵略的骚扰和城镇人口的骤减，罗马帝国辉煌的学校制度破败了。当 6 世纪的移民潮平息下来时，在意大利只留存了少数的凡俗学校（lay school），其余多是训练改变信仰者或未来的僧侣的学校。有一段时期（500—800 年）教会倾其注意力于道德训练，而未将入世知识的传导作为其功能之一。但在查理曼的督励之下，主教的总教堂、修道院、教区教会和女修道院终于开放为一般教育。

最初僧侣学校几乎担负起所有的任务。"内部学府"（schola interior）专司见习修士（修女）及献身清修者的教育；"外部学府"（schola exterior）则司男子教育，而且显然是免费教育。在日耳曼，这些僧侣学校不仅拯救了无秩序的 9 世纪，同时对奥托王朝的中兴也有很大的贡献，使日耳曼在 9 世纪和 10 世纪，将法兰西引入心灵的优美中。反之，在法兰西，由于加洛林王朝的崩溃和北欧人的侵袭，僧侣学校受到严重的打击。查理曼大帝在法兰克宫廷建立的王室学府，其寿命不长于查理一世。法兰西主教的权势随王室式微而逐渐成长壮大，当北欧人的侵扰平息以后，主教和入世教士，比方丈和僧侣还要富有。同时，10 世纪，僧侣学校衰微了，继之而起的是巴黎、沙特尔、奥尔良、图尔、莱昂、兰斯、列日和科隆等地的教会学校。当善良伟大的富尔贝尔在沙特尔去世之后，伊沃主教维持了教会学校在古典研究方面的水准与声誉，并且这个良好的传统被伊沃主教的继承人沙特尔的贝尔纳主教秉承下来。12 世纪，来自索尔兹伯里的约翰称赞他为"当代高卢最惊人的文学泉源"。在英格兰，约克的教会学校早已闻名遐迩，甚至远在阿尔昆献身查理曼大帝以前。坎特伯雷学府几乎成为一所大学，它拥有藏书众多的图书馆，而且它的秘书人才绝不亚于前述的索尔兹伯里的约翰，这位中古时代最稳健的学者和哲学家。这类学校的学生，部分是专为各类教职贮备人才，这些学生的学费由教会基金支付；其余的学生则支付适当的学费。第三次拉特兰会议（1179 年）颁布："为了使穷孩子不被剥夺读书与进修的机会，应该在每一座教会教堂拨出一笔足够的圣俸给专业教师，让他免费教授同一教堂的办事员和贫苦的学生。"第四次拉特兰会议（1215 年）要求凡属基督教领域的大教堂皆应设立文法讲座，并要求每一位大主教去任哲学和宗教法律讲座。教皇格列高利九世的教令集中指示每一座教区教堂组织学校，传授基本教育。

显然女孩子只有在少数有钱、有能力负担的人家才受教育。多数女修道院专设女子学校，如阿让特伊女修道院给予埃洛伊兹（约1110 年）完美的古典文学训练；但是这些学校收容的女子毕竟只占少数比例。有些教会学校允许女子入学，阿伯拉尔曾提及这位"出身高贵的女士"曾于 1114 年在巴黎圣母院受教于他。一般男孩子则有较好的机会就学，不过要让一个农奴的儿子接受教育大概颇为困难。但我们也听说过有农奴设法使他的儿子进入牛津大学的。今天许多我们认为在学校所学的，在当时可在家里学习，或在店里当学徒获得。当然中古艺术的流传和杰出，在技艺方面提供了广泛的训练机会。一项统计显示，1530 年，英国男子就读小学的人数为 2.6 万人，估计当时人口为 500 万，这一比率约为 1931 年的 1/30。但一项研究的结论说："13 世纪较 16 世纪更倾向致力于普遍的社会教育。"

通常，教会学校由大教堂的教士管理，教师由地位较低的教士担任。所有的教学皆用拉丁文。纪律严明，鞭挞教育被认为是必要的，就如宗教里少不了地狱一样，当时的温切斯特学院曾以一首六步音诗告诫学生："*Aut disce aut discede；manet sors tertia caedi*。"意思是："欲学则来之，不学则去之，此外唯有受鞭笞。"课程内容初为文法、修辞

学、逻辑学，然后进为数学、几何、音乐和天文学，这就是中世纪的
"七种文理学艺"。这些学科并不能十分正确地表现其时代意义。初
阶部分固然指出了三个方向。但文理学科按亚里士多德的定义为：自
由人他们为了寻求智慧或道德上的超越，而非实用技巧（这些技巧已
流于授徒制）所必修的课题。瓦罗（Varro）曾著《纪律九书》（*Nine
Books of Disciplines*），列举构成希腊罗马教学课程的九门学科。公元前
5世纪北非学者马蒂亚努斯·卡佩拉，在他的教育学名著《论语言学
与水星的结合》（*On the Marriage of Philology and Mercury*）一书中，曾
废止医学与建筑学，认为这两科太实际；于是著名的七项学艺乃得
流传。所谓"文法"并非呆板地研究语言的骨架，而忽略了它的精
神，那是一种写作的艺术（grapho）。卡西奥多鲁斯定义"文法"如
同研读诗词和演辩术，会使一个人写作得更正确和优美。中古时候的
学校，开始先教《圣经》的《诗篇》，然后及于《圣经》其他各篇章，
再次为拉丁文的基督教早期教文的作品，最后是古典拉丁文学——西
塞罗、维吉尔、贺拉斯、斯塔提乌斯、奥维德等文豪诗人的作品。修
辞学仍意谓说话的艺术，不过再一次包括对文学有相当程度的研究。
逻辑学对低年级学生而言是相当深的课程，不过一旦学生热衷于辩
论，他们就学习推理，所以逻辑学对他们是有益的。

　　经济改革为教育环境带来了转变。城市中的工商人士觉得他们需
要受过实际训练的雇员，并坚决反对宗教的教育方式。他们成立了俗
世学校，校中的教员收取学生家长缴付的学费，再施以专业教育。约
1300年，一所牛津的私立文法学校，其一年的学费为4到5便士。维
拉尼估计在1283年佛罗伦萨的教会学校有男女学生9000人，六间专
门为从商做准备的"珠算学校"有学生1100人，同时中等学校也有
学生575人。12世纪，佛兰德斯出现了俗世学校；到13世纪末，这
个趋势波及吕贝克和波罗的海诸城市。1292年，我们还听说在巴黎
只有一所由女校长主持的私立学校，不久之后，这种情形已经十分普
遍了。世俗化的教育自此已走上轨道。

南方诸大学

非宗教性的学校在意大利特别多；教师中很多人不是教士，与越过阿尔卑斯山一带的教师都不同。意大利的精神和文化，总体上比其他地方较少宗教性。约970年，有一名叫维尔加德斯（Vilgardus）的人在拉韦纳组织一项恢复异教运动。当然，也有许多天主教学校，如米兰、帕维亚、奥斯塔和帕尔马等地的天主教学校都有相当的水准，我们可从兰弗朗克和安塞姆等毕业生看出；在德西德里乌斯管理下的卡西诺山也可算是一所大学。市立学院的维持，伦巴底城对"红胡子"腓特烈的成功抵抗（1176年），及对法律和商业知识的需求等因素，促使意大利得到兴建中世纪第一所大学的荣幸。

1925年，帕维亚大学庆祝其1100周年纪念。这是由罗塞一世所创立的大学，也许它该是一所法律学校而非大学，直到1361年它才收到一张被称为"studium generale"——中古时代对设有多种科系的大学的称呼——的特许状。它是几所研究罗马法的学校之一，其余的包括9世纪的罗马、拉韦纳和奥尔良等地的学校，10世纪的米兰、纳博讷和里昂等地的学校，及11世纪的维罗纳、曼图亚与翁热（Angers）等地的学校，博洛尼亚是西欧第一个扩大其学校成为一个大学的城市。1076年，编年史学者奥德弗雷德斯（Odofredus）说："某位教师佩波（Pepo）开始其权威性的法律演讲……在博洛尼亚，他是一个非常有名的人。"很多教师也追随他。在伊尔内里乌斯（Irnerius）时代，博洛尼亚法律学校被公认为是欧洲最好的学校。

1088年，伊尔内里乌斯开始在博洛尼亚一个地方教授法律。不知是由于他研究罗马法使他深信历史上与实际上皇帝应凌驾于宗教权力之上的论据，或是由于为帝国服务的报酬吸引了他。总之，他从教皇党改宗吉伯林派（保皇党），同时按照皇帝所要求的来解释复苏的法律哲学。皇帝因此赐赠一笔基金给该学校，同时，一群日耳曼学生也来到博洛尼亚就读。伊尔内里乌斯编了一本关于《查士丁尼法典》

一书的注解，他还应用科学方法来整理法律。从他所编纂或从演讲稿中搜集的《法典大全》(*The Summa codicis Irnerii*) 一书可以说是说明文与议论文的杰作。

随着伊尔内里乌斯展开了中古法律哲学的黄金时代，很多人从拉丁欧洲赶到博洛尼亚去向他学习新生的法律学，他的学生格拉提安将新的方法应用在宗教法律上，同时出版第一本《宗教法典》(1139年)。继伊尔内里乌斯之后，四博士——比尔加努斯、马蒂努斯、雅各布斯和雨果在一系列著名的注解中，引用《查士丁尼法典》来解释12世纪的法律问题，并使罗马法适用于广泛的领域。早在13世纪，较年长的阿科西乌斯，最伟大的法典编纂者，在《标准注释书》(*Glossa Ordinaria*) 一书中搜罗了其他注解学家及他自己的著作。由于国王与自治市都根据此书破除封建法的控制或打击罗马教皇的权力，而使该书成为标准的权威。罗马教皇尽其可能地避免宗教沦为国家的工具或奴仆，但这种新的研究培养并表现出了12世纪和13世纪大胆的理性主义与世俗主义，促使雄厚的律师阶级的产生。这些律师削减了教会在政府中的作用，并扩大了政府的权力。圣贝尔纳抱怨欧洲诸法庭被查士丁尼法所包围，而不再听从上帝的法令了。新的法律哲学传播得极为迅速，犹如阿拉伯和希腊的翻译工作，对理性作了强烈的刺激，这种对理性的重视与热爱，激起了并结束了经院哲学。

我们不知道博洛尼亚何时才有教授七种文理学艺的文理学校，也不知何时建立起一所著名的医学院。我们仅知这三所学校之间的联系，是他们的每一位毕业生都由博洛尼亚的副主教颁发学位。教授自己组织成一个行会组织，约1215年，学生联合成两大集团：阿尔卑斯山以南的学生联合会和阿尔卑斯山外的学生联盟。13世纪初，已有女学生进入大学，而到14世纪，博洛尼亚已有了女教授。

学生协会（基尔特）是组织起来互相保护和自治的，到13世纪发展出额外的权力来对付教员。在博洛尼亚，可对不满意的教授进行抵制，并结束其教书生涯。由很多案例得知，教授的薪水由学生所付，他们被强迫宣誓服从大学的"校长"（*rectors*）——学生团体的领袖。如老师渴望放假离开，即使只有一天，将对学生领袖准假感到异常欣喜，但他们被禁止"随意放假"。学生协会制定规则限制老师，何时应开始讲课，何时应下课，及若违规须受何种处罚。若他讲得太久，超过了预定时间时，学生协会即命令学生离开，另规定对遗漏一章或忘记对法案加以解释的教授罚款。同时还规定教科书上哪些部分授几堂课。在学年之初，教授被要求存 10 镑在博洛尼亚银行。从这些钱扣除罚款，剩下的在学年结束时，由"校长"通知银行退还教授。学生委员会被指定考察每位老师的行为，向"校长"报告其犯规或过失。这些措施在现在的学生看来是难以想象的，但我们须想想博洛尼亚法学院学生是 17 岁到 40 岁间的人，年纪大得足以训练自己。他们上学是研究而不是来玩的，教授不是雇主，而是自由席位的演讲者，且须令学生信服。博洛尼亚的教师的薪水，包括学生所付和与学生协议的薪资，这种给付制度在 13 世纪末被改变，当时一些意大利城市急于成立大学，由市政府付与某些博洛尼亚籍教授薪水。1289年，博洛尼亚市政府答应付两位教授年薪，但应由学生决定付给哪两位教授。逐渐地，市政府支付薪水的名额增加了，到 14 世纪，已由市政府负责选聘教授及决定他们的薪资额度。1506 年，博洛尼亚变成罗马教皇国的一部分时，教授的指定成为教会权威的运用了。13世纪，博洛尼亚大学和意大利的其他大学，皆具有一种俗世的、甚至是反教会的精神，尤以博洛尼亚大学最甚，这是其他欧洲教育中心少有的现象。当时欧洲教育的主要科目是神学，但博洛尼亚在 1364 年以前没有神学课，而代之以宗教法规。甚至修辞也采取法律的形式，而写作的艺术在博洛尼亚、巴黎、奥尔良、蒙彼利埃、图尔等地，广泛应用于法律、商业和官方公文等领域，使这一学科得到一种特殊的地位。那时流行的说法认为，只有到博洛尼亚才能受到最实用的教育。一个人们津津乐道的故事说：一位巴黎的腐儒到博洛尼亚学习与他在巴黎所学完全相反的学问，回到巴黎后却遗忘其所学。12 世纪博洛尼亚领导了欧洲思想的变迁。但13世纪，该地的教育困于呆滞的法律条文中。阿科西乌斯的注解成为一种神圣而且几乎不可更改的教科书，因之阻碍了法律逐渐适应于变动生活的可能性。探索的精神也就因此消逝而隐遁到自由的领域中了。

意大利各地的大学林立是在12世纪和13世纪时，其中某些大学是由博洛尼亚的一些教授和学生迁居新地方而成立的。如1182年，皮利乌斯离开博洛尼亚，在摩德纳另创学校；1188年，雅各布斯·德曼德拉（Iacobus de Mandra）来到雷焦艾米利亚，并带走了一批学生跟随他；1204年，另一批移民，可能是来自博洛尼亚，在维琴察创立一所平民学校；1215年，洛弗雷德斯（Roffredus）离开博洛尼亚大学，在阿雷佐开设一所法律学校；1222年，一群教师和学生离开博洛尼亚，移去帕多瓦的一所旧学校，使这所法律学校增设了医学和艺术等科系而扩大。威尼斯曾派遣其地的学生到此学习，并由市政府支付教授们薪水，到了14世纪，帕多瓦成为欧洲思想最光辉的中心之一。1224年，腓特烈二世成立那不勒斯大学，使南意大利的学生不须至北部求学。大概是基于同样的理由，同时也为了训练有外交能力的教士，英诺森四世建立了罗马宫廷大学（1244年）。后来这所大学随着教皇宫廷迁移，甚至移到了阿维尼翁。1303年，博尼费斯八世设立罗马大学，它在尼古拉五世和利奥十世的全心照顾下发扬光大，声名大噪，到了保罗三世时赢得了"智慧"的美名。1246年锡耶纳为它的市立大学举行开幕式；1248年皮亚琴察也成立一所市立大学。13世纪末，几乎所有意大利较大的城市都拥有法律、艺术，甚至医药学校了。

西班牙的大学以一种较特别的方式成立，它是由国王特许而设立的，同时完全交由政府控制。卡斯提亚王国在巴伦西亚设立了一所王室大学（1208年），后来又在法来多利另设一所大学（1304年）；莱昂在萨拉曼卡有一所大学（1227年），巴利西亚群岛在首府帕尔马设立一所大学（1280年），加泰罗尼亚在莱里达设立一所大学（1300

年）。除了与王室的联系外，西班牙的大学还接受教士的监督与奖学基金，有些如巴伦西亚大学逐渐发展而脱离教会学校的范畴。13 世纪，塞拉曼加大学，由于圣费尔南多和"智者"阿方索的关系，使它得天独厚，很快地就与博洛尼亚和巴黎大学齐名，鼎足而立。这类学术机构大多都传授拉丁文、数学、天文学、神学和法律，有些还传授医药学、希伯来文或希腊文。一所东方研究学校在 1250 年由多米尼克教派的僧侣在托莱多开设，教授阿拉伯文和希伯来文。那儿的教学必然很成功，因为有一位毕业生雷蒙·马丁显然与所有伊斯兰教的大哲学家和神学家熟识。对阿拉伯文的研究在塞维利亚大学也很兴盛，该大学是在 1254 年由"智者"阿方索设立的。1290 年，诗王迪尼兹（Diniz）在里斯本设立了一所大学。

法国诸大学

毫无疑问，在 12 世纪和 13 世纪中古时期的全盛时代，欧洲思想界的领导者是法国。早在 11 世纪初，它的教会学校已经享有了国际性的声誉。这些学校之所以在巴黎形成了一所规模庞大的"大学"，而不是在沙特尔、拉昂或兰斯等地，很可能由于塞纳河兴盛的贸易和首都巴黎的商业活动，为这个城市带来了足以吸引知识分子和各种经济资源、科学哲学乃至艺术的财富。

第一位为人所知的巴黎圣母院的教会学校校长是尚彼克斯（Champeaux）的威廉。促成巴黎大学知识成长的运动，是他在巴黎圣母院的一座修道院中所发表的演讲而引发的。当来自布列塔尼的阿伯拉尔用逻辑三段论推翻了威廉的理论（1103 年），并且开始了他那些在法国历史上最有名的演讲之后，学生们纷至沓来听他的演说。逐渐地，巴黎学校的规模越来越大了，教师也随之增加了好几倍。12 世纪的巴黎教育界，一个教师必须获得巴黎圣母院总教堂的秘书长的许可才能执教。巴黎大学就是在这种单一的执教许可下，逐渐由各级教会学校衍生出它的第一次结合。通常，这种教学许可都是免费给予那些曾在已拥有教师头衔的先生指导下学习过相当时期，而且他的学识受到该教师认可的人。阿伯拉尔曾经遭人非难，因为他没有经过这种公认的学徒制度而自封为教师。

这种师徒制教学艺术的观念，形成大学教育初期的构想。当教员倍增以后，他们自然地形成了一种行业协会。几个世纪以来，"大学"这个字就是指包括行会在内的一切集合体。1214年，马修·帕里斯形容巴黎的"教师同志团体"（fellowship of the elect masters）是一个有悠久历史的机构。我们猜测但不能证明"大学"是在约1170年成形，它较像一个教师行会而不太像一个教职员团体。约1210年，在英诺森三世——他自己也是巴黎的一名毕业生——的一项公告中，他批准了教师行会所拟定的章程；而在另一次公告中，他授权教师行会选派代理人，作为驻教廷的代表。

约13世纪中，巴黎的教师们分掌神学院、宗教法学院和文理学院。与博洛尼亚不同的是，1219年以后，巴黎大学不再教授民法；课程由七种学艺开始，然后是哲学，最后是神学。那时修习艺术的学生（他们被称为"artistae"，即艺术家）约相当于现在大学的学生，他们占巴黎人口结构中的大部分。也许是为了便于交往、互助和纪律的维持，他们依出生地或籍贯概分为四"国"：法国（法王直属的狭小地区）、皮卡第（Picardy）、诺曼底和英格兰。凡从法国南部、意大利和西班牙来的学生加入"法国"；凡从低地国来的加入"皮卡第"；从中欧、东欧来的则加入"英格兰"。由日耳曼来此就读的学生如此之多，以至日耳曼本国直到1347年才有他们自己的大学。每一"国"有一个训导长（procurator）管理；每一个支派有一位学监的领袖，后来他的职权逐渐扩大，到1225年，他成为大学的校长。

当时似乎没有任何特殊的大学建筑物。12世纪，学术演讲都是在巴黎圣母院的修道院，如圣吉拉耶夫、圣维克托和其他教会建筑中发表的。13世纪中，已有少数教师租私人的房屋供教学之用。这些教师（后来被称为教授）都是剃发的僧侣。15 世纪以前，教师如果结婚就会失去他们的教职。当时的教学都采用演讲方式，原因是并非每个学生都买得起所有的教科书，而且图书馆也未必借得到。学生们上课就坐在路上或地板上记笔记。由于他们需要做太多记忆性的工作，有人发明了许多帮助记忆的东西，通常是些富于意义但令人讨厌的散文。大学规章禁止老师读讲稿，他必须即席演讲，甚至不许"拉长语调说话"。学生们常好心地警告新来的人：先听三次演讲，觉得满意以后再缴学费。康科斯的威廉曾抱怨，12 世纪的老师为了获取声望、学生和学费，不惜开些简单的课程，同时因为每个学生都有权自由选择老师和课程，降低了教学的水准。

　　教学活动常由于教师、程度高的学生及闻名的来访者之间所举行的公开辩论，而显得生气勃勃。通常这种讨论都有一种固定的形式，叫作"学术辩论会"：先是有人提出一个问题，作出一个否定的答案，反对者引用经典和早期基督领袖的言论加以驳斥；然后有人提出一个肯定的答案，由赞成者引用《圣经》和教会的早期教父们的论著加以辩论，并对反对者提出答辩。这种辩论的形式决定了圣托马斯·阿奎那的经院哲学的完美形式。除了这些正式辩论以外，还有非正式的讨论，叫作"小型讨论"（quodlibeta）——任何人提出的任何问题都可以拿来讨论。这些较随便的辩论会，在圣托马斯次要的作品中，形成了另一种文学形式。不论是正式或非正式的辩论，都使中世纪人们的心灵更为敏锐，并且赋予思想和演说更大的自由。因此培养成某些人倾向于能证明任何事情的睿智；或者小题大做，以一大堆理论讨论一个微不足道的问题的习性。

　　学生大多住在学生团体所租来的招待所或旅馆里。有时某些慈善机构只收象征性的费用，让穷学生免费寄宿，如巴黎圣母院附近有家客栈"神的旅馆"（Hôtel-Dieu）就留了一间房子，专门让穷学者居住。1180 年，伦敦的乔西乌斯（Jocius）买下了这栋客栈，并与医院共同负担 18 个学生的吃住。1231 年，这群学生已有了较宽敞的居室，但他们仍自称为"十八人学院"。其他由修道院、教会、慈善家建立的有津贴的住宿处，减轻了学生的生活负担。1257年，罗贝尔·索邦（Robert de Sorbon）赠给16位神学学生一栋"神学院之屋"（House of Sorbonne），路易及其他人的恩赐带来了更多的设备，并增加奖学金的名额至36名。索邦学院即由此逐渐发展而成。16世纪，索邦学院成为巴黎大学的一个神学院。1792年，因法国大革命而结束课业；其后拿破仑使之恢复，现在其在巴黎大学中占有科学与文学课程的席位。1300年以后，学院（collegs）成立了。教师们住在其中做指导老师，他们听学生背诵，"念"教科书。15世纪，教师们在住屋大厅中授课，这种课程逐渐增多，相对地，在外面开的课逐渐减少了。同样地，这种由招待所发展成的学院在牛津、蒙彼利埃、图卢兹等地也有。大学最初原是一个用来对付学生团体的教师协会，后来竟变成了由学派和学院组成的协会。

在巴黎的学生宿舍中，有两座是专门用来给多明我派或圣方济各派的学生住的。多明我派自创始就强调教育是用来对抗异教的手段，他们有自己的一套学校系统，其中在科隆的多明我国民教育学校（Dominican Studium Generale）最为有名。此外，在博洛尼亚与牛津也有类似的学校。许多修道士成为教师以后，就在他们自己教会的大厅中授课。1232年，哈勒斯的亚历山大是巴黎最有才干的教师之一，他加入了圣方济各修会，并在该会所属的修道院中继续他的公开演讲。年复一年，在巴黎演讲的修道士越来越多，而他们的非修道院的听众也日益增加。非修道士的教师们悲悼他们已被遗忘在他们讲台上，"有如屋顶上孤独的麻雀"；修道士则认为这些世俗教师吃得太多，喝得太多，变得又懒又笨。在1253年的一次街头械斗中，一个学生被杀死了。市政当局逮捕了几个学生，并且不顾他们的权利和要求，未将他们交予大学教师或主教去审判。为了抗议，教师们发动了一次罢讲的行动。当时有两个多明我修会和一个圣方济各修会的教师（他们都是教师协会的会员）拒绝遵照命令停止演讲，因而遭到教师协会开除会籍的处分。他们上诉于亚历山大四世，他下令教师协会让他们三人再度加入成为会员。可是教师们不肯屈服，便解散了该组织，而教皇则把这些教师全部开除教籍。此后，在街上，修道士常受到学生和民众的袭击。经过六年的争论，终于达成了一项协议：重新组织的教师协会允许修道士加入，但他们必须宣誓遵从大学的法令；而艺术学院则决定永远不让任何僧侣加入。如此一来，原本最为教皇所喜爱的巴黎大学，变得对教皇非常敌视，它支持各国国王对抗其主教，甚至成为"高卢化运动"（Gallican Movement）的推动中心——那是一个主张法国教会与罗马教廷分离的运动。

自亚里士多德以来，没有一个教育机构能和巴黎大学所造成的影响相比。3 个世纪以来，它不但吸引了最多的学生，并且招来了心智最敏捷最突出的人士。阿伯拉尔、索尔兹伯里的约翰、大阿尔伯图斯、布拉班特的希格、托马斯·阿奎那、圣波拿文都拉、罗杰·培根、邓斯·司各特、奥卡姆的威廉等人，几乎构成了 1100 至 1400 年的哲学史。这期间必然存在着某些伟大的教师，及一种唯有在人类历史达到巅峰状态的时候才会产生的、令心智激昂兴奋的气氛，才能造就出这些更伟大的学者。此外，在这 3 个世纪中，巴黎大学在教会和政府两个方面都有相当大的权力。它是一个有影响力的评议机构，14世纪它是自由思想发展的温床，15 世纪它又成为正统思想和保守主义的避难所。不过关于处死圣女贞德这件事，我们不能说它扮演了一个公正无私的角色。

其他的大学对促使法国成为欧洲文化的领导者，也有很大贡献。早在 9 世纪，奥尔良就拥有一所法律学校；12 世纪，作为一个古典与文学研究的中心，它足可与沙特尔匹敌。13 世纪，它在民法与宗教法的教学方面仅次于博洛尼亚。翁热的法律学校也不逊色，1432 年它是法国的几所主要大学之一。图卢兹大学的成立原是肇因于异教的言论。1229 年，教皇格列高利九世强迫雷蒙伯爵保证负担 14 位由巴黎派到图卢兹教学的教授的薪水。这些教授负责神学、民法与艺术，教会打算利用他们对阿基坦的青年的影响力，来对抗阿尔比异端。

除巴黎大学外，法国最著名的大学要算位于地中海边、界于马赛和西班牙之间的蒙彼利埃，该城在血缘与文化上是法国、西班牙、希腊、犹太的混合体，外加少许意大利商人和一度占领该地的摩尔人的残余。在这里，商业活动很频繁，不论它是否受到萨莱诺或者是阿拉伯，还是犹太人医药学的影响，蒙彼利埃在某个时间建立了一所医药学校，不久这所学校声名之盛，已超过了萨莱诺的医药学校。随后法律、神学和艺术学校相继成立，虽然他们各为独立的个体，但彼此之间关系良好，而且合作无间，为蒙彼利埃赢得了更好的声誉。不过这所大学在 14 世纪，一度衰微中落。直到文艺复兴时期，它的医药学校才再度兴盛起来。1537 年，弗朗索瓦·拉伯雷（Francois Rabelais）曾以希腊语在此开课，讲解有关医学之父希波克拉底的理论。

英格兰诸大学

牛津是一个由牛羊牲畜的市集逐渐发展而成的城市，泰晤士河流到此地已较为淤浅、狭窄。912 年，这里造了一座古堡，市集随之形成，早在大学兴起以前，奈特王朝和哈罗德王朝就在此办学校了。也许在奈特王朝时代，这里就有学校了，似乎不是天主教会学校。我们发现约 1117 年，有人提及一位"牛津的老师"。1133 年，一位来自巴黎的神学家罗伯特·普伦（Robert Pullen）曾在此讲授神学。牛津的学校在 12 世纪变成了一所大学，不过"没有人能说出确切的成立时间"。1209 年，据现在的估计，牛津一地约有 3000 名教师和学生。正如巴黎一样，这里也有艺术、神学、医药和法学四门学科。在英格兰，民法不在大学里教，而是限于伦敦的林肯学院、格雷学院、内寺（Inner Temple）、中寺（Middle Temple）四处法学院。这些地方在 12 世纪和 13 世纪，原是法学教师居住和开馆授徒的地方，后来逐渐形成了法学院。

在牛津，正如在巴黎和剑桥一样，学院是从穷学生免费居住的地方开始的。在早期，它们变成了讲堂；老师和学生都住在里面；到13世纪末，这些讲堂成为大学组织上和教学上的实体。约1260年，苏格兰的约翰·贝利奥尔爵士（1292年苏格兰国王之父）为了表示对某项不知名罪状的忏悔，在牛津建立了"贝利奥尔之屋"，以每周八便士的津贴资助一些穷学者。3年后，默顿先在梅登（Maiden），后在牛津建立了"默顿学者之屋"，并以他全部的收入帮助学生。这些收入由于地价的不断上涨而增加了许多倍，以致佩克哈姆（Peckham）大主教在1284年抱怨"穷学者"们正以额外的收入过着"奢侈的生活"。一般说来，英国学院日渐富有，不仅因为别人赠送的奖学金和礼品，而且因为地价上涨的缘故。约1280年，由于达勒姆的威廉，也就是鲁恩的大主教的遗赠，才建立了一座大学厅，现在称为大学学院。这些著名院校刚成立时的简陋，由其成立之初的窘境可见一斑：它们只能请到4位老师和少数愿意跟学生一块儿吃住的学者。老师们共同推选出一位资深者负责管理，后来他或是他的后继人就沿用了"校长"（master 或 principal）这个名称。现在这些词是专指英国学院的负责人。13世纪的牛津大学，是由这些学院在教师公会的名义下组成的协会。那些老师是由他们自选的董事及一位主教区秘书长负责管理，董事及主教区秘书长又受制于林肯区主教和国王。

1300年以前，牛津大学作为一个知识活动和有影响力的中心，它的学术地位仅次于巴黎大学，居欧洲第二位。它最著名的毕业生是罗杰·培根，还有一些圣方济各修会的会员，包括亚当·马尔什（Adam Marsh）、约克郡的托马斯及约翰·佩克哈姆等人，和他一起组成了一个知识分子的集团。他们的领导者罗伯特·格罗斯泰斯特，可以说是13世纪牛津史上最优秀的人物。他在那里学习法律、医学和自然科学，毕业于1179年，1189年获得神学学位，不久之后当选为"牛津诸校之长"（此为早期大学校长的称呼）。1235年，当他仍是牛津校长时，他又成为林肯区的主教，在他的监督下完成了大教堂的建筑。他的积极呼吁，促成了对希腊和亚里士多德的研究。对 13 世纪学术界调和亚里士多德的哲学和基督教信仰的努力，他也曾参与其中。他曾著文评论亚里士多德的《物理学》和《后事析论》从事历法的改革，并著书《科学概论》（*Compendium Scientiarum*），将当代的科学编入《科学概论》中。他懂得望远镜和显微镜的原理，并在数学和物理方面为罗杰·培根提供了许多初步构想，很可能就是他使培根熟悉透镜的放大性能。有很多我们以为是培根的想法，例如透视画、霓虹、浪潮、日历和实验论，显然是由格罗斯泰斯特的构想启发的。其中最重要的是，"所有的科学都必须以数学为基础"的概念。这是因为所有的力，通过空间时，必须遵从几何的形式和法则。他写过法文诗，作过一篇有关农耕的论文。他既是律师、医生，又是神学家和科学家。为了使犹太人改信基督教，他鼓励并促成对希伯来文的研究。他以一种极不寻常的基督徒的态度对待那些犹太人，他尽可能地保护他们，使他们不受民众的虐待。他是一个活跃的社会改革者，一向对教会忠心耿耿，但他敢于写请愿书给教皇英诺森四世（1250年），公然指出罗马教廷的缺点。在牛津，他成立了第一个免费贷款给学者的基金会。他是牛津教育界和知识界中成就辉煌而又获得极好声誉的千百位优秀学者中的第一人。

今日，牛津不仅是大学中心，也是制造业中心；除了造就许多教授学者之外，它也产销汽车。反之，剑桥仍然是个纯粹的大学城，它犹如中世纪的珠宝，具备了现代的财富和价值，含蕴了英格兰特有的风味，散发出耀眼的光芒。那里的一切都和大学有关，而中世纪那种心灵的宁静，在这座最可爱的大学城中留存了下来。显然，它之所以在知识界有特殊的地位，必须追溯到牛津的一件谋杀案。1209 年，一个女人在牛津为一个学生所杀。镇民突袭了一栋学生宿舍，吊死了两三个学生。大学（教师协会）停课抗议市民的暴行。如我们采信了一向值得信任的马修·帕里斯的话，约有 3000 名学生和相当多的老师离开了牛津。据说其中大部分的人到剑桥设立讲座并成立学派；这是我们首次听到剑桥有了比初级学校更进一层的学校。1228 年，由巴黎涌入的学生扩展了这个学校的规模。有些行脚僧和本笃会的修士来此建立学院。1281 年，伊里的主教在剑桥组成了第一所非宗教的学院——圣彼得学院，现在叫彼得堂。14 世纪至 16 世纪中其他的学院陆续兴建，其中有些建筑物堪称世纪的杰作。整个大学城包括校园在内，在寂静蜿蜒的剑河环绕下，构成了人类最精美的成就之一。

学生生涯

中世纪的学生包括任何年龄的人。他可能是助理祭司、修道院院长、商人或已婚者；他也可能是个只有 13 岁的少年，在为他那突然得到的高贵身份而烦恼。他到博洛尼亚、奥尔良或蒙彼利埃修习律师或医生的课程，或到其他大学去准备将来为政府工作，通常是在教会里做一番事业。他无须经过入学考试，仅有的一点要求是他必须懂拉丁文，并且要付给他的老师少许学费。如果他很穷，他还可以得到他的家乡、朋友、教会、教主或者奖学金的帮助。这种情形是很多的。乔斯林所著的《编年史》和卡莱尔（Carlyle）著的《过去与现在》（*Past and Present*）中的主角萨姆松院长（Abbot Samson）所受的教育，是由一位穷神父用卖圣水的所得去供给他的。前往大学或从大学出来的学生，大部分可以免费坐车，并可在途中的修道院获得免费招待的食宿。

到达牛津、巴黎或博洛尼亚以后，他将会发现自己成为一大群快乐、困惑而又热切的学生的一分子，正处在一种由于异端攻击而使哲学如同战争一样刺激、而辩论犹如比武一样精彩的心智激荡的气氛之中。1300 年，巴黎约有 7000 名学生，博洛尼亚约有 6000 名，牛津约有 3000 名。这些数目是拉希达尔所做的最保守的估计。据法律学者奥多弗雷德在约 1250 年所做的估计是：博洛尼亚在 1200 年共拥有 1

万名学生。某个聂斯脱利派僧侣拉巴努斯（Rabanus Gauma）估计巴黎学生人数在1187年达3万人。阿马的大主教菲兹拉尔夫（Fitzralph）约1360年时统计牛津学生数曾达3万名；约1380年，威克里夫认为菲兹拉尔夫的估计须加倍，即6万名。1450年，曾任牛津校长的主教盖斯科因（Gascoigne）纠正威克里夫的估计，认为应是3万人。上述这些估计显然是猜测，并有些夸张，然而我们无法证其有讹。一般说来，巴黎、牛津、博洛尼亚的大学在13世纪中的学生比后来还要多，大概因为那时竞争者比较少的缘故。新来的学生将由他所属的"国"来接待，并且引入其住处——多半是住在一些穷苦的家庭中。假如他接洽得圆滑，他可能从寄宿处那里获得一张床和一个房间，在那里他的开支有限。1374年，牛津的学生一年的食宿约需104先令，学费20先令，衣服40先令。

他无须穿着特别的制服，但是必须把袍子上的扣子扣好，而且除非他的袍子长得足以遮住他的脚跟，他不得光着脚走路。为了便于区分，老师穿"加帕"（cappa）装——有着毛边和头巾的红色或紫色的法衣；他们头戴方形帽，帽顶上没有流苏而以一簇毛代替。巴黎的大学生具有教士身份，而且享有和教士相同的各项豁免权：他可以免服兵役，免缴税金，免受世俗法庭审判。虽然不会受到强迫，不过别人都希望他能剃发。要是他结了婚，他仍将保有学生的身份，但将失去那些特权，而且无法获得学位。但适当的男女交往则不受这些惩罚。1230年，一个名叫雅克·维特里（Jacques de Vitry）的僧侣形容巴黎的学生：

> 他们比一般人还要放荡，他们不以为奸淫是有罪的。在路上，妓女公开地把路过的教士拉进娼寮；如果他拒绝进去，就会被妓女讥为鸡奸者。这城里的鸡奸——这可厌的罪恶——是如此之泛滥，以致一个人若有一两个姬妾，将被视为一种光荣。在同一栋屋子里，有时楼上是教室，楼下就是妓女户；老师在上面讲

课，妓女在下面从事她们卑贱的服务；你往往可以同时听到哲学家们的辩论，及妓女与老鸨争吵的声音，发自同一栋屋子里。

这篇叙述很明显地充斥着激于义愤的夸张。我们只能这么说：在巴黎，教士和圣人并不是同义词。但是，我们可以比较一下拉希达尔的说法，他说："夸张一点地说，我们有过多的证据，足以证明维特里对他那个时代的学者生活的描述，根本不是真实的。"拉希达尔继续谈到各"国"的学生如何地使用很糟糕的形容词，形容其他各"国"的学生："英格兰的学生是酒鬼和孬种；法国学生骄傲但软弱得没有男子气概；日耳曼学生是吹牛大王而且沉湎于杯中物；佛兰德斯学生又胖又贪，而且像奶油一样地软；他们不但这样在背后相互诋毁，还常常从互骂到群殴。"起初巴黎的学生集中在圣母院所在的岛上。这是最原始的拉丁区，因为每个学生在此都得使用拉丁文，即使非学术性的交谈也不例外，因而得名——不过，这条规定常被破坏。即便当拉丁区已经扩展到了塞纳河南岸的西城郊，学生仍然太多而难以管理。学生之间、师生之间、学生和市民之间、俗人与僧侣之间，时常发生口角。在牛津，圣玛利亚教堂的钟声召集学生，圣马丁教堂的钟声则召集市民，去打一场长袍（goun）与城市（toun）之间的短兵接触战。1298 年，牛津的一次暴动，造成了 3000 英镑的物质损失。1269 年，一个巴黎官员发布公告，控诉学者们"日夜不停地凶狠地击伤、杀死许多人，掳掠妇女，强奸处女，破门而入抢劫民屋"，并且"不断地犯下诸如劫掠等其他暴行"。牛津的学生可能没有巴黎的那么好色，但在此地杀人却是极普通的事，而死刑反而很少见到。假若杀人者离开了城市，很少会被追捕的；而且牛津人认为杀人者被逐到剑桥去，已经算是受到足够的惩罚了。

由于饮水大多不太卫生，茶、咖啡和烟草又未传到欧洲，学生们只好用葡萄酒和啤酒来调和他们与亚里士多德及那寒冷的宿舍。组成"大学"最主要的原因之一，即是为了用狂饮来庆祝宗教和学术界的节日。学年中每进一步都是该用美酒迎接的快乐节日。学生们往往以这些提神的饮料供给他们的考试委员。每学年结束时，各"国"就在各酒店，把店中的所有存货都一饮而尽。掷骰子也是他们爱玩的，有些学生因为在圣母院的祭坛上掷骰子而被开除学籍。在平常，学生们则以鹰、犬、音乐、舞蹈、下棋、讲故事、捉弄新生等方法自娱。这些新来的年轻人被称为"黄口小儿"，他们受到威吓、哄骗，被逼迫花钱请学长大吃一顿。纪律大半靠各住宿厅所订的规矩来维持，犯规的人要受罚，他必须买几加仑的酒让大家共享。鞭笞虽在文法学校中很常见，但直到 15 世纪，大学的校规中都不曾提及这种惩罚。此外，学校当局要求学生们在每年开始的时候，宣誓服从所有的校规。在巴黎，学生必须遵守的誓约之一是绝不向那些不让他通过考试的考试委员报复。学生们匆匆地宣誓，而后又任意地违犯誓约。伪誓是很流行的，对于这些年轻的神学家来说，地狱毫无恐怖可言。

然而学生们仍拨冗听课。他们中间也有一些懒鬼；一些宁要舒适不要名声的人，喜欢选宗教法这门课，因为它在第三节才开始上课，这样可以让他们睡足懒觉。由于第三节课是在上午 9 点，可见大多数的课天一亮就开始了，大概是 7 点钟。13 世纪初，学季长达 11 个月；14 世纪末，为了让年轻人能在收获期间帮忙，放个"长假"，从 6 月 18 日到 8 月 25 日或 9 月 15 日。在牛津和巴黎，圣诞节与复活节只放很少几天假；博洛尼亚的学生年纪都大些，而且也较富有，或许离家较远，有些圣诞节放假 10 天，复活节 14 天，封斋期前的狂欢节 21 天。

在教学进行时似乎没有考试。但有背诵和辩论的活动，而不能胜任的学生在其间就会被除掉。12 世纪中，兴起了一种风俗，要求学生读完 5 年书后，参加由他所属"国"所组成的委员会所举行的一次初步考试。这是一次非公开的测验：回答问题并公开辩论，此时候选人要为一个或数个命题和挑战者辩论。委员会由上述的测验结果做出结论。通过这种初步考试的人叫作"学士"（bachelor），可以当教师的助教。学士可以继续再读 3 年。然后，若是他的老师认为他足以接受考验，就把他送到由校长指定的考试委员那里。老师们被要求不要把显然不够格的学生送去，除非他们很有钱或者很有地位。在这种情况下，公开的考试就把试题的难度调整到适合学生的程度，甚至这些考试全都免了。学生的品格也是考查的项目之一。在他 4 年或 7 年的学习期间所犯的悖德行为，可能令他无法得到学位。1449 年，维也纳接受考试的 43 人当中，有 17 人未获通过，全部是因为品行的缺陷，而不是知识的不足。

假如学生通过了这公开的最后考验，他就成了"教师"或"博士"（doctor），并获得一纸由教会批准的证书，可以在基督教世界的任何地方开课讲学。当他是学士时，他不戴任何帽子；但现在，他得到一顶方帽子及考师的亲吻与祝福。坐在椅子上发表一次就职演讲，或者主持一次就职辩论，这就是他身为教师的"始业式"。在这种毕业典礼中，他应该准备一次盛筵，款待学校里每一位老师，并赠送他们礼物，完成这些及一些其他仪式之后，他被接受成为公会的一员。

值得注意的是，中世纪的教育和现代的教育制度一样有着恼人的缺陷。只有小部分获准入学的学生能读完得到学士学位所需的五年。由于教会各种教义的假设均拘束于信仰之上，致使学生的心智趋于静止而不活动，找寻论据以证明这些信念，引证经典或圣徒遗著以支持这些信念，强解亚里士多德的理论，以与这些信念相合，逐渐训练成一种学术狡谲，抛弃了学术良心。假如我们注意到任何一种生活方式所基于的各种假设，最后都会发展成一种类似的独断主义，我们就会很容易地原谅中世纪教育上的这些错误。所以当今我们容许人们自由地去怀疑他们先祖的宗教信仰，却不容许怀疑先祖的政治信仰；政治上的异端会受到社会的逐斥，这正如信仰时代宗教异端之受开除教籍的惩治一样。现今警察的工作替代了上帝的工作，因此怀疑国家比怀疑教会更来得危险，没有一个制度，当其根基受到挑战时，还能微笑以对的。

当今知识的传播以及观察力的训练，很明显地比中世纪要普及，但是对于人格教育我们却不能这么说。中世纪毕业生的实际能力并不缺乏，大学制造了一批缔造法国君主政治的能干的行政人员和律师、一些领导基督教进入理性之海的哲人及一些敢用欧洲方式思考的教皇。大学使得西方人的智慧更为敏锐，产生了一种哲学的语言，使得学习成为值得尊重的活动，并结束了胜利的野蛮人智慧发展的青春期。

在时间无情的力量面前，许多中世纪的成就都已湮灭；而大学却保留了它组织中的每一份，使这些成就由信仰时代一直流传到我们手中，为了一些无可避免的改变，它们作了必要的调整，换下他们的老皮来迎接新的生命，并等待我们来促使它和政府结合在一起。

第九章 | 阿伯拉尔
（1079—1142）

宗教哲学

让我们来为阿伯拉尔开设一章，不仅因为他是哲学家及巴黎大学的创始人之一、是 12 世纪使拉丁欧洲心灵燃烧的火焰，而且因为他和埃洛伊兹是那个时代的道德、文学最为迷人的一部分及化身。

他诞生于布列塔尼，靠近南特，在勒帕莱特（Le Pallet）的一个小村中。我们只知道他父亲叫贝伦格尔（Bérenger），是中产阶级，足以供养三儿一女的教育。皮尔（Pierre，我们不知他为何姓阿伯拉尔）是大儿子，能继承遗产，但他对理论和研究有浓厚的兴趣，所以他长大之后放弃家产让与其弟，而出发寻求大师或著名老师追研哲学。他的一位启蒙老师罗塞林对他的生命有重大的意义，他是一位反动者，预示了阿伯拉尔日后受教会的责难。

罗塞林从最无害而乏味的逻辑问题——共相的客体存在引起了辩论。在希腊和中古哲学里，共相是泛指一类事物（书、石头、行星、人、人类、法国人民、天主教会）、动作（残忍、正义）或性质（美、真）等概念。柏拉图看到个别的有机体与事物的暂时性而提出其看法：共相比它所指称的任何事物更为持久，因而较任何事物更为真实。共相的"美"比弗里内（Phryne）的"美"更为实在，"公正"比阿里斯提得斯（Aristides，为雅典政治家，被尊为"公义者"）更为公正，"人"比苏格拉底还实际；这是中世纪所指实在论的精义。亚里士多德指出共相只是由理性所形成的一个概念，用来代表一群同类事物，他认为这群事物本身只是像其组成分子一样地存在。而在我们的时代，人们所争论的是：是否有一个"群体理性"（group mind），它不同于组成这一群体的个体的欲望、观念与感觉？其中休谟辩称个体的"理性"本身只是泛指感觉、观念、意志等在有机体内结合的一个抽象名词。希腊人对这些问题不放在心上，如一个极端的异教哲学家——叙利亚和罗马的波菲利（约 232 年—约 304 年），只提出它而未提供答案。但对于中世纪来说，这个问题却是重要的，教会宣称教会本身不仅是个别信徒的总和，而且是个精神的实体。教会感到整体具有超乎其构成分子的特性及权力，不能承认其是一个抽象体，或教会一词引起的广泛的意念和关系仅是构成分子的观念或感情；其是活的"基督的新妇"，更糟的是，如果只有个人、事物、行动和观念存在，三位一体又怎么解释呢？三个"身位"的合一全属抽象的吗？或他们是三位单独的神？我们必须设身处地来了解罗塞林的命运。

　　我们得知他的观念，只是凭借他的反对者的报告。据说他认为共相或一般概念只是字语（声音），只是声音的振动，个体事物或人的存在也只是名字上的存在。而种、类和质并未独立存在，一个"人"并不存在，只有人群才存在；"颜色"只存在于彩色事物的形式中。如果罗塞林未对三位一体提出唯名论，教会则不会发难。传说他认为神是应用到三位一体的三个身位的字语，正如"人"是应用到"很多人"的字语，但实际存在的是三位，更实际说是三个神。教会不能容忍康皮埃格内（Compiègne）教区主教堂的教士如此大放厥词。罗塞林在苏瓦松举行的主教会议中被传讯（1092 年），而被强迫在撤回言论或被逐出教会二者中选一。他撤回其论点。然后逃到英国，攻击那里的教士蓄妾，又回到了法国，在图尔和洛什讲学。可能就在洛什，受教于其门下的阿伯拉尔坐不住了。他拒绝唯名论，但仍怀疑使他两度被判刑的三位一体论。值得注意的是：12 世纪称实在论为"古代的教义"，而称其反对者为"现代派"。

安塞姆又以数部作品为教会辩护，可能深深地感动了阿伯拉尔。安塞姆来自意大利的贵族家庭，他于 1078 年在诺曼底的贝克寺任住持，在其管理下，如在朗弗朗的管理下一样，使贝克成为西方的主要学院之一。可能是理想化的描写，他被其院中的僧侣埃阿德美尔（Eadmer）在一本令人喜爱的传记中这样描述：温和的禁欲者，只知沉思和祈祷；勉为其难地离开他的小居室，去管理寺院和学校。对他来说，信仰即是他的生活，无疑，信仰远在了解之先。如何能以有限的心智去了解上帝？他说："我不是为了信仰而去寻求了解"，而是遵从奥古斯丁"我相信为了了解"。但他的学生要求反对无神论的论证，他自己认为这"并不重要，假如我们在信仰上坚定，我们就不应力求去了解我们所信仰的"。他接受"信仰以求得了解"（fides quaerens intellectum）的箴言，在其广大而很有影响力的作品中，他开创了经院哲学，想以理性的方法辩护基督教的信仰。

在一篇小的论文《独白》（Monologion）中，他辩论共相的真实存在时说：善、正义和真是相对的，而只有当其和绝对的善或正义和真比较时，才有意义；除非有绝对性的存在，否则我们没有作判断的标准，而我们的科学和道德也失其根据；上帝——真实的善、正义和真——即为此"绝对"，也就是我们生命上的必要假定。好像要将实在论发展到极限，安塞姆在他的《对话》（Proslogion）中继续其著名的实在论证：上帝是我们能想象的最完美的存在，但是如果上帝只是我们脑中的概念，他就缺少了一个美的要素，那就是存在；因此上帝，最完美者，是存在的。一个自称"愚人"的谦逊教士高尼洛（Gaunilo），写信给安塞姆抗议说：我们无法神奇地通过观念到存在，而同样有效的论证将证明有完整的岛屿的存在。托马斯·阿奎那同意高尼洛的看法。在另一篇耀眼而无说服性的论文《为什么上帝与人同形》（*Cur Deus Homo*）中，安塞姆为基督教的基本信仰（上帝曾成为人）寻找一些理性根据。为什么基督必须化身为人？安布罗斯及教皇利奥一世，及若干神父所持的意见是亚当、夏娃由于吃了禁果，而把他们自己和所有的子孙都出卖给魔鬼，而只有上帝下凡为人，以其牺牲才能把人性从撒旦和地狱中拯救出来。安塞姆提出一个更狡谲的论证说：我们始祖的不顺服是一种无限的过犯，因其违逆了无限的那一位，并扰乱了世界的道德秩序；唯有无限的救赎能平衡并除去那无限的过犯；而唯有无限的那一位能提供那种无限的救赎；上帝成为人，是为了恢复世界的道德平衡。

安塞姆的实在论被罗塞林的一个学生——香槟地区的威廉——加以阐扬。1103 年，威廉开始在巴黎圣母院的天主教学校教辩证法。如果我们相信阿伯拉尔——他是个太好的战士但不能成为一个好的历史学家——的记载，威廉是个坚定的柏拉图主义者，并坚持不仅共相是真实的，而且个体是共相实体的偶然变形，只有参与共相之中才能存在。因此，人性是真实的存在，它进入苏格拉底之中，使他得以存在。而且整个的（据说威廉曾如此讲授过）共相是存在于它所含蕴的个体，所有的人性均在苏格拉底、亚历山大身上表露无遗。

阿伯拉尔在徘徊于各学派之间后进入威廉的学校（约 1103 年），那时二十四五岁。他风度翩翩，举止得宜，容貌英俊，神采奕奕，使他的态度和言词充满活力与吸引力，他能作曲而且自己演唱；他具有诱惑性的幽默，是快乐的青年，充满着巴黎和哲学家的气息。他的缺点是自负、夸大、不庄重、以自我为中心；同时以他那种得意的才能和年轻不懂事，糟蹋当代名家的独断论与神经质。他沉醉于哲学的"欢悦"，这位著名的情人爱辩证法甚于爱埃洛伊兹。

当老师提出夸大的实在论时，正是他的大好表现机会，他在课堂上挑战老师，难道说所有人性均表露在苏格拉底身上吗？那么当所有的人性在亚历山大身上时，苏格拉底（包括所有人性的特征）就一定表露于亚历山大身上了。可能威廉的意思是：人性的重要元素存在于每一个人身上；我们并没有接受威廉的论证。阿伯拉尔针对威廉的实在论和罗塞林的唯名论，他提出所谓"观念论"。类（如石头、人）仅是以其构成分子的形式而实体存在，而性质（白的、善的、真实的）仅能从事物的行动或概念中表现出来。但是类别与性质不仅仅是一些名称，它们是我们的心灵在观察一群人、事物、动作或观念后由其所共同具有的元素或特质而形成的某些概念。这些共同具有的元素是实质存在的，虽然他们在个体中才能显现。由于概念，我们可以思考共同的因素，由于种或共相观念，我们可以推及同类，概念或共相不是"空话"，而是最有用和不可缺少的思考工具。没有它们，则不可能产生哲学和科学。

阿伯拉尔告诉我们，他与威廉独处了"一段时间"。然后他开始自己教书，最初是在默伦，后来在科贝尔，分别距离巴黎有 40 英里和 25 英里远。有些人批评他只经过很短的学徒训练就开起店来，但仍有一大群学生跟从他，欣赏他敏捷的思考和言语。同时威廉在圣维克托当僧侣，而"被要求"继续在当地讲学。阿伯拉尔经过一场病痛后，重做学生。显然，威廉的哲学，比在阿伯拉尔急就章的简短自传中所记录下来的内容更为丰富。不久他们重起辩论，阿伯拉尔迫使威廉修正其实在论，而威廉的声望大减，他的继承者和指定者在巴黎圣母院提出对阿伯拉尔的让步（约 1109 年），而威廉则拒绝同意。阿伯拉尔复在默伦讲学，然后又至巴黎郊外的圣吉纳耶夫山。他和威廉及他们的学生之间，关于逻辑学唠唠叨叨地论争了好几年，因此尽管阿伯拉尔反对唯名论，却成了现代派的领袖和英雄，成了"现代"学派的激进青年叛徒。

当他陷于论战中，他的父母亲同时加入清修教团，阿伯拉尔回到勒·帕莱特向他们告别，可能还解决了一些财产的问题。1115 年在拉昂研究了一段时间神学之后，阿伯拉尔回到巴黎。他显然未受到反对，就在他曾求学 12 年之久的巴黎圣母院的回廊，建立他的学校，并开始授课。他成为主教区总教堂的教士，虽然没有成为神父，但若他能三缄其口，则可以期望升至教会中的高位。但这是非常困难的。他研究文学和哲学，是一位头脑明晰、能以优美文字解释问题的教师，像任何法国人一样，他承认道德义务的明确无误，也不惧怕幽默会损及讲解的分量。有来自 12 个以上国家的学生听从他，他的班级如此之大，他们给他相当多的报酬并造就了他的国际声望，可用几年后阿贝·富尔凯（Abbé Foulques）写给他的信作为证明：

> 罗马将她的子弟送给您教导……没有距离、山谷或路能阻止青年自世界各地奔向您。英国的青年经过危险的海峡群集到您的课室上；西班牙、佛兰德斯、德国各地也来了许多学生；而他们对您心灵的力量赞不绝口。我说，不但所有巴黎的居民，就是最远的法国人都渴望聆听您的教诲，几乎没有一种学科不能从您而学。

得到这些崇高而辉煌的成就和声名，他为什么不能升任主教（像威廉一样），然后成为大主教？他为什么不能升至教皇？

埃洛伊兹

直到那时（约 1117 年），阿伯拉尔仍旧护卫着他曾经主张的"极端的节欲"和"细心而坚决地克制纵欲"。但少女埃洛伊兹，教士福尔伯特的甥女，有漂亮的容貌及学习的热心，因而激起他人的本能和心中的钦慕。当阿伯拉尔和威廉正为"共相"争论时，埃洛伊兹正从婴儿长成少女，而且因父母双亡，成了孤儿。她舅舅送她入阿让特伊（Argenteuil）的修道院，在那儿她爱上了小小图书馆里的书本，她成为那里最好的学生。当福尔伯特得知她能像熟悉法文一样地熟悉拉丁文，甚至还学希伯来文时，他带她回教堂附近的家中居住。

阿伯拉尔在埃洛伊兹 16 岁时（1117 年）进入她的生命中。可能她早听说过他的大名，她一定也看过上百的学生挤在回廊上听他讲学。也许，是对知识的渴望，她公开或暗地里去聆听并一睹这位巴黎学者心目中的偶像和典范。我们可以想象到，当听说阿伯拉尔将成为她的家庭教师，而和他们住在一起时，她所感到的微微惊恐。让哲学家自己来对事情的发生，给予最坦白的说明：

> 就是这少女……我决定借爱情的维系与她联结。而且此事对我实在很容易。我是这么地著名，而且年轻俊美，因此无论哪个妇女，我爱上了，她就很难加以拒绝……所以，当我燃起对这少女的炽烈之爱，我便寻找着去发现如何能和她每天熟稔地谈话，以及更轻易地得到她的同意。为此，我说服她的舅舅……将我带进他的家庭……而只付予一小笔酬劳……他是个贪财的人，同时……相信他的甥女可由我的教导获益不小……这人单纯而缺乏警觉；我不应该惊讶，即使他会把一只柔顺的小羊托给一只贪婪的狼……

> 为什么我还要多言呢？我们已结合，首先在遮盖我们爱情的居室里，然后，是在我们燃烧爱火的心房里。在预习功课时我们沉浸在爱的幸福中……我们的吻比说话多；我们的手接触书比爱抚少；爱将我们的眼睛吸引在一起。

他单纯的生理欲望，透过埃洛伊兹的纤细情怀而化为"最芳香而甜蜜的温柔"。这对他而言是新经验，使他远离哲学；将其对讲学的热爱移转至其恋情，而他的讲课也变得异乎寻常地乏味。学生们为这位辩证学者感到惋惜，但仍欢迎这位大情人；他们乐见于即使苏格拉底也会犯罪；他们唱他新谱的爱情歌曲，以告慰其所失去的论战；而埃洛伊兹从她的窗户能听到学生喧闹地附和着他的杰作。

不久，她告诉他已怀有孩子。他夜里偷偷地将她从舅父家带到他姐妹在布列塔尼的家中。半是恐惧，半是怜惜，他要求她愤怒的舅舅福尔伯特准许他和埃洛伊兹结婚，并保持秘密。教士同意了，在阿伯拉尔结束课程后，就到布列塔尼迎回温柔但不情愿的新娘。当他到达时，他们的儿子亚斯特罗拉贝（Astrolabe）已出生三天了，而埃洛伊兹拒绝和他结婚，因为在利奥九世和教皇格列高利七世前一代的规定中，禁止已婚教士升任神父，除非他的妻子也成为女尼。但她也不情愿放弃她的伴侣与孩子，因此提议留为他的情妇，因为此种关系既可智巧地保持机密，且不会像结婚一样妨害他在教会中的晋升之途。在阿伯拉尔所作《我的灾难史》（*History of My Calamities*）中，曾以冗长的一节，论及埃洛伊兹在这一点上所提出的睿智的一系列论据与例证反对哲学家的结婚，并以有力的辩词反对"掠夺教会的荣光"："记得苏格拉底曾经结婚，由于如此的一个恶例，他在哲学上首先涤除那个污点，使以后的人可以更加审慎。"他记载着她说"被称为我的情妇，比被熟知为我的妻子，使她感到更为甜蜜；并且对我而言，也更为体面。"他劝服了她，使他们的婚姻为一些知己朋友所知。

他们将亚斯特罗拉贝留在他姐姐家，回到巴黎，而请福尔伯特参加他们的婚礼。为了使婚姻保持秘密，阿伯拉尔回到其单身的宿舍，而埃洛伊兹又跟她舅舅住，这对情人见面次数不多，而且多于暗中相见，但是福尔伯特为挽回自己的声誉，背弃其对阿伯拉尔的承诺，而泄露了他们的婚姻。埃洛伊兹加以否认，而福尔伯特"常将惩罚加诸她身上"。阿伯拉尔再把她带走。这次违背她的意愿而将她送到阿让特伊的修女院，并命她穿上女尼的装束，但并不立誓修行或成为修女。福尔伯特和他的亲戚们，闻及此事时，阿伯拉尔说：

> 他们相信，我完全在欺骗他们，并强迫埃洛伊兹为尼，以图永远摆脱她。极度的愤怒后，他们设计了一个密谋来陷害我；一天晚上，当……我正熟睡于寓所的一间密室时，他们贿赂了我的一个仆人破门而入，他们在我身上施行最残忍和可耻的惩罚……他们剪断了我身体的那部分，因那导致他们的忧愁；完后他们逃

出，但其中两人被捕，而失去他们的眼睛和生殖器。"

他的敌人已不能选择更狡猾一点的报复手段，但这并未马上侮辱他；在巴黎，包括教士都同情他；他的学生群集安慰他。福尔伯特藏身起来，主教没收其财产；但阿伯拉尔知道他已经被毁了，"这惊人的故事将流传全世界"，他不再希望教会的高职。他感觉他的好名声已经"完全被毁"，而且他可能成为代代流传的笑柄。他觉得他的过错已受了公正的裁判，在他曾经犯罪的肉体上已有残缺，而且也被他所陷害的人伤害了。他吩咐埃洛伊兹做修女，而自己在圣丹尼斯起誓做僧侣。

理性论者

一年后（1120年），在他的学生和大修道院院长的催促下，他在曼松塞莱（Maisoncelle）的本笃小修道院的地窖密室中继续讲学。也许我们可在他的著作中窥见他的演讲内容，但这些著作是由他陆续发表的作品编撰而成的，难于确定日期。作品在他晚年时曾修改过，当时他的精神几已崩溃，因此无法知道他年轻时的生命火花究竟有多少因时间的冲激而湮灭。有四部较小的作品涉及共相的问题，我们不必扰及他其余的作品。然而《辩证法》是一本多达375页的论文，讨论亚里士多德学派的逻辑观点：词类的理性分析、思想的范畴（物质、数量、地点、位置、时间、关系、性质、所有、动作、嗜好等）、命题的形式、推理的规则。西欧人再生的心灵必须为其本身澄清这些基本的概念，像一个小孩子学习阅读一般。在阿伯拉尔的时代，辩证法是哲学家的主要兴趣。一部分因为这新的哲学是受亚里士多德、波伊提乌和波菲利的激发，只有亚里士多德的逻辑论文（但并非全部这方面的著作）被第一代的经院哲学家所知。《辩证法》并不是一本吸引人的著作，但在其正文里，我们仿佛听到在信仰与理性首回合冲突中发出的疏落枪声。真理并非不可辩驳，阿伯拉尔说，《圣经》的真理应和理性的结论配合，否则给我们理性与信仰的上帝就会以其一来欺骗我们。

也许在早年——那个爱情悲剧以前——他写了《哲学家、犹太人、基督徒间的对话》（*Dialogue Betueen a Philosopher, a Jew, and a christian*）。他说："在某晚的异象中"，三个男人走向他这著名的教师，而请求他对他们之间的争论做一个裁决。三个人都相信一个上帝，其中两个人接受希伯来文《圣经》。而哲学家则反对，认为生命、道德应基于理性和自然律。哲学家辩道：固守着我们幼年时的信仰，与无知群众同样迷信，然后宣判那些不接受这些幼稚行为的人都进入地狱，这是多么荒谬的事啊！他下了一个不合乎哲学精神的结论：犹太人是愚人，而基督徒是疯子。这时犹太人立刻反驳道：人不能在没有法律的情况下生活；上帝便像一个好的国王，他给了人们行动依据的法律。"摩西五经"中的告诫，给予犹太人勇气与道德，使他得以度过几世纪之久的流浪与悲惨生活。哲学家问，那么你们的先祖在摩西和他订律法之前如何活得如此的高贵？——而且你如何相信这个启示，允诺供给你们现世的繁荣却一直给予你们贫穷和荒凉呢？基督徒承认哲学家和犹太人所说的大部分，但他辩称基督教教义同时发展并成全了自然律和摩西律法；基督教教义将人类道德的理想提高至前所未有的地位。这些既不是哲学也不是犹太教经典能提供人永恒的幸福，而是基督教给烦恼的人以希望，因此它是无比珍贵的。这个未完成的对话是一个惊人作品。

阿伯拉尔最著名的作品《是与非》提供了另外一个自由讨论的主题。最早提到它的是在圣提埃里（St.Thierry）的威廉给圣贝尔纳的一封信（1140年），描述它是一本神秘的书，秘密地流行在学生和阿伯拉尔的同伴中。以后它就失传，直到1836年，其手稿才被维克托·库辛（Victor Cousin）在阿夫朗什的一个图书馆里发现。这本书的形式，必定是他无法晋升为主教职位主要原因。在一篇虔敬的导论之后，它分成了 157 个问题，包括信仰的最基本教条。在每一个问题之下，排列了两组相对立的引句，一组是肯定赞同，另一组是否定的。而且每一组都引自《圣经》、教会早期教父的作品、异教徒经典，甚至奥维德的《爱的艺术》。这本书即成为学者讨论的参考工具，但书中的导论，有意或是无意地写出他们彼此之间的矛盾，甚至他们个人的矛盾，以此来贬抑早期教父们的权威。阿伯拉尔怀疑《圣经》的权威性，但他赞成它的字句应为文盲所理解，而且必须以理性来解释；《圣经》会被篡改的字句或错误的抄本所破坏，也可能与早期教父的作品互相矛盾，这时理性就必须调和它们。他比"笛卡儿的怀疑"（Carte Sian doubt）早 400 年，他写了这样的序言："智慧的第一个秘诀是谨慎及不断的怀疑……因为由怀疑我们就会寻求答案，由寻求答案我们就可找到真理。"他指出耶稣本身在圣殿中面对东方博士们时，不断地问问题。书中首先讨论的大部分是哲学独立的宣言："信仰必须建立在人类的理智上。"他引述安布罗斯、奥古斯丁及格列高利一世等人的话来护卫信仰，并引用奚拉里、哲罗姆和奥古斯丁等人的话，指出能以理性来证明一个人的信仰是好的。阿伯拉尔一面不断地肯定他的正统观念，一面也展开了一个有关"神与自由意志""在一个由至善全能的神所创造的世界中罪与恶的存在""神非全能的可能性"等问题之辩论。他对这些问题的自由推论，必定已动摇了爱辩论的年轻学生的信仰，然而这种自由的教育方法，很可能由于阿伯拉尔开了先例，变成法国大学在哲学或宗教写作上的正规程序，我们将发现圣托马斯曾毫无恐惧、毫无责备地采用它。在经院哲学中，理性主义也找到了生存的一席之地。

假如这本《是与非》因为它的通用度被限制了而受到较少的攻击，阿伯拉尔企图应用理性解释"三位一体"的奥妙，但这个尝试不会如此狭窄地限制它的影响力和警戒性。因为这是他在 1120 年的讲学和他的书《论神的唯一与三位一体》（*On the Divine Unity and Trinity*）中的主题。他说：

就我的学生们来说，因为他们总是喜欢寻求理性或是哲学上的解释，他们要求的是能了解的理由，而不只是对于"字"的了解，而且认为发表一些不可能本于知识的话是无用的。因此，他们认为除非先被了解，否则不足以相信，并认为向别人鼓吹一件他自己或他所教导的人所不能理解的事，是很荒谬的。

他告诉我们，这本书"变得非常受欢迎"，而且人们赞赏他的灵巧。他指出神的唯一性，是被最伟大的宗教家和哲学家赞同的一点。在一神里，我们可视他的力量为第一身位，他的智慧为第二身位，他的高雅仁慈和爱心为第三身位，这就是神质的形态。但神所有的成就包含并结合了他的权力、智慧和爱心。很多神学家觉得这是一个可承认的推论。巴黎主教拒绝年老且固执的罗塞林对阿伯拉尔异端邪说的控诉。而沙特尔的杰弗里主教在众人恼怒这位鲁莽的哲学家时，保护了阿伯拉尔。但在兰斯有两个教师阿尔贝里克和洛图尔菲曾于1113年与阿伯拉尔在拉昂辩论过，鼓动大主教召见阿伯拉尔，要他带着讨论三位一体的书到苏瓦松来回应那些指控他为异端邪说的攻击。当阿伯拉尔到达苏瓦松时，他发现民众已群起反对他。"他们走近来用石头砸我……相信我已宣传有三位神的存在。"沙特尔的主教要求阿伯拉尔在会议上为自己辩护，阿尔贝里克和其他的人反对，因为他们认为阿伯拉尔在说服和辩论上是令人无法不信服的。这次会议责备他不听教令，强迫他将书付之一炬，而且命令圣梅克拉克尔的修道院长监禁他一年。但不久以后，罗马教皇释放他，并把他送回圣丹尼斯。

在那里与不守法的僧侣度过了动荡的一年后，新任的修道院院长阿博特·苏格尔允许他在枫丹白露（Fontainebleau）与特鲁瓦间一处荒凉的地方建立自己的小庐舍（1122年）。在那里约束少，他用芦苇和稻草建了一座小教堂作为祈祷的地方，称之为"神圣的三位一体"。当学生们得知他愿意免费教学后，他们为自己搭建了一所临时学校；他们在广场上建茅屋，睡在灯芯草和稻草上，同时以粗糙的面包和原野的香草为食。因为求知的热望，这里很快地就聚成大学。学生们为报答他，群起助他开垦原野，造房子，并以木材和石头造了一座新教堂。这座教堂命名为 Paraclete（译按：即指圣灵），说明当他逃离人类社会而变得孤独和失望时，其门徒的爱却俨如圣灵般地进入其生命中。

他在那里的三年过得非常愉快。也许他对这些热心学生的演讲，被保存下来并重编集成两本新书。一本叫《神学的基督教》（*Theologia Christiana*），另一本叫《神学》（*Theologia*）。这两本书的教义均是正统的，但在一个对大部分希腊哲学仍很陌生的时代里，发现书中有许多对异教思想家的赞美，及暗示柏拉图的思想中也包涵某种程度的宗教启示时，不免让人有点惊奇。他不能相信所有这些基督教以前时代中的大思想家都失去救世之意，他坚信神把他的爱给所有的人，包括犹太人和异教徒在内。阿伯拉尔固执地再回到对神学的理性辩护，他认为异端邪说必须以理性而非以武力来阻止。那些坚持认为信仰不须理解的人，在很多事件上，想要掩饰他们无能力睿智地启导信仰。此言真似一根芒刺刺入某些人的肤肉！在寻求基督教的理论基础上，阿伯拉尔的勇气并不比在他之后的哈勒斯（Hales）的亚历山大、马格努斯、托马斯·阿奎那更大。但即使如勇气可嘉的托马斯，也将三位一体论及上帝创造世界的说法，置于超乎理性信仰之上。阿伯拉尔却在理性的范围内，寻求最奥妙的教义。

他著书立论的大胆及敏锐智慧的咄咄逼人，使他招致了新的敌人。可能在提及明谷的贝尔纳和普雷蒙特雷修会的创建者诺贝特（Norbert）时，他写道：

> 某些为世人所相信的后辈传道者，到处奔走……无耻地以各种可能的方法对我造谣中伤，以致他们能及时引起许多权威人士对我的嘲笑……当我得知有一个新的教士会议要召开，那么上帝将是我的证人，我相信这个会议是为了我的被定罪而召开的。

可能为了平息这种批评，他放弃了教学而接受了一个邀请，担任布列塔尼的圣吉尔达斯修道院的院长（约 1154 年）。更可能是精明的阿博特·苏格尔故意安排这一转机以平息这场风暴。这是一项提升，也是一种监禁。这位哲学家发现他自己处在"野蛮"和"不可理喻"的人民及"卑鄙不驯服"、公开和娼妇同居的教士群中。教士们愤恨他的改革，他们放毒药在他弥撒时饮用的圣餐杯里。不过这个计划失败了，他们又贿赂他的仆人在食物中下毒，另一个教士吃了这食物而"立刻倒地暴卒"。

埃洛伊兹的书信

自从埃洛伊兹离开阿伯拉尔后，她尽职地做个修女，最后成为副院长，而且"在所有人眼中如此受关注，主教爱她如女，院长和她情同手足，而教外俗人爱之若母"。得知埃洛伊兹及她的修女们正在找寻新的教区，阿伯拉尔提供他们小教堂及名之为"圣灵"（the Paraclete）的建筑。阿伯拉尔亲自帮助她们在那儿奠基，并时常造访她们，同时对她们及附近的村民讲道。于是谣传着："像我如此年老，实在难以忍受和我所爱的她分离，至今我依然易为现世的欲望和快乐所动摇。"

当他在令其不胜烦恼的圣吉尔达斯教区时，完成了他的自传《我的灾难史》。我们不知他的动机何在，它似乎是献给一位悲伤的友人的，以安慰性小品文的形式出现。"因此把你的悲哀跟我相比，你会发现你的悲伤实在算不了什么。"但显然他此书想诉之于世人的，是一种道德上的自白和神学上的卫教。一项古老但未经证实的传说提到：当这一自传的抄本传到埃洛伊兹手中时，她写下了如下令人惊讶的回信：

> 致她的老师，也是父亲，她的丈夫，也是弟兄；他的使女，

也是女儿；他的妻子，也是姐妹；致阿伯拉尔，埃洛伊兹。我的爱人，偶然得见您写给朋友的一封慰问信……我相信没有人读了它或是听了它而不流泪的，它重新唤起了我全心的悲伤……为在那位一直护卫的神名里……为基督的缘故，以他的和您的使女身份，我们恳求您不时给我们来信，把您所遭遇种种绝望的事告诉我们，至少您还拥有我们，与您共享悲欢……

最亲爱的！您知道所有的人都知道——我为您所失去的……服从您的命令，我改变了我的习惯和我的心志，为了表示您是我的心灵和肉体唯一的拥有者……我所追寻的，既不是婚姻的保证，也不是丰盛的嫁妆……假若妻子这名分显得更加神圣与合法，那么朋友这个字眼对我将更甜美，甚至，要是您不介意的话，姘妇或娼妓之名对我更甜蜜……我愿请神为证，即使奥古斯都君临世界，以为我足以与之匹配，以我为后，愿把整个世界献给我，永远受我的驾御；对我来说，也不及做你的娼妓更为亲爱和尊荣……

在王者与智者中谁能与您并享盛名？哪个王国或城镇不急欲见您？我问，当您公开露面时谁不急于看您一眼？……什么样的妻子和少女当您不在时会不渴望您的出现，而当您在时不热情洋溢呢？那么皇后或贵妇能不嫉妒我的欢乐和我的卧榻吗？……

您若能，请告诉我一件事：为什么在我们转而过宗教生活（这是您片面的决定）之后，我会如此被疏忽和埋没，以致令我再也不能借着您的谈话或露面而重新振作；而且当您不在时，也不能借着一封书信而获得安慰。只有这件事请您告诉我，如果您能，或者让我告诉您，我所感觉的以及我所怀疑的；您对我欲重于情……所以每当您停止所欲时，您所要显示的也同时停止了。我所至爱的！这些不只是个人的感觉，而是所有人的臆测……如果只对我个人而言是如此，而您的爱使得别人去谅解那些臆测，那么我的忧伤将稍被抚平。

　　我恳求您注意我所要求的……当我被您的出现所欺，至少借着您所书写的话语——关于此，您有过许多——赐予我您那甜美的影像……自您处我应得到更多，为您做一切事情……我只是一个少女时，被诱导而受到皈依修道院的苦楚……这并不是出于对宗教的奉献，而只是因为您的命令。为此，我不会期待从神而得赏赐，因为尽人皆知我并没做什么配得神的爱。

　　为此，在神的名下，您奉献了您自己。在神的面前，我请求您，不论您用任何方法，请您借着那些慰藉的书信，回到我的身边……再见！我的一切。

　　就生理而言，阿伯拉尔不适于同等地回报这种热情。传说他的回复是宗教誓约的提示：“给在基督里，他最亲爱的姐妹埃洛伊兹，她最至爱的弟兄阿伯拉尔。”他建议她谦卑地接受他们的不幸，当作从神处所得到的赎罪的惩罚。他要求她祈祷；命令她停止忧伤，怀着在天堂重聚的希望；并且请求她，在他死后，葬他于“圣灵”的土地上。她的第二封信里重复了她的痴爱，对神的不敬：“我曾经害怕冒犯你更甚于冒犯上帝，我渴望取悦于你更甚于取悦于上帝……看看我要过着多痛苦的一生，如果我徒然地忍受这一切的事情，而未来又无获得赏赐的希望。你如其他人一样，长期被我的伪装所欺骗，以致误解我对宗教的伪善。”他回答说真正爱她的是基督而不是他：“我对你的爱只是色欲而已，而不是纯然的爱情，你使我可怜的欲望获得满足，而这就是我所有的爱……为耶稣基督哭泣吧！而非为你的好色者哭泣；为你的救世主哭泣吧！而非为我这卑污的人流泪。”他又作了一篇感人的祈祷，希望她能为他背诵。她的第三封信显示她承认了他属世爱情的没灭，她只是要求他定一套新的清规，使她和她的修女们可以过正常的宗教生活。他应允了，而且为她们起草了一套很温和适切的规约，他写了训诫来启发她们，把这些作品送给埃洛伊兹，附言柔和地说道：“在主里，我向他的仆人道别，那曾经在世上为我所钟爱，而现在在基督里为我所至爱的。"在他伤痛的心中，他仍是爱着她的。

这些有名的信件是否是真的呢？困难出现了。埃洛伊兹的第一封信似乎是在他的《我的灾难史》之后，而在这篇《我的灾难史》中曾记载着数次阿伯拉尔在"圣灵"对埃洛伊兹所作的拜访，而她埋怨他根本就不重视她。可能他的《我的灾难史》是以连载方式发行的，而只有较前部分先于这封信。以一个献身宗教达 14 年，且我们可由"尊贵者"彼得及阿伯拉尔证实其已赢得极高的尊崇的女子，其书信中某些语句的大胆淫秽，似乎难以令人置信。这些书信中，既讲求修辞学上的技巧，又引经据典地引录古典文学和教父们的作品，凡此几乎不可能遽尔出现在一颗真诚满怀爱情或虔敬或悔恨的心灵之中。而这些信的最早的手稿始于 13 世纪，可能是让·默恩（Jean de Meung）在 1285 年将其由拉丁文译成法文。它们是历史上最有名的伪造文学的一部分，事实上是不值得相信的，却是法国浪漫文学中不可磨灭的一部分。

判罪

我们不晓得在何时阿伯拉尔以何种方法逃避那些显要，及那些教区的审判。我们发现索尔兹伯里的约翰曾言 1136 年他参加阿伯拉尔在圣热讷维耶沃山（Mont Genevieve）的讲学。我们也不知道他是经过何人的允许而能继续其讲学。或许他未曾问过任何人，或许由于他对教会纪律的稍加轻视，而使教士皆反对他，而由于不诚实的手段导致他的最后失败。

若说阉割使他失去了男子气概，但在他流传给我们、载有他授课内容的作品中，却没有这种迹象。在其作品中，很难发现有明显的异端邪说的成分，却很容易找到使教会人士感到不满的章节。在一本名叫《认识自己》（Scito te Ipsum）的有关道德哲学的书中，他认为罪恶的产生，主要是在于意图而非行动；没有一个行动（甚至是杀人）其本身是有罪的。所以一个母亲，因其婴儿穿衣太少无法温暖时，紧紧地把婴儿抱在怀中，结果无心地使婴儿窒息而死。她杀死了她所爱的，虽然她受到法律的制裁，以使其他妇女提高警觉，但在上帝眼中她仍是清白的。更深一层来说，要构成一个罪行，须行为者不仅是触犯了别人，更重要的是违背了其自身的道德良心。因此杀害基督教的殉道者，对罗马人并非是罪，因为他们相信这样的迫害，对保存他们的国家或是他们信仰的宗教来说都是必要的。不但如此，而且"甚至那些迫害其所认为有责任去加以迫害的基督及他的跟从者的人，其行为固然被认为是有罪的，但假若他们违背良心，释放基督徒，则所犯的错误和罪行将是更大的"。这种解释即使合乎逻辑，也是使人愤怒的。但是，在这种理论下，罪恶的定义是对神的法律的一种亵渎，同时也增加对"犯罪意图"的曲解的阴霾。除了少数像保罗这类的人物，何人会承认他是违背良心行事？阿伯拉尔在1141年遭受控诉的16条原因中，有6条是因此书而生的。

阿伯拉尔比任何异端邪说更使教会感到困扰的，是他假设在宗教信仰内没有任何的奥秘，所有的教条都应能做合理的解释。据此而言，他是否太执迷于逻辑，以至把"神的话"也当成一种逻辑了呢？姑且承认这个具有吸引力的教师以非传统的方法导致正统的结论；有多少不成熟的头脑，受到他那善变的逻辑的感染，而且由于他那种似是而非的正反辩论而疑惑不决。如果只有他自己一人坚持他的论调，那他还不致被人怎样，因他不可能久留人世。但他有数百名热心的追随者，而且其他的教师如康科斯的威廉、吉尔伯特、图尔的贝伦格尔等人，均把信仰置于理智考验中。在这种情形下，教会还能使维系欧洲道德与社会秩序的宗教信仰上的一致与热诚维持多久？阿伯拉尔的一个弟子布雷西亚的阿诺德正在意大利煽动革命。

可能就是诸如此类的顾虑，促使圣贝尔纳公开与阿伯拉尔进行论战。贝尔纳久已带着不信任的眼光，注视着这个潜行的且具攻击性的勇敢的知识分子；寻求知识，除对神圣事理有益者外，对他而言显然都是异端派，意图用理智去解释这不可侵犯的奥秘是不敬与愚昧的；

而类似的理性主义若以解释宗教的奥秘为始，终会导致对于此种奥秘的亵渎。但他并不欲寻衅。当圣提埃里的威廉（1139 年）要他注意阿伯拉尔的授课所造成的危险性，并请求他谴责这位哲学家时，他敷衍他而未采取行动。阿伯拉尔自己写信给桑斯教区的主教，寻求在即将举行的基督教会议中能有一个为自己辩护的机会，以澄清一般对他有关异端邪说的指控，从而突然引起了这场论争。主教同意，希望他自己的主教座堂能成为基督教世界瞩目的焦点，为确保有个精彩的激战，他邀请了贝尔纳列席。贝尔纳拒绝，他认为在这个辩证法的游戏中，与在逻辑上有 40 年训练经验的阿伯拉尔相比，他"不过是个小孩"而已。但他写信给几位主教，力请他们列席卫道。在信中他说：

> 阿伯拉尔认为他可以借着人类的理智去彻底了解上帝，他正设法抹杀基督教信仰的价值。他上穷碧落下黄泉，无物能遁隐于其视界之外！……他不愿满意于透过一面镜子模糊地观看事物，他要面对面地观察所有事情……当他谈到三位一体时，他具有阿里乌斯的风味；当他谈到上帝的慈悲时，他具有佩拉纠的风格；当他谈到基督的身位时，他具有聂斯脱利的味道……对公义信念的信仰，是不须争论的。但这个人无心相信未经他的理性检验过的信仰。

贝尔纳的支持者托称他们自己的能力薄弱，恳劝贝尔纳出席。当阿伯拉尔到达桑斯之后（1140 年 6 月），他发现只因贝尔纳的出席及其敌对的态度，公众的情绪像 19 年前在苏瓦松一般的不利于他，致使他几乎不敢在街上露面。大主教实现了自己的梦想，因有一星期之久，桑斯似乎成为世界的中心。法王在其威仪的朝臣陪伴下出席，数十位教会显要都出席。贝尔纳由于风湿而微跛，严肃凛然不可侵犯，慑服了所有人。这些高级教士，不论是个人或全体，都感觉到阿伯拉尔攻击教会缺点、教士及僧侣的淫荡行为、赦罪券的出售，及伪造奇迹等的刺痛。阿伯拉尔相信这个会议将定罪于他，因此仅在会议初期出席，宣称只接受教皇为其审判官，于是退出会议，离城而去。在此要求之后，这个会议也不能确定能否合法地审判阿伯拉尔，而贝尔纳确信能做到。接着，这个会议从阿伯拉尔的书中举出其中十六点议论，包括他所下"罪恶"的定义及有关一位神集力量、智慧、仁慈于一身的三位一体论。

几乎身无分文的阿伯拉尔想到罗马教皇跟前申明案情，但是年老力衰阻止了他的行动。到了勃艮第的克吕尼修道院，他受到"尊贵者"彼得同情与关切的接待，在那里休息数天。同时英诺森二世发布命令认可了会议的判决，终身禁止他发表任何言论，并监禁于修道院。阿伯拉尔仍想继续他的朝圣行程，彼得则劝阻他，说教皇永远不会做违反贝尔纳的决定。由于身心交瘁，阿伯拉尔终于屈服了，他变成克吕尼的修道士，隐身于面壁苦修及其宗教仪式中。他以虔诚、沉默及祈祷来感化他的弟子。他写了一封表白其信仰教会教义的感人书信给他以后未曾再见面的埃洛伊兹。可能是因为她的缘故，他写了一些中世纪文学里最有名的赞美诗，其中有一篇被人认为是他的作品《悲悼》，形式上是一篇大卫哀乔纳森的挽歌，但任何读者都可领会其中微妙的弦外之音：

> 倘能与君共墓眠，
> 赴死也甘愿，
> 世人所爱珍宝物，
> 哪比此恩典！
> 倘君已逝而我活，
> 亦形同死亡；
> 半个灵魂半口气，
> 做鬼也欠全！
> 我置竖琴不复弹，

> 为止苦泪与长叹！
> 我指久弹酸且痛，
> 喉心弱，为悲惨。

不久他病了，仁慈的住持送他到靠近查伦斯的圣马赛尔修道院，换换空气。1141 年 4 月 21 日，他死于该地，享年 63 岁。他被葬于修道院的礼拜堂里，但埃洛伊兹提醒"尊贵者"彼得说阿伯拉尔曾要求葬于"圣灵"。仁慈的院长把遗体交给埃洛伊兹，并安慰她，那故世的爱人是那个时代的苏格拉底、柏拉图与亚里士多德，并给她一封充满着基督教柔和的慰问信：

> 主内亲爱而可敬的姐妹，你俩经由肉体的结合，借着更美好更坚固的神圣爱情之维系，联结为一……一同侍奉天主。而今，天主将他取去，怀抱于胸臆，以他代替你或当作另一个你。但当那日，他再降临，在天上有天使长的声音，并神的号吹响，天主矜怜，会使他再回到你身边。

1164 年，她也以 63 岁之寿并与其已故爱人等量的盛名而去。她也葬在"圣灵"的花园里，与阿伯拉尔为邻。至于那座小礼拜堂，已在法国革命时被摧毁，他们的坟地也受破坏而难以分辨。但一般相信他们的遗体在 1817 年转葬至巴黎的拉雪兹神父（Père Lachaise）公墓。现在，我们仍能看到许多男女在夏季的某个星期日至其墓前献花致意。

第十章 | **理性的探索**
（1120—1308）

沙特尔学校

如何才能解释，滥觞于安塞姆、罗塞林和阿伯拉尔，而在大阿尔伯图斯和圣托马斯·阿奎那达于高峰的一次哲学巨变呢？一般而言，原因很多：东方希腊古典文化对世界的影响未尝稍减；每个世纪，在君士坦丁堡、安条克和亚历山大等地都有人潜心研究希腊早期的哲学家，就像迈克尔·普塞努斯、尼塞菲洛斯·布勒米德斯、乔治·帕库美雷斯及叙利亚人巴尔赫布拉埃乌斯等人，以第一手资料研究柏拉图和亚里士多德的作品。这些希腊著作原稿传入西方，甚至零星的古希腊文明在遭受蛮族的摧残后依然存留。大部分亚里士多德有关逻辑的《论理篇》及柏拉图的《美诺篇》（Meno）篇与《蒂迈欧篇》都被保存下来。《美诺篇》及《蒂迈欧篇》的某些描述使基督教对地狱的想象力着上一层色彩。12世纪和13世纪以来，翻译阿拉伯和希腊作品的浪潮，给西方很大的启示，同时面对这些与西方截然不同的希腊和伊斯兰教哲学的挑战，动摇了整个基督教世界的神学。全欧陆农业的推广、工商业的扩张、劳务和财富的集中，形成财富的成长，这才是造成这项事实的原因。经济的复兴，加上思想的自由沟通、大学的兴起、拉丁文学与罗马法的新发展、宗教法规的编纂、哥特式建筑的光彩、传奇故事的风行、吟游诗人的"行乐学"、纯科学的复苏、哲学的复活，引发了12世纪的"文艺复兴"。

随着财富的增加，闲暇、研究和学校应运而生。"学校"（Scholé）的原意即是闲暇。学者（scholasticus）指学校中的导师或教授；经院哲学为中古中等学校及由其衍生的大学中的课程。教学法就是学校中用于哲学方面的辩论和阐释的形式。12世纪，除了巴黎附近阿伯拉尔的课堂外，沙特尔是最活跃、最著名的学校。在那里，哲学、文学合而为一，所有毕业生都热衷于以明晰优美的文字，表达深奥的问题，这已成为法国一种光荣的传统。曾使哲学成为可理解的柏拉图，是当地的宠儿，而实在论者与唯名论者之间的争论，因认定"真实的"共相与柏拉图的"理念"或上帝心意中造物的原型是一致的，而获调解。在沙特尔的贝尔纳和其弟狄奥多里克（约1140年）的领导下，沙特尔学校的影响力臻于极致。其中有三位毕业生——康科斯的威廉、吉尔伯特及索尔兹伯里的约翰——支配了阿伯拉尔以后半个世纪西欧的哲学。

经院哲学的学说在威廉的推动下有惊人的发展。他熟知希波克拉底、卢克莱修、侯奈因·伊本·伊萨克、非洲人康士坦丁，甚至德谟克里特等人的作品。他对原子理论颇有兴趣，他归结所有的大自然之作，始于原子的结合；甚至最高形态的人体生命过程也来自此。灵魂则是个人生命的本质和宇宙灵魂或世界生命本质的结合。威廉追随阿伯拉尔的哲学进入一个危险的神秘境界，威廉曾写道："存在于上帝中的权力、智慧和意志，圣者称为三个身位（persons）。"他将夏娃是由亚当的肋骨所造成的故事视为一个大的寓言。对诅咒科学与哲学而认为单纯的信仰即足够的科尼菲西乌斯（Cornificius）及该派其他学者，他加以有力的驳斥：

因为他们不了解自然的力量，又希望陷别人于相同的无知，所以他们不能忍受其他人穷理探源，而欲使我们像个乡下人一样地相信，不诉诸理智活动……但我们坚持必穷万物之理；如果理无法解决，我们必将以此事……交付圣灵和信仰（他们）说"我们不知道如何会这样，但我们知道神能这样做"。你们这些可怜的愚人啊！神能变树为牛，但他可曾这样做过？因此须用理解释事何以如此，否则不要相信它是如此的……我们欢乐，并不是因多数的人，而是因少数的刚毅之士，孤独地为真理而努力。

这种论点，使圣提埃里的威廉有点吃不消。这位曾使圣贝尔纳追捕阿伯拉尔的热心僧侣，如今又急于对明谷住持指控这位新理性主义者。康科斯的威廉终于撤回他的异端思想，同意夏娃的确是由亚当的一根肋骨变成的。他视哲学为不能以冒险而获益的事业，并放弃了它，而后成为英格兰金雀花王朝亨利的老师，从此自历史上隐退。

吉尔伯特更成功地从事这项风险很大的事业。他在巴黎和沙特尔受教育并任教，成了波蒂阿的主教，写了《六原则》（*Book of Six Principles*），成为许多世纪中的逻辑标准教材。但他的《论波伊提乌》（*Commentary on Boethius*），暗示神性非人的理智所能了解，对神的一切描述，只能视为类推；又如此强调神的独一性，使"三位一体"似乎成了比喻之辞。1148 年，虽已 72 岁高龄，仍被圣贝尔纳控为异端，在欧塞尔受审，以其特具的狡黠灵敏，他使敌手受挫，终于以无罪开释。一年后，他再度受审，同意撕下书中某些部分并烧毁，但仍然以自由人的身份回到教区。当有人建议，希望他和圣贝尔纳讨论他的观点时，被他拒绝了。他说这位圣者太不熟悉神学，因此无法了解他。据索尔兹伯里的约翰描述，吉尔伯特是"自由文化的极致，无人能压倒他。"

这句评语也适用于约翰自己，在所有经院哲学家中，约翰最具广博的学养、优雅的气质、上乘的文笔。他 1117 年生于索尔兹伯里，曾在圣热讷维耶沃山受教于阿伯拉尔门下，在沙特尔受教于康科斯的威廉，在巴黎受教于吉尔伯特。1149 年，他回到英格兰，做了两位坎特伯雷大主教西奥博尔德和贝克特的秘书，负责外交上的事务。他曾六次访问意大利，驻在教皇宫廷中八年。随同贝克特被逐到法国，并且亲见贝克特在其教堂中被刺。1176 年，他成了沙特尔的主教，死于 1180 年。在他充实而富变化的一生中，约翰学到如何从生活检视推理的方法。晚年，他重临学校，很愉快地发现大家仍在唯名论与实在论上面辩论不休：

> 人们还未离开这个问题的争辩。世界却在讨论这个问题中变老了，它比恺撒征服与统治世界所耗的时间还多……无论从哪个观点开始一个讨论，终于会牵扯到这个问题。好比鲁夫斯对纳耶维阿的狂热："除了纳耶维阿，他什么也不想，什么也不说；没有了纳耶维阿，鲁夫斯就哑了。"

但约翰简洁地解决这个问题：共相是一种心理的概念，适当地结合了个体的共同特质。约翰比阿伯拉尔更推崇概念论。

他以自阿尔昆信札以来最上乘的拉丁文，撰写一本有关希腊和罗马的哲学史，这是广阔的中古思想的惊人明证。梅基洛吉康（Metalogicon）以自传方式阐扬逻辑，波利克拉提库斯（Polycraticus）有个精彩的副标题：《论谄媚者的愚蠢及哲学家的遗风》。这是基督教世界中，最重要的政治哲学论文。其中揭露当时政府的错误和恶习，描述一个理想国的轮廓和理想人。他告诉大家说："现在，一切公开购买，只有卖者的谦逊忠厚才能阻止交易行为。贪婪的邪火甚至威胁圣堂……即便罗马教廷的使者也不能拒绝受贿，洁身自爱，有时更沉迷于风行各行省的狂饮迷乱中。"如果我们相信上述的指控，他告诉教皇哈德良四世，教会也参与当时的腐败行列中；而教皇却答以人之为人，不因服饰而有差异。约翰机智地接着说："在上帝的庙堂（指教会）里，当部分人落后了，其他人必须递补他们的工作。在所有执事、副主教、主教和使徒中，我曾见一些人怀着赤忱为上帝全力以赴，这种出自内心的信念和美德所成就的事业，使上帝的葡萄园在他们的呵护下，有了妥善的安置。"在他看来俗世的政府比教会更为腐化。因此教会为了保护民众而执行任何国家与君主的道德裁判的功能，是相当正确的。

在波利克拉提库斯最著名的一节中，有几句针对诛杀暴君的名言：

> 倘若王公们渐形偏离正道，即使如此，也不宜立即将他们彻底推翻，反应耐性以言词责难，直到确定他们怙恶不悛为止……但如统治者的权力与上天的戒律相违，并希望使我加入这个反上帝的行列，那我必无法目抑地回答道：上帝必是先于世上任何人……剪除暴君不仅合法，更是正确而且公道的。

这是约翰振奋人心的呼喊，在同书的后几节中，他又说："但弑君者，以未向暴君守忠诚誓言者为限。"这是一条为每一个要求臣民宣誓效忠的统治者之保留条款。15世纪，让·珀蒂（Jean Petit）在为以暗杀罪起诉的奥尔良的路易辩护时，曾引用此书中的话。但康士坦议会却以未经传唤和审判，即使国王也不能以认定被告的罪为由驳回其辩词。

我们"现代人"无法完全同意约翰在12世纪时的"现代"思想。他有时说出现在看来毫无意义的话，但这些无意义的话常是用既优美又豁达的风格写出来的。这在伊拉斯谟以前是难得一见的。约翰也是一个人文主义者，爱生命甚于永生，爱美、善甚于任何信仰的教条，以喜悦甚于崇拜的心情节录古典文学。他将"智者可能怀疑的问题"列为一个长表，包括了灵魂的起源和本质、世界的创造、上帝的先见与人类的自由意志之间的关联。他的聪明使他免于担上异端的罪名。他以外交豁免权和个人声望穿梭于那一时代的争辩中。他视哲学为和平的慰藉而非争战的形式，在万事万物中哲学是一种温和的影响力："一个人通过哲学获得亲和、慈爱，才是获取了哲学最高的宗旨"。

亚里士多德学说在巴黎

1150 年，阿伯拉尔的学生彼得·郎巴德（Peter Lombard）出版了一本书，成了略去异教思想的阿伯拉尔专集，开始了正式的经院哲学。彼得像安塞姆、布雷西亚的阿诺德、圣波拿文都拉和托马斯·阿奎那一样，都是到法国进修神学和哲学的意大利人。他敬爱阿伯拉尔，称《是与非》是他每日的祈祷书，但他也想成为主教。他的《信念四讲》（*Sententiarum Libri IV*）运用并琢磨了《是与非》的方法：针对神学中每个问题，节录《圣经》或初期基督教领袖的经句以为支持或反对的理由，但彼得有意努力将所有的矛盾变成正统的结论。他终于成为巴黎主教，而他的书成为以后 4 个世纪最受欢迎的神学教本。罗杰·培根甚至谴责这本书已取代了《圣经》的地位。4000 多位神学家，包括大阿尔伯图斯和托马斯，据说都为该书写过评注。

郎巴德的书拥护《圣经》的权威性和教会的地位，而反对个人理性的要求，使理性主义的发展停止了半个世纪。但在这半个世纪中，一桩奇特的事件使神学发生转变。9 世纪阿拉伯译本的亚里士多德的科学和形而上学作品，曾迫使伊斯兰教思想家在 9 世纪时，寻求伊斯兰教义和希腊哲学之间的协调。同时，亚氏对西班牙的希伯来思想也产生了很大的冲击，促使 12 世纪的伊本·多德和迈蒙尼德在希腊和犹太思想之间寻求调和。因此，当亚氏作品披着拉丁文的外衣，1150—1250 年间进入欧洲后，迫使天主教神学家尝试将希腊形而上学与基督教的神学加以综合。此外，由于亚里士多德似乎不受《圣经》权威的限制，神学家被迫借助语言和理性的武器。这位希腊大哲若得知这许多震撼世界的信仰都对其思想表示尊崇，他将如何地含笑九泉之下！

但我们也不能过分夸张希腊思想家对当时哲学催生的影响力。教育的普及；讨论之风的持久不衰；12世纪各级学校从事心智生活；罗塞林和香槟地区的威廉、阿伯拉尔，康科斯的威廉，索尔兹伯里的约翰等人的启迪；十字军东征后视野的扩大，增加了对伊斯兰教生活和东西文化的认识，即使没人知道亚里士多德，这一切也足以造就一个阿奎那了。事实上，阿奎那的孜孜不倦，并不是由于对亚氏的敬爱，而是对阿威罗伊的害怕。12世纪，西班牙的阿拉伯和犹太思想正影响着基督教的思维。金迪、法拉比、加扎利、阿维森那、伊本加比罗、阿威罗伊和迈蒙尼德，步着柏拉图、亚里士多德、希波克拉底和盖伦、欧几里得以及托勒密的后尘，跨进南欧的门槛。

外来思想的侵入，是对未臻成熟的西方上层阶级人士一种心智上的震撼。我们无须讶异于这些外来思想在传入之初受到的抑止和延误，我们倒要惊奇于其惊人的适应能力，这些古老知识的重新传入，为这新的信仰所汲取。亚氏的《物理学》和《形而上学》及阿威罗伊的评注，在13世纪的最初10年传入了巴黎，震动了许多学生的正统思想。即使是贝纳的阿马里克和迪南的大卫等学者都转而攻击上帝创造世界、奇迹、个人永生等基督教的基本教义。教会怀疑并担忧阿拉伯－希腊思想的渗入法国南部，使传统教义的信念在知识界动摇，同时也削弱教会控制阿尔比异端的决心。1210年，巴黎的一次教会会议指控阿马里克和大卫，并立即禁止阅读亚里士多德的形而上学和自然哲学或对他著作的各种"评论"，但1215年，教廷使节的重申禁令，似乎更加刺激了大众阅读禁书的兴趣。第四次拉特兰会议只允许教授亚氏的逻辑和伦理学，但其他依然在禁止之列。1231年，教皇格列高利九世赦免那些不服从诏书的学者，但他再次宣告："禁令是暂时性的，须至亚氏的书经过审查删除某些不妥处之后才做最后决定。"三位被指派修订亚氏作品的巴黎学者似乎未能完成任务。禁令未能长久执行，因为1255年亚氏的《物理学》、《形而上学》和其他作品成为巴黎大学的必修课。1263年，乌尔班四世重申禁令，但显然阿奎那曾向教皇力言亚氏的作品是永不能被改编或压抑的，而乌尔班也就不再坚持他的否决权。1366 年，乌尔班五世所有派驻巴黎的使节们要求巴黎大学的文学学位候选人，须深入研究亚氏的所有作品。

拉丁基督教王国所遭遇的困境，在 13 世纪的前 25 年里，造成宗教史上最大危机。新哲学的风行是一种思想上的狂热，弥漫各地，难以收拾。教会终于放弃以前的禁令；转而发展本身力量来同化外来者。忠于教会的僧侣们研读这位横扫三教的希腊奇才。圣方济各修会的教士们虽然推崇奥古斯丁甚于亚里士多德，但对第一个尝试协调基督教和这位大哲的亚历山大，仍表示相当欢迎之意。西班牙多米尼克修会也同样鼓励大阿尔伯图斯和托马斯·阿奎那，致力于相同的事业。在这三位哲人完成使命后，对于基督教而言，亚氏已不致引起危险。

自由思想家

为了体认经院哲学并非是毫无趣味的抽象概念的堆积，我们须明白 13 世纪并非大经院哲学家们未经挑战的园地，而是一个战场，其中 70 年来，怀疑论者、唯物论者、泛神论者和无神论者都在与教会的神学家们竞争，企图独霸欧洲的思想界。

我们注意到，少数欧洲人已有不信仰上帝的迹象。13 世纪以来，十字军东征和翻译作品的流传，造成欧洲人与穆斯林的接触，更扩大了这些少数人的阵容。他们发觉还有其他宗教的存在，同时也造就了诸如萨拉丁和金迪等卓越人才及阿维森那和阿威罗伊等哲学家。这些发现本身就是令人烦恼的显示，比较宗教对宗教是有害无益的。"智者"阿方索曾报道：可能是由于阿威罗伊思想渗入民间，西班牙的基督徒对永生已有普遍的怀疑。在法国南部，13 世纪时已有理性主义者，他们认为上帝在创造世界以后，就让一切循自然法运行，奇迹绝无可能。而祈祷无法改变自然力量的本质，新物种的起源并非由于有意的创造，而是自然的发展。巴黎有许多自由思想家，甚至包括很多教士，他们否认神学的化体论。在牛津，一位教师埋怨说："祭台前的圣礼才是最严重的偶像崇拜。"里尔的阿兰曾说："现在有许多虚伪的基督徒否认复活，认为肉体和灵魂一起消逝"。那些人引用伊壁鸠鲁和卢克莱修的理论，归结出享受现世人生才是上策。

在佛兰德斯，都市工业主义的勃兴促使信仰丧失。13世纪初迪南的大卫和13世纪末布拉班特的希格正领导一个强烈的怀疑运动。大卫（约1200年）在巴黎教授哲学，并以明敏辩词取悦教皇英诺森三世。他玩弄一种唯物论者的泛神论，使神（God）、心（mind）、纯质（Pure matter），未被赋形之物。形成新的三位一体。其已失传的书《特时努利》（*Quaternuli*），在1210年被巴黎会议定罪并烧毁，这次宗教会议又公开指责另一位巴黎教授贝纳的阿马里克的泛神论，他主张上帝与万物为一体。阿马里克被迫收回言论，据说因此羞愤而死（1207年）。但教会仍决定掘其尸骨，并在巴黎广场焚烧，以警告同党之人。他们仍坚持己见，否认天堂和地狱及圣礼的力量。1210年，十位阿马里克的门徒被烧死在火刑柱上。

腓特烈二世时，意大利南部自由思想弥漫，这就是阿奎那生长的地方。腓特烈的朋友枢机主教乌巴尔迪尼（Ubaldini）公开宣布唯物论。意大利北部的工人、商业阶级、律师和教授都陷入怀疑主义中。博洛尼亚大学的全体教员漠视宗教，最为人诟病。这里和其他学校的医学院更是怀疑论的中心据点，随而产生一句俗谚："三个医生中，有两个是无神论者。"约1240年，在意大利受过教育的俗人，皆以熟知阿威罗伊的学说为一种时尚。成千的人接受这种思想，认为宇宙运行受自然法则的规范，而上帝并不干预；世界与上帝永远共存；唯一不朽的灵魂是宇宙间的"永恒智慧"，而个人灵魂只是霎时的出现或形式；天堂地狱之说纯是杜撰之词，为的是劝诱或恐吓民众，使之安分守己。为了缓和宗教裁判法庭的激情，部分阿威罗伊派的学者，从事于一种两面真理的理论探讨：他们认为一种命题可能在哲学或自然理性下是对的，但在《圣经》和基督教信念中却是错的；他们坚称我们可在同时因宗教信仰的缘故，而相信理性所怀疑的事情为真实的。这种理论否认了经院哲学最基本的假设及协调理性与宗教的可能性。

13世纪末到15世纪，帕多瓦大学是阿威罗伊学说的中心。阿巴诺（Abano）的彼得，曾担任巴黎大学的医学教授，当时为帕多瓦大学的哲学教授。1303年，他写了一本书《矛盾的协调》（*Conciliator Controversi arum*），意图使医学和哲学理论相辅相成。但他在科学史上取得一席之地，是由于指出脑是神经的主宰、血脉的中枢，并且精确地指出一年有365天6小时零4分钟。他深信占星学，使他几乎抹杀了大部分造成星球运转的力量和原因，几乎将上帝摒于宇宙体系之外。宗教裁判官控告他为异端，但由于玛奎斯·阿佐·德埃斯特（Marquis Azzo d'Este）和教皇洪诺留四世是他的病人，他受到了保护。1315年，再度被告，终因寿终正寝得以逃过审判。但法庭依然判决将他的尸体在火刑柱上焚毁，朋友们把尸体藏得很隐秘，最后只好以他的肖像为执刑的对象。

托马斯·阿奎那由意大利到法国之后，发现阿威罗伊学说已长期左右部分教师。1240年，奥弗涅的威廉指出在巴黎大学中，有"很多人不假思索，轻易相信阿威罗伊学说"。1252年，阿奎那发现阿威罗伊学说在青年中蔚为风气。也许是震于阿奎那的这项报道，教皇亚历山大四世在1256年命令大阿尔伯图斯撰写一篇论文《知识分子联诋阿威罗伊书》（*On the Unity of the Intellect Against Averroes*），当阿奎那在巴黎执教时，阿威罗伊运动正值高潮。布拉班特的希格是此派在法国的领导人物，他1266至1276年执教于巴黎大学。30年间，巴黎成为阿威罗伊主义与天主教教义的大战场。

希格为入世教士，是一个饱学之士。在他残存的片断作品中，发现有引用金迪、法拉比、加扎利、阿维森那、阿维帕塞、艾维斯勃朗、阿威罗伊和迈蒙尼德的句子。在一系列对亚里士多德的评注中，及在《驳斥哲学名家大阿尔伯图斯特和阿奎那》（*Against Those Famous Men in Philosophy, Albort and Thomas*）那本引起争论的小册子里，希格认为大阿尔伯图斯特和阿奎那误解亚里士多德，只有阿威罗伊才是正确了解他。他与阿威罗伊一样归结出世界是永恒的，自然法则永恒不变，个体死亡后，唯有灵魂不灭。在希格的心目中，上帝是造成事物最后的但并非是最有力的因素——他是万物的目标，但不是万物创造的原因。希格就像维科和尼采一样受到逻辑的深深吸引，在阴郁轮回的理论中打转，他辩道："既然地球上的万物万事都注定由星般的物质结合而成，而这些可能的组合在数目上是有限的，因此在无限的时间中他们必须重复出现，而且和前次循相同的轨迹。'同一物种'将会重生，因此思想、法律和宗教同样地也会再现。"希格增加了一个小注："这种看法，完全是出于亚氏的观点，但并不坚持这一定论。"希格对其所有这类异端论点，都附加了类似的注解。他不赞同两面真理的理论，他以自认是根据亚里士多德和理性而来的结论教导学生。每遇到结论与基督教教义相违背时，他就保证自己对教理的信仰不二，而将真理之标签用之于教理上，而非用于哲学上。

巴黎大学希格的信徒极多，这可从他 1271 年成为校长职位候选人得知，但他失败了。没有比巴黎主教艾蒂安·唐皮埃尔（Etienne Tempier）的再三公开指责，更足以证明阿威罗伊运动在巴黎造成的严重性。1269 年，主教宣告正在大学里教授的 13 项主张是异端学说：

> 世人中只有一人是智者……世界是不朽的，……绝没有所谓第一个人类……灵魂随肉体同朽……个人意志之运用是取决于必要与否……神并不知道个别的事情……人类行为并不为天意所注定。

显然，阿威罗伊主义者继续执教，因为 1277 年主教又发布了一份列有 219 项见解的表格，正式谴责为异端加以禁止。依据主教的说法，这 219 项异端都是包括在达西卡的波伊提乌、罗杰·培根、阿奎那和其他巴黎教授的教学大纲中。219 项中除了已在 1269 年列为异端的 13 项以外，可由下文中瞧出大概内容：

> 上帝创造万物是不可能的……肉体一旦死亡，无法再以相同的肉身复活……因不能用理性证实，故将来复活之说不能使哲学家信服……神学家的言词建立在神话的基础上……神学无益于知识的累积……基督教妨碍学习……幸福存在于现世生活中，而非来世，……地球上唯哲学家才是有智慧的人……最完满的是具有从事哲学的闲暇。

　　1277 年 10 月，希格被宗教裁判所定罪。在意大利罗马教廷的监狱中度过生命的最后一年，在奥维埃托为近乎疯狂的刺客谋杀。

经院哲学的发展

　　仅仅定罪异端派的见解，并不足以迎战其对基督教所作的正面攻击。年轻一代饱尝哲学的烈酒。这场战争可以用理性赢回来吗？既然伊斯兰教的卫道神学家曾保护伊斯兰教，免于伊斯兰教哲学派的攻击，因此圣方济各和圣多明我派的神学家和奥弗涅的威廉以及根特的亨利等人世教士挺身而出，保卫基督教的教义和教会。

　　护教的势力自分为两个主要阵营：大部分圣方济各派的修道士崇尚诉诸神奇的柏拉图学说，大部分圣多明我派教士则崇尚运用智慧的亚里士多德学说。本笃会的僧侣们如圣维克托的修和理查德一样，深感护教的上策，在于人们直接意识到灵的实际较诸一切知识的度量更深，布洛瓦的彼得和图尔奈的斯蒂芬等“严谨派”（Rigorists），认为哲学不该讨论神学，若必须谈及，则须视哲学为神学谦卑的仆人，然而这个观念只被部分经院哲学派人士赞同。

　　部分圣方济各教士，如哈勒斯的亚历山大，运用智慧的探究，寻求哲学及亚里士多德的言词以卫教。但大多数圣方济各教士不相信哲学，他们了解理性的探索，纵然一时可能给教会带来光彩与力量，但终将一发而不可收拾，导致人们对教义信心的丧失，而使基督教在一个丧失信仰和道德沦丧的世界中衰微无助。他们选择柏拉图、圣贝尔纳及奥古斯丁的学说，而不崇尚亚里士多德及阿伯拉尔、阿奎那。他们根据柏拉图的理论对灵魂下定义，认为灵魂是一种安家于肉身中的独立精神，并为肉身所限。因此当阿奎那接受亚里士多德的主张，认为灵魂是肉身的"实质形式"时，他们大感震惊。他们在柏拉图的学说中，发现非人格的不朽对抑制人类兽性冲动毫无裨益。根据奥古斯丁的主张，他们认为不论人或神，其意志高于智性，人类的目标应为善而非真。在他们的价值层次中，神秘主义者较哲学家更接近生命的神秘本质和意义。

在经院哲学的行列中，倾向于柏拉图学说的奥古斯丁学派于13世纪的前半期，支配了正统神学思想。最卓越的代表人物是圣人般的圣波拿文都拉——他迫害异端却具谦和品质，是个神秘主义者却写作哲学论著，是学者但反对求知，是阿奎那的反对者却又是他的莫逆之交，一个卫教者，也是新教会守贫的典范。在他的主持下，圣方济各修会在公有财富上有了很大的净利。1221年，他在托斯卡纳出生，原名乔瓦尼·迪·菲丹托，后来不知何种原因，被称为波拿文都拉——幸运之意。小时因病几乎夭折，其母因此向圣方济各祷告，祈求他早日复原，此后乔瓦尼感谢圣方济各再造之恩。加入教会后，他被送往巴黎，受教于哈勒斯的亚历山大门下。1248年，他开始在巴黎大学中教神学。1257年，当他只是一个36岁的青年时，被选为圣方济各修会的总长。他致力于改革教会的腐败，但因过分宽大以致失败。他生活极为苦修朴实，当信差前往通知他成为枢机主教时，发现他正在洗碗碟。1274年，终因操劳过度而死。

其著作既简明扼要又很完善。他谦称自己仅是个编辑，但在他所讨论的主题中都显得有条理及抱着热忱与谦虚的态度。他的《短论》（Breviloquium）是有关基督教神学最上乘的摘要；他的《独白》和《心路历程》（*Itinerarium Mentis in Deum*）是神秘主义的珠玑。真知并不来自感官对物质世界的知觉，而是来自灵魂对精神世界的直觉。他敬爱阿奎那，但不赞成研究哲学，而且直率地批评阿奎那的某些理论。他提醒圣多米尼克教士们，亚里士多德是个异教徒，他的著作无法与基督教教父们的作品相提并论。我们最好去感觉上帝的存在，而不是去界定上帝。"善"高于"真"，单纯的美德甚于一切科学。据说有一天，埃吉迪奥弟兄震慑于波拿文都拉的博学，对他说："啊呀！像我们这些无知单纯的人，要如何才能邀得上帝的恩宠？"波拿文都拉回答说："我的弟兄，就如你所知，敬爱上帝就足够了。"埃吉迪奥又问："那么你相信一个卑贱的妇人也能和神学大师们一样，使上帝喜悦吗？"这位神学家给他肯定的答复。埃吉迪奥奔到大街上，向着一个女乞丐大呼："多让人高兴！只要你爱上帝，将能在天堂得到比波拿文都拉更高的地位。"

如果认为经院哲学只有一种单调而全体一致的内容与研究法，显然是错误的。经院哲学岂止百种。同一所大学的教员中，可能同时有多个推崇理性的"托马斯"，一个反对理性的"波拿文都拉"；一个追随伊本加比罗信仰意志论的奥弗涅的威廉；一个教授阿威罗伊学说的"希格"。存在于正统学说中的分歧和冲突，其强度不下于信仰与非信仰之间的争执。一位圣方济各派的主教约翰·佩克哈姆以阿奎那指责希格与阿威罗伊那样严厉的态度，来指责阿奎那的思想。大阿尔伯图斯在此时写道："有些愚昧的人，用尽心机阻碍哲学的发展，特别是圣方济各教士，如同野兽一般，亵渎他们根本不了解的事物。"

大阿尔伯图斯热爱知识，而且仰慕亚里士多德的异教思想。在经院哲学家中，他是第一个浏览亚氏所有主要作品的人，并用基督教的措辞解释。约1201年，他出生于士瓦本的劳英根（Lauingen），是富有的波尔斯塔特（Bollstdt）伯爵的儿子。他在帕多瓦大学念书，加入圣多米尼克修会，在希尔德斯海姆、弗赖堡、拉蒂斯邦、施特拉斯堡、科隆、巴黎等地的圣多米尼克学校教书。虽然他宁愿过学者生活，但仍成为该教派在德国的管区长及在拉蒂斯邦的主教。有的人相信他所有旅程都是赤足跋涉的。1262 年，他获准退休到科隆的一所修道院中。当他 76 岁时，为了卫道和对其在巴黎已死的门生阿奎那的怀念，放弃了平静的日子。事成之后又重回修道院中，享年 79 岁。他这种奉献精神，谦和的个性，对各方面知识的浓厚兴趣，显示出中世纪修道生活的极致。

我们唯有从他在修道院生活时的有条不紊及在德国做学问时的勤勉态度中，才能解释何以一个人花了无数时间在教书和处理事务后，仍能就每个科学现象为题材，撰写文章，而且论文的内容包括了哲学和神学的各个部分。大阿尔伯图斯在哲学和神学方面的主要著作为：

Ⅰ. 逻辑学方面：《哲学的基本理论》（*Philosophia Rationalis*）、《宾词论》（*De Praedicabilibus*）、《范畴论》（*De Praedicaemntis*）、《哲学六原则》（*De Sex Principiis*）、《解释》（*Perihermenias*）、《先验的分析》（*Analytica Priora*）、《经验的分析》（*Analytica Posteriora*）、《主题》（*Topica*）、《反对论证》（*Libri elenchorum*）。

Ⅱ. 形而上学方面：《知识分子联诋阿威罗伊书》、《形而上学》（*Metaphysica*）、《论事实》（*De Facto*）。

Ⅲ. 心理学的著作有：《灵魂》（*De Anima*）、《论感官与感知》（*De Sensn et Sensato*）、《论记忆与回想》（*De Memoria et Reminiscentia*）、《论智力与悟力》（*De Intellectu et Intelligibili*）、《生命之潜能》（*De Potentiis Animao*）。

Ⅳ.《伦理学》。

Ⅴ.《政治学》。

Ⅵ. 神学：《宇宙万物总论》（*Summa de Creaturis*）、《神学汇论》（*Summa Theologiae*）、《评彼得·郎巴德的信念四讲》（*Commentarium in Sententias Petri Lombardi*）、《圣名的论评》（*Commentariumde Divinis Nominibus*）。

其中逻辑学方面的 5 篇论著，已收集在大阿尔伯图斯的 21 卷作品中，大阿尔伯图斯的所有作品，尚未完全出版。历史上很少有如此多产的哲学家，或如此多的借用他人学说，或如此坦诚的承认其学说的转借。几乎大阿尔伯图斯的所有作品，皆依据亚氏作品而命名。他用阿威罗伊的评注解释这位哲学家，但若是他们的思想与基督教有别时，他立刻对此二人的作品擅加纠正。他也引用伊斯兰教思想家的思想，使他的作品成为今日研究阿拉伯哲学的重要来源。他每隔一页就引用阿维森那的句子，有时也引用迈蒙尼德的《疑难指引》。他推崇亚里士多德为科学和哲学的最高权威，奥古斯丁则是神学大家，而《圣经》则凌驾一切之上。但他堆积如山的论文，缺乏组织，甚至从未有前后一贯的思想体系；他在一处为某一学说辩护，却在另一处加以攻讦；有时在同一篇论文中即如此，他没有工夫去解决其自身的矛盾。因过于善良虔诚，他不能做个客观的思想家。他能够针对一本亚里士多德学说的评论而写出长达 12 本的论文《赞美圣母玛利亚》（*In Praise of the Blessed Virgin Mary*），在书中，他声称玛利亚对文法、修辞、逻辑、代数、几何、音乐和天文都有充足的知识。

那么，他的成就到底是什么呢？首先，我们所见到的是他对当时科学研究和理论的实际贡献。在哲学上，他将亚里士多德介绍给拉丁世界——这就是他所力求的。他提高亚氏在哲学教学上的重要性，更搜集异教徒、阿拉伯、犹太和基督教的思想，及其间所有的争论，他那位得意门生阿奎那从中得到一种更清明、有条理的综合。若无大阿尔伯图斯，可能不会有托马斯·阿奎那。

托马斯·阿奎那

和大阿尔伯图斯一样，托马斯出身于贵族家庭，为求得永恒，而放弃财富。他的父亲是德国阿奎诺（Aquino）的朗道夫（Landulf）伯爵，为"红胡子"腓特烈的侄儿，是不虔敬的腓特烈二世在阿普利亚宫中的首要人物之一。他的母亲是西西里诺曼底亲王的后裔。托马斯虽然生在意大利，但实质上是兼具父母北欧血统的条顿人。他完全没有意大利人的优点或恶行，长得十足像个德国人，大头，宽脸，金发及孜孜不倦于学问的钻研。他的朋友称他为"西西里的大笨牛"。

1225 年，他出生于其父在洛卡塞卡（Roccasecca）的城堡中，距阿奎诺只有 3 英里，位于罗马和那不勒斯之间。卡西诺山修道院就在邻近处，阿奎那就在那里接受早期的教育。十四岁开始攻读那不勒斯大学的五年课程。迈克尔·斯科特正是在该大学将阿威罗伊的作品译为拉丁文，雅各·阿纳托利则将阿威罗伊作品译成希伯来文。爱尔兰的彼得是阿奎那的老师，是一个狂热的亚里士多德信徒。这所大学于是成为接受希腊、阿拉伯、希伯来文化而冲击基督教思想的温床。阿奎那的兄弟们都耽于诗歌，其中莱纳尔多成为腓特烈宫中的侍从和饲鹰者，他要求托马斯加入其中。皮埃罗·德勒·维格涅和腓烈特本人也很赞成这个建议。阿奎那非但没有接受，反而加入圣多米尼克修会（1244 年）。他立刻被派遣到巴黎研究神学，但刚上路，他的两个兄弟就在母亲的催促下，把他押解到洛卡塞卡城堡，并监视了一年之久。他的家人用尽各种方法动摇他的神召。有个故事，可能只是传说，谈及一个年轻女郎如何被带至他的卧房，希望诱使他回到自然生活中，及他如何由火炉中拿起烧红的烙铁，将这个女孩子赶出他的房子，并在门上烙了一个十字架。他的至诚感动了母亲，她终于帮助他实现了意愿。她帮助他逃走。而他的一个姊妹在和他多次交谈之后，成为圣本笃会的一名修女。

1245 年，他到巴黎拜大阿尔伯图斯为师。当大阿尔伯图斯转到科隆教学时，阿奎那也追随而去，一直受教到1252 年。有时阿奎那似乎显得鲁钝，但大阿尔伯图斯护卫他，并预言他必成大器。后来他回巴黎以学士身份教神学；步其师的后尘，开始着手一系列的著作，将亚里士多德的哲学披上基督教外衣。1259 年，他离开巴黎，先后在阿纳尼、奥维埃托、维特尔波等地罗马教廷所赞助的研究室内执教。在教皇的宫廷中，他遇见穆尔贝克的威廉，并请他将亚里士多德的作品由希腊文直接译成拉丁文。

其时，希格正在巴黎大学领导阿威罗伊学说的革命，阿奎那被遣往迎战。到了巴黎后，他以一本宗教论文《知识分子联诋阿威罗伊书》扰乱敌人阵脚（1270年）。他以异常的狂热作出下面的结论：

> 请注意，我们驳斥这些错误并不是基于宗教条文，而是基于理智与哲学家们自身的陈述。因此，若有任何人对他自以为是的智慧觉得骄傲，并且企图和我们的言论挑战，请他站出来；不要缩在街角，不要仅在尚无能力分辨这桩复杂事件的小孩子前表示自己的意见。如果他有勇气，就请公开答复，我正等着面对他，不仅微不足道的我，举凡所有追求真理的人都在等着他。我们将针对他的错误，与他辩论，治愈他的愚昧无知。

在托马斯执教于巴黎的第二阶段时期，他不仅要反驳阿威罗伊主义，还要迎战同僚的攻击。他们不信任理性，不赞成托马斯所称"亚里士多德的学说能与基督教教义取得协调"的说辞。对于托马斯而言，这是非常棘手的问题。甚至在巴黎继波拿文都拉后执圣方济各教派哲学牛耳的高僧约翰·佩克哈姆，也谴责阿奎那以异教哲学玷污基督教神学。托马斯——据佩克哈姆后来指出——仍坚持其立场，但"带着和蔼和谦虚的态度"回复各方的责难，或许三年来的争论已无形地减损了他的活力。

1272年，他应安茹的查理之请，回到意大利重建那不勒斯大学。晚年，不知是否由于体弱或是从逻辑与论理的迷梦中觉醒的缘故，他不再从事写作。有一个朋友敦促他完成《神学概论》，他说："我不能再做这些事，那只会更加显示过去所写的是毫无价值的。"1274年，教皇格列高利十世召他参加里昂宗教会议。他骑骡长途跋涉，穿过意大利，但行经那不勒斯到罗马的途中，体力衰竭，而卧病于罗马城四周平原上西多会的福萨努瓦（Fossanuova）修道院中。是年于此去世，享年49岁。当被册封为圣徒时，证人见证说他"言语温和，易于交谈，面容欢愉和蔼……行事大方，极富耐心，深思熟虑，洋溢着慈善和温文的诚心，异常同情贫者"。他完全倾心专注于宗教敬虔与知识探究，这两件事占据他所有的思维与清醒时的每一时刻。他参加每一小时的祷告，每天早上主持一台弥撒或听两台弥撒，不停地读写、布道、教课和祷告。在讲道或讲学之前，坐下念书或写文章之前，都要祷告。他的僧侣朋友觉得："他的知识受赐予祷告的力量，远较心智努力为多。"从他手稿边页空白处，不时会发现"福哉玛利亚！"等虔心祈祷的字样。对宗教和求知的专注，使他常无视周遭发生的事。在寺院或学校餐厅中，将他的盘子移走或调换，他都浑然不觉，但他显然有很好的胃口。有一次路易九世邀请他和其他教士共用晚餐，在用餐时，他忽然沉浸于自己的思想中，以拳头敲击桌子喊道："这就是反击摩尼教的肯定论据啊！"修道院院长立刻制止他说："你正和法国国王同席呀！"但路易九世不以为忤，命令随从取来文具，给这位优异的僧侣。但这位全心全意的圣者也能以特异的灵感，以实际生活中的各种问题为写作的题材。人们敬佩他能调整传道的内容，符合一般博学的僧侣所需，或使其适合一段民众单纯的理解力。他不装腔作势，对生活毫无要求，不求名也不愿晋升教职。他的著作流传全世界，但其中无一骄傲的字眼。他面对每一反对他的信仰的论证，而非常有礼地、镇静地予以回复。

　　他改良当时的风俗，毫不隐瞒取自他人思想的部分。他曾引用阿维森那、加扎利、阿威罗伊、伊萨克·伊斯拉耶利、伊本加比罗和迈蒙尼德等人的思想。这些伊斯兰教和犹太教的先祖们，是每个要了解13世纪经院哲学的学生必须先行研究的。托马斯并不像奥弗涅的威廉对艾维斯勃朗如此爱戴，他个人更推崇迈蒙尼德，称他为"拉比摩西"（Rabbi Moyses）。他追随迈蒙尼德，认为能调和理性与宗教，但也将信仰中某些神秘的部分，置诸理性理解之外。他引用《疑难指引》中的论证，说明上述例外的情形。他赞同迈蒙尼德的意见，认为人的智力可以证明上帝的存在，但无法知道神的属性；他更紧随迈氏之后讨论宇宙永恒的看法。博学的吉尔森说："假若不是迈蒙尼德受到阿威罗伊的影响，而有一种特殊的不朽观念，我们可以说，迈蒙尼德和托马斯在许多重要的观点上是一致的。"但是，除非我们不认为三位一体、基督的道成肉身和耶稣拯救世人免罪受难及死，是基督教信仰中的重要部分，否则上述之言只不过是脆弱的夸大之辞。在逻辑与形而上学方面，他以亚里士多德为导师，几乎每页都有引自亚氏的话，但当亚氏哲学与基督教教义冲突时，他立刻有自己的见解。他承认三位一体、基督的道成肉身、耶稣降生救世和基督教所谓的世界末日或最后审判等说不可用理性证明；对于其他各点，他欣然而且全盘的接受理性，这震惊了所有奥古斯丁的门徒。若就其承认某些基督教教义具有理性所不能了解的部分及与其他神秘派者一样热望与上帝合为一的观点而论，他是神秘主义者；但就他宁以理性不以"心"为达到真理的器官而言，他又是个"主知主义者"。他眼见欧洲走向理性时代，认为此时基督教的哲学家们应站在自己的立场，来适应新的情势。他总是先引一段《圣经》或基督教教父的著作后才开始其推理的过程，但他坦白扼要地承认，"来自权威的立论是最薄弱的"。他写道："研究哲学并不仅限于发现别人想过的问题，而是寻求事实的真相。"就其在逻辑伦理上的努力不懈而言，他的著作媲美亚里士多德。

历史上，很少有智者能将范围如此大的思想浓缩而条理分明。阿奎那文章的风格并无吸引人之处，多半简单明了，概括精确，且毫无修辞赘句，缺乏奥古斯丁文章中所表现出的气势、想象力、情感与诗意。但阿奎那认为哲学不须用绚丽的文字，若因为需要，也可毫不逊色地从事文字游戏。他为圣餐节所作的赞美诗和祈祷辞是他文笔最好的作品，其中《耶稣圣体赞美诗》(*Lauda Sion Salvatorem*) 为庄严的诗篇，以华丽的诗文宣扬上帝的实在存在于已祝圣的饼与酒形象内。在晨间赞美诗中，以取自安布罗斯的"Verbum Supernum Prodiens"

为开头，而以常在圣体祝圣时所唱的"O salutaris hostia"为结束的两
小节。而晚课时的赞美诗更是永世的杰作，是神学和诗的动人结合：

哦，舌头，歌颂那神秘的

荣耀圣体，

歌颂那无价的宝血，

万民之王，

为救世界及其昌盛的子孙，

因而流出。

纯洁的圣处女将他

赐给我们，

他寄居俗世与我们同伍，

谦卑恭顺，

传罢神子的福音，

悠然离去。

在最后晚餐之夜，他与

使徒同坐，

遵行所有一切的古礼，

依规就食，

亲手将面包递与

十二使徒。

神子一言将面包化成了

他的肉体；

圣酒化成了基督的圣血，

如不能知，

就让信仰的行动强化

心的纯洁。

于是我们都屈膝跪下
庄严圣礼；
让古代礼仪让位于此一
新的仪式，
让我们的信心补救失灵的
感官障碍。

敬向天和圣子祈祷，
齐声歌颂，
敬礼，荣耀、膜拜，
万千祝福，
让我们借神交之际
向他祝祷。

　　诗篇的最后一节，也常唱于圣体祝圣时。整首赞美诗通常成为复活节前的星期四，或耶稣升天之日所唱的游行圣歌。

　　托马斯以不及大阿尔伯图斯一半长的寿命，写了几乎和大阿尔伯图斯一样多的作品。他对彼得·郎巴德的《信念四讲》，对《圣经》的四福音书、《以赛亚书》、《约伯记》、保罗书信，对柏拉图的《蒂迈欧篇》，对波伊提乌及可能是狄奥尼西的作品，对亚里士多德的名著《论理篇》、《天堂与现世》、《发生与腐化》、《气象学》、《物理学》、《形而上学》、《灵魂学》、《政治学》、《伦理学》等亚氏的难题辩证，包括《论真理》、《论权力》、《论罪恶》、《论心灵》、《论德行》等书及文章加以评论；他又著有《论真理》、《论权力》、《论罪恶》、《论心灵》、《论德行》等论辩文及有关在大学课堂上随意提及的论点的杂谈；他还著有《论自然定律》、《论存在与本质》、《论贵族统治》、

《论自然界的神秘运行》、《论知识的统一》等论文；他另外还有四卷的《天主教徒驳斥异教徒之论证》(*Summa de vertiate Catho licae fidei Contra Gentiles*)；21 卷的《神学大全》和《神学概要》(*Compendium theologiae*)。托马斯共出版了 1 万页双栏对开本的著作。

在佩尼亚福特的圣多米尼克修会雷蒙的催促下，托马斯准备以《驳斥异教徒》(*Summa Contra Gentiles*) 一书，帮助西班牙境内的穆斯林和犹太人改变信仰。托马斯在此作品中几乎完全以理性为论证的基础，虽然他很悲伤地说出："这对上帝的事是不完全的。"于此他放弃经院学派的辩论方法，几乎以现代风格表示自己的意见，偶尔笔调刻薄，不符其后世称呼他为"天使博士"和"炽爱天使博士"。基督教是神圣的，因为它征服了罗马与欧洲，虽然他们所宣传的反对俗世及肉体的快乐是不受欢迎的；而伊斯兰教则宣传享乐及以武力强迫信仰。在书中的第四部分，他坦白承认基督教的主要教条是无法以理性证明的，而必须相信希伯来及基督教《圣经》中的神启。

托马斯最具影响力的作品——《神学大全》——是对基督徒的演讲词。他企图从《圣经》、基督教最初 6 世纪主要作家的作品及理性的观点，详细解释、辩护哲学和神学中的整个天主教教义。他在序言中写道："我们应该尽可能简明地来处理有关神圣教理的事物。"我们可能满意这本 21 卷的简明著作，内容丰富而不冗长，它的分量正如其见解应有的结果。在这本神学作品中，充满了形而上学、心理学、伦理学和法律的论文，计 38 篇论文、631 个问题或主题、1 万个反证或辩词。在每一个问题内，其论证的条理井然是值得称道的，其结构却受到言过其实的赞誉。它不能和斯宾诺莎的《伦理学》(*Ethics*) 一书中欧几里得几何学的结构方式相较，或和斯宾塞《综合哲学》(*Synthetic Philosophy*) 一书结构的严谨细密相提并论。书中的内容，从讨论上帝创造万物，至研究人在原始无罪状态中的生活情形，其形式比结构可取。行文上续为采用并改进彼得·朗巴德所阐扬的阿伯拉尔方法：问题的陈述，否定的论证，肯定的反证，从《圣经》、基督教最初 6 世纪教父们的作品及理性寻求肯定的论据以回复各种反证。这种方法通常使人浪费时间，在许多情形下，却又使辩论生动、立论有据。托马斯的特征之一，是以令人惊讶的公正和力量陈述那些反击其观点的例证。在此情形下，《神学大全》成为一本异教思想的摘要与基督教教条的界碑，同时也可视之为充满未决问题的"军械库"。我们可能并非总是满意托马斯的辩词，但我们不会抱怨撒旦未能有一个胜任的辩护人。

托马斯的哲学

·逻辑

什么是知识？它是上帝灌输给人的一种神光，若无上帝则不可能吗？在出发点上，托马斯即与奥古斯丁神秘主义者及直觉论者的观点分道扬镳：他认为，知识是自然的产物，导源于肉体对外界事物的感觉及被称为自我意识的内在感受，这种知识是颇受限制的；但在此限度内的知识仍可信赖，我们不用担心外在的世界可能是个幻象。托马斯接受经院哲学对真理所下的定义：当思想与事物相符合时，即是真理，因为智性从感官引入一切的自然知识，对于其外在事物的直接知识，是受肉身局限的，也就是受"可以感知的"及感官的世界所限。而不能直接了解的是超感觉的与形而上学的世界，就是存在于肉身内的心灵，或是造物之神。但是我们可以从感官的经验类推而得到有关其他心灵及有关神的间接知识。在上帝所居住的第三层天，除非由神圣的启示，否则人的心灵无法领会。我们生而了解上帝的存在及其独一性，因为他的存在和独一性，由世界造成，并由其间的奇观表现出来。但是，我们无法运用智力了解神的本质或三位一体的奥秘。即使是天使的认识也是有限的，否则他们也是神了。

知识的限度表示了一个超自然世界的存在，上帝在《圣经》里对我们显示这个世界。农夫因不能了解哲学而认为哲学家的理论错

误，这是愚蠢的事；人因上帝的启示在某些点上与人类自然的知识相
矛盾而予以弃绝，也同样是愚不可及。我们可以相信假若我们的知识
是完整的，则哲学与神的启示之间并无矛盾存在。一个命题在哲学上
是错误的，而在宗教上是真实的，则这是一种错误的说法，所有的真
理皆来自神，真理也只有一个。不过分辨何者可由理性理解，何者需
用真诚信仰去相信，这仍是我们所希望的。哲学与意识形态是截然有
别的。学者被允许以他们不同的意见讨论信仰的问题，但是"对于单
纯的一般百姓，倾听无宗教信仰者发表反对信仰的言论，这是不合宜
的"，因为单纯的头脑并不足以答辩这些问题。学者、哲学家与一般
小农一样皆应服膺教会的决定，"我们须在每件事上受其指导"，因
为教会是神所指定的超凡智慧的储藏所。有关信仰事宜，教皇拥有
最后的决定权，使这些事务被所有人以不动摇的信念予以坚守。否
则，将导致知识、道德及社会的混乱。

·形而上学

托马斯的形而上学是一些难解的定义与精微的区别的复合物，他
的神学即建立在下列基础上：

1.上帝创造的事物，其本质（essence）与存在（existence）不同。
本质是一事物概念所必需的；存在是生存的动作过程，三角形的本质
是三条直线围成一个空间，而不论其真实存在或仅为想象中的三角形
皆相同。但是上帝的存在和本质是合一的，因为他的本质即他是万
物的第一原因，也是万物最根本的能力（或如斯宾诺莎所言的本体，
sub-stantia）。据此定义则为了其他万物的存在，上帝必然存在。

2.上帝是实际存在的。他是万物之神，是万物得以维持的原因。
所有其他存在者的存在是由类推或有限地参与上帝的实体而完成。

3.所有受造之物都是主动（active）和被动（passive）的——即
他们自发或受外力而动作。同样地，他们是实有（being）和转化
（becoming）的混合物：他们具有特殊的性质，而且可能失去其中一

些而获得其他补偿。如，水可以被加热，托马斯指出这种对外在行动及由于潜力而引发的内在变迁的感受性。唯独上帝不具有这种潜能。他不能受动，也不会变迁。他是纯粹的行动体（actus purus）及纯粹的显势（pure actuality），他已从他所能成的一切中表现出来。在上帝之下，所有的实存物，皆能依其外在受动的最大"可能"，而依序排列下来。

4. 所有具体的存在物是由实质（matter）和形式（form）组成。但是这里谈到的（一如亚里士多德所指）形式非指外表形体，而是指与生俱来的活力及其特殊的原理（principle）。当一种形式或生命的动力构成存在物的本质时，它就是实质的形式；所以理性的灵魂——一种赋予生命能思考的力量——是人类躯体的实质形式，而上帝就是世界的实质形式。

5. 所有实体或为实质存在，或为依附而存在：他们或是个别的实存物，如一块石头、一个人；或其存在仅为他物的特质；如白色、密度。上帝是纯粹的实质存在，是唯一完全自存的实存物。

6. 所有实质存在的都是个体（individuals），个体外之物只存在于理念中；认为"个体独立存在是一种幻觉"的概念是一种幻象。

7. 存在物由形式和实质构成。个体化（individuation）——在某一物种或类别中众多个体的个体化而言——的根源与原理在于实质。在同一物种中，其形式或生命的原理，在本质上是相同的；在每个个体中这种原理将实质的定量与形体加以利用、占有并赋予形式。而这种以量区分的实质，就是个体化的根源——不是指个性（individualily），而是指个体（separate identity）。

·神学

托马斯的哲学重心及主题是上帝而不是人。他写道："此生我们所能得到关于上帝的最高知识，就是知道他是超乎我们对他所能思考的范围。"他反对安塞姆的本体论证。但也同样认为神的存在即神的本质。神是自存的："我是自有永有。"

托马斯说上帝的存在，可由自然的理性得到证明：

（1）所有运动源于先前运动，则可推论至一不为他物所动的原动者，或是一个难以理解的"无限的回归"。

（2）一系列的因果关系也须有一个"第一原因"。

（3）可能而非必定的偶然性，是依赖于必定的必然性；可能性依赖实际性，此连锁关系导引我们至一个纯粹实际性。

（4）事物以不同程度而有善、真、美，那必定有一全然的善、真、美为这些残缺德行的根源与标准。

（5）有许多证据显示，世界有一定的秩序，即使微生物也有规则地运行；若无一创造万有的超然力量存在，何能致此？

（1）、（2）、（5）项师承大阿尔伯图斯撷自亚里士多德的思想；（3）项源于迈蒙尼德；（4）项撷自安塞姆的思想。

除上帝的存在外，托马斯对自然神学是一个不可知论者。"我们无法知道上帝的对，但知道他的错"——不是可以移动的、不是复合的、不是善变的、不是短暂的。为什么以我们极微小的头脑，总期望更了解那位"无限者"？托马斯比柏格森先一步说：对于我们而言，想象非物质的精神是困难的，因为悟性需要倚赖感官，而所有我们外在的经验均属物质事物，所以"没有形象的非具体事物，是与有形象而可感觉到的实体相比较后，才能得知"。我们能了解神（如同迈蒙尼德的看法），只有从我们本身及我们对他的经历类推与推论。所以，假若人类有善良、爱、真实、智慧、能力、自由，或任何其他的优点，这些也必然在人的创造者身上表露，同时在他身上表露程度更深，如同宇宙与我们自身的比例一样。我们以阳性代名词指上帝，这只是为了方便，上帝和天使本是无性别的。由于根据所界定的，他是自存的，又因宇宙的划一运行显示出单一的精神与法则，所以神是

"一"。在这神圣的"一"内有三个身位，这是一个超乎理性的奥妙，只有在虔诚的信仰中才能坚持这个信念。

我们也无法知道世界是否是在时间里的创造，而它是无中生有的，或如亚里士多德和阿威罗伊所主张它是无始无终的。神学家所提出在时间里创造的论证，是微弱的，应予以弃绝，"免得天主教的信仰被认为似乎是建立在空的推理过程上"。托马斯得出结论，我们必须以宗教观点相信在时间里创造之说，但他附加说明这个问题无多大意义。因为上帝创造世界以前，时间观念是不存在的，没有变迁，没有移动的事实，也没有衍变的痕迹。他极力解释上帝如何从未创造过渡至已创造，而本身不产生变化。他说创造的行为是永恒的，但它是包含于行为本身所意愿的一个确定时间内，其效力是明显的——这是对思想迟钝人的机敏的遁辞。

天使们构成创造物的最高阶层。他们是精神的智慧结晶，是不朽的、永远的。他们被视为是尘世中上帝的使者，天体由他们移动和指引。每一个人有固定的天使守护，天使长掌管着多数人。他们是非物质的，因此能跨越空间的限制，由这端移到那一端。托马斯写了93页的篇幅，讨论天使的层级、活动、爱、知识、意志、语言和习惯，这是他内容广泛的《神学大全》中最牵强和最难驳倒的部分。

有天使，就有恶魔，恶魔依撒旦的意旨行事。他们不仅是人们心目中的想象；他们是真实存在，同时造成无限的伤害。他们激起了一个男人对女人的厌恶，而导致阳痿。他们也能使用各种形式的魔力，所以一个恶魔可能会隐藏于一个男人身内，进入他的精液中，带着精液轻轻地越过空间，与女人同住，而以该男子之精液使她受孕。恶魔亦能使术士预言这种不依赖人之自由意志的事情。他们利用想象的效果，或明显地表露或清晰地述说，以宣传恶行。或者他们与巫婆合作，帮助他们，以恶眼（望之将遭厄运）伤害儿童。

和很多人一样，托马斯承认占星术有极大的可靠性：

> 尘世中实体的运行……必归之于影响他们的天体运行……占星家常由观察星象预言真理，这可有两种解释。其一，因为大多数人随从肉体的喜好，因此，他们大部分的行为是依照天体的倾向而决定的；只有少数智者被称为运用理性缓和这些趋势……其二，由于恶魔的干扰。

然而，"人类的活动并非完全依照天体的运行，仍有偶发的及不规则的部分"，有一大的领域是留给人类的自由意志的。

·心理学

托马斯仔细思量心理学上的哲学问题，有关这类主题的讨论，在他的汇编中是很出色的部分。开宗明义地阐述有机体的生机概念，以驳斥机械论：一部机械包括外加的部分构成；有机体则仅由它的各部构成，内部的动力使其自身移动。内部的发展能力是灵魂。托马斯以亚里士多德的用语来解说这些观念：灵魂是人体的"实质形式"，就是说它是生命的原理和动能，赋予有机体存在和形式。"灵魂是我们的滋养品，感觉、运动和理解力的根本。"灵魂有三个层次：生物层——生长的能力；感觉层——情感的能力；理性层——推理的能力。所有生物皆有第一种力量，动物和人有第二种力量，只有人才有第三种力量。但是较高等的有机体，在他们形体及个别的发展上，须经过那些较低级有机体的阶段。"在生物等级中，越高形式的机体，其在达于完美形式前，所须经过的中间形式层级越多"——这是以后19世纪"个体成长中所属种族各进化阶段重现（尤指胎儿期）"理论的预示，人类的胎儿也通过这一物种发展所必要的阶段。

柏拉图、奥古斯丁和圣方济各修士们认为灵魂被拘禁于肉身之内，而人就是灵魂，托马斯大胆地接受亚里士多德的看法，而定义人——甚至人格——为身体与灵魂、实质与形式的组合。灵魂，或言赋予生命造型的内部能力，在体内的各部分中是不可分割的。它和身

体以千种方式密切联系，如生物层灵魂依赖食物，感觉层灵魂依赖感
觉，而理性层灵魂需要凭借感觉产生或合成的形象。甚至思维的能力
和道德的感悟，均赖一个健全良好的身体，迟钝的感官意味着不敏感
的灵魂。梦、喜好、心理疾病、气质都有心理学基础。有时托马斯似
乎认为身体和灵魂是单一的实体，一个不可分割的整体的内部能力和
外在形式。虽然如此，他似乎很明白地表示理性的灵魂——抽象、概
括、推理及对宇宙的认知能力——是一个非物质的实体。虽然我们习
惯于以物质的名词思考所有的事物，但只要我们愿意尝试，仍可发现
意识中并不存有任何的物质。它是一个实体，完全不同于任何自然界
及占有空间的事物。理性层灵魂可归入精神类，上帝是隐藏于自然现
象后的精神，是他将理性的灵魂注入我们。只有一个非物质的力量才
能形成一个宇宙的概念，或超越时间的限制，或对万事万物做同样舒
适轻而易举的安排。心灵能知觉它自己，但是我们不相信一个物质的
实体能知觉其本身。

　　所以相信体内的精神力量可超越死亡的肉身而存在是合理的。但
是，灵魂离开后即非人格；它不能感觉，没有意志或不能思考；它是
一个无依靠的鬼魂，没有肉身，而无法运作其功能。只有当肉身复
苏，灵魂与肉身架构再次结合，而成为肉身的内在生命时，才能与肉
身构成个体。这因为阿威罗伊和他的门徒不信肉身的复活，以致认为
只有"活的智慧"或宇宙或物种的灵魂是不朽的。托马斯用了他所有
辩证法的资料来反驳这理论。对他而言，与阿威罗伊之间有关不朽论
之争，是当时最重大的问题，与此相较，物质论战等仅是限界与题目
上的易动而已，实为微不足道的琐事。

　　托马斯说灵魂有五个能力或动力：生物性的，喂养、成长和繁殖；
感觉性的，感觉外在世界的刺激；欲望性的，意欲与决意；运动性的，
引发动作；智慧性的，思考。所有的知识根源于感觉，但感觉并不仅
止于触及事物虚空的外表，感觉的形成是借着一个复杂的结构或协调
感觉与顿悟成为理念的知觉中心。托马斯认为"没有一样思考而得的

东西不是先透过感官的"。但他像莱布尼茨和康德一样又加上"除了思维的本身"———一种组织的能力，组织感觉成为思想，最后构成那些共相和抽象概念，而成为推理的工具，在这个世界上，这是人类独有的特权。

意志或欲望是一种动力，借此灵魂或生命力朝向思维所认为的善的方向活动。托马斯随亚里士多德之后，定义善是"可欲的目标"，美是善的一种形式，看到它时人感到快乐。为何使人快乐呢？由于一个有组织的整体，它的各部分皆成比例与调和。就欲望能决定思想的方向而论，思维受制于意志；但我们的欲望常由我们对事物的了解或对它们的意见（通常仿自他人）而决定，以此点观之，意志也受制于思维，"据我们所了解，'善'推动意志"。自由并非真的存在于意志之内，因意志是随由思维所表现出对事情的了解，而"必然变动的"。自由存在于判断力中，并因直接依照知识、理性、睿智及智力对意志所提供的关于真实情境的描绘的能力而有差异。只有智者才真正有自由。智力不仅是灵魂的动力中最好的、最高的，同时也是最有力的。"在所有人类的追求中，追求智慧是最完美、最高超、最有益、最悦人的。""人最适当的作为就是去了解。"

·伦理学

人活着的最高目的，是在现世中追求真理，来世中在上帝那儿看到真理。亚里士多德假定：人们追求的是快乐，那么他到哪儿才能找到它？既非在肉体的欢乐，也非在荣耀、财富及权力中，也不在美德的行为中，虽然这些都给我们欣喜。让我们也承认"人体的完美性情是必要的……为了追求完全的快乐"。但这些令人欣喜的事中，没有一项可和安静祥和、充盈、持续的了解之乐相比。也许我们不会忘记维吉尔的话"人快乐是因已经了解万物的原因"——托马斯相信这是灵魂最高的成就与满足——理性的自然极致——"在这种情况下，必须铭记宇宙的整体秩序及它的因果关系"。由于领悟宇宙现象才能求得宁静，而正因为宁静才能导致对宇宙的了解。

但是甚至此俗世至大的福祉，也并未能使人类完全满足，何况一直未见实现。他模糊地领会到："完美和真实幸福是此生无法拥有的。"但仍不气馁地渴望由必朽坏的变迁的事物中寻得快乐与了解。一般的人凭借居间的善良，寻求宁静，而完人的心灵欲获得安息，必须穷究至真理的全部与极致，而这是只有神才能做到的。只有上帝是至善，是所有善之根源，也是万因之因，真理中之真理。人的最终目标是天堂的美景——即获致最大福祉之美景。

所有的伦理学是使人获致最大、永久快乐的艺术和科学。道德的善或美德，可定义为：有助于达到人类最高目的，即面见上帝的行为。人生而倾向善——所可欲的目标，但他所判别为善的并不一定都是道德的善。由于夏娃对善的错误判断，人违背了上帝，而后世世代代都带着原罪的污点。托马斯不能预见教会决定支持"圣母无原罪"之说——认为圣母玛利亚能免于原罪的玷污——他以为玛利亚也"怀有原罪"。他又较勉强而讨好地说道，她"在母腹中即被圣化了"。就这一点，假若有人问道，为何能够预见一切的神，要创造一对具有如此好奇心的男女，而令人类注定承受这可遗传的罪恶，托马斯回答说："就形而上学而言，任何受造之物是不可能完美的，而人有犯罪自由就是他选择自由所付的代价。拥有若无意志的自由，则人只是在善恶之下而非在善恶之外的自动机器，并不比机器有更高的尊严。"

沉湎于原罪的教义、亚里士多德的学说及修道士的超俗与对异性的恐惧感中，几乎命定托马斯会将女人想得很坏，同时以男性的无知谈论女人。他跟从亚里士多德极端的自我中心主义，推想人之常情，正如中古的族长一样，总希望生个男孩，生女孩是缺陷的和偶然的。她是一个男人的失误，可能她是父亲生殖力的微弱所造成的结果，或其他外在原因，例如潮湿的南风。根据亚里士多德的生物观点，托马斯假定女人只贡献受动的实质给下一代，而男人赋予的是主动的形式；女人是实质胜于形式。因此，在身体、心灵和意志方面是软弱的器皿。她之于男人犹如感觉之于理性。在她而言性欲占优势，而男人的表现则较稳定。无论男人或女人都照着上帝的形象塑造，男人更是如此。男人是女人的根源和目的，正如上帝是宇宙的根源和目的一样。她在所有事物上皆需要男人，而男人只在生育的事上需要她。男人比女人更能圆满达成任务——甚至家庭照顾亦然。她不适宜充任教会或国家的任何重要职位。她是男人的一部分——严格地说，只是男人的一根肋骨。她必须尊重男人，视其为当然的主人，须接受他的指导和服从他的指正和纪律。如此她才能寻到满足与快乐。

至于恶，托马斯尽力证明在形而上学来说它是不存在的。恶是不具实体的，如此，则每一实体皆是善。恶不过是人生而应有的某些特质和能力的缺乏。所以人们缺少翅膀并非恶，但无手则是恶；然而对一只鸟而言，缺少手并非恶。上帝创造的万事万物都是善的，但即使是上帝也无法将他的无穷的完美注入他所创造的万物中。上帝允许某些恶存在，是为了达到善的目的或避免更大的恶，正如"尘世的政府……适当地容忍某些恶"——像卖淫"为免……更大的恶发生"。

罪是违反理性秩序说或违反宇宙秩序的一种自由选择的行为，理性的秩序是达到目的的手段的适度调整。就人而言，是行为的调整，以赢得永远的快乐。上帝给我们犯错的自由，但他也由神圣的感召，给予我们分辨是非的能力。这种天赋的良心是绝对的，而必须不惜代价服膺它。但若教会颁布违反个人良心的命令，则不须服从。如果他的良心警告他信仰基督是坏事，他就必须厌弃其信仰。

通常良心使我们不仅倾心于自然的美德，如公义、谨慎、节制和坚忍，也倾向于神学上的美德，如信、望和爱。后三者构成基督教的特殊美德和荣耀。信仰是一种道德的义务，因为人类的理性是有限的。人不但必须相信超乎理性的教义，还包括那些理性可理解的事物。既然信仰的错误可能导致许多人入地狱，除非为了避免更大的罪恶，否则对不信仰上帝的人就不应容忍。所以，"当不信上帝的人相当多时，即使异端或异教徒的礼仪，教会有时也须加以容忍"。不信教者不应被允许获得对信教者有统治权或权威。容忍可以专门施之于犹太人，因为他们的仪式正预征以后基督教义的仪式，因此"证明了这一信仰"。对于异教徒的犹太人不可强迫他们接受基督教。但是对于那些背弃基督教的异端分子，可以适当地强迫。除非教会当局已指出他的错误而他仍坚持己见，否则无人应被视为异端分子。那些发誓弃绝异端者，准其赎罪，同时恢复他们以往尊贵的职位。然而，如果他们又恢复异端，"他们被准予赎罪，但不能从死亡的痛苦中获救"。

· 政治学

托马斯曾三度论及政治哲学：对亚里士多德《政治学》的评论、《神学汇论》及一篇简短的论文《论诸王统治》。其中第 1 册与第 2 册的第 1 至第 4 章，由托马斯执笔；其他部分则由卢卡的托勒密所写。给人初步的印象是托马斯不过是在重复亚里士多德的看法，但当我们继续读下去时，会惊讶其著作中大量的富于创造性而且敏锐的思想。

社会和国家是为了个人而存在，并非个人为国家和社会而存在。主权来自上帝，而赋予人民。然而，由于人民数目过多、分散、思想浮躁、知识水准不够，无法完善而直接地行使主权，因此他们将此主权授予君王或其他领袖。这种被人民承认的权力随时可以废止，并且"只有在君主能代表民意时，才具有立法权"。

人民的主权可以委诸于许多人或少数人，甚至一人。假如有良好的法律并正当地执行，则民主政治、贵族统治及君主专制皆可能是好的。一般来说，君主立宪制度是最好的，因为它带来统一、持续和安定，正如荷马曾说"群众被一人统治胜过被数人统治"。诸侯或君主应该由人民从全民中每一自由阶级选出。若此君主变成暴君，他应该由人民循一定行动而推翻。他永远是法律的仆人而非主人。

法律分为三种形式，即自然法：如存在宇宙中的"自然法则"；

神圣法：如在《圣经》中所揭示的；制定法：如国家的立法。其中第三种是基于国家的发展及人类的好恶而必然制定的。因此，基督教早期的教父们相信私有财产是违背自然法与神圣法而且是人类充满罪恶的结果。托马斯不承认私有财产是非自然的。他考量当时共有主义者的论据后，像亚里士多德一样地回答说："当许多人共有每件东西时，没有人会小心使用任何东西。"但私有财产是公众所信记的。"人必须拥有一些财物，并非视为私己，而是当作公共之物，因此他可在别人需要时与之交易。"一个人渴望或追求一些超过他本身需要的财富，以维持奢华的高水准生活，是犯了贪婪的罪恶。"人们在所拥有的任何物上过多，据自然法而论，是为达到济贫的目的"，而"假如没有其他救济方法，则一个人不论经由公开或秘密的取用别人的财物以应急需也是合法的"。

托马斯并不是一个将经济与道德分开，使其经济学成为一门乏味科学的人。他确信社会有权管制农业、工业及商业，并控制高利贷，甚至为一切劳务与商品订立一个"公道价格"。他以怀疑的眼光来看所谓买贱卖贵的商业艺术，他坦率地谴责所有的投资贸易及巧妙地运用市场的浮动而谋利的企图。他反对生利贷款，却认为"为了正当的目的"向职业放利者借债是无罪的。

托马斯在讨论奴隶问题时并没有超越其时代。诡辩学者、斯多葛派及罗马法学家均曾教导道：所有人类"生"而自由，教父们同意并解释奴役正如财产一样是人类由于亚当的堕落所得罪恶的结果。权势者之友亚里士多德则视奴役为正当，是人类天生的不平等而使然。托马斯企图调和这些不同的看法：在无罪的国度里是没有奴隶制度的；但是自从亚当与夏娃堕落后，奴隶制度有利于使愚者臣服智者；那些头脑简单四肢发达的人，天生即注定成为奴隶。然而奴隶们只有在肉体上是属于主人，在灵魂上并非如此，奴隶并不负有与主人性交的义务；而且所有合乎基督教的道德戒律皆适用于主人如何对待奴隶这一问题。

·宗教

既然经济和政治问题皆归诸于道德范畴内，对于托马斯来说，宗教似乎应置于政治与工业之上，并且有关道德方面的事物，国家应接受教会的监督和指示。权威性越高，其终极的目的也越高。指引人们得到一般世间福祉的尘世国王，必须服从指引人们走向永恒幸福的教皇。国家对世俗之事仍保留至高无上的权力，但即使是这些事情——如统治者违反了道德的规律，或对百姓造成一些原可避免的伤害——教皇仍可干政。因此，教皇可惩罚一个失职的国王，或解除臣民履行效忠君主的誓言。进一步说，国家必须维护宗教，支持教会并强制执行其教令。

教会最重要的功能在于引人得救。人不仅是尘世的公民，而且是一个超越国界而更广泛的精神王国的子民。历史的事实告诉我们，人类违反了神的意旨而犯了极大的罪，应受极大的惩罚；而神子降世为人，忍受羞辱及死亡的痛苦，开创了人类得救赎罪的新机与恩典。借此，人类虽有其原罪而可得救。上帝随自己的意旨而颁赐恩典，我们无法彻底明白他的抉择的理由，但"没有人如此狂妄地认为自身的美德是神预定赐予恩典的原因"。保罗和奥古斯丁的令人颤惧的教律在温和的托马斯身上重现：

> 神应该决定人类的命运，这是合理的。因为所有的事都在神的旨意下……既然人经由神意而注定其永恒的生命，同样地，准许有些人不能获得永生亦是神的意旨之一部分，这就叫作定罪……既然天意之中包括赐予恩典与荣耀的意旨，因此定罪也包括应允一个人陷入罪恶，并因此罪恶受到永久的处罚……"他从创立世界以前，在基督里拣选了我们。"

托马斯努力调和神圣天意的宿命论与人类自由，并解释为何一个人的命运已被注定，还应努力向善，祈祷如何能感动不改变的上帝，及教会在一个其成员已被注定可得救或遭天谴的社会里，所应运作的功能。他回答说上帝只预知每个人将如何自由地选择，并假定除了少数得到上帝给予特殊及单独的启示之外，所有的异教徒都属于被定罪的。《神学大全》的《补遗篇》中，一段常被人引用的话，说到在天堂里享福的人，因见被咒入地狱者所受的痛苦，就越觉得自己有福。这段文句一般怀疑其不是出自托马斯的手笔，而是皮佩诺的雷金那德所写的。

得救的人的最大快乐在于得见上帝，却并非了解上帝，只有上帝才能了解他自己。然而，因着神恩典的赐予，蒙福的人能了解上帝的本质。受造的万有都是本于上帝，也归于上帝；人的灵魂是上帝恩典的恩赐，只有回归根源时方得安息。如此，创造与返回的神圣循环完成，而托马斯的哲学正如其开始，也以上帝为结束。

·托马斯学说的评估

圣方济各修会的修士们，依循奥古斯丁神秘的爱的途径寻求神，而震慑于托马斯所提出智性高于意旨，了解高于挚爱的"主知主义"。许多人怀疑如何向这样一位冷漠、遥远，《神学大全》中描述的"纯粹的行动体"的上帝祈祷，耶稣如何能成为如此抽象概念的一部分，对这样的一位上帝，圣方济各曾如何谈及或曾如何对其说话。将灵魂与肉体合而为一，似乎是蔑视了灵魂的不朽性。将实质与形式合为一体，虽经托马斯的否认，仍是落入了阿威罗伊的世界永恒理论的窠臼中。以实质而非形式作为个体化的原理，似乎使灵魂成为不可分化，也步入阿威罗伊的灵魂统一及非人格灵魂不朽的理论。最糟的是，在托马斯学派的哲学中，亚里士多德凌驾奥古斯丁之上，这对圣方济各修会的修士而言，似乎是异教胜于基督教。那么在巴黎大学，难道未有教授或学生将亚里士多德置于《圣经》的四福音书之上？

1260 年至 1275 年之间正统的基督徒反对亚里士多德派的托马斯。

1277 年，在教皇约翰二十一世的催促下，巴黎主教下颁诏书，将 219
种见解斥为异端。其中三种明显是控诉"托马斯弟兄"：因为他说天
使没有身体，而每位天使是为个别的物种，实质为个体化之原理；上
帝不能在没有实质的物种中增殖个体。主教还说道，任何人支持这些
理论，将被逐出教会。数天后，一位圣多米尼克修会派的领导人罗伯
特·基尔瓦德比（Robert Kilwardby）说服了牛津大学的大师们，抨
击各种托马斯的理论，包括人的灵魂肉体合一论。

此时托马斯已去世 3 年了，不能为自己辩护。是他的老师大阿
尔伯图斯从科隆匆匆赶到巴黎，并说服法国圣多米尼克修会的修士们
支持自己的弟兄。一位圣方济各修会的修士威廉·玛尔（William de
la Mare）教士发行宗教论文《托马斯弟兄理论的修正》（*Correctorium
Fratris Thomae*）参加争论。

就 118 点修正托马斯的理论，另一个圣方济各修会教士，坎特伯
雷的大主教约翰·佩克哈姆正式谴责托马斯学说，并力促回复至波拿
文都拉及圣方济各理论。但丁也加入论争，以修正的托马斯学说为
《神曲》的理论架构，并在通往天堂的阶梯上选择托马斯为其指引。
经过半个世纪的论战，多明我修会的修士们劝服教皇约翰二十二世相
信托马斯为一位圣者，他被册封为圣徒（1323 年），给托马斯学说带
来了胜利。此后神秘主义学派在《神学大全》中发现了最深刻明晰的
神秘冥想生涯的解说。特伦托会议，将《神学大全》与《圣经》及
《教令集》同置于祭坛上。圣罗耀拉（Ignatius Loyola）命令耶稣会教
授托马斯学说。1879 年，教皇利奥十三世及 1921 年的教皇贝尼狄克
特十五世，虽并未宣布圣托马斯的作品全部无误，但使其成为天主教
的正式哲学，至今所有罗马教廷设立的大学都教这门课。托马斯学说
虽然在天主教神学家中是受到某些批评的，但在现代又赢得了新的支
持者，且堪与柏拉图和亚里士多德的学说相比，同为最经得起考验与
具有影响力的学说。

人们在 700 年后指出阿奎那作品中那些基本立论经不起时间考

验，是一件很容易的事。它过于依赖亚里士多德，是优点也是缺点：就这点论，他缺乏创新，却显出勇气，对中世纪的思想另辟蹊径。托马斯谨慎地使用直接而正确的翻译，除阿威罗伊外，他比其他中古思想家更彻底地了解亚里士多德的哲学（非科学）作品。他十分愿意向穆斯林及犹太教徒学习，然仍以一种自恃不卑的态度来对待它们的哲学家们。他的思想体系内，也有许多无意义的压舱物，正如与我们看法不相同的许多哲理，但非常奇怪的是如此一个谦抑的人却长篇大论的谈及天使如何知道，堕落前的人类如何，若没有夏娃求知的好奇心，人类将会如何。也许我们误认他为哲学家。他自己坦白地称其工作为神学，他并不讳言其跟随理性的指引，他承认他以结论为推理的开始，虽然大多数哲学家都是如此，但许多人责难这种方法对哲学是离经叛道的。他的思想涵盖了一个极广泛的领域，除了斯宾塞外，没有任何思想家敢再尝试，并且对每一领域他都以明晰平和的文体写出，尽量避免夸大而寻求中庸之道。他曾说："智者缔造秩序。"他并未成功地调和亚里士多德和基督教教义，然而他的努力赢得了理性的划时代的胜利。他将理性如俘虏般引进信仰的堡垒，而他的胜利带来了信仰时代的结束。

继承者

历史学家们总是把事情过于简化，而由复杂万端，他们无法完全了解的众多生灵与事件中，仓促选择可以处理的少数事实与人物。我们绝不能视经院哲学为由上千个个别特异之说所滤清而出的抽象概念，实际上那是一个未有坚固内涵的名词，泛指自 11 世纪的安塞姆至 14 世纪的奥坎的中古时期学校中所教授的几百种互相冲击的哲学和神学理论。

在百家争鸣的 13 世纪，罗蒙·吕里是最特殊的人物之一。他出生于帕尔马一个富有的家庭，跻身于詹姆士二世的宫廷中，年轻时恣情放纵，以后逐渐收敛。30 岁时，他忽然弃绝俗世、肉体和魔鬼，而将他充沛的精力致力于宗教上的神秘主义、慈善事业及传播福音，并向往殉道。他研究阿拉伯文，在马霍卡半岛建立了一所专门研究阿拉伯的学院，并请求维埃纳议会（1311 年）建立研究东方语言及文学的学校，以造就人才。议会分别在罗马、博洛尼亚、巴黎、牛津及萨拉曼卡建立学校，设有希伯来文、巴比伦文及阿拉伯文讲座。他可能精通希伯来文，因为他成为犹太教神秘哲学学派的亲密弟子。

他的 150 本作品，无法分类。他年轻时写了几卷爱情诗篇，奠定了加泰罗尼亚文学的基础。他用阿拉伯文写作，再将之译为加泰罗尼亚文，他的《对上帝的沉思》（*Libre de contemplacio en Deu*）一书，不仅是神秘的幻想，而且是一本 100 万字的神学百科全书（1272 年）。两年以后，好像换了个人，他写了一本有关武士战争的手册，几乎在同时，他又写了一本教育手册。他还尝试哲学的对话体，出版了三本这类的书，以令人惊异的宽容精神、公正及仁慈的态度，写出了穆斯林、犹太人、希腊正教徒、罗马天主教徒及鞑靼人的观点。约 1283 年，又写了一篇长篇的宗教浪漫小说《布兰奎欧纳》（*Blanquerna*），耐心的专家们宣称此书为"基督教中世纪的杰作之一"。1295 年，他又在罗马出版了另一本百科全书——《科学的结构》（*Arbre de Sciencia*）——叙述十六种科学领域的 4000 个问题，并给出确定的答复。他在巴黎停留期间（1309—1311 年），曾以几本次要的神学著作与苟延残存的阿威罗伊学说对抗，在那些著作上他签"现想主义者"。终其漫长的一生，他写了许多有关哲学与科学的书，数目之多不胜枚举。

在他广泛的兴趣中，一个现代聪明睿智人士所倾注的概念——"所有的逻辑上的公式与程序，都可以简化为数学或符号的型式"深深吸引他。拉蒙曾说：逻辑学最大的艺术在于将人类思想的基本概念表露在随时变迁的各种准则里，以不同的命题连接它们，如此不仅将哲学概念化约成方程式及以图表表示，同时用数学上恒等式证明基督教义的真理。拉蒙有着类似狂热者的傻劲，并希望凭借哲学艺术具有说服力的巧妙运用，使穆斯林转变信仰成为基督徒。教会赞扬他的信心，却不赞成他有关将信仰化约为理性的思考，及将"三位一体"和"道成肉身"置于逻辑系统之下的种种见解。

1292 年，他决心以和平的方法将伊斯兰教非洲改变成基督教非洲，以补偿巴勒斯坦沦于穆斯林的损失，拉蒙越海进入突尼斯，并秘密地建立了一个小的基督教殖民地。1307 年，在一次传教旅行中，他被捕了，并在布吉埃（Bougie）的首席法官前受审。在法官的安排下，拉蒙与伊斯兰教圣者举行了一次公开的辩论会，据其传记作者称，他赢得这次的辩论，但还是被送入了监狱。一些信奉基督教的商人设法营救他，并将其送回欧洲。但在 1314 年，因为向往殉道，他又回到布吉埃，并公开传道，1315 年死于一个伊斯兰教暴民的乱石之下。

从拉蒙·吕里到约翰·邓斯·司各特，就有如从《卡门》歌剧进入柔和的键琴一样地骤然转变。约翰出生于英国伯立克郡的邓斯，在 11 岁时他被送到杜姆弗里斯（Dumfries）的圣方济各修会，四年后他加入了圣方济各修会。他在牛津、巴黎学习，后来又执教于牛津和巴黎、科隆等地。42 岁（1308 年）时即英年早逝，遗下一大批有关形而上学的著作，其出众的晦涩文字与精妙内容，在以后的苏格兰作者中也不复多见。事实上，邓斯的贡献类似五个世纪后的康德，认为应以实际道德的需要，而不是用强有力的逻辑推理，来辩护宗教的教义。圣方济各修会的修士们，意欲放弃哲学，从圣多明我修会的托马斯手里救回奥古斯丁，而以这位年轻聪敏的博士为勇士，不论在他生前与死后皆追随其领导，度过世代的哲学论战。

邓斯是中世纪最聪明的思想家之一。他研究过数学及其他科学，在牛津亲受格罗斯泰斯特和罗杰·培根的教诲，因此他对证据是否成立有一个严密的概念，并运用这一方法验证托马斯的哲学，最后，几乎就在此学说的蜜月期，他结束了神学与哲学的轻率结合。尽管他对于归纳法有清晰的了解，邓斯——他与弗朗西斯·培根全然相反——认为所有的归纳或后验法——由果至因——的证明是不确定的；唯一正确的证明法，是演绎法或先验法——显示特定的结果必须依照因的基本性质而来。如，欲证明神的存在，我们必须先研究形而上学，即研究存在的本质，由严格的逻辑推论至世界的本质。在本质的领域中，必有一物为所有其余之物的根源，这最先的存在即为神。邓斯同意托马斯的看法，认为神是纯粹形式但他解释这字为"纯粹行动体"，而非"纯粹的显势"。神在基本上是意志而非"智性"。他是万因之因，而且是永恒的。但这就是我们能用推理来了解的神的全部。至于他是仁慈之神、他是三位一体、他在时间里创造了世界、他保佑所有的人，这些及几乎所有基督教信仰的教义都是"可以相信的"，它们只能基于《圣经》及教会的权威来相信，但是不可以理性来证明。事实上，当我们着手以理性来探究神，我们便陷入矛盾之中。如果神是全能的，则他应是包括所有罪恶的第一因；而包括人的意志的第二因则是虚幻的。鉴于这些具破坏性的结论，而且由于我们道德生活中对宗教信仰的需求，放弃托马斯学说以哲学来证明神学的企图，而接受《圣经》及教会权威的教条，是明智之举。我们不能了解神，但我们能爱神，而且爱神要比了解神更好。

在心理学方面，他明察秋毫的性格，使他成为一个"实在论者"：我们的心灵从相似的事物中抽离出相同的特征，而形成一个共同的概念；那些相同的特征必定是存在于事物中，否则我们如何领会及抽离出来？由此观之，共相是客观的实体。他同意托马斯的说法，即人的自然知识来自感觉。但其余部分，他依照心理学的途径而与托马斯有所不同。个体化的原理不在实质而在形式，而且形式仅在其严格意义——个人或个别事物的特异性质及不同的特征——下才成立。灵魂的能力相互之间并无不同，而且与灵魂本身也无不同。灵魂的基本能力不是理解而是意志；决定智性所欲专注的感官及意向的就是意志；只有意志，而非判断，是自由的。托马斯认为，我们渴望持续及完美的幸福，即证明了灵魂的不朽性。这个论证的涵盖性太广了，因为它可以应用至自然界中任何的动物。我们不能证明人格的不朽性，但我们须单纯地相信。

正如圣方济各修会修士们所称，在托马斯的身上可以见到亚里士多德战胜四福音书；同样，圣多明我修会的修士们可以在邓斯身上，见到阿拉伯哲学胜过基督教哲学：他的形而上学源于阿维森那，他的宇宙论是伊本加比罗的理论，但邓斯放弃以理性来证明基督教基本教义的企图，却是悲惨而基本的事实。而他的门徒更进一步将信仰的论题一个接一个地扯离了理性的范畴，如此加深了他的特质和精妙，以致在英格兰，一个"邓斯主义者"（Dunsman）的意思就是指对微小事物做无谓分析的笨人、一个愚钝的诡辩者及一个笨学生。那些被教以热爱哲学的人，拒绝臣服于排斥哲学的神学家，因此两派互相争辩并分离了。因信仰而拒斥理性终导致因理性而拒斥信仰，故而在信仰时代中结束了对勇敢的探索。

经院哲学是一个希腊的悲剧，它的致命伤潜伏于其基础之中。企图以理性来建立信仰，暗示其承认理性的权威。邓斯及其他人认为信仰不可以理性来建立，因此粉碎了经院哲学并削弱了信仰，以致在14世纪时引发教条及教士的反动。亚里士多德哲学是希腊给予拉丁基督教王国的礼物，就像特洛伊木马隐藏了上千的敌人。这些文艺复兴及启蒙运动的种子，不仅是异教徒对基督教的报复，同时也是伊斯兰教对基督教的无心的报复。由于穆斯林侵入巴勒斯坦，并由西班牙被逐出，将他们的科学及哲学输入西欧，这被证实为分裂的力量。正是阿维森那与阿威罗伊及亚里士多德等人，使基督教受到理性主义细菌的感染。

但是每次的回顾，并不会减弱经院哲学的光彩。它就像是年轻人大胆而冲动的事业，同时也有着年轻人过分自信和喜好辩论的缺点；它就像是一个稚嫩而青春的欧洲，再度发现了令人兴奋的理性游戏后所发出的呼声。虽然有搜捕异端的法庭及法官，经院学派在他们大放异彩的两个世纪中，充分享受并展示了探究、思想、讲学的自由，其程度几乎同于今日欧洲大学所享有。随着12世纪和13世纪的法学家的帮助，利用精练的逻辑工具与术语，及异教哲学中所未有的微妙的推理方法，而使西方思想更为敏锐。当然，在辩论上的灵活技巧也显得过度，并且产生了好争论的赘言及经院哲学式的吹毛求疵，此不但为罗杰·培根和弗朗西斯·培根，也为中古时代人所反对。吉拉尔德斯·康布伦西斯讲述了一个年轻人欲嘲弄其父而反被捉弄的故事：这位年轻人曾在巴黎学了五年哲学，回家后，以当时正盛行的逻辑方法，为其父亲证明桌上的6个鸡蛋是12个；因此，其父吃去肉眼所见的6个鸡蛋，而留下其余的给其儿子品尝。但经院哲学所流传下来的优点却远超过其缺点。孔多塞曾言："由于经院哲学之助，使逻辑、伦理学及形而上学达到前所未有的准确性。"威廉·汉弥尔顿爵士曾言："方言文学所能达到的精确性与分析的精微，应归功于经院派学者。"法国思想的特质——爱好逻辑、明晰与技巧——大部分是在中古法国学校的哲学全盛时期形成的。

经院哲学在17世纪时，成为欧洲思想进步的绊脚石。在12世纪和13世纪，在人类思想界却造成一个革命性的进展或复元。"现代"思想肇端于阿伯拉尔的理性主义，在托马斯·阿奎那时达到第一次思想之最明晰及功业的最高峰，在邓斯·司各特遭受一段短暂的挫败，随着奥坎而再度兴起，在教皇利奥十世时掳掠了教皇，在伊拉斯谟时掳掠了基督教，在拉伯雷时大放异彩，在蒙田时发出无声的微笑，而在伏尔泰时代趋于浮烂，在休谟时已临强弩之末，到了法朗士，只能凭吊它的光辉。这是中古对理性的冲击，而缔造了那个光辉灿烂及鲁莽的时代。

第十一章 | 基督教的科学

（1095—1300）

不可思议的环境

罗马人在帝国的巅峰时期即已重视应用科学，却几乎忽略了希腊人的纯科学。我们已经在老普林尼（elder pliny）的《自然史》（*Natural History*）中找到被认为是中古的迷信。罗马人与基督徒的漠视科学，使远在野蛮人入侵前已存在的科学源流几乎干涸，这种漠视，扰乱了一个已经破碎社会的残存文化的传递。在欧洲的希腊科学的余烬，都被收藏在君士坦丁堡的图书馆中，但那批遗物在1204年拉丁人掠夺君士坦丁堡时被毁。希腊科学在9世纪，由叙利亚传入阿拉伯，并刺激了穆斯林的思想，造成历史上最令人瞩目的文化觉醒之一，当此时，基督教的欧洲正在为脱离野蛮与迷信而奋斗。

在中古的西方，其科学与哲学，必定成长在诸如神话、传奇、奇迹、征兆、妖魔、神童、魔术、占星、预言以及巫术的气氛中，即形成于混乱和恐惧的时代。所有这些事物，曾经存在于异教徒的世界，同时也存在于今日，可是却被一种文明的幽默和启蒙调和。他们在闪米特世界是强烈的，而在阿威罗伊和迈蒙尼德以后更是得逞。在西欧，自6世纪到11世纪，文化决堤，中古欧洲沉浸于神秘主义与盲目信仰的汪洋大海中。最为严重的是，大部分的博学之士也陷入这种盲目的冲动中。奥古斯丁认为，异教徒的神仍然以魔鬼的身份存在着，而半人半兽的农牧神和森林神是真的。阿伯拉尔认为魔鬼能够凭借其熟悉自然界的奥妙，而玩弄法术。"智者"阿方索接受魔术，同时承认利用众星占卜。那么，愚者怎会去怀疑魔术呢？

异教世界浓厚的神秘色彩及众神之说，已经注入基督教的信仰中，而且还从日耳曼、斯堪的纳维亚及爱尔兰等地不断传入一些，诸如住在地下或洞中的巨人，住在洞中或林中的小精灵、小仙子、恶鬼、地精、食人魔、报凶讯的女妖、魔王、吸血鬼；同时新的迷信不断地从东方进入欧洲。死人仍能在大气层中行走，那即是鬼，出卖自己给魔鬼的人变成狼人漫游于森林和田野，未受洗即夭折的小孩，其灵魂变成鬼火出没于沼泽。当圣埃德蒙看见黑乌鸦群飞，马上宣称是一群魔鬼来攫取当地放高利贷者的灵魂。当一个守护神替人驱邪的时候，很多中古的故事都相信，一只大黑苍蝇——有时是一条狗——被看到从那个人嘴里吐出。魔鬼的数目从不减少。

上百件事物——草、石头、护身符、指环、宝石——因其魔力而被穿戴以避邪、祈福。马掌是吉祥的，因为它形如一轮新月，而新月一度曾是一位女神。海员任由风雨的摆布，而农夫臣服于天地的瞬间念头中，他们都毫无例外地体会到超自然的神秘力量，生活在神秘而足以致命的自然力量中。认为某种数字具有魔力，是从毕达哥拉斯经基督教早期教父而流传下来的：3代表三位一体，这个数是最神圣的数，同时代表灵魂；4代表肉体；7为总和，象征完整的个人，因此对7有一种偏好，人的寿命，行星，圣礼，基本道德，严重的罪行皆与之呼应。不适时打喷嚏是一种不祥的征兆，无论如何，最好得用"天佑你"这句话以消灾。春药能够被用来创造或破坏爱。吐3次口水进青蛙口中，或在性交时手里拿着一块圆形的碧玉，则可避免怀孕。开明的阿格巴尔德（Agobard）是9世纪里昂的大主教，他抱怨："如此荒谬而基督徒都相信的怪诞行径，就像以前从来也没有一个人能够引诱异教徒去相信上帝一样。"

教会奋力抵抗迷信的异端思想，指责这些信仰和诡计，并按照罪状的等级而加惩罚。教会公开指责污秽的巫术——诉诸妖魔鬼怪，以获得干预事情的力量，可是它仍充斥在千百个隐秘的角落里。从事魔术以惑人者，私下传布一本《论诅咒》(*Liber Perditionis*)，写出主要妖魔的名字、居留地及特有的力量。几乎每一个人都相信用神奇的力量以达到渴望目的的某些魔术。索尔兹伯里的约翰叙述过一位教会辅祭、一位神父及一位大主教使用过巫术。最简单的形式是利用咒语，通常一种套语被诵读几遍，利用这几种咒语，可避免小产、治愈疾病、置敌人于死地。也许大部分基督徒将十字架的标志、主祷文及《圣母颂》视为咒语，并用圣水和圣礼作为巫术的仪礼以带来神奇的效验。

信仰巫术几乎是全球性的。埃克塞特的主教在其悔过书中责备那些"供认能够利用邪术和魅惑使男人改变心意，如由恨变爱或由爱变恨，或者迷惑或偷窃男人财物"的妇人，或者那些"供认在一定的夜晚，骑着一定的野兽，和一群状如妇人的守护神出游，及被征募加入此行列"的妇人。这是 14 世纪著名的"女巫子夜的集会"(the Witches Sabbath)。一种简单的蛊惑，是制造一个预期的牺牲品的蜡制模型，用针去戳它，以发出诅咒的套语。法国国王菲利普四世的一个大臣也被控雇用巫师对国王肖像施咒。有人相信某些妇人能够用"凶眼"瞄人，使人遭遇不幸。德国雷根斯堡的贝特霍尔德认为为数比男人更多的妇人将会下地狱，因为有那么多的妇人使用巫术——"获得一个丈夫用符咒、结婚用符咒、生孩子之前用符咒、施洗时用符咒等。男人在女人使用巫术的情形下，竟然并未丧失心智，这真是一种奇迹"。西哥特族（日耳曼族的一支）法律对巫师求助于守护神、供奉魔鬼、兴风作浪等视为有罪，同时规定被证明确实犯此罪者剃头，同时鞭打两百皮鞭。英格兰的奈特地方法律承认借魔术的方法杀人的可能性。教会最初对这种普遍的信仰甚为宽大，将它看作会渐次消逝的异教徒的残余物，然而相反，它们成长和繁衍起来。1298 年，罗马天主教宗教裁判所开始从事镇压巫术的运动，将妇人放在火刑柱上烧死。很多神学家确信某些妇人与魔鬼联合，同时忠实者必定受符咒的保护。海斯特巴赫的恺撒里乌斯郑重向我们宣告，在他的时代很多男人与魔鬼有了协定，这种黑魔术的施行者，有蔑视教会的嫌疑，他们歪曲其仪式，在黑弥撒里崇拜撒旦。数以千计的病人或胆怯的人，相信他们被魔鬼支配。教会驱邪时所用的祷文、套语及仪式，可能有意为之，以使迷信的人冷静下来。

中古时代的医学在某些方面成为神学与仪式的一个分支。奥古斯丁认为人类的疾病是由魔鬼引起的，而路德同意他的看法。因此，以祷告来治病，用宗教游行或建造教堂来治愈时疫，似乎是合理的。威尼斯的圣玛利亚·德拉·萨鲁特（Santa Maria della Salute）便是为了阻止一次瘟疫而兴建的。圣杰尔波尔德（St.Gerbold）是拜约的主教，他的祷告治好了该城的一次痢疾时疫。良好的医师在实施治疗的时候，欢迎宗教信心的帮助，他们推荐祷告和穿戴护身符。远溯到"忏悔者"爱德华，我们发现英国的统治者为治疗癫痫病而祷告环圈。由于宗教的特质，国王已被奉为神圣，自认他们可能利用宗教按手礼而治愈病痛。圣路易致力于这种宗教触手礼，而华洛亚的菲利普，据说曾一口气触摸过 1500 人。

虽然教会对施行魔法者定罪，但大部分古老的异教徒用来推测未来或洞烛未知事物的方法，在整个中世纪仍盛极一时。贝克特欲劝亨利二世入侵法国的布列塔尼，于是向一位祭司及一位精通手相的术士咨商，前者能观察鸟群而预言未来，后者能研究手的纹路以卜吉凶。这种手相术宣称在《出埃及记》第 13 章第 9 节里得到神的准许："这要在你手上做记号。"别的预言家设法借观察风的吹动（称为"气占"）或水的流动（称为"水占"），或自一堆火中升腾的烟（称为"火占"），而做占卜。有些则模仿穆斯林，随意在地上做点的标记（或者在任何可书写的材料上），用线再把点连接起来，而根据这样构成的几何图算命（称为"风水"或"地形占卜法"）。有些，据宣称，从召来的死者获知未来（召亡魂以卜未来之术）。阿尔贝特（Albertus Grotus）在"红胡子"腓特烈的请求下，（据说）召回其妻的灵魂。有些则查阅预言书，如女预言家墨林（Merlin，有名的预言家和魔术家，亚瑟王的助手）或所罗门王的预言。有些随意翻开《圣经》或者《埃涅阿斯纪》，而据最先被看到的诗文预言未来。最严肃的中古历史学家（如李维），几乎经常发现重要的事件都是借征兆、幻影、预言或梦，直接或象征性地预言出来。有许多书——譬如维拉诺瓦的阿诺德所著的一本书对梦提供了最接近科学的解释（解梦术）——与20世纪著名科学家的著作相比也不逊色。

如果地上的气候和植物的生长，能够如此清楚地受天体的影响，为何这些（天体）不该影响，甚至决定人或国的生长、性质、疾病、周期、丰饶、时疫、革命及命运？所以差不多每一位中古时期的人都相信它。几乎在每一个诸侯或国王宫中，都可以找到一位职业占星家。医生替病人放血，如同很多农夫播种一样，须根据月亮的盈亏而定。很多大学开有占星术的课程，其意义为众星的科学。天文学包含在占星术里，由于占星术的影响与目标，天文学有极大的进步。乐观的学者声称，曾发现天体对地球产生的影响，有可预测的规律。出生在土星座的人一定冷漠、寡欢、忧郁，出生在木星座的人则温和快乐，出生在火星座的人则热心、好战，出生在金星座的人则温柔、多产，出生在水星座的人则多变、活泼，出生在满月之下的人则忧郁到几近疯狂。星象术从一个人出生时星座的位置，可预言他的一生。为了画出一个正确的算命天宫图，人不得不去观察时辰，掌握正确的出生时刻及众星的准确位置。

有些被称为神秘或玄奥之学的博学者，他们是这一时代最杰出的人。阿巴诺的彼得几乎将哲学贬为占星学；维拉诺瓦的阿诺德，一个著名的医生，对魔术有偏好。塞科·阿斯科利（Cecco Ascoli）在博洛尼亚大学教授占星学，夸口说他如果知道一个人的出生日期，就能够了解他的思想，并说出隐藏在他手中的事物。为了举例说明他的观点，他为耶稣算命，同时说明耶稣诞生时的星座图表，如何使他难以避免被钉于十字架上。他被宗教裁判所定罪（1324年），被迫发誓放弃上述观点。被宽恕后他回到佛罗伦萨，为许多顾客施行占星术，后因为否认意志的自由，而被处以火刑（1327年）。很多诚挚的学者——非洲人君士坦丁、吉尔伯特、大阿尔伯图斯、罗杰·培根、博韦的文森特——都被控使用魔术及与魔鬼有关，因为人们不能相信他们的知识是由自然的方法获得。迈克尔·斯科特由于写了以神秘玄奥的学术为主题的著名论文而遭人怀疑：一本关于占星术的《导论》（*Liber Introductorias*），一本关于性格特质与身体特征的相关性的《相面术》（*Physiognomia*），还有两本关于炼金术的书。迈克尔指斥魔术，却以写作与魔术有关的书籍而自得其乐。他列举28种占卜的方法，似乎完全相信它们。他异于同时代的大部分人，他仔细观察，同时做了一些实验。另外，他还提示携带一块碧玉或黄玉，会帮助一个男人节欲。他相当聪明，与腓特烈二世及教区神父保持良好的友谊。

　　教会和宗教裁判所是13世纪欧洲科学环境的一部分。一般说来，大学都是在教会的权威和监督下运作。然而，教会允许教授们在教义方面有很大的自由，而在很多情况下鼓舞了科学的追求。奥弗涅的威廉，作为巴黎的主教（死于1249年），促进科学的研究，同时讥笑那些情愿在任何不寻常事故方面，皆寻求上帝直接行动的人。因为林肯城的格罗斯泰斯特主教精通数学、光学和实验科学，培根将他与亚里士多德并列。圣多米尼克修会与圣方济各修会暗地里反对马格努斯或培根的科学研究。圣贝尔纳和其他狂热者阻碍了科学的研究，可是这种观点不被教会采纳。教会不赞成解剖人的尸体，因为其基本教条称人是上帝依自己的形象而塑造的，肉体如同灵魂一样，会自坟墓升天的。穆斯林和犹太人，也对这个问题有一致的同感，可以说大部分人都一样。维吉瓦诺的圭多在1345年提到解剖"被教会禁止"，可是我们发现，到罗马教皇博尼费斯八世于1300年颁布埋葬的训谕止，教会并无禁令；而且这不过禁止将尸体切成碎片和煮干其肉，以便将消毒过的亡故的十字军战士的骨头，送回他们的亲人归葬。这也许被误解为禁止死后的解剖，可是我们发现意大利外科医生蒙迪诺（Mondino），在约 1320 年烧煮和解剖尸体，而无任何教会抗议。

如果认为西方中古时期的科学成就太贫乏，我们需记住它是在迷信和魔术的敌对下成长的，它也是发端于一个驱使才智之士去研究法律和神学的时代，同时它也是处在一个几乎所有的人都相信宇宙、人类的起源、本性和命运这些主要问题都已经解决的时代。然而 1150 年之后，由于财富和闲暇的增加，伊斯兰教翻译作品开始源源而来，西欧的心智从麻痹而兴起，好奇心驱使求知的热望，人们开始讨论未受桎梏的绚烂而古老的希腊世界，不到一个世纪，所有拉丁欧洲因科学与哲学而轰动起来。

数学革命

在这个时期，科学界最重要的人物是比萨的列奥那多·菲伯纳西（Leonardo Fibonacci）。苏美尔人的数学——已忘记了其来源——已经由巴比伦王国传到希腊。埃及的几何，仍可在金字塔见到，也许由克里特和罗得斯岛传至爱奥尼亚和希腊。希腊的数学随亚历山大传入印度，同时在日后印度的发展上，扮演一个角色，这项发展在布拉玛吉普塔（Brahmagupta）时达于顶点。约 830 年，印度的数字传入东方的阿拉伯国家。约 1000 年，吉尔伯特将之带到法国。11 和 12 世纪，希腊、阿拉伯和希伯来的数学，由西班牙和西西里，进入西欧，同时随同意大利商人进入威尼斯和热那亚、阿马尔菲和比萨。知识传递之于文明，犹如生命的再生。

另外一种传播物即是在公元前 6 世纪，中国古老形式的算盘，是一种将小竹竿上的算珠从一端拨至另一端的计算工具。至今仍然为中国人沿用，而成为算盘。公元前 5 世纪，希罗多德说，埃及人用小石子算账，"两手左右来回拨动"。罗马人使用各种形式的计算方法。其中一种形式是将筹码滑进槽中，这些筹码是由石头、金属或者彩色玻璃做成的，同时被称为"小石头"。波伊提乌在约 525 年提及算盘能够使人做十进制的计算，可是这种十进制的发明被人忽视。意大利商人使用算盘，却用粗陋的罗马数字写下结果。

1180 年，弗邦那齐出生于比萨。他的父亲是驻阿尔及利亚的比萨贸易代理商。他年轻时随其父到该地，并且受教于一个穆斯林教师。他在埃及、叙利亚、希腊及西西里等地旅行，研究经商的技术，同时学会算数。他告诉我们说"借着印度人的 9 个数字的一种神奇的方法"；这些数字，传入欧洲的初期，被叫作印度文，同时这些今日在我们童年时期被认为是一种烦人而琐碎的东西，在当时却是一种奇迹和喜悦。也许他懂得阿拉伯文和希腊文，无论如何，我们发觉他精通阿基米德、欧几里得、希罗和丢番图的数字。1120 年，他出版了他的《论算盘》（*Liber Abaci*），这是一本由基督徒所写的第一本关于印度数字、零以及十进制的书，完全以欧洲人的观点加以注释，因而显示出拉丁基督教王国数学的复活。在同一著作中，介绍阿拉伯代数进入西欧，对数学做了一种次要的革命，它是借着偶然地使用字母而不使用数字，去概括和简写方程式。在他的《实用几何学》（*Practica Geometriae*）中，就我们所知，在基督教王国，他是第一个应用代数来处理几何定理的人。在 1225 年的两本较小的著作里，他最早提出一次和二次方程式的解法。在那一年，腓特烈二世在比萨的一次数学比赛里充当主席，其中巴勒莫的约翰安排了各种不同的问题，而由弗邦那齐解答。

虽然他出版了划时代的作品，但欧洲的商人长久以来反对这种新的计算方法。很多人喜欢以手指拨移算盘，而用罗马数字写下结果。直到 1299 年，佛罗伦萨的算盘家通过一条法律，反对使用"空虚的数字"。只有少数数学家认识新符号、零以及十进的整列线单元……打开了数学发展的道路，但仍不能与旧有的希腊、罗马及犹太字母相提并论。一直到 16 世纪，印度数字终于取代了罗马字母。在英国和美国，在许多方面仍保留着十二进法的计算；经过千年的争论，十进位未能完全赢得与十二进位制的战争。

数学在中古时代有三个作用：对力学的贡献、商业账目的保存及气象的制图。数学、物理和天文是密切相关的，因而研究其中一种的人，通常对另外两种也有贡献。英国约克郡的约翰在拉丁世界以约阿内斯·萨科洛博斯科（Joannes de Sacrobosco）为名在牛津读书，后在巴黎执教，写了一本《地球论》（*Treatise on the Sphere*）和一本对新数学的注释《万用数学》（*Mathematics for the Millions*）。约翰相信阿拉伯人发明这一学科，同时对"阿拉伯数字"的误称应负部分责任。切斯特的罗伯特于约 1149 年改编巴塔尼（al-Battani）和扎尔夸利（*al-Zarqali*）的天文表时，把阿拉伯的三角学带到英国，同时介绍了正弦（*sinus*）这个新的概念。

因为航海的需要和对占星学的热爱，对天文学的研究始终不停息。常被人释译的《天文学大成》（*Almagest*）的无上权威，将基督教欧洲的天文学转变为托勒密的偏心圆与周转圆的理论，因为地球居宇宙的中心。才智之士，如马格努斯、托马斯·阿奎那和罗杰·培根都感觉到批评的力量，摩尔人的天文学家比特鲁济在 12 世纪曾致力于这方面的研究。在哥白尼之前，关于托勒密的天体力学却没有令人满意的改变。基督徒的天文学家在 13 世纪指出行星是环绕地球四周；恒星则陷在晶莹穹苍的桎梏中，由神圣的智力驾驭，以严格而统一的星群围绕着地球。宇宙的重心和极至，就是那些被神学家描绘为可怜虫的人，他们因罪而堕落，而且大都注定入地狱。赫拉克莱德斯·庞提库斯（Heracleides Ponticus）在公元前 4 世纪提出建议，天体每日明显的运动，是由于以地球为轴心的旋转，闪米特的天文学家在 13 世纪曾加讨论，在基督教王国却完全被忘记。赫拉克莱德斯另一概念——水星与金星围绕着太阳——曾被马克罗比乌斯和马蒂亚努斯·卡佩拉记载下来。8 世纪埃里金纳曾吸收了这一理论，并将其推广到火星与木星。太阳中心说此时处于胜利的边缘，可是这些睿智的假设在黑暗时代是很不寻常的。直到 1521 年地球仍被坚认是天体运行的中心。不过所有天文学家都同意地球是一个天体。

西方的天文学上使用的工具和图表是从阿拉伯国家进口的，或仿效阿拉伯的原型制作的。1091 年，洛林的瓦切尔，稍后成为玛尔维恩修道院副院长，使用星盘在意大利观察到月食，这是目前所知的基督教西方观察天文的最早成案。可是，在两个世纪之后（约 1296 年），圣克劳德的威廉不得不利用理论和实例提醒天文学家们，科学最好是成长于基础的观察，而非基于个人或哲学的见解。这一个时期，对基督教的天文学贡献最大的是有关天体运行的《阿方索表》，是两个西班牙的犹太人为"智者"阿方索提供的。

天文学资料的积聚，显示出恺撒取自索西杰内斯（Sosigenes）所设计的历法的不完善，因为它使一年多出 11 分 14 秒；而各国天文学家、商人和历史学家的不断交往，暴露出相冲突的历法的不方便。比鲁尼曾经作了一种关于划分时间和定年代的相反制度的有效研究（约 1000 年）。亚伯拉罕·巴尔·希雅 1106 至 1122 年更加深入地研究，格罗斯泰斯特和培根在 13 世纪提出建设性意见。格罗斯泰斯特的《计算表》（Computus）——一套计算天文学上事件和随年而变的日期（如复活节）的表——可说是迈向今日引导并使我们感到迷惑的格列高利历法（1582 年）的第一步。

地球与生命

中古时期最落后的科学是地质学。地球是基督选定的家，同时也是地狱的外壳，而天气是上帝迅即消逝的念头。穆斯林、犹太人和基督徒都使各种矿物蒙上迷信的色彩，借宝石的魔力构成了"玉细工品"（lapidaries）。玛尔博德（Marbod）是雷恩（Rennes）的主教，用拉丁韵文写了一本通俗的《宝石书》（Liber Lapidum），描述六十种宝石玄奥的特质。这位饱学的主教说，在祈祷时手里拿着一块青玉，会得到上帝更恩宠的回应。月桂树叶包住一块猫眼石可使拿着它的人隐身而不露，一块紫晶使他免于中毒，一块钻石使他所向无敌。

对地球矿物所产生的迷信，以及热切的好奇心，驱使中古时期的人奔走于欧洲与东方，而慢慢地积累地理知识。吉拉尔德斯·康布伦西斯，即威尔士的杰拉尔德，游历过很多地方、经历过许多事情，精通多种语言而不精于本国语言。他随侍约翰亲王到爱尔兰，在那里住了两年，旅行到威尔士劝说第三次十字军东征，他写了以这两个国家为主题的四本生动的著作。这本书因为偏见和奇迹降低了价值，可是他对人物和地方的生动的描写，及娓娓细述那些富有个人或时代色彩的琐事，使偏见和奇迹增色不少。他确定他的作品会使他得到不朽的名声，可是他低估了时间的力量。

他是 12 世纪和 13 世纪到东方朝圣的数千人中的一个。有一些画好的地图和路线图引导着他们，地理学的发展因而受益匪浅。1107 至 1111 年，挪威国王乔萨拉法雷（Jorsalafare）以一个十字军的身份带领六十艘船自英国、西班牙和西西里驶往巴勒斯坦。在与穆斯林多次接触战后，他率领剩余的船队到君士坦丁堡，从此由陆路经过巴尔干诸国、德国和丹麦回到挪威。这一充满冒险精神的旅行，其事迹成为斯堪的纳维亚伟大英勇的故事之一。1270 年，朗扎洛尔特·玛洛塞罗（Lanzaroltte Malocello）重新发现了加拿利群岛（Canary Islands），这个群岛在古代已有所知。根据一项未经证实的传言，约 1290 年，邬哥里诺和瓦迪诺·维瓦尔多（Vadino Vivaldo），乘两艘帆船自热那亚出发，绕过非洲而到达印度。据称，全船水手都失踪了。一个著名的捏造的事实，是以虚构的普勒斯特·约翰（Prester John）的一封信的形式出现，约翰说及他在中亚的领土，同时勾画出东方一个怪诞的地方。除了十字军，没有几个基督徒相信对跖之地（antipodes）。圣奥古斯丁坚认那是"难以置信的，有一个民族会住在对跖之地，当面对我们的太阳下山时，那儿正是太阳升起时，同时那个地方的人脚步朝着我们的方向走"。一个名叫圣菲吉尔的爱尔兰僧侣，在约748年曾经提示过"地球下有另一个世界和别的人类"的可能性。马格努斯和培根接受这种想法，一直到麦哲伦（Magellan）环航地球一周前，这仍只是被少数人接受的一个大胆假设而已。

对欧洲人得以熟知远东，贡献最大的是两个圣方济各修会僧侣。1245年4月，肥胖的乔瓦尼·皮阿诺·卡皮尼在65岁的时候，被教皇英诺森四世派遣到哈拉和林的蒙古宫廷去。乔瓦尼和他的同伴，在旅途中受尽濒死的困苦折磨。他们旅行了15个月，每天更换四次坐骑。受到圣方济各修会不能吃肉的誓言的约束，他们几乎被饿死，因为游牧民族几乎没有其他的食物供给他们。他的任务失败了，在他回到欧洲之后，他编了一本旅行报告，这是一本地理文献的经典——清楚、客观、写实，没有一句主观的或抱怨的话。1253年，法国国王路易九世派遣鲁布鲁奎斯（Rubruquis）的威廉向中国"大可汗"（Great Khan）重申教皇联盟的建议。威廉带回一份法国降伏于蒙古政权的邀请书，同时随着远征队而带回的，是威廉对蒙古礼节和历史的精彩报告。这时，欧洲的地理学首次了解顿河和伏尔加河的来源、巴尔喀什湖（Lake Balkhash）的位置、达赖喇嘛的礼拜仪式、聂斯脱利派教徒在中国的定居，以及蒙古和鞑靼的区别。

最著名和最成功的中古时期欧洲的远东旅行家是威尼斯商人波罗（Polo）家族。安德烈亚·波罗有三个儿子——长子马可（Marco），次子尼科罗（Niccolo）及三子马菲奥（Maffeo）——他们三个大都在拜占庭从事贸易，居住在君士坦丁堡。1260年，尼科罗与马菲奥搬移到博克巴拉（Bokhara），在该地停留了三年。从此他们加入了鞑靼派驻上都（Shangtu）忽必烈（Kublai Khan）朝廷的一个特使团的行列。忽必烈派遣他们回去做驻教皇克莱门特四世的密使，他们花了3年的工夫才到达威尼斯，到达那里时克莱门特已经逝世。1271年，他们动身回中国，尼科罗带着他的儿子小马可随行，那时小马可才17岁。费时三年半才横越亚洲巴尔克、帕米尔高原，喀什、和阗、洛普·诺尔、戈壁大沙漠和唐古特。当他们到达上都的时候，小马可已经 21 岁了。忽必烈很喜欢他，给他重要的职位和任务，把三个人留住中国 17 年。然后他们扬帆归国，费时 3 年之久，经爪哇、苏门答腊、新加坡、斯里兰卡与波斯湾，在特拉布宗登陆，然后改乘小船到君士坦丁堡和威尼斯去。在那里，如全世界所知，没有一个人会相信"马可富翁"在这个故事里所说的"富庶的东方"。1298 年，在保卫威尼斯一战中，马可被俘，在热那亚的一间监狱里被囚禁了一年。在狱中他向一位狱友口述他的故事。在那个一度不被人相信的故事里，几乎每一个提示在以后的探测里都被证实。马可提供了对横越整个亚洲的旅行的最早描述。包括欧洲人对日本的第一印象，对北京、爪哇、苏门答腊、暹罗、缅甸、斯里兰卡、桑给巴尔海岸、马达加斯加及阿比西尼亚首次美好的报道。这本书是东方对西方的一个启示。它有助于打开通商道路、观念和艺术的新路线，同时在塑造地理方面也有贡献，鼓舞了哥伦布向西航行到东方。

由于通商和旅行轨道的扩大，制图科学努力地朝向恢复奥古斯都时代曾达到的水准缓慢地前进。航海者准备好"贸易港口指南"——使用地图、航海图、旅行路线及各个港口的描写，在比萨人和热那亚人的掌握下，这些指南达到极高的准确度。

由于亚里士多德动物学上的论证，与西奥菲拉斯塔植物学上分类的刺激，苏醒中的西方心灵，挣扎着脱离传说和普林尼，分别发展出动物学与植物学。那时几乎每一人皆相信微生物——包括虫和苍蝇——都是自然地由尘土、黏土和腐败物产生的。"中古时代的动物寓言集"几乎代替了动物学。由于所有一切的著作都出自僧侣之手，动物界大半被认为是宗教上的名词，仅视为是陶冶人性的各种符号的储藏库；同时加添的受造之物，在取谑的念头和虔敬的需要下被捏造出来。12 世纪，欧坦的洪诺留主教说：

独角兽是一种只有一只角的猛兽。为了捕捉它，田里必须放置一个处女。当独角兽接近她，就在她的膝部和大腿上休息，就这样被捉到。独角兽蕴含象征意义，兽是豫表基督；它的角豫表基督无比的能力……它被猎人捉获，那就是说，基督成为人，而被爱他的人寻见。

最科学的中古生物学的作品是腓特烈二世的《猎鹰术》(*De Arte Venandi Cum Avibus*)——一本关于"猎鸟艺术"的长达 589 页的论文。它一部分是根据希腊人和穆斯林的手稿，大部分是根据直接的观察和实验——腓特烈本人是一个养鹰专家。他对鸟类的深入描写，提供了很多开创性的贡献。他对鸟类飞行和成群移动的分析、他的人工孵卵的实验和兀鹰的管理，显示出他的科学精神在当时是无与伦比的。腓特烈在他的论文里附有数百幅鸟类图画的插图，也许出自他自己的手笔——"真实的生命到最微小的细节"的图画。他所经营的动物园，并非如多数同时代人所想，是一个怪物展览的念头，而是直接研究动物行为的实验室。他是他自己的亚里士多德。

物质与能量

物理与化学比地质学与生物学进步得多。它们的定律和奇迹，比世俗的有神论者"牙和爪是天生即红色"的观点始终和谐得多。马姆斯伯里的奥利弗 (Oliver of Malmesbury)，制造了一架飞机，它们的活力在 11 世纪初即显示出来。1065 年，他的机械准备完成，他坐在里面，在高处翱翔，结果丧命。

力学在 13 世纪产生出一种显著的雏形，一位圣多米尼克教会的僧侣曾提示了牛顿的一些基本观念。1222 年，乔达努斯·尼摩拉里乌斯 (Jordanus Nemorarius) 成为圣多米尼克修会的第二任修道会长，这样一个在科学方面做出如此卓越成就的人，充分证明一般修道僧对知识的渴望——如果大阿尔伯图斯和托马斯不足以完全表露出勇气与影响力——他接受了印度的数字，而且借着规则使用字母，而不使用数字于他的一般公式，以此使代数进步。他的一本著作沿着轨线研究重力的组合，而且留下一个现在为大家所知的乔达努斯原理：凡能将某一重量提高到某一高度的力量，则能将 K 倍重量提高到 1/K 倍的高度。另一篇论文（也许是他的一个学生所写）分析静力矩的观念——一种力进入它的杠杆的产物——而预想出杠杆力学和倾斜平面的现代观念。第三篇论文——归之于"焦尔敦纳学派"，给实位移理论暂时的说明——由达·芬奇、笛卡儿和约翰·贝尔努利（John Bernoulli）逐渐扩充，最后由吉布斯（J.Willard Gibbs）在 19 世纪用公式表示出来。

力学的进步逐渐影响到发明。1271 年，英格兰的罗伯特清楚地述说钟摆原理。1288 年，我们听到威斯敏斯特教堂一个塔内的一座大钟的鸣声，而就在同时，我们在欧陆的教堂里听到相同的巨大的声响，可是没有某种文字记录说这些东西全是机械制的。首次清楚地提到一座钟由滑轮、钟摆和齿轮操作，其写明的日期是 1320 年。

这一时期，最成功的物理学的分支是光学。被译成拉丁文的阿拉伯人海泽姆的论文，几乎为西方打开了一个新的世界。在一篇论虹的文章里（约 1230 年），格罗斯泰斯特写道：

> 透视法的第三支……至目前为止，我们既接触不到，同时也不得而知……（它）显示给我们，如何把远离我们的事物变得似乎在手边那么近，同时如何使近处的大的物体变成似乎小的，还有如何使远处的物体显现出如我们所选择的那么大。

他继续写出，能利用由数种透明物体或各种构造不同的透镜过滤光，而开拓"视线"，这些奇迹即可完成。这些观念对他的学生罗杰·培根有极大吸引力。另外一个圣方济各修会的教士约翰·佩克哈姆，或许也是格罗斯泰斯特在牛津的一个学生，在一篇名叫《透视法》（*Perspectiva Communis*）的论文里，讨论了反射、折射和眼的构造。当我们记起佩克哈姆变成坎特伯雷大主教时，不难发现科学和中古时期教会之间，有着无可置疑的默契。

这些光学研究的一个结果是眼镜的发明。希腊时代已知道放大镜。可是这种放大镜在靠近眼睛时的适当调距的构造，似乎有待于折射几何学的研究。1260 年至 1300 年，某一未确定年代的一个中国文献，谈到眼镜时称之为"爱戴"（ai tai），它使老年人得以阅读微小的字体。1305 年，在皮亚琴察传教的一位圣多米尼克修会的修士谈道："自从眼镜发明后迄今不到 20 年，它使人看得更清楚……我本人曾和首次发现它并制造它的人谈过。"一封日期记明为 1289 年的信写道："在未发明名叫 okiali 的眼镜的几年里，我心情相当沉闷，不可能阅读或写作。"这种发明通常归功于萨尔维诺·阿玛尔托（Salvino Amarto），1317 年他的墓碑上写着："眼镜的发明人。"1305 年，一位蒙彼利埃的医师宣称，他发明了一种使眼镜成为多余的眼药水。

磁石的吸力也已经为希腊人所知。它的指示方向的能力，显然在 1 世纪已被中国人发现。根据中国史书记载，约 1093 年，阿拉伯人首次使用磁针指引航行。这种使用在约 12 世纪末以前即已被阿拉伯人和基督徒的水手推广。基督徒最早提及它是在 1205 年，阿拉伯人最早提及它是在 1282 年，可是也许那些早就知道这个秘密的人，并不急着公之于世。尤有甚者，使用它的水手被怀疑具有魔力，而且有些航行者拒绝同持有这种魔鬼工具的船长出航。首次为人所知的关于一种装有旋轴浮动的罗盘的描写，见之于 1269 年佩雷格里吕（Petrus Peregrinus）所写的《论磁石的书信》（*Epistola de Magnete*）中。这个清教徒彼得记录下很多实验，提倡实验方法，同时解释磁石在吸铁中的作用，能吸引别的物体，而且找到北方。他也试图借着自我衍生的磁石的作用，制成一种永久转动的机器。

化学由于炼丹术的研究而大大地进步。从 10 世纪往前溯源，阿拉伯人在这方面的著作已被译成拉丁文，而不久西方弥漫着炼丹术的气息，甚至在修道院内。埃利亚弟兄是圣方济各的继承者，替腓特烈二世编著了一本炼丹术的著作。另一圣方济各修会修士格罗斯泰斯特，也著书同意金属变质的可能性。同时中古时期最著名的书之一《物质原理汇编》（*Liber de Causis*），把炼丹术和星象学放在一起来强加给亚里士多德。有些欧洲的国王雇用炼丹士，希望借改变便宜的金属为黄金，以扩充他们的金库。其他的狂热之徒继续寻求长生丹及哲学石（译按：他们以为哲学石可以使碰触的任何东西变成黄金，故又名点金石）。1307 年，教会判决炼丹术为魔术，可是它的研制仍然继续。也许为了逃避教会的责难，有些 12 世纪和 13 世纪的作家，将他们关于炼丹术的作品诬为穆斯林盖比尔的作品。

药材使用的医学实验，增加了化学的知识，而产业的经营促使实验和发明。啤酒的酿造，及染料、陶器、珐琅、玻璃、胶、漆器、墨水、化妆品的制造对化学科学极有贡献。圣奥梅尔的彼得在约 1270 年写了一本《色彩混合原理汇编》（*Liber de Coloribus Faciendis*），包含使用于油画的各种颜料的配方；其中的一种调配方法，描述油彩是利用颜料混以亚麻仁油而制成。约 1150 年，在一篇论文中——据推测是一项属于萨莱诺医药学派的产品——提到酒精的蒸馏，这是首次对现在通用的方法做了清楚的提示。出产葡萄的国家蒸馏而成酒，称之为"生命之水"。北方由于天气酷寒和少产葡萄，发现蒸馏谷类较便宜。凯尔特人称之为"仙酿"（uisqebeatha），它被缩写成威士忌，也指"生命之水"。穆斯林炼丹士很早以前就知道蒸馏方法。可是酒精的发现，及 13 世纪矿物酸的发现，大大扩大了化学知识和工业。

与酒精的蒸馏同具重要影响力的是火药的发现。古代中国人的权威现在受到挑战；1300 年之前，阿拉伯手稿中没有明显地提到这种物质。最早为人所知的关于这种爆炸物的描述，见之于《焚毁敌人之火》（*Liber Ignium Ad Comburen Dos Hostes*），著者为玛尔库斯·格拉埃库斯（Marcus Graecus），写于约 1270 年。描写过希腊的火和磷火之后，希腊人马克提供我们一种制造火药的秘方：1 磅炽热的硫黄、2

磅菩提树或柳树的炭、6磅硝石（亚硝酸钾），分别磨成细粉，然后将之加以混合。14世纪以前，没有任何军事上使用炸药的记载。

医学的复苏

贫穷常常使医学和神话结合在一起，因为神话是免费的，科学却是昂贵的。中古时期医学的基本印象，是母亲预备有少量的家庭医药的必需品；老妇人精于草药和膏药及魔术咒语；草药商沿街叫卖治病的植物、绝对可靠的药和神妙的药丸；助产士以荒诞可耻的方法为人堕胎；庸医情愿为一点微薄的津贴而治愈人，否则即杀人；僧侣怀有修道院医学的遗产；修女辅导或祈祷，平静地使病人感到舒适；还有到处有受过训练的医师，为那些付得起费用的人施用稍微科学的药物。荒诞的药物和神话中的套语盛极一时；而正如同一般人相信握有特定的宝石可以避孕，甚至萨莱诺医学，有些男人和女人竟然吃驴的粪便以求增进生殖力。

一直到1139年有些教士悬壶济世，同时入院治疗的设备，可以在僧院或修女院附设的疗养所发现。僧侣们在保存医药遗产方面扮演着值得尊敬的角色，同时在培养药用植物方面居领导地位，或许他们知道用药物混合奇迹的做法。甚至修女们也可能长于治疗疾病。希尔德加德，宾根地方的神秘的女修道院长，写了一本《临床医学》（Causae et Curae），到处用宗教套语，却富于医学知识。退休的老年男女进入修道院或女修道院，部分是因为想继续接受医药方面的照顾。当世俗医学渐形发展、修道院的治疗追求获利，教会率先禁止修道士公开执业。约1200年，这种古老的艺术几乎完全世俗化。

科学的医学在西方黑暗时代得以苟延残存，主要得力于犹太医生，他们在基督教王国传播希腊和阿拉伯的医学知识，由于南意大利的拜占庭文化及希腊和阿拉伯的医学论文被翻译成拉丁文。也许萨莱诺学派处于最好位置，并能善加利用这些影响力。希腊、拉丁、阿拉伯和犹太籍的医生都在这里教学和研究；一直到12世纪，它在拉丁欧洲执医学教育的牛耳。妇女在萨莱诺学习看护和接生术，穆里耶（Mulleres Salernitanae）也许是指在该学校中受过训练的助产士。萨莱诺最著名的产物之一，是一篇12世纪初期的产科医学的论文《特劳图拉论妇科病的治疗》（*Trotulae Curandarum Aegritudinum Muliebrum*）。通常认为，特劳图拉是萨莱诺的一名助产士。几篇重要的论文，几乎包含医学的全部，已经自萨莱诺学派传到我们手里。阿尔希马特乌斯（Archimatheus）有一篇临床态度的论文：医生必须始终认为病人的情况严重，因此不幸的结果可能不致使他蒙羞，而治愈对他的声誉而言，增加了一项奇迹；他不该同病人的妻子、女儿或女佣调情取乐；即使没有药物的需要，他也应该开一些无害的处方，以免病人认为花费在治疗上的金钱不值，无须求助医生，病人往往可以自愈。

1268年后，萨莱诺学派的地位被那不勒斯大学取代。那时，它的毕业生已把萨莱诺的医学传遍欧洲。13世纪，负盛名的医学院设立于博洛尼亚、帕多瓦、费拉拉、锡耶纳、罗马、蒙彼利埃、巴黎和牛津。在这些学校里，希腊、阿拉伯、犹太这三种主要的中古时代的医学传统被合并、吸收，同时整个医学遗产被重新加以系统地陈述，而成为现代医学的基础。利用听诊和尿的分析的古老诊断方法一直存在，因此某些地方小便器成为医师的专门职业表征或广告牌。利用净肠和放血的古老医疗方法依然继续。在英国，医师是一个"抽血的器具"。热水浴是一种受人欢迎的处方，病人旅行以"取得矿泉里的矿泉水"。几乎所有的疾病皆以节食为药方。药物却很丰富，几乎每种元素都被用作一种治疗品，从萨莱诺的罗杰于1180年曾介绍用来治疗甲状腺肿的海带（富碘），至被饮入以"使疼的四肢舒服"的黄金——显然是我们对关节炎最时髦的疗法。实际上每一种动物的器官，在中古时期的处方书上都有治疗学上的用途——鹿角、龙血、毒蛇胆、青蛙精液，同时动物的排泄物偶尔也被开上处方。所有药材中最普遍的是一种由约 57 种材料合成的不可思议的混合物——它主要的成分是毒蛇肉。很多药材从阿拉伯国家进口，而保留阿拉伯名称。

由于训练有素，医师供给量的增加，政府开始管制医药业。西西里的罗杰二世，也许是受到古老的穆斯林先例的影响，限制私人执业的医生须得到政府的特许。腓特烈二世要求从萨莱诺学派发出的执业许可证，为此，学生必须 3 年修习课程——包括自然科学和哲学，然后必须在学校研究医学五年，通过两次考试，在一个有经验的医师监督下实习一年。

每个重要的城市雇用医师为贫穷的人免费治病。有些城市有公医制度的措施。13 世纪，基督教的西班牙，市政府雇用一个医师照顾一部分指定的人；他在他的区域内定期为每一个人作身体检查，同时根据他的发现，给每个人（身体）忠告；他在公立医院为穷人治病，而且有义务每月去探视患者三次；一切免费，每月三次以外的探视始准收费。提供这些服务，医师可以免税，同时得到 20 英镑的年薪。西哥特人统治下的西班牙法律规定，假若病人死亡，则医生没有资格接受治疗费用。

13 世纪，有执照的医师在基督教的欧洲为数不多，他们收入很高，同时社会地位也高。有些人积聚一笔可观的财富，有些成为艺术收集家；有几个赢得国际声誉。佩特鲁斯·希斯帕努斯——里斯本及孔波斯特拉的彼得——移居到巴黎，然后到锡耶纳，写了中古时期最通俗的医学手册《穷人的宝藏》（*Thesaurus Pauperum*）与最好的中古时期心理学的论著《灵魂说》（*De Anima*），1276 年成为教皇约翰二十一世。1277 年，被掉落下来的天花板压死。这一个时期最著名的基督教医师是维拉诺瓦的阿诺德，出生在瓦伦西亚附近，他懂得阿拉伯文、希伯来文和希腊文，在那不勒斯研究医学，在巴黎、蒙彼利埃、罗马教授医学或自然哲学，写了很多医学、化学、占星学、魔术、神学、制酒解梦方面的著作。成为阿拉贡王国的詹姆士二世的御医，他一再警告，除非国王保护穷人不受富豪欺凌，否则必下地狱。

詹姆士很信任他，派他担任很多外交方面的任务。由于在很多国家所看到的悲惨和剥削，他变成弗洛拉的神秘家约阿希姆的信徒，在写给很多亲王和职位甚高的教士的信中，他控诉权贵者的恶行和修士们的奢侈，预言世界的毁灭。他受到使用魔术和异端邪说的控告，同时被控以曾经用炼丹术替那不勒斯的罗伯特国王制造金条。他被一个宗教法庭定了罪，却被教皇博尼费斯八世自狱中释放。他治愈了老教皇的肾结石，同时受赐阿纳尼的一个城堡。他警告博尼费斯，除非彻底改革教会，否则必遭天谴。此后不久，博尼费斯在阿纳尼遭受著名的"轻蔑"之苦，终于在失望中去世。宗教裁判所继续追查阿诺德，可是国王们和教皇们为了他们疾病的缘故而保护他。作为詹姆斯二世的使节，他在出使教皇克莱门特五世时溺毙。

外科在这一个时期腹背受敌，一方面要同理发师作战，另一方面要同外行的执业者作战。有很长一段时间，理发师兼营灌肠、拔牙、治疗外伤及放血。接受正式医学训练的外科医师们抗议理发师提供这些服务，然而在整个中古时期，法律保障了理发师。在普鲁士，一直到腓烈特大帝，替军官剃胡子可以说是军队外科医师的责任之一。由于这两种职业功能的重复，外科医师被认为在科学和社会的地位上低于医师。他们被认为是仅服从医师指导的纯技术人员，13世纪之前，医师通常不亲自施行外科手术。更使外科医师失望的是，如果他们手术失败，则有入狱或被处死之虞。只有最勇敢的外科医师实施危险的手术，而大多数的外科医生，在手术前要求患者立下书面保证，如果手术失败，他们不承担责任。

然而外科在这一个时期比其他医学分支发展更加迅速，部分是因为医师被迫深入处理实况，而非理论的钻研，部分是由于有充分的机会治疗伤患的战士。萨莱诺的罗杰，在约1170年出版了他的《外科实务》（*Practica Chirurgiae*），作为基督教西方最早的外科论文，其维持一本经典教科书的地位达三个世纪之久。1238年，腓烈特二世命令萨莱诺学派每五年必须解剖一个尸体。这种尸体的解剖，意大利在 1275 年之后经常实施。1286 年，克雷莫纳一个外科医师剖开一具尸体以研究当时一个时疫的原因。这是第一次为人所知的验尸的事例。1266 年，切维亚的主教狄奥多里科·博尔格诺尼（Teodorico Borgognoni），开始一段漫长的意大利医学反对阿拉伯医学的历程，即在治疗伤患时，首先须刺激伤口化脓。他的无脓毒的治疗的论证，可以说是中古时期第一流的医学著作。古格莱尔莫·萨利塞蒂（Guglielmo Salicetti），即萨利塞托的威廉，是博洛尼亚的医学教授，在他的《外科》（*Chirurgia*）一书中做了重要的改进：他将外科的诊断同内科知识联结起来；使用仔细的临床纪录，显示出如何缝合分离的神经；建议用刀，以使患者治愈得更好，及留下更小的伤疤——而不愿用穆斯林执业者所常用的炙法。在一篇普通的论文里威廉将下疳和横痃的疾病归之于同有传染病的娼妓性交。他对水肿提出一种最佳的描述，将之归因于肾的变硬和变小，同时提供关于各年龄人群保健和饮食的最佳忠告。

他的学生亨利·蒙得维尔和圭多，把博洛尼亚的医学知识带到法国去。像蒙得维尔一样，对无菌法加以改善，他倡议恢复希波克拉底伤口保持完全清洁的方法。圭多于 1290 年从米兰被放逐到里昂和巴黎，同时写了一本《大手术》（*Chirurgia Magna*），该书成为巴黎大学所承认的外科教本。他提出了一个原则，而将外科自理发业中解救出来："没有一个人能够成为一个良好的外科医师，如果他对于外科手术一无所知；同时没有一个人能够适当地动手术，如果他不懂医学。"圭多是最早使用神经切断来治疗破伤风及食道插管法，同时对脑震荡做外科的描述。他的论头脑受伤的部分章节是医学史上最著名的作品之一。

奥利金和波蒂阿的奚拉里主教曾提及外科的安眠药。中古时期基督教王国的一般麻醉方法，是吸入或饮用一种以曼陀罗花为主、还含有鸦片和胡萝卜科的一种毒草及桑椹汁的混合剂。这种催眠用的海绵自 9 世纪以来曾被提及。局部麻醉是由敷于伤处缓痛的面糊或芥子糊等的膏药，吸取相同的溶液而发生感应。病人的醒转是应用茴香汁滴于其鼻孔。外科的工具自从希腊人以来迄无进步。产科在索拉努斯和阿埃吉亚的保罗实际应用之后走下坡。剖腹生产在文献中曾被讨论过，可是显然并未被实际应用。难产时的碎胎术——残害胎儿，将其从子宫中取出——被实施过很多次，因为产科医师很少懂得转位手术。分娩是在专门设计的椅子上完成的。

医疗设备远比我们所知的古代的进步得多。希腊人曾经有过治疗病人的宗教机构。罗马人曾经为他们的兵士提供医院，基督徒的慈善捐助，使这个机构有较大的发展。369 年，圣巴西勒在卡帕多西亚的恺撒里亚建立一个机构，以他的名字命名，盖有数栋建筑物以供病人、护士、医师、工场和学校之用。圣以法莲（St.Ephraim）于 375 年在埃泽萨开创一所医院。其他医院在整个希腊东部相继兴起，同时各有所专。拜占庭的希腊人曾为病人、弃婴、孤儿、穷人、穷苦的或虚弱的朝圣者及老年人准备住所。拉丁基督教王国第一座医院是法比奥拉在约 400 年于罗马建立的。很多修道院供给小型的医院，有些教团“医院武士”“圣堂武士”“安东尼会”、阿列克塞——的修士及修女们也开始照料病人。1204 年，教皇英诺森三世在罗马设立圣灵医院，同时在他的鼓舞之下，相同的机构在欧洲各地相继创立起来。13 世纪，仅德国即拥有 300 多所类似的“圣灵医院”。在法国，医院不仅为病人服务，同时也为穷人、老人和朝圣者服务，就像修道院的中心一样，他们给人殷勤的款待。约 1260 年，路易九世在巴黎创立一所救济院（Les Quinze-vingt vingt），开始作为盲人的收容所，后来变成一所专治眼病的医院，而现在成为巴黎最重要的医学中心。历史上所知道的第一所英国医院可能于 1084 年在坎特伯雷创立。通常，这些医院的服务是免费提供给穷人的，同时（在男修道院的医院除外）专责护士皆是修女。这些“慈悲的天使与看护者”所穿着的笨重服式，显然在 13 世纪就已经形成，也许是为了保护她们免受疾病的传染，因此剪去了头发，并在头上覆有遮蔽。

特别疾病需要特别的防护。"圣安东尼之火"，一种皮肤病，也许是丹毒，相当严重。一个僧侣教团，安东尼的会众约1095年创立，以治疗患病者。图尔的格列高利曾述及麻风病院；圣拉撒路会设立，为麻风病人服务。八种疾病被认为会传染：横痃瘟疫、肺病、癫痫症、疥癣、丹毒、炭疽热、沙眼及麻风病。这些疾病的患者，除非在隔离情况下，否则被禁止进入任何城市，也不准经营饮食业。麻风痛患者必须使用号角或铜铃发出接近的警告。通常病人在脸上或身体上会出现化脓性的疹子。它不过是稍具传染性，可是中古时期的权威人士害怕它会由性交而传播。也许这个名词可用来包括现在被诊断为"梅毒"的疾病，但在15世纪以前，并没有论及梅毒。15世纪以前，似乎设立疯人院以照顾他们。

中古时期由于太穷困而无法保持清洁与营养不良，因此远比任何其他时期更加饱受疫病的痛苦。"黄色的瘟疫"（The Yello Plague）于550年和664年蹂躏爱尔兰，据非正式的资料，当时死了2/3的人口。同样的瘟疫在6世纪掠过威尔士，在7世纪打击英格兰。有一种性病994年、1043年、1089年和1130年横扫法国和德国。"麻风"瘟疫和坏血病也许是由归国的十字军带回。有一种头发病，很显然是由于蒙古1287年的入侵而带到波兰。饱受折磨的人把这些流行病归因于饥荒、干旱、虫害、星界的影响、犹太人于井中下毒或是天谴；实际原因是有围城的小镇人口过于拥挤，卫生设备和保卫法的缺乏，及由于对归国的战士、朝圣者或是学生所带来的传染病缺少防范措施。我们没有对中古时期的死亡率做过统计，不过很可能不到半数的新生人口能长到成年。

公共卫生设施的改善是在13世纪，可是中古时期从未恢复到罗马帝国统治之下的完美的境地。大部分城市和城区都指派官员维护街道。可是他们的工作却是原始的。穆斯林到基督教城镇的访客都抱怨"异教徒城市"的不洁和臭气冲天。在剑桥，现在是那么美丽和清洁，但当时暗渠中的污物和垃圾，在街市上的明沟中时有流动，而"散发出令人恶心的恶臭……以致很多教师和学者都因此而欲呕"。13 世纪，有些城市拥有水道、暗沟及公共厕所；大部分城市靠雨水将污物冲走；井中的污物使伤寒的病例增加；用来烘烤面包和酿酒的水，通常都是——阿尔卑斯山北部——汲自容纳城市暗沟污物的同一条溪河。意大利较为进步，大部分原因是其继承罗马遗产及腓烈特二世对垃圾处置的开明的立法。但来自四周沼泽地区的疟疾传染病，使罗马并不太平，一些高僧和访客病死，不过也因此免受敌人军队的蹂躏，因为他们在胜利中死于热病。

大阿尔伯图斯（1193—1280）

这一时期有三个杰出的科学献身者：阿德拉德、大阿尔伯图斯和罗杰·培根。

阿德拉德游学于各阿拉伯国家后回到英国，同时写了（约 1130 年）一本长长的对话录《自然界的探讨》（*Quaestiones Naturales*），包括很多学科。该书不切实际地利用叙述阿德拉德和他的友人们的重聚开始。他探询英国的情势，他被告以国王们制造战争、法官们行贿、职位甚高的教士酗酒、一切的诺言失信、所有朋友都是嫉妒的。他认为这些是一般事物自然而不可改变的状况，同时提议把它忘记。阿德拉德的侄儿询问阿氏在阿拉伯国家中曾学到些什么。他表示出一种对阿拉伯科学的诚挚热爱，更甚于对基督教的科学。他们向他挑战，而他的回答却是对当时各种科学作了一个中肯的评价。他对传统和权威的束缚痛加抨击。"我在理性的领导之下，从阿拉伯的老师们学习，而你却被权威俘虏，跟着足以使你绞首的缰绳。还有什么其他比缰绳更适当的字眼，可以用来称呼权威呢？"那些目前被奉为权威的人之所以得到声誉，是因为遵循理性而非权威使然。"所以，"他告诉他的侄儿，"如果你想从我这里多学一些知识，要付诸理性并运用它……没有什么东西比理性更确定……没有比感官所造成的错误更大。"虽然阿德拉德依赖演绎的推理而过分自信，他作了一些有趣的回答。被问及为什么地球被支撑在空间，他的回答是中心和底相同。如果钻一洞穿过地球中心而通到地球的另一端，那么投石入洞中，会落下多远的距离？——他回答，只到地球的中心。他清楚地说明物质的不灭原理；同时辩论说宇宙的连续，使一个真空不可能存在。总而言之，阿德拉德在 12 世纪的基督教欧洲，称得上是苏醒的知识分子中的一个明显的证据。他热衷于科学的可能性，同时自豪地称呼他的时代——阿伯拉尔时代——为"现代"，即一切历史的高峰。

大阿尔伯图斯比阿德拉德较少有科学的精神，但他的好奇心如此广大，他的作品如此浩巨，使他赢得了伟大之名。他的科学作品如同其哲学的作品一样。大多数以评论亚里士多德的论文为主，但偶尔也包括一些独特见解。在一大堆来自希腊、阿拉伯和犹太作家的引用文中，寻找机会，以第一人称观察自然。他访问实验室和矿穴、研究不同的金属、仔细观察他母邦德国的一切动物和植物，记录世事的变幻，及借此解释岩石上的介壳化石。因为含有太多的哲学家成分，他不能成为彻底的科学家。他让先验的理论曲解他的观察，如当他宣称曾经看见水里的马毛变成虫时。像阿德拉德一样，他不以上帝意志解释自然现象。上帝由自然的法则而行动，而人必须在那里找到他。

在他的《论植物》（*De Vegetabilibus*）一书第 10 册著名的一节中，他用某些词语来吸引我们，那些词好像是说："只有实验才能给予正确的答案。"可是"实验"这个词在当时有一个比现在更加广泛的意义，它还意味着"经验"，正如段落里上下文所载的一样："这里一切所记载的事物是我们自己经验的结果，或是借用我们知道他们依照他们个人的经验而写出东西的作者们。因为在这些物件中，只有实验才能无疑。"即使如此，这仍是一种进步。大阿尔伯图斯对诸如鸟身女面的怪人或半狮半鹫的怪兽的神话生物，及当时一本流行的书《自然学家》（*Physiologus*）加以讥笑。同时他又附注说"哲学家们说了很多谎话"。有时，他会做一些实验，诸如当他同助手们证明已断头后的蝉仍能继续鸣叫一阵。可是，他以一种圣徒般的天真信任普林尼的权威，同时轻易地相信猎人和渔夫中那些声名狼藉的撒谎者们所虚构的故事。

他屈服于他的时代而接受占星学和神学。他将神奇的力量归诸宝玉和宝石，而宣称他亲眼看见一块治愈过溃疡的碧石英。他如同没有疑问的托马斯一样，认为魔术是真的，而且归因于魔鬼。梦有时预告事件。在具体的事件方面，"星真正是世界的统治者"，行星的联合也许解释了"大的变故和大的奇事"，而彗星也许意味着战争和国王的死亡。"人的行动有双重的动力——自然和意志；自然是被众星所控制，意志则是自由的；除非意志坚定，否则必为自然控制。"他相信好的占星家也许能从众星的位置，适当地预言人生的事件或事业的结果。他略有保留地接受炼金术元素变质的理论。

他的最负盛誉的著作是植物学方面的。他是泰奥佛拉斯托斯以来第一位植物学家（就我们所知），他为了研究而研究，并非为了其在农业或医学的用途而研习植物。他把植物分类，描写它们的颜色、气味、各部分和果实，研究它们的感觉、睡眠和发芽，同时大胆地写了一本关于农业的书。洪堡（Humboldt）惊讶地在大阿尔伯图斯的《论植物》中发现"关于植物的器官结构和生理学方面极精确的观察"。他的巨著《论动物》（De Animalibus）大部分是对亚里士多德的一种释义，可是在此我们也看到独到的见解。大阿尔伯图斯说及"为了研究而坐船到北海，而在各岛屿和沙岸登陆以搜集资料"。他将动物和人相同的器官加以比较。

这些作品包含很多错误，但以当时的知识背景看来，它们是中古时期思想界最主要的成就。大阿尔伯图斯在他的有生之年被认为是最伟大的教师，他活得很久，他的作品像西班牙的彼得和博韦的文森特一样，被加以引用而被奉为权威，这二人比大阿尔伯图斯去世得早。在敏捷的判断力和哲学的领悟方面，他不能同阿威罗伊或迈蒙尼德、托马斯相提并论，但他是那个时代最伟大的博物学者。

罗杰·培根（约1214—1292）

这个中古时期最著名的科学家，约1214年出生于英格兰西南部的萨默塞特（Somerset）。他在牛津受教于格罗斯泰斯特门下，同时从伟大的百科全书编纂者那里获得一种对科学的浓厚兴趣。经验主义和功利主义的英国精神，当时在牛津的圣方济各修会的圈子里已经定型了。约1240年他前往巴黎，可是在这里找不到牛津所给他的刺激。他惊讶于巴黎的教授们，除了拉丁文很少关注其他，以至他们花在科学上的时间那么少；却如此过分专注于逻辑和形而上学的争辩。对培根来说，似乎是对生命的错误的浪费。他"主修"医学，而开始写一本关于如何减轻老年人的痛苦的书。为了寻找资料，他到意大利去，在玛格纳·格雷西亚研究希腊文，同时在那里熟读了一些伊斯兰教的医学著作。1251年，他回到牛津，加入教授的行列。他在1267年写道，前后20年，他曾花费"2000英镑以上购买秘籍和工具"及用在教授青年学习语言和数学方面。他雇用犹太人教他和他的学生们希伯来文，同时帮助他们阅读《旧约》原文。约1253年，他进入圣方济各修会，但他似乎一直没有变成一个修士。

由于厌恶学校的形而上学，培根把他的全部热情都贯注在数学、自然科学和语言学上。在学术的每一个领域内，他都受惠于先人，他的创见实是一个长期发展的有力的总结。亚历山大·内克姆（Alexander Neckham）、英格兰的巴托罗缪（Bartholomew）、格罗斯泰斯特和亚当·玛尔什（Adam Marsh），曾经在牛津创立一个科学传统；培根继承了它，同时将其公之于世。他承认自己的受惠，而给予他的前辈无比的赞美。他也承认了他受惠于伊斯兰教的科学和哲学的基督教王国，也同样受惠于希腊人，同时提示希腊和伊斯兰教的"异教世界"博学之士，以他们自己的方式，受到上帝的鼓舞和指导。他对伊萨克·伊斯雷利、伊本·加比罗和其他希伯来思想家有一种高度的敬意。他称赞耶稣被钉死于十字架时，住在巴勒斯坦的犹太人极有勇气。他不仅贪婪地从博学之士处学习，而且向任何在手艺和农务方面有实际知识、能增加他的知识的人学习。他以不寻常的谦逊写道：

> 可以肯定的是，在面对面直接了解上帝以前，没有人能以完全肯定的态度知道任何事物……因为没有人能如此精于自然之道，以至于配了解一切……一只单纯的苍蝇的性质及所有属性……既然，他所不能了解的是如此的广泛，则与一个人所能了解的事情相比较，无须与更伟大或更美妙的不可知的事物相比，他以其学问而自夸，则必是丧失了心智……越聪明之士越谦虚去接受别人的指教，他们也不会鄙视教师的单纯，并谦逊有礼如农夫、老妇和儿童般，因为很多事物为单纯和无学问的人所知，而不为聪明人所注意……我从地位卑下的人那里学到的，远比我从所有著名的人那里学到的为多。因此，但愿没有一个人夸耀他的智慧。

他以如此的热诚和勤奋努力工作，以致在 1256 年健康受损。他从大学退休，以后 10 年内，我们不知他的行踪。也许在这段时期他写了一些次要的作品《论燃烧的玻璃制品》（*De Speculis Comburentibus*）、《论发明和自然的神奇力量》（*De Mirabili Potestate Artis et Naturae*）和《自然事件的计算》（*Computus Naturalium*）。现在他计划着手他的"主要的作品"——一部独力完成的百科全书，包括四卷：文法和逻辑；数学、天文学和音乐；自然科学——光学、地理、占星学、炼丹术、农学、医学和实验科学；形而上学和道德律。

他已经写了一些散乱的部分，当此时他的计划受一件事情的影响而生变。1265 年 2 月，纳邦的大主教居伊·富尔凯（Guy Foulques）成为教皇克莱门特四世，而带给教会一些自由的精神，这些精神由于民族和教条的混合，在法国南部极大地发展。6 月，他写信给培根，嘱咐他送一部"誊清的稿本"给他，"秘密地、不耽搁地"。培根本人非常想按计划自己完成百科全书。然而，在1267年，因为害怕克莱门特会去世，或在书完成之前失去兴趣，决定以12个月的时间完成——或将他的手稿集在一起——初步的论文，我们知道它叫作《大作品》（*Opus Maius*）。他怀疑甚至这本书，对一个忙碌的教皇而言也过于冗长，因此写了一个摘要《小作品》（*Opus Minus*）。1268年初，他把这两部手稿送给克莱门特，连同一篇名为《论洞察力的增加》（*De Multiplicatione Specierum*）的文章。因恐这些文章在搬运中遗失，他又写了另一篇大纲，叫作《中型作品》（*Opus Tertium*），而派专差把它送给克莱门特，并配有一个透镜，他建议教皇自己可以做实验。克莱门特卒于1268年11月。就我们所知，他和他的继承者从未对这个热心的哲学家说过一句感激的话。

所以，《中型作品》现在对我们来说，实际上就是他的"主要作品"，虽然在他看来这不过是一篇序言而已，其内容是相当充实的。共有八百页，分成七个论题：《论无知与错误》、《哲学与神学的关系》、《外国语文的研究》、《数学的用途》、《透视法与光学》、《实验的科学》、《道德哲学》。这本书包含了无意义的部分和很多题外话，及太多从别的作者那里广泛引用的篇章段落，可是它是以活泼、率直和诚恳的态度写成的，同时比中古时期任何其他科学或哲学方面的著作可读性更大。它对人心的鼓动，它对教皇权力的谄媚、对正统宗教的热切的表白，它降低科学和哲学为神学的仆役，在这样的范围和题目、匆忙写成的大纲，及企图赢得罗马教皇对科学的教育与研究给予支持的一本书里，上述情形是不难理解的。像弗朗西斯·培根一样，罗杰·培根觉得知识的进步，一定需要高级教士和大企业家们的帮忙和金钱，以便获得书籍、工具、文献、实验室和实验人员。

好像预期到"偶像"会被三个世纪以后他的同名者所指责，罗杰开始列出人类错误的四种原因：脆弱和无价值的权威、创立已久的风俗、无知群众的见识及在智慧的虚饰下隐藏自己的无知。他留心地加上一句话说，他"并非谈及那种可确知确定的权威……已经给予教会的"。他惋惜他的时代那么容易就认为一个命题如果能在亚里士多德的书中找到，则被证明无误。他宣称，如果他有权力，一定把亚氏所有的书都烧光，因为它是一个错误的源泉，也是一个无知的源流。在这之后，他在每两页书上引用亚里士多德的话。

在第二部分的开始，他写道："因为这四个错误的原因已被摒弃于地狱之外，我希望说明有一种智慧是完美的，而这种智慧包含在《圣经》中。"如果希腊的哲学家们领悟到一种次要的神的感召，那是因为他们读了预言家和早期基督教主教的著作之故。显然，培根以单纯的信仰接受《圣经》的故事，而奇怪何以上帝不让人再活 600 岁。他相信耶稣和世界末日即将降临。他辩称科学是上帝在他的万事万物中的显现，使基督徒可以不用《圣经》而改变异教徒。所以，"人的心灵能够受影响而接受童女生子说，因为某些动物在处女状态时才会怀孕和生幼儿，就如同安布罗斯在《创造世界之六日》（*Hexaemeron*）书中所述的兀鹰和人猿一样。尤有甚者，如普林尼所述，在很多地区的母马，当它们渴望公马的时候，单借着风吹就会怀孕"——这是他信任权威的不幸的例证。

在第三部分，培根努力教授教皇希伯来文。语言的研究对于神学、哲学和科学而言是必需的，因为翻译本可以传达《圣经》或异教徒哲学著作的精确含义。在《小作品》里，培根将各种《圣经》的翻译作了卓越的学术性的报告，同时显示出他对希伯来和希腊原文本的精通。他建议教皇指派精通希伯来文、希腊文和拉丁文的学者组成委员会，校订拉丁语《圣经》，同时将这个修订本——不再是彼得·郎巴德的《信念四讲》——作为对神学研究的主要对象。他力劝在大学设立希伯来文、希腊文、阿拉伯文和加尔地亚文的讲座。他公开指摘使用暴力来改变非基督徒，同时询问除了透过他们的本国语言外，教会如何与希腊人、亚美尼亚人、叙利亚和加尔地亚的基督徒交往。在这方面，培根着手著作并加以倡导。他是西方基督教王国第一位完成一部希腊文法为拉丁人使用、第一位完成一部希伯来文法的基督徒。他主张要有写希腊文和希伯来文的能力，也可能研究过阿拉伯文。当培根讨论到数学题目时，狂热的辩才跃然纸上，因为都是数学定理，为一般人所不解。"除语文外，我坚信数学是最必要的。"他表示出对神学一贯的顺从：数学"将有助于我们确定天堂和地狱的位置"，增加我们对《圣经》上地理和宗教纪年的知识，使教会能够改正历法。他说，同时去观察，"欧几里得的第一个命题"——在一指定的线上构成一等边三角形——如何帮助我们"领悟、承认神'圣父'的身位，则同等身体的三位一体神自然呈现"。因为这个精辟的论调，他为现代数理物理学引进了一个卓越的前提，即坚持科学必须使用实验作为它的方法，除非把它的结论简化成数学形式，否则不能发展成为完全的科学。一切非精神的现象全是物体与力的结果，一切的力促成无变化的和规则的动作，因此可用线和图形把它表现出来。"以几何线已成立的证明来鉴定物体"，推到最后，一切自然科学都是数学。

数学是结果，科学的方法与印证却是实验。经院学派的哲学家们，自阿伯拉尔到托马斯，他们信任逻辑，而且使亚里士多德几乎成为三位一体的一分子，一个十足的圣灵；可是培根在数学与实验方面，却用公式表示出一种科学的革命。最严密的逻辑结论留给我们不确定的答案，除非能以经验来证实。只有一场真实存在的燃烧，才能真正使我们相信火在燃烧。"凡期望因着隐藏于一切现象之下的真理，而毫无疑虑地欢欣的人，必须知道如何致力于实验。"有时候他似乎并不把实验看作研究的方法，而是一种由意见——由经验或推理方式而得来的——的提出，建构在实际收到效用的基本事物上，以印证一个最后的证明模式。他比弗朗西斯·培根更加观察入微，并宣称在自然科学中，实验是唯一的证据。他并不自认为这种观念是新的，亚里士多德、希罗、加伦、托勒密、阿德拉德、佩特鲁斯·希斯帕努斯、罗伯特·格罗斯泰斯特、大阿尔伯图斯和别人都做过或赞美过实验。罗杰·培根是把含混不清的东西明确地陈述出来，而把科学的旗帜牢牢地植在占领地上。

除了在光学和历法方面的改革外，罗杰·培根像弗朗西斯·培根一样，对科学本身的贡献是无关紧要的，他们仅是科学哲学家而非科学家。继续格罗斯泰斯特和他人的研究，罗杰得出结论，认为恺撒历一年的时光过长，每125年多出1天——这是那时候所用的最正确推算——同时日历在1267年超过10天。他建议恺撒历每125年去掉一天。在《大作品》的第4部分中，同样受赞誉的是专门讨论地理知识的100多页篇幅。培根与他刚由东方返回的圣方济各会友鲁布鲁奎斯的威廉热切地讨论东方见闻，从他里那获知东方的种种；同时对威廉的报告中提及东方有数百万人从未听过基督教，印象十分深刻。他从亚里士多德和塞内加的陈述开始评论道："从西方的西班牙可以航行至东方的印度，假若顺风，在几天内即可横越。"这一段文字记在红衣主教皮埃尔·艾利（Pierre Ailly）所著的《世界的影子》（*Imago Mundi*）中，而被哥伦布引用于1498年致斐迪南和伊莎贝拉一世的函中，作为鼓舞他1442年航行的提示之一。

培根的物理作品有着那个时代的特色。在精确的译本里，由一段最为著名的文字可以窥出，其思想已由13世纪一跃而至20世纪：

> 实验科学的第5部分讨论到用途绝妙的工具构造，如飞行机器，或不凭借动力而能以无比的速度移动的交通工具或不靠橹夫的船行工具，速度快得为人手所不及。因为这些东西在我们的时代都已经做了，免得有人会笑它们荒谬或感到惊奇。同时这部分教人怎样制造那种工具不用费丝毫力气即可举起或降低令人难以置信的重量……飞行的机器可以制造出来，同时一个人坐在那种机器中央，可以旋转一些设计精巧的装置，借着人造的翼击打空气，有如一只飞鸟的样子……同样，可以制造机器在海中或河中行驶，甚至行驶于地球底部，也没有危险。

《大作品》（第6卷，第12章）的一段文字可以被解释为论火药：

> 重要的技艺已经被发现用以对抗国家的敌人，因此不需宝剑或任何需要身体接触的武器，它们足以摧毁所有抵抗的人……从这种叫作硝石的力量，可以产生出一种如此可怕的声音，即使爆发在小如羊皮纸的东西上，那么……它的声响就超过尖锐的雷声，同时亮度超过随着雷鸣而来的最强烈的闪光。

在《中型作品》的一段可能添进去的文句中，培根附注说某种玩具"爆竹"已经在使用，它含有一种硝石（41.2%）、木炭（29.4%）和硫黄（29.4%）的混合物。同时，他提示火药可以密封在固体物质中以增加其爆炸力。他并没有声明已经发明火药，他只是最早研究它的化学成分，并预知它的成功的人之一。

培根最重要的作品是《大作品》的第5部分《论透视的科学》，及补遗篇中的论文《论视力的增加》。这篇关于光学的光辉的文章，来自格罗斯泰斯特的关于虹的作品，是对维特罗对海泽姆的修正，并越过阿维森那、金迪和托勒密而逐步升高到欧几里得的光学研究传统的高峰，欧氏曾智巧地应用几何于光的运动。光是否由肉眼所能见之物体的微粒散发出来？或者它是物品和眼睛之间某种媒介物的一种运动？培根相信每一种自然物从各方面发射出力来，同时这些光线可以透过固体物：

> 没有物质能如此紧密连在一起，可以防止光的穿过。万物皆占有空间，并由实质构成，因此没有物质在环绕着光活动而不产生一种改变的……热和声的射线穿透金或铜器的内壁。据波伊提乌说，一种山猫的眼睛会看透坚厚的墙壁。

我们对山猫不太肯定，然而我们对这位哲学家大胆的想象力必须加以喝彩。使用透镜和镜子做实验，培根寻求把折射率、反射、倍率和显微镜使用方法公式化。提及一种凸镜的力量可以把很多太阳光线集中为一个燃烧点，同时在该点上将光线散布，形成一个放大的影像，他写道：

> 我们能如此造成透明体（透镜），同时利用我们的视觉和物像调整它，而使光线随我们的要求折射和朝任何方面弯曲；又随我们的希望在任何角度之下看到在近处或远处的物体。如此我们可以从一个不可置信的距离阅读最小的字母和测量灰尘或沙的颗粒……如此一群可能变成很大和……很接近……所以我们也可以使太阳、月亮和星星……并许许多多类似的现象，明显地呈现在我们眼前，因此一个不明白真理的人的心灵是不能忍受它们的……我们可以根据天体的长度和宽度，画出一个每日运转的具体图形，而这一点对于一个聪明的人来说，足值整个王国……其他无以胜数的奇迹，也可以被宣布出来。

这些是著名的段落。几乎这些理论的每一要素都可以在培根以前找到，尤其在海泽姆的著作里。可是在此各种物质以一种实际和革命性的洞察凑合在一起，而及时使世界改观。就是这些段落引导莱昂纳多·迪格斯（Leonard Digges）（约死于 1571 年）有系统地陈述发明望远镜的理论。

可是如果物理科学的进步给予人更多的力量而没有善加利用，则将如何？培根的真知灼见体现在他对这个问题的提示，这个问题只在我们的时代才很明显地表露出来。在《大作品》的结论中，他坚信人不可能单独因科学而得拯救：

> 所有这些前述的科学是纯理论的。事实上，每一种科学都有实用的一面……但是只有属于道德哲学才能说也是……在本质上

是实用的，因为它讨论人的行为、善恶、幸福和悲惨……其他的一切科学，除了它们有助于正义行为外，是没有这个顾虑的。在这种意义上，所谓的科学，如实验、化学等，就涉及与道德和政治科学所关心的运作而言，它被认为是理论性的。这种道德科学是哲学的每一分支的支配者。

培根的最后一句话不是关于科学而是关于宗教的，只有借着宗教支持的一种道德，人类才能自救。可是它该是那一种宗教呢？他谈及宗教会议——佛教的、伊斯兰教的、基督教的——据鲁布鲁奎斯的威廉报告，它曾在蒙哥汗的建议和主持之下，在喀喇昆仑山召开。他比较三种宗教，结论对基督教有利。不顾格罗斯泰斯特的批评，他觉得教皇权是对欧洲的道德约束，缺少了它一定会有一种信仰与武力冲突的混乱局面。他热望利用科学、语言和哲学巩固教会，使它成为世界上较好的精神政府。如同以一个对教会忠心的热诚表白为本书的开场白，他也以对圣餐的赞美为此书的结语，好像是说，除非人定期的深思寻求其最高的理想，否则他将迷失于世界的烈焰之中。

也许教皇们对培根的计划和申诉完全不加理会，使他精神愁闷、笔调凄苦。1271 年，他出版了一本未完成的《哲学概要》（*Compendium Studii Philosophiae*），这本书对哲学的贡献不大，可是对扰及各学校令人厌恶的神学，其贡献则很大。他简洁地解答实在论与唯名论之间的争辩，使之归于平静，"共相不过是几个殊相的相似之点""一个殊相比放在一起的所有共相为真实"。他接受奥古斯丁"理性的种子"的学说，同时得到一个观点，认为万物向善的努力产生了一系列的发展。他接受亚里士多德学派的看法，认为一种"发动的智性"或"宇宙的智性""流入我们的心灵而照亮了心灵"。同时，他危险地接近阿威罗伊学说的泛神论。

可是震撼他的时代的，并非他的哲学观点，而是他对其对手与时代道德的攻击。在《哲学概要》中，几乎 13 世纪生活的每一个方面都受到他的讥刺：罗马教皇朝廷的漫无秩序，清修教团的堕落，教士们的无知和索然无味的布道，学者的败德，大学的罪恶，哲学家只会空谈的措辞。在一本书中，他列出他那个时代医学理论和实际的"36种大的和基本的缺点"。1271 年，他写了一节文字，它可以使我们更乐于接受我们时代的短处：

> 与任何过去时代相比，更多罪恶在支配这个时代……罗马教廷被不公正者的欺诈和舞弊破坏……傲慢在支配着，贪婪在燃烧着，嫉妒在腐蚀着一切；整个罗马教廷因淫荡而蒙羞，而暴食为一切之主……如果位高者尚且如此，部下会不起而效尤吗？让我们看看职位甚高的教士们，他们如何争名夺利，忽略对灵性的修养，擢升他们的侄辈、俗友及狡猾的律师们，凭借其劝告，而败坏一切……让我们考虑那些宗教的修会。在我的话中，并不排斥任何人。看他们堕落而离开其本分有多么远，同时新的教团（托钵僧）已经彻底地自原来的尊严腐化了。整个教会热衷于骄傲、淫荡和贪婪，同时只要有教士（学者）聚集的地方……他们就会用战争、争吵和别的罪恶而使俗人愤慨。诸侯、男爵和骑士们彼此压迫，同时以不断的战争和勒索困扰他们的子民……人民，由于遭受他们诸侯的侵扰而痛恨他们，除非被迫，否则绝无忠心可言。由于感染到他们统治者的恶例而腐化，彼此互相压迫、构陷、欺诈，如我们用眼睛在各处能看到的。同时他们完全纵于淫荡和暴食，而有更卑鄙非言词所能尽述的。关于商人和工匠是不成问题的，因为欺骗、虚伪和狡猾，表露在其言行上更是无法计数……古代的哲学家们，虽然没有那种鼓舞人追求永生的恩典，各方面都生活得比我们好，不仅在行为的正当方面，而且在轻视世界的一切愉快、财富和荣誉方面，这点可以从亚里士多德、塞涅卡、阿维森那、法拉比、柏拉图、苏格拉底和其他人的作品里读到。这就是他们能够获得智慧的奥妙和找到一切知识的原因。

可是我们基督徒却没有发现那些哲学家的价值，甚且也不了解他们的智慧。我们的无知是从这种原因进出，因此我们的道德比他们更坏……毫无疑问地，教会必须加以洗涤。

在哲学方面，他不受那个时代的影响，他对克莱门特四世写道：没有一个与他同时代的人，能在 10 年内写出像《大作品》这样一本书；他们的大部头书对培根来说，似乎是一堆很多卷的冗物和"语言难以形容的错误"；同时他们的思想的整个结构，是对《圣经》和亚里士多德的误解。他讥刺托马斯对天使们的习惯、权力、智力和行动的冗长的讨论。

像这样对整个欧洲生活、道德和思想加以夸大的指责，一定已使培根孤独地与整个世界抗衡。1277 年以前，即在上述"哀叹"发表以后六年，没有迹象显示他的修道院或教会迫害他，或是干预他思想或发言的自由。可是，在那一年，多米尼克修会的领袖维尔塞利（Vercelli）的约翰和方济各会领袖阿斯科利（Ascoli）的哲罗姆相议，缓和两教派之间发生的某些争端。他们同意每一教派的教士不得批评别派的教士，同时"任何一个教士被发觉在言行上冒犯别派教士，必须接受他的总主教的惩罚，而那种惩罚必须使被冒犯的弟兄感到满意"。其后不久，根据 14 世纪圣方济各修会的《二十四届大会年代纪》，哲罗姆"顺应很多教士的劝说而采取行动，责难并斥责神圣的神学教师培根修士的教义，是含有可疑的奇异事物，由此，罗杰被判罪入狱"。我们无法知道更多的情况。我们不能说，"奇异事物"是否指异端邪说，或反映出他涉猎魔术的一种嫌疑，或是隐藏一个决定，使一个对多明我和圣方济各修会而言同样严重的攻势平静下来。我们也不知道培根的监禁状况有多严重，也不知道监禁时间持续多久。我们获知在 1292 年，某些于 1277 年被判刑的人都获释放。可假定培根在那时或以前获释，因为在 1292 年，他出版了一本《神学概要》。其后我们只在一本旧编年史里看到："高贵的罗杰·培根博士被葬在格雷·弗里亚尔索（Grey Friarso）""于 1292 年牛津"。

他对他的时代没有多少影响。人们记得他是一个充满传奇的人物，一个魔术师和术士。由于这一点，死后三百年，他出现在罗伯特·格尔涅所编的一个剧中。很难说弗朗西斯·培根受他的恩惠有多少，我们只能注意到第二个培根，像第一个培根一样，摒弃亚里士多德的逻辑和经院哲学的方法，对权威、习俗和传统思想的偶像表示怀疑，赞美科学，列出科学预期的发明，绘制计划表，强调科学的实际效用，及寻求对科学研究的财务资助。从 16 世纪开始，罗杰·培根的声望逐渐增长，直到他变为一个传奇的人物——火药预言家、英雄式的自由思想家、终身被宗教迫害的牺牲者及现代思想的伟大创造者。历史学家们指出他在实验方面只有一些混乱的想法；他几乎没有自己动手实验；他在神学方面比教皇更加正统；他的文章充斥着迷信、魔术、错误的引文、错误的指控、及把传说当作历史。

以上是真实的。虽然他没有做多少实验，但他有力地陈述出实验的原理和为了实验的实现而做的准备；同时他维护正统，可能是一个人为了寻求教皇支持所使用的外交手段。他的错误是受他的时代的影响，或是一个人太热心，以致不能在知识领域寻求完全的知识，匆促而一无所获；他的自我赞美是被忽略了的天才的安慰；他的公开指责则是挫败者提坦（Titan）的愤怒。他无助地看着他高超的梦想沉入无知的浩瀚大海中。他对哲学和科学权威的攻击，为更自由的思想开辟了道路；他强调数学基础和科学的目标，超越他的时代 500 年；他警告勿将道德附属于科学，是为明日准备的一个教训。尽管存在错误和过失，他的《大作品》在那个惊人的世纪，应比其他任何文学作品获得更高的声誉。

百科全书的编纂者

科学与哲学中间的媒介物，是无数的百科全书编纂者，他们寻求方法，将那个时代广泛的知识加以整理与划一，把科学和艺术、工业和政府、哲学和宗教、文学和历史，注入一个有次序的整体，使其成为一个智慧的基础。13 世纪长于百科全书和《神学大全》，这些大全是无所不包的综合法。西伦切斯特（Cirencester）修道院的院长亚历山大·内克姆，和一位法国圣多米尼克修会的修士，康提姆普雷（Cantimpré）的托马斯，以《万物的性质》（*The Nature of Things*）为名，写了一本通俗的科学知识的书。英国的一位圣方济各修会修士巴托罗缪，也出版了一卷包罗万象的《论万物的属性》（*On the Properties of Things*）。约 1266 年，布鲁内托·拉提尼（Brunetto Latini），一个佛罗伦萨的公征人，由于他拥护教皇的政见而被逐，住在法国数年，用法文写了一本《财富书》（*langue d'oil Li Livres dou Tresor*），一本简短的科学、道德、历史和政府的百科全书。它受人欢迎，以致拿破仑想要由法国政府出版一修订本——在狄德罗（Diderot）震动世界的《大百科全书》（*Grande Encyclopé die*）出版后半世纪。所有这些 13 世纪的著作，都把神学和科学含混不清、将迷信和观察混为一谈；同时如果人们能够预知自己的杰作如何受 7 个世纪以后的人所检视，一定懊丧异常。

基督教中世纪最著名的百科全书是博韦的文森特所编的《知识宝鉴》（Speculum Maius）。他加入多米尼克修会，成为路易九世父子的私人教师，受命管理国王的图书，同时和几位助手从事将大量知识浓缩成可以消化的形式的任务。他称他的百科全书为《世界的影子》，把宇宙当作一面反射神圣智力和计划的镜子而呈现出来。它是一部巨大的编纂物，有现代大部头书的四十倍之大。文森特和誊写者修剪删改后完成了三部分——自然界的反射镜，教义的反射镜和历史的反射镜。该工作的继承人在约 1310 年加入一部道德的反射镜，大部分剽窃托马斯的《神学大全》。文森特本身是个谦逊和温文的人。他说："我甚至连一门科学都不懂。"他否认全书都是独创的，而只推及此书为摘自 450 名希腊、拉丁或阿拉伯的作者，再加以编集。他忠实地传播普林尼的错误，接受占星学上一切奇妙的事物，他的书中还充满草木与宝石玄奥的特质。然而自然的奇观和美景，经过他的著作而放射出光亮来，同时他自己感觉出他们的状况不是一个书虫所能做得到的：

> 我承认，罪人如我，心灵因情欲而玷污，当观赏它创造的……宏伟与美丽时，我被策动带着属灵的馨香转向造物者，这世界的主宰，并带着更大的敬意来尊崇它，因为心灵由卑贱的喜好中自我提升，尽其所能地升至沉思的光中，仿佛由高处来观看这伟大的宇宙，在其无尽的空间里，包含着各种等次的受造之物。

13世纪科学活动的爆发，可与其哲学的光芒媲美，也可与自抒情诗人过渡至但丁这种文学上的变化和光辉媲美。伟大百科全书和《神曲》一样，这一时代的科学，受患于过分的肯定及无法验证其假定，并苦于知识与信仰的混淆而无法分辨。但是，航行在玄奥大海中的科学小艇，即使在一个信仰的时代，也有很重大的进步。在阿德拉德、格罗斯泰斯特、大阿尔伯图斯、维拉诺瓦的阿诺德、萨利塞托的威廉、亨利·蒙得维尔、兰弗朗基、培根、清教徒彼得和西班牙的彼得等人的著作中，重新的观察和胆怯的实验，开始打倒了亚里士多德、普林尼和加伦的权威；对探险和进取心的强烈兴趣，牵引了冒险家的帆船；同时在这奇妙的世纪初期，亚历山大·内克姆已彻底地表示出新的信仰，他写道："科学是花费极大的代价而习得的，它需要经常的彻夜不眠、极多时间的消耗、努力不倦的工作及极度应用心智才能获致。"

可是在亚历山大的著作的末尾，他再次以不受时间限制的亲切感，用中古的语气重申：

噢！书呀，也许你将使这个亚历山大留传于世，而在书虫蛀你以前，虫类将会吃掉我……你是我的灵魂的明镜，我的冥想的解释者……我的良心的真正见证，抚慰我的悲哀的亲切的安慰者……由于你是忠心的受托人，我已经把内心的秘密告诉你；在你里面我了解我自己。你会进入某个虔敬的读者的手里，他将纡尊降贵为我祷告。然后实在地，小书呀，你会使你的主人获益匪浅；然后你将以一种最令人满意的交易额偿还你的亚历山大。我不吝啬我的劳力。这里将出现一个虔敬的读者，他将时而让你在他的膝上休息，时而将你移到他的胸前，时而把你当作一只甜蜜的枕头放在他的头下，时而轻轻把你阖上。他将热烈地向主耶稣祈祷，历经岁月的磨难，矢志不渝地信守自己的信念。阿门。

第十二章 | **浪漫时代**
（1100—1300）

拉丁文的复活

也许 12 世纪和 13 世纪的欧洲比别的时代要浪漫一些。除继承了欧洲神话所有的神秘产物外，还接受了基督徒的史诗所想象的一切美丽和恐怖，他们形成了爱和战争的艺术与宗教，他们目击十字军东征，他们自东方传入上千个故事和奇迹。

财富、休闲及一般人阅读能力的成长，城市与中等阶级的兴起，大学的发展，妇女对宗教和骑士制度的赞扬——这一切皆促使文学的花朵盛开。学校的勃兴，如西塞罗、维吉尔、贺拉斯、奥维德、李维、萨卢斯特、卢卡、塞涅卡、斯塔提乌斯、尤维纳利斯、昆体良、苏埃托尼乌斯、阿普列乌斯、西顿尼亚，甚至连猥亵的马提雅尔和佩特罗尼乌斯等人，他们的艺术和光芒，照亮了许多世俗教育或修道院的宁静处所，或许也照亮了宫廷。从哲罗姆到阿尔昆到埃洛伊兹和伊尔德贝，基督徒的主脑人物在每天祈祷及膜拜之余，忙中偷闲地默默歌唱《埃涅阿斯纪》的乐曲。奥尔良大学尤其珍爱罗马异教徒的古典作品，而一位受到惊吓的清教徒抱怨说，这里崇拜的不是基督或玛利亚，而是古老的神祇。12 世纪几乎是奥维德的时代，他推翻了被阿尔昆推崇为查理曼王朝桂冠诗人的维吉尔的权威地位，而教士、淑女及"浪游学者"，都愉快地阅读《变形记》、《希罗伊德》和《爱的艺术》。我们可以宽宥教士们频繁举行甜酒宴会，他们如此忠诚地保存着眼前将堕入地狱的灵魂，然后虔诚地把这些教给顽抗的年轻人。

从这些古典文学中，我们看到中古时代一位拉丁人的崛起，他的善变和兴趣，夹杂在文学探险中最愉快的惊人事物中。圣贝尔纳轻视知识上的成就，写了一些爱恋的柔情蜜意的文学著作、滔滔雄辩和精湛的拉丁文。彼得·达米安、圣贝尔纳、阿伯拉尔以及雷根斯堡的贝特霍尔德等人的呼吁，使拉丁文一直作为一种有活力的语文。

修道院编年史的作者拉丁文写得极不佳，但他们并不需要给人美学上的颤动。最重要的，他们记录自己修道院的成长和历史——选举、建筑物、修道院长的死亡、教士们的奇迹和争执。他们在日食、月食、彗星、久旱、洪水、饥荒、时疫及他们时代的预兆添上注解；他们有些则扩大到将国家甚至国际的事件包括进去。没有几个作者能有判断力地详审事件的来源，或调查其原因；他们大多数都是漫不经心以致不够精确；又加上一两个不重要的人物，使无生气的统计表充满生趣；一切都与奇迹有关而轻易相信，所以法国的编年史作者假定法国曾被高贵的特洛伊人平定，同时查理曼曾征服过西班牙并占领耶路撒冷。《法国传奇》（*Gesta Francorum*）试图对第一次十字军东征做颇为诚实的叙述，但《罗马传奇》（*Gesta Romanorum*）却坦白地对乔叟、莎士比亚及上千个浪漫作家提供虚构的历史。蒙茅斯的杰弗里，写了他的《英国史》（*Historia Britonum*），属于国家神话一类的书籍，诗人们在其中找到李尔王和亚瑟王、墨林、朗斯洛、珀西瓦尔及"圣杯"的传奇。更生动的文学作品是布里·圣埃德蒙德斯的乔斯林和帕尔马的弗拉·萨利姆贝内所写的闲谈式但不虚假的编年史。

约 1208 年，萨克索·兰格（Saxo Lange），死后被尊称为萨克索·格拉马蒂克斯，将他的著作《丹麦传奇》（*Gesta Danorum*）题献给隆得（Lund）大主教艾卜萨隆，虽有夸大其词和难以置信之处，却是一本生动的叙述，它比大部分西方同时代的编年史紧凑。在第三册中，我们得知阿姆勒斯（Amleth）是日德兰半岛的王子，他的王叔杀了他的父王而娶了母后。萨克索说阿姆勒斯"装疯卖傻，这种巧妙的做法保护了他的安全"。这位杀害亲兄的国王的谄媚者，给阿姆勒斯送来一个美丽女子来考验他。他接受了她的拥抱，赢得了她的爱情和忠贞。他们用狡诈的问题询问他，但"他以极聪明的方式将诡计与坦白夹杂起来，因此并未将真实泄露"。从这个架构上，莎士比亚塑造了一个人物（哈姆雷特）。

在中古时期，五位重要的历史学家将编年史提升为历史，虽然当时仍保持编年史的形式。马姆斯伯里的威廉将他的著作《教士的功绩》（*Gesta Pontificum*）和《盎格鲁人传奇》（*Gesta Regum Anglorum*）资料加以安排，写出了一部连贯而生动的不列颠高级教士和国王的故事，它是值得相信和公正的。出生于什鲁斯伯里的奥德里克·维塔利斯，在 10 岁的时候被送到诺曼底的圣埃弗努尔（St.Evroul）修道院献身于修道生活，在那里他过了其余的 68 年，再也没有和他的双亲会面。在这些岁月中，他花费了 18 年时间在他五大卷的著作《教会史》上。据说他只有在严冬最冷的日子里才停止工作，因为那时手指太麻木而无法动笔。一颗偏居一隅的心灵，居然能用历史的文学修养与风格及平凡生活的旁白，把俗世和教会的各种不同的事说得那么透彻，这的确相当不凡。弗赖辛（Freising）的奥托主教，在他的《论第二城》（*De Duabus Civitatibus*）一书中，叙述自亚当到 1146 年的教会与俗世的历史，同时开始写一本令他引以为荣的有关他的侄儿"红胡子"腓特烈的自传，但当他的英雄事业日正当中时他去世了。

提尔的威廉，一个出生在巴勒斯坦的法国人，成为耶路撒冷的鲍德温四世的大臣，然后又做泰尔的大主教。他通晓法文、拉丁文、希腊文、阿拉伯文和一点希伯来文，同时用优美的拉丁文写出早期十字军的最可靠记录——《海外事件》（*History of Events Overseas*）。他寻求一切事件自然的解释，他描写努尔丁和萨拉丁这种人物的得当，与基督教欧洲无宗教信仰的绅士所形成的有利意见大有关系。马修·帕里斯是圣阿尔班斯（St.Albans）的一个修道士。他是该修道院的史料编纂者，然后是国王亨利三世的史官，他撰写了一本生动的《编年史》（*Chronica Maiora*），包括 1235 年到 1259 年欧洲历史的主要事件。他以明晰、正确和意想不到的偏袒态度写作，谴责"使人民和教皇疏远的贪婪"，支持腓特烈二世反对教皇政治。他的书中充斥着各种奇迹，同时叙述"浪游的犹太人"的故事，但是他坦白地记录了对伦敦人认为耶稣基督的少量血液转移到威斯敏斯特教堂（1247 年）的怀疑。他为其著作绘制了几幅地图，称得上当时最好的。我们赞美他的勤奋和博学，但是他的穆罕默德的素描（1236 年）揭露了一个有学养的基督徒对伊斯兰教历史的浑然无知。

这一时期最伟大的历史学家，是两位用法文写作的法国人，并与当时的抒情诗人和叙事诗人分享使法文成为一种文学语言的荣耀。杰弗里·维拉杜安（Geoffroy de Villehardouin）是一个贵族和战士，没有受过多少正规教育，但为文相当精确，因为他不知道学校所教的修辞学的戏法。他口授他的《君士坦丁堡征服记》（*Conquete de Constantinople*），让一个法国人笔录。那位法国人的直截了当与实事求是的精确性，使他的书成为史料编纂的第一流作品。不仅他是公正的，而且因为他在第四次十字军中扮演极重要的角色，以致不能用客观的眼睛看出那种独特而有趣的奸诈行为。但因他经历、目击并直接感受事件，他的书具有几乎免受时间限制的生动的特质。约一个世纪之后，杰恩·锡尔·庄维尔——香槟皇宫的执事，在为十字军服役和为路易九世服务之后，在 85 岁时，在法国写了《圣路易史》（*Histoire de St.Louis*）。我们要感谢他以简明而真挚的笔法描写历史人物和重复阐释习俗和轶事。读了他的著作，我们感受到在维拉杜安的著作中所没有的时代风格。在他典当了一切而离开他的城堡参加十字军时，他说他不敢往后看，唯恐在看到可能永远不能再见面的妻儿时会心软。他缺乏维勒哈杜温所具有的细心和机巧的心灵，但他具有普通常识，在他的伟大中也能见平凡之处。当路易希望他第二次参加十字军时，他拒绝了，因为他预见那项事业的无望。而当假装虔诚的国王问他：“你要选择那一种——成为一个麻风病患者或犯一个大罪？”——

> 我，这个从来没有说过谎的人回答他：我宁愿曾犯三十大罪，而不愿成为一个麻风病患者。当教士们离开后，他单独把我叫去，让我坐在他的足边，并说：“你怎么可以那么说呢？”……我再问他。他回答：“你说得又急又笨。因为你该知道麻风病不如死罪那么可憎。”……他问我是否在复活节前的星期四替穷人洗脚。我说：“陛下，那会令我作呕！这些农奴的脚我是不愿洗的。”国王说：“实际上，那是邪恶的说法，因为你决不可蔑视神的教训。所以我请求你，首先为了爱神，再者为了爱我，你应该习惯去替穷人洗脚。”

并非所有圣人的传记都这样真实。中古时期的人非常缺乏对历史的意识及忠于知识，以致这些陶冶人性的故事的作者们似乎已经感觉到，如果读者信以为真，则必是益多于害。也许在大多数情况之下，作者道听途说，相信他们所写的故事。如果我们仅仅把圣人的传记视为故事，我们将会发现它们充满了趣味和诱惑。想一想圣克里斯托弗是如何得名的。他是迦南地方的巨人，有18英尺高。他服侍一个国王，因为他听说这是一位世界上最有权力的人。有一天国王提到撒旦时，在自己的胸前画十字。克里斯托弗得出了结论，认为撒旦比国王更有权力，从此之后他改而服侍撒旦。但在看到路边一个十字架时撒旦逃走了，克里斯托弗由此推论耶稣一定比撒旦强，于是委身侍奉基督。他发现要遵守基督徒的斋戒是很困难的，因为他的食量大，不习惯于念最简单的祷告文。一位德行高超的隐士把克里斯托弗放在一个浅滩的岸上，浅滩的激流每年都淹死许多想渡过浅滩的人。克里斯托弗把旅行者背在背上，安全滴水不沾地送达彼岸。有一天他背一个小孩过河。他问小孩为什么那么重，小孩回答说：他带着整个世界的重量。安全过河后，小孩向他致谢说："我是耶稣基督。"然后小孩消逝无踪。同时，克里斯托弗插在沙中的手杖，突然间开满了花。在利比亚的西勒努姆（Silenum）附近，有一条龙每年要吃一个由抽签决定的活的少年或少女，作为不向该村吐毒气的代价。有一次国王的女儿抽中了签。当那个不幸的日子来临，她走到龙所安身的池塘。就在那里，圣乔治见到她，问她为何哭泣。她回答说："年轻人，我相信你有伟大而崇高的心灵，但是赶快离开我。"他拒绝了，并请她回答他的问题。他告诉她："别怕，因为我将奉耶稣基督之名来帮助你。"就在此时那只怪物从水中出来。乔治画了一个十字，把自己交给上帝，用长矛攻击刺伤那条怪物。然后他吩咐少女用她的腰带，将受伤的龙的脖子捆起来。她遵命而行，那条龙就像任何一个勇士一样，屈服于美色之下，从此驯服地跟随着她。这些及其他动听的故事，在约1290 年被热那亚的大主教弗拉吉尼（Iacopo de Voragine）收集成一本名著，因为每天他讲一段特定的圣人的故事，因而称他的书为《圣者传》。弗拉吉尼的选集成为中古时期读者们的宠物，他们称它为"金色的传奇"。教会对部分故事，因为信仰上的原因，提出某种程度的禁止，但人们喜爱并全盘接受它，也许这并不比目前流行的虚构小说对单纯的人民所造成的欺骗为害更大。

中古时期拉丁文的光彩在于韵文。它们大部分仅具诗的形式，因为各种用以陶冶人格的资料——历史、传奇、数学、逻辑、神学、医学都被赋予韵律和押韵诗以帮助记忆。而一些不重要而极长的史诗，如沙提永的沃尔特所写的《亚历山大》，对于我们来说，似乎与《失乐园》（Paradise Lost）一样的缺乏趣味。同时也有诗的形式的争论——灵魂与肉体、死亡与人类、慈悲与真理、村夫与牧师、男人与女人、酒与水、酒与啤酒、玫瑰与紫罗兰、穷学生与养尊处优的教士，甚至海伦与加尼米德的恋爱——我们无法区分孰优孰劣。中古时期的诗与人性毫无关系。

传统的依赖母音数量作为诗韵的衡量，5 世纪以来就被放弃；中古时期的拉丁韵文，由于普遍的爱好，而非由于深奥的技巧而形成，有了一种以重音、韵律和诗韵为基础的新诗的成就。这种形式在希腊诗韵传到罗马时便已存在了，同时这种古典的风格，暗中被保存了千年之久。古典的形式——六音步的诗行、挽诗的对句（由六步及五步的扬抑抑格为主构成），萨福诗体——在整个中古时代都存在着，但是拉丁世界对之感到厌倦，它们似乎与基督教义所弥漫的虔敬的心境、温柔、精致和祷告文的模式不相调和。更简单的诗韵随之出现，这种抑扬格音步的短诗，几乎能将任何从心的跳动，到开拔往前线作战的军队的步伐的情感表达出来。

没有人知道诗韵是从何处传入西方基督王国的，猜测很多。它曾经在一些异教徒的诗中应用过，如恩尼乌斯、西塞罗、阿普列乌斯都采用过；也可在希伯来和叙利亚诗中发现；也不时地散见于 5 世纪的拉丁诗中；早至 6 世纪时大量应用于阿拉伯诗中。也许穆斯林对诗韵的热情，影响到与伊斯兰教有所接触的基督徒；在中间或结尾的过分押韵，使中古的拉丁诗恢复到阿拉伯诗相似的无节制。无论如何，新的形式使拉丁诗产生了一种全新的诗体，与古典的风格全然不同，它的丰富与不容置疑的完美，着实令人惊异。举例来说，禁欲的改革家彼得·达米安把基督的呼唤比喻为爱人对少女的呼唤：

> 是谁在敲门？
> 你要扰人清梦？
> 他呼唤我："噢，最可爱的少女，
> 妹妹，伴侣，点缀着最灿烂的光辉！
> 快！起来！开门，最亲爱的！
>
> 我是最崇高的国王之子，
> 他的第一个也是最年轻的儿子，

他已自天堂来到这黑暗之处
要释放被虏者的灵魂；
我已经历过死亡及诸般伤害。"

我飞快地起来，
跑到门口，
对所爱的人，屋子将敞开，
而我的灵魂或将欣然看见
他，我所最渴望见到的。

但他如此迅速地即走过了，
离开了我的门。
那，悲伤的我，该如何自处呢？
我啜泣着跟在年轻人后面
他的双手如浮动的棕榈叶。

对于彼得·达米安而言，诗只是一种附属品；但对拉瓦尔丹的伊尔德贝（Hildebert of Lavardin）——图尔的主教——而言，诗是为了他的灵魂向他的信仰挑战的一种热情表露。他曾在沙特尔受教于富尔贝尔门下的图尔人贝伦格尔处，或许在这一时期开始了对拉丁经典的喜好。经过许多苦难，他旅行到了罗马，无法确定他所要寻找的是更多的——教皇的祝福，或浏览由于阅读而使他倍感亲切的罗马风景。他感伤古都的兴衰，以古典的挽歌形式表达他的情感：

噢，罗马，何物能与你媲美，
即令你几乎成为一座废墟；
当你整个被摧毁时，
所留给我们的教训是何等伟大。

　　漫长的岁月已摧毁了你的自尊，

　　恺撒的城堡与众神之庙宇，

　　一同没入了沼泽之中。

　　野蛮人震撼于它的矗立，

　　忧伤它的倒塌。

　　现在，这些伟大的工程已默然横躺……

　　然而时光的流逝，

　　大火与宝剑，

　　皆不能彻底摧毁这种光荣。

　　一个中古时期的诗人，在短暂时间内，如同维吉尔那样，将拉丁文运用自如。但是一度为基督徒，便永远为基督徒。伊尔德贝在耶稣和玛利亚身上，比在朱庇特和密涅瓦身上找到更多的安慰。在较后的一首诗中，他将古老的神庙解体了：

　　对我而言，这种失败比那种胜利更为甜蜜；

　　贫穷比富有时更伟大，俯卧比站立时更伟大；

　　十字架所给我的远比众鹰为多，

　　彼得给我的远比恺撒为多，

　　手无寸铁的群众给我的，

　　远比带武器的指挥官为多。

　　站立时我统驭众国；

　　毁灭时我敲击地球的深处；

　　站立时我统治着肉体，

　　毁坏及衰落时我统治着灵魂；

　　从前我命令一群可怜的百姓，

　　现在我是魔王；

　　昔时我的王国是城市，

现在天堂是我的王国。

自从福图纳图斯以来，没有一个拉丁人写过这样的诗。

酒、妇人和歌

我们对异教徒或怀疑论者中古生活的了解通常是片断的，除了我们的血液，"过去"并未公平地将它本身遗传给我们。我们必须更加赞美心胸宽大的精神——或乐趣的同好——那使上巴伐利亚贝尼狄克特布尔恩的修道院把手稿保存下来，而在1847年出版了布尔恩的诗篇，并为现在我们的"浪游学者"的诗集主要的来源。另外的来源是在哈雷安图书馆的一本手稿，写于1264年以前，而被托马斯·赖特（Thomas Wright）以《一般归之于华尔特尔·墨普斯的拉丁诗》（*Latin Poems Commonly Atributed to Walter Mapes*）为题出版。这些不是漂泊者，有些是离开了修道院的自由自在的修道士，有些则是没有职务的牧师，大多数是在来回步行于家和大学途中，或来回于各大学之间的学生们。很多学生在途中的客栈稍作逗留，有些耽于醇酒和妇人，而不按常轨地学习知识。有些人写些歌曲卖唱，有些人则放弃了教会生涯的希望，有些人则靠笔和嘴奉献他们的诗才予主教或恩主以维生。他们主要活动在法国和德国西部，因为他们用拉丁文写作，因而他们的诗能在欧洲各国通行无阻。他们自称有一种组织，称为"流浪者公会"，因而他们捏造一个神秘的、他们称其为高利亚斯的拉伯雷式的人物，作为该组织的创立者和守护神。早在10世纪森斯的大主教沃尔特，激烈地反对令人反感的"高利亚斯社团"，而迟至1227年，一次教会会议宣告"流浪学者"有罪，因为他们歌唱模仿礼拜仪式的最圣洁的赞美诗而谱成的讽刺诗文。"他们赤身裸体地穿梭于公共场所。"1281年，索尔兹伯里会议如此说，"他们躺在烤炉中，常去酒店、竞技场、妓院，而靠恶习谋生，同时顽强地坚持他们的门户之见。"

我们只知道这些浪游诗人的少数。其中的一个是雨果·普来麦司（Hugo Primas）——约 1140 年奥尔良的一个天主教士，"一个外貌丑陋卑鄙的家伙"，一个敌对的作家如此说，却以他的机智和诗而"名扬众省"。因诗集未能售出而死，同时对教会的富豪投以愤怒的讽刺。一个饱学而寡廉鲜耻的人，用六音步诗体写出来的粗俗的诗篇，其文体简洁，如同伊尔德贝一样。还有一个更著名的人，我们不知其名，不过他的崇拜者称他为 Archipoeta，即"大诗人"之意。一个德国的骑士，他喜爱酒与墨水甚于宝剑与鲜血，同时断断续续地仰赖莱纳尔德·达塞尔（Rainald von Dassel）的周济过活，达塞尔是科隆选出来的大主教和"红胡子"腓特烈派驻帕维亚的大使。达塞尔设法改造他，然而诗人以最著名的中古诗之一《浪游诗人的自白》（*Confession of Goliath*）以求谅解，其中的最后一节，成为德国大学中最受人喜爱的饮酒歌：

一

内心翻滚着
凶猛的愤怒，
在我灵魂的痛苦深渊中
倾听我的宣言。
彻头彻尾地，
我是一个轻浮的人，
恰像枯萎的叶子
随风即飘散。

二

然而我决不能忍受
清醒与悲伤。
我爱嘲弄，且发现
欢愉远比蜂蜜甜美。

维纳斯所嘱咐的
是特殊的欢乐，
决不在罪恶的心中
建造她的居所。

三
我在宽广的路上阔步，
年轻而毫不懊悔；
我以邪恶裹身，
忘怀一切德行。
对一切欢乐的贪婪
更胜于进入天堂，
因我内中的灵魂已死，
不如拯救我的肉体更好。

四
我祈求你的原谅，良善的上帝，
明辨的佼佼者，
然而我的这种死亡是甜蜜的，
最美味的毒药。
因一位少女的美丽；
我遭到了深切的刺伤，
她可望而不可即？啊，
难道心也不能触碰？

五
坐于火中，
你不会惹火焚身？

当贞洁回绝时；
你愿到帕维亚来？
帕维亚，这儿美人
以纤指画出青春，
她的双眸撩人春意，
芳唇令人魂销。

六
带希波吕托斯来，
在帕维亚宴请他；
早晨将不再
发现希波吕托斯。
在帕维亚无一路
不领向淫欲
在它簇拥的高楼间
无一属于贞洁。

七
因我心耽乐于此：
当大限已近，
让我死于酒店，
以大酒杯置于我旁，
而天使们，俯视着，
愉快地对我歌唱：
愿神赐这酒鬼
以安详。

布拉纳的诗集涵盖几乎所有青年人的论题：春天、爱情、夸耀得手的勾引、微妙的猥亵，对失去的爱情的温柔爱恋的诗歌。在一首歌里，一位女孩用"先生，您在做什么？来跟我玩吧"打扰一个学者的工作；另一位女孩则歌唱妇女的不忠；另一位则歌唱迷途及被弃的少女的悲哀——他们这一阶段的生长，减少了父母们的炫耀。很多人歌颂赌博和饮酒的乐趣，有些则攻击教会的财富，有些则歪改最高贵的圣歌，像托马斯的《劳达·西昂》（*Lauda Sion*），其中一首为惠特曼式的《广路之歌》。很多为拙劣的诗句，有些则是抒情技巧的杰作。以下是一个爱人完美之死的即景诗：

> 当她不顾一切
> 献身于爱与我之际，
> 远在天堂的美人
> 在他喜星座上大笑不已。
> 太大的欲望压倒了我；
> 我的心太柔弱，
> 承受不了这慑人的狂喜，
> 我的爱究于何时
> 在他的怀中造了另一个我？
> 她双唇的蜜
> 又在何时一吻而尽？
> 我一再梦想她酥胸的
> 安香柔美；
> 于是我，另一位神，来到了
> 天堂的芬芳床帏；
> 对，只要我能置手于
> 她的胸脯，
> 人神将共享安宁。

坦白地说，布尔恩的诗集中大多数的爱情诗是属性欲的；有时也有温柔和优雅，不过它们都是简短的序曲。我们可能会猜到，在教会的圣诗旁边，迟早会有颂赞美女的诗歌。妇女是宗教的忠心支持者，也是神最主要的敌手。教会对这些歌颂爱情与美酒的歌曲，以足够的耐心去倾听。但1281年的一次会议公布，任何教士（包括学生）做或唱淫荡或不虔敬的歌曲，将丧失教士的职位与特权。这些其后依然忠于高利亚斯的浪游学生，沉沦为与法国中世纪的吟游诗人同样阶级的人物，而且脱离文学，流于猥亵的拙劣诗。到1250年，浪游诗人的时代已经过去。但由于他们已经继承了在基督徒世纪之下的一个异教徒汹涌的潮流，他们的语气和诗篇秘密地复活，达于文艺复兴。

拉丁诗本身几乎随着浪游诗人而消逝。13世纪聪明才智之士转向哲学，古典文学在大学的课程中退为一个次要的位置，而伊尔德贝和索尔兹伯里的约翰那种文艺全盛时期的优美已无嗣响。当13世纪结束时，但丁选择意大利文作为他的媒介，方言变成文学。甚至戏剧、儿童和教会的仆人，都脱掉它的拉丁衣裳，而说各民族的语言。

戏剧的复生

中世纪开始之前，古典戏剧便告死亡，因为它已沦为笑剧与闹剧，已被竞技场的奇观取代。塞涅卡与赫洛斯维塔的剧本都是文学的运用，这些剧本显然并未达到舞台的标准。两种活泼的传统仍然保存着：农业节期的模仿仪式，及由吟游诗人和小丑在碉堡大厅或乡村广场排演的闹剧。

在中古时代，就像古希腊时代一样，戏剧的主源是宗教的礼拜仪式。弥撒本身即为一种戏剧的景象；圣堂就是一个神圣的舞台；主持弥撒的神父穿着象征的服装；教士和侍僧担任对话；而教士和合唱团的彼此唱和，及合唱团之间的交互轮唱，恰恰显示出像戴奥尼索斯戏剧的产生那种由对话变为戏剧的进展。在某些节日的仪式方面，戏剧的成分明显地增加了。在圣诞节及在 11 世纪的一些宗教仪式中，人们穿着牧羊人的服装走进教堂时，受到合唱团的一个男孩"天使"报"佳音"来迎接，并向马槽里的一个蜡制或石膏制的婴孩参拜。自东方的一个门进来 6 个"王"，由一个拖着线的星星导引到马槽去。12月 18 日，某些教堂扮演"斩杀无辜"：男的合唱团员们齐步走到礼拜堂的中间和侧廊，仆倒在地，好像被希律王谋害，起来后走进内殿，作为进入天堂的一种象征。在耶稣受难日，很多教堂将耶稣受难像移开祭坛，把它带到一个代表圣墓的容器里；在复活节早晨，再被严肃地从新带回祭坛，作为耶稣复活的象征。早在 380 年，耶稣受难的故事被君士坦丁堡大主教纳西昂的格列高利写成一出欧里庇得斯式的悲剧。从那时起，描写耶稣受难的戏剧在基督教国家一直保持着势力。据记载，这类戏剧于约 1200 年，在锡耶纳首次演出。也许在很久以前，即有这类戏剧的演出了。

教堂使用建筑、雕塑、绘画和音乐，把基督教史诗主要剧情及观念铭印在信徒心上，所以教会借着增加辞藻的华丽与细腻的描写，以重大节日的戏剧暗示，引起人民的想象并加强他们的虔敬。为了加强说明《圣经》文句的内容，而用音乐加入礼拜仪式中的插入文字，有时为小型戏剧。一部 10 世纪在圣戈尔发现的手稿里，指定一个唱诗班分别代表天使和玛利们之间的对话：

> **天使们**：你在坟里找谁？噢，基督的仆人啊？
>
> **玛利们**：我们寻找钉在十字架上的基督，噢，天使的军队啊。
>
> **天使们**：他不在这里。他已升天，正如他曾预言的。去吧，
> 　　　　　　同时宣布他已升天。
>
> **合唱**：哈利路亚，主已升天。

渐渐地，12 世纪以后，宗教性的戏剧变得更加复杂，以致在屋里无法上演。教堂的外面建立了一个讲台，剧本由众人中选出的演

员演出，这些演员被训练记忆一篇经文。现存最古老的这种形式的例子，是一部 12 世纪的《亚当的戏剧》（*Representation of Adam*），用法文写的，并有用红墨水写出的拉丁文教仪，作为对演员的提示。

亚当和夏娃——穿着白长袍，在伊甸园玩耍，伊甸园的布景利用教堂前的灌木和花丛。魔鬼出现了，穿着红色的紧身衣，那是从这出戏开始就穿着的服装。他们在人群中穿梭，扭动身子，做出可怖的狂笑。他们把禁果拿给亚当，他拒绝了。然后魔鬼又拿给夏娃，夏娃接受了，并说服了亚当。因此被判定因肉欲的冲动而有罪，并被脚镣锁住，被魔鬼拖到地狱去——地上的一个洞，从洞里传来一阵属于冥府的噪音。在第二幕里，亚当与夏娃的长子该隐准备谋杀他的弟弟亚伯。"亚伯，"他宣称，"你是一个死人。"亚伯说："为什么我是一个死人？"该隐又说："你想知道为什么我要杀你吗？……我告诉你，因为你太逢迎神。"该隐冲向亚伯，把他打死。但作者是仁慈的，用红字加以注释，"亚伯，在他的衣服底下应有一个长柄有盖的煮锅"。

这种依《圣经》而编的剧本稍后被叫作"mysteries"，它是从拉丁文"ministerium"衍生出来的，有动作的意义，也有戏剧的意思。故事是依《圣经》改编的，称作圣剧或神迹剧，而经常变成圣母或其他圣者神奇的行为。希拉里乌斯是阿伯拉尔的一个学生，编了几出这种短剧（约 1215 年），以一种拉丁文和法文的混合体出现。13 世纪中期，方言文学成为这种神迹剧最适当的媒介；幽默在戏剧中扮演一种日趋重要的角色，主题也越来越世俗化了。

闹剧也已往戏剧方向发展。它的进化在两个短剧中显示出来，这两出短剧透过一位阿拉斯城的驼背作家亚当·哈勒（Adam de la Halle）的笔而流传。其中的一出《亚当的剧本》（*The Play of Adam*）是写作者自己的故事。他曾经计划做一位教士，但与动人的玛利相恋。"这是一个美丽而晴朗的夏日，温煦而葱翠，时有小鸟愉快的歌声。靠近小河的高大丛林中……我看到了我现在的妻子，而她现在对我来说似乎显得衰老……我对她的欲望已得到满足。"他以农夫般的坦率如此告诉她，他计划到巴黎去念大学。在这种婚姻的一幕中，押韵多于说理，作者插入了一位医生、疯子、一个乞求施舍与答应奇迹的僧侣，及一群唱歌的仙女，就像倾其全力将芭蕾舞插入现代歌剧一样。亚当冒犯了其中的一个仙女，仙女于是诅咒他永不离开他的妻子。

由于教会俗世化的发展，表演自教堂移到市场或镇上的某些广场上。这时没有剧院，表演通常在某个夏天的节日——建立一个临时的舞台，有普通的长凳座位和贵族装饰华丽的包厢。周围的房子可能被用作背景和舞台道具。在宗教剧中，演员都是年轻的教士；在世俗剧中，演员则为镇上的"优伶"或流浪的吟游诗人；妇女很少参加演出。剧本在布景和主题上与教堂的距离越来越远，因此他们趋向滑稽和淫秽，于是教会——它曾产生严肃的戏剧，被迫宣告乡村演员是不道德的。因此，林肯的主教格罗斯泰斯特将剧本甚至神迹剧，与饮宴和愚人宴归为一类，不准基督徒参加。由于他的这一布告，参加演出的演员们自动地离开教会。圣托马斯较为温和，裁决演员这种职业是基于人性的安慰而任命，因此一个演戏演得很好的演员，可以得到神的慈悲而免入地狱。

史诗与古代北欧的英雄故事

文学的通俗化，随着民族语言的兴起而齐头并进。从各方面观之，一直到12世纪，还只有教士们懂拉丁文，而作家们如果想拥有凡俗的读者，必须使用方言。随着社会秩序的成长，阅读的大众增多，民族文学应运而生。法国文学萌芽于11世纪，德国文学于12世纪开始，英国、西班牙和意大利的文学则发端于13世纪。

这些地方文学的早期形式是流行歌曲。这些歌曲演变为民谣，而民谣借着繁衍或凝集而变成次要的史诗，诸如《贝奥武夫》、《罗兰之歌》、《尼伯龙根之歌》及悲剧《熙德》。《罗兰之歌》是在约1130

年把 9 世纪和 10 世纪的民谣凑合起来的作品。在 4000 行简单、流畅的抑扬格诗中，叙述罗兰死于隆塞勒瓦勒斯（Roncesvalles）的故事。查理曼在征服了摩尔族的西班牙后，班师转回法国。叛逆加内隆（Ganelon）泄露路线给敌人，因此罗兰愿担负危险的后卫。在比利牛斯山一条弯曲的峡谷中，一大群巴斯克人从悬崖涌出，猛扑罗兰的小部队。他的朋友奥里弗请求他吹大号角以求查理曼的支援，但罗兰傲慢地拒绝请求帮助。他与奥里弗及大主教杜尔平（Turpin）领导部队冒死抵抗，一直战到几乎全军覆没。奥里弗因头部受伤，血流如注以致视线模糊，误把罗兰当作敌人而刺杀他。罗兰的头盔自帽峰到鼻甲被刺开，却保全了一命：

> 经这一击，罗兰注视着他，
> 温和而轻柔地问：
> "喂，伙伴，你这一剑真是那么认真吗？
> 我是最爱你的罗兰呀。
> 不要以任何方式向我挑衅呀！"
> 奥里弗说："现在我听见你说话了；
> 但是看不见你。神明白并且保护你！
> 我刺伤了你，请你原谅！"
> 罗兰回答："我没有受伤。"
> "我在此，在上帝面前宽恕你。"
> 说这话时，奥里弗面对罗兰仆倒在地；
> 以如此的爱，他们永诀了。

终于罗兰吹起了号角，直到他的太阳穴冒出血来。查理曼听到了，便回师拯救，"他的银髯随风飘拂"。但路程遥远，"山高大而黝黑，谷深邃而流急"。这时，对着奥里弗的尸体，罗兰无限感伤，说："喂，伙伴，我们在一起很久了，彼此从未以恶意相待，倘若你死了，生命将会何等痛苦。"那位大主教也已奄奄一息，请求罗兰逃生自保。罗兰拒绝了，继续战斗，一直到攻击者逃走，但他也受了致命伤。因恐宝剑落入异教徒手中，于是倾其全力将镶满珠宝的宝剑杜伦达尔（Durendal）在石头上砸断。现在"罗兰伯爵躺在一棵松树下，面朝向西班牙……此刻许多记忆都涌上心头；他想到他所征服的国家，想到甜蜜的法国和他的家人，还想到把他抚养长大的查理曼，于是他哭了"。他对上帝举起了他的手套，象征对他的效忠。查理曼到达时，发现罗兰已经死了。没有译文能够译出原文那简朴但属于骑士的特有的威严，而且除了被教导去爱法国并尊崇她的人外，也没有一个人能够完全体会这篇史诗的力量与感情。这一民族史诗几乎连同它的祈祷文，一并为每一个法国小孩所熟知。

约 1140 年，一个佚名的诗人浪漫地把鲁伊（Ruy）的品格与功绩加以理想化，因而创作了一篇名叫《熙德》的西班牙民族史诗。主题仍然是基督徒的骑士与西班牙摩尔族的斗争，发扬了封建制度下的勇气、荣誉与豁达，战争的光荣而非爱的奴役。由于被忘恩负义的国王驱逐，熙德将妻儿留在一个修道院中，并誓言除非他赢了五场战争，否则永不再与他们团聚。他去攻打摩尔人，因而这篇史诗的前半部充满了荷马诗体的胜利的称颂。在战争中，熙德抢夺了犹太人，把救济品分给穷人，给一个麻风病人东西吃，和他同食共寝，发现他是基督使之复活的拉撒路（Lazarus）。这自然不是历史上所记载的熙德，但它对史实的歪曲，并不比《罗兰之歌》将查理曼理想化的情形更糟。《熙德》这篇史诗变成西班牙思想与民族自豪感的代表作，上百的民谣都谱出了它的英勇，同时这些叙述多多少少带有历史性。

迄今尚无人能够解释，何以小小的冰岛，在被大暴风雨烦扰并被大海孤立以后，居然在这一个时期产生出与其面积完全不成比例的丰富广阔且光彩夺目的文学成就。这得力于两个环境：一为口耳相传的历史传统的丰富的蕴藏，对任何被隔离的群体来说是弥足珍贵的；一为一种阅读的习惯或倾听的习惯，这种习惯在漫长的冬夜更受喜爱。

12 世纪，岛上除了修道院的图书馆，还有很多私人图书馆。当写作变成一种惯见的成就时，教士和俗人把种族的这种特性——一度为古代北欧游吟诗人的财产——以文学的形式表达出来。

　　13 世纪冰岛最杰出的作家，同时也是最富有的人，其财富两倍于被称为"法律的代言人"的共和国总统。斯诺里·斯图鲁松（Snorri Sturluson）爱生命甚于爱文学，他游历很广，活跃于政治与党争，在 62 岁时被女婿谋杀。他的作品《挪威王列传》（*Heimskringla*）把北欧人的历史和传说，简单明了地加以叙述。他的《埃达散文集》（*Edda Snorra Sturlusonar*），给《圣经》的历史作了一个摘要，对北欧的神话作了一个纲要，写了一篇论诗的韵律的论文、一篇论诗的艺术的论文，及具有独到见解的泌尿学的论文。两群敌对的神，借着把口水吐进长颈瓶而获得和平。从这样的吐口水，生出了一个名叫卡瓦西尔的半神半人来，他像普罗米修斯一样教人以智慧。卡瓦西尔被几个矮人杀害，这些矮人把他的血和酒混合起来，制成一种甘美的饮料，它给予饮用者歌唱的才能。伟大的神奥丁找到矮人保藏这种美酒的地方，把它全部喝光而飞向天堂。但有些被隐藏的液体，借着一种罕见的方法，自他身上逸向公共喷泉，这神圣的河流对地球喷下一些鼓舞的水花。而那些沾濡到它的人，便感受到作诗的能力。这是一个博学者的胡言乱语，却为人们所乐道。

　　这个时期的冰岛文学相当丰富，且仍然洋溢着趣味、活泼、幽默及诗的魅力，这种魅力遍及于散文。几百个北欧的传说与英勇故事被写出来，有些很简短，有些像小说一样长，有些是属于历史的，其中大部分掺和了历史和神话。一般说来，它们是一个结合了荣誉与暴力、因争论而起纠纷、因爱而得以缓和的野蛮时代的文明记忆。斯诺利的英勇故事，一再告诉我们北欧骑士们彼此互焚，或焚死自己于他们的大厅中或圣爵里。这些传说中最丰饶的是《伏尔逊人的英勇故事》。其故事的早期形式在《埃达诗集》中即有了；而它的晚期形式，则为瓦格纳的《尼伯龙根的指环》（*Ring of the Nibelungs*）。

在《尼伯龙根的指环》里，尼伯龙根是勃艮第的国王；在《伏尔逊人的英勇故事》里，他们是一族矮人，在莱茵河看守一个金库和一枚指环，这些宝物非常珍贵，却会给拥有者带来灾祸和不幸。希格斩死了看守窖藏的龙法弗尼尔（Fafnir）并获得宝藏。在浪游途中，他来到一座四周被火环绕的小山，布伦希尔（Valkyrie Brunhild，奥丁的后裔，半人半兽的女神）正在酣睡。这是"睡美人"故事的一个形式之一。希格为她的美丽所惑，她也倾心于他，于是他们私订终身，然后——就像很多中古的虚构故事中人物的一样——他离开了，并继续他的旅行。在圭基（Giuki）——一个莱茵河的国王——的宫廷里，他发现了公主古德伦（Gudrun）。她的母亲给他喝了一种迷酒，使他忘掉布伦希尔而娶了古德伦。古纳尔（Gunnar）是圭基的儿子，娶了布伦希尔，并带她回到宫中。对希格的忘情，她感到很愤怒，于是让人把他杀了。因为受到良心的责备，她爬上火葬的柴堆，用他的宝剑自杀。

这些冰岛的英雄故事最现代的形式是《被烧的尼亚尔的故事》（*The Story of Burnt Njal*），系用言语和行为来精微刻画故事的人物，而非以描写叙述人物。故事的结构很好，随着宿命论的发展，经过一连串高潮迭起的事件，发展到故事的悲惨结局——尼亚尔的房子及他自己，妻子帕格索拉（Bergthora）和子孙们，都被由佛罗西（Flosi）所率领的部队纵火焚烧了，并特别描绘尼亚尔子孙们的血腥的报仇：

> 之后佛罗西……叫尼亚尔出来，对他说：
>
> "尼亚尔主人，我让你出来，因为你在屋里被烧死是没有价值的。"
>
> "我不出来，"尼亚尔说，"因为我已经老了，却不该向我的孩子报复，但我不愿含辱偷生。"
>
> 然后佛罗西对帕格索拉说："你出来吧，女主人，因为我没有理由让你在屋里被焚。"

"我年轻时即已委身尼亚尔了，"帕格索拉说，"并且答应他——我们祸福同当。"

之后他们回到屋里去。

"现在我们该做些什么？"帕格索拉说。

"我们去睡觉，"尼亚尔说，"躺下来；我很久就想要休息了。"

然后她对凯瑞的儿子托尔德说："我要把你带出去，你不能在这里被烧死。"

"你答应过我，祖母。"男孩说，"只要我愿意跟你在一起，我们将永不分开。但是我想同你和尼亚尔一起死，比在你们死后仍活着要好得多。"

然后她把孩子抱到她床上，并且……把他放在她与尼亚尔中间。之后，在他们自己及孩子身上画十字，把他们的灵魂交到上帝手里。那就是人们听到他们所说的最后的话。

日耳曼民族迁徙的时代（300—600 年），曾经在民族和游吟诗人的混乱的记忆中，交织着无数的社会混乱、蛮勇及残酷的爱情故事。这种故事中有一些带到挪威和冰岛去，而产生了北欧的英雄传说。很多同源的名字和主题，以传说、民谣和北欧英雄故事的形式在德国存在并流传着。12 世纪时，一位佚名的德国人把这些材料加以合并与改编，写出了《尼伯龙根之歌》。它是以通行全德国的标准语的一种押韵对句的形式写成，它的叙述是一种原始的热情和异教徒心境的酿造物。

在 4 世纪的某一时期，国王巩特尔（Gunther）和他的两个兄弟，从他们建筑在莱茵河岸的沃姆斯城堡统治着勃艮第。其妹克丽姆希尔德和他们住在一起——"没有一个地方比这里更美了"。那时国王西格门德（Siegmund）统治着低地国家，他封给他的王子西格弗里德（Siegfried）埃萨滕（Xanten）附近的一大片沃壤——同样在莱茵河岸上。听说了克丽姆希尔德的可爱，西格弗里德不请自来地到巩特尔的宫廷去，在那里大受欢迎，一住经年，却从未看到克丽姆希尔德，虽然她从高窗上看到庭院中青年们互以长矛刺击时，便对他一见钟情。西格弗里德在所有马上长枪比武中武艺超群，并为勃艮第人奋勇作战。当巩特尔庆祝得胜的和平时，他邀请淑女们参加盛宴：

> 很多高贵的淑女都刻意打扮自己，青年们也极盼望得到她们的青睐，便是国王的封邑也不能取代它……瞧，克丽姆希尔德出现了，就像黎明自乌云中闪现一样；即使因为长久的内心思慕，此时也不再令人厌倦……西格弗里德既感欢欣复觉惆怅，他自忖："我该怎样向这样的您求婚呢？这不过是虚梦一场罢了！然而我宁死也不愿与你形同陌路。"……当她看到这位品格高尚的男士站在她面前时，她的脸色显得兴奋而激动，因而说："欢迎，西格弗里德爵士，高贵的骑士和好人。"听到她的话，他勇气倍增。他恰如其分地优雅地向她鞠躬致谢。于是爱情紧系住他俩，彼此眉目传情。

未婚的巩特尔听人说过冰岛女皇布伦希尔，但是她——他已听说过——只倾心于能通过她三种艰难考验的人。如果他有一项不能成功，就得被砍头。如果国王愿意将克丽姆希尔德嫁他为妻，西格弗里德同意帮助巩特尔赢得布伦希尔。由于浪漫情绪的影响，他们迅速而安稳地渡过大海。西格弗里德利用一件魔术披肩隐形，帮助巩特尔通过考验，于是巩特尔把并不心甘情愿的布伦希尔带回家做新娘。86名少女帮助克丽姆希尔德缝制她富丽堂皇的衣服。在双重盛大的婚礼中，巩特尔与布伦希尔成婚，而西格弗里德则和克丽姆希尔德入洞房。

但是布伦希尔看到西格弗里德，觉得他，而非巩特尔，才是她的良配。当巩特尔在新婚之夜进洞房时，她拒绝同房，用绳结把他缚住并把他吊在墙上。巩特尔脱缚之后，向西格弗里德求助。这位英雄在第二天夜里，假冒巩特尔躺在布伦希尔身旁，而巩特尔藏在黑暗的房间里，听到声音但看不见任何东西。布伦希尔把西格弗里德扔下床，发出一种没有规则的骨头压碾时的嘎吱声和头碰头所发出的噼啪声的交响。"啊！"在争斗中他自言自语说，"假如我丧生于一个妇人之手，那所有的妻子都将永远看轻他们的丈夫了。"布伦希尔最后终于被降伏了，并且答允守妻子的本分。西格弗里德神不知鬼不觉地离去，带走了她的腰带和指环。巩特尔换上来，躺在精疲力竭的皇后身边。西格弗里德把腰带和指环送给克丽姆希尔德做礼物。他带她去见父亲，他的父亲封他为低地国国王。凭借尼伯龙根指环的财富，西格弗里德允许他的妻子及她的宫女们刻意打扮，她们的服装远较以前妇女的穿着更为华丽。

过了一段时间，克丽姆希尔德去沃姆斯拜访布伦希尔。布伦希尔妒忌克丽姆希尔德穿着的华丽，提醒她说，西格弗里德是巩特尔的家臣。克丽姆希尔德加以反驳，拿出腰带与指环给她看，作为西格弗里德而非巩特尔征服她的证据。哈根（Hagen）——巩特尔的愁苦的同母兄弟——怂恿他反对西格弗里德。他们邀请他参加一次狩猎，当他在小河边屈身饮水时，哈根用长枪将他刺死。克里姆希尔德眼见她的英雄死去，"不省人事地昏厥了整天整夜"。因为她是西格弗里德的寡妇，她继承了尼伯龙根的财宝。但哈根说服巩特尔，将其从她手里夺过来。他的兄弟们，巩特尔和哈根，把它埋在莱茵河里，发誓永不泄露藏宝的地方。

13年来，克丽姆希尔德一直在深思如何向哈根和她的哥哥报仇，但苦于没有机会。她接受鳏居的匈奴国王伊特吉尔（Etzel）的提亲，迁居维也纳成为他的皇后。"由于伊特吉尔的统治声名卓著，最勇敢的骑士——基督徒或异教徒——不断地归向他的朝廷。人们在那里看到前所未有的事——基督徒与异教徒和睦相处，无视信仰的不同。国王给予他们的是无比的自由，因此他们都很富足。"在这里，克丽姆希尔德"贞洁地统治"了13年之久，似乎放弃了复仇。事实上，她请求伊特吉尔邀请她的哥哥和哈根参加一次盛宴。他们不顾哈根的警告而予接受，但是带来了一队武装的从仆和骑士。正当王室的兄弟哈根和骑士们在伊特吉尔大厅享受匈奴朝廷的殷勤款待时，外面的仆从在克丽姆希尔德命令下全部被杀。哈根得知后，跳起来拿武器。一场恐怖的战斗在勃艮第人与匈奴人之间发生了。哈根首先打掉了奥特里伯（Ortlieb）——克丽姆希尔德和伊特吉尔5岁大的儿子——的脑袋，并把那个脑袋掷到克丽姆希尔德的膝上。当所有勃艮第人死亡殆尽时，杰尔诺特（Gernot）——克丽姆希尔德和巩特尔的兄弟——请求伊特吉尔让残存的访客逃离大厅。匈奴骑士们也想如此，但克丽姆希尔德不许，因此杀戮继续着。她的幼弟吉索赫尔（Giselher），当西格弗里德死时，为一个年方5岁的无知小孩，向她请求说："最正直的姐姐，何以我该死于匈奴人之手呢？我从来就忠实于你，也没有伤害过你。我骑马到这里来，亲爱的姐姐，因为我信任你的爱。你一定要大发慈悲。"她同意如果他们把哈根交出来，就让他们逃生。上帝不许！杰尔诺特高声叫道："我们宁死也不愿意交出一个人来赎回我们。"克丽姆希尔德把匈奴人引出大厅，而把勃艮第人锁在里面，并叫人纵火焚烧。因太热且口渴而疯狂，那些勃艮第人痛苦地狂呼乱叫。哈根劝他们饮死人的血来止渴，他们照做了。有些人从燃烧着倒下来的横木中冲出来。战斗在天井中继续进行着，一直到勃艮第人只剩下巩特尔和哈根。一位哥特人迪埃特里希（Dietrich）制服了哈根，将他缚着带到克丽姆希尔德面前。她问他尼伯龙根宝藏的所在。只要巩特尔活着，他拒绝回答；巩特尔也同样被俘，在克丽姆希尔德的命令下被杀，他的脑袋被带到哈根面前。但哈根仍然反抗她："现在，除了上帝和我，没有别人知道宝藏藏在什么地方了。而你，一个恶毒的女人，永远无法知道得更清楚了。"她夺取哈根的宝剑把他刺死。然后一位哥特的战士希尔德布兰德，因为厌恶她那嗜杀的欲望，而将克丽姆希尔德刺死。

　　这是一个充满血腥的恐怖故事。我们若是从他们的宴会、马上比武、宜于妇女的事务的上下文中仅选取最悲惨的时刻，是有些不公平的。但这是中心的与凄苦的主题——一个温柔的少女，因为罪恶的经验而变为凶恶的谋杀者。奇怪的是，故事里并没有留下多少对基督教的信仰。它并不是一个希腊式的悲剧——希腊人不愿让暴行出现在舞台上。在这种罪恶的溪流中，几乎一切封建的德行，甚至连主人的待客之道都不存在了。

法国的抒情诗人

11 世纪末，当我们原该期待欧洲的文学会因十字军的宗教热忱而增异彩时，在法国南部成长起了一个抒情诗的学派，它是贵族化的、异端的、反教士的，深受阿拉伯的影响，同时借着亚当与夏娃受引诱而吃禁果堕落的理论，表露出女人克服了所受的惩罚。这种诗的风格，随着阿基坦的埃莉诺，自图卢兹移至巴黎和伦敦，俘获了他的儿子理查一世的"狮心"，创造出德国的抒情诗人，并且塑造出影响但丁的意大利的"清新体"（dolce stil nuovo）。

这种风格初兴时，埃莉诺的祖父——威廉九世——波亚图伯爵（Count of Poitou）及阿基坦公爵占有一席之地。这个鲁莽的伶俐少年，在 11 岁时就发现他自己实际上是西南部法国的独立统治者。他参加了第一次十字军东征，并奏出凯歌。可是，就像在他那受异端邪说影响的国土里很多的贵族一样，他很不尊敬教会，并且对教会的教士们做了一些放荡的嘲弄。一部古老的普罗旺斯的传奇，把他描述为"世界上最风雅的人，最伟大的骗子；一位勇敢的骑士，多风流韵事；擅长歌唱与写诗；有很长一段时间漫游全国欺骗淑女们"。虽然已经结婚，他仍挟持美丽的沙特洛子爵（Viscountess of Chatellerault），并在大众的公开非议中与她同居。勇敢的、秃头的昂古莱姆主教请求他结束他的恶行，他回答："一旦你的头发需要梳子时，我就会把子爵抛弃。"被逐出教会后，有一天他碰到波蒂阿的主教。"赦免我吧，"

他说，"否则我会杀死你。""杀吧。"主教回答，并把脖子伸出来。"不，"威廉说，"我不会爱你爱到把你送上天堂乐土的程度。"这位公爵创立了一种献给贵妇人的爱情诗的风格。他言行一致，活得不久，但很愉快，在 56 岁时去世（1137 年）。他把广大的领土及对诗和爱情的嗜好留给埃莉诺。

她在图卢兹把诗人聚集在她周围，而他们心甘情愿地为她和宫中的美女，及由她们的魅力而产生的狂热歌颂。贝尔纳·文塔多尔（Bernard de Ventadour）的诗与彼特拉克与相较，似乎略逊一筹。在诗中，他赞美文塔多尔女子爵的可爱。她对他非常认真，因此她的丈夫不得不把她关在城堡的高塔上。贝尔纳受到鼓励，转往歌颂埃莉诺本身的华丽，并跟随她到鲁恩去。当她接受两个国王的爱情时，他挖空心思写了一首著名的挽歌。30 年后，抒情诗人贝特朗德·博尔恩成为理查一世的心腹朋友与情敌，因为他们都是当代第一美人玛尔提格纳斯（Martignac）的玛恩兹（Maenz）夫人所爱的人。另外一位抒情诗人皮埃尔，随同理查参加十字军，毫发无损地归来，在恋情与贫困交替中生活和写韵文，最后从图卢兹的雷蒙六世伯爵处获得一笔财产。我们也知道另外 446 个抒情诗人的名字，但从这四位，我们可以判断他们是属于无拘无束又和谐的一群。

有些是喜爱音乐的漂泊者，大多数是有歌唱天才的次等贵族，其中有四位国王：理查一世，腓特烈二世，阿方索二世，阿拉贡王国的佩德罗三世。整整有一个世纪（1150—1250 年），他们支配着南部法国的文学，同时将礼貌和温文尔雅融入战争暴行和骑士精神中，而形成一种贵族特有的气质。抒情诗人的语言是法国南部和西班牙东北部的韵文小说。他们的名字是一个谜，抒情诗人（troubadour）也许是从罗马字 trobar 变来的，意指"发现"或"发明"，就像意大利的"trovatore"是从"trovare"变来一样的明显。但有人认为它是从阿拉伯字"tarraba"变来的，它的意思是歌唱。他们称他们的艺术为 gaisaber 或 gayaciencia，意思是"快乐的智慧"；但是他们把它看得过于严肃，因而要经历很长一段时间的诗与音乐的训练，及对女人献殷勤的方式与言词的训练。他们穿得像贵族一般，炫耀一件饰满金刺绣与价值昂贵的皮斗篷，经常穿着甲胄骑在马上，进入比武场参加马上比武。为了女人，他们用笔或用长矛为其生命而战。他们只为贵族创作。通常他们为自己的抒情诗作曲，雇用行吟诗人在宴会上或比武场上歌唱，但是他们自己常常弹维忽拉，借一首歌来抒发热情。

也许热情是一种文学的形式，热烈的渴望、天堂的实现、抒情诗人悲惨的失望，是诗天生具有的特色。贵族之间的婚姻通常会使财产发生转移，因此罗曼史必然在婚后发生，就像法国的小说一样。中古文学的恋情除了少数例外，都是法理所不容许的爱情故事，自南欧的弗兰切斯卡和贝雅特丽齐，到北欧的伊索尔德（Isolde）和圭尼维尔（Guinevere），都是如此。因为一般人无法接近已婚淑女，于是产生了抒情诗人的诗。要把已经实现了的愿望浪漫化是很困难的，而没有磨难，便无法写出诗来。我们听说有少数抒情诗人接受他们的抒情对象，即淑女们的极端的恩宠，但这是一种对文学成规的破坏，通常诗人都是以吻手或手的接触来满足渴望。这种抑制倾向于文雅的行为，因而在13世纪抒情诗人的诗——或许受到崇拜玛利亚的影响——从耽于肉欲渐变为一种几乎是精神的优美。

但他们很少是虔诚的。他们对不人性的贞节观的不满，使他们与教会不睦。他们中有些人以诗文嘲骂职位甚高的教士，讪笑地狱，为阿尔比异端辩护，并庆祝不虔敬的腓特烈的胜利——当时神圣的路易却失败了。圭伦·阿德玛尔（Guillem Adémar）赞许一位十字军，仅因他不守夫道。雷蒙·乔登（Raimon Jorden）喜欢同所爱的人共度良宵，甚于上帝答应过的任何超凡的乐园。

对于抒情诗人而言，作诗的形式远比道德的戒条重要。canzo 是一首爱情歌；plante 是为一个朋友或爱人死亡而作的挽歌；tenson 则是一个押韵的关于爱情、道德或骑士精神问题的辩论；sirvente 是一首战争、党争或政治攻击的歌；sixtine 是一种复杂的有韵的6音节的连续，每 6 行一韵，它由阿尔劳德·丹尼尔（Arnaud Daniel）发明，而为但丁所大为赞美的；*pastourelle* 是一位抒情诗人与牧羊女之间的对话；*aubade* 或 alba，是一首黎明之歌，通常警告爱人们白昼即将来临；*serena* 或 serenade 是一首黄昏之歌；*balada* 是一个用韵文写成的故事。以下是一首佚名的黎明之歌（*aubade*），部分借助 12 世纪的朱丽叶之口说出：

> 花园里遍布着白色荆棘的叶子，
> 淑女的身边紧偎着她的爱人，
> 直到把守人说天已黎明——啊！令人忧伤的黎明！
> 噢，上帝！噢，上帝啊！何以黎明来得这么早哟！
> "求您上帝，永不要让夜，亲爱的夜停止，
> 也不要让爱人和我分离，
> 更不要让把守人高喊'天已黎明'！啊，黎明破坏了宁静！
> 噢，上帝！噢，上帝啊！何以黎明来得这么早哟！
>
> "美丽的朋友和爱人，你的双唇！再让我们接吻吧……
> 瞧，草地上有鸟儿在歌唱。
> 我们所有的是爱，而猜忌则为痛苦！
> 噢，上帝！噢，上帝啊……何以黎明来得这么早哟！
> "远处吹来的甜蜜的风
> 令我深深呼吸着我爱人的气息，
> 而，我的爱人如此可亲而快乐。
> 噢，上帝！噢，上帝！何以黎明来得这么早哟！"
>
> 这女子既美貌又体贴，
> 她优美的仪态为众人所瞩目。
> 她爱情的坚贞决不改变。

噢，上帝！噢，上帝啊！何以黎明来得这么早哟！

13 世纪，抒情诗人在法国的活动接近尾声，部分由于它在形式与感情方面不断加入人为之事，部分由于阿尔比十字军蹂躏法国南部。因为在那个多事之秋，很多让抒情诗人藏身的城堡没落了。而当图卢兹本身遭受一次双重的围攻时，阿基坦的武士秩序便荡然无存了。有些歌唱家逃往西班牙，有些则逃往意大利。在 13 世纪后半期，爱情抒情诗的艺术又复生了，但丁、彼特拉克便是抒情诗人的后裔。他们豪侠作风的文学作品有助于塑造骑士精神的礼法，并将北欧的野蛮人改变为绅士。文学从此之后深受那些精妙的歌曲的影响；也许爱情从他们的赞美中，带有一种更美的味道。

德国的抒情诗人

抒情诗人的活动由法国传播到德国南部，在霍恩施陶芬王室的黄金时代里盛极一时。德国的诗人被称为 minnersanger（爱情的歌唱者），他们的诗与当代骑士精神中的爱情服务（minnedienst）与女士服务（frauendienst）是一致的。我们能知其名的游吟诗人超过三百名，还有很多他们留下来的诗。他们有些是属于较下层的贵族，大部分都很贫困，并依赖王室与公爵的赞助。虽然他们遵守一种严格的诗韵与诗律的规定，他们之中很多都是文盲，他们短歌（Lieder）的用字与音乐都以口授。德国“诗”之一词，Dichtung，即为口授的意思。通常他们让游吟诗人为他们唱歌，有时他们自己也唱。我们听说过一次伟大的歌唱比赛是 1207 年在沃尔特堡举行的，据说坦豪泽（Tannhuser）和埃申巴赫也参加了比赛。坦豪泽是较晚的一位抒情诗人，由于稗史的记载，而与坦豪泽武士混为一谈，他从维努斯贝格（Vcnusberg）逃到罗马，瓦格纳据此写了一出歌剧。足足有一个世纪之久，抒情诗人帮助提高了德国妇女的地位，因而贵族的淑女们变成了文化的生命与灵感，它较德国在席勒和歌德时代更为文雅。

霍格怀德（Walther Vonder Vogelweide）因为写了爱情歌曲而被归类为游吟诗人，但埃申巴赫和他的《帕尔齐瓦》（*Parzival*）也许用罗曼史的标题来看较佳。"草原之鸟"瓦尔德·霍格怀德，1170年前出生于提洛尔某地，受封爵士，但十分贫穷，因为沉溺于诗的写作而每况愈下。我们发现他20岁时，为了能食以果腹而在维也纳的贵族们家里鬻卖诗歌。在那些年轻的岁月中，他虽为敌对者所反对，仍用一种诉诸感觉的自由描写爱情。他的《菩提树下》（*Unter den Linden*）对于今日的德国而言，仍是极其珍贵的：

> 菩提树下，
> 石楠枝上，
> 为我俩备有一床；
> 这里你可以看到，
> 缠绕在一起的，
> 破碎的花瓣和捣烂的草。
> 传自山谷中的丛林
> 当哒啦台！——
> 夜莺甜蜜地歌唱。
>
> 我快步走向彼处穿越森林小空地；
> 爱人已先我而到。
> 我沉溺其中，
> 最快乐的少女！
> 因我而感到永远幸福。
> 在这里，她曾吻我无数——
> 当哒啦台！——
> 看我的双唇，它们何其红润！

那儿她设计着

在愉快的匆忙中

予我俩一个百花怒放的园亭

那定然仍是

一个逐渐黯淡的笑话

对那些循同样道路

而在某天看到那地方的人而言——

当哒啦台！——

我的头枕在玫瑰丛中。

我将多么羞愧

倘若有人

（现在老天保佑）就在这附近。

我俩躺在那儿，

但无人得知

除了爱人和我，

及那小夜莺——

当哒啦台！——

它，我知道，是不会造谣的。

　　当他的年龄逐渐增长时，理解力也趋于成熟。他开始了解妇人的魅力与优美，远较发育期中的肉体为美，而婚姻结合的酬报似乎远比各种表面的挑逗更为丰富。"快乐的男人，快乐的女人，他们彼此真诚相待；生命的价值与意义增加了；他们年年幸福，日日快乐。"他反对那些擅长颤音歌唱的同伴以阿谀来溢美朝廷里的淑女们；他宣布妇女（wip）是一个比淑女（vrouwe）更崇高的称呼，好妇女和好男人才是真正的高贵。他认为"德国的淑女们美如神的天使，任何毁谤她们的人，必定是在胡言乱语"。

1197 年，神圣罗马帝国皇帝亨利六世去世。直到腓特烈二世成年为止，德国饱受一个世纪的纷乱之苦。贵族对文学的资助减少了，因而霍格怀德从这个朝廷流浪到那个朝廷，为了生活不快乐地歌唱，并与吵闹的耍把戏者和没有适当自尊心的小丑互相竞争。在帕萨主教沃尔夫格账单上的一个项目写道："五枚金币，1203 年 11 月 12 日，送给霍格怀德买件皮大衣御寒。"这是一种双重的基督徒式的行为，因为霍格怀德是一个热心的保皇党员，弹着他的七弦琴反对所有的教皇，公开指责教会的腐败。然而他是一个忠诚的基督徒，谱了一曲有力的《十字军之歌》（*Crusader's Hymn*）。但有时他能够超越战争，而视所有的人如兄弟：

> 人类源于一个处女；
> 我们的外表与内在全然相似；
> 我们的口因吃相同的食物过多而觉厌腻；
> 而当他们的骨头埋入土中，
> 你说，谁能一眼即瞧出其生平，
> 现在谁是农奴，谁是武士，
> 虫不是已将他们的尸体啮尽无余？
> 基督徒、犹太人及异教徒，全相同，
> 而上帝一直在照顾所有的创造物。

饱经 25 年的流浪与贫穷后，霍格怀德自腓特烈二世处接受了一份产业与一笔收入（1221 年），而足够维持他残余七年的花费。他衰老又多病，以致无法继续参加十字军，他请求上帝宽恕，因为他无法爱他的敌人。在一篇遗嘱中，他遗赠他的财产："把我的恶运送给嫉妒的人，把我的忧愁送给撒谎的人，把我的愚笨送给虚情假意的情侣，把我内心的痛苦送给淑女们。"他被葬在维尔茨堡大教堂，在附近有一座纪念碑，显示了德国对当时最伟大的诗人的感情。

在他之后，抒情诗人的活动失去了其本身狂妄的艺术特质，而分担了腓特烈二世垮台后残破的德国的灾难。乌尔瑞希·李希田斯坦（Ulrich von Lichtenstein）在他用诗写成的自传《妇女服务》（*Frauendienst*）中说，他是怎样在一切以"妇女服务"为观点的情况下接受教养的。他选了一个淑女做他的女神，把他的兔唇缝起来以缓和她的憎恶，并在马上比武大会上为她而战。当被告知她讶异于他仍然拥有一根她认为为了表示对她的尊敬应该失去的手指时，他砍下那使她不快的手指当作贡品送给她。饮用她洗过手的水时，几乎因愉快而昏厥。当他幸运地接到她的一封信，在尚未找到某个他可以信任为他秘密读信的人之前，他把它带在口袋里几个星期之久，因为乌尔瑞希不会阅读。为了获得美人的青睐，他穿着乞丐的衣服杂在麻风病患者中间，在她的门口等了两天。她接受了他，而当发现他缠绕不休时，她叫人用床单把他从窗口丢到地下去。从此，他有了一个太太和几个孩子。

抒情诗人的活动在亨利克·梅森（Henrich von Meissen）时，以某种尊严的态度结束了，他的尊敬妇人的歌，使他赢得了"妇女崇拜者"（frauenlob）的诨号。当他于1317年在美因茨逝世时，全城的淑女为他送葬，并唱着音调和谐的挽歌，把他葬在大教堂里，并在他的棺木上浇了很多酒，使整个教堂弥漫着酒香。在他之后，歌唱的艺术在武士的手中没落，而为中产阶级所接纳。崇拜淑女的浪漫心情已成为过去，在14世纪，由粗俗的乐事与诗乐会会员来继承，这是向帕纳索斯正式宣告中产阶级的兴起。

浪漫与爱情故事

在浪漫故事方面，中产阶级业已占有了这块园地。就像贵族的法国和意大利抒情诗人为南部法国和意大利淑女们写精妙的抒情歌一样，在法国北部的出身贫贱的诗人——法国人熟知他们为叙事诗人

（trouvère）——以爱情与战争为题材作诗，照亮了中上阶级的黄昏。

叙事诗人最具代表性的作品是 ballade（三节联韵诗）、lai（八音节联韵短篇故事）、chanson de geste（武功歌）及 Roman（浪漫故事）。短篇故事的一些可爱的代表作，已经由一个法国与英国皆公认为最伟大的女诗人留给我们。法国人玛利（Marie de France），在亨利二世统治期间（1154—1189 年）从布列塔尼到英国去居住。在亨利的建议下，她把布列塔尼半岛的一些传说，用一种不亚于抒情诗人的优美的词句与感情以韵文谱出。她的一首抒情诗之所以被节录在这里，一方面是因为它主题的不寻常——活着的被爱的人，对死去的爱人的悼念；另一方面则因为它的译文精美：

在这之下是否有个爱你的人，
经过整个冬夏而始终不变？
在下面你可曾找到任何可爱的少女
在墓中与你长相厮守？
难道死者的长吻比我过去惯常的吻
更为温馨——
或是你已去了某个遥远的极乐天堂
而完全忘记了我？

是什么柔和迷人的酣眠
使你处于某个舒适的旅途？
是什么动人的死亡令你
日夜沉醉在奇异的诱惑之中？
草地之下的一方土地，
没有阳光和阴凉，
但这世界远离于我，唉，
在这之下即是你躺着的地方……

那里你将如现在一样躺着，
虽然，在上面的世界，
另有人如你所曾活过那般活着，
如你所曾爱过的爱着。
菩提树下不是很甜蜜吗？
那不是些温暖的日子，充满了
漫长的、神秘的、金色的
远比爱情与生命更美好的宁静？
宽大、古怪而芬芳的树叶像双手般
编织着美好的日子，
编织着无一青春小鸟能忍受的睡眠。
而死亡却为你编织了睡眠。
阵阵奇异、馥郁的微风声
在早晨与午间令人陶醉；
在那里你必已发现
死亡是一种令人愉快的晕厥。

你不再因我所
惯说或唱的一句话而拥抱我；
啊，你定早已听闻
许多更甜美的事情。
因锦绣大地必已映入你的心湖
且移信心于花朵；
而和风，经由不忠的时间
一点一点地，偷去了你的灵魂。

一定有许多柔弱的种子
在部分妥协的思想园地中生了根，

迎着太阳开出花朵

那是其他所未曾生长过的；

而无疑，也有许多热情的色彩

使那地显得更美，

竟让你的热情

在地下不忠于我。

　　武功歌，也许最初是以一种民歌或短抒情诗的连续的形式出现的。编年史经常记载了历史的中心部分，诗人撒下了一片幻想的冒险故事之网，从 10 或 12 音节的行数，到只有北欧的冬日黄昏才能支撑的长度。《罗兰之歌》是这种类型的一个先驱。法国传奇颂里最受崇拜的英雄是查理曼。他在历史上是很伟大的，叙事诗人们在诗中把他提高到几乎是超自然的伟人；他们把查理曼在西班牙的失败，改写成一种光荣的征服，并把他的胜利的远征，转送至君士坦丁堡和耶路撒冷去，他的传说中的白色长髯庄严地随风飘拂，就像《贝奥武夫》（*Beowulf*）和《尼伯龙根之歌》随声附和民族迁徙的"英雄时代"一样，所以这些武功歌反映出封建时代的主题、道德和心境。不管他们的主题、情境或时间为何，他们是在封建气氛中具有封建的动机，披有封建的外衣的。他们不变的题材是战争——封建的、国际性的、各种宗教之间的战争；而在他们的战乱的恐惧中，妇女与爱情仅占一次要的地位。

　　由于社会秩序的改善，妇女的地位随着财富成长而上升，战争为爱情所取代，使之成为叙事诗人主要的题材，12 世纪，武功歌被浪漫故事所取代。妇女跃上了文学的王座，并保持了数个世纪之久。Roman 这个字最初的意思，是指任何早期的用法文所写的作品，因其被视为罗马的遗产，而被称为 Roman。爱情故事，并不叫作 roman，因为他们是罗曼蒂克的。某种感情之所以更适当地被叫作罗曼蒂克，是因为他们在法文的 roman 里相当多。《玫瑰传奇》（*Roman de la* rose)、《特洛伊的故事》(de Troie) 或《列拿狐》(de Renard)，它只是指一朵玫瑰的故事、特洛伊的故事或狐狸的故事而已，是用早期的法文写成的。我们可以把浪漫故事的起源，归之于武功歌与抒情诗人谄媚的感情所交织而成。他们的一些材料也许得自诸如赫利奥多鲁斯 (Heliodorus) 所著的《埃塞俄比卡》(Ethiopica) 之类的希腊浪漫故事。有一本在 4 世纪被译成的拉丁文的希腊书，有很大的影响——虚构的亚历山大传记，被误为是他的官方的历史学家卡利斯提尼斯 (Callisthenes) 所写。亚历山大故事在中世纪欧洲及东方说希腊话地区的一切成套的浪漫故事中，大为流行和大量传颂。西方这种故事最美好的形式是《亚历山大故事》(Roman d'Alixandre)，约 1200 年由叙事诗人兰伯特·里托尔斯 (Lambert li Tors) 和贝尔纳伊 (Bernay) 的亚历山大所写，它是有 2 万行 12 音节的"亚历山大体"诗。

　　更富于变化和柔情的，则是同一主题的一系列浪漫作品——法文的、英文的和德文的——都脱胎于特洛伊被围的传说。在这里，灵感主要来自维吉尔而非荷马；狄多 (Dido) 的故事已经是一篇浪漫故事；而那些自不该失败的战役中逃出的特洛伊人，不是都已定居在法国、英国及意大利了吗？约 1184 年，一位名叫伯努瓦·圣莫尔 (Benoit de Ste.-Maure) 的法国叙事诗人，用 3 万行的诗重述特洛伊的传说《特洛伊传奇》(Roman de Troie)，该诗被译成 12 种语言，并成为很多文学作品袭仿的对象。在德国，埃申巴赫写下他的《布科·冯·特罗亚》(Büche von Troye)，用伊利亚特的形式写出。在意大利，薄伽丘从伯努瓦的作品中获得灵感，写作了叙事长诗《菲洛斯特拉托》；在英国，诗人莱亚门 (Layamon) 的《布鲁特》(Brut)，用 32 万行的诗描写布鲁图 (Brutus)——虚构的埃涅阿斯的曾孙——建立伦敦的故事；而伯努瓦又启迪了乔叟的《特洛伊罗斯与克瑞西达》(Troilus and Criseyde) 和莎士比亚的剧本。

　　中古浪漫故事第三个伟大的成套的诗歌作品是亚瑟王的传说。我们有明显的理由相信亚瑟是一个英国的基督教贵族，他在 2 世纪反抗入侵的撒克逊人。谁把他和他的武士们转变成脍炙人口的传奇小说？谁创造了高文（Gawaine）、加拉哈（Galahad）、珀西瓦尔（Perceval）、墨林、圭尼维尔（Guinevere）、朗斯洛（Lancelot）、特里斯塔拉姆（Tristram）这些信奉基督教的圆桌武士及圣杯的神秘故事？讨论了一个世纪，还是没有确定的答案。有关亚瑟王最古老的参考，是在英国的年代纪作者的作品中，这种传说的某些重要部分，出现在南尼厄斯的《编年史》里（976 年），蒙茅斯的杰弗里在《英国史》（1137 年）中加以渲染。杰弗里的记事被泽西（Jersey）的一个叙事诗人译成法文诗（1155 年）。在此我们首先发现了圆桌武士的故事。最古老的罗伯特·瓦斯（Robert Wace）传说片断，也许是一些威尔士故事，现被收集在《马比诺吉昂》（Mabinogion）里。发展为故事后，最古老的手稿是法文。亚瑟的朝廷和圣杯，大家都同意设在威尔士和西南部的不列颠。最早用散文把这种传说完全叙述出来的，是一件英文手稿，由一位牛津的副主教沃尔特·麦普（Walter Map）所写，但并不能完全确定。这种成套的英雄诗歌故事最古老的韵文格式，出现于特鲁瓦的克雷蒂安的《传奇故事》（Romans）中。

关于克雷蒂安的生平，我们所知道的几乎像亚瑟一样的少。在他的早期文学生涯中，他写了一本名叫《特里斯坦》（Tristan）的书，现在已经失传。它被阿基坦的埃莉诺的女儿女伯爵玛丽（Marie）看到了，而显然地引起了她的一种遐想。玛丽于是邀请他到特鲁瓦她的朝廷中去，做她的桂冠叙事诗人。在她的赞助之下（1160—1172 年），他用每行 8 音节的有韵对句写了 4 个冒险故事：《艾雷克与恩尼德》（Erec et Enide），《克利杰斯》（Cligès），《伊瓦茵》（Yvain）和《货车武士》（Le Chevalier de la charrette）——没有尊贵的头衔给予朗斯洛故事的这位"完美武士"。1175 年，在佛兰德斯伯爵菲利普的朝廷中，开始他《圣杯与珀西瓦尔》（Conte del Graal 或称 Perceval le Gallois）的写作，共写了 9000 行，后来另外一位作家补充至 6 万行。这些故事的艺术气氛呈现在艾雷克（Erec）的开始：

在一个复活节日，亚瑟王在喀地干（Cardigan）举行觐见礼。从来没有见过这么富裕的朝廷；这么多有德的武士在那里，他们强壮、无畏而勇敢，还有富有的贵妇与少女们及国王温柔而美丽的女儿们。但在那天散朝之前，国王告诉武士们，他希望明天去猎"白牡鹿"，以遵循应有的古老的习俗。当我的主人高文听到这话，十分不快，便说："陛下，这次狩猎您将得到的不是感激，也非善意。我们大家很早就晓得'白牡鹿'这习俗的意义！能杀死'白牡鹿'的人必须吻您朝廷里最漂亮的少女……但这将是一个错误；因为在这里有 500 位出身高贵的少女……其中没有一位不是拥有一个无畏而勇敢的武士，他已很满意，不管对错，谁是他的淑女，谁就是他们心中最漂亮最温柔的。""那我很清楚，"国王说，"但我不愿停止那件事……明天我们全都会很高兴地去猎牡鹿。"

在朗斯洛的故事里我们知道"他，作为一个完美的爱人是永远服从的，会迅速而愉快地使他的女主人愉快……痛苦对他而言是甜蜜的；因为爱神指引他前进，缓和并减轻他的痛苦"。然而女伯爵玛丽对爱情有一种富弹性的观点：

> 如果武士发现少女或被弃的女子单独一人时，若他关心自己的美名，则不会自取灭亡的对她采取不名誉的行为。而如果他强暴了她，他必在每个朝廷中永远受辱。但是，少女在他的护卫下，可以被另一位向他挑战的人赢入怀中，之后这个另外的武士可以随意和她玩乐，而毫无羞愧和受责备。

克雷蒂安的诗很优美，但嫌纤弱，而且它们乏味的冗长与我们现代的简短相比，很快便令人觉得厌烦。他是第一个对武士的理想做完整的描述而享有声名的，在他所描绘的朝廷中，礼貌与荣誉，勇敢与忠诚的爱，似乎远比教会与教条重要。在他最后的冒险故事里，克雷蒂安借着增加"圣杯"的故事，而将亚瑟王的一连串英雄故事提高到一种更高贵的位置。"圣杯"这个字导源于拉丁文"Crater"（杯子），但这是一个不能肯定的假设。亚利马太城的约瑟写成这故事，说他见到有些血从钉死基督的十字架上，滴落在这个基督在最后晚餐饮水用的杯内。约瑟或他的后裔，曾经把这个杯子和永恒的血带到不列颠，被一个生病的遭拘禁的国王藏在一个神秘的城堡内，只有身心极为纯洁的武士才能找到它。在克雷蒂安的故事中，圣杯被高卢人珀西瓦尔寻回；在英文传说的形式中，则是由加拉哈所寻回，加拉哈是不纯洁的朗斯洛的毫无瑕疵的儿子。在两种版本中，找到圣杯的人都把它带回天堂。德国的埃申巴赫把珀西瓦尔改变为帕尔齐瓦（Parzival），并以著名的中古形式写出这个故事。

沃尔夫拉姆·埃申巴赫是一个巴伐利亚的武士，他冒着挨饿的危险写诗，得到图林根的伯爵赫尔曼（Hermann）的赞助，在沃尔特堡住了20年，写出了13世纪最卓越的诗篇。他一定是用口述的，因为我们确信他不识字。他宣称他的《帕尔齐瓦》故事不是源于克雷蒂安，而是源于一个名叫基奥特（Kiot）的法国普罗旺斯的诗人。我们不知道有这样的一个诗人，也不知道克雷蒂安（1175年）与沃尔夫拉姆（1205年）之间关于这种传说的其他版本。在沃尔夫拉姆的16"卷"诗中，有11卷似乎是根据克雷蒂安的《圣杯与珀西瓦尔》。善良的中世纪基督徒与公正的武士们，对于承认他们的文学债并不觉得有强迫感。但是冒险故事的内容，都觉得应该是大众的财产。任何人只要能加以改进，都可被原谅地借用它，因此沃尔夫拉姆改写了这个故事。

帕尔齐瓦是安茹一个武士与女王赫尔泽莱德（Herzeleide）所生的儿子，女王是第一个看守圣杯的提图瑞尔（Titurel）的孙女和正在患病的国王阿姆佛塔斯（Amfortas）的姐妹。在她快要生帕尔齐瓦之前，获悉丈夫在武士决斗中丧生。她决心不让帕尔齐瓦如此早逝，便在乡僻的地方将他抚养长大，不让他知道自己有皇室血统，并且不让他习武：

> 之后她的人民极为悲伤，因为他们认为那不是一件好事，
> 而且这种训练并不适于一个强大的国王的儿子。
> 然而他的母亲将他藏匿在荒凉的林地峡谷，
> 并未思及，在她的爱恨交织中，如何伤害到皇儿。
> 她不给他武士的武器，除了类似的儿童玩具
> 他在丛林里工作，并逐渐习惯于孤独的生活方式。
> 他制了一把弓及许多箭，用它们自得其乐，
> 当鸟儿在茂盛的树梢歌唱时。他将它们射下来
> 但当森林中死亡的鸟儿躺跳在他脚下时，
> 他惊讶而沉默地垂下高贵的头，
> 在孩子气的愤怒伤悲下撕扯他金黄色的头发。
> （因为我十分清楚，全世界的儿童从未有一个如此公正）……
> 然后他想到，他的手永远停止时动听的音乐，
> 甜美震颤着他的心灵，使他内心充满哀伤。

帕尔齐瓦健康地长大成人，而不知其身世。有一天他看见两个武士在路上走，惊叹于他们发亮的甲胄，认为他们是神，而在他们面前下跪。当他得知他们不是神而是武士时，他决心要像他们一样光彩。他离开家去寻找封人为武士的亚瑟王，他的母亲在他离开后因忧伤而去世。在途中，帕尔齐瓦偷吻了一个熟睡的女公爵，偷了她一条腰带和戒指，这一行为的污点使他蒙羞了几年之久。他遇见了红武士伊瑟（Ither the Red Knight），他促使红武士向亚瑟王挑战。被介绍给亚瑟王之后，他向国王请求迎接那次挑战。他回到伊瑟那里，以初生之犊的好运杀死了他，穿上他的甲胄，并骑马离开，去寻找冒险。在夜里，他请求格纳曼（Gurnemanz）的招待。这位年老的男爵很喜欢

他，教他封建战斗的技巧，并给他武士的忠告：

> 对那些陷在困境的人要怜悯，要仁慈、慷慨与谦虚。一个杰出的人在困境时羞于乞求，预备所需……要谨慎，既不奢侈，也不吝啬……不要多问问题，也不要拒答适当的询问。多看多听……恕宥屈服的人，不管他对你做了什么错事……要有男子气概并保持愉快，要尊敬和爱护妇女，这可以增加一个青年的荣誉。要自强不息——那是男子汉的一部分。减少对出卖真挚情感之人的赞美。

帕尔齐瓦再度出发，解救了被困的孔德维拉穆尔（Kondwiramur），并娶了她；他向她归来的丈夫挑战，杀死了他，然后留下妻子去寻找母亲。碰巧他来到收藏圣杯的城堡，被看守城堡的武士招待，看到了圣杯（一个贵重的宝石制品），而想起了善良的格纳曼的忠告——对有魔力的圣杯或生病的国王不问问题，他并不晓得国王就是他的舅舅。翌晨，他发现整座城堡空无一人。他骑着马离开了，背后的吊桥被一双看不见的手拉起，像是禁止他再回来。他重回并加入亚瑟王的宫廷，在欢迎仪式中，女预言家昆德莉（Kundry）控告他无知与无礼，因为他没有探问阿姆佛塔斯的病因。帕尔齐瓦发誓他一定要找到圣杯。

但是一种愤恨的心情在此紧要关头使他的生命充满忧郁。他觉得昆德莉所加诸他的羞辱至为不当。他深感世上的诸多不公平，因而抛弃和公开指责上帝，而且有四年之久不去教堂，也不作祷告。在那段日子，他遭遇了百次的不幸，曾经寻找，却始终未发现圣杯。有一天，他偶然来到一个隐士特雷佛瑞岑（Trevrezent）的隐居之所，特氏竟然是他的叔父。从他那里，帕尔齐瓦得知圣杯的故事及阿姆佛塔斯之所以久病而不死，是因为他为自己违法的爱情服刑，被派遣看守圣杯。这位隐士使帕尔齐瓦重新对基督教建立信心，并愿接受惩罚以赎罪。挫折与磨炼治愈了无知，并因受苦而洗清了罪，帕尔齐瓦开始重新寻找圣杯。隐士告诉昆德莉，帕尔齐瓦是阿姆佛塔斯的外甥和继承人。她找到他，并公开宣称他被选为阿姆佛塔斯国王的继承人和看管圣杯的人。被她领到隐秘的城堡，他询问阿姆佛塔斯生病的原因，老国王立刻不药而愈。帕尔齐瓦找到他的妻子孔德维拉穆尔，与她团圆，并让她成为皇后。他们的儿子名叫洛亨格林（Lohengrin）。

　　似乎为了给瓦格纳提供另一个歌剧的剧本，斯特拉斯堡的戈特夫里德（Gottfried of Strasbourg）在约 1210 年写了最成功的特里斯坦的故事。它是一种对通奸与不忠的热心歌颂，而玷辱了基督教的道德律与封建制度。

　　特里斯坦像帕尔齐瓦一样，是年轻的母亲布兰歇弗勒乌尔（Blanchefleur）在知悉丈夫在战争中遇难后不久所生的。她把婴孩取名为特里斯坦，意为"悲伤的"，不久后便去世了。这个孩子被康瓦耳（Cornwall）的国王马克（Mark），即他的舅父抚养，并被封为武士。长大后他擅长马上比武，并把爱尔兰的挑战者莫洛尔德（Morold）杀死。在打斗中他受了毒伤，莫洛尔德临死时告诉他，只有爱尔兰女王伊梭尔特（Iseult）能治好毒伤。匿名为坦特里斯（Tantris），假扮成一个竖琴师，特里斯坦去访问爱尔兰，被女王治愈了毒伤，而成为公主的家庭教师，公主的名字也叫伊梭尔特。回到康瓦耳，他告诉马克年轻的伊梭尔特的美丽与多才多艺，马克命特里斯坦回去代自己向她求婚。伊梭尔特不愿离开她的家，而且发现特里斯坦即是杀害她叔父莫洛尔德的人，这激起对他的憎恨。但她的母亲劝她前往，并给她的侍女布兰加尼（Brangne）一剂爱情药，以使伊梭尔特对马克激起爱情。侍女却误将那剂药给伊梭尔特与特里斯坦服下，他们立刻投入对方的怀抱。不忠没有停止，他们决定隐瞒他们的爱情。伊梭尔特嫁给马克，却仍与特里斯坦共枕，并阴谋杀害知道太多实情的侍女布兰加尼。在这个故事中，马克是唯一的绅士。他发现了这种欺骗，告诉伊梭尔特和特里斯坦说，他们对他来说是非常亲近的，他不忍心加以报复，只要放逐特里斯坦他就满足了。在他的流浪生涯中，特里斯坦遇见第三个伊梭尔特，并与她坠入情网，虽然他和马克的皇后信誓"一心，一德，一体，一生"。在这里，戈特夫里德没有完成整个故事，而所有武士制度的理想动摇了。故事的其余部分属于马洛瑞及一个稍后的时代。

在这个令人震惊的 13 世纪的前三十年内，德国产生了另外一个诗人，他同霍格怀德、埃申巴赫和戈特夫里德谱成一个四部曲，绝非别处基督王国的文学所可比拟。哈特曼·奥厄（Hartmann von Aue）开始在他的冒险故事《埃雷克》（*Erec*）和《伊温》（*Iwein*）中，一跛一跛地模仿克雷蒂安。但当他转到故乡士瓦本的传说时，他创作了一个杰作《可怜的亨利》（*Der arme Heinrich*）。亨利和约伯一样，是一个富翁，当他正处于巅峰状态时，受到麻风病的打击，而唯一可以治愈的办法（中古的魔术总有一种说法），是必须有一个纯洁的淑女愿意为他而死。不愿看到这种牺牲，亨利于是自暴自弃。但是，这样的一个少女出现了，她决心一死以救治亨利。因为双亲认为她的决定是受神的感召，于是令人不可置信地同意了，这个女孩裸露胸膛准备赴死。但亨利突然变成了一个男子汉，大叫停止，拒绝这种牺牲，停止了他的呻吟，并接受了这种痛苦，认为这是神圣的天谴。这种新的心境使他精神振作，肉体的疾病迅即消失，于是救助者变成了他的妻子。哈特曼用简易、流畅、毫不矫饰的韵文来弥补这荒谬的故事，而德国珍视这首诗，直到今天。

约 13 世纪前半期，一个不知名的法国人以《奥卡森与尼科丽特》（*Cest d'Aucassinet Nicolette*）为书名，述说了一个更美的故事。一半描写爱情故事，一半讥笑爱情故事，以韵文和散文交互描写，并用音乐注解诗的正文。

奥卡森（Aucassin）是波克尔（Beaucaire）伯爵的儿子，他同当地子爵的养女尼科丽特（Nicolette）相恋。伯爵反对，因为他希望儿子娶一个可以在战时帮他忙的封建世家的女儿，同时嘱咐他的隶属子爵把他的女儿藏起来。当奥卡森设法要见她时，子爵劝他"不要打扰她，否则你将永不得见天堂"。对子爵的话，奥卡森用当时怀疑论者所用的文学上的双关语加以回答：

> 在天堂我能做什么呢？我不在乎能否进入天堂，我只要尼科丽特……因为进天堂的没有别人，只有诸如年老的修士、老跛子，还有四肢不全的人，他们在神坛前日夜祈求……与他们在一起我无事可做。我愿到地狱去。因为去地狱的，有知名学者和在比武场上或在伟大的战争中遇害的公正武士们、英勇的射手及忠心的人。我愿与他们同行。而且温柔有礼的淑女们也去那里，她们除了丈夫外尚有二三朋友。同时走过的是……竖琴师和吟游诗人，及现世的国王们。我愿与他们一齐去，所以我只要最亲密的朋友尼科丽特在我的身边。

尼科丽特的父亲把她监禁在闺房里，奥卡森的父亲则把他关在地窖中，在那里，他唱出了一首奇异而动人的歌：

> 尼科丽特，洁白的百合花，
> 在乡间发现的最甜美的少女，
> 甜蜜似杯中
> 芳香四溢的葡萄，
> 有一天事情偶发在你身上
> 从林墨辛那里引出
> 一个伤心而恐惧的朝圣者，
> 痛苦地躺在床上，
> 摇荡着，恐惧地呼吸着，
> 极端痛苦，濒临死亡。
> 之后，你进来了，纯洁而无瑕，

轻柔地跃入病人的视界。
撩起长裙的下摆，
拉起貂皮镶边的长服，
卷起衬衣，优美灵巧地
赤裸着动人的手足。
之后奇妙的事发生了，
他健康地跳起来，
离开床，手握十字架，
再寻找他自己亲爱的国土。
百合花，如斯洁白，如斯甜美，
多优美的步子，
多么悦耳的欢声笑语，
我们的嬉戏多么愉快。
你的吻如此甜蜜，肌肤如此柔嫩，
这一切令我爱你深深。

也在同时，这位百合花用她的床单做成一根绳子，让自己下到花园中去：

然后她用双手拉住裙子……轻轻地撩起，不让厚积在草上的露珠沾湿，就这样她穿过花园。她的头发金黄，额前有着短短的卷发；她的碧眼含笑，脸蛋看起来姣美异常，双唇红艳胜过炎夏的玫瑰或樱桃；齿牙洁白而细小；她的胸部饱满，因此双乳在衣服掩盖下犹如两枚圆熟的胡桃。她的纤腰细弱，可容双手盈握；她徐行踏过雏菊，与她的足背及肤肌相比，一切显得如此黝黑，这位美丽的少女是多么洁白啊！

她循路来到装有铁条的监禁奥卡森的地窖的窗边，剪下一绺秀发，滑进去给他，并誓言她的爱似他的一样伟大。她的父亲派人来搜寻她。她逃进丛林里，与赞赏她的牧羊人住在一起。过了一段时间，奥卡森的父亲认为她已经安全逃走了，于是将儿子释放出来。经过半喜剧性的高潮起伏，奥卡森到森林里去找她，他找到了她，把她放在坐骑上，"并辔而行时他吻了她"。为了避开追逐他们的双方的家长，他们坐船渡过地中海，来到一处地方，在那里，男人会生产，而作战是用水果愉快地互打。他们被不友善的战士逮捕，两个人被分开了三年，但终于再度团圆。生气的双方家长平静地去世了，奥卡森和尼科丽特变成波克尔的伯爵和伯爵夫人。在丰富的法国文学里，没有比这更精美的了。

讽刺的反动

幽默穿插在故事之中，暗示了法国人开始对爱情故事生厌。中古最著名的诗——远比《神曲》更广为人知和被人阅读——开始时是一个爱情故事，结束时却是历史上一个最纵情的、最坦白的讽刺。约 1237 年，一位名叫纪尧姆的奥尔良的年轻学者，写了一首寓言诗，它意欲包括所有优美的爱情艺术，同时以抽象的概念成为一切表示爱情的冒险故事的一种模型与摘要。我们对纪尧姆一无所知，除了知道他写了《玫瑰传奇》最前面的 4266 行诗。他描写自己在梦中漫步，走入一座瑰丽的爱情花园。在花园中，每种知名的花都盛开了，所有的鸟儿都在歌唱，而幸福的情侣成为欢乐与勇敢的人生的化身——欢乐、愉快、殷勤、美丽——在爱神的管理下婆娑起舞。这里有一种新宗教，带着一种天堂的新观念，妇女取代了上帝的位置。在花园中，梦者看见一朵比围绕在它周围的一切美好事物更可爱的玫瑰，但有成千的刺守着它。它是象征"所爱的人"，而英雄企盼撷取它，这构成了一则因被遏止的欲望而产生爱情冲动的寓言故事。除叙述者外，没有一个普通人插入故事中；所有其他角色，都可以在任何宫廷中发现原型。妇女被男人追求时所表现的特质与品格的拟人化：外在美、傲慢、卑鄙、害羞、财富、贪婪、嫉妒、怠惰、虚伪、年轻、失望、甚至"新思想"——凡此种种都意表轻浮。它的神妙之处在于纪尧姆用这些抽象的概念，设法写出有趣的韵文来——也许因为在任何时代与任何伪装里，只要仍有热血，爱情始终都是有趣的。

纪尧姆英年早逝，他的诗并未完成，因而有四十年之久，世人不得不怀疑这位"爱人"在被丘比特射中，因爱而战栗后，是否曾经不仅只吻了"玫瑰"。之后另一位法国人，让·克洛皮纳尔（Jean Clopinel，也称让·梅恩）接下火炬，将它延长到 2.2 万行。后面这部分与纪尧姆诗的不同，就如拉伯雷与丁尼生的不同一样。三十年的流逝，已经改变了很多东西。冒险的爱情故事停止了一段时间。哲学将理性的阴暗的幕罩，投入宗教的诗篇中。十字军已经失败，怀疑与讽刺的时代也已开始。有人说让是在同一个国王菲利普六世的提议下，写完他暴烈的续篇的。

让·克洛皮纳尔约 1250 年出生在罗瓦尔的梅恩，在巴黎攻读哲学和文学，而成为那个时代最博学的人。我们不知道是什么邪恶的魔鬼引导他，将他的学识、他的反教权主义、他对妇女与爱情故事的藐视，变成一连串的在所有文学中最浪漫的诗。用每行八音节和押韵的对句，但带着一种与纪尧姆的梦幻完全不同的神韵与活泼，让从上帝"创造天地"开始，到"最后的审判"的所有题材，都表示了自己的看法，当他的可怜的爱人在花园中等待时，所有这些时间他都在追求着"玫瑰"。要是说让身上曾留有任何罗曼史的话，那完全是对过去"黄金时代"的一种柏拉图式的幻想而已，因为当时"没有人把这个或那个称为是他自己所有，而色欲和劫夺未得而闻"；也没有封建领主、没有国家、没有法律，人不靠吃肉、鱼或禽肉维持生命，而且"大家共享地球上的一切公共财产"。他不是一个不受权威或传统信仰左右，而是有其自主见解的人，不假思索地接受了教会的教条，但他不喜欢"那些肥胖而营养过剩的纨绔子弟及因饮酒食肉而痴肥、却用谎话行骗的行乞修道士"。他不能忍受伪善者。他承认一个"仁慈妇人的爱情"是生命中最好的恩物，然而显然他无法了解这一点。也许他不应得到它，讽刺从来就不曾赢得美丽的少女，他被灌输那种利用女人多于爱护女人的思想。一夫一妻制是荒谬的，他说，自然倾向于主张所有女人的存在是为了男人。他描写一个充分满足了的丈夫，叱责一位正在装扮的妻子：

所有这些华服是打哪儿来的？
对于我又增加了什么好处？
昂贵的长服和裁剪奇异的服饰，
难道只为博取你的卖弄风情和骄饰的欢笑？
对于这些装饰品我在乎什么呢？
你用它们来结扎秀发，
以金线缠着——而为什么
你要装象牙在发亮的镜上，撒下
金色的小圆圈？……为什么这些宝石
适合于国王的王冠？——
红宝石、珍珠，以及美丽的蓝宝石，
是哪一种使你疯狂自夸？
这个价值昂贵的东西，
有褶的艳丽的装饰和襞襟，
用珍珠装饰且雕镂富丽的
衬托你纤腰的腰带？
而为何，说呀，你选择
俗丽的鞋子来配你的玉足。
难道只是要炫耀
你匀称的双腿？
饱满的激情随着厌倦而消逝，我将卖掉

这些废物，还要恣肆纷乱地踩躏你……

最后"爱之神"率领他的众多家臣摧毁宝塔，在那里"危险"（Danger）、"羞耻"（Shame）以及"恐惧"（指一种淑女的疑虑）看守"玫瑰"，而"欢迎"（Welcome）接受"情人"（Lover）进入内祠，并让他摘下他梦想的肖像时，真使人有某种安慰感。但这冗长的浪漫结局，怎可能没有 1.8 万行粗俗的写实主义与行吟诗人的下流话呢？

12 世纪和 13 世纪，西方最广泛阅读的三本书是《玫瑰传奇》、《圣人传》和《列拿狐》（Reynard the Fox）。列拿狐以辛革里纳（Ysengrinus）的名字，于约 1150 年开始它的拉丁生涯，并且被写成各种方言。各色各样的作家对这一题材，贡献出大约 30 篇愉快的故事，到最后总数达 2.4 万行，几乎全部都致力于讽刺性的封建形式、皇家宫廷、基督教仪礼，及透过动物的类比，反映出人性的弱点。

列拿狐对王国中的狮王诺布尔（Noble）要弄顽皮的诡计。他觉察诺布尔与母豹赫露琪夫人（Dame Harouge）的奸情，由于最会使用诡计的塔里兰（Talleyrand）的献议，列拿说服她扮演自己的太太。他劝解诺布尔和其他野兽，并给他们每人一张护符，它可以揭示妻子的不贞。恐怖的泄露因而发生，丈夫们鞭笞他们犯罪的妻子，她们逃到列拿那里寻求庇护，他把她们集合在一个闺房内。在一则故事中，动物从事一种武士的竞赛。在《拉·莫尔特·雷纳特》（La Mort Renart）中，当老狐在弥留状态时，驴子贝尔纳是朝廷中的大主教，以极度的同情与严肃来执行圣礼。列拿承认他的罪，但约定如果他痊愈，他改过自新的誓言无效。显然他死了，许多曾与他通奸的、被他打败过的及曾受他欺骗的野兽，集合在一起虚伪地哀悼它。大主教在坟上以一种拉伯雷式的讲道训诫，并谴责列拿此前认为"只要能把握住它，任何事情都恰合时宜"的想法。但当圣水洒在他身上时，列拿复活了，捉住钱特克勒（Chantecler）——他正在摆动香炉——的脖子，并且带着战利品逃进丛林去。要想了解中古世纪，我们绝不能忘记列拿。

《列拿狐》是最伟大的故事诗（*fabliaux*）。它是一种讽刺人的动物寓言，通常以八音节诗出现，并且自 30 行推衍到 1000 行。像《伊索寓言》一样古老，或更为古老；有些自印度经阿拉伯国家传入。大部分都是用讽刺诗文来讥讽妇女与教士，对前者的自然力量和后者的超自然力量感到愤怒。此外，淑女与教士谴责吟游诗人背诵充满诽谤的故事诗。因为故事诗被强有力地复述出来，诗人们用专属于酒店与妓馆的名词，谱出无比诙谐的韵律来。然而从他们的忧愤中，乔叟、薄伽丘、阿里奥斯托、拉封丹及成百个其他的说书人，酝酿了许多令人惊骇的故事。

讽刺的兴起降低了吟游诗人艺术的地位。旅游的歌唱者的英文名称来自"ministeriale"一词，原意为男爵府中的侍者，而他们的法国名字"jongleur"，源于拉丁文的"ioculator"一词——一种笑话的供应者。他们填补希腊的狂文狂诗、罗马的笑剧、斯堪的纳维亚的游吟诗人、盎格鲁-撒克逊的吟游诗人、以及威尔士和爱尔兰的游吟诗人的位子，同时延续这种事业。在 12 世纪爱情故事的全盛时期，吟游诗人偶尔也写出可归入于文学作品的有价值的故事，保持他们的尊严。手握竖琴或弦乐器，他们背出短抒情诗、短篇故事、史诗、玛利亚或圣徒的传奇、武功故事、爱情故事或故事诗。在封斋期，他们可以加入吟游诗人诗会，就像我们所知道的，1000 年在诺曼底的费康所召开的一样。在那里，他们相互学习诡计与装腔作势及新故事，或叙事诗人与抒情诗人的歌曲。若他们的复述难度过大，使听众感到知识压力时，他们很多人愿意以耍把戏、翻筋斗、弯曲身体和走绳索来娱乐听众。叙事诗人诵读自己的故事以娱乐听众，但当阅读习惯渐渐养成，而对诵读者的需要降低时，吟游诗人越来越像一个杂耍者。他们抛掷刀子、操纵傀儡戏、或表演驯服熊、人猿、马、公鸡、狗、骆驼、狮子等戏目。有些吟游诗人把故事诗改写成滑稽剧，而大量推出猥亵的演出。教会越来越反对他们，禁止虔诚的教徒观看或禁止国王资助他们。同时欧坦的主教洪诺留认为，没有一个吟游诗人将会获准进入天堂。

　　法国吟游诗人与故事诗的盛行，新的识字阶级，大学里的反叛学生们热烈地欢迎、接受默恩的中产阶级的史诗，皆显示出一个时代的终结。爱情故事一定会继续下去，但它受到讽刺作品、幽默作品及远在塞万提斯以前即嘲笑骑士故事的一种写实的淳朴形式的挑战，为时达一个世纪之久。现在讽刺作品登台了，直到所有中古结构的支柱与肋骨崩溃，而让人的灵魂在理性边缘显出骄傲并摇摇欲坠。

第十三章 | 但丁
（1265—1321）

意大利的抒情诗人

意大利的文学诞生在腓特烈二世的阿普利亚朝廷。之所以如此，也许是随从他的穆斯林提供了一些刺激，因为每一个有知识的穆斯林都写诗。在腓特烈 1250 年去世之前，达尔卡摩的休罗（Ciullo d'Alcamo）在约 1200 年写了一篇美丽的《情人与淑女的对话录》；而在西西里的达尔卡摩，几乎是穆斯林的天下。另一个更具决定性的影响是普罗旺斯城的抒情诗人，他们把诗送来，或亲自前往有鉴赏力的腓特烈及其具文化素养的助理们那里。腓特烈不仅赞助和赏识诗人，本人也用意大利文写诗。他的首相皮耶罗·德勒·维涅（Piero delle Vigne）创作优美的十四行诗，同时也许已经发明了那种艰难的形式。里纳尔多（Rinaldo d'Aquino）——圣托马斯的兄弟——生活于腓特烈朝廷，圭多（Guido delle Colonne），一位法官，雅可布（Iacopo da Lentino），一位公证人，在腓特烈的王国，都是属于这个"阿普利亚文艺复兴"的诗人，雅可布所写的一首十四行诗（约 1233 年），在但丁以前的那个时代，即已具备了优美的情感，并完成了《新生》诗集中诗的形式：

在心中我有侍奉神的意念
因此我将进入天堂——
这神圣的地方我到处听说
充满着愉快与安慰。
不偕我的女友，我将厌于前往——
她有着焕发的容光与柔亮的秀发；
因为倘若她不在而我在那里，
我知道，我的快乐一定低于零。
注意，我说这点并无意
涉及任何罪恶；
我只不过愿一睹她娴雅的风采，
美丽温柔的眼睛，及可爱的面庞，
所以那将是我完全的满足
眼见我的女友欢愉地在她喜欢的地方。

当腓特烈的朝廷旅行过意大利时，他带着诗人及他的巡回动物园一起，将他们的影响传入拉蒂乌姆、托斯卡纳和伦巴底。他的儿子曼弗雷德继续他对诗的赞助，并写下了但丁所赞赏的抒情诗。大部分这种西西里岛的诗歌被译成托斯卡纳文，并一起形成以但丁为巅峰的诗派。同时，法国的抒情诗人，听任南部的方言遭受宗教战争的蹂躏，而在意大利朝廷找到避难所，以"快乐的宝剑"教导意大利诗人们，并教意大利的妇女们喜欢诗的颂词，说服意大利的文豪们即使在向太太献殷勤时也要写酬谢诗。一些早期的托斯卡纳诗人极力模仿法国的抒情诗人，用普罗旺斯文写作。索尔代洛（Sordello），出生于邻近维吉尔的曼图亚，冒犯了恐怖的埃泽利诺，逃到普罗旺斯，而用普罗旺斯文写下了空灵、纤弱的爱情诗篇。

从这种柏拉图式的热情——一种玄学和诗的奇异的结合，导出了温柔的"清新体"，或托斯卡纳的"甜蜜、新颖"的风格。不用他们在普罗旺斯歌者中所发现的毫不隐讳的荒淫，意大利诗人们宁愿或假装去爱妇女们，而将其当作纯洁、抽象美的化身，或当作神圣智慧或哲学的象征。这是众所周知的，有成千上万爱情诗人的意大利的一个新调子。或许是圣方济各精神感动了这些高雅的笔锋，或是托马斯的《神学大全》在他们的身上起了作用，也或许是他们受到那些只看到神的美，及对女神写爱情诗的阿拉伯神秘主义者的影响。

一群博学的歌者创立了一种新学派。博洛尼亚的圭多，被但丁尊称为其文学之父，在一首著名的歌中把新的爱情哲学押韵，那首歌名叫《属于温柔的心》。在歌中，他请求上帝原谅他如此爱恋他的淑女，因为她是神的化身。拉帕·吉安尼（Lapa Gianni）、狄诺·弗雷斯科巴尔第（Dino Frescobaldi）、圭多·奥兰底（Guido Orlandi）、奇诺·达·皮斯托亚（Cino da Pistoia）将新的风格传到北意大利去，由圭多·卡瓦林提（Guido Cavalcanti）——但丁的朋友，也是在但丁之前的最佳代表——带到佛罗伦萨去。在这些学者诗人中，圭多是一位贵族，他是在佛罗伦萨领导吉伯林党的法里纳塔的女婿，也是阿拉伯哲学家阿威罗伊学派的自由思想家，对永生不死怀疑，甚至对上帝也是如此。他活跃而激烈地参与政治，在1300年被但丁和别的修道院副院长放逐，患病后受到赦免，而于同年逝世。他的傲慢、贵族式的心灵，极适合创作冰冷而高雅的十四行诗：

> 妇女之美，崇高意向的天命；
> 公正的骑士为勇敢的活动武装起来；
> 鸟儿愉快的歌唱，爱情的温柔的回答；
> 海上迅疾的船只航行的力量；
> 晨曦照射时宁静的天空；
> 白雪，无风，飘落停留在地面上；
> 众花之园，泉涌之地；
> 银和金，碧空嵌满珠宝：

超过这些甜美与宁静价值的
是我亲爱姑娘内心的蕴藏
它似乎显示了一点实质；
确实地，超过这些，其分别犹如
天堂之远大于尘世。
对同类人的善良将迅即沟通。

　　但丁从圭多处学到很多，模仿他的歌，而以意大利文写作《神曲》的决定，或许是拜他之赐。"他热切希望，"但丁说，"我永远用方言写信，而不要用拉丁文。"在 13 世纪中，但丁的先辈们铸造了新的语言，从粗俗不完全到如此优美的言词，如此浓缩精妙的片语，真正达到没有别的欧洲方言可以比拟的地步。他们创造了一种但丁称之为"杰出的、第一流的、优雅的中世纪的权威的"语言。除了十四行诗以外，普罗旺斯的韵文是不和谐的，那些叙事诗人与吟游诗人所写的都是劣等诗文。在此，诗歌已经变成淫荡的饶舌的无韵溪流，然而它却是如同皮萨诺父子刻意雕琢的圣坛上的雕像那般优美、简洁的作品。大体而言，一个伟人之所以伟大，是因为那些不及他的人已替他铺好了前路，为他的天才铸造了时代的心境，为他的双手做成了工具，并交予他一件已经完成了一半的工作。

但丁与贝雅特丽齐

　　1265 年 5 月，贝拉（Bella Alighieri）为她的丈夫阿里弗罗（Alighiero Alighieri）生下一子，给他取了一个杜兰特·阿里费里（Durante Alighieri）的教名。显然是诗人把自己的名字缩短为但丁（Dante）。他家在佛罗伦萨曾为望族，但已沦为贫户。母亲在但丁幼年时去世，阿里弗罗续弦，其后但丁长大成人，也许不太快乐地和继母、一个异母兄弟及两个异母妹妹一起生活。但丁十五岁时父亲去世，留下了一笔债务。

　　但丁最感激的老师是布鲁内托·拉提尼，他从法国归来，将法国百科全书《特雷索》缩短成一本意大利文的《特索雷托》（*Tesoretto*）。从他那里，但丁学会如何使自己不朽。但丁一定早就极有兴趣研究维吉尔，他谈到曼图亚优美的风格，及另一位同学极为爱好古典作品，以至跟随它的作者神游地狱。薄伽丘说但丁于 1287 年曾在博洛尼亚。在那里或别的地方，诗人涉猎了许多那个时代的拙劣的科学和神奇的哲学，因而诗在他的博学中便显得头重脚轻。他也学习骑马、打猎、修篱笆、绘画及歌唱。如何谋生的，我们不得而知。无论如何，他被允许加入文化圈。也许是由于他和卡瓦堪提（Cavalcanti）的友谊使然，在文化圈中他找到了许多诗人。

　　历史上最著名的爱情开始于但丁和贝雅特丽齐两人都是九岁的时候。根据薄伽丘的说法，是 5 月的一个节庆，在福尔科·波尔提纳里（Folco Portinari）家中，福尔科是佛罗伦萨城有名望的公民之一。小"琵斯"是福尔科的女儿，因此她也是但丁的贝雅特丽齐，这是可能的，但并不够肯定。我们之所以知道首次会面，只是通过但丁九年后在诗集《新生》（*Vita Nuova*）中所描写的理想化了的叙述：

　　　　那天她穿着一套色彩华贵的服装，一种柔和、漂亮的深红色，配上腰带和装饰，与她的青春相得益彰。那时候，蕴藏在内心的生命中的灵魂，开始猛烈地颤动，就连微弱的脉搏也震动起来；而且在抖颤中有这样的声音："看呀，一位比我强的上帝要来统治我了。"……从那以后，爱情完全主宰了我的灵魂。

　　一位接近青春期的少男能有如此的颤动，这是成熟的征象。我们大都晓得，且能够将"初恋"定义为我们少年时代感受最为强烈的经验之一，一种对生命、性、美及我们个人不足的灵肉方面的神秘的觉醒，然而毫无饥渴肉欲的意识，只有一种想接近所爱的人，为她服务、听她倾诉及看她那温柔娴静之美的羞涩的渴望。像但丁这种敏感的男人——一个具有热情和想象的男人——显示出这方面的成熟，一定会予人一种终生难忘的记忆与刺激。他告诉我们他如何找机会去看贝雅特丽齐，若能看到她而不被她看到也好。之后他似乎没有再见到她，一直到9年后，他们18岁时：

> 碰巧，同一个神妙的姑娘，穿着洁白的衣裳，在两个文雅（那是说出身高尚）的年龄比她大的妇女中间，出现在我的面前。然后走遍一条街，她把目光往局促不安的我所站着的地方投来，同时借着非语言所能形容的礼貌……她以如此善良的举止向我致敬，使我当场似乎立即看到了幸福的边缘……我就像一个沉醉的人般离开了……之后，由于我多少懂得韵律，我决心创作一首十四行诗。

因此，如果我们可以相信他所叙述的，那么他的十四行诗与著名的注释——《新生》的关联便产生了。在以后的九年间他断断续续地写作十四行诗，还有散文。他将十四行诗一首接一首地寄给卡瓦堪提，后者将它们保存起来，如今卡瓦堪提变成了他的朋友。整个爱情故事多少是一种文学的技巧。由于抒情诗人少有的祀奉爱情的态度，由于长篇的学术论文的干扰，也由于3和9的一种数字的神秘主义，因我们欣赏口味的改变，而使诗歌受到破坏。因此，欣赏这些诗歌时，我们必须对这些时代影响打些折扣：

> 爱神之赞辞兮诚博謇而中切：
> "尘土之人身兮乃独有此清洁？"
> 爱神乃注视此绝色兮目凝滞其如缚，
> 遂默然而心许兮谓大神特创之尤物。
> 珍珠之色泽兮差拟彼姝之华容，

影窈窕而姣好兮羌长短之适中。
彼殊夺天然之精华兮信盖世而无双；
美神将不足数兮苟一亲彼殊之身旁。
美目宜巧盼兮若溶溶之流波，
浮出恋之灵兮如火焰之婆婆；
凡人之眼遇此目兮将震荡其难禁，
将震荡直至脏腑兮腾沸深深内心。
君不见彼姝之微笑兮中有爱神隐藏，
有谁能女矣光以眇视兮而不眩泯慌张。

有些散文远比诗歌更令人喜爱：

当她在任何地方出现时，对我而言，似乎由于渴望得到她最崇高的致意，因而没有一个人能再成为我的敌人。同时如此温馨的慈善降临在我身上，的确，在那时我会宽恕那些曾经伤害我的人……她走起路来，整个的姿态都表示着谦逊……当她离开时，许多人说："这不是凡间的妇人，而是天上的美丽天使。"……我老实说，她表现得如此高雅，因而带给那些尊敬她的人，以一种非言词所能表达的宁静的抚慰。

在这种可能不自然的迷恋中，他并未想到要娶贝雅特丽齐。1289年，她嫁给西蒙尼·巴尔第——一位富有的金融公司职员。但丁对这一结果并不在意，继续写关于她的诗歌，而不提她的名字。一年后，贝雅特丽齐去世，时年24岁，诗人首次提到她的名字，在一首平静的挽歌中哀悼她：

贝雅特丽齐魂归崇高的天堂，
天使们和平生活的王国，

并与她们朝夕共处，然对朋友言她已仙逝。
不再受严冬侵袭，似他人一般，
也不再受溽暑煎熬；
代之一个完美的温柔之境。
由她那温和谦卑的头上的明灯
如此非常的荣耀于玄玄照射
令天主为之惊叹不已，
直到一个甜美的愿望
因她可爱的卓越而进入他心，
于是天主召唤她以慰其所望，
以为如此令人厌倦与深具罪恶的地方
不配一个如此优雅的完美之物。

在另一首诗里，他描绘贝雅特丽齐在天堂里被尊崇所围绕。"写完这首十四行诗以后"，他告诉我们：

它让我看到一种极神妙的景象，我看到了许多事物，使我决定不再赘叙这幸福的人，直到我能写出关于她更有价值的东西。而为了这个目的，我尽我所能，如她所熟知。因此，假若上帝的愉快，一切事物的生命都经由她，而我能够多活数年，那么我希望能写出前人所从未写出，关于她的所有有关妇女方面的事情。如此方对得起美丽的主宰，我的灵魂也将因此看到她淑女的荣耀，即幸福的贝雅特丽齐，如今正专注地凝视着神的容貌。

因此，在小书的结语里，他将视线投注在一个伟大的人上；而"从生命中第一眼看到她的那天起，直到这种景象"，以这句话作为天堂的结束，"我诗歌的连续从未断过"。很少有男人，经历了一生的坎坷与情感的起伏，仍能记载并保留如此率直的态度。

诗人参与政治

然而但丁也有不合正统的事。贝雅特丽齐死后一段时间，但丁耽于一连串的轻率爱情中——"琵阿黛""芭儿戈蕾达""莉塞达"或类似这种短暂好处的其他虚荣"。对一位只称呼她为"优美的女士"的姑娘，他献给她一些热情略逊于贝雅特丽齐的爱情诗。约1291年，26岁时，但丁与吉马·多纳蒂，一个最古老的佛罗伦萨贵族的后代结婚。吉马10年中替他生了很多小孩，各种不同的推论是3、4或7个。他忠实地遵守抒情诗人的规定，在他的诗中绝不提及他的妻子或孩子——那是不适宜的，婚姻与浪漫的爱情是两回事。这时，也许由于卡瓦堪提的帮助，他进入政界。他所持的理由我们不得而知，他加入了白党（the Whites）——一个中上阶级的党。他也许有行政权力，因为早在1300年他就被选入小修道院或市政会议。在他短暂的任期内，黑党在柯尔索·多纳蒂（Corso Donati）的领导下，企图发动一次政变，使老贵族能重新掌权。在镇压了这次叛乱之后，修道院院长与但丁一致同意，寻求永久和平的办法是放逐二党的领导人物——在被放逐者中，有但丁的姻亲多纳蒂和卡瓦堪提，他的朋友。1301年，多纳蒂率领一队武装的黑党入侵佛罗伦萨，免除了修道院院长的职务，并俘获政府官员。早在1302年，但丁和另外15位公民以各种不同的政治罪名遭到审判、放逐，被判若再进入佛罗伦萨，便将被处以火刑。但丁逃走了，但他希望很快可以回来，于是把家小留在佛罗伦萨。这一次的放逐生涯，加上财产的没收，使诗人贫困地流浪了19年之久，使他的精神受尽折磨，而且多少决定了他《神曲》的风格和主题。那些遭受放逐的难友，不顾但丁的忠告，说服阿雷佐、博洛尼亚和皮斯托亚，以10万大军反对佛罗伦萨，以夺回政权或还家（1304年）。企图失败了，因此但丁依照自己的宗旨，和朋友们生活在阿雷佐、博洛尼亚和帕多瓦。

就在他遭受放逐的第一个10年间，他将赠予"优美的女士"的一些诗收集起来，加写一篇散文评注，而将她变为哲学夫人（Dame Philosophy）。《欢宴》（Convivio）说明了在爱情和生活的失望中，但丁如何转向哲学以寻求安慰。他在引人入胜的研究中找到了神圣的启示，及他如何用意大利文，将他的发现与不懂拉丁文的朋友分享。显然他早就有意要写一本《大赞美》，其中每一部分都假装为一首描绘美丽妇女之诗的一种注解。这真是一个了不起的计划，它使感官对枯燥无味的东西得到补偿。这本小册子集合了运命科学、牵强的寓言及自波伊提乌到西塞罗的哲学片段的杂文。在他完成 14 条有意安排的注释中的 3 条之后便放弃该书，我们必须承认，这是但丁智力荣誉的一大损失。

接着他从事意大利神圣帝王统治重建的最审慎的工作。经验使他相信意大利城市政治上的纷乱与暴行，是由一种原子论的自由观念所致——每一宗教、城市、阶级、个人及渴望，都要求无政府状态的自由。就像两个世纪后的马基雅维利一样，他渴望某种权力能将个人、阶级与城邦互相调和，而进入一种有秩序的整体，在其中人们可以安全、和平地一起工作与生活。那种统一的权力可以来自教皇，或来自神圣罗马帝国的首领，对于这点，北意大利在理论上早已臣服。但当时但丁正巧被与教皇制度有关的政党放逐。一个不肯定的传统说法，认为他参加了自佛罗伦萨派往博尼费斯八世朝廷的一个不成功的特使团。很长一段时间，教皇们反对意大利的统一，因为这对他们的精神上的自由和世俗的权力是一种危险。统一的唯一希望有赖于王权统治的复辟，回复到古罗马庄严伟大的统治下的和平。

因此，在一个不确知的时期，但丁写了一篇极富刺激性的《帝政论》（De Monarchia），是用拉丁文写的，仍然是哲学的用语。但丁辩说，由于人类适当的作用是智力的活动，并且只能在和平中进行，理想的政府应是一个世界国，它维持全世界安定的秩序和公理。像这样的国家，将是上帝在宇宙所建立的适当形象以及相关的极完美的秩序。帝国的罗马曾经极为接近类似这样的一个国际国。上帝对它的赞许，因其选择变成奥古斯都的臣民而变得很明显，基督自己曾经叫人接受恺撒的政治权威。很显然，古帝国的权威并非得自教会，而神圣罗马帝国是更古老的帝国的复活。确实，有位教皇曾为查理曼加冕过，似乎使帝国地位低于教皇权，但是"对权力的霸占并不能产生权力，若能如此，则在奥托大帝使利奥教皇复辟而废弃贝内狄克特之后，同样的方法也能显示出教会的权威依赖帝国之手"。帝国统治的权力并非来自教会，而是来自社会秩序需要政府的自然律。自然律是上帝的旨意，因此国家的权力由上帝而来。在信仰与道德方面，皇帝应该承认教皇卓越的权威，这的确是适当的，然而这并不限制国家的主权于"尘世的范围"。

《帝政论》一书，尽管学术的技巧争辩不再视之为流行的思想，它仍是对政府及法律"一个世界"的有力辩论。在作者的有生之年，他的手稿仅为少数人所知。在他去世以后才大为流行，同时被反教皇的巴伐利亚的路易利用为宣传的资料。这些手稿 1329 年被教皇的一位总督下令公开焚毁，16 世纪被置于教皇的禁书索引中，1897 年被利奥十三世自索引中剔除。

根据薄伽丘的说法，但丁写《帝政论》是在"亨利六世将露头角时"。1310 年，德国国王入侵意大利，希望除教皇国外重建完整的半岛，因为帝国的统治已随腓特烈二世的去世而结束。但丁以热切的希望欢迎他。在一封《致意大利的亲王及人民的信》中，他要求伦巴底城邦开放心灵与大门给卢森堡的阿里哥人（Arrigo），因为他们将会拯救人民免于纷乱和罗马教皇的统治。当亨利到达米兰，但丁立即前往米兰，并俯首于皇帝的足下。他的一个统一的意大利的梦想已接近实现。佛罗伦萨城对诗人并不注意，给亨利闭门羹，于是但丁公开发表了一封愤怒的"致最大的佛罗伦萨罪人"的信（1311 年 3 月）：

> 你们晓不晓得上帝已经注定人类为了保护公理、和平及文明，必须在一个皇帝的统治下，而意大利每逢帝国消灭时便为内

战的牺牲品，你们违犯了人神的戒律，你们这些由于贪婪及可怕的不满足而导致犯罪的人——难道第二次死亡的恐怖不会使你们苦恼，而你们，首先独自地……已经激怒了罗马君主地上的统治者及上帝的特使的荣耀……最愚蠢、最无理性的人们！你们必将被迫屈从于帝国的鹰旗之下！

使但丁惊慌的是，亨利并不采取行动抵制佛罗伦萨。四月，诗人像希伯来预言家警告国王那样写信给皇帝：

> 我们惊讶是什么迟缓的事物耽搁您如此之久……您将春天和冬天都浪费在米兰……佛罗伦萨（不知您晓不晓得？）是可怕的罪恶……这是毒蛇……从她蒸发的腐烂中喷出一口有毒的烟，因而邻近的羊群消瘦了……那么，起来吧，你这高贵的格西之子！

佛罗伦萨对此作出回应，宣称但丁永远不得特赦和进入佛罗伦萨。亨利不动心地离开了佛罗伦萨，途经热那亚和比萨，到达罗马和锡耶纳而死于该地（1313年）。

这对于但丁来说是个极大的不幸。他曾经对亨利的胜利作孤注一掷，断绝了与佛罗伦萨的一切往来。他逃往古比亚（Gubbio），并在圣克罗塞（Santa Croce）修道院寻求庇护。在院中，他写了《神曲》的大部分。但他仍未满足他对政治的欲望。1316年，他也许陪着法格吉奥拉住在卢卡。那年法格吉奥拉在蒙泰卡蒂尼打败了佛罗伦萨，光复了佛罗伦萨，同时连被宣判死刑的但丁两个儿子在内——也被赦免。卢卡反叛法格吉奥拉，使但丁再度无家可归。佛罗伦萨以一种胜利者的慷慨心情，尽释前嫌，颁布特赦，所有被遭放逐者都可安全归来，只要偿付赎金，穿着忏悔的服装在大街上行走，并甘受一段短期的监禁。一位朋友通知了但丁，但丁在一封著名的信中加以答复：

（致佛罗伦萨的友人）

从你的来信，我以极尊敬热切的心情接受它，我以感激的心知悉……关于我的回归祖国……你的灵魂是如何高贵。看，法令……若我能付出一笔可观的赎金，并忍受圣礼奉献的耻辱，我就被赦免，并能立刻归国……

那么，在耐心忍受为时达 15 年之久的放逐之后，这是否是光荣的召唤，将但丁召回祖国？……一个宣扬正义的人绝不能如此做……付钱给那些加害他的非正义的人，好像他们是他的恩人一样。这不是我回国的方式……如果有别的途径可循……它不会减损但丁的荣誉，那么我将不再犹豫。但若不以这种方式进入佛罗伦萨，那么我将永不回去……怎么！我不能到处仰视太阳和星星吗？我不能在任何天空下沉思最宝贵的真理吗？

也许在 1316 年行将结束时，他接受了维罗纳的统治者肯·格兰德·德拉·斯卡拉（Can Grande della Scala）的邀请，前往定居并成为他的座上客。在那里，他完成了——在这里他献给肯·格兰德——《神曲》的《天堂》（1318 年）。这个时期的他已 51 岁，薄伽丘在 1354 年出版的《生活》（*Vita*）一书中这样描写他：一个中等身材的人，"多少有点驼背"，在忧郁的尊严中，以沉重、整齐的步伐行走；黝黑的皮肤与头发，削长、沉思的面庞，浓厚、突出的眉毛，严肃、深邃的眼睛，薄薄的鹰鼻，紧闭的嘴唇，一个好斗的下巴。这是一张原本温柔，然因痛苦而凄苦凝固的脸。《新生》里的但丁刚好感受着那里所表达的一切温厚与敏感。同时那些特性也在他听到弗兰切斯卡的故事，伴随着怜悯感而显现出来。当他变成一个失败的被放逐者时，他是严厉与苛刻的；他的口才因历遭不幸而磨得锐利；他变得傲慢，想借此以掩饰他权力的失败。他以他的祖先为豪，因为他很贫穷。他鄙视孜孜为利的佛罗伦萨中产阶级。他不能宽恕波尔提纳里将贝雅特丽齐嫁给一个银行家，而他采取的唯一报复，是把他当作放高利贷者，安置在地狱中的最深一层。他永远不会忘记一点伤害或一次轻蔑，因而没有几个敌人能够逃掉他笔下的诛伐。他比梭伦更不喜欢那些在革命或战争中保持中立的人。他品格中的奥秘，是一种热烈的感情。"不是富豪的恩典，而是上帝的恩典，才使我保留我本来的面目，而统治者的热诚曾令我迫切地接受。"

他将全副精力贯注于诗中，而无法活到将它完成。1319 年，他离开维罗纳去拉韦纳，与伯爵圭多·达·波伦塔（Guido da Polenta）住在一起。他自博洛尼亚接到一个邀请他前往接受加冕为桂冠诗人的请帖，在一篇拉丁文写成的牧歌中他加以拒绝。1321 年，圭多交给他一个政治任务，派他到威尼斯去，结果他铩羽而归。归途中，但丁在威尼托沼泽地区感染热病。他因太过赢弱，无法战胜病魔，于 1321 年 9 月 14 日，57 岁时去世。伯爵计划在诗人墓穴上建一座漂亮的坟墓，然而未果。现在竖立在大理石棺木上面的半浮雕，是隆巴多（Pietro Lombardo）在 1483 年雕刻的。如全世界所周知，拜伦曾经前往那里凭吊哭泣过。现在，这个坟墓躺在拉韦纳最热闹地区的一角，几乎不为人注意。而它年老又跛脚的管理人，为了几个里拉，在那里诵读那人人都赞美却极少人读过的华美的诗。

《神曲》

·诗

薄伽丘说，但丁最初用拉丁 6 音步诗写作《神曲》，后来改用意大利文，以赢得更多读者。也许是炽热的激情影响他做出这一抉择，联想到古典式的优雅和严谨，意大利文似乎确比拉丁文更善于表达热烈的感情。年轻时，他曾约束自己仅在创作情诗时才用意大利文，但是现在，他以人类由爱而获救赎这一最高哲学为主题，对自己是否敢用"粗俗的"（vulgar）语言来述说它感到新奇。在写作时间不详的拉丁文小品《论方言》（De Vulgari Eloquentia）中，他力劝饱学之士将本国语言更广泛地运用于文学创作，可惜这篇文章还未完成就被他弃置一旁。他赞美拉丁文的简洁凝练，但也表达自己的愿望是由腓特烈二世的诗集《王国》（*Regno*）、伦巴底人的《新风格》（*Stil nuovo*）及托斯卡纳人的《游吟诗人》（*Trovatori*），而将诗艺提升到一定的高度。他相信意大利语言能超越方言或俗语，升华为——如《飨宴》（*Convivio*）所说——"充满了最甜蜜和最优雅的美"。傲慢如但丁，也没想到他的史诗不仅使意大利语言成为适合各种文学的语言，更使它变得如此悦耳文雅，在世界文学中获得几乎举世无双的地位。

从来没有一首诗的写作计划比《神曲》更苦心孤诣。对三行一组的偏好——仿佛象征着三位一体——塑造了它的形式：全诗分为3篇，每篇33章，与基督在尘世的年头一致，加上第一篇中的序曲，整整100章。每一章的每一段皆由3行诗句组成，每一段的第二行与下一段的第一行和第三行押韵。没有比这更具匠意的了。然而，一切艺术都具匠意，虽然它总是将其最巧妙地隐藏起来。而三行体（*terza rima*）或三韵句（triple rhyme）使每一诗节与下一诗节衔接起来，形成连绵不断、持续推进的诗章，它在原著中轻快地汩汩流淌着，不过，翻译在模仿韵脚时却总不免紊乱和踟蹰，失之生硬、滞涩。但丁预先宣告对他作品的全部翻译的失败："没有一部具有音乐性和谐的作品，从母语翻译成另一种语言时，能不失全部甜美和协调的。"

正如数字决定形式，讽喻构造叙事。在献给肯·格兰德的书信中，但丁解释了他的篇章的象征意义。我们可以怀疑这一阐释是渴望成为哲学家的诗人事后才产生的想法。然而，中世纪对象征主义的迷恋，大教堂中富于寓意的雕刻，乔托、加迪及拉斐尔富于寓意的壁画，及《新生》和《飨宴》中但丁所做的寓意升华，使我们想到，诗人心中对此早有一个大概的想法：他所要描写的多半是一些虚构的细节。他说，诗是属于哲学的，它所关注的是道德。就像神学家解释《圣经》一样，他也赋予他的文字三层含义：字面的、讽喻的及神秘的：

这部作品的主题从字面上说……是死后灵魂的状况……但若就其寓意而言，总的来看，这一作品主题是人，不论行善或作恶……都受到公道的奖惩……这一作品整体和局部的目标是将生活在现世的人们从悲惨的境地中解救出来，引导他们达到幸福的境界。

换一种表达方式，也可以说，地狱（*Inferno*）是人历经犯罪、痛苦和绝望；炼狱（*Purgatorio*）是通过信仰获致净化；天堂（*Paradiso*）则是经过神的启示和无私的爱而获救赎。引领但丁经过地狱与炼狱的维吉尔，代表知识、理性、智慧，这些能够带我们到达幸福之门，但唯有信仰与爱（贝雅特丽齐），能引领我们进入这扇门。在但丁生命的史诗中，他遭遇放逐是地狱，研究和写作则是涤罪，而希望与爱即为获救和唯一的幸福。或许因为但丁在天堂中过于重视象征主义，这篇短歌最难欣赏。因为贝雅特丽齐在《新生》诗集中是一位神圣的幻象，在但丁的天堂景象中，变成一个华而不实的抽象的概念。最后但丁向肯·格兰德解释，何以他将史诗叫作《神曲》——因为故事由不幸发展为幸福，"它是以草率和粗陋的风格，甚至家庭主妇的本地话写成的"。

这一痛苦的喜剧——"因为写作它，这些年来我变得瘦骨嶙峋"——是流亡时的工作与安慰，他在去世前三年才完成。它是他的生活与学习、神学与哲学的总结。如果它同时包含着中世纪的幽默、柔情及旺盛欲望的话，那么，它真称得上"中世纪的集大成者"。在100个简短的篇章中，但丁将他自拉提尼那里，或许是在博洛尼亚学到的科学全塞进去，天文学、宇宙学、地理学及年代学等，包含了一个成年人几乎不可能学完的知识。他不仅接受占星学的神秘感应说和命运学说，也接受犹太神秘哲学的神话，将不可思议的意义和力量归因于数字和字母的观念。数字"9"是贝雅特丽齐的标记，它的平方根是被三位一体赋予神性的"3"。地狱有九环，净界有九层，天堂有九重。大体而言，但丁在参照、采纳阿奎那哲学与神学时，是怀着敬畏和感激之情的，然而并非谦卑忠顺地亦步亦趋。圣托马斯看到《帝政论》的观点，甚而教皇们在地狱里，难免惶恐畏缩。神是光明和爱，但丁的这一概念源于亚里士多德，而后者则汲取自阿拉伯哲学。他对法拉比、阿维森那、加扎利、阿威罗伊的学说都多少有些了解，尽管他把阿威罗伊投入地狱的边缘，即地狱第一层。他把阿威罗伊学派的异端邪说者布拉班特的希吉尔置于天堂，因而使正统派大为震惊。尤有甚者，他让托马斯口中说出一番赞美这个曾激起六翼天使博士神学愤怒的人。希吉尔似乎否认但丁诗歌以为奠基的个人的不朽。对希吉尔的非正统和但丁的正统，历史著作往往有夸大失实之处。

　　但丁的思想被认为受东方，特别是伊斯兰教的启发：阿尔达·维拉夫上天堂的波斯传说；《古兰经》中关于地狱的描写；穆罕默德游历天堂的故事；阿布·阿拉·马亚里的作品中的天堂和地狱之旅；伊本·阿拉比的《福图哈特》。在《里萨拉特》（*Risalat*）中，马亚里描绘撒旦在地狱中遭受捆绑与折磨，基督徒和另外一些不信神的诗人也在那里受苦；在天堂的入口，叙述者被天堂女神或美丽的处子接见，她被指定当他的导游。在《福图哈特》中，伊本·阿拉比描绘精确的表现死后灵魂生活的图表，叙述地狱和天堂正好在耶路撒冷的地下和上空，他把地狱和天堂分成九层，讲述神秘玫瑰的环及天使组成的唱诗班环绕着神的光———一切都与《神曲》中的一样。就我们所知，这些阿拉伯著作，没有一本在但丁的时代被译成他能够读的任何语言。

　　描写在天堂或地狱漫游的历程及所见景象的启示文学，犹太教和基督教都十分丰富，更不用说维吉尔长达六卷的《埃涅阿斯纪》了。爱尔兰的传说告诉我们，圣帕特里克如何探访炼狱和地狱，在那里看到古希腊罗马人的长袍和坟墓被火焚毁，罪人倒悬着身体，或被毒蛇吞噬，或为寒冰覆盖。在12世纪，英国抒情诗人、教士亚当·罗斯在一首内容充实的诗中，叙述圣保罗在天使长米歇尔陪同下漫游地狱的故事。诗人让米歇尔说明不同程度的罪的惩罚等级，让保罗在这些恐怖事物面前像但丁一样战栗。弗洛拉的约阿希姆曾述说自己下地狱和升天堂的故事。这样场景和情节的故事总有好几百个之多。所有这些确凿的证据说明，但丁几乎不需要跨越语言障碍去学习阿拉伯文字，以为他笔下的地狱寻找范本。像其他任何艺术家一样，他熔铸现有的素材，使它由杂乱无章变为井井有条，以他丰富的想象力和诚挚的热情煅烧它。凡是能找到的素材一律纳入作品中——如托马斯和抒情诗人，达米安关于地狱的痛苦的激昂布道，他对贝雅特丽齐生和死的忧思，他与政客、教皇的冲突，及横亘在他思路中途的科学的断简残篇，基督教神学关于堕落、道成肉身、罪与恩、最后审判的阐释，普罗提诺-奥古斯丁学说关于灵魂渐渐上升，最终与上帝合为一体的概念，及托马斯所强调的"属天的福乐"是人终极和唯一能令其满足的目标。用这些，他写出了他的诗，在诗中，一切恐惧、希望，及中世纪精神的朝圣之旅都找到了声音、象征和形式。

·地狱

　　在人生的中途，我发现我已经迷失了正路，走进了一座幽暗的森林。

　　在这幽暗中徘徊踟蹰，但丁遇见了维吉尔，他的"老师"与"权威作家"，"只是从你那里我才学来了使我成名的优美风格"。维吉尔告诉他，要到达这森林唯一安全的出口，必须经过地狱和炼狱，如果但丁愿意跟他穿越地狱和炼狱，则他将领但丁到达天堂的入口，"一位比我更配去那里的灵魂会来接引你"，的确，他补充说，自己是应贝雅特丽齐的要求，来帮助诗人的。

　　他们通过地面上的一个开口，而到达了地狱的大门，大门上刻着如下凄苦的话语：

　　由我进入愁苦之城，由我进入永劫之苦，由我进入万劫不复的人群中。正义推动了崇高的造物主，神圣的力量、最高的智慧、本原的爱创造了我。在我以前未有造物，除了永久存在的以外，而我也将永世长存。进来的人们，你们必须把一切希望抛开！

地狱是位于地下的上宽下窄，状似漏斗的深渊，从地面直通地心。但丁以有力的、几乎是残酷的想象力来构思它：幽暗、恐怖的无底深渊四壁环绕着黑色的巨石；那里有热气腾腾、散发恶臭的沼泽、洪流、湖泊和溪川；暴风雨、暴雪、冰雹及火的烙印；狂风怒号与把人冻僵的寒冷；受折磨的肉体、狰狞的面孔、令血液凝固的尖叫和呻吟。地狱漏斗的顶端，是那些既无恶名也无美名的人，既不背叛也不忠于上帝的人；不光彩的疼痛惩罚着他们；被黄蜂和胡蜂蜇刺，被蠕虫咬啮，被嫉妒和悔恨吞噬。从不中立的但丁鄙视他们，维吉尔说：

　　　慈悲和正义都鄙弃他们，我们不要讲他们了，你看一看就走吧。

游客到达冥河（Acheron），艄公老卡戎驾小舟渡他们过河，卡戎早在荷马时代就在这里服役了。在对岸，但丁发现自己已置身地狱边缘的"林勃"（limbo），即地狱的第一环，那里的人善良无罪，但未领受过洗礼，包括维吉尔本人、所有善良的异教徒及所有善良的犹太人在内，而后者中少数几个是出现在《旧约》中的英雄。这里的人们所受的唯一的惩罚是永远渴望着更好的命运，却知道这是永不可能实现的。"林勃"的所有居民都是伟大的异教徒诗人——荷马、贺拉斯、奥维德、卢卡，他们赋予这个地方荣耀。他们欢迎维吉尔，并将但丁当作他们的同伴。尽管已经为伴，但仰之仍然弥高，但丁说：

　　看见智者们的大师坐在哲学家中间——

　　那是亚里士多德，他被苏格拉底、柏拉图、德谟克里特、第欧根尼、赫拉克利特、安那克萨哥拉、恩培多克勒、泰勒斯、芝诺、西塞罗、塞涅卡、欧几里得、托勒密、希波克拉底、盖仑、阿维森那及"做出伟大的注释"的阿威罗伊等人围绕、簇拥着。显然，依但丁的意思，所有这些高贵的伙伴，包括萨拉森人的异教徒，应该为天堂增光。

　　维吉尔现在带他下到第二环，在这里，耽于淫欲的罪人被狂飙吹得不停地旋转翻滚。在这里，但丁见到帕里斯、海伦、狄多、塞米拉密斯、克娄巴特拉、特里斯坦以及保罗和弗兰切斯卡。为了止息拉韦纳的领主波伦塔与里米尼的领主马拉泰斯塔两个家族的恩怨，可爱的弗兰切斯卡·达·波伦塔嫁给勇敢而丑陋的贾西奥托·马拉泰斯塔。除此之外的其余情节，各版本出入很大。在一个很受欢迎的版本中，贾西奥托英俊的兄弟保罗，假扮他去求婚，弗兰切斯卡向他发誓会履行婚约，但在结婚那天，她发现新郎被调包了而悔恨不已。婚后不久，她就沉溺于与保罗的短暂欢会无法自拔。贾西奥托当场捉住他们，将他们杀死（约 1265 年）。靠在幽灵情人身侧随风摇荡的鬼魂，弗兰切斯卡把她的故事告诉但丁：

　　　　再没有比不幸中回忆幸福的时光更大的痛苦了……有一天，我们为了消遣，共同阅读兰斯洛怎样被爱所俘虏的故事。只有我们俩在一起，全无一点疑惧。那次阅读促使我们的目光屡屡相遇，彼此相顾失色，但是使我们无法抵抗的，只是书中的一点。当我们读到一位情人亲吻那渴望已久的微笑的唇时，这个永远不会和我分离的人就全身颤抖着亲我的嘴。那本书和写书的人就是我们的贾西奥托：那一天，我们没有再读下去。

　　听了这个故事，激于怜悯之情，但丁晕死过去。醒过来时，他发觉自己置身地狱的第三环，这里永远下着雪、冰雹和污水，而犯贪食之罪的人躺在泥泞中，刻尔勃路斯（Cerberus）向他们狂吠着，并用三张嘴的三副牙齿将他们撕成碎片。维吉尔和但丁下到第四环，这里驻守着财神普鲁图斯，浪费的人们和贪财的人们滚动着重物撞向对方，进行着西西弗斯式永无休止的战争。两位诗人沿着混浊汹涌的斯堤克斯（Styx）下到第五环，在这里的是被愤怒驱使而犯下罪的人。他们的身体覆盖着污泥，殴打和撕咬对方，他们中罪孽深重的怠惰的人，被浸在斯堤克斯湖静止的湖水中，在下面喘着气，使泥浆表面绽出一个个的气泡来。漫游者由弗列吉阿斯（Phlegyas）送到湖的对岸，到达第六环的狄斯之城或撒旦之城，在这里，异教徒在着火的坟墓中受蒸烤。他们又下到第七环，这里是由米诺特尔（Minotaur）管辖，犯暴力伤害他人罪的人，在咆哮的血河里永远地品尝接近于溺死的滋味，一旦他们挣扎着把头浮出水面，人马怪就搭箭射去。在这一环的间壁，是自杀的人，皮埃尔·德拉·维涅也寓身其间。再一个间壁，则是犯了以暴力对抗上帝、自然或艺术的罪人，他们赤裸着脚踩在灼热的沙地上，同时火雨从天而降，落在他们的头上。在鸡奸者中间，但丁发现了他以前的老师勃鲁内托·拉蒂尼——这对一位导师、哲学家及朋友来说，实在是十分乏味的判决。

在第八环的边缘，一只可怖的怪物出现了，它背着诗人们从高利贷者所在不远的悬崖上飞下。在这一环深渊高处的恶囊中，永不止息的痛苦以精妙的、变化多端的形式施予淫媒和诱拐者、阿谀奉承者、买卖圣职者（后者被捆缚着，头朝下倒插在坑洞里，只有腿露在外面）——火焰爱抚地舔着他们的脚。买卖圣职者中有教皇尼古拉三世，他的劣迹，连同其他教皇的劣迹，都遭致严厉的谴责。借着大胆的想象，但丁描写说，尼古拉误认为他是博尼费斯八世，后者来到地狱是他朝思暮想的事。随即，尼古拉预言说，克莱门特五世也将来这里。在第八环的第四恶囊是那些臆测并预言未来的人，他们的颈项被扭到反面，头转到背脊上方，脸朝着身后。从横在第五恶囊上空的"马来波尔琪"（Malebolge）桥上，他们向下注视着盗用公款（或犯贪污罪）的人们，这些人被罚永世在沸腾的沥青湖里沉浮。伪善者不停地绕着第六恶囊走，穿着外镀黄金的铅制斗篷。在这一恶囊唯一的小径上躺着卡亚法斯（Caiaphas），他仰卧并钉在地上，（肢体）成十字架形状，因此所有从这里经过的人都须踏着他的身体。在第七恶囊，盗贼们被毒蛇折磨，但丁在这里辨认出几个佛罗伦萨人。在俯视第八恶囊的拱桥顶，他看到火焰反复地烧着为恶行出谋划策的人，在这里有狡诈的俄底修斯。在第九恶囊里，在世上散播不和的种子的人和制造分裂的人被肢解。

> 我看见一个鬼魂，身体从下巴直到放屁的地方被劈开，伤口张开得比一个破木桶还要宽。他的肠子垂到他的两腿中间；心、肝、脾、肺以及那个把咽下去的东西变成屎的脏口袋都露了出来。我正定睛注视他时，他望着我，用手扯开他的胸膛，说：你看我怎样把自己撕开！你看穆罕默德被砍伤得多么厉害！在我前面哭着走的是阿里，他的脸从下巴直到额发全被劈开。你在这里看到的所有其他的鬼魂生前全是散布不和与制造分裂者，所以他们都被这样劈开。这里在我们后面有一个鬼卒把我们那样残酷地劈开，每逢我们顺着这条悲惨的路绕了一圈之后，他就把刀刃重新加在我们这帮人身上；因为伤口在我们再走到他身边以前就已经愈合……

在第八环的第十恶囊中，躺着作假者、伪造钱币者和炼金术士，他们受到各种疾病煎熬，悲泣呜咽。空气中弥漫着汗和脓散发出的恶臭，受苦者的呻吟声交织成可怕的轰鸣。

最后，诗人们到达第九环，即地狱的最底层，说来奇怪，这里是一大片坚冰。在这里，背信弃义者被冰掩埋直至下颌，痛苦的泪水结成"水晶面具"，覆盖了他们的脸颊。出卖比萨的伯爵邬哥里诺如今在这里永远地与大主教鲁吉耶利冻在一起，后者将他和他的儿子、孙子关押起来，让他们一个不剩地活活饿死。现在，邬哥里诺的头叠在大主教的头上面，它无休无止地啃噬着冤家的脑髓。在最低点，地心和地狱漏斗尖端的最底部，庞然大物卢西弗（撒旦）齐胸埋在冰里，肩膀上大得惊人的翅膀扇动着，冰冷的血泪同时从他头上生着的三张面孔滑落下来，每张嘴都咀嚼着一个叛徒——布鲁图斯、卡修斯和犹大。

中世纪心灵最可怖的事物有一半都聚拢在这部血淋淋的编年史中。当读到那些骇人听闻的描写，令人厌憎的恐怖感油然而生，直到累积起来的感受终于达到难以忍受和压倒一切的地步。但丁关于地狱的概念，是中世纪神学最离经叛道的部分。古典文献设想过冥府或地狱，收容所有死者的地下的、混乱的黑暗，但没有将它描写成虐待人的地方。几个世纪以来，暴虐、不安全感和战争，早在人们将无休无止的复仇和无穷无尽的残忍这些品性赋予上帝，亵渎上帝之前，就已经介入这一概念的缔造。

当得知最后维吉尔和但丁穿过了地心，颠倒了头和脚的方向，向对跖地攀登而去时，我们才觉如释重负。以梦境特有的鄙弃时间的敏捷，两位诗人以两天时间走完了地球直径全程。复活节早晨，他们出现在南半球，饮漱白昼的光辉，站在净界的梯形山脚下。

·炼狱

炼狱的概念相对仁慈些：人们可以以努力和承担、希望和想象，涤除罪孽和私欲而获净化，进而一步一步上升至理解、爱和幸福的顶峰。因此，但丁将净界描绘为分为九层的山一般的圆锥体：外围是七层平台——每一层用来涤除七宗罪中的一种，山顶则为地上乐园。每次离开平台，上升到更高的一层，则罪人的痛苦都减少一些。每次上升，天使都吟唱《登山宝训》的一句。在较低的平台，罪人被施以严厉的惩处，以便他们忏罪并获宽恕，但这一切并不须以充分的刑罚为代价。不过，相对于地狱那种痛苦永不会止息的严酷的意识，这里对

"有限的惩罚之后将得到永恒的幸福"存在着坚固的信心。这些篇章充溢着温柔的基调和明亮的光芒，显示但丁从他身为异教徒的导师那里学到了温和宽厚。

维吉尔以露水涂抹但丁的面颊，将那上面从地狱带来的汗水和污秽一一洗去。环绕着山的大海，在上升的太阳下面闪烁不定，仿佛负罪而变得黯淡无光的灵魂，在神恩降临之际，因为喜悦颤抖战栗。在炼狱的第一层，与托马斯关于某些善良的异教徒可以获救的期待相符，但丁邂逅了乌提卡的加图，这位严厉以至于拘谨的斯多葛派信徒，不愿受恺撒的怜悯而宁愿自杀。这里还有腓特烈的儿子曼弗雷德，他反对教皇，却热爱诗歌。维吉尔催促但丁继续前进，这几行诗后来经常为人引用：

> 你跟着我走，让人们说去吧：你要像坚塔一样屹立着，任凭风怎样吹，塔顶都永不动摇。

维吉尔不属于炼狱，因此他不能像在他所熟悉的地狱里那样敏捷地回答但丁的问题，他感到了自己的欠缺，因而不时表现出一种懊恼的愁闷，直到他们遇见索尔代洛，方觉释然。这位诗人与曼图亚城的儿子们互相拥抱，他们为意大利人特有的对故土的感情，联结为一体。于是，但丁向他的祖国发出悲痛的呼吁，将他的议论建立在意大利急需君主政体这一观点之上：

> 唉，奴隶般的意大利，苦难的旅舍，暴风雨中无舵手的船，你不是各省的女主，而是妓院！那个高贵的灵魂只因为听到故乡城市的甜蜜的名字，就急切地在这里向他的同乡表示欢迎。然而如今你境内的活人却无时无刻不处于战争状态，同一城墙、同一城壕圈子里的人都自相残杀。可怜虫啊！你环顾你沿海各省，然后看一看你的腹地，是否境内有享受和平的部分。如果马鞍子空

着，查士丁尼整修了缰绳有什么用呢？假若没有缰绳，耻辱倒还小些。唉，人们哪，如果你们正确理解上帝对你们的指示，你们就应该虔诚，让恺撒坐在马鞍子上！

同时，像是要表明他对能够维持稳定统治的国王的喜爱，他讲述索尔代洛如何引导他们，在炼狱山脚，进入一个阳光照耀的可爱山谷，那里遍布着花朵，芳香扑鼻，皇帝鲁道夫、波希米亚国王奥托卡尔、阿拉贡的彼得三世、英国的亨利二世、法国的菲利普三世住在这里。

被卢西亚（象征上帝仁慈的光明）引着，一位天使允许但丁和维吉尔进入炼狱的第一层平台。在这里，骄傲者被处罚每人在弓着的背上背负沉重的石头，而石壁和路面的浮雕，描绘着著名的谦卑者的功绩及骄傲者的可悲的结局。在第二层平台，嫉妒者穿着粗毛布袍子，眼皮被铁丝缝起来。在第三层是愤怒者，第四层是怠惰者，第五层是贪财者，承受着他们应得的适当的惩罚。在这里，教皇阿德里安五世，从前对财物抱着贪婪之心，现在安静地忏悔着，由于最后得救的保证而变得安详。使炼狱充满光明的许多愉快插曲之一，是罗马诗人斯塔提乌斯的出现。他以在尘世一位诗人遇见另一位诗人时罕有的愉快心情，向旅行者致意。他们一行三人，一起登上第六层平台，贪食者在这里涤罪。在这些悔罪者面前，是摇晃着芳香好闻的果子的树，当他们伸手去抓时，果实又缩回去。同时，空中有声音叙述历史上节制食欲的典范。第七即最后一层平台，是那些犯贪色罪的人，他们于临终之际忏悔并获赦免。他们被火焰温和地煅烧并获净化。但丁对肉体的罪有着一种诗人式的同情，尤其是富于艺术气质而特别敏感，富于想象力，尤其鲁莽的人犯下这种罪过之时。圭多·圭尼兹理在这里，但丁尊他为文学之父，并向他致谢，为了那"甜美的诗歌，只要我们的语言存在一日，它都使我们热爱及珍视你所写下的一行一字"。

一位天使引导他们穿过火焰，最后，上升至地上乐园。在此，维吉尔与但丁告别：

> 我的见识
> 无法到达更远的地方，我以技巧与艺术
> 将你带到这里。现在你的愉快
> 可以作为引导者……看！太阳的光芒
> 已照着你的前额，看！香草，
> 树木及花儿，
> 在这里自生自长，直到那双明亮的眼睛（贝雅特丽齐的）
> 愉快地出现，它曾含着泪，请求我
> 去救助你，你可以坐在这儿，
> 或在花草间漫步，不再期待
> 我的警告或手势。
> 你可自行选择裁判，
> 言行谨慎，深思远虑……那么我授权予你
> 以皇冕和法冠及你自己的王国。

　　维吉尔和斯塔提乌斯现在在他后面而不在他前面，但丁漫步于地上天堂的森林和田野，并沿着小河徐行，呼吸着清新空气中愉快的芳香，聆听树上"带羽毛的唱诗者"歌颂春天的曼妙歌声。一位采花姑娘停止了唱歌，向他解释这美丽的地方被舍弃的原因：这里过去曾是伊甸园，因为人的不服从，使其自无邪的愉快中被驱逐。贝雅特丽齐自天堂降临这被弃置的乐园，身着令人目眩的灿烂衣裳，使但丁只能感觉她在场却目不能见：

> 虽然我的眼睛看不到她，这里
> 自她的身上发出一种神秘的德行，一接触到它，
> 我内在的旧情便澎湃激荡。

他转身对他的诗人导游说话，然而维吉尔已经回到地狱去了。但丁啜泣着，贝雅特丽齐却叫他为肉欲的罪而哀伤，因为在她死后，他在灵魂中玷污了她的影像。的确，她告诉他黑森林——她曾经通过维吉尔在那里解救过他——是纵欲的生命之所在地，在他有生之年的中点，他曾发现自己迷失了，因为正确的道路变得模糊。但丁羞愧地跌倒在地，并承认自己的罪。天上的童女们来代向被冒犯了的贝雅特丽齐求情，请求她将她第二种，即灵魂之美显露给他看。她并非已忘了第一种美：

> 你从未曾发现，
> 在艺术或自然中，任何事物如此甜蜜地通过
> 如具有美丽体态的肢体般
> 围绕着我，今且散布于尘埃之中。

她动了怜悯之情，而将她新天堂之美显露给他看，但童女们警告但丁不能直接凝视她，只能注视她的双足。贝雅特丽齐引导他和斯塔提乌斯（他在 12 世纪后曾经完成了在炼狱的期限）来到一处喷泉，从喷泉里流出两条小河——忘川、优诺河。但丁饮了优诺河水而涤清了罪。现在，他重获新生了，并"被导致宜于上升于群星"。

有人说《神曲》唯一有趣的部分是地狱，这是不正确的。在《炼狱》中有许多枯燥无味、教诲式的章节，而且始终是一种神学的稳定精神的东西。但在这些短歌诗里，由于没有诅咒的恐怖，逐步攀登美和温柔的境地，以一种复得的自然的愉快来鼓舞上升者，并勇敢地面对从事制造灵魂与肉体分离的贝雅特丽齐之美的困难工作。再度经过她，就像在他年轻时一样，但丁进入了天堂。

·天堂

但丁的神学使他的任务更为困难。要是他曾经让自己以波斯式

或伊斯兰教式的风格，描绘天堂为肉体与灵魂均感愉快的一个乐园的话，他感官的本性定会发现更丰富的意象。但"天生的现实主义者"、人类的知识分子怎能设想一个纯粹灵魂幸福的天堂呢？尤有甚者，但丁哲学上的发展，禁止他以神人同形或同性论的术语来代表上帝或天堂上的天使和圣者；相反地，他在幻觉中看到他们的形式和光点。而合成的抽象概念，在有光辉的空虚状况下失去有罪肉体的生命与热力。天主教教义承认肉体的复活，而但丁在为精神奋斗时，赋予一些天堂的人肉体的外貌和人类的言语。令人愉快的是，我们晓得，即使在天堂里，贝雅特丽齐也有美丽的双足。

他天堂的计划是以令人印象深刻的和谐、灿烂的想象力及大胆的细节精细计划的。依据托勒密的天文学，他认为天堂是一个围绕地球旋转的扩大的一连串的 9 个中空的水晶球，这些球是"天父之家"的"许多大厦"。在每个球里安置着一个行星和许多星星，像是王冠上的珠宝。当它们运转时，这些天体便都放射出程度不同的神圣的智力，并歌唱它们幸福的欢乐与对造物者的赞美，使整个天堂沐浴于球体的音乐之中。众星，但丁说，是天堂的圣者、得救者的灵魂；根据其在世时所得到的功勋，以不同的高度停留在地球之上，它们的幸福如此无穷，如此接近高于一切星球的天庭，支撑上帝的宝座，使其不坠。

似乎是被贝雅特丽齐放射出来的光所吸引，但丁从地上乐园上升到第一重的天堂，那是月亮的世界。住在这里的，是那些本身并未犯过，却被迫亵渎宗教誓言的人。其中之一的皮卡尔达·多那图向但丁解释说，虽然他们在天堂的最低一层，并且享受程度低于他们上面的那些灵魂的幸福，却借着来自一切妒忌、渴望或不满足的神圣的智慧之神而得到解救。因为幸福的基础基于乐意接受神的旨意："他的旨意即我们的平安。"这是《神曲》最基本的诗句。

受制于一种将一切东西吸向上帝的天体磁力，但丁同贝雅特丽齐一起上升到天堂的第二层，这是受行星水星统治的星球。住在这里的，是那些在世时全神贯注于善良目的的实际活动的人，但是他们侍奉上帝的心，却远不如追求尘世的荣誉那么热烈。查士丁尼出现了，同时以威严的诗句说出罗马皇帝及罗马法律的历史作用。通过他，但丁又为在一种法律及一个国王统治下的世界作了鼓吹。贝雅特丽齐带领诗人到达第三重天堂，这是金星的世界。在这里，普罗旺斯的游吟诗人福尔盖预言博尼费斯八世的悲剧。第四重天堂是太阳运行的轨道，但丁发现了基督徒哲学家们——波伊提乌、伊西多尔、比德、彼得·郎巴德、格拉提安、大阿尔伯图斯、托马斯·阿奎那、波拿文都拉、西格尔。在一次亲切的互相问候中，多米尼克教徒托马斯对但丁述说圣方济各的生活，而圣方济各会教徒波拿文都拉则告诉他圣多米尼克的故事。托马斯始终是一个心胸开阔的男子汉，由于阐发神学的精微而阻碍了他的叙述；而但丁如此热切地想成为哲学家，因此有几个诗篇中他停止了作为诗人的身份。

贝雅特丽齐领着他到达天堂的第五重，那是火星的世界，在这里住的，是为真正信仰作战而死的战士的灵魂——约书亚、马加比、查理曼，甚至罗马的破坏者罗伯特·圭斯卡德。他们被安排为成千的星星，以一种令人昏眩的十字架及钉死在十字架的图形出现，而每一颗星在光辉的象征下合成一种天体的和谐。上升到第六重天堂，那是木星的世界，但丁发现那些是在尘世时公平执行正义的人，有大卫、君士坦丁、图拉真——另一个异教徒闯入天堂。这些活的星星被排列成巨鹰的形式，他们异口同声地和但丁谈论神学，同时举行赞美公正国王的仪式。

攀登上贝雅特丽齐比喻为"永恒皇宫的楼梯"，诗人及其引导者到达了愉快天堂的第七重，土星及其卫星的世界。每上升一次，贝雅特丽齐的美便更加灿烂，她不敢在她的爱人面前微笑，深恐但丁会在她的光辉照射下烧毁成灰。这是教士们所居住的一层，他们的生活很虔诚，并忠于自己的誓约。比德·达米安杂在他们中间，但丁请教他将人的自由及上帝的先见之明，与逻辑上一贯的命定相互统一的方法。比德回答说：即使天堂里最有知识的灵魂，在上帝指导之下也无法回答他的问题。圣本笃出现了，悲痛教士们的堕落。

现在诗人由各行星层上升到第八重天堂，恒星的地带。从双子星座往下看，他看到了极微小的地球，"如此可怜的外貌，戛然而止了我的微笑"。片刻的怀乡病，即使对那个可怜的行星，在那时也可能令他感动了。但贝雅特丽齐的一瞥告诉他，这是光与爱的天堂，而非犯罪与争吵的地方，这是他自己的家。

第 23 诗篇以一种但丁特有的明喻展开：

> 像那鸟儿，在丛林里
> 栖息于深夜的巢中与其可爱的雏鸟，
> 焦急地遥望
> 他们渴望的样子，并带回食物，
> 痴爱地寻找而不觉辛劳；
> 她，预先便飞登树梢，以警醒的凝视
> 盼望天晓和日出，
> 从东方转移她热切的视界——

因此贝雅特丽齐期待地将视线固定于一个方向。突然间天堂里闪烁着惊人的光辉。"看！"贝雅特丽齐说，"基督胜利的军队！"——天堂新收的灵魂。但丁往上看，只见一道使他目盲的强烈的光芒，而不知道是什么东西经过。贝雅特丽齐请他睁开眼睛。现在，她说，他能够受得住她所射出的全部光辉。她对他微笑，他发誓，这是一个他永远不能从记忆中抹杀的经验。"为什么你如此迷恋我的容貌？"她问，并请他转而注视耶稣、玛利亚和使徒们。他试着去分辨他们，却只看到"一大片的光芒，他们仿佛乘着闪电而来"。此时他的耳际响起了天堂的星辰所唱的音乐。

基督和玛利亚上升了，使徒们留在后面，于是贝雅特丽齐请求他们跟但丁说话。彼得问及他的信仰，对他的回答至感愉快，因而同意他，只要博尼费斯是教皇，罗马教皇的职权便是虚的或亵渎的。但丁对博尼费斯毫无慈悲可言。

使徒们冉冉上升，渐渐消失，但丁最后随同她"这位曾使我灵魂得享至福的人"进入第九层，即最高的天堂。在天神居所这里没有星星，只有纯洁的光，以及所有灵魂、肉体、原因、动作、光及生命——上帝的、精神的、非物质的、非起因的、静止的来源。诗人现在努力想到达幸福的美景，然而他所看到的却只是一小点光，在它的周围有9个纯洁的神的圆圈——六翼天使、第二级天使、宝座、主权、德行、权力、君权、天使长和天使；透过这些——它的代理人及密使，万能之神统治着世界。虽然但丁不能看到上帝，他看到了所有天堂的星辰组合在一起，如同一朵光辉的玫瑰，一种闪烁着奇异光彩、缤纷绚丽、不断扩张的巨大花朵。

贝雅特丽齐现在离开了她的爱人，站在玫瑰里她所应站的位置，但丁眼见她坐在她个人的宝座上，请求她仍然帮助他。她对他微笑，然后将视线凝聚在一切光线的中心，但她仍派遣圣贝尔纳前来帮助并安慰他。贝尔纳引导但丁的眼睛望向天堂的皇后。诗人一看，却只目睹一片火红色的光彩，被几千个披着光辉的天使围绕着。贝尔纳告诉他：如果他想更清楚地观察天堂，必须一起向圣母祈祷。最后的诗篇呈现出贝尔纳悦耳的恳求：

> 童贞之女，汝子之母，
> 心谦而德高，超越一切其他造物。

贝尔纳向她请求她的恩典，让但丁的眼睛能见到圣皇。贝雅特丽齐及许多圣者双手合十，躬身向玛利亚祈求。玛利亚慈祥地注视了但丁一会儿，然后将双眼投注于"永恒之光"上面。现在，诗人说："我的眼力，逐渐精一，透入那高处之光逐渐深刻，此高光即为真理。"他所看到的其余事物，据他讲，绝非一切人类语言及奇妙的设计所能表达于万一；但"在那灿烂的深渊中，清晰而高尚，似乎是，据我看，是3种颜色的3个球体联合而为一"。这庄严的史诗以但丁的眼光全然贯注在那光辉上作结，其移动与推进乃"是爱，动太阳而移星群"。

《神曲》是所有诗中最奇异和最难理解的。没有什么诗像《神曲》这样引人入胜。它的语言是最致密、最简洁的，这一点完全像贺拉斯和塔西佗。它的凝练与精妙，需要极丰富的学养及敏捷的才智方能完全了解。甚至烦人的神学上的、心理学上的、天文学上的专论，在此也有简拙的精确之处，唯有烦琐学派的哲学家才能匹敌与欣赏。但丁在那个时代生活得如此丰富多彩，使他的诗几乎令当代人无法承受，若没有那些注解，我们今天将无法了解其中的暗示。

他喜欢教书，并尽量将其所学注入诗中，结果是活泼生动的诗和死寂的荒谬事物连在一起。以贝雅特丽齐之口表达自己的政治主张，削弱了贝雅特丽齐的动人处。他中断他的故事来指责某些城市或团体或个人，而有时他的史诗陷入咒骂声中。他敬爱意大利，但博洛尼亚充满了诱人为恶之徒和鸨儿，佛罗伦萨是撒旦最喜爱的产物，皮斯托亚是兽穴，热那亚是"充满一切的腐化"，比萨也是如此，"遭殃的比萨！但愿阿诺河堤口崩溃，把整个比萨淹没，人和老鼠，都埋在它的河水之下！"但丁认为"最高的智慧和原始的爱"创造了地狱。他答应暂时移开阿尔伯利哥眼睛上的冰霜，如果阿尔伯利哥把名字和故事告诉他；阿尔伯利哥照做，并请求履行诺言——"现在将你的手伸到这里来，打开我的眼睛！"——然而，但丁说："我打开眼睛并非为了他，对他粗鲁乃是好意。"要是如此尖刻的人能赢得上天堂的旅行的话，我们也将会全部得救。

他的诗仍然是中古时期基督教书籍的巨著，也是各个时代最伟大的书籍之一。一百首诗中的热情逐渐增强累积，是任何一个彻底了解此书的读者所不能忘怀的经验。正如卡莱尔所说，它是最真挚的诗；其中没有虚饰，没有虚伪或不诚实的谦虚，没有谄媚或怯懦；他以一种无畏的力量及无比的热心攻击当代最有权势的人，包括拥有一切权力的教皇。尤其是诗中想象的飞跃和持久，可与莎士比亚相比：从未为神或人见过的生动事物的图画；只有善于观察而敏感的人才具有的对自然的描写；及小故事，像弗兰切斯卡或邬哥里诺，小人物身上的大悲剧，却不失其生动。但丁这个人并不幽默，却始终保有爱，直到不幸将它改变为神学。

但丁达到了一种绝顶崇高的境界。在他的史诗中，我们找不到《伊利亚特》史诗中生命和行动汪洋恣肆的密西西比河，也缺乏维吉尔诗中温柔、沉寂的溪流，更无莎士比亚广泛的谅解和宽恕。但在他的诗中，却有一股庄严及一种受苦的、半野蛮的力量，它预示了米开朗基罗的来临。因为但丁爱好自由和秩序，而将他的热情和幻想凝结成形式，他的诗极具雕饰的成就，因此无后来者可与之匹敌。几个世纪以后，意大利尊崇他为意大利昌盛语辞的解放者；彼特拉克、薄伽丘以及无数的人，全都受到他战争和艺术的鼓舞；而且整个欧洲也都传遍了这曾入地狱、然后回来，而永不再微笑的、傲慢的放逐者的故事。

历史大事年表

1095—1164	罗歇二世统治西西里
1098	西多会成立
1098—1125	日耳曼国王亨利五世在位
1099	十字军攻占耶路撒冷
1099—1118	帕斯卡二世任教皇
1099—1143	耶路撒冷拉丁王国建立
1099—1179	圣希尔德加德
约 1100	阿拉伯数字传入欧洲；君士坦丁堡开始造纸
1100—1135	英格兰国王亨利一世在位
1100—1155	改革者，布雷西亚之阿诺德
1104—1194	建筑风格的转变时期
1105	阿德拉德写成《自然界的探讨》
1110	巴黎大学初具规模
1113	莫诺马克亲王平定基辅之革命
1114—1158	历史学家，弗赖辛之奥托主教
1114—1187	翻译家，克雷摩莫纳之杰拉尔德
1117	阿伯拉尔为埃洛伊兹的教师
1117—1180	哲学家，索尔兹伯里之约翰
约 1120	医院武士团成立
1121	阿伯拉尔在苏瓦松被定罪
1122	签订《沃姆斯和约》
1122—1204	阿基坦的埃莉诺
1123	召开第一次拉特兰会议
1124—1153	斯科特国王大卫一世在位
1127	圣堂武士团成立
约 1133	圣丹尼斯修道院以哥特式的风格重新修建
1135—1154	英格兰国王斯蒂芬在位
1137	召开第一次西班牙议会；蒙茅斯的杰弗里作《英国史》
1137—1196	讽刺诗文作家沃尔特·梅普斯
1138	康拉德三世即位，霍恩施陶芬王朝开始
1139—1185	葡萄牙第一位国王恩里克斯的阿方索一世在位
1140	阿伯拉尔在森斯被定罪
1140—1191	特鲁瓦之谢里申
1140—1227	"浪游诗人"组成公会
1142	教皇党与保皇党兴起
1142	格拉提安之《教令集》问世
1145—1202	弗洛拉的约阿欣
1146—1147	布雷西亚的阿诺德之革命

1147—1223	地理学家，威尔士之吉拉尔德斯·康布伦西斯
约 1150	《尼伯龙根之歌》完成
1150	彼得·郎巴德作《信念四讲》
1150—1250	法兰西抒情诗人的全盛时期
1152—1190	神圣罗马帝国皇帝"红胡子"腓特烈一世在位
1154—1159	哈德良四世任教皇
1154—1189	亨利二世开始金雀花王朝
1154—1256	修建约克大教堂
1156	建立莫斯科
1157	威尼斯银行发行政府债券
1157—1182	丹麦国王瓦德玛一世在位
1157—1217	博物学者亚历山大·内克姆
1159—1181	亚历山大三世任教皇
约 1160	史诗《熙德》完成
1160—1213	历史学家杰弗里·维拉杜安
1163—1235	修建巴黎圣母院
1165—1220	诗人沃尔夫拉姆·埃申巴赫
约 1165—1228	诗人瓦尔德·霍格怀德
1167	伦巴底同盟形成；牛津大学成立
1167—1215	法兰西抒情诗人皮尔·维德尔
1170	贝克特被暗杀；"强弓手"发动征服爱尔兰；彼得瓦尔多崛起于里昂
1170—1221	圣多米尼克
1170—1245	哲学家，黑尔斯之亚历山大
约 1172	威尼斯扩建其总督之宫
1174—1242	修建威尔士大教堂
1175—1234	迈克尔·斯科特
1175—1280	英国哥特式建筑初期
约 1175	坎特伯雷大教堂的诗班席位被焚毁
1176	加尔都西教团成立；"红胡子"腓特烈败于莱尼亚诺
约 1178	阿尔比异端盛行
1178—1241	历史学家斯诺里·斯图鲁松
1179	召开第三次拉特兰会议
约 1180	蒙彼利埃大学设立；女诗人玛丽·法朗士移居英国
1180—1225	法兰西的"奥古斯都"菲利普二世在位
1180—1250	数学家列奥那多·菲伯纳西
约 1180—1253	科学家，罗伯特·格罗斯泰斯特
1182—1216	圣方济各
1185—1219	利奥三世主政下小亚美尼亚的鼎盛期

1214	菲利普二世获胜于布汶
1214—1292	罗杰·培根
1215	签署《大宪章》；召开第四次拉特兰会议；圣多米尼克修会成立
1216—1227	洪诺留三世任教皇
1216—1272	英格兰国王亨利三世在位
1217	第五次十字军东征
1217—1252	卡斯提亚王国的斐迪南三世在位
1217—1262	挪威的哈康四世在位
1220—1245	修建索尔兹伯里大教堂
1220—1288	修建亚眠大教堂
1221—1274	圣波拿文都拉
1221—1567	修建布尔戈斯大教堂
1224	那不勒斯大学成立
1224—1317	历史学家杰恩·庄维尔
1225	《撒克逊法典》编成
1225—1274	哲学家圣托马斯·阿奎那
1225—1278	雕刻家尼可洛·皮萨诺
1226—1235	卡斯提亚的布朗歇摄政
1226—1270	法兰西的路易九世在位
1227	萨拉曼卡大学成立；天主教宗教裁判所成立
1227—1241	格列高利九世任教皇
1227—1493	修建托莱多大教堂
1227—1552	修建博韦大教堂
约 1228	兴修在阿西斯的圣方济各教堂
1228	第六次十字军东征；腓特烈二世收复耶路撒冷
1229—1348	修建锡耶纳大教堂
约 1230	修建斯特拉斯堡大教堂
1230—1275	圭多·圭尼兹理被但丁尊为其文学之父
1232—1300	艺术家阿诺尔福·迪·康比奥
1232—1315	哲学家拉蒙·吕里
1235—1281	哲学家希格
1235—1311	物理学家，维拉诺瓦的阿诺德
1237	蒙古人入侵俄罗斯；纪尧姆作《玫瑰传奇》
1240	亚历山大·诺夫斯基在涅瓦河获胜
约 1240	浪漫故事《奥卡森与尼科丽特》完成
1240—1302	艺术家契马布埃
1240—1320	艺术家乔瓦尼·皮萨诺
1241	蒙古人击败日耳曼人于利格尼兹，占领克拉科夫，蹂躏匈牙利

结语 | 中古的遗产
（1265—1321）

　　我们在此结束对但丁漫长而曲折的叙述是恰当的，因为在他过世的百年中，有些人出现了，他们开始摧毁那个时代信仰和希望的庄严大厦：威克里夫和胡斯开始宗教改革；乔托、赫里索洛拉斯（Chrysoloras）、彼特拉克及薄伽丘正式宣布文艺复兴。在人类的历史中，它是如此的繁复和变化多端——一种心境在其后继者或反对者已经兴起别的心境或状态之后很久，仍可以在某些地方和某些人那里复活。在欧洲，信仰时代在但丁时期达到巅峰；它在 14 世纪奥卡姆的"剃刀"下遭受致命伤；仿佛病倒一般踌躇不前。直到布鲁诺、伽利略、笛卡儿、斯宾诺莎、培根、霍布斯的来临；要是理性时代获得悲伤结局的话，信仰或许仍会恢复。世界上广大的地区，在信仰的旗帜和统治下仍然继续着，而西欧却航行到一个偏远的理性的海洋中去。中古时代是一种状态，也是一个时期：在西欧我们应该以哥伦布作为结束，在俄罗斯继续到彼得大帝时期（1725 年）；在印度则一直延续到我们这个时代。

　　我们试图将中古时期认作为西方罗马帝国的衰落（476 年），与美洲的发现之间的一个休耕的间歇；我们必须提醒自己，阿伯拉尔的追随者称呼他们自己为"现代的"，而埃克塞特的主教在 1287 年说及他的世纪是一个"现代的时代"。"中古的"和"现代的"的界限始终是在前进的；因而我们的煤、油及幽暗的贫民窟的时代，有一天可能被一个具有更清明的权力和更美好的生活的时代认作为中古时代。中古时代并非仅是一种文明和他种文明之间的插曲而已。如果我们划分中世纪从罗马接受基督教义和325年的尼西亚会议开始，那么中世纪包括了古典文化最后的世纪，天主教基督教教义的成熟，直至13世纪成为一种完全丰富的文明，而那种文明的终止，成为文艺复兴与宗教改革的基础。中古时期的人先是野蛮的牺牲品，其后变为野蛮的征服者，而后又成为新文明的创造者。对一个产生如此多伟大人物，从野蛮的废墟中兴起了教皇制度、欧洲的诸多国家，及产生了如此丰富的精神与物质财富的时期，以傲慢不屑的态度加以轻视是不智的。

中世纪遗产包含了善，也包含了恶。我们并未完全从黑暗时代恢复：刺激贪婪的不安全感，助长残暴的恐惧，孕育丑行与无知的贫穷，造成疾病的污秽，引起轻信、迷信、神秘论的无知——这些仍然残存于我们中间，溃烂成不能容忍及宗教裁判所的教条独断主义，只等待机会来压迫、杀戮、荼毒和毁灭。在这种意义上，现代化是一袭穿在中古主义上面的外衣，中古主义秘密地残留着。而在每一代，文明就是辛劳的产物和一种少数人不稳固的、负有义务的特权。宗教裁判所在欧洲社会留下了罪恶的记号：它使刑讯成为一种法律程序为人所承认的部分，驱使人们从理性的冒险中回到恐怖、呆滞的划一。

信仰时代的主要遗产是宗教。据《犹太法典》记载，犹太教直到18世纪还在并吞（他教）；伊斯兰教在13世纪《古兰经》胜过哲学之后平静下来；基督教在东、西、南、北之间分裂，却成为白种人历史上最具影响力的宗教。中古教会的教条，被罗马人、信奉正教和天主教的人信仰，教会的祈祷文在每次的争辩失败之后仍然使人感动。而教会在教育、慈善及在对野蛮人作道德驯服方面的工作，留给现代一个珍贵的社会秩序和道德训练的基础。教皇统一欧洲的梦想，在皇权与教皇统治的斗争中消失了，然而每一代仍会被一种国际道德秩序优于独立国家落后道德类似的梦想激励。

当教皇制度的梦想破碎时，欧洲各民族基本地采取了那种一直保留到我们这一世纪的形式。同时中古的思想创造了政府制度和宗教的法律、海上与商业法规、自治区自由的宪章、陪审制度和人体保护令及贵族的基本宪法等伟大制度。法庭和罗马法庭已为国家和教会的做法做了准备，而且行政机构一直沿用到今日。代议政府出现于西班牙的"科特斯"、冰岛的"阿尔森"、法国的"等级会议"及英国的国会中。

更伟大的仍是经济的遗产。中世纪征服了蛮荒，赢得了对森林、丛林、沼泽和海洋的伟大的战争，并支配土地为人所用。大部分西欧国家，终止了奴隶制度，几乎结束了农奴制。他们将生产组织成同业工会，对大量生产与资本主义组织的屈服，为我们所亲眼目睹。现代都市中有时集合人们和货物的伟大博览会，便是中古时期贸易的一种遗产；我们努力遏制垄断，调节价格和工资；而几乎所有现代银行业的程序，都是袭自中古时期的财政。甚至我们的兄弟会及秘密团体，也都有中古时期的渊源和仪式。

中世纪的道德是野蛮的后嗣，又是骑士精神的祖先。我们对绅士的想法，是一种中世纪的创作；但骑士的理想，不管与骑士的实际行为相差如何，已经复活为人类精神最高贵的概念之一。也许对玛利亚的崇拜，带给欧洲男人的行为以崭新的温柔要素。要是说稍后几个世纪，中古的道德有所进步的话，那是指在家庭和谐、道德教育及荣誉与礼貌缓慢传播的习惯。这是基督徒道德的一种余韵。

中世纪知识上的遗产较希腊的遗产贫乏，且掺杂了上千种大部分来自古代的玄奥的曲解。虽然如此，它包含了现代语言、文学、哲学和科学的术语。经院哲学是一种逻辑的训练，而非持久的哲学征服，虽然它仍然支配着1000个学院。中古信仰的僭越，阻碍了史料的编纂。人们认为他们懂得世界和人类的根源与命运，因而编织了一个神话的网，它几乎把历史禁锢在修道士编年史的墙壁内。说中古的历史学家们没有发展和进步的概念，那是不太正确的。13 世纪，就像 19 世纪一样，是强烈地受着它本身的成就所影响的。中世纪也并非如我们一度所认为的是静止的。然而，中世纪的思想家并不认为仅有方法上的进步而无目的上的改进是重要的。

中世纪科学方面的遗产的确不多，然而它包括了印度的数字、十进位制、实验科学的概念、数学方面内容充实的贡献、地理学、天文学、光学、火药的发明、眼镜的发明、航海者的罗盘、有摆的钟及——显然地最不可或缺的——酒精的蒸馏。阿拉伯和犹太医生使希腊的医药更进一步，而基督徒的开拓者，从理发的艺术中解放了外科手术。欧洲半数的医院都植根于中世纪的基础或中世纪成就的现代恢复。现代科学已经继承了中古思想的国际主义和一部分的国际语言。

次于道德纪律的，中古遗产最丰富的部分是艺术方面。帝国大厦就像沙特尔教堂般宏伟，同时对它独一无二的富丽堂皇的建筑——巍峨而坚固以及基础线条的纯粹——致敬。但这种雕塑、绘画、诗歌和音乐及建筑的联合，在哥特式大教堂的生命中，给予沙特尔、亚眠、兰斯大教堂和圣母院一种灵肉和谐的广度和深度、一种内容与装饰的变化多端，而绝不会令人乏味，更会使灵魂完全充实。这些正门、钟楼和塔尖，这些以对位法造的石制拱形圆屋顶，这些雕像、圣坛、圣水盆及雕刻得非常可爱的坟墓，这些可与彩虹争胜、使阳光缓和的窗户——我们对如此谨慎地深爱其信仰的象征并造就无数能工巧匠的时代，必须尽量加以宽恕。为了大教堂的缘故，复音音乐得到发展，音乐符号及五线谱也得以发展，而且从教堂中也诞生了现代戏剧。

中古的文学遗产，虽然在量上不能与希腊所遗留下来的相比，却可与罗马的遗产匹敌。但丁可与维吉尔并立，彼特拉克可与贺拉斯媲美，阿拉伯的爱情诗和抒情诗人与奥维德、普洛佩提乌斯不相上下；亚瑟的英雄冒险故事，比《变形记》或《希罗伊德》里的任何东西更高贵、具有深度，而且同样优美；而中世纪主要的圣歌，比罗马诗歌中最好的抒情诗还优美。13 世纪是奥古斯都或利奥十世的时代。在任何时代都极少出现如此完美和富于变化的一种知识上或艺术上的兴盛。一种有活力的商业扩张，使整个世界扩大、富足和被震醒。强势的教皇从英诺森三世到博尼费斯八世，使教会有一个世纪之久成为欧洲秩序与法律的高峰。圣方济各敢于成为一个基督徒。行乞的训令使教士的理想恢复。大政治家如菲利普·奥古斯都、圣路易、菲利普四世、爱德华一世、腓特烈二世、阿方索十世将其国家自习惯中树立法律，并将其民族提高至一新的中世纪文明的水平。

战胜了12世纪神秘主义的趋势之后，13世纪以一种不输于文艺复兴时期的热心与勇气，出发到哲学和科学的园地中去。在文学方面，这"神妙的世纪"经历了自埃申巴赫的《帕尔齐瓦》到《神曲》概念的全部历程。几乎所有中世纪文明的要素，似乎在那个世纪中达到统一、成熟及终极的形式。

我们绝对无法对中古时代做到公平的地步，直到我们了解意大利的文艺复兴并非是他们的欠债，而是他们的成就。哥伦布和麦哲伦继续着早已为商人和威尼斯、热那亚、马赛、巴塞罗那、里斯本及加的斯的航海家所热衷的探险。曾经刺激12世纪的同样的精神，给文艺复兴的意大利城市以骄傲和战争。著名的恩里科·丹多洛、菲特烈二世和格列高利九世有着相近的能力与活力，预示着文艺复兴的到来；雇佣兵队长是由罗伯特·圭斯卡德发展而来，"暴君"来自埃泽利诺和帕拉维奇诺；在小径上行走的画家，由契马布埃和杜乔所展开；而帕莱斯特里纳斡旋于格列高利圣歌和巴赫之间。彼特拉克是但丁的继承者。薄伽丘是意大利的叙事诗人。尽管堂吉诃德的冒险故事在文艺复兴的欧洲继续风行，而特鲁瓦的克雷蒂安在马洛瑞笔下趋于完美。"文学的再兴"已开始于中世纪的学校。文艺复兴的杰出，在于扩大拉丁文的复活至希腊的古典名著、拒绝中世纪的哥特式、使希腊艺术复活。但希腊的雕塑在13世纪即被尼科洛·皮萨诺奉为圭臬，而当赫里索洛拉斯将希腊语文及古典文学带到意大利（1393年）时，中世纪仍然是一个延伸的世纪。

在文艺复兴的意大利、西班牙和法国，相同的宗教，即修建大教堂和写作圣歌的宗教，继续统治着，只有一点不同，即意大利的教会在大量贡献当代的文明时，给意大利人民一种在中古大学所产生的思想自由，并以一种心照不宣的态度宣称：哲学家和科学家将从事他们的工作，而不会企图摧毁人民的信仰。

同样，意大利和法国并未参与宗教改革，它们从13世纪的天主教文化，转移到15世纪和16世纪的人文主义，又因而转移到17世纪和18世纪思想上的启蒙运动。就是这种密切的关联，配合在哥伦布以前的地中海的贸易，使拉丁民族避免遭受宗教战争蹂躏而取得暂时性文化上的优势。那种密切的关联，由中古时代回溯到古典的罗马，并由南部的意大利回溯到古典的希腊。经过希腊在西西里、意大利和法国的殖民地，经过罗马人的征服和法国及西班牙的拉丁化，一条壮丽的文化线延伸展了，从萨福、阿那克里翁到维吉尔、贺拉斯，到但丁和彼特拉克，到拉伯雷、蒙田，到伏尔泰和法朗士。从信仰时代延续到文艺复兴，我们将从一种文化的不可知的童年期，进展到精力充沛与令人愉快的青年期，这种文化把古典的优雅和野蛮的力量结合起来，同时返老还童并有所增加地传送给我们。那种文明的遗产我们必须永远加以扩充，而绝不可让它枯萎致死。

再次谢谢您，读者朋友。

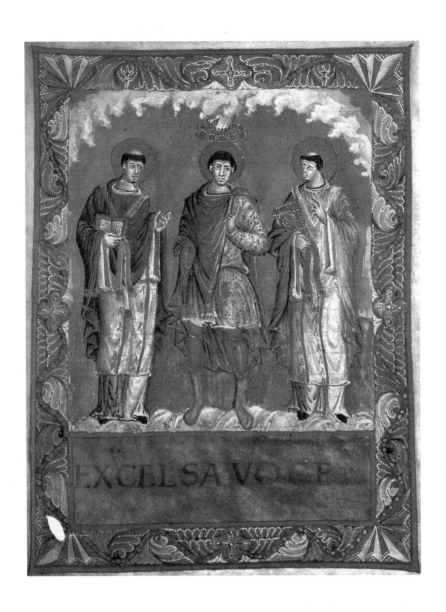

《秃头查理的圣礼书》（870 年）中的插画，中立者被认为是查理曼大帝。

一幅拉特兰教皇宫的镶嵌画中，基督将天国的钥匙交给圣彼得（左），将象征尘世权力的旗帜交给查理曼大帝（右）。查理曼大帝将西欧的大部分基督教国家都统一在一个超级大国内，800 年接受了皇帝称号。

在另一幅拉特兰教皇宫的镶嵌画中，圣彼得将披肩式祭服交给教皇利奥三世（左），将象征尘世权力的旗帜交给查理曼大帝（右）。利奥三世放弃在东方拜占庭皇帝与西方查理曼之间保持独立的政策，倒向查理曼，承认他是罗马人皇帝。

上 | 古法语史诗《罗兰之歌》中的插画。《罗兰之歌》描述了 778 年历史性的伦西瓦列之战。

下 | 9—11 世纪，斯堪的纳维亚航海战士维京人侵袭并拓殖了广大的欧洲地区，他们的破坏作用深深
影响了欧洲的历史。

上　拜约挂毯是宝贵的 11 世纪史料。英格兰国王爱德华死前指定哈罗德为王储，但更早前，已经答应将王位传给诺曼底公爵威廉。挂毯局部，哈罗德知会威廉自己已经即位。

下　1066 年，威廉入侵英格兰。同年 10 月 14 日，在哈斯丁的战斗中，国王哈罗德阵亡，威廉即英格兰王位，称威廉一世。挂毯局部，哈罗德被箭射中眼睛。

起初，诺曼底公爵威廉只是法兰西最有势力的封建主，通过征服英格兰而成为英格兰国王威廉一世。

华美的饰本福音书《凯尔经》(*Book of Kells*)，约 8 世纪晚期在爱尔兰爱奥那修道院开始绘制，9 世纪早期在凯尔修道院完成。

1200 年的耶路撒冷平面图。十字军建立了耶路撒冷王国，该王国从 1099 年持续至 1187 年，后被萨拉丁推翻。

在海丁战役中，欧洲基督徒军队被萨拉丁的穆斯林军队击败和消灭，为穆斯林收复耶路撒冷城铺平了道路。

上 "狮心王"理查大败萨拉丁。"狮心王"理查毫无政绩可言,以在十字军东征中所显示的骑士风度,成为传奇中的英雄人物。

下 骑士堡是欧洲十字军在巴勒斯坦所建的最大要塞,也是保存至今的最重要的中世纪军事建筑之一。

上 | 1203 年，第四次东征的十字军偏离他们的目标圣地，转道至君士坦丁堡，但 1204 年 4 月 13 日，
十字军涌入城内，在一场大屠杀之后，进行洗劫。

下 | 德意志国王、神圣罗马帝国皇帝奥托三世，983 年当选德意志国王，同年 12 月在亚琛加冕。

上 | 隐修士彼得参见罗马教皇乌尔班二世。隐修士彼得是有名的苦行者，也是修道院的缔造者。乌尔班二世推进了教廷、教会和基督教社会的改革，并发动了第一次十字军东征。

下 | 中世纪的刑讯逼供。欧洲大部分地区，由伯爵作为国王的代表，主管司法、征税、征兵等事务。

14 世纪初的《马内塞古抄本》中的德国骑士（抒情诗人）和他的恋人。

《马内塞古抄本》中的竞技比武大会，两名骑士正在用长矛进行打斗。

上 | 中世纪城堡前正在举行盛大的竞技比武大会。竞技比武大会是骑士参加的大型竞赛，也是展示骑士精神和求爱的社交场合。

下 | 黑死病像死亡战车一样蹂躏了整个欧洲，所造成的死亡高于以前任何一次已知的瘟疫或战争。

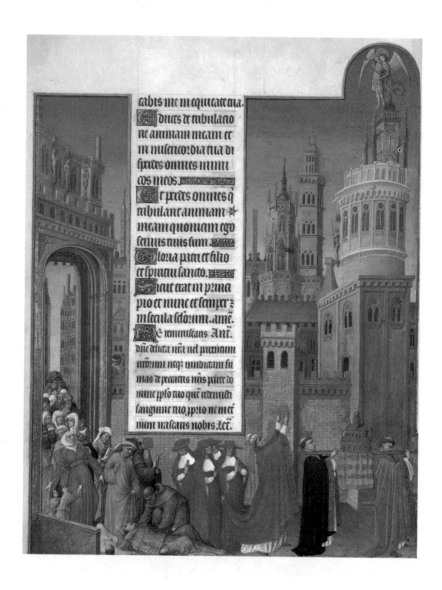

中世纪瘟疫流行，教皇带领着游行队伍，祈祷着消灾解困，但队伍中的一名僧侣也病倒在地。

上 | 意大利教皇英诺森三世平息了豪门之间的争斗,获得大多数人的拥护,恢复了教廷权威,曾发动
两次十字军东征。

下 | 《教皇英诺森三世的梦》。据说英诺森三世梦见圣方济各修道会的创始人圣方济各扛着即将倒塌的
拉特兰教皇宫,而认为圣方济各创立的修会将成为教会的支柱以避免教会崩塌。

12世纪末，罗马教会与各国君主争夺权力，内部十分腐化，招致广大信徒不满，阿西西的圣方济各为信众拟订简单的生活守则，创立了天主教方济各会和方济各女修会。

多米尼克会正在焚烧清洁派的著作，清洁派是 12 世纪和 13 世纪流行于西欧的基督教异端派别，为了打击清洁派，教皇英诺森三世成立宗教裁判所，进行有秩序的迫害活动。

上 | 在中世纪的欧洲，森林、沼泽、荒地均垦为耕地，农业进入发展时期。10世纪末已有带轮的犁。

下 | 斧、连枷、长柄大镰等农具也得到改进，但恶劣气候经常影响收成，导致饥荒。

上 | 父亲正在教导自己的三个女儿。在中世纪社会中，家庭是家长制的，社会是男性统治的，妇女不能行使广泛的社会权利。

下 | 路易十世颁布特许状给犹太人。基督徒常常将犹太人视为异族。中世纪时，在欧洲许多地方，犹太人没有公民身份和权利，不能在政府和军队任职，不能加入同业行会。

中世纪演奏弦乐的女乐师。欧洲中世纪弓弦乐器产生于 10 世纪，可能从阿拉伯弓弦乐器雷贝琴的变种拜占庭利拉琴演化而来。

中世纪《圣母玛利亚歌曲集》中的乐师。《圣母玛利亚歌曲集》产生于卡斯提尔国王阿方索十世统治时期。

MAGNVS · ALBERTVS · BOLSTADIVS · COGNOMENTO

Mitra pedumq̃ oneri tibi quondam, Alberte, fuerunt.
Dulcius est Sophiæ delituiſſe ſinu.

天主教多米尼克会的主教和哲学家大阿尔伯特，以在巴黎大学宣讲亚里士多德哲学而闻名，他首倡把对自然界的研究建成为基督教传统中的一门合法科学。

《圣托马斯·阿奎那的寓言》。圣托马斯·阿奎那完全献身于平静的大学生活，提出新问题，发明新方法，采用新的证明体系，形成了中世纪重要的经院哲学，基督教会也有意地以权威的方式将其学说和精神交给这些大学。

上 | 中世纪大学教学的情景。早期大学一般是学生和教师组成的社团，最后都获有教皇、皇帝、国王的特许状。从 13 世纪起，欧洲的许多主要城市都兴办大学。

下 | 13 世纪《圣经道德教谕》中的《缔造者圣父上帝》，在画家笔下，上帝被想象成一个建筑师，但上帝毕竟是上帝，画框也无法限制他的范围。

上 | 中世纪的欧几里得《几何原理》中的插画，一位女性正在教授几何学。

下 | 一个中世纪的病人正躺在床上，一个医生拿着瓶子查看他的尿样。在很长一段时间里，人类的非正常死亡都是因为疾病。

以不朽的叙事诗《神曲》而享有盛誉的意大利诗人但丁。